U0000866

百衲本二十四史

南史

上海涵芬樓影印
北平圖書館及自
藏元大德刻本原
書版匡高二十二
公分寬十七公分

《百衲本二十四史》新版刊印序

《百衲本二十四史》是近百年來校考最精良、版本最珍貴、蒐羅最廣泛的二十四史，先父王雲五先生於一九七六年〈重印補校百衲本二十四史序〉中已有論證。

一八九七年商務印書館在上海創立，創館元老張元濟先生於一九〇二年正式主持商務印書館編譯所，將商務帶入「出版好書、匡輔教育」的出版之路。一九二一年（民國十年）王雲五先生經胡適先生推薦，接替主持商務印書館編譯所，並於一九三〇年兼任總經理，與張元濟先生共同為商務印書館的百年大業作出貢獻。

張元濟先生入館後，積極蒐購民間珍貴藏書，一方面用來印製、廣泛發行，另一方面也為成立「涵芬樓」藏書室（後來開放為「東方圖書館」）預作準備。當年他並積極向各公私立圖書館商借影印各種版本的二十四史，逐一比較補正缺漏，然後在一九三〇年開始付印，至一九三七年全部出齊。校印工程之艱鉅與可貴，從他所撰寫的《校史隨筆》可以了解。

商務涵芬樓所珍藏的二十四史及各種珍貴版本，可惜在一九三二年日本發動淞滬戰爭時，被日軍炸毀，化為一灰燼。《百衲本二十四史》的傳印，就顯得格外有意義。

王雲五先生於一九六四年在臺重新主持臺灣商務印書館，與當時總編輯楊樹人教授，依據臺北故宮博物院和中央圖書館珍藏的宋元版本，修補校正《百衲本二十四史》，並於一九七六年重版印行。

《百衲本二十四史》初印至今，已經八十年，雖經在臺補正重版，舊書均已售完，而各界索購者絡繹不絕，不得已先以隨需印刷供應，但仍然供不應求。

為了適應讀者的需要，本公司由副董事長施嘉明先生、總編輯方鵬程先生和舊書重印小組一起規劃，決定放大字體，以十八開精裝本重印《百衲本二十四史》，每種均加印目錄頁次，讓讀者方便查考，也讓我們與《百衲本二十四史》共同邁向百年大慶。值此付印前夕，特為之序。

臺灣商務印書館董事長王學哲謹序
二〇一〇年三月二十五日

一

《南史》八十卷

唐李延壽撰。

延壽事蹟附載《新唐書‧令狐德棻傳》。延壽承其父大師之志，為《北史》、《南史》，而《南史》先成，就正於令狐德棻，其乖失者，嘗為改定。

以今考之，本紀刪其連綴諸臣事蹟，列傳則多刪詞賦，意存簡要，殊勝本書。

宋人稱延壽之書刪煩補闕，為近世佳史。顧炎武《日知錄》又摘其〈李安民〉諸傳一事兩見，為紀載之疏。

然宋、齊、梁、陳四朝九錫之文、符命之說、告天之詞，皆沿襲虛言，無關實證，而備書簡牘，陳陳相因，是芟削未盡也。且合累朝之書，勒為通史，發凡起例，宜歸畫一。

今延壽於〈循吏〉、〈儒林〉、〈隱逸傳〉，既遞載四朝人物。而文學一傳，乃因《宋書》不立此目，遂始於齊之邱靈鞠。豈宋無文學乎？《孝義傳》搜綴湮落，以備闕文，而蕭矯妻羊氏、衛敬瑜妻王氏，先後互載，男女無別，將謂史不當有〈列女傳〉乎？況《北史》謂《周書》無〈文苑傳〉，遂取〈列傳〉中之庾信、王褒入於〈文苑〉。則宋之謝靈運、顏延之、何承天、裴松之諸人，何難移冠〈文苑〉之前？《北史》謂魏、隋有〈列女傳〉，齊、周並無此篇，今又得趙氏、陳氏附備〈列女〉。則宛陵女子等十四人何難取補〈列女〉之闕？書成一手，而例出兩岐，尤以矛陷盾，萬萬無以自解者矣。

蓋延壽當日專致力於《北史》，《南史》不過因其舊文，排纂刪潤。故其減字節句，每失本意，間有所增益，又緣飾為多。如宋《路太后傳》較《宋書》為詳。然沈約修史，工於詆毀前朝，而不載路太后飲酒置毒之事，當亦揆以前後恩慈，不應存此異說也。延壽采雜史為實錄，又豈可盡信哉？

然自《宋略》、《齊春秋》、《梁典》諸書盡亡，其備宋、齊、梁、陳四史之參校者，獨賴此書之存。則亦何可竟廢也。（摘自景印《文淵閣四庫全書》總目史部卷四十六‧2-29頁）

重印補校百衲本二十四史序

百衲本者何？彙集諸種善本，有闕卷闕頁，復多方蒐求，以事配補，有如僧衣之補綴多處者也。

我國正史彙刻之存於今者，有汲古閣之十七史，有南北監之二十一史。清高宗初立，成明史，命武英殿開雕，至四年竣工；繼之者二十一史。其後又詔增劉昫唐書，與歐宋新唐書並行，越七年遂成武英殿二十三史。及四庫開館，諸臣復據永樂大典及太平御覽，冊府元龜等書，裒輯薛居正舊五代史，得旨刊布，以四十九年奏進；於是二十四史之名以立。

武英殿本以監本為依據。清高宗製序，雖有監本殘闕，併勅校讎之言，始意未嘗不思成一善本也。惟在事諸臣，既未能廣蒐善本，復不知慎加校勘，佚者未補，譌者未正，甚或彌縫缺乏，以譌亂真，誠可惜也。

本館前輩張菊生先生，以多年之時力，廣集佳槧，審慎校讎，自民十九年開始景印，迄二十六年甫竟全功。雖中經一二八之劫，抱書而走，亂定掇拾需時，然景印之初，海宇清寧，亦緣校讎精審，多費時日。嘗聞菊老茸印初稿，悉經手勘，朱墨爛然，盈闌溢幅，點畫纖細，鉤勒不遺，與同人共成校勘記，多至百數十冊，文字繁冗，尚待董理。爰取原稿若干條，集為校史隨筆，而付梓焉。

就隨筆所記，殿本訛闕殊多。分史言之，則史記正義多遺漏，漢書正文注文均有錯簡，三國志卷第淆亂，宋書誤註為正文，南齊書地名脫誤，北齊書增補字句均據北史，而仍與北史有異同。魏書考證有誤，舊唐書有闕文，訂正錯簡亦有小誤，唐書有衍文，舊五代史遂於嘉業堂劉氏刊本，元史有衍文及闕文，且多錯簡，重出之傳，亦未刪盡。綜此諸失，殿本二十四史不如衲史遠矣，況善本精美，古香古色，尤非殿本所能望其項背。

茲將百衲本二十四史據以景印之版本列述於後：

史　記　宋慶元黃善夫刊本。

漢　書　北宋景祐刊本，瞿氏鐵琴銅劍樓藏。

後漢書　宋紹興刊本，原闕五卷半，以北平國立圖書館元覆宋本配補。

三國志　宋紹熙刊本，日本帝室圖書寮藏，原闕魏志三卷，以涵芬樓藏宋紹興刊本配補。

晉　書　宋本，海寧蔣氏衍芬草堂藏，原闕載記三十卷，以江蘇省立圖書館藏宋本配補。

三

宋　書　宋蜀大字本，北平國立圖書館吳興劉氏嘉業堂藏，闕卷以涵芬樓藏元明遞修本配補。

南齊書　宋蜀大字本，江安傅氏雙鑑樓藏。

梁　書　宋蜀大字本，北平國立圖書館及日本靜嘉堂文庫藏，闕卷以涵芬樓藏元明遞修本配補。

陳　書　宋蜀大字本，北平國立圖書館及日本靜嘉堂文庫藏。

魏　書　宋蜀大字本，北平國立圖書館江安傅氏雙鑑樓吳興劉氏嘉業堂及涵芬樓藏。

北齊書　宋蜀大字本，北平國立圖書館藏，闕卷以涵芬樓藏元明遞修本配補。

周　書　宋蜀大字本，吳縣潘氏范硯樓及自藏，闕卷以涵芬樓藏元明遞修本配補。

隋　書　元大字本，闕卷以北平國立圖書館江蘇省立圖書館藏本配補。

南　史　元大德刊本，北平國立圖書館及自藏。

北　史　元大德刊本，北平國立圖書館及自藏。

舊唐書　宋紹興刊本，常熟鐵琴銅劍樓藏，闕卷以明聞人銓覆宋本配補。

新唐書　北宋嘉祐刊本，日本岩崎氏靜嘉堂文庫藏，闕卷以北平國立圖書館江安傅氏雙鑑樓藏宋本配補。

舊五代史　原輯永樂大典有注本，吳興劉氏嘉業堂刻。

五代史記　宋慶元刊本，江安傅氏雙鑑樓藏。

宋　史　元至正刊本，北平國立圖書館藏，闕卷以明成化刊本配補。

遼　史　元至正刊本。

金　史　元至正刊本，北平國立圖書館藏，闕卷以涵芬樓藏元覆本配補。

元　史　明洪武刊本，北平國立圖書館及自藏。

明　史　清乾隆武英殿原刊本，附王頌蔚編集考證攈逸。

上開版本之搜求補綴，在彼時實已盡最大之能事。惟今者善本時有發見，前此認為業已失傳者，漸集於一隅，尤以中央圖書館及故宮博物院在抗戰期內，故家遺族，前此秘藏不宣，因播遷而割愛者不在少數；盡量收購，寄存盟邦，以策安全。近年悉數運回，使臺灣成為善本之總匯。百衲本後漢書原據本館前涵芬樓所藏宋紹興本影印，益以北平圖書館及日本靜嘉堂文庫殘本之配備，當時堪稱人間瑰寶；且志在存真，對其中未盡完善之處

一仍其舊。然故宮博物院近藏宋福唐郡庠覆景祐監刊元代修補本及中央圖書館所藏錢大昕手跋北宋刊本與宋慶元間建安劉元起刊本，各有其長處。本館總編輯楊樹人教授特據以覆校百衲本原刊，計修正原影本因配補殘本而致首尾不貫者五處，其中重複者四處，共圈刪衍文三十六字，補足脫漏一處，缺文二字，原板存留墨丁四十六字，補正五十二字。另有顯屬雕刻錯誤者若干字，亦酌為改正。於是宋刊原面目，大致可復舊觀矣。又前漢書原景本闕漏目錄全份，亦據故宮博物院珍藏宋福唐郡庠覆景祐監刊元代修補本補印十有四頁，以成全璧。校書如掃落葉，愈掃愈落，礙難悉數掃清，然多費一番心力，對於鑽研史籍者，定可多一番裨益。區區之意，當為讀者所樂聞，亦可稍慰本館前輩張菊老在天之靈，喜其繼起有人也。

本館衲史原以三十二開本連史紙印製，訂為八百二十冊，流行雖廣，以中經多難，存者無多，臺省尤感缺乏，各國亦多訪購，爰應各方之需求，改訂為十六開大本，縮印二頁為一面，字體較縮本四部叢刊初編為大，用上等印書紙精印精裝，訂為四十一鉅冊，以便檢閱，經重版數次。茲為謀普及，再縮印為二十四開本五十八冊，字體仍甚清晰，而售價不及原印十六開本之半，莘莘學子，多有購置之力，誠不負普及之名矣。付印有日，謹述概要。

中華民國六十五年雙十節王雲五識

股東會全體股東獻禮

本公司董事長王岫盧（雲五）先生，學界巨擘，社會棟樑，歷任艱巨，功在國家。一生繫中國文化出版之命脈，惠澤士林。本公司三度罹國難而得復興。咸賴 先生之大力。每次復興，莫不聲光煥發，蔚為奇蹟。民國五十二年冬， 先生退出政壇。次年秋重主本公司，謀慮擘劃，晨夕辛勞，不取分文之酬，而甘之如飴；蓋純出於愛護本公司與宏揚文化之心願。 無 先生之犧牲精神與卓越領導，不能有今日之商務書館，已為識者之定評。今歲欣逢 先生八秩華誕，社會同慶。股東會同人本崇功報德之念，群思有以祝賀。 先生謙辭至再至三，當以恭敬不如從命，爰於五十六年股東會議席上全體決議，利用重印之百衲本二十四史，作為 華誕獻禮。要不過體認先生造福文化界之功績，聊表嵩祝悃誠於萬一耳。

中華民國五十六年四月十五日

臺灣商務印書館股份有限公司

股東會全體股東　謹啟

六

南史所載宋齊梁陳本紀
十卷列傳七十卷李延壽
撰述之筆詳矣儻請綮而
言之宋高祖討桓玄除晉
孽自爾骨肉相殘七傳為

《南史序》一、

齊太祖所滅齊興僅二十
四年東昏和帝廢弒之禍
酷烈梁武受禪輕納侯景
結怨東魏疆場淪七子孫
被其弒逆國祚易而為陳

傳四帝而後主無道納隋
叛降竟為隋俘天下混一
歸于隋吁四朝代謝不過
一百七十三年彼享國俻
短廢興治亂之迹史臣述

《南史序》二

之垂世鑑戒一開卷間瞭
然在目覽之者鮮不惕然
于心較之唐堯在位七十
載周家傳祚八百六十有
七天壤羙殊靜言思之固

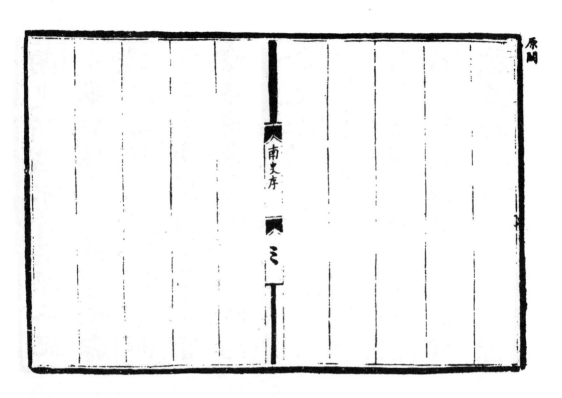

郡侯呂公師臯提綱於先

繼蒙

郡同知張公雲翼偕僚屬振領

於後遂成此書江左後學感

廉使幸惠之德不淺也蜀

人蕳東寅剡郡文學邑勉

與力因喜書成傳之永久

與天下覽者共之故僣為

引筆序其顛末云大德丙

午立夏拜手謹書

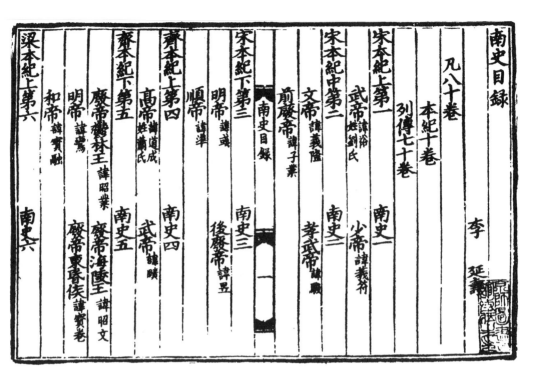

14-6

南史目錄

丘

老五

李延壽

宋高祖武皇帝諱裕字德輿小字寄奴彭城縣綏輿里人
姓劉氏漢楚元王交之二十一世孫也彭城楚都苗裔
家焉晉氏東遷劉氏移居晉陵丹徒之京口里皇祖靖晉
東安太守皇考翹字顯宗郡功曹帝以晉哀帝興寧元年
歲在癸亥三月壬寅夜生神光照室盡明是夕甘露降于
墓樹及長雄傑有大度身長七尺六寸風骨奇偉不事廉
隅小節奉繼母以孝聞嘗游京口竹林寺獨卧講堂前上
有五色龍章衆僧見之驚以白帝帝獨喜曰上人無妄言

〈南史帝紀一〉　　　一

皇考墓在丹徒之侯山其地秦史所謂曲阿丹徒間有天
子氣者也時有孔恭者妙善占墓帝嘗與經墓欺之曰此
墓何如孔恭曰非常地也帝由是益自負行止時見二小
龍附翼樵漁山澤同伴或亦親焉及貴龍形更大帝素貧
時人莫能知唯琅邪王謐獨深敬焉帝嘗負刁逵社錢三
萬經時無以還被逵執縶以已錢代償由是得釋後伐
荻新洲見大蛇長數丈射之傷明日復至洲裏聞有杵臼
聲往覘之見童子數人皆青衣於榛中擣藥問其故答曰
我王為劉寄奴所射合散傅之帝曰王神何不殺之荅曰
寄奴王者不死不可殺帝叱之皆散仍收藥而反又經客

下邳逆旅會一沙門謂帝曰江表當亂安之者其在君乎
帝先患手瘡積年不愈沙門有一黄藥因留與帝既而忽
亡帝以黃散傅之其瘡一傳而愈寶其餘及所得童子藥
每遇金創傅之並驗初為冠軍孫無終司馬晉隆安三年
十一月袄賊孫恩作亂於會稽朝廷遣衛將軍謝琰前將軍
劉牢之東討牢之請帝參府軍事命之與數十人覘賊
牢之子敬宣疑帝為賊所困乃輕騎尋之既而眾騎並至
遂平山陰恩遁入海四年五月恩復入會稽殺謝琰十一

〈南史帝紀一〉　　　二

月牢之後東征使帝伐句章句章城小人少帝每戰陷陣
賊乃退還浹口時東伐諸將士卒暴掠百姓皆苦之惟帝
獨無所犯五年春恩頻攻句章帝屢破之恩復入海三月
恩北出海鹽帝築城于故海鹽城城內兵少帝乃
乃選敢死士擊走之時雖連勝帝深慮眾寡不敵乃一
優棋示以羸弱觀其懈乃奮擊大破之恩知城不可下進
向滬瀆帝棄城追之海鹽令鮑陋遣子嗣之追奔陷没帝
為前驅帝以吳人不習戰命之在後不從是夜帝多設奇
兵兼置旗鼓明日戰伏發賊退嗣之追奔取死人衣以示
戰麾下死傷將盡乃至向廄止令左右解取死人衣且
賊疑尚有伏兵乃引去六月恩浮海至丹徒帝兼行與俱

至奔擊大破之恩至建鄴知朝廷有備遂走鬱洲八月晉帝以帝為下邳太守帝又追恩至鬱洲又海鹽頻破之恩自是飢饉奔臨海元興元年荊州刺史桓玄舉兵東下驃騎將軍司馬元顯遣遵宣諧桓玄請和帝與參其軍事擊之牢之不許乃遣子敬宣詣玄請和帝又固諫不從玄尅建鄴以牢之為會稽內史帝與東海何無忌於廣陵舉兵帝曰人情去矣廣陵亦可得乎玄從兄脩以撫軍將軍鎮丹徒以帝為中兵參軍

必守臣節當與卿事之不然與卿圖之玄自敗後懼見獲乃投于新洲何無忌謂帝曰我將何之帝曰可隨我還京口玄水死於臨海餘眾推恩妹夫盧循為主玄後遣帝東征二年循奔永嘉帝追破之六月加帝彭城內史十二月桓玄篡位遷晉帝於尋陽桓脩入朝帝從至建鄴內史司徒王謐曰昨見劉裕風骨不恒蓋人傑也每游集贈賜甚厚玄妻劉氏尚書令聰明有智鑒嘗見帝因謂玄曰劉裕龍行虎步視瞻不凡恐必不為人下宜早為其所玄曰我方平蕩中原非裕莫可付者關隴平定然後議之其還建與復計及弟道規沛國劉毅平昌孟昶任城魏詠之高平檀憑之琅邪諸葛長人太原王元德隴西辛扈興

東莞童厚子並同義謀時桓脩弟弘為青州刺史鎮廣陵道規為弘中兵參軍弘昶為青州主簿乃令毅就昶謀共襲弘長人為豫州刺史刁逵左軍府參軍謀據歷陽相應其龍驤厚之謀於建鄴攻玄尅期齊發三年二月乙卯帝託游獵與無忌謀之憑之從弟藩憑之從子韶祇隆道濟昶族弟懷玉等集義徒凡二十七人願從者百餘人丙辰候城門開無忌等義徒服傳詔稱詔居前義眾駭入齊叫吏士驚散即斬脩以徇帝哭之甚慟厚加斂勒勸弘其日出獵未明開門出獵人昶道規毅等率牡十五六十人因開門直入弘方噉粥即斬之因收眾濟江義軍初起京城

脩司馬刁弘率文武佐吏來赴帝登城謂曰郭江州巳奉乘輿反正於尋陽我等並被密詔誅逆黨今日賊玄之首巳當梟於大航諸君非大晉之臣乎弘等信之而退毅既至帝命誅弘等毅先在建鄴軍未發數日帝遣同謀邁為竟陵太守邁便下船欲之郡是夜玄與邁書曰北府人情云何卿近見劉裕何所道邁謂玄已知其謀晨起白之玄驚封邁為重安侯又以不執安穆故殺之誅元德毫興厚之等乃遣頓丘太守吳甫之右衛將軍皇甫敷比拒義軍先是帝造游擊將軍何澹之左右見帝光曜滿室以

告澇之以白玄玄不以為意至是聞義兵起甚懼或
曰裕等甚弱陛下何慮之深玄曰劉裕足為一世之雄劉
毅家無儋石之儲摴蒱一擲百萬何無忌劉牢之之外甥
酷似其舅共舉大事何謂無成時眾推帝為盟主以孟昶
為長史總後事檀憑之為司馬百姓願從者千餘人軍次
竹里忠臣碎於虎口逆臣桓玄敢肆陵慢阻兵荊郢肆暴
都邑天未忘難凶力寇蹻踰年之間遂傾皇祚主上播越
流幸非所神器沈辱七廟毀墜離夏后之離沮獯有漢之

【南史帝紀一】 五 [詹現]

遭荼卓方之於茲未足為喻自玄篡逆于今壁載彌年元
旱人不聊生士庶疲於轉輸文武困於板築室家分析父
子爭離豈惟大東有杼軸之悲摽梅有頃筐之怨而已哉
仰觀天文俯察人事此而可存孰有可亡凡在有心誰不
扼腕裕等所以叩心泣血不遑啟處者也是故爰興義興
搜揚忠烈輔國將軍何無忌鎮北主簿魏
將軍劉毅龍驤將軍劉道規振威將軍檀憑之兗州主簿魏
詠之寧遠將軍劉藩參軍孟昶
等忠烈齊契掃定荊楚江州刺史郭昶之奉迎主上宮于
瓛萬軍齊契掃定荊楚江州刺史郭昶之奉迎主上宮于

尋陽鎮北將軍王元德等並率部曲保據石頭揚武將軍
諸葛長人收集義士已摞歷陽征虜參軍庾賾之等潛相
連結以為內應同力協勢所在蠭起即日斬偽徐州刺史
安成王脩青州刺史弘義眾既集文武爭先咸謂晉祚宗不有
統則事無以緝裕辭不獲命遂摠軍要燕公侯諸君或樹忠
貞或身荷爵寵而並偶首猾豎周道寧不
頹之運勢接於已替之機丹誠未宣感慨憤激望霄漢以
永懷眄山川以增佇投袂之日神馳賊庭三月戊午遇吳

【南史帝紀一】 六 [詹現]

甫之於江乘帝躬執長刀大呼即斬甫之進至羅落橋遇
皇甫敷檀憑之戰敗死之眾退帝進戰彌厲又斬敷首初
帝建大謀有工相者相帝與無忌等近當大貴惟云憑之
無相至是憑之戰死帝知其事必捷玄聞義軍進至覆舟東張
玄始雖遣軍而走意已決別遣領軍殷仲文具舟石頭
屯東陵口六鎮諸樹布蒲山谷帝先驅令軍
疑兵以䃁蔽諸樹布蒲山谷帝先馳令軍士皆殊死戰
無不一當百呼聲動天地因風縱火煙焰張天謙等大敗
謙敗輕船南逸庚申帝鎮石頭城立留臺摠百官焚桓溫
主於宣陽門外造晉新主於大廟遣諸將追玄命尚書王

【南史帝紀一】　七　伯美

搬率百官奉迎乘輿司徒王謐與衆議推帝領揚州帝固
辭乃以謐為錄尚書事領揚州刺史帝為鎮軍將軍都督
八州諸軍事徐州刺史領軍將軍初晉陵人韋叟善相術
桓脩令相帝當得徐州帝不懌曰若中當相用為司馬至
曰君相貴不可言帝笑曰若中當相用為司馬至是輿帝
帝曰成王不負桐葉之信公亦應不志司馬之言今不敢
希鎮軍司馬當得領軍佐於是用為時諸葛長人失期為
刀速執送未至而玄敗玄經尋陽江州刺史郭昶之為具
乘輿法物初荊州刺史王綏以江左冠族又桓氏之甥素
其乘輿帝至是及其父尚書左僕射愉有自疑志並及誅四
月戊子奉武陵王遵為大將軍承制大赦惟桓氏一祖後
不免桓玄之篡王謐佐命手解安帝璽綬及義旗建衆謂
謐宜誅惟帝素德謐保持之劉毅嘗因朝會問謐璽綬所
在謐益懼及王愉父子誅謐從弟謀謂謐曰駒無罪而
誅此是卿所除勝己兄既桓氏黨附求免其位玄挾天子走江
謐懼奔曲阿帝威白大將軍迎還復其位玄挾天子走江
陵文浮江東下與劉毅何無忌劉道規等遇於峥嶸洲衆
軍大破之玄黨殺仲文奉晉二皇后還建鄴玄復挾天子
至江陵因走南郡太守王騰之荊州別駕王康產奉天子
入南郡府初益州刺史毛璩遣從孫祐之與參軍費恬送

【南史帝紀一】　八　伯美

弟喪下州琛弟惰之時為玄屯騎校尉誘玄入蜀至校
回洲怙與祐之迎射之益州督護馮遷斬玄傳首建鄴玄
從子振逃於華容之涌中招集逆黨襲江陵城騰之康產
皆被殺桓謙先匿沮川亦聚衆應振為玄舉哀立喪庭謙
率衆官桓謙桓振江陵平三月甲子晉帝至自江
陵庚子奉璽綬于安帝劉毅何無忌進及桓振戰敗績于
靈谿十月帝領青州刺史盧循遣使奉貢帝熙元年正月
毅等至江津破桓謙桓振江陵平三月甲子晉帝至自江
帝固讓旋鎮丹徒九月乙巳加帝領青州刺史盧循浮海
破廣州獲刺史吳隱之即以循為廣州刺史以其黨徐道
覆為始興相二年三月進帝豫交廣二州十月論臣復勳
封帝豫章郡公邑萬戶賜絹三萬疋其餘封賞各有差三
年十二月司徒錄尚書揚州刺史王謐薨四年正月徵帝
入輔授侍中車騎將軍開府儀同三司揚州刺史錄尚書
事徐兗二州刺史軍如故表解兗州先是帝遣冠軍劉敬宣
伐蜀賊譙縱無功而還九月帝以敗宣挫退遜位不許十
月乃降為中軍將軍開府如故五年二月偽燕主慕容超
大掠淮北三月帝抗表北討以丹陽尹孟昶監中軍留府
事乃浮淮入泗五月至下邳留船步軍進琅邪所過築城
留守超大將公孫五樓請斷大峴堅壁清野以待超不從

初謀是役議者以為賊若嚴守大峴軍無所資何能自反
帝曰不然鮮卑性貪略不及遠既幸其勝且愛其穀必將
引我且亦輕戰師一入峴吾何患焉及入峴帝舉手指天
曰吾事濟矣衆問其故帝曰師既過險士有必死之志餘
糧栖畝軍無匱乏之憂勝可必矣六月超留羸老守廣固
使其廣寧王賀賴盧及公孫五樓悉力據臨朐臨朐去城四十
里有巨蔑水超告五樓急據之比至為龍驤將軍孟龍符
所保五樓乃退大軍分車四十兩為二翼方軌徐行車張
憚御者執稍以騎為游軍軍令嚴肅比及臨朐賊陣日向具

戰猶酣帝用參軍胡藩策龍驤將軍檀韶等陷胸賊乃大奔超遁還廣
固獲其玉璽豹尾等送于都丙子尅廣固大城超固其
小城乃設長圍以守之城上人曰汝不得張綱何能
尚書郎張綱乞師於姚興自長安及太山太守申宣送
之綱有巧思先是帝脩攻具城不可下及至升諸樓車以示之城內莫不失色超既求救不
獲乃求稱藩割大峴為界獻馬千匹超不聽時姚
興遣使聲言將遣鐵騎十萬往救姚興與我定青州將過
函谷豈能自送今其時矣錄事參軍劉穆之遽入曰此言
不足威敵容能怒彼若鮮卑未拔西羌之至公何以待之

帝乃笑曰此兵機也非子所及羌若能救不有先聲是自
彊也十月張綱脩攻具成設飛樓縣梯木幔板屋冠以牛
皮弓矢無所用之劉毅遣上黨太守趙恢以千餘人來援
帝夜潛遣軍會之明旦恢狼五千方道而進每晉使將到
輒復如之六年二月丁亥屠廣固超踰城走追獲之斬于
建康市殺其王公以下納生口萬餘馬二千匹初帝之比
也徐道覆勸盧循乘虛而出循不從道覆雖無能為也循
從之是月道覆勸盧循諸郡守皆奔走時帝將鎮
下邳進兵河洛及徵使至即日班師鎮南將軍何無忌與
道覆戰敗死於豫章內外震駭朝議欲奉乘輿北走帝次

山陽聞敗卷甲兼行數十人造江上徵問知賊尚未至四月
癸未帝至都劉毅自表南征帝以賊新捷鋒銳須嚴軍俱
進使劉藩止之毅不從五月壬午盧循徐道覆大破之
審帝凱入相視失色欲還尋陽平江陵據二州以杭朝廷
道覆請乘勝遂下爭之旬日乃從于時比帝始還軍及
後戰士纔數千賊眾十餘萬舳艫千里孟昶諸葛長人
懼欲擁天子過江帝曰今兵士雖少猶足一戰若其剋濟
臣主同休如其不然不復能草間求活吾計決矣初帝征
慕容超惟孟昶勸行丙辰昶乃表天子引罪仰藥而死時

議者欲分兵屯守諸津帝曰賊衆我寡分其兵則測人虛
實一麾失利則沮三軍之心若聚衆石頭則衆力不分戊
午帝移鎮石城乙丑賊大至帝曰賊若新亭直上且將避
之若回泊蔡洲成擒耳徐道覆欲自新亭焚舟而戰循多
疑少決每求萬全乃泊蔡洲以俟帝潰帝登石頭以望見
之悅庚辰賊設伏於南岸帝進屯丹陽郡七月庚申循自
人比拒焉留參軍徐赤特戍查浦戒令勿戰帝率師南還
石頭斬徐赤特解甲久之乃出陣於南塘七月庚申循自
查浦而至張侯橋赤特與戰大敗賊進屯丹陽帝馳還
蔡洲迺將還尋陽帝遣輔國將軍王仲德等追之使建

威將軍孫處自海道襲番禺戒之曰我以十二月必破狄冠
賊方江而下帝躬祺幡鼓命衆軍齊力擊之軍中多雷庚辰
鄉亦足至番禺先傾其巢窟也十月帝率舟師南伐使劉
毅監太尉留府是月徐道覆冠江陵荊州刺史劉道規大
破之道覆走還盆口十一月孫處至番禺剋其城盧循父
殷奔始興剋撫其人以守十二月已卯大軍次左里庚辰
神弩所至莫不摧陷帝自於中流蹙之因風水之勢賊艦
悉薄西岸帝命火具焚之大敗循還尋陽遂走豫
章丞薄方柵左里丙申大軍次左里將戰帝麾竿折幡
沈于水衆咸懼帝笑曰昔覆舟之役亦如此今勝必矣攻

其柵循單舸走衆皆降師旋晉帝遣侍中黃門勞師于行
所七年正月已未振旅而歸改授大將軍楊州牧給班劍
二十人本官並如故固辭兄
贈屍褻秉禾及者遣主師迎接致還本土二月廬循至番禺
為孫處所破收餘衆南走劉藩懷王斬徐道覆于始興
自晉中興以來朝綱弛紊權門兼并百姓流離不得保其
產業桓玄頗欲釐改竟不能行帝既作輔大示軌憲
廟然遠近禁止至是會稽餘姚唐宜復藏匿亡命千餘人
帝誅其兇免會稽內史司馬休之命固辭於
是改授太尉中書監乃受命奉送黃鉞交州刺史杜惠度

斬盧循父子函七首送都先是諸州所遺秀才孝廉多
非其人帝乃表申明舊例策試之荊州刺史劉道規
求歸八年四月改授豫州刺史以豫州刺史劉毅代之毅
既有雄才大志與帝俱興晉室自謂京城武功足相
抗雖權事推帝而心不服也厚自矜許朝士素望者並
歸之與尚書僕射謝混丹陽尹郗僧施為南蠻校尉帝知毅終
陵豫州舊府多割以自隨請僧施為南蠻校尉深相結及鎮江
為異端心密圖焉至西疾篤表求從弟兗州刺史藩以
為副貳帝偽許焉九月藩入朝帝命收藩及謝混並賜死
自表討毅又假黃鉞率諸軍西征以前鎮軍將軍司馬休

14-21

之為平西將軍荊州刺史兗州刺史道憐鎮丹徒豫州刺
史諸葛長人監太尉留府事加司馬丹陽尹劉穆之
建威將軍配以實力壬午發建鄴遣參軍王鎮惡龍驤將
軍劉穆恩前鋒龍驤江陵兒之毅及黨與皆伏誅十一月帝至江
陵分荊州十郡為湘州進帝為太傅楊州牧加羽葆鼓吹
班劍二十人九年二月乙丑帝至自江陵初諸葛長人
淫驕橫帝每優容之劉毅既誅長人謂所親曰昔年醢彭
越今年殺韓信禍其至矣將謀作亂帝剋期至都而每淹
留不進公卿以下頻日奉候於新亭長人亦驟出既而帝

輕舟密至已還東府矣長人到門引卻前却語几平生
言所不盡者皆與之之長人甚悅帝已密命左右丁旿自
幔後出於坐拉殺之舁屍付廷尉并誅其弟黎人
昨曉更有力時人語曰勿跋邑付丁旿先是山湖川澤皆
為豪彊所專百姓薪採漁釣皆責稅直至是禁斷之時人
居者不在斷例諸流寓郡縣多所併省以帝領鎮西將軍
豫州刺史帝固讓太傅楊州牧及班劍奉還黃鉞七月朱
齡石平蜀斬譙縱傳首建鄴九月晉帝以帝平齊定盧循
功封帝次子義真為桂陽縣公并重申前命授帝太傅楊

州牧加羽葆鼓吹班劍餘輛十年息人簡役築東府城起府舍帝以
志而休之子誰王文思在都招聚輕俠帝執送休之令自
為其所文寶之兄子文祖并賜死帝書陳謝十一年正月帝收
休之子文寶之表殷文思并與帝書加黃鉞領荊
州刺史以中軍將軍道憐監留府軍事韓延之有幹用休莫
狀帝休之府錄事參軍韓延之有幹用休莫
書招之延之報書曰承親率戎馬遠履西偏闕境土庶莫
不惶駭原踆知以譙王前事良增歎息司馬平西體國忠

貞款懷待物以公有匡復之勳家國家賴推德委誠每事
詢仰譙王往以微事見劾猶自表遜位況以大過而當默
邪來示云勦期物者矣劉藩死於閶闔之門諸葛斃於左右
可謂勳懷期物自有由矣今伐人之君啗人以利真
之手甘言誑方伯襲之以輕兵遂使席上蹔懽之懷於
外無自信諸侯以為得等良可無授命之臣乎雖然鄙夫
君子以平西之至德寧可無授命之臣乎雖然鄙夫
流漓濁當與臧洪游於地下不復多云帝視書歎息以示
將佐曰事人當如此三月軍次江陵初雍州刺史魯宗之
員力好亂且慮不為帝容常為讒曰魚登日輔帝室與休

之相結至是率其子竟陵太守軌會于江陵帝濟江陵休之
衆濟與軌等奔襄陽江陵平加領南蠻校尉將拜南蠻遇
四段日佐軍鄆鮮之等自還只不許上書開寬大之恩四
月進軍襄陽休之等奔譙鮮之等白還只許上書開寬大之恩
公八月甲子帝至自江陵奉還黃鉞固辭太傅帝依舊牧前部
右長史司馬從事中郎四人封第三子義隆為北城縣
羽葆鼓吹其餘交州刺史增督南秦凡二十二州帝以平北
領平北將軍交州刺史增督南秦凡二十二州帝以平北
文武寡少不宜別置於是罷平北府以并太府三月加帝

中外大都督初帝平齊仍有定關洛意遇鷹揚循侵逼故襄
及荊雍平乃謀外略會姚興死子泓新立兄弟相殺關中
擾亂四月乙丑帝表伐關洛乃戒嚴比討加領征西將軍
司豫二州刺史以世子為徐兗二州刺史帝以義隆離懷遠
奉琅邪王北伐五月廬江霍山崩複六鍾獻之天子癸巳
加領北雍州刺史前後部羽葆鼓吹增班劍為四十人八
月乙巳率大衆進發以世子為中軍將軍監太尉留府事
尚書右僕射劉穆之為左僕射領軍監軍中軍二府留
君東府總攝內外九月帝至彭城加領此徐州刺史十月
衆軍至洛圍金墉降之脩復晉五陵置守衛十二月壬申

晉帝加帝位相國總百揆揚州牧封十郡為宋公備九錫
之禮加璽綬遠游冠綠綟綬位在諸侯王上策曰朕以寡
昧仰繼洪基夷凶乘亂薄伐蕩覆王室越在南鄆遷于九江宗
祀絕饗人神無位視擧凶寄命江浦則知祖宗之烈奄
墜于地七百之祚朝焉既傾老巨海同知收淪天未絕
晉誕育英輔朕今繼絕傾毋作明元
勳至德朕實賴今授公典策其敬聽朕命乃桓玄
肆惛憯天泯夏拔本塞源顛蹶六位庶僚剽劫四方莫恤
公精貫朝日氣陵虹蜺舊其靈武大纖羣應剋復皇邑奉
歆神祇此公之大節也授律羣后順流長騖

薄伐峰嶸獻捷南郢大慰折首羣逆畢夷三光焱采舊物
反正此又公之功也出藩入輔弘茲保弼阜財利用鑠殖
黎元編户歲滋彊宇日啓導德明刑四境有截此又公之
功也鮮甲首衆憚三齊介恃殘阻仍為過害八覬乘
馬奧入遠疆衝櫓四臨萬雉俱潰拓土三千申威龍漠此
又公之功也盧循祆凶伺隙侵覆江豫矢及王城國
議遷都之規家獻徒卜之計公乘輅陷旅浮海指日還墜
略英謨不世校愆窮幽求旗宵道俾我畿甸抵於將墜
此又公之功也追奔逐北揚馘江濆倫旅浮海指日還墜
番禺之功俘級萬數左里之捷烏散魚潰元凶遠竄傳首至

萬里此又公之功也劉毅叛換萬彙西夏陵上罔主志肆

波暴公衡以刑消之不日罪人斯得荊衡寧晏此又公

之功也譙縱怙亂寇蜀一隅王化阻閡三巴渝溺公指命

偏帥授以旌圖波澄滿致宙井絡僭豎伏鎮梁岷草惟

此又公之功也馬休憑崇阻兵內侮驅率二方連旌稱亂

公投袂言研其上略江津之師勢踰風電回斾沅川冀

繁震搖二叛奔迸荊雍來蘇祖宗懷僾没世之慎遺昭有匪

夷禮華五都傾湯山陵幽厲近同小白滅亡之恥鞠旅

風之思公遠祚阿衡納隍之仁

陳師蕭然大號分命舉帥北徇司兗許鄭風旆筆洛載清

南史帝紀一 〈十七〉 羅六

百年椎檢一朝掃滌此又公之功也公有康宇內之勳重

之以明德爰初啟跡則奇謨冠古電擊彊狄則鋒無前對

畫窜東嶷大遷黔首乃草昧經綸化融於歲計休危靜

亂道固於包桑益削煩苛較若畫一淳風美化盈襄區寓

是以絕域獻琛遠夷納贄種德邁于九服率從雖文命之

東漸西被爰暨賢侯建侯胙土啟以寵章崇其徽物所以協替皇

室永隆藩昇故曲阜光啟遂荒徐宅營立表海四囊有聞

其在襄王亦賴匡霸又命文備物光賜惟公道冠前烈

勳高振古而殊典未飾朕其懍焉今進授相國以徐州之

彭城沛蘭陵下邳淮陽山陽廣陵兖州之高平魯泰山十

郡封公為宋公錫茲玄土苴以白茅爰定爾居用建家社

昔晉鄭啟藩入作卿士周召保傳出總二南內外之任公

實兼之今命使持節兼太尉授公璽綬使持節常侍尚書

左僕射晉寧縣五等男

陽逯鄉侯泰授宋公茅土金虎符第一至第五左竹使符

第一至第十左相國位無不總禮絕朝班君常之名宜與

事章其以相國摠百揆去錄尚書之號上送所假節侍中

貂蟬中外都督太傅印綬豫章公印策進揚州刺史

為牧領征西將軍司豫北徐雍四州刺史如故公紀綱禮

南史帝紀一 〈十八〉 羅片

度萬國是式東介蹈方罔有選志是用錫公大路戎路各

一玄牡二駟公抑末敦本務農重積粟帛殷阜惟

是用錫公袞冕之服赤舄副焉公關邪納正移風改俗陶

鈞品物如樂之和是用錫公軒縣之樂六佾之舞公宣美

王化導楊休風柔遠企邇華夷率俾是用錫公朱戶以居

公官方任能網羅幽滯九皋辭野聖士盈朝是用錫公納

陛以登公當軸處中率下以義武過寇讎詳允放命千紀

錫公虎貴之士三百人公明罰恤刑庶獄詳允放命千紀

罔有收納是用錫公鈇鉞各一公

囊四海折衝無外是用錫公彤弓一彤矢百玈弓十玈矢

千公溫恭孝思致虔禋祀忠肅之志儀刑四方是用錫公
秬鬯一卣圭瓚副焉爲宋國置丞相以下一遵舊儀欽哉其
祗服往茂對天休簡恤庶邦敬敷顯德以終我高祖之
嘉命置宋國侍中黃門侍郎尚書左丞相大使奉迎抱罕
虜乞伏熾盤遣使謂帝求効力討姚泓拜爲平西將軍河
南公十三年正月帝以舟師進討留彭城公義隆鎮彭城
追贈帝祖爲太常父爲特進左光祿大夫讓不受二月冠
軍將軍檀道濟等軍次潼關三月庚辰帝率大軍入河五
月帝至洛陽謁晉五陵七月至陝龍驤將軍王鎮惡舟師
自河浮渭八月扶風太守沈田子大破姚泓軍於藍田王
鎮惡剋長安禽姚泓始義熙九年歲鎮熒感太白聚東井
至是而關中平九月帝至長安豐稿怒藏盈積帝先
收其彝器渾儀土圭里鼓指南車及秦始皇玉璽送之
都其餘珍寶珠玉悉少班賜將帥遷姚宗于江南泓斬
于建康市謂漢長陵大會文武於未央殿十月晉帝詔進
宋公爵爲王加十郡益宋國並前爲二十郡其相國揚州
牧領征西將軍司豫北徐雍四州刺史如故帝欲息駕長
安經略趙魏十一月前將軍劉穆之卒乃歸十二月庚子
發自長安以桂陽公義真爲雍州刺史鎮長安留腹心將

佐以輔之十四年正月壬戌帝至彭城解嚴息甲以輔國
將軍劉遵考爲并州刺史領河東太守鎮蒲坂帝解司州
領徐冀二州刺史固讓進爵時漢中成固縣漢水崖際有
異聲如雷俄頃岸期有銅鍾十二出自潛壤肇縣人宗曜
於其田所獲嘉禾九穗同莖帝以歸于我帝冲
讓乃止六月丁亥受相國宋公九錫之命下令赦國內殊
死以下詔崇豫章太夫人爲宋公太妃世子爲中軍將軍
副貳相國府百官悉依天朝之制又詔宋國所封十郡之
外悉得除用先是安西長史王脩關中亂十月帝遣右將軍朱
鎮惡諸將殺安西將軍桂陽公義真爲雍州刺史義員還爲赫
連勃勃所追大敗僅以身免諸將帥及齡石並沒十二月
齡石代安西將軍桂陽公義其爲雍州刺史義員還爲赫
晉安帝崩大司馬琅邪王即帝位元熙元年正月晉帝詔
徵帝入輔又申前令進公爵爲王以徐州之海陵北東海
比譙北梁豫州之新蔡兗州之陳郡汝南
潁川滎陽十郡增宋國七月乃受赦國內五歲刑以下
遷都壽陽九月解揚州十二月晉帝命帝冕十有二旒建
天子旌旗出警入蹕乘金根車駕六馬備五時副車置旄
頭雲罕樂儛八佾設鍾虡宮縣進王太妃爲太后王妃爲
王后世子爲太子王子王孫爵命之號一如舊儀二年正

月帝表讓殊禮竟陵郡江濱自開出古銅禮器十餘枚帝

獻之晉帝讓不受於是歸諸瑞物藏於相府四月詔遣敦

勸兼徵帝入輔六月壬戌帝至都甲寅晉帝禪位于宋有

司草詔既成請書之天子即便操筆謂左右曰桓玄之時

天命已改重為劉公所延將二十載今日之事本所不心

甲子遣使奉策曰咨爾宋王夫玄古權興悠哉邈矣其詳

廉得而聞茲自書數降逮三五莫不以上聖君四海止戈

定大業然則帝王者宰物之通器君道者天下之至公也

昔在上葉深鑒茲道是以天祿既終唐虞弗得傳其嗣符

命來格舜禹不復全其謙所以經緯三才澄序彝化作範

【南史帝紀】

〈三十〉 肖侍

振古垂風萬華莫尚於茲自具嫩後歷代彌劭漢既嗣德

於放勳魏亦方軌於重華諒以協謨乎人鬼而以百姓為

心者也貴我祖宗欽明辰居其極而明晦代存盈虧有期

鞠商兆禍非惟一世曾是弗剋剡伊在今天之所發有自

來矢惟王體上聖之咸包二儀之德明齊日月道合四時

爲者社稷頌傳上聖之咸包二儀之德明齊日月道合四時

固不實千紀放命琛逆天稔撗萬里飛不潤之以風雨

震之以雷霆九代之道既敷八法之化自理豈伊博施於

人濟斯黔燕固已義浹四海道盈八荒者矣至於上天垂

象四靈效徵圖讖之支既明人神之望已改百工歌於朝

庶人頌乎野億兆并踊俛伫惟新自非百姓樂推天命攸

集豈伊在予小子所得獨專是用仰祗皇靈順群議敬禪神

器授帝位于爾躬大祢其窮天祿永終無窮時驛休祐以

中敬遵典訓副率土之嘉顏怵恢業於無窮時驛休祐以

苍三靈之眷望又遣使持節兼太保散騎常侍光大夫

謝澹兼太尉故車帝奉表陳讓皇帝已遜于琅邪王第

一如唐虞漢魏故事帝奉表陳讓皇帝已遜于琅邪王第

表不獲通猶不許太史令駱達陳天文符應曰晉自

並上表勸進猶不許太史令駱達陳天文符應曰晉自

【南史帝紀一】

〈三十二〉 肖宝

熙元年至元熙元年太白晝見經天凡七占曰太白經天

人更主異姓興義熙七年五虹見于東方占曰五虹見天

子黜聖人出九年鎮星歲星太白熒惑聚于東井十三年

鎮星入太微占曰鎮星守太微有立王有徙王元熙元年

冬黑龍四登于天易傳曰冬龍見天子土社稷大人受命

巽州道人獨法稱告其弟子曰江東有劉將軍漢

家苗裔當受天命吾以璽一餉興之劉氏卜

世之數也漢雍武至建安末一百九十六年而禪晉自

黃初至咸熙末四十六年而禪晉晉自太始至今百五十

六年三代揖讓咸窮於六又漢光武社于南陽漢末而其

樹死劉備有蜀蓏應之而興及晉孝年禧根始萌至是而

14-26

盛矣若此者有數十條群臣又固請乃從之

求初元年夏六月丁卯皇帝即位於南郊設壇柴燎告天
曰皇帝臣某敢用玄牡昭告于皇皇后帝晉以世告終
歷數有歸欽若景運以命于裕夫樹君宰世天下為公德
充帝王樂推假唐虞降齊漢魏而不以為上哲終
文祖元勳陟帝位故能大拯橫流懲革宇內格
維橫流拯投袂一起則皇祚劫復及危而能持顛而能扶姦
主遷播揚祚堙滅裕雖地兆齊晉殷無一旅仰憤時艱俯
悼橫流投袂一起則皇祚劫復及危而能持顛而能扶姦
究其藏情偽亦滅誠興發有期否終有數至於大造晉室

歲月滋著是以群公卿士億兆夷人僉曰皇靈降鑒于上
正朔所暨咸服聲教至乃三靈垂象山川告祥人神協社
群議恭茲大禮猥以寡德託于兆人之上雖仰畏天威略
是小節顧探求懷祗懼若寶誠聞元日升壇受禪告類上
帝用酬顧萬國之情克隆天保求祚于有宋惟明哲知
犖備法駕還杜建康宮臨太極前殿大赦改元日賜人爵二級饗禮
鰥寡孤獨不能自存者人穀五斛蒲租宿責勿收其犯鄉
論清議贓污淫盜一皆滌除長徒之身將皆原遣士官失

尉禁錮奪勞一依舊準封晉帝為零陵王全食一郡載天
子旌旗乘五時副車行晉正朔郊祀天地禮樂制度皆用
晉典上書不為表答表不稱詔宣于故秣陵追尊王太后為皇考為
孝穆皇帝妣為穆皇后尊王太后為皇太后詔曰夫微禹為
之感歎深毗愛人懷樹猶在異代義熙
降殺之儀一依前典可降始興公為始興縣開國公義即
縣公始安公為荔浦縣侯長沙公為醴陵縣侯宣力義熙
者一仍本秩庚午以司空道憐為太尉封長沙王立南郡
公義慶為臨川王又詔論戰士追贈及酬賞除復之科乙

亥封皇子桂陽公義真為廬陵王彭城王乙
義康為彭城王丁丑使使巡行四方旌賢舉善問人疾苦
獄訟蔚濫政刑平讅傷化擾俗未允人聽者皆具以聞戊
寅詔增百官奉己卯改晉泰始歷為永初歷甲戌
辰秋七月丁亥原放劫賊餘口沒在臺府者諸流徙之家
並聽還本又以市稅繁苦優量減降從征關洛者復置五校三將
者贍賜其家五陳留王曹虔嗣薨薨辛卯征西大將軍本歡
官增殿中將軍二十人餘在貞外戊戌鎮西大將軍本開
府儀同三司楊盛進號車騎大將軍甲辰鎮西大將軍本
進號征西大將軍平西將軍乞伏熾盤進號安西大將軍

征東將軍高句驪王高璉進號征東大將軍鎮東將軍百
濟王挾餘映進號鎮東大將軍置東宮冗從僕射旅賁中
郎將官戊申遷神主於太廟車駕親奉王子詔改權制率
從寬簡八月辛酉詔舊郡縣以北為名者悉除之寓立於
南郡林邑國遣使朝貢九月壬子置東宮殿中將軍十人
沛其沛郡下邳各復租布三十年辛未追諡妃臧氏為敬
皇后陵曰永寧癸酉立王太子義符為皇太子乙亥赦見
罪入閏月壬午置晉帝諸陵守衛其名賢先哲詳加灑掃
丁酉閏月壬申置都官尚書是歲魏明元皇帝太常五
貞外二十人

年西涼亡
二年春正月辛酉祀南郊大赦丙寅斷金銀塗以揚州刺
史盧陵王義真為司徒以尚書僕射徐羨之為尚書令揚
州刺史已卯禁喪事用銅釘罷會稽郡府二月乙丑初策試荊州
府置將不得過二十人吏不得過五千人兵士不在此限夏四月已卯初
五百人吏不得過一萬人州置將不得過
禁淫祀除諸房廟其先賢以勳德立祠者不在此例戊辰
聽訟於華林園五月己酉置東宮屯騎步兵翊軍三校尉
官秋七月己巳地震九月己丑零陵王俎宋志也車駕率

百僚臨于朝堂三日如魏明帝服山陽公故事使兼太尉
持節護喪事葬以曾禮冬十月已亥以涼州刺史胡
蒙遜為鎮軍大將軍開府儀同三司涼州刺史十一月辛
亥葬晉恭皇帝于沖平陵車駕率百官瞻送
三年春正月甲辰詔刑罪無輕重悉原之癸丑以尚書
令揚州刺史徐羨之為司空錄尚書事刺史傅亮為尚書
刺史王弘衛將軍開府儀同三司以太子詹事傅亮為尚
書僕射二月丙戌有星孛于盧危三月上不豫太尉長沙
王道憐司空徐羨之尚書僕射傅亮領軍將軍謝晦護軍
將軍檀道濟並入侍醫藥群臣請祈禱神祇上不許惟使
侍中謝方明以疾告廟而已丁未以盧陵王義真為侍中
車騎將軍開府儀同三司南豫州刺史已未上疾瘳大赦
夏四月乙亥封仇池公楊盛為武都郡王五月上疾甚召
太子戒之曰檀道濟雖有幹略而無遠志非如兄韶有難
御之氣徐羨之傅亮當無異圖謝晦屢從征伐頗識機變
若有異必此人也小却可以會稽江州厨之又為手詔朝
廷不須復有別府宰相帶揚州可置甲士千人若大臣中
任要宜有爪牙以備不祥人者可以臺見留隊給之有征
討煞配以臺見軍隊行還復舊後若有幼主朝事一委
宰相毋后不煩臨朝伏既不許入臺殿門要重人可詳

給班劒勞及上崩于西殿時年六十七月己酉葬丹陽建
康縣蔣山初寧陵羣臣上謚曰武皇帝廟號高祖上清閒
素欲敦豐有法度未嘗視珠玉輿馬之飾後庭無紈綺絲
竹之音初朝廷未備音樂長史殷仲文以為言帝曰政以解
眼給且所不習仲文曰樂聽自然亦何解之有帝曰不
府內無私藏宋臺有司奏東西堂施局脚牀金塗釘上
之故以虜俗侈麗廣州嘗獻入筒細布一端八丈
不許使用直脚牀釘用鐵

帝惡其精麗勞人即付有司彈太守以布還之并制領南
禁作此布帝素有熱病并患金創末年尤劇坐臥常須冷
物後有人獻石牀寢之極以為佳乃歎曰木牀且費而況
石邪即令毀之制諸主出適遣送不過二十萬無錦繡金
玉內外奉禁莫不節儉性尤簡易嘗著連齒木屐好出神
武門內左右逍遙從者不過十餘人時徐羨之住西州嘗
思義之便步出西掖門羽儀絡驛追隨已出西明門矣諸
子旦問起居入閤脫公服著裙帽如家人之禮焉微時
躬耕於丹徒及受命耨耕之具頗有存者皆命藏之以留
於後方文帝幸藉田見而問焉左右以實對文帝色慚有

近侍進曰大舜躬耕歷山伯禹親事水陸下不觀列聖
之遺物何以知稼穡之艱難何以知先帝之至德乎及孝
武大明中壞上所居陰室於其奧起玉燭殿與羣臣觀之
牀頭有土障壁上掛葛燈籠麻繩拂侍中袁顗盛稱上儉
素之德孝武不苔獨曰田舍公得此以為過矣故能光有
天下克成大業盛矣哉
少帝諱義符小字車兵武帝長子也母曰張夫人晉義熙
二年生帝於京口時武帝踰不惑尚未有男又帝生甚
悅年十歲拜豫章公世子武帝踐阼立為宋太子武帝
臺建拜宋世子元熙元年進為宋太子

太子永初三年五月癸亥武帝崩是日太子即皇帝位大
赦制服三年尊皇太后曰太皇太后六月壬申以尚書僕
射傅亮為中書監尚書令司空徐羨之領軍將軍謝晦及
其輔政戊子太尉長沙王道憐薨秋九月丁未有司奏武
皇帝配南郊武敬皇后配北郊冬十一月戊午有星孛于
營室十二月庚戌魏軍剋滑臺
景平元年春正月己亥朔大赦改元文武賜位二等辛丑
祠南郊魏軍攻金墉城癸卯河南郡失守乙卯有星孛于
南鮮卑吐谷渾阿豺並遣使朝貢庚辰進蒙遜驃騎大將
東壁三月丁丑太皇太后崩鎮軍大將軍大且渠蒙遜河

軍封河西王以阿豺為安西將軍沙州刺史封澆河公三

月壬寅孝懿皇后袝葬于興寧陵是月高麗國遣使朝貢

夏閏四月己未魏軍剋虎牢秋七月癸酉尊所生張夫人

為皇太后丁丑殂五歲刑以下冬十月己未有星孛于氐

是歲魏明元皇帝崩

帝居勳所為多矣失真夏五月己西皇太后令暴帝過惡發

兵執政使使者誅皇弟義真于新安高麗國遣使朝貢時

真為庶人從新安郡乙巳大風天有雲五色占者以為有

二年春二月己卯朔日有蝕之廢南豫州刺史廬陵王義

為營陽王一依漢昌邑晉海西故事奉迎鎮西將軍宜都

王義隆等謝誨領兵居前義之等隨後因東掖門開入自雲

龍門盛等先戒宿衞莫有禦者時帝於華林園為列肆親

自酤賣又開瀆聚土以象破岡埭與左右引船唱呼以為

歡樂夕游天泉池即龍舟而寢其朝未興兵士進殺二侍

者於帝側傷帝指扶出東閤就收璽綬羣臣拜辭送于東

宮遂幽于吳郡是日敕死罪以下太后令奉還璽檀道

濟入守朝堂六月癸五徐羨之等使中書舍人邢安泰弒

帝於金昌亭帝有勇力不即受制突走出昌門追以門關

論曰晉自社稷南遷王綱弛紊朝權國命遞歸台輔君道

雖存主威久謝桓溫雄才蓋世勳高一時移鼎之業已成

天人之望久改自斯以後帝道彌昏道子開其禍端元顯

成其釁暴末桓玄乘時藉運加以先資革命受終人無異望

宋武地非齊晉眾無一旅曾不浹旬凶渠殄滅所集之魏晉可謂收其

功格上下若夫樂推所歸謳歌所集之魏晉可謂收其

實矣然武皇將涉知命弱嗣方育顧前無嚴訓少

帝體易狹之質稟可下之姿外物莫犯其心所欲必從其

志嶺縱非學而能危亡不期而集其至顛沛非不幸也悲

夫

哉

宋本紀上第一

南史

宋本紀中第二　　　　李　延壽　　南史二

【南史帝紀二】

太祖文皇帝諱義隆小字車兒武帝第三子也晉義熙三
年生於京口十一年封彭城縣公永初元年封宜都郡王
位鎮西將軍荊州刺史加都督時年十四長七尺五寸博
涉經史善隸書景平元年武帝崩會武帝嘗聽訟仍遣上訊建康
獄囚辯斷稱旨武帝甚悅景平初有黑龍見西方五色雲
隨之二年江陵城上有紫雲望氣者皆以為帝王之符當
在西方其年少帝廢百官議所立徐羨之傳亮等以禎符
所集備法駕奉迎入奉皇統行臺至江陵尚書令傅亮奉
表進璽紋州府佐吏並稱臣請題榜諸門一依宮省上皆
不許敕州府國綱紀宥有所統內見刑是時司空徐羨之等
新有弒害及鑒駕西迎人懷疑懼惟長史王曇首司馬王
華南蠻校尉到彥之共期朝臣未有異志帝曰諸公受遺
不容背貳且勞臣舊將內外充滿今兵力又足以制物夫
何所疑甲戌乃發江陵命王華知州府留鎮陝西令到彥
之監襄陽車駕往道有黑龍躍負上所乘舟左右莫不失
色上謂襄陽曰此乃夏禹所以受天命我何德以堪之
及至都群臣迎拜於新亭先謁初寧陵還次中堂百官奉
璽綬沖讓未受勸請數四乃從之

元嘉元年秋八月丁酉皇帝即位于中堂備法駕入宮御
太極前殿大赦改元文武賜位二等戊戌拜太廟詔追復
廬陵王先封奉迎靈柩辛丑謁臨川烈武王弘位司空癸卯進司
空徐羨之位司徒迎江州刺史王弘位司空尚書令傅亮左
光祿大夫開府儀同三司甲辰追尊所生胡婕妤為章皇
太后封皇弟義恭為江夏王義宣為竟陵王義季為衡陽
王乙酉減荊湘二州今年稅布之半九月丙子立妃袁氏
為皇后是歲減太武皇帝始光元年
二年春正月丙寅司徒徐羨之尚書令傅亮奉表歸政上
始親覽萬機辛未祀南郊大赦秋八月乙酉驃騎將軍南
【南史帝紀二】
徐州刺史彭城王義康以本號開府儀同三司冬十一月庚午以武都王
王弘車騎大將軍開府儀同三司王弘為司空
世子劭為北秦州刺史殷封武都王是歲赫連屈丐死
三年春正月丙寅司徒徐羨之尚書令傅亮有罪伏誅遣
中領軍到彥之征比將軍檀道濟討荊州刺史謝晦上親
率六師西征大赦丁卯以江州刺史王弘為司徒錄尚書
事二月戊午以金紫光祿大夫王敬弘為尚書左僕射豫
章太守鄭鮮之為右僕射戊辰到彥之檀道濟大破謝晦
於隱磯丙子車駕自蕪湖反師己卯禽晦於延頭送都伏
誅賀夏五月乙未以征北將軍南兗州刺史檀道濟為征南

大將軍開府儀同三司江州刺史乙巳驃騎大將軍涼州
牧大且渠蒙遜攻為軍騎大將軍詔大使巡行四方觀省
風俗丙午臨延賢堂聽訟自是每歲三訊秋旱且蝗冬十
二月前吳郡太守徐佩之謀反伏誅
四年春正月乙亥朔曲赦建鄴百里內辛巳祀南郊二月
乙卯行幸丹徒謁京陵三月丙子宴丹徒宮帝鄉父老咸
與焉蠲丹徒今年租布原五歲刑以下丁亥車駕還宮戊
子尚書右僕射鄭鮮之卒壬寅採富陽令諸葛闡議禁斷
夏至日五絲命縷之屬夏五月都下疾疫遣使存問給醫
藥死無家屬者賜以棺器六月癸卯朔日有蝕之

【南史帝紀二】 ▼〈三〉▼

五年春正月乙亥詔以陰陽愆序求讜言甲申臨玄武館
閱武戊子都下大火遣使巡慰振恤夏六月乙卯庚戌大水
弘降為衛將軍開府儀同三司都下大水乙卯遣使檢行
振贍十二月天竺國遣使朝貢是歲魏神麚元年大武皇
帝伐赫連昌滅之乞伏熾盤死
六年春正月辛丑祀南郊癸丑以荊州刺史彭城王義康
為司徒錄尚書事三月丁巳立皇子劭為皇太子戊午大
赦賜文武位一等夏四月癸亥以尚書左僕射王敬弘為
尚書令丹陽尹臨川王義慶為尚書左僕射吏部尚書江
夷為右僕射五月壬辰朔日有蝕之秋七月百濟國遣使

朝貢冬十一月乙丑朔日有蝕之星晝見十二月西河河
南國並遣使朝貢
七年春二月壬戌雪且雷三月戊戌王於午立錢
魏夏六月巳卯封氐楊難當為武都王冬十月戊午王壬
署鑄四銖錢戊寅魏尅金墉城十一月癸未又尅武牢壬
辰遣征南大將軍檀道濟拒魏右將軍到彥之自滑臺奔
退十二月都下火延燒于太社比牆是歲馮跋死倭百濟
阿羅單林邑呵羅他師子等國並遣使朝貢員外與晉陵義
興大水遣使巡行振恤
八年春二月辛酉魏尅滑臺癸酉檀道濟引軍還自是河

【南史帝紀二】 ▼〈四〉▼庚午

南徙亡圭卯本雪夏六月乙丑大赦故又大雪閏六月
乙巳遣使省行獄訟簡息徭役
九年春二月辛卯詔曰故大傅長沙景王故大司馬臨川
烈武王故司徒南康文宣公穆之衛將軍華容公弘征南
大將軍求偹公道濟故左將軍龍驤侯鎮惡或獲道廣深
乾德沖邈或雅量高勁風鑒明遠或識準弘正才署開邁
咸文德以弘帝載武功以隆景業而太常未銘從祀闕身
進衛將軍王弘為太保丁巳加江州刺史檀道濟為司空
寇裹屬慮求言興懷便宜配祭廟庭勒功天府三月庚戌
夏五月壬申新除太保王弘薨六月癸未置積射彊弩將

軍官乙未以征西將軍沙州刺史吐谷渾慕璝為征西大
將軍西秦河二州刺史隴西王壬寅以撫軍將軍江夏王
義恭為征北將軍開府儀同三司南兗州刺史秋七月庚
午以領軍將軍殷景仁為尚書僕射冬十二月庚寅立皇
子紹為廬陵王將軍奉孝獻王祀江夏王義恭子朗為南豐王
奉營陽王祀是歲魏延和元年

十年春正月甲寅改封竟陵王義宣為南譙王已未大赦
夏林邑閣婆婆州訶羅單國並遣使朝貢秋七月戊戌曲
赦益梁秦三州冬十一月氐楊難當擁有梁州是月且渠
蒙遜死

十一年夏四月梁秦二州刺史蕭思話破氐梁州平五月
丁卯曲赦梁南秦二州鈉閣以北戊寅以大且渠茂虔為
征西大將軍梁州刺史封西河王是歲林邑扶南訶羅單
國並遣使朝貢

十二年春正月辛酉大赦辛未祀南郊癸西封馮弘為撫
王夏四月丙辰詔內外舉士都下地震六月禁酒師子國
遣使朝貢丹陽淮南民眾興義與大水都下乘船已西以
徐豫南兗三州會稽宣城二郡米穀百萬斛賜五郡遭水
人秋七月辛西闍婆婆達扶南國並遣使朝貢八月乙亥
原除遭水郡諸逋貢九月蜀賊張尋為寇是歲魏太延元年

十三年春正月癸丑朔上有疾不朝會三月已未誅司空
江州刺史檀道濟庚申大赦夏六月高麗武都等國並遣
使朝貢秋七月已未零陵王太妃殂追崇為晉皇后葬以
晉禮九月癸丑立皇子濬為始興王駿為武陵王是歲馮
弘奔高麗

十四年春正月辛卯祀南郊大赦戊戌鳳凰二見于都下
聚鳥隨之改其地曰鳳凰里夏四月蜀賊張尋廣隆遷
之建鄴冬十二月辛西初得賀雪河南西河訶羅單國並
遣使朝貢
遣使高麗

十五年春正月以平東將軍吐谷渾慕延為鎮西將軍秦
河二州刺史封隴西王秋七月地震新作東宮是歲
武都河南高麗倭扶南林邑等國並遣使朝貢立儒學館
于北命雷次宗居之

十六年春正月戊寅關武于北郊庚寅進彭城王義康為
大將軍領司徒以開府儀同三司江夏王義恭為司空夏
六月已酉改封隴西王吐谷渾慕延為河南王秋八月庚
子立皇太子冠大赦是歲武都河南林邑高麗等國並遣使
亥皇太子鑠為南平王九月魏滅且渠茂虔冬十二月乙
朝貢上好儒雅又命丹陽尹何尚之立玄素學著作郎
何承天立史學司徒參軍謝元立文學各聚門徒多就業

南史帝紀二 【七】

者江左風俗於斯爲美後言政化稱元嘉焉
十七年夏四月戊午朔日有蝕之秋七月壬子皇后袁氏
朋八月徐兗青冀四州大水遣使振恤九月壬子葬元皇
后于長寧陵冬十月戊午前丹陽尹劉湛有罪伏誅大赦
文武賜爵一級以大將軍領司徒錄尚書事彭城王義康
爲江州刺史大將軍如故甲戌以司空江夏王義恭爲司
徒錄尚書事十一月尚書僕射揚州刺史殷景仁卒十二
月癸亥以光祿大夫王球爲尚書僕射代辰武都河南百
濟等國並遣使朝貢是歲魏太平真君元年
十八年春三月庚子雨電戊申置尚書刪定郎官夏五月

壬午衛將軍南兗州刺史臨川王義慶征北將軍南徐州
刺史南離王義宣並開府儀同三司甲申河水氾溢害居
人六月戊辰遣使巡行賑贍冬十一月戊子尚書僕射王
球卒已亥以丹陽尹孟顗爲尚書僕射氏楊難當冠漢川
十二月晉寧太守爨松子舉兵反益州刺史徐循討平之
是歲河南蕭特高麗蘇摩黎邑等國並遣使來朝貢
十九年夏四月甲戌上以久疾愈始奉初祠大赦五月庚
寅梁秦二州刺史劉眞道龍驤將軍裴方明破楊難當仇
池平閏月都下水遣使巡行賑恤六月以大且渠无諱爲
征西大將軍涼州刺史封西河王秋七月甲戌晦日有蝕

南史帝紀二 【八】

之九月丙辰有客星在北斗因爲彗入文昌貫五車埽畢
拂天節經天苑李冬乃滅冬十二月丙申詔奉聖之徽速
謀本龍泰及令脩廟四時饗祀幷命繼近墓五家供酒埽栽
松栢六百株見歲蠕蠕河南扶南婆皇國並遣使朝貢西
涼武昭王孫李寶始歸于魏
二十年春正月辛亥祀南郊二月甲申閼武於白下魏軍
剋仇池夏四月甲午立皇子誕爲廣陵王秋七月癸丑以
楊文德爲征西將軍北泰州刺史封武都王冬十月雷十
二月壬午置籍田是歲河西高麗百濟國並遣使朝貢
自去歲至是諸州郡水旱傷稼人大飢遣使開倉賑恤

二十一年春正月已亥南徐南兗南豫州揚州之浙江西
並禁酒辛酉親耕藉田大赦二月已丑徒錄尚書事江
夏王義恭進位太尉領司徒辛卯立皇子宏爲建平王秋
八月戊辰以荊州刺史衡陽王義季爲征北大將軍開府
儀同三司南兗州刺史封河西王冬十月已亥命刺史郡守勸
耕丙子雷且霞
二十二年春正月辛卯朔改用御史中丞何承天元嘉新
曆二月甲戌立皇子褌爲東海王袝爲義陽王秋七月已
未以尚書僕射孟顗爲左僕射中護軍何尚之爲右僕射

九月已未開酒禁癸酉宴于武帳堂上將行敕諸子且勿
食至會所賜饌日旴食不至有飢色上誡之曰汝曹少長
豐侈不見百姓艱難今使爾識有飢苦知以節儉期物冬
十二月乙未太子詹事范曄謀反及黨與皆伏誅丁酉免
大將軍彭城王義康為庶人絕屬籍是及浚淮起湖熟殿
田千餘頃
二十四年春正月甲戌大赦賜文武位一等夏四月河濟
湖於樂遊苑比與景陽山于華林園役重人怨

二十三年夏四月丁未大赦六月癸未朔日有蝕之交州
刺史檀和之伐林邑國剋之是歲大有年築北堤立玄武
倶清六月都下疫癘使巡省給醫藥以貧貴制大錢一當
兩秋八月乙未徐州刺史衡陽王義李薨冬十一月甲寅
立皇子渾為汝陽王是歲徐兗青異四州大水
二十五年春閏二月乙酉大蒐於宣武場三月庚辰校獵
夏四月乙巳新作閶闔廣莫二門改先廣莫門曰承明開
陽門曰津陽加荆州刺史南譙王義宣位司空八月甲
馬元瑜竟丙寅罷當兩大錢六月庚戌零陵王司
子立皇子或為淮陽王九月辛未以尚書右僕射何尚之
為左僕射冬青州城南遠望見地中如水有影謂之地鏡
二十六年春正月辛巳祀南郊二月已亥幸丹徒謁京陵

三月丁巳宴于丹徒宮大赦復丹徒縣僑舊令歲租布之
半行所經過彌田租之半癸亥使祭晉故司空忠肅公何
無忌墓壬午至自丹徒丙戌渡皇國王辰婆達國並遣使
朝貢冬十月庚子改封廣陵王誕為隨郡王癸卯彗星見
于太微甲辰以揚州刺史始興王濬為征北將軍開府儀
同三司徐兗二州刺史
戊寅罷國子學秋七月庚午遣寧朔將軍王玄謨拒魏太
葛閭求減奉祿同內百官於是諸州郡縣丞尉並悉同減
瓠以軍興減百官奉祿三分之一三月乙丑淮南太守諸
二十七年春正月辛卯百濟國遣使朝貢二月丁未大赦
尉江夏王義恭出次彭城總統諸軍冬十一月丁未大赦
十二月庚午魏太武帝率大衆至瓜步聲欲度江都下震
懼感荷擔而立壬午內外戒嚴緣江六七百里舳艫相接
始議北侵朝士有不同至是帝登烽火樓極望不悅謂
江湛曰比伐之計同議者少今日士庶勞怨不得無愧
大夫之憂在予過矣甲申使饋百牢于魏
二十八年春正月丁亥魏太武帝自瓜步退歸俘廣陵居
人萬餘家以比徐豫青異二充六州殺略不可勝筭所過
州郡赤地無餘二月甲戌降太尉領司徒江夏王義恭為
驃騎將軍開府儀同三司壬午幸瓜步是日解嚴三月乙

西軍駕還營呂丙申拜初寧陵大旱夏四月癸酉遣達國道
使朝貢己卯彗星見于昴是月都下疾疫恐省給醫藥
五月乙酉亡命司馬順則自號齊王攻梁鄒城丁巳波皇
國戊戌河南國並遣使朝貢戊申以尚書左僕射護軍將軍
星見太微中對帝坐秋七月甲辰進安東將軍倭王壬子彗
為安東大將軍八月癸亥高麗國遣使朝貢十一月壬寅
入郭內為災冬十月癸亥高麗國遣使朝貢
曲赦二亥徐孫青冀六州徙彭城流人於瓜步淮西流人
于姑孰以萬許家是歲魏正平元年

〈南史帝紀二〉 〈十一〉

二十九年春正月甲午詔經寇六州仍逢災潦可量加赦
贍二月乙卯雷且雪戊午立皇子休仁為建安王三月壬
午大風拔木都下火夏四月戊午詔羅單國遣使朝貢秋
七月壬辰改封汝陰王渾為武昌王淮陽王彧為湘東王
丁酉省大司農太子右僕廷尉監壬九月戊辰封河南王
吐谷渾拾寅農為安西將軍秦河二州刺史南徐州刺史
一月壬寅揚州刺史廬陵王紹薨十二月戊辰晉熙鑠四塞
辛未以南兗州刺史江夏王義恭為大將軍南徐州刺史
錄尚書如故是歲魏中常侍宗愛構逆大武皇帝崩乃奉
南安王余為帝改元為承平後又賊余於是殿中尚書長

孫海侯尚書陵讓本皇孫是為文成皇帝改元曰興安
三十年春正月乙亥朔會群臣於太極前殿有青黑氣從
東南來籠映宮上戊寅以司空荊州刺史南譙王義宣為
司徒中軍將軍揚州刺史壬午以南徐州刺史始興王濬
為衛將軍開府儀同三司荊州刺史戊子使江州刺史武
陵王駿統眾軍伐西陽蠻二月甲子凶勔逆帝崩于
合殿時年四十七諡景皇帝廟號中宗三月癸巳葬長寧
陵葬芟武帝踐祚追改諡曰文帝廟親太祖帝聰明仁厚雅
重文儒勤政事孜孜無怠以在位日久惟簡靖為心

〈南史帝紀二〉 〈十一〉

于時政平訟理朝野悅睦自江左之政所未有也又性存
儉約不好奢侈車府令嘗以輦轝金故請改易之又輦席舊
以為皮緣故欲代以紫皮上以竹箷未至於壞紫色貴並
不聽改其率素如此云
世祖芟武皇帝諱駿字休龍小字道人文帝第三子也元
嘉七年八月庚午夜生有光照室少機穎神明愛發讀書
七行俱下才藻甚美雄決愛武長於騎射十二年立為武
陵王二十一年累遷雍州刺史自晉江左以來襄陽未有
皇子重鎮時文帝欲經略關河故有此授又魏太武大舉
至淮南時帝鎮彭城魏使尚書李孝伯至帝遣長史張暢
與語而帝改服觀之孝伯目帝不輟又出謂人曰張侯側

有人風骨視瞻非常士也二十八年為都督江州刺史時
緣江蠻為寇文帝遣太子步兵校尉沈慶之等伐之使上
總統衆軍三十年正月出次西陽之五洲會元凶弒逆義
率衆入討荆州刺史南譙王義宣雍州刺史臧質並舉義
兵三月乙未建牙于軍門是時多不霽
自稱少從武帝征伐頗悉其事因使指麾事甲忽失所在
自冬至春常有紫雲二蔭于牙上四月辛酉次溧州丙
南景色開霽有
寅次江寧丁卯大將軍江夏王義恭來奔表上尊號戊
辰上至新亭巳巳即皇帝位大赦改文帝謚以大將軍
江夏王義恭為太尉南徐州刺史庚午以荆州刺史南譙
王義宣為中書監丞相揚州刺史並加雍州刺史臧質車
東將軍隨王誕為衛將軍荆州刺史臧質撫軍將軍蕭思話
騎將軍並開府儀同三司以江州刺史加雍州刺史臧質
為尚書左僕射壬申以征虜將軍王僧達為右僕射改新
亭為中興亭夏五月乙亥及同逆並伏誅庚辰詔分遣大使巡省方俗
為建鄴二凶及同逆並伏誅庚辰詔分遣大使巡省方俗
是日解嚴辛巳幸東府城甲申尊所生路淑媛為皇太后
乙酉立妃王氏為皇后壬辰以太尉江夏王義恭為太傅
領大司馬甲午調初寧陵曲赦建鄴二百里内并蠲今年

租稅戊戌以撫軍將軍南平王鑠為司空建平王宏為尚
書左僕射六月丙午車駕還宮初置殿門及上閤門屯兵
庚午以丹楊尹褚湛之為尚書右僕射庚申詔有司論功
班賞各有差辛酉安西將軍西秦河二州刺史吐谷渾拾
寅進號鎮西大將軍開府儀同三司辛未改封南郡王義
宣為南郡王隨王誕為竟陵王義閏月丙子遣兼散騎常侍
樂詢等十五人巡行風俗庚申加太傅江夏王義恭錄尚
書事以荆州刺史竟陵王誕為侍中驃騎大將軍尚
同三司揚州刺史甲申蠲布三年是月置
衞尉官秋七月辛丑朔日有蝕之辛酉詔崇儉約禁淫侈
已巳司空南平王鑠薨以侍中南郡王世子恢為尚書右
僕射冬十月癸未聽訟於閱武堂十一月丙辰停臺省衆
官朔望問訊丙寅高麗國遣使朝貢十二月甲戌省都水
使者官置水衡令官癸未以將置東宮省太子率更令步
兵羽林軍校尉官省庶子中舍人庶子舍人洗馬各減舊員之半
庶子中舍人庶子舍人洗馬各減舊員之半
孝建元年春正月已亥朔祀南郊大赦改元壬戌更鑄四
銖錢丙寅立皇子子業為皇太子賜天下為父後者爵一
級是月起正光殿二月庚子豫州刺史魯爽車騎將軍江
州刺史臧質丞相荆州刺史南郡王義宣兗州刺史徐遺

賓舉兵反壬午曲赦豫州三月癸亥內外戒嚴夏五月甲
寅義宣等攻梁山衛將軍王玄謨大破之已未解嚴癸
亥以吳興太守劉延孫為尚書右僕射六月戊辰臧質走
至武昌為人所斬傳首建鄴甲戌撫軍將軍柳元景進號
撫軍大將軍及鎮北大將軍沈慶之並開府儀同三司癸
死秋七月丙申朔日有蝕之既丙辰大赦賜文武爵一級
未罷南蠻校尉官戊子省錄尚書官庚寅義宣子會稽
冬十月戊寅詔開建仲尼廟制同諸侯之禮詳擇裔胄
紹崇秋十一月癸卯復置都水使者官始課南徐州僑人
祖是歲魏興光元年

二年春二月已丑婆皇國遣使朝貢丙寅以南兗州刺史
沈慶之為左光祿大夫開府儀同三司夏四月壬申河南
國遣使朝貢五月乙未婺惑入南斗戊戌以湘州刺史劉
遵考為尚書右僕射六月甲子以國哀除大赦秋七月
癸巳立皇弟休祐為山陽王休茂為海陵王休業為鄱陽
王已酉桑乘國遣使朝貢八月庚申雍州刺史武昌王渾
有罪廢為庶人自殺辛酉陀利國遣使朝貢三吳飢詔
所在振貸九月丁亥關武於宣武場冬十月壬午以揚州
刺史竟陵王誕為司空南徐州刺史以尚書左僕射建平
王宏為尚書令十一月辛亥高麗國遣使朝貢是歲親太

十五

安元年

三年春正月庚寅立皇弟休範為順陽郡王休若為巴陵
郡王戊戌立皇子子尚為西陽郡王辛丑祀南郊以驃騎
將軍建昌忠公到彥之配饗將軍左光祿大夫新建文宣
王華豫寧文侯王曇首配饗文帝廟庭壬辰祀西堂
甲寅大赦群臣上禮二月丁丑制朝望臨西堂接群下受
奏事閏三月癸酉鄱陽王休業薨夏四月甲子初禁人車
及酒肆器用銅五月辛酉制荊徐豫雍青異七州統內
家有馬一匹者繕復一丁秋九月壬戌以丹楊尹劉導考
為尚書左僕射冬十月丙午太傅江夏王義恭進位太宰
領司徒

大明元年春正月辛亥朔大赦改元庚午都下兩水辛未
遣使檢行賜以樵米三月壬戌制大臣加班劍著不得入
宮城門夏四月都下疾疫丙申遣使巡行賜給醫藥乙卯遣使
欽者官為斂埋五月己巳與義興大水人飢乙卯遣使
倉振恤癸酉聽訟子華林園目是非巡狩軍役則車駕歲
三臨訊丙寅芳香堂東西有雙楠連理景陽樓上層西
堂改景陽樓閣有紫氣清景殿西鼇鴟尾中央生嘉禾一株五
莖臨堂乙亥以輔國將軍梁璟懃為河州刺史封宕昌王秋

四二

十六

七月辛未土斷雍州諸僑郡縣九月建康秣陵二縣各置
都官從事一人司水火劫盜冬十月甲辰以百濟王餘慶
為鎮東大將軍十二月丁亥改封順陽王休範為桂陽王
二年春正月辛亥祀南郊丙辰後郡縣田秩并九親祿王
壬戌拜初寧陵二月丙戌衛將軍尚書令建平王宏以本
號開府儀同三司以丹楊尹褚湛之為尚書左僕射二月
丁未尚書令建平王宏薨乙卯以田農要月命太官停殺
牛夏四月甲申立皇子綏為安陸王辛丑地震六月戊
寅增置吏部尚書一人省五兵尚書官丁亥加左光祿大
夫何尚之開府儀同三司秋八月丙戌中書令王僧達下
獄死九月壬戌襄陽大水遣使巡行振恤庚午置武衛將
軍武騎常侍官冬十二月已亥制諸王及妃主庶姓位從
公者喪事聽設凶門餘悉斷是歲河南高麗林邑等國並
遣使朝貢
三年春正月已丑以領軍將軍柳元景為尚書令二月乙
卯以揚州所統六郡為王畿以東揚州為揚州甲子復置
廷尉監官夏四月乙卯司空南兗州刺史竟陵王誕有罪
聚黨謀誕不受命據廣陵及以沈慶之為車騎大將軍開府
儀同三司南兗州刺史討誕秋八月已巳尅廣陵城斬誕
誅城內男丁以女口為軍賞具日解嚴辛未大赦丙子

以丹楊尹劉秀之為尚書右僕射丙戌加南兗州刺史沈
慶之位司空九月壬辰於玄武湖北立上林苑甲午移南
郊壇於牛頭山以正陽位冬十一月甲子立皇后龔宮於
西郊十二月辛酉謁者僕射官是歲渡皇河西高麗蕭
慎等國各遣使朝貢西域獻舞馬
四年春正月辛未祀南郊甲戌詔繕國昌國道使朝貢尋陽
耕籍田大赦庚寅立皇子房為晉安王子勛為安陸王
子頊為歷陽王繅為襄陽王子房三月甲申皇后親桑于
郊夏四月丙午詔四時供限詳減太半辛亥太宰江夏王
義恭恭等表請封岱宗詔不從辛酉詔以都下疾疫遣使存
問并給醫藥其亡者隨宜賑恤五月丙戌尚書左僕射褚
湛之卒秋七月甲戌光祿大夫開府儀同三司何尚之薨
八月大水甲寅遣加賑恤九月丁亥改封襄陽王子
繅為新安王冬十月庚寅遣新除司空沈慶之討緣江蠻
十一月戊辰改細作署令為左右御府令丙戌復置大司
農官十二月辛丑幸廷尉寺宥繫囚魏遣使通和丁未幸
建康縣原放獄因倭國遣使朝貢具歲親和平元年二月
五年春正月戊午朔華雯降散為六出上悅以為瑞二月
癸巳閱武軍幢以下普加班錫多所原宥三月甲戌行幸
江乘遣簸故太保王弘光祿大夫王曇首墓夏四月癸巳

改封西陽王子尚為豫章王丙申加尚書令柳元景左光

祿大夫開府儀同三司丙午雍州刺史海陵王休茂殺司

馬庾深之舉兵反參軍尹玄慶起義斬之傳首建鄴五月

起明堂於國學南丙巳之地癸亥制帝室幕親官非祿官

者月給錢十萬秋七月丁卯高麗國遣使朝貢庚午曲赦

雍州八月戊子立皇子仁為永嘉王子真為始安王己

丑詔以來歲情蓍摩序旌國胄庚寅制方鎮所假白板

郡縣年限依臺除食祿三分之一不給送故備將軍東海

王禕以本號開府儀同三司九月甲寅日有蝕之丁卯行

幸琅邪郡原遣囚繫庚午河濟清閏月丙申初立馳道自

【南史帝紀二】 【十九】 成 付彥

閶闔門至于朱雀門又自承明門至于玄武湖壬寅改封

歷陽王子頊為臨海王冬十月甲寅以南徐州刺史劉延

孫為尚書左僕射十二月壬申以領軍將軍劉遵考為尚

書右僕射甲戌制天下人戶歲輸布四四

六年春正月辛卯祠南郊是日又宗祀文皇帝于明堂以

配上帝大赦乙未置五官中郎將左右中郎將官二月乙

卯復百官祿三月庚寅立皇子子元為邵陵王壬寅以倭

世子興為安東將軍倭國王夏四月庚申新作大航門五

月丙戌置凌室于覆舟山儲藏冰之禮六月辛酉尚書左

僕射劉延孫卒秋七月甲申地震有聲如雷兗州尤甚於

是魯郡山擾者二乙未立皇子子慶符為晉陵王八月乙丑

置清臺令官九月制沙門致敬人主乙未以尚書左僕射

劉遵考為左僕射以丹陽尹王僧朗為右僕射冬十月丁

卯詔上林苑內十庶在墓欲還合葬者勿禁十一月己卯

陳留王曹虔秀薨

七年春正月癸未詔剋日於玄武湖大閱水師并巡江右

甲寅車駕獵丁亥以右衞將軍顏師伯為尚書左僕射二月

講武校獵南豫南兗二州丁巳校獵烏江已未登烏江

縣六合山壬戌大赦行幸所經無出今年租布賜人爵一

級女子百戶牛酒郡守邑宰及人夫從徵者普加賚賞又

【南史帝紀二】 【二十】 付彥成

詔歷陽郡租輸三年遣使巡慰問人疾苦癸亥行幸尉

氏觀溫泉壬申車駕至郡拜二廟乃還宮夏四月甲子詔

自今非臨軍戰陣一不得專殺其罪人重辟者皆依舊先

上須報有司嚴加聽察犯者以殺人罪論五月丙子詔自

今刺史守宰動人興軍旅皆須手詔施行惟邊隅警及姦

釁內發變起倉卒者不從此例六月戊申蝡蠕高麗等國

並遣使朝貢秋七月乙亥進高麗王高璉位車騎大將軍

開府儀同三司秋八月乙丑立皇子孟為淮南王子產為

臨賀王車駕幸建康林陵縣訊獄囚九月庚寅以南徐州

刺史新安王子鸞為兼司徒乙未幸廷尉訊獄囚丙申立

皇子子嗣為東平王冬十月壬寅皇太子冠賜王公以下
帛各有差戊申車駕巡南豫州奉太后以行癸丑行幸江
寧縣訟獄囚加車騎將軍揚州刺史豫章王子尚為
同三司癸亥以開府儀同三司東海王禕為司空加中軍
將軍義陽王昶開府儀同三司巳巳校獵於姑孰十一月
丙子曲赦南豫州殊死以下巡幸所經詳減今歲田租乙
西詔祭晉西將軍毛璩墓上於行所說漂
陽永世丹陽縣囚於中江有白雀
二集華葢有司奏改元為神雀詔不許乙未原放所說雜
擊浙江東諸郡大旱十二月壬寅遣使開倉賑恤聽受雜

南史帝紀二

〈 二十一 〉 傅者

物當租丙午行幸歷陽甲寅大赦賜歷陽郡女子百戶牛
酒緡郡租十年巳未加太宰江夏王義恭尚書令於博望
梁山立雙闕癸未至自歷陽
八年春正月辛巳祀南郊是日還示祀文帝于明堂甲戌
詔曰東境去歲不稔宜廣商賈遠近販鬻米栗者可停道
中雜稅其以仗自防悉勿禁夏閏五月壬寅以太宰江夏
王義恭領太尉庚申帝崩於玉燭殿時年三十五七月丙
午葬于丹陽秣陵縣巖山景寧陵帝末年為長夜之飲每
旦寢與鼯嗥軍仍復命飲頃數十憑几惛睡若大醉者
或外有奏事便蕭然整察無後酒色外內服其神明莫敢

前廢帝諱子業小字法師孝武帝長子也元嘉二十六年
正月甲申生孝武鎮壽陽帝留都下三十年孝武入伐元
凶四帝於侍中下省將加害者數矢卒得無恙及孝武踐
祚立為皇太子始未之東宮中廢子二率並入直永福省
大明二年出就東宮七年加元服八年閏五月庚午孝武崩
其日太子即皇帝位大赦江夏王義恭錄尚書事加驃騎
甲子置錄尚書官以太宰江夏王義恭錄尚書事加驃
大將軍柳元景開府儀同三司秋七月庚戌婆皇國遣使
朝貢崇皇太后為太皇太后皇后曰皇太后乙卯罷南北

南史帝紀二

〈 二十二 〉 傅者

二馳道改孝建以來所變制度還依元嘉丙辰追崇獻妃
為獻皇后八月乙丑皇太后崩九月乙卯文穆皇后祔葬
景亥陵冬十二月乙酉以尚書右僕射顏師伯為尚書僕
射壬辰以王畿諸郡為揚州以揚州西尚書令為東揚州諸
騎將軍揚州刺史豫章王子尚為揚州以揚州巳加車
郡大旱甚苦米一斗數百都下亦至百餘餓死者十六七
孝建以來又立錢署鑄錢百姓因此盜鑄錢轉儒小商貨

不行
景和元年春正月乙未朔大赦改元為永光乙巳省諸州
臺傳二月乙丑減州郡縣田祿之半庚寅鑄二銖錢夏五

南史帝紀二

月魏文成皇帝崩秋八月庚午以尚書僕射顏師伯為左
僕射吏部尚書王景文為右僕射癸酉帝自率宿衛兵誅劉
太宰江夏王義恭尚書令柳元景為司徒揚州刺史顏師伯廷尉劉
德願改元為景和甲戌以司徒揚州刺史豫章王子尚領
尚書令乙亥帝釋素服御錦衣還宮帝自以為昔在東宮不為孝
庚辰以石頭城為長樂宮東府城為未央宮甲申以比邱
為建章宮南第為長楊宮已丑復立南北二馳道九月癸
巳幸湖熟奏鼓吹戌戌還宮帝以為昔在東宮不為孝
武所愛父即位將掘景寧陵太史言於帝不利而止乃

南史帝紀二 二十三

莫於陵肆焉孝武帝為釁奴又遣毀貴嬪墓怒其為孝
武所寵愛麤武帝為造新安寺乃遣壞之又欲誅諸
遠近僧尼辛丑免南徐州刺史新安王子鸞為庶人賜死
丁未加驍騎將軍湘東王彧開府儀同三司己酉車駕討徐
州刺史義陽王昶內外戒嚴昶奔魏戊午解嚴開百姓鑄
錢冬十月癸亥曲赦徐州丁卯東陽太守王藻下獄死以
文帝第十女新蔡公主為貴嬪夫人改姓謝氏以武貴嬪
戰驍略龍旅出警入蹕矯言公主麤至設殿事焉乙酉以
豫州刺史山陽王休祐為領軍大將軍開府儀同三司十
之壬寅立皇后路氏四廂奏樂曲赦揚南徐二州丁未皇
[一]月壬辰寧朔將軍何邁下獄死癸巳殺新除太尉沈慶

南史帝紀二

于生少府劉矇之子也大赦賊污淫盜寇皆原蕩賜為父
後者爵一級壬子以護軍將軍建安王休仁為驃騎大將
軍開府儀同三司戊午南平王敬猷廬陵王敬先安陸王
敬淵並賜死時帝凶悖日甚誅殺相繼內外百官不保首
領先是訛言湘中出天子帝將南巡荊湘以厭之期曰誅
除四叔然後發引是夜湘東王彧與左右阮佃夫王道隆
李道兒密結後堂之姜產之等十一人謀共廢帝
不從命斬之經少時夜夢游後堂怒於宮中求得似所費者一人殺
先是帝好游華林園竹林堂使婦人裸身相逐有一女子罵曰帝悖虐
不道明年不及熟矣帝怒於宮中求得似所費者一人殺

南史帝紀二 二十四

四十一

之其夕復夢所殺女罵曰汝枉殺我已訴上帝至是巫覡
云此堂有鬼帝與山陰公主及六宮綵女數百人隨群巫
捕鬼屏除侍衛帝親自射之事畢將奏樂靡之聲壽寂之
懷刀直入姜產之為副諸姬迸逸廢帝亦走追及之大呼
寂寂如此者三手不能舉乃崩於華光殿時年十七太皇
太后令奉湘東王彧纂承皇統於是葬帝於丹陽秣陵縣
南郊壇西巡帝啟攢長頸銳下幻而狷急在東宮每為
孝武所責孝武西巡帝啟攢起居書迹不謹上詰讓之
曰書不長進此是一條耳聞汝比來轉懃都懈狷戾日其何
以頑固乃爾初踐祚受璽紱彼懷然無哀容蔡興宗退而歎

曰昔魯昭不戚叔孫請死國家之禍其在此乎帝始猶難

諸大臣及戴法興等飢殺法興諸大臣莫不震懾於是又

誅群公元凱以下皆被毆捶牽曳內外危懼殿省騷然太

后疾篤遣呼帝帝曰病人間多鬼可畏那可往太后怒語

侍者曰將刀來破我腹那得生寧馨兒及太后崩後數日

帝夢太后謂曰汝不仁不孝本無人君之相子尚愚悖如

此亦非運祚所及孝武險虐滅道怨結人神兒子雖多並

無天命大命所歸還文帝謂帝曰爽與陛下雖都下應在

外為患山陰主淫恣過度謂帝曰妾與陛下雖男女有殊

俱託體先帝陛下後宮數百妾惟駙馬一人事不均平一

何至此帝乃為立面首左右三十人進爵會稽郡長公主

秩同郡王湯沐邑二千戶給鼓吹一部加班劍二十人帝

每出公主與朝臣常共陪輦帝少好讀書頗識古事粗有

文才自造孝武帝誄及雜篇章往往有辭采以魏武陽王

五中郎將撲金校尉乃置此二官以建安王休仁山陽王

休祐領之其餘事迹分見諸列傳

論曰文帝幼年特秀自稟君德及正位南面歷年長久綱

維備舉條禁明密罰有恒科爵無濫品故能內清外晏至

海謐如而授將遣師事事分閫才謝光武而遙制兵略至

於攻戰日時咸聽成旨雖覆師喪旅將非韓白而延寇憂

宋本紀中第二

境抑此之由及至言世衰柱難結凶竪雖禍生非應蓋亦

有以而然夫盡人命以自養蓋惟桀紂之行觀夫大明之

世其將盡人命乎雖周公之才之美亦當終之以亂由此

言之得效亦為幸矣至如廢帝之事行著于篇假以中才

之君有一於此足以致賣況乎兼斯鬼惡不亡其可得乎

太宗明皇帝諱彧字休景小字榮期文帝第十一子也元
嘉十六年十月生二十五年封淮陽王二十九年改封湘
東王孝武踐阼累遷鎮軍將軍雍州刺史是歲入朝時廢
帝頗畏諸父以上付廷尉明日將加禍害上乃與腹心阮
佃夫李道兒等密謀時佃夫左右直閤將軍宋越譚金童
太一等是夜帥外宿佃夫兒因結壽寂之等十一月十
九日弑廢帝於後堂建安王休仁便稱臣奉引外西堂登
御坐事出倉卒上失履跣猶著烏紗帽休仁呼主衣以白

◀南史帝紀三 一▶

紗代之未即位凡眼軍來稱令書已未司徒豫章王子尚
山陰公主並賜死宋越譚金童太一伏誅十二月庚申朔
令書以東海王禕為中書監太尉以晉安王子勛為車騎
將軍開府儀同三司癸亥以建安王休仁為司徒尚書令
揚州刺史乙丑改封安陸王子綏為江夏王
泰始元年即大明九年也魏和平六年冬十二月丙寅皇
帝即位于太極前殿大赦改元辛未改封臨賀王子文為
南平王晉熙王子輿為廬陵王壬申以王景文為尚書僕
射乙亥追尊所生沈婕妤曰宣皇太后戊寅改大皇太后
為崇憲太后立皇后王氏罷二銖錢江州刺史晉安王子

勛舉兵反鎮軍長史表顗赴之鄧琬為其謀主壬午謁太
廟甲申郢州刺史安陸王子綏會稽太守尋陽王子房臨
海王子頊並舉兵同逆
二年春正月乙未晉安王子勛僭即位於尋陽年號義
嘉壬辰徐州刺史薛安都舉兵反甲午內外戒嚴司徒建
安王休仁都督諸軍南討丙戌徐州刺史申令孫司州刺
史龐孟蚪豫州刺史殷琰青州刺史沈文秀冀州刺史崔
道固湘州行事何慧文廣州刺史袁曇遠益州刺史蕭惠開
梁州刺史柳元怡並同逆丙午車駕親御六軍中興堂

◀南史帝紀三 二▶

辛亥南豫州刺史山陽王休祐改為豫州刺史西討吳郡
太守顧琛吳興太守王曇生義興太守劉延熙晉陵太守
袁標山陽太守程天祚並舉兵反鎮東將軍巴陵王休若
統軍東討壬子崇憲皇太后崩二月乙丑以祭興宗為尚
書右僕射壬申吳興太守張永右將軍蕭道成東討平晉
陵丁亥建武將軍吳喜公率諸軍破賊於吳興會稽平定
三郡同逆皆伏誅輔國將軍蕭道成前鋒北討輔國將軍
劉勛前鋒西討劉胡眾四萬據赭圻三月庚寅撫軍將軍
殺莘祖攻赭圻死之以輔國將軍沈收之代為南討前鋒
賊眾稍盛袁顗頓鵲尾連營至濃湖眾十餘萬內申南豫
州刺史桂陽王休範總統北討諸軍事戊戌敗尋陽王子

務爵爲松滋縣侯癸卯令人入米七百石者除郡減此各
有差壬子斷新錢專用古錢夏五月甲寅葬崇憲皇太后
於脩寧陵秋七月丁酉以仇池太守楊僧嗣爲北秦州刺
史封武都王八月己卯司徒建安王休仁率衆軍大破賊
斬爲尚書僕射袁顗進討江郢荊湘雍五州平之晉安王
子勛安陸王子綏臨海王子頊邵陵王子元並賜死同黨
皆伏誅諸將封賞各有差九月癸巳六軍解嚴代以
月乙卯求嘉爲左光祿大夫開府儀同三司領護軍將軍冬十
王玄謨爲左光祿大夫開府安王子真淮南王子孟南平王子
產廬陵王子興松滋侯子務並賜死丁卯以沈攸之爲中

領軍與張永俱比討戊寅立皇子晃爲皇太子十一月壬
辰立建平王景素妻子延年爲新安王十二月辞安都要引
魏軍張求沈攸收之大敗於是遂失淮比四州及豫州淮西
地是歲魏天安元年
三年春正月庚子以農役將興詔太官停宰牛癸卯曲赦
豫南豫二州閏正月庚午都下大雨雪詔遣便處行振貸各
有差二月甲申爲戰士將士舉哀丙申曲赦青冀二州夏
四月丙戌詔以故丞相江夏文獻王故太尉巴東忠烈公
柳元景故司空始興襄公沈慶之故征西將軍洮陽蕭侯
宗愨悟祭孝武廟庭庚子立桂陽王休範第三子德嗣爲

廬陵王立侍中劉韞第三子銑爲南豐王以奉廬江昭王
南豐哀王祀五月丙辰詔宣太后崇寧陵墳瓆遷徙
者給葬直蠲復其家壬戌封新安王延年爲始平王辛丑以鎮
西大將軍西秦河二州刺史吐谷渾拾寅爲征西大將軍
將吉冬十月壬午改封新安王子伯獻爲江夏王是歲魏皇
九月戊午以皇后六宮以下雜衣千領金釵千枚賜比伐
秋八月壬寅以領軍沈攸之行南兖州刺史率衆比代
十一月立建安王休仁第二子伯猷爲江夏王是歲魏

四年春正月丙辰朔雨草辛宮乙亥零陵王司馬勛薨二
興元元年
月乙巳左光祿大夫開府儀同三司王玄謨薨三月交州
人李長仁擾州叛袄賊玫廣州殺刺史牟希龍驤將軍陳
伯紹討平之夏四月丙申改封東海王褘爲廬江王山陽
王休祐爲晉平王秋九月戊辰詔定黥刑制有司奏自
今凡劫竊執官仗拒戰逻司改票亭寺又傷害人并監
司將吏自爲劫皆不限人數悉依舊制斷刑若遇赦原
兩頰劫字斷去兩脚筋徒付遠州寧州五人以下止相通
奪者亦依黥作劫字斷去兩脚筋徒付遠州若遇赦原斷
徒猶黥面依舊補冶士家口應及坐悉依舊絲謫又上崩
其例乃寢庚午上備法駕幸東宮及十月癸酉朔日有蝕

之敬諸州兵北伐

五年春正月癸亥親耕藉田乙丑魏剋青州軌剌史沈文
秀以歸二月丙申以廬江王禕為車騎將軍開府儀同三
司南豫州剌史夏六月辛未立晉平王休祐子宣曜為南
平王秋七月壬戌改輔國將軍為輔師將軍九月甲寅立
長沙王纂子延之為始平王冬十月丁卯朔日有蝕之十
一月丁未魏人來聘十二月庚申分荊益之五郡置三巴
校尉

【南史帝紀三　五▼】

六年春正月乙亥初制閏二年一祭南郊閏一年一祭明
堂夏四月癸亥立皇子燮為晉熙王六月癸卯以王景文
為尚書左僕射楊州剌史以袁粲為右僕射己未改臨賀
郡為臨慶郡秋七月丙戌臨慶王智井薨九月戊寅立摁
人分立皇子贊為武陵王十二月癸巳以邊難未息制
明觀徵學士必充之置東觀祭酒訪舉各一人舉士二十
七年春正月甲戌置散騎奏舉郎二月癸丑征西將軍荊
州剌史巴陵王休若進號征西大將軍及征南大將軍江
父母隔在異域者悉使婚宦
晉平王休祐薨三月辛酉魏人來聘夏五月戊午燃司徒

建安王休仁庚午以袁粲為尚書令褚彦回為右僕射丙
戌追免晉平王休祐為庶人秋七月丁巳罷散騎奏舉郎
乙丑江州剌史巴陵王休若賜死八月戊戌立皇子準為安成王
江夏文獻王義恭恭庚寅帝疾閒戊戌立皇子準為安成王
是歲魏芳文帝延興元年
泰豫元年春正月甲寅朔上以疾未瘳故改元丁巳巨人
跡見西池冰上夏四月巳亥上疾大漸加江州剌史桂陽
王休範位司空以劉勳為尚書右僕射蔡興宗為征西將
軍開府儀同三司荊州剌史沈攸收之進號安西將軍袁粲

【南史帝紀三　六▼】

褚彦回劭勳蔡興宗沈攸之入閤被顧命是日上崩于景
福殂時年三十四五月戊寅葬臨沂縣莫府山高寧陵帝
好讀書愛文義在藩時撰江左以來文章志又續衛瓘所
注論語二卷及即大位舊臣才學之士多蒙引進末年好
鬼神多忌諱言語文書有禍敗凶衰疑似之言輒回避者
犯即加戮政騙馬字為馬邊以騙字似禍故也嘗以南
死惜張永云且給三百年期盡更請宣陽門謂之白門上
以白門不祥諱之尚書右丞江謐嘗誤犯上諱色變日白汝
家門路太右博屍漉床移出東宮上幸宮見之怒免中庶
子以之坐死者數十人內外常懼犯觸人不自保移床脩
壁羌祭土神使文士為祝策如大祭饗阮佃夫楊運長王

道隆皆握威權言為詔敕郡守令長一缺十除內外混然
官以賄命王阮家富於公室中書舍人胡母顥專權奏無
不可時人語曰禾絹閉眼諸胡母大張禾絹謂上也及
泰始泰豫之際左右失旨性有刻削剟截禁中懍懍若
踐刀劍夜夢豫章太守劉愔反遣就郡殺之軍旅不息府
藏空虛內外百官並斷祿奉在朝造官者皆市井傭販之
徒以蜜漬鱁鮧以蜜清一
食數升啖臘肉常至二百臠奢費過度每所造制必為正
御三十副御次副三十須一物輒造九十枚天下騷然民
不堪命宋氏之業自此衰矣

〈南史·帝紀三〉 七

後廢帝諱昱字德融明帝長子也大明七年正月辛丑生
於衛尉府帝母陳氏李道兒妾明帝納之故人呼帝為李
氏子帝亦自稱李將軍明帝諸子在孕皆以周易筮之即
以所得卦為小字故帝小字慧震泰始二年立為皇太子
六年出東宮元正朝賀服袞冕九章衣明帝崩
庚子皇太子即皇帝位大赦尚書令袁粲護軍將軍褚彥回
共輔朝政班劍依舊入殿六月乙巳算至后曰皇太妃八月
皇后江氏秋七月戊辰拜帝所生陳貴妃為皇太后立
戊午中書監左光祿大夫開府儀同三司蔡興宗薨冬十
一月己亥新除郢州刺史劉孜即為尚書左僕射

元徽元年春正月戊寅大赦改元詔自元年以前徒放者
孟聽還本魏人來聘夏六月乙卯嵩陽天水秋八月都下
旱庚午陳留王曹銑薨九月丁亥立衡陽王鑾子為
南平王冬十二月癸卯朔日有蝕之乙巳進桂陽王休範
位太尉癸亥立前建安王世子伯融為始安縣王
二年夏五月壬午江州刺史沈懷明戍石頭
外征戍嚴中領軍劉勔右衛將軍張永屯白下前南兗州刺史
衛將軍蕭道成前鋒南討出屯新

〈南史·帝紀三〉 八

新亭壘道成拒擊大破之越騎校尉張苟兒斬休範賊黨
杜黑蟊丁文豪分軍向朱雀航劉勔拒賊敗績死之右將
軍王道隆奔走遇害張永潰于白下沈懷明自石頭奔散
甲午車騎典籤茅恬開東府納賊入屯中堂羽林監陳
顯達擊大破之丙申張苟兒等又破賊進平東府城梟
羊賊丁酉大赦解嚴荊州刺史沈攸之南徐州刺史建平
王景素郢州刺史晉熙王燮湘州刺史張興世並舉義兵
起建鄴六月癸卯晉熙王燮遣軍戍尋陽江州平壬戍改
輔師將軍還為輔國將軍王景素立皇弟友為邵陵王乙
西徐州刺史建平王景素進號征北將軍開府儀同三司
九月丁酉以袁粲為中書監領司徒加護軍將軍褚彥回

為尚書令十一月丙戌帝加元服十二月癸亥立皇弟
蹟為江夏王贊為武陵王

三年春三月已卯下大水夏六月魏人來聘秋七月庚
戌以袁粲為尚書令九月丙辰征西大將軍河南王吐谷
渾拾寅稜進號車騎征西大將軍

四年夏六月乙亥加尚書左僕射秋七月戊子建
平王景素樣京城反已丑內外纂嚴遣驍騎將軍任農夫
冠軍將軍黃回北討蕭道成統衆軍始安王伯融都鄉
佞伯獄並賜死乙未討京城斬景素同逆皆伏誅八月丁
卯立皇弟翽為南陽王萬為新興王禧為始建王九月戊

以王僧虔為尚書右僕射
安成王準進號驃騎大將軍開府儀同三司冬十月辛酉
子驍騎將軍高道慶有罪賜死已丑車騎將軍揚州刺史

五年夏四月甲戌豫州刺史阮佃夫步兵校尉申伯宗朱
幼謀發立皆伏誅五月地震六月甲戌誅司徒左長史沈
勃散騎常侍杜幼文游擊將軍孫超之長水校尉杜叔文

七月戊夜帝遇弒於仁壽殿時年十五已皇太后令
疑帝為蒼梧郡王葬丹楊林陵縣郊壇西初帝之生夕明
帝夢人來馬馬無頭及後足有人曰太子也及在東宮五
六歲能緣漆帳竿去地丈餘如此者半食漸長喜怒乖節

▲南史帝紀三　　九

左右失旨者手加撲打徒跣蹲踞及嗣位內畏太后外畏
大臣猶未得肆志自加元服三年好出入單將左右或十
里二十里或入市里遇慢罵則悅而受焉四年無日不出
與左右解僊鋌子行人男女及犬馬牛驢逢無免者人
暮歸從並執鋌鋤雄鋸不離左右為擊腦槌陰剖心
間擾懼晝日不開市道無行人嘗著小袴衣冠有白
梧數十名有號鉗鑿錐鋸不離左右為擊腦槌陰剖心
之誅日有數十常見卧屍流血然後為樂左右人見有頓
眥者帝令其正立以矛刺洞之曜靈殿上養驢數十頭所
自乘馬養於御林側與右衛翼輦營女子私通每從之遊

▲南史帝紀三　　十

持數千錢為酒肉之費出逢婚姻葬送輒與挽車小兒群
聚飲酒以為歡適阮佃夫人張羊為佃夫委信佃夫
敗叛走復捕得自於承明門以車輦殺之殺杜延載杜
文躬運矛鋌手自斮割察孫超有蒜氣剖腹視之斮榼馳
馬自往剌杜叔文具興沈勃多寶貨往劫之揮刀獨前
其十六餘皆殺之具興沈勃多寶貨往劫之揮刀獨前
左右未至勃時居喪在廬帝望見之便投鋌不中勃知不
免手搏帝耳唾罵之曰汝罪踰篡弒鋌刀以出從數十人
自纏割制露車一乘施筆案以入從數十人羽儀追之
恒不相及又各憂禍亦不敢追佃整部伍別在一處瞻望

14-48

而巳凡諸郡軍過目則能鍛銀裁衣作帽莫不精絕未嘗
吹篪執管便韻天性好殺一日無事輒慘慘不樂內外憂
惶夕不及旦領軍將軍蕭道成與直閤將軍王敬則謀之
七月戊子帝微行出比湖單馬先走羽儀不及左右張五
兒馬塋湖帝怒自馳騎刺馬屠割之與左右作卷胡伎為
樂又於蠻岡睹道人乘寬車無復閤尼往青園尼寺新安
寺偷狗煮之欽酒楊王夫常得意忽然見憎
遇軺庫國就暴慶車人負之飲肝膽即於仁壽殿東阿氈
織女庾報巳因與內人穿針訖先結王夫陳奉伯楊萬等合
內取千牛刀殺之

二十五人其夕王夫候帝眠熟至乙夜與萬年同入氈帷
順皇帝諱準字仲謀小字知觀明帝第三子也泰始五年
七月癸丑生七年封安成王帝姿貌端華眉目如畫見者
以為神人廢帝殂帝即位加揚州刺史元徽二年加都督揚南
豫二州諸軍事四年進號驃騎大將軍及廢帝殂蕭道成
奉太后令迎王入居朝堂
昇明元年甲午秋七月吉辰皇帝即位大赦改元徽五年為昇
明元年蕭道成出鎮東城輔政荊州刺史沈攸之進
號車騎大將軍蕭道成司空錄尚書事以表薦為中書監

司徒以褚彥回為衛將軍劉彥節為尚書令加中軍將軍
辛丑以王僧虔為尚書僕射癸卯車駕謁太廟八月癸亥
司徒表薦蕭道成鎮石頭戊辰崇拜帝所生陳昭華為皇太妃奧
午以蕭道成為驃騎大將軍開府儀同三司錄尚書事如故
九月巳酉廬陵王高燫為荊州刺史沈攸之舉
兵中外纂嚴壬申司徒表薦蕭道成入守朝堂侍中蕭嶷鎮石頭謀誅道成不果旋見
覆滅乙亥以王僧虔為左僕射吳郡太
守劉遐擄郡不從執政令王延之為右僕射閏月辛亥屯騎校
尉王宜興貳於執政見誅癸巳沈攸之攻郢城郢城前軍長史

柳世隆固守巳亥中外戒嚴假蕭道成黃鉞乙巳道成出
頓新亭是歲魏太和元年
二年春正月丁卯沈攸之敗巳巳華容縣人斬攸之首送
之辛未雍州刺史張敬兒剋江陵荊州平丙子解嚴以柳
世隆為尚書右僕射蕭道成旋鎮東府二月庚辰以王僧
虔為尚書令王延之為左僕射癸未蕭道成加授太尉以
褚彥回為中書監司空丙戌撫軍將軍揚州刺史晉熙王
燮進號中軍將軍三月巳酉南兗州
刺史黃回貳于執政賜死五月戊午以倭國王武為安東
大將軍六月丁酉以輔國將軍揚文弘為北秦州刺史封

武都王秋九月乙巳朔日有蝕之丙午加太尉蕭道成黃
鉞都督中外諸軍事太傅領揚州牧賜殊禮以揚州刺史
晉熙王燮為司徒冬十月壬寅立皇后謝氏十一月立故
武昌太守劉琨息頒為南豐縣王癸亥誅臨澧侯劉光甲
子改封南陽王翽為隨郡王十二月丙戌皇后見于太廟
三年春正月辛亥領軍將軍蕭賾加尚書右僕射進號中
軍大將軍開府儀同三司二月丙子南豫州刺史邵陵王
友覺丙申地震建陽門三月癸卯朔日有蝕之甲辰加蕭
道成相國總百揆封十郡為齊公備九錫之禮庚午安西將

南史帝紀三 　十三

軍武陵王贊薨辛卯帝禪位於齊壬辰遜子東邸是日王
敬則以兵陳于殿庭帝猶居內閤之逃于佛蓋下太后懼
自帥閹賢索扶幸掖輿蕭門或促之帝怒抽刀投之中項
而殯帝既出宮人行哭俱備羽儀乘畫輪車出東掖門
封帝為汝陰王居丹徒宮齊兵衛之建元元年五月己未
帝聞外有馳馬者懼亂作監人殺王而以疾赴齊人德之
賞之以邑六月乙酉葬于遂寧陵謚曰順帝宋之王侯無
少長皆幽死矣
論曰文帝負貪南面賢有人君之美經國之義雖弘而隆
家之道不足彭城照不窺古本無卓爾之資徒見昆弟之

義深未識君臣之禮異以此家情行之國道主思而猶犯
恩離而未悟致以陵逼之紆遂成滅親之禍開端樹隙垂
之後人明帝猜忍之情行之典刑落洪支飲不待慮
既而本根莫庇幼主孤立下無磐石之託上有累卵之危
方復藏聖懷綾魚服志反危冠短制匹馬孤征以至覆亡
理固然矣神器以勢弱傾移靈命隨樂推圖改斯蓋覆霜
有漸夫豈一夕一旦止區區汝陰揖讓而已

南史帝紀三 　十四

宋本紀下第三　　　　　　南史三

齊本紀上第四

李　延壽

南史四

齊大祖高皇帝諱道成字紹伯小字鬬將姓蕭氏其先本
居東海蘭陵縣中都鄉中都里晉元康元年惠帝分東海
郡為蘭陵故復為蘭陵郡人中朝喪亂皇高祖淮陰令整
字公齊過江居晉陵武進縣之東城里寓居江左者皆僑
置本土加以南名更為南蘭陵人也皇曾祖儁字子整
即丘令皇祖樂子字閩子位輔國參軍宋明帝贈太常
皇考承之字嗣伯少有大志才力過人仕宋為漢中太守封晉興縣
梁州之平以功加龍驤將軍後為南太山太守

【南史帝紀四】
一
婁六

五等男遷右軍將軍元嘉二十四年祖梁土思之於峩公
山立廟祭祀昇明二年贈散騎常侍金紫光祿大夫高帝
以宋元嘉四年丁卯歲生姿表英異龍顙鍾聲長七尺五
寸鱗文徧體舊宅在武進縣宅南有一桑樹權本三丈橫
生四枝狀似華蓋帝次宗立學於雞籠山帝年十三就受禮
及左氏春秋十七年宋大將軍彭城王義康被黜徙豫章
皇考領兵防守帝捨業南行十九年竟陵蠻動宋文帝遣
帝領偏軍討沔北蠻二十三年雍州刺史蕭思話鎮襄陽
啟帝自隨初為左軍中兵參軍二十九年領偏軍征仇池

破其六興蘭皇二壘遂從谷口入關末至長安八十里梁
州刺史劉秀之遣司馬汪助帝攻技談擐城魏救兵至
帝軍力疲少又聞文帝崩乃燒城還南鄭後襲誓晉興縣
五等男為建康令有能名少府蕭惠開雅有知人監謂人
曰昔魏武為洛陽北部時人服其英今看蕭建康但當過
之耳宋明帝即位為左軍將軍時四方叛會稽太守尋陽

晉陵一日破賊十二壘分軍定諸縣及徐州刺史薛安都
王子房及在東諸郡皆起兵明帝加帝輔國將軍東討
欓彭城歸魏遣從子索兒攻淮陰又徵帝討破之索兒走
鍾離帝追至瞵瞧而還除驍騎將軍封西陽縣侯遷巴陵

【南史帝紀四】
二
婁六

王衛軍司馬隨鎮會稽江州刺史晉安王子勛遣臨川內
史張淹自鄱陽嶠道入三吳明帝遣帝討之時朝廷器甲
皆充南討帝軍安寨闕乃編椶皮為馬具裝折竹為寄生
夜舉火進軍賊望見恐懼未戰而走還除明帝嫌帝非人
馬南東海太守行南徐州事及張永等敗於彭城淮南孤
弱以帝為假冠軍將軍持節都督比討前鋒諸軍事鎮淮
陰遷南兗州刺史加督五州比討如故明帝愈以為疑遣冠軍將
臣相而人間流言帝當為天子明帝戎服出門迎
軍吳喜留帝破釜自持銀壺酒封以賜帝帝戎服出門迎
懼焉不敢飲將出奔喜告以誠先飲之帝即酌飲之喜還

明帝意乃悅泰始七年徵遠都部下勸勿就徵帝曰主上
自誅諸弟為太子幼弱作萬歲後計何關作族惟應速發
事綏當見疑今骨肉相害自洪靈長之運禍難將興方與
卿等戰力耳至拜散騎常侍太子左衞率明帝崩遺詔為
右衞將軍領衞尉加兵五百人與尚書令袁粲護軍褚彥
回領軍劉勔衞尉加兵五百人與尚書令議莫有言者帝曰昔上
惶駭帝與褚彥回等集中書省計議莫有言者帝曰昔上
流謀逆皆因淹綏以敗休範必遠徵前失輕兵急下乘我
無備請帥新亭以當其鋒休範因衆筆下議餘並注同中書舍

元徽二年五月江州刺史桂陽王休範舉兵於尋陽朝廷
人孫千齡與休範有密欸獨曰宜依舊遣軍據梁山帝正
色曰賊今已近梁山豈可得至新亭卽是兵衝所欲以死
報國耳乃單車白服出新亭城壘未畢帝使卽都督征討軍
事平南將軍加鼓吹一部築新亭城壘未畢帝使卽都督征討軍
帝方解衣高臥以安衆心乃索白虎幡登西垣使寧朔將
軍高道慶羽林監陳顯達資外郎王敬則浮舸與賊水戰
大破之未時張敬兒斬休範首臺軍及賊衆俱不知其別
報杜黑蠡急攻東壘賊自上馬數百人出戰與黑蠡
拒戰自晡達明且矢石不息其夜大雨鼓叫不復相聞將
士槓日不得賽食軍中馬夜驚城內亂走叫帝執燭正坐慮

聲呵止之如是者數四賊師丁文豪等設伏破臺軍於卓英
橋直至朱雀航王道隆劉勔動並戰沒初高尚其意託造
園宅名為東山頗忽時務帝謂曰將軍命之重此是
報難之日而深尚從容願省羽翼一朝事去悔可追乎動
不納竟敗及賊進至石頭奔張永棄軍走還開東府納賊
亭亦陷太后執蒼梧王手泣曰天下事敗矣帝遣軍主陳
顯達住農夫張敬兒周盤龍等於石頭濟淮間道自承明
門入衞宮闕時休範典籤許公與詐稱休範在新亭士庶
惶惑詣臺期赴休範投名者千數及至乃是帝隨得輒燒

之登城北謂曰劉休範父子先昨皆已死戮屍在南岡下
身是蕭平南諸軍善見觀汝名名已焚除勿懼也衆分
遣衆軍擊平賊帝振旅凱入百姓緣道聚觀曰全國家者
此公也帝與袁粲褚彥回劉彥節引爸解職不許遷散騎
常侍中領軍都督南兗州刺史鎮軍將軍進爵為公與表
舉褚彥回劉彥節等更曰入直決事號為四貴休範平後
蒼梧王漸行凶暴羣從害帝嘗率數十人直入鎮軍府時
暑熱帝晝臥裸袒蒼梧立帝於室內畫腹為射的自引滿
將射之帝神色不變歛板曰老臣無罪蒼梧左右王天恩
諫曰領軍腹大是佳射堋而一箭便死後無復射不如以

電箭射之乃取電箭一發即中帝帝齋蒼梧投弓於地大笑
曰此手何如時建平王景素為朝野歸心潛為自全計布
誠於帝帝拒而不納景素舉兵帝出屯玄武湖事平乃
還帝威名既重蒼梧深相猜忌刻木為帝形畫腹為射堋
患所見之物呼之為帝加以手自磨鋋曰明日當以刃蕭
道成陳太妃罵之曰蕭道成有大功於國今害之誰為汝
自射之又命左右射中者加賞莫能中特帝在領軍府
蒼梧自來燒之黑帝出因作難帝堅卧不動蒼梧益懷忿
楊玉夫等與直閤將軍王敬則通謀弒蒼梧齎首使左右

盡力故止高帝謀與袁粲廢立皆不見從五年七月戊子

陳奉伯藏衣袖中依常行法稱敕開承明門出襄貯之以
與敬則敬則馳至領軍府叩門大自言報帝猶不開敬
則自門窬中以首見帝帝不信乃於牆上投進其首
索水洗視敬則乃跳垣入帝跣出敬則叫曰事平矣帝乃
戎服乘常所騎赤馬夜入殺中殿中驚怖及知蒼梧死咸
稱萬歲至帝踐祚號此以為龍驤赤明且召袁粲節未荅
劉彥節入會西鐘槐樹下計議帝以事讓袁節乃拔刀在
帝傍輒鞠盡張眼光如電次讓袁又不受敬則乃
林側躍麾眾曰天下之事皆應關蕭公敢有開一言者血
染敬則躍麾刀仍呼虎賁劍戟羽儀手自取白紗帽加帝首令

帝即位曰今日誰敢復動軍須及執帝正色呵之曰卿都
不自解繫有言敬則又叱之乃止帝乃下議備法駕諸
東城迎立順帝於是長刀遮袁彥節等失色而去甲午帝
移鎮東府與袁彥節回劉彥節見帝威權稍盛廬不自安與袁及黃回
申加侍中司空錄尚書事驃騎大將軍封竟陵郡公給油
幢車班劍三十人帝固辭上台即授以驃騎大將軍開府
儀同三司十二月荆州刺史沈攸之反稱太后令下都
乙卯帝入居朝堂命諸將西討平西將軍黃回為都督前
驅先是太后兄子前湘州刺史王蘊遭母殷氏罷任還至巴
陵傳舟與攸之密謀乃下達郢州武帝時為郢州長史蘊

伺武帝出乎因作亂攘郢城武帝知之不出乎還至東府
前又期見高帝帝又不出乎冉計不行外謀愈固司徒表
袁尚書令劉彥節見帝威權稍盛廬不自安與蘊及黃回
等相結舉事殷內宿衛王師無不協同及攸之反閨初至
帝往石頭詣袁彥謀袁稱疾不相見剋壬申夜起兵攘石頭
其夜丹陽丞王遜告變彥節從弟領軍蘊及直閤將軍卜
帝尚嚴兵為內應帝命王敬則於宮內誅之遣諸將攻
石頭王蘊將數百精干帶甲赴蘊城門已閉官軍又至乃
散眾軍攻石頭斬袁彥節於頭擔湖逃闕場並禽斬之乃
粲典藏冥嗣祖同袁謀蘊婺人張承伯藏匿蘊高帝亦並

藏而用之時黃回頻新亭閱石頭巳下因稱敕援高帝知
而不言撫之愈厚遣迴西上流遂告別二年正月沈攸之
平十二月宋帝進高帝太尉都督十六州諸軍事高帝表送
黃鉞三月己酉增班劍四十人甲仗百人殿丙子加洞
簫鼓吹大明泰始以來相承奢倦百姓成俗及高帝輔政
奏龍御府省一尚方諸飾玩至是又上表禁人間華偽雜
物凡十七條其中宮及諸王服雜依舊例亦請詳制九
月丙午加帝儀黃鉞都督中外諸軍事太傅領揚州牧劍
履上殿入朝不趨贊拜不名置左右長史司馬從事中郎
復上殿入朝不趨詔遣敕勸乃受黃鉞辭殊禮甲寅給三
掾屬各四人固辭詔遣

望軍三年正月乙丑高帝表讓百姓通責丙辰加前部羽
葆鼓吹丁巳命太傅府依舊辟召丁卯給高帝甲仗五百
人出入殿省甲午重申前命劍後上殿入朝不趨奏拜不
名三月甲辰宋帝詔進帝位相國摠百揆封十郡為齊公
備九錫禮加遠游冠位在諸侯王上加相國綠綟綬甲寅
使以備物典禮進策曰朕以不造夙罹閔凶嗣君失德書
哭未足為聲置直小宛與刺茶雜作歌而已哉天贊皇宋
殽禾紀威武五行庚劉九縣神獸靈繹海水群飛颿之
實啓明宰爰登崇眺篡錄大業高勳至德振古絕倫雖保
徽襄殷博陸匡漢方斯蔑始也今將授公典禮其敬聽朕

命乃袁鄧構禍纂纂有徒子房不臣桶兵協亂顧瞻宮
祓袂茂草言念邦國弱為仇讎當此之時人無固志公
投袂徇難超然奮發登軍帥而先驅塵鉞
一臨凶黨水洋此則霸業之甚勤王之始也安都背叛籍
擾徐方敢率犬羊淮涌索兒愚悍同惡相濟天祚無
象昔順歸逆此鄴黔黎奄墜塗炭受命宗初精貫朝日
渠帥和門氣蹙漢破金之梗斬馘野石梁之戰魚
壅節保境全人江陽即序此又公之功也張淹迷昧弗顧
本朝袋自南區公忠誠慷慨在險彌亮以寡制眾所向風
未夷皇塗存迫公志圖東夏潛軍閒入竊覗不震于時江服

僵朝廷無東顧之憂闡越有來蘇之慶此又公之功也闔
奴野心侵擾疆場醜羯俯張夷弔死扶傷彭泗公奉辭代罪戒旦
晨征兵車始交氛祲時蕩弔死扶傷弘宣皇澤伊我淮肥
復潯戈化此又公之功也自茲破後徼犯城高壘分疆畫界開創
重貔上國而世故相仍師出已老角鼎裂冠毀冕拔本
卷苕士事發憤忘食躬擐甲冑視險若夷分疆畫界日淪陷
青兗此又公之功也桂陽搆孽首亂階九鼎將移晷
襄涼列火焚于王城飛矢集于君屋群后憂惶元戎無主
公按劍凝神則奇謨冠世把旄指麾則慓夫成勇信宿之
閣宣陽底定此又公之功也皇室多難釁釁起戚藩建平失

國璽其內侮公指授六師義形于色役未踰旬朱方寧晏
此又公之功也蒼梧肆虐諸夏沸淫刑以逞誰嗣公速
黜昏相非朝不謀夕高祖之業近尊魏晉之典授以眇身入奉宗祐七廟清
積故漢之義近遵魏晉之典授以眇身入奉宗祐七廟潛
九區友政此又公之功也表劉穆貳成此亂階覬圖潛
勳九區友政此又公之功也神謀內運籌靡威江甸清
橫孔熾鋒阻兵應路公神謀內運籌靡威江甸正情
代末申長惡不悛遠凶逆公把戟出關梟威江甸正情
鱗月虯聲阻兵應有石頭志犯膺路公神謀內運籌惟始九
秋冷義澄國塗悅穆公把戟出關梟威歲月滋彰
吳豳日同兒明略與秋雲競爽至義所感人百其心積年

通誅一朝顯戮沮浦宴流聲臺順軌此又公之功也公有
浹天下之勳重之以明哲道范生靈志匡宇宙戮力肆心
勳勞王室陵阻銀難備嘗之笑若乃緝搆宗祧之勤造物
資始之澤雲布霧散光被六幽弼予一人求清四海是以
莅軍勝芳於郊園景星垂暉於清漢退方款關而慕義荒
王莅典譚而求庭侯伯有國倏同所以文命成功玄圭顯錫姬
旦宣哲曲阜發藩攸改王以弘風或胙土以宣化禮絕常
服重譚而求庭侯伯有國倏同所以文命成功玄圭顯姬
班宣哲群碎爰速桓文軍服異數惟公勳業超於先烈而
雜貴開於續章古今之道何甚英歟靜言欽歎良有缺然

今進授相國以青州之齊郡徐州之梁郡南徐州之蘭陵
魯郡琅邪東海晉陵義興揚州之吳郡會稽凡十郡封公
為齊公錫玆玄土苴以白茅定爾邦家用建冢社斯實命使
父玆公錫玆玄土苴以白茅定爾邦家用建冢社斯命使
保玆袞任毛畢執珪入作卿士內外之寵則往者周召建國師
持節兼太尉侍中中書監司空衛將軍雲都督開國侯本
回授公相國印綬齊公璽破持節兼司空兼守縣開國侯本
授齊公相國璽破持節兼司空兼守縣開國侯本
左相國位總百揆土金虎符第一至第五左竹使符第一至第十
國總百揆去錄尚書之稱送所假節侍中貂蟬中外都督
回授公相國印綬齊公璽破持節兼司空兼守縣開國侯本

太傳太尉印綬竟陵公印策其驃騎大將軍揚州牧南徐
州刺史如故又加公九錫其敬聽後命以公執禮弘律儀
形匡宇遼通一體人無異業是用錫公大輅戎輅各一玄
牡二駟公崇修南畝所寶惟穀殺王府充實百姓繁衍是用
錫公袞冕之服赤舄副焉公居身以謙導物以義鎏鈞庶
品岡不和悅是用錫公軒縣之樂八佾之儛公翼贊王明
聲教速洽蠻夷媯歸首內附是用錫公朱戶以居公明
鑒人倫澄辯涇渭官方與能英乂克舉是用錫公納陛以
登公保佑皇朝屬身化下杜漸防萌含生寅式是用錫公
虎賁之士三百人公秉究以刑撝敬以德君親無將將而

必誅是用錫公鈇鉞各一公鳳舉四維龍騰八表威靈所

根異類同義是用錫公彤弓一彤矢百盧弓十盧矢千公

明發載懷蕭恭禋祀孝敬之重義感靈祇是用錫公秬鬯

一卣圭瓚副焉為齊國置丞相以下敬導舊式往欽哉其祗

服朕命經緯乾坤宏亮洪業茂昭爾大德闡揚我高祖之

休命高帝三讓公卿敦勸固請乃受之丁巳下令赦國内

殊死以下宋帝詔齊公四月癸酉宋帝又詔進齊公爵為

給錢五百萬布五千疋絹五千疋必以太尉左長史王俭為

尚書右僕射領吏部○南兗州之盱台山陽秦廣陵海

徐州之南梁陳潁川陳留南兗州

陵南沛增王封為二十郡使司空褚彦回奉策授璽綬改

立王社餘如故丙戌命齊王冕十有二旒建天子旌旗出

警入蹕乘金根車駕六馬備五時副車置旄頭雲罕樂懸

八佾設鐘虡宮縣王世子為太子王女王孫爵命一如舊

儀辛卯宋帝策齊王歷數在齊乃下詔禪位是日遜于東邸王

辰遣使奉策元后以歔黎元若夫容成大庭之世伏羲五

龍之辰簿得而詳焉自軒黃以降墳素所紀略可言者莫

崇乎舜舞披金繩而握天鏡開王匣而總地維德之休明

窅居靈極期運有終歸禪與能所以大唐遜位謵然興歌

有虞摭讓卿發表遺風餘烈光被無垠漢魏因循不敢

失墜爰逮有晉亦遵前典昔我祖宗英哲旁招俊乂

不造仍世多故惟王聖哲欽明榮徹區宇仁育群生義征

不憓聲化遠洎荒服無曧殊類同規華戎一族是以五色

來儀於軒縣九穗含芳於郊牧象緯昭徹布新之符巳顯

圖讖煥煥受終之義既彰靈祇乃著兆庶引領至道

深微惟人是弘天命無常惟德是與所以仰鑒玄情俯察

群議敬禪神器授帝位于爾躬四海困窮天祿永終於戲

蒼昊委雲門而升圓丘時膺大禮求保洪業豈不盛歟并

王其允執厥中副率土之欤望命司喪而謁

南史帝紀四

十二

名遠

命輿書遣兼太保司空褚彦回兼太尉守尚書令王僧虔

奉皇帝璽綬受終之禮一依唐虞故事高帝固讓宋朝王

公以下陳留王粲等詣門陳請帝猶未許齊世子卿士以

下固請兼太史令將作匠文建陳天符瑞因言漢自黃初

至建安二十五年一百九十六年而禪晉自泰始至元熙二年一百

熙二年四十六年而禪宋自永初元年至昇明三年幾六十年咸

以六終六受九位也驗往揆今若斯昭著敢以職任備

陳管見伏願順天時膺符瑞二朝百辟又固請尚書右僕射

王俭奏被宋詔遜位臣等參議宜剋日受禪高帝乃許焉

建元元年夏四月甲午皇帝即位於南郊柴燎告天曰皇
帝臣道成敢用玄牡昭告于皇皇后帝夫肇自生靈樹以
司牧所以闢極立則開元剖物肆茲大道天下惟公命不
于常昔在虞夏受終上代粵自漢親揖讓中葉咸煥諸方
弘濟乎艱難大造顏墜再構區宇誕惟天人罔弗和會迺
仰協歸運景屬興能用集大命于茲辭德斂曰皇天眷
命不可以固違人神無統不可以曠主畏天之威敢不祗
而群公卿士庶君御事曁及黎獸僉曰百辟人
順鴻曆敬簡元辰虔奉皇符升壇受禪告類上帝必答人
袁式敕萬國惟明靈是饗禮畢備大駕幸建康宮臨太極
前殿大赦改元賜人爵二級文武位二等鰥寡孤獨不能
自存者穀人五斛逋租宿責勿收犯鄉論清議贓汙淫盜
者一皆蕩滌洗除先注興之更始長徒敕繫者特加原遣
亡官失爵禁錮奪勞一依舊典封宋帝為汝陰王築宮於
舟楊故縣行宋正朔車旗服色一如晉故事上書不為
表奉表不稱詔宋諸王皆降為公郡公縣公華容公為
為鄉君詔降宋南康郡公為縣公萍鄉君為縣公主
伯減戶有差以奉劉穆之王何無忌之祀追尊皇考曰
宣皇帝皇妣曰孝皇后陵曰永安妃曰昭皇后陵曰泰安

詔劫賊餘口沒在臺府者悉原赦諸為讎隙流徙者皆聽還
本土戊戌以荊州刺史巘為尚書令驃騎大將軍開府儀
同三司斷四方上慶禮巳亥詔二宮諸王悉不得營立屯
郎封略山湖乃停太官池塞稅庚子詔宋帝后藩王諸陵
量置守衛五月丙午以河南王吐谷渾拾寅為驃騎大將
軍詔宋氏弟秩量所廢置有司奏留襄陽郡公張敬兒等
六十二人除廣興郡公沈曇亮等一百二十二人改元嘉
曆為建元曆以正月卯臘以十二月未丁未詔曰設募
取將縣賞購士蓋出權宜自今可斷衆募宜遣
使朝貢丙辰詔遣襄散騎常侍十二人巡行四方巳未汝
陰王姐齊志也追謚為宋順帝辛酉詔誅陰安公劉燮等六
月乙亥詔宋末以來枯骸毀槨宣下埋藏庚辰備法駕奉
七廟主于太廟甲申立前赦恩百日立皇太子賾為皇
慶隆死罪以下刑并申前赦恩百日立皇太子賾為皇
鄱陽王鏘為臨川王晃為長沙王曅為武陵王曄為安成王鏘為
酆陽王鑠為廣興王皇孫長懋為南郡王乙
酉薨宋順帝于丹寧陵秋七月丁未曲赦交州部內丁巳
詔南蘭陵桑梓本鄉籍布武進王業所基給後十年
八月癸巳省陳留國丁巳立皇子鈞為衡陽王九月辛丑
詔以二吳義興三郡遭水減今年田租乙巳復置南蠻校

尉官丙午加司空褚彥回尚書令冬十月丙子立彭城劉

徹為汝陰王奉宋後巳卯享宋太廟辛巳汝陰王太妃王氏薨

追贈宋恭皇后巳丑荊州天井湖出綿人用與常綿不異

二年春正月戊戌朔大赦以司空褚彥回為司徒以尚書

右僕射王儉為左僕射辛丑南郊二月丁卯親軍攻壽

陽豫州刺史垣崇祖破走之癸巳遣大使巡慰淮徐豫

邊人尤貧遘難者三月百濟國遣使朝貢以其王牟都為

鎮東大將軍夏四月丙寅進高麗王樂浪公高璉號驃騎

大將軍五月立六門都墻秋九月甲午朔日有蝕之丙子

蠕蠕國遣使朝貢冬十二月戊戌以司空褚彥回為司徒

壬子以驃騎豫章王疑為司空

三年春正月壬戌朔詔王公卿士薦讜言丙子立皇子鋒

為江夏王二月癸丑罷南蠻校尉官夏四月辛亥始制東

宮臣僚用下官禮敬閏喜公子良等六月壬子大赦秋七

月巳未朔日有蝕之九月辛亥蠕蠕國王遣使欲宋泰始

獻師子皮袴褶烏程令吳郡顧昌玄坐父宴樂游興常人無異有司

請加以清議丙戌置會稽山陰縣獄丞冬十月戊戌以河

比征死亡屍骸不反而昌玄父人無異有司

南王世子吐谷渾度易侯為西秦河二州刺史河南王以河

二月丁亥高麗國遣使朝貢命散騎常侍慶炎等十二人

巡行諸州郡觀省風俗

四年春二月乙未上不豫庚戌詔原都下囚繫有差免元

年以前逋責三月庚申召司徒褚彥回左僕射王儉顧

託壬戌皇帝崩于臨光殿年五十六群臣上諡曰高皇帝

廟號太祖梓宮於東府前渚升龍舟四月丙午葬於武進

泰安陵於龍舟卒哭內外反吉上少有大量喜怒不形於

色深沈靜默常有四海之心博學善屬文工草隸書弈碁

第二品雖經綸夷險不廢素業及即位後身不御精細之

物主衣中有玉介導以長皮者之源命打破之凡異物皆

令隨例毀棄後宮器物欄檻以銅為飾者皆改用鐵內殿

施黃紗帳宮人著紫皮履華蓋除金華爪用鐵回釘每曰

使我臨天下十年當使黃金與土同價欲以身率化移風

易俗性寬嚴雋直闇將軍周覆給事中褚思莊共蒸累局

不倦覆乃抑上手不許易行其弘厚如此所著文詔中書

侍郎江淹撰次之又詔東觀學士撰史林三十篇魏文帝

皇覽之流也始帝年十七時嘗夢乘青龍上天西行逐曰

帝舊堂在武進彭山岡阜相屬數百里不絕其上常有五

色雲又有龍出焉上時已貴宋明帝甚惡之遣善占墓

著高靈文往墓所占相靈文先給事中太祖還詭答曰不過

出方伯耳密白太祖曰貴不可言明帝意猶不巳遣人踐

稍以左道獻之上後於所棲華柱忽龍鳴響震山谷明
帝寢疾為身後之慮多朝功臣上亦見疑每云蕭道成有
不臣相時鎮淮陰每懷憂懼忽見神人謂上曰無所憂子
孫當昌盛泰始三年宋明帝遣前淮南太守孫奉伯
夢王乘龍上天而不得與我奉伯同室卧奉軍雀
陰驗元會奉舊興帝歎不得及覺敘夢因謂曰允州
後建安王休仁鎮東府宋明帝懼殺休仁而常閉東府不
靈建夢天謂已蕭道成是我第十九子我去年已使授其
天子位考自三皇五帝以降受命之次至帝為十九也及
為領軍望氣者陳安寶見上身上恒有紫黃氣

洪範曰此人貴不可言所居縣有一道相傳云天子出其
路或謂泰皇所游或云孫氏舊近時訛言東城天子出其
季子廟沸井之比忽聞金石聲疑甚異鑿深三尺得沸井
居武進東城村東城成王代立時咸言在此也昇明二年冬延陵縣
及蕃稽王敗安成王代立時咸言為驗敕者推之上舊
居明帝又憂幸阼代伐以厭王氣又使子安成王代之
奔涌若浪其地又響即復鑿之復得一井涌沸亦然井中
得一木簡長一尺廣二分上有隱起字曰廬山道人張陵
再拜詣闕起居簡大堅白字色乃黃瑞應圖云浪井不鑿

自成王者清靜則仙人主之會稽剡縣有山名刻石父老
相傳云山雖名刻石而不知文字所在昇明末縣人兒龔
祖行獵忽見石上有文字凡三處皆生其昇明末縣人兒
去苔視之其大石文曰此齊者黃公之化氣也立石文
曰黃天星蕭字道成得賢師天下太平小石文曰刻石
者誰會稽南山李斯刻秦望之風也誰者
起視名將帝小字也河洛讖曰歷丁七十水德緒風雲
俱起龍鱗聳又曰肅草草德盡備案宋水德也義熙
元年宋武帝王業之始至齊受命七十年又讖曰蕭為二
士天下樂宗二十主字也郭文舉金雄記曰當復有作肅

入草易曰聖人作萬物覩當復有作言聖人作也王子年
歌曰欲知其姓草蒲蕪穀中最細低頭熟驎身甲體求興
福穀中精細者稻也即道也熟成也又歌曰金刀利刃
齊州之災害也故曰塌河洛讖曰金刀寒龍
泉消除水災泄山川水即宋也宋氏為災害故曰水災梁
亦水也蜀河梁則行路成矣消除水災除宋水
歌曰欲知聖人作孔子河洛讖曰塌河梁寒龍
紫庭神龍之岡梧桐生鳳鳥戢翼朔曰鳴南斗吳分野草
屋著居上蕭學象也先是益州有山古老相傳曰齊后山
昇明三年四月二十三日有沙門玄暢者於此山立精舍

其日上登尊位廿月二十
四日熒陽郡人尹千於嵩山東
南隅見天兩石隊地石開有玉璽
在其中璽方三寸文
戊丁之人與道俱備然入草應天符掃平河洛清魏都又
曰皇帝運興千奉璽詣雍州刺史蕭夤齊赤斧以獻案宋
武帝於嵩高山得玉璧三十二枚神人云此是宋卜世之
數三十二者二三十也宋自受命至禪齊凡六十年然則
帝之符應也若是今備之云
皇后並夢龍據屋故小字上為龍兒年十三夢人以筆畫
世祖武皇帝諱賾字宣遠高帝長子也以宋元嘉二十七
年六月己未生於建康縣之青溪宮將產之夕孝皇后昭

四刊 【南史帝紀四】 【十九】 伃

身左右為兩翅又者孔雀羽衣裳空中飛舉體生毛髮長
至足有人指上所踐地曰周文王之田又於所住堂內得
璽一枚文曰皇帝行璽又得異錢文為比斗星雙刀雙貝
及有人形帶劍為仕宋為贛令江州刺史晉安王子勛反
上不從命南康相沈肅之起兵郡獄族人蕭欣祖門客桓
康等破郡迎出上上遂率郡曲百餘人起義避難揭陽山
中有清谿傳漏智又於山巖石上
其側忽生一樹狀若花蓋青翠枝踈有殊群木上將討戴
凱之大饗士卒是日大執上各令析荊枝自敵言未終而
有雲垂陰正當會所會罷乃散及為籬與相領南積草連

水阻迴商旅不通上部伍既至無兩而川流暴起遂得利
涉元徽四年徵晉熙王鎮西長史江夏內史行郢州事
順帝立徵晉熙王燮為撫軍揚州刺史以上為左衛將軍
輔燮俱下沈攸之事起末得朝廷黷分上以待中
敵即檻盆口城為戰守備高帝聞之曰此真我子也於盆
城掘壍得一大錢文曰太平百歲千時城內乏水欲引水
入城始鑿城內遇伏泉涌出如此者九勳用之不竭上表
求西討不許乃遣偏軍接郢平西將軍黃回等皆受節度
昇明二年事平遷江州刺史封聞喜縣侯其年徵侍中
領軍將軍加督京畿諸軍事三年又加尚書僕射中軍

【南史帝紀四】 【二十】 橫千

大將軍開府儀同三司進爵為公給班劍二十人齊國建
為齊公世子攺加侍中南豫州刺史給油絡車羽葆鼓吹
增班劍為三十人以石頭為世子宮置二卒以下坊省
服章一如東宮進為王太子高帝即位為皇太子建元四
年三月壬戌高帝崩是日皇太子即皇帝位大赦征鎮州
郡令長軍屯營部各行喪三日不得擅離任都邑城守防
備幢像一不得還乙丑稱先帝遺詔以司徒褚彥回錄尚
書事尚書左僕射王儉為尚書令車騎將軍張敬兒開府
儀同三司詔曰喪禮雖有定制先旨每存儉約內官可三
日一還臨外官閒日一還臨後有大喪皆如之丁卯以前

將軍奐為尚書左僕射庚午以司空豫章王嶷為太尉

癸酉詔免通城錢自今以後申明舊制初晉宋舊制受官

二十日輒送脩城錢二千宋泰始初軍役大起受官者萬

計兵戎機急事有未遑自是令僕以下並不輸送二十年

中大限不可勝計文符督切擾亂在所不至是除蕩百姓悅

焉夏四月辛卯追尊穆妃為皇太后五月庚申以高皇帝配

南郊高昭皇后配北郊六月甲申朝立河南王楙為皇

太子詔申立皇太子妃王氏進封聞

喜公子良為竟陵王臨汝公子卿為廬陵王應城公子敬

為安陸王江陵公子樛為晉安王枝江公子隆為隨王皇

子子真為建安王皇孫昭業為河南郡王戊戌以水潦為

惠星緖垂序剋日訊都下因諸遠獄委剌史以時察判建

康秣陵二縣貧人加振賜必令周悉吳興義興遭水縣罷

降租調以司徒褚彥回為司空秋八月癸卯司空褚彥回

薨九月丁巳以國哀故罷國子學辛未以征南將軍王僧

虔為左光祿大夫開府儀同三司冬十月乙未以中書令

王延之為尚書左僕射十二月己丑詔曰緣淮戍將久廢

邊勞三元行始宜蠲恩慶可遣中書舍人宣旨臨會後每

歲如之

求明元年春正月辛亥祀南郊大赦改元壬子詔內外群

僚各進讜言王公卿士各舉所知又詔守宰祿奉蓋有恒

準往以邊費告罄故公半時損益今區宇寧晏宜加優獎

縣丞尉可還舊秩壬戌立皇弟銳為南平王鏗為宜都王

皇子子明為武昌王子罕為南海王望氣者云新林妻湖

東府西有氣甲子築青溪舊宮作新妻湖死以厭之二月

康寅以征虜將軍楊炅為沙州剌史封陰平王三月丙辰

詔以星緯失序陰陽愆度申辛亥赦恩五十日以期訖為

始戊寅詔四方囚罪無輕重及劫賊餘口長徒敕繫秋八月

甘露敕夏五月丁酉車騎將軍張敬兒有罪伏誅秋八月

壬申魏人來聘冬十月丙寅使驍騎將軍劉纘聘于魏十

一月已卯雷十二月乙巳朔日有蝕之

二年春正月乙亥以護軍將軍柳世隆為尚書右僕射以

南兗州剌史竟陵王子良為護軍將軍兼司徒壬寅以新

除尚書右僕射柳世隆為左僕射以冊楊丹李安人為右

僕射秋七月甲申立皇子子倫為巴陵王八月丙午幸舊

宮申都下獄及三署見徒量所降宥戊申華玄武湖講武

壬子扶南國遣使朝貢并獻金鏤龍王甲子詔都下二縣

墓毀發隨宜施埋遺骸未櫬者並加斂瘞疾困不能存者

詳加瞻賚冬十二月庚申魏人來聘

三年春正月辛卯祀南郊赦二百里內罪應入重者降一

等餘依赦制三月甲寅使輔國將軍劉繪聘于魏夏五月

省總明觀秋七月甲戌左光祿大夫開府儀同三司王僧虔

卒以行宕昌王梁彌頡為河涼二州刺史八月乙未華中堂聽訟

昌王冬十一月丙辰魏人來聘十二月以江州刺史王奐

為尚書右僕射改封武昌王子明為西陽王

寅華閣武堂勞酒小會賜王公以下在位者帛有差皆戊午

四年春閏正月癸巳立皇子子貞為邵陵王丁未以武都

宣華閣武堂講武

二月丙寅大風吳興偃其樹葉皆已未

聘于魏

立皇弟鏘為晉熙王鉉為河東王壬午使通直郎裴昭明

五年春正月戊子以太尉章王嶷為大司馬車騎將軍

竟陵王子良為司徒驃騎將軍臨川王映衛將軍

軍將軍王敬則並以本號開府儀同三司

王奐為尚書左僕射辛卯賜孤寡老疾各有差夏四月庚

午殷祀太廟降諸囚徒先是立商颿館於孫陵岡世呼為

九日臺秋九月辛卯車駕幸籍田冬十月初起新林苑

六年春三月甲申詔皇太子於東宮玄圃園宣猷堂臨訊

及三署徒隸巳亥封皇子子智為巴東王夏五月庚辰左

《南史帝紀四》 二十三 劉華

衛殿中將軍邯鄲超表陳射雉書賜死又潁川荀丕亦

以諫靜託他事及誅六月辛未詔省州郡縣逋故輸錢者

秋七月敢興太守劉元實於郡城遽得錢三十七萬首輪

厚徙一寸半以獻上以為瑞班賜公卿九月壬寅於琅邪

城講武晉水步軍冬十月庚申立冬初臨太極殿讀時令

十一月丙戌土霧竟天如煙入人眼鼻二日乃止

舉子之科若有產子者復其父壬戌驃騎將軍開府儀同

豫州刺史西昌侯鸞為右僕射辛亥祀南郊大赦申明不

三司臨川王映薨戊辰詔以諸大夫年秩隆重增俸給見

役三月甲寅立皇子子岳為臨賀王子峻為廣漢王子琳

為宣成王子珉為義安王夏五月乙巳尚書左僕射柳世隆為

府儀同三司甲子以新除尚書左僕射柳世隆為

尚書令秋九月壬寅魏人來聘冬十一月戊申詔平南參

八年春正月庚子以領軍王奐為尚書左僕射丁巳以行

百濟王牟大為鎮東大將軍二月辛卯零陵王司馬

藥師薨夏四月戊辰朔詔公卿以下各舉所知六月巳巳

魏人來聘庚午長沙王晃薨丙申大雷雨有黃光竟天照

地狀如金乙酉都下大風發屋秋七月癸卯詔以陰陽姤

《南史帝紀四》 二十四 劉華

和繹衆衞慶儲倘興惠澄歷旬暮可大赦八月壬辰荊州
刺史巴東王子響反遣冊陽尹蕭順之討之子響伏誅乙
酉以河南王世子休留代為西秦河二州刺史封河南王
冬十一月戊寅詔量增尚書丞郎賜祿巳卯改封宣城王
子琳為南康王立皇子子建為湘東王
九年春正月甲午省平蠻校尉裝昭明聘于魏三月癸巳明堂災夏五月
午詔射聲校尉丁未親人來聘府辛丑祀南郊降都下見囚戊
丙申邑國獻金簞丁未親人來聘安成王昌覺巳未樂
游正陽堂災秋八月巳亥使司徒參軍蕭琛聘于魏吳興
義興大水乙卯韃二郡租九月戊辰辛琅邪城講武觀者
傾都普頌酒肉冬十月甲寅親人來聘
十年春正月戊午以司徒竟陵王子良領尚書令以尚書
右僕射西昌侯鸞為左僕射詔增內外有務衆官祿奉丙
戌詔故太宰褚彦回故司空柳世隆驃騎大
將軍王敬則鎮軍大將軍陳顯達故鎮東將軍李安人配
饗太祖廟庭二月乙巳使司徒參軍蕭琛聘于魏
十一年春正月戊午以驃騎大將軍豫州刺史王敬則為
司空乙亥皇太子長懋薨二月雍州刺史王奐有罪伏誅
三月丙寅以金紫光祿大夫王晏為尚書右僕射夏四月
癸未親人來聘甲午立皇孫昭業為皇太孫賜天下為人

後著爵一級五月戊辰以旱故都下二縣宋方姑熟權斷
酒秋七月丁巳曲赦南兗兗豫司徐五州南豫州之歷陽
譙臨江盧江四郡三調衆宿責並同原除其緣淮及青
冀新附僑人復除巳訖更申五年先是魏地謠言赤火南
流喪南國是歲有沙門從北齎此火而至色赤於常火而
微云聖火以療疾貴賤爭取之多得其驗二十餘日都下大盛
咸以還鄉邑人楊道慶虛疾二十年依法炙之親軍將至
密云以燒貴賤始登階而殷屋鳴吒上惡之親軍將至
不豫徙御延昌殿是月上大漸詔曰始
上應朝野憂惶力疾召樂府奏正聲伎戊寅大漸詔曰始
終大期聖賢不免吾行年六十亦復何恨但皇業艱難萬
機自重不能無遺慮耳太孫進德日茂社稷有寄子良善
相毗輔思弘正道內外衆事無大小悉與鸞參懷尚書是
職務根本悉委王晏徐孝嗣軍旅捍邊委之略委王敬則陳
顯達王廣之王玄邈沈文李等張瑰薛淵等百辟燕僚各奉
爾職謹事太孫勿有懈怠又詔曰我識滅後身上著夏衣
裝複裌衣各一通常所服刀長短二口鐵環者隨入梓宮
畫天衣純烏犀導繢諸器服慎勿以實物及織成等唯
祭敬之典本在因心靈上慎勿以牲為祭祭惟設餅茶飲
乾飯酒脯而已天下貴賤咸同此制未山陵前朔望設菜

食陵墓萬世所宅意常恨休安陵未辨今可用東三處地
最東邊以葬我名為景安陵喪禮每存省約不須煩人百
宜停六時入臨朝望祖日可依舊諸主六宮並不須從山
陵內殿鳳華壽昌曜靈三處是吾所改制未貴有天下富
兼四海宴處寢息不容乃陋謂此為奢僣之中慎勿壞去
顯陽殿王像諸佛及供養具如別牒可盡心禮拜供養之
維有功德事可專在中自今公私皆不得出家為道及起
立塔寺以宅為精舍並嚴斷之惟年六十必有道心聽朝
賢選序已有別詔諸小小賜乞及閤內處分亦有別牒內
外禁衛勞舊主帥左右悉令蕭諶優量驅使之是曰上崩

于延昌殿年五十四羣臣上謚曰武皇帝廟號世祖九月
丙寅葬景安陵上剛毅有斷政總大體以富國為先頗喜
游宴彫綺之事言常恨之未能頓遣臨崩又詔凡諸游費

宜從休息自今遠近薦務存節儉不得出界營求相高
奢麗金粟繒纊徹人已甚珠玉好傷俗尤重嚴加禁絕
論曰齊高帝基命之初武功潛用泰始開運大抵時艱又

蒼梧暴虐釁結朝野而百姓懍懍命縣朝夕權道既行兼
望豈惟天厭水行固已人希木德歸功與能事極乎此武
帝雲雷伊始功參佐命雖為繼體事實艱難御衣垂旒深

存政典文武援任不華舊章明罰厚恩皆由已出外表無
塵內朝多豫機事平理職貢有恒府藏內充鮮人勞役宮
室死圉未足以傷財安樂延年眾庶所同幸亦有齊之良
主也攝齊梁紀錄並云出自蕭何又編御史大夫望之以
為先祖之次棄何及望之於漢俱為勳德而望之本傳不
有此陳齊典所書便毋實錄近秘書監顏師古博考經籍
注解漢書已正其非今隨而改削云

廢帝鬱林王諱昭業字元尚小字法身文惠太子長子也
高帝為相王領東府時年五歲帝前戲高帝方令左右拔
白髮問之曰兒言我誰耶荅曰太翁高帝笑謂左右曰豈
有為人作曾祖而捉白髮者乎即擲鏡鑷其後問訊高帝
指示賓客曰我基於此四世矣及武帝即位封為南郡王
時年十歲永明五年十一月戊子冠於東宮崇正殿其日
小會賜王公以下帛各有差給南郡王十一

奏給班劍二十人鼓吹一部高選友學禮絕群王

南史帝紀五

其年七月戊寅武帝崩皇太孫即帝位大赦八月壬午詔
稱遺詔以讓軍將軍武陵王曄為衛將軍征南大將軍陳
顯達即本號並開府儀同三司以尚書左僕射西昌侯鸞
為尚書令右僕射王晏為左僕射吏部尚書徐孝嗣為右
僕射癸未加司徒竟陵王子良位大傅增班劍三十人蠲

除三調及眾通在今年七月三十日以前者省御府及無
用池田邸冶減關市征稅先是每有蠲原之詔多無實恩
督責如故是時西昌侯鸞住知朝政天下咸望風來蘇至
此恩信兩行海內莫不欣然九月辛酉追尊文惠皇太子

為世宗文皇帝冬十月壬寅尊皇太孫太妃王氏為皇太后立
皇后何氏十一月庚戌魏人來聘辛亥立臨汝公昭文為
新安王曲江公昭秀為臨海王皇第昭粲為永嘉王
隆昌元年春正月丁未大赦改元加竟陵王子良殊
禮鎮軍將軍西昌侯鸞即本號為大將軍竟陵王子良
兵五百人以領軍鄱陽王鏘為尚書右僕射詔百僚陳
得失又詔王公以下各舉所知辛亥祀南郊詔隆昌元年
以來流人戊午使司徒參軍劉敳聘于魏

二月辛卯祀明堂夏四月辛巳衛將軍開府儀同三司武
陵王曄薨戊子大傅竟陵王子良薨丁酉以驃騎將軍廬

南史帝紀五

陵王晔薨戊子大傅竟陵王子良薨丁酉以驃騎將軍
鄱陽王鏘為驃騎將軍尚書右僕射
並開府儀同三司閏五月丁卯以鎮軍大將軍西昌侯即
本號開府儀同三司五月甲戌朔日有蝕之秋七月癸巳
皇太后令廢帝為鬱林王帝少美容止好隸書武帝特所
鍾愛敕皇孫手書不得妄出以貴之進退音吐甚有令譽
生而為竟陵文宣王所攝養常在表妃間竟陵王移住西
至矯情飾詐陰懷鄙慝性甚辯慧口樂過人接對賓客皆歡

食同卧起妃何氏擇其中美貌者皆與交歡密就富市人
求錢無敢不與及竟陵王移西邸帝獨住西州每夜輒開

後堂閱與諸不退小人至諧當署中滿臺見諸小人並逆
加爵位皆疏官名魏於黃紙使谷糶盜以帶之許南面之
日即便施行又別作籥鉤鑰善攻人書每私出還輒鉤篰
封題如故故人無知著師史仁祖侍書胡天翼聞之相與
謀曰若言之二宮則其事未見若於營署為異人所歐打
及犬物所傷豈直罪止一身亦嘗畫室及禍年各巳七十
餘生寧足各邪數日中二人相係自殺二宮不知也武帝
以既陽縣塞人給事中慕母珍之代之仁祖剡縣塞人馬澄
代天翼文惠太子每禁其起居節其用度帝謂豫章王妃
庾氏曰阿婆佛法有福生帝王家今見作天王便是大
罪左右主帥動見拘執不如市邊屠酤見百倍文惠太
子自疾及薨帝侍疾及居喪哀容貌毀瘠勞人見者莫不嗚
咽裁還私室即歡笑酣飲備食甘滋葬畢立為皇太孫問
訊裁妃截壁為閣於太妃房內往何氏間每入輒彌時不
出武帝往東宮迎拜竟慟絕而復蘇武帝自下輿扶持
之寵愛曰隆又在西州令女巫楊氏禱祀速求天位及文
惠薨謂由楊氏之力倍加敬信呼楊漖宋氏以求入宮
楊漖兒哥也武帝有疾又令楊氏日夜禱祈令宮
車早晏駕時何妃在西州武帝未崩數日疾稍危與何氏
書紙中央作一大喜字而作三十六小喜字繞之侍武帝

疾甚憂惶言發淚下武帝每言及存亡帝輒哽咽不自
勝武帝以此謂為必能負荷大業謂曰五年中一委宰相
汝勿措意五年以後勿復委人若自作無成無所多恨臨
崩執帝手曰阿奴若憶翁當好作如此而崩大斂始畢
乃悲呼武帝諸伎備奏衆樂雖是哀從事莫不歡咽
流涕素好狗馬即位未逾年便毀武帝所起招婉殿以材
賜閹人徐龍駒於其處起玩馬坊面頭並傷稱疾
不出者數日多聚名鷹快犬以梁肉奉之及武帝梓宮下
渚帝於端門內奏胡伎鞞鐸之聲震響內外時司空王敬則問
閹即於內奏胡伎鞞鐸之聲震響內外時司空王敬則問
新除射聲校尉蕭坦之曰便如此不當忽忽邪坦之曰此
政是內人哭響徹耳自山陵之後便於閤內乘內人車問
訊往皇后所生母宋氏閤因微服游走市里又多往文帝
崇安陵隧中與群小共作諸鄙褻擲塗賭跳放鷹走狗雜
校儈帝既失道朝事大小皆決之西昌侯鸞鸞有諫多不
見從極意賞賜左右動至百數十萬每見錢曰我昔思汝
一箇不得今日得用汝未央武帝聚錢上庫五億萬齋庫亦
出三億萬金銀布帛不可稱計即位未朞歲所用已過半
皆賜與諸不逞群小諸寶器以相擊剖破之以為笑樂
及至虛竭府庫悉空其在內常裸袒著紅紫錦繡新衣錦

帽紅轂襌朱裙服好鬭雞密買雞至數千價武帝御物

甘草杖宮人寸斷用之徐龍駒為後宮舍人日夜在六宮

房內帝與文帝幸姬霍氏淫通改姓徐氏龍駒勸長留宮

內聲云慶霍氏為尼以餘人代之皇后亦淫亂齋閤通夜

閤開內外清雜無後分別中書舍人綦母珍之朱隆之直

既而尼媼外入頗傳異語乃疑鸞有異志中書令何徹以

皇后從叔見親使直殿省常隨后呼徹為三父與徹謀誅

中敕用事不復關諮鸞為應變先使蕭諶坦之等於省誅曹

道剛朱隆之等率兵自尚書省入雲龍門戎服加朱衣於

上比入門三失履王晏徐孝嗣蕭坦之陳顯達王廣之沈

文季係進帝在壽昌殿裸身與霍氏相對聞外有變使閤

內殿諸房閤令登興光樓望還報云見一人戎服從

數百人急裝在西鍾樓下須史帥兵先入宮帝走向

受姬徐氏房校劍自刺不入以帛纏頸興接出延德殿諶

初入殿宿衛將士皆備衛信之及帝出各欲自奮帝竟無一言出西

等不須動宿衛諶曰所取自有人卿

弄遇弒年二十二舁尸出徐龍駒宅殯葬以王禮霍氏及

廬昌君宋並賜死餘黨亦見誅先是文惠太子立樓館於

亦誅死之效焉

廢帝海陵恭王諱昭文字季尚文惠太子第二子也永明

四年封臨汝公鬱林王即位改封新安王及鬱林廢西昌

侯鸞奉帝纂統延興元年秋七月丁酉皇帝即位大赦改

元賜文武位二等以鎮軍大將軍西昌侯鸞為驃騎大將

軍開府儀同三司錄尚書事都督揚州刺史王晏為班劍三

十人封宣城郡公出領東城以尚書左僕射為尚書

令以丹陽尹徐孝嗣為左僕射以領軍將軍沈文季為右

僕射以車騎大將軍陳顯達為司空以驃騎大將軍鄱陽

王鏘為司徒宣城公鸞甲仗百人入殿陳顯達王晏徐

孝嗣蕭諶各五十人入殿八月壬辰魏人來聘甲午以前

司空王敬則為太尉辛丑復置南蠻校尉官甲辰詔使者

隨王子隆遙平西將軍王廣之誅南兗州刺史安陸王子
敬於是江州刺史晉安王子懋起兵遣中護軍王玄邈討
誅之乙酉又誅湘州刺史南平王銳郢州刺史晉熙王子
南豫州刺史宜都王鏗丁亥以衛將軍廬陵王為司
徒以撫軍將軍桂陽王鑠為中軍將軍開府儀同三司冬
十月丁酉加宣城公鸞黃鉞進授都督中外諸軍事太傅
領大將軍揚州刺史加殊禮進爵為王戊戌誅新除中軍
將軍桂陽王鑠撫軍將軍衡陽王鈞侍中秘書監江夏王
鋒鎮軍將軍建安王子真左將軍巴陵王子倫是時宣城

【南史帝紀之】 〈七〉 子中

王鸞輔政帝起居皆諮而後行思食蒸魚菜太官令答無
錄公命竟不與辛亥皇太后令廢帝為海陵王使宣城王
入篡皇統建武元年詔海陵王依漢東海王彊故事給虎
賁旄頭畫輪車設鍾簴宮縣十一月梅王有疾數遣御師
往視乃殂之給溫明秘器歛以袞冕之服大鴻臚監護喪
事葬給轀輬車九旒大輅黃屋左纛前後部羽葆鼓吹挽
歌二部依東海王彊故事諡曰恭先是武帝立禪靈寺於
都不當世以為壯觀天意若曰禪者禪也靈者神明之目
也武帝晏駕而鼎業傾移也求明世市里小兒以鐵相擊
於地謂之關鸞鸞之為言族也至是宗室族滅矣又武帝

時以撫支為朱衣朝士皆服之〔又明帝以崇子入篡此又
奪朱之效也時又多以生紗為帽半其裙而析之號曰倚
勸先是人間語云擾攘建武至是朝士勸進實為怱遽
倚勸擾攘之言於是驗矣

【南史帝紀五】 〈八〉

高宗明皇帝諱鸞字景栖始安貞王道生之子也小字玄
慶少孤高帝撫育過諸子宋泰豫元年為安吉令有嚴能
之名昇明中累遷淮南宣城二郡太守進號輔國將軍高
帝踐祚封西昌侯舊乗輿纚帷軍帝獨乗下帷儀從如素士公事
將軍王子俊舊東宮羽州刺史永明元年為侍中領驍騎
混撓販食人擔火誤燒牛鼻豫章王以白武帝帝笑焉轉
為散騎常侍左衛將軍清道而行十年累遷尚書左僕射
領右衛將軍武帝遺詔為侍中尚書令尋加鎮軍將軍給
班劍二十人隆昌元年即本號為大將軍給鼓吹一部親
兵五百人尋加中書監開府儀同三司海陵王立為驃騎
大將軍錄尚書事揚州刺史加都督增班劍為三十人封
宣城郡公鎮東府城給兵五千人錢二百萬布千四九江
事難假黃鉞都督中外諸軍事太
傅領大將軍揚州牧增班劍為四十人給幢絡三望車前
後部羽葆鼓吹劍履上殿入朝不趨讚拜不名置左右長
史司馬從事中郎掾屬各四人封宣城王未拜大后令廢

海陵王以上入纂高帝為第三子群臣三請乃受命建武

元年冬十月癸亥皇帝即位大赦改元文武賜位二等以

太尉王敬則為大司馬以司空陳顯達為太尉乙丑詔斷

遠近上禮丁卯詔曰今雕文篆刻歲時光新可悉傅省藩

牧守宰或有獻事非任土嚴加禁斷十一月壬申日有

蝕之帝坐宿沐浴不御內其日縈齋蔬食斷朝務异人單衣

恰危坐以至事畢追尊始安貞王為景皇帝妃江氏為懿后

別立寢廟覬曰脩安封桂陽王鑠等諸王子皆為列侯

劉氏為敬皇后覬陵曰脩還主廢南蠻校尉官已卯追崇妃

苑先是百姓地者悉以還主庚辰立皇子寶義為晉安王

進大司馬尋陽公王敬則等十三人爵邑各有差省新林

癸西革永明之制依晉宋舊典太子以師禮敬少傅甲戌

凡諸王侯得罪者諸子皆復封爵又詔遣大使觀省四方

車府凡諸工可悉開省倣令休息戊午立皇子寶卷為

昭王緝第二子寶睲復封安陸王丁亥詔細作中署材官

郡王寶攸為南平王甲申斷官長貢獻及私餉遺以安陸

寶玄為江夏王寶源為廬陵王寶寅為建安王寶融為隨

皇太子賜天下為父後者爵一級已五詔立皇子寶夤為

或有慶禮可悉斷之永明中御史中丞沈深表百官登遠近

七十者皆令致仕並窮困私門庚子詔自縉紳年及可一

〈九〉

遵求明七年以前銓敘之科十二月庚戌宣德太僕劉朗

之游擊將軍劉璲之子坐不贍給兄子致使隨母他嫁免

官棄鋼終身付之鄉論是歲魏孝文皇帝遷都洛陽

二年春正月辛未降都下繫囚殊死以下詔王公以下各

樂所知內外群僚各進忠言無有所諱魏攻豫司二州四

州壬申遣鎮軍王廣之督司州右衛將軍蕭坦之督徐州

尚書右僕射沈文李督豫州以拒魏已卯詔下二縣有

毀發墳壠隨宜修理乙未親軍攻鍾離徐州刺史蕭惠休

破之丙申加太尉陳顯達使持節都督西北道諸軍事丁

西內外纂嚴三月已未司州刺史蕭誕與眾軍攻敗魏軍

詔雍豫司南兗徐五州遭遇兵戎之家來傳今年稅調丙

寅傳青州麥租親軍自壽春退甲申解嚴夏四月已亥朔

親錄三百里內獄訟自外委州郡訊察三署徒隸原遣有

差魏軍圍漢中梁州刺史蕭懿拒退之五月甲午寢廟成

詔監作長師賜位一等六月壬戌誅領軍蕭諶西陽王子

明南海王子罕邵陵王子貞秋九月已丑改封南平王寶

收為邵陵王蜀郡王子文為西陽王廬漢王子峻為衡陽

王臨海王昭秀為巴陵王永嘉王昭粲為桂陽王亥十月

癸卯詔罷東田毀光興樓并詔水衡量省御乘乙卯納皇

太子妃褚氏大赦王公以下班賜各有差斷四方上禮十

〈十〉

二月丁酉詔晉帝諸陵來皆修理并增守衛天晉陵失稔之鄉蠲三調有差

三年春正月丁酉以陰平王楊炅子崇祖為沙州刺史陰平王二月巳巳詔申明守長六周之制事竟不行乙酉詔以去歲魏攻緣邊諸州郡將士有臨陣及病死者並送還本土三月壬午詔車府乘輿有金銀飾者皆剔除之夏閏十二月四月魏軍攻司州攢城戍主魏僧嶬擊破之冬戊寅皇太子冠賜王公以下帛各有差為父後者賜爵一級斷遠近上禮

南史帝紀五 （十一） 州 刼宗

四年春正月庚午大赦庚辰詔人產子者蠲其父母調役一年又賜米十斛新婚者蠲夫役一年壬辰誅尚書令王晏三月以尚書左僕射徐孝嗣為尚書令秋八月甲午追崇景皇所生王氏為恭太后魏軍攻沔北冬十月又逼司雍二州甲戌遣太子中庶子蕭衍行右軍司馬張櫻獮之十一月丙辰以氐楊靈珍為比秦刺史封仇池公武都王十二月丁丑遣度支尚書崔慧景率眾救雍州

永泰元年春正月癸未朔大赦中軍大將軍徐孝嗣即本號開府儀同三司沔北諸郡為魏所攻相繼亡敗新野太守劉忌隨宜應接食盡矢士為粥而救兵不至城被尅死之乙巳遣太尉陳顯逹持節救雍州丁未誅河東王鉉臨

賀王子岳西陽王子文衡陽王子峻南康王子琳求陽王子珉湘東王子建南郡王子夏巴陵王昭秀桂陽王昭粲二月癸丑遣左衛將軍蕭惠休假節接壽陽辛未豫州之縣史裴叔業敗魏軍於淮北三月丙午詔蠲雍州遇魏軍之縣租布戊申詔增仲尼踪秩上以疾患不豫望氣者云宜改元夏四月甲寅大赦改元文武賜位二等己未立武陵昭王子坦為衡陽王丁丑大司馬會稽太守東王敬則敬則反五月壬午遣輔國將軍劉山陽率軍東討乙酉斬敬則傳首建鄴曲赦浙東吳晉陵等七郡秋七月己酉帝崩于

南史帝紀五 （十二） 刼宗

正福殿年四十七遺詔徐孝嗣可重申八命中書監本官慇如故沈文季李可尚書左僕射常侍護軍如故江祏可僕射江祏可侍中劉暄可衛尉卿軍政大事委陳太尉內外眾事無大小委徐孝嗣遙光坦之江祏其大事與沈文季江祏劉暄參懷心膂之任可委劉悛蕭惠休崔慧景群臣上諡曰明皇帝廟號高宗葬興安陵帝明審有才持法無所借制御親幸臣下廟清驅使寒人不得用四幅繖大存儉約罷武帝所起新林苑以地還百姓廢文惠太子所起東田斥賣之永明中輿輦舟乘來別取金銀還主衣重以牙角代之嘗用阜筴託採餘樂與左右曰此猶堪明日用大官進御食有裹蒸帝十字畫之曰可四片破之餘

充晚食而武帝被庭中宮殿御一無所改其儉約如此
性猜忌孟行誅戮信道術用計數每出行輦先占利害簡
於出入將南則詭言之西將東則詭言之此皆不以實竟
不南郊初有疾無賴聽覽群臣莫知及疾篤救臺百官署
厭勝求白魚以為藥外始知之身衣絳衣服飾皆赤以為
文溥巫覡云後湖水頭經過宮內致帝有疾乃自至太
官行水溝在右啟太官無此水則不立決意塞之欲南引
淮流會崩事寢

《南史帝紀五》 〈十三〉

廢帝東昏侯諱寶卷字智藏明帝第二子也本名明賢明
帝輔政後改焉建武元年立為皇太子永泰元年七月己
西明帝崩太子即皇帝位八月庚申鎮北將軍曾安王寶
義進號征北大將軍開府儀同三司冬十月己未詔刪省
律科癸亥詔蕭坦之江祐更直殿省宿衛辛未詔刪省
暄江祐更直延明殿十一月戊子立皇后褚氏庚寅尚劉
書令徐孝嗣議王侯貴人昏連爸以真銀盃蓋出近俗又
牢燭俸續亦糜襄制令除金銀連鎖自餘新器悉用埏陶
牢燭華修亦宜停之奏可
求元年春正月戊寅朔大赦改元辛卯祀南郊丁西政
封隨王寶融為南康王安陸王寶眭為湘東王竟陵王昭
胃為巴陵王二月太尉陳顯達敗績於馬圈夏四月丙午

朔魏孝文皇帝崩已巳立皇子誦為皇太子大赦賜為父
後者爵一級五月癸亥加撫軍大將軍始安王遙光開府
儀同三司六月甲子詔原雍州今年三調秋七月辛未淮
水變赤如血丙戌殺尚書右僕射江祐侍中江祏地震自
此至來歲書夜不止小屋多壞丁亥都下大水死者甚眾
賜死者材器並加振恤八月己巳蠲遇水資財漂蕩者今
年調稅又詔為馬圈戰亡將士舉哀丙辰楊州刺史始安
王遙光據東府反詔曲赦都下中外戒嚴遣領軍將軍蕭
坦之致討戊午斬遙光傳首已巳以尚書令徐孝嗣為司
空以領軍蕭坦之為尚書左僕射閏月丙子以江陵公寶

《南史帝紀五》 〈十四〉

覽為始安王九月甲辰殺尚書左僕射蕭坦之右衛將軍
曹武戊午殺領軍將軍劉暄王戌以頻殺大臣大赦冬十
月乙未誅尚書令新除司空徐孝嗣右僕射新除領軍將
軍沈文季庚子從兄鸞興太守蕭惠休為尚書右僕射辛丑
以侍中王亮為左僕射十一月丙辰太尉江州刺史陳顯
達舉兵反於尋陽乙丑加護軍將軍崔慧景平南將軍督
狼軍南討十二月甲申陳顯達至都宮城嚴警已西斬顯
達傳其首餘黨盡平
二年春正月庚午詔討豫州刺史裴叔業二月已丑叔業
病死兒子植以壽春降魏三月乙卯命平西將軍崔慧景

攻壽春夏四月丙午尚書右僕射蕭惠休卒丁未崔慧景
於廣陵反舉兵內向壬子命右衛將軍左興盛督都下水
步狼狽禦之南徐州刺史江夏王寶玄以京城納慧景乙
卯遣中領軍王瑩率衆軍屯北籬門拒守豫州刺史蕭懿至臺景乙
績甲子慧景入建鄴臺城內開門拒守豫州刺史蕭懿與
蕭懿為尚書令及南徐州充二州乙亥以新除尚書右僕射
詔曲赦都下及懿為尚書右僕射癸卯以中領軍王瑩為尚書右僕射五月
巳西江夏王寶玄伏誅壬子赦己丑曲赦都下及徐兖二
州六月庚寅車駕於樂游苑內會如三元都下放女人觀

秋七月甲申夜宮內火唯東閤內明帝舊殿數區及太極
以南得存餘皆湯盡冬十月己亥殺尚書令蕭懿十一月
甲寅西中郎長史蕭穎曹起兵於荊州十二月雍州刺史
蕭衍起兵於襄陽兵歲魏宣武皇帝景明元年
三年春正月丙申朔日有蝕之帝與宮人於閤武堂元會
皇后正位閤人行儀戒服臨視丁酉以驃騎大將軍晉
安王寶義為司徒以新除撫軍將軍建安王寶寅為車騎
將軍明府儀同三司二月丙寅乾和殿西廂火壬午詔遣羽林
諸百官陳讜言二月丙寅始內橫吹五部於殿內晝夜奏之全
兵征雍州中外纂嚴

戌蛩尤旗見三月乙巳南康王寶融即皇帝位於江陵
癸丑遣平西將軍陳伯之西征六月蕭穎冑弟穎孚起兵
廬陵戊子赦江州安成廬陵二郡秋七月癸巳曲赦荊雍
二州雍州刺史張欣泰前南譙太守王靈秀率石頭文武
奉建安王寶夤向臺至杜姥宅官閤閉乃散走丙辰龍驤
將軍王靈秀戰敗於朱雀
西討諸軍事也新亭九月甲辰蕭衍至南豫州輔國將軍
監南豫州事申胄軍二萬人於姑熟奔歸丙辰李居士與
衍軍戰激於新亭見敗冬十月甲戌王珍國又戰敗於朱雀
于建康淮激水五里八月辛卯以太子左率李居士居
航戊寅齊朔將軍徐元瑜以東府城降青箕二州刺史桓
寅新除雍州刺史王珍國侍中張稷率兵入殿殺帝時年
十九帝在東宮便好弄不喜書學明帝亦以為非但勗
如意性訥澀少言不與朝士接欲速葬惡靈在太極殿徐
昌為戒日作事不可在人後故委任群小誅諸宰臣無不
朝在宮嘗夜捕鼠達旦以為笑樂明帝臨崩屬後事以隆
以家人之行令太子求一日再入朝發詔不許使三日一
孝嗣固爭得踰月每當哭輒云喉痛太中大夫羊闡入臨
無髮號慟俯仰幘遂脫地帝輟哭大笑謂宦者曰王闡孫曰
此謂充秋啼來平自江柘始安王遙光等誅後無所忌憚

日夜於後堂戲馬騎驟為樂合夕便擊金鼓吹角令左右

數百人叫喚雜以羌胡橫吹諸伎常以五更就卧至晡乃起

王侯以下莫不晡朝見或於前或際暗達出臺省奏月

數十日乃報或不知所在閹豎以紙包裹魚肉還殿西厨

五省黃案二年元會食後方出朝賀妃毋妾色比起就會忽遠而罷太

自巳至申百僚陪位皆僵仆萊色比起就會忽遠而罷太

卧興黃貴嬪等拜潘氏為貴妃乘

子所生毋黃貴嬪者織成綵精金薄帽執七寶裝稍上

著絳衫以為常服麈麈書陵冒雨雪不避阮穿馳騁涓

金銀校具錦繡諸帽數十種各有名字戎服急裝縛袴上

壬輒下馬解取腰邊蠡螺器酌水飲之復上馳乘馬乘具用

錦繡鼠裏為雨所濕雜采珠為覆蓋備諸雕巧教黃門

五六十人為騎客又選閹豎著無賴小人善走者為逐馬

犬左右數百人常以自隨奔走往來略不暇息置射雉場二

百九十六處鬥每出皆袴以綠紅錦金銀鏤弩

牙璅瑁帖箭每出輒令孫弓至三斛五斗

韶州馬兒走左右之又甚有筋力牽弓至三斛五斗

龍輔擔幢初學擔幢每傾倒在幢抄者必致蹉傷其後白虎

幢七丈五尺齒上擔之折齒又

能擔幢諸校具服飾皆自

製之綴以金華玉鏡衆寶含之主書及至左右主帥並皆

侍側逞諸變態賈無愧顏始欲騎馬未習其事前靈輿為

作木馬人在其中行動進退隨意所適其後遂為善騎陳

顯達卒漸出游走不欲令人見之驅斥百姓唯常置空宅而

已是時率一月二十餘出既往往無定處應勅司奔驅叫呼盈路

行驅西南行驅北應旦出夜便驅逐吏司常得罪從

萬春門由東宫以東至郊外數十里皆空家盡室至巷陌懸

徒跣走出犯禁者應手格殺走臨時驅迫衣不暇披投乃至

打鼓蹋圍鼓聲所聞便作日路隅三

幔為高障置人防守謂之屏除高障之內設部伍羽儀後

有數部皆奏鼓吹羌胡伎夜及火光照天每三

四更中鼓聲四出幡戰橫路百姓喧走士庶莫辨或於市

肆左側過親幸家環繞迂轉周徧都下老小震驚啼號塞

道處處禁斷不知所過疾患困篤者悉擁移之無人攜者

入富家取物無不蕩盡工商莫不顇業撤蘇由之路斷至

扶匐道側更吏又加捶打絕命者相繼從騎及左右因之

於乳婦昏姻之家產寄室或兩棄屍不得殯葬非有棄

病人於青溪邊死骸骨前視與太守王敬賓新死未斂家人

須臾不得留視及家人還見食盡如此非一又嘗

被驅便死逐失骸骨前視與太守王敬賓新死未斂家人

至沈公城有一婦人當產不去帝入其家問何獨在答曰

臨產不得去因剖腹看男女又長秋卿王僧病篤不聽停
家死於路邊丹陽尹王志被驅急狼狽步走惟將二門生
自隨藏朱雀航南酒壚中夜方得羽儀而歸喜游獵不避
危險至蔣山定林寺一沙門病不能去藏於草間為軍人
所得應時殺之左右韓暉光曰老道人可念帝曰汝見虜
鹿亦不射邪仍百箭俱發故貴人富室者皆數廁立宅以
為避處屯咽或泥塗灌洼或冰凍嚴結老幼啼號不可
聞通處每還宮常至三更然後得反禁斷又不
即見時人以其所圍廁號為長圍及建康城見圍亦名長
圍識者以為讖焉三年殿內火合夕便發其時帝猶未還
宮內諸房閤已開內人不得出外人又不敢輒開比及開
死者相枕領軍將軍王瑩率眾救火太極殿得全內外叫
喚聲動天地帝三更中方還先至東宮庾有亂不敢便入
參覘審無異乃歸其後出游火又燒璿儀曜靈等十餘殿
及栢寢北至華林西至秘閣三千餘間皆盡左右趙鬼能
讀西京賦云柏梁旣災建章是營於是大起諸殿芳樂
德仙華大興含德清曜安壽等殿又別為潘妃起神仙永
壽玉壽三殿皆市飾以金璧其玉壽中作飛仙帳四面繡
綺窗閒畫盡神仙又作七賢皆以美女侍側鑿金銀為書
字靈獸神禽風雲華炬為之玩飾椽桶之端柔垂鈴佩江

左舊物有古王律秋枚栽以鈿笛莊嚴寺有王九子鈴
外國寺佛面有光相禪靈寺塔諸寶珥皆剝取以施潘妃
殿飾性急暴所作便欲速成造殿未施梁桷便於地畫之
唯須宏麗不知精密酷不副速乃剔取諸寺佛剎殿藻井仙人
此得宏麗又鑒金為蓮華以帖地令潘妃行其上曰此
步步生蓮華也塗壁皆以麝香錦幔珠簾窮極綺麗役
工匠自夜達曉猶不副速乃剔取諸寺佛剎殿藻井世人謂之青樓
騎獸以充足之武帝興光樓上施青漆世人謂之青樓帝
曰武帝不巧何不純用瑠璃潘氏服御極選珍寶主衣庫
舊物不復周用貴市人間金銀寶物價皆數倍虎珀釧一
隻直百七十萬都下酒租皆折輸金以供雜用猶不能足
下揚南徐二州橋桁塘埭丁計功為直欲取見錢供太樂
主衣雜費由是所在塘瀆乘皆隳廢又訂出雄頭鶴氅
白鷺縗百品千條無復窮已親倖小人因緣為姦科一輸
十又各就州縣求為人輸淮取見直不為輸送守宰懼威
口不得道須物之處以後重求如此相仍前後不息百姓
困盡號泣道路少府大官几諸市買事皆急速催求相係
德司奔馳遇便膚奪市廛離散商旅雜依又以閱武堂為
芳樂苑窮奇極麗當暑種樹朝種夕死死而復種率無一
生於是徵求人家望樹便取毀撤牆屋以移置之大樹合

抱亦皆移挿葉縈華取玩俄頃剗取細草來植階庭烈
日之中至便焦燥紛紜往還無復巳極山石皆塗以采色
跨池水立紫閣諸樓壁上畫男女私褻之像明帝時多聚
金寶至是金以為泥不足周用令富室買金不問多少限
以賤價又不還直張欣泰嘗謂舍人裴長穆曰宮殿何事
頓爾夫以其危殆矣苔曰非阿房而滅今不及秦一郡而頓起
數十阿房自為其富乎或云寄附隱藏後加收沒計為
妃放恣威行遠近父慶與諸小共逞姦毎富人悉以
罪陷宅貨財莫不籍己又虐後惠男口必殺明帝之崩竟不一日

見禍及親鄰
疏食居處衣服無改平常潘妃生女百日而亡制斬衰經
杖衣悉糜布群小來弔盤旋地坐舉手受觔疏膳積旬不
聽音伎左右直長閣豎王寶孫諸人共營膳羞云為天子
解菜又於死中立店肆摸大市日游市中雜所貨物與宮
就潘妃罸之帝小有得失潘妃則與諸婇妹
人閹豎罰之為裸以潘妃為市令帝為市吏錄事將關者
進大荆子閤內不得進賣雖畏潘氏而竊與諸婇妹著綠絲襦帝自戎
活通每游走又開渠立埭躬自引舩壞土設店坐而屠肉
服騎馬從後又開武堂種楊柳至尊屠肉潘妃酤酒又偏
于時百姓歌云閱武堂種楊柳至尊屠肉潘妃酤酒又偏

信蔣侯神迎入宮晝夜祈禱左右朱光尚詐云見神動
輒諂啟云降福始安之平遂加位號為靈帝
車服羽儀一依王者又曲信小祠曰有十數師巫鬼媼迎
送綵纈光尚輒託云神意范雲謂光尚曰君是天子要人
當思百全計光尚曰至尊不可諫正當託云鬼神以逹意耳
不許數出帝大怒扷刀與光尚等姦萬悉為魏乃來伐
後東入樂游人馬忽驚以閤光尚曰向見先帝大瞋
為明帝形北向斬之縣首苑門上亦承元以為翠遠郡悉
繼以內難揚南徐二州人丁三人取兩以此為翠遠郡悉
今上采準行一人五十斛輸米既畢就役如故又先是諸

郡役人多依人士為附隸謂之屬名又東境役苦百姓多
注籍詐病遣外醫巫在所檢占諸蠻名并耶病身凡屬名
多不合役止役又追責病者租布隨其年歲多少衡命之
年皆攝兄弟子姓是役陰之家凡注病者或已積
人皆經負賂略隨意縱拾又橫調徵求皆出百姓君小以陳
顯達下數日便敗舊景圍城正得十日及蕭衍師至亦
謂為然裹糧食襁負凡所須物為百日備帝謂如法珍曰
須臾來至白門前當一決及至近郊乃聚兵為固守計召王
侯分置尚書都坐及殿省尚書舊事悉充紙鎧遣王寶孫使冠軍將
軍王珍國領二萬人據大桁莫有鬪志遣王寶孫使冠軍將

為王俊子賓孫切焉諸州師直閤將軍廢豪毅懼突陣死
豪毅將也既毙衆軍於是士崩軍人從朱雀觀上自投及
赴淮水死者無數於是閉城自守城內軍事委王珍國死
州刺史張稷入備以稷為副資甲猶七萬人帝素為帽袴
檐備羽儀登南掖門臨望又虛設鎧馬齎伏十人皆張弓
技白出東掖門稱將王出盪又受刀戟等教著五音兒衣
登城望戰還與御刀左右及六宮於華光殿立軍壘以金
王為鎧親自臨陣詐被劍勢以板摑將去以此厭勝又
於關武堂去設牙門軍頓每夜嚴整帝於殿內騎馬從鳳
門入微明門馬被銀蓮葉具裝鎧羽孔翠寄生逐馬左

右衞從畫眠起如平常開外鼓吹叫聲被大紅袍登景
陽樓望幾幾中之衆息怨不為致力募兵出戰至城門
數十步皆坐甲而歸震城外有伏兵乃燒城僑諸府署六
門之內皆畫蕪城中閣道西夜門內相聚為市販死牛馬肉
蕭行長圍既立斬柵嚴固然後出盪屢戰不捷帝尤惜金
錢不肯賞賜物如法叩頭請之帝曰賊來獨取我邪何為
就我求物後堂儲數百具榜竟夜不休又催御府細作三百
人精仗須圍解以擬弄除金銀雕鏤雜物倍急於常法珍
虫兒又說帝曰大臣不留意使圍不解宜悉誅之珍國張

穆懼禍乃謀應蕭衍以計告後閤舍人錢強強許之密令
游盪主崔叔智夜開雲龍門欀及珍國勒兵入殿分軍又
從西上閤入後宮御刀豐勇之為內應是夜帝在含德殿
吹笙歌作女兒子臥未熟聞兵入趨出北戶欲還後宮清
曜閣已閉閹人禁防黃泰平以刀傷其膝仆地顧曰奴反邪
直後張齊斬首送蕭衍宣德太后令依漢海昏侯故事追
封東昏侯

和帝諱寶融字智昭明帝第八子也建武元年封隨郡王
永元元年改封南康王出為西中郎將荊州刺史督九州
軍事二年十一月甲寅長史蕭穎胄奉王舉兵其日太白

及辰星俱見西方乙卯教纂嚴丙辰以雍州刺史蕭衍為
使持節都督前鋒諸軍事戊午衍表勸進十二月乙亥群
僚勸進並不許壬辰驍騎將軍夏侯亶齎皇祚光臨億兆可
宣德太后令西中郎將南康王宜纂承皇祚光臨億兆可
且封宣城王相國荊州牧加黃鉞置僚屬三年正月乙巳
王封宣城王相國荊州牧加黃鉞置僚屬三年正月乙巳
天甲寅建牙于城南二月巳巳群僚上尊號立宗廟及南
北郊
中興元年春三月乙巳皇帝即位大赦改永元三年為中
興文武賜位二等是夜彗星竟天以相國左長史蕭穎胄

為尚書令加雍州刺史蕭衍尚書左僕射都督征討諸軍
以安王寶義為司空盧陵王寶源為車騎將軍開府儀
同三司丙午有司奏封庶人寶卷為零陵侯詔不許又奏
為涪陵王詔可夏四月戊辰詔凡東討軍及諸向義之
衆普除五年秋七月丁卯魯山城王孫樂祖以城降巳
已郢城王薛元嗣降八月丙子平西將軍陳伯之降九月
未詔假黃鉞蕭衍若定京邑得以便宜從事冬十一月
壬寅尚書令鎮軍將軍蕭穎胄卒十二月丙寅建康城平
巳巳宣德皇太后令以征東大將軍蕭衍為大司馬錄尚
書驃騎大將軍揚州刺史封建安郡公依晉武陵王遵承
制故事壬申改封建安王寶夤為鄱陽王癸酉以司徒揚
州刺史晉安王寶義為太尉領司徒乙酉以尚書右僕射
王瑩為左僕射
二年春正月戊戌宣德皇太后臨朝入居內殿壬寅大司
馬蕭衍都督中外諸軍事加殊禮巳酉以大司馬長史王
亮為守尚書令甲寅加大司馬蕭衍位相國梁公備九錫
禮二月壬戌誅湘東王寶晊丙戌進梁公蕭衍爵為王三
月辛丑鄱陽王寶寅奔魏誅邵陵王寶攸晉熙王寶嵩
戌軍駕東歸至姑熟丙辰遜位于梁丁巳盧陵王寶源薨
四月辛酉禪詔至皇太后撩居外宮梁受命奉帝為巴陵

王宮于姑熟戊辰巴陵王姐年十五追尊為齊和帝恭
安陵初梁武帝欲以南海郡為巴陵國邑而遷帝焉以問
范雲雲愀眉未對沈約曰今古殊事魏武所云不可慕虞
名而受寶禍梁領之於是遣鄭伯禽進以生金帝曰我死
死不須金醇酒足矣乃引飲一升後輔云愁和帝至是其言
惠太子與才人共賦七言詩句後至是其言
其處大起樓苑而明帝舊居東府城西延與末明帝龍飛至
方驗以弭其氣而武帝舊居華以應之又起舊宮於青
溪以云新林薈湖青溪並有天子氣於
是梁武帝聚衆重城於新林而武帝舊宅亦在征虜百姓皆
著下屋白紗帽而反裙覆頂東昏曰裙應在下今更在上
不祥命斷之於是百姓皆反裙向下此服袄也帽者首之
所寄今而向下天意若曰元首方為猥賤乎東昏狂惑又作
右作逐鹿帽形甚窄狹後果有逐鹿之事東昏宮裏又作
散叛髮反髻根向後百姓爭學之及東昏狂惑天下散叛
矣東昏又與群小別立帽名曰反縛黃麗又詩兩岐名曰
橘帚向後擽而結之名曰反縛黃麗東昏與刀敕之徒親
自著之皆用金寶鑲以璧瑤又作著調帽鑲以金玉閒以
孔翠此皆天意梁武帝舊宅在三橋而鳳度三名曰鳳翔之
驗此黃麗者皇離為日而反縛之東昏戮死之應也調者

梁武帝至都而風俗和調先是百姓及朝士皆以方帛填

臂名曰假兩此又服袄假非正名也儲兩而假之明不得

真也東昏誅其子慶為燕人假兩之意也

論曰鬱林地居長嫡瑤璽寶勢未彰而武皇之心不變周道故

得保慈守器正位尊極既而怨鄙內作兆自宮闈雖為害

未遠而足傾社稷郭璞稱永昌之名有二日之象隆昌之

號書賈亦同焉明帝越自支庶任當負荷棄機而作大致藏

衷流涕行誅非云義舉事苟非安能無內愧既而自樹本

枝根攬孤弱貽厥初機屬在凶愚用覆宗祊亦其理也夫

名以行義徒賢垂範備而之禪術士誠之東昏以卷矣藏

以綜之其兆先徵蓋亦天所命矣

齊本紀下第五　　　　　　南史五

南史六

李　延壽

梁高祖武皇帝諱衍字叔達小字練兒南蘭陵中都里人
姓蕭氏與齊同承淮陰令整整生皇高祖鎮位南臺
鑌生皇曾祖副子位州治中從事副子生皇考諱順之字文緯於齊高帝為
始族弟皇考外舅其清和而內懷英氣與齊高少而款狎嘗
臺洎壽侍御史道賜生皇考諱順之字文緯於齊高帝為南
來幾年當復有掩此枯骨嘗謂從齊高每外討皇考常為軍副及
知齊高有大志常相隨逐齊高每外討皇考常為軍副及

〔南史帝紀六〕

北討薛索兒夜遣人入營提刀徑至齊高眠牀皇考手刃
之頻為齊高鎮軍司馬長史時宋帝晏駕蕭齊高謀出外皇
考以為一旦奔亡則危幾不如因人之欲行伊霍之
事齊高深然之歷黃門郎安西長史吳郡內史所經必著
名吳郡張緒常稱文武兼資有德有行吾家兵蕭順之表察
之據石頭黃回與之通謀皇考聞難作率家兵據朱雀橋
回現人還告曰朱雀橋南一長者英威毅然坐胡牀南向
回曰蕭順之也逡不敢出時微皇考石頭幾不擾矣及齊高
高劍造皇業推鋒決勝莫不垂拱仰成焉齊建元末齊高
從容謂皇考曰當令阿王解揚州相授王豫章王嶷小名

也齊武帝在東宮皇考嘗聞訃及退齊武指皇考謂曰
非吾翁吾徒無以致今日及即位深思憚故不居台輔
以參豫佐命封臨湘縣侯歷位侍中衛尉太子詹事領軍
將軍丗陽尹贈鎮北將軍同夏里宅初皇妣張氏嘗夢
歲次甲辰生于秣陵縣同夏里宅帝生而有異光狀貌殊特日角龍
抱日已而有娠逐産帝生而有異光狀貌殊特日角龍
顏重岳顧古文八字項有浮光身映日無景兩髀駢骨
項上隆起有文在右手曰武帝為兒時能蹈空而行及長
博學多通好籌略初為衛軍王儉東閤祭酒儉一見深相器

〔南史帝紀六〕

遇者體輕廟然初為衛軍王儉東閤祭酒儉一見深相
異請為户曹屬謂廬江何憲曰此蕭郎三十內當作侍中
出此則貴不可言竟陵王子良開西邸招文學帝與沈約
謝朓王融蕭琛范雲任昉陸倕等並游焉號曰八友融俊
爽識鑒過人尤敬異帝每謂所親曰宰制天下必在此人
來遲隨王鎮西諮議參軍行經牛渚逢風入泊龍濟有一
老人謂帝曰君龍行虎步相不可言天下方亂安之者其
在君乎問其名氏忽然不見尋以皇考艱去職歸建鄴及
齊武帝不豫竟陵王子良以皇考艱王融欲立子良帝曰
顧暠之范雲等為帳內軍主融欲因帝晏駕立子良帝遂
夫立非常之事必待非常之人融才非負圖視其敗也范

雲曰憂國家者惟有王中書帝曰憂國欲為周召欲為豎
刀邪懿曰直哉史魚何其术強也初皇考之薨不得志事
見齊魚復侯傳至是鬱林失德齊明帝作輔將為廢立計
帝欲助齊明將傾隨武之嗣以雲心恥齊明亦知之每與帝
謀時齊明將追隨王恐不從又以王敬則在會稽恐為變
以閒帝帝曰司馬垣歷生武陵太守卜白龍耳此並惟利是與
牙仗仗雖有美名其實庸劣既無智謀之士爪
若咱以顯職無不載馳隨王止須折簡耳敬則志安江東
窮其富貴宜選美女以娛其心齊明曰亦吾意也即徵歷
生為太子左衛率白龍游擊將軍並至續召隨王至都賜

【南史帝紀六】 三 彭

自畫豫州刺史崔慧景既祿武舊臣不自安齊明憂之乃
起帝鎮壽陽外聲備魏實防慧景師次長瀬慧景懼罪白
服來迎帝撫而宥之將軍房伯玉徐玄慶並曰慧景及跡
既彰實是見賊我曹武將譬如韛上鷹將軍一言見命便
即制之帝笑曰其如掌中嬰兒殺之不武於是曲意和釋
之慧景遂安隆昌元年拜中書侍郎遷黃門侍郎建武二
年魏將之起收帝為偏帥隸廣之行次尉斗洲有人長八
尺餘容貌衣冠皓然皆白緣江呼曰蕭王大貴敢前帝欲
徵祥心益自負時去誕百里眾軍以魏軍盛莫敢前帝既屢有

大振威略謂諸將曰今屯下梁之城塞鑿峴
之路據賢首之山以通西閣以臨賊壘三方攜角出其不
備破賊必矣廣之等不從後遣徐玄慶進據賢首山魏絕
其糧道眾懼莫敢援之惟帝獨請先進於是廣之益
精甲衝枚夜前失道望見如持兩炬者隨之一旦有
賢首山廣之軍因堅壁不進時王肅自
北帝曰此所謂歸氣魏師遁矣令軍中曰望塵而進聽鼓
而動蕭乃傾壁十萬陣于水北帝揚麾鼓譟響振山谷敢
攻城一鼓而退劉昶有疑心帝因與書聞成其隙
風從西北起陣雲隨之來當蕭營尋而風回雲轉還向西
北帝曰

【南史帝紀六】 四 考訂

死之士執短兵先登長戰襄〉城中見援至因出軍攻魏
柵魏軍表裏受敵因大崩蕭衍單騎走斬獲千計流血絳
野得蕭衍巾箱中魏帝敕曰聞蕭衍善用兵勿與爭鋒待
五至若能擒此人則江東吾有也以功封建陽縣男尋為
司州刺史有沙門自稱僧懂謂帝曰君項有伏龍非人臣
也復求莫知所之帝在州甚有威名當有人餉馬帝不受
餉者密以馬繫柱而去帝出見馬咨書殺勤縛之馬首為
令人驅出城外馬自還都為太子中庶子領四廂直出鎮
石頭齊明每稱帝清儉助勤朝臣四年魏孝文帝自率大眾過
齊明每稱帝性猜忌帝避時嫌解遣部曲常更折角小牛車

雍州刺史曹武度沔守樊城武舊齊武腹心齊明忌之欲
使后弟劉暄為雍州暄不願出外因江祏得留祏明帝擬
帝雍州受密旨出頓聲為軍事發遣文命五兵尚書崔慧
景征南將軍陳顯達相續後襄陽慧景與帝進行鄧城魏
孝文師十餘萬騎奄至慧景與帝退止之不從於是大敗
帝帥眾拒戰獨得全軍及魏軍退以帝為輔國將軍監雍
州事先是雍州相傳樊城有王氣時楊州刺史始安王遙光
崩遺詔以帝為都督雍州刺史帝謠言更其及齊明
尚書令徐孝嗣右僕射江祏侍中江祀衛
尉劉暄更直內省分日帖敕世所謂六貴又有御刀茹法

【南史帝紀六】
【五】
廉正

珍梅虫兒豐勇之等八人號為八要及舍人王咺之等四
十餘人皆口擅王言權行國憲帝謂張弘策曰政出多門
亂其階矣當今避禍惟有此地勤行仁義可坐作西伯但
諸弟在都恐罹時患須與益州圖之耳時上長兄懿罷益
州還行郢州事乃使弘策詣郢陳計於懿語在懿傳言
既不從弘策還帝乃召弟偉及憺是歲至襄陽乃潛造器
械多代竹木沈於檀溪密為舟裝之備時帝所住齊常有
氣五色回轉狀若蟠龍李秋出九日臺忽暴風起煙塵四
合帝所居獨白日清朗其上紫雲騰起形如繖蓋望者莫
不異焉尋而大臣相次誅戮永元二年冬懿又被害信至

帝密召長史王茂中兵呂僧珍別駕柳慶遠功曹史吉士
瞻等謀之既定以十一月乙巳召僚佐集於聽事告以舉
兵是日建牙出檀溪竹木裝舸旬日大辦百姓願從者
得鐵馬五十四甲士三萬人先是東昏以劉山陽為巴西
太守使過荊州就行事蕭穎胄以襲襄陽帝知其謀乃遣
參軍王天武龍慶國詣江陵編與州府人書論軍事天武
既發帝謂諮議參軍張弘策曰今日天武坐收天下矣荊
州得天武至必回遑無計若不見同取之如拾地芥耳江
斷彭蠡傳檄江南風之靡草不足比也政小引日月耳江
三峽樵巴蜀分兵定湘中便全有上流以此威聲臨九派

【南史帝紀六】
【六】
原刊

陵本憚襄陽人加厝亡齒寒必不孤立寧得不闇見同邪
挾荊雍之兵掃定東夏韓白重出不能為計況以無算之
昏主役御刀應敕之徒哉及山陽至巴陵帝復令天武齎
書與穎胄兄弟去後帝謂張弘策曰用兵之道攻心為上
攻城次之心戰為上兵戰次之今日是也近遣天武往州
府人咸有書令段止有兩封與行事兄弟云一二天武口
具及問天武口無所說天武是行事心膂彼聞必謂行事
與天武共隱其事則人人生疑山陽惑於眾口判相嫌貳
則行事進退無以自明是馳兩空函定一州矣山陽穎
安聞之果疑不上柳慶勤斬天武送首山陽穎胄乃謂天

武曰天下之軍縣之在卿今就卿借頭以詐山陽矣於
期亦以頭借荊軻於是斬之送首山陽信之馳入城
將膮闔縣門發析其車轅投車而走中兵參軍陳秀拔戟
逐之斬于門外傳首于帝仍以南康王尊號之議來告且
曰時有未利當須來年二月連便進共恐非廟筭帝荅曰
歲復須待年月乎竟陵太守曹景宗遣杜思沖勸帝迎南
康都襄陽時正尊號帝不從王茂又私于張弘策曰今以
今坐甲十萬糧用自竭若頓兵十旬必生悔吝且太白出
西方杖義而動天時人謀有何不利昔武王伐紂行逆太
南康置人手中彼挾天子以令諸侯節下前去為人所使
此豈歲寒之計弘策言之於帝帝曰老前途大事不捷故
自蘭艾同焚若功業克建誰敢不從豈是碌碌受人驅分
於沔南立新野郡以集新附三年二月南康王為相國以
帝為征東將軍戌申帝發襄城謂曰當置心於襄陽人腹中
推誠信之勿有就也天下一家乃當相見逐移檄建鄴聞
咸悅帝遂留弟偉守襄陽城謂曰開霽士卒
揚威武及至竟陵命長史王茂與太守曹景崇為前軍中
兵參軍張法安守竟陵城景宗帥衆濟岸進頓九里其
日郢州刺史張沖迎戰茂等大破之荆州遣冠軍將軍鄧
元起軍主王世興田安等會大軍於漢口帝築漢口城以

七 〔原礼〕

守曾山命水軍主張惠紹朱思遠等游過中江絕郢魯二
城信使時張沖死其衆推軍主薛元嗣及沖長史程茂為
主三月乙巳南康王即帝位於江陵遣鎮發東曹為泮陵王
以帝為尚書左僕射加征東將軍都督征討諸軍假黃鉞
西臺又遣冠軍將軍蕭穎達領兵來會四月帝出沔命王
茂蕭穎達等通郢城五月已酉帝移屯漢南是日有紫雲
如蓋陰于帝坐甲寅東昏遣寧朔將軍吳子陽光子衿等
十三軍救郢州進據巴口七月帝命王茂師軍主曹仲宗
康絢武會超等潛師龍襲加湖將過子陽水涸不通艦子衿
喜其夜流星墜其城四更中無雨而水暴長衆軍乘流齊
進鼓譟攻之俄而大潰子陽等寶衆盡溺于江王茂虜
其餘而旋郢魯二城相視奪氣先是東民遣冠軍將軍陳
伯之鎮江州為子陽等聲援帝謂諸將曰夫征討未必須
實力所聽威聲耳今加湖之敗誰不膽慄陳武牙即伯之
之子狼狽奔歸彼間人情理當實我謂九江傳檄可定
也因命搜所獲仔因得伯之幢王蘇隆之厚加賞賜使致
命焉戌午魯山主孫樂祖降已未夜郢城有數百毛人
蹄堞且泣因投黃鵠磯盡城之精也及且其城主程茂辭
元嗣遣參軍朱曉求降帝謂曰明公未之思耳桀大何嘗不吠堯初郢城之開
恒罵曉曰明公未之思耳桀大何嘗不吠堯初郢城之開

八

将佐文武男女口十餘萬人疾疫流腫死者十七八及城

開帝並加隱邮其死者命給棺槥東昏聞郢城没乃為城

守計簡二尚方二冶囚徒以配軍其不可活者於朱雀門

內日斬百餘人尚書令王亮苦諫不從陳伯之遣蘇隆之

反命求未便進軍帝曰伯之此言意懷首鼠可及其猶豫

遣之乃命鄧元起即日泝流八月天子遣兼黃門郎蘇回

其子武牙守盆城及帝至乃東申請罪九月天子詔帝平

州事鄧元起至尋陽陳伯之猶懼乃收兵退保湖口留

勞軍帝登舟命諸軍以進路留上庸太守韋叡守郢城行

導引左右莫不見者緣道奉迎百姓皆如挾纊仍遣曹景

姑熟走至是大軍進據之自發雍州帝所乘艦恆有兩龍

宗蕭穎達領馬步進頓江寧東昬遣征虜將軍李居士迎

戰景宗擊走之於是王茂鄧元起呂僧珍進據赤鼻邏曹

景宗陳伯之之為游兵是日新亭城主江道林率兵出戰衆

軍會之於陣大軍次新林建康士庶傾都而至送款或以

血為書命王茂進據越城曹景宗據皂莢橋鄧元起據道

士墩陳伯之擁衆離門道林餘衆退屯航南迫之因復散走

退保朱雀憑淮自固時李居士猶據新亭壘請東昬燒南

岸邑屋以開戰場自大航以西新亭以北蕭然矣十月東

【南史帝紀六】 【九八】

昏石頭軍主朱僧勇歸降東昏又遣征虜將軍主珍國列

陣於航南大路悉配精手利器尚十餘萬關人王張子持

白虎幡督諸軍王茂曹景宗等搢甬奔之珍國之衆一時

土崩衆軍退至宣陽門李居士以新亭壘疲徐元瑜以東府

城降石頭白下諸軍並入宵潰壬午帝鎮石頭命衆軍圍六

門東昏悉焚門內驅迫營署官府並入城有衆二十萬青

帝命諸軍築長圍既初衆軍既逼東昏遣軍主左僧慶鎮京

口常僧景鎮廣陵李叔獻屯瓜步及申胄自姑熟奔歸朱

州刺史桓和給東昏出戰因降先是俗語謂密相欺變者

為和欺於是虫兒法珍等曰今日敗於桓和可謂和欺笑

輔國將軍秀鎮京口輔國將軍恢屯破墩墩從弟宏將軍

使屯破墩以為東北聲援至是帝遣曉喻並降帝乃遣弟

景鎮廣陵吳郡太守蔡弇弃郡走降十二月丙寅朔將軍

張稷北徐州刺史王珍國斬東昏其夜以黃油裹首送潘

妃誅之及兒黨王咺之以下四十八人蜀吏以收璧妃選潘

帝命呂僧珍張彌勒兵封府庫及圖籍乃入宮兼衛尉潘

人分賚將士宣德皇后令追廢涪陵王為東昏侯授帝中

書監大司馬錄尚書驃騎大將軍都督楊州刺史封建安

郡公食邑萬戶給班劍四十人黃鉞侍中征討諸軍事並

如故依晉武陵王遵承制故事百僚致敬已卯帝入屯閱

【南史帝紀六】 【十】 【范序】

武堂下令大赦丙戌入鎮殿内是日鳳皇集建鄴又下令

凡氐制謀賦淫刑濫役外可詳檢前源悉皆除蕩其主守

散失諸州復耗精立科條咸從原例丁亥遣豫州刺史李

元復以兵五千慰勞東方十二郡二年正月辛卯下令通

檢尚書眾曹東臺諸訟失時

者精加訊辯依事議奏其義師臨陣致命疾病死亡者並

加菲歛收恤遺孤甲午天子遣兼侍中席闡文兼黃門侍

郎樂法才慰勞都下追贈皇祖散騎常侍左光祿大夫皇

考侍中丞相乙未下令朱雀之捷逆徒送死者特許家人

殯葬若無親屬或有貧苦二縣長尉即為埋掩建康城内

不達天命自取淪滅亦同此科又下令減損浮費自非奉

築盛俯紋冕習禮樂之容繕甲兵之備此外一皆禁絕御

府中署量宜罷省外詳為條格戊戌宣德皇后臨朝入

居内殿拜帝大司馬解承制百僚致敬如前丁亥詔進帝

都督中外諸軍事劍履上殿入朝不趨贊拜不名加前後

部羽葆鼓吹置左右長史司馬從事中郎掾屬各四人并

依舊辟士餘並如故甲寅進相國總百揆封十

郡為梁公備九錫之禮加遠游冠綠綬位在諸王上策

曰上天不造難鍾皇室世祖以休明早崩世宗以仁德不

嗣高宗襲統宸居弗永雖夙夜勉勞而隆平不洽嗣君昏

暴書契弗睹朝權國柄委之群豎勳戚忠賢誅殘殆盡

寬抱痛嗟類藤餘台藉昏明之期因死庶之願爰率群后

溺成中興崇社之危巳固天人之望允塞此實公紐我絕

綱大造皇家者也求明季年邊隙大啓荊河連率我戎

荒復將行權道公定策帷帳徼揚大節廢昏立明聖義深

杜稷將行權道公定策帷帳徼揚大節廢昏立明聖義深

著此又公之也建武關羹砥狄獨雖遠我狄内侵憑陵開

塞司部危逼逾淪指期公捴兵砥禦甲長驅燕趙殷殷帳

胡哭言歸此又公之功也樊漢阻切卯書續至公星言翰

旅奠命徂征拯我邊危重獲安堵此又公之功也漢南洞

瓠尽尺勳冠公作藩羗始因資廉託練兵副卒龜狩有序

雖我危城翻為強鎮此又公之功也求元紀號瞻烏巳及

偉我危城翻為強鎮此又公之功也文王之風雖被江漢京邑

綸勳舊代入而伊霍難行公首建大策麥五明聖義喻邑

此又公之功也魯城夏汭褁萬里事惟拯溺義聲所暨無思不

秦蠻為洪流公投袂萬里褁中流乘山覆兵踐華之固相

公御此烏集陵茲地險費無遺矢群凶同惡相濟緣江貫險蟻

望俱彼此又公之功也臨應時榱潰此又公之功也敦醲震皇復

聚淮湖捍旓一臨應時榱潰此又公之功也

懷惡畏威蓄兵九派用擬勤王公禀威直指勢蹦風電摧旆
小臨全州稽服此又公之功也姑乾衝要密邊京畿兇徒
熾聚斷塞津路公兵威所震望旗自駭此又公之功也群
豎獨狂志在借一矛突淮涘武騎如雲公麦命英勇因機
驅銳冠阪泉勢逾洹水此又公之功也琅邪石首襟帶
岨固新彊東埔金湯是埒憑陵作守兵食兼資風激電駭
莫不震疊城復千堠於是于在此又公之功也獨夫昏很
因之一將逞夸謀密運感略潛回忠勇之徒得申破
故白旗宣室未之或比此又公之功也公有挺億兆之勳

【四四十七】【南史帝紀六】【十三】

重之以明德爰初屬志服道儒門灌纓來仕清猷映世時
運覩宗社危殆岷閏已燦玉石同焚驅率貔貅抑揚霆
電義等南巢功敝野若夫禹功寂寞管誰嗣極其將
駐其祖龔解茲亂網理此梵絲復禮杜席及樂河海求
平故事聞之者歎息司隷舊章見之者隕涕請我人命還
之斗極憫憫緒紳重行戴天之慶宴宴黎首復家獲地之
又聞之時庸德蹈於高似功超物超哉越無得而言焉是
因德蹈於高似功建侯作舜咸用克固四維求隆萬葉是
以二南流化九伯斯征王道淳洽刑厝罔用惟公經綸天
地寧濟區夏道冠于伊稷寅薄於桓文莫所以憲章齊魯

長轡宇宙敬惟前朕朕甚懼焉今進授相國改揚州刺史
為牧以豫州之梁陽歷陽南徐州之義興揚州之淮南宣
城吳興會稽新安東陽十郡封公為梁公錫以九錫白土苴
以白茅麦定兩邦用建家社在昔旦奭入居保佐逮于畢
毛亦茅麦定兩邦之公命使持節兼司空王志授
亮授相國位冠群后任撼百司恒典彝數宣題事董其以相國
梁公茅土金虎符第一至第五左竹使符第一至第十左
外都督大司馬印綬建安公印策驃騎大將軍如故又加

【南史帝紀六】【十四】

撼百揆去錄尚書之號上所假節侍中貂蟬中書監印中
公九錫其敬聽後命以公禮律兼脩刑德備舉哀矜折獄
困不用情昔用錫公大輅戎輅各一玄牡二駟公勞心稼
穡念在人天不崇務本惟穀是寶是用錫公袞冕之服赤
舄副焉公軫釣所披纊風以雅易俗陶人載和邦國是用
錫公軒縣之樂六佾之儛公文德廣覃聲遠洽推轂墊
首翼歌請吏是用錫公朱戶以居公揚清激濁官方有序
多士事興械樸流詠是用錫公納陛以登公正色御下以
身範物式過不虞折衝惟遠是用錫公虎賁之士三百人
公威同夏日志清姦先故命坻族刑茲罔赦是用錫公鈇
鉞各一公跨蹻嵩滇隆鷹區宇譬諸日月容光必至是用

錫公彤弓十彤矢百廬弓千公矢言惟孝至感通
神恭嚴祀典祭有餘敬是用錫公秬鬯一卣圭瓚副焉深
國置丞相以下　一導橋式欽哉其敬循往策祗服大禮對
揚天眷用膺多福以弘我太祖之休命蘊策冒奏丹誠奉
不許二月辛酉府僚重請曰近以朝命蘊策冒奏丹誠奉
被還令未蒙虛受縉紳顯顯深所未達蓋聞安金於府通
人之弘致高蹈海隅足夫之小節是以履乘石而周公不
以為疑贈玉璜而大公不以為讓況世哲繼軌先德在人
經緯草昧歎深微管加以朱方之役荊河是依班師振旅
大造王室雖復累繭救宋重胝存楚居今觀古曾何足云

而惑其益鍾功疑不賞皇天后土不勝其酷是以王馬駿
舟表之志獨居掩涕激義士之心故能使海若登祗壁圖
三軍之志獨居掩涕激義士之心故能使海若登祗壁圖
効祉山戎孤竹東馬累從代罪弗人一匡靜亂匪叨天功
寅勤濡足龜玉不毀誰命桀紂獨為君子將使伊周何地
於是始受相國梁公之命榮東昏淫奢異服六十二種
於都衒齊帝追贈梁公夫人為梁國妃乙丑南兗州隊主
陳文興於營武城內繫井得玉璽麒麟金鏤玉璧水精環
各二又鳳凰見建康縣桐下里宣德皇后稱美行瑞歸于
相國府丙寅詔梁國依舊選諸要職采依天朝之制帝上

表以前代選官皆立選簿請自今選曹精加隱括依舊立
簿使復撫察名實不遠庶人識滙溱造請自息且聞中
間立格甲族以二十登仕後門以過立試吏登行丙戌詔
進梁公爵為王以豫州之南琅邪南東海晉陵揚州之尋陽郢州之
武昌西陽南徐州之南譙廬江江州之尋陽郢州之
嘉十郡益梁國并前二十郡為二十郡揚州牧驃騎大將
軍如故帝固辭相國內史王瑩等率百僚敦
請三月癸巳受梁王之命下令赦國內殊死以下鰥寡孤
獨不能自存者賜穀五斛府州所統亦同蠲蕩丙午齊帝

命帝冕十有二旒建天子旌旗出警入蹕乘金根車駕六
馬備五時副車置旄頭雲罕樂儛八佾設鍾虡宮縣王妃
王子王女爵命之號　一如舊儀丙戌齊帝下詔禪位即安
姑熟四月辛酉宣德皇后令曰西詔至帝憲章前代敬禪
神器于梁明可臨軒遣使奉皇帝璽綬未亡人便歸于別宮
壬戌策曰咨爾梁王惟昔遂古之初龍圖鳥跡以前慌惚其
之辟赫胥尊廬之后斯並龍圖鳥跡以前慌惚其世
固無得而詳焉爰暨農軒災暉之代放勳重華之主莫不
以大道君萬姓公器御八絃之志暫適箕頴即動讓
以一駕汾陽便有罔然之志嘗適箕頴即動讓王之心故

知戴黃屋服玉璽非所以示貴稱尊乘大輅建旍旗蓋欲令宇內媚翫權勢之地是故已而字兆庶徇物而君四海及於菁華內煩外勞則無愆歸運惟能是與四百告終而於漢所以爲揖讓受歷旣應謝魏氏所以樂推爰及晉宋亦弘斯典我太祖握河受歷應運二葉重光三聖係軌嗣君斯喪德旣衰莫紀度毀素天綱彫絕地紐是以谷滿川枯山飛鬼哭七廟已危人神無主惟王體茲上哲明聖在躬端晃而愍皇熙推鋒而挹涂炭斯誣訟徒褘鼓播地卿雲叢群舉固以幽顯畢夜飛枉矢除舊之徵必顯更姓之符已哉至於晝睹爭明

兄集今便仰祇乾象俯從人願敬禪神器授帝位于爾躬大祚宜窮天祿永終於歲王允執其中式遵前典以副昊天之望極上帝而臨億兆格文祖而膺大業以傳無疆之祚豈不盛與丹書誓遣兼太保中書監兼尚書令王亮兼太尉中書令王志奉皇帝璽綬受終之禮一依唐虞故事帝抗表陳讓表不獲通於是齊百官豫章王元琳等八百二十九人及梁臺侍中范雲等一百一十七人並上表勸進帝謙讓不許是日太史令蔣道秀陳天文符讖六十四條事並明著群臣重表固請乃從之

天監元年夏四月丙寅皇帝即位于南郊設壇柴燎告天

曰皇帝臣衍敢用玄牡昭告于皇皇后帝齊氏以歷運斯旣若終則身欽若天應以命于衍夫任是司牧惟能是授天命不于常帝王非一族唐虞謝漢升爰替魏故能大庇黔黎憲章在昔咸帝以君德馭四海功子萬姓故能長轡遠馭光宅區宇齊代云季世主昏凶羣應是崇之內連率岳牧薆回暴亂以播虐于我有邦俾九服八荒之內之君蹜角頓顙匡救無術衍投袂申呈推鋒萬里厲其挂冠之情用拯兆庶之切遂因時來宰司邦國濟物康世之期有斁勞而憂緯呈祥川岳效祉代終之符旣顯革運之已革殊俗百蠻重譯獻款人神遠邇囷不和會於是羣公

卿士咸致砍誠並以皇乾降命難以謙拒衍自惟匪德辭不穫逐仰迫上玄之眷俯惟億兆之心宸極不可久曠人神不可乏主遂籍樂推膺此嘉祚以茲眇薄臨馭萬方顧求風志永言祇懼敬簡元辰恭茲大禮升壇受禪告類上帝克播休祉以弘盛烈式傳浩彼還建康宮臨太極前殿靈是饗禮畢有詔放觀乃備浩儀還建康宮臨太極前殿大赦改元賜人爵二級文武位一等鰥寡孤獨不能自存者人穀五斛通布吊錢宿責勿收其犯鄉論清議贓汙淫盜一皆蕩滌洗除前注與之更始封齊帝爲巴陵王全食一郡載天子旌旗乘五時副車行齊正朔郊祀天地禮

樂制度皆用齊典以齊宣德皇后為齊文帝妃齊帝后王
氏為巴陵王妃齊代王侯封爵悉皆降至其效著艱難者
別有後命惟宋汝陰王不在除例劫賊餘口沒在臺府者
悉皆蠲放諸流徙之家並聽還本以兼尚書令王亮為尚
書令兼尚書右僕射沈約為尚書令王之右弟中護軍王宏
以下列辟為縣六等皇弟皇子封郡王二千户王之庶子
為臨川王南徐州刺史秀為安成王雍州刺史偉為建安
王右衞將軍恢為鄱陽王荆州刺史憺為始興王自郡王
為縣侯五百户皇弟之諸侯功臣爵品無定科鳳凰集南關
陵丁卯詔凡後昌樂府西解暴室諸如此例彼幽逼者一
為縣侯

皆放道若衰老不能自存者官給粟食戾遺巴陵王錢
二百萬絹布各十疋綿二千斤車騎將軍高麗王高雲進
號車騎大將軍鎮東大將軍濟王餘太進號征東大將
軍鎮東大將軍倭王武進號征東大將軍己巳巴陵王祖子
姑熟追諡為齊和帝終禮一依故事秋午詔分遣内侍周
省四方觀政聽謠訪賢與滯其有田野不闢獄訟無章志
公拘私侵漁身務者悉聞奏以聞若懷寶迷邦蘊奇待價
志竊懷藏莫真不求聞達各依名騰奏闕或遺隱又詔曰金作
贖刑有聞自昔入練以施於中代求言叔季偷薄成風
嬰趁入罪歐塗匪一死者不可復生刑者無因自反由此

而望滋實庸可致乎可依周漢舊典有罪入贖外詳為條
格以時奏閏辛未以新除謝沐公蕭寶義為巴陵王以奉
齊祀後南蘭陵武進縣依前代之科徵新除相國軍諮祭
酒謝朏為侍中左光禄大夫開府儀同三司改南東海為
蘭陵郡土斷南徐州諸僑郡縣次身才高妙擬
石傍各置一函若肉食莫言山阿欲有橫議投謗木函若
從我江漢功在河策犀兜蚌龍蛇方縣次身才高妙擬
歐莫通懷傳呂之術抱屈賈之歎其理有墩然受困包匭
夫大政侵小豪門陵賤百姓窮九重莫達若欲自申並
可投肺石函甲戌詔斷遠近上慶禮閏月丁酉以行宕昌
王梁彌邕為安西將軍河涼二州刺史正封宕昌王王寅
詔以憲網日弛漸以為俗令端石以風聞泰事依元興舊
制有司奏追尊皇考為文皇帝廟號太祖皇妣張氏為獻
皇右陵曰修陵五月乙亥夜盜
入南掖燒神武門總章觀害衞尉卿張弘策戊子江州
刺史陳伯之舉兵反以領軍將軍王茂為征南將軍江州
刺史率衆討之六月庚戌封北泰州刺史楊紹先為武都
王是月陳伯之奔魏江州平前益州刺史劉季連據成都
反秋七月丁巳朔日有蝕之八月戊戌置建康三官癸卯
鑾駕幸樂游苑乙巳平北將軍西涼州刺史索舒彭進號

安西將軍封鄧至王丁未命中書監王瑩等八人參定律
令詔尚書郎依昔奏事交州獻能歌鸚鵡詔不納林邑干
陁利國各遣使朝貢冬十一月己未立小廟甲子立皇子
統為皇太子賜天下為父後者爵一級十二月大雪深三
尺是歲大旱米斗五十八人多餓死
二年春正月乙卯以尚書僕射沈約為左僕射吏部尚書
范雲為右僕射辛酉祀南郊降死罪以下囚夏多癘疫秋七月
公楊靈珍為北梁州刺史封仇池王夏四月癸卯尚書刪
定郎蔡法度上梁律二十卷令三十卷科四十卷五月尚
書右僕射范雲卒乙巳益州刺史鄧元起尅成都曲赦益

【南史帝紀六】 【二十一】 【伯美】

州六月丁亥以新除左光祿大夫謝朏為司徒尚書令申
午以中書監王瑩為尚書右僕射是夏多癘疫秋七月扶
南龜茲中天竺國各遣使朝貢冬十月皇子綱生降都下
死罪以下四十一月乙卯雷電大雨晦
三年春正月癸丑以尚書右僕射王瑩為左僕射太子詹
事柳悛為右僕射二月魏尅梁州三月隕霜殺草夏五月
丁巳以扶南王僑陳如闍耶跋摩為安南將軍六月丙子
詔分遣使巡察州部視人寬酷癸未大赦秋七月壬子立
皇子綜為豫章王八月魏尅司州九月壬子以河南王世
子伏連籌為鎮西將軍西秦河二州刺史封河南王北天

竺國遣使朝貢冬十一月甲子詔除贖罪科是歲魏正始
元年
四年春正月癸卯詔自今九流常選年未三十不通一經
不得解褐若有才同甘顏勿限年次置五經博士各一人
有司奏置唐備鑄銅盤龍火鐘翔鳳硯蓋詔禁鋼終身丙
午省鳳凰銜書伎戊申詔往代多命宮人帷觀裡郊之
禮非所以仰虔蒼昊自今傳止辛亥祀南郊大赦二月初
置冑子律博士壬午遣衛尉卿楊公則率宿衛兵塞洛口
壬辰交州刺史李凱據州反長史李畟討平之曲赦交州
是月立建興苑魤於林陵建興里夏四月丁巳以行宕昌王

【南史帝紀六】 【二十二】 【伯安】

梁彌博為安西將軍河涼二州刺史正封宕昌王六月庚
戌立孔子廟冬十月使中軍將軍楊州刺史臨川王宏都
督北討諸軍事侵魏以興師費用王公以下各上國租及
田穀以助軍資魏尅歲米斛三十
五年春正月丁卯朔詔凡諸郡國舊族邦內無在朝位者
選官搜括使郡有一人乙亥起前司徒謝朏為中書監司
徒甲申立皇子綱為晉安王三月丙寅朔日有蝕之夏四
月甲寅初立詔獄詔建康縣置三官與廷尉三官分掌獄
事號建康為南獄廷尉為北獄五月置集雅館以招遠學
秋七月乙丑鄧至國遣使朝貢八月辛酉作東宮九月臨

川王宏軍至洛口大潰所亡萬計宏單騎而歸冬十一月

甲子都下地震生白毛乙丑以師出淹時大赦魏人乘勝

攻鍾離十二月癸卯司徒謝朏薨

六年春三月庚申隕霜殺草是月有三象入建鄴夏四月

壬辰置左右游騎將軍官癸巳曹景宗韋叡等

破魏師於邵陽斬獲萬計己酉以江州刺史王茂為驃騎將軍開

書右僕射丁巳以楊州刺史臨川王宏為驃騎大將軍秋八月己

府儀同三司以右光祿大夫沈約為尚書左僕射五月己

巳置中衞中權將軍改驃騎為雲騎游擊為游騎秋八月尚

戊子赦戊戌都下大水九月乙亥改閱武堂為德陽堂聽

南史帝紀六 二十三

七年春正月戊子以元樹為恒朔二州都督封魏郡王茂

訟堂為儀賢堂冬閏十月乙丑以開府臨川王宏為司徒

以行太子太傅尚書左僕射沈約為尚書令以行太子少

傅吏部尚書袁昂為兼尚書右僕射甲申以左光祿大夫

夏侯詳為左僕射十二月丙辰左僕射夏侯詳卒

成詔作神龍仁獸關於端門大司馬門外二月乙卯新作

國門于越城南乙丑增置鎮衞將軍以下為十品以法日

數凡二十四班以法氣序不登十品別有八班以象八風

又置施外國將軍二十四班合一百九號庚午詔於州郡

縣置州望郡宗鄉豪各一人專掌搜薦乙亥以車騎大將

軍高麗王高雲為撫東大將軍開府儀同三司夏四月乙

卯以皇太子約妃故赦大辟以下頒賜朝臣及近侍各有

差五月都下大水戊子詔開陵縣修建二陵周回五里內

居人賜復終身己亥詔復置宗正太僕大匠鴻臚又增太

府太舟仍先為十二卿及詔置朱衣直閤將軍官六月辛酉

改陵監為令癸巳立皇子績為皇子續為南康王冬

者九月壬辰置童子奉車郎丁巳皇孫繹生赦大辟以下未結正

十月丙寅以吳興太守張稷為尚書左僕射丙子詔大舉

北侵丁丑魏將劉鎮主白早生豫州刺史胡遜以城內屬

是歲魏永平元年

南史帝紀六 二十四

八年春正月辛巳祀南郊大赦壬辰魏鎮東參軍成景俊

以宿豫城內屬夏四月戊申以司徒臨川王宏為司空楊

州刺史以車騎將軍領太子詹事王茂即本號開府儀同

三司秋七月癸巳巴陵王蕭寶義薨冬十一月壬寅立皇

子續為廬陵王

九年春正月乙亥以左光祿大夫王瑩為尚書令庚寅新

作緣淮塘三月己丑幸國子學親臨講肆賜祭酒以下各

有差乙未詔皇太子及王侯之子年在從師者皆入學夏

四月丁巳選尚書五都令史革用士流六月癸丑盜殺宣

城太守朱僧勇閏六月己丑宣城盜轉寇吳興太守蔡摴

討平之冬十二月癸未辛國子學策試曹子賜訓授之司

各有差是歲于闐林邑國並遣使朝貢

十年春正月辛丑祀南郊大赦戊子荊州言麟慶見三月

盜殺東莞瑯邪二郡太守劉晰以胸山引魏徐州剌史盧

昶夏六月以國子祭酒張充為尚書右僕射冬十二月山

車見臨城縣振遠將軍馬仙琕大破魏軍斬馘十餘萬後

胸山城是歲初作宮城門三重樓又開二道宅昌國遣使

朝貢婆利國貢金席

十一年春正月壬辰詔自今捕誦之家及罪應質作若年

有老小可傅將述加鎮南將軍江州剌史建安王偉開府

儀同三司同空揚州剌史臨川王宏進位太尉以驃騎將

軍王戎為司空三月戊辰新昌濟陽二郡野蠶成繭三月

丁巳為旱故曲赦揚徐二州庚申高麗國遣使朝貢夏四

月百濟扶南林邑等國各遣使朝貢秋九月宏昌國遣使

朝貢冬十月乙未以吳郡太守袁昂為兼尚書右僕射已

酉降太尉揚州剌史臨川王宏為驃騎將軍開府同三司

之儀癸丑齋宣德太妃王氏薨是歲魏延昌元年

十二年春正月辛卯祀南郊赦大辟罪以下辛酉兼尚書

右僕射袁昂即正丙寅詔明下遠近若委骸不葬或條衣

莫改量給棺具收斂辛巳新作太極殿改為十三間以從

（十五　閒門戎）

闔數闔三月乙丑特進中軍將軍沈約卒夏四月都下大

水六月癸巳新作太廟增基九尺秋九月加揚州剌史臨

川王宏位司空以司空王戎為驃騎將軍開府同三司之

儀位江州剌史冬十月丁亥詔曰明堂地居卑濕可量之

就堪起以盡誠敬

十三年春二月庚辰朔震于西南天如裂丁亥耕籍田大

赦賜孝悌力田爵一級夏六月都下訛言有樟根取人肝

肺及血以飴天狗百姓大懼一旬而止秋七月乙亥立皇

子綸為邵陵王繹為東湘王紀為武陵王是歲林邑扶南

于闐國各遣使朝貢作浮山堰

十四年春正月乙巳朔皇太子冠大赦賜為父後者爵一

級王公以下至班賚各有差傅遠上慶禮辛亥祀南郊詔

班下遠近博採英異又前以墨刑用代重辟者除其條丙

寅汝陰王劉胤薨丁巳魏宣武皇帝崩夏四月丁丑驃騎

將軍開府同三司之儀江州剌史王戎薨冬十月浮山堰

壞是歲蠕蠕狼牙修國各遣使來朝貢

十五年春三月戊辰朔日有蝕之既夏四月高麗國遣使

朝貢六月庚子以尚書右僕射袁昂為左光祿大夫開府儀同

三司尚書右僕射王瑩為左僕射吏部尚書王暕為右僕

射秋八月蠕蠕河南國各遣使朝貢九月辛巳左光祿大

（二十六　景中）

夫開府儀同三司王瑩薨壬辰大赦冬十一月交州刺史
李凱斬反者阮宗孝傳首建鄴曲赦交州是歲魏孝明皇
帝熙平元年
十六年春正月辛未祀南郊詔九貧家勿收今年三調無
田業者所在量宜賦給及優矜產子之家恤理寬獄弁賑
孤老鰥寡不能自存者二月辛亥耕籍田甲寅赦罪人三
月丙子敕太醫不得以生類為藥公家織官紋錦飾並斷
仙人鳥獸之形以為藝衣栽有乖仁恕於是祈告天地
宗廟以去殺之理欲被之含識郊廟牲牷皆代以麵其山
川諸祀則否時以宗廟去牲則為不復血食雖公卿異議
朝野喧囂竟不從冬十月宗廟薦羞始用蔬果是歲河南
扶南婆利等國各遣使朝貢
十七年春二月癸巳雍州刺史安成王秀薨甲辰大赦三
月丙申改封建安郡王偉為南平王夏六月乙酉中軍將
軍中書監臨川王宏以本號行司徒秋八月壬寅詔兵驃
奴婢男女六十六免為編戶閏八月壬陁利國
遣使朝貢冬十月乙亥以行司徒臨川王宏即正十一月
辛亥以南平王偉為左光祿大夫開府儀同三司是歲魏
神龜元年
十八年春正月甲申以領軍將軍鄱陽王恢為征西將軍

荊州刺史以荊州刺史始興王憺為中撫將軍並開府儀
同三司以尚書左僕射袁昂為尚書令以右僕射王暕為
左僕射以太子詹事徐勉為右僕射辛卯祀南郊赦罪人
田賜爵一級夏四月丁巳帝於無礙殿受佛戒赦罪人秋
七月于闐扶南國各遣使朝貢

梁本紀上第六

李延壽

南史帝紀七

一

普通元年春正月乙亥朔大赦改元丙子日有蝕之己卯
以司徒臨川王宏為太尉楊州刺史以金紫光祿大夫王
份為尚書左僕射庚子扶南高麗等國並遣使朝貢二月
癸丑以高麗王嗣子安為寧東將軍高麗王三月滑國遣
使朝貢夏四月河南國遣使朝貢秋七月己卯江淮海並
溢九月乙亥有星晨見東方光爛如火是歲魏正光元年
二年春正月辛巳祀南郊詔置孤獨園以恤孤幼戊子大
赦二月辛丑祀明堂三日庚寅大雪平地三尺夏四月乙
卯改作南北郊丙辰詔曰平秋東作義不在南前代因襲
有乖禮制可於震方具茲千畝於是從藉田於東郊外十
五里五月癸卯琬琰殿火延燒後宮屋三千間閏月丁巳
詔自今可停賀瑞六月丁卯義州刺史文僧明以州歸魏
秋七月丁酉假大匠卿裴邃節督眾軍侵魏甲寅魏荊州
刺史桓叔興帥眾降八月丁亥始平郡石鼓村地自開成
井方六尺六寸深三十二丈冬十一月百濟新羅國各遣
使朝貢十二月戊辰以鎮東大將軍百濟王餘隆為寧東
大將軍
三年春正月庚子以吳郡太守王暕為尚書左僕射庚戌

都下地震三月乙卯巴陵王蕭屏薨夏四月丁卯汝陰王
劉端薨五月壬辰朔日有蝕之鯢癸巳大赦詔公卿百僚
各上封事連率郡國舉賢良方正直言之士秋八月甲子
婆利白題國等國各遣使朝貢冬十一月甲申開府儀同三司
始興王憺薨
四年春正月辛卯祀南郊大赦辛亥祀明堂二月乙亥耕
藉田孝弟力田賜爵一級豫耕之司勉日勞酒冬十月庚
午以中撫軍晉安王昂為尚書令即本號開府儀同三司十
一月癸未朔日有蝕之甲辰尚書左僕射王暕卒十二月
戊午用給事中王子雲議始鑄鐵錢狼牙脩國遣使朝貢

南史帝紀七

二

五年春夏六月乙酉龍鬬于曲阿王陂因西行至建陵城所
經樹木倒折開數十丈庚子以員外散騎常侍元樹為平
北將軍北青兗二州刺史率眾侵魏
六年春正月辛亥祀南郊大赦庚申魏徐州刺史元法僧
以彭城來降自去歲以來北侵諸軍所在剋護甲戌以元
法僧為司空封始安郡王二月辛巳啟封法僧為宋王三
月丙午賜新附人長復除諸誤罪失一無所問夏五月已
酉脩陽陽堰於濟陰壬子遣中護軍元夏侯置
賢壽陽諸軍侵魏六月庚辰豫章王綜奔魏魏復據彭城
秋七月壬戌大赦冬十二月壬辰都下地震是歲魏孝昌

元年

七年春正月辛丑朔赦死罪以下夏四月乙酉太尉臨川
王宏薨南州津改置校尉增加奉秩詔在位群臣各舉所
知凡是清吏感使薦開秋九月己酉荊州刺史鄱陽王恢
薨冬十一月庚辰丁貴嬪薨大赦是歲河南高麗林邑滑
國並遣使朝貢

爵一級是月司州刺史夏侯虁進軍三關所至皆剋初帝
聽復宅業鐲役五年尤貧家勿收今年三調孝弟力田賜
射復百官奉祿自今可長給見錢辛未祀南郊孝弟力田者
大通元年春正月乙丑以尚書右僕射徐勉為尚書左僕
劉同泰寺至是開大通門以對寺之南門取又語以協同
泰自是晨夕講義多由此門三月辛未幸寺捨身甲戌還
宮大赦改元大通以祷寺及門名夏五月丙寅成景僑剋
魏臨潼竹邑冬十月癸丑魏東豫州刺史元慶和以渦陽
內屬甲寅曲赦東豫州十一月丁卯以中護軍蕭藻為都
督侵魏鎮于渦陽是歲林邑師子高麗等國各遣使朝貢
二年春正月乙酉蠕蠕國遣使朝貢二月築寒山堰癸丑
魏孝明皇帝朋夏四月戊戌魏鄩尒朱榮推奉考莊帝庚子
榮殺幼主及太后胡氏辛丑魏郢州刺史元願達以義陽
降封願達為樂平王是時魏大亂其北海王元顥臨淮王彧

三

中大通元年春正月辛酉祀南郊大赦賜孝悌力田爵一
級辛巳祀明堂夏四月癸巳陳慶之攻拔魏孝莊城進屋
城禽魏濟陰王暉業五月癸酉陳慶之攻拔魏梁城進屋
河北乙亥元顥入京師偕踓建武六月壬午以求興公主
疾篤故大赦公主志也是月都下疫甚帝於重雲殿為百
姓設救苦齋以身為禱閏月護軍將軍南康王績薨己卯

泰元年尋改為建義叉改曰永安
魏將尒朱榮攻殺元顥京師及正秋九月辛巳朱雀航華
表災癸巳幸同泰寺設四部無遮大會上釋御服披法衣
行清淨大捨以便省為茹素床瓦器乘小車私人執役甲
午升講堂法坐為四部大眾開涅槃經題癸卯群臣以錢
一億萬奉贖皇帝菩薩大捨僧眾黙許乙巳百辟詣寺東
門奉表請還臨宸極三請乃許帝三答書前後並御頓首
冬十月己酉又設四部無遮大會道俗五萬餘人會畢帝
御金輅還宮御太極殿大赦改元十一月戊子魏巴州刺
史駭始於此以城降是歲盤盤蠕蠕國並遣使朝貢
二年夏四月癸丑幸同泰寺設平等會庚申大雨雹六月

四

以地降冬十月丁亥以魏北海王顥主魏遣東宮直閣將
軍陳慶之衛送還北魏衛州刺史鄧獻以地降是歲魏武
汝南王悅並來奔北青州刺史元僑南荊州刺史李志皆

丁巳還魏汝南王悅還北主觀庚申以觀尚書左僕射范
遣為司州牧觀悅北侵是月林邑扶南國遣使朝貢秋八
月庚戌幸德陽堂祖觀主元悅山賊冦會稽郡縣九月壬
午偿趨武將軍湛海珍節以討之是歲魏莊帝發其權臣
尒朱榮其罝奏觀　廣主曄為主而殺莊帝號建明
讓為征北大將軍二月辛丑祀南郊大赦丙申以觀尚書僕射鄭元
護為武衛將軍湛海珍節以討之是歲魏莊帝發其權臣
統建六月癸丑胃明二月辛丑立晉安王綱為皇太子大赦賜為
江公譽為河東郡王曲江公啟為岳陽郡王是月册册國
遣使朝貢秋七月乙亥立晉安王綱為皇太子大赦

三年春正月辛巳祀南郊大赦丙申以觀尚書僕射鄭元
父後者又出勵忠孝文武清勤並爵一級庚寅詔宗戚有
服戳者並賜溈沐食鄉各隨逐近以為差次壬辰以
更部尚書何敬容為尚書右僕射九月狼牙脩國遣使朝
貢是秋吳興生野稻飢者頼焉冬十月己酉上幸同泰寺
升法座為四部眾說涅槃經迄于乙卯前樂山縣侯蕭正
則有罪流徙至是招誘亡命欲冠廣州在所討平之十一
月乙未上幸同泰寺升法座為四部眾說涅槃經迄于十
二月辛丑是歲尒朱兆又啟其主曄而奉節閔皇帝改
建明二年為普泰元年又觀勃海王高歡舉兵信都別奉
勃海太守朗為主改普泰元年為中興

四年春正月丙寅以開府儀同三司南平王偉為大司馬
以司空宋王元法僧為太尉尚書令以開府儀同三司表
昂為司空四月乙丑德為臨賀郡王庚午立
嫡皇孫大器為宣城郡王位列諸王上癸未魏南兗州刺
史劉世明以城降二月壬寅以太尉元法僧北侵庚戌新除揚州刺
侍中元景隆為青州刺史封平昌郡王隨法僧北侵直常侍元景宗
為青州刺史封彭城郡王隨法僧北侵庚戌新除揚州刺
史部顧表置制旨孝經助教一人生十人專通帝所釋孝
蕭子顯表置制旨孝經助教一人生十人專通帝所釋
經義夏四月盤盤國遣使朝貢秋七月甲辰星隕如雨九
月乙巳加司空表昂尚書令冬十一月高麗國遣使朝貢
十二月丙子魏彭城王尒朱仲遠來奔以為定洛將軍封
河南王北侵隨所尉土使自封建庚辰以太尉元法僧為
鄴州刺史聽隨大將軍開府同三司之儀是歲魏勃海
王高歡平尒朱氏啟節閔皇帝又自所奉節閔皇帝而朗
奉平陽王尒朱兆是為孝武皇帝改中興二年為太昌
為永熙元年
五年春正月辛卯祀南郊大赦賜孝悌力田爵一級先是
一日丙夜南郊令解滌之等到郊所履行忽聞異香三隨
風至及將行事奏樂迎神畢有神光圓蕭壇上朱紫黃白

雜色食頃乃滅戊申都下地震已酉皇見辛亥祀明堂

二月癸未幸同泰寺設四部大會升法坐發金字般若經

題訖于已丑三月丙辰大司馬南平王偉薨夏五月戊子

都下大水御道通船六月已卯魏建義城主蘭保殺東徐

州刺史崔祥以下來降冬十月庚申以尚書右僕射何敬

容為左僕射以吏部尚書謝舉為右僕射是歲河南波斯

緺盤䫻等國並遣使朝貢

王甲辰行河南王可沓振為西秦河二州刺史正封河南

王甲辰二月癸亥遣使朝貢夏四月丁卯熒惑在南斗秋七

六年春二月癸亥耕藉田大赦賜孝悌力田爵一級三月

巳亥以

月甲辰林邑國遣使朝貢冬十月丁卯以信武將軍元慶

和為鎮北將軍封魏王率衆北侵閏十二月丙申西南有

雷聲二是歲魏孝武帝迫于其相高歡出居關中歡又別

奉清河王世子善見為主是為靜帝改永熙三年為天

平元年魏於是始分為兩孝武既至關中又與丞相宇文

泰不平未幾遇鴆而崩

大同元年春正月戊申朔大赦改元二月辛巳祀明堂丁

亥耕藉田辛丑高麗丹丹國並遣使朝貢三月丙寅幸同

泰寺設無遮大會辛未滑國遣使朝貢夏四月庚子波斯

國遣使朝貢壬戌幸同泰寺鑄十方銀像并設無遮會秋

七月辛卯於南國遣使朝貢冬十月兩黃塵如霧十一月

壬戌北梁州刺史蘭欽攻漢中魏梁州刺史元羅降癸亥

復梁州是歲西魏文皇帝大統元年

二年春二月乙亥耕藉田三月庚申詔求讜言及令文武

在位舉士戊寅帝幸同泰寺設平等法會夏四月乙未以

開府儀同三司之儀元法僧為太尉五月癸卯丁亥詔梁州刺

史元羅為青冀二州刺史封東郡王六月丁亥詔郊明堂

陵廟等令改視散騎侍郎秋九月辛亥幸同泰寺設四部

無遮法會冬十月乙亥詔大舉北侵壬午幸同泰寺設無

遮大會十一月兩黃塵如霧攬之盈掬已亥詔北侵衆軍

導

班師辛亥都下地震生白毛長三尺十二月壬申興東魏

通和

三年春正月辛丑祀南郊大赦賜孝悌力田爵一級是夜

朱雀門災壬寅兩灰黃色二月丁亥耕藉田癸巳以護軍

將軍蕭藻為尚書左僕射三月戊戌立昭明太子子譬為

武昌郡王譬為義陽郡王夏五月癸未幸同泰寺鑄十方

金銅像設無遮東魏人來聘已西義陽王譬薨八月辛卯幸

寶田稼設無遮法喜食大赦九月使兼散騎常侍張皋

阿育王寺癸卯東魏人來聘已西青州胊山隕霜秋七月青州雪

聘于東魏閏九月甲子侍中太尉元法僧薨冬十月丙辰

都下地震是歲飢

四年春二月己亥耕籍田三月河南蠕蠕國並遣使朝貢
夏五月甲戌東魏人來聘六月辛丑日有蝕之秋七月癸
亥詔以東治徒隸事佃之隙象牙如來真形大赦戊辰使兼
散騎常侍劉孝儀聘子東魏八月甲辰詔南兗等十二州
既經飢饉曲赦逋租宿責勿收令年三調九月閱武于樂
游苑

五年春正月乙卯以護軍將軍盧陵王續為驃騎將軍安
右將軍尚書左僕射蕭藻為中衛將軍並開府儀同三司
比二郊及藉田往還並宜御輦不復乘路三郊請用素輦
中權將軍丹楊尹何敬容以本號為尚書令吏部尚書張

【南史帝紀七】　【九】

續為尚書左僕射丁巳御史中丞奏禮儀車賀琛奏今南
郊博議施行改素輦名大同郊祀宗廟乘佩輦兼
籍田還乘常輦皆以侍中陪乘停大將軍及太僕詔付
尚書省及州閭鄉黨稱為善人者各賜爵一
把南郊詔尋悸力田及州閭鄉黨稱為善人者各賜爵一
級秋八月乙酉扶南國獻生犀冬十一月乙亥東魏人來
聘十二月使兼散騎常侍柳豹聘子東魏是歲都下訛言
天子取人肝以飴天狗大小相驚日晚便閉門持仗數月
乃止

六年春正月庚戌朔曲赦司豫徐兗四州二月己亥耕籍

田夏四月癸未詔曰宋齊二代諸陵有職司者勤加守護
五月己卯河南遣使朝獻馬及方物求釋迦像并經論
十四條敕付像并制旨涅槃般若金光明講疏一百三卷
秋七月丁亥東魏人來聘遣遣散騎常侍陸晏子報聘八月
戊午大赦辛未盤盤國遣使朝貢九月戊戌司空表印薨
冬十一月己卯曲赦都下十二月壬子江州刺史豫章王
歡薨

七年春正月辛巳祀南郊大赦辛丑祀明堂二月乙巳以
行宕昌王梁弥泰為平西將軍河涼二州刺史正封宕昌
王辛亥耕籍田乙卯都下地震夏四月戊申東魏人來聘
遣兼散騎常侍明少遐報聘冬十一月丙子詔得所在使

【南史帝紀七】　【十】

役女丁十一月壬寅東魏人來聘遣兼散騎常侍表狎報
聘丙辰於宮城西立士林館延集學者是歲宕昌蠕蠕高
麗百濟滑國各遣使朝貢求涅槃等經疏及醫工畫
師毛詩博士並許之交州人李賁攻刺史蕭諮
八年春正月安成郡人劉敬躬挾左道以及二月戊戌江
州刺史湘東王繹遣中兵曹子郢討會之送于都斬之建
康市於江州新蔡高塘立頌平屯襄作蠻田
九年春閏正月丙申地震生毛三月以太子詹事謝舉為
尚書僕射夏四月林邑王破德州攻率貢貢將軍范脩又破

〈十一〉

林邑王於九德敗走之冬十一月益州刺史武陵王紀進
號征西將軍開府儀同三司
十年春正月李賁稱號於交阯年號天德三月甲午幸蘭
陵庚子謁建陵有紫氣陵上食頃乃散帝望陵流涕所
霑草皆變色陵傍有枯泉至是而流水香潔所
陵壬寅於皇基寺設法會詔賜蘭陵老少位一階并頒
賚所經縣邑無出今年租賦因賦還舊鄉詩云卯詔園陵
職司恭事勤勞並錫位一階并加頒
固樓因改名北顧庚戌辛回賈旱宴耆老及所經近
縣奉迎候者少長數十人各賚錢二千夏四月乙卯至自
蘭陵詔鰥寡孤獨尤貧者賑臨各有差五月廣州人盧子
略反刺史新渝侯映討平之詔曲赦廣州秋九月已丑赦冬
十一月大雪平地三尺
十一年春正月震華林園光嚴殿重靈閣帝自貶拜謝上
天象刻乃止夏四月東魏人來聘冬十月已未詔復開讎
罪典
中大同元年春正月丁未曲阿縣建陵隧口石辟邪起舞
有大蛇關隧中其一被傷舟在青蟲食陵樹葉略盡癸丑
交州刺史楊瞟剋交阯嘉寧城李賁竄入屈獠洞交州平
三月乙巳大赦庚戌幸同泰寺講金字三慧經仍施身夏

〈十二〉

四月丙戌皇太子以下奉贖仍於同泰寺解設法會大赦
改元是夜同泰寺災六月辛巳竟天有聲如風水相薄秋
七月甲子詔首今有犯罪者非大逆父母祖父母勿坐丙
寅詔曰朝四暮三實朱氏而喜怒為用須期
外閭多用九佰錢佰減則物賤佰足則物賤非物有貴賤
是心有顛倒至於遠方日更滋甚自今可通用足佰錢八
月丁丑東揚州刺史武昌王藝薨甲午荊州刺史廬陵
王續薨辛酉祝南郊大赦甲子祝明堂是月東魏相勃海
太清元年春正月已亥朔日有蝕之壬寅荊州刺史廬陵
王高歡薨二月已卯白虹貫日庚辰東魏司徒侯景求以
河南十三州內屬壬午以景為大將軍封河南王大行臺
承制如鄧禹故事丁亥耕籍田三月庚子幸同泰寺設無
遮大會上釋御服法衣行清淨大捨名曰羯磨以五明
殿為房設素木牀葛帳土瓦器乘小輿私人執役乘輿法
服一皆屏除甲辰遣司州刺史羊鴉仁率土州刺史桓和
仁州刺史湛海珍等應接侯景兵未至而東魏遣兵攻景
導父割地求救於西魏方解圍乙已帝升光嚴殿講堂坐
師子講金字三慧經夏四月庚寅群臣以錢一億萬
奉贖皇帝菩薩僧眾默許戊寅百辟詣鳳莊門奉表三請

三吾頓首並如中大通元年故軍丁亥服袞冕御輦遠官
華太極殿如即位禮大赦改元是月神馬出皇太子獻賢
馬頌六月戊辰以前雍州刺史鄱陽王範為征北將軍
督漢北征討諸軍事秋七月庚申羊鴉仁入縣頗城八月
乙丑諸軍戊子以大將軍南豫州刺史蕭明為大都督
督諸軍錄行臺尚書事九月癸卯王
附游苑成輿駕辛苑冬十一月東魏將慕容紹宗大敗蕭明
于渦陽山明被俘執紹宗進圍潼州十二月戊辰命太子舍
人元貞還北為東魏主

二年春正月癸巳朔兩月相承如鈎見于西方戊戌詔在
位谷舉所知己亥東魏克渦陽辛丑以尚書僕射謝舉為
尚書令必守吏部尚書王克為尚書僕射甲辰東魏尅殷
豫二州三月甲辰撫軍將軍高麗王浪洛已未弒其子成為
寧東將軍高麗王藥浪公已未弒獠洞斬李賁傳首建鄴
夏四月丙子詔在朝及州郡各舉士五月辛丑以新除中
書令邵陵王綸為安前將軍開府儀同三司光出如電其
愛德三州六月天裂于西北長十丈闊二丈辛亥出如電其
聲若雷秋七月使兼散騎常侍謝班聘于東魏結和八月
戊戌侯景舉兵反甲辰使開府儀同三司邵陵王綸都督
衆軍討景曲赦南豫州九月戊辰地震江左無其壞屋殺

人地生白毛長二尺益州市有飛蟲蔽萬群飛人死冬十月
侯景襲譙州進攻陷厯陽戊申以臨賀王正德為平北將
軍都督諸軍屯丹楊郡已酉景自橫江濟採石辛亥至建
鄴臨賀王正德率衆附賊十一月戊午朔設壇刑白馬祀
虫兄於太極殿前已未景立蕭正德為天子於南闕前辛
西賊攻陷東府城庚辰邵陵王綸師武州刺史蕭弄璋前
譙州刺史趙伯超等入授乙酉進軍湖頭與賊戰城敗績
率衆入援次張公洲十二月戊申天西北裂有光如火尚
丙戌安北將軍都督陽王範遣世子嗣雄信將軍裴之高等

書令謝舉卒丙辰司州刺史柳仲禮前衡州刺史韋粲為
州刺史李遷仕前司州刺史柳仲禮等率軍入援
三年春正月丁巳大都督柳仲禮眾軍分孫南岸賊營
軍於青塘龍殺韋粲庚申白虹貫日三重邵陵王綸臨城
公大連等率兵集南岸有流星長三十丈墮武庫李
遷仕及天門太守樊文皎進軍青溪黃為賊所破文皎死
之壬午熒惑守心二月侯景遣使求和皇太子固請圍
許之盟于西華門下景既運東城米歸于石頭亦不解圍
啟求遣諸軍退丁未皇太子天命南及北州刺史南康王會
理前青冀二州刺史湘潭侯退率江北之眾頓于蘭其死
甲子以開府儀同三司丹陽尹邵陵王綸為司空以合州

刺史鄱陽王範為征北大將軍開府儀同三司以司州刺
史柳仲禮為侍中尚書僕射時景遣偽將設壇告天地神祇戊午
復興兵向闕三月城內以景達道設壇告天地神祇戊午
前司州刺史羊鴉仁等進軍東府比與賊戰大敗時四方
征鎮入援者三十餘萬衆有鬥志自相疑阻莫肯奮而已丁卯賊
攻陷宮城縱兵大掠已巳賊矯詔遣石城公大赦解外援
軍援軍各退散丙子燹守心夏四月已丑都下地震丙
申又震已酉帝以所求不供憂憤成疾是月青州刺史
州附東魏五月丙辰帝崩于淨居殿時年八十六辛亥遷

十五 刺宣

梓宮于太極前殿十一月乙卯葬于修陵追尊為武皇帝
廟號高祖帝性淳孝六歲獻皇太后崩水漿不入口三日
毀瘠骨立及丁文帝憂時為郡隨王諮議隨府在荊
鎮以疾聞便投劾星馳不復暖席食倍道就路憤風驚浪不
哭泣有過成人及丁文帝憂時為郡隨王諮議隨府在荊
軒傳止帝形容本壯及至銷毀骨立親表士友皆不復
識望毫奉諱哭歐血色及居帝位即於鎮山
二溢拜埌山陵淨洗所酒松草變色及居帝位即於鎮山
造大愛敬寺青溪邊造智慶寺於臺內立至敬等殿又立
七廟堂月中再設淨饌每至展拜漣洟池哀動左右少

而篤學能事畢究雖萬機多務猶卷不輟手然燭側光常
至戊夜撰通史六百卷金海三十卷制旨易講
疏又六十四卦二繫文言序義等毛詩春秋答
問尚書大義中庸講疏孔子正言孝經義周易講
王侯朝臣皆奉表質疑帝皆為解釋修飾節國學增廣生員
立五館置五經博士天監初何佟之賀瑒嚴植之明山賓
等述制旨升講士林館領軍朱异於東宮宣猷堂
人孔子祛等述遍互講皇太子宣城王亦於東宮宣猷堂
及揚州解開講於是四方郡國莫不向風爰自在田及登
寶位聶制撰序詔誥銘說箴頌箋奏諸文又百二十卷六
慈慈諸經義記數百卷而以晚乃溺信佛道日止一
藝備閒綦登品陰陽緯候卜筮占決草隸尺牘騎射莫
不穪如晚乃溺信佛道日止一食膳無鮮腴惟豆羹糲飯
而已或遇事擁日懱務中使嗽口以過裁衣帛鋪身衣布衣
三蓆讀經義記數百卷聽覽餘閒即於重雲殿及同泰寺
講說名僧碩學四部聽眾常萬餘人身衣布衣帳
一冠三載一被二年自五十外便斷房室後宮職司貴妃
以下六宮禪補三襌之外皆衣不電地傍無錦綺不飲酒
不聽音聲非宗廟祭祀大會饗宴及諸法事未嘗作樂勤
於政務孜孜無忌每冬月四更竟即敕把燭看事執筆觸

十六 刺宣

寒手為皴裂然仁愛不斷親戚及所愛愍犯多有縱捨故
政刑弛紊每決死罪常有哀矜涕泣然後可奏性方正雖
吾小殿暗室恆理衣冠小坐暑月未嘗褰袒雖見內豎小
且亦如遇大賓也初齊高帝夢奄人執燭燒顏見武明二帝
後一人手張天地圖而不識問之若曰順子後及崔慧景
之過長沙宣武王入援至越城夢吏馬飛半天而隊帝所
殿有六龍各守一柱末忽失其二後見在宣武王宅時宣
武為益州觀乃往蜀伏事及宣武在郢此觀遂都乃見六
龍俱在帝所寢齋遂去郢之雍中途遇疾且死謂同侶曰

蕭雍州必作天子具以前事語之推此而言蓋天命也雖
在蒙鷰齋戒不廢及疾不能進膳盥漱如初皇太子曰中
再朝每間安否涕四交面賊臣侍者莫不掩泣疾久口苦
索蜜不得再曰荷荷遂崩賊祕之太子閻起居不得見慟
于閤下始天監中沙門釁寶誌為詩昔年三十八今年
八十三中復有四城北火酣酣帝使庾肩捨封記之及中
大同元年同泰寺災啟封見捨手迹為之流涕涕帝生於
甲辰三十八魁建鄴之年也遇災歲實丙寅八十三矣四
月十四日而火起之始自浮屠第三層三者帝之昆季次
也帝惡之召太史令虞廣等筮之遇遇復曰無害其縣云西

南得朋東北喪朋安貞吉文言云東北喪朋乃終有慶帝
曰斯魔鬼也西應見卯金來剋木卯為陰賊鬼而帶賊非
魔何也乃勅為法事於是人人讚善莫不從風或剌血灑
言之口宜前為法事於是人人讚善莫不從風或剌血書
地或剌身書經穿心然燈坐禪不食及太清元年帝捨身
光嚴重雲殿游仙化生皆愛動三日乃止當時謂之祥瑞
識者以非動而動在鴻範為妖海中浮鵠山去餘姚岸可
上有女人年三百歲有女官道士四五百人年並出百但
人頸皆縮入頭之類時謂謝帝方捨身時其使適至云此草常
在山學道遣使獸紅席帝方捨身時其使適至云此草常

有紅鳥居下故以為名觀其圖狀則鸞鳥也時有男子不
知何許人於大眾中自割身以飴鳥血流徧體而顏色
不變又沙門智泉鐵鈎挂體以然千燈一日一夜端坐不
動開講曰有三足鳥集殿之東戶自通于西南縣楣三
飛三集白雀一見于重雲閣前連理樹又有五色雲浮於
華林園昆明池上帝既流過益甚境內化之送至喪亡云
論曰梁武帝時逢昏家遘寇既地居勢勝乘機而作
以斯文德有此武功始用湯武之師終濟唐虞之業豈曰
人謀亦惟天命及擄圖錄多歷歲年制造禮樂敦崇儒雅
自江左以來年踰二百文物之盛獨美於茲然先王文武

遞用德刑備舉方之水火取法陰陽為國之道不可獨任
而帝留心俎豆志情干戚溺於釋教弛於刑典既而帝紀
不立悖逆萌生反噬彎弧皆自子弟獲寇弗戒卒至亂七
自古撥亂之君固已多矣其或樹置失所而以後嗣失之
未有自已而得自已而喪追蹤徐偃之仁以致窮門之酷
可為深痛可為至戒者乎

梁本紀中第七

李　延壽

太宗簡文皇帝諱綱字世讚小字六通武帝第三子昭明
太子母弟也天監二年十月丁未生于顯陽殿五年封晉安
王普通四年累遷都督雍州刺史中大通三年被徵入朝
未至而昭明太子薨帝謂左右曰我當有此加乎四月昭明太子薨五月丙申
立晉安王為皇太子七月乙亥臨軒策拜以脩繕東宮權居
以班劍授之王還當督雍州刺史與晉安王對奕擾道我
東府四年九月移還東宮太清三年臺城陷太子坐永福
省見侯景神色自若無懼容五月丙辰帝崩辛巳太子即皇

四百十二

【南史帝紀八】

一

古航占畢

帝位大赦癸未追尊穆貴嬪為皇太后追諡妃王氏為簡
皇后六月丙戌以南康王會理為司空丁亥立宣城王大
器為皇太子壬辰立當陽公大心為尋陽郡王石城公大
欵為江夏郡王寧國公大臨為南海郡王臨城公大連為
南郡王西豐公大春為安陸郡王新塗公大成為山陽郡
王臨湘公大封為宜都郡王高唐公大莊為新興郡王
七月甲寅廣州刺史元景仲謀應侯景西江督護陳霸先
攻之景仲自殺霸先迎定州刺史蕭勃為刺史庚午以司
空南康王會理為兼尚書令是月九江大饑人相食者十
四五八月癸卯征東大將軍開府儀同三司南徐州刺史

蕭譽薨丙午侯景矯詔儀同三司位比正公自今悉不加
將甲以為定準冬十月丁未地震是月百濟國遣使朝貢
見城寺荒蕪哭于闕下
大寶元年春正月辛亥朔大赦改元丁巳天雨黃沙己未
西魏剋安陸執司州刺史柳仲禮盡有漢東地丙寅月盡
見于東方癸酉前江都令祖皓起義兵于廣陵二月癸未
侯景攻下廣陵皓見害己以尚書僕射
庚午侯景開府儀同三司前司州刺史羊鴉仁自尚書出奔
都下尤甚六月庚子前司州刺史羊鴉仁自尚書出奔

二

八劃

江陵秋七月戊辰賊行臺任約寇江州刺史尋陽王大心
以州降之八月甲午湘東王繹遣領軍將軍僧辯過郢
州邵陵王綸棄郢州走九月乙亥侯景自進位相國封二
十郡為漢王冬十月乙未景又遣帝幸西州曲宴自加字
南大將軍都督六合諸軍事立皇子大鈞為西陽郡王大
威為武寧郡王大球為建安郡王大昕為義安郡王大摯
為綏建郡王大摯為樂梁郡王壬寅侯景害司空南康王
會理十一月住約進據西陽分兵寇齊昌義陽郡王獻遠
前中兵參軍張彪起義於會稽若邪山攻破浙東諸縣
都下害之湘東王繹遣前青州刺史徐文盛拒約南郡王

二年春二月邵陵王綸走至安陸畫城爲魏所攻見殺三
月庚戌魏文帝崩葬雲崗四月侯景圍巴陵六月乙巳解圍
宵遁秋七月景還至建鄴八月戊午景遣偽衛尉卿彭鵠
廂公王僧貴入殿廢帝爲晉安王害皇太子大器尋陽王
大心西陽王大鈞武寧王大威建安王大球義安王大昕
及暴陽王諸子二十餘人矯爲帝詔以爲次當支庶宜歸
正嫡禪位于豫章王棟使呂季略送詔令帝寫之帝書至
不能自止賊狼狽爲掩泣乃幽越外非次遂主震方鳴咽
先皇念神器之重思社稷之固越帝于永福省棟即位改元
天正使害南海王大臨於吳郡南郡王大連於姑熟安陸

王大春於會稽新興王大莊於京口冬十月壬寅帝崩於
永福省時年四十九賊僞諡曰明皇帝廟稱高宗明年三
月巳丑王僧辯平侯景奉梓宮升朝堂元帝追崇
爲簡文皇帝廟號太宗四月乙丑葬莊陵帝立成文武帝
歲便能屬文武帝號之信於前面試帝攬筆立成文帝
歎曰常以東阿爲虛今則信矣及長器宇寬弘未嘗見
慍色寧嚴若神方顧豐下須鬢如畫五采竟地雙眉翠色
項毛左旋連錢入背手執玉如意不相分辨眠則目光
燭人讀書十行俱下辭藻艷發博綜羣言善談玄理自十
一便能親庶務歷試諸政所在稱美性恭孝居穆貴嬪憂

哀毀骨立所坐席沾濕源盡瀾在義陽拜表侵魏道長史柳
津司馬董當門壯武將軍社懷寶振遠將軍曹義宗等進
軍剋南陽新野等郡拓地千餘里及君監撫多所弘宥文
東簿領織家必察弘納文學之士賞接無倦資於玄圃云七
武帝所製五經講疏聽者傾朝野雅好賦詩其自序云七
歲有詩癖長而不倦然帝文傷於輕靡時號宮體所著昭
明太子傳五卷諸王傳三十卷禮大義二十卷長春義記
一百卷法寶連璧三百卷謝客文涇渭三卷沐浴經三卷馬槊
譜一卷棋品五卷彈棋譜一卷新僧白澤圖五卷如意方
光明符十二卷易林十七卷竈經二卷

十卷文集一百卷並行於世初即位制年號將曰文明以
外制強臣取周易內文明而外柔順之義恐賊覺乃改爲
大寶雖在家塵尚引諸儒論道說義披尋墳史未嘗輟
及見南康王會理誅知不久指所居殿謂舍人殷不害曰
龐消死此下又曰吾昨夜夢吞土試思之之不害曰昔重耳餒
政事及曾國隆下所夢將符是矣帝曰儻幽冥有徵庶斯
言不妄初景納帝女溧陽公主公主有美色景惑之妨於
政事王偉每以爲言京以主王甚惡之偉三偉知之懼見譖於
乃謀廢帝而後間王苦勸行殺以絕眾心廢後王偉乃與
彭僑王脩纂進艦於帝曰永相以陛下幽憂既久使臣乃上

壽帝笑曰已禪帝位何得言陛下此壽酒將不盡此乎於
是傳等并齎酒餚曲項琵琶與帝禪飲帝知將見殺乃盡
酣謂曰不圖為樂一至於斯既醉而寢偉乃出偉進士襄
王偉纂坐乃崩竟夢偉撤尸乃非為文自序云有梁正
酒庫中帝自幽繫之後賊乃撤內外侍衛使奧騎圍守牆北
坦悉有枳棘無復紙乃書壁及板郭為文數百篇
崩後王偉觀之惡其辭切即使刮去有隨偉入者誦其連
弗歇暗室竟夜三光不如何又為雞鳴不已
士蘭陵蕭世讚立身行道終始若一風雨晦冥雞鳴不
珠三首詩四篇絕句五篇文並懷悟云

世祖孝元皇帝諱繹字世誠小字七符武帝第七子也初
武帝夢眇目僧執香鑪託生王宮既而帝母阮修容
侍始襄戶幔有風回褥武帝意感幸之采女夢月墮懷中
遂孕天監七年八月丁巳生帝舉室中非常香有紫胞之
異武帝奇之因賜采女姓阮進為僧容十三年封湘東王
太清元年累遷為鎮西將軍都督荆州刺史三年三月封湘東王
景陷建鄴四月世子方等至自建鄴知臺城不守帝命攝
江陵城周回七十里鎮西長史王沖等拜牋請為太尉都
督中外諸軍事承制主盟帝不許曰吾於天下不賤侯
都督之名帝子之尊何藉上古之位議者可斬投筆流涕

沖等重請不從又請為司空以主諸侯亦弗聽乃開鎮西
府辟天下士是月帝徵兵於湘州刺史河東王譽與湘
尋上甲侯報自建鄴至宣三月十五日密詔授帝位偽黃
鉞大都督中外諸軍事司徒承制於是立行臺於南郡而
置官司焉十月遣世子方等討河東王譽王師敗績
鎮兵司馬為河東王譽軍敗死之又遣
寇江陵其將杜則兄弟來降督通走鮑泉攻元為大寶元
遣左衛將軍鮑泉討譽九月乙卯雍州刺史岳陽王詧舉兵
年帝以簡文帝辦千賊臣卒不遵用正月使少子方略質于
魏魏不受質而結為兄弟四月剋湘州斬譽湘州平雍州

刺史岳陽王詧自稱梁王蕃于魏魏遣兵助伐襄陽先是
邵陵王綸書已言凶事秘之以待湘之捷是月壬寅始
命陳瑩報武帝崩閏帝哭于正寢六月江夏王大款山陽
王大成宜都王大封自信安來奔九月辛酉以前郢州刺
史南平王恪為中衛將軍尚書令開府儀同三司改封大
歌為臨川郡王大成為桂陽郡王大封為汝南郡王三十一
月甲子南平王恪等奉牋進位相國總百揆帝不從二年
三月侯景恭兵西上閏四月景遣其將宋子仙任約襲郢
州執刺史方諸庚成領重兵援巴陵六月
遣將胡僧祐陸法和援巴陵僧祐等襲破景將任約

軍食約景解圍遁去以王僧辯為征東將軍開府儀同三
司尚書令帥衆追景所至皆捷進圍郢州獲賊將宋子仙
等九月盤盤國獻馴象十月辛丑朔僧辯率衆如蓋臨江陵城
是月簡文帝崩開府儀同三司王僧辯等本表勸進帝奉
勸進帝固讓十一月乙亥僧辯等又奉表勸進又不從時巨
諱大臨三日百官縞素善表不許司空南平王恪率宗室
領軍將軍胡僧祐率群僚江州別駕張俟率吏人並奉表
冠尚存帝未欲即位而四方勸前後相屬乃下令斷巨
景又並逆者封萬戶開國公絹布五萬定三月僧辯等平景

傳首江陵戊子以賊平告明堂太杜己丑僧辯等又表勸
進曰衆軍以今月戊子總集建康賊景烏伏獸窮頻擊頻
挫姦竭詐盡深溝自固巨臣等分勒武旅百道同趨突騎
然大潰舉凶四滅京師少長雖伏惟陛下咀
兵羣函鐵楯結隊千羣持戰百萬止紂七步圍項三重轟
高九縣然雲開六合清朗刷黔首誰不載雖伏首
痛如哀覩憤忍酷自紫庭絳關朝壁四起擁垣好畔其馬
雲屯泣血臨丘嘗誓衆唯羨一家方與七國俱反管
蔡流言又以三監作亂西涼義衆咀秦塞而不通并州道
黎踏飛狐而見絕狂狼當路非止一人鯨鯢不泉條焉五

載夾武克粮怨耻並靈永尋霜露伊何可勝臣等輒依故
實奉脩杜廟使者持節分告園陵嗣右升遐龍逡未殯承
華捧雁榇宮莫測並即隨由備辦禮具岜荒四海同哀六
軍祖哭聖情㸌㸌測當軍感慟者百司岜牧仰祈宸鑒以
錫珪之功旣歸有道當壁之禮允為聖明而閭闔未開謳
然疑邀飛龍可躋而乾交在四帝閭云叫而閻闔未開謳
歌再馳是用翻首所以越人固執重卅完而求君周人樂
推踰岐山而事主漢王不即位無以貴功臣光武止蕭王
豈謂絕宗廟黃帝迷於襄城尚訪御人之道放勳寂於姑
射猶使轉沮有歸伊此儻求豈聖人所欲帝王所應不獲
已而然伏讀顯書尋諷制旨領懷物外未奉慈衷陛下日
角龍顏之姿表於徇齊之日岜虛當窒瑞基於應物之
初博學則大哉無所與名深言則曄乎文章之觀忠為令
德孝實勳天加以英威茂略雄圖武算柏麾則甫河不戰
顧眄百川復隨補穹儀以五石萬物再生縱陛下拂衣
於孟門登箕山而去東土羣臣安得仰訴兆庶何所歸
而游廣城登崆山禮膳輟岕清廟巍竹不陳仰望戀興
仁況郊祀配天壘匪禋豈飢豈可父稽衆議有曠舜則
匪朝伊夕瞻言祛纘戴濁且飢岜嘗仰墜戀則
舊邦凱復函洛已平高奴櫟陽宮館雖毀濁河清渭佳氣

猶存是門有九甘泉四嶽土圭測景仙人承露斯蓋九州
之赤縣六合之樞機博士捧圖畫帝稍遠太常定禮儀其
已迄得不揚清蹕而赴名都具王變昔正寢昔東周
既遷鎬京遂其不復長安一亂鄉洛永以為君夏后以萬
國朝諸侯文王以六州匡天下方之跡基百里劍杖三尺
以殘楚之地抗拒六戎一旅之卒剪夏三叛坦然大定御
辯東歸解五牛於冀州秣六馬於誰郡帝尚未從辛
歟對揚天命無所讓德有理存焉
卯宣猛將軍朱買臣奉帝密旨害豫章王棟及其二弟橋
梍四月乙巳益州刺史新除假黃鉞太尉武陵王紀僭位

於蜀年號天正帝遣兼司空蕭泰祠部尚書樂子雲拜謁
坐陵愉復杜廟丁巳下令解嚴五月庚午司空南平王恪
及宗室王侯大都督王僧辯等復拜表上尊號帝猶固讓
甲申以開府儀同三司江州刺史王僧辯為司徒乙酉斬
賊左僕射王偉尚書呂季略少府卿周石珍舍人嚴亹於
江陵市乃下令救境內外將帥潘樂辛術等攻秦郡王僧辯
遣將杜朗帥眾拒之以陳霸先為征北大將軍開府儀同
三司徐州刺史齊人賀平侯景八月武陵王紀率衆巴蜀之
衆東下遣護軍將軍陸法和屯巴峽以拒之九月甲戌
空南平王恪薨十月乙未前梁州刺史蕭循自親至江陵

以為平北將軍開府儀同三司戊申執湘州刺史王琳於
殿內庚戌琳長史陸納及蔣潘烏累等反攻陷湘
州是月四方征鎮王公卿士後勸進表三上乃許之冬十
一月丙子皇帝即位於江陵改大清六年為承聖元年通
租賦鎬鎧養勞一皆瞻湯是日帝不升正殿公卿陪列已
宿貴並許弘宥孝順孫悉皆賜爵長徒王特加原
時有兩日俱見巳卯立王太子為武烈太子改名元良
立皇子方智為晉安郡王方略為始安郡王追尊所生妣
阮惛容為文宣太后改諡忠壯帝納繒將軍潘烏累等所生妣
子莊為求嘉王是月陸納將潘烏累等破衡州刺史

歲魏廢帝元年
二年春正月乙丑詔王僧辯討陸納戊寅以吏部尚書王
襄為尚書僕射已卯江夏宮南門蕭牡飛三月庚寅有兩
丁道貴於祿口道貴走零陵十二月陸納分兵襲巴陵湘
州刺史蕭循擊走之天門山獲野人出山三日而死星隕
其郡淮南有野象數百壞人室廬宣城郡猛獸暴食人是
龍見湘州西江夏五月甲申魏大將尉遲迥進兵逼巴西
潼州刺史楊乾運以城納迴已丑武陵王紀軍至西陵六
月乙卯王僧辯平湘州秋七月武陵王紀衆大潰見殺八
月戊戌尉遲迥回平蜀九月齊遣郭元建及將邢景遠步大

汗薩東方老帥眾頓合肥冬十一月辛酉僧辯留鎮姑熟

豫州剌史侯瑱據東關要徵兵與太守裴之橫帥眾之

戊以尚書僕射王褒為左僕射湘東太守張縮為右僕

射十二月宿豫土人東方光據城歸北齊江西州郡皆起

兵應之

三年春正月魏帝為相安定公所廢而立齊王廓是為恭

帝元年三月主衣庫見黑蛇長丈許數十小蛇隨之舉頭

高丈徐南望俄失所在帝文與宮人幸玄洲苑復見大蛇

盤屈於前舉小蛇遠之並黑色帝惡之宮人曰此非怪也

恐是錢龍帝敕所司即日取數千萬錢鎮於蛇觀以厭之

因設法會救囚徒振窮乏退居栖心省又有蛇從屋墮落

帽上忽然便失又龍見上所御有輿復見小蛇縈屈

輿中以頭駕夾膝前金龍頭上見人走去逐之不及城壕

中龍騰出煥爛五色踴躍入雲六七小龍相隨飛去舉魚

騰躍墜死於陸道龍勢

紫氣至時稍後消歇甲辰以司徒王僧辯為太尉車騎大

將軍以護軍將軍開府儀同三司陳霸先為司空六月

癸酉以征北大將軍郢州剌史陸法和為司徒夏四月

癸未有黑氣如龍見于殿內秋九月辛卯帝於龍光殿述

老子義先是魏使宇文仁恕來聘齊使又至江陵帝接仁

忽有關魏相安定公懷懼為乙巳使柱國萬紐于謹來攻冬

十月丙寅魏軍至襄陽梁王蕭詧率眾會之丁卯傳講武內

外戒嚴徵騎出行城柵大風拔木丙子續講百寮戎服以

聽詔徵王僧辯十一月甲申幸津陽門講武講畢都督

城西城南諸軍事直殿省元景亮為副丁亥魏軍至柵下

主帥親觀閱風雨揵集部分未交旗懨亂帝趣駕而回

丙申徵廣州剌史王琳入援丁酉大風城內火燒居人數

千家以為失在婦人斬首尸之是日帝獨賦詩無廢以胡

僧祐為開府儀同三司庚子信州剌史徐世譜晉安王司

馬任約軍次馬頭岸是夜有流星墜城中帝撥書筮之卦

成取龜武驗之因抵于地曰吾忍死待公可以至魏戊申胡

帛為書催僧辯曰吾忍死待公可以至魏戊申胡僧祐朱

買臣等出戰買臣敗績辛亥魏軍大攻帝出枇把門親臨

陣督戰僧祐中流矢薨軍敗反者斬西門守辛以納魏軍

帝見執魏如梁王蕭詧詰辱他日乃見魏僕射長孫

儉謂儉云埋金千斤於城內欲以相贈儉乃將帝入城帝

因述魯相辱狀謂儉曰向聊相誦欲言耳豈有天子自埋

金乃儉乃留帝於主衣庫十一月丙辰徐世譜往約退戍

巴陵辛丑魏人戕帝明年四月梁王方智承制追尊為元
皇帝廟號世祖帝聰悟俊朗天才英發出言為論音響若
鐘年五六歲武帝嘗問所讀書對曰能誦曲禮武帝使誦
之即誦上篇左右莫不驚歎初生蒙眼療必增武帝自
齎書武帝嘗問曰孫策在江東于時年幾若曰十七武帝
下意療之遂盲一目乃憶先夢彌加憫愛及長好學博極
曰正是汝年帝性不好聲色頗慕高名為荊州刺史起州
學宣尼廟嘗置儒林參軍一人勸學獎士二人生三十人
加稟餼帝工書善自圖宣尼像為之贊而書之時人謂
之三絕裴子野劉顯蕭子雲張纘及當時才秀為布衣

交常自比諸葛亮桓溫惟性好矯飾多詛忌於名
無所假人微有勝已者必加毀害義與耶長公子
王銓兄第八九人有盛名帝妒害且美嬪改寵姬王氏兄
王珩名琳以同其父名忌劉之避學使人媲之如此者甚
衆雖骨肉亦編被其禍始居文宣太后憂依丁蘭作木母
及武帝崩祕喪逾年乃發凶問方剗檀為像置于百福殿
內事之甚謹朝夕進疏食動靜必啓聞迹其虛矯如此性
愛書籍既患目多不自執卷置讀書左右菡次上直夜
為常略無休已雖睡卷猶不釋五人各伺一更恒致達曉
常眼熱大軒左右有睡讀失次第或偷卷度紙帝必爼覺

更令追讀加以橫楚雖戎略起涼校勒軍多書卒乎梧之
論者以為得言始在尋陽夢人曰天下將亂王必維之又
章詔誥點毫便就殆不游手常曰我韜於文士愧於武夫
背生黑子巫媼見曰此大貴不可言過初武帝敕賀革為帝
府諮議使講三禮革西上意甚不悅過別御史中丞江革
江革告之曰吾嘗夢主上偏見諸子至湘東王脫帽授之
此人後必當璧卿其行乎革領之及太清之禍遂歸連
自侯景之難州郡太半入魏自巴陵以下至於建康緣以長
江為限荊州界北盡武寧西拒峽口自嶺以南至建康
所據文軌所同千里而近入戶著籍不盈三萬中興之盛

盡於是矢武陵之平議者欲因其舟艦遷都建鄴宗懍黃
羅漢皆楚人不願移帝及胡僧祐亦俱未欲動僕射王襃
左戶尚書周弘正驤言即襃非使宗懍及御史大夫劉懿
以為建鄴王氣已盡且渚宮洲已滿百於是乃留尋而歲
星在井熒惑守心帝觀之慨然而謂朝臣文武曰吾觀玄
象將恐有賊但吉凶在我運數由天避之何益及魏軍遍
閣人朱買臣按劍進曰惟有斬宗黃羅漢可以謝天下
帝曰襃實晉意宗黃何罪二人退入於人中及魏人燒柵
買臣謝荅仁勸帝乘暗潰圍出就任約帝素不便馳馬曰
事必無成徒增厚耳其仁文求自扶帝以閒僕射王襃褒

南史帝紀八

曰苔仁侯景之黨豈是可信成彼之勳不如降也乃聚圖
書十餘萬卷盡燒之苔仁又請守子城收兵可得五千人
帝然之即授城內大都督以帝鼓吹給之配以公主既而
又召王襃謀之苔仁請降有頃黃門郎裴政犯門而出帝乘白馬衣
襃出質請降內外歐血而去遂使皇太子王
出東門抽刃擊閣曰蕭世誠一至此乎魏師至凡二十八
日徵兵四方未至而城見剋在幽逼遍求酒飲之製詩四絕

鷗騰其三百松風侵曉哀霜當夜來寇篆千載後誰長
其二曰人世逢百六天道異貞恒何言異蟻蟻一旦摧
其一曰南風且絕唱西陵最可悲今日還高里然非封禪
軒轅臺其四日夜長無歲月安知秋與春原陵五樹杏空
得動耕人梁王瑩遣尚書傅淮監行刑帝謂之曰卿幸為
我宣行進捧詩流淚不能禁進主襄而頸之梁王瑩使以
布帊縊殺斂以蒲席東以白茅以車一乘葬于津陽門外
愍懷太子元良及安王方略等皆見害徐世譜任約自
馬頭走巴陵約後降于齊將軍裴畿機弟機並被害謝苔
仁三人相抱俱見屠汝南王大封尚書左僕射王襃以下
並為俘以歸長安乃選百姓男女數萬口分為奴婢小弱
者甘為殺之帝於徙所無所不該當不得南信笑曰果客咸
艮曰南信已至矣今當遣左右季心往看果如所說寃客咸

十五　〔古〕

南史帝紀八

橫其妙凡所占決皆驗初從劉景安相術因說必年苔曰
未至五十當有小厄禳之可免帝自勉曰苟有期會襄之
何益及是四十七矣特多禁忌牆壁崩倒屋宇傾頹年月
不便終不脩改延草蕪沒令鞭去之其慎護如此著孝德
傳忠臣傳各三十卷丹楊尹傳十卷注漢書一百一十五卷
周易講疏十卷內典博要百卷連山三十卷詞林三卷五
韜金樓子補闕子各十卷老子講疏四卷懷舊傳二卷古
今全德志荊南地記貢職圖古今同姓名錄一卷筮經十
二卷式贊三卷文集五十卷初承聖三年有二龍自
南郡城西升天百姓聚觀五采分明江陵故老竊相泣曰

昔年龍出建康淮而天下大亂今復有焉禍至無日矣帝
聞而惡之踰年而遘禍又江陵先有九十九洲古老相承
云洲滿百當出天子桓玄之為荊州刺史內懷篡逆之心
乃遣鑿破一洲以應百數隨而崩散竟無所成宋文帝為
宜都王在藩一洲自立俄而文帝纂統後遇元凶之禍此
洲還沒太清末其一洲與大岸相通惟九十九云
明年而帝即位承聖末枝江楊之閣浦復生一洲齊公上疏稱慶
敬皇帝諱方智字慧相小字法真元帝第九子也太清三
年封興梁侯承聖元年封晉安郡王二年出為江州刺史
三年十一月魏剋江陵太尉王僧辯司空陳霸先定議以

十六

帝為梁王太宰承制四年二月癸丑於江州奉迎至建鄴

入居朝堂以太尉王僧辯為中書監錄尚書驃騎大將軍

都督中外諸軍事加司空王僧辯班劍二十人以湘州刺

史蕭循為太尉廣州刺史陳霸先為司徒三月齊遣其黨

王高澳送貞陽侯蕭明來主梁嗣至東關遣吳興太守裴

之橫拒之與戰敗績死之四月司徒陸法和以郢州附齊

遣江州刺史侯瑱討之七月辛丑僧辯納貞陽侯蕭明自

採石濟江甲辰入建鄴丙午僧辯黜蕭明而奉帝焉

太子司空陳霸先襲殺王僧辯辯黜蕭明而奉帝焉

紹泰元年秋九月丙午皇帝即位冬十月巳巳大赦改元

十七

以貞陽侯蕭明為司徒封建安郡公壬子加司空陳霸先

尚書令都督中外諸軍事震州刺史杜龕舉兵攻信武將

軍陳蒨蒨於長城義興太守韋載應之癸丑以太尉蕭循為

太保以司徒蕭勃為太傅司徒蕭勃為大尉以鎮南將軍

王琳為車騎將軍開府儀同三司戊午傳所生夏貴妃為

皇太后立妃王氏為皇后辛未司空陳霸先東討韋載降

之丙子南豫州刺史任約譙秦二州刺史徐嗣徽舉兵據

石頭反十一月庚辰齊安州刺史翟子崇楚州刺史柳達

摩率衆赴任約入石頭十二月庚戌任約徐嗣徽等至梁

石迎禪援丙辰遣猛烈將軍侯安都於江寧邀擊敗之約

嗣徽等奔江西庚申翟子崇等降並放還北

太平元年春正月戊寅大赦追贈諡簡文帝諸子封故求

安侯確子後為邵陵王奉後癸未震州刺史杜龕降

詔賜死大赦吳興郡巳亥以太保宜豐侯蕭循襲封鄱陽王

東揚州刺史張彪圍臨海太守王懷振於剡嚴二月庚戌

遣周文育陳蒨襲會稽討彪敗走邪村人斬張彪傳首建

鄴赦東揚州甲子以東土經亂遣大使巡省

是月齊人來聘使侍中王廊報聘三月壬午班下遠近並

雜用今古錢戊戌齊將軍蕭軌出柵口向梁山陳霸先大敗

十八

之夏四月壬申侯安都輕兵襲郢行臺司馬恭於歷陽大

破之五月癸未太傅建安公蕭明薨庚寅齊軍水步入丹

楊縣內外纂嚴六月壬子丞軍至玄武湖西北乙卯陳霸

先大破齊軍戊午大赦秋七月丙子司空侯瑱

先進位司徒丁亥以開府儀同三司侯瑱為司空

西太保鄱陽王循薨九月壬寅大赦改元司徒陳霸先進

位丞相錄尚書事改封義興郡公加中權將軍王沖開府

儀同三司以吏部尚書王通為尚書右僕射冬十月乙亥

魏相安定公薨十一月起雲龍神武門十二月壬申進太

尉蕭勃為太保甲午封前壽昌令劉歔為汝陰王前鎮西

法曹行參軍蕭沈為巴陵王奉宋齊二代後庚子魏恭帝遜位于周

二年春正月壬寅詔求會國孔氏族為奉聖侯并繕廟堂供備祀典又詔諸州各置中正舊放舉選不得著德舉狀序官皆須中正押上然後量較其選中正每求著德該悉以他官領之以開府儀同三司王琳為司空以尚書右僕射王通為左僕射二月庚午遣領軍將軍周文育平南將軍保廣州刺史蕭勃舉兵及詔平西將軍周文育平南將軍侯安都等南討戊子徐度至合肥燒齊船舶三千艘癸巳周文育軍於巴山獲蕭勃偽帥歐陽頠三月甲寅德州刺史陳法武前衡州刺史譚遠於始興攻殺蕭勃夏四月癸酉曲赦江廣衡三州并督內為賊所抱逼者已卯鑄四柱錢一當二十齊道使通和壬辰改四柱錢一當十丙申復用細錢五月乙巳平西將軍周文育進號鎮南將軍平南將軍侯安都進號平北將軍並開府儀同三司戊辰孝九月遣使詣丞相府求降秋八月加丞相陳霸先殊禮九月周家宰宇文護殺閔帝丞相陳霸先改授相國封陳國公冬十月戊辰進陳國公爵為王元未帝遜位于陳陳受命奉帝為江陰王薨于外邸時年十六追諡敬皇帝

論曰帝王之位天下之重職文武之道守聘所常遵其於

行用義均水火相資則可專任成亂觀夫有梁諸帝皆一之而巳簡文明之姿稟平天授粵自支庶入居明兩經國之箕其道弗聞宮體所傳且變朝野雖王虜號何救滅亡元帝居勢勝之地啟中興之業既雪讎恥且應天人而內積猜忌外矜矯飾之節忍酷於踰年定命之制申情於木偶竟而雍州引寇釁起河東之戰益部親尋事昏邵陵之窘辭殞於僧辯殘虐極於圓正不義不昵若斯之甚而復謀卒於溢至戎隴方追妬皇之迹雖隣外弛藩離內崇講肆以來蓋亦廢興有未見滿腹何救社廟之墟歷觀書契

三葉遘愍頓若蕭宗之酷敬皇以此沖年當斯頹運將不高揖其可得乎初武帝末年都下用錢每百皆除其九謂為九佰竟而有侯景之亂江陵將覆每百復除六文稱為六佰識者以為九者百六蓋符歷數非人事也善乎鄭文貞公論之曰高祖固天收縱聰明稽古道亞生知學為博物允文允武多藝多才愛自諸生有不羈之度屬昏凶肆虐天倫及禍糾合義旅將雪家冤曰紂可伐不期而會龍躍樊漢電擊湘郢翦馘凶德如振槁取獨夫如拾遺其雄才大略固無得而稱矣既縣白旗之首方應皇天之眷布德施惠悅近來遠開蕩蕩之王道華靡靡之商

俗大惇文教盛飾禮容敦尚玄風闡揚儒業介冑仁義折
衝罇俎迺振寰宇澤流遐裔干戈載戢几數十年濟濟焉
洋洋焉觀晉以來未有若斯之盛也然不能息末敦本斷
彫為樸慕名好事崇尚浮華抑揚孔墨流連老或終夜
不寢或日旰不食非弘道以利物惟飾智以驚愚且心未
遺榮虛刓奢頭之位高談脫屣終戀黃屋之尊夫人之大
欲在乎飲食男女至於軒冕得其所難而滯於所易可謂神有所
除噎欲養戀軒冕非有之急高祖奮
達智有加於通矣逮夫精華稍竭鳳德已衰感於聽受權
在奸佞儲后百辟莫能盡言險躁之心暮年逾甚見而

動悔諫違卜開門揖盜藥好即讎釁起蕭牆禍成戎羯身
殞非命災被億兆衣冠斃鋒鏑之下老幼粉戎馬之足瞻
彼黍離痛深周廟永言麥秀悲甚殷墟自古必安為危既
彼素離痛深聞博達富贍詞藻然文艷用豪華而不實體窮淫
秀發多聞博達富贍詞藻然文艷用豪華而不實體窮淫
由信順失天人之助其能免於此乎太宗敏叡過人神采
之所助者信高祖之遇斯屯也剝不得其死蓋動而之險不
成而敗顛覆之速勢所未聞也易曰天之所助者順人
殖非命災被億兆衣冠斃鋒鏑
彫為樸慕名好

麗義寡踈通哀思之音遂獨擅風俗以此而貞萬國異乎周
誦漢姓失我生不反載離多難萃逆攜扁巨猾淊天始同
痛里之拘終類望夷之禍悠悠蒼昊其可問哉昔國步初

屯兵總魏闕群后釋位投袂勤王元帝以盤石之宗受分
陝之任屬君親之難居連率之長不能撫劔嘗膽坐觀國
血躬先亡辛致命前驅遂乃擁眾遊巡內懷觖望猜忍酷
爨以為身幸不急兼卓之誅先行昆弟之戮又沈猜忍酷
多行無禮聘智辯以飾非肆忿戾以害物不牛重將心醉
謀臣或顧眄以就拘因或一言而及族醢之君子相顧
惡克躬社稷未寧而西陲責言禍敗旋及斯乃上靈降鑒
懍然自謂安若太山籌無遺策狀於邪說即安荊楚而棄
此焉假手天道人事其可誣乎
忠信我昭果毅先骨肉而後冠讎口誦六經心通百氏有

仲尼之學有公旦之才適足以益其驕矜增其禍患何補
金陵之覆沒敷江陵之滅亡哉敬帝遭家不造紹茲屯運
征伐有所自出政刑不由於己時無伊霍之輔焉得不

高讓歟

梁本紀下第八

南史八

南史九

李　延壽

陳高祖武皇帝諱霸先字興國小字法生吳興長城下若
里人姓陳氏其本甚微自云漢太丘長寔之後也寔玄孫
晉太尉準準生匡匡生達永嘉中南遷為丞相掾太子洗
馬出為長城令悅其山水遂家焉嘗謂所親曰此地山川
秀麗當有王者興為二百年後我子孫必鍾斯運達生康
復為丞相掾咸和中土斷故為長城人康生盱眙太守英
英生尚書郎公弼公弼生步兵校尉鼎鼎生散騎侍郎高
高生懷安令詠詠生安成太守猛猛生太常卿道巨道巨

〔南史帝紀九〕　〔一〕　〔廣后〕

生皇考文讚帝以梁天監二年癸未歲生少倜儻有大志
長於謀略意氣雄傑不事生產及長涉獵史籍好讀兵書
明緯候孤虛遁甲之術多武藝明達果斷為當時推服身
長七尺五寸日角龍顏垂手過膝嘗游義興館於許氏夢
天開數丈有四人朱衣捧日而至納之帝口及覺腹內猶
熱帝心獨喜初仕鄉為里司後至建鄴為油庫吏徙為新
喻侯蕭映傳教映愛其才勤於吏職所賞及映為吳興太守甚
重帝謂僚佐曰此人方將來大必勝於我及映為廣州帝
為中直兵參軍隨之鎮映令帝招集士馬先是武林侯蕭
諮為交州刺史以嚴刻失和土人李賁連結數州豪傑同

時交州刺史孫同新州刺史盧子雄將兵擊賁同
等不時進皆於廣州伏誅子雄弟子略與同子姪及其主
帥杜天合杜僧明共舉兵執南江督護沈顗顗進寇廣州盡
夜苦攻州中震恐帥率精兵救之賊大潰僧明後有功
業遂降梁武帝深歎異與馬援直閤將軍封新邠子仍遣
圖帝貌而觀之其年冬蕭映卒明年帝送喪還至大庾嶺
會有詔以帝為交州司馬與刺史楊顗南討帝經略時蕭映為定州刺史於西江相會
勃知軍士憚遠役因詭說留顗稽集諸將問計帝曰交阯
叛換罪由宗室今奉辭伐罪故當死生以之於是鼓行

〔南史帝紀九〕　〔二〕

而進軍至交州顗推帝為前鋒所向摧陷賁窘入屈獠洞
中屈獠斬賁傳首建鄴是歲大清元年也賁兄天寶遁入
九真與勃帥李紹隆收餘兵殺德州刺史陳文戒進圍愛
州帝討平之除西江督護高要太守督七郡諸軍事帝知
冬侯景寇逼帝將赴援廣州刺史元景仲陰
州蕭勃蘭京禮詗誘始興與等十郡共攻顗顗請接於勃勃
仲諮於閤下帝迎蕭勃鎮廣州時臨賀內史歐陽頠監衡
之與成州刺史王懷明等集兵於南海馳檄以討景仲景
令帝救之頠等仍監始興郡事帝遣杜僧明胡顥將
二千人頓于嶺上并厚結與豪傑同謀義舉侯安都張

偲等率衆來附帝聞之遣鍾休悅
曰君辱臣死誰敢愛命行討決矣時蔡路養起兵攝南
康勃遣腹心譚世遠為曲江令與路養相結同過義軍大
寶元年正月帝發始興次大庾嶺大破路養軍進頓南康
湘東王繹承制授帝交州刺史改封南野縣伯於是修理
崎頭古城徙居之劉惠舊等望見恒有紫氣冒城上遠近
驚異故惠舊等深自結於帝尋改封長城縣侯南江州刺
史時寧都人劉藹等資禹州刺史李遷仕舟艦兵仗將襲
南康帝遣杜僧明等據白口禦之二年僧明禽遷仕送南
康斬之承制授帝江州刺史帝發南康瀨石舊有二十四
灘瀨多巨石行旅以為難帝之發水暴起數丈三百里間
巨石皆没進軍頓西昌有龍見水濱高五丈五采鮮耀軍
人觀者數萬人帝又嘗獨坐胡牀於閤下忽有神光滿閤
郎廁之間並得相見趙知禮侍側怪而閤帝帝笑不答時
承制遣征東將軍王僧辯督衆軍討侯景次盆城帝率杜
僧明等合三萬將會焉時侯景先計軍糧五十萬
石至是分三十萬石以資之仍頓巴丘會侯景廢簡文立
豫章嗣王棟帝遣鎮長史沈衆奉表於江陵勸進承制授
帝東揚州刺史領會稽太守三年帝帥師發自豫章二月
次桑落洲時僧辯已發盆城會帝于白茅灣乃登岸結壇

刑牲盟約進次大雷軍人杜棲夢雷池君周何神自稱征
討大將軍兼朱航陳甲伐稱下征侯景須臾便還云已殺
景竟三月帝與諸軍進剋姑熟仍次蔡洲侯景登石頭城
望官軍之盛不悅曰一把子人何足可打密謂左右曰此
軍上有紫氣不易可當乃以舣舸即石頭塞淮口緣淮作
城自石頭迄青溪十餘里中樓雉相接僧辯遣杜剘問計
於帝帝以諸將不敢當鋒請先往立柵即於石頭西横壟
築柵衆軍次連八城直出東北賊恐亦於東北
果林作五城以過大路帝曰善用兵者如常山之蛇使救
首救尾困而無暇今我師既衆賊徒甚寡應分賊兵力以
弱制疆乃命諸將分厩置兵帝與王琳杜龕等來乘之
景衆大潰僧辯啓命帝鎮京口五月齊遣将辛術圍嚴超
達摩秦郡帝命徐度領兵助其固守齊衆起土山穿地道
攻之甚急帝乃自率萬人解其圍賊旅南歸承制授帝征
北大將軍開府儀同三司南徐州刺史進封長城縣公及
王僧辯征陸納於湘州承制命帝代鎮揚州承制三年湘
州平帝旋鎮京口三年三月進帝位司空及魏平江陵帝
與王僧辯等進啓請晉安王以太宰承制十二月晉安王
至自尋陽入居朝堂給帝班劍二十人四年五月齊送貞
陽侯明還主杜稷王僧辯納之明即位改元天成以晉安

【南史帝紀九】

王為皇太子初齊之納貞陽也帝固爭之以為不可不見
從帝居常憤歎曰嗣主高祖之孫元皇之子竟有何事坐
致廢黜徽立非次此情可知乃密具袍數千領及錦綵金
銀以為賞賜之資九月壬寅帝召徐度侯安都周文育仍
部列將士水陸俱進夜發南徐州討王僧辯甲辰帝至石
頭前遣勇士百人步上因風縱火僧辯方視事聞外白有兵邊
走帝大兵尋至就禽是夜縊之及其子頠
於是發貞陽而奉貞安王即位改承聖四年為紹泰元
年壬子詔授帝侍中大都督中外諸軍事軍騎將軍楊南
徐二州刺史持節司空班劍鼓吹並如故仍詔甲仗百人

【五】

出入殿省寰州刺史杜龕據具興與義興太守韋載舉兵
逆命辛未帝表曰東討留高州刺史侯安都右州刺史杜
稜宿衛臺省甲戌軍至義興泰州刺史徐嗣徽據城入齊
又要南豫州刺史任約舉兵應龕齊人資其食嗣徽乘
虛奄至南關下侯安都出戰嗣徽等退據石頭丁丑載及龕
從弟北走來降命周文育撫而釋之仍以載兄鼎知郡事以嗣徽
冠邁巷甲還都又遣安州刺史翟子崇楚州刺史劉士榮
五千度據姑熟又遣安都領兵萬人於胡墅慶米粟三萬石馬千
淮州刺史柳達摩領水軍夜襲胡墅燒齊船周鐵
四入石頭帝乃遣侯安都領水軍夜襲

武率舟師斷齊運輸帝領鐵騎自西明門襲之齊人大潰
嗣徽留達摩等守城自率親兵腹心往南州採石以迎齊
援先是太白自十一月丙戌不見十二月乙卯出于東方
丙辰帝盡命袞軍分部甲卒對冶城日立航度兵攻其水
南二柵柳達摩等慶淮暨陣帝督兵疾戰縱火燒柵煙塵
漲天齊人六潰盡收其船艦是日嗣徽約等領齊兵還揚
石頭帝遣侯安都領水軍襲慶單舸脫走丁巳
按石頭南岸柵移慶北岸起柵以絕其汲路又埋塞東門

【南史帝紀九】

【六】

故城中諸井並所據城中無水水一合賀米一升一升米
賀絹一匹或炒米食之達摩謂其眾曰頓在此童謠云石
頭橋兩橘青復橘黃侯景服已倒於此今吾徒衣黃
宣謠言驗邪庚申達摩遣侯子欽劉士榮等請和帝許之
乃於城外盟約其將士於其南北辛西帝出石頭南門陳
選新人歸北者及至齊人殺之壬戌齊和州長史烏丸
速自南州奔還歷陽江寧令陳嗣姑姑
不從帝命侯安都徐度等討平之聚其首為京觀是月杜
龕以城降二年正月癸未誅龕弟翁從弟昆叟司馬沈
芽軟並賜死三月戊戌齊遣水軍儀同蕭軌庫狄伏連
難宗東方老侍中裴英起東廣州刺史獨孤辟惡洛州刺
史李希光并侍中裴嗣徽王僧愔等眾十萬出柵口向梁

山帳內盡王黃叢逆擊敗之燒其前軍船艦齊軍頓軍保無
湖五月丙申齊兵至秣陵故城已亥帝率王室王侯及朝
臣於大司馬門外白虎闕下刑牲告天以齊人背約發言
慷慨駭動泗交流士卒觀者盈舊帝軍於秣陵故城跨
淮立橋柵引度兵馬癸卯自方山進及兒塘游騎至臺都
下覆其舟糧以精辛三千配泰度江襲齊行臺趙彥深
於氏步覆其舟粟六月甲辰齊兵潛至鍾山龍尾丁未進
至莫府山帝遣錢明領水軍出江乘要擊齊人糧運盡獲
之齊軍大餓殺馬驢而食之壬子祁軍至玄武湖西北莫
府山南將據北郊壇眾軍自覆舟東移頓郊壇北與齊人
相對其夜大雨霽電暴風拔木平地水丈餘齊軍晝夜坐
立泥中縣甬以釁足指皆爛而臺中及潮溝北水退路燥
官軍每得番易甲寅少霽是時食盡調市人餉軍皆具麥
屑為飯以荷葉裹而分給閒以麥餅士皆困會文帝遣
送米三千石鴨千頭帝即炊米煑鴨誓申一戰士及防身
計糧執懶人人裹飯以鴨肉衆食攻之齊軍
大潰執嗣徵及其弟嗣宗斬之以徇虜蕭軌東方老王敬
寶李希光裴英起等將帥四十六人其軍士得寬約
至江者縛筏以濟中江而溺魚麗至京口者彌岸惟任約
王僧愔獲免先是童謠云虜萬夫入五湖城南酒家使虜

奴自晉宋以後經結在魏境淮以北南人皆謂為虜衆
時以賞俾賣酒者一人裁得一醉已衆軍出南州燒賊
巳未斬劉歸義徐嗣產野豬于建康市是日解嚴庚
申誅蕭軌東方老王敬寶李希光裴英起等太平元年九
月壬寅帝進位丞相錄尚書事鎮衞大將軍揚州牧進封
義興郡公庚申追贈皇考侍中光祿大夫封義興郡公諡
曰恭十月甲戌梁帝敇丞相甸自今間訊可施別榻以近
坐二年正月壬寅詔加帝班劍十人并前為三十人丁未詔
贈皇兄道談南兗州刺史長城縣公諡曰昭烈皇弟休光
侍中南徐州刺史武康縣侯諡曰忠壯甲寅遣兼侍中謁
者僕射陸繕策拜長城縣夫人章氏為義興國夫人丁卯
詔贈皇祖侍中太常卿諡曰孝追封皇祖妣許氏吳郡嘉
興縣君諡曰敬皇妣張氏義興國太夫人諡曰宣三月庚
午蕭勃舉兵自廣州度嶺頓南康遣其將歐陽頠顏傅泰及
其子孜孜為前軍至豫章分屯要險南江州刺史余孝頃起
兵應勃帝命周文育都督衆軍討平之八月甲午帝進
位太傅加黃鉞劍履上殿入朝不趨贊拜不名丙申加前
後部羽葆鼓吹是時湘州刺史王琳擁兵不應命遣周文
育侯安都率衆討之九月辛丑梁帝進帝位相國揔百揆
封十郡為陳公備九錫之禮加璽綬遠游冠綠綟綬位在

諸侯王上策曰大哉乾元資日月以貞觀至哉坤元憑山
川以載物故惟天為大陛配者欲明惟王建國翼輔者齊
聖是以文武之佐磻谿蘊其王璜羲舜之臣榮河鏤其金
扳況乎體得一之鴻姿寧陽九之厄克援橫流於碣石撲

南揚旌於桂嶺之比縣三光於巳墜謚四海於群飛光啓
屯如平陽之禍圓顧萬不遺一太清否亢橋山之痛以深大寶
黎元方趾圓顧萬不遺一太清否亢橋山之痛以深大寶
不甲鍾亂于我國家網漏吞舟疆胡內鼎荼莈宇宙慘慄
道運而無名者乎今將援公典策其敬聽朕命曰者昊天
燎火於崑岡驅馭於草彭跨蹴於弈晉神功行而廉用聖
中興此則公之大造於皇家者也既而天未悔禍夷醜蔣
臻南吳崩鷹西京蕩覆家司昏攬旁引寇儺既見貶於桐
宮方謀危於漢關皇運已殆何殊纘娥中國搖蕩非徒如
綫公赫然投袂匡救本朝復莒齊都平戎王之雅頌此又公
雄賓蕞重復裏居建武之風獻歌宣王之雅頌此又公
之再造於皇家者也公應務之初登庸惟始孫盧蓋興義
貊為災苗岾危熱將淪殄公赤棋所指袄壘洞開白羽
綫擂凶徒粉演此又大同之末邊政不脩李賁
狂浸禍我交愛公英蕢雅舞電埽風行馳御樓船直跨滄
海三山獠洞八角蜜限逖笑水寓之鄉悉哉炙山之國馬

三略遞制六奇義男同心貌貅駵力雷奔電擊谷靜山空
列郡無犬吠之驚業叢祠罷狐鳴之盜此又公之功也王師
討虜次屆淪波兵之兼儲土有飢色公回鑾擊賊百戰無
丘億庚此兵糧遂殄凶是乘故使三軍勇銳百戰無
前承此兵糧遂殄凶是乘故使三軍勇銳百戰無
略公志惟同嫠師克在和屈禮交盟神祇感咽故能使舟
師並路遠邇崩心此又公之功也姑熟襟要咽函所憑
虜據其關梁土大盜貝其高鋪公一枝綫擂三雄並所左賢
右角沙潰土崩鄂坂之臨斯開東庚之道無塞此又公之
功也義軍大眾俱集帝京遴賢兮徒猶屯皇邑公回茲地

應屯據大皇乞類馬騰之軍流人多杜發之眾公坐揮
陣清袄奈於灘石滅於雲都此又公之功也遷仕凶
通逃方謀阻亂公龍驤虎步鋪捷路養渠帥全擄大都黃眾
誅其醜類南土黔黎重保蘇息此又公之功也長驅領嶠
夢想胡緣道菌豪遼為榛梗踏堅城野無彊
世道初艱方隅多難公以國盜邊遊知無不為惋是同盟
乘機勘定執令自諸夷言得其朋是懷同惡公伐此忠誠
而番馬連率本自新野而農鼓平新野而攜鋒此又公之功也
睽天府獻狀鴻臚此又公之功也自匏廬陵江宮闔幽辱
援之所忻不屆瑣璜之所未閑莫不懼我王靈爭朝邊候歸

軸抗此天羅豈不崇朝俾無遺噍此又公之功也內難初
靜諸俠出關外郡傳烽鮮甲犯塞公舟師步甲亘野橫江
礦磞羣氏逴殫封豕此又公之功也公克黠禍難劬勞皇
室而孫籌之竇翻啓狄人伊洛之間咸為屠咸朝闇戎塵
夜喧胡鼓公三籌既畫八陣斯張裁與靈鉦亦抽金僕咸
悴醜頖愁及髙壖此又公之功也任約叛澳㯉聲不悴戎
鶡貪蠡狼心無改公左甄右落箕張翼舒栖是攬槍製杖
狼犴投素阮而盡沸嚆㴥水而不流此又公之功也一相
居中自折彝鼎五湖小守友懷同惡公風駕兼道衣製杖
戎玉斧將揮金鉦且戒袟酉震憺邐請灰釘此又公之功

【南史帝紀九】 十一

也賊龍山橫隴震具區阻兵安忍憑災怙亂公難宗居汝
又公之功也同姓有怠頑凶不賓遘藉宗盟圖危社稷公
論兵於廟堂之上決勝於尊俎之間冠冕賈樂滕浮江下瀨
一朝翦撲無待旬師此又公之功也予章袄冠依憑山澤
繕甲完聚多歷歲時結從連橫爰洎交廣吕嘉既獲吳濞
已縱命我還師征其不恪連營盡拔偽黨斯禽此又公之
功也自八紘九野以剖豆分霸帝愉王連州比縣公武靈
已暢文德文宣折簡馳書風猷斯遠此又公之功也京師
禍亂豖積寒暄雙闕低昂九門豪虜公求衣昧旦㐲食髙

春興構宮闢具瞻遐通郊庠宗禋之典六符十等之章還
聞太始之風流重覩求平之遺事此又公之功也公有濟
天下之勳重之以明德凝神體道合德符天周百姓以為
心隨萬機以成務上德不德無為以為羣長春生顯仁藏
用功成化洽樂咸安上御人禮兼文質是以天無蘊
緯積德冠於髙華固無得而稱者矣朕又聞之前王宰世
寶素既景煥於圖書方歲勲於史牒高勳踐於象
茂實尊賢式樹藩長惣征羣伯二南崇絕四隩遐洸洸
表海祚土維齊嚴嚴泰山俾侯于魯況復經營宇宙寧惟
斷教臨足之功弘濟蒼生兆直鑒龍門之險而疇庸報德寂

【南史帝紀九】 十二

爾無聞朕所以垂拱當寧載懷慙悚者也今授公相國以
南豫州之陳留南丱南冊揚城揚州之吳興東陽新安新寧
南徐州之義興江州之鄱陽臨川十郡封公為陳公錫茲
青土直以白茅爰定爾邦用建冢社昔者顓頊分陝俱為保
師晉鄭諸俠咸作卿士兼其內外禮紱綬使持節兼
兼太尉王通授相國印綬陳公璽綬使持節兼司空王瑒
授陳公茅土金武符第一至第五左竹使符第一至第十
左相國秩踰三鉉任惣百司位絕朝班禮由事革以相國
惣百揆除錄尚書之號上所假節侍中貂蟬中書監印章
中外都督太傅印綬義興公印策其鎮衛大將軍楊州牧

如故又加公九錫其敬聽後命以公揔為楨榦律等衡策
四維皆舉八柄有章是用錫公大輅戎輅各一玄牡二駟
以公賤寶崇穀疏躋爵舒農室富京坻人知榮厚是用錫公
炎晃之服赤舄副焉以公調理陰陽爕諧風雅三靈允降
弘聞風教光景所照觀象必通是用錫公朱戶以居君以公
揚清濁臬德進賢黜士盈朝是用錫公軒縣之樂六佾之儛以公
萬國同和是用錫公軒懸為世範折衝四表臨御八荒恭無
錫公武賁之士三百人以公軌兹明罰期在刑曆象恭無
敕千紀必誅是用錫公鈇鉞各一以公英猷遠量陸量屬萬
滇包一車書括囊區寓是用錫公彤弓一彤矢百玈弓十
玈矢千以公天經地義幽明春露秋霜允塞盛是
盧之休命十月戊辰又進帝爵為王以楊州之會稽
我高祖之休命克相皇天弘建邦家允興鴻業以光
臨海求嘉建安南徐州之晉陵信安江州之尋陽豫章安
用錫公秬鬯一卣圭瓚副焉陳國置丞相以下一遵舊式
往欽哉其恭循朕命克相皇天弘建邦家允興鴻業以光
成盧陵并前為二十郡益封陳國其相國楊州牧鎮衛大
將軍並如故又命陳王晃十有二旒建天子旌旗出警入
蹕乘金根車駕六馬備五時副車置旄頭雲罕樂儛八佾
設鍾虡宮縣王妃王子王女爵命之號陳臺百官一依舊

典辛未梁帝禪位于陳策曰咨爾陳王惟昔上古厥初生
人驅連粟陸之前容成大庭之世香宣慌忽故靡得而詳
焉自義農軒昊之君陶唐有虞之主或垂衣而御四海或由
無為而子萬姓居之如馭朽索去之如脫屣然裁遇許由
便能捨帝暫逢善卷即以讓王故知玄扈珉璣非關尊貴
餘烈昭晰圖書漢親因循是為故實與諸然作歌簡能斯授遺老
金根玉輅示帝表君臨而笑惟賢是與南觀河渚東沈刻璧菁華既竭老
勤已倦則抗首而笑惟賢是與南觀河渚東沈刻璧菁華既竭老
我高祖應期撫運握樞西都失馭夷狄交侵乃聚天成輕箅龜鼎
陽九封豕蒋食西都失馭夷狄交侵乃聚天成輕箅龜鼎
悚慄黔首老崩厭角用徵徵皇極將甚綴旒惟王乃聖乃神
歆明文思二儀並運四時合序天錫智勇人挺雄傑珠庭
日角龍行虎步麥初投袂勤王電掃蕃禺雲撒彭蠡
師二邦自殄薄伐獫狁六戎盡禮鎮南叛換湘郢連結賊
保沖人震澤稽塗並懷叛逆撫羯醜三觿皇都裁命偏
遠不屆上達宮渠傳首用能百揆時序四門允穆無思不服
彗橫天已徵布新之兆璧日斯既宴表更姓之符七百無
常期皇王非一族晉木德既季而傳祚于我有梁天之曆

數允集明哲式遵前典廣詢群議王公卿尹莫不收屬敬
從人祇之願授帝位于爾躬四海困窮天之歷數永終王其允
執厥中軌儀削式以副溥天之望禋郊祀帝時膺大禮永
固洪業豈不盛與又命璽書道兼太保尚書左僕射王通
兼太尉司徒左長史王瑒奉皇帝璽綬終之禮一依唐
虞故事是日梁帝遜于別宮帝謙讓再三群臣固請乃許之
永定元年冬十月乙亥皇帝即位于南郊柴燎告天曰皇
帝臣霸先敢用玄牡昭告于皇皇后帝梁氏以比剝蔣牧
歷運有極欽若天應以命于霸先受終之禮乃臻
宗枝偕詐天地板蕩紀綱泯絕霸先爰初投袂大拯橫流
重黎義兵實戡多難屢屈王立帝一是有厭功定社用盡
其力是謂小康方期大道既而煙雲表色日月呈祥除舊
布新既彰玄象遷虞夏且協謳詞九域八荒同布衷款
百神群祀皆有誠願梁帝高謝萬邦授以大寶霸先自惟
菲薄讓德不嗣至于再三辭弗獲許僉以百姓須主萬機
難曠皇靈眷命非可謙拒畏天之威用膺嘉祚求言鳳志
能無斁德敬簡元辰升壇受禋告類上帝用咨祈求永志保
于我有陳惟明靈尚饗兗是気霧雨雪晝夜晦冥至是日

景氣清晏禮帝與駕還宮臨太極前殿大赦改元賜百姓
爵二級文武二等經荒孤獨不能自存者人穀五斛逋租
宿責皆勿復收有犯鄉論清議贓污淫盜者皆洗除先注
與之更始其長徒敕繫特畫原之士官失爵禁錮奪勞一
依前準梁皇太后為江陰國太妃皇后為江陰國
服色] 又詔以江陰郡奉梁主為陸梁行正朔車旗
妃又詔百司各依位攝職內子幸鍾山祭蔣帝戊寅庚辰
華林園覽辭訟臨赦囚徒己卯分遣大使宣勞四方庚辰
詔出佛于於社娖宅集四部設無遮大會辛巳追尊皇考
曰景皇帝廟號太祖皇妣董太夫人曰安皇后前夫人錢
氏為昭皇后世子克為懷太子立夫人章氏為皇后冊
未爰寸景帝陵曰瑞陵昭皇后陵曰嘉陵依梁初國陵故事
立刪定郎刊定律令戊子還景皇帝神主祔于太廟是月
西討郡督周文育侯安都於郢州敗績沒于王琳十一月
丙申封皇兄子長城縣侯倩為臨川郡王項頊封始興郡
王皇弟子曇朗襲封南康郡王庚申都下火十二月庚辰
皇后謁太廟景歲周閔帝元年及九月敦宇文亷廢閔
帝而奉明帝又為明帝元年
二年春正月乙未以車騎將軍開府儀同三司侯瑱為司
空辛丑祀南郊大赦甲寅遣中書舍人韋鼎策具興楚王

神㸀帝戊午祀明堂二月壬申南豫州刺史沈泰奔齊辛
卯詔司空侯瑱總督水陸衆軍以禦齊三月王琳立梁永
嘉王蕭莊以奉梁後即位于郢州夏四月甲子祀太廟乙
丑江陰王蕭志也追諡梁敬帝詔太宰弔祭司空監護
喪事以梁武林侯蕭諮子季卿嗣爲江陰王戊辰重雲殿
東鴟尾有紫煙屬天五月乙未都下地震壬寅立梁邵陵
攜王廟室祭以太牢辛酉帝幸大莊嚴寺捨身重雲殿
表請還宮六月己巳詔司空侯瑱領軍將軍徐度討王琳
初侯景之平也太極殿被焚承聖中議欲營之獨闕一柱
秋七月有樟木大十八圍長四丈五尺流泊陶家後渚監

〈南史帝紀九〉
〈十七〉

軍鄒子度以聞詔中書令沈衆兼起部尚書構大極殿八
月周文育侯安都等於王琳所逃歸自刎廷尉即日引見
宥之並復本官丁亥加江州刺史周迪平南將軍開府儀
同三司冬十月庚午遣鎮南將軍周文育都督衆軍出豫
章討余孝勱乙亥幸莊嚴寺發金光明經題丁酉加高州
刺史黃法氍平南將軍開府儀同三司十二月甲子幸大
莊嚴寺設無遮大會捨乘輿法物臺臣備法駕奉迎即日
還宮後本官丁酉鎮南將軍熊曇朗平西將軍開府儀
三年春正月丁酉鎮南將軍廣州刺史歐陽頠即本號開
府儀同三司是夜大雪及旦太極殿前有龍跡見甲子廣

州言仙人見于羅浮山寺小石樓二月辛酉加平西將軍
桂州刺史淳于量鎮西大將軍開府儀同三司夏閏四月
甲午詔依所代置西省學士兼取伎術士是時久不雨丙
午幸鍾山祭蔣帝廟是日降雨迄于月晦五月丙辰朔日
有蝕之有司奏舊儀帝御前殿服朱紗裛通天冠詔曰此
乃前代承用意有未同合朔仰助太陽宜備袞見之服自
今求可爲準丙子扶南國遣使朝貢乙酉北江州刺史熊
曇朗殺都督周文育舉兵反及王琳道甘將常衆愛等於
兵楼余孝勱六月戊子儀同侯安都敗衆愛等於左里獲
琳從弟襲主帥羊𣂪等四十餘人衆愛遁走庚寅廬山人

〈南史帝紀九〉
〈十八〉

斬之傳首建鄴甲午衆軍凱歸丁酉帝不豫遣兼太常尚
書右僕射王通以疾告太廟兼太宰中書令謝哲告大社
南北郊辛丑帝小瘳故司空周文育之柩至自建昌壬寅
帝素服哭于朝堂哀甚癸卯上臨訊獄訟是夜焚盛在天
尊上疾其甚丙午帝崩于璿璣殿時年五十七遺詔追臨川
王倩入繼大業甲寅帝號高祖丙申葬萬安陵帝雄武多英略性
諡曰武皇帝廟號高祖丙申葬萬安陵帝雄武多英略性
其仁愛及居阿㣪恒崇尚儉素常膳不過數品私
饗曲宴皆羋器蛛盤肴核無兼裁令充足不爲虛費初平
侯景及立敬帝子女玉帛皆班將士其充闕房者衣不重

采飾無金翠聲樂不列於前跪袒之後彌屬恭儉故能隆
功茂德光于江左云
世祖文皇帝諱蒨字子華始興昭烈王之長子也少沈敏
有識量美容儀留意經史武帝甚愛之常稱吾家英秀染
太清初帝夢兩日鬪一大一小大者光滅墜地色正黃其
大如斗帝三分取一懷之侯景之亂武帝圍石頭景欲加害者數矣
陽獻王出都帝乃藏袖小刀候景欲圖之及至以付郎
中王勵幽守故其事不遂景遣真惠太守監縣耶文舉
會昌敗乃得出起家吳興太守武帝之討王僧辯也先召
帝與謀時僧辯杜龕擁具與兵衆甚盛武帝密令帝還
長城立柵備之龕遣將杜泰乘虛掩至將士相視失色帝
言笑自若部分益明於是衆心乃定及武帝遣周文育討
龕帝遣將軍劉澂將兵擊攻下龕拜會稽太守武帝受禪
立為臨川武帝夢梁武帝以寶刀授巳周文育侯安都之敗
於沌口武帝詔帝入揔軍政尋命率共城南皖永定三年
六月丙午武帝崩皇后令帝嗣位徵帝入纂羣臣至于再三
南皖入居中書省皇后令帝嗣位勸進寶錄帝辭讓至于再三
公卿固請其日即皇帝位於太極前殿大赦詔以南州郡悉傳
本起秋七月丙辰尊皇后為皇太后辛酉以司空侯瑱為

太尉以南豫州刺史侯安都為司空以南徐州刺史徐度
為侍中中撫軍將軍開府儀同三司乙丑重雲殿災八月
庚戌立皇子伯茂為始興王奉昭烈王後侯封始興王頊
為安成王九月辛酉立皇子伯宗為皇太子王公以下賜
帛各有差乙亥立妃沈氏為皇后冬十月甲子齊文宣帝
殂十一月乙卯王琳冠大雷詔太尉侯瑱司空侯安都儀
同徐度禦之是歲周明帝改天王稱皇帝復建年號曰武
成元年
天嘉元年春正月癸丑大赦改元詔賜鰥寡孤獨不能自
存者人粟五斛孝悌力田殊行異等加爵一級甲寅分遣
使者宣勞四方辛酉祀南郊詔賜人爵一級二月丙申太
尉侯瑱敗王琳于梁山敗齊兵于博望禽齊將劉伯球王
琳及其主蕭莊奔齊庚子分遣使者璽書宣勞四方乙
巳遣太尉侯瑱鎮盆城庚戌立武帝第六子昌為衡陽王
三月丙辰蕭莊所署郢州刺史孫瑒舉郢州內附丁巳江州
刺史周迪平南中斬賊帥熊曇朗傳首建鄴戊午齊軍棄
懷山城走詔南豫州刺史程靈洗守之丙午衡陽王昌沈
于江夏四月丁亥立皇子伯信為衡陽王後辛丑
周明帝崩六月辛巳改諡皇祖妣景安皇后曰景文皇后
壬辰詔改葬梁元帝於江寧䔍遣車騎禮章來同梁典故

依魏葬漢獻帝故事申午追策故始與昭烈王妃曰孝妃
辛丑國民周忠上臨于太極前殿百僚陪奠殊死
以下秋七月丙辰立皇子伯山為鄱陽王八月壬午群孝
昭帝發大子殺而自立戊子詔非兵器及國容所須並銀
珠王衣服雜玩悉皆禁斷丁酉周幸正陽堂閱武九月癸丑
彗星見乙卯周將獨孤盛領水軍趣巴湘與賀若敦水陸
俱進太尉侯瑱自尋陽與賀若敦水陸
盛於楊葉洲盛普岸築城自保丁酉詔司空侯安都率衆
會侯瑱兩拒周軍十二月巳亥周巴陵城主尉遲憲降庚
子獨孤盛潛遁走

二年春正月庚戌大赦辛未周湘州城主殺亮降湘州平
二月庚寅曲赦湘州諸郡三月乙卯太尉湘州刺史侯瑱
薨夏六月巳亥殺人通好秋七月丙午周將賀若敦道歸
武陵天門南平義陽河東宜都郡夷平九月甲寅詔以故
太尉侯瑱故司空周文育故開府儀同三司杜僧明故中
護軍胡穎故領軍陳擬配食武帝廟庭冬十月癸丑霍州
西山蠻率部內屬乙卯高麗國遣使朝貢十一月甲辰齊
孝昭帝殂十二月甲申立始興國廟于都下用王者禮以
國用不足辛亥詔司空侯安都討及權酗科先是繪州刺史留異應
王琳丙戌詔司空侯安都討之是歲周武帝保定元年

三年春正月庚戌設帷宣於南郊燎告胡公以配天辛亥
祠南郊詔賜人爵一級孝悌力田加等二月梁宣帝殂
閏月巳酉以百濟王餘明為撫東大將軍高麗王高湯為
寧東將軍江州刺史晉安王伯恭舉兵應
三月丙子安成王頊至自周丁丑以安右將軍吳明徹為
安南將軍江州刺史留異叛甲申周司空侯
安都破留異於桃支嶺異奔晉安東陽郡平夏四月癸卯
曲赦東陽郡乙巳齊人來聘秋七月巳丑皇太子納妃王
氏在位文武賜帛各有差後者賜爵二級
九月戊辰朔日有蝕之以待中到仲舉為尚書右僕射丁
亥周迪請降

四年春正月丙子千陛利國遣使朝貢甲申周迪走投閩
州刺史陳寶應納之夏四月辛丑設無导大會捨身於太
極前殿乙卯加驃騎將軍揚州刺史安成王頊開府儀同
三司六月乙卯司空侯安都賜死秋九月壬戌開府儀同
三司廣州刺史歐陽頠薨癸亥曲赦都下辛未周迪復寇
臨川詔護軍將軍章昭達討平之冬十二月丙申大赦詔
昭達進軍建安討陳寶應
五年春三月壬午詔以故護軍將軍周鐵武配食武帝廟
庭夏五月周祿並遣使來聘秋七月丁丑曲赦都下九月

城西城冬十一月己丑章昭達禽陳寶應留異送建鄴晉
安郡平甲辰以護軍將軍章昭達為鎮軍將軍開府儀同
三司十二月甲子曲赦建安晉安二郡討陳寶應將士死
王事者並給棺槥送還本鄉
孝悌力田為父後者賜爵
六年春正月甲午皇太子加元服王公以下賜帛各有差
孝悌力田為父後者賜爵一級鰥寡孤獨不能自存者賜
人五斛夏四月甲寅以開府儀同三司揚州刺史安成王
頊為司空五月齊武成帝傳位於太子緯自號太上皇帝
六月辛酉彗星見于上台北周人來聘秋七月癸未有大
風自西南至廣百餘步激壞靈臺候樓甲申儀賢堂無故
自壞丙戌臨川太守駱牙斬周迪傳首建鄴象於朱崔航
八月己卯立皇子伯固為新安王伯恭為晉安王伯仁為
廬陵王伯義為江夏王九月新作大航冬十月辛亥齊人
來聘十二月乙卯立皇子伯禮為武陵王癸亥曲赦都下
天康元年春二月丙子大赦改元三月已卯以司空安成
王頊為尚書令夏四月乙卯皇孫至澤生賜在位文武帛
各有差為父後者賜爵一級癸酉皇帝崩于有覺殿遺詔
皇太子可即君臨山陵務存儉速大斂竟群臣三日一臨
公除之制率依舊典六月甲子群臣上諡曰文皇帝廟號
世祖丙寅葬永寧陵文帝起自布衣知百姓疾苦國家資

用務從儉約識真偽下不容姦一夜內刺閨取外事分
判者前後相續毋難人偏漏傳籤於殿中者投籤於階
石上鏗然有聲云吾雖得眠亦令驚覺嘗其自彊若此云
廢帝諱伯宗字奉業小字藥王文帝嫡長子也深承聖三
年五月庚寅生永定二年二月戊辰拜臨川王世子焚爐
文帝嗣位八月庚寅立為皇太子文帝崩是日太子即
皇帝位于太極前殿大赦詔內外文武各復其職遠方
悉傅奔赴五月乙卯尊皇太后曰太皇太后皇后曰皇太
后庚寅以司空揚州刺史新除尚書令安成王頊為司徒
錄尚書都督中外諸軍事丁酉以中軍大將軍開府儀同
三司徐度為司空以鎮東將軍東揚州刺史始興王伯茂
為征東將軍開府儀同三司以吏部尚書袁樞為尚書左
僕射以吳興太守沈欽為右僕射秋七月丁酉立妃王氏
為皇后已亥周人來聘十一月乙亥周人來聘十二
月甲子高麗國遣使朝貢是歲周天和元年
光大元年春正月癸酉尚書左僕射袁樞卒乙亥大赦改
元賜孝悌力田爵一級辛卯南郊二月辛亥南豫州刺
史余孝頃謀反伏誅三月甲午以尚書右僕射沈欽為侍
中尚書僕射夏五月乙未湘州刺史華皎不從執政丙申

以中撫軍大將軍淳于量爲征南大將軍都督討之六
月壬寅以中軍大將軍司空徐度爲車騎將軍都下
衆軍自步道襲湘州秋七月戊申立皇子叔澤爲皇太子
賜天下爲父後者爵一級王公以下賚帛各有差九月丙
辰皎軍人死王事者並給棺槨送還本鄉仍復其家甲子
百濟國遣使朝貢是月周將拓拔定入郢州與華皎
俱進都督淳于量吳明徹等大破之皎單舸奔江陵禽
定送建鄴冬十月辛巳曲赦湘巴二州爲皎所詿誤者十
一月甲子中權將軍開府儀同三司王沖薨十二月庚寅
以儀同三司兼從軍中郎孔英哲爲奉聖亭侯奉孔子祀
二年春正月己亥司徒安成王頊進位太傅領司徒加殊
禮以新除征南大將軍淳于量爲中軍大將軍及安南將
軍湘州刺史吳明徹即本號並開府儀同三司庚子詔討
華皎軍人死王事者並給棺槨送還本鄉仍復其家甲子
無令間又居崇極遂顯凶淫訓大后令曰伯宗昔在儲宮本
司空徐度薨夏五月丙辰安成王頊獻王璽二月六月
丁亥彗星見秋七月戊申新羅國遣使朝貢王戌立皇弟
伯智爲永陽王伯謀爲桂陽王九月林邑狼牙脩國並遣
使朝貢冬十一月甲寅慈訓大后令曰伯宗昔在儲宮本
橫塗未御翌日無淹仍遣劉師知殷不佞等顯言排斥陰
謀禍亂賴元相維持但除君側又以余孝頃密通京師便

相徵召宗社之靈袟是滅於是密詔華皎稱兵上流國
祚憂惶幾移醜類又別敕歐陽紇等攻逼衡州嶺表紛紜
殊淹弦望但賊豎皆已日望懲改而悖禮忘德情性不悛
瀘王侯法喜等潛相連結大有交通天誘其衷自然開發
又瀘王孫泰等潛游府內嗚以深利謀興肘腋
此諸文迹今以相示豈可復蕭恭禋祀臨御生靈今可特
降爲臨海郡王選還藩邸太傅安成王頊天生德承聖廣
深二后鍾三靈行春自前朝不豫任新除撫邦家禎樣咸顯文
刑禮兼設且地彰靈鑒天表長彗布新除舊禋禋樣咸顯宣
皇知子之臨海帝堯傳弟之懷父符太伯今可還申舊
志崇立賢君外宜依舊典奉迎輿駕是日帝世居別第太
建二年四月乙卯薨時年十九帝性仁弱無人君之器及
即尊位政刑皆歸家宰故宣太后稱文帝遺志而廢焉
論曰陳武帝以雄敢之姿屬殷憂之運功存拯溺道濟橫
流應緩無方蓋惟人傑又平西郵湯覆汪表貼危僧辯任
同伊尹空乃蹈玄統即尊陽入假秦兵不息穆瀛之江帝
乘降以舉乃蹈玄機王業所基始自於此柴天改物蓋有
憑云文帝以宗技承統情存競勸加以崇尚儒術愛悅文
義恭儉行已勤勞瀆物志度弘遠有前哲之風至於臨下
明察得永平之政矣臨海懦弱有同於帝摯文后雖欲不

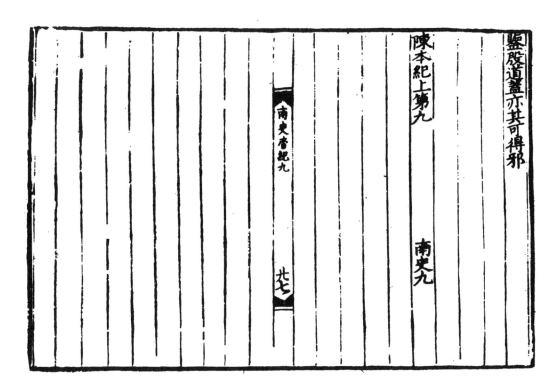

鑒殷道蓋亦其可得邪

陳本紀上第九

南史九

南史齊紀九

九七

李延壽

南史帝紀十

高宗孝宣皇帝諱頊字紹世小字師利始興昭烈王第二
子也梁中大通二年七月辛酉生有赤光滿室少寬容多
智略及長美容儀身長八尺三寸垂手過膝有勇力善騎
射武帝平侯景鎮京口梁元帝徵武帝子姪入侍武帝遣
帝赴江陵累官為中書侍郎時有軍主本揔與帝有舊每
同游燕帝嘗夜被酒張燈適出尋及乃見帝有睡
龍便驚走他室魏平江陵遷于長安帝狼若不慧魏人楊
忠見之曰此人虎頭當大貴也永定元

〈南史帝紀十〉
〈　一　〉

年遣襲封始興郡王文帝嗣位改封安成王天嘉三年自
周還授侍中中書監中衛將軍置佐史歷位司空尚書令
廢帝即位拜司徒錄尚書都督中外諸軍事光大二年正
月進位太傅領司徒加殊禮劍履上殿十一月甲寅慈訓
太后黜廢帝為臨海王以帝入纘皇統是月齊武成帝殂
太建元年春正月甲午皇帝即位於太極前殿大赦改元
文武賜位一階悉惇力田及為父後者賜爵一級鰥寡不
能自存者人賜穀五斛優大皇太后尊號曰皇太后立妃
柳氏為皇后世子叔寶為皇太子封皇子江州刺史康樂
侯叔陵為始興王奉昭烈王祀乙未謁太廟丁酉分命大

使觀省四方風俗以尚書僕射沈欽為左僕射度支尚書
王勱為右僕射辛丑祀南郊壬寅封皇子建安侯叔堅為
豫章王豐城侯叔英為長沙王二月乙亥耕籍田夏五月
甲午齊人來聘丁巳以吏部尚書右僕射徐陵為尚書僕射秋
七月辛卯皇太子納妃沈氏王公以下賜帛各有差冬十
月新除左衛將軍歐陽紇據廣州反辛未遣開府儀同三
司章昭達討之

〈南史帝紀十〉
〈　二　〉
〈劉保〉

二年春二月癸未章昭達禽歐陽紇送都斬于建康市廣
州平三月丙申臨海王伯宗薨戊寅皇太后崩丙午曲赦廣衡二州丁未大赦
祔葬于萬安陵五月壬午齊人來聘六月戊子新羅國遣
使朝貢辛卯大雨雹乙巳分遣大使巡州郡省冤屈冬十
又詔自討周迪華皎以來兵所有死亡者並令收斂并給
棺槥送還本鄉

三年春正月癸丑以尚書右僕射徐陵為尚書僕射辛酉
祀南郊二月辛巳祀明堂三月丁丑大赦夏
四月壬辰齊人來聘五月辛亥高麗新羅丹丹天竺盤盤
等國並遣使朝貢六月丁亥江陰王蕭季卿以罪免甲辰
封東中郎長沙王府諮議參軍蕭巋為江陰王冬十月乙
酉周人來聘十二月壬辰司空章昭達薨

一月辛酉高麗國遣使朝貢十二月癸巳雹

四年春正月丙午以尚書僕射徐陵為左僕射中書監王
勸為右僕射二月乙酉立皇子叔卿為建安王三月乙丑
扶南林邑國並遣使朝貢夏五月癸卯尚書右僕射王勸
辛是月周人誅冢宰宇文護秋八月辛未周人來聘九月
庚子朔日有蝕之辛亥天赦丙寅以故太尉徐度配食文帝
司徒枝程靈洗配食武帝廟庭故司空章昭達配食文帝
廟庭冬十一月己亥地震是歲周建德元年
五年春正月癸酉以吏部尚書沈君理為尚書右僕射領
都督征討諸軍事略地北邊丙戌西衢州獻馬生角己丑
皇孫儼生内外文武賜帛各有差為父後者賜爵一級夏
六月癸卯周人來聘秋九月己亥以特進周弘正為尚書右僕射
壬辰晦夜明冬十月己亥以尚書右僕射沈君理卒
乙巳吳明徹剋壽陽斬王琳傳首建鄴梟于朱雀航十
二月壬辰詔熊曇朗留異陳寶應周迪鄧緒等及王琳首
並還親屬以弘廣宥乙巳立皇子叔明為宜都王叔獻為
河東王是月歲諸軍略地所在剋捷
六年春正月壬戌赦江右淮北諸州甲申周人來聘高麗
國遣使朝貢二月壬辰朔日有蝕之辛亥耕藉田夏四月

庚子彗星見六月壬辰尚書右僕射周弘正卒冬十一月
乙亥詔以北邊行軍之所並給後十年十二月戊戌以吏部
尚書王瑒為尚書右僕射
七年春正月辛未祀南郊二月癸丑詔豫二兗譙土織成羅
南司定九州及南豫江郡所部在江北諸郡置雲旗義士
往大軍及諸鎮備防夏四月丙戌有星孛于大角庚寅監
豫州陳桃根獻青牛詔以還之壬子郢州獻瑞鍾六
紋錦被表各二詔於雲龍門外焚之上織成
書右僕射王瑒為尚書僕射己酉改作雲龍神獸門秋八
六月丙戌詔為北行將士死王事者剡日舉哀壬辰以尚
月癸卯周人來聘閏九月壬辰都督吳明徹大破齊軍於
呂梁是月甘露頻降樂游苑丁未輿駕幸樂游苑采甘露宴群
臣詔於苑龍舟山立甘露亭其冬十月己巳立皇子叔齊為
新蔡王叔文為晉熙王十二月壬戌以尚書僕射王瑒為
左僕射太子詹事陸繕為右僕射甲子南康郡獻瑞鍾一
月庚寅尚書左僕射新除晉陽太守王克為右僕射秋九月戊戌
八年春二月壬申以開府儀同三司吳明徹為司空夏五
緒為左僕射尚書左僕射王瑒卒六月甲寅以尚書右僕射陸
立皇子叔彪為淮南王
九年春正月乙亥齊主傳位於其太子恆自號太上皇是

月周滅齊二月辛亥耕籍田秋七月已卯百濟國遣使朝貢
庚辰大雨震萬安陵華表已丑震慧日寺剎及瓦官寺重
閣一女子震死冬十月戊午司空吳明徹破周將梁士彥
於呂梁十二月戊申東宮成皇太子移于新宮
十年春二月甲子周軍救梁士彥大敗司空吳明徹
梁又將卒皆見囚俘不反三月辛未震武庫丙子分命衆
軍以備周乙酉大赦夏四月庚戌詔緯在軍者並賜爵二
級又詔御府堂署所營造禮樂儀服軍器之外悉皆停息
被庭常供王侯妃主諸有奉郵者並各量減庚申大雨雹
六月丁酉周武帝崩閏六月丁卯大雨震大皇寺剎莊嚴

【南史帝紀十 五

寺露盤重陽閣東樓千秋門內槐樹及鴻臚府門秋七月
戊戌新羅國遣使朝貢八月戊寅隕霜殺稻菽九月乙巳
立方明壇于婁湖戊申以楊州刺史始興王叔陵兼王官
伯臨盟甲寅幸婁湖臨譜衆乙卯分遣大使以盟誓班下
四方以上下相勸冬十月戊子以尚書左僕射陸繕為尚
書僕射十二月乙亥合州廬江蠻田伯興出寇縱陽刺史
魯廣達討平之是歲周宣政元年
十一年春正月丁酉耕籍見二月癸未幸大壯觀閱武冬
七月辛卯初用大貨六銖錢八月丁卯幸婁湖耕籍田秋
十月甲戌以尚書僕射陸繕為尚書左僕射以祠部尚書

晉安王伯恭為右僕射十一月辛卯大赦戊戌周將梁士
彥圍壽陽剋之辛亥又剋霍州癸丑以楊州刺史始興王
叔陵為大都督捴督水步眾軍十二月乙丑南北兗晉三
州又珝台山陽歷陽平馬頭秦歷陽沛比譙南梁等九郡民
並自拔度向建鄴周又剋譙北徐二州自是淮南之地盡歸
于周矢巳巳詔非軍國所須多所減損歸干儉約是歲周
宣帝太象元年

【南史帝紀十 六

十二年夏四月癸亥尚書左僕射陸繕卒巳卯大雩壬午
兩五月巳以尚書右僕射晉安王伯恭為尚書僕射巳
酉周宣帝崩六月壬戌大風吹壞臯門中闕秋八月巳未
周郯州捴管司馬消難以所統九州八鎮之地來降詔因
以消難為大都督加司空封隨郡公庚申詔鎮西將軍樊
毅進督沔漢諸軍事遣南豫州刺史任忠率眾趨歷陽超
武將軍陳慧紀為前軍都督趨趨南兗州戊辰以司空司
馬消難為大都督水陸諸軍事庚午通直散騎常侍淳于
陵剋臨江郡癸酉智武將軍魯廣達剋郭默城甲戌大都
督吳明徹… 周臨江大守劉顯光率
衆來降是夜天東南有聲如風水相激三夜乃止丁亥周
將王延貴率衆援歷陽任忠擊破之禽延貴等巳酉周廣
陵義軍王吳等樂率衆來降冬十月癸丑大雨震電十二月

庚辰南徐州刺史河東王叔獻薨
十三年春正月壬午以中權將軍護軍將軍鄱陽王伯山
即本號開府儀同三司以尚書僕射晉安王伯恭為左僕
射吏部尚書表憲為右僕射二月乙亥耕藉田秋九月癸
亥夜大風從西北來發屋拔樹大雨雹冬十月壬寅丹丹
國遣使朝貢十二月辛巳彗星見西南是歲周靜帝大定
元年遷位于隋文帝改元開皇元年
十四年春正月巳酉上拂豫甲寅崩于宣福殿時年五十
三遺詔凡厥終制事從省約金銀之飾不以入壙明器皆
用瓦以日易月又公除之制悉依舊準在位百司三日

【南史帝紀十】

七
幼帝

臨四方州鎮五等諸侯名守所職並停奔赴二月辛卯群
臣上諡曰孝宣皇帝廟號高宗癸巳葬顯寧陵帝之在田
本有恢弘之度又居尊位寒允天人之屬于時國步初弭
劍康未復淮南之地並入于郊帝志復舊境意及侵地
弱之形理則縣絶斯不踵適足為畫及周兵旣而脩飾乘勝
而華略地還至江際自此懾失
備獲銘云三百餘年後當有凝人修破吾城者時莫測所從
後主諱叔寶字元秀小字黄奴宣帝嫡長子也梁承聖二
年十一月戊寅生于江陵明年魏平江陵宣帝遷于長安
留後主於穰城天嘉三年歸建鄴立為安成王世子光大

二年累遷侍中太建元年正月甲午立為皇太子十四年
正月甲寅宣帝崩丁卯始興與王叔陵構逆伏誅丁巳太子
即皇帝位于太極前殿大赦在位文武及孝悌力田為父
後者並賜爵一級孤老鰥寡不能自存者賜穀人五斛帛
二匹癸亥以侍中丹陽尹長沙王叔堅為驃騎將軍開府
儀同三司揚州刺史乙丑尊皇后為皇太后丁卯立皇
叔敦為始興王奉昭烈王祀巳巳立妃沈氏為皇后辛未
立皇弟叔儼為尋陽王叔達為義陽王叔
熊為巴山王甲戌設無导大會於太極
殿三月癸亥詔内外衆官九品以上各薦一人又詔求忠

【南史帝紀十】

八

讜無所隱諱巳巳以新除翊左將軍东陽王伯智為尚書
僕射夏四月丙申立皇子允為皇太子賜天下為
父後者爵一級王公以下賚帛各有差庚子詔鑄金銀薄
度物化生土木人綵華之屬及布帛短狹輕疎者並傷
廢業尤成蠹惠又僧尼道士狹邪左道不依經律人間濫
祀妖書諸珍恠性事詳為條制並皆禁絶秋七月辛未大赦
是月自建鄴至荆州江水色赤如血八月癸未天東北有聲如蟲飛
風水相激乙酉夜又如之九月丙午設無导大會於太極
殿捨身及乘輿御服大赦天東北有聲如
漸移西北丙寅以驃騎將軍開府儀同三司揚州刺史長

沙王叔堅為司空征南將軍江州刺史豫章王叔英即本
號開府儀同三司
至德元年春正月壬寅大赦改元以司空揚州刺史豫章王叔
英為驃騎將軍開府儀同三司以司空揚州刺史豫章王叔
叔堅為江州刺史征東將軍開府儀同三司癸卯立皇子
深為始安王秋八月丁卯以驃騎將軍開府儀同三司長
沙王叔堅為司空有罪免戊午夜天開自西
丁酉立皇弟叔平為湘東王叔儉為南安王叔澄為南郡王叔宣為陽山
王叔穆為西陽王叔儉為湘東王叔澄為南郡王叔興為
沅陵王叔韶為樂山王叔純為新興王十二月丙辰頭和

南史帝紀十
九
景中

二年春正月丁卯分遣大使巡省風俗癸巳大赦夏五月
戊子以吏部尚書江摠為尚書僕射秋七月壬午皇太子
加元服在位文武賜帛各有差莩力田為父後者賜爵
一級鰥寡孤老不能自存者人穀五斛冬十一月丙寅大
赦是月盤盤百濟國並遣使朝貢
三年春正月戊午朔日有蝕之庚午鎮左將軍長沙王叔
堅即本號開府儀同三司三月辛酉前豐州刺史章大寶
舉共反夏四月庚戌豐州義軍主陳景詳斬大寶傳首建

鄴冬十月已丑丹丹國遣使朝貢十一月已未詔脩復仲
尼廟辛巳幸長干寺大赦十二月癸卯高麗國遣使朝貢
是歲梁明帝殂
四年春正月甲寅詔王公以下各應所知無隱興卓二月
丙申立皇弟叔謨為巴東王叔顯為臨江王叔坦為新會
王叔隆為新寧王夏五月丁巳立皇子莊為會稽王秋九
月甲午幸玄武湖肆艦閱武丁未百濟國遣使朝貢冬九
十月癸亥以尚書僕射江摠為尚書令吏部尚書謝伷為
尚書僕射十一月已卯大赦
禎明元年春正月戊寅大赦改元乙未地震秋九月庚寅

南史帝紀十
十
全

梁大傅安平王蕭巖嚴道其都官尚書沈君
公詣荊州刺史陳紀請隆嚴等帥其文武官男女溯
江甲午大赦冬十一月丙子以驃騎大將軍平東將軍開府儀
同三司東揚州刺史丁亥以蕭巖等為平東將軍開府儀
豫章王叔英為兼司徒十二月丙辰以前鎮衛大將軍開
府儀同三司東揚州刺史鄱陽王伯山為領衛大將軍開
府儀同三司
二年春正月辛巳立皇子惇為東陽王怗為錢唐王夏四
月戊申有群鼠無數自蔡洲岸入石頭淮至于青塘兩岸
數目自死隨流出江是月郢州南浦水黑如墨五月甲午

東冶鑄鐵有物赤色大如數升自天墜貽所有聲隆隆如
雷鐵飛出墻外燒人家六月戊戌興王立揚州刺史扶南國遣使朝貢庚子
發皇太子僮為其軍衣憲為尚書僕射丁巳大風自西比激
辛丑以太子詹事衰憲為尚書僕射丁巳大風自西北激
濤水入石頭淮渚暴溢漂没舟乘冬十月已亥立皇子
初隋文帝受周禪甚敦鄰好宣帝尚不禁侵掠太建末隋
兵大舉聞宣帝崩乃命班師遣使赴弔修敵國之禮書稱
姓名頓首而後主益驕書末云想彼統內如宜此宇宙清
大政殿誑獄丙子立皇弟叔榮為新昌王叔匡為太原王
藩為其王己酉幸府山大校獵十一月丁卯詔剋日於
淮水入石頭淮渚暴溢漂没舟乘冬十月已亥立皇子
辛丑以太子詹軍衣憲為尚書僕射丁巳大風自西比激

謀隋文帝皆給衣馬禮遇以歸後主見之大駭曰吾不欲見此人每遣間
隋文帝狀以歸後副使袁彥聘隋繪圖
罪及襄邑公賀若弼並奮求致討後副使袁彥
泰隋文帝不說以示朝臣清河公楊素以為主辱再拜請
酒色不恤政事左右駭珰貴妃孔貴人等八人夾坐江
巧態以從者千餘人常使張貴妃孔貴人等八人夾坐江
抑孔範等十客一時預宴號曰狎客先令八婦人襞采箋製五
言詩十客一時繼和遲則罰酒君臣酣飲從夕達旦以此
為常而盛脩宮室無時休止稅江稅市徵取百端刑罰酷
濫牢獄常滿覆舟山及蔣山栢林冬月常多采醴後主以

層塔未畢火從中起飛至石頭燒死者甚衆又采木湘州
為袄乃自賣於佛寺為奴以攘之於郭內大皇佛寺起七
血雲階至於坐林頭而火起有狐入其林不得之不見以
臨平湖草舊塞忽然自通後主又夢黃衣圍城乃盡去繞
壞青龍出建陽門井涌霧赤地生黑白毛大風拔城朱雀門
衆鳥鼓兩翼以拊膺曰柰何帝柰何帝又建鄴城無故自
去船下有聲云明年亂視之得嬰兒長三尺而無頭蔣山
人對語而不見形言吉凶多驗得酒輒醉之經三四年乃
為甘露之瑞前後災異其多有神自稱老子游於都下與

擬造正寢栿至牛渚磯盡没水中既而漁人見栿浮於海
上起齊雲觀國人歌曰齊雲觀寇來無際畔始北齊末諸
省官人多稱省主未幾而滅至是舉朝亦有此稱識者以
為省主將見之兆隋文帝謂僕射高熲曰我為百姓
父母豈可限一衣帶水不拯之乎命大作戰船人請密之
隋文帝曰吾將顯行天誅何密之有使投柹於江若彼能
改吾又何求及納梁蕭巖蕭巘隋文帝愈忿以晉王廣為元
帥督八十摠管致討乃送璽書暴後主二十惡又散寫詔
書三十萬紙徧喻江外諸軍既下江濱鎮戍相繼奏聞
新除湘州刺史施文慶中書舍人沈客卿掌機密並抑而

不言初蕭毅蕭巘之至也德教學士沈君道夢毅前長人朱衣冠頭出欄上攘臂怒曰那忽受祿人事後主聞之忌二蕭故遠徹其衆以毅為東揚州刺史巘為吳州刺史使領軍任忠出守吳興郡以棋杞二州使南平王嶷緣江諸防船艦悉從二王還都為威挫以示梁人之來者鎮江州永嘉王彥鎮南徐州尋名二王赴期明年元會命由是江中尚十餘萬人又聞隋軍臨江後主曰王氣在此齊下甲士尚十餘萬人一闕船上流諸州兵皆阻楊素軍不得至都兵三度來周兵再度至無不摧没廬今來者必自敗範無慮江理但奏伎縱酒作詩不輟

【南史帝紀十】 十三

三年春正月乙丑朝會大霧四塞入人鼻皆辛酸後主昏睡至晡時乃罷是日隋將賀若弼自比道廣陵濟韓擒趍橫江濟分兵晨襲採石取之進拔姑熟次於新林時弼攻下京口緣江諸戌望風盡走弼分兵斷曲阿之衝而入丙寅採石戌主徐子建至吉變戊辰乃下詔曰犬羊陵縱侵擾郊畿蠢茲有毒時堀定朕富親御六師廓清八表內外並可戒嚴於是以蕭摩訶為皇畿大都督樊猛為上流大都督蔡毀為下流大都督司馬消難施文慶並為大監軍重立賞格分兵鎮守要害僧尼道士盡皆執役庚午賀若弼攻陷南徐州辛未韓擒又陷南豫州隋軍南北道

並進牽已屬君弼進軍鍾山頓白土岡之東南衆軍敗績乘勝進軍宮城燒北掖門是時韓擒率衆自新林至石子岡鎮東大將軍任忠出降仍引擒經朱雀航趍宮城自南掖門入城內文武百司皆遁出唯尚書僕射袁憲後深年十五閤而坐安坐勿動端坐殿上正色以待之後主後主勞之曰戎旅在塗不至勞也既而軍人窺井而呼之後主不應欲下石乃聞叫聲以繩引之驚其太重及出乃

【南史帝紀十】 十四

與張貴妃孔貴人三人同乘而上隋文帝聞之大驚開府鮑宏曰東井上於天文為秦分所所以投井其天意邪先是江東謠多唱王獻之桃葉辭二桃葉復渡江不用檝但度無所苦我自迎汝及晉王廣入據臺城送後主于東宮三月巳巳後主與王公百司同發自建鄴之長安山名桃葉果乘陳船而度丙戌晉王廣入據臺城之長隋文帝權分京城人宅以俟內外脩整遣使迎勞之陳人謳詠忘其亡焉言自後主以下大小在路五百里至於此以及至京師列陳之輿服器物於庭引後主於前又前後二太子諸父諸弟衆子

之為王者凡二十八人司空司馬消難尚書令江摠僕射
袁憲驃騎蕭摩訶護軍樊毅中領軍魯廣達領軍將軍任
忠吏部尚書姚察侍中中書令蔡徵左衛將軍樊猛自尚
書郎以上二百餘人文帝使納言宣詔勞之次使內史令
宣詔宣讓後主後主伏地屏息不能對乃見隋文帝詔陳
武文宣三帝陵勑給五戶分守之初武帝始即位其夜奉
前北面執王策金字曰陳氏五帝三十二年及後主在東
朝請史曾直宿嘗夢有人自天而下導從數十至太極殿
宮時有婦人突入唱曰畢國主有鳥一足集其殿庭以嘴
畫地成文曰獨足上高臺盛草變為灰欲知我家處朱門

【南史帝紀十】　十五　二十

當水開解者以為獨足蓋指後主獨行無眾盛草言荒穢
隋承火運草得火而灰及至京師與其家屬館於都水臺
所謂上高臺當水也其言皆驗或言後主名叔寶及語為
少福亦敗亡之徵云既見宥隋文帝給賜甚厚數得引見
班同三品每預宴恐致傷心為不奏吳音後監守者奏言
叔寶云既無秩位每預朝集願得一官號隋文帝曰叔寶
全無心肝監者又言叔寶常耽醉罕有醒時隋文帝使節
其酒既而曰任其性不爾何以過日未幾帝又問監者叔
寶所嗜對曰嗜驢肉間飲酒多少對曰與其子弟日飲一
石隋文帝大驚及從東巡登芒山侍飲賦詩曰日月光天

德山川壯帝居太平無以報願上東封書并表請封禪隋文
帝優詔謙讓不許後從至仁壽宮常侍宴及出隋文帝目
之曰此敗豈不由酒將作詩功夫何如思安時事當賀若
弼度京口彼人密啟急報叔寶為飲酒遂省之高熲至
日猶見在牀下未開封此亦是可笑蓋天亡也昔符氏至
所征得國皆賣其功臣既名不達天命與之官乃
達天也隋文帝以陳氏子弟既多恐不知達天命分置諸
州縣母歲賜以衣服以安全之後主以隋仁壽四年十一
月壬子終於洛陽時年五十二贈大將軍封長城縣公謚
曰煬葬河南洛陽之芒山

【南史帝紀十】　十六

論曰陳宣帝器度弘厚有人君之量文帝知家嗣仁弱早
存太伯之心及乎弗念茲已委託於纘業之後拓土
開疆蓋德不逮文智大不已晚致呂梁之敗江
左曰感抑此之由也後主因削弱之餘鐘滅亡之運刑政
不樹加以荒滛夫以三代之隆歷世數十及其亡也皆敗
於婦人況於鄭衛之陳外鄭明德覆軍之跡尚且追蹤叔
李其雖支數年亦為幸也雖忠義感慨致慟并隅何救麥
秀之深悲適足取笑乎千祀嗟乎梁末童謠云可憐巴
馬子一日行千里不見馬上郎但見黃塵起黃塵汙人衣
卓菜相料理及僧辯滅群臣以謠言奏聞曰僧辯本乘巴

馬以撃矦景馬上郎王字也麈謂陳也而不解卓莢之謂
既而陳滅於隋說者以為江東謂殺羊角為卓莢隋氏姓
楊楊羊也言終滅於隋然則興亡之兆蓋有數云

陳本紀下第十

南史十

列傳第一

后妃上　　　　　　　　　　　　　　　　　　　　李延壽

【南史列傳一】

宋孝穆趙皇后
　孝懿蕭皇后
武敬臧皇后
　武張夫人
文章胡太后
　文元袁皇后　潘淑妃
少帝司馬皇后
明宣沈太后
　孝武昭路太后
孝武文穆王皇后　妃貴
前廢帝何皇后
　明恭王皇后
後廢帝陳太妃

順陳太妃
　順謝皇后
齊宣孝陳皇后
　高昭劉皇后
武穆裴皇后
　文安王皇后
鬱林王何妃
　海陵王王妃
明敬劉皇后
　東昏褚皇后
和帝王皇后

〔傳類〕　一

六宮位號前史代有不同晉武帝采漢魏之制置貴嬪夫
人貴人是為三夫人位視三公淑妃淑媛淑儀脩容脩
儀婕妤容華充華是為九嬪位視九卿其餘有美人才
人中才人爵視千石以下宋武帝省二才人其餘仍用晉

制案貴嬪魏文帝所制夫人漢
光武所制淑妃魏明帝所制淑媛魏明帝所制貴人漢
晉武帝所制脩容魏文帝所制淑儀脩容魏文帝所制脩儀
華前漢舊號充華晉武帝所制美人漢光武所制淑媛
比三司以置昭儀昭容昭華以代脩華以代貴
容又置昭華中才人充衣晉武帝所制脩衣
前漢舊制昭華及明帝泰始二年省貴人良人三年又省貴人以備
置脩華脩儀及明帝泰始二年省貴姬以備

【南史列傳一】　二

三夫人之數又置昭華增淑容承徽列榮以淑媛淑
容昭華昭儀昭容脩容微列榮以淑媛淑儀淑
承徽列榮凡五職亞九嬪美人才人良人三職為散役其
後帝留心後房擬百官備置內職焉齊高帝建元元年
有司奏置貴嬪夫人貴人為三夫人脩華脩儀脩容淑
淑媛淑儀婕妤容華充華為九嬪美人中才人才人為散
職三年太子宮置三內職良娣比開國侯保林比五等侯
才人比駙馬都尉及求明元年有司奏貴妃淑妃並加金
章紫綬佩于窴室淑妃舊擬九嬪以淑為温恭之稱妃為
亞后之名進同貴妃淑妃以比三司夫人之號不殊番國降淑

媛以比九卿七年復置昭容位在九嬪焉梁武撥亂反正
深鑒奢逸配德早終長秋曠位定令制貴妃貴嬪貴姬為
三夫人淑媛淑儀淑容昭華脩容脩儀脩華為九嬪婕妤
九嬪婕妤容華充華承徽列榮為五職美人才人良人為
三職東宮置及嬪娣保林為二職及簡文元帝出自儲蕃或
迫在拘繫或過於寵亂且妃位先妲更不建椒闈陳武光
齊天歷以朴素自居故後宮員位其數多闕文帝天嘉之
後詔宮職備員其所制立無改梁禰編之令文以為後法
然帝性恭儉而嬪嬙不備宣帝後主無所改作今摠綴緝
以立此篇云

▲南史列傳一　　三◀

宋孝穆趙皇后諱安宗下邳僮人也父商平原太守后以
晉穆帝升平四年嬪于孝皇帝以產武帝殂于丹徒官舍
葬晉陵丹徒縣東鄉謂壁里雲山宋初追崇號謚陵曰興
寧永初二年有司奏追贈敬光祿大夫加金章紫綬商命
婦孫氏封豫章郡建昌縣君其年又追封壽縣賀縣侯商
子倫之自有傳

孝懿蕭皇后諱文壽蘭陵人也父卓字子略洮陽令后為
皇帝繼室生長沙景王道憐臨川烈武王道規義熙七
年拜豫章公繼室生長沙景王道憐為宋公宋王又加太妃太后之
號帝踐祚尊曰皇太后居宣訓宮上以恭孝為行奉太后

崇謹及即大位春秋已高每旦朝太后未嘗失時刻少帝
即位加崇曰太皇太后景平元年崩于顯陽殿年八十
遺令壹依漢世帝后陵皆異所今可於墓域之內別為一壙
尊之姐葬禮多闕帝遺旨合葬初以武帝微時貧約過甚孝
皇之姐葬禮多闕帝遺旨合葬至是故
稱后遺令云卓初與趙蚤俱贈金紫光祿大夫又追封壽
陽縣侯妻卞趙氏封吳郡壽昌縣君卓子源之龔齊爵源
之見子思話傳

武敬臧皇后諱愛親東莞人也祖汪尚書郎父儁郡功曹
后適武帝生會稽宣長公主興弟帝以儉正率下后恭謹

▲南史列傳一　　四◀

不違義熙四年正月甲子殂於東城故贈豫章公夫人還
葬丹徒帝臨崩遺詔留葬建鄴於是備法駕迎梓宮祔葬
初寧陵宋初追贈遺傁金紫光祿大夫妻高密叔孫氏遷陵
平求樂鄉君儁子熹熹並自有傳
武帝張夫人諱闕不知何許人也生小帝又義興恭長公
主惠媛求初元年拜夫人少帝廢太后還璽綬隨君其郡文帝元嘉
初寧媛求初元年拜夫人少帝即位有司奏上尊號為皇

元年拜營陽國太妃二年薨
文章胡太后諱道女淮南人也義熙初武帝所納文帝生
五年被讒賜死葬丹徒武帝踐祚追贈婕妤文帝即位有

司徒上尊號曰皇太后陵曰熙寧立廟建鄴

少帝司馬皇后諱茂英晉恭帝女也初封海鹽公主少帝
以公子尚焉宋初拜皇太子妃少帝即位為皇后元嘉元
年降為營陽王妃又為南豐王太妃十六年薨

文元袁皇后諱齊媯陳郡陽夏人左光祿大夫湛之庶女
也母本甲賤后年五六歲方見舉後適文帝初拜宜都王
妃生子劭東陽獻公主英娥上待后恩禮甚篤袁氏貲薄
后每就上求錢常以百萬為限所得不過五三萬五三
未知信否乃因潘淑妃有寵愛後宮感言所求無不得后聞之
十四後潘淑妃有寵傾後宮感言與家以觀上意宿昔便得

因此憲恨稱疾不復見上遂憤憲成疾元嘉十七年疾篤
上執手流涕問所欲言后視上良久乃引被覆面崩于顯
陽殿上甚悼痛之詔前永嘉太守顏延之為哀策文甚麗
及奏上自益撫存悼亡感令懷昔八字以致意焉有司奏
諡宣皇后詔諡曰元初后生劭自詳視之使馳白帝此見
形貌異常必破國亡家不可舉也乃止
殿户外手撝幔禁之乃止后亡後常有小小靈應明帝殿所
生沈美人嘗以非罪見賣應賜死從后昔所住微音殿前
度此殿有五間自后閉後常閉美人至殿前流涕大言曰
今日無罪就死先后若有靈當知之殿户應聲豁然開職

掌者遽白文帝驚往視之美人乃得釋大明五年孝武乃
詔追后之所生外祖親王夫人為豫章郡新淦平樂鄉君
又詔趙蕭臧光祿羹敬公平樂鄉君墓先未給坐户各給
蠻户三以供灑埽后父湛之自有傳

潘淑妃者本以貌進始未見賞帝好乘羊車經諸房輒
每莊飾褰帷以候幸或密令左右以鹹水灑地帝每至戶羊輒
舐地不去帝曰羊乃為汝徘徊況於人乎於是愛傾後宮

生孝武昭路太后諱惠男卅楊建康人也以色貌選入後宮
孝武帝拜為淑媛及年長無寵太后隨孝武出蕃孝武即
位有司奏尊號曰崇憲太后居顯陽殿上於

閨房之內禮敬甚寡有所御幸或留止太后房內故人間
咸有醜聲宮掖事祕亦莫能辨也孝建二年追贈太后父
興之散騎常侍興之妻餘杭縣廣昌鄉君大明四年太后
弟子撫軍參軍瓊之上表自陳有司承旨奏贈瓊之父道
慶給事中瓊之及弟休之茂之並居顯職太后頗豫政事
賜與瓊之等財物家累千金居處服玩與帝子相伴大明
五年太后隨上巡南豫州妃主以下並從廢帝立為太皇
太后明帝踐祚號崇憲太后初明帝少失所生為太后所
攝養撫愛甚篤及即位供奉禮儀不異舊日有司奏宜別
居外宮詔欲親奉晨昏盡懽閨禁不如所奏及閒義嘉難

作太后心幸之延上飲酒置毒以進侍者引上衣上竅起
以其危上壽是日太后崩秘之喪事如禮遷殯東宮題曰
崇憲宮又詔述太后恩慈特加哀三月以申追遠諡曰昭
皇太后葬孝武陵東南號曰脩寧陵先是晉安王子勛未
得如禮上性忌憚將來致災秦始四年夏詔有司曰崇憲
昭太后脩寧陵地大明之世父所考卜前歲遭諸番之難
禮俟權宜未暇嘗改而塋陵名宮補葺毀壞權施油殿墼
以禮改剏有司奏請脩寧陵玄宮景和中又追贈興之侍中金
出梓宮事畢即定詔可殿帝景和中又追贈興之侍中金
紫光禄大夫諡曰孝侯道慶光禄大夫開府儀同三司諡
曰敬俟沈道慶女為皇后以休之為侍中
明宣沈太后諱容姬不知何許人也為文帝美人生明帝
拜婕妤元嘉三十年卒葬建康之莫府山孝武即位追贈
湘東國太妃明帝即位有司奏上尊號為皇太后諡曰宣
陵魂崇寧
孝武文穆王皇后諱憲嫄琅邪臨沂人也元嘉二十年拜
武陵王妃生廢帝豫章王子尚山陰公主楚玉臨淮康哀
公主楚佩皇女楚琇康樂公主楚琇明孝武在番后甚寵異
及即位為皇后焉大明四年后卒六宮躬桑于西郊皇太

后觀禮妃主以下並加班錫廢帝即位尊曰皇太后宮曰
永訓其年崩于含章殿襯葬景寧陵父偃別有傳
殷淑儀南郡王義宣女也麗色巧笑義宣敗後帝密取之
寵冠後宮殷貴妃姓殷氏左右宣泄故當時莫知所出
及廢帝常思見之遂為通替棺欲見輒引替觀屍如此積
日形色不異追贈貴妃諡曰宣及葬給轀輬車虎賁班劍
變輅九旒黃屋左纛前後部羽葆鼓吹上自於南掖門臨
過喪車悲不目勝左右莫不掩泣上痛愛不已精神罔罔
頒廢政事每輒先於靈林酌冥酒飲之既而慟哭不能自
及又諷有司奏曰據春秋仲子非魯惠公元嫡尚得考別
宮今貴妃蓋天秩之崇班理應創新乃立別廟於都下時
有巫者能見鬼說帝言貴妃可致帝大喜令召之有少頃
果於帷中見形如平生帝欲與之言默然不對將壯作哀
然便歘歘帝尤恨於是操牟夫人賦以寄意為謝莊作哀
策文奏之帝臥覽讀起坐流涕曰不謂當今復有此才都
下傳寫紙墨為之貴或云貴妃是殷琰家人入義家義
宣敗入宮云
前廢帝何皇后諱令婉廬江灊人也孝建三年納為皇太
子妃大明五年薨于東宮微光殿諡曰獻妃廢帝即位追
崇曰獻皇后明帝踐祚遷后與廢帝合葬龍山地后父瑀

字劭王晉尚書左僕射澄曾孫也瑪尚武帝少女豫康長
公主諱次男公主先適徐喬美容色聰敏有智數文帝世
禮待特隆瑪墓競於時與平昌孟靈休東海何禺等並以
興馬相尚公主與瑪情愛隆密何氏睞戚莫不霑被恩禮
瑪位右衛將軍主麗瑪墓開孝武追贈瑪金紫光禄大夫
子萬尚文帝第十女新蔡公主諱英媛適少以貴戚居顯
官好犬馬馳逐多聚殞殺一婢送出萬第殤葬行喪禮常疑邁
於後宮偽言麗殺一婢送出萬第殤葬行喪禮常疑邁
有異圖萬亦招聚同志欲因行廢立事覺見誅明帝即位
追封建寧縣侯瑪兄子衍性跳動黃門郎拜司徒

司馬得司馬復求太子右率拜一二日後求侍中旬日之
間求進無已不得侍中以怨罵賜死
明恭王皇后諱貞風琅邪臨沂人也初拜淮陽王妃明帝
改封又為湘東王妃生晉陵長公主伯姒建安長公主以
媛明帝即位立為皇后上嘗宮內大集而裸婦人觀之以
為歡笑后以扇鄣面獨無所言帝怒曰外舍家寒乞今共
作笑樂何獨不視后曰為樂之事其方自多豈有姑姊妹
集聚而裸婦人形體以此為樂外舍之事亦不同帝
大怒令后起扬州刺史景文以此事語從舅陳郡謝
緯曰后在家為俸弱婦人不知今段遂能剛正如此廢帝

即位尊為皇太后宮曰弘訓廢帝失德太后每加勗譬姑
猶見順後往願稍甚太后嘗賜帝玉柄毛扇不
華因此欲加酖害令太醫煮藥左右止之曰若行此事官
便作孝子豈得出入狹擒帝曰汝語大有理乃止順帝即
位陰高帝執權宗室劉見劉緯卜伯興等有異志太后頗
與相關順帝禪位大后與帝遜子東邸因遷居丹扬宮拜
第追加謚葬以宋禮后父僧朗別有傳
後廢帝陳太妃諱妙登丹扬建康墓家女也孝武嘗使尉
司采訪人間子女有姿色者太妃家在建康縣居有草屋
兩三間上出行問尉曰御道那得此草屋當由家貧賜錢
三萬令起尾屋尉自送錢興之家人哭行唯太妃在家時
年十二三尉見其美即以白孝武於是迎入宮以賜明帝
房內經二年再呼不見幸太后因言於上以賜明帝始有
寵一年襄歡以賜李道兒後又迎還生廢帝先是人間言
明帝不男故皆呼廢帝為李氏子廢帝每微行自稱李
將軍或自謂李統明帝即位拜貴妃秩同皇太子廢帝踐
祚有司奏上尊號曰皇太妃興服一如晉孝武李太妃故
事宮曰弘化置家令一人改諸國太妃曰太姫昇明初降
為蒼梧王太妃

後殺帝江皇后諱簡珪濟陽考城人也太始五年明帝訪
太子妃而雅悟小慤邑家女多不合江氏雖為華族而后
父祖並已亡弟又弱小以卜筮吉故為太子納之六年拜
皇太子妃諷朝士州郡皆令獻物多者將五百金始興太
守孫奉伯止獻琴書其外無餘物上大怒封藥賜死既而
原之太子即帝位立為皇后帝既殂降后為蒼梧王妃祖
智深自有傳

順陳太妃諱法容丹楊建康人也明帝素肥晚年廢疾不
能內御諸姬人有懷孕者輒取以入宮及生男皆殺其
母而與六宮所愛者養之順帝桂陽王休範子也以陳昭

【南史列傳一　十一】

華為母明帝崩昭華拜安成王太妃順帝即位進為皇太
妃順帝禪位去皇存太妃之號

順謝皇后諱梵境陳郡陽夏人右光祿大夫莊之孫也父
颺車騎功曹昇明二年立為皇后順帝禪位降為汝陰王
妃祖莊自有傳

齊宣孝陳皇后諱道止臨淮東陽人魏司徒矯之後也后
家貧少勤織作家人矜其勞或止之后終不改嫁于宣帝
宣帝庶生子僑陽元王道度始安貞王道生后生高帝高
帝年二歲乳人乏乳后夢人以兩甌麻粥與之覺而乳驚
因此豐足宣帝從住在外后常留家有相者謂后曰夫人

有貴子而不見之后歎曰我三子誰當應之呼高帝小字
曰政應是汝耳宣帝殂後宣帝姐勤婢使有過皆恕而不
問高帝雖從宦而家業本貧為建康令時明帝等災月猶
無纊縷而奉膳甚厚后每撤去兼肉曰於我過足矣
縣舍昇明二年追贈竟陵公國太夫人齊國建元元年追尊
妃並密印書青綬祠以太牢建元元年追尊孝皇后贈外
祖父攀之金紫光祿大夫齊國太夫人齊國建元靖
君永明九年詔太廟四時祭宣皇帝薦起麵餅鴨臛皇后
后薦笥菹鴨卵脯醬炙白肉高皇帝薦肉膾葅羹昭皇后
茗䬂炙魚並生平所嗜也

【南史列傳一　十二】

高昭劉皇后諱智容廣陵人也祖玄之父壽之並貞外郎
后母桓氏夢吞玉勝生后時有紫光滿堂以告壽之壽之
曰恨非男是男桓女亦足興吾家美后寢卽見有羽蓋
蔭其上家人試察之常見其上掩藹如雲氣年十七裴
方明為子求婚酬許已定后夢見先有迎車至后猶如常
迎法后不肯去次有迎至后歡愜有異於常后喜而從
之既而與裴氏不成婚竟嫁于上歲歎有軌度造次必依
禮法生太子及豫章王嶷太子初在孕后骨節噤痛遇家奉
祠爾日陰晦失曉舉家狼狽其營祭食后助炊胡麻始後
內薪未及糜火火便自然宋泰豫元年殂歸葬宣帝墓側

則泰安陵也門生王清與墓工始
不得又墳成兔還栖其上昇明二年下捕有白兔跳起桑之
年贈之金紫光祿大夫印綬齊建元元年尊謚昭皇后二年贈后父
壽之金紫光祿大夫母桓氏上虞都鄉君

武穆裴皇后諱惠昭河東聞喜人也祖父綸給事中父璣女工
之左軍參軍后少與豫章王妃庾氏袁氏爲娣姒庾氏勤女工
奉事高昭后恭謹不倦后不能及故不爲舅姑所重武帝
亦薄爲性剛嚴竟陵王子良妃袁氏爲娣有過后加訓
罰异明三年爲齊世子妃建元元年爲皇太子妃二年后
薨謚穆妃葬休安陵時議欲立石誌王儉曰石誌不出禮

起宋元嘉中顏延之爲王球石誌素族無銘策故以紀行
自爾以來共相祖習儲妃之重禮絕恒例既有哀策不煩
石誌從之武帝即位追尊皇后贈父璣之金紫光祿大夫
后母檀氏餘杭廣昌鄉元君舊顯陽昭陽二殿太后皇后
所居也永明中無太后皇后羊貴嬪居昭陽殿西泥貴妃
居昭陽殿東寵姬荀昭華居鳳華柏殿東頭置鍾磬兩箱
晝殿南閣置白鷺鼓吹二部乾光殿東西頭置鍾磬兩箱
皆宴樂處也上數游幸諸苑囿載宮人從從車置鍾於深隱
不聞端門鼓漏聲置鍾於景陽樓上應五鼓及三鼓宮人
聞鍾聲早起莊飾車駕數幸琅邪城宮人常從早發至湖

北壤雞始鳴故呼爲雞鳴埭婦人吳郡韓蘭英有文辭宋
孝武時獻中興賦被賞入宮宋明帝時用爲宮中職僚及
武帝以爲博士教六宮書學以其年老多識呼爲韓公云

文安王皇后諱寶明琅邪臨沂人也祖韶之吳興太守父
曄之太宰祭酒宋世高帝爲父納后建元元年爲
南郡王妃四年爲皇太子妃無寵太子納陳氏故古舊釵鑷
及首飾而后袆帷陳故古舊釵鑷十餘枚永明十一年爲
皇太孫太妃鬱林即位尊爲皇太后稱宣德宮置男在右
三十人前代所未有也贈后父璿之金紫光祿大夫母桓
氏豐安縣君其年十二月備法駕謁太廟明帝出居

鄱陽王故第爲宣德宮永元三年梁武帝定建鄴迎入宮
后稱制至禪位遜居外宮梁天監十一年薨葬崇安陵謚
曰安后祔韶之自有傳

鬱林王何妃諱婧英廬江灊人撫軍將軍戢女也初將納
爲南郡王妃文惠太子嫌戢無男阻不欲與昏王儉以
華族弱冠外戚之義求明三年乃成昏妃性滛亂南
郡王所與無賴人游狎常與關通何氏陰南郡王侍書
人馬澄年少色美甚爲妃悅擇其美者皆與交歡南郡王以
歡笑澄者本剡縣寒人嘗於南岸邊略人家女爲秣陵縣

所錄南郡王語縣令沈遣之澄又逼求姨女為妾姨不與澄

詣建康令沈徽孚訟之徽孚曰姨可為婦不可為妾耳

曰僕父為給事中門戶既成姨家猶是寒賤政可為妾耳

徵孚詞而道之十一年為皇太孫妃又有女巫子楊珉之

亦有姿貌妃允愛之與同寢處如伉儷太孫即帝位之

為皇后封后嫡母劉為高昌都鄉君所生母宋為餘杭

廣昌鄉君后將拜鏡在妝無因墮地其冬與太后同日謂

太廟楊珉之為帝所幸常居中侍明帝為輔與王晏徐孝

嗣王廣之立面請不聽又令蕭諶珉之固請皇后與帝同

席坐流涕覆面謂珉之曰楊郎好年少無罪過何可枉殺

坦之耳語於帝曰此事別有一意不可令人聞帝謂皇后

為阿奴曰阿奴暫去坦之乃曰外間並云楊珉之與皇后

有異情輒聞退適帝不得已乃為救原珉之馳報明帝即令

建康行刑而果有救原之而珉之巳死后既潘亂又與帝

相愛褻故帝恣之又迎后親戚入宮嘗賜人百數十萬以

武帝瞳靈殿厲后家屬帝廢后賜后為王妃父戩自有傳

海陵王王妃諱韶明琅邪臨沂人太常慈之女也永明八

年納為其年降為海陵王妃延興元年

明敬劉皇后諱惠端彭城人光祿大夫道弘孫也高帝為

明帝納之建元三年除西昌侯夫人永明七年卒葬江乘

縣張山延興元年贈宣城王妃明帝即位追尊敬皇后贈

父通直郎景猷為金紫光祿大夫母王氏平陽鄉君明帝

崩改葬附于興安陵

東昏褚皇后諱令璩河南陽翟羅太常之女也建武二

年納為皇太子妃而無寵帝謂左右曰若得如山陰主無

恨矣山陰主明帝長女也後逐與之為亂明年妃謁敬后

而卒東昏即位為皇后帝寵潘妃后不被遇黃淑儀生太

子誦廟東昏廢后又誦立為廢人后父澄之孫也初為隨王

和王皇后諱蕣華琅邪臨沂人太尉儉之孫也

妃中興元年為皇后帝禪位后降為妃妃祖儉自有傳

列傳第一

南史十一

李　延壽

南史十二

后妃下

梁文獻張皇后　　武德郗皇后

武丁貴嬪　　武阮脩容

簡文王皇后　　元徐妃

敬夏太后　　敬王皇后

陳武宣章皇后　　文沈皇后

廢帝王皇后　　宣柳皇后

後主沈皇后　　張貴妃

【南史列傳二】

梁文獻張皇后諱尚柔范陽方城人也父穆之娶文帝從姑而生后后以宋元嘉中嬪於文帝生長沙宣武王懿永陽昭王敷次生武帝方孕忽見庭前昌浦花光來非常驚異之是月生武帝后之將產之夕后見庭內若有衣冠陪列焉次報者皆云不見后曰常聞見昌浦花者當富貴因取吞之是月生武帝后之將產之夕后見庭內若有衣冠陪列生梁陽宣王暢義興邱長公主令嬪后宋泰始七年殂於秣陵縣同夏里本葬晉陵武進縣東城里山天監元年五月甲辰追上尊號為皇后謐曰文獻穆之字思靜齊司空華六世孫也少方雅有識鑒初為員外散騎侍郎深被始興王濬引納穆之鑒其禍萌求為交阯太守政有異績宋

【南史列傳二】

文帝將以為交州刺史會病卒子弘籍襲爵初為鎮西參軍卒於官梁武踐祚追贈穆之光祿大夫加金章紫綬贈弘籍廷尉卿弘籍無子從父弟弘策以子緝嗣別有傳

武德郗皇后諱徽高平金鄉人也祖紹宋國子祭酒領東海王師父曄太子舍人早卒毋宋文帝女尋陽公主也方娠夢當生貴子及后生有赤光照室器物盡明家人怪之巫言此女光高將有所妨乃於水濱被除之后幼明慧善隸書讀史傳女工之事無不閒習宋後廢帝將納為后齊初安陸王緬又欲結婚希氏竝辭以女疾乃止齊建元末嬪于武帝生永興公主玉姚永世公主玉婉永康公主玉嬛及武帝為雍州刺史殂于襄陽官舍年三十二其年歸葬南徐州南東海武進縣東城里山中興二年武帝梁公齊帝詔贈后為梁公妃及武帝踐祚追崇為皇后謐曰德皇后父曄贈金紫光祿大夫后酷妒忌及終化為龍入于後宮通夢於帝或見形光彩照灼帝體將不安龍輒激水騰涌於露井上為殿衣服委積常置銀鹿盧金甁灌百味以祀之故帝卒不置后

梁丁貴嬪諱令光譙國人也祖父從官襄陽因居沔北五女村寓於劉惠明無下貴嬪生於樊城初產有神光之異紫氣滿室故以光為名相者云當大貴少時與鄰女月下

紉績諸女竝患蚊蚋而貴嬪弗之覺也鄉人魏益德將娉
之未及成而武帝鎮樊城嘗登樓以望見漢濱五采如龍
下有女子擊絍則貴嬪也又丁氏因人以相者言聞之於
帝之贈以金鐶納之時年十四貴嬪生而有赤誌在左臂
療之不滅又體多疣子至是無何而失所在德后酷忌遇
貴嬪無道使日春五斛春每中程若有助者被遇雖嚴益
居顯陽殿及太子定位有司奏曰皇太子副貳宸極率土
小心祗敬嘗於供養經案側髣髴若見神人心獨異之天
監元年五月有司奏曰皇太子未拜其年八月又奏初貴嬪
咸執吏禮既盡禮皇儲則所生不容無敬王侯妃主常得
通信問者及六宮三夫人雖與貴嬪同列竝應以敬皇太
子之禮敬貴嬪宋元嘉中始與武陵國臣竝以更敬王
所生潘淑妃淑媛貴嬪於宮臣雖非小君其義不異與
宋泰豫朝議百官所生敬帝所生事義政同謂宮僚
敬宜同吏禮詣神獸門奉牋致謁年節稱慶亦同如此且
儲妃作配率由盛則以婦瑜姑彌申袟序謂貴嬪典章一
與太子不異於是貴嬪備章禮數同乎太子言則稱令
貴嬪性仁恕及居宮接馭自下皆得其歡心不好華飾器
服無珍麗未嘗為親戚私謁及武帝弘佛教貴嬪長進蔬
膳受戒日甘露降于殿前方一丈五尺帝所立義皆得其

指歸九精淨名經普通七年十一月庚辰薨祕葬嬪於東宮
臨雲殿時年四十二詔吏部郎張纘為哀冊文有司奏諡
曰穆葬寧陵祔于小廟簡文即位追崇曰太后貴嬪父道
遷天監初為歷陽太守廬陵威王之生武帝謂之曰賢女
復育一男若曰莫道豬狗子世人以為笑後位兗州刺史
宣城太守

文宣阮太后諱令嬴會稽餘姚人也本姓石初齊始安王
遙光納為遙光敗入東昏宮建康城平為武帝采女在孕
夢龍蟠其牀天監六年八月生元帝是日大赦尋
拜為俯容賜姓阮氏嘗隨元帝出藩大同六年六月薨于
江州正寢時年六十其年十一月歸葬江寧縣通望山
諡曰宣元帝即位有司奏追崇為文宣太后還祔小廟承
聖三年追贈太后父故奉朝請石靈寶散騎常侍左衛
將軍封武康縣侯母陳氏武康侯夫人

簡文王皇后諱靈賓琅邪臨沂人也祖偃齊大尉南昌文
憲公父騫光祿大夫南昌安侯幼而柔明叔父暕
見之曰吾家女師也天監十一年拜晉安王妃生哀太
子大器南郡王大連長山公主妙契大通三年十月拜皇太
子妃太清三年三月薨省時年四十五其年簡文
即位追崇為皇后諡曰簡大寶元年九月葬莊陵

元帝徐妃諱昭佩東海郯人也祖孝嗣齊太尉枝江文忠公父緄侍中信武將軍妃以天監十六年十二月拜湘東王妃生世子方等益昌公主含貞妃無容質不見禮帝三二年一入房妃以帝眇一目每知帝將至必為半面粧以俟帝見則大怒而出妃性嗜酒多洪醉帝還房必吐衣中與荊州後堂瑤光寺智遠道人私通酷妒忌見無寵之妾便交杯接坐繞覺有娠者即手加刀刃帝在右暨季江有姿容又與淫通季江每歡曰柏直狗雖老猶能獵蕭漂陽馬雖老猶駿徐娘雖老猶尚多情時有賀徽者美色妃要之於普賢尼寺書白角枕為詩相贈荅既而貞惠世子方諸母王氏寵愛來幾而終元帝歸各於妃及方等死愈見疾太清三年遂遍令自殺妃知不免乃透井死帝以屍還徐氏謂之出妻葬江陵瓦官寺帝制金樓子述其淫行初妃嫁夕車至西州而疾風大起發屋折木無何雪霰交下帷簾皆白及長還之日又大雷震西州聽事兩柱俱碎帝以為不祥後果不終道

敬夏太后會稽人也普通中納于湘東王宮生敬帝承聖元年冬拜晉安王國太妃紹泰元年尊為太后明年冬降為江陰國太妃

敬王皇后琅邪臨沂人也承聖元年十一月拜晉安王妃

紹泰元年十月拜皇后明年降為江陰王妃父僉自有傳

陳武宣章皇后諱要吳興烏程人本姓鈕父景明為章氏所養因改焉母蘇嘗遇道士以小龜遺已光采五色曰三年有徵及期后生紫光照室因失龜所在后少聰慧美容儀手爪長五寸色並紅白每有榮功之服則一爪先折武帝先娶同郡錢仲方女早卒後乃聘后后善書計能誦詩及楚辭帝為長城縣公后拜夫人永定元年立為皇后追贈后父蘇安吉縣君二年安吉君卒與后父葬金章紫綬后父諡曰溫吳興明年追封后為廣德縣侯諡曰溫武帝崩后與中書舍人蔡景歷定計秘不發喪時衡陽獻王昌未至召文帝及即位尊后為皇太后宮曰慈訓廢帝即位后為太皇太后光大二年后下令黜廢帝為臨海王命宣帝嗣立大建元年復為皇太后二年三月丙申崩于紫極殿時年六十五遺令喪事並從儉約諸饋奠不用牲牢其年四月群臣上諡曰宣祔葬萬安陵后親屬無在朝者唯本族見洽官至中散大夫

文沈皇后諱妙容吳興武康人也父法深梁安前中錄事參軍后年十歲餘以梁大同中歸于文帝武帝之討侯景文帝時在吳興及后並被收景平乃獲免武帝踐祚后為

臨川王妃文帝即位為皇后追贈后父法深光祿大夫加
金章紫綬封建城縣侯追贈后母高為綏安縣君
謚曰定廢帝即位尊后為皇太后宮曰安德時宣帝與僕
射到仲舉舍人劉師知等並受遺輔政師知與仲舉恆居
禁中參決眾事而宣帝權重矯敕令還東府理州務宣帝將
出毛喜止帝曰今伯宗年幼政事並委二郎此非朕意善又
公不可得也宣帝乃稱疾召師知留與語使毛喜先入言
之於后后曰今伯宗年幼政事並委二郎此非朕意也喜出報宣帝
言於廢帝廢帝曰此自師知等為非朕意也喜出報宣帝

四八八　【南史列傳二】　〔七〕

帝因師知自入見及帝極陳師知之短仍自草敕請
畫以師知付廷尉其夜於獄賜死自是政歸宣帝后憂悶
計無所出乃密賂宦者蔣裕令誘建安人張安國使據郡
反冀因此圖宣帝安國事發被誅時后左右近侍頗知其事
后恐連逮黨與並殺之宣帝即位以后為文皇后陳亡入
隋大業初自長安歸于江南頃之卒后兄欽襲爵建城侯
仕尚書左僕射欽素無伎能奉已而卒謚曰成子觀嗣
頗有學識官至御史中丞
廢帝王皇后琅邪臨沂人也天嘉元年為皇太子妃廢帝
即位立為皇后廢帝為臨海王后廢為妃至德中薨后生

臨海嗣王至澤至澤光大元年為皇太子大建元年襲封
臨海嗣王陳亡入長安后父固自有傳
宣帝柳皇后諱敬言河東解縣人也曾祖世隆祖悅父偃
有傳后九歲幹理家事有若成人侯景之亂后與宣帝往
江陵依梁元帝帝以長城公主故待遇甚厚以配宣帝承
聖二年后生後主於江陵及魏剋江陵宣帝遷于關右后妃
與後主俱留穰城天嘉二年與後主還朝后為安成王妃
宣帝即位立為皇后後主即位拜貴妃甚有寵后而已御其
初宣帝居鄉里先娶吳興錢氏及即位立為皇后甚有寵后
傾心下之每尚方供奉物其上者皆推於貴妃而已御其

四八九三　【南史列傳二】　〔八〕

次為宣帝崩始與王叔陵為亂後主賴后與吳媼救而獲
免後主即位尊后為皇太后宮曰弘範是時新失淮南地
隋師臨江又國遭大喪後主病瘡不能聽政其誅叔陵供
大行喪事邊境防守及百司眾務一皆決於后
之於后后性謙謹未嘗以宗族為請後主雖妃以歸政為后
雖衣食亦無所割飴乃歸政於陳亡入長安隋大業十二年薨於東
都年八十三葬于洛陽之芒山
後武帝女會稽穆公主早卒時后尚幼而毀瘠過甚及服
即武帝沈皇后諱婺華吳興武康人也父君理自有傳后母
畢每歲時朔望恆獨坐涕泣哀動左右內外敬異焉大建

三年夏崩欲為皇太子妃後主即位立為皇后性端靜有識

量寡嗜欲聰敏強記涉獵經史工書翰後主在東宮而后

父君理卒居憂廬別殿哀毁踰禮後主遇后旣薄而張貴

妃有寵惣後宮之政后澹然未嘗有所忌怨而身居儉約

衣服無錦繡之飾左右近侍纔百許人唯尋閱圖史及釋

典為事遇歲旱自暴而誦佛經應時兩降而身自為食孫姬

子胤為已子數上書諫爭後主將廢之而立張貴妃會國

亡不果乃與後主俱入長安及後主薨自為哀辭其

酸切隋煬帝每巡幸恒令從駕及煬帝被殺后自廣陵過

江於毗陵天靜寺為尼名觀音貞觀初卒

張貴妃名麗華兵家女也父兄以織席為業後主為太子

以選入宮時龔貴嬪為良娣貴妃年十歲為之給使後主

見而悅之因得幸遂有娠生太子深後主即位拜為貴妃

性聰慧甚被寵遇後主始以始興王叔陵之亂被傷卧于

承香殿時諸姬並不得進唯貴妃侍焉而柳太后猶居栢

梁殿即皇后之正殿也而沈皇后素無寵於後主不得侍

疾別居求賢殿至德二年乃於光昭殿前起臨春結綺望

仙三閣高數十丈並數十間其窻牖壁帶縣楣欄檻之類

皆以沈檀香為之又飾以金玉間以珠翠外施珠簾內有

寶牀寶帳其服玩之屬瑰麗皆近古未有每微風暫至香

聞數里朝日初照光映後庭其下積石為山引水為池植

以奇樹雜以花藥後主自居臨春閣張貴妃居結綺閣龔

孔二貴嬪居望仙閣並複道交相往來又有王季二美人

張薛二淑媛袁昭儀何婕妤江脩容等七人並有寵遞代

以遊其上以宮人有文學者袁大捨等為女學士與狎客

共賦新詩互相贈答采其尤豔麗者以為曲調被以新聲

選宮女有容色者以千百數令習而歌之分部迭進持以相

樂其曲有玉樹後庭花臨春樂等其略云璧月夜夜滿瓊

樹朝朝新大抵所歸皆美張貴妃孔貴嬪之容色張貴妃

髮長七尺鬢黑如漆其光可鑑特聰慧有神彩進止閑華

容色端麗每瞻視眄睞光彩溢目照映左右嘗於閣上靚

粧臨于軒檻宮中遙望飄若神仙才辯強記善候人主顏

色薦諸宮女後宮咸德之競言其善又工厭魅之術假鬼

道以惑後主置淫祀於宮中聚諸女巫使之鼓舞時後主

怠於政事百司啓奏並因宦者蔡臨兒李善度進請後主

倚隱囊置張貴妃於膝上共決之李蔡所不能記者貴妃

並為疏條無所遺脫因參訪外事人閒有一言一事貴妃

必先知白之由是益加寵異冠絕後庭而後宮之家不遵

法度有結於理者但求恩於貴妃貴妃則令李蔡先啟其

事而後從容為言之大臣有不從者因而譖之言無不聽
於是張孔之權熏灼四方內外宗族多被引用大臣執政
亦從風而靡閹宦便佞之徒內外交結轉相引進賄賂公
行賞罰無常綱紀瞀亂矣及隋軍剋臺城貴妃與後主俱
入井隋軍出之晉王廣命斬之於青溪中

論曰飲食男女人之大欲存焉故聖人順于人情而為之
度王宮六列士室二等皆隨事升降以立節文如夫義寫
閨闈政刑邦國古先哲王有以之致化矣夫后妃專配
以德升姬嬙並御進非色幸欲使情有覃被園偏流專
貞內表妖蠱外息乃可以輔興君德燮理陰政宋氏因晉

之舊典聘納有方倪天作儷必四岳之後自元嘉以降內
職稍繁所選止於軍署徵引極乎廝卑非若晉氏采擇濫
及冠晃者為而愛止帷房權無外授戚屬銅賽歲時不過
肴漿斯為美矣及文帝之傾惑潘嬙謀及婦人大明之淪
沒殺姬竝后四嫡其為衰敗亦已甚矣齊氏孝昭二后竝
有賢明之訓惜乎早世不得毋臨萬國有同素室武帝嗣
典禎符顯瑞徒萃徽名高皇受命宮禁約衣不文繡色
無紅采求巷貧空有同素室武帝嗣位運藉休平壽昌前
興鳳華晚構香柏文檻花梁繡桷金鐘寶照房帷趙
瑟吳趨承開奏曲事由私蓄無損國儲明帝統業矯情儉

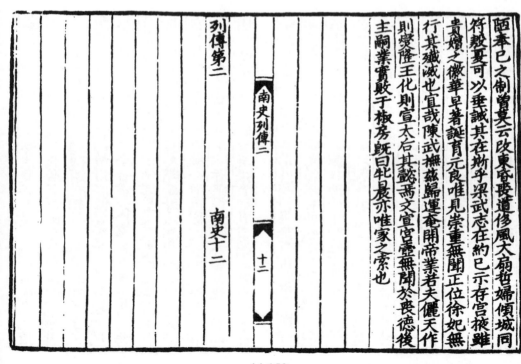

陋奉己之制貴莫云改東宮殿道修風大扇哲婦傾城同
符變夏可以垂誡其在斯乎梁武志在約已示存宮掖雖
貴嬪之徽華早著誕育元良唯見重無聞正位徐妃無
行其殄滅也宜哉陳武撫茲歸運奄開帝業若夫儷天作
則變隆王化則宣太后其懿焉文宣宮壺無聞於喪德後
主嗣業實敗于椒房既曰牝晨亦唯家之索也

列傳第二

宋宗室及諸王　　　　　　　李延壽

長沙景王道憐上

營浦侯遵考　從子季連

臨川烈武王道規　嗣熙

武帝諸子

【南史列傳三】

長沙景王道憐，宋武帝中弟也。謝琰為徐州，命為從事史。武帝剋京城及平建鄴，道憐常留府侍太后，後必改封克陵縣。渝縣男，從武帝征廣固，所部獲甚多，以勳封克陵縣。都督出領京口，武帝受命，遷太尉，封長沙王。先是盧陵王。公又討司馬休之，道憐監太尉留府事，汗陵平，為驃騎將軍，開府儀同三司，荊州刺史，護南蠻校尉，加都督北府文。

武帝配之。道憐素無才能，言音甚楚，舉止多諸鄙拙，南界常苦不足，去鎮日府庫為空。徵拜司空，徐兗二州刺史，加都督。義真為揚州刺史，太后謂上曰：道憐汝次兄宜用為揚州。上曰：寄奴於道憐豈有所惜。揚州根本所寄，事務至重，非道憐所了。太后曰：道憐年長不親其事。於車士雖為刺史，事無大小皆由寄奴。道憐年長不親其事，重。曰車士小字也。道憐年五十，豈不如十歲兒邪。上曰：道憐年五十，豈不如十歲兒邪。上。

傳葬禮依晉太宰安平王孚故事，樂路九旒，黃屋左纛，轀輬車，挽歌二部，前後羽葆鼓吹，虎賁班劍百人。文帝元嘉

九年詔：故太傅長沙景王、故大司馬臨川烈武王、故司徒南康文宣公劉穆之、開府儀同三司故青州刺史嗣武王弘、開府儀同三司求循縣公檀道濟、故豫州刺史龍陽縣公王鎮惡，並勒功天府，配祭南廟。道憐子義欣伏嗣位，豫州刺史，龍壽。延境內畏服，道不拾遺，遂為盛藩強鎮。黨禪，贈開府儀同三司，諡曰成王。子悰、王瑾嗣，傳爵至子都受禪國除。

韞字彥文，位雍州刺史，侍中領右衛將軍、領軍。昇明二年被齊高帝誅。韞人才凡鄙，特為明帝所寵。在湘州雍州，使善畫者圖其出行鹵簿羽儀，常自披觀。嘗以圖示征西將軍蔡興宗。宗愨之陽老不解畫者指韞形問之曰：

【南史列傳三】

此何人而在輿輜。曰：政是我。其庸鄙如此。韞弟述字彥思，亦其庸務。從子俣疾篤，父彥節、母蕭對之泣。述省曹之便，命左右取酒肉令俱進之，卒莫知其意，或間焉。曰：禮云有疾欲酒食閒之。又嘗新有總慘，或訪之曰否。述曰：惟有愁悁。次訪其子對曰：所謂父子聚庵，蓋謂麗為憂也。義欣弟義融封桂陽縣侯，邑千戶。凡王子為侯，食邑皆千戶。義融無子，弟義觀嗣，無子，弟襲字茂德，性庸鄙。恭侯子孝侯觀嗣……月露禪二，聽事時綱紀政伏閣怪之，訪問乃知是襲義。誠弟義宗，幼為武帝所愛，字曰伯奴，封新渝。為郢州刺史，署月……

縣侯位太子左衞率坐門生杜德靈放橫打人義宗第敝
隱免官德靈以姿色故義宗愛寵之義宗卒於南苑州刺史
諡曰惠侯子懷珍嗣無子弟彥節以子承繼彥節少以宗室
清謹見知孝武時其弟遜坐事誅嫡母殷氏養女雲敷殷宗禁
之又殺亡口血出眾疑遜行毒害孝武使彥節從弟祗諷彥
節啓證其事彥節曰行路之人尚不應爾今曰一門同
盡無容奉敕眾以此瑚之後廢帝即位累遷尚書左僕射
參選元徽元年領吏部加兵五百人桂陽王休範為逆中
領軍劉勔出守石頭彥節權兼領軍將軍所給加兵自隨
入殿封當陽侯與齊高帝袁粲褚彥回分曰入直平決機
事遷中書令加撫軍將軍及帝廢為蒼梧王彥節出集議
於路逢從弟韞韞問曰今日之軍故當歸兄邪彥節曰吾
等已讓領軍矣帝在中詎有血邪今年族矣齊
高帝聞而惡之順帝即位轉尚書令時齊高帝輔政彥節
知運祚將遷潛與彥節及諸大將黃回等謀夜會石頭詰
朝鎮石頭潛與彥節及沈攸之舉兵齊高帝入屯朝堂表
乃發彥節素快騷擾不自安再晡後便自丹楊郡車載婦
女盡室弃石頭臨去婦蕭氏強勸令食君彥節歡羨為肎
手捉不自禁其主簿丁靈衞閉閤難即入語左右曰今日之
事難以取濟但我受劉公厚恩義無二情及至見粲粲礌

曰何遽便來事今敗矣彥節曰今得見公萬死何恨從弟
韞直省內與直閤將軍卜伯興謀其夜共攻齊高帝會彥
節事覺秣陵令劉實建康令劉遜密告齊高帝高帝夜使
驍騎將軍王敬則收殺彥節之伯與不遇害最敗彥節走
於領軍見禽則殺彥節子俣尉賦詩云草植根非
不高所恨風霜早時歲云秋句吾事敗俱與弟隊剗髮
被法服向京口於客舍為人識於建康獄盡殺彥節暴尸有司
思話女也常懷禍敗每謂曰君富貴已足故應為兒作計
既貴士子自諱名有同至讓常對客曰
彥節不從故及禍彥節弟遜字彥道為嫡母殷殺
其幾從始安郡後得還吳郡太守至是亦見誅遜人才
得免不至是果死義宗弟義賓以封當安侯位徐州刺史卒
汝作州於聽望不足遞曰當買則言不可相關從坐之曰
頑騃君此又彥節當權遜累求方伯彥節曰我在事而用
當謂曰隆士儔詩云三營道無烈心其何意苦阿父如此義
諡曰隆侯義賓弟義綦封新與安侯位湘州刺
蔡曰下官初不識士儔何忽見苦其庸騫皆然位湘州刺

史諡僖侯

臨川烈武王道規字道則武帝少弟也倜儻有大志頗謀

誅桓玄時桓弘鎮廣陵以為征虜中兵參軍武帝剋京城
道規亦以其日與劉毅孟昶斬弘敗何
無忌欲乘勝追斬道直造江陵道規曰諸桓世
居西楚群小皆為唱力桓振勇冠三軍且可頓兵以計策
廓之無忌不從果為振敗乃退還尋陽緒舟甲復進遂平
巴陵江陵之平道規推毅為元功無忌為次自居其末以
起義勳封華容縣公累遷領護南蠻校尉荊州刺史加都
督荊州荊武將軍畏而愛之盧循寇逼建鄴道規遣司馬
王鎮之及揚武將軍檀道濟廣武將軍到彥之等赴援朝
廷至尋陽為循當黨荀林所破林衆勝代江陵聲言徐道覆

巴剋建鄴而桓謙自長安入劉誧縱以謙為荊州刺史與
其大將譙道福俱冠江陵道規乃會將士告之曰吾東來
文武足以濟事欲去者不禁因夜開城門報咸憚服莫有
去者雍州刺史魯宗之自襄陽來赴或謂宗之來可測道
規八單車迎之衆感悦衆議欲使檀道濟到彥之共擊
荀林等道規曰非吾自行不決乃使宗之居守委以腹
心率諸將大敗謙斬之謀議劉誧追荀林斬之巴陵初謙至
枝江江陵士庶皆與謙書言城內虛實道規一皆焚燒衆
乃大安徐道覆奄至破家魯宗之已還襄陽人情大震或
傳循巴剋都遣道覆上為刺史江漢士庶感其焚書之恩

無復二志道規使劉遵為游軍拒道覆前驅失利道規壯
氣愈厲屬遵自外橫擊大破之初使遵為游軍衆言不宜
割見引力置無用之地及破道覆果游軍之力衆乃服焉
遵字慧明淮南海西人道規從母兄也位淮南太守追封
監利縣族道規薨八年薨于都贈司徒謚曰烈武進封南
郡公武帝受命贈大司馬追封臨川王無子以長沙景王
第二子義慶嗣初文帝少為道規所養武帝以為荊州刺
州以疾不拜義熙八年兗于都贈司徒諡曰烈武進封南

隨往江陵文帝下詔褒美勳德及慈蔭之重追崇丞相加
殊禮鑾路九旒黃屋左纛給節前後部羽葆鼓吹虎賁
班劍百人及長沙太妃檀氏臨川太妃曹氏後麂葬皆准
給義慶幼為武帝所知年十三襲封南郡公永初元年襲
封臨川王元嘉中為丹楊尹有百姓黃初妻趙殺子婦遇
赦應避孫攤義慶議以為周禮父母之仇避之海外蓋以
莫大之冤理不可奪至於骨肉相殘本由於酒論心即實
失之宥雋無讎祖之文況趙之縱暴當求之深纔宜共天同
事畢荒茇豈得以荒茇之王毋等行路之深讎宜共天同
城無厭孝道六年加尚書左僕射八年太白犯左執法義
慶懼有災禍乞外鎮文帝詔諭之以為玄象茫昧左執法

嘗有變王光祿至今平安曰蝕三朝天下之至忌晉孝武
初有此異彼庸主耳猶竟無他義慶固求解僕射乃許之
九年出為平西將軍荊州刺史加都督荊州居上流之重
資實兵甲居朝廷之半故武帝諸子偏君之義慶以宗室
令美故特有此授性謙虛始至又去鎮迎送物竝不受十
一年普使內外舉士南郡師覺授義慶留心撫物
前徵奉朝請武陵龔祈屬士南郡覺臨汝令新野庾溫
州統內官長親老不隨在官舍者一年聽三吏飾家實
王弘為江州亦有此制在州八年為西土所安撰徐州先是
賢傳十卷奏上之又擬班固典引為典敍以述皇代之美

政授江州又遷南兗州刺史竝帶都督尋即本號加開府
儀同三司性簡素寡嗜慾愛好文義辭雖不多足為宗
室之表歷任無浮淫之過唯晚節奉沙門頗致費損小善
騎乘又長不復跨馬招聚才學之士遠近必至大尉袁淑
文冠當時義慶在江州請為衛軍諮議其餘吳郡陸展東
海何長瑜鮑照等竝有辭章之美引為佐史國臣所著世
說十卷撰集林二百卷竝行於世文帝每與義慶書常加
意斟酌鮑照字明遠東海人文辭贍逸嘗為古樂府文甚
遒麗元嘉中河清俱清當時以為美瑞照為河清頌其序
甚工照始嘗謁義慶未見知欲貢詩言志人止之曰卿位

尚卑不可輕忤大王照勃然曰千載上有英才異士沈沒
而不聞者安可數哉大丈夫豈可遂薀智能使蘭艾不辨
終日碌碌與燕雀相隨乎於是奏詩義慶奇之賜帛二十
四尋擢為國侍郎甚見賞遷秣陵令文帝以為中書舍
人上好文章自謂人莫能及照悟其旨為文章多鄙言累
家軍學書記之任子頊敗為亂兵所殺義慶在廣陵有疾
而白虹貫城野麏入府之因陳求還文帝許解州
句咸謂照才盡實不然也臨海王子頊為荊州照為前軍
以本號還朝二十一年薨于都下追贈司空諡曰康王子
哀王曇嗣為元凶所殺曇子緯嗣昇明三年見殺國除

營浦侯遵考武帝族弟也曾祖混皇曾祖武原令混之弟
位正員郎祖嚴海西令父涓子彭城內史始武帝諸子立
弱宗室唯有遵考又比伐平定以為幷州刺史領河東太
守鎮蒲坂關中失守南遷再遷冠軍將軍晉帝遜位居秣
陵宮遵考領兵防衛武帝初即位封營浦縣侯元嘉中累
遷寧蠻校尉雍州刺史加都督為政嚴暴聚歛無節為有
司所糾上霄不問孝武大明中位尚書左僕射領崇憲太
僕後老疾失明元徽元年卒贈左光祿大夫開府儀同三
司諡曰元公子澄之昇明末貫達澄之弟琨之為竟陵王
誕司空主簿誕有寵琴左右犯其徽誕罰焉琨之諫誕曰

此余寶也珉之曰珉哲以善人為寶不以珠玉為寶故王
孫圍稱觀父為楚國之寶未聞以琴瑟為寶誕然不悅
誕之叛以為中兵參軍辭曰思考不得竝殺之老父在將
安之平誕殺之後贈黃門郎謝珫為誅遵考從父弟思
考亦官歷清顯辛於散騎常侍金紫光祿大夫子珫字
惠續早歷清官齊高帝受禪將及誅太宰褚彥回素善之
固請乃免明帝乃以遙欣為雍州刺史南郡太守遙欣以為益
州刺史令據遙欣上流季連父宋時為益州雖無政
有異迹明帝乃以遙欣心德季連以為益州雖無政
招賓客明帝甚惡之季連有慚於遙欣乃密表明帝言其
績州人猶以義故喜得之季連存問故老見父時人吏
皆泣對之逐寧人龔愷累世有學行辟為府主簿又聞東
昏失德稍自驕矜性忌褊遂嚴憒很士人始怨永元元
年九月因聲讙譟遂遣中兵參軍宋買以兵襲中水穰人
續伯又奉其鄉人李弘為聖主弘兼佛興以五綵暴青石
許百姓云天與己王印當王蜀李連遣中兵參軍李奉伯
李記買戰不利退還州中兵遂多叛明年十月巴西人趙
大破獲之將刑刑人曰我須更飛去復日浟空殺我
三月三日會更出隊斬之梁武帝平建鄴遣左右陳建孫
送李連二子及弟通直郎子深剛旨季連受命脩還裝武

帝以西臺將鄧元起為益州刺史元起為南郡人季連為南
郡時待之素薄元起典籤朱道琛者嘗為季連府都錄無
賴季連欲殺之逃免至是說元起請先使檢校綠路奉迎
及至言語不恭又歷造府州人士見器物輒奪之曰會屬
人何須苦惜軍府大懼元起言於季連求為巴西郡守三
不禮季連訐之既而召兵籌之精甲十萬臨軍歡曰撫
此安歸乎遂矯稱宣德皇后令復收朱道琛書
天嶺之地握此盛兵進可以匡社稷退不失作劉備欲以
報朱士略兼召涪令季連膺竝不受命天監元年六月元起
至巴西季連遣其將李奉伯拒戰見敗季連固守元起圍
之城中餓死者相枕又從而相食二年乃閏袒請罪元起
遷季連于外俄而造為待之以禮季連謝曰早知如此豈
有前日之事元起誅李奉伯送季連還都將發人莫之視豈
唯襲愷送為初元起在道懼事不集無以賞士之至者皆
許以辟命於是受別駕中從事機者將二千人季連既至
詣闕謝罪自東掖門入數步一稽首以至帝前帝笑謂曰
卿欲慕劉備而曾不及公孫述豈無卧龍之臣乎赦為庶
人四年出建陽門為蜀人藺相如所殺季連在蜀殺其父
縗絰名走建鄴至是報為乃面縛歸罪帝壯而赦之

宋武帝七男張夫人生少帝孫脩華生廬陵孝獻王義真
胡婕妤生文帝王脩容生彭城王義康袁美人生江夏文獻
王義恭孫美人生南郡王義宣美人生衡陽文王義季
廬陵孝獻王義真美貌神情秀徹初封桂陽縣公年十
二從北征及關中平武帝東遷欲留偏將恐不足固人
乃以義真為雍州刺史加都督以大尉諮議參軍京兆王
脩為長史委以關中任帝將還三秦父老泣訴曰殘生不
霑王化於今百年始觀衣冠方仰聖澤長安十陵是公家
墳墓咸陽宮殿是公家屋宅捨此何之武帝為之憫然慰
譬曰受命朝廷不得擅留令留第二兒令文武才賢共鎮

此境臨還自執義真手以授王脩令脩執其子孝孫手授
帝義真又進都督并東秦二州領東秦州刺史時隴上流
戶多在關中望得本及置東秦州而赫連勃勃逼交至沈田子
既殺王鎮惡又殺田子兼裁咸義真賜左右物左右
怨之因曰義真鎮惡欲反故殺田子脩殺田子豈又
右殺王鎮惡又殺田子脩才收京兆霸城人初南
度見桓玄玄謂曰君平世吏部郎才也脩既死人情離異
武帝遣右將軍朱齡石代義真鎮關中使義真疾歸諸將
競歛財貨方軌徐行建威將軍傅弘之曰虜若至何以

待之賊追兵果至至青泥大敗義真獨逃草中中兵參軍
段宏單騎追尋義真識其聲曰君非段中兵邪身在此行
矢必不兩全可刎身頭以南使家公繋絕宏泣曰死生共
之下官不忍乃束義真於背單馬而歸義真謂宏曰丈夫
不經此何以知艱難初武帝於京師未得義真問怒其冠石
伐義真晦諫不從及得宏啟知義真免乃止義真為慕容
超求尚書左僕射武帝伐廣固歸降義真改揚州刺史鎮石
刺史加都督以段宏為義真諮議參軍宏甲人為司州
頭求初元年封廬陵王武帝践祚義真色不悅待讀博
士蔡茂之間其故對曰安不忘危何可恃也明年遷司徒

武帝不豫以為車騎將軍開府儀同三司南豫州刺史加
都督鎮歷陽未之任而武帝崩義真聰敏愛文義而輕動
無德業與陳郡謝靈運琅邪顏延之慧琳道人並周旋異
常云得志日以靈運延之為宰相慧琳道人為西豫州刺
史徐羨之等嫌義真靈運延之之昵狎過其故更范晏戒之
義真曰靈運空疎延之隘薄魏文云鮮能以名節自立者
但性情所得未能忘言於懌賞故與靈運延之慧琳等坐視部伍
於東府前既有國哀義真與靈運延之慧琳等坐視部伍
因宴舫裏使左右剔義真母船而取其勝者及至
歷陽多所求索羨之等每不盡與深怨執政表求還都初

少帝之居東宮多狎羣小謝晦嘗言於武帝曰陛下春秋
既高宜思存萬代神器至重不可使負荷非才帝曰廬陵
何如晦曰臣請觀焉俄而義真盛欲與談晦不甚答
還曰德輕於才非人主也由是出居于外又義之等專政義
真愈不悅時少帝失德義之等謀廢立次第進乃在義真
真輕訬不任社稷因其短與少帝不協遂為廬陵王所
郡前吉陽令張約之上疏諫徙為廣州府參軍尋殺之
景平二年義之等遣使迎靈柩并孫脩華謝妃一時俱還三
年八月詔追復先封彭城王鑠字休倩嗣龐燮盧陵（時年十八元嘉三）
年正月誅徐羨之傅亮等是日詔追崇侍中大將軍王如

故贈張約以郡義真無子文帝第五子紹字休倩嗣龐燮盧陵
王紹少寬雅位揚州刺史薨無子以南平王鑠子敬先嗣
彭城王義康永初元年封彭城王歷南豫南徐二州刺史
並加都督文帝即位為驃騎將軍開府儀同三司元嘉三
年改授都督荊州刺史給班劍二十人義康少而聰察又
居方任職事修理六年司徒王弘表義康宜還入輔徵為
侍中司徒錄尚書都督南徐州刺史二府置佐領兵與
王弘共輔朝政弘既多疾且每事推謙自是內外衆務一
斷之義康太子詹事劉湛有經國才用義康昔在豫州湛
為長史既素情款至是待遇特隆動皆諮訪故前後在藩

多善政九年王弘薨又領揚州刺史十二年又領太子太
傅義康性好吏職鋭意文案糾剔是非莫不精盡既專朝
權事決自己生殺大事皆以錄命斷之凡所陳奏入無不
可方伯以下並委義康授用由是朝野輻湊權傾天下義
康亦自強不息無有懈倦每旦常有數百乘車雖復義
位素微人微皆被接引又聰識過人一聞必記嘗所暫遇
身不忘稱人廣坐每標題所憶以示聰明人物益以此推
之愛惜官爵未嘗以階級私人凡朝士有才用者皆引
入己府自下無有慚倦無不稱力不敢欺貳文帝有疾累
服之憂惕每入侍醫藥盡心
所想便覺心中痛裂屬纊者相係義康入侍醫藥盡心衛

奉湯藥飲食非口所嘗不進或連夕不寢彌日不解衣內
外衆事皆專決施行十六年進位大將軍領司徒義康
無術學待文義者甚薄宗嘗詣義康義康問其年苦曰
鄧仲華拜袞之歲義康不識也淑又曰陸機入洛之
年義康曰身不讀書君無為作才語見其淺陋若此既
闇大體自謂兄弟至親不復存君臣形迹率心而行曾無
猜防私置僮僕六千餘人不以言臺四方獻饋皆以上品
薦義康而以次者供御上嘗冬月噉柑歎其形味並劣義
康在坐曰今年柑殊有佳者遣還東府取柑大供御者三
十僕射殺景仁為常所寵與劉湛素善而意好脫垂湛常

欲因宰輔之權傾之景仁為帝所保持義康屢言不見用
湛愈憤南陽劉斌湛之宗也有俗才用為義康所知自司
徒右長史擢為左長史從事中郎琅邪王履主簿沛郡劉
敬文榮酒魯郡孔孚等並以傾側自入見帝疾篤皆謂宜
立長君上嘗示尼殂使顧命諸義康還省流涕以告
湛又景仁曰天下艱難詎是幼主所御湛景仁並不答而
也及帝疾瘳微聞之而
徹泰等輒就尚書儀曹索晉咸康立康帝復禧事結朋黨若
有盡忠奉國不同已者必構以罪黜每采景仁短長或虛
造同異以告湛自是主相之勢分矣義康欲以斌為丹楊

尹言其家貧上覺之曰以為吳郡後會稽太守羊玄保求
還義康文欲以斌代之上時未有所擬君卒曰我已用王
鴻上以嫌隙既成將致大禍十七年乃收湛又誅斌又
大將軍錄事參軍劉敬文井賊曹從事中兵邪懷明主
簿孔徹徐奕丹楊丞孔文秀司空從事中郎司馬亮烏程令
盛曇泰徒黃門郎素殷內以備非常義康時入宿留止中
遙之湛弟黃門郎素韓景之求興令顏
青州刺史杜驥勒兵殿內以備非常
書省遣人宣旨告以湛等罪義康上表遜位政授江州刺
史出鎮豫章賞幽之也傳省十餘日桂陽侯義融新渝侯

義宗秘書丞許桑湛之往來慰視於省奉辭便下渚上唯對
之慟哭達旦沙門慧琳視之義康曰弟子有還理不琳公曰
恨公不讀數百卷書耳林斌為諮議領豫章太守事無大小皆委之
說之被斥乃以斌為諮議領豫章太守事無大小皆委之
司徒王主簿謝綜綜亦為義康所狎以為記室左右愛念者並
義康隨從至豫章辟州見許資奉朝廷大事
崇前龍驤參軍巴東令扶育上申明義康奏即收付建
義康未敗時東府聽事前井水忽涌野雉江鷗入所住
臨陵從至豫章辭綜綜亦為
康賜死會稽長公主於兄弟為長帝所親敬上嘗就主宴
集其歡主起再拜頓首不自勝上下曉其意起自扶之

主曰車子歲暮必不見容特乞其命因慟哭上亦流涕指
蔣山曰必無此慮若違今誓便是負初寧陵即所飲酒
賜義康司會稽姊飲憶弟所飲餘令封送車子義康小字
也二十二年太子詹事范曄等謀反事連義康詔特宥大
辟并子女並免為庶人絕為籍徒安成郡義康在安成讀
漢書見淮南厲王長事廢書歎曰前代乃有此我得罪為
宜也二十四年豫章胡王義恭妻桃被義康廣州奏可未行會魏軍至
康太尉江夏王義恭有異志者舉義康為亂孝武時鎮彭
仍步天下擾動上庸有異志者奉義康為亂孝武時鎮彭
城又尚書左僕射何尚之並言宜早為之所二十八年正

月進中書舍人嚴靈彭持樂賜死義康不肯服藥曰佛教自
殺不復人身為以被捕殺之以佳禮葬安成郡子允元凶
殺之孝武大明四年義康女王秀等之及葬禧堂詔聰帝
江夏文獻王義恭幼而明穎姿顏端麗武帝特所鍾愛帝
性儉諸子飲食不過五酖盤義恭求須果食旦中無筭得
未嘗噉恐以與傍人諸王未當敢求亦不得元嘉六年
為都督荊州刺史義恭涉獵文義而驕奢不節及出蕃文
詔達大度漢祖之德猶忘禍惡魏武之察漢書補衛青云
大將軍遇士大夫以禮與小人有風西閤安于矯性群美

十七

關羽張飛任偏同獎行已畢事深宜鑒此汝一月日自用
不可過三十萬若能省此益美西塗殺贓常宜早起接對
賓佐園池堂觀計無須改作凡訊獄前 二日可取訊簿
一月可再訊凡事皆應慎密委名器深宜慎惜不可妄以
假人聲樂嬉游不宜令過數引見佐史非惟臣主自應
密與劉湛輩相比詳論慎無以喜怒加人能擇善者從之
美自歸已不可專意自決以矜獨斷之明也刑獄不可壅
相見不數則彼我不親不親無因得盡人人不盡荷由具
知眾事九年為南兗州刺史加都督鎮廣陵十六年進位
司空明年彭城王義康有罪出藩敬義恭為侍中都督楊

南徐兗二州司徒錄尚書重領太子太傅給班劍二十人
置佐領兵二十一年進太尉領司徒義恭小心且戒義康
之失雖為揔錄奉行文書而已文帝多不別給錢二
千萬佗時有獻五百里馬者以賜義恭二十七年又欲
至千萬物耕此而義恭性奢用常不足文帝欲別
有事河洛義恭入上庸義恭不能固吉城備
逃之恥及魏軍至義恭果欲走賴眾議得停號驃騎將
加誠勒義恭荅曰臣雖未能臨瀚海濟居庸免仲奔
與孝武閉城自守初魏軍深入上庸義恭不能固吉城備
軍開府儀同三司魯郡孔子禧廟有栢樹二十四株歷漢

十八

晉其大連抱有二株先倒折土人崇敬莫之敢犯義恭恐
遣伐取父老莫不歎息又以本官領南兗州刺史加都督
移鎮盱眙修館子擬東城二十九年冬還朝上以御所乘
應有詐妄致害者召以義恭求常所遣傳詔勸
東府元凶肆逆其日勸召有人至是詔名太子及諸王
著蠻船上迎之遭大妃憂政授大將軍南徐州刺史還鎮
遺之而後入義恭異志使入尚書下省分諸子並神獸門外
入討勸疑義恭單馬南齊助大怒遷詣王瀋殺義恭十二
侍中省孝武前鋒至新亭勸挾義恭出戰故不得自拔
戰敗義恭單馬南齊助大怒遷詣王瀋殺義恭十二子

義恭既至勸孝武即位授太尉錄尚書六條事假黃鉞事

寧進位太傅領大司馬增班為三十八以在潘所服玉

環大綬賜之上不欲致禮太傅諷有司奏天子不應加拜

從之又立太子東宮文案使先經義恭又令南郡王義宣等

及又加黃鉞白直百人入六門事平以減貢七百里馬賜

省錄尚書上從之又與驃騎大將軍竟陵王誕奏陳賜請

義恭孝武以義宣乱逆由具彊盛欲削王侯義恭希旨請

之格猶有未盡更加附益凡二十四條詔外詳議於是有司奏九條

冬不得跳登國殿公主妃傳令不得朱服輿不得重摑郭

廟不得雜尾劍不得鹿盧形槃昵不得孔雀白鷺夾轂隊

不得絳襖平乘但馬不得過二四胡伎不得綠衣舞伎正

冬不得桂衣不得衵面諸妃主不得著縵帶信幡非臺省官

悉用絳郡縣內史相及封君罷官則不復

追敬不稱臣鎮常行車前不得過六隊刀不得過銀銅

飾諸王女封縣主諸王子孫襲封王之妃及封侯者夫人

行並不得同皇弟皇子車輿非軺車不得油幢平乘

公侯之禮不得擬象龍丹非諸國

船皆下兩頭作露平形不得擬象龍丹詔可孝建二年為

揚州刺史加入朝不趨贊拜不名劍履上殿固辭殊禮義

恭撰要記五卷起前漢訖晉太元表上之詔付秘閣時西

陽王子尚有盛寵龍義恭解揚州以避之乃進位太宰領司

徒義恭常慮為孝武所錄及海陵王休茂於襄陽為乱乃

上表稱諸王貴重不應居邊有州不湏置府辭其餘制度又

多所減省時義恭振暴義恭盧不見容乃曲意附會又

皆有容儀每有祥瑞輒上賦頌大明元年有三脩生石

頭西岸又勸封禪上甚悅及孝武崩遺記義恭解尚書令

加中書監柳元景領尚書令入住城內事無巨細悉關二

公大事與沈慶之參決若有軍旅可為摠統尚書本官

顏師伯外監所統委王玄謨前廢帝即位復錄尚書本官

如故尚書令柳元景即本號開府儀同三司領兵置佐一

依舊準又增義恭班劍為四十人更申殊禮之命固辭殊

禮義恭性嗜不恒與時移變自始至終屢遷第宅與人游

歛意好亦多不終奢後無度不安財貨左右親幸一日之

與或至一二百萬小有忤意輒追奪之大明時孝武亦忌其

而用常不足賖市百姓物無錢可還民有通辭求錢者輒

題後作原字善騎馬解音律游行或二三百里以望大湖大

所之東至吳郡登虎丘山又登無錫縣烏山以望太湖大

明中撰國史孝武自為義恭作傳又永光中雖任宰輔而

承車近臣戴法興等常若不及前廢帝狂悖無道義恭元

景謀欲廢立廢帝率羽林兵於第車之并四子斷枕義恭
支體分裂腹胃挑取眼睛以蜜漬之以為鬼目粽明帝定
亂令書追崇侍中都督中外諸軍永相領太尉中書監錄
尚書事輼輬車泰始三年又詔悟發廟庭
南兗州刺史義遷中書監中軍將軍給鼓吹時竟陵王變亢
斤役刻民散政封南譙王十三年出為江州刺史加都督
南郡王義宣生而舌澀於言論元嘉元年封竟陵王都督
鼓吹輼輬車義宣前後部羽葆
謝晦平後以授彭城王義康義兼入相次江夏王義恭又
初武帝以荊州上流形勝地廣兵彊遺詔諸子次第居之
義慶又居之其後應在義慶上以義宣人才素短不堪居
上流十六年以衡陽王義李代義慶而以義宣為南徐州
刺史而會稽公主每以為言上遲回久之二十一年乃以
義宣都督七州諸軍事車騎將軍荊州刺史先賜中詔曰
師護以在西久比表求還出內左右自是經國常理亦何
必其應於一往今欲聽許以汝代之護雖無殊績潔巳節
用通懷期物不恣舉十此信未易在彼巳有次弟為士庶
所共論者為謂未議遷之之全之回換更在欲為汝耳汝與
護年時一輩各有其美方物之義亦互有少多若今向事

二十一　羼六

脫一減之者既於西夏交有巨碳遷代之識必歸責於吾
矣師護義李小字也義宣至鎮勤自課厲政事修理白皙
美須眉身長七尺五寸腰帶十圍多內寵後房千餘居處
數百男女三十人崇飾綺麗貴用殽廣媚進位司空改侍中
帝詔之曰善脩民務不須營潛逃計也遷司徒揚州刺史
侍中如故元凶殺立以義宣為中書監太尉領司徒義宣
聞之即時起兵徵聚甲卒傳檄近遠會孝武入討義宣遣
參軍徐遺寶率眾三千助為先鋒孝武即位以義宣為中
書監都督揚豫二州丞相錄尚書六條事揚州刺史加羽

葆鼓吹給班劍四十人改封南郡王追謚義宣所生為獻
太妃封次子宜陽侯愷為南譙王義宣固辭內任及愷王
爵於是改授都督八州諸軍事荊湘二州刺史持節侍中
丞相如故降愷為宜陽縣王將佐以下並加賞秩義宣在
鎮十年兵彊財富既首創大義威名著天下凡所求欲無
不必從朝廷所送及所餘其不識慶意不同者一不遵承皆孝武先自
酌欲假手為亂如此初臧質陰有異志以義
宣見弱易可傾後欲盡禮及至江州每密言說義宣以為有
見義宣便盡禮及至江州每密言說義宣以為有大才負
大功挾震主之威自古尠有全者宣在人前早有處分不

二十二　一

爾一旦受禍悔無所及義宣陰納賈言而孝武闇昧無禮
與義宣諸女淫亂義宣因此發憤密治舟甲剋孝建元年
秋冬舉兵報豫州刺史魯爽兗州刺史徐遺寶使僚佐爽狂
酒失旨其年正月便反遣府戶曹送版以義宣補天子并
送天子羽儀遺賈外勒兵向彭城義宣又賈狼狽起兵二
月加都督中外諸軍事貴左右長史司馬使僚佐恐稱狂
詔答之太傅江夏王義恭又與義宣書諭以禍福貴移
遣傳奉表必義臣交亂圖佩宗社輒徵召甲卒戴此凶醜
刺史朱脩之起兵奉順義宣率眾十萬發自江津舳艫數
檄諸州郡遺豪軍劉諶之尹周之等率軍卜就咸賈雄州
百里是日大風船垂覆沒僅得入中夏口以第八子愔為
輔國將軍留鎮江陵遣嫡長秀朱嘗郡萬餘人比討朱脩之
秀初至江陵見義宣既出拊膺曰阿兄誤人事乃與凝人
作賊今年敗矣義宣至尋陽與賈俱下質為前鋒至鵲
頭聞徐遺賓敗曾來於小峴授首相視失色孝武使鎮北
大將軍沈慶之逆來省於義宣賈立駭懼上
先遣豫州刺史王玄謨舟師頓梁山洲內東西兩岸為柵
城營柵甚固無軍柳元景樓妹熟為大統偏師鄭琨武
念成南浦質徑入梁山去玄謨一里許結營義宣屯燕湖
五月十九日西南風猛質乘風順流攻玄謨西壘元景從僕

射胡子友等戰失利棄艦度就玄謨質又遣將龐法起數
千兵趣南浦仍使自後掩玄謨與凝念相遇法起以數
赴水死略盡義宣至梁山賀上出軍東山午攻玄謨舊擊大敗
遣游擊將軍垣護之竟陵太守薛安都等出壘乘風勢猛
質軍軍人一時投水護之取女載以西奔至江夏聞巴陵
之勢縱兵攻之眾一時奔潰義宣與質相失名各單舸迸走
盛煙爛覆江義宣時屯殆盡諸將舸乘風火
東人士庶人一時投水護之西人與義宣相隨者舸猶有百餘女
先適臧質子過尋陽入逡口步向江陵眾散且盡左右唯有十
有軍被抄斷回入
至江陵耶外竺超人具羽儀迎之時帶甲尚萬餘人義宣
許人脚痛不復能行就民儌露軍自載無復食緣道求告
既入城仍出聽事見客左右翟靈寶誠使無慰眾賓以臧
質違指授之宜用致失利今治女繕甲更為後圖昔漢高
百敗終成大業而義宣誤云項羽千敗眾咸掩口而笑魯
秀竺超人等猶為之木牙欲收合餘燼更圖一決而義宣
愔摯無復神守入內不復出左右腹心相率奔叛魯秀比
走義宣不復自立欲隨秀去乃於內戎服盛糧糒帶背刀
攜息悄及所愛姜五人皆著男子服相隨城內擾亂白刃
交橫義宣天懼落馬仍便步地超人送城外更以馬與之

超人還守城義宣異及秀望諸將选比入魏既失秀所往
未出郭將士逃盡唯餘慆及五妾兩黄門而已夜還向城
入南郡空廨無牀席地至旦遣黄門報超人而遣故車
一乘載送剌姦義宣止獄歘曰臧質老奴誤我始
與五妾俱入獄五妾尋被遣出義宣報曰常日
非苦今日分別始是苦大司馬江夏王義恭諸公王八坐
與荊州刺史朱修之書言義宣反道叛恩便宜專行大戮
恢年十一拜南譙王世子晉氏過江不置城門校尉及衛
尉官孝武欲重城禁故復置衛尉卿以恢為侍中領衛尉
衛尉之置自恢始也義宣及錄付廷尉自殺恢弟愷字景
穆生而養於宮中寵均皇子十歲封宜陽侯孝武時進為
王義宣反聞至愷於尚書寺內著婦人衣乘問訊車投臨
汝公孟覬覬於妻室內為地窟藏之事覺并諮誅其餘並
為愔之所殺

衡陽文王義季幼而夷簡無鄙近之累
使隨往由是特為文帝所愛元嘉元年封衡陽王十六年
代臨川王義慶為都督荊州刺史先是義慶在任遇已
擾亂師旅雁接府庫空虛義季下車息財郡用數年還復充
隊主續豐苴老家貧無以充養遂不食肉義季哀其志給

豐毋月米二斛錢一千并制豐噉肉義季素拙書上聽使
人書啟事唯自署名而已嘗大蒐於郢有野老帶苫而耕
命左右斥之老人擁耒對曰昔楚子盤游受譏令尹今陽
和扇氣播厥之始一日不作人失其時大王馳騁為樂驅
斥老夫非勸農之意義季止馬曰此賢者也命賜之食老
人曰願大王均其賜也苟不奪人時則一時皆事王賜
素嗜酒自彭城王義康廢後遂為長夜之飲略少醒日文帝
詰責曰此非唯傷事業亦自損性汝所諸近長沙兄弟
皆緣此致故將軍蘇耽酖酒成疾旦夕待盡一門無此酗
法汝於何得之義季雖奉旨酗縱不改成疾以至於終二
十一年徵為征北大將軍開府儀同三司南兗州刺史加
都督發州之日帷帳器服諸應隨刺史者悉留之荊楚以
為美談二十二年遷徐州刺史明年魏攻邊比州擾動義
季庸禍不欲以功勤自業無他經略唯飲酒而已文帝又
詔責之二十四年薨於彭城太尉江夏王義恭表解職迎
喪不許上遣東海王禕迎喪追贈司空傳國至孫齊受禪
國除

論曰自古帝王之興雖係之于歷數至於經啟多難莫不
兼藉親賢當於餘秩內侮首桓交過荊楚之勢同于累外

如使上略未盡一算或遺則得喪之概未可知也烈武王

聲群才揚盛業一舉而埽寇盜亦人謀之致乎長沙雖

位列台鼎不受本報之奇跡其行事有以知武皇之則哲

盧陵以帝子之重兼高明之姿纍跡未彰禍生己克痛矣

夫天倫猶子分形共氣親愛之道人理斯同富貴之情其

義則舜善乎龐公之言比之周公管蔡若廬茅屋之內宜

無狀殺之酷觀夫彭城南郡其然乎江夏地居愛子位當

上相大明之世親禮冠朝寙體降身歸于車下得使兩朝

暴主永無猜色歷載踰十以尊戚自保及往永光幼主南

而公旦之重劚有所歸自謂踐冰之庸已除太山之安可

恃曾永云幾而磔體分肌古人以隱微致誠斯為篤矣衞

陽晚存酒德何先後之云殊其將存覆車之鑒不然何以

致於是也

列傳第三　　　　　南史十三

李　延壽

宋宗室及諸王下

宋文帝諸子

孝武諸子

【南史列傳四】

文帝十九男元皇后生元凶劭潘淑妃生始興王濬路淑
媛生孝武帝吳淑儀生南平穆王鑠高脩儀生廬陵王紹
殷脩華生竟陵王誕曹婕妤生建平宣簡王宏陳脩容
生東海王禕謝容華生晉熙王昶江脩容生武昌王渾沈
婕妤生明帝楊美人生始安王休仁邢美人生山陽王休
祐蔡美人生海陵王休茂董美人生鄱陽哀王休業顏美
人生臨慶沖王休倩陳美人生新野懷王夷父荀美人生
桂陽王休範羅美人生巴陵哀王休若紹出繼廬陵孝獻
王義真

元凶劭字休遠文帝長子也帝即位後諱闇中生劭故祕
之元嘉三年閏正月方云劭生自前代人君即位後皇后
生太子唯殷帝乙誠祔正妃生祔至此又有劭焉始三
日帝往視之甚帽甚駭無風而陞于劭側上不悅初命之
曰劭在文為召刀後惡焉改刀為力年六出威拜為皇太子
中蕉子二率入直永福省為更絫宮制廣蔽囊年十二出

居東宮納黃門侍即殷淳女為妃十三加元服好讀史傳
尤愛弓馬及長美鬚眉大眼方口長七尺四寸親覽宮事
劭拜京陵大將軍彭城王義康竟陵王誕桂陽侯義融並
延賓客意之所欲上必從之東宮置兵與羽林等十七年
從二十七年上日北伐自我意不關一人但湛等不異耳由是
至瓜步上登石頭城有憂爸劭與蕭思話固諫不從桂陽
謝天下上平上時務本業使宮內皆蠶欲以諷劭天下有
與江徐之不平日比自我意不異耳由是
女巫嚴道育夫為劫坐沒入奚官劭姊東陽公主應閣婢

【南史列傳四】

王鸚鵡白公主道育通靈王乃白上託云善蠶求召入道
青云所奉天神當賜符應時主夕即見流光相隨狀若螢
火遂入巾箱化為雙珠圓青可愛於是主及劭並信惑之
始與王濬素使事劭並多過失庶上知使道育祈請欲令
過劭上聞歌儛呪詛不捨書夜道育輒云自上天陳請必
不泄露劭等敬事號曰天師後遂為巫蠱刻玉為上形像
埋於含章殿前初東陽公主有奴陳天與鸚鵡黃門慶國並
而與之淫通鸚鵡天與及寧州所獻黃門慶國並與巫蠱
事劭以天興補隊主東陽主薨鸚鵡應出嫁劭慮言語泄
與濬謀之嫁與濬府佐沈懷遠為妾不啟上慮事泄因
臨賀公主微言之上後知天興領隊遣閣人奚承祖讓劭

曰汝間用隊主副盡是奴邪欲嫁者又嫁何慮劭答南第

昔屬天興求將吏驅使視形容粗健便兼隊副下人欲嫁

者猶未有處時鸚鵡已嫁懷遠矢劭懼書告濬并使報臨

賀主上若問處當言未定濬答書曰劭此事多日今始

來問當覺是有感發之者討臨賀故不應飜覆言語自生寒

熱也此姥由來披兩端難可孤保正爾自問臨賀冀得審

實也其若見問當作依違答之天興先署使人府位不審

令嚴自躬上啟聞彼人若為不已政可促其餘命或是大

監上當無此薄領可急宜揵之殿下巳見王未宜依此具

慶之漸凡劭濬相與書類如此所言皆為名號謂上為彼

人或以為其謂太尉江夏王義恭為使人東陽王第在西

披門外故云南第主即鸚鵡姓躬上啟聞者令道育上天

白天神也鸚鵡既適懷遠庵與天興私通事泄請劭殺之

劭窓使人害天興既而慶國謂往來唯有二人天興既死

廬將見又乃以白上上驚愡即收鸚鵡家得劭濬手書皆

呪詛巫蠱之言得所埋上形像於宮內道育叛亡捕之不

得上詰責劭濬劭濬唯陳謝而已道育變服為尼逃匿東

宮濬往京口又以自隨或出止人張旿家上謂江夏王義

恭曰常見典籍有此謂之傳空言不意親覩劭南面之日

非復我又汝事汝兒子多將來遇此不幸耳先是二十八

年彗星起畢昴入大微掃帝坐端門滅翼軫二十九年熒

惑逆行守氐自十一月霖雨連雪陽光罕曜時道士范材

脩練開術是歲自言死期如期而死既殯殯江夏王疑其仙

也使開棺視之首如新劭血流于肘上閉而惡焉三十年

正月大風飛霰且雷上豪有竊發輒加兵東宮實東宮萬

人其年二月濬自京口入朝當鎮江陵後載道育還東宮

欲將西上有告上云道育隨濬出入征

人張旿家有一尼服食養北上

北內似是嚴道育上使掩得二婢云道育母永命濬淑妃養以

惆悵愡駭須劭賜濬死初濬母卒命濬淑妃養以

為子淑妃愛之濬心不附妃被寵上以謀告濬

濬報劭因有異謀每夜纔將士或親自行酒密與腹心隊

主陳叔兒齋帥張超之任建之謀之其月二十一日夜詐

作上詔云曹秀謀反汝可平明率衆入因使超之等集素

所養士二千餘人皆被甲云有所討佈召前中庶子右軍

長史蕭斌及左衛率袁淑中舍人殷仲素左積弩將軍王

正見並入告以大事自起拜斌等因流涕並驚愕明旦劭

以朱服加我服上秉畫輪車與蕭斌同載衛從如常入朝

儀從萬春門入舊制東宮隊不得入城劭語門衛云受詔

有所收討令後速來張超之等數十人馳入雲龍東中華

門及齋閣拔刃徑上合殿上其夜與尚書僕射徐湛之屏

人語至曰燭猶未滅閉階戶席並無侍衛上以几自鄣超之行殺上五指俱落并殺湛之劭進至合殿中閣文帝已崩出坐東堂蕭斌執刀侍直呼中書舍人顧瑊瑊懼不時出及至問曰欲共見廢何不早啟未及咎斬之遣人於崇禮闥殺吏部尚書江湛文帝左細仗主天與攻劭於東堂見殺又使人入殺潘淑妃剖其心觀其邪正使者阿旨苔曰心邪劭曰邪佞之心故宜邪也又殺文帝親信左右數十人急召始興王濬率眾屯中堂即偽位百僚至者裁數十人乃為書曰徐湛之殺逆吾勒兵入殿巳無所及今罪人斯得元凶殄珍可大赦改元為太初素與道育所

定也蕭斌曰舊蹄年改元劭以問侍中王僧綽僧綽曰晉惠帝即位便改年劭喜而從之初使蕭斌作詔斌以不文乃使王僧綽始列萬人兵於太極前殿可以鎖災上不從兵其禍不測宜列及劭殺逆聞而歎曰我誤殺事乃悶而怒歐殺之即位對曰得十年退而語人曰幾訖便稱疾還入永福省然後遷大行皇帝升太極殿以蕭斌為尚書僕射何尚之為司空天行大歛劭辭疾不敢出先給諸勳兵仗悉收還武庫遣人謂秀曰徐湛之常欲相危我巳為卿除之使秀與屯騎校尉龐秀之對掌軍隊

以侍中王僧達為吏部尚書司徒左長史何偃為侍中成服日劭登殿臨靈號慟不自持博訪公卿詢求政道遣使分行四方分浙江以東五郡為會州省揚州立司隸校尉以殺沖補之以大將軍江夏王義恭為太保司徒南譙王義宣為太尉荊州刺史始興王濬進號驃騎將軍王僧綽以先廢立見誅長沙王瑾弟楷臨川王燁桂陽侯覬新渝侯玠並以宿恨死禮官希旨謚文帝不敢盡禮稱謚曰中宗景皇帝及閩南譙王義宣等起義師悉聚諸王於城內殺義宣住息為皇后孝武中下省四月立妻殷為皇后孝武檄至劭自謂素習武事

謂朝士曰卿等助我理文書勿厝意戎陣若有寇難吾當自出唯恐賊虜不敢動耳中外戒嚴劭防守嚴固孝武書至省南誑王義宣諸子於大倉空屋劭使人密與孝武書言上親御六師又執鉞臨統吾與烏羊相尋即道上聖恩每厚法師孝武世子小名也劭欲殺三鎮士庶家口江夏王義恭何尚之說曰凡舉大事不顧家口且多是驅逼今忽誅其餘累政足堅彼意耳劭乃下書一無所問濬及蕭斌勸劭勒水軍自上決戰江夏王義恭慮義兵倉卒船舫陋小不宜水戰乃進策以為宜以近待之遠出則京師空

弱東軍虛容能爲患不如養銳待期劭善其議蕭斌屬
色曰中郎二十年業不少能建如此大事豈復可量劭不
納疑朝廷舊臣不爲之用厚撫王羅漢魯秀以兵事委
之多賜珍玩美色以悅其志羅漢爲南平王鑠右軍參
軍劭以其有將用故以心膂委焉或勸劭保石頭城者劭
曰昔人所以固石頭侯諸勤王耳我若守此誰當見救
唯應力戰決之日目出行軍慰勞將士使有司奏立子
偉之爲皇太子及義軍至新亭劭登朱雀門躬自督戰將
士懷劭重賞皆爲之力戰魯秀打退鼓軍乃止爲

柳元景等所乘故大敗褚湛之攜二子與檀和之同歸順
劭懼走還臺城其夜劭秀又奔二十五日江夏王義恭
單馬南本劭遣濟殺義恭諸子以輦迎瀆侯神像於宮內
乞恩拜爲大司馬封鍾山郡王蘇侯爲驃騎將軍使南平
王鑠爲祝文罪狀孝武二十七日臨斬拜子偉之爲皇太
子百官皆戎服劭獨袞衣下書大赦唯孝武劉義恭義宣
誕不在原例五月三日曾秀等改大航鈞得一舫王羅漢
昏酣作妓關官已度驚放仗歸降是夜劭閉守六門於
門內鑿塹立柵以露車爲樓城內沸亂將吏並踰城出奔
劭使詹叔兒燒釁及裘見服蕭斌聞大航不守惶窘不知
所爲堂令所統皆使解甲尋戴白幡來降即於軍門伏誅

四日劭腹心白直諸同逆先屯閤閤門外並走還入殿程
天祚與薛安都副譚金因而兼之即得入藏質從廣莫
門入同會太極殿前即斬太子左衛率王正見建平東海
等七王並號哭俱出劭穿西垣入武庫井中副隊高禽執
之濬率左右數十人與南平王鑠於西明門出俱南奔於
越城遇江夏王義恭義恭曰此未可量勒命於馬上斬首又曰
故當不死義恭曰虎頭來得無晚乎義恭又曰
君臨萬國又稱字曰可詣行闕請罪自歸命猶能得一職
自劾不義義恭曰此未可量勒與俱自歸於馬上斬首又曰

濬字休明將產之夕有鵬鳴於屋上聞者莫不惡之元嘉
十三年八歲封始興王濬少好文籍資質端妍母潘淑妃
有盛寵時六宮無主潘專總內政濬人才既美母又至愛
文帝甚所留心與建平王宏侍中王僧綽中書郎蔡興宗
等並以文義往復初元皇后性忌以潘氏見幸恨致崩
故劭深病潘氏及濬濬慮將來受禍乃曲意事劭劭與之
遂善多有過失虐爲上所讓憂懼乃與劭共爲巫蠱後出
鎮京口乃因分散騎侍郎徐爰求鎮江陵又求助於尚
書僕射徐湛之而尚書令何尚之等咸謂濬太子次弟不
應遠出上以上流之重宜有至親故以濬爲衛將軍開府
儀同三司荊州刺史加都督領護南蠻校尉濬入朝遂還

京口為行留藏分至京口數日而平盪事發時二十九年

七月也上惋歎彌日謂潘淑妃曰太子

虎頭復如此非復思慮所及汝毋子豈可一日無我邪明

年荊州事方行二月濬還朝十四日臨軒受拜其日藏嚴

道育事發明旦濬入謝上容色非常其夕即加詰問濬唯

謝罪潘淑妃抱濬泣曰汝始呪詛事發猶己思想何

意忽藏嚴道育今日用活何為可逆藥求吾自刈必不上累劭

不忍見汝旦濬在西州府舍人朱法瑜曰臺內叫喚宮門皆

閤道上傳太子反未測禍變所至濬驚曰今當奈何濬

入殺之旦濬至未測禍變所至濬驚曰今當奈何濬

南史列傳四　　一　九　劉宗

未得劭信不知事之濟不驚擾不知所為將軍王慶曰今

宮內有變未知主上安危龍頭在臣子當伏劒赴難乘馬而去

俄而劭遣張超之馳馬召濬濬聞狀訖即我服乘馬而去

朱法瑜固止濬濬不從至中門王慶又諫不宜從逆濬曰

皇太子令我有復言者斬又入見劭劭殺苟赤松等劭謂

濬曰潘淑妃逼為亂兵所害濬曰此是下情由來所願其

得之道育劭將敗勸劭入海董珍寶繒帛下帆及劭入井

高崙於井出之劭問天子何在禽曰至尊近在新亭將軍

至殿前藏質見之慟哭劭曰天地所不覆載文人何為見

哭質因辨其逆狀劭曰先朝當見枉廢不能作撤中囚閉

計於蕭斌斌見勸如此又語質曰可得為乞還從不質曰

主上近在航南自當有勸劭馬上防送軍門及至牙

下據筆顧望太尉江夏王義恭與諸王共臨視之義恭曰

我背逆歸順有何大罪頓殺十二見劭曰殺諸弟此一事

負阿父江湛事康氏乘車罵曰龍秀之亦加詰讓劭鷹聲

曰汝軍復何煩殺爾先殺其四子語南平王鑠曰我有我哉

乃斬首牙下臨刑歎曰不圖殺身至於此劭人恪曰受

並泉首大航暴尸於市劭妻殷氏賜死於廷尉臨刑謂獄

丞江恪曰汝家骨肉相殘何以枉殺天下無罪人恪曰

拜皇后非罪而何殺氏曰此權時耳當以鷓鴣為后恪

於誅其餘子女妾媵並於獄賜死投劭濬尸首於江揚灰

同逆文王羅漢等皆伏誅張超之開兵入遂至合殿故基

此於御床之所為亂兵所殺劭心懷其肉諸將生

敢之於其頭骨時不見傳國璽在嚴道育諸將

得之道育處斬於石頭四望山梟其尸揚灰

于江毀劭及東宮所住齋汗其處封高崙新陽縣男追贈

潘淑妃為長寧國夫人置守冢僞司隷校尉殷沖丹揚尹

尹弘並賜死沖為劭置立五符文又妃叔父弘為劭簡配兵

主盡其心力故也

南平穆王鑠字休玄文帝第四子也元嘉十六年年九歲封南平王少好學有文才未弱冠擬古三十餘首時人以為亞迹陸機二十一年為南豫州刺史加都督時文帝方事外略罷南豫州併壽陽以鑠為豫州刺史領安蠻校尉二十六年魏太武圍汝南縣瓠城行汝南太守陳憲保城自固魏作高樓施蝦蟆車射城內負戶以汲又毀佛圖取金像以為大鈎施之衝車端以牽樓堞城內有一沙門頗有機思輒設以應之魏人以蝦蟆車填隍肉薄攻城死者與城等遂屍以陳城魄銳氣奮戰士無不一當百殺傷萬計汝水為之不流相拒四十餘日鑠遣安蠻司馬

〈南史列傳四〉 ▲十▼

劉康祖臨安朔將軍臧質殺之魏人燒攻具而退元凶殺立以鑠為待中錄尚書事劭迎蔣侯神於宮內疏芳年譖獻呪祈請假授冠軍蔣策文及義軍入宮鑠與濬俱歸寺武濬即伏法上迎鑠入宮當時尊卑失國國事寧既歸義最晚常懷憂懼每於眠中蹶起坐與人語亦多謬更錄給之進待中司空領兵置佐以國長未關護待中鑠辭語家人云我自覺無復魂守鑠為人貪每與兄弟計度藝能與帝又不能和食又遇毒薨宋兄蔡穆之謚三子敬敬深封南安縣侯敬先繼廣陵王紹前廢帝景和末召鑠妃江氏入宮命左右於前

〈南史列傳四〉 ▲十二▼ 子垍

隨郡王上欲大舉侵魏外接關河欲廣其資力乃廣陵王誕字休文文帝第六子也元嘉二十年年十一封竟陵王二十六年為雍州刺史加都督以廣陵凋弊改封二子伯至十為南平王休祐第七子宣曜為南平王繼鑠後未拜被殺祐死宣曜被廢還本後廢帝元徽元年立衡陽恭王嶷第泰始五年立晉平王子產字孝仁為南平王繼鑠休十八子臨賀王子產即位追贈待中諡曰懷陵封孝武帝第帝亦殞明帝即位追贈待中諡曰懷陵封孝武帝第於是遣使於第殺敬獻敬先等報江氏一百其夕又廢逼之江氏不受命謂曰若不從當殺汝三子江氏猶不從

罷江州軍府文武悉配雍州湘州入臺祖稅雜物悉給襄陽又大舉北侵命諸藩並出師皆本敗唯誕遣中兵參軍柳元景剋弘農關陝元凶立以楊州浙江西蜀司隸校尉浙江東五郡立會州以誕為刺史孝武入討遣寧朔將軍顏彬之受誕節度誕遣參軍劉季之羸兵與彬之并遇劭將華欽度遭於曲阿之奔牛塘大敗之羸兵平以誕為荊州刺史加都督衛命進號驃騎將軍開府儀同三司誕以位號正與濬同惡宣不肯就徵以誕為待中驃騎大將軍楊州刺史開府義之請求回改乃進驃騎大將軍加班劍二十人南譙王如故改封竟陵王誕性恭和得士庶之心頗有勇略明年

義宣及有荊江兗豫四州之力勢震天下上即位曰淺朝
野大懼上欲奉乘輿法物以迎義宣誕固執不可曰奈何
持此座與人帝加誕節仗士五十人出入六門上流平定
誕之力也誕初討元凶
殊勳上性多猜頗相疑憚而誕與兵有牛之捷至是又有
上品上意愈不平孝建二年以司空太子太傅。誕為廣陵
之美冠於一時多聚材力之士實以第內精甲利器莫非
南徐州刺史加都督誕遍循為之大明元年秋又
出為南兗州刺史加都督誕知見猜亦潛為之備至廣陵
因魏侵邊脩城隍聚糧練甲嫌隙既著道路常云誕及三

年建康人陳文詔訴父饒為誕府史恆使入山圖畫道路
不聽歸家誕大怒使人殺饒吳郡人劉成又訴稱息道就
伏事誕見誕在石頭城內脩乘輿法物習唱警蹕向伴侶
言之誕知密捕殺道就豫章人陳談之又上書稱弟詠之
在誕左右見誕與左右莊慶元禮等潛圖姦逆常疏陛
下年紀姓諱往誕(巫鄭師憐家呪詛詠之與建康右尉黃達
往來誕疑其宣漏詠以罪被殺其年四月上使有司奏誕
罪惡宣絕屬籍削爵土收付法獄上不許有司又固請乃
貶爵為侯遣令之國上將謀誕以義興太守桓閎為兗州
刺史配以羽林禁兵遣給事中戴明寶隨閎覘誕使閎以

之鎮為名聞至廣陵誕未悟也明寶夜報誕典籤蔣成使
為內應成以告府舍人許宗之宗之告誕驚起召錄事
參軍王興之曰我何罪於天乃至此輒將成勒兵自衞遣
腹心率壯士聲言帝召慶等破之閎即遇害明寶逃自海陵界
還上遣車騎大將軍沈慶之討誕誕深切凡誕左右腹
心同籍無貧并言帝宮閫之醜孝武怒誕出頓宣武堂內自申
嚴誕見眾軍大集欲兼城北走行十餘里眾並不欲去請
誕乃還城五月十九日夜有流星長十餘丈從西北來墜
城內其謂天狗占曰天狗所下有伏尸流血廣陵城舊不

開南門云開南門者其王王誕乃開焉彭城邵領宗在城
內陰結死士欲襲誕先欲布誠於慶之乃說誕求為閒構
見許領宗既出欲致誠畢後還城內事泄誕鞭二百考問不
伏遂支解之上遣奮章二紐其一曰竟陵縣開國侯食邑
千戶慕賞禽誕其二曰建興縣開國男食邑三百戶募賞
先登君剋外城舉一烽剋內城舉二烽禽誕舉三烽七月
二日慶之進軍剋其外城乘勝又剋小城誕聞軍入走趣
後園墮水引出殺之傳首建鄴因葬廣陵敗姓留氏帝命
城中無大小悉斬慶之執諫自五尺以下全之於是同黨
悉伏誅城內女口為軍賞男丁殺以弓觀死者尚數千人

毎風晨雨夜有驍異之聲誕母殺妻徐氏自殺追贈殺長
寧國淑妃初誕為南徐州剌史在京口夜大風飛落屋瓦
城門鹿栜倒覆誕心惡之及遷鎮廣陵將入城衝風暴起
揚塵晝晦夕嘗中夜閑坐有赤光照室見者莫不駭愕誕
矣如此者數十人誕甚怪懼大明二年發人築廣陵城誕
左右侍直眠中夢人告之曰官須髮為稍耗既覺巳失髻
使執之問其本末苦姓夷名孫家在海陵天公與道佛誕
循行有人于輿揚聲大罵曰大兵尋至何以辛苦百姓誕
先議欲燒除此閒人道佛苦諫強得至今大禍將至何不
立六愼門誕問六愼門云何苦曰古有言禍不過六愼門

誕以其言狂勃殺之又五音士忽狂易見鬼驚怖啼哭曰
外軍圍城城上張白布帆誕乾錄二十餘日乃殺城陷之
日雲霧晦冥白虹臨北門旦屬城內八年前廢帝即位義
陽王昶為徐州刺史道經廣陵至墓盡哀請改葬詔少
葬誕及妻子並以庶人禮明帝泰始四年又改葬祭以少
牢王琰之琅邪人有才局其五子悉在建鄴琰之嘗乘城
慶之縛其五子示而招之許以富貴琰之曰吾受主王厚
恩不可以二心三十之年未獲死所耳安可以私親誘之
五子號叫於外呼其父及城平慶之悉撲殺之
建平宣簡王宏字休慶文帝第七子也早喪母元嘉二十

一年年十一封建平王宏少而閑素篤好文籍文帝寵愛
殊常為立第於雞籠山盡山水之美建平國職高他國一
階歷位中護軍中書令元凶殺立孝武入討劭錄宏毀內
自披莫由孝武先嘗以一手板與宏遺左右親信周法
中軍將軍中書監為人謙儉周愼禮賢接士明達政事
道薈手板詣孝武事平以為尚書左僕射使迎太后還加
同三司未拜薨追贈司徒上痛悼甚至每朔望出臨靈自
其信伏之轉尚書令宏少多病求解尚書令本號開府儀
為墓誌銘并誄五年益諸第國各平戶吏帶不在其例唯
宏追益子景素編景素少有父風位南徐州刺史加都督

桂陽王休範為逆景素雖纂集兵眾以赴朝廷為名而陰
懷兩端及事平進號鎮北將軍景素好文章書籍招集才
義之士以收名譽由是朝野屬意而後廢帝狂凶失道內
外皆謂景素宜當神器唯廢帝所生陳氏親戚疾忌之而
楊運長阮佃夫並明帝舊隸會幼主以父其權應景素立
不見容於長主深相忌憚元徽三年景素防閤將軍王季
符恨景素因奔告之運長等便欲遣軍討之齊高帝及衛
將軍袁顗以下並保持之運長等乃從季符於梁州又奏
自申理運長等乃從季符於梁州又奏景素征北將軍開
府儀同三司自是廢帝往悖曰其朝野並驚心景素陳氏

及運長等彌相猜疑景素因此稍為自防之計多以金帛
結材力之士時大臣誅戮與孝武諸子孫或殺或廢無後在
朝者且景素在藩甚得人心而謗讟日積深懷憂懼嘗與
故吏劉璠獨處曲臺有鶴集於承塵上飛鳴相追景素泫
然曰若斯鳥者遊則參于風煙之上止則隱于林木之下
飢則啄鴻則飲形體無累于物得失不關於心一何樂哉
帝出行因歡眾作難事刪秦景素景素每為異討景素知
舉動運長密遣傖人周天賜偽投景素勸為異討景素言臺
即斬之送首還臺四年七月羽林監桓祗祖弈并景素
城已潰景素信之即與兵運長等常疑景素有異志即纂
嚴景素本之威略不知所為竟為臺軍破斬之即葬京口
景素性甚仁孝事獻太妃朝夕不違侍養太妃有不安景
素傍行逢蒙與人言響呴常忍傷其情又甚儉素為荊州
時州有高齋刻擱栢構景素竟忍不處朝廷欲賜以甲第辭
而不當兩宮所遺珍玩塵於笥櫝食常不過一肉器用毛
素時有獻鏤銀器景素顧主簿何昌㝢曰我持此安所用
哉乃謝而反之及敢後昌㝢與故記室王摛等上書訟其
冤齊受禪景素故秀才劉璡又上書述其德美陳寃並不
見省至齊武帝即位下詔曰宋建平王劉景素名父之子

雖末路失圖而原心有本可聽以禮葬禮塋
廬陵王禕字休秀文帝第八子也元嘉二十二年十一
封東海王大明七年進位司空明帝踐祚進大尉封廬陵
王初廢帝目禕似驢上以廢帝之言類故改封為文帝諸
子禕尤凡劣諸兄弟並蚩鄙之南平王鑠薨子敬深婚苦
視之曰孝武借伐孝武者曰婚禮既不與樂目敬深孤苦
伐非宜也至是明帝與建安王休仁詔曰人既不比數西
方公汝便為諸王之長時禕住西方公泰始五
年河東柳欣慰文幼文幼文之長禕住西方公諸
議參軍杜幼文具奏其事上暴其罪惡黜為南豫州
刺史車騎將軍開府儀同三司上遣腹心楊運長領兵防
衛明年又令有司奏禕怨懟過心自殺葬宣城
晉熙王昶字休道文帝第九子也元嘉二十二年年十歲
封義陽王大明中位中書令中軍將軍開府儀同三司廢
帝即位為徐州刺史加都督昶輕訬編急不能事孝武大
明中常被嫌責人間常言昶當有異志廢帝餞誅群公彌
縱狂惑常語左右曰我即大位欲討之今知求還其芟者又
夏王義恭與太宰謀反我政欲討之今知求還彭城帝因此比討法生
生義陽謀反友何不恪法生懼夫還彭城帝因此比討法生

至昶即起兵統內諸郡並不受命昶知事不捷乃夜開門
奔魏棄母妻唯攜妾一人作丈夫服騎馬自隨在道慷慨
為斷句曰白雲滿鄣來黃塵平天起開山四面絕故鄉幾
千里因把妞手南望慟哭左右莫不哀哽里節迸慟選拜
其母昶家還都二妾各生一子明帝即位名長者曰思遠
小者曰懷遠尋並卒帝以金千兩贖昶于魏不獲乃以第
六皇子燮字仲綏繼昶封為晉熙王明帝既以燮繼昶乃
詔曰晉熙國太妃謝氏沈刻無親物理比骨肉至親尚
相棄賤況以義合免苦為難可還其本家削絕蕃秩先是
改昶氏為謝氏元徽元年燮年四歲以為鄧州刺史明年

南史列傳四

後相所生射氏為晉熙國太妃齊受禪燮降封安陸縣公
謀反賜死
武昌王渾字休文帝第十子也元嘉二十四年年九歲
封汝陰王後徙武昌渾少而凶戾嘗怒左右拔防身刀斫
之元凶立以為中書令山陵夕裸身露頭往散騎省戲
因彎弓射通直郎周朗中枕以為笑樂芳建元二郡諸軍事
刺史監雍梁南北秦四州荆州之竟陵隨
繼校尉至鎮與左右人作文檄自稱柴王旣至孝武上使
置百官以為戲笑長史王翼之得其手迹封至孝武上
有司奏免為庶人下太常絕屬籍使付始安郡遍令自殺

即弟襄陽大明四年聽還葬母江太妃墓次明帝即位追
封武昌縣侯

南史列傳四

建安王休仁文帝第十二子也元嘉二十九年年十歲立
為建安王前廢帝景和元年累遷護軍將軍時帝狂悖無
道謀害群公巳憚諸父並聚之殺內毆陵曳無後人理
休仁及明帝山陽王休祐形體並肥壯帝乃以竹籠盛稱之
以明帝為豬王休祐為賊王休仁為殺王以三
王年尤所畏憚故常錄以自近不離左右東海王禕凡
劣號之驢王桂陽王休範巴陵王休若年少故並得從容
嘗以木槽盛飯內諸雜食攪令和合掘地為阮窖實之以
泥水裸明帝內坑中以槽食置前令以口就槽中食之用
為歡笑欲害明帝及休仁休祐前後以十數休仁多計數
每以笑調俳諧悅之故得推遷常於休仁前使左右
逼休仁所生楊太妃左右並不得巳順命至右衛將軍劉
道隆道隆歡以奉旨盡諸醜狀時廷尉劉矇妻亦臨月帝
迎入後宮冀其男欲立為太子明帝嘗忤旨帝怒乃裸
之縛其手腳以杖貫擔付太官即日屠休仁生殺腊取
笑謂帝曰豬王未應死帝問其故休仁曰待皇太子生殺腊
肝肺帝意解曰且付廷尉一宿出之帝將南游荆湘二州
明旦欲殺諸父便發其夕枕殺於華林園休仁即日便執

臣禮於明帝時南平王敬猷廬陵王敬先兄弟被害猶未
殯斂休仁休祐同載臨之開帷歡笑鼓吹往反時人咸非
焉明帝以休仁為侍中司徒尚書令揚州刺史給三望車
時劉道隆為護軍休仁求解職曰臣不得與此人同朝上
乃賜道隆死尋諸逆命休仁都督征討諸軍事增班劍
為三十人出據歐櫃進蔣坊尋領太子太傅揔統諸軍中
其權謂之力泰始初四方逆命休仁親矢石大勳克建
流平定休仁之力也明帝初與蘇侯神力休仁年與明
助及事平與休仁之書曰此殷殊得蘇侯兄弟以祈福
帝相亞俱好文籍表相愛交歐帝世同艱危明帝又資
晉平王休祐其年上疾篤惡與楊運長為身後計運長等又
殷受漆輪固辭劍履明帝末年多忌休仁轉不自安及殺
應帝晏駕休仁一旦居周公之地其輩不得執權彌贊
成上使害諸王又上疾暴甚內外皆屬意休仁主書以下
皆往東府詣休仁所親信豫自結納其或直省其夜遣人齎
懼上與運長等定謀召休仁入宿尚書省省其功也齋
藥賜休仁死休仁對使者罵曰上有天下誰之功也孝武
以誅子孫而至于滅今復遣籠軍枉殺兄弟本何忠臣抱

此冤濫我大宋之業其能久乎上疾久應人情同異自力
乘輿出端門休仁自殺後乃入詔稱其自殺宥其二子并全
封爵有司奏請降休仁為始安縣王并係子伯融等流徙遠郡并及
休仁特降為庶人絕屬籍見恩悉從襲封爵復又殺
帝疾殊甚休仁見殺休仁為崇訐曰司徒小兒我尋崩伯融有醫
所生殷氏吳與太守沖女也范陽祖禰有醫術姿貌又美殷氏
殺氏有疾齗入視脈悅之逐與姦事洩遣還家賜死
晉平剌王休祐文帝第十三子也孝建二年年十一封山
陽王明帝即位以山陽荒儌改封晉平王位驃騎大將軍
開府儀同三司荊州剌史休祐素無才能強梁自用大明
之世不得自專至是貪逢好財色在荊州多營財貨以短
錢一百賦人田登就求白米一斛米粒皆令徹白若碎折
者悉不受人間羅此米一斗一百至時又不受米評米責
錢凡諸求利皆如此百姓嗷然不復堪命徵為南徐州刺
史加都督上以休祐貪虐不可蒞人留之都下遣上佐行
府州事休祐狠戾前後忤上非一在荊州時左右范景達
善彈棊上召之休祐留不遣上怒詰責之且慮休祐將來
難制方便除之七年二月車駕於巖山射雉有一雉不肯
入場日暮將反留休祐射之令不得雉勿歸休祐時從在
難黃麞內左右從者並在部伍後休祐便馳去上遣左右數

人隨之上既還前驅清道休祐人從恣散不復相得上遣
壽寂之等諸壯士追之日已欲闇與休祐相及蹴令隊馬
休祐素東壯有氣力舊拳左右排擊其得近有一人自後
聞驚因頓地即共拉殺之遣人馳白上行唱驃騎落馬上
引陰因驃騎體大落馬殊不易即遣御醫上藥相係至頃
之休祐左右人至久巳絕矣輿以還第贈司空時巴陵王
休若在江陵其日即馳信報休若曰吾與驃騎南山射雉
驃騎馬驚與直閣勲文秀相蹴文秀愳地墜馬失控
重鷩觸松樹墜地落硎中時頓悶故馳報第其年五月追
免休祐為庶人十三子並從晉平明帝尋病見休祐為祟
使使至晉平撫其諸子帝尋崩廢帝元徽元年聽諸子還
都順帝昇明三年謀叛及並賜死

海陵王休茂文帝第十四子也孝建二年年十一封海陵
王大明二年為雍州刺史加都督北中郎將寧蠻校尉時
司馬庾深之行府州事休茂性急欲自專深之及主帥每
禁之常懷忿因左右張伯超至所親愛多罪過主帥常加
訶責伯超懼罪謂休茂曰
曰今為何計伯起曰唯殺行事及主帥舉兵自衞縱不成
不失入虜中為王休茂從之夜使伯超等殺司馬庾深之等閉門
集兵建牙馳檄休茂出城行營諮議叅軍沈暢之等閉門

拒之城陷斬暢之其日希希軍丑玄慶起兵攻休茂擒之斬
首母妻皆自殺同黨悉伏誅有司奏絕休茂屬籍貶姓為
留不許即葬襄陽

鄱陽哀王休業文帝第十五子也孝建二年年十一封鄱
陽王三年薨以山陽王休祐次子士弘嗣被發國除

臨慶沖王休倩文帝第十六子也孝建元年年九歲疾篤
封東平王未拜薨大明七年立第二十七皇子子嗣為東
平王紹休倩泰始二年還本遂絕六年以第五皇子智井
為東平王繼休倩未拜薨其年追改休倩為臨慶王休倩
為文帝所愛故前後屢加紹嗣

新野懷王夷父文帝第十七子也元嘉二十九年薨明帝
泰始五年追加封謚

桂陽王休範文帝第十八子也孝建三年年九歲封順陽
王大明元年改封桂陽泰始六年累遷驃騎大將軍江州
刺史加都督遺詔進位司空侍中加班劍三十人休範素
凡訥少知解不為諸兄齒遇明帝常指左右人謂王景文
曰休範人才不及此以我故生便富貴釋氏願生王家良
有以也及明帝晚年晉平王休若素得人情以狠戾致禍建安王休
仁以權遒不容巴陵王休若素...
謹澁無才不為物情所向故得自保而常憂懼及明帝晏

駕主幼時艱休範自謂宗戚莫二應居宰輔事既不至怨
憤彌結招引勇士繕脩器械行人經過尋陽者莫不降意
折節於是乎者如歸之密相防禦毋苟太妃薨即
菲廬山以示不還之志時夏口闕鎮朝議以居尋陽上流
欲樹置腹心重其兵力王奧行府州事配以第五皇弟晉熙王
燮為郢州刺史長史王奧行府州事配以第五皇弟晉熙王

應為休範所撥留自太子洗去不過尋陽休範怒欲舉兵
乃上表脩城堞其年進位太尉明年五月遂至尋陽欲
畫夜取道大雷戍開武庫隨將士意取休範於新林步上攻
已至新林朝廷震動齊高帝出次新亭蠡時事起倉卒朝

廷兵力甚弱及開武庫隨將士意取休範於新林步上攻
新亭虜屯騎校尉黃回乃偽往降并齎齊高帝意休範大
悅置之左右休範雖鍾墨蠡等不知主道隆率羽林
不嶷人以信時休範曰飲酒以二子德宣德嗣付與巔
高帝為質至即斬之回與越騎校尉張苟兒直前斬休範
首持還左右並散初休範自新林分遣同黨杜墨蠡丁文
豪等直向朱雀門休範雖死墨蠡等不知主道隆率羽林
兵在朱雀門內閣賊至急召劉動動自石頭來赴戰死之
墨蠡等乘勝直入朱雀門道隆為亂兵所殺墨蠡蠡等唱云
太尉來至休範之死也齊高帝遣隊主陳靈寶齎首還臺達

賊埋首道側挺身得達雖唱云已平而無以為據眾愈疑
或墨蠡徑至杜母宅宮省惶擾無復固志撫軍長史褚澄
以東府納賊賊擁安成王攜東府稱休範教曰安成王吾
子也勿得侵暴勢力遍衆莫能振尋而丁文豪之衆知休
範已死稍欲退散文豪陳顯達率所領曰我獨不能定天
下邪休範首至又刞林監陳顯達率所領於杜母宅破墨
蠡等諸賊一時舟散斬墨蠡文豪等晉熙王燮自夏口遣
軍平尋陽

巴陵哀王休若文帝第十九子也孝建二年九歲封巴
陵王明帝即位出為會稽太守加都督二年遷都督雍州
刺史寧蠻校尉前在會稽錄事參軍陳郡謝沭以詔側事
休若多受財賂時內外戒嚴並袴褶沭居母喪被起聲樂
酣飲不異吉人衣冠既無殊異並不知沭居母喪嘗自捫
孤子衆乃駭愕休若與沈攸鐵僓降琥鎮西將軍典籤事
賓期事休若無禮啟明帝殺之慮不許啟未報於獄行刑
信及令鎖送而賓期已死上怒勅之曰孝建之世沒何敢
爾使其母羅加杖三百四年改行湘州刺史六年為荊州
刺史加都督征西大將軍開府儀同三司七年晉平王休
祐被殺建安王休仁見疑都下訛言休若有至貴之表明
帝以此言報之休若甚憂嘗衆賓滿坐有一異鳥集席隅
帝

哀鳴墜地死又聽事上有二大白蛇長丈餘唅唅有聲休
若甚惡之會被徵為南徐州刺史加都督征北大將軍京
府如故休腹心將佐咸謂還朝必有大禍中兵參軍京
兆王敬先勸割據荊楚休若善能諧緝物情慮將來傾幼主欲
遣使殺之慮不奉詔徵入朝又恐猜駭乃偽授為江州刺
史至即於第賜死贈侍中司空子沖嗣襲封
孝武帝二十八男文穆皇后生廢帝子業豫章王子尚陳
淑媛生晉安王子勛阮容華生安陸王子綏徐昭容生皇
子子深何淑儀生松滋侯子房史昭華生臨海王子頊殷
貴妃生始平孝敬王子鸞次永嘉王子雲次始安王子仁與皇子子深同
生何婕妤生皇子子鳳謝昭容生始安王子真江婕妤生
皇子子玄史昭儀生邵陵王子元次晉敬王子羽並與始平
孝敬王子鸞同生江美人生臨淮王子偉楊婕妤生淮南王
子孟次皇子子泯與嘉王子玄同生次南平王子產與永
嘉王子仁同生次晉陵孝王子雲次南平王子產與始平
孝敬王子鸞同生次淮陽思王子
南海哀王子師與始平孝敬王子鸞同生次
霄與皇子子玄同生次皇子子雍與始安王子期與皇子子真同生
皇子子趨與皇子子鳳同生次皇子子期與皇子子真偉同

生次東平王子嗣與始安王子真同生張容華生王子子
悅安陸王子綏南平王子產廬陵王子輿並出繼皇子子
深子鳳玄子衡子況子文子雍未封夭子趨子期子
悅未封為明帝所殺
豫章王子尚字孝師孝武第二子也孝建三年年六歲封
西陽王大明三年分浙江西立郡畿以浙江東會稽為揚州以
子尚為刺史加都督六年改封豫章王畿以會稽太守七年
田孝武使子尚妻至鄮縣勸農又立左學召生徒置儒林
祭酒一人學生師敬位比州中從事文學祭酒一人比州

西曹勸學從事二人比祭酒從事前廢帝即位罷王畿後
舊徵子尚都督揚南徐二州諸軍事領尚書令初孝建中
孝武以子尚太子母弟甚留心後新安王子鸞以母幸見
愛子尚寵衰又長凶悖有廢帝之風明帝既須廢帝乃稱
太皇太后令白子尚頑凶悖並於第賜盡楚王渾亂並於第賜盡楚王
帝姊山陰公主也廢帝改封會稽郡長公主給鼓吹一部
加班劍二十人未拜受而廢敗
晉安王子勛字孝德孝武第三子也眼患風不為孝武所
愛天明四年年五歲封冠軍安王七年為江州刺史加都督
八年改授雍州未拜而孝武崩還為江州時廢帝狂凶多

所誅棄前撫軍諮議參軍何邁謀出為巒迎立子勛
事洩帝誅邁使八坐奏子勛與邁通謀遣左右朱景選藥
賜子勛死景至盆口遣報長史鄧琬琬等奉子勛起兵以
廢立為名明帝定亂進子勛車騎將軍開府儀同三司琬
等不受命泰始二年正月七日奉子勛為帝即偽位於尋
陽年號義嘉備置百官四方響應是歲四方貢計並詣尋
陽及軍敗子勛見殺時年十一即葬尋陽廬山

松滋侯子房字孝良孝武第六子也大明四年年五歲封
尋陽王前廢帝景和元年為會稽太守加都督明帝即位
徵為撫軍領太常長史孔覬不受命舉兵應晉安王子勛
上虞令王曇生殺覬迭子房還建鄴上宥之敗為松滋縣侯
司徒建安王休仁以子房兄弟終為禍難勸上除之廢徙
遂郡見殺年十一

臨海王子頊字孝烈孝武第七子也初封歷陽王後改封
臨海位荊州刺史明帝即位進督雍州長史孔道存不受
命應晉安王子勛事敗賜死年十一

始平孝敬王繧字孝羽孝武第八子也大明四年封襄
陽王尋改封新安五年為北中郎將南徐州刺史領南琅
邪太守母殷淑儀寵傾後宮子繧愛冠諸子凡為上所遇
者莫不入子繧府國為南徐州又割晉興郡屬之六年丁母

憂舊前廢帝素疾子繧有寵及即位既誅群臣乃遣使賜子
繧死時年十歲子繧臨死謂左右曰願後身不復生王家
同生弟妹並死明帝即位改封始平王以建平王景素子
延年嗣

永嘉王子仁字孝餘孝武第九子也大明五年封永嘉王
明帝即位以為湘州刺史帝尋從司徒建安王休仁計未
拜賜死時年十歲

始安王子真字孝員孝武第十一子也
邵陵王子元字孝善孝武第十三子也並被明帝賜死
齊敬王子羽字孝英孝武第十四子也生二歲而薨追加
封諡

淮南王子孟字孝光孝武第十六子也初封淮南王明帝
改封安成王未拜賜死

晉陵孝王雲字孝興孝武第十九子也大明六年封未
拜為前廢帝所害明帝即位追諡

南海哀王子師字孝友孝武第二十二子也大明七年封
而亡

淮陽思王霄字孝雲孝武第二十三子也早薨道加封諡
未拜

東平王子嗣字孝叔孝武第二十七子也明帝賜死

武陵王贊字仲敷小字智隨明帝第九子也明帝既誅孝

武諸子詔以智隨奉孝武為子封武陵郡王順帝昇明二
年薨國除

明帝十二男陳貴妃生廢帝謝悰儀生皇子法良陳昭
華生順帝徐婕好生第四皇子鄭脩容生皇子智并次晉
熙王燮與皇子法良同生泉美人生邵陵殤王友次江夏
王躋與第四皇子同生徐良人生武陵王贊杜脩華生隨
陽王翽少新興王嗣贊並出繼法良未封第四皇子未有名早夭
禧智并燮躋贊並出繼明帝第七子也年五歲出為南中郎
將江州刺史封邵陵王後廢帝元徽二年桂陽王休範誅

邵陵殤王友字仲賢明帝第七子也年五歲出為南中郎
後王室微弱友為府州文案及臣吏不謹有無君之心順帝
昇明二年從南豫州刺史薨無子國除
隨陽王翽字仲儀明帝第十子也初封南陽王昇明二年
改封隨陽齊受禪封舞陰縣公
新興王嗣字仲岳明帝第十一子也齊受禪降封定襄縣公
始建王禧字仲安明帝第十二子也齊受禪降封荔浦縣
公尋並云謀反賜死
論曰其矣哉元嘉之遇禍也殺逆之釁事起肌膚因心之
童遂亡天性雖鴟鴞之酷未極於斯其不至覆亡亦為幸
也明皇統運疑隙內構尋斧所加先自王戚晉剌以獲暴

催軀巴哀由和良酖體保身之路未知攸適昔之戒子慎
勿為善謀求其旨將遠有以乎詩云不自我先不自我後
蓋古人之畏亂也茍武諸子提挈以成豐亂遂至宇內沸
騰王室如燬而帝之諸孫莫不殲焉強不如弱義在於此
明帝貪頓之慶事非己出枝葉不戒豈能庇其本乎

列傳第四　　　　　　　　南史十四

列傳第五

劉穆之　從子孫祥之
傅亮　族兄隆
檀道濟　兄韶　部弟祗　部孫珪
徐羨之　從孫湛之　湛之孫孝嗣
李
　　　　　　　　　南史十五　　延壽

劉穆之字道和小字道人東莞莒人也世居京口初為琅
邪府主簿嘗夢與宋武帝泛海遇大風驚俯視船下見一
白龍挾船既而至一山山峯登秀意甚悅及武帝剋京城
從何無忌求室府主簿無忌進穆之帝曰吾亦識之即馳召
若久之反室壞布裳為袴往見帝帝謂曰我始舉大義須
為時穆之聞京城有叫聲晨出陌頭屬與信會直視不言

一軍吏甚忌堪其選穆之曰無見諭者帝笑曰卿能自
盈旬日風俗頓改遷尚書祠部郎復為府主簿記室錄事
定並穆之所建遂動見諮詢穆之亦竭節盡誠無所遺隱
顯令違奸桓玄科條繁密穆之斟酌時宜隨而矯正不
時晉網寬弛威禁不行盛族豪家負勢陵縱重以司馬元
參軍領堂邑太守以平桓玄功封西華縣五等子及揚州
刺史王謐為揚州或欲令帝於丹徒領州以內事付僕射孟昶
謝混為揚州或欲令帝於丹徒領州以內事付僕射孟昶
遣尚書右丞皮沈以二議諮帝沈先與穆之言穆之偽如

廁即密疏白帝言語不可從帝既見沈且令出外呼穆
之間焉穆之曰公今日豈得居謙遂為守藩將耶劉孟諸
公俱起布衣共立大義事乃一時相推非宿定臣主分也
力敵勢均終相吞咀揚州根本所係不可假人前授王謐
事出權道今若復佗授便應受制於人一失於權無由可
得公功高勳重不可直置疑畏便可入朝共盡去廣至
京邑彼必不敢越公更授餘人帝從其言由是入輔從
固還把攝衡常居幕中晝策劉毅等每從容言謔皆
重帝愈信仗之穆之外所聞見大小必白雖間里謠諺皆
一二以聞帝每得人間委密消息以示聰明

一石並云我雖不及荀令君之舉善然亦不至如此中穆齡
之得百函齡石得八十函而穆之應對無廢遷中軍太尉
常云我雖不及荀令君之舉善然亦不至如此中穆齡
帝從之一紙不過六七字便滿故穆之曰此雖小事然宣布四遠
但縱筆為大字一字徑尺無嫌大既足有所包其勢亦美
顧公小復留意帝既不能留意又稟分有在穆之乃曰公
公固義無隱譚此張遼所以告關羽欲叛也帝從言異之又
不必知雖親眤短長皆陳奏無隱人或譏之穆之曰我蒙
愛賞遊客恆滿賓布耳目以為視聽故朝野同異穆之莫

司馬加丹楊尹帝西討劉毅以諸葛長人監留府疑其難
獨住留穆之輔之加建威將軍置佐吏配給實力長人果
有異謀而猶豫不能發昇人謂穆之曰公泝流速伐以老毋弱子委
與我不平何以至此穆之曰公泝流速伐以老毋弱子委
節下若一豪不盡豈容若此長人意進前將軍帝西代司
馬休之僕衣不可得也帝還長人伏誅世子為中軍將
尚書左僕射領選將如故帝北伐而事無大小一決穆之遷
軍監大尉留府轉穆之左僕射領監軍中軍二府軍司將

【南史列傳五】

【三】 覆名

軍尹領選如故甲仗五十人入殿入居東城穆之內摠朝
政外供軍旅決斷如流決事無擁滯賓客輻湊求訴百端內
外諮票盈階滿室日覽詞訟手答牋書耳行聽受口並酬
應不相參涉皆悉贍與又談賞笑彌日旦時未嘗倦苦
裁有閑暇手自寫書尋覽校定境籍性奢豪家食必方
丈旦輒為十人饌未嘗獨饍每至食時客止十人以還帳
下依常不食以此為常嘗曰穆之家本貧賤贍生多
闕叨恭以來雖每存約損而朝夕所須微為過豐此外無
一豪貪公義熙十三年卒帝在長安本欲頓駕關中經略
趙魏聞閔驚慟哀悼者數日以根本虛乃馳還彭城以司

馬徐羨之代管留臺而朝廷大軍常決於穆之者並委北
諸穆之前軍府文武二萬人以三千配羨之建威府餘悉
配世子中軍府追贈穆之開府儀同三司帝又表天子曰
臣聞崇賢旌善王教所先念功簡勞義深追遠故司勳執
策在勤必記德之休明沒而彌著故尚書左僕射前將軍
臣穆之爰自布衣協佐義始內竭謀猷外勤庶政密勿
國心力俱盡及登庸右尹司京畿數讚百揆翼新大獻
幹之器也方宣讚盛化緝隆聖世忠貞涉朝識量局致揀
頃我軍遠役中作捍撫之動實著左僕射前將軍

【南史列傳五】

【四】

恩襃述班同三事榮哀既備寵靈已泰臣伏思尋自義熙
草創艱患未弭外虞既殷內難亦荐時世故靡有寧歲
臣以募之資荷國重實賴穆之臣翼之動嘗唯讜言嘉謀
溢于人聽乃忠規密謨潛廗幃幕造膝詭辭莫見其際
軍隆於皇朝功高於揆紀帥以陳力一紀遂
克有成世征而居寡守之彌固毋議及封爵輒深自抑絕所
事貴矣猥謙居宰守之弗及撫事永念胡寧可昧謂宜加贈
以勸高當年而茅土夷弗及撫事永念胡寧可昧謂宜加贈
正司追甄土宇俾忠貞之烈不泯於身後大贅所及來雜
於善人臣契闊屯夷旋終始金蘭之分義深慣感是以
獻其乃懷布之朝聽於廷重贈侍中司徒封南昌縣侯及

帝受禪每歎憶之曰穆之不死當助我理天下可謂人之
云亡邪國殄瘁光祿大夫范泰對曰聖主在上英彥滿朝
穆之雖功著艱難未容便關興毀帝笑曰卿不聞驥騄乎
貴曰致千里耳帝後復曰穆之死人輕易我其見思如此
以佐命元勳追封南康郡公諡曰文宣穆之少時家貧誕
節嗜酒食不俯拘撿好往妻兄家乞食多見辱不以為恥
其妻江嗣女甚明識每禁不令往江氏後有慶會屬令勿
來穆之猶往食畢求檳榔江氏兄弟戲之曰檳榔消食君
乃常飢何忽須此妻復截髮市肴饌為其兄弟以餉穆之
自此不對穆之梳沐及穆之為丹楊尹將召妻兄弟妻泣

而稽顙以致謝穆之乃曰本不匿怨無所致憂及至醉穆之
乃令厨人以金柈貯檳榔一斛以進之元嘉二十五年車
駕幸江寧經穆之墓詔致祭墓所長子邕嗣卒子邕嗣
先是郡縣為封國者內史相並於國主稱臣去任便止孝
建中始革此制為下官致敬河東王歆之嘗為南康相素
輕邕後歆之與邕俱豫元會並坐邕嗜酒謂歆之曰卿昔
見臣今能見勸一盃酒不歆之因敬孫皓歌答曰昔為汝
作臣今與汝比肩既不勸汝酒亦不願汝年邕性嗜食薑
噉薑飲之靈休大驚為加未落者恚視取飴邕邕去靈休與
邕取食之靈休似蠟魚骨詣孟靈休先患灸瘡落在牀

何勗書曰劉邕向顧見噉遂舉體流血南康國吏二百許人
不問有罪無罪遞鞭驅瘡痂常以給膳邑率子彤嗣坐刀斫
妻奪爵以弟彪紹襲建元初降封南康縣侯虎賁中郎將
坐廟墓不偹削爵為羽林監又坐與亡弟母楊別居楊死
不殯葬崇聖寺尼慧首剃頭為尼以五百錢為買棺以泥
湼槃送葬為有司奏車襄不出
穆之中子式之字延叔為宣城淮南二郡太守犯贓貨楊
州刺史王弘遣從事檢校之式之召從事謂曰還白使君
劉式之於國粗有微勳偷數百萬錢何有況不偷邪從事
還白弘由此得傳從征關洛有功封德陽縣五等侯卒諡

曰恭子瑀字茂琳始興王濬為南徐州以瑀為別駕瑀性
陵物護前時濬征北府行參軍吳郡顧邁輕薄有才能瑀
待之厚瑀乃折節邁以瑀與之歉濬所言密事熱以
語瑀瑀與邁共進射堂下忽顧左右索單衣憤邁問其故
瑀曰公以家人待卿言無不盡鄉外宣泄我是公吏何得
不啟白之濬大然啟文帝徙邁廣州瑀性使氣凌物後為
御史中丞甚得志彈蕭惠開云非才非望非勳非德彈王
僧達云蔭藉高華人品冗末朝士莫不畏其筆端轉右衛
將軍年位本在何偃前者正初偃為吏部尚書瑀圖侍中
不得與偃同從郊祀時偃乘車在前瑀策駟居後相去數

十步瑪蹋馬又之謂偃偃曰君戀何疾偃曰牛駿精所以
疾耳偃曰遅曰騏驪於羈絆所以居後偃曰何
不著鞭使致千里若弓變自造青壺何至與駿馬爭路然
甚不得意謂所親曰人仕宦不得意不入當出安能長
居戶限上因求益州及行甚不得意至江陵與顏竣絕云
朱脩之三世叛兵一日居荊州青油幕下作謝宣明面目
向使齋帥以長刀引吾下席於吾何有政恐匈奴輕漢耳
坐奪人妻為姜免官後為吳興太守侍中何偃
參伍時望瑪大怒曰我於時望何參伍之有遂與偃絕族
叔秀之為丹楊瑪又與親故書曰吾家黑面阿秀遂居劉

安衆處朝廷不寫多士其年疽發背何偃亦發背雍瑪疾已
篤聞偃亡懼躍叫呼於是亦卒諡曰剛
祥字顯徵式之孫也父散太宰從事中郎祥少好文學性
韻剛疎輕言肆行不避高下齊建元中為正員郎司徒褚
彦回入朝以腰扇障回曰寒士不遜祥從側過曰作如此舉止羞面見
人扇障何益彦回曰寒士不遜祥不能殺奴何得免
衝而不問為臨川王驃騎從事中郎祥兄整為廣州卒官
祥就整妻求還資聞朝廷多所貶勿王魚為
尚書僕射祥與女子融同載行至中堂見路人罵驪祥曰

驪汝好為之如汝人才皆巳令僕者連珠十五首必寄其
懷其譏議者云希世之寶連時必賊偉俗之器無聖則淪
是以明王黜於雍岫章甫穷於越人有以祥連珠啓上上
令御史中丞任遐奏其過惡付廷尉上別敕教令卿得還乃徙
原鄉性命令卿萬里思戀卿若能改革當令卿得還祥乃徙
廣州不得意終曰縱酒少時卒
秀之字道寶穆之從父兄子也祖爽山陰令父仲道餘姚
令秀之少孤貧十歲時與諸兒戲前渚忽有大蛇來勢甚
猛莫不顯沛驚呼秀之獨不動衆並異之東海何承天雅
相知器以女妻之兄欽之為朱齡石右軍參軍隨齡石敗

沒秀之哀戚不歡宴者十年宋景平二年除駙馬都尉元
嘉中再為建康令政績有聲孝武鎮襄陽以為撫軍錄事
參軍襄陽令襄陽有六門堰良田數千頃堰久決壞公私
廢業秀之遣秀之俯復雍部由是大豐後除西戎校尉梁
南秦二州刺史加都督漢川饑饉秀之躬自儉約先是漢
川惑以絹為貨秀之限令用錢百姓利之二十七年大舉
北侵遣輔國將軍楊文德巴西梓潼二郡太守劉弘宗受
秀之即日起兵求糧襄陽
司空南譙王義宣不許事等遷益州刺史折留奉祿二百
八十萬付梁州鎮庫此外蕭然梁益二州户前後刺史莫不

大營蓄畜多者致金所攜賓僚並都下貧子出為郡縣
皆以苟得自資秀之為政整肅遠近悅為南譙王義宣擯
荊州為逆遣兵於秀之斬其使以為義功封康樂
縣侯姓丹楊君先是秀之從叔穆之為丹楊與子弟聽事
上宴聽事柱有一穿穆之謂秀之汝等試以栗遍
擲柱入穿者後必得此郡唯秀之獨入秀之既納其言竟
買百姓物不賞錢秀之以為非宜陳之甚切雖納其言竟
不用遷尚書右僕射時定制令隸人殺長吏者謂會
赦止徙論便與悠悠殺人曾無一異人敬官長比之父

殊受禪國除
其位官清潔家無餘財賜錢二十萬布三百疋傳封至孫
母行害之身雖遇赦謂宜長付尚方窮其天命家口補兵
從之後為寧蠻校尉雍州刺史加都督將徵為左僕射會
卒贈司空諡忠成公秀之野率無風采而心力堅正上以
徐羨之字宗文東海郯人也祖寧尚書吏部郎父裕之上
虞令羨之為桓循撫軍中兵參軍與宋武帝同府深相親
武帝北伐稍選大尉左司馬留任副貳劉穆之帝議以
結武帝北伐主之諫選大尉左司馬留任副貳劉穆之帝議以
比伐朝士多諫唯羨之默然或問何獨不言羨之曰今二
方已平拓地萬里唯有小羌未定公寢食不安何可輕豫

其議穆之卒帝欲用王弘代之謝晦曰休元輕易不若徐
羨之乃以羨之為丹楊君總知留任甲仗二十八人出入加
尚書僕射義熙十四年軍人與妻周生子道扶姑雙女所告
先得癰病周因其病發掘地生理之為道扶姑雙女所告
周棄市義之議曰自然之愛豺狼猶仁周之必忍宜加顯
戮臣以為法律之外尚弘通理母之即刑野推服咸謂有宰
之道焉有自容之地愚謂宜特申之遺商從之及武帝即
位封南昌縣公位司空錄尚書軍揚州刺史羨之起自布
衣又無術學直以局度詳整一旦居廟朝野推服咸謂有宰
臣之望沈密寡言不以憂喜見色頗工弈棋觀戲常若未
解當世倍以此推之傳亮蔡廓嘗言徐公曉萬事安異同
嘗與傅亮謝晦宴聚亮蔡廓言徐公之風度詳整時然
後言解之歎曰觀徐傅言論不復學問為長武帝不豫
後言解之歎曰觀徐傅言論不復學問為長武帝不豫
加班劍三十人官軍吳駕與中書令傅亮領軍將軍謝晦
鎮比將軍檀道濟同被顧命少帝諤羨之亮詳整時月
一決獄帝後失德羨之等將謀廢立而廬陵王義真多過
不任四海乃先發義真然後發帝時謝晦為領軍以府舍
內屋敗應修理悉移家人出宅聚將士於府內檀道濟以
先朝舊將威服殷省且有一眾召入朝告之謀既發帝侍
中程道惠勸立皇子義恭羨之不許及文帝即位欲封南

南史列傳五

平郡公固讓加封有司奏重爲依舊臨華林園聽訟詔如
先二公權訊元嘉二年羨之臨傳亮歸政三秦乃見許羨
之仍遜位退還第五弟兄子佩之及程道惠吳興與太守王韶
之等並謂非且敬勸甚苦復奉詔攝任三年正月帝以羨
之亮旬月間再肆醜毒下詔暴其罪誅之爾日詔召羨
之至西門外時謝晦弟瞻爲黃門郎正直報亮云殿中有
異處分亮馳報羨之羨之兼內人問訊車出郭步走至新
林入陶竈中自縊而死年六十三羨之初不應召上遣領
軍到彥之右衞將軍王華追討及死野人以告載乃付廷
尉初羨之年少時嘗有一人來謂曰我是汝祖羨之拜此
人曰汝貴相而有大厄宜以錢二十八文埋宅四角可
以免災過此可位極人臣後羨之隨親之縣住在縣內嘗
暫出而賊自後破縣縣內人無免者雖大亦盡唯羨之在
外獲全又隨從兄履之爲臨海安縣吏行經山中見黑
龍長丈餘頭有角前兩足皆具無後足曳尾而行及拜司
空守關時將入甚星辰見於南文當拜時雙鶴集太極東
鴟尾鳴喚竟以以終羨之兄欽之位秘書監欲之子佩之
輕薄好利武帝以其姻戚累加寵任爲丹揚尹景平初以
羨之知權頗豫政事與王韶之程道惠中書舍人邢安泰
潘盛爲黨時謝晦人病灸不堪見客佩之等疑其託疾

（南史列傳五 十一 范通）

有異圖與韶之道惠傳亮稱羨之意欲令作詔誅
之亮曰已等三人同受顧命當可自相殘戮佩之乃止
羨之既誅文帝特宥佩之免官而已其冬佩之謀及事發
被誅佩之弟遂之尚武帝第六女富陽公主爲彭城沛二
郡太守武帝諸子並幼以遂之姻戚將大任之欲先令立
功及討司馬休之使統軍爲前鋒待剋當即授荊州於陣
見殺帝追贈中書侍郎子湛之

湛之字孝源幼孤爲武帝所愛常與江夏王義恭寢食不
離帝側永初三年詔以公主一門嫡長且湛之致節之勳
封枝江縣侯數歲與弟淳之共車行牛奔車壞左右人馳
來赴之湛之先令取弟衆咸歎其幼而有識及長頗涉文
義善自位待事祖母及母以孝聞元嘉中以爲黃門侍郎
祖母年老辭以朝直不拜後拜秘書監會稽公主身居長
嫡爲文帝所禮家事大小必諮而後行西征謝晦使公主
留止臺內總攝六宮每有不得意輒號哭上甚憚之初武
帝微時貧陋過甚嘗自新洲伐荻有納布衫襖等皆敬
皇后手自作武帝既貴以此衣付公主曰後世若有驕奢
不節者可以此衣示之湛之爲大將軍彭城王義康所愛
與劉湛之等頗相附及得罪事連湛之文帝大怒將致大
辟湛之憂懼無計以告公主公主即日入宮及見文帝因

（南史列傳五 十二 世通）

14-186

號哭下牀於不復施臣妾之禮以錦囊盛武帝納衣擲地以
示上曰汝家本賤貧此是我母為汝作此納衣今日有
一頓飽食便欲殘害我兒子上亦號哭湛之由此得全再
遷太子詹事轟每加侍中湛之善又殫貲游莫及伎樂之妙冠絕一時門生
產業其厚室宇園沈貴游莫及伎樂之妙冠絕一時門生
千餘皆三吳富人子姿質端美衣服鮮麗每出入行游途
巷盈滿泥雨日恐汙之後車載之文帝每嫌其移縱時安成
公何易無邑之子臨汝公孟靈休昶之子也並名香豪與
飾湛之羨兼何五昶官至侍中追諡荒公靈休善彈棊官

至祕書監湛之後遷丹楊尹加散騎常侍以公主憂不拜
過葬復授前職二十二年范曄等謀及湛之始與之同後
發其事所陳多不盡為曄等款辭所連有司以湛之關豫
逆黨事起積歲末乃歸聞多有敗匿請免官削爵付廷尉
上示許湛之詣闕上疏請罪必為初通其謀之辭誘引之
瞱等並見怨各規相禍陷又甘義康南岱之姑敕臣入相
伴慰勲異意頗形言吾遺臣利刀期以除會臣苦相諫
譬深加拒塞以為悲憤所至不足為慶使以關身懼成虛
妄非為納受曲相被匿又今申情范瞱釋中間之慽致懷
蕭思話恨娶嫠音未申詔此傭倖亦不宣達陛下敢惜天倫

彭於四海兼禁優簡親理咸通又昔嘗著顧不容自絕音
翰信命時相往來或言少意多深文淺辭已之間徃徃
難測臣顧惟心無邪悖故不稍以自嫌懼伏丹貲其如此
啟臣雖驚下情匪木石豈不知醜黜難聖伏誠以負庚灰
然視息忍此餘生貪又視息少自披訴乞蒙隨放伏待鈇鉞上
滅貽恥方來貪及廣隆竇有高樓湛之更脩整
優詔不許二十四年服闋關轉中書令大子詹事出為南兗
州刺史善政俱蕭惠並行廣隆竇有高樓湛之通時
之南望琴室鍾山城北有陂澤水物豐盛湛之更脩整
吹臺琴室果竹繁茂花藥成行招集文士盡游玩之適時

有沙門釋惠休善屬文湛之與之甚厚孝武命使還俗本
姓湯位至揚州從事史二十六年湛之父為丹楊尹領大
子詹事二十七年魏太武帝至瓜步湛之與皇太子分守
石頭二十八年魯爽兄弟奔歸湛之與尚之
以為廟筭特所獎納不敢苟申私怨乞歸田里不許轉尚
書僕射領護軍將軍時常晝臥與何尚之國戒任遇
隆重欲以朝政推之湛之以令事無不撓又以朝事來歸尚之
互相推委御史中丞袁淑奏並免官詔乃使湛之與尚之
並愛辭訴尚之雖為令而以朝事來歸湛之初劉湛伏誅何
殷景仁卒文帝任沈演之庾仲文范瞱等後又有江湛何

瑪之自璵誅之免演之璵之並卒至是江湛為吏部尚
書與湛之並居權要世謂之江徐上每疾湛之輒侍醫藥
二凶巫蠱事發上欲廢劭賜澹死而孝武無寵故累出外
藩不得帝都下南平王鑠並被愛而鑠妃即宏
之妹湛之勸上立之徵鑠皇諱陽入朝至又失旨欲立宏
嫌其非次議又不決與湛之議或連日累夕每夜使湛之
自執燭繞壁檢行廬有竊聽者劭入殺之旦其夕又上與湛
之屏人語至曉猶未滅燭適起趨北戶未及開見害
時年四十四孝武即位追贈司空諡曰忠烈公子孝嗣為

元凶所殺事之子孝嗣

孝嗣字始昌父被害孝嗣在孕母年少欲更行不願有子
自抌投地者無箅又以擣衣杵春其腰并服墮胎藥胎更
堅及生故小字遺奴幼而挺立八歲襲爵枝江縣公見宋孝
武不階流涕迄于就席帝甚愛之尚康樂公主拜駙馬都
尉泰始中以登殿不著韤為書侍御史蔡準所奏罰金二
兩孝嗣姑適東莞劉舎全兒藏爲尚書左丞孝嗣徃詣之
藏退謂舎曰徐郎是令僕人三十可知汝宜善自結果
明中爲齊高帝驃騎從事中郎帶南彭城太守轉太尉諮
議參軍豫建元初累遷長史兼侍中善趨步閑容止與太
宰褚彦回相埓尚書令王儉謂人曰徐孝嗣將來必爲宰

相轉御史中丞武帝問儉曰誰可繼儉儉曰東都之日
其往徐孝嗣乎出爲吳興太守儉贈孝嗣四言詩曰方軌
叔茂追清彥輔柔亦不妨剛亦不吐時人以比蔡子尼之
行狀也在郡有能名王儉亡上徵孝嗣明年遷太子詹事從
敕撰江左以來儀典令諸子弟孝嗣為五兵尚書其年武
帝幸方山上曰朕經始此山之南復爲離宮應有迎靈立
靈丘山湖新林死也孝嗣奏曰繞黃山款牛首乃盛漢之
事今江南未廣願陛下少更留神上乃止竟陵王子良甚
善之歷吏部尚書右軍將軍領太子左衛率臺閣事多以
委之武帝崩遺詔以爲尚書右僕射隆昌元年爲丹楊尹

明帝謀廢鬱林遣左右莫智明以告孝嗣孝嗣奉旨無所
贊否即還家草太后令明帝入殿孝嗣戎服隨後斃林既
死明帝須太后令孝嗣於袖出而奏之帝大悅時議者誅
高武子孫孝嗣聖保持之故得無恙以廢立功封枝江縣
侯甲仗五十人入殿轉左僕射明帝即位進爵為公給班
劍二十人加兵百人舊拜三公乃臨軒至是帝特詔與陳
顯達王晏並臨軒授時王晏爲令人情物望不及孝嗣
晏誅轉尚書令孝嗣愛好文學器量弘雅不以權勢自居
故見容明帝之世初在率府晝臥齋北壁下夢兩童子遽
云稷公牀孝嗣驚起聞壁有聲行數步而壁崩歘牀建武

四年即本號開府儀同三司讓不受時連年親軍動國用靈之孝嗣表立屯田帝已寢疾兵事未已竟不行及崩受遺託軍申開府之命加中書監求元初輔政自尚書下省出住宮城南宅不得還家帝失德孝嗣不敢諫及江祐誅內懷憂恐然未嘗表色始安王遙光及眾懷遑惑見孝嗣許孝嗣文不顯同異名位雖大故得未及禍虎賁中郎季輒亂以他語孝嗣乃止進位司空固讓求解丹揚尹不與沈文季俱在南掖門欲要文季以門為應四五日之文終不能决羣小亦稍憎孝嗣勸帝除之其冬孝嗣入華林戈戟理須少主出游開城門召百僚集議廢之雖有此懷欲以門應之賢叔君同無今日之恨少能飲酒飲藥至斗餘方卒乃下詔言誅之之時凡被殺者皆取其蟬剝其衣服眾情素敬孝嗣得無所侵凌長子演尚武康省遣苑法珍賜藥孝嗣容色不異謂沈昭略曰始安王公主位太子中庶子第三子況尚明帝文山陰公主女武帝駙馬都尉俱見殺孝嗣之誅親人懼無敢至者唯會稽魏溫仁奔赴以私財營喪事當時稱之初孝嗣復故封使故吏吳興立齋箓之當傳幾世叡曰恐不終尊身孝嗣容色

其惡徐曰緣有此廬故令鄉決之中興元年和帝贈孝嗣太尉二年改葬宣德太后詔增班劍四十人加羽葆敲吹諡曰文忠攻封餘干縣公子緄仕梁位侍中太常信武將軍諡項子緄子綪字懷簡幼聰朗好學尤長丁部書閑無不對著弦歌為梁湘東王鎮西諮議參軍頗好聲色侍妾數十皆佩金翠曳羅綺服玩悉以金銀飲酒數升便醉而閉門盡日酣歌每遇歡讌則飲至斗有時載伎肆意游行荊楚山川靡不践朋從遊好莫得見之時襄陽魚弘亦以奢侈稱於是府中謠曰比路魚南路徐然其服翫次於弘也君舊辭於辯令湘東王嘗出軍有人將婦從者王曰才愧李陵未能先誅女子將非孫武遂欲驅戰婦人君舊應聲曰項籍壯士猶有虞姜之愛紀信成功亦資姬人之力君舊文冠一府特有艷之才新聲巧變人多諷習竟卒於官傳亮字季友北地靈州人晉司隸校尉咸之玄孫也父瑗以學業知名位至安成太守瑗與郗超善超常造瑗見子迪及亮亮年四五歲起令人解衣使持去初無怍色超謂瑗曰卿小兒才名位宦當遠蹈於兄瑗然保家終在大者迪字長卿宋初終五兵尚書贈太常亮博涉經史尤善文辭義熙中累遷中書黃門侍郎直西省宋武帝以其久直

之勤勞欲以為東陽郡先以語迎大喜告亮亮不答即馳
見武帝陳不樂出帝笑曰謂卿須祿耳能如此其協所望
也以為太尉從事中郎掌記室宋國初建除侍中領世子
中庶子加中書令從容從事桓玄暴篡鼎命已我首唱大
義興復皇室今年時袞暮欲歸老京師群臣唯盛稱功德
言乃集朝臣宴飲從容謂容曰桓玄暴篡鼎命已我首唱大
莫曉此意亮悟旨目晚宮闈已開叩扉請見曰臣暫宜還
都帝知意無復他言直云須幾人自送天拊曰我常不信天文今於
是奉辭又出夜見長星竟天拊曰我常不信天文今於
驗笑亮至都即微旨目永初元年加太子詹事封建城
縣公入直中書省專典詔命以亮任摠國權聽於省見客
神獸門外每旦車常數百兩武帝登庸之始文筆皆參
軍旅演批征廣固弘委安長史王誕自此之後至于受命表
策文誥皆亮辭也演字方將南陽西鄂人位至祕書監二
年加亮尚書僕射及不豫與徐羨之謝晦並受顧命給
班劍二十人少帝即位進中書監尚書令領護軍將軍少
帝廢亮奉迎文帝立行臺羨於江陵妝南題曰大司馬門率
行臺百僚詣門拜表威儀甚盛文帝下引見亮哭泣哀
動左右既而問義真及少帝廢亡本末悲號鳴咽於到彥之王
莫能仰視亮流汗霑背不能答及見文帝腹心於到彥之王

華等又至都徐羨之間帝可方誰亮曰晉文景以上人羨
之曰必能明我亦心亮曰不然又文帝即位加左光祿大
夫開府儀同三司司空府文武即以為左光祿府進爵始興
郡公固讓進封元嘉三年帝將誅亮先呼入見省內密有
報之者亮辭疾嫂病暫還遣信報徐羨之因乘車出郭門
騎馬奔兄迪墓屯騎校尉郭泓收之至廣莫門上亦使
以詔謂曰以公江陵之誠當使諸子無恙亮讀詔訖曰亮
受先帝布衣之眷遂蒙顧託黜昏立明社稷之計欲加之
罪其無辭乎於是伏誅妻子流建安子姪明社稷之計欲加之
誠為而不能從及見世路屯險著論名曰演慎又少帝失
德內懷憂懼直宿禁中睹夜蛾赴燭作感物賦以寄意初
奉大駕道路賦詩三首其一篇有悔懼之辭自知傾覆求
退無由又作幸有穆生董仲道賢稱其見微云
隆字伯祖亮族兄也曾祖睞司徒祖並早卒隆少孤
貧有學行義熙初為御史中丞其得司直之體轉司徒左長史曾稽劉縣
丞以族弟亮為僕射總服不得相臨徙太子率更令元嘉
初為御史中丞其得司直之體轉司徒左長史曾稽劉縣
人黃初妻趙打殺息載妻王遇赦王有父母及男稱女葉
依法徙趙二千里外隆議曰禮律之興本之自然求之情
理非從天降非從地出父子至親分形同氣稱之於載即

載之於趙雖言二世為體猶一稱雖
之義向使石厚之子曰碏之孫鉞挺鍔不與二祖同戴
天日則石碏耗俠何得流名百代舊令言殺人父毋從
一千里外不施父子孫祖明全趙當避王蕡功千里外耳
令亦云凡流徙者同籍近欲相隨者聽之此又大通情
而稱不行豈名教所許如此稱趙竟為人子何得不從之
之體因親没臨孫祖之義自不得必永絕事理然也從之
出為義興太守有能名拜左戶尚書坐正直受節假對人
未至麦出白衣領職尋轉太常文帝必新撰禮論付隆使
更下意隆表上五十二事後致仕拜光祿大夫歸老於家
手不釋卷博學多通特精三禮年八十三卒

檀道濟高平金鄉人也世居京口少孤居喪備禮奉兄姊
以和謹稱宋武帝建義道濟與兄韶祗等從平京城俱
武帝北伐道濟為前鋒所至望風降服徑進洛陽議者
年武帝建武將軍東遷大尉參軍封作唐縣男義熙十二
謂所獲俘囚應采教以為京觀道濟曰伐罪弔人正在今
日皆釋而遣之於是中原感悅歸者甚衆長安平以為琅
邪內史武帝受命以佐命功改封永修縣公位丹楊尹護
軍將軍武帝不豫給班劍二十人出為鎮北將軍南兗州
刺

刺史徐羡之等謀立諷道濟入朝告以將廢廬陵王義
真道濟屢陳不可竟不納將廢帝夜道濟入領軍府就謝
晦晦悚息不得眠道濟寢便熟晦以此服之明日
給鼓吹一部進封武陵郡公固辭進封道濟素善
時被遇方深道濟彌相結附每懷羨之等弘亦雅愛
將詠徐羡之等召道濟欲使西討晦道濟至彥之前驅西代
從人者也裹道濟之亮既而使道濟與中領軍到彥之上日道濟
上諫羨之亮既而使道濟與謝晦同從北征十策晦有
間篡恭道濟對曰臣昔與謝晦同從北征十策恐非其
其九才略明練殆難與敵然未嘗孤軍決勝戎事恐非其

本謂道濟與羨之同誅忽聞來上遂不戰自潰軍止遷征
南大將軍開府儀同三司江州刺史元嘉八年到彥之侵
魏已平河南復失之道濟都督征討諸軍事北略地轉戰
至歷城魏軍盛遂克滑臺道濟時與魏軍三十餘戰多捷
軍至歷城以資運竭乃還時人降魏者具說糧食已罄於
是士卒憂懼莫有固志道濟夜唱籌量沙以所餘少米散
其上及旦魏軍謂資糧有餘故不復追以降者妄斬以徇
時道濟兵寡弱軍中大懼道濟乃命軍士悉甲身自服乘
輿徐出外圍魏軍懼有伏不敢逼乃歸道濟雖不剋定河

南企軍而反雄名大振魏甚憚之圖之以檻車還進位司空鎮壽陽道濟立功前朝威名甚重左右腹心並經百戰諸子又有才氣朝廷疑畏之時人或目之曰安知非司馬仲達也文帝寢疾累年屢經危殆領軍劉湛貪執朝政道濟爲異說又彭城王義康亦慮宮車晏駕道濟不復可制十二年上疾篤會魏軍南伐召道濟入朝其妻向氏曰夫高世之勳道家所忌今無事相召禍其至矣及至上已間十三年春遣還鎮不渚未發有似鶴唳悲鳴會上疾動義康矯詔召入祖道收付廷尉及其子給事黃門侍郎植司徒從事中郎粲太子舍人混征北主簿承伯祕書郎中尊等八人並誅時人歌曰可憐白浮鳩枉殺檀江州道濟死日建鄴地震白毛生又誅司空豪軍薛彤高進之並道濟見收憤怒氣盛目光如炬俄爾間引飲一斛乃脫幘投地曰乃壞汝萬里長城魏人聞之皆曰道濟已死吳子輩不足復憚自是頻歲南伐道濟以累有戰功故致威名但未任耳帝曰不然昔李廣在朝匈奴不敢南望後繼者復有幾人二十七年魏軍至瓜步文帝登石頭城望其有憂色歎曰若道濟在當不至此

韶字令孫以桓玄功封邑丘縣侯從征廣固率所領先登

位琅邪內史從討盧循以功更封宜陽縣侯後拜江州刺史少罪免韶耆酒貪橫所莅無政績上嘉其合門從義道濟又有大功故特見寵授卒子臻字係宗位員外郎臻子珪珪字伯玉位沇南令元徽中王僧虔爲吏部尚書珪以珪爲征北板行參軍珪訴僧虔求祿不得與僧虔書曰僕一門雖謝文通乃忝武達從姑叔三媾帝姻而令子姪餓死遂不荷潤蟬腹龜腸爲己久矣父彪能噉人溲與囷餓驎不嗟誰爲落毛雖復孤微百世國士姻媾位宦亦不後物尚書同堂姊爲江夏王妃檀珪同堂姑爲南譙王妃尚書伯爲江州檀珪亦爲江州僕於尚書人地本懸至於婚宦皆不殊絕今通塞雖異猶忝氣類尚書何事爾爾見苦僧虔報書曰吾與足下素無怨憾何以相苦直是意有左右耳乃用爲安成郡丞祗字恭叔與兄道濟俱參義舉封西昌縣侯歷位廣陵相義熙十年亡命司馬國璠兄弟自北徐州界潛得過淮因天陰闇夜率百許人緣廣陵城入叫唤直上聽事祗被射傷股語左右曰賊乘暗得入欲掩我不備但打五鼓懼之曉閇夜鼓鳴直謂爲曉乃散追殺百餘人宋國初建爲領軍祗性矜豪樂在外放恣不願內職不得志發疾不自療其年卒于廣陵諡曰威侯傳嗣至齊受禪

論曰自晉綱不綱主威莫樹亂基王室毒被江左宋武一

朝剗業事屬橫流改易茶章歸千平道以建武求之風

變太元隆安之俗此蓋宣公之為乎其配卿清廟豈徒然

也若夫怙才驕物公曰其猶病諸而以劉祥君之斯亡亦

為幸焉秀之行己有道可謂位無虛授當徐傳二公跪承

顧託若使死而可再固當赴蹈為期及至處權定機當震

主之地甫欲攘抑後楬櫫敗身炎使桐宮有卒迫之痛淮

王非中霧之疾若以社稷為存亡則義異於此湛之孝嗣

臨機不決既以敗國且以殞身及受其亂斯其效也道濟

始因錄用故得忘瑕晚困大名以至顛覆韶祗克傳亂嗣

其本鷹之間乎

列傳第五　　　　　　　　　　　　南史十五

列傳第六

南史十六　李　延壽

王鎮惡

毛脩之　孫惠素

朱脩之

朱齡石　弟超石

傅弘之

王玄謨　子瞻　從弟玄載　玄邈

〈南史列傳六　一〉〈伯安〉

王鎮惡北海劇人也祖猛仕苻堅任兼將相父休為河東太守鎮惡以五月五日生家人以俗忌欲令出繼疏宗猛曰此非常兒昔孟嘗君惡月生而相齊是兒亦將興吾門矣故名為鎮惡年十三而苻氏敗寓食氌池人李方家方善遇之謂方曰遭英雄主要取萬戶侯當厚相報方曰君丞相孫人材如此何患不富貴至時願見用為本縣令足矣

後隨叔父曜歸晉客荊州頗讀諸子兵書喜論軍國大事騎射非長而從橫善果斷宋武帝代晉固鎮惡時為天門郡臨灃令人或薦之武帝召與語異焉因留宿旦謂諸佐曰鎮惡王猛孫所謂將門有將即以署前部賊曹仍轉鎮惡參軍事

西楚請給百舸為前驅及西討劉毅鎮惡受命便晝夜兼行揚聲劉兗州將軍劉穆之在信不知又襲鎮惡次之舸留二人對舸岸上竪旗安鼓艦岡軍在船鎮惡去江陵二十里舍船步上

〈南史列傳六　二〉〈伯安〉

語所留人曰我將至城便長歔令眾後有大軍狀又分隊在後令燒江津船鎮惡徑前襲要將朱顯見江津船艦被燒在後晏然不疑將至城逢毅要將朱顯馳前問藩所在軍人答云在後及至城逢毅皆燒不視金城內亦未而軍人皆燒不視金城內亦未信帝自來及短兵接戰鎮惡軍人與毅戰及赦并武帝手書凡三函示毅毅皆燒不視得入城便因風放火燒大城南門及東門又遣人以詔進得入城便因風放火燒大城南門及東門又遣人以詔第中表親親且闕且語知武帝在後人情離懈初毅常東馬在城外不得入倉卒無馬便就子蕭取馬蕭不與之顯之謂曰人取汝父而惜馬汝走欲何之奪馬以授毅從大城東門出奔牛牧佛寺自縊鎮惡身被五箭手所執稍手中破折江陵平後二十日大軍方至以功封漢壽縣子

及武帝北伐為鎮西諮議行龍驤將軍領前鋒將軍劉穆之謂曰昔晉文王委蜀於鄧艾今亦委卿以關中卿其勉之鎮惡曰吾等因託風靈并蒙抽擢今咸陽不剋誓不濟江三秦若定而公九錫不至亦卿之責矣鎮惡入關中破虎牢又柏谷塢進次氌池造故人李方家井堂見母厚加酬賚即授方氌池令方軌徑據潼關初賊境戰無不捷破虎牢百姓競送義粟軍食復振初士卒食乃親到弘農督人租百姓競送義粟軍食復振初

武帝與鎮惡等期若剋洛陽須待大軍未可輕前旣而鎮
惡等至潼關爲僞大將軍姚紹所拒不得進帝求
糧接時帝軍入河示之曰我語令勿進而深入岸上如此
魏軍屯河北岸帝指河上軍示之曰姚紹引退大軍次潼關謀
何由得遣軍鎮惡請率水軍自河入渭直至渭橋鎮惡所乘皆
蒙衝小艦行船者悉在艦內泝渭而進艦外不見有行船
人北土素無舟檝莫不驚以爲神鎮惡撫士卒曰此
便棄船登岸渭水流急諸艦悉逐流去鎮惡撫士卒曰此
是長安城北門外去家萬里而舫乘衣糧並已逐流唯宜
死戰可立大功乃身先士卒即陷長安城城內六萬餘戶
鎮惡撫慰初附號令嚴肅於灞上奉迎武帝勞之曰成吾
霸業者眞卿也謝曰此明公之威諸將之力帝笑曰卿欲
學馮異邪關中豐全鎮惡性貪斂子女玉帛不可勝
計帝以其功大不問時有白帝言鎮惡藏姚泓僞輦有異
志帝使覘之知鎮惡剝取飾董金銀棄董於垣側帝乃安
帝留第二子桂陽公義眞爲安西將軍雍秦二州刺史鎮
長安鎮惡以征虜將軍領安西司馬馮翊太守委以扞禦
之任及大軍東還赫連勃勃進屯北地義眞遣中兵參軍沈

田子拒之虜甚盛田子退屯劉回堡因遣使報鎮惡鎮惡
對曰虜何由得至且公以十歲兒付吾等當共懼王
思竭力以定大業王脩曰公以十歲兒付吾等當共
猛之相符堅也北人以方諸葛亮入關之功又與鎮惡爲首
時論者爲有德璵等也北人不進賊何由得平使及言之田子甚懼王
武帝將歸留田子與鎮惡崿柳之捷威震三輔而與鎮惡事功
者爲有猜心時鎮惡私謂田子曰鍾會不得遂其乱
王鎮惡故二人常有猜心因斬之時鎮惡師于涇上幷兄弟鴻遵深從
傳弘之曇田子求屏人因斬之時鎮惡幕下幷兄弟基第鴻遵被甲登
弟昭朗凡七人弘之奔告義眞其黨王智王脩被甲登
刺史及帝受命追封龍陽縣侯諡曰壯傳國至曾孫敬欽
受禪國除
横門以察其變俄而田子至言鎮惡反脩執田子以專戮
斬焉是歲義熙十四年正月十五日也追贈左將軍靑州
朱齡石字伯兒沛郡沛人也世爲將伯父憲及斌並爲西
中郎袁眞將佐桓溫伐眞於壽陽眞已死憲輒發棺戮尸溫
殺之齡石父綽逃歸溫溫平眞以憲兄弟潛通溫並
怒將斬之溫弟沖請得免綽受沖更生之恩事沖如父位
西陽廣平太守及沖薨齡石歐血而死齡石少好武不事崖
檢嘗淮南蔣氏才劣齡石使舅臥聽事翦紙方寸帖著舅

南史列傳六

枕以刀子刓擲之相去八九尺百擲百中舅晨齡石終不
敢動舅頭有大瘤齡石伺眠密割之即死武帝剋京城以
為建武參軍從至江乘將戰齡石言世受桓氏恩不容以
兵刃相向乞於軍後帝義而許之以為鎮軍參軍遷武康
令縣人姚係祖恃彊乃出應召齡石斬之至縣悉殺其
召為參軍係祖恃彊乃出應召齡石斬之掩其家悉殺其
兄弟由是一部得清後領齡石為西陽太守義熙九年徙
其親委之平盧循有功為西陽太守義熙九年徙益州刺
史為元帥代蜀初帝與齡石密謀進取曰劉敬宣往年出
黃武無功而退賊謂我今應從外水進取而料我當出其不

五

意猶從內水來也必重兵守涪城以備內道若向黃武正
墮其計今以大眾自外水取成都疑兵出內水此制敵之
奇也而慮此聲先馳賊審虛實別有函封付齡石署曰至
白帝乃開諸軍雖進未知處分至白帝發書曰眾軍悉從
外水取成都臧熹朱林向中水取廣漢使羸弱乘高艦十
餘由內水向黃武誰縱果實出屯道福成涪
城道其秦州刺史侯暉僕射譙詵等屯涪福成涪
年六月齡石至彭摸七月齡石率劉鍾蒯恩等於北城斬
侯暉譙詵朱林至廣漢復誰道福別軍誰縱奔涪城巴
西人王志斬送之并獲道福斬于軍門帝之代蜀將謀元

南史列傳六

帥乃舉齡石眾謂齡石資名尚輕慮不辦克論者甚眾
帝不從乃分大軍之半令猛將勁卒悉以配之臧熹敬皇
后弟也亦命受其節慶交戰剋捷衆感服帝知人又美齡
石善於軍以平蜀功封豐城侯十四年桂陽公義真被徵
以齡石為雍州刺史督關中諸軍事齡石至長安義真乃
發義真敗于青泥齡石亦棄城奔走見殺傳國至孫齊受
禪國除

六

躬營殯葬義熙十二年北伐超互前鋒入河時軍人緣河
衛將軍以補行參軍後為武帝徐州主簿收迎桓謙為
齡石弟超石亦果銳雖出自將家兄弟並閑尺牘桓謙為
南岸率百丈有漂度共岸者輒為魏軍所殺略帝道百直
隊主丁旿率七百人及車百乘於河北岸為却月陣兩頭
抱河車置七伏士事畢使豎一長白毦魏軍不解其意並
未動帝先命軍戒嚴白毦既舉超石赴之齎大弩百
張一車益二十人設彭排於轅上魏軍見營陣立乃進圍
營超石先以弱弓小箭射之魏軍四面俱至魏明元皇帝
又遣南平公長孫嵩三萬騎內薄攻營於是百弩俱發魏
軍既務駑不能制超石初行別齎大槌并千餘張矟乃斷
稍三四尺以槌之一稍輒洞貫三四人魏軍不能當遂潰
大軍進剋蒲坂以超石為河東太守後除中書侍郎封興

平縣五等侯關中亂帝遣趙石慰勞河洛與齡石俱沒赫
連勃勃見殺

毛脩之字敬文榮陽陽武人也祖武生伯父璨並益州刺
史父瑾梁秦二州刺史脩之仕桓玄為屯騎校尉隨玄西
奔玄欲奔漢川脩之誘令入蜀馮遷斬玄於枝洄洲脩之
力也宋武帝以為鎮軍諮議遷右衛將軍既有斬玄之謀
又父伯並在蜀帝欲引為外助故頻加榮爵及父瑾為譙
縱所殺帝表脩之為龍驤將軍配兵遣奔赴時益州刺史
鮑陋不肯進諶縱由此送脩之父伯及中表喪柩口累並得
無功而退

還後劉毅西鎮江陵以為衛軍司馬南郡太守脩之雖為
毅將佐而深結於帝及毅敗見有時遣朱齡石代蜀脩之
固求行脩之至蜀多所誅殺且土人旣與毛氏有嫌
亦當以死自固不許脩之不信鬼神所至必焚房廟時蔣
山廟中有好牛馬並奪取之累遷相國石司馬行司州事
直二千萬王鎮惡死脩之復行安西司馬桂陽公義真敗
戍洛陽脩立城壘武帝至履行善之賜玄服玩好當時評
為赫連勃勃所禽又赫連昌滅入魏脩之在洛敬事嵩高
道士寇謙之謙之為魏太武帝信敬蒙䕶之故不死脩之
嘗為羊羹薦魏尚書尚書以為絕味獻之太武大悅以為

太官令被寵遇為尚書光祿大夫封南郡公太官令常如
故後朱脩之伻于魏亦見寵脩之問朱脩之我國富權者
為誰荅云殺景仁脩之笑曰五甚在南殺尚書之之乃歸罪
之日便當封轝到門經年不問家消息父之訪焉
之具荅并云賢子元矯甚能自處脩之悲不得言直視良
父乃長歎曰鳴呼自此一不復又初比人去來言脩之勸
魏得邊并不以在南禮制文帝多妻妾男女甚衆身遂死
具相申理上意乃釋脩之在魏
於魏

孫惠素仕殊為少府卿性至孝母服除後更脩母所住處

林帳昇帷每月朝十五向帷悲立傍人為之感傷終身如
此惠素更才彊洽而臨事清刻敕市銅官碧青一千二百
斤供御畫用錢六十五萬有譏惠素納利武帝怒敕尚書
評價貴二十八萬餘有司奏伏誅死後家徒四壁武帝後
知無罪甚悔恨之

傅弘之字仲度北地泥陽人也傳氏還蜀靈州漢末失土
寄馮翊置泥陽冨平二縣廢靈州故傳氏求屬泥陽晉武
帝太康三年復立靈州縣傳氏還屬靈州弘之高祖晉武
司徒後封靈州公不欲封本縣故祗一門還屬泥陽曾祖
暢祕書丞没石勒生子洪晉穆帝永和中石氏乱度江洪

生梁州刺史欲欲生弘之少倜儻有大志歷位太尉行參軍宋武帝北伐弘之與扶風太守沈田子等七軍自武關入弘之素晝騎乘於姚泓馳道內戲馬甚有姿制羌觀者數千並歎羨善留為挂陽公義眞雍州中從事史及義眞東歸赫勃傾國追躡於青泥大戰弘之躬貫甲冑氣冠三軍軍敗陷沒不為之屈時天大寒裸弘之叫罵見殺

朱脩之字恭祖義陽平氏人也曾祖燾晉平西將軍祖序豫州刺史父諶益州刺史脩之初為州主薄宋元嘉中累遷司徒從事中郎文帝謂曰卿曾祖昔為王導丞相中郎

卿今又為王弘中郎可謂不忝爾祖矣後隨右軍到彥之北侵彥之自河南回脩之留戍滑臺被魏將安頡攻圍糧盡將士熏鼠食之脩之被圍既父母常悲憂忽一旦乳汁驚出毋號慟告家人曰我年老非復有乳汁時今如此兒必沒矣魏果以其日刻滑臺因之太武嘉其固守之節以為雲中鎮將妻以宗室女脩之潛謀南歸事世泄邢懷明並從謂曰觀君無停意何不告我以實義不相負脩之深喜其義而不告也及太武伐馮復欲率南人竊發軍世見誅脩之名位素又有徐卓者亦沒及魏復馮弘脩之及同沒人邢懷明並從明懼禍同奔馮弘不見禮停一年會宋使至脩之

顯傳詔見便拜後國敬傳詔呼為天子邊人見傳詔致敬乃始禮之時魏憂伐黃龍弘遣使求救脩之乃使傳詔說而遣之泛海未至東萊船拖折風猛海向海北垂長索斷乃正海師視上有鳥飛知去岸不遠須臾至東萊又至以為黃門侍郎孝武初累遷寧蠻校尉雍州刺史加都督脩之政在寬簡士庶悅附及荊州刺史南郡王義宣於檄脩之舉兵雍土時飢脩之偽與之同既而遣使陳情於孝武孝武嘉之以為荊州刺史加都督宣之不同更以魯秀為雍州刺史擊襄陽脩之命斷馬鞍山道秀不得前乃退脩之率眾向江陵竺超已執義宣之至於

獄殺之以功封南昌縣侯脩之立身清約百城贓一無所受唯以蠻人宜存撫納有餉皆受得輒與佐史賭之未嘗入已去鎮之日秋毫無犯計在州以來然油及私牛馬食官穀草以私鈒六十萬價之而儉刻無潤薄於恩情姊在鄉里飢寒不立脩之貴為刺史未嘗供贍往姊家為設菜羹麤飯以激之脩之曰此是貧家好食進之致飽先是新野庾彥達為益州刺史攜姊之鎮資給甚厚姊為祿西土冊為脩之後拜左戶尚書領軍將軍至建鄴牛奔墜車折腳辭尚書徒崇憲太僕仍加特進金紫光祿大夫脚疾不堪獨行見特給扶侍卒諡貞侯

王玄謨字彥德太原祁人也六世祖宏河東太守縣竺侯
以從叔司徒允之難奔官北居新興仍為新興鴈門太守
其目亭云爾祖年仕慕容氏為上谷太守隨慕容德居青
州父早卒玄謨幼而不羣世父蚍有知人鑒常笑曰此
兒氣槩高亮有大志玄謨以宋武帝臨徐州辟為從事
史與語異之少帝末謝晦為荊州請為南中郎城局參軍
太守晦敗以非大帥見原元嘉中補長沙王義欣鎮軍中
兵參軍領沐陽太守每陳北侵之規上謂殷景仁曰聞王
玄謨陳說使人有封狼居胥意後為興安侯義賔輔國司馬
彭城太守義賔薨玄謨上表以彭城要兼水陸請以皇子

撫臨州政乃以孝武出鎮及大舉北侵以玄謨為寧朔將
軍前鋒入河受輔國將軍蕭斌節度軍至碻磝玄謨進向
滑臺圍城二百餘日魏大武自來救之衆號百萬鼓鞞動
天地玄謨之行也衆力不少器械精嚴而軍伏所見多行
殺戮初圍城城內多草屋衆求以火箭燒之玄謨曰損亡
軍實不聽城中即撤壞之空地為寇室及魏救將至衆請
發軍為營受不從將士並懷離怨又營部各利一四布責二
八百梨以此倍失人心及太武軍至乃夜遁麾下散二略
盡蕭斌將斬之沈慶之固諫曰佛狸威震天下控弦百萬
豈玄謨所當殺戰將以自竭非良討也斌乃止初玄謨始

將見殺夢人告曰誦觀世音千徧則免玄謨夢中曰何可
竟也仍覺既覺誦之且得千徧明日將刑誦之不輟會
傳唱停刑遺代守碻磝江夏王義恭為征都督以碻磝
沙城不可守召令還至歷城義恭與玄謨所追夫破之流矢中臂二十
八年正月還至歷城義恭與玄謨書曰聞敗因敗書至大破
金劍將非金印之徵邪凶殺立以玄謨為冀州刺史為成臂上
之加玄謨輔國將軍為前鋒南討拜豫州刺史藏質尋至大破
武代逆玄謨遣濟南太守垣護之等將兵赴義事平除徐
州刺史加都督及南郡王垣護之並寓之並免
之加玄謨輔國將軍曲江縣侯中軍司馬劉沖之白孝武言玄謨

元景之勢欲反時柳元景當權元景弟僧景為新城諸郡並發丘欲
謨又令九品以上租使貧富相通境內莫不嗟怨其年玄
言玄謨欲反時柳元景當權元景弟僧景上庸新城諸郡並陳本末
上言所統僑郡無有境土新舊錯亂租課不時宜加并合
官尋為盤校尉雍州刺史加都督雍州刺史藏僑寓之並免
謨沒匿所得賊寶物虛張戰薄與徐州刺史垣護之並
在梁山與義宣通謀檢雖無負上意不能明使有司奏玄
見許乃上省并郡縣自此便之百姓當時莫不讙蜀籍其
討玄謨之勢令內外晏然以解衆惑馳遣
帝知甘苦馳遣主書吳念公慰撫之又苔曰玄謨啟明白

之曰七十老公反欲何求聊復爲笑想足以申卿眉頭耳玄謨性嚴未曾妄笑時人言玄謨眉頭未曾申故以此見戲後爲金紫光祿大夫領太常又建明堂以本官領起部尚書又領比選孝武狎侮羣臣各有稱目多須者謂之羊短長肥瘦皆有比擬師伯飲齒號之曰齴劉秀之憹悷常呼爲老慳黃門侍郎宗靈秀體肥拜起艱難每一集會輒於坐賜靈秀器服飲食前後相係欲其占聽事以爲歡笑又刻木作靈秀父爻光祿勳叔獻像送其家聽柳元景垣護之雖並比人而玄謨獨受老僤之謂四方青疏亦如之嘗爲玄謨作四時詩曰董荼供春膳

南史列傳六 十三 劉宗

粟殺炎夏爰爲飽調秋來白醊解又寒又罷一崑崙奴子名白主常在左右令以杖繫羣臣以下皆催其毒玄謨桑遠徐州刺史加都督時比土災饉乃散私穀十萬斛牛千頭以賑之孝武朋與羣公俱被頷命時朝政多門玄謨以嚴直不容從省青異二州刺史加領軍徵玄謨子姪咸勸稱疾師伯柳元景等辈苟免旣華事君之節且吾荷先朝厚恩彌不玄謨曰避難苟免非吾志也吾荷先朝厚恩彌不得遂巡及至僔彔表諫又流涕請綾刑去殺以安元元之意必大怒明帝即位福遇太宗時四方及叛玄謨水軍前鋒南討以脚疾未差乘輿出入尋除車騎大將軍

江州刺史副司徒建安王休仁於栢圻賜以諸葛亮筩袖鎧頂之以爲左光祿大夫開府儀同三司領護軍將軍遷南豫州刺史加都督薨年八十二諡曰莊公子深早卒深子繪嗣深弟寬泰始初爲隨郡太守逢四方及父玄謨在建鄴寬棄郡自歸以母在西爲賊所執請西行遂襲破隨郡收其母軍平明帝嘉之使圖寬形以上齊永明元年爲太常坐於宅殺牛免官後卒於光祿大夫寬弟瞻字明遠一字勵宗有氣慨俗好賆裁人物仕宋爲王府參軍嘗詣劉彥節直登榻曰君侯是公孫僕是公子引滿促膝唯余二人外跡雖酬之意甚不悅齊豫章

南史列傳六 十四

王疑少時早與瞻友瞻常候疑高論齊武帝時在大粿寢膽謂疑賢愚何如殷道孫瞻曰卿遂復言他人兄邪武帝笑兄指賢愚曰帳中人物亦復隨之襄興疑忽問王景文稱疑小名多王汝兄那得忽來王參軍此句瞻曰直恐如卿來談武帝之未嘗形色後歷黃門侍郎及齊建元初瞻爲求嘉太守詣闕跪拜不如儀武帝知之召入東宮仍送什廷尉殺之命左右啟高帝曰父厚子死王瞻傲朝廷臣輒巳收之高帝位下邵太守好發冢地無完槨人間垣內玄謨從弟玄象曰此何足計及聞瞻巳死乃黙無言有小冢墳上始平每朝日初升見一女子立冢上近視則

亡或以告玄象便命發之有一棺尚全有金銀銅人以百
數剖棺見一女子年可二十姿質若生卧而言曰我東海
王家女應生資財相奉幸勿見害女臂有玉釧破冢者斷
臂取之於是女復死玄謨時為徐州刺史以事上聞玄象
坐免郡

齊建元元年為左戶尚書永明四年位兖州刺史卒官諡
玄謨字彥休玄謨從弟也父雛東莞太守玄載仕宋位益
州刺史沈攸之之難玄載起義送誠於齊高帝封鄳縣子

烈子

玄載弟玄邈字彥遠仕宋位青州刺史齊高帝之鎮淮陰

為宋明帝所疑乃比勤魏遺書結玄邈玄邈長史房叔安
進曰夫布衣章帶之士衝一餐而不忘義使之然也今將
軍君方州之重託君臣之義無故舉忠孝而棄之三齊之
士寧蹈東海死耳不敢随將軍也玄邈意乃定仍使叔安
使建鄴發高帝諜伯玉勸殺之并求玄邈表叔安合
軍無所應問荀伯玉塗巾要之
寡君使表上天子不上將軍且僕之所言利國家而不利
玄邈罷州還高帝途中要之玄邈嚴軍直過還都啟宋明
帝稱高帝有異謀高帝不恨也昇明中高帝引為驍騎司
馬太山太守玄邈甚懼高帝待之如初再遷西戎校尉梁

南秦二州刺史封河陽縣侯兄弟同時為方伯齊建元初
亡命李烏奴作亂梁部玄邈使人偽降烏奴告之曰王使
君兵弱攜愛妾二人已去矣吾烏奴輕兵襲州城玄邈奇
兵破之高帝聞之日玄邈果不負吾延興元年為中護軍
卒於護軍贈廣陵雍州刺史陸安字仁清河人高帝
明帝使玄邈往汀州殺晉安王子懋玄邈苦辭不行及遇
王廣之徙廣州取安陸王子敬玄邈不得已奉旨建武中
即位懷其忠正時為益州司馬就拜前將軍方
用為梁州會病卒帝歎曰叔安節義古人中求之耳恨不
至方伯而終子長瑜亦有義行永明中從軍

論曰自晉室播遷來宅揚越開彊遏阻於龍遏荒區甸分
其內外山河判其表裏桓溫一代英人志移晉鼎自非兵
甲威霸蜘蛛枋頭則光宅之運中年亢集宋武帝屈起布
衣非藉人譽一旦驅率烏合奄興霸緒功雖有餘而德猶
未洽非樹奇功於難立震大威於四海則人望及金墉請吏
業既立必須挂旆龍門折衝翼趙跨踞氏取高昔人方元
勳觀兵靖渭陳師天嶮又靈威薄震重關自關故知英策
復先勝而後戰也王鎮惡推鋒直指前無彊陣為宋方
叔其壯矣乎朱齡石超石毛脩之傅弘之等以歸衆難固
所包壯矣乎朱齡石

之情逢蔡勇秉機之運以至顛隕為不幸矣脩之滑臺之
守有踈勤之難苟城節在焉所在為重其取榮大國豈徒
然哉終假道自歸首立之義也玄謨封狼之心雖簡帝念
然天方相魏人豈能支宋氏以三吳之弱卒當八州之勁
勇欲以邀勝不亦難乎覺境亡師固其宜也觀夫慶之言
可謂達於時變瞻傲狠不悔辛至亡軀然卒武追恨魚服
匹夫懼矣玄遯行已之慶有士君子之風乎

列傳第六

劉敬宣
劉粹　族弟損
蒯恩
劉鍾
孟懷玉　弟懷王　弟龍符
劉康祖　伯父簡之　簡之子道產　道產子延孫
胡藩
虞丘進
向靖　子柳
孫勵
劉懷肅　族弟懷敬　懷慎

李延壽　南史十七

劉敬宣字萬壽彭城人也父牢之晉鎮北將軍敬宣八歲
喪母晝夜號泣中表異之輔國將軍桓序鎮蕪湖牢之參

【南史列傳七　一】

序軍事四月八日敬宣見眾人灌佛乃下頭上金鏡為母
灌像因悲泣不自勝序謂牢之曰卿此兒非唯家之孝子
必為國之忠臣起家王恭前軍參軍又桑會稽世子元顯
在廬軍事隆安二年王恭起兵京口以誅司馬尚之為名
牢之時為恭前軍司馬恭以豪戚自居其輕陵忽牢之為
不能平及恭此舉使牢之為前鋒牢之遣敬宣襲恭敗之
元顯以敬宣為後將軍諮議參軍三年孫恩為亂牢之自
表東討敬宣請以騎傍南山趣其後吳賊畏馬又懼首尾
受敵遂大敗之進平會稽遷後軍從事中郎宋武帝既累
破袄賊功名日盛敬宣深相憑結元顯進號驃騎敬宣仍

隨府轉元顯驃騎夢下化之敬宣每預宴會調戲無所酬
荅元顯甚不悅元興元年牢之南討桓玄為征討大
都督日夜昏酣牢之以道子昏闇元顯凶愚平玄之日
乱政方始會玄遣信說牢之牢之欲假手於玄誅玄執政然
後乘玄之隙可以得志天下將許玄降敬宣諫恐玄威望
既成則難圖也牢之不至牢之與敬宣謀襲玄期以明旦
平後令武奈驃騎何遣敬宣為任玄既得志害元顯廢道
子以牢之為會稽太守牢之曰始爾取志今日已奪我兵
日大霧府門晚開日旰敬宣不至牢之謂已為玄禽乃縊
而敬宣還京口迎家牢之謂已為玄禽乃縊而死敬宣奔

【南史列傳七　二】

喪哭畢就司馬休之高雅之等俱奔洛往來長安求救
於姚興後奔慕容德敬宣素明天文知必有興復晉室者
尋夢兒土服之覺而喜曰九者桓也吾當復本土乎
乃結青州大姓諸省封謀滅德推休之為主時德司空劉
軌大被任高雅之又要執謀泄乃相與殺軌而去會宋武
帝平京口手書召敬宣即馳還襲封武岡縣男後拜江州
刺史劉毅之少人或以雄桀許之敬宣曰此人外寬內忌
自伐而尚人若一旦遭逢當以陵上取禍敬聞深恨及在
江陵知敬宣還尋知為江州大驚恍敬宣愈不自安安帝
友正自表求解武帝恩欵周洽所賜莫與為比敬宣女嫁

賜錢三百萬雜綵千四帝方大相寵任欲令立功義熙三

年表遣敬宣伐蜀憚士周祗諫以為道遠漕難繼毛脩

之家讎不雪不應以得死為恨劉敬宣家之重計愚情竊

所未安不從假敬宣節監征蜀諸軍事敬宣至黃武去成

都五百里食盡遇疾疫而還為有司奏免官五年武帝伐

慕容超除中軍諮議參軍與兖州刺史劉藩大破超軍進

圍廣固慶獻規略盧循遍歷郎敬宣甲獸斑突騎

置陣甚整循走仍從南討為左衛將軍敬宣寬厚善待士

南史列傳七 二 陳付

多役藝弓馬音律無事不善尚書僕射謝混羨才地少所

交納與敬宣遇便盡禮或問混卿未嘗輕交而傾蓋劉壽

何也混曰孔文舉禮太史子義天下豈有非之邪初敬宣

蜀還劉毅欲以重法繩之武帝既相任待又何無忌謂不

宜還私憾傷至公毅雖止猶謂武帝曰平生舊豈可孤

信光武悔之於龐萌曹公失之於孟卓宜深慎之毅出為

荊州謂敬宣曰吾欲與卿為長史南蠻豈有見輔意乎敬宣

懼禍以告武帝帝笑曰但令老兄平安必無過慮後領

兖州刺史時帝西討劉毅豫州刺史諸葛長人監太尉軍事

貽敬宣書曰盤龍狠戾專恣自取夷滅異端將盡世路方

夷當貴之事相與共之敬宣報曰下官常懼福過災生實

思避盈居損言畏之百未所敢當便以長人書呈帝帝謂王

誕曰阿壽故為不負我矣十一年進親右軍將軍時晉宗室

司馬道賜為敬宣參軍會武帝西征司馬休之乃

陰結同府辟閭道秀左右小將王猛子等謀反道賜自號

齊王規據廣固與文應休之猛子取敬宣刀殺敬宣文武

佐吏即討道賜道秀猛子斬之先是敬宣嘗夜與僚佐宴

空中有投一隻芒屨於坐敬宣食盤上長三尺五寸巳

經人著耳鼻間並欲壞頃之而敗殞至武帝臨哭甚哀長子

南史列傳七 四 雁付

光祖嗣宋受禪國除

劉懷肅彭城人宋武帝從母兄也家世貧窶而躬耕好學

仕晉為竹令及聞武帝起義棄縣來奔義熙元年為輔國

將軍淮南歷陽二郡太守二年又領劉毅撫軍司馬以建

義功封東興縣侯其冬桓石綏司馬國璠陳襲復於胡桃山

聚眾為寇懷肅討破之江淮閒寧晏及桓氏餘黨為亂懷

蕭旦請討之及行失旨毅殺上表免懷肅官三年卒追贈左

將軍位太尉江夏王義恭諮議參軍孝武伐元凶道存出

奔義軍元凶乃殺其母以徇景和中為義恭太宰從事中

即義恭敗以黨與下獄死

懷蕭次弟懷敬邏訥無才能初武帝產而皇姚殂孝皇帝

貧薄無田得以養人議欲不舉帝從母生懷敬未幾乃斷懷
敬乳而自養帝以舊恩懷敬累見寵授至會稽太守時
以速武帝曰亡姨於我恩重此何可忘眠尚書曹金紫光
禄大夫懷敬子真道為錢唐令元嘉十三年東土飢帝遣
揚州中從事史沈演之巡行在所演之表真道及餘杭令
劉道錫有羨政上嘉之各賜穀千斛以真道為步兵校尉
漢中真道討破之而難當寇盜猶不已文帝遣龍驤將軍
裴方明率禁兵五千受真道節度十九年方明至武興率
太子積弩將軍劉康祖等進軍大致剋捷以真道為建威
將軍雍州刺史方明輔國將軍梁南秦二州刺史又詔故
晉壽太守姜道盛殞身鋒鏑可贈給事中賜錢十萬道盛
注古文尚書行於世真道方明並坐破仇池斷割金銀諸
雜寶貨又藏難當書馬下獄死
懷敬弟懷愼少謹質直從宋武帝征討位徐州刺史為
政嚴猛境內震肅以平廣固盧循功封南城縣男十二年
武帝北伐以為中領軍征虜將軍宿衛輦轂坐府內相殺
免官雖名位轉優而恭恪愈至每求之造位任不踰已者
甘東帶門外兵尚書加散騎常侍光禄大夫景平元年遷
尉為侯位五兵尚書加散騎常侍光禄大夫景平元年遷

護軍將軍禄賜班於宗族家無餘財卒諡蕭侯子德願嗣
大明初為遊擊將軍領石頭戍事坐受賈客韓佛智貨下
獄奪爵後為秦郡太守德願性鷹鸇率意好行刑戮武帝
殷貴妃薨葬畢數與羣臣至墓謂德願曰卿哭貴妃若
悲當加厚賞德願應聲慟哭嗚咽涕泗交流上甚
悦以為豫州刺史又令醫術人羊志哭亦嗚咽其
日有問志卿那得此副急淚志滑稽善為諧語上亦愛狎之
自云憶亡妾耳志時新喪愛姬答曰我爾日聞其能為
嘗立兩柱使其中劣通車軸入於百餘步士振長驅未
至數尺打牛奔從柱間直過其精如此孝武聞而
乘畫輪車幸太宰江夏王義恭第德願在前著籠冠短朱衣
執鞭進止甚有容狀求光中為廷尉與柳元景厚善元景
敗下獄誅懷慎無長子榮祖少好騎射為武帝所知及盧
循攻逼時賊乘小艦入淮攻武帝宣令三軍不得輒射
賊榮祖不勝憤怒冒矢射之所中應強而倒帝益奇焉以
戰功參太尉軍事從討司馬休之彭城內史徐逵之敗沒
諸將意沮榮祖請戰愈厲上乃解所著鎧授之榮祖陷陣
身被數創及帝北伐轉鎮西中兵參軍水軍入河與朱超
石大破魏軍於半城帝大饗戰士謂榮祖回鄉以寡剋衆
攻無堅城雖古名將何以過此求初中為輔國將軍追論

半城功賜鼓吹都縣侯榮祖為人輕財貴義善撫士然性

武陵內史孫登子亮少工刀楯以軍功封順陽縣侯歷梁

益二州刺史在任廉儉所得公祿悉以還官宋明帝下詔

褒美亮在梁州忽服食所致長生迎武當山道士孫懷道

使合仙藥藥成服之而卒就斂屍弱如生諡曰剛侯孫

登弟道隆隆前發帝景和中位右衛將軍封永昌縣侯以

腹心之任蕭始初又為明帝盡力遷左衛將軍中護軍賜

死事在建安王休仁傳

■南史列傳七　　　　　　　　　　　　七　　罹六

劉粹字道沖沛郡蕭人也家在京口初為州從事宋武

帝平建鄴征廣固以功封西安縣五等侯累遷中軍諮議

參軍盧循之通京口任重文帝時年四歲武帝使粹奉文

帝鎮京口後為江夏相兄毅貳於武帝粹不與毅同而

盡心武帝帝將謀衆並疑粹在夏口毅愈信之及大軍

至崌其誠力事平封溳縣男永初元年以佐命功改封建

安縣侯文帝即位為雍州刺史加都督元嘉三年討謝晦

初晦與粹善以粹子曠為參軍至是帝其疑曠之為王弘曰

粹無私必無憂也及受命南討一無所顧曠尋卒曠之嗣粹弟道濟位益州刺

晦亦不害曠之適還尋卒曠政害人初晉末有司馬飛龍者

史往長史費謙等聚歛傷政害人初晉末有司馬飛龍者

自稱晉宗室走仇池元嘉九年聞道濟綏撫失和遂自仇

池入綿竹為亂道濟遣軍討斬之先是道濟以五城人帛

氐奴梁顯為發軍督護費謙固執不與遂方商人至者謙

又抑之商旅呼嗟百姓咸欲為亂氐奴等聚黨為盜又

趙廣等詐言司馬飛龍道養是飛龍道養梁二州牧建號

龍興號為蜀王東騎大將軍益

自號鎮軍將軍帛氐奴為征虜將軍梁顯為鎮北將軍奉

道養圍成都道濟遣中兵參軍裴方明頻破之二十年正月

備置百官以道養弟道助為驃騎將軍良以建號泰始元年

及奉道人程道養養子乃就裝燎方明擊大敗之會平西將

二月道養升壇郊天方就裝燎方明擊大敗之會平西將

軍臨川王義慶使巴東太守周籍之帥衆援成都廣等屯

據廣漢分守郫川籍之與方明攻克之方明禽偽驃騎

將軍司馬龍伸斬之龍伸即道助也俘蜀皆平俄而張尋

攻破陰平復與道養逃于郫山其餘羣賊出為盜不絕

文帝遣寧朔將軍蕭汪之討之十四年餘黨乃平遷趙廣

張尋等於建鄴十六年廣為復與國山令司馬敬琳謀反

伏誅粹族弟損字子騫衛將軍毅從父弟也父鎮之字仲

■南史列傳七　　　　　　　　　　　　八　　罹六

德以毅貴顯閉戶不嘗應召常謂毅汝必破我家毅
其畏懼毋還京口未嘗敢以羽儀入鎮之門左光祿大夫
徵不就辛於家損元嘉中為吳郡太守至昌門便入太伯
廟時廟室頹毀垣牆不修悵然曰清塵尚可髣髴宇
一何權頼即令修葺其卒贈太常損同郡宗人有劉伯龍者
少而貧薄又長歷位尚書左丞少府武陵太守貧妻充甚
常在家慨然曰貧窮固有命乃復為鬼所笑也遂止
大笑伯龍歎曰貧窮固有命乃復為鬼所笑世遂止
孫處字季高會稽永興人也籍注字故以字行少任氣武
帝征孫恩季高樂從又平建鄴封新番縣五等侯盧循之

難武帝謂季高曰此賊行破非卿不能破其窟宅即遣季
高從海龍番禺拔之循父眼長史孫建之司馬虞尪夫等
輕力奔始興即分遣振武將軍沈田子等討平嶺表諸郡
循於左里走還襲廣州李高破走之義熙七年季高卒追
贈南海太守封候官縣侯九年武帝征孫恩表贈父州刺史
蒯恩字道恩蘭陵承人也武帝征孫恩縣差恩伐馬芻常
負大束兼倍餘人每捨刃於地歎曰大丈夫彎弓三石奈
何充馬士武帝聞之即繪器仗自征祆賊常為先登力
過人甚見愛信於妻縣戰箭中右目平京城定建鄴以軍
功封都鄉侯從伐廣固破盧循隨劉藩追斬徐道覆與王

鎮惡襲江陵隨朱齡石代蜀又從伐司馬休之自從征討
凡百餘戰身被重創武帝錄其前後功封新寧縣男武帝
比伐留恩侍衛世子命武帝開世子朝士與之交恩益自謙損與人語
常呼位官自稱鄙人撫之卒甚有恩紀世子開府再遷為
司馬後入閣迎桂陽公義真沒於赫連勃勃傳國至孫無
子國除
向靖字奉仁小字彌河內山陽人也名與武帝祖諱同故
以小字行靖與武帝有舊從平京城參建武軍事進平建
鄴以功封山陽縣五等侯又從征廣固討盧循所在著績
封安南縣男武帝西伐司馬休之征關中並見任使及帝

受命以佐命功封曲江縣候位太子左衛率加散騎常侍
卒于官彌子佐靖身儉約不營室宇無園田商貨之業時人稱
之子植嗣嗣多過失不受母訓奪爵更以植次弟禎紹封又
坐殺人國除
植弟柳字玄季有學義才能立身方雅太尉表薦司空徐
湛之東揚州刺史顏竣皆與友善及竣貴柳猶以素情自
許不推先之順陽范璩誠柳曰名位不同禮有異數卿何
得作襄時意邪柳曰我與士遜心期父美豈可一旦以勢
利處之又柳為南康郡涉義嘗事敗繫建康獄廣愛密請竣
求相申救孝武嘗與竣言及柳事竟不助之柳遂伏法璩

字伯玉平北將軍汪曾孫也位淮南太守

劉鍾字世之彭城人也少孤依鄉中山太守劉回共居常慷慨於貧賤從宋武帝征伐盡其心力及義旗建帝板鍾為郡主簿豫是彭城鄉人赴義者並可依劉主簿於是立義隊連戰皆捷及桓謙屯于東陵下範之屯覆舟山西武帝疑賊有伏兵顧左右見一時奔走後除南譙國內史封安立縣侯求改葬父祖及親屬十喪帝厚加資給從征廣固孟龍符於陣陷沒鍾直入取其屍而反盧循逼建鄴鍾拒柵身被重創賊不得入循南走鍾又隨劉

■南史列傳七■ 十一 ‖ 六誌

藩追徐道覆斬之後隨朱齡石伐蜀為前鋒去成都二百里鍾于時脚疾齡石乃詣鍾謀且欲養銳息兵以伺其隙鍾曰不然前揚言大眾向內水譙道福不敢捨涪城今軍卒至出其不意蜀人已破膽矣賊今阻兵守險是其懼不敢戰非能持久也因其勢心剋若緩兵彼將知人虛實當為蜀子虜其幽石從之明日陷其二城徑軍之成都以廣固功封求新縣男十二年卒傳國至孫齊受禪國除

虞立進字豫之東海郯人也少時隨謝玄討苻堅有功從宋武帝征孫恩頻戰有功從定建鄴除累遷右衛將軍元熙元年卒功封關內侯後從宋武帝征孫恩頻戰有功從定建鄴除

燕國內史封龍川縣五等侯及盧循逼建鄴盧循逼建鄴都孟昶等議奉天子過江進廷議不可面折昶等武帝甚嘉之陳郡陽太守後隨劉藩斬徐道覆義熙九年以前後功封鄱陽縣男永初二年累遷太子右衛率卒追論討司馬休之功進爵為侯盧循逼建鄴都以戰功為中書諮議參軍盧循亞封陽豐縣男子傳國至曾孫齊受禪國除

位江州刺史南中郎將卒官無子國除

孟懷玉弟龍符驍果有膽氣卓為武帝所知以軍功封平昌子孟懷玉平昌安丘人也世居京口宋武帝東伐孫恩以建武司馬豫義旗從平京口定建鄴以功封鄱陽縣男

縣五等子七從伐廣固以車騎將軍加龍驤將軍廣川太守乘勝追奔被圍見害追贈青州刺史封臨沅縣男胡藩字道序豫章南昌人也少孤居喪以毀聞太守韓伯見之謂藩叔尚書少廣曰此姪當以義烈成名州府不就須一弟冠婚畢乃參郗恢征虜軍事藩時殷仲堪為荊州刺史藩外兄羅企生為仲堪參軍藩過江陵省企生企生曰倒戈授人必至大禍不早去後悔無及後玄自夏口襲仲堪藩參太尉大將軍相國軍事宋武帝起說仲堪曰桓玄意趣不常每抑制之人必至大禍不早去後悔果以附從又禍藩轉參太尉大將軍相國軍事宋武帝起

■南史列傳七■ 十二 ‖ 六誌

14-208

先玄戰敗將出奔藩扣馬曰今羽林射手猶有八百皆是
義故西人一旦捨此欲歸可復得乎直以鞭指天而已
於是衆散相失及玄於蕪湖見藩喜謂張須無卿
州故為玄士卒今復為王脩桑落之敗藩艦被燒升鎧入水
潛行三十許步方得登岸乃還家武帝素聞藩直言於卿
氏又為玄盡節召參鎮軍軍事從征縣容超超軍屯聚臨
胸藩言於武帝曰賊屯軍城外必當今取其城而
斬其旗幟此韓信所以剋趙也帝乃遣檀韶與藩潛往
剋其城賊見城陷一時奔走藩走保廣固圍之之將忽
有鳥大如鵝蒼黑色飛入帝帳裏衆以為不祥藩賀曰著

黑者胡廣邑胡廣歸我大吉之祥明日攻城陷之從討盧
循於左里頻戰有功封吳平縣五等子壽除鄱陽太守從
伐劉毅初毅當之荊州表求東道還建鄴辭墓去都數十
里不過拜關帝出倪塘會毅藩請殺之乃謂帝曰公謂劉
衛軍為公下乎帝曰卿謂何如對曰夫豁達大度功高天
下連百萬之衆允天人之望毅固以此服公至於涉獵記
傳一詠一點自許以雄豪自以誘代搢紳白面之士輻湊
而歸此教不宵為公下也帝曰吾與卿俱有剋復功其過
未彰不可自相圖至是謂藩曰昔從卿倪塘之謀無令舉
也又從征司馬休之復為參軍徐逵之敗沒帝怒即日於

馬頭岸度江津岸壁立數丈休之臨岸置陣無由可登
帝呼藩令上藩有疑色帝怒命左右錄來欲斬之藩不受
命顧藩曰寧前死耳以刀頭穿岸岑容脚指擢上隨之者稍
多及登殊死戰敗之從伐關中參太尉軍事統別軍至河
東暴風漂輪重艦度比岸魏騎五六百見藩皆笑之藩素善
射登岸射之應弦而倒者十許人魏軍皆退藩卒左右
十二人乘小船徑往魏騎於半城魏騎數萬合圍藩
及超石不盈五千力戰大破之武帝遷彭城參國軍事
反又遣藩及朱超石等追魏軍於
論平司馬休之及廣固功封陽山縣男元嘉中位太子左
衛率卒諡曰壯侯子隆世嗣藩諸子多不遵法度第十四
子遵世同孔熙先逆謀文帝以藩功臣不欲顯其事使江
州以他事殺之十六子誕世十七子茂世後欲奉庶人義
康交州刺史檀和之至豫章討平之
劉康祖彭城呂人也世居京口父虔之輕財好施殺人江夏
相宋武帝西征司馬休之又魚復侯之宗之子軌龍殺厲厲
追贈梁秦二州刺史封新康縣男康祖便弓馬矜力絕人
以浮蕩捕酒為事每犯法為郡縣所錄輒越屋踰牆莫之
能禽夜入人家為有司所圍去因夜還京
早旦便至明旦守門詣府州要職俄而建康移書錄之

府州執事者並誣證康祖其父在京遂得無恙前後屢被紉
勁文帝以勳臣子每厚待之後襲封拜員外郎冊坐捕賊
免官孝武帝為豫州刺史鎮歷以康祖為征虜中兵參軍
既被委任折節自脩歷南平王鑠安蠻府司馬元嘉二十
七年魏太武帝親率大眾攻圍汝南文帝遣諸軍救援康
祖揔統為前驅次新蔡謀等敗破魏軍去懸瓠四十里大武燒
營而還轉左軍將軍文帝欲大舉北侵康祖以歲月已晚
請待明年上不許其年秋蕭斌王玄謨沈慶之等入河康
祖率豫州軍出許洛玄謨等敗歸南平王鑠在壽陽上廬
為魏所圍召康祖速及康祖回軍未至壽陽數十里會魏

求昌王以長安之眾八萬騎與康祖相及於尉武康祖有
八千人乃結軍營而進魏軍四面求攻眾分為三且休且
戰康祖躍馬將士無不一當百魏軍死者太半流血沒踝
矢中頭而死於是大敗舉營淪覆免者裁數十人魏人傳
康祖首示彭城面如生贈益州刺史諡曰壯
康祖伯父簡之有志幹為宋武帝所知帝將謀興復收集
才力之士嘗再造簡之會有客簡之悟其意謂慶之曰劉
下邳再來必當有意既不得語汝可試牲見之及慶之至
武帝已剋京口廄之即投義簡之聞之殺耕牛會眾以赴
之位太尉諮議參軍簡之弟謙之好學撰晉紀二十卷位

廣州刺史太中大夫
簡之子道產初為無錫令龍驤將軍晉安縣五等侯元嘉三年
累遷涪南秦二州刺史加都督襄陽太守在州有惠化後為雍州刺
史領寧蠻校尉加都督襄陽太守遷尚書石僕射
績允著每蠻夷前後不受化者皆順服百姓樂業由此有襄
陽樂歌自道產始也卒于官諡曰襄侯道產澤被西土及
喪還諸蠻皆哭追送至于沔口
長子延孫宋武初位侍中封東昌縣侯累遷尚書右僕射
大明元年除金紫光祿大夫領太子詹事文出為南徐州
刺史先是武帝遺詔京口要地去都密邇自非宗室近戚

不得居之劉氏之居彭城者分為三里帝室居綏輿里左
將軍劉懷肅居安上里豫州刺史劉懷武居叢亭里三
及延孫所居呂縣凡四劉雖同出楚元王由來不序昭穆
延孫於帝室本非同宗不應有此授時司空竟陵王誕為
徐州上深相畏忌不欲使居京口遷之廣陵廣陵與京口
對岸使腹心為徐州據京口以防誕故以南徐州授延孫
而與之合族使諸王序親三年南兗州刺史竟陵王誕有
罪不受徵延孫馳遣中兵參軍杜幼文赴討及至誕已閉
城自守乃還誕遣劉公泰齎書要之延斬公泰送首建
鄴復遣幼文受沈慶之節度五年詔延孫曰舊京樹親由

來常準今此防父弼當以還授小兒乃徵延孫爲侍中尚

書左僕射領護軍延孫病不住拜赴卒贈司徒給班劍二

十人有司奏諡忠穆詔改爲文穆子質嗣

論曰劉敬宣與宋武恩結龍潛義分旦合雖興復之始事

隔逢迎而深期父要未之或爽隆赫之任遂止於人存飾

終之數無聞於身後恩禮之有渥薄將別有以乎劉懷肅

劉懷慎劉粹孫勗勔恩向靖劉鍾虞丘進孟懷玉孟龍符

胡藩等或階緣恩舊一其心力無德不報其言信矣康祖門

奉興王早烈封壤愛妾委疆場赴蹈爲期道産樹績漢南歷

年踰十遺風餘烈有足稱焉覽其行事可謂異迹均美延

孫隆名盛寵擇而後授遂以腹心之託自致宗臣之重亦

其過也

列傳第七

南史十七

趙倫之　子伯符　　李延壽　　蕭思話　子惠開
　　　　　　　　　　　　　　玄孫臘　惠明子昞
　　　　　　　　　　　　　　惠休弟子介　介子允　引　惠明
　　　　　　　　　　　　　　嚴族叔未觀　惠開侄孫惠休
　　　　　　　　　　　　　　熹子愼　未觀子盾
　　　　　　　　　　　　　　　　　　　　顗

趙倫之字幼成下邳僮人宋孝穆皇后之弟也幼孤貧事
母以孝稱宋武帝起兵以軍功封閶中縣五等侯累遷雍
州刺史武帝北伐倫之遣順陽太守傅弘之扶風太守沈
田子世嶢柳大破姚泓於藍田及武帝受命以佐命功封
霄城縣侯小帝即位徵拜護軍元嘉三年拜領軍將軍倫
之雖外戚貴寵而居身儉素性野拙澀於人間世事多所
不解父居方伯公私富貴入為護軍資力不稱以見貶
光祿大夫范泰好戲笑謂曰司徒公錢必用汝老奴我不
言汝資地所任要是外戚高秩次第所至耳倫之大喜每
載酒肴詣泰五年卒諡元侯子伯符嗣
伯符字潤遠少好弓馬為寧遠將軍擊蠻以居
北每火起及有劫盜輒身貫甲冑助郡縣赴討武帝甚嘉
之文帝即位累遷徐充二州刺史為政苛暴吏人畏懼如
與屍狼居若而劫盜速進血敢入境元嘉十八年徵為領軍
將軍先是外監不隸領軍宜相統攝者自有別詔至此始

▼南史列傳八　　一　黃

統領焉後為冊楊尹在郡嚴酷曹局不復堪命或委叛被
戮透水而死典簽曹吏取筆失首頓與五十鞭子倩坐上聞
第四女海鹽公主甚愛重倩嘗因言戲以手擊主事上聞
文帝怒離婚伯符慚懼發病卒諡曰肅傳國至孫勛齊受
禪國除

蕭思話南蘭陵人宋孝懿皇后弟子也父源之字君流歷
陽縣侯元嘉中為青州刺史云命司馬朗之兄弟聚黨謀
節數年中遂有令譽頗工隸書善彈琴能騎射後襲爵封
知書好騎屋棟打細麝鼓侵恭隣曲莫不患毒之自此折
徐兖二州刺史求初元年卒贈前將軍思話十許歲時未
為亂思話遣北海太守蕭汪之討斬之八年魏軍大至乃
棄鎮奔平昌魏軍定不至由是微繫尚方初在青州常所
用銅斗覆在藥廚下忽於十八得二死雀思話歎曰斗覆
而雙雀殞其不祥乎既而被繫及梁州刺史甄法護在任
失和氏帥楊難當因此寇侵地置戍葭萌水思話為梁南
秦二州刺史平漢中悉收侵地乃自漢中起思話為梁南
鄭法護中山無極人也過江寓居南郡弟法崇坐法遷廣
益州刺史法護委鎮之罪為府所收於獄賜死文帝以法
崇受任一方命言法護病卒文帝使思話平西長史南蠻校尉文
下之史官十四年遷臨川王義慶平西長史南蠻校尉文

▼南史列傳八　　二　列

帝賜以弓琴手敕曰前得此琴言是舊物今以相借并往
槃弓一張理材乃快良材美器宜在盡用之地丈人真無
所與讓也嘗從文帝登鍾山北嶺中道有盤石清泉上使
於石上彈琴因賜以銀鍾酒謂曰相賞有松石間意廙寧
蠻校尉雍州刺史監四州軍事徵為吏部尚書思話以
州無復事力情狀九人文帝戲之曰丈人終不為田
父於閭里何憂無人使邪朱拜遷護軍將軍退即
瓠文帝為將大舉北侵朝士僉同思話固諫不從魏軍退即
代孝武為徐兗二州刺史監四州軍事後為圉礭磢城不
拔退師歷下為江夏王義恭所奏免官元凶殺立以為徐
兗二州刺史即起義必應孝武孝武即位徵為尚書左僕
射固辭改為中書令丹陽尹散騎常侍時都下多劫掠二
旬中十七發引咎陳遜不許後拜郢州刺史加都督辛贈
征西將軍開府儀同三司諡曰穆侯思話外戚令望早見
任待歷十二州杖節監督者九焉所至錐無皎皎清節亦
無穢黷之累愛才好士人多歸之
長子惠開少有風氣涉獵文史家錐貴而居服簡素初
為秘書郎意趣與人多不同比肩或三年不共語以取天下
之疾轉太子舍人與汝南周朗同官友善以偏尚相尚孝
禄大夫沛郡劉成戒之曰汝恩戚家子無多異以取天下

建元年為黃門侍郎與待中何偃爭推積射將軍徐沖之
事偃任遇甚隆怒使門下推彈惠開乃上表解職由此忤
吉別敕有司以屬疾多免之思話素恭謹與惠開不同每
加嫌責又見惠開目解表歎曰兒不幸與周朗旋理應
如此杖之二百尋除中庶子丁父艱居喪有孝性家素事
佛凡為父起四寺南岡下名曰禪岡寺曲阿舊鄉宅名曰
禪鄉寺京口墓亭名曰禪亭寺所封封陽縣名曰禪封
謂國僚曰封秩見賜而兄弟衆多若全關一人則在我所讓
若人人等分又事可悲恥寺衆旣立自宜悉供僧衆龍封
封陽縣侯為新安王子鸞冠軍長史惠開妹當適桂陽王
休範女又當適孝武子發遣之資應須二千萬乃以為豫
中丞孝武與劉秀之詔曰今以蕭惠開為憲司吳當稱職
章內史聽其肆意聚納由是在郡著貪暴之聲再遷御史
剌史經江陵時吉翰子在荆州共惠開有舊為設女樂
但一任眼額已自殊有所震又在職百僚憚之後拜益州
樂人有美者惠開就求不得又欲以四女妓易之不許惠
開怒收吉斬之即納其妓啓云吉為劉義宣所遇交結至
逞向臣訕毀朝政輒已殺之孝武稱快惠開素有大志至
蜀欲廣樹經畧善於敘述聞其言皆以為大功可立才
疎意廣竟無成功嚴用威刑蜀人號曰臥虎明識過人嘗

三千沙門一闋其名退無所失明帝即位晉安王子勛友惠開乃集將佐謂曰吾荷世祖之眷當投袂萬里推奉九江蜀人素忿惠開嚴及是所遣兵皆不得前晉原郡及諸郡悉應並來圍城城內東兵不過二千凡蜀人不得志者悉皆遣出子勛尋敗蜀人並欲屠城以望厚賞明帝以蜀土險遠赦其誅責遣惠基惠開使蜀宣旨而蜀人志在屠城不使王命速達過留惠開於渠帥然後得前惠開奉旨歸順城圍解明帝又遣惠開弟宗人寶首水路並乃移陳情事道求寶首太守蕭惠訓州別駕費欣業分兵並

勞益州寶首欲以平蜀為功更誑說蜀人處勵蜂起惠開莫不悚然側目惠開舉動自若從容若曰臣唯知逆順不進大破之禽寶首送之惠開至都明帝閱其故侍衛左右識天命又云非臣不亂非臣不平初惠開府錄事參軍劉希微貪蜀人責將百萬為貲主所制未得俱還惠開與希微共事不厚而厩中凡有馬六十疋悉以乞希微償責其意趣不常如是惠開還貲二千餘萬悉散施道俗一無所留後除桂陽王休範征北長史南東海太守其年會稽太守蔡興宗之郡惠開自京口請假還都相逢於曲阿惠宗不先與興宗名位略同又經情欵自以負衆擯屈興宗不能請已戒勒部下蔡會稽部伍若問慎不得苔惠開素嚴

部下莫敢違與宗見惠開舟力其盛遣人訪訊事力二三百人皆低頭直去無一人苔者尋除少府加給事中惠開素剛至是益不得志曰大丈夫入管喉舌出蒞方伯乃復低頭入中邪寺內所住齋前種花草甚美惠開悉剗除別種白楊每謂人曰人生不得行胸懷雖壽百歲猶為夭也發病嘔血吐物如肝肺者卒子燾嗣燾受禪國除惠明與諸弟並不睦惠基使至益州遂不相見與同產弟惠明亦致嫌隙云

惠明其次弟也亦有時譽泰始初為吳興太守郡界有下山山下有項羽廟相承云羽多居郡聽事前後太守不敢

上惠明謂綱紀曰孔季恭嘗為此郡未聞有災逐盛設延楊接實數日見一人長丈餘張弓挾矢向惠明既而不見因發背旬日而卒

子㥽素梁天監中位丹楊尹丞初拜日武帝賜錢八萬㥽素一朝散之親友遷司徒左西屬南徐州中從事性靜退少嗜慾好學能清言榮利不關於中喜怒不形於色在人間及居職並任情通率不自矜尚天然簡素又在京口便有終焉之志後為中書侍郎在位少時求為諸暨令到縣十餘日挂衣冠於縣門而去獨居屏事非親戚不得至其蓬門妻即辟太尉王儉女父與別居遂無子卒親故迹其

事行諡曰貞文先生

惠明弟惠基幼以外戚見宋江夏王義恭歎其詳審以女結婚歷中書黃門郎惠基善隷書及弈棊齊高帝與之情好相得桂陽王休範妃惠基善姊也高帝謂之曰卿家桂陽遂復作賊高帝頓新亭壘以惠基為軍副惠基弟惠朗親為休範攻戰惠基在城內了不自疑後為長兼侍中表繁劉孚節起兵之夕高帝以彥節是惠基姊夫惠基時直在省遣王敬則觀其指趣見惠基安靜不與彥節相知由是益加恩信仕齊為都官尚書吏部尚書永明中為侍中領騎將軍尚書令王儉朝宗貴望惠基同在禮閣非公事不

私覿為遷太常加給事中自宋大明以來聲伎所尚多鄭衛而雅樂正聲鮮有好者惠基解音律尤好魏三祖曲及相和歌每奏輒賞悅不能已當時能棊人琅邪王抗第一品吳郡褚思莊會稽夏赤松第二品赤松思速善於大行思莊戲遲巧於闞棊宋文帝時羊玄保為會稽高帝遣思莊與玄保戲因置局圖還於帝前覆之齊高帝遣思莊入東與王抗交賭自食時至日暮一局始竟上倦遣還省至五更方決抗睡於局後寢思莊達旦不寐時或云思莊所以致高緣其用思深久人不能對抗思莊並至給事中品第永明中敕使抗品棊竟陵王子良使惠基掌其事初思話

先於曲阿起宅有閑曠之致惠基常謂所親曰須婚嫁畢當歸老舊廬立身退素朝廷稱為善士卒贈金紫光祿大夫子洽字弘稱幼敏諳年七歲誦楚辭略上口及長好學博涉善屬文仕梁位南徐州中從事近畿重鎮職吏數千人前後居者皆致巨富洽清平不尚威猛人俗便之不免飢寒累遷臨海太守為政清平率職饋遺一無所受妻子還拜司徒左長史敕撰當塗堰碑辭甚贍麗卒於官文集二十卷行於世

惠基弟惠休齊永明四年為廣州刺史罷任獻奉傾資上敕中書舍人茹法亮曰可問蕭惠休故當不復私邪吾欲分受之也後封建安縣子永元元年從吳興太守徵為尚書右僕射吳興郡項羽神舊酷烈人云惠休事神謹故得美遷千時朝士多見殺二年惠休還至平望帝令服藥而卒贈金紫光祿大夫惠朗同桂陽賊齊高帝敕之後為西陽王征虜長史行南兗州事坐法免官惠朗弟惠舊仕齊左戶尚書子介

介字茂鏡少穎悟有器識梁大同中武帝謂何敬容曰蕭介史以介為府長史在職以清白稱武陵王紀為楊州刺甚貧可以處一郡復曰始興郡頻無良守可以介為之由是出為始興太守及至甚著威德徵為少府卿尋加散騎

常侍會侍中闕選司舉王筠等四人並不稱旨帝曰我門
中久無此職宜用蕭介為之應對左右多所匡正帝其重
之遷都官尚書每軍國大事必先訪介帝謂朱异曰端右
材也中大同二年辭疾致仕帝優詔不許終不肯起乃遣
謁者僕射魏祥就拜光祿大夫太清中侯景於渦陽敗走
入壽陽帝敕助防韋黯納之介聞而上表致諫極言不可
兄際素及洽從弟淑等文酒賞會時人以比謝氏烏衣之
帝省表歎息卒不能用介性高簡少交游唯與族兄瑑從
游初武帝招延後進二十餘人置酒賦詩藏盾以詩不成
罰酒一斗盾飲盡顏色不變言笑自若介染翰便成文無

加點帝兩美之曰藏盾之飲蕭介之文即席之美也年七
十三卒於家
第三子允字叔佐少知名風神凝遠通達有識鑒容止醞
藉仕梁位太子洗馬侯景攻陷臺城百僚奔散允獨整衣
冠坐于宮坊景軍敬焉弗之逼也尋出居京口時冦賊縱
橫百姓波駭允獨不行人問其故允曰性命自有常分豈
可逃而免乎今百姓爭欲奔竄而論大功何事於一書
生哉莊周所謂畏避迹吾弗為也乃閉門靜處併日而
食卒免於患陳永定中侯安都為南徐州刺史躬造其廬
以申長幼之敬宣帝即位為黃門侍郎晉安王為南豫州

以為長史時王尚少未親人務故委允行府事入為光祿
卿允性敦重未嘗以榮利干懷及晉安出鎮湘州又苦攜
允允少與蔡景歷善子徵備父黨嘗詣允允將行乃詣允
曰公年德並高國之元老從容坐鎮旦夕自為列曹何為
方辛苦番外苟允曰已許晉安宜可忘信其恬榮勢如此
至於文章可得而言因誦允詩以對後主嗟賞久之尋拜
光祿大夫及隋師濟江允遷于關右時南士至長安者例
陵中鄱陽王出鎮會稽允又為長史帶會稽郡丞行經理
德後主嘗問蔡徵允之為人徵曰其清虛寡欲終日恬然

皆授官允與尚書僕射謝伷辭以老疾隋文帝義之並厚
賜帛尋卒年八十四
弟引字叔休方正有器度性聰敏博學善屬文仕梁位西
昌侯儀同府主簿侯景之亂梁元帝為荊州刺史朝士多
歸之引曰諸王力爭禍難未歇今日逃難未是擇君之秋
吾家再世為始興郡遺愛在人政可南行以存家門耳乃
與弟彤及宗親等百餘人奔嶺表時始興人歐陽頠為
衡州刺史乃性依焉頠遷廣州病死子紇領其眾引疑紇
異圖因事規正由是情禮漸踈及紇反時都下士人岑之
敬公孫挺等並惶駭唯引怡然謂之敬等曰管幼安岂之
食宜帝幼之敬宣帝

卿亦但安耳君子正身以明道直己以行義亦何憂乎及
章昭達平讞禹引始比還拜尚書金部侍郎引善書爲當
時所重宣帝嘗披奏事指引署名曰此字耆趣翩翩似鳥
之欲飛引謝曰此乃陛下假其毛羽耳帝又謂引曰我每
有所忿恚卿輒慧解何也引曰陛下不遷怒臣何預
此恩引性抗直不事權貴宣帝每欲遷用輒爲用事者所
裁及呂梁覆師戎儲空匱轉引爲庫部侍郎廣州刺史馬
靖甚得嶺表人心而甲兵精練每年深入俚洞數有戰功
朝野頗生異議宣帝以引悉嶺外物情且遣引觀靖審其

虛實諷令送質及至靖即悟旨遣兒弟爲質後主即位爲
中庶子建康令時殿內隊主吳璡及官者李善慶藥脫兒
等多所請屬引一皆不許引始族子密時爲黃門郎諫引
曰李蔡之權在位皆憚亦宜少爲身計引曰吾之立身自
有本末亦安能爲李蔡致屈就令不平不過免職耳吳璡
竟作飛書書李蔡謗之坐免官卒於家子德言最知名引弟
彤位太子中庶子南康王長史
琛字彦瑜惠開從子也祖僧珍宋廷尉卿父惠訓齊末爲
巴東相梁武帝起兵齊和帝於荆州即位惠訓與巴西太
守魯休烈列梁武帝起兵以郡相抗惠訓使子璟攄上明建康城平始

歸降武帝宥之以爲太中大夫辛官琛少明悟有才辯數
歲時從伯惠開見而奇之撫其背曰必興吾宗起家候太
學博士時王儉當朝琛年少未爲儉所識負其才氣候儉
宴于樂游乃著屐履葛巾拂枝校直造儉坐儉與語大悅
儉時爲丹楊尹辟爲主簿求明九年魏始通好琛再銜命
比使還爲通直散騎侍郎魏遣李彪來使儉始令琛
琛於御筵舉酒勸彪彪不受曰公庭無私禮不容受琛之
答曰詩所謂兩我公田遂及我私坐者皆悅服彪乃受
皆即科行琛乃密啓曰郎有杖起自後漢余時郎官位甲

親主文案與令史不異故郎三十五人令史二十八人是以
古人多耻爲此職自魏晉以來郎官稍重今方參用高華
吏部又近於通貴不應官高而罰遒褻科所以從來
彈舉雖在禁文而許以推遷或逢恩宥得息
之後巳行舍郎江革欣行事歷已父人情未習自奉救
自泰始建元以來未經施行事嚴已久無人懷懲懼兼
有子弟成長彌復難爲儀通其應行罰可特賜輸贖使與
令史有異以彰優緩之澤帝納之自是應受罰者依舊一
行東昏初嗣立時議無廟見文琛議據周頌烈文閟宮皆

為即位朝廟之典於是從之梁武在西邸與琛有舊梁臺
建以為御史中丞天監九年累遷平西長史江夏太守始
琛為宣城太守有比僧南慶唯齋一觔蘆中有漢書序傳
僧云三輔舊書相傳以為班固真本琛固求得之其書多
有異今者而紙墨亦古文字多如龍舉之例非隸非篆琛厲
甚秘之及是以書餉鄱陽王範獻于東宮後為吳興太守
郡有項羽廟土人名為憤王甚有靈驗遂於郡聽事安床
幕為神坐公私請禱前後二千石皆於聽事拜祠以軛下牛
充祭而避居他室琛至著履登聽事聞室中有叱聲琛厲
色曰生不能與漢祖爭中原死據此聽事何也因遷之於

【南史列傳八】 十三

廟又禁殺牛解祀以脯代閔琛頻位大郡不事產業有闕
則取不以為嫌歷左戶度支二尚書侍中帝每朝謙接琛
以舊恩眷犯武帝欽容琛從容曰名不偏諱陛下
不應譁順上曰名各有家風琛曰其如禮何又經預御筵醉
伏上以囊投琛仍取栗擲上正中面御史中丞在坐帝
動色曰此中有人不得如此宜有說邪琛即答曰陛下
臣以赤心敢不報以戰栗上笑悅每呼琛為宗老琛
亦奉陳昔恩以草遑中陽鳳系同閫雖迷與運猶荷洪慈
上荅曰雖云早教闈乃自非同志勿談與運初且道狂奴
異琛常言少壯三好音律書酒年長以來二事都廢唯書

籍不衰而琛性通脫常自解寬事車餘餞必陶然致醉位
特進金紫光祿大夫卒遺令諸子與妻同墳異藏祭以疏
菜葬止車十乘事存率素乘輿臨哭甚哀謚曰平子琛所
撰漢書文府鈔梁拾遺并諸文集數十萬言子遊位少府
卿遊子密字士幾幼聰敏博學有文詞位黃門郎太子中
庶子散騎常侍

臧燾字德仁東莞莒人末武敬皇后兄也少好學善三禮
貧約自立操行為鄉里所稱晉太元中衛將軍謝安始立
國學徐充二州刺史謝玄舉燾為助教晉孝武帝追崇庶
祖母宣太后議者或謂宜配食中宗燾議曰陽秋之義母

【南史列傳八】 十四

以子貴故仲子成風咸稱夫人經言考仲子宮若配食惠
廟則宮無緣別築前漢孝文孝昭太后並繫子為號祭於
寢園不配於高祖後漢和帝之母曰恭懷皇后雖不繫子
安帝祖母曰敬隱皇后順帝之母曰恭愍皇后雖有太后皇
后之號亦不祭於陵寢不配食義同陽秋此則二漢雖有
后之異至於並不配食故以
后既廢霍光追尊李夫人為皇后配孝
武廟此非母以子貴之例直以高武二廟無配故耳又漢
世立寢於陵自是晉制所異謂宜遠準陽秋考宮無配則
慕二漢不配之典尊號既正則閟極之情中別建寢廟則

嚴稱之義顯繫子爲稱兼明毋貴之所由一舉而兼三義

固哲王之高致也議者從之頊之去官以父母老家貧與

第喜棄人事約已養親者十餘年父母喪亡

居喪六年以毀瘠著稱宋武帝鎮京口參帝中軍軍事入補

軍事隨府轉鎮南參軍武帝受禪封高陵亭侯

尚書度支郎改掌祠部龔封高陵亭侯時太廟鴟尾災薨

謂著作郎徐廣曰昔孔子在鄉聞魯廟災曰必桓僖也今

征西京兆四府君宜在毀落而猶列廟饗此其徵乎乃上

議曰臣聞國之大事在祀與戎將營宮室宗廟爲首古先

哲王莫不致蕭恭之誠心盡崇嚴乎祖考然後能流淳化

於四海通幽感於神明固宜詳廢興於古典脩情禮以求

中者也禮天子七廟三昭三穆與太祖而七自考廟以至

祖考五廟皆月祭之遠廟爲祧有二祧享嘗乃止去祧爲

壇去壇爲墠有禱然後祭之此宗廟之次親疏之序也鄉

玄以爲桃者文王武王之廟文武周之祖宗何云去祧

去祧之言則祧非文武之廟矣文武周之祖宗則何嘗之

爲壇乎明遠廟爲祧者無服之祖也若遠廟則有壇墠之

降去祧則有壇墠之殊明世遠者其義彌疏也又禮有以

多爲貴者故傳稱天子七諸侯五祭法天子立七廟三昭

武之廟宜同月祭於太祖雖推后稷以配天由功德之所

始非尊崇之義每有差降也又禮有以多爲貴者故傳稱

德厚者流光德薄者流卑又言自上以下降殺以兩禮也

此則尊卑等級之典上下殊異之文而云天子諸侯俱祭

五廟何哉又王祭嫡殤下及來孫而上祀之禮不過高祖

以推隆恩於下流替誠敬於尊廟亦非聖人制禮之意也是

以泰始建廟從王氏議又禮父爲士子爲天子諸侯祭之

以天子雖其尸服以士服故自虞京兆以上及征西以備六世之數宣

皇雖爲太祖尚在子孫之位至於毀祭之日未申東向之

禮所謂子雖齊聖不先父食者也今京兆府君旣遷太祖

始得居正議者以昭穆未足欲屈太祖於卑坐以爲非

禮典之旨也所謂與太祖而七自是昭穆旣足太祖在六

世之外非爲須滿七廟乃得居太祖也議者又以四府君

神主宜永同於毀祧臣又以爲不然斯禮所謂毀廟之主陳

乎太祖謂太祖以下先君之主也故白虎通云祫祭遷

廟者以其繼君之體持其統而不絕也豈如四府君在太

祖之前非繼統之主無靈命之瑞非王業之基昔以世近

而及今情禮已遠而當長饗殷祫永虛太祖之位求之

禮籍未見其可昔永和之初大議斯禮于時虞喜范宣並

以洪儒碩學咸謂四府君神主無緣永存於百世或欲瘞

之兩階或欲藏之石室或欲爲之改築雖所執小異而大

歸是同若宜旣居羣廟之上而四主祫祫不已則大晉

始祖不得在七廟之上四主之違非嚴尊崇之義每有差

殷祭長無太祖之位矣夫理貴有中不必過厚禮與世遷

豈可順而不斷故臣子之情雖篤而靈厲之諡彌彰追遠

之懷雖切而遷毀之禮爲用豈不有心於加厚顧禮制不

可踰耳石室則藏於廟比改築則未知處廔主所以依

神神移則有瘞埋之禮四主之瘞埋然經典難詳群言錯繆非

也隼傍事例宜同廔主之瘞埋竟未施行采武帝受

臣淺識所能折中時學者多從嘉議竟未施行采武帝受

命拜太常難外戚彌自沖約茅屋蔬殽不改其舊

所得奉祿與親戚共之求初三年致事拜光祿大夫加金

章紫綬卒 贈左光祿大夫長子遂冝都太守遂子凝

〈南史列傳八〉 十七 仔仲

之學涉有當世才與司空徐湛之爲異常交年少時與傅

僧祐俱以通家子始爲文帝所引見時上與尚書錢

錢事凝之便干其語次上因回與語僧祐引凝之衣令止

凝之大言曰明主難再遇便應盡政盡所懷上與性復十餘

反凝之辭韻詮序上甚賞焉後爲尚書左丞以徐湛之之黨

爲元凶所殺凝之子寅字士君事在沈攸之傳寅弟豫

軍參軍豫子嚴

嚴字彥威幼有孝性居父憂以毀聞孤貧勤學行止書卷

不離手從叔未覬爲江夏郡攜嚴之官於途作屯游賦又

作七箏辭並典麗性孤介未嘗造請梁僕射徐勉欲識之

嚴終不詣累遷 湘東王宣惠輕車府參軍兼記室嚴於孝

多所諳記九精漢書諷誦略皆上口王曾自執四部書目

試之嚴自甲至丁卷中各對一事并作者姓名遂無遺失

王遷荊州隨府轉西中郎安西錄事義陽武寧郡

守郡界蠻左前郡守常選武人以兵鎮之嚴獨以數門生

單車入境蠻悅服後卒於鎮南諮議參軍文集十卷

嚴族叔未覬所知仕梁爲太尉長史所生母憂三年

外兄汝南周顒嘗孫也潭左戶尚書未覬有才幹少爲

盧于墓側歷廷尉卿江夏太守卒子盾

盾字宣卿幼從徵士琅邪諸葛璩受五經璩學徒常有數

十百人盾處其間無所狎比璩曰此生王佐才也爲尚書

中兵郎美風姿善容止每趨奏梁武帝甚悅焉父在宅

通事舍人盾有孝性嘗隨父宿直廷尉府母劉氏在宅夜

暴亡盾左手中指忽痛不得寢及旦宅信果凶問其感

通如此盾累遷御史中丞性公強甚稱職

不識武帝累敕抑警後累遷御史中丞公強甚稱職

大通五年帝幸同泰寺開講設四部大會衆數萬人南越

所獻馴象忽於衆中狂逸眾皆駭散騎侍郎裴

之禮巍然自若帝甚嘉焉大同二年爲中領軍領軍管天

下兵要臨局事多盾爲人敏贍有風力長於撥繁職事其

〈南史列傳八〉 十八 劉世

理先是吳平侯蕭景居此職著聲至是景復繼之後卒於

盾弟聯字獻卿亦以幹局稱為晉安太守郡居山海常結
聚通逃前二千石討捕不能止厥下車宣化凶黨皆褫貞
而出自是居人復業然政嚴百姓謂之藏彪前後再兼中
書通事舍人卒於兼司農卿厥前後居職所掌之局大事
便無所付其見知如此子操尚書三公郎

及蘭臺廷尉所不能決者敕並付厥辯斷精明咸得其理
辛後有過登聞鼓訴求付清直舍人帝曰藏厥既亡此事

嘉學義和嘉之弟也與嘉並好經學隆安初兵起嘉乃習
騎射志立功名嘗與溧陽令阮崇獵遇猛獸突圍獵徒並
散嘉射之應弦而倒從宋武帝入京城進至建鄴桓玄走
帝便便嘉入宮收圖書器物封府庫有金飾樂器武帝問
嘉卿欲此乎嘉正色曰主上幽逼播越非所
義勤勞王室雖復不肖實無情於樂帝笑曰聊以戲耳以
建義功封始興縣五等侯炎參武帝遣朱齡石統大眾
征廣固議者多不同嘉奇兵
代蜀嘉命奇兵出中水領建平巴東二郡太守蜀主譙縱
遣大將譙撫之敗走追斬之屯牛脾又遣譙小苟重兵塞打鼻軍至午
脾撫之敗走追斬之成都平嘉遇疾卒於蜀追贈光祿勳

【南史列傳八】　十九

子質字含文少好鷹犬善音捕博意錢之戲長六尺七寸出
面露口顙項拳髮初為世子中軍咨議參軍嘗詣護軍趙倫之作
倫之名位已重不相接質慨然起曰大丈夫各以老嫗作
門戶何至以此中相輕倫之慙謝質拂衣而去後為江夏
王義恭撫軍參軍以輕薄無檢為交所嫌徙所領竟
稽長公主為之言乃出為建平太守甚得蠻楚心歷竟
陵內史巴東建平二郡太守吏人便之質年始出三十屢
居名郡涉獵文史尤慣傲有氣幹好言兵文帝謂可大
任以為徐兗二州刺史加都督在鎮奢費爵命無章為有
司所糾遇赦與范曇徐湛之等厚善曇謀反曇質必與之

同會事發復為義興太守二十七年遷南譙王義宣司空
司馬南平內史未之職會魏太武帝圍汝南譙王義宣司
守告急文帝遣質輕往壽陽與安蠻司馬劉康祖等救憲
後太武率大眾數十萬向彭城以質為輔國將軍比救始
至旴台太武已過淮二十八年正月太武自廣陵比返恕
力攻旴台就質求酒質封溲便與之太武怒甚築長圍一
夜便合質報太武書云爾不聞童謠言邪虜馬飲江水佛
狸死卯年冥期使然非復人事寡人受命相滅期之白登
師行未遠爾自送死豈容復令爾生哉假令寡人
不能殺爾爾由我而死爾若有幸得為亂兵所殺爾若不

【南史列傳八】　廿　劉質

（上欄）

幸則生相鎖縛載以一艫質送都市爾識智又眾甚能勝

符堅邪頃年展爾陸質者是爾未飲江太歲未卯故耳時

魏地童謠曰輕車北來如穿雉不意虜馬飲江水虜主北

歸石濟死虜欲度江天不從故著書引之太武大怒乃作

鐵牀於上施鐵鏃破城得質當坐之此上質又與魏軍書

垣樓城內繫綆數百人叫呼引之車不能退質夜以木桶

寫臺格購斬太武封萬戶侯賜布絹各萬定魏乃自薄登城墜而復升莫有退者

頹落下不過數斗魏軍乃自薄登城土堅密每

盛人縣出城外截鈎獲之明日又以衝車攻城

殺傷萬計死者與城平如此三旬死者過半太武乃解圍

而歸上嘉質功以為寧蠻校尉雍州刺史監四州諸軍事

明年文帝又北侵使質率見力向潼關質頓兵不肯時發

又顧戀嬖妾棄軍營圖單馬還[城散用臺庫見錢六七百]

萬為有司所糾上不問元凶弒立以質為丹楊尹質家遣

門生師顒報質具言文帝崩問質使告司空義宣又孝武

諸子在都聞質板進競北將軍孝武即位加質車騎將軍

信報孝武板進質競征北將軍孝武即位加質車騎將軍

帝而自率眾五千馳下討逆自陽口進江慶見義宣時質

開府儀同三司都督江州諸軍事使質自白下步上薛安

都程天祚等亦自南掖門入與質同會太極殿庭生禽元

（下欄）

凶仍使質留守朝堂始興郡公之鎮舫千餘乘部伍前

後百餘里六平乘並施龍子幡時孝武自謂人才足為一世

英傑始聞國禍便致拜稱名質於義宣凡闇防制欲外相推奉

少主遇之刑政慶賞不復諮稟朝自攬威權而質以

以成其志及至江陵便有異圖以義宣稱名質凡闇防制欲相推奉

年近六十歲及至江陵義宣驚曰君何意拜弟質中宜然時義

宣已推崇孝武故其謀不行每廢事泄及至新亭又拜江

夏王義恭義恭愕然問質所以質曰天下屯危禮異常日

前在荊州亦拜司空義宣有憾於孝武質因此密信說

誘陳朝廷得失又謂震主之威不可持久質無復異同納

其說且義宣服心將佐蔡超竺超人等咸有富貴情願又

勸義宣時未受丞相質子敦為黃門侍郎奉詔敕勤

道經尋陽質令敦具更譬說義宣意乃定馳報豫州

刺史魯爽期孝建元年秋同舉義宣即起兵遣人至都

報弟瑜狼狽卷甲叛瑜弘為質府佐孝武遣撫軍將軍柳元

景統豫州刺史王玄謨等屯梁山洲兩岸築偃月壘水陸

於是執臺使狼狽舉兵義宣亦相次係至江夏王義恭書

待之元景借兵於仲堪有似今日義宣由此與質相疑質

曰昔桓玄借兵於仲堪至江夏王義宣由此與質相疑質必不

進計曰今以萬人取南州則梁山中絕萬人綴玄謨必不

敢輕動質浮舟外江直向石頭此上略也義宣將從之義
宜客頷樂之說義宣曰質若復按東城則大功盡歸之矣
（宜遣麾下自行義宣遂腹心）劉諶之就質陳軍城南玄謨
留蕭弱守城悉精兵出戰薛安都騎軍前出垣護之悉諸
將繼之乃大潰質求義宣欲計事密已走矣質不知所為
亦走至尋陽焚府舍載妓妾入南湖摘蓮啖之追兵至以
荷覆頭沈於水出鼻軍士鄭儼兒鄂見射之中心兵刃亂
至腰胃緪縈水草隊主麥應斬質傳首建鄴錄尚書江夏
王義恭等依漢王莽事漆其頭藏于武庫詔司

論曰趙倫之蕭思話俱以外戚之親並接風雲之會言親
則在趙為密論篤則於蕭為重古人云人能弘道蓋此之
謂乎惠開親禮雖篤弟隙尤著方寸之內孝友異情嶮於
山川有驗於此藏氏文義之美傳于累代含文以致誅滅
好亂之所致乎

列傳第八　　　　　南史十八

列傳第九

南史十九

李延壽

謝晦　兄瞻　第嚼
謝方明　子惠連
謝靈運　孫超宗　曾孫幾卿
謝裕　子恂　玄孫微　弟純　述　孫朓

謝晦字宣明陳郡陽夏人晉太常裒之玄孫也裒子弈擒
安萬鐵並著名前史擒子朗字長慶從東陽太守朗子重
字景重從會稽王道子驃騎長史重生絢絢瞻曜遵位
至宋文帝從事晦初為孟昶府中兵參軍
祖死帝問劉穆之起府誰堪入府穆之舉晦即命為太尉
參軍武帝嘗訊獄其旦刑獄參軍有疾以晦代之晦
一覽訊牒隨問酬對無失帝奇之即日署刑獄賊曹累遷
大尉主簿從征司馬休之時徐逵之戰死帝將自登岸諸
將諫不從帝曰我斬卿晦曰天下可無晦不可無
公晦死何有會胡藩登岸賊退乃止晦美風姿善言笑眉
目分明鬢髮如墨涉獵文義博贍多通時人以方楊德祖
微將不及晦聞猶以為恨帝深加愛賞從征關洛內外要
任悉委之帝於彭城大會戲馬臺賦詩晦恐帝有失起諫
帝即代作曰先蕩臨淄穢却清河洛塵華陽有逸驥桃林
無伏輪於是群臣並作時謝琨風華為江左第一嘗與晦
俱在武帝前帝目之曰一時頓有兩王人耳劉穆之遣使

陳軍晦猶往異同穆之怒曰公復有還時不及帝欲以晦
為從事中郎穆之堅執不與故終穆之世不遷及穆之喪
問至帝哭之甚慟曰喪我賢友晦時正直甚自入閤參
審其日教出轉晦從事中郎穆之為右衛將軍將軍加侍中
霸陵岸回首望長安詩曰衆僚誦詩晦詠曰南登
登城北望慨然不悅乃命羣僚備法駕入喟然傷心肝流涕不
自勝及帝受命於石頭登壇備法駕入宮晦領游軍為警
加中領軍封武昌縣公求初二年坐行璽封鎮西司馬南
郡太守王華而誤封海太守球免晦侍中尋轉領軍
將軍加散騎常侍晉中軍羊祜故事直殿省總統宿
衛及帝不豫給班劍二十人與徐羨之傅亮檀道濟並侍
醫藥少帝即位加中書令與徐傅輔政及少帝廢徐羨之
以晦領護南蠻校尉荆州刺史加都督欲令居外為援廬
文帝至或別用人故遽有此授精兵舊將悉以配之文帝
即位晦慮不得去甚憂惶及發新亭顧石頭城喜曰今得
脫矣進封建平郡公固讓又給鼓吹一部至江陵深結侍
中王華冀以免禍二女當配彭城王義康新野侯義賓元
嘉二年遣妻及長子世休送女還都先是景平中魏師攻
河南至是欲誅羨之等并討晦聲言比行又言拜京陵

裴舟艦傳亮與晦書薄伐河朔軍猶未已朝野之應憂
懼者多又言當遣外監萬紹宗往時朝廷慮分異常其謀
頗泄三年正月晦弟黃門侍郎驎馳使告晦猶懼不然
呼語議參軍何承天示以亮書曰計紹宗一二日必至傅
公應我好事故先道此書承天曰外間所聞咸謂西討已
定紹宗豈有上理晦尚慮使承天豫立答詔啓草以行
晦懼曰卿且欲我自裁哉承天曰尚未至此其在境外晦
笑何敢隱情然明日我自裁動用軍法區區所懷懼不得盡
執晦問計於承天對曰蒙將軍殊顧常思報德事變至
日無消息便是不復承邪承天曰程道慧得尋陽日掾立

曰荊州用武之地兵糧易給聊且決戰走復何晚吾不愛
死負先帝之顧如何又謂承天曰幼宗尚未至若後二三
日便是帝爾就其軍已判豈容復
疑晦欲裹南蠻兵籍共見力決戰工人多勸發兵晦問諸
將戰士三千足守城乎南蠻司馬周超曰非徒守城若有
外寇亦可立勳司馬庚登之請解司馬南郡以授之晦即
命超為司馬轉登之為長史文帝誅羨之等及晦子世休
收超既而自出射堂集得精兵三萬人乃奉表言臣等若
志欲專權不顧國典便當躬襲幼主孤背天日豈得沇流

二千虛館三月奉迎鑾駕以遵下武故廬陵王於柴桑之
世復夜情嫌積怨犯上自賊非命不有所啓將何以興耿
舁不以賊遺君父臣亦何負於宋室邪又言羨之亮無罪
見誅王弘兄弟輕躁昧進王華猜忌害帝時已戒嚴尚
書符荊州暴其罪狀晦率眾二萬發自江陵舟艦列自江
津至于破冢旗旌相照歎曰恨不以此為勤王之師矣
檀建鄴言王弘臺首王華等罪又上表陳情初晦與徐傅
謀為自全計晦據上流檀鎮廣陵各有強兵足制朝廷羨
之亮於中知權可得持久及帝將行召檀道濟委之必眾
始謂道濟不全及聞其來大眾皆潰晦得小船還江陵

初雍州刺史劉粹遣弟竟陵太守道濟與臺軍王仲德
襲江陵至沙橋周超大破之俄而晦至江陵無佗唯愧周
超而已超其夜詣到彥之降晦乃攜弟遯兄子世基等七
騎比走避肥不能騎馬晦每待不得速至安陸延頭晦故
吏戍主光順之執晦與晦海等並狀誅送建鄴道作悲哀道以自哀周超
降到彥之執之以交府事劉粹道吉彥之沙橋之事敗由周超
彥之乃與晦等並伏誅世基垂天翼一旦失風水飜為蟻食連
句詩曰偉哉橫海鱗壯美垂天翼一旦失風水飜為蟻食
晦續之曰功遂侔昔人退保無智力既涉天行陵斯路信難
陛晦女為彭城王義康妃聰明有才貌被髮徒跣與晦訣曰

阿父大丈夫當橫屍戰場柰何狼藉都市言訖叫絕行人為之落淚晦死時年三十七瞻登之殺道亦何承天自晦下並見原

瞻字宣遠一名檐字通遠晦次兄也六歲能屬文為紫石英賢果然詩當時才士歡異與從叔琨族弟靈運俱有盛名嘗作喜霽詩靈運寫之琨詠之王弘在坐以為三絕瞻幼孤叔母劉撫養有恩兄弟事之同於至親劉弟柳為吳郡將姊行後為宋武帝相國從事中郎解職隨從故為柳建威遇已重於彭城還都迎家賓客輻湊時瞻在家驚邪乃離隔門庭曰吾不忍見此後因宴集靈運問晦潘陸與賈充優劣晦曰安仁諂於權門士衡邀競無已並不能保身自求多福公閒動名佐世不得為並靈運曰安仁曰衡才為一時之冠方之公閒本自遼絕瞻斂容曰若處貴而能遺權斯則是非不得而生傾危無因而至君子以明哲保身其在此乎常以裁止晦如此及還彭城言於武帝曰臣本素士交祖位不過二十石弟年始三十志用凡近位任顯密福過災生特乞降黜以保衰門前後屢陳帝密欲以瞻為吳興郡又自陳請乃為豫章太守晦或以朝廷

重語瞻瞻輒向親舊說以為戲笑以絕其言晦遂建佐命功瞻愈憂懼求初二年在郡遇疾不療幸於不求晦聞疾奔波瞻見之曰汝為國大臣又總戎重萬里遠出必生疑謗時果有詐告晦反者瞻疾篤還都帝以晦禁旅不得出宿使瞻居于晉南郡公主壻羊賁故第在領軍府東門瞻曰吾有先人獒廬何為於此臨終遺晦書曰吾得歸骨山足亦何所多恨弟思自勉為國為家辛時年三十五瞻文章之美與從叔琨族弟靈運相抗靈運父瑛無才能為祕書郎早卒而靈運好臧否人物瑛微之欲加裁折未有其方謂瞻曰非汝莫能乃與晦瞻弘微等共遊戲使瞻與靈運共車靈運登車便商較人物瞻謂曰祕書早亡談者亦互有同異靈運默然言論自此衰止

弟曕字宣鏡年數歲所生母耶氏疾曕晨昏溫清勤劬自頗未嘗暫政恐僕役營疾懈倦躬自親勞母為疾畏驚而微賤過甚一家尊卑感曕至性感納獲行畢氣語如此者十餘年任黃門侍郎從坐伏誅

澹字景恒晦從叔也祖安晉太傅父瑤琅邪王友澹任達仗氣不營當世與祖順陽范泰為雲霞之交歷位尚書宋武帝將受禪有司議使侍中劉叡進璽帝曰此選當須人望乃使澹攝祠嘗侍帝宴酣飲大言無所畏鄭鮮之欲按之

帝以為諳方外士不宜規矩繩之然意不說不以任寄後
復侍飲酣謂帝曰陛下用羣臣但須委屈順者八見貴汲
黯之徒無用也帝大笑景平中累遷光祿大夫從子晦為
荊州將之鎮詣澹別晦年踰三十五澹為
晦色甚愧元嘉中位侍中特進金紫光祿大夫卒初澹從
弟混與劉毅昵澹常以為憂漸疎混每謂弟璞從子瞻曰
益壽此性終當破家混暴見誅朝廷以澹先言故不及禍
璞字景山幼孝友祖安深賞愛之位光祿勳

謝裕字景仁朗弟允之子而晦從父也名與宋武帝諱同
故以字行允字令度位宣城內史景仁幼為從祖安所知
始為前軍行參軍會稽王世子元顯嬖人張法順權傾一
時內外無不造門唯景仁不至年三十而方為著作佐郎
桓玄誅元顯見景仁謂四坐曰司馬庶人父子云何不敗
遂委謝景仁三十而方佐著作郎玄建楚臺以補黃門侍
郎及纂位領驍騎將軍景仁博聞強識善敘前言往行玄
每與言不倦玄出行殷仲文之徒皆騎馬散從而
使景仁陪輦宋武帝為桓脩撫軍中兵參軍嘗詣景仁諮
事景仁與語說因留帝食食畢求去景仁不許曰主上見待要
促俄頃間騎詔續至帝屢求去景仁不許曰主上見待要

馬左司馬專摠府任又遷吏部尚書時從兄混為尚書左
邪王天子母弟當儲副帝深以根本為憂轉景仁大司
公建桓文之烈應天人之心雖業高振古而德刑未樹宜
推亡固存廣振威略平定之後養銳息徒然後觀兵洛汭
脩復園寢豈有繼敵貽患者哉帝從之及北伐大司馬琅
堅寢境超朝議皆謂不可劉毅時鎮姑熟固止帝以為將
孫也歷位武帝鎮軍司馬復為車騎司馬義熙五年帝將
其威之及平建鄴景仁與百僚同見武帝目之曰此名公
應有方我欲與容食豈不得待竟安坐飽食然後應召帝

僕射彼制不得相監帝啟依僕射王彪之尚書王劭前例
不解職坐選吏部令史邪安泰為都令史平原太守二官
共除安泰以令史職拜謁陵廟為御史中丞鄭鮮之所糾
白亥領職十一年為左僕射景仁性矜嚴整潔居宇淨麗
每唾輒唾左右人衣事畢即聽一日澣濯每欲唾左右爭
來受之武帝雅相知重申以昏姻廬陵王義真妃景仁女
也十二年卒贈金紫光祿大夫拜曰武帝親臨其慟
子恂字泰溫位鄱陽太守恂子少與族兄莊齊名多
藝能尤善聲律車騎將軍王彧或孫子姑之子也嘗與孫子
宴桐臺孫子吹笙或自起舞既而歎曰今日真使人飄颻

陳慶

有伊洛間意為新安王主簿出為廬江郡辭宋孝武謂有
司曰謝孫子不可屈為小郡乃以為司徒主簿後以家貧
求西陽太守卒官子瓚少與從叔朓俱知名齊竟陵王子
良開西邸招文學瓚亦預焉位中書郎梁天監中為左戶
尚書再遷侍中固辭年老未金紫帝不悅未歲會卒
子微字玄慶美風采好學善屬文從兼起居舍人與河東
裴子野沛國劉顯同官友善時魏中山王元略還比梁武
帝戲於昭明太子薨帝製放生文亦見賞於世徐除尚
書左丞及昭明太子薨帝立晉安王綱為皇太子將出詔

▲南史列傳九　　　九

南蘭陵太守文集二十卷

純字景粹景仁弟也劉毅鎮江陵以為衛軍長史南平相
及王鎮惡襲殺毅殺時病佐史聞兵至馳還入府左右引車
欲還外解純叱之曰我人吏也逃欲安之及入毅兵敗眾
散純為人所殺純弟黜字景黜位司徒右長史
黜弟述字景先小字道兒少有至行隨純在江陵遇害
述奉純喪還都至西塞遇暴風純喪舫流漂不知所在述
乘小船尋求綠純妻庾舫過便遣人謂曰小郎去必無及

宣可存亡俱盡邪述躬淲苦曰若安全至岸尚須營理如
其已致意外述亦無心獨存因曰浪而進見純喪舫泊
於蘆州四天幸而獲免咸以為精誠所致武帝聞而善之又
臨豫州諷中正以為迎主簿甚被器遇值景仁愛厥而憎述
嘗設饌請宋武帝希命魃豫坐而帝與述至又殺景仁卒廢
意又盧帝命之請急不從帝馳道呼述須臾進衣不解
如此及景仁疾篤祝湯藥飲食必晝而後進知非景仁風
帶不鹽櫛者累旬景仁卒述乃哀悼親選硯獲
號過禮景仁肥壯貿材數具皆不合用述哀慟親選硯獲二
焉為太尉參軍從征司馬休之封吉陽縣五等侯元嘉二

▲南史列傳九　　　十

年拜中書侍郎後為彭城王義康驃騎長史領南郡太守
義康入相述又為司徒左長史轉左衛將軍莅官清約私
無宅金盡義康遇之甚厚尚書僕射殷景仁領軍將軍劉湛
並與述為異常之交述美風姿善舉止湛每謂人曰我見
謝道兒未嘗不為異常之交述美風姿善舉止湛每謂人曰我見
上袴邸鳳誠自將曲恕吾所啟故特見納若此跡宜
邵先邸鳳勳宜嘗雍州刺史張邵以贓貨將致大辟述表陳
謝則為優奪主恩使綜對前楚之帝後卒於吳興太守喪
布則為優奪主恩使綜對前楚之帝後卒於吳興太守喪
還未至都數十里殺景仁劉湛同乘迎赴塋舫流涕又劉

湛誅義康分鎮府行歡曰謝述唯勤吾退劉湛唯勤至遠述亡而湛存吾所以得罪也文帝亦曰謝述若在義康必不至此三子綜約緯綜有才藝善隸書爲太子中舍人與范曄謀及伏誅約死綜約所憎兔死徙廣州孝建中還都方雅有父風位正員郎子朓

朓字玄暉少好學有美名文章清麗爲發隨王子隆鎮西功曹轉文學子隆在荆州好辭賦朓尤被賞不捨日夕史王秀之以朓年少相動欲以啓聞朓知之因事求還道中爲詩寄西府曰常恐鷹隼擊時菊委嚴霜寄言罽羅者寥廓已高翔是也仍除新安王中軍記室朓間演汙之水思朝宗而每竭鶩賽之兼希沃若而中疲何則旱壤搖落對之惆悵歧路東西或以鳴唈況乃服義徒擁旄志草從遽墜兩飄似秋蔕朓實庸流行能無算圃春筆免國東泛三江西浮七澤契闊戎旃從容讌語長裾日曳後乘載脂肌骨不悟滄溟未運波臣自湯渤溟方浹撫翰先謝清切番房寂寥舊華輕舟反沂弗影獨留白雲在天龍門不見去德滋永思德滋深唯待青江可望倚

咨近代小官不讓遂成恆俗有乖讓意王藍田劉安西中范曄謀逆孔熙先尤能文章讓中書郎疑朓官未及讓以問國子祭酒沈約約曰宋元嘉州事啓王敬則反謀朓以問國子祭酒沈約約曰宋元嘉誥轉中書郎出爲晉安王鎮北諮議南東海太守行南徐帝輔政以朓爲驃騎諮議領記室掌霸府文筆及掌中書詔書殿中郎隆昌初敕朓接北使成文無點易以本官兼尚集府中郎隆昌初敕朓執筆便成文無點易兼掌中書詔席無改雖復假便貝堰滿壑猶望妻子知歸攬涕告辭悲來橫歸蟦於春渚朱邸方開效達心於秋實如其薄冑或存桂

並貴重初自不讓今豈可慕此不讓邪孫興公孔頭並讓記室今可三署皆讓邪謝吏部今授超階讓別有意豈關官之大小擬謙之美本出人情若大官必讓便與詣闕章表不異例既如此謂都非疑朓讓優答不許朓善草隸長五言詩沈約常云二百年來無此詩也敬皇后遷祔山陵朓撰哀策文齊世莫有及者東昏失德江祏欲立江夏王寶玄未更回惑與弟祀密謂朓曰江夏年少脫不堪不可復行廢立安年長又正始安國家爾遙光又遣親人劉渢致意於朓朓自以受恩明帝不肯咨少日遙光以朓兼知衛尉事朓懼見引即以求安國家爾遙光又遣親人劉渢以朓兼知衛尉事朓懼見引即以

祐等謀豈左興盛豈說劉暄曰始安一旦南面則劉渢劉
晏等卿令地但以卿為反覆人爾暄陽驚告始安王及
江祐始安欲出朓為東陽郡朓固執不與先是朓常招
為人祐常詣朓朓因言有一詩呼左右取既而便停祐問
其故云定復不急祐以為輕己後祐及弟祀劉渢劉晏俱
候朓朓謂祐曰可謂帶二江之雙流以嘲弄之祐轉不堪
君方為三代史亦不得見沒初朓告王敬則反敬則女為
岫妻收岫下獄時年三十六臨終謂門賓曰寄語沈公
朓妻常懷刀欲報朓朓不敢相見及當拜吏部謙拜尤其
尚書郎范縝嘲之曰卿人才無慇小選但恨不可刑于寡
妻朓有愧色及臨誅歎曰天道其不可昧乎我雖不殺王
公王公因我而死朓好獎人才會稽孔頤粗有才筆未為
時知孔珪嘗令草讓表以示朓朓嗟吟良久手自折簡寫
之謂珪曰士子聲名未立應共獎成無惜齒牙餘論其好
善如此珪及殷叡素與朓善因此相得帝以大女永興
公主適廬子鉤第二女永世公主適朓子謨及帝為雍州
二女並暫隨母向州及武帝即位二主始隨內還武帝意
薄汧謨又以門單欲更適張弘策子至卒又與王志子謨而
而謨謨不堪歡恨為書狀如詩贈主以呈帝甚以為歉謹而

南史列傳九 十三

婦終不得還事用謨為信安縣相連王府諮議時以為沈
約旦與朓善為制此書云
謝方明陳郡陽夏人也相從字鐵石位求嘉太守父沖字秀
度中書郎家在會稽病歸為孫恩所殺贈散騎常侍方明
隨伯父吳興太守邈在郡孫恩寇會稽東諸郡響應吳
興人胡桀鄧襲破東諸縣方明勸邈避之不從賊至被害
方明父吳興太守邈等討恩隨走臨海郡一人並恨遠與恩通謀劉牢之謝琰
贏弱而勇決過人結義門生討嗣之等悉禽手刃之時乱
方明逃免初邈男子長樂馮嗣之又此方學士馮翊玄
後吉凶禮慶方明合門遇禍資產無遺而營舉凶功盡力
數月葬送並甲平世備禮無以加也項之孫恩重陷會稽
謝琰見害因驛方明甚急方明於上虞載母妹奔東陽由
黃蘗嶠出鄱陽附載還都寄居國子學流離艱險屯苦備
經而貞復之操在約無改桓玄剋建鄴丹楊君下範仁屯
傾朝野欲以女嫁方明方明終不回桓玄聞而賞之即除
著作佐郎後從兄景仁舉為宋武中軍主簿而賞之知無不
為帝謂曰愧未有瓜衍之賞且當與卿共豫章國祿屢加
賞賜方明嚴恪善自居遇雖暗室未嘗有惰容從兄混有
重名唯感節朝拜而已丹楊尹劉穆之權重當時朝野輻

南史列傳九 十四

湊其不至者唯琨方明郡僧施蔡鄖四人而已穆之甚恨
及琨等誅後方明鄖來往遷穆之穆之大悅白武帝曰謝
方明可謂名家駒及蔡鄖直置台鼎人無論復有才用
頃之轉從事中郎仍為右將軍直置並台鼎人無論復有才用
軍事諮決之府轉為中軍長史尋加晉陵太守復為驃騎
長史南郡相委任如初賞年終江陵縣獄囚事無輕重悉
放歸家使過正三日還到罪重者二十餘人綱紀以下莫
諫以為昔人雖有其事或是記籍過言且當今人情偽薄
不可以古義相許方明不納一時遣之四及父兄並驚喜

淨江以為就死無恨至期有重罪一人醉不能歸違二日
乃及餘一四十日不來五官朱千期請見欲自討之方明
知為囚事使左右謝五官不須入囚自逃凶逆巡遶里
不能自歸鄉村責讓率領將送者遂近歡服焉
盛風俗峻刻強弱相陵威更蜂起符書一下文攝相續方
武帝受命位侍中丹楊尹有能名轉會稽太守江東人殺
明深達政體不拘文法闊略奇細務在統領貴族豪家吉莫
敢犯禁除比伍之坐判父繫之獄前後征伐每兵運不充
柔情七庶事寧比比使還本而守宰不明與奪乖謬人事不
至必被抑塞方明簡決精當各順所宜東土稱詠之性尤

十五

愛惜未嘗有所是非承代前人不易其政必宜改者則漸
變使無迹可尋卒官
子惠連年十歲能屬文族兄靈運嘉賞之云每有篇章對
惠連輒得佳語嘗於永嘉西堂思詩竟日不就忽夢見惠
連即得池塘生春草大以為工常云此語有神功非吾語
也本州辟主簿不就惠連先愛幸會稽郡吏杜德靈及居
父憂贈以五言詩十餘首坐被流遠諸篇多是也坐此不
豫榮伍尚書僕射殷景仁愛其才言次白文帝言臣小兒
時便見此文而論者云謝惠連其實非也文帝曰若此便
應通之元嘉七年方為司徒彭城王義康法曹行參軍

康脩東府城城塹中得古冢為之改葬使惠連為祭文留
信待成其文甚美又為雪賦以高麗見奇靈運見其新文
每曰張華重生不能易也文章並行於世年三十七卒既
早亡輕薄多尤累故官不顯無子惠宣嗣佐臨川太守
謝靈運祖玄晉車騎
將軍父瑍西將軍弈之曾孫而方明從子也祖玄晉車騎
將軍父瑍生而不慧位秘書郎早亡靈運幼便穎悟玄甚
異之謂親知曰我乃生瑍瑍那得不及我靈運少好學
博覽羣書文章之美與顏延之為江左第一縱橫俊發過
於延之深密則不如也從叔琨特加愛之護封康樂公以
國公例除員外散騎侍郎不就為琅邪王大司馬行參軍

十六

性豪侈，車服鮮麗，衣物多改舊形制，世共宗之，咸稱謝康樂也。累遷祕書丞，坐事免。宋武帝在長安，靈運為世子中軍諮議、黃門侍郎，奉使慰勞武帝於彭城，作撰征賦。後為相國從事中郎、世子左衛率，坐輒殺門生免官。宋受命，降公爵為侯，又為太子左衛率。靈運多愆禮度，朝廷唯以文義處之，不以應實相許。自謂才能宜參權要，既不見知，常懷憤惋。廬陵王義真少好文籍，與靈運情款異常。帝即位，權在大臣，靈運構扇異同，非毀執政，司徒徐羨之等患之，出為永嘉太守。郡有名山水，靈運素所愛好，出守既不得志，遂肆意遊遨，徧歷諸縣，動踰旬朔，理人聽訟不復關懷。

所至輒為詩詠，以致其意焉。在郡一周，稱疾去職。從弟晦、曜、弘微等並與書止之，不從。靈運父祖並葬始寧縣，并有故宅及墅，遂移籍會稽，修營別業，傍山帶江，盡幽居之美。與隱士王弘之、孔淳之等縱放為娛，有終焉之志。每有一詩至都下，貴賤莫不競寫，宿昔之間，士庶皆徧，名動都下。

太祖登祚，誅徐羨之等，徵為祕書監，再召不起。使光祿大夫范泰與書敦獎，乃出就職。使整理祕閣書遺闕，又令撰晉書，粗立條流，書竟不就。尋遷侍中，賞遇甚厚。靈運詩書皆兼獨絕，每文竟，手自寫之，文帝稱為二寶。既自以名輩，應參時政，至是唯以文義見接，每侍上宴，

談賞而已。王曇首、王華、殷景仁等名位素不踰之，並見任遇，意既不平，多稱疾不朝直。穿池植援，種竹果竹，驅課公役無復期度。出郭遊行，或一百六七十里，經旬不歸，既無表聞，又不請急。上不欲傷大臣，諷旨令自解。靈運乃上表陳疾，賜假東歸。將行，上書勸伐河北，而游娛宴集，以夜續晝。復為御史中丞傅隆奏免官，是歲元嘉五年也。靈運既東，與族弟惠連、東海何長瑜、潁川荀雍、泰山羊璿之，以文章賞會，共為山澤之游，時人謂之四友。惠連幼有才悟，而輕薄不為父方明所知。靈運去永嘉還始寧，時方明為會稽，靈運嘗自

始寧至會稽造方明，遇惠連，大相知賞。靈運性無所推，唯重惠連，與為刎頸交。時何長瑜教惠連讀書，亦在郡內，靈運又以為絕倫，謂方明曰：「阿連才悟如此，而尊作常兒遇之；長瑜當今仲宣，而飴以下客之食。尊既不能禮賢，宜以長瑜還靈運。」載之而去。方明遇阿雍字道雅，官至員外散騎郎。璿之字瑤珤，為臨川內史，被司空竟陵王誕誅。長瑜才亞惠連，雍州刺史張邵請不及也。臨川王義慶招集文士，長瑜自國侍郎至平西記室參軍。嘗於江陵寄書與宗人何勗，以韻語序義慶州府僚佐云：「陸展染鬢欲以媚側室，青青不解久，星星行復出。」如此者五六句。而輕薄少年遂演而廣之。義慶大怒，白文帝，除廣州所統曾城令，其厚。靈運詩書…目肯加劇，言苦，司其文流行。義慶大怒，白文帝，除廣州所

統曾城令及義慶薨朝士並詣第敘哀何勗謂表淑曰長
瑜便可還也淑為南中郎行參軍掌書記之任行至板橋遇
暴風溺死靈運因祖父之資生業甚厚奴僮既眾義故門
生數百鑿山浚湖功役無已尋山陟嶺必造幽峻巖嶂數
十重莫不備盡登躡常著木屐上山則去其前齒下山去
其後齒嘗自始寧南山伐木開徑直至臨海從者數百臨
海太守王琇驚駭謂為山賊末知靈運乃安又要琇更進
琇不肯靈運贈琇詩曰邦君難地嶮旅客易山行在會稽
亦多從眾驚動縣邑太守孟顗事佛精懇而為靈運所輕

嘗謂顗曰得道應須慧業文人生天當在靈運前成佛必
在靈運後顗深恨此言又與王弘之諸人出千秋亭飲酒
倮身大呼顗深不堪遣信相聞靈運大怒曰身自大呼何
關君事顗以靈運橫恣表其異志發兵自防露板上言靈運
謂顗非存利人政慮洪湖多害生命言論傷之與顗遂隙
靈運既不得志遂肆意遊遨遍歷諸縣動踰旬朔民間聽
訟不復關懷又求始寧墅湖為田顗又固執靈運既
州郡履行此湖去郭近水物所出百姓惜之顗堅執不與
因凝人事會稽東郭有回踵湖靈運求決以為田顗又固執
上表自陳本末文帝知其見誣不罪也不欲復使東歸以
為臨川內史在郡游放不異永嘉為有司所糾司徒遣使

隨州從事鄭望生收靈運靈運興兵叛逸遂有逆志為詩
曰韓亡子房奮秦帝魯連恥本自江海人忠義感君子追
討禽之送廷尉論正斬刑上愛其才欲免官而已彭
城王義康堅執謂不宜恕詔可徙廣州遣兵隨後掩
嗣降死徙廣州後秦郡府將宋齊受使至涂口行達桃墟
村見有七人下路聚語疑非常人還告郡縣縛送於三江口篡之若得
道雙因同村趙欽云同村薛道雙先與靈運共事
箭刀楯等物便可要合鄉里健兒於三江口篡之若得
者如意後功勞異同送合部當要謝不得又還饑饉緣路
為劫有司秦收之文帝詔於廣州棄市臨死作詩曰龔勝
無餘生李業有終盡嵇公理既迫霍生命亦殞凄所稱龍勝
本業猶前詩子房魯連之意也時元嘉十年年四十九所著
文章傳於世孟顗字彥重平昌安丘人衛將軍昶弟也昶
歷侍中僕射太子詹事散騎常侍左光祿大夫昶就辟後顗
顗並美風姿時人謂之雙珠昶貴盛顗不就辟昶後徐羨
之因敘關洛中事顗歡劇彌辭之終便無繼者王弘亦在
甚不平曰昔魏朝酷重張鄧謂之終不可一旦無之及邵死何
關興廢顗不悅眾賓笑而釋之後立於會稽太守靈運子
鳳坐靈運徙嶺南早卒

鳳子超宗隨父鳳嶺南元嘉末得還與慧休道人來往好學有文辭盛得名譽選補新安王子鸞國常侍王母殷淑儀卒超宗作誄奏之帝大嗟賞謂謝莊曰超宗殊有鳳毛靈運復出時石頭將軍劉道隆在御坐出候超宗聞君有異物可見乎超宗曰懸磬之室復有異物邪道隆武人無識正觸其父名曰且侍宴至尊說君有鳳毛超宗徒跣還內道隆謂檢貢毛至闇待不得乃去泰始中為尚書殿中郎三年都令史駱宰議不同詔從宰議齊高帝為領軍愛其才備將軍表蔡聞之謂高帝曰超宗開亮善可與為中二為下二不第超宗議不第超宗

語取為長史臨淮太守誅高帝以超宗為義興太守昇明二年坐公事免詣東府門自通其日風寒高帝謂四坐曰此客至使人不衣自暖超宗既坐飲酒數盃辭氣橫出高帝對之甚歡及於受禪為黃門郎有司奏撰郊廟歌上敕司徒褚彥回侍中謝朏散騎侍郎孔珪太學博士王諲之撰明學士劉融何法圖何曼委作者凡十人超宗辭獨見用為人恃才使酒多所陵忽在真省常醉上召見語及比方事超宗曰臈動來二十年矣備出亦無如之何以先儀出為南郡王中軍司馬人問曰寧動有朝命定是何府超宗怨望蒼曰不知是司馬為見司馬既是驅府政應為

司驅為有司奏以怨望免禁錮十年後司徒褚彥回因送湘州刺史王僧虔聞道壤隆永僕射王儉驚跣下車超宗拊掌笑曰落水三公墮重僕射彥回出水東漬濕狼籍超宗先在僧虔厛抗聲曰有天道焉天所不容地所不受超宗河伯河伯不受妍回大怒曰寒士不遜超宗即位使掌劉得冨貴為妍寒士前後言詔稍布朝野武帝不能賣表國史除竟陵王征北諮議領記室超宗為子娶張敬兒女為婦帝甚疑之及敬兒誅超宗請付廷尉武帝雖積懷超宗輕慢使兼中丞袁彖奏超宗語人曰往年殺韓信今年殺彭越君欲何計人具啟之上可其奏以家言辭悖道使左丞王逡之奏永元文略奏撓法容非請免家所居官記家匿情敗國愛朋罔主輕文略官禁錮十年超宗下廷尉一宿髮白皓首詔徙越嶲尋行至豫章上敕豫章内史虞悰慷盡勿傷其形骸明年超宗胡生王永先又告超宗子才卿死罪二十餘條上疑其妄以才卿付廷尉辯以不實見原永先於獄盡之才卿弟幾卿清辯時號神童超宗從越還詔家人不得相隨幾卿八歲別父於新亭不勝其慟遂投身於江超宗命佑客數人入水救之良久涌出得就岸歷耳目口鼻出水數十餘日乃裁能言居父憂哀毀過禮年十二召補國

子生齊文惠太子自臨策試謂王儉曰幾卿本長玄理今

可以經義訪之儉承旨發問幾卿辯釋無滯文惠大稱賞

焉儉謂人曰謝超宗為不死矣及長博學有文采仕齊為

大尉晉安王主簿梁天監中自尚書三公郎為書侍御史

舊郎官轉為此職者世謂之南奔幾卿詳悉故實僕射徐勉每

事略不復理累遷尚書左丞幾卿頗失志多陳疾疹

有疑滯多詢訪之性通脫會意便行不拘朝憲晉預樂

遊苑宴不得醉而還因詣道邊酒壚停車寨幔與車前三

騶對飲時觀者如堵幾卿處之自若後以在省署夜著憤

鼻褌與門生登閣道飲酒酬呼為有司糾奏坐免普通六

南史列傳九　世三

年詔西昌侯藻督衆軍北侵幾卿啟求行擢為藻軍師長

史將行與僕射徐勉別云淮汜之役前謝已著奇功未

知今謝何如幾卿雁聲曰已見今徐勝於前徐後謝何必

愧於前謝勉默然軍至渦陽退敗幾卿坐免官居白楊石

井宅朝中交好者載酒從之恆滿坐時左丞庾仲容亦

免歸二人意相得並肆情誕縱或乘露車歷游郊野醉則

執鐸挽歌不屑物議湘東王繹在荆鎮與書慰勉之後為

太子率更令放達不事容儀性不容非與物多忤有乖已

者輒肆意罵之退無所言遷左丞僕射省嘗議集公卿幾

卿外還宿醉未醒取枕高臥傍若無人又肯於閣省裸祖

醵飲及醉小遺下霑令史為南司所彈幾卿亦不介意轉

左光祿長史文集行於世幾卿雖不持檢操然於家門

篤睦兄才卒文集行於世子藻幼孤幾卿撫養甚至及藻成立歷

清官皆幾卿獎訓之力也

論曰謝晦以佐命之功當顧托之重寄在日黜啟聖

於社稷之計蓋為大矣但盧陵之殞事非主命昌門之覆

有乖臣道博陸所慎理異於斯加以殞上流兵權擬已

將欲以外制內豈人主所堪乎向令徐傅不亡道濟居

外四權制命力足相倖劉氏之危則有逾矣然謝氏自晉以

岂曰安誅宣速所為寒心可謂睹其萌矣謝氏自晉以

南史列傳九　廿四

降雅道相傳景恒景仁以德素傳美暨景琳景先以節義流

譽方明行已之度玄暉藻績之奇各擅一時可謂德門者

矣靈運才名江左獨振而韜微不已自致覆亡人各有能

兹言乃信惜乎

列傳第九

南史十九

列傳第十

謝弘微 子莊 珠胤 曾孫譓 玄孫哲
蘭弟滿 滿子覽 覽弟幾 樂子朏 朏兄子偉

李延壽

謝弘微字弘微晉西中郎將之曾孫尚書左僕射景仁從子也祖韶詔軍騎司馬父思武昌太守弘微年十歲繼從叔峻繼叔父混内諱故以字行童幼時精神端審時然後言所繼叔父混名知人此見而異之謂思曰此兒深中夙敏方成佳器有子如此足矣峻子瑗於弘微本服緦親戚中表素不相識率意承接皆合禮義熙初襲爵建昌縣侯弘微家素貧儉而所繼豐泰唯受數千卷書國吏數人

〈南史列傳十〉 一

而已遺財祿秩一不關預混閨而驚歎謂國郎中令漆凱之曰建昌國祿本應與比舍共之國僉既不厝意今可依等分送弘微重言乃少有所受比舍復高流時嘗莫敢造門格高峻少所交納唯與族子靈運瞻曜暉以文義賞會常其宴處居在烏衣巷故謂之烏衣之游混詩所言昔為烏衣游戚戚皆親姓者也其外雖復高流時譽莫敢造門

機賞言約理要故當與我共推微子常一言阿遠剛躁貧氣謂瞻等曰汝諸人雖才義豐辯未必皆惬眾心至於領會等才辭辯富弘微每以約言服之混特所敬貴號曰微子阿客博而無檢曜伇才而持操不驚晦自知而納善不周

設復功濟三才終亦以此為恨至如微子吾無間然又言微子異不傷物同不害正君年造六十必至公輔當因酣讌之餘為韻語以獎勸靈運瞻等曰康樂誕通度實有名家韻若加繼染功剿瑩乃琢磨宣明體遠識達且沈儁若能去方執穆穆三十順阿多標獨解弱冠冕華苑誠無文其能尚又能峻通遠懷清悟無倦由慕蘭訊直穠鮮蹟抑用解偏各微子基微子尚無倦由爾振如不犯所知此外無牲必千伺數子勉之哉微子之風流由爾一簣少進所愼靈運瞻等並有誠屬之言唯弘微獨盡兄多其小子通遠即瞻字客兒靈運小名也晉世名家身

〈南史列傳十〉 二

有國封者起家多拜員外散騎侍郎琅邪王大司馬參軍義熙八年混以劉毅黨見誅混妻晉陵公主改適琅邪王練公主雖執意不行而詔與謝氏離絕公主以混家事委之弘微混仍世宰相一門兩封田業十餘處僮役千人唯有二女年並數歲弘微經紀生業事若在公一錢尺帛出入皆有文簿宋武受命晉陵公主降為東鄉君以混得罪前代東鄉君即晉陵主自混亡至是九年而室宇儉整倉廪充盈門徒不異平日田疇墾闢有加於舊東鄉歎曰僕射生平重此一子可謂知人僕射為不亡矣中外姻親道俗義舊見東鄉之

阿客博而無撿曜伇才而持操不驚晦自知而納善不周可謂知人僕射為不亡矣中外姻親道俗義舊見東鄉之

歸者入門莫不歡息或為流涕感弘微之義也性嚴正舉
止必脩禮度事繼親之黨恭謹過常伯叔二母歸宗兩姑
晨夕瞻奉盡其誠敬內外或傳語通訊輒正其衣冠婢僕
之前不妄言笑由是尊卑大小敬之若神時有蔡湛之者
及見謝安以弟謂人曰弘微貌類中郎而性似文靖母憂
去職居畱以孝擗服闋時文帝卽位為黃門侍郎
初封孟父王鎮江陵以瑯邪王球為友弘微為文學母憂
與王華王曇首殷景仁劉湛等號曰五臣遷尚書吏部郎
參機密尋轉右衛將軍諸吏更臣選弘微擬舉身
清約器服不華而飲食滋味盡其豐羨兄曜歷御史中丞

彭城王義康驃騎長史辛官弘微哀慼過禮服雖除猶
噉魚肉沙門釋慧琳嘗語之食見其猶疏素謂曰檀越素
既多疾卽吉猶未復膳若以無益傷生豈所望於得理弘
微曰衣冠之變禮不可踰在心之哀實未能已遂廢食歔
欷自勝弘微少孤事兄如父友睦之至舉世莫及口不
言人短見兄曜好臧否人物每聞之常亂以他語歷位中
書侍中志在素官畏忌權寵固讓不拜上聽解中庶
子每獻替及陳事必手書焚章人莫之知上以弘微能膳
羞每就求食弘微與親舊經及進之後親人問上所御
弘微不荅別以餘語酬之時人比之漢世孔光及東鄉君

薨遺財千萬園宅十餘所又會稽吳興瑯邪諸處太傅安
司空琰時事業奴僮數百人公私咸謂室內資財宜歸
二女田宅僮僕應歸弘微弘微一不取自以私祿營葬混
女夫殷叡素好樗蒲聞弘微不取財物乃濫奪其妻妹及
伯母兩姑之分以還戲責內人皆化弘微之讓一無所爭
弘微舅子領軍將軍劉湛謂弘微曰天下事宜有裁衰卿
此不問何以居官弘微笑而不荅或有譏之使爭今分多
產充殿君一朝戲責棄物江海以為廉耳弘微曰親戚爭
財為鄙之甚今內人尚能無言豈可導之使爭今分多
甚少不至有之身死之後豈復見關東鄉君葬混墓開弘

微篤疾臨赴病逐甚元嘉十年卒年四十二文帝歎惜甚
至謂謝景仁曰謝弘微王曇首年踰四十名位未盡其才
此朕之責也弘微性寬博無喜愠末年當與友人棊其
西南其死勢復一客曰西南風急戎有覆舟者友人幾才
救之弘微大怒投局於地識者知其暮年之事果以此歲
終時有一長鬼寄司馬文宣家言被遣殺弘微弘微疾每
劇輒讓告文宣及弘微死與文宣分別而去弘微臨終語
左右曰有二廚書須劉領軍至可於前燒之愼勿開也書
是文帝手敕上其痛惜之使二僮千人營畢葬事追贈太
常弘微與瑯邪王慧王球並以簡淡稱人謂沈約曰王慧

何如約曰令明簡次問王球約曰倩王淡又次問弘微約
曰簡而不失淡而不流古之所謂名臣弘微當之其見美
如此子莊

之謂尚書僕射殷景仁領軍將軍劉湛曰監田生玉豆虛
也哉為隨王誕後軍諮議領記室分左氏經傳隨國立篇
製大方文圖山川土地各有分理離之則州郡殊別合之
則寰內為一元嘉二十七年魏攻彭城遣尚書李孝伯與
鎮軍長史張暢語孝伯訪問莊及王微其名聲遠布如此

二十九年除太子中庶子時南平王鑠獻赤鸚鵡普詔群

《南史列傳十五》

臣為賦太子左衛率表淑文冠當時作賦甚示莊及見莊
賦歎曰江東無我卿當獨秀我若無卿亦一時之傑逐隱
其賦元凶弒立轉司徒左長史孝武入討密送檄書與莊
令加改正宣布之莊遺腹心門生具慶奉啟事密詣孝武
陳誠及帝踐祚除侍中時魏求通互市上詔群臣博議莊
議以為拒而觀釁有足表強驃騎竟陵王誕固辭不入而誕便
丞相荊州刺史南郡王義宣入輔義宣固辭不入如似欲
相逼切帝乃申誕發日義宣竟亦不下孝武嘗問顏延
之曰謝希逸月賦何如莊重莊有口辯孝武嘗問顏延之曰

美則美矣但莊始知隔千里兮共明月帝召莊以延之答
語語之莊應聲曰延之作秋胡詩始知生為父母難所
長不歸帝撫掌竟日又王玄謨問莊何者為雙聲何者為
疊韻莊曰玄護為雙聲磝碻為疊韻其捷速若此初孝武
嘗賜莊寶劍莊以與豫州刺史魯爽別後爽反莊懼帝聞
所在莊曰昔以與魯爽別在落然後索以表臣無隱陛下
時以為知言于時搜才路狹德柔秦賓客徒秘書之貴隆陵所
傾魏后弁特照車之珍德柔泰賓客員徒秘書之貴隆陵所
漸成敗之由何嘗不與資得才替因失士故莊上書曰人
為寶虛典必則哲為難而進選之舉既頹隳杰中代登庸造之律

《南史列傳十》 六

未聞冦必欲豐本康務庇人淪俗匪更忘懲受取九成
夫才生於時古今豈貳士出於世殊泰焉殊升曆中陽英
賢起於徐沛受錄白水覃異荊宛寧二都智之所產
七嶼愚之所育寔遇與不用耳今大道光亨萬
務俟賢德野無濫器其可得乎昔公叔登臣管仲升盜趙文
之鑒易限天下之曠九服之曠提鉤縣衡委之選部一人
圖邊賢野無濫器其可得乎昔公叔登臣管仲升盜趙文
抹私親疏嗣補葵豈謂譖此子如艸茅以彙作範前經與舉爾
所知式昭往牒其且自古任薦弘明賞罰成子舉三苦而身
致魏輔應侯任二士而已捐秦相曰李季稱翼缺而矓以田

菜張勃進陳湯而坐此則先事之盛準亦後王之

彝鑒臣謂冝普命大臣各舉所知以付尚書依分銓用若

任得其才舉之身加以禁錮冝及其坐重者免黜者

左遷被舉之政

則任者刑論又政平訟理莫先親人之要寔歸守宰

故黃霸

崇暉寵莅頴川累稔杜畿居河東廩載或就加恩秩或入

人不勤勞如此則上靡棄能下無浮諜考績之風載泰薪

刺史或十年餘至是皆易之仕者不拘長少苟人以三周

栖之歌曰初文帝世限年三十而仕郡縣六周乃選代

為滿宋之善政於是乎襄是年拜吏部尚書莊素多疾不

願居選部與大司馬江夏王義恭自陳兩脇癖疾殆與

生俱一月發動不減兩三每痛來逼心氣餘如絕利患數

年遂成痼疾收收懊懊常如行尸眼患五月來便不復得

夜坐怕閉帷避風晝夜惜懵爲此不復得朝脩諸王慶弔

親舊今之所止唯在小閣下官微命於天下至輕在已不

能不重家世無年亡高祖四十曾祖三十七祖四十七

下官新歲便四十五加以疾患幾時入年當申

前請以死自固願侍坐言次賜垂接助三年坐疾多免官

大明元年起爲都官尚書上時親覽朝政憲權移臣下以

吏部尚書選舉所由欲輕其勢力二詔吏部尚書依部

分置并詳省閑曹又別詔太宰江夏王義恭曰吏部尚書

由來與錄其選良以一人之識不辨洽通兼與奪威權不

宜專一故也於是置吏部尚書二人省五兵尚書

支尚書顗顗之並補選職遷左衛將軍加給事中時河南

獻舞馬詔君臣爲賦莊作舞馬歌令樂

府歌之五年又爲待中領前軍將軍時孝武出行夜還敕

開門莊居守以榮信或虛須墨詔乃開上後因宴從容曰

卿欲効命於君章邪對曰臣聞墨詔有度郊祀有節盤于游

田著之前誡陛下今蒙犯塵露晨性宵容致不遑之徒

妄生矯詐臣是以伏須神筆六年又爲吏部尚書領國子

博士坐選公軍令張奇免官事在顏師伯傳後除吳郡太

守前廢帝即位以爲金紫光祿大夫初孝武寵姬殷貴妃

薨莊爲諛言贊之輕亮門引漢昭帝母趙婕好堯母門事廢

竟在東宮衘之至是遣人詰莊曰卿昔作殺貴妃諛知有

帝在東宮不

之苦不足爲困莊少長富貴且繫之尚方便知天下苦

然後殺之未晚帝曰卿言有理繫於左尚方已微醉傳詔得

出使成其文甚工後爲尋陽王師加中書令散騎常侍尋

待詔

加金紫光祿大夫給親信二十人卒贈右光祿大夫諡憲
子所著文章四百餘首行于世五子颺朏顥慫瀹世謂莊
名子以風月景山水颺位晉平太守女為順帝皇后追贈

金紫光祿大夫

帝游為後來特達莊撫朏肯曰真吾家千金宋孝武
童復為後來特達莊攜朏從駕詔為洞井讚於坐奏之帝曰雖
山使朏命篇攬筆便就琅邪王景文謂莊曰賢子足稱神
朏字敬沖幼聰慧莊器之常置左右十歲能屬文莊游土
小重也仕宋為衛將軍袤袤長史袤性簡峻時人方之李
膺朏謂退聚曰謝令不死矣宋明帝嘗敕朏與謝鳳子超

宗從鳳莊門入二人俱至超宗曰君命不可以不往乃趨
而入朏曰君處臣以禮進退不久時人兩稱之以比王曇
王陽後為臨川內史以賄見劾袤袤袤其軍齊高帝為驃
騎將軍輔政選朏為長史高帝方圖禪代欲以朏佐命遷
左長史每置酒獨與朏論魏晉故事言已包不早勸晉
文死方慟哭方之馮異非知機也朏曰昔魏臣有勸魏武
即帝位魏武曰有用我者其周文乎晉文世事魏氏將
必終身北面假使魏早依唐虞故事亦當三讓彌高帝不
悅更引王儉為左長史以朏為侍中領祕書監及齊受禪
朏當日在直百僚陪位侍中當解璽朏佯不知曰有何公

事傳詔云解璽授齊王朏曰齊自應有侍中乃引枕卧傳
詔懼乃使稱疾欲取兼人朏曰我無疾何所道遂朝服出
東掖門乃得疾仍還宅是日遂以王儉為侍中解璽既而
武帝請誅朏高帝曰殺之則成其名正應容之度外又以
家貧乞郡辭旨抑揚詔免官禁錮五年永明中為義興太
守在郡不省雜事悉付綱紀朏不能作主者吏徒能作
太守耳歷都官尚書中書令侍中領新安王師求出仍為
吳興太守明帝謀入嗣位引朏預謀朏至郡致瀹書曰可
避事弟瀹時為吏部尚書朏居郡每不理常務聚欲謀之亦
力欲此勿豫人事朏居郡至郡致瀹書曰可

不屑也建武四年徵為侍中中書令不應遣諸子還都獨
與母留築室郡之西郭明帝詔加優禮其素槃賜琳帳
褥席奉以卿禄時國子祭酒盧江何胤亦抗表還會稽求
元中詔徵朏胤並不屈時東昏皆命迫遣會梁武帝起兵
及建鄴平徵朏並補軍司諮祭酒酒皆不至及即位詔徵朏
為侍中左光祿大夫開府儀同三司胤散騎常侍特進右
光祿大夫又並不屈仍遣領軍司馬王果敦譬朏謀於
何胤胤欲獨高其節給曰與王之世交不久厥明年六月
朏輕出詣闕自陳帝笑曰子陵遂能
徒尚書令朏辭腳疾不堪拜謁乃角
自輿詣雲龍門謝

詔見於華林園乘小車就席明旦乘輿出幸湖宅宴語盡
歡湖固陳本志不許又固請自還迎母許之臨發輿駕臨
幸賦詩餞別王人送迎相望於道到都敕材官起府於舊
宅武帝臨軒遣謁者於府拜授詔諸公事及朝謁調
三年元會詔乘小輿升殿望其年母憂乘有詔攝職
故臺職事多不覽以此頗失旁望軍固讓不受遺詔者敦授
遁節不全為清談所少著書又文章行於世子謐位司徒
臨哭益曰靖孝武初顗為吳興以難郊賦人收難數千及
留哭益曰靖孝武初顗為吳興以難郊賦人收難數千及

右長史坐殺牛廢黜為東陽內史及還五官送錢一萬止
留一百咨曰數多劉罷更以為愧
次子謐不妄交接門無雜賓有時獨醉曰入吾室者但有
清風對吾飲者唯當明月位右光祿大夫子晳字頴豫美
風儀舉止醞籍襟情豁朗為士君子所重在梁至廣陵太
守候景之亂因寓居焉仕陳歷吏部尚書中書令侍中司
徒左長史卒諡康子
顗字仁悠期弟也必簡靜寡官語齊高帝自占謝言評清觀容儀端
服發燁八樓坐免官宋末為豫章太守至石頭遂白
雅左右為之傾昂肎而不問舞求明初高選文學以顗為

竟陵王友歷吏部郎有簡秀之目卒於北中郎長史
顗弟瀹字義瀹六年七歲王景文見而異之言於宋孝武召
見於人眾中應對自若帝悅詔尚公主景文和
敗事寢僕射褚彥回以女妻之厚為資送性甚敏贍肯與
劉悛飲推讓久之悛曰謝莊兒不可云不能飲瀹曰苟得
其人雖局乃盡歡無言仕齊累遷中書侍郎衛
軍王儉引為長史雅相禮遇後拜吏部尚書明帝啟樓林
領兵入殿左右驚走報瀹瀹方與客圍棋每下子輒云其當
有意竟局乃還

知公事蕭諶以兵臨起之瀹曰天下事公卿處之足矣且
死者命也何足以此懼人後宴會功臣上酒尚書令王晏
等與席瀹獨不起曰陛下受命應天王晏以為已力獻舸
遂不見報上大笑解之坐罷晏呼瀹載欲相撫悅瀹又
正色曰君巢宴初得班翩瀹謂曰身家大傳載
得六人若何事頓得二十晏甚憚之謂江祏曰彼上人者
難為訓對瀹為啟上知非瀹手迹被問見原永泰元年卒於大
子詹事贈金紫光祿大夫諡簡子初瀹為吳興以征虜
諸送別瀹指瀹口曰此中唯宜飲酒瀹隆建武之朝專以長
酬為事與劉瑱沈昭略交飲各至數斗齊武帝問王儉當

今誰能為五言儆曰朏得父骨腥江淹有意上起禪靈寺
敕人撰碑文淪子覽
覽字景條選尚齊唐公主拜駙馬郡尉梁武平建鄴朝
士王亮王瑩等數人揖自餘皆拜覽時年二十餘為太子
舍人亦長揖而已意氣閑雅視瞻聰明武帝目送良父謂
徐勉曰覽此生芳蘭竟體想謝莊政當如此自此仍被賞
味天監元年為中書侍郎掌吏部事頃之即真嘗侍坐受
敕與侍中王暕為詩答賜其文甚工乃使重作復合旨帝
華為侍中頃樂酒因宴席與散騎常侍蕭琛辭詣毀為
賜詩云雙文既進二少實名家呈伊爾揀隆信乃俱國

有司亦奏武帝以覽年少不直出為中權長史後拜吏部
尚書出為吳興太守中書舍人黃睦之家居烏程子弟專
橫前太守皆折節事之覽未到郡睦之弟迎覽遂去其
船枝更為通者皆是睦之家杜門不出郡境多卻為東道
愚號為名守覽過之覽昔在新安頗聚斂至是遂稱廉
興號為名守蕭然初齊明帝及覽父淪東海徐孝嗣並為吳
覽第樂字言揚紉好學與覽齊名年十四嘗贈沈約詩為
約所貴嗣冠丁父憂幾致毀滅服闋為太常博士與兄覽
俱預元會江淹一見並相欽挹曰所謂馭二龍於長塗者

也為太子家令掌管記深為昭明太子賞接祕書監任昉
出為新安郡別舉詩云記念耆舊嗟人方深老夫託其屬意
如此梁武嘗訪舉於覽覽曰識過臣甚遠唯飲酒不及
於臣帝大悅尋除安成郡守母憂於郡喪辭不赴歷位左
戶尚書遷掌吏部舉祖莊父淪兄覽逺
少比舉尤長玄理及釋氏義為僧遠
講經論徵自虎丘山出赴之其盛如此先是比度
人盧廣有儒術為國子博士於學發講僕射徐勉以下畢
至輿造坐厦折廣辭理遒邁廣衆歎服仍以所執麈尾斑

竹杖滑石書格薦之以況重席焉加侍中遷尚書石僕射
大同三年出為吳郡太守先是何敬容居郡有美績世稱
為何吳郡及舉為政聲跡略相比曾要何徵君講中論何
難以巾褐入南門乃從東困進致詩徒復為虎丘山賦題
于寺入為侍中太子詹事翊左將軍父蕭齊時終此官
累表乞改敕不許後遷尚書僕射待中將軍如故雖屢
居端揆未嘗肯改敕諸時政保身固寵不能有所發明因疾
解敕輒賜假并敕諸處方加給上藥其恩遇如此侯景來降
帝詢訪朝臣舉及朝士皆請拒之帝從朱异言納之以為
景能立功趙魏舉等不敢復言大清二年遷尚書令卒于
内臺上曰舉非止歷官已多亦人倫儀表父著公望悵恨

未授之可贈侍中衞將軍開府儀同三司舉宅內山齋捨

以為寺梁石之美始若自然臨川始興諸王常所游踐邵

陵王綸於妻湖立園騭謊酒後好聚衆實冠手自裂破投

之唾壺書告莫敢言樂舉預宴王欲取樂懷舉正色曰割冠

毀冕下官弗敢聞命拂衣而退王憂召不返其有軌色舉

託情玄勝尤長佛理注淨名經常自講說有文集二十卷

子戡

應寶應平方詣闕歷侍中中書令都官尚書謚曰光子

太守侯景之亂之廣州依蕭勃勃敗在周迪門後依陳寶

戡字含戎風神清雅頗善屬文仕梁為太子中庶子建安

有文集行於世子儼位侍中御史中丞太常卿偁位尚書

僕射

舉兄子儈字國美父玄大仕梁侍中儈素貴豈一朝無食

其子啟欲义班史貲錢咎曰寧餓死豈可以此充食乎太

清元年卒集十卷長子禰儈弟礼字世高亦博涉文史位

湘東王諮議先偁卒

論曰易云積善之家必有餘慶弘微立復所蹈人倫播美

其世添不隕蓋有馮焉敬沖出入三代驟經遷革遁俗之

志無聞貞固之道居官之方未免貨財之累因僻成敬偃

仰當年古人云處士全盜盧聲斯之謂矣

列傳第十

王弘　子錫　錫子僧達
　弘從孫瞻
　弘弟子微　兄子遠　遠子僧祐
　弘玄孫沖　沖子瑒　瑒瑜

李　延壽

〔南史列傳十一〕

王弘字休元琅邪臨沂人也曾祖導晉丞相祖洽中領軍
父珣司徒弘少好學以清悟知名弱冠為會稽王道子驃
騎主簿珣頗好積聚財物布在人間及薨多在喪者皆不得
不收責其餘舊業來委諸弟時內外多難在喪者皆不得
終其哀唯弘徵召一無所就桓玄輔建業收道子付廷尉
臣吏莫敢瞻送弘時尚居喪獨道側拜辭攀車涕泣論者
稱焉宋武帝召補領軍諮議參軍以功封華容縣五等侯
累遷太尉左長史北征前鋒已平洛陽而未遣九錫弘
銜使還都諷朝廷時劉穆之掌留任而旨乃從北來穆之
愧懼發病遂卒宋國建為尚書僕射掌選領彭城太守奏
運世子左衛率謝靈運為軍人桂與淫其雙妾靈運殺興
棄屍洪流御史中丞王淮之貿不彈舉武帝蒼白端右肅
正風軌軟誠副所期自今以為永制於是免靈運官後遷江
州刺史首賦簡役百姓安之永初元年以佐命功封華容
縣公三年入朝進號衛將軍開府儀同三司帝因宴集曰
我布衣始望不至此傳亮之徒並撰辭欲盛稱功德弘率

爾對曰此所謂天命求之不可得推之不可去時稱其簡
舉少帝景平二年徐羨之等謀廢立召弘入朝文帝即位
以定策安社稷進位司空封建安郡公固辭進號車
騎大將軍開府刺史如故徐羨之等以廢弒罪將及誅弘
以非首謀且弟曇首為上所親委將發兵報弘美
之既誅還侍中司徒揚州刺史錄尚書事給班劍三十人
上西征謝晦臨彭城王義恭居中住中書下省引給隊仗
出入司徒府權置參軍元嘉五年春大旱弘引咎遜位先
是彭城王義康為荊州刺史鎮江陵平陸令河南成粲與
弘書誡以盈滿兼陳彭城王宜入知朝政竟陵衡陽宜出
撫列藩弘由是固自陳請乃遷為衛將軍開府儀同三司
六年弘又上表陳彭城王宜入輔并求解州義康由是代
弘為司徒弘與之分錄弘又辭分錄弘博練政體留心庶事
斟酌時宜每存優允與八座郎疏曰同伍犯法無士
不罪之科然每至詰謫有請謝若常垂恩宥則法廢不
行伏事科責則物以為苦恐宜更為其制議多不同弘
以為謂之人士便無庶人之坐署為庶人又非其宜
不其頗與謂人士不受同伍之謫取罪其奴客庸何傷
邪無奴客可令輸贖有條身間與罪小寶陽丞或無主
僮為眾所明者官長二十石便親臨列上依事準判又主

守偷五疋常偷四十四並加大辟議者咸以為重弘以為

小吏無知臨財易昧或由踈慢事蹈重科且進主守偷十

匹常偷五十疋死四十四乃已為弘士人至此何容復加哀矜且此

榮祿貝利五疋不可調謂宜奏聞決之聖旨文帝從弘議

華人士可殺不可謂宜奏聞決之聖旨文帝從弘議及弟彝存

又上言舊制人年十三半役十六全役今四方無事應存

消息請以十五至十六為半十七為全丁從之及弟彝存

城王義康言於帝曰弘既為家寶又為國器弘情不稱

何也帝曰賢者意不可度其見體亮如此九年進位太保

領中書監餘如故其年薨贈太保中書監給節加羽葆鼓

吹增班劍為六十人諡曰文昭公配食武帝廟庭弘既人

望所宗造次必存禮法凡動止施為及書翰儀體後人皆

依放之謂為王太保家法雖瘐蒲輔而不譽財利薨弟之

後家無餘業而輕率必感儀容有疑其譖者弘曰家諱與

蘇子高同性褊陋人有忤意輒加詈辱少省撫蒲公城子

野舍及後當權有人就弘求縣此人嘗以蒲戲得罪弘詰

之曰君得錢會戲何用祿為荅曰不審公城子野何所在

弘默然自領選及當朝撮錄將加榮爵於人者每先呵責

謹厚之然後施行若美相昵接語欣懌者必無所諧人間

其故荅曰王爵既加於人又相撫勞便成與主分功此所

謂姦以事君者也若求者絕官叙之分既無以為惠又不

微借顏色即大成怨府亦鄙薄所不任問者悅伏子錫嗣

錫字寡光位太子左衛率江夏內史高自位遇太尉江夏

王義恭當朝錫箕踞大坐殆無推敬卒子僧亮嗣齊受禪

降爵為侯僧亮弟僧衍行侍中僧衍弟僧達

僧達幼聰敏弱冠為揚州時僧達六七歲遇有通識者竊覽

其辭謂為有理及大訟者亦進弘意其小留左右僧達為

申理閭誦不失一句兄錫質訥之風采文帝聞僧達早慧

召見德陽殿應對閑敏上甚知之妻以臨川王義慶女少

好學善屬文為太子舍人坐屬疾而於揚列橋觀鬥鴨為

有司所糾原不問性好鷹犬與閭里少年相馳逐又躬自

屠牛義慶聞之令周旋沙門慧觀造而觀之僧達陳書昌涌

席舉論文義慶慧觀酬荅不暇深相稱美許家貧求郡文帝

欲以為秦郡吏部郎庾仲文曰王弘子既不宜作秦郡僧

達亦不堪蒞人乃止遷太子洗馬母憂去職與兄錫不協

錫罷臨海郡還送故及奉祿百萬以上僧達一夕令奴輦

取無餘闔為宣城太守性好游獵而山郡無事僧達肆

意馳騁或五日三日方歸受辭訟多在獵所人或逢不

識問府君所在僧達且曰在近其後徙義興及元凶弒立

荼武發尋陽沈慶之謂人曰王僧達必來赴義人問其所
以慶之曰膺馬歆江王出赴難見其在先帝前議論開張
執意明決以此言之其必至也僧達自尋至孝武即以為長
史及即位為尚書右僕射僧達自負才地三年間便望宰
相嘗答詔曰亡父亡祖司徒司空其自負若此後為護軍
將軍不得志乃求徐州上不許固陳乃以為吳郡太守時
荼歲五遷彌不得意吳郡西臺寺多富沙門僧達求須不
稱意乃遣主簿顧曠率門義劫寺內沙門竺法瑤得數百
萬荊江反叛加僧達置佐領兵臺符聽置千人而輒立
三十隊隊八十人立宅於吳多役功力坐免官後孝武獨

召見懌然了不陳遜唯張目而視及出帝歎曰王僧達非
狂如何乃戴面向天子後顏師伯詣僧達慨然曰大丈
夫寧當玉碎安可以沒沒求活師伯不含遂巡便退初僧
達為太子洗馬在東宮愛念軍人朱靈寶乃出為宣城靈
寶已長僧達詐列死亡寄宣城左求籍之注以為子改名
元序啓文帝以為武陵國典衛令以補竟陵國典書令
建平國中軍將軍孝建元年事敗又加禁錮表謝言不能
因依左右傾意權貴為永嘉太守當將軍少美姿容僧達
與人歎曰確叔父休為永嘉太守僧達族子確少美姿容僧達欲遍
留之確知其意避不往僧達潛於所住屋後作大坑欲誘

確來別殺之從弟僧虔知其謀禁呵乃止御史中丞劉
瑀奏請收案上不許二年除太常意不悅尤不悅慶之上表解
職文旨抑揚侍中何偃以其言不遜啓付南臺文坐免官
先是何尚之致仕復膺朝命於宅設八關齋集朝士自
行香次至僧達曰願郡且放鷹犬勿復游獵僧達答曰家
養一老狗放無所處已復還尚書令黃門郎路瓊之太后
之孫也宅與僧達門並僧達常稱瓊之弟僧達將獵已改
封寧陵縣五等侯累遷中書令瓊之嘗盛車服詣僧達僧
服瓊之就坐僧達了不與語謂曰身昔門下騶人路慶
者其君何親遂焚瓊之所坐牀大后怒泣於帝曰我尚
在而人陵之我死後乞食丐公美帝曰瓊之年少無事詣王僧

達門見辱乃其宜耳僧達貴公子宣可以此加罪乎太后
又謂帝曰我終不與王僧達俱生先是南彭城蕃縣人高
闍沙門釋曇標與羌陵人藍石期等共相誑惑自言有見神龍鳳之瑞
常聞蕭敬音與秣陵道方等謀為亂又結殿中將軍苗
苗乞食等起兵攻宮門事發及黨與死者數十人僧達逮
經犯忤以為終無悛心因高闍事陷之收付廷尉賜
死時年三十六帝亦以為恨謂江夏王義恭曰王僧達遂
不免死追思太保餘烈使人慨然於是詔太保華容文昭
公門醉國姻一不貶絕時有蘇寶者名寶生本寒門有文

啓亦伏誅僧達子道琰襲新安元徽中為廬陵內史未至
郡辛子融

融字元長少而神明警慧母臨川太守謝惠宣女性敦敏
教融書學博涉有文才從叔儉謂人曰此兒至四十名位
自然及祖輩秀才累太子舍人以父位不通弱年便欲
紹興家業啓齊武帝求自試遷秘書丞從叔儉初有儀同
之授贈像詩及書儉甚奇之笑謂人曰穰侯即詔便可解
歷丹陽丞中書郎永明末武帝欲比侵使毛惠秀畫漢武
北伐圖融因此上跪開張北侵之議圖成上置琅邪城射

◆南史列傳十一　　　　七

堂壁上游幸輒觀焉九年芳林園禊宴使融為曲水詩序
當時稱之以融才辯使兼主客接魏使房景高宋弁
見融年少問主客年幾融曰五十之年久踰其半景高又
云在此聞主客曲水詩序融曰皇家盛明豈直此蹤
日宋弁於瑤池堂謂融曰昔觀相如封禪以知漢武之德
今覽王生詩序用見齊主之盛融曰皇家盛明豈直此蹤
漢武更輕鄙製無以遠匹相如上以魏所送馬乃驚不稱使
間之曰秦西棄比實多駿驪之良馬乃驚不若將旦
旦信哲有時而爽騮之牧送不能嗣宋弁曰當是不習
地土融曰周穆馬迹徧於天下若驥騄之性因地而遷則

造父之策有時而蹎弁曰王主客何為勤勤於千里融曰
卿國既異其優劣耶復相訪若千里斯至聖上當駕鼓車
弁曰向意既須必不能駕戟軍也融曰買死馬之骨亦以
郭隗初為司徒法曹詣王僧祐因遇沈昭略未相識昭略
公輔之故弁不能苔融躁於名利自恃人地三十內望為
屢顧眄謂主人曰是何年少融殊不平謂曰僕出於扶桑
入於湯谷照耀天下誰云不知而卿此問昭略曰不知許
事且食蛤蜊融曰物以羣分方以類聚君長東隅居然應
嗜此族其高自標置如此及為中書郎常撫案歎曰為爾
寂寂鄧禹笑人行過朱雀桁開路人填塞乃推車壁曰車

◆南史列傳十一　　　　八

中乃可無七尺車前豈可乏八騶及魏軍動竟陵王子良
於東府募人板融寧朔將軍軍主融文辭捷速有所造作
援筆可待子良特相友好晚節大覺騁馬招集江西傖楚
數百人並有幹用融我服
內太孫未入融戎服絳衫於中書省閣口斷東宮仗不得
進欲矯詔立子良詔草已立上重蘇朝事委西昌侯鸞梁
武謂范雲曰左手擁天下圖右手刎其喉唯愚夫不為主上
大漸國家自有故事道路籍籍將有非常之舉卿聞之乎
雲不敢答俄而帝崩融乃廢分以子良兵禁諸門西昌侯
聞臺既到雲龍門不得進乃曰有敕召我仍排而入奉太

孫登殿命左右扶出子良指塵音鄉脣如鍾破內無不從命
融知不遂乃釋服還詣歡曰公誤我戮林深怨融即位十
餘日收下廷尉獄使中丞孔珪倚為奏曰融險慝性剛險立
身浮競動跡驚衆類近塞外微塵搏咨融辭曰四實
納不退扇惑荒搆登聲專行權利反覆脣齒之間傾
動頻舌之內威福自已無所忌憚誹謗朝政歷毀王公謂
立年州間鄉黨見許愚智過衆大行皇帝顧育之恩又荷
文昌聖帝識權之重司徒公賜領士林安陸王曲垂眄接前
頑敵觸行多愁但鳳忝門素得奉教君子爰自撮髮迄將
後陳伐虜之計亦仰簡先朝今良大羊乍擾令四草撰符
詔及司徒宣敕招募同例非一實以我事不小不敢承教
績爰童號賜使招集衆而行非敢處扇且張弄威聲應
有形迹專行權利又無職賜及覆脣齒之間未審悉與誰
言傾動頻舌之內專自上甘露頌及銀甖啓三日
詩厚接虜使語辭墮思補揚得非非謗因才分本劣譯被
兼用悚怍之情風肖敢恩輕自循自省羞愧流言伏惟明皇
臨守晉天蒙澤戍申敕恩輕必宥百日瞻期始蒙明皇
一介罪身獨眼憲劾融被收朋友部曲象閤北寺相繼於
道讁被於子良子良不敢救西昌侯固爭不得詔於獄賜

死時年二十七臨死歎曰我若不為百歲老母當吐一言
融意欲指斥帝在東宮時過失也先是太學生會稽魏準
以才學為融所賞既欲奉子良而準敢成其事大學生虞
義立國賓輪相謂曰竟陵才弱王中書無斷敗在眼中矣
及融誅誅準入舍人省詰問遂懼而死與體旨青時人以
準膽破融文集行於時

微字景玄弘弟光祿大夫孺之子也少好學善屬文工書
兼解音律及醫方卜筮陰陽數術之事宋文帝賜以名著
初為始興王友父憂夫職微素無官情服闋除南平王鑠
右軍諮議參軍仍為中書侍郎時兄遠亢官歷年微歎曰

我兄無事而屏廢我何得而叨忝蹈分支帝即以遠為光
祿勳微為文好古言頗抑揚袤淑見之謂為訏屈吏部尚
書江湛舉微為更部郎微確平不挍時論或云微之見
舉深言塵外亦參其議偃宣文帝旨使就職因自陳微報
宿微妙解天文知當有大故獨與僧綜仰視謂曰此上不
欺人非智者其孰能免之遂辭不就尋有元凶之變微常
住門屋一間尋書玩古遂足不復地終日蕭然為文
塵埃唯當坐處獨淨弟僧謙亦有才譽為太子舍人遇疾
微躬自處療而僧謙服藥失度遂卒深自咎恨發病不復

自療衰痛僧謙不能已以書告靈僧謙卒後四旬而微終
遺令薄葬既不設靈筵鼓挽之屬施五尺牀為靈二宿便毀
以常所彈琴置牀上何長史僶來以琴與之無子家人遵
之所著文集傳於世贈祕書監兄遠字景舒位光祿勳
時人謂遠如昇風屈曲從俗能蔽風靈言能不非物理也
遠子僧祐字仉宗幼聰悟叔父微無其首曰兒神明意用
當不作率爾人雅為從兄僶所重每鳴到到其門候
之僧祐輒稱疾不前僶曰此吾之所望於若人也世甘推
儉之愛名德而重僧祐之不趨勢也未弱冠頻經喪名喪
至孝服闋鬚髮落略盡始不立冠幘舉秀才為驃騎法曹參

軍經贈僶詩云汝家在市門我家在南郭汝家饒賓客
耳然獨立不交當世沛國劉瓛閒風而悅上書薦之為著
作佐郎遷司空祭酒病不與公卿游飛高帝謂王僶曰
卿從可謂朝隱蒼曰臣從弟并敢妻同高人直是愛閒多病
家多鳥雀僶時聲高一代賓客填門僧祐不為之屈時人
嘉之稍遷晉安王文學而陳郡袤利為友時人以為妙選
齊武帝敕閣武僧祐獻講武賦王僶借觀不與章陵王子
良聞其工琴於坐取琴進之不從命永明末為太子中舍
人在直屬疾不待對人輒去中丞沈約彈之云畢情運東

不願朝典揚眉瞪步直韻高韻坐賾論時何點王思遠之
徒讀交並不降意自天子至于侯伯未嘗與一人游卒於
黃門郎子籍

籍字文海仕齊為餘抗令政化如神善於樞伏自下英能
歐其性頗不儉俄然為百姓所訟又為錢唐縣下車布政
至其合也殆無愧色時人咸謂康樂之有玉籍如仲尼之
有立明老聃之有嚴周梁天監中為輕車湘東王諮議參
軍隨府會稽郡至若邪溪賦詩云彩崿映林迴靜鳥鳴山更
幽孫瑒見之擊節不能已以公事免及為中散大夫彌

忽忽不樂乃至徒行市道不擇交游有時途中見相識輒
以笠覆面後為作唐侯相小邑豪華彌不樂不理縣事放

劉穎字世倫位侍中光祿大夫瞻年六歲從師時有伎經門
睡字惠範弘從孫也祖柳字休季位光祿大夫東平侯父
蓋孔琳之流亞也湘東王集其文為十卷云

謝幾卿獻曰大宗不衰恃之此子年十二居父憂以孝聞
謂其父獻曰大宗不衰恃之此子年十二居父憂以孝聞
過同業皆出觀瞻獨不視宛如初從父僧達聞而異之
家多鳥雀僶時聲高一代賓客填門僧祐不為之屈時人
那閣襲封東亭侯後頗好色游為閭里患以輕薄補又長
折節儒士操述撰書記善隸工射歷位驃騎將軍王晏長
人在直屬疾不待對人輒去中丞沈約彈之云畢情運東

史晏誅出爲晉陵太守縈已爲政妻子不免飢寒時號廉
平王敬則作亂瞻起都敬則經晉陵郡人多附之敬則敗
臺軍討賊賞瞻言愚不足郭法齊明帝從之所全
萬數遷御史中丞禄喜蔑爲侍中吏部尚書性率亮居選
所舉其意多行領嗜酒每飲或彌日而精神朗瞻不廢簿
領澤武每稱有二術射茶酒也卒謚康侯子長玄早卒
弘四弟廙捌瓛瞻首霅字休仲位廷尉御史子深字景度
位給事黃門侍郎冲母梁武帝妹新安主茂璋字儼光仕梁
有美名位新安太守柳瓛事列子前霅首別卷
冲字長深弘玄孫也祖僧衍位侍中父茂璋字儼光仕梁
與人交貴游之中聲名籍甚侯景之亂元帝承制冲求解
令政號平理雖無赫赫之譽父而見思晓音樂習歌儛善
帝深鍾愛冲開爵東安亭侯累遷侍中南郡太守習於法
南郡讓王僧辯并獻女伎十人以助軍賞侯景平授用楊
遷光禄大夫尚書左僕射開府儀同三司給扶陳武帝受
禪領太子少傅加特進左光禄大夫領丹楊尹參撰律令
帝以冲前代舊臣特申長幼之敬文帝即位益加寵遇及
從幸司空徐度宅宴姙之上賜以几杖大元元年薨年七十
六贈司空諡曰元簡冲有子三十人並致通官第十二子瑒

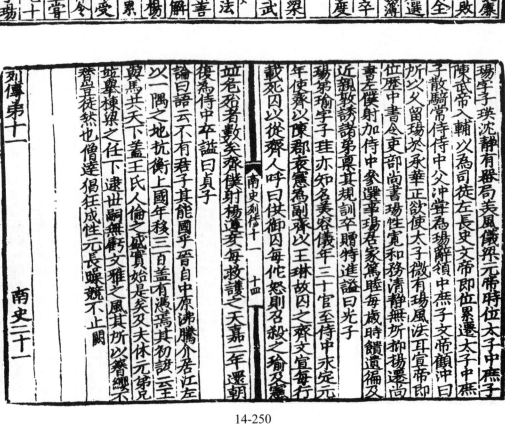

列傳第十一

瑒字瑛靜有器局美風儀梁元帝時位太子中庶子
陳武帝入輔以爲司徒左長史文帝即位累遷太子中庶
子散騎常侍侍中父冲嘗爲瑒子文帝顧冲曰即日
所以父留瑒於承華正欲使有瑒風法且宣帝還尚
位歷中書令吏部尚書瑒性寬和務清靜無所柳楊遷尚
妻左僕射加侍中參選事瑒君家篤睦每歲時饋遺徧及
近親敕諸弟票慶規訓率下卒贈特進諡曰光子
瑒第瑜字子珪亦知名美容儀年三十官至侍中永定元
年使齊以陳郡袁憲爲副承聘瑒以王琳故留之齊人呼
戴死囚以從齊人呼曰供御四每他怒則名殺之瑜及憲
位名名者數矣丞僕射楊遵彥每救護之天嘉二年還朝
復爲侍中卒諡曰貞子
論曰語云不有君子其能國乎晉自中原沸騰介居江左
一隅之地抗衡上國年秣三百盖有馮焉其初諸云至
以一馬共天下盖王氏人倫之盛實始是矣又夫休元弟兄
坐擁棟梁之任下逮世嗣無虧文雅之風其所以贊緝
登豈徒然也僧達偃任成性元長躁競不止闕

南史二十一

王曇首　　李延壽

子僧綽　孫儉　曾孫籫
僧綽弟僧虔　僧虔子慈　陳子承　訓
慈弟志　志弟子篤
慈子泰
志弟捴　寂

王曇首太保弘之弟也幼有素尚兄弟分財曇首唯取圖
書而已辟琅邪王大司馬屬從府公脩復洛陽園陵奉從
弟球俱詣宋武帝帝並高梁世德乃能屈志戎旅曇首從
武帝自使懷天立志時謝晦在坐曰仁者果有
勇帝悅及至彭城大會戲馬臺賦詩曇首文先成帝閒弘
曰卿弟何如卿荅曰若但如下官門戶何寄帝大笑帝弘

【南史列傳十二】　一　　洪

有智局喜慍不見於色閨門內雍雍如也手不執金玉婦
女亦不得以為飾玩自非祿賜一豪不受於人為文帝鎮
西長史武帝謂文帝曰曇首輔相才也汝可每事諮之及
文帝被迎入奉大統議者皆致疑曇首與到彥之從兄華
並勸上行上猶未許曇首固諫弁言人人符應上乃下率
府州文武嚴兵自衛臺所遣百官眾力不得近及即位謂
參軍朱容子抱刀在平乘戶外不解帶者累旬及即謂
曇首曰非宋昌獨見無以致此以曇首為侍中領驍騎將
軍容子為右軍將軍誅徐羨之等及平謝晦皆曇首及華
力也元嘉四年車駕出北堂使三更竟閉廣莫門南臺云

應須白獸幡銀字棨不肯開尚書左丞羊玄保奏免御史
中丞傅隆　　下曇首曰既無異敕又關棨雖稱上旨不
異單元嘉元年二年雖有再開門例此乃前事之違今
之守舊未為非禮其不請白獸幡銀字棨致開門不時由
尚書相承之失亦合科正上特無問更立科條曇首又以
事侍中如故自謝晦平後上欲封曇首等會諸臣集華林
之因拊御牀曰此坐非卿兄弟無復今日出詔以示之曇
首曰豈可因國之災以為身幸陛下雖欲私臣當如直史
何封事遂寢時弘錄尚書事又為揚州刺史曇首為上所
親委任兼兩宮彭城王義康與弘並錄意常怏怏又欲得
揚州以曇首居中分其權任愈不悅曇首固乞吳郡文帝
曰豈有欲建大廈而遺其棟梁兄比屢稱疾屢還上表解州任
將來若相申許此慇非卿所宜周旋時弘久疾屢遜位不許義
康謂賓客曰王公久疾不起神州詎合臥臨我欲用之上曰王公
府兵力之半以配義康乃悅七年卒時年三十七文帝臨
慟歎曰王詹事所疾不救國之衰也中書舍人周赳侍側
曰王家欲衰賢者先殞上曰直是我家衰耳贈光祿大夫
九年以預誅徐羨之等謀追封豫寧縣侯諡曰文孝武即
位配饗文帝廟庭子僧綽嗣
僧綽幼有大成之度眾便以國器許之好學練悉朝典年

【南史列傳十二】　二

十三文帝引見拜便流涕哽咽上亦愀不自勝龔對豫寧
縣侯僧文帝長女東陽獻公主初爲江夏王義恭司徒參
軍累遷尚書吏部郎領掌大選究識流品任舉咸盡其分
僧綽深沈有局度不以才能高人父曇首與王華並被任
遇華子新建侯嗣才劣位遇亦輕僧綽嘗謂中書侍郎蔡
興宗曰弟名位與新建齊弟超至今日蓋姻戚所致也遷
侍中時年二十九始興王濬嘗問其年僧綽頗以後事爲念大
令憤抑僧綽乃求吳郡及廣州並不許會巫蠱事洩上先

召僧綽具言之及將廢立使尋求前朝舊典勔於東宮夜
饗將士僧綽密以啓聞上又令撰漢魏以來廢諸王故事
送與江湛僧綽欲立隨王誕江湛欲立南平王鑠文帝
欲立建平王宏議父不決誕妃即湛之女鑠妹也僧恐
使難生憂表取笑千載上曰卿可謂能斷大事此事不可
不敢勤且庶人始亡人惟能裁我見不能裁弟不能見
千載之後言豈陛下惟能裁弟不能見江湛出閤
謂僧綽曰卿向言將不傷直邪僧綽曰恨君不直及
勔弒逆江湛在尚書上省聞變曰不用王僧綽言至此勔

立轉僧綽吏部尚書及湛家書疏得僧綽
所啓饗士并發諸王事乃收焉因此陷比第諸侯王以
爲與僧綽有異志孝武即位追贈金紫光祿大夫諡曰愍
侯初太社西空地本吳時丁奉宅孫皓流徙其家江左初
爲周顗蘇峻宅後爲袁悅宅又爲章武王司馬秀宅以
凶終及紿藏壽亦頻遇禍故世稱凶地僧綽嘗謂宅無吉
凶請以爲第始造未及居而敗子儉
儉字仲寶生而僧綽遇害爲叔父僧虔所養手不釋卷數
稱美僧慶曰我不患此兒無名政恐名太盛耳乃手書崔

子玉座右銘以貽之舟尹袁粲聞其名及見之曰宰相
之門也栝栢豫章雖小已有棟梁氣矣終當任人家國事
言之宋明帝選尚陽羨公主拜駙馬都尉帝以儉嫡母武
康王同秦初巫蠱事不行以爲婦姑欲開家離婚因人
自陳密以死請故事不行年十八解褐祕書郎太子舍人
超遷祕書丞依七略撰七志四十卷表獻之又撰定元徽
四部書目毋憂服闋爲司徒右長史晉令公府長史著朝
服宋大明以來著朱衣儉上言宜復舊制時議不許及著
梧暴雲儉堂表粲求外出引晉新安王婿王獻之任吳興
爲剡補義興太守昇明二年爲長兼侍中以父終此職固

讓先是齊高帝為相欲引時賢参讃大業時謝朏為長史
帝夜召朏屏人與語久之朏無言唯有二小兒捉燭帝應
朏難之仍取燭遣兒朏又無言帝乃呼左右僉素知帝雄
異後請間言於帝曰功高不賞古來非一以公今日位地
欲此面居人臣可乎帝正色裁之而神彩内和僉因曰
僉蒙公殊眄所以吐所難吐何賜拒之深宋以景和曰
卿言不無理僉又曰公今名位故是經常宰相宜禮絕羣
后微示變革當先令褚公知之僉請銜命帝曰我當自往

經少日帝自造朏回歇言移晷乃謂曰我夢應得官彦回
曰今授始兩恐一二年間未容便移且言夢未必便在旦
夕帝還告僉僉曰褚是未達理虞龢時為中書舍人甚開
辭翰僉乃自報整使作詔及高帝為太尉引僉為右長史
尋轉左軍見任用大典將行禮儀詔策皆出於僉褚彦回
唯為詔又使僉參懷定之丞臺建遷尚書右僕射領吏部
辭卒得戢譚那得有君若曰我今當以僕僉賞其善
亦桓滅譚那得有君若曰我今日當以青溪為鴻
時年二十八多所引進時客有姓譚者詣僉求官僉謂曰
擥對曰天應人順庶無慚漢之事時朝儀草創衣服制則

未有定準僉議曰漢景六年梁王入朝中郎謁者金貂出
入殿門左魏都賦云譯謂列侍金貂齊光此藩國侍臣
有貂之明文晉百官表云大尉參軍四人朝服武冠此又
寧府之明文又疑百僚敬齊公之禮僉又曰晉王受命勤
進云世子蕃世子亦宜異數並從之世子禮僉又曰魯有
命禮冠列蕃德殿以散騎常侍張緒為世子詹事車服悉
為世子宮僉又曰魯有靈光殿漢之前例也聽事為崇光
殿外齋為宣德殿以作與僉議佐命功臣從容謂曰卿誅
俄東宮制度高帝踐阼與僉議佐命功臣從容謂曰卿誅

漢之功莫與為二卿止二千力意以為少趙充國猶能自
舉西零之任況卿與我情期異常僉曰昔宋祖創業佐命
諸公開國不過二十以臣比之唯覺超越上笑曰張良辭
俟何以過此建元元年改封南昌縣公時都下舛雜且多
姦盗上欲立符伍家家以相檢括僉諫曰京師翼翼四方
是湊必也持符於事既煩理成不矚謝安所謂不兩何以
為京師乃止是歲有司奏定郊殷之禮僉以為宜以今年
十月殷祭宗廟自此以後五年一殷祭二年正月上辛有
事南郊即以其日還祭明堂又用次辛饗祀北郊而並無
配從之明年轉左僕射領選如故初宋明帝紫極殿珠簾

綺柱飾以金玉江左未有高帝欲以其材起宣陽門儉
與褚彥回及叔父僧虔連名表諫上手詔酬納宋世宮門
外六門城設竹籬是年初有發白虎樽言白門三重門竹
籬穿不完上感其言改立都牆儉又諫上每曰吾詩云
惟岳降神生甫及申今天為我生儉也其年固請解選見
許帝幸樂遊宴集謂儉曰卿好音樂孰與朕同儉曰沐浴
唐風訪俗比屋亦然不知肉味帝稱善後幸華林宴集
集使各效伎藝褚彥回彈琵琶王僧虔柳世隆彈琴沈文
季歌子夜來張敬兒舞儉曰臣無所解唯知誦書因跪上

七

前誦相如封禪書上笑曰此盛德之事吾何以堪之後上
使陸澄誦孝經起自仲尼居儉曰澄所謂博而寡要臣請
誦之乃誦君子之事上曰善張子布更覺非奇也於
是王敬則脫朝服袒以絳衫䠥奮臂拍張叫動左右上不
悅曰豈聞三公如此荅曰臣以拍張故得三公不可忘拍
張時以為名荅儉尋以本官領太子詹事加兵三百人時
皇太子妃竟左衛將軍沈文季為詹事儉未詳服不儉議
曰漢魏以來官僚先備臣隸之節具體在三存既盡敬亡
當無服昔庾翼喪妻王允聆舍猶謂府更宜有小君之服
況臣即之重宜依舊君之裏齊衰三月而除上崩遺詔以

儉為侍中尚書令鎮軍每上朝令史恆有三二十人隨上
諮事辯析未嘗壅滯褚彥回時為司徒錄尚書又謂儉曰
觀令判斷甚樂儉滯褚彥回曰所以得暇懷褒由禀明公不言之
化武帝即位給班劍二十人進驍衛將軍掌選事時有司
位明年改元亦郊宋元嘉二十年正月南郊二月崩孝武
嗣位明年亦郊此二代明係業明顯
一儉議曰晉明帝太寧三年南郊其年九月崩成帝即
明年改元亦郊簡文咸安三年南郊其年七月崩
宅心言化則頻郊非嫌諱事則元號初改禋燎配孝敬

八

兼遂謂明年正月宜饗禮二郊虞祭明堂自茲以後依舊
間歲有司又以明年正月上辛應南郊而立春在上辛後
郊在立春前又為疑儉曰宋景平元年正月三日辛丑南郊
其月十一日立春元嘉十六年正月六日辛未南郊其月
八日立春此近世明例也並從之永明二年領丹楊尹三
年領國子祭酒又領太子少傅本州中正解丹楊尹三
議接少傅以賓友禮宋時國學頹廢未暇修復宋明帝泰
始六年置總明觀以集學士或謂之東觀置東觀祭酒一
人總明訪舉郎二人儒玄文史四科科置學士十人其餘
令史以下各有差是歲以國學既立省總明觀於儉宅開

學士館以擬明四部書先之又詔儉以家為府四年以本
官領吏部先是宋孝武好文章天下悉以文采相尚莫以
專經為業儉弱年便留意三禮尤善春秋發言吐論造次
必於儒教由是衣冠翕然並尚經學儒教於此大興何承
天禮論三百卷儉抄為八帙又別抄條目為十三卷朝儀
舊典晉宋來施行故事撰次諳憶無遺漏者所以當朝理
事斷決如流每博議引證先儒罕有其例八坐丞郎無能
異者決諸事賓客滿席儉應接銓序傍無留滯十日一還
還監試諸生巾卷在庭衛令史儀容甚盛作解散幘斜
插簪朝野慕之相與放効儉常謂人曰江左風流宰相惟

【南史列傳十二】 【九】

有謝安蓋自況也武帝深委伏之士流選用奏無不可五
年儉即本號開府儀同三司固讓六年重申前命先是詔
儉三日一還朝尚書令史出諮事上以往來頻數詔儉還
尚書下省十日一聽十日出外儉啟求解選上不許七年乃上
表固請見許改領中書監參掌選事其年疾上親臨視覺
年四十八詔衛軍文武及臺所給兵仗悉停待葬又詔追
贈太尉加羽葆鼓吹增班劍為六十人葬禮依太宰文簡
公褚彥回故事諡文憲公儉寡嗜慾唯以經國為務車服
塵素家無遺財手筆典裁為當時所重少便有宰臣之志
賦詩云稷契匡虞夏伊呂翼商周及生子字曰玄成取仍

世作相之義撰古今喪服集記并文集並行於世梁武帝
受禪詔為儉立碑降爵為侯儉弟遜宋昇明中為丹楊丞
告劉彥節軍不蒙封賞建元初為晉陵太守有怨言儉廬
為禍因褚彥回啟聞中丞陸澄依事舉奏詔以儉竭誠佐
命特降宥遜遠從永嘉郡於道伏誅長子騫嗣
騫字思寂本字玄成與齊高帝偏諱同故改為性凝簡慕
樂廣為人未嘗言人之短諸女子姪皆嬪王尚主朝望謂諸
歸輜軿填咽非所欲也敕歲中不過一再見嘗從容謂諸
子曰吾家本素族自可依流平進不須苟求也歷黃門郎
司徒右長史不事產業有舊野墅在鍾山八十餘頃與諸

【南史列傳十二】 【十】

及故舊共佃之常謂人曰我不如鄭公業有田四百頃而
食常不周以此為愧永元末召為侍中不拜三年春梁武起
畫見西方長十餘丈騫曰此除舊布新之象也及梁武霸府建
兵騫曰天時人事其在此乎梁武霸府建引為大司馬諮
議咨軍遷侍中及帝受禪降封為侯位度支尚書中書
令武帝於鍾山西造大愛敬寺騫墅鄉野在寺側者即王導
賜田也帝遣主書宣旨就騫市之欲以施寺答云此田不
賣若敕取所不敢言酬對又脫略帝怒遂付市評田價以
直逼還之由是忤旨出為吳興太守騫性倨於味而儉於
服頗以多忌為累又懵於接物雖主書宣敕或過時不見

才望不及弟暕特以儵之嫡故不棄於時暕為尚書左丞

僕射當朝用事寮自中書令為郡邑邑不樂在郡卧不視

事徵復為度支尚書加給事中領射聲校尉以母憂去職

普通三年卒年四十九贈侍中金紫光祿大夫謚曰安子規

規字威明八歲丁所生母憂居喪有至性齊太尉徐孝嗣

每見必為流涕稱曰孝童叔父暕亦深器重之常曰此兒

吾家千里駒也年十二略通五經大義及長遂博涉有口

辯為本州迎主簿起家秘書郎累遷太子洗馬天監十二

年改造太極殿畢規獻新殿賦其辭甚工後為晉安王綱

雲麾諮議參軍父之為新安太守父憂去職服闋襲封南

南史列傳十二

十二 ▼

昌縣侯除中書黃門侍郎敕與陳郡殷芸琅邪王錫范陽

張緬同侍東宮俱為昭明太子所禮湘東王繹時為丹楊

尹與朝士宴集規為酒令規從容曰江左以來未有茲

舉特進蕭琛金紫光祿大夫昭明在坐並謂為知言朱异

常因酒鄉規責以無禮普通初陳慶之北侵陷洛陽百

僚稱慶規曰可吊也又何賀焉道家有云我

功難也昔桓溫得而復失宋武竟無成功我孤軍無援深

入寇境將為亂階俄見覆沒六年武帝於文德殿餞廣州

刺史元景隆詔群臣賦詩同用五十韻規援筆立奏其文

又美武帝嘉焉即日授侍中後為晉安王長史王立為太

子仍為散騎侍郎常侍太子中庶子侍東宮太子賜以所服貂

蟬并降令書悅是舉也尋為吳郡太守主書芮珍宗家在

吳前守宰皆傾意附之至是珍宗假還規過之甚薄珍宗

還都密奏規不理郡事俄徵為左戶尚書郡境千餘人詣

闕請留表三奏不許求於郡樹碑許之規常以門宗貴盛

恒思減退後為太子中庶子領步兵校尉辭疾不拜遂來

鍾山宋熙寺築室居焉乃卒贈光祿大夫謚曰文皇太子出

臨哭與湘東王繹令曰王威明風韻遒上神峯標映千里

絕迹百尺無枝實俊人也一朝過隙永歸長夜金刀掩芒

長淮絕涸去歲冬中已傷劉子今茲寒暑復悼王生俱往

南史列傳十二

十二 ▼

之傷信非虛說規集後漢眾家異同注續漢書二百卷文

集二十卷子褒褒魏剋江陵入長安

暕字思晦齎弟也年數歲而風神警拔有成人之度時父

儉作宰相賓客盈門見暕曰公才公望復在此矣弱冠選

尚安王遙光薦暕及東海王僧孺除暕

始淮南長公主拜駙馬都尉歷秘書丞齊明帝詔求異士

中歷位侍中吏部尚書領國子祭酒門貴與物隔不能留

心寒素頗稱刻薄後為尚書左僕射領國子祭酒卒謚曰

靖子承幼訓並通顯

承字安期初為秘書郎累遷中書黃門侍郎兼國子博士

時膏腴貴遊咸以文學相尚罕以經術為業性承獨好儒
業遷長兼侍中俄轉國子祭酒承祖父踈貴為此職三
世為國師前代未之有也出為東陽太守政存寬惠吏
人悅之卒郡諡曰章承性簡貴有風格右衛朱异當朝用
事每休下車馬填門有魏郡申英者風寒才俊好危言訾
論以忤權右嘗指异門曰此中輻湊皆為利往兄弟及褚
唯大小王東陽耳小東陽即承弟㢙也時唯承兄弟及褚
翔不至异門世並稱之

惠超見而奇之謂門人羅智圉曰四郎眉目踈朗舉動和
訓字懷範生而紫胞師媼云法當貴幼聰警有識量僧正
韻此是興門戶者智圉以白練陳亦不踰素業其在文
殊文殊訓小字也年十三喪亡憂毀家人莫識十六召見
文德殿應對爽徹上目送之父謂朱异曰可謂相門有相
初補國子生閒說師表昂昂曰久籍高名有勞虛想及觀
容止若披雲霧俄而諸表子弟來昂謂諸助教曰我兒出
十數若有一子如此實無所恨射策除秘書郎累遷秘書
丞嘗詩云旦奭匡世功蕭曹佐呿伯追祖儉之志也後拜
侍中人見武帝問何敬容曰今之王訓無謝芳回訓美容
曰少過三十上曰今之王訓年幾為宰相敬容儀善進止
文章為後進領袖年二十六卒諡溫子

僧虔金紫光祿大夫僧綽弟也父曇首與兄弟集會子孫
任其戲適僧達跳下地作彪子時僧慶累十二博某既不
墮洛亦不重作僧綽採蠟燭珠為鳳皇僧達奪取打壞亦
復不惜伯父弘歎曰僧達俊爽當以名義見美或云僧慶採燭
此子也僧慶必至公僧綽當以名義見美然亡吾家者終
珠為鳳皇弘稱其長者云僧綽弱冠雅善隸書元嘉中
其書素爲宋文所知
人退默少交接與袁淑謝莊善每歎之曰卿文情鴻麗
學解深拔而韜實潛實物莫之窺雖魏陽元之射王汝南
之騎無以加焉遷司徒左西屬兄僧綽為宋元凶所害親

賓咸勸之逃僧慶泣曰吾兄奉國以忠身撫我以慈愛今
日之事苦不見及耳若同歸九泉猶羽化也孝武初出為
武陵太守攜諸子姪兄子儉中途得病僧慶為廢寢食同
行客慰喻之僧慶曰昔馬援子姪之間一情不異鄧攸於
弟子更逾所生吾實懷其心誠未異古人兄乃辭不宜忽
諸若此兒不救便當回舟謝職還為中書郎再遷太子中
庶子孝武欲擅書名僧慶不敢顯跡大明世常用捆筆書
以此見容後為御史中丞領驍騎將軍甲族由來多不居
憲臺王氏分枝居烏衣者位官微減僧虔為此官乃曰此
是烏衣諸郎坐處我亦可試為耳泰始中為吳興太守始

行忠貞止足之道雅好文史解音律以朝廷禮樂多違正

之不已則慄馳之不已則躓引之不已則送是之宜

書題尚書省壁曰圓行方止物之定質情之不已則溢高

尋加散騎常侍轉右僕射昇明二年為尚書令嘗為飛白

夐奏僧虔坐免官尋以白衣領侍中元徽中為吏部尚書

彼若見惡當拂衣去耳佃夫言於宋明帝使御史中丞孫

佃夫要幸宜加禮接僧虔曰我立身有素豈能曲意此輩

會稽太守中書舍人阮佃夫家在東請假歸客勸僧虔以

王獻之善書書為具興郡及僧虔工書又為郡論者稱之徒

疾當時嗟賞以此坐右銘兄子儉每觀見輒助以前言往

典人間競造新聲時齊高帝輔政僧虔上表請正聲樂高

帝乃使侍中蕭惠基調正清商音律齊受命轉侍中丹楊

尹郡縣獄相承有上湯殺囚僧虔上言湯本救疾而實行

冤暴若罪必入重自有正刑若去惡宜疾則應先登當有

死生大命而潛制下邑上納其言而止文惠太子鎮雍州

有盜發古冢者相傳云是楚王家大獲寶物王屨玉屏風

竹簡書青絲編簡廣數分長二尺皮節如新有得十餘簡

以示僧虔云是科斗書考工記周官所闕文也高帝素善

書篤好不已與僧虔賭書畢謂曰誰為第一對曰臣書第

一陛下亦第一帝笑曰卿可謂善自為謀或云帝問我書第

何如卿荅曰臣正書第一草書第二陛下草書第二而正

書第三臣無第三陛下無第一帝大笑曰卿善為辭然天

下有道丘不與易也帝示僧虔古迹十一卷就求能書人

名僧虔得人間所有卷中所無者具以啟聞帝景帝靖命侯

書桓玄書及王丞相導領軍洽中書令珉張芝索靖衛伯

儒張翼十一卷奏之又上羊欣所撰能書人名一卷遷湘

州刺史侍中如故清簡不營財產百姓安之武帝即位以

風疾欲陳解遷待中左光祿大夫開府儀同三司僧虔少

時羣從會客有相之云僧虔年位最高仕當至公餘人皆

莫及此授僧虔謂兄子儉曰汝任重於朝行當有八命

之禮我若復此授一門有二台司實所畏懼乃固辭上優

而許之客問其故僧虔曰君子弘道不以報國豈容更

受高爵方貽官謗邪儉既為朝宰起長梁制度小過僧

虔視之不悅竟不入戶儉即日毀之永明三年薨時年六

十追贈司空侍中如故謚簡穆僧虔解星文荂坐見豫

章分野當有事故時有前將軍陳天福坐討唐㝢之

時而僧虔慮禍及慈豫章內史應有△事少

於錢唐掠奪百姓財物棄市先是天福將行令家人豫作

壽家未至東又信催速就家成而得罪因以葬焉又宋世

光祿大夫劉鎮之年三十許病篤已辦凶具既而疾愈因

畜棺以為壽九十餘乃亡此器方用因此而言天道未易
知也僧虔論書云宋文帝書自言可比王子敬時議者云
天然勝羊欣功夫少於欣王平南廙右軍叔過江右軍之
前以為最亡曾祖領軍右軍云弟書遂不減吾變古制今
惟右軍領軍不爾至今猶法鍾張亡從祖中書令子敬
云弟書如騎騾駸駸恒欲度驊騮前廙征西亦善書子敬
右軍齊名右軍後進莫不學逸少書時與
兒輩賤家雞皆愛野逸少書須吾下當比之張翼王右軍自
書表晉穆帝令二王書題後答右軍當時不別久後方悟云
小人幾欲亂真張芝索靖韋誕鍾會二衞並得名前代無

以辨其優劣唯見其筆力驚異耳張澄當時亦呼有郗
愔章草亞於右軍郗嘉賓草亞於二王緊媚其父桓玄自
謂右軍之流論者以比孔琳之謝安亦入能書錄亦自重
為子敬書疵康詩羊欣書見重一時親受子敬行書亦善
正乃不稱名孔琳之書天然縱放極有筆力規矩恐在羊
欣後丘道護與羊欣俱面受子敬故當在欣後范曄與蕭
思話同師羊欣後小叛殆然失故步為復小有意耳蕭思話
書羊欣之影風流趣好殆當不減筆力恨弱謝綜書其舅
云聚生起是得賞也恨少媚好謝靈運書乃不倫遇其合
時亦得入流賀道力書亞丘道護庾昕學右軍亦欲亂真

矣僧虔嘗自書讓尚書令表辭制既雅筆迹又麗時人以
比子敬崇賢吳郡顧寶先卓越多奇自以伎能僧虔乃作
飛白以示之寶先曰下官今為飛白屈矣僧虔宋世嘗有書誡子曰知汝
為注序甚工僧虔宋世嘗有書誡子曰知汝恨吾未許汝
學欲自悔勵或以闔棺自欺或更擇美業且得有慰
窮生但為此良未觀其指歸而終日自欺人汝曾未
意於史取三國志聚置床頭百日許復徒然汝往年有
吾不學無以為訓然重華無嚴父放勳無令子亦各由己
窺其題目未辨其指歸而終日自欺人汝不受吾欺也由
耳汝輩竊議亦當云阿越不學何忽自課見其一耳不

全爾也設令吾學如馬鄭亦復甚勝復倍不如今亦必大
減致之有由從身上來也汝今壯年自勤數倍許勝劣及
吾耳吾在世雖之德素要復推排人間十許年故是一褚
物人或以比數汝耳即化之後若自無調度誰復知汝事
者舍中亦有少負汝耳即化之後若自無調度誰復知汝
優者龍鳳劣者虎豹失之後豈直龍虎之議況吾不能為
汝蔭政應各自努力耳或有身經三公蔑爾無聞布衣寒
素輕相陵轢父子貴賤殊兄弟聲名異何也體盡讀數百
卷書耳吾今悔無所及欲以前車誡爾後乗也汝年入立
境方應從宦兼有室累何暇復得下帷如王郎時邪各爾

身已切復閔吾邦凶唯知愛深松茂相寧知子弟毀棄

事因汝有感故略敘曾懷子慈

慈學伯賢年八歲外祖宋太宰江夏王義恭迎之內齋施

寶物恣所取慈取素琴石硯又書數子圖而已義恭善之衣

淑見其切時撫其背曰叔慈內潤也少與從弟僧善書學

謝鳳子超宗嘗候僧覆仍往東齋請慈曰慈正學書未即放

超宗曰卿書何如僧覆曰慈比大人如雞之比鳳

超宗狼狽而退十歲時與蔡興宗子約入寺禮佛正遇沙

門城約戲慈曰報僧今日可謂慶慶慈應聲曰卿如此何

以與蔡氏之宗歷位吳郡太守大司馬長史侍中領左兵

校尉司徒左長史慈懲勵武帝敕王晏慈有微疾不能

騎聽乘車在仗後江左以來小剡也慈妻劉彥節女子觀

尚武帝長女吳縣公主脩婦禮姑未嘗交谷江夏王鋒為

南徐州王妃慈女也以慈為東海太守行徐州府州事還

為冠軍將軍盧陵王中軍長史未拜求明九年卒贈太常

諡懿子泰

泰字仲通幼敏悟年數歲時祖母集諸孫姪散棗栗於狀

尚儿竟之泰獨不取問其故對曰不取自當得賜由是中

表異之少好學手所抄寫二千許卷又長通和溫雅家人

不見喜慍之色姊夫張汪夏王鋒為齊明帝所害外生蕭

子支並孤弱泰資給撫訓逾於子姪景夫監元年為秘書

丞自齊永元之末後宮火延燒秘書圖書散亂殆盡泰表

校定繕寫武帝從之歷中書侍郎掌吏部郎即真自過江

吏部郎不復典大選令史以下小人未竟者輒湊前後少

能稱職泰為之不為貴賤請屬易意天下稱平轉黃門侍

郎每預朝宴刻燭賦詩文不加點帝深常歎曰王泰

有養炬卿覽舉養泰小字炬也始革大理以泰

為廷尉卿耳謝歷舉中後都官尚書衣冠屬望泰能按入士故母願

其居選官頃之為吏部尚書

除散騎常侍左驍騎將軍未拜卒諡貞子琨

志字次道慈之弟也九歲居所生母憂哀毀若成人

所異弱冠選尚宋孝武安固公主拜駙馬都尉褚彥回

為司徒引志為主簿謂其父僧慶曰朝廷之恩本為殊特

所可光榮在居賢子累遷宣城內史清謹有因惠郡人張

偘吳慶爭田經年不決志到官父老相謂曰王府君有德

政吾鄉里乃有如此爭因相攜請罪所訟地遂成閒

田後為東陽太守郡獄有重囚十餘冬至日悉遣還家過

節皆及唯一人失期志曰此自太守事主者勿憂明旦果

至以婦孕吏人益歎服之為吏部尚書往選以和理稱雀

慧景平以婦孕例加右軍將軍封臨汝侯固讓改領右衛將軍

及梁武軍至城內殺百僚署名送首志歡曰冠雖獎
可加足乎因取庭樹葉接服之偽悶不署名梁武覽咸無
志署心嘉之弗以讓也霸府開為驃騎大將軍長史梁清臺
建位散騎常侍中書令天監初為丹楊尹為政清靜都下
有寡婦無子姑亡無以葬既而無以還之志悉其義
惠常懷止足謂諸子姪曰謝莊在宋孝武時位止中書令
以體視宜可過之三年為散騎常侍
吾自視豈可過之每旦為粥於郡門以賦百姓衆悲稱
通賓客九年還為散騎常侍令史光祿大夫卒志善吏隸
當時以為梁法師游譽將軍徐希秀亦號能書常謂志為
書聖志家居建康禁中里馬蕃巷父僧虔門鳳寬恕志尤
悌厚所歷不以罪咎劾人門下客嘗盜脫志車憶責之志
知而不問待之如初賓客遊其門者專蓋其過而稱其善
弟子姪皆篤實謙和時人號馬氏諸王為長者晉通四
年志改葬武帝厚賻贈之謚曰安有五子緝休譓摞素志
兄弟並位大中大夫摞子筠

筠字元禮一字德柔幼而警悟七歲能屬文年十六為芍
藥賦其辭甚美及長清靜好學與從兄泰齊名沈約見
以為似外祖袠粲謂僕射張稷曰王郎非唯額類袠公風
韻都欲相似稷曰表公見人輒矜嚴王郎見人必娛笑唯

此一條不能酷似仕為尚書殿中郎王氏過江以來未有
居郎署或勸不就筠曰陸平原東南之秀王文度獨步江
東五云得比蹤昔人何所多恨乃欣然就職沈約每見筠文
咨嗟常謂曰昔蔡伯喈見王仲宣稱曰王公之孫吾家書
籍悉當相與僕雖不敏請附斯言自謝朓諸賢零落平生
意好殆絕不謂疲暮復逢於君約於郊居宅閣齋請筠為
草木十詠書之於壁皆直寫文辭不加篇題約製筳
指物程形無假題署約嘗攜筠郊居宾欣扑曰僕嘗恐人呼
筠草筠讀至雌霓連蜷約撫掌欣抃時
霓五激反次至雌霓二礎星及冰懸增而抵筠皆擊節稱賞約
曰知音者希真奇殆絕所以相要政在此數句耳筠又嘗
為詩呈約即報書歎詠以為後進擅美筠又能用強韻
每公宴並作辭必妍麗約常啟上言晚來名家無先筠者
又於御筳謂王志曰賢弟子文章之美可謂後來獨步謝
朓常見語云好詩圓美流轉如彈丸近見其數首方知此
言為實累遷太子洗馬中舍人掌東宮管記昭明太子
愛文學士常與筠及劉孝綽陸倕到洽殷芸遊宴玄圃
太子獨執筠袖撫孝綽肩曰所謂左把浮丘袖右拍洪崖
肩見重如此筠又與殷鈞以方雅見禮後為中書郎奉
敕製開善寺寶誌法師碑文詞甚麗逸又敕撰中書表奏

三十卷及所上賦頌都為一集後為太子家令復掌管人
普通元年以母憂去職筠有孝性毀瘠過禮大通二年為
司徒左長史三年昭明太子薨敕製哀策文復以嘗著賞奇
出為臨海太守在郡侵刻聚歛有亡他物稱是為
有司奏不調累年後歷秘書監太府卿度支尚書司徒左
長史及簡文即位為太子詹事筠舊宅累千金為賊焚乃寓居
國子祭酒蕭子雲宅夜忽有盜攻懼墜井筠狀貌寢小長
家人十三口同遇害乃積於空井中筠時年六十九
竈篆所乘牛嘗飼以青草及遇亂
不濟六尺性弘厚未以藝能高人而少檀才名與劉孝綽

月重當時其自序云余少好抄書老而彌篤雖遇見瞥觀
皆即疏記後重省覽懼與性成不覺倦自年
十三四建武二年乙亥至梁大同六年四十載矣幼年讀
五經皆七八十遍愛左氏春秋吟諷常為口實廣略去取
凡三過五抄餘集皆一遍未嘗倩人假手躬自抄錄大小
百餘卷不足傳之好事蓋以備遺忘而已又與諸兒論
家門集云史傳稱安平崔氏及汝南應氏並累葉有文才
所以范蔚宗云崔氏彫龍然不過父子兩三世耳非有七
葉之中名德重光爵位相繼人人有集如吾門者也沈少

傳約常語人云吾少好百家之言身為四代之史自開闢
以來未有爵位蟬聯文才相繼如王氏之盛也汝等仰觀
堂搆思各努力筠自撰其文章以一官為一集自洗馬中
書中庶更左佐臨海太府各十卷尚書三十卷凡一百
卷行於世子祥仕陳位黃門侍郎撰齊時人為之語曰三笏

彬字思文好文章仕歷太子中庶子尚書
六卷為天下寶齊武帝起舊宮彬獻賦文辭典麗尚書
帝女臨海長公主拜駙馬都尉彬歷仕梁天監中庶子尚
嘉太守卜室於積穀山有終焉之志梁天監中庶子尚
書秘書監卒諡惠彬立言清自推賢接士君子風彬

第寂
寂字玄性迅動好文章讀范滂傳未嘗不歎惋王融敗
年少何患不達不鎮之以靜將恐貽譏寂乃止秘書郎
後實客多歸之永建武初欲獻中興頌兄志謂曰汝賢梁
然哉仲寶雅道自居早懷伊呂之志竟而逢時遇主自致
宰輔之隆所謂衣冠禮樂盡在是矣豈有人焉於斯為盛
論曰王曇首之才器王僧綽之忠直其世祿不替也宜徒
卒年二十一

其餘文雅儒素各票家風箕裘不墜亦云美矣
列傳第十二
南史二十二

王誕兄子偓
王惠從弟球　子絢　王華從弟理
　　偓子藻　從叔亮　絢弟纘
　　奐　　續孫克　　彧兄子蘊
　　奐弟份　纘孫鍇
　　通勤　簡固

李　延壽

南史列傳十三

王誕字茂世太保弘從祖晉兄也祖恬晉中軍將軍父混太
常示誕少有才藻善孝武帝崩從叔尚書令珣爲哀策出
本云誕猶恨少序節物誕攬筆便益之接其秋冬之變
後云霜繁廣除風回高殿珣歎美因而用之襲爵雉鄉侯
爲會稽王世子元顯後軍長史琅邪內史誕結事元顯嬖

人張法順故見寵元顯納妾誕爲之親迎隨府轉驃騎長
史內史如故元顯討桓玄欲悉誅諸桓誕諫救桓恬等由此
得免恬誕甥也及玄得志將見誅恬爲陳請乃徙廣州盧
循據廣州以誕爲其平南府長史甚賓禮之誕久客思歸
乃說循曰下官與劉鎮軍情味不淺君得比歸必蒙忝寄
公私非計孫伯符待以一境不容二歸

時廣州刺史吳隱之亦爲循所拘留又曰將軍今留誕
公亦何所求於是誕及隱之俱得還誕至京師劉毅固求
耳於是誕及隱之俱得還誕至宋武帝太尉長史盡心歸
奉帝甚伏之廬循自蔡洲南走劉毅固求追討誕密白帝
曰公既平廣固復滅廬循則功蓋終古勳無與二如此大

南史列傳十三

感宜可使餘人分之毅與公同起布衣一時相推耳今既
喪敗不宜復使立功帝納其說後爲吳國內史母憂去職
武帝伐劉毅起爲輔國將軍誕辭以墨經從行時諸葛
長人行太尉留府事心不自安武帝甚憂之誕求
先令帝曰太尉府且留府事中左右尚書始興公碾子偓

偓字長真誕子游晉孝武帝女鄱陽公主宋受禪封求成君偓
子諲早辛誕母珉字偉世侍中左右尚書始興公碾子偓
官蒙公垂眄令輕身矣於是先還辛追封唐縣五等侯
笑曰卿勇過賁育矣於是先還辛追封唐縣五等侯
先下帝曰長人似有自疑心卿詎可少安其意帝知下

尚宋武帝第二女吳興長公主諱榮男常傈偓縛諸庭樹
公主性妒而藻別愛左右人吳崇祖主莫不嚴謹之於廢
疾之湖熟令表悁妻與王氏離婚宋世諸主莫不嚴謹帝
帝藻下獄死主與王氏離婚宋世諸主莫不嚴謹帝
長子藻位東陽太守尚文帝第六女臨川長公主贈開府儀同三司諡恭公

不以世事關懷開府儀同三司諡恭公
時天夜雪嚏凍父之偓兄悁悶詣主乃免偓謙虛恭謹

左光祿大夫江湛孫戮常同孝武帝女降婿榮出望表恩加
疾讓婚曰伏承詔旨當以臨海公主降婿榮出望表恩加
典外顧審輪轂伏用憂懼臣寒族人几質陋間間有
表讓婚曰伏承詔旨當以臨海公主降婿
對本隔天姻如臣素流家貧學寡年近將冠皆已有室荊

洪

鈌布裙足得成禮每不自解迄兹姝妹訪莫奇素族弟
閒自惟閒廣屢降公主天恩浹覃于庸及醜末懷母抱愓應
不獲免徴命所當果應兹舉雖閒忝宗榮於臣非倖仰綠
聖旨冒陳愚實自晉氏以來配尚王姬者雖東經身恭正
有名才至如王敢惶氣相溫欲感員長佯愚以求免子敬
灸足必違禍投躯於深井謝莊始自生於矇瞍敷沖莘行來
於悲姑彼戴人者非無子意而辨曲生於崇貴重陽於閭覽
吞強鉏彼氣無所逃辭勒甚於僕隷防開過於婢妾行來
出入人理之常當待賓客朋從之義而令掃轍息駕無闕

理之期嚴延抽席絕接對之理非唯交友難異乃亦兄弟
疎閒第令酒肉之賜制以動靜監子待錢帛之私卻其
庸下才監子皆馥懇鑒議舉止則未闕是非聽言語則
言笑姆妳爭婚相勸以嚴媼競前相詔以忿第令唱其
謀於虛實被故弊必責頭領又出入之宜繁省難衰或進不
口舌其閒又有應答閒訊以箋師毋乃至殘餘飲食詰辯
獲前或入不聽出道必以日出為限又不見晚朝不識曙
必以三晡為期步月而弄琴晝拱伏而披卷一生之內與此長
星至於夜步月而弄琴晝拱伏而披卷一生之內與此長

華又聲影裁聞則少婢奔進裾袂向席則醜老叢來左右
整叔以疑寵見嫌賓客未冠以少容致斥禮有列媵象有
貫魚本無媵嫡之嫌豈有輕婦之訕云輕易我又竊聞諸主聚
四而每事必言無儀適設辭報云野敗去或云師更相扇
集唯論夫族有甚王憲之德實致克昌專妒之行有妨
我雖曰家事有甚王憲發口所言恒同科律王藻雖復彊
很頗經學涉戲笑之事遂為冤魂褚暖憤慣用致天絕傷
誘本其相意不可覺借固常辭辭或可為緩者或云師更相
理雪我義難以具聞夫鑾斯之德實致克昌專妒之行有妨
繁衍是以尚主之門往往絕嗣馹馬之身通離釁咎必臣

凡弱何以克堪必將毀族淪門豈伊身責前嬰此人
或由才升一叨婚戚咸成恩假是以仰冒非宜披露丹實
幸屬聖明袗照申道弘退適事鬲天朝故吞言咽理無敢訴臣
自屬聖明門分世荷殊榮足守前基便預攝拂清官顯位
已彌篤若恩詔難降披請不申便當刑膚剪髮投山竄海
帝以此表遍示諸王以諷切之并為戲笑元徽中臨川主
表求還身王族守養弱嗣許之【藻弟楙字昌業光祿大夫

封南鄉侯戀子鎣

鎣奉光祿選尚宋臨淮公主拜駙馬都尉累遷義興太守

代謝超宗去郡與鎣交惡還都就鎣求書屬鎣求一吏曰

父人一旨如湯澆雪耳及至鎣苔旨以公吏不可超宗性

戀處謝超宗實謂撰曰鮑美酢魔跑洞洞赤唯味超宗

戀後往謝超宗處設精釀醮曰父人豈應不得邪赤改為性

詭言義興始見餉陽醮問邪得佳味超宗

朝廷褊鎣供養不足坐失郡廢棄父之後歷侍中東陽太

守以居郡有惠政遷吳興太守齊明帝勤愛燕政鎣頻處

二郡皆有能名還為中領軍隨王長史及踐阼為太子

奮重中領軍求元初政由群小鎣守職而已不能有所是

非及尚書令徐孝嗣誅鎣綜朝政咨取孝嗣所居宅及

取孝嗣封名枝江縣侯以為已封從弟亮謂曰此非盛德

也鎣怒曰我昔從東慶為吳興束登岸徐府為牽相不

能見知相用為領軍長史本住其宅差無多愧時人咸謂

失德亮既當朝於鎣時欲引與同事遷尚書左

僕射未拜會護軍崔惠景自京口奉江夏王內向鎣拒惠

景於湖頭衆敗鎣赴水乘舫人樂遊因得還臺城惠景敗

鎣還居領軍府梁武兵至復假節都督宮城諸軍事建康

平鎣乃以宅還徐氏初為武帝相國左長史及踐阼封建

城縣公累遷尚書令鎣性清慎帝深善之時有猛獸入郭

上意不悅以問羣臣羣臣在御延乃歛板苔曰昔

鎣石拊石百獸率舞陛下賾錄御圖虎象大悅衆

為公墳開黃閤宅前促欲貫南煇朱仉半宅時侵售

咸服為十五年位左光祿大夫開府儀同三司丹陽尹既

得錢百萬鎣乃回閤向束時人為之語曰欲向南少子貪

遂向束為黃銅又將拜印工鑄印六鑄而龜六戮又成頭

空不實補而用之居職六日暴疾卒靜恭少子貪

起家祕書郎尚梁武帝女安吉公主襲爵建城縣為新

安天守實從兄郡就求吉實與銅錢五十萬不聽於郡

又道散用從兄密於郡市償還都求利又去郡數十里實

乃知命追之呼從兄上岸盤頭令卒與村搏頰乞原劣得

免後為南康嗣王湘州長史長沙郡王三日出樸賓衣冠

傾崎王性方嚴見之意殊彊實稱主名謂王曰蕭玉誌念

亮殷下何見懶王驚報節起後密啓之因此發銅

實字奉叔鎣從父弟也父恢字昌達仕宋位太宰中郎贈

給事黃門侍郎亮以名家宋末選尚公主拜駙馬都尉歷

任祕書丞永竟陵王子良開西邸延才俊公以有美政時

圖其像亮亦預焉累遷晉陵太守在職清公有美政時有

賾陵令沈巑之性麤跣好起亮諫亮不堪遂啓代之巑之

豫寧縣公天監二年轉左光祿大夫元日朝會亮辭疾不

中中書監兼尚書令及受禪遷侍中尚書令中軍將軍封

開以為大司馬長史梁臺建授侍中尚書乃為侍

彼相亮曰若其可扶明公豈有今日之舉因固讓而去霸府

平朝士甲至亮獨後裴獲見武帝帝謂亮曰顧而不扶安用

下林乃遣國子博士范雲齎東昏首送（石頭推亮為首次

遷于殼今實微子去殷項伯歸漢之日亮黙然朝士相次

父人情離解征東在近何不諮問張稷又曰璨有昏德鼎

前西鍾下坐議欲立齊湘東嗣王寶晊領軍坐曰城閉已

送誠欵亮獨不遣及東昏遇殺張稷乃集亮等於太極殿

南史列傳十三

七

免梁武帝至新林內外百僚皆道迎其不能拔者亦間路以

當時不謂為能後為尚書左僕射及東昏肆虐雲亮取容以

內寵甚弗能止外若詳審內無明鑒所選用凡所除拜悉由

好攜薄祐昵之如初又祐遇誅羣小放命凡所

內弟故深灰祐祐為之延譽益為帝所器重至是與祐情之

自以身居部選每持異議始亮未為吏部郎時以祐帝之

吏部尚書時右僕射江祐管朝政多所進拔為士所歸亮

示亮不復下牀跣而走躦之撫掌大笑而去建武末累遷

作無憾尊傍犬為大傍無憾尊者是有心佻無心佻乞告

快快乃造坐云下官以犯諱被代未知明府譚若為收字當

史中丞自若數自詔公卿問訊亮無病色御

登殿設饌別省語笑自若公卿問訊亮無病色御

帝宴華光殿求讜言尚書左丞范縝起曰司徒謝朏本有

虛名陛下擢之如此前尚書令王亮頗有政體陛下棄之

如彼愚臣所不知帝變色曰卿可更餘言縝固執不已帝

不悅御史中丞任昉因奏縝妄陳褒貶請免縝官詔可亮

因舁居閉掃不通賓客遭母憂居喪盡禮後為中書監加

散騎常侍卒諡煬子

王華字子陵誕從祖弟也祖薈衛將軍會稽內史父廞以

徒右長史晉安帝隆安初王恭起兵討王國寶時廞丁母

憂在家墬命起兵廞即聚衆應之以女為貞烈將軍以

女人為官屬及國寶死恭檄廞罷兵廞起兵之際多所誅

戮至是不復得已因舉兵為恭所殺華時年十三在軍中

廞敗走不知所在長子泰為恭所殺華僅以自免喪亂

與廞相失隨沙門釋曇永逃竄曇永使提衣襆從後津邏咸疑焉

乃不疑由此得免赦還吳以父存沒不測布衣蔬食不

交游者十餘年宋武帝欲收其才用乃發廞喪使華制服

服闋關武帝北伐長安領鎮西將軍北徐州刺史辟華為

主簿後以別駕雁職著稱文帝鎮江陵為西中郎主簿諮

議豪軍文帝恐委司馬張邵華性尚物不欲人
在已前邵性豪每行來常引轂華出入要車從者不
過兩三人以矯之嘗相逢華陽若不知是邵謂左右曰此
車簿甚盛必是殿下乃下車立於道側及邵至乃驚邵此
白服登城為華所糾邵坐被徵華代為司馬文帝將入奉
大統以少帝見害不敢下車曰先帝有大功於天下四海
所服雖嗣主不綱人望未改華曰徐羨之中才寒士傅亮
諸生非有晉宣帝王大將軍之心明矣畏廬陵嚴斷將來
必不自容殿下寬歛慈仁所知已且越次奉迎異以見德
悠悠之論始必不然羨之亮雖要擅道濟王弘五人同

功馳肯相讓勢必不行今日就徵萬無所慮帝從之曰卿
復欲為吾之宋昌矣乃留華摠後任上即位以華為侍中
右衛將軍先是會稽孔甯子為文帝鎮西諮議參軍以文
義見賞至是為黃門侍郎領步兵校尉甯子先為何無忌
安成國侍郎還東脩宅令可容高蓋隣里笑之甯子曰
大丈夫何常之有甯子與華並有富貴之願自美之等執
權日夜構之於文帝甯子嘗東歸至金昌亭左右欲泊船
甯子命去之曰此殺君亭不可泊也華每閒居諷詠常誦
王粲登樓賦慨然歎曰當見太平時否元嘉二年甯子卒
之等每切齒憤吒歎曰

三年誅羨之等華遷護軍將軍侍中如故宋世華與南
陽劉湛不為飾讓得官即拜以此為常華以情事異人未
嘗預宴集終身不飲酒有宴不飲之詣客不欲車造
門主人出車就之及王弘輔政而弘弟曇首為文帝所任
與華相埒華常謂已力用不盡每歎曰宰相頓有數人天
下何由得安四年卒時年四十三以誅羨之功追封新
建縣侯諡曰宣即位配享文帝廟庭有數子定侯嗣卒子
長嗣坐罵母奪爵以長弟後紹封晉受禪國除
琨華從父弟也父懌不辨菽麥時以為癡道矜之流人無
肯與婚家以猥婢恭心侍之遂生琨初名岷嶙懌後聖南

陽樂玄女無子故即以琨為名立以為嗣琨少謹篤為從
伯司徒謐所愛宋武帝初為相愉恭軍脩待帝厚後帝以
事計圖脩猶懷昔顧使王華訪素門嫁其二女華為琨娶
大女以小女適潁川庾敬度亦是舊族除琨郎中駙馬都
尉奉朝請先是琨伯父厥約稱華終又託之宋文帝故琨
免華宋世貴盛以門長提攜琨恩若同生唯華得
宣城義熙太守皆以廉約稱琨終又託之宋文帝故琨自
居清顯著建中為吏部郎吏曹選局貴要多所屬請琨自
公卿下至士大夫例為用兩門生江夏王義恭嘗屬琨用
二人後後屬琨答不許出為平越中郎將廣州刺史加都

督南土沃實在任者常致巨富世云廣州刺史但經城門
一過便得三千萬琨無所取表獻祿傳之半鎮舊有鼓
吹又啓輸還又罷住孝武知其清問遺還多少琨曰臣買
宅百三十萬餘物稱之帝悅其對後為歷陽內史上以琨
忠實從為寵子新安王此中郎長史再歷度支尚書加光
禄大夫初琨從兄長華長孫長華爵新建縣侯嗜酒多行失
理表以長中領軍坐在郡用左遷光禄大夫尋加太常及金紫
加散騎常侍廷尉頂議社稷各一神琨案舊糾駮不為

王及作絳襖奉獻軍用錢三十六萬營餉二宮諸
屈時緜身寵朝廷歡琨強正明帝臨崩出為會稽太守加
都督坐誤尭囚降琨為冠軍順帝即位進右光禄大夫順帝
遂位百僚陪列琨擧書綸獺尾懰泣曰人以壽為歡老臣
以壽為戚既不能先驅螻蟻頻見此事鳴噎不自勝為歡
人人雨淚齊高帝即位領武陵王師使謂曰語郎三臺五省皆是郎
相屬琨用東海郡迎吏琨省官何容復奪之遂不過其事
用人外方小郡當乙寒賊迎吏琨使謂官何容復奪之遂不過其事
尋解王師及高帝崩琨聞國諱牛不在宅去臺數里遂步
行入宮王師皆謂曰故宜待車有損國望琨曰今日奔赴
皆自應爾遂得病卒贈左光禄大夫年八十四琨謙恭謹

懊老而不渝朝會必早起簡闊衣裳料數冠幘如此數四
或為輕薄所笑大明中尚書僕射顏師伯豪貴下省設女
樂琨時為度支尚書同聽傳酒行炙皆先內妓琨以
男女無親授傳行每至令置牀上回面避之然後為設樂遂
如此坐上莫不撫手唭笑琨容色自若師伯後為設樂邀
琨不往中領軍劉勔晚節有栖退志表求東陽郡尚書
令表琨以下莫不賛美之琨曰永初景平唯謝晦遇臨
為中領軍元嘉初有到彥之為人輕才譽勔不及也近聞加
侍中已為快快便求東陽臣恐子房赤松未易輕擬其鯁
直如此而像於財用設酒不過兩盌輒云此酒難遇臨終

薑菜之屬並掛屏風酒漿老置牀下內外有求琨手自賦
之景和中討義陽王昶六軍戒嚴應須紫標左右欲營辦
琨曰元嘉初征謝晦有紫標在匣中不須更作檢取果得
焉而避諱過其父名懌母名恭並不得犯焉時咸謂矯
枉過正
王惠字令明誕從祖弟也祖功軍騎將軍父默左光禄大
夫惠幼而夷簡為叔父司徒謐所知恬靜不交遊未甞有
雜軍陳郡謝瞻晴子辯有風氣甞與兄曇從造惠談論鋒
起文史間發惠時相訓應言清理遠瞻等慙而退宋武帝
聞其名以問其從兄誕誕曰惠後來秀令都宗之美也即

以為行參軍累遷世子中軍長史時會稽內史劉懷敬之
郡送者傾都顗亦造別還過從弟球球問何所見惠言
唯覺逢人耳素不與謝靈運相識嘗得交言靈運辭辯
義鋒起惠時然後言時荀伯子在坐退而告人曰靈運固
者皆馳散直上王郎有如萬頃陂焉嘗臨曲水風雨暴至坐
自關散散惠徐起不異常日不以飛溼濡而改宋國初建當
置郎中令武帝難其人謂吏部尚書不肯拜其奇乃以惠居
曜卿旣而曰吾得其人未嘗接客人有與書求官得輒聚閣上及去
之宋少帝即位以蔡廓為吏部尚書不肯拜其奇乃以惠居
惠被召即拜未嘗接客人有與書求官得輒聚閣上及去

職即封如初時以廓不拜惠即拜事異而意同也見臨顧
好聚斂惠意不同謂曰何用田為臨恕曰無田何由得食
惠又曰何用食為其標寄如此卒贈太常無子
惠文子惠字靜之子惠從父弟也與惠齊名宋武帝
球字靜之司徒謐之子惠從父弟也與惠齊名宋武帝
受命為太子中舍人宜都王友轉諮議參軍文帝即位王
弘兄弟貴動朝廷球終日端拱未嘗相往來弘亦雅敬之
歷位侍中中書令吏部尚書時中書舍人徐爰有寵於上
上嘗命球又殷景仁與之相知球辭曰士庶區別國之章
也臣不敢奉詔上改容謝焉球簡貴勢不交游筵席虛靜
門無異客每省賓客云疇昔王亦王尼無當耳旣而尚書僕

射殷景仁領軍將軍劉湛並執重權傾動內外球雖通家
姻戚未嘗往來居選職接賓甚稀求官書疏而銓衡
有序遷光祿大夫領廬陵王師時大將軍彭城王義康專
以政事為本刀筆幹練者多被意遇謂劉湛曰王敬弘王
球之屬竟何所堪施為員復那可解球兄子覆為取
劉湛委誠義康與劉斌等每訓勵覆徒跣告球球命為阿父
中郎轉太子中庶子流涕訴義康不願違離故復為從事
中郎文帝常衘之及誅湛之夕覆徒跣告球球命為阿父
先溫酒與之謂曰渠亦以球故得免死廢於家
在汝何憂其左右郎還齊亦以球故得免廢於家
至少錄尚書江夏王義恭謂尚書何尚之曰球常令子舉
仁卒球除尚書僕射王師如故素有脚疾多病還家朝直
下宜加致力而王球放恣如此宜以法糾之尚之曰球有
素尚加又多疾公應以淡退求之未可以文案責也義恭
又面啟文帝曰王球誠有素譽頗以物外自許端任要切
或非所長帝曰誠知如此要是時望所歸昔周伯仁終日
飲酒而居此任蓋所以崇素德也遂見優容後以白衣領
職十八年卒時年四十九贈特進金紫光祿大夫無子從
孫奐為後
王彧字景文球從子也祖穆字伯遠司徒謐之長兄位臨

海守父僧朗仕宋位尚書右僕射明帝初以后父加特
進贈開府儀同三司諡元公或名與明帝諱同故以字行
伯父智少簡貴有高名宋武帝甚重之常言見王智便人
思仲祖武帝與劉穆之討劉毅而智在焉他日穆之白武
帝曰伐國重事公言何乃使王智知此為宋國五兵尚書封建
陵縣五等子追贈太常智無子故父僧朗以景文繼智勿為從
叔球所知景文追贈太常智無子故父僧朗以景文繼智勿為從
豈闇此輩論議其見知如此故為宋國五兵尚書封建陵縣
但風流可悅乃哺歠亦復可觀有一客少時又見謝混苔
目景文方謝叔源則為野父矣黎惆悵良久曰恨眼中不

見此人景文好言理少與陳郡謝莊齊名文帝嘗與群臣
臨天泉池帝垂綸良久不復得景文越席曰臣以為垂綸者
清故不獲貪餌衆皆稱善文甚相欽重故為明帝娶景
文妹而以景文之名名明帝第五女新安公主先適景
文故不獲致身事平頗見嫌責猶
遣閤使歸款以父在都下不獲致身事平頗見嫌責猶
太原王景深雖絕當以適景文文固辭以疾故不成婚
髴爵建陵子元凶以父在都下不獲致身事平頗見嫌責猶
五妹而以景文之名名明帝第五女新安公主先適景
蕣欲高其選以景文又會稽孔覬俱南北之望以補之尋
舊恩累遷司徒左長史以姊喪開棺臨赴免官後拜侍中領射
復為司徒左長史以姊喪開棺臨赴免官後拜侍中領

聲校尉領左衛將軍加給事中太子中庶子坐與奉朝請毛
法因蒲戲得錢百二十萬白衣領職景和元年為尚書右
僕射明帝即位加領左衛將軍尋加冊陽尹固辭僕射領
尚書左僕射封江安縣侯固讓不許後徵為尚書左僕射領
吏部乃受詔封江安縣侯固讓不許後徵為尚書左僕射領
又謂景文是在江州不能潔已景文與上幸臣王道隆深
自申理景文屢辭內授上手詔譬之曰尚書左僕射卿已
經此任東宮譽事用人雜非職次政可比中書令才望何
作揚州徐干木王休元教鐵坐處之不辭卿清令才望何
愧休元毗贊中興賞謝干木綢繆相與何後教鐵邪司徒
以宰相不應帶神州遠導先詣京口鄉基義重密邇幾內
又不得不同驃騎陝西任要由來用宗室驃騎既去巴陵
理應若之中流雄曰閤地控帶二江通接荊郢經塗之要
由來有重鎮如此則揚州自成關地控帶二江通接荊郢
誰應處之此選大備與公卿懷非聊爾也固辭便不知
選從為中書令常侍僕射揚州如故又進中書監領太子
大傳常侍揚州如故景文固辭大傳上遣新除尚書右僕
射褚彥回宣旨不得已乃受拜時太子及諸皇子並小上
猶為身後計諸將帥是壽寂之之徒慮其不能奉幼主

延殺之而景文外戚貴盛張永累經軍旅又疑其將來難
信乃自為謠言曰一士不可親弓長射殺人一士王字指
景文弓長張字指張永景文彌懼乃自陳求解揚州詔荅
曰人居貴要但問心若為耳大明之世巢徐二戴位不過
執戟權元人主頻師伯白衣僕射横行尚書中表黎作揚
州太子太傅位雖不過
射領選而人性任不知有黎黎遷為令居之不疑令既省
錄令便居昔之錄至置省事及幹僮並依錄格黎作令來
要任當有致憂兢亦復不改常以此居貴位雖貴而
亦不異為僕射人情向黎淡然亦復不改常以此居貴位
闕朝政可安不懼差於黎也卿虚心受榮有而不為累貴

南史列傳十三　十七 ▼

高有荖殆之懼卑賤有溝壑之憂張單雙災未鴈兩失有
心於避禍不如無心於任運夫千仞之木既推於斧斤一
寸之草亦悴於踐蹢高崖之脩幹與深谷之淺條存亡之
要巨細一揆耳晉將甲萬七戰死於牖下蜀相費禕從容
坐談斃於刺客故甘心於履危者未必逢禍縱意於處安不
必全福但貴者自惜每憂其身賤者自輕意易忘其已
然爲教者每誡貴不誡賤言其貴滿好自恃至如賤者否
達人以存懷泰則觸人改容否則行路嗟愕至如賤者否
泰人以動人存亡不足以縈死於溝瀆困於塗路者
天地之間亦復何限人不係意耳以此而推貴何必難處

賤何必易安但人生自應軍慎為道行已用心務思謹惜
若乃吉凶大期正應委之理運遘遇參差莫不由命也既
非聖人不能見吉凶之先見正是其命凶以近事言可行而為
之耳得吉者是其命吉遇而不吉者是其命凶以近事論之
景和之世晉平庶人從壽陽歸亂朝人皆為之戰慄而乃
遇中興之運亥顗圖避禍於襄陽當時爵秩為之陵霄乃
駕鳳遂與義嘉同減宰見狂主語人言越王長頸鳥喙
可與共患難不可共安樂范蠡去而全身文種留而遇禍今主
口頤頷有越王之狀我在尚書中父不去必危遂求江南
縣諸都令史住京師者皆遭中興之慶人人蒙爵級宰逢

南史列傳十三　十八 ▼

義嘉染罪金木纒身性命幾絕卿耳目所聞見安危在運
何可豫圖邪上既有疾而諸弟並已見殺唯桂陽王休範
人才本劣不見疑出為江州刺史應一旦晏駕皇后臨朝
則景文自然成宰相門族強盛藉元勇之重歲暮不為純
臣泰豫元年春上疾篤遣使送藥賜景文死使謂曰朕不
謂卿有罪然吾不能獨死密分敕至之夜景文政與客棊
欲全卿門戶故有此處分敕至之夜景文政與客棊和圍
看復還封置局下神色恰然不變方與客思行爭劫竟
斂子內奩畢徐謂客曰奉敕見賜以死方以敕示客酒至
未飲門客焦度在側憤怒發酒覆地曰大丈夫安能坐受

死州中文武可數百人足以一奮景文曰知卿至心若見
念者為我百口計乃墨啓荅救并謝贈詔謂客曰此酒
不可相勸自作而飲之時年六十追贈開府儀同三司諡
曰懿長子絢

絢字長素卓惠年五六歲讀論語至周監於二代外祖何
尚之戲之曰可改耶耶平文哉絢應聲荅曰尊者之名安
可戲寧可道草翁之風必舅及長篤志好學位祕書丞先
景文卒諡曰恭世子絢弟續

續字叔素弱冠祕書郎太子舍人轉中書舍人景文以此
授超階令續經年乃受景文封曲安侯續龍駿其本資為始

平縣五等男元徽末為黃門郎東陽太守齊武帝為撫軍
吏部尚書張公選續為長史至選牒高帝笑曰此可謂素
塗再遷義興太守輒錄郡吏陳伯喜付陽羨獄欲殺之縣
令孔逭不知何罪不受續敎為有司奏坐白衣領職後長
兼侍中武帝出射雉續信佛法稱疾不從永元元年卒於
太常諡靖子續女適武帝寵子龍子安陸王子敬永明二年納
妃脩外舅姑之敬武帝遣文惠太子相隨往績家置酒設
樂公卿皆冠冕而去當世榮之績弟約齊明帝世數年廢
鋼梁武帝時為太子中庶子嘗謂約曰卿方當留貧卿必不
容又滯岳及帝作輔謂曰我昔相卿當置當異不言卿今日

富貴便當見由歷侍中左戶尚書廷尉續長子傷不慧位
止建安太守偽子克克美容貌善止仕梁歷司徒右長
史尚書僕射臺城陷仕侯景位太宰侍二錄尚書事景敗
克迎侯王僧辯問克曰勞事衆秋之君克不能對次問景
史僧辯去平原名思賢景廣心
也景授平原太守故克呼為僧辯乃謂克曰王氏百世卿
族便是一朝而墜仕陳位尚書右僕射
蘊字彥深或兄子也父措太中大夫措人才凡劣故蘊不
為羣從所禮常懷恥慨家貧為廣德令明帝即位四方叛
逆欲以將領自奮每撫刀曰龍泉太阿汝知我者叔父景

文常誡之曰阿荅汝戚我門戶蘊曰荅與童烏貴異童
烏絢小字苔蘊小字也又事寧封吉陽男歷晉陵義興太
守所殺蘊並貧縱後為給事黃門侍郎桂陽之逼王道隆
亂兵所殺蘊更為股肱大郡王蘊被甲死戰棄而不收賞
褚澄為吳郡太守司徒左長史蕭惠開言於朝曰褚澄
開城以納賊乃議用蘊為湘州刺史又
罰如此何憂不亂褚彥回斬於秣陵市
高帝輔政蘊與沈攸之連謀事敗斬於秣陵市
奐字道明或兒子也父粹字景深位黃門侍郎奐繼從祖
球故小字彥孫年數歲常侍球許甚見愛奐諸兄出身諸

王國常侍而奂起家著作佐郎琅邪顏延之與毬情款稍
異常撫奂背曰阿奴始免寒士奂少而強濟叔父景文常
以家事委之仕宋歷侍中祠部尚書轉掌吏部昇明初遷
丹陽尹初王晏父曜為沈攸之長史常懼攸之舉事不
得遷奂為吏部轉首曜為內職晏深德之及晏仕齊武帝
以奂宋室外戚而從弟蘊又同逆疑有異意晏仕齊武帝
尚書右僕射晏父母在都請以奂為質武帝乃止求明中累遷
已重意不推奂咨曰梆世隆有勳望恐不宜在奂後乃轉
尚書右僕射加給事中出為雍州刺史加都督與蠻長史劉

左僕射加給事中出為雍州刺史加都督與蠻長史劉
興祖不睦十一年奂遣軍主朱公恩恩征蠻失利與祖欲以
故開奂大怒收付獄與祖於獄以針畫漆合盤為書報家
稱枉令啓聞而奂亦馳信啓上誣與祖弱動荒蠻上知其
枉敕送與祖還都奂恐辭情翻背殺之上大怒遣中書
舍人呂文顯直閤將軍曹道剛領兵收奂又別詔梁州刺
史曹武自江陵步出襄陽奂子彪凶愚頗千時政十人咸
切齒時文顯以漆匣盛璽在船中因相詭云臺使封刀
斬王彪及道剛曹武文顯俱至旅力既盛又懼漆匣之言
於是議閉門拒命長史殷叡奂女婿也諫曰今開城門白
服接臺使不過檻車徵還隊首免爵耳彪堅執不同廠又

曰宜遣典籤陳道乘出城便為文顯所執歘又曰忠不背國勇
不逃百世門戶宜思後計歘與彪弈乃止彪及眾俱泰
歘請先驅蠻蟻又不從奂門生鄭羽叩頭啓奂乞出城迎
臺使奂曰我不作賊欲遣啓自申奂政恐曹呂輩小人相
陵藉故且閉門自守耳彪遂出戰敗走歸奂及第
西門彪登門拒戰却之司馬黃瑤起蠻人斬之彪及第
城內起兵攻奂奂聞兵入禮佛未起軍人害之奂及第
爽弼殷叡皆伏誅奂長子太子中庶子融融弟叔業於

中郎琛於都巿餘孫皆原宥琛弟蕭秉遂奔魏黃
琛起戀食之第伷女為長沙王晃妃以男女並長又且出
繼特不離絕奂既誅故舊無敢至者汝南許明達先為奂
笨軍躬為殯斂經理其喪厚當時高其節奂後
份字季文仕宋位始安內史表粲之誅親故無敢視者份
獨牲致慟由是顯名累遷大司農奂人至邊份實因侍坐武
自拘請罪齊武帝宥之蕭諶人誅後志墳柏寧遠憶
帝謂曰比有北信不份改容對曰蕭謀既近忝侍坐武
有臣帝亦以此亮焉為後位祕書監仕梁位散騎常侍領步
兵校尉兼起部尚書武帝嘗於宴席問群臣曰朕為有為
無份曰陛下憑萬物為有體至理為無帝稱善後累遷尚

書左僕射歷侍中特進左光祿大夫監丹楊尹卒諡曰胡
子長子琳字孝璋位司徒左長史琳郡代取梁武帝妹義
興長公主有子九人並知名長子銓字公衡美風儀善占
吐尚武帝女永嘉公主拜駙馬都尉銓雖學業不及弟錫
而孝行齊焉時人以為銓錫二王可謂王昆金友母長公
主疾形貌瘁羸與人不復識及君喪哭泣無常因得氣疾
位侍中丹楊尹卒於衛尉卿子溥字伯淮尚簡文帝女餘

姚公主

銓弟錫字公飭幼而警悟與兄弟受業至應休散輒獨留
不起精力不倦致損右目十二為國子生十四舉清茂除

秘書郎再遷太子洗馬時昭明太子幼武帝敕錫與秘
書郎張續使入宮不限日數與太子游狎情兼師友又敕
陸倕張率謝舉王規王筠劉孝綽到洽殷芸彭城舊族氣調甚
善明其才氣酒酣謂異曰南國辯學如中書者幾人異曰
盡一時之選錫以戚屬封永安侯普通初魏始連和使劉
善明來聘敕中書舍人朱异接之善明彭城舊族氣調甚
高貞其才氣酒酣謂異曰南國辯學如中書者幾人異曰
異所以得接賓宴乃分職是司若以才辯相尚則不容見
使善明乃曰王錫張續比間所聞云何可見異具啟聞敕
即使南苑設宴錫與張續及四人而已善明造席遍論
經史兼以嘲謔錫續隨方酬對無所稽疑善明甚相歎挹

他日謂異曰一日見二賢實副所期不有君子安能為國
引宴之日敕使左右徐僧權於座後言剛書之累遷吏部
郎中時年二十四謂親友曰吾以外戚謬被時知兼比贏
病庶務難擁安能捨其所好徇所不能乃拂衣不拜便
謝遣賓徒絕賓客杜門窒室字蕭然諸子溫清晨隔簾
趨侍公主乃命穿壁便子涉邐觀之卒年三十六贈侍中
諡貞子錫弟僉

僉字公會入歲丁父憂哀毀過禮初補國子生祭酒袁昂
稱為通理累遷始興內史丁所生母憂面辭不拜又除南
康內史在郡義恕認起復郡後為太子中庶子掌東

僉弟通

宮管記卒贈侍中元帝下詔賢而不代曰恭追諡曰恭子

通字公達仕梁為黃門侍郎敬帝承制以為尚書右
陳武帝受禪遷右僕射太建元年為左光祿大夫六年加
特進侍中光祿佐吏扶並如故未拜卒諡曰成弟勔
勔字公龕美風儀博涉書史恬然清簡未嘗以利欲干懷
仕梁為輕車河東王功曹史王出鎮京口勔將隨之蕃范
陽張續時典選舉勔造續言別續嘉其風采乃曰王生才
地豈可游外府乎奏為太子洗馬後為南徐州別駕從事
史大同末梁武帝謁園陵道出朱方勔隨例迎候敕令從

肇側所經山川莫不顧問勸隨事應對咸有故實又從登
比顧樓賦詩辭義清典帝甚嘉之時河東王為廣州刺史
乃以勸為冠軍河東王長史南海太守王至嶺南多所侵
掠因懼罪稱疾委州還朝勸獨以清白著聞入為給事黃門侍郎侯景
之亂奔江陵歷位晉陵太守時兵饑之後郡中彫弊勸為
政清簡吏人便安徵為侍中遷五兵尚書會魏軍至元
帝徵湘州刺史宜豐侯蕭循入援以勸為廣州刺史未行
陵敬帝承制以為中書令加侍中歷陳武帝司空丞相長
史侍中中書令並如故及蕭勃平以勸為廣州刺史未行
改為衡州刺史王琳據有上流衡廣攜貳勸不得之鎮留
于大庾嶺太建元年累遷尚書右僕射時東境大水以勸
為晉陵太守在郡甚有威惠郡人表請立碑頌勸政德詔
許之徵為中書監重授尚書左僕射領右軍將軍卒諡曰
溫子勸弟質

質字子貞少慷慨涉獵書史梁世以武帝甥封甲口亭侯
位太子中舍人庶子俠景淮江質領步騎頓于宣陽門外
景軍至都質不戰而潰為桑門潛匿人間城陷後西奔荊
州元帝承制歷位侍中吳州刺史領鄱陽內史魏平荊州
侯瑱鎮盆城與質不協質率所部依于留異陳永定二年

武帝命質率所部隨都督周文育討王琳質與琳素善或
譖云於軍中潛信交通武帝命文育殺質文育啟救之獲
免文帝嗣位以為五兵尚書宣帝輔政質
招聚僬徒免官後為都官尚書卒諡曰安子弟固
固字子堅少清正頗涉文史梁時以武帝甥封莫口亭侯
位丹陽尹丞梁元帝承制以為相國戶曹屬掌管記尋聘
魏魏人以其梁氏外戚待之甚厚承聖元年為太子中庶
子遷尋陽太守魏克荊州固之鄱陽隨兄質慶東嶺居信
安縣陳永定中移居吳郡文帝以固清靜且欲申以婚姻
天嘉中歷位中書令散騎常侍國子祭酒以其女為皇太
子妃禮遇甚重廢帝即位授侍中金紫光祿大夫宣帝輔
政固以廢帝外戚妘恒怏怏往來禁中頗宣密旨事洩比黨
皆誅宣帝以固本無兵權且居處清素士免所居官禁錮
太建中卒於太常卿諡某子固清虛寡欲居喪以孝聞又
信佛法及丁所生母憂遂終身蔬食夜則坐禪畫誦佛經
嘗聘魏因宴饗祭請停殺羊羊於固前跪拜又宴昆明
池魏人以南人嗜魚大設罟網固以佛法呪之逐一鱗不
獲子寬位侍中
論曰王誕風有名輩而間關夷險卒獲攀光日月遭遇蓋
其時焉奉光奉叔並得官成祿代而兒自著寒松固為優

矢瑩即章六毀豈鬼神之害盈亐景文弱年立號勞聲籍甚榮貴之來匪由勢至若便泰始之朝身非外戚與衰亘群公方驟並路傾覆之災庶幾可免庾元規之護中書令義歸此矣夾夾有愚子自致誅夷份僑嗣克昌特鍾門慶美矢

列傳第十三　　　南史二十三

王裕之　孫秀之　延之子綸之
王鎮之　弟弘之　弟思遠
王悅之
　　　　延之　曾孫峻　峻子晫
　　　　弘之孫晏　　　王韶之
王准之　從弟逸之　　　王韶之
　　　　族子素　　　　　珪之

王裕之字敬弘晉驃騎將軍廙之曾孫司州刺史胡之之
孫也名與宋武帝諱同故以字行父茂之字興元晉陵太
守敬弘少有清尚起家本國左常侍衞軍參軍性恬靜樂
山水求為天門太守及之郡妻弟荊州刺史桓玄遺信要
令過已敬弘至巴陵謂人曰靈寶正當欲見其姊我不能
為桓氏贅婿乃遣別船迎妻往江陵彌年不迎山郡無事
恣其游適意甚好之後為南平太守去官君作唐縣界玄
輔政及篡位委事征西將軍道規諮議參軍時府主簿宋
中從事征西將軍道規諮議參軍時府主簿宋協為外
高趣道楜並以事外相期甚酣飲敬弘因醉失禮不可
敬弘每被召即便祗奉既到宣退旋復解官武帝嘉其志
不苟逐也除廬陵王師加散騎常侍自陳無德不可師範
令王固讓不拜元嘉三年為尚書僕射敬弘不對上變色間左右何故不
讀訖奏讞聽訟上問疑獄敬弘不對上變色間左右何故不

以訊牒副僕射敬弘曰臣乃得訊牒讀之正自不解上甚
不悅雖加禮敬亦不以時務及之六年遷尚書令固讓表
求還東上不能奪改授侍中特進左光祿大夫給親信三
十人及東歸車駕幸冶亭餞送十二年徵為太子少傅敬
弘詣都上表固辭不拜東歸上時不豫自力見為十六年
以為左光祿大夫開府儀同三司侍中如故敬弘形狀短而
不拜雉加禮命復辭明年彊起為吳郡太守山林澗環周
山年八十八順帝昇明三年追諡文貞公舍亭山林澗環周
起坐端方桓玄謂之彈棊發八勢所居舍亭山林澗環周
備登臨之美故時人謂之王東山文帝嘗問為政得失對

曰天下有道庶人不議上高其言左右嘗使二老婦女戴
五條辮著青教褕襡飾以朱粉女適尚書僕射何尚之弟
述之敬弘嘗往他家何氏看女遇尚之不在因寄齋中卧俄頃
尚之敬弘嘗往何氏看女遇尚之不在因寄齋中卧俄頃
之還敬弘還使二婦女守閤不聽尚之入云正熟不堪
女辭曰臣女幼既許嫁孔淳之息子恢之被召為廬陵王師敬弘
相見君可且去尚之於是後於他室上將為廬陵王納其
女求為奉朝請與恢之書曰彼祕書有限故有競朝請無
限故孫歲中不過一再相見見輒冠跣見許敬弘學問無
見兒孫歲中不過一再相見見輒冠跣許敬弘學問無
各隨所欲人或問之荅曰冊朱不應之敎寧越不聞被捶
讀書讓聽訟上問疑獄敬弘不對上變色間左右何故不

南史列傳十四

恢之位新安太守嘗請假定省敬弘尅日見之至日輒不
果假日將盡恢之求辭敬弘呼前至閤復不見恢之於閤
外拜辭流涕而去恢之弟損之弟績之位吏部尚書金紫光祿大
夫謚貞子績之子秀之
秀之字伯瑱幼時祖父敬弘愛其風采仕宋為太子舍人
父卒廬於墓側服闋
之不肯以此頻為兩所外兵參軍後為晉平太守甚年求還
或問其故荅曰此郡沃壤珍阜曰至人所昧者財生則禍
遂智者不昧財亦不逐禍吾山資已足豈可久留以妨賢
路乃上表請代時人以為王晉平恐富求歸仕齊為豫章

王誕驃騎長史誕於荊州立學以秀之頻儒林祭酒武帝
即位累遷侍中祭酒轉都官尚書秀之祖父敬弘性貞正
徐美之傳深勗以靜退瑱之為五兵尚書未嘗詰一朝貴江湛
之書深勗以靜退瑱之為五兵尚書未嘗詰一朝貴江湛
謂何偃曰王瑱之今便是朝隱及柳元景顏師伯貴要瑱
之竟不候之至秀之為尚書又不與王儉款接三世不事
權貴時人稱之轉侍中領射聲校尉出為隨王鎮西長史
南郡內史後為輔國將軍吳興太守秀之先為諸王長史
行事有歎曰仲祖之識見於已多便無復仕進止營理舍
亭山宅有終焉之志及除吳興郡隱業所在心願為之到

南史列傳十四

郡脩舊山移置輜重隆昌元年卒遺令朱服不得入棺祭
則酒脯而已世人以僕妾直靈助哭當申要主不能淳至
欲以多聲相亂魂而有靈吾當笑之謚曰簡
延之字希季昇之子也少靜默不交人事仕宋為司徒左
長史清貧居宇穿漏褚裓彥回以啟宋明帝即敕材官為起
政朝野之情人懷彼此延之與尚書令王僧虔中立無所
去就時人語曰二王居平不送不迎高帝以善之昇明
三年出為江州刺史加都督齊建元元年進號鎮南將軍
延之與金紫光祿大夫阮韜俱宋領軍將軍劉湛外甥並

有早譽湛甚愛之曰韜後當為第一延之為次也延之其
不平每致飡丁都韜與朝士同例高武聞之與延之書曰
云卿未嘗有別意當由劉家月旦故邪韜字長明陳留人
晉金紫光祿大夫裕玄孫也為南兗州別駕剌史江夏王
義恭逆求資費錢韜曰此朝廷物執不與宋孝武選侍中
四人並以風貌王彧謝莊為一雙韜與何偃為一雙常充
暴假至始與王師卒延之居身簡素清靜寡慾兄弟
務存不擾在江州祿俸外一無所納獨處齋內未嘗出戶
吏人罕得見焉雖子弟亦不妄前時見親舊未嘗及世
事從容談詠而已後為吳興尚書左僕射嘉領竟陵王師卒謚簡

子綝之字元章為安成王記室參軍偃仰召會退居僚末
司徒表薦閣而歎曰格外之官便今日為重耳游居此位
者遂以不掌文記為高自綝之始也齊永明中歷位侍中
出為豫章太守下車奈徐孺子許子將基圖書陳蕃榻良
謝眼像於郡朝堂為政寬簡柵良二千石武帝幸琅邪城
綝之與光祿大夫全景文等二十一人坐不參承為有司
奏免官後位侍中都官尚書辛自敬弘至綝之並方嚴皆
敕曰乃見子孫蓋家風也綝之子昕有業行居父愛過禮
謝論欲道參之孔珪曰何假參此豈有全理以憂卒
岐字茂遠秀之子也少美風姿美容止仕齊為桂陽內史

【南史列傳十四】
五
卅

梁天監初為中書侍郎武帝甚悅其風米與陳郡謝覽同
見實權累遷侍中吏部尚書處選其得名譽峻性詳雅無
趨競心嘗與謝約言覽自長進仕覽自負更自吏部尚
書出為具興郡平心不畏強禦亦由處俗情薄故也峻為
待中已後雖不退身亦淡然自守無所營務遷金紫光祿
大夫未拜卒謐惠子琮為國子生尚始興王女蔡昌王
琮不慧為舉生所咇遂離婚峻謝王曰此自上意僕枉
不願如此峻曰下官甚相是謝仁祖外孫亦不籍殷下姻
婿為門户耳
王鎮之字伯重晉司州刺史胡之之從孫而裕之從祖弟

也祖之位中書郎父隨之上虞令鎮之為剡上虞令並
有能名桓玄輔晉以為大將軍錄事參軍時三吳飢荒遣
鎮之衝命賑邺而會稽內史王愉不奉符旨鎮之依事糾
奏愉子綏玄之外甥當時貴盛鎮之為所排抑以自反乃棄
補安成太守以母憂去職清績必將繼美吳隱嶺南弊
官致喪還上虞舊墓葬畢為子標之求御史中丞執正不
服闕關為征西道規司馬南平太守後為廣州刺史加都
督百僚憚之出為建威將軍平越中郎將
俗非此不康也在鎮不受傳禄蕭然無營去官之日不異

【南史列傳十四】
六
招

初至武帝初建國府為諮議參軍領錄事善於吏職嚴
而不殘遷宋臺祠部尚書武帝踐阼坐於宣訓衛尉弟弘
弘之字方平少孤貧為外祖征士何準所撫育從叔獻
及太原王恭並貴重之仕晉為衛軍奏軍時殷仲文還
姑熟祖送傾朝謙要弘之同行若曰凡祖離選別必在有
情下官與殷之解職同行義熙中何無忌及宋武帝辟召
求為烏傷令桓玄輔晉桓謙以為衛軍奏軍時殷仲文還
之安成郡弘之解職
一無所就家在會稽上虞從兄敬弘為吏部尚書奏弘之
為太子庶子不就文帝即位敬弘為尚書左僕射陳弘之

高行徵為通直散騎常侍又不就敬弘嘗解貂裘與之即
著以採藥性好釣上虞江有一處名三石頭弘之常垂綸
於此經過者不識之或問漁師得魚賣故不
得得亦不賣日夕載之上虞郭經親故門各以一兩頭
置門內而去始寧沃川有佳山水弘之又依嚴築室謝靈
運顏延之並相欽重靈運與盧陵王義真善踐曰會境既豐
山水是以江左嘉遯並多居之至若王弘之拂衣歸耕踰
可謂孔淳之隱約窮岫自始迄今阮萬齡辭事就閒緊

【南史列傳十四】　（七）▼

戎先業既遠同義唐亦激貪厲競者道一個有以相存真
歷三紀矣戴盛美也弘之元嘉四年卒顏延之欲為作誄書
與其子曇生曰君家高世之善有識歸重豫淡蒙翰所應
戴述況僕託慕末風籍以叙德為事但恨短筆不足書美
謀竟不就曇生好文義以謙和見稱歷更吏部尚書太常卿
孝武末為吳興太守明帝初與四方同逆戰敗歸降被
宥終於中散大夫阮萬齡少知名為孟昶建威長史時表豹
江夷相係為昶司馬時人謂昶府有三素望萬齡家在會
夫父寧黃門侍郎萬齡陳留尉氏人祖思曠左光祿大
稽剡縣頗有素情位左戶尚書太常出為湘州刺史無政
績後為散騎常侍金紫光祿大夫卒曇生弟普曜位秘書
監普曜子晏

晏字休黙一字士彥仕宋初為建安國左常侍稍至車騎
晉熙王燮安西板晏為主簿時齊武帝為長史與晏相遇府
轉鎮西板晏為記室沈收之事難隨武帝鎮盆城齊高帝
時威權雖重而衆情猶有疑惑晏便專心奉事軍旅書翰
皆見委性甚便僻漸見親待常參議機密建元初為太子
中庶子武帝在東宮專斷朝事多不關啓晏便選領選權行
自踈武帝即位為長史兼侍中意任如舊選晏既領選權
母喪起為司徒左長史晏父普曜藉晏勢多歷通官普曜
卒晏居喪有禮求明六年為丹陽尹晏位任親重自豫章
王嶷尚書令王儉皆降意接之而晏每以疎漏被責連稱疾

父之轉為江州刺史泣不願出留為吏部尚書太子右率
終以舊恩見寵時尚書令王儉雖貴而疎晏既領選權行

【南史列傳十四】　（八）▼

臺閣典事儉俛頗不平儉卒禮官欲依王導諡為文獻晏啓上
曰導乃得此諡但宋來不加素族謂親人曰平頭憲事已
行矣十一年為右僕射領太孫右衞率武帝崩遺旨以尚
書事付晏及徐孝嗣鬱林即位轉左僕射及明帝謀廢立
晏便響應接奉轉尚書令封曲江縣侯給鼓吹一部甲仗
五十人入殿時明帝形勢已布而莫敢先言蕭諶兄弟之明
帝與晏東府語及時事晏抵掌曰公常言晏怯今定如何
兵權連疑未決時晏頻三夜微步詣諶議時人以此窺之

建武元年進號驃騎大將軍給班劍二十人又加兵百人
領太子少傅進爵為公以魏軍勳給兵千人晏驚於親舊
為時所稱至是自謂佐命惟新言論常非武帝故事魏始
怪之明帝雖以事際須晏啓選晏答而心相疑斥簡武帝詔得
與要手詔三百餘紙皆是論國家事求明中武帝詔始
帝代要領選晏答曰緝清幹有餘然不諳百氏恐不可君
勸誅諯晏帝曰晏於我有勳且未有罪遷光始安王遙光
範等伏塗巷采聽異由是以晏為事晏性浮動志欲無

悉自謂旦夕開府又望錄尚書每謂人曰徐公應為令又
和徐詩云槐序候方調其名位在徐前若三槐則晏不言
自顯人或譏之晏望未重又與上素疎中興初雖以事
要職並用周旋門義每與上事用人數呼相工自視云當
討安住而內相疑阻晏遂有誅晏意又左右
文紈與客語好昇人上聞疑晏欲及遂有誅晏意又左右
親範書僮等言晏因此與武帝故主帥於道中竊發會獸
景傷壇帝愈懼未郊前一日乃停行先報晏又徐孝嗣
犯郊壇帝愈懼未郊前

孝嗣李旨而晏陳郊祀事大必宜自力景傷言位見信元
會重乃召晏於華林省誅之下詔顯其罪稱以河東王鉉
識用微弱欲令守以虛器竝收付廷尉晏為員外郎
也父昌曜察前柏樹忽變成梧論者以為梧桐子猶有栖
鳳之美而後凋之節及晏敗果如之又未敗前見屋紙亦
內搖動載載有聲又於比山廟者冀死乃還晏醉部伍人亦
子恭是大地就視之猶木也晏惡之乃以為梧桐子猶
欽酒羽儀錯亂前後十餘里中不復禁制識者云此初名
必也未幾而敗晏子德元有意高位軍騎長史德元初自
湛武帝曰劉湛江湛並不善終此非佳名也晏乃改之至

是及誅晏第訽位少府卿敕未啓黃門郎不得畜女伎誚
與射聲校尉陰玄智坐畜伎免官禁錮十年敕特原訽亦
心宋建平王景素碎南徐州主簿深見禮遇景素被誅左
篤舊後拜廣州刺史晏誅上遣殺之
思遠安從父弟也父羅雲平西長史思遠八歲父卒祖弘
之及安從父弟也父敬元立栖退高尚故思遠少無仕
右宋建平王景素辟南徐州主簿
雄上表理之事感朝廷總訪求素對傾家送遠齊建元初歷
相賀賜年長為備岸
竟陵王司徒錄事參軍太子中舍人文惠太子與竟陵王

子良素好士並蒙接賞思遠求出為遠郡除建安內史長
兄玄辛思遠友于甚至表乞自解不許及祥日又固陳
武帝乃許之仍除中書郎大司馬諮議詔舉士竟陵王子
良薦思遠及其郡顧憲之陳郡殷叡時邵陵王子貞為吳
郡除思遠為其郡顧憲之本官行郡事論者以為得人後拜
御史中丞臨海太守沈昭略職私思遠依事劾奏明帝及思
遠從兄晏昭略叔父文季並請止之思遠不從案事如故
建武中遷吏部郎思遠以晏為尚書令不欲並居內臺權
要之職上表固讓乃改授司徒左長史初明帝廢立之際
思遠謂晏曰兄荷武帝厚恩今一旦贊人如此事彼或可

以權計相須未知兄將何以自立及此引決猶可保全門
戶不失後名晏曰方噉粥未暇此事及拜驃騎曾于弟謂
思遠兄思微曰隆昌之末阿戎勸吾自裁若用其語豈有
今日思遠遽應曰如兄所見猶未晚也晏既不能謙退
位廁朝端事多專斷內外要職並用門生帝外迹甚美內
相疑異思遠謂晏曰時事稍異兄覺不凡人多託於自謀而
巧於謀人晏默然不答思遠退後晏方歎曰天下人遂勸
人自殺旬日晏及禍明帝後知晏有此言謂江祏曰王
晏早用思遠語當不至此思遠立身簡然諸客有誚已者
覘知衣服垢穢方便不前形儀新楚乃與促膝雖然及去

之後猶令二人交帝拂其坐處明帝從祖弟季敞性甚豪
縱便詣思遠見禮度都水使者季建之常曰見王思遠
終日匡坐不妄言笑籍帷衣領無不整累便憶丘明士見
明士逢頭散帶終日酣醉吐論從橫唐突卿宰便復憶見
思遠言兩反也上既誅晏思遠為侍中掌優策及起
居注卒年四十九贈太常謚曰貞子思遠與顧憲之善高
之卒後家貧思遠迎其妻子經恤甚至屬之字士明少孤
好學有義信位太子中舍人兼尚書左丞
王韶之字休泰胡之從孫而敬弘從祖第也祖羡之鎮軍
掾父偉之少有志尚當世詔命表奏輒平自書寫泰元隆

安時事大小悉撰錄位本國郎中令韶之家貧好學嘗三
日絕糧而執卷不輟家人誚之曰困窮如此何不耕苔曰
我常自耕耳父偉之為烏程令韶之因居縣境好史籍博
涉多聞初為衛將軍謝琰行參軍得父舊書因私撰晉安
帝陽秋及成時人謂宜居史職即除著作佐郎使續後事
訖義熙九年善敘事辭論可觀遷尚書祠部郎晉帝自孝
武以來常居內殿武官主書於中通呈尚書省官一人管詔
誥佳西省因謂之西省郎西省郎亦號為帝之侍書年十一
年宋武帝以韶之博學有文辭補通直郎領西省事轉中
書侍郎晉安帝之崩武帝使韶之與帝左右密加酖毒恭

帝即位遷黃門侍郎領著作西省如故凡諸詔黃皆其辭
也武帝受命加驃騎將軍黃門如故西省職解後掌宋書
坐軍制課誤免黃門事在謝晦傳詔之為晉史序王珣貨
殖王歆作亂珣子弘歆子華並貴顯部之懼為所陷深附
結徐羨之傳亮等少帝即位遷侍中出為吳郡太守羨之
識者皆不復往來詔之在郡常慮為弘所繩風夜勤勵政
續甚美弘亦抑其私憾文義兩美之詔之稱為良守徵為
被誅王弘入相領揚州刺史弘雖應為弘所繩後為吳興太
祠部尚書加給事中坐去郡長取送故免官後為吳興太
守卒撰莘傳三卷文集行於世宋廟歌辭詔之所制也子

曄位臨賀太守

王悅之字少明晉右軍將軍羲之曾孫也祖獻之中書令
父靖之司徒左長史為劉穆之所厚就穆之求侍中如此
非一穆之曰卿若不求父自得之遂不果悅之少鷹清操
亮直有風撿為吏部郎鄰省有會同者遺悅之餅一甌辭
不受曰此費誠小然少來不願富之宋明帝泰始中在門
門郎御史中丞上以其廉介賜良田五頃以為侍中在門
下盡其心力掌擿校御府太官大匠諸署時承奢忲之後
奸籲者眾悅之按覆無所避得奸巧甚多於是眾署共呪
詛悅之病甚恒見兩鳥衣人撾之及卒上乃收典掌者十

許人桂枯之送淮陰密令慶厹步江投之中流
王准之字元曾晉尚書僕射彬之孫也曾祖彪之位尚書
令淮臨之父納之位御史中丞彪之博聞多識練悉朝儀
自是家世相傳並諳江左舊事織之青箱世謂之王氏青
箱學淮之兼明禮傳贍於文辭坦玄纂位以為尚書祠部
郎宋武帝起兵為太尉主簿出為山陰令有能名預討盧
循功封都亭侯御史中丞為百僚所憚自彪之
至准之四世居此職准之嘗作五言詩范泰興之卿解之
彈事耳准之正色苔猶差卿世載雄狐坐世子左衛率謝
靈運殺人不舉免官武帝受命拜黃門侍郎求初中奏曰

鄭玄注禮三年之喪二十七月而吉古今學者多謂得禮
之宜晉初用王肅議祥禫共月故二十五月而除遂以為
制江左以來準晉朝施用搢紳之士多遵玄義夫先王制
禮以大順羣心喪者自前經今大宋開泰品物遂
理愚謂宜同即物情以玄義為制朝野一禮則家無殊俗
從之元嘉中歷位侍中都官尚書改領吏部出為丹陽尹
准之究識舊儀問無不對時大將軍彭城王義康錄尚書
事每歎曰何須高論玄虛正得如王准之兩三人天下便
足然寡緣素情急不為時流所重撰儀注咸見遵用卒
贈太常子與之征虜主簿與之子進之仕齊位給事黃門

侍郎扶風太守梁武帝之舉兵也所在響應鄰郡多請進
之同進惜韶進之曰非吾志也竟不行武帝嘉之梁臺建
歷尚書左丞廣平天門二郡太守左衞將軍封建寧公東
之子清位散騎常侍金紫光祿大夫承聖末鎮東府長史新野
陽二郡太守安南將軍封中廬公承聖末陳武帝殺太尉
王僧辯進文帝攻僧辯塼杜龕龕告難於清引兵援龕大
敗陳文帝於兵興追奔至晉陵時廣州刺史歐陽頠亦同
清援龕中更改具殺清而歸陳武帝子猛

猛字世雄本名勇五歲而父遇害陳文帝軍庾浙江訪之
將加夷滅母韋氏攜之適于會稽遂免及長勤學不倦博
涉經史兼習孫吳兵法以父遇酷終文帝之世不聽音樂
疏食布衣以長禮自處宣帝立乃始求位太建初釋褐都
陽王府中兵參軍再遷求陽王府錄事參軍猛慷慨常慕
功名先是上疏陳安邊拓境之策甚見嘉納至是詔隨大
都督吳明徹略地以軍功封惉陽縣子累遷太子右衞率
徙晉陵大守威惠兼舉姦盜屏跡富商野次云以付王府
君郡人歌之以比漢之趙廣漢至德初徵爲左驍騎將軍
加散騎常侍深見信重時孔範施文慶等並相與比周害
其梗直讓將出之而果有使廣州刺史馬靖不受徵乃除猛
都督東衡州刺史領始興內史與廣州刺史陳方慶共取

靖猛至即禽靖送建鄴進爵爲公加先勝將軍平越中郎
將大都督敕廣桂等二十州兵討嶺外荒梗所至皆平禎
明二年詔授鎮南大將軍都督二十四州諸軍事尋命從
鎮廣州未之鎮而隋師濟江猛總督所部赴援時廣州刺
史臨汝侯方慶陳西衞州刺史衡陽王伯信並隸猛督府各以
觀望不至猛使高州刺史戴智烈
輕兵就斬之而發其兵及聞臺城不守乃舉哀素服貙絰
不食歡曰吾君何人哉因勒兵緣江拒守以固誠節
及隋後主不死乃遣其部將辛昉馳驛赴京師歸款隋文
帝大悅謂昉曰猛懷其舊主送遠情深即是我之誠臣保

守一方不勞兵甲又是我之功臣即日拜昉開府儀同三
司仍詔猛與行軍摠管韋洸便留嶺表經略猛母妻子先
留建鄴因隨後主入京詔賜宅及什物甚厚別賚物一千
段及遣運書勞猛仍討平山越馳驛表聞時文帝幸河東
會猛使者告捷遠符前事於是又降璽書褒賞以其長子
緒爲開府儀同三司封歸仁縣公命其子繼襲仍授
普州刺史仁壽元年緒第續表陳猛志求葬關中詔許之
弗祭贈上開府儀同三司封歸仁縣公命其子繼襲仍授
仍贈使持節大將軍宋州刺史
三州諸軍事諡曰成納之

第瓛之字道茂位司空諮議參軍瓛之子逖之

逖之字宣約少禮學傳聞逖之以著作郎仕宋位右僕

射王儉撰古今喪服集記逖之難儉十一條更撰世行五

禮初儉撰古今喪服集記逖之難後位左丞參定齊國儀

卷國學父慶蔡建元二年逖之先上表立學轉國子博士

又兼著作求明起居注後位南康相光祿大夫加給事中

逖之率素衣裳不澣几案塵黑年老手未釋卷建武二年

卒從弟珪之位長水校尉撰齊職儀求明九年其子中軍

參軍顥啓上其書凡五十卷詔付祕閣

素字休業彬五世孫而逖之族子也高祖翹之晉光祿大

夫尊祖望之祖泰之玄卜父元弘位平固令素少有志

行藏貧母老隱居不仕宋孝建大明泰始中屢徵不就聲

素甚高山中有蚊清長聽之使人不厭而其形甚醜素乃

為蚊賦以自況卒年五十四

論曰昔晉初秦江王導卜其家世郭璞云淮流竭王氏滅

觀夫晉氏以來諸王冕晃不替蓋亦人倫所得瑄唯世祿

之所傳乎及于陳亡之年淮流實竭襄時人物掃地盡矣

斯乃興亡之兆已有前定天之所廢豈智識之所謀乎

王懿

到彥之　李延壽

垣護之　弟子崇祖　孫撝　撝子沇　沇從兄澥
　　　　崇祖從父闓　闓弟子曇瑹
張興世　子欣泰

王懿字仲德太原祁人自言漢司徒允弟幽州刺史懋七
世孫也祖宏仕石季龍父苗仕苻堅皆至二千石仲德少
沈審有意略事母甚謹騁通陰陽精解聲律苻氏之敗仲
德年十七及兄叡同起義兵與慕容垂戰敗仲德被重創
走與家屬相失路經大澤困未能去卧林中有一小兒青
衣年可七八歲騎牛行見仲德驚曰汝已食未仲德言飢
小兒去須臾復來得飯與之食畢欲行而暴雨莫知津逗
有一白狼至前仰天而號號之食仲德隨後得濟與叡相
及度河至滑臺復為翟遼所留使為將帥
積年仲德欲南歸乃棄遼奔太山遼追騎急夜行忽見前
有猛炬導之乗火行百許里以免晉太元末徙居彭城兄
弟並犯晉宣元二帝諱故皆以字行叡字元德北土重同
姓並謂之骨肉有遠來相投者莫不竭力營贍若有一人
不至者以為不義不為鄉邑所容仲德聞王愉在江南貴
盛是太原人乃遠來歸愉愉不接遇甚薄因至姑熟投桓玄

値玄篡見輔國將軍張暢言及世事仲德曰自古革命誠
非一族然今之起者恐不足以濟大事元德果勁有計略
宋武帝甚知之告以義舉使於都下襲玄仲德聞其謀謂
元德曰天下事不可不密且兵亦不貴遲巧玄情無遠慮
好冒夜出入今取之正須一夫力耳事泄元德為玄所誅仲
德竟走會義軍剋建鄴仲德抱元德子方回出候武帝帝
於馬上抱方回與仲德相對號慟追贈元德給事中封安
復縣侯以仲德為鎮軍中兵參軍武帝伐廣固仲德為前
驅戰輒破之大小二十餘戰盧循冠逼衆議並欲還都仲
德正色曰今天子當陽南面明公命世作輔建大功威
震六合袄冦次特我遠征既聞凱入將自奔散今日投
草莽則同匹夫匹夫號令何以威物此謀甚若立請從此辭
帝悅及武帝與循戰於左里仲德功冠諸將封新淦縣侯
義熙十二年比伐進仲德征虜將軍加冀州刺史督前鋒
諸軍事冠軍將軍檀道濟龍驤將軍王鎮惡向洛陽寧朔
將軍劉遵考建武將軍沈林子弋陽太守劉虔之向許昌
胡蕃向半城咸受統於仲德仲德率龍驤將軍朱牧寧朔
將軍竺靈秀嚴綱等開鉅野入河乃擁衆遣從子遵徙洛陽遏關長
安平以仲德為太尉諮議參軍武帝欲遷都洛陽衆議咸
以為宜仲德曰非常之事人所駭今暴師經載士有歸心

故當以建鄴為王基還都宜俟文軌大同帝深納之使衛
送姚泓先還彭城武帝受命累遷徐州刺史加都督元嘉
中到彥之此侵仲德同行魏棄河南司兗三州平定三軍
咸喜而仲德有憂色曰諸賢不諳比土情偽必墮其計諸
軍進屯靈昌魏軍於委粟津度河虎牢洛陽並不守彥之
聞二城並沒且當入濟至馬耳谷口更詳所宜乃回軍汜濟
立理數必然也去我猶自千里滑臺高有強兵若便捨舟
士卒必散且欲入濟至洛陽既敗虎牢洛陽坐免官尋與檀道
南歷城步上焚舟棄甲還至彭城仲德度河南又為徐州刺史
濟敗滑臺糧盡乃歸自是復失河南九年又為徐州刺史

仲德三臨徐州威德著於彭城立佛寺作白狼童子像於
塔中以在河北所遇也進號鎮北大將軍十五年卒謚曰
桓侯亦於廟立白狼童子壇每祭必祠之子正循嗣為家
僅所殺仲德兄孫文和景和中為征北義陽王昶府佐昶
於彭城奔魏部曲皆散文和獨送至界上昶謂曰諸人皆
去卿有老母何獨不去文和乃去昇明中為巴陵內史沈
攸之事起文和斬其使馳白齊武帝及齊永明年中歷青
冀兗益四州刺史

到彥之字道豫彭城武原人楚大夫屈到後也宋武帝討
孫恩以鄉里樂從每有戰功義旗將起彥之家在廣陵臨

川武烈王道規尅弘彥之時近行聞事捷馳歸而道規
已南度江彥辛晚方獲濟及至京口武帝已向建鄴孟昶
居守留之及見武帝被責不自陳昶又不申理故不加官
義熙元年補鎮軍行參軍六年盧循逼都彥之與檀道
為太尉中兵參軍驍騎將軍道憐鎮江陵以彥之為驃騎
掩循輜重與循戰彥之佐守荊楚垂三十載
南蠻校尉武帝受命進爵為侯彥之從文帝西鎮除使持節
諮議參軍尋遷司馬南郡太守又從文帝西鎮除新有慕
威信為士庶所懷及文帝入奉大統以徐羨之等新有篡
虘懼欲使彥之領兵前驅彥之曰了彼不貳便應朝服順

流若使有貳此師既不足恃更開嫌隙之端非所以副遠
邇之望也會雍州刺史褚叔度卒乃遣彥之權鎮襄陽美
之等欲即以彥之為雍州上不許徵為中領軍委以戎政
彥之自襄陽下謝晦至鎮憚彥之不過己彥之至楊口
步往江陵深布誠款晦亦厚自結納彥之之留馬及利劍名
刀以與晦由此大安元嘉三年討晦進彥之鎮軍於彭
城洲戰不利咸欲退還夏口彥之不回會檀道濟至彭乃
敗走江陵平因監荊州府事改封建昌縣公其秋還南
豫州刺史監六州諸軍事鎮歷陽上於彥之恩厚將加開
府欲先令立功七年遣彥之制督王仲德竺靈秀兒沖段

宏趙伯符竺靈真庾俊之朱脩之等北侵自淮入泗泗水
淺曰裁行十里自四月至七月始至東平須昌縣魏滑臺
虎牢洛陽守兵並走彥之留朱脩之守滑臺尹沖守虎牢
杜驥守金墉十年魏軍仍進滑臺時河冰合糧食又罄彥之
沖衆潰而死魏軍次至虎牢步至彭城初
先有目疾至是大動將士疾疫乃回軍於州步至彭城初
遺彥之資貨其盛及還凡百萬盡府藏為空文帝遣檀道
濟北救滑臺收彥之下獄免官宛州刺史竺靈秀并軍伏
誅明年夏起為護軍九年後封邑固辭明年卒乃後先户
邑謚曰忠公考建三年記彥之與王華王曇首配食文帝

廟庭長子元度位益州刺史少子仲度嗣位驃騎從事中
郎兄弟並有才用皆早卒仲度子攝

攝字茂謙龍驤將軍建昌公宋明帝立欲收物情以攝功臣之
後自長兼左户郎中擢為太子洗馬攝貪縱富厚自奉
養供一身一月十萬宅宇山池妓妾藝藉皆窮上品才調
流贍善納交游愛伎陳王珠明帝遣求不與過奪之攝頗
怨帝令有司誣奏殺攝由是更以貶素自立明帝朋弟貶讓
尚方奪封與弟貰攝由元徽中為南海太守在廣州昇明
元年攝朝議許之之弟遵元徽起兵應朝廷道猶豫見殺遵

【南史列傳十五】 五 一四

即沈收之友刺史陳顯達

家人在都從野歸見兩三人持聖帝敕其家門須史而滅
明日而道死聞至攝懼謂登臺高帝謝即敕攝武帝中軍諮
議參軍建元初國除武帝即位累遷司徒左長史宋時武
帝為御史中丞數駕幸郊楊郡宴飲攝待舊酒後與上同
剖食之上又為攝家懷其舊德至是一歲三遷永明元
年剖御史中丞車駕幸丹楊郡鄙復謂攝實慷曰斷葢文身
列謂庚泉之曰豪氣頗雅步從容又問曰王散騎從何事
其風陋王晏飢貴雅步從容又問曰王散騎復何故爾此
先為國常侍轉貧外散騎即此二職清華所不為元徽頭何事
朝之王敬則執檳查以刀子削之又曰此狀元徽頭何事

自效之為左丞庚泉之所紉以贖論再遷左衛將軍隨王
子隆帶彭城郡攝問訊不脩部下敬為有司舉免官後為
五兵尚書廬陵王中軍長史卒子沇嗣

沇字茂瀣幼聰敏五歲時父攝於昇風神容止可悅梁
天監初為征虜主簿東宮建文工篆隸美風神容止可悅梁
學士首郡高才碩學待詔沉通古籍焉武帝宴時文德殿群
臣賦詩獨詔沇為二百字三刻便成沇於坐立奏其文華
義俄以洗馬管東宮書記及散騎省優策文三年詔尚書才
即在職清能者為侍即以沇為殿中曹侍即此曹以文才

【南史列傳十五】 六 一四

子中舍人沉為人謙敬口不論人短任昉范雲皆與善後
選沉從父兄溉洽並有才名時相代為之見榮當世遷太
卒於比中郎證議參軍所著詩賦百餘篇
溉字茂灌為弟子也父坦齊中書郎溉少孤貧與兄沼弟
洽俱知名起家王國左常侍樂安任昉大相賞好坦提攜
溉洽二人廣為聲價所生母魏本寒家悉越中之資為二
兒推奉昉梁天監初昉出守義興及溉洽之郡為山澤之
遊昉還為御史中丞後進皆宗之時有彭城劉孝綽劉苞
劉孺吳郡陸倕張率陳郡殷芸沛國劉顯及溉洽車軌日
至竦曰蘭臺聚陸倕贈昉詩云和風雜美氣下有真人遊

壯美荀文若賢哉陳太立今則蘭臺聚萬古信為儔任君
本達識張子復清脩既有絕塵到復見黃中劉時謂昉為
任君比漢之三君到則溉兄弟也除尚書殷中郎後為建
安太守昉以詩贈之求二衫段云鐵錢兩當一百易代名
八蠶假令金如粟詎使廉夫貪還為太子中舍人溉長八
尺眉目如點白皙美鬢鬣鬢動風華善於應答上用為通
事舍人中書郎兼吏部郎中庶子湘東王繹為會稽大
守以溉為輕車長史行府郡事武帝勑繹曰到溉非直為
汝行事足為汝師溉嘗夢武帝遍見諸子至湘東而脫帽與

之於是密故事焉道母憂居喪禮所敦廬開方四尺毀
瘠過人服闋猶布衣蔬食都載歷御史中丞都官左戶
二尚書掌吏部尚書何敬容以令參選事有不允溉報
相執敬容容謂人曰到溉如初溉祖彦之初以擔糞自給故
貴寵人皆下之溉尚有餘臭遂學作貴人敬容自給故
世以為識云後省門鷗尾被震溉左遷光祿大夫所蘊以
十年一易朝服或至穿補傳呼清路示有朝章而已後為
清白自惇性又率儉不好聲色靈室單林傍無姬侍冠覆
散騎常侍侍中國子祭酒表求列武帝所撰正言於學請
置正言助教二人學生二十人尚書左丞賀琛又請加

博士一人溉特被武帝賞接每與對棊從夕達旦或復失
寢加以低睡帝詩嘲之曰狀若喪家狗又似懸風槌當時
以為笑樂第居近淮水齋前山池有奇礓石長一丈六
尺帝戲與賭之并禮記一部溉並輸焉未進帝謂朱异曰
卿謂到溉所輸可以送未敛校對曰臣既事君安敢失禮
帝大咲其見親愛如此石即迎置華林園宴殿前秩石之
日都下傾城縱觀所謂到公石也溉弈棊入第六品常與
朱异章顯於御坐校棊此勢復多弈不差一道後因疾失明
詔以金紫光祿大夫散騎常待就養疾溉少有美名遂不
為僕射人為之恨溉澹如也家門雍睦兄弟特相友愛初

與弟洽恒共居一齋洽卒後便捨爲寺蔣山有延賢寺洽
家世所立洽得祿俸皆充二寺因斷腥膻終身蔬食別營
小室朝夕從僧徒禮誦武帝每月三致淨饌恩禮其篤性
不好交游唯與朱异劉之遴張緬同志友密及卧疾門可
羅雀唯三人每臨終詣張綰勤
去以太清二年卒臨終誡約劉勒子孫薄葬之禮曰氣絶而
便斂數以法服先有蔬蔬竟便葬不須擇日凶事必存
約儉孫婬不得違言便屬佛
如恒手屈二指即佛道所云得果也時朝廷多事遂無贈
謚有集二十卷行於時子鏡鏡字圓照初在孕其母夢懷

鏡及生因以名爲鏡五歲便口授爲詩婉有辭況位太子
舍人作七悟文甚美先洽卒鏡子蓋早聰慧位尚書殿中
郎嘗從武帝幸京口登北顧樓賦詩蒙受詔便就上以示
洽曰蓋定是才子翩恐卿從來文章假手於蓋因賜絹二
十疋後洽每和御詩上輒手詔戲洽曰得無貼瘞之力乎
又賜洽連珠曰硯磨墨以騰文筆飛毫以書信如飛蛾之
赴火豈蒸身之可吝必筆年其已及可儌之於少蓋其見
知賞如此後除丹揚尹丞太清亂赴江陵卒洽弟洽
洽字茂泬清警有才學父坦以洽無外家乃求娶於羊玄
保以爲外氏洽年十八爲徐州迎西曹行事謝朓文章盛

於一時見洽深相賞好每稱其兼賢文武後爲吏部欲
薦之洽親時方亂深相拒絶遂築室巖阿幽居積歲時人
號曰居士任昉與洽兄沆洽並善嘗訪洽於田舍欿曰此
子曰下無雙遂申拜親之禮梁武帝嘗閒待詔立遲曰到
洽如何沆洽運曰正情過於沆文章不減洽加此清言殆
將難及即召爲太子舍人御幸華光殿詔洽及沈蕭琛任
防侍宴賦二十韻詩以洽辭爲工賜絹二十疋上謂防曰
諸到可謂才子防曰臣常竊議得其武衆得其文詔待
郎後爲太子中舍人與庶子陸倕對掌東宮管記俄爲待

徒主簿直待詔省勑使抄甲部書爲十二卷遷尚書中
讀侍讀省仍置學士二人洽充其選遷國子博士奉勑撰太
學碑累遷尚書吏部郎請託不行從左丞纜不避貴戚
時帝欲親戎軍國禮容多自洽出尋遷御史中丞彈爲勁
直少與劉孝綽善下車便以名教隱秀首彈之孝綽託與
諸弟書責欿聞之湘東王公事左降猶居職制中丞不
得入尚書下舍洽爲左戶尚書洽引服親不應有礙
剌省詳決左丞蕭子雲議許入洽省亦以其兄弟素篤言
相別也出爲尋陽太守卒贈侍中謚理子洽美容貿善言
吐弱年聽伏曼容講未嘗傍膝伏深歎之文集行於世子
仲舉

仲舉字德言無他藝業而立身耿正仕陳為長城令政號
廉平陳文帝居鄉里嘗詣仲舉時天陰雨仲舉獨坐齋內
聞城外有簫鼓聲俄而文帝至仲舉異之乃深自結帝又
嘗因飲夜宿仲舉帳中忽有神光五采照于室內由是袚
重益恭及侯景平文帝為吳興太守以仲舉為郡丞與頴
川使持節引用皆出自裁樞性疎簡不干時務與朝士無所
長選舉俱為文帝賓客文帝嗣位授侍中參掌選事天嘉
元年守都官尚書封寶安縣侯仲舉既無學術朝章非其所
親押但聚財酬飲而已文帝積年寢疾不親萬機尚書中

事皆使仲舉斷決天康元年遷侍中尚書僕射文帝疾
書甚入侍醫藥及帝崩宣帝受遺為尚書令入輔仲舉與左
丞王遷中書令人劉師知殷不佞以朝望有歸乃遷不佞
宣帝遺宣帝還東府事務師知下獄賜死遷不佞並付推
乃以仲舉為貞毅將軍金紫光祿大夫初仲舉子郁尚文
帝妹信義長公主官至中書侍郎出為宣城太守文帝配
以士馬是年輒子郁在都
宅與郁皆不自安時韓子高在都人馬素盛郁每乘小輿
及婦人衣與子高謀子高仲舉
及都並於獄賜死郁諸男女帝甥獲免

垣護之字彥宗略陽桓道人也族姓豪強石李龍時自略
陽從鄣祖敞仕符氏為長樂國郎中令伯父遵父苗仕嘉
容起並見委任遵為尚書苗為京兆太守宋武帝圍廣固
遵苗踰城歸降並以為太尉行參軍元嘉中遵為員外散
騎常侍苗屯騎校尉仍家下邳護之少倜儻不拘小節形
狀短陋而氣幹強果元嘉初為殿中將軍隨到彥之北侵
魏彥之將回師護之書諫彥之不納散敗而歸文帝聞而
善之景遷鍾離太守隨王玄謨入河玄謨攻滑臺護之百
阿為前鋒進據石濟及魏救將至馳書勸玄謨急攻之不
見從玄謨敗退不暇報護之而魏軍牽玄謨水軍大艦

連以鐵鎖三重斷河以絕護之還路河水迅急護之中流
而下每至鐵鎖以長柯斧斷之魏人不能禁唯失一舸餘舸
並全留戌麋溝城還為江夏王義恭騎戶曹參軍戍淮
陰領滁北太守三十年文帝崩還屯歷下孝武入討率所
領馳赴帝以為冀州刺史及南郡王義宣舉兵反率所
遺寶護之妻弟也與護之書勸使同逆護之馳使以聞率
軍隨沈慶之等擊魯爽義宣大衆至梁山與王玄謨相
持柳元景幸護之及柳叔仁鄭琨等出鎮新
亨玄謨求上遺元景等進據南州護之求軍先發大破賊
將龍法起元景乃以精兵配護之追討魯朱脩之已平江

陵至尋陽而還遷徐州刺史封益陽縣侯後拜青冀二州
刺史鎮歷城大明二年徵為右衛將軍還於道閒克陵王
誕據廣陵反護之即率部曲受車騎大將軍沈慶之節度
事平轉臨淮太守徙豫州刺史護之所蒞多聚斂賄貨七
年坐下獄免官明年起為太中大夫未拜以驍卒諡壯侯
崇祖字敬遠一字僧寶護之弟子也父詢之驍敢有氣力
元凶弒逆嗣輔國將軍張粟時張超手行大逆亦領軍隸
東詢之規殺之嘗超求論事粟宿詢之有此志又未測詢之同否
互相觀察會超求超之不至改宿他所詢之覺之即共定謀遣名
超超疑之不至改宿他所詢之不知逕往斫之殺其僕於

林因與粟南奔時孝武已即位以為積射將軍梁山之役
力戰中流矢卒贈冀州刺史崇祖年十四有幹略伯父護
之謂閒宗曰此兒必大五嶺後隨徐州刺史薛安都入魏
尋又卒閒宗擒胸山歸宋求淮北立功明帝以為北琅邪
蘭陵二郡太守封下邳子又至齊高帝鎮淮陰崇祖時成胸
山既戈都督祇奉甚至高帝以其武勇善待之崇祖謂其妹
夫呂文度曰此真吾君也遂密布誠節令高帝威名已者由
是其見親委豫密謀元徽末高帝懼禍令崇祖入魏崇祖
明帝尤忌疾徵為黃門郎規害高帝建策以免由
即以家口託皇甫肅勒數百人將入魏界更聽後旨會蒼

梧廢後呂崇祖還都及敬高帝新踐阼恐魏致討以送劉昶
為辭仍以為軍衝必在壽春非崇祖莫可為捍徙為豫州刺
史監豫司二州諸軍事封望蔡侯建元二年魏遣劉昶攻
壽春崇祖乃於城西北立堰塞肥水堰北起小城若破此
水一激急逾三峽自然沔蕩其非小勞乎大制邪及魏軍
由西道集堰南分軍東路內攻小城崇祖著白紗帽肩輿上
城上手自轉式日晡時沔小中壞水勢奔下魏軍攻城之
眾溺死十數大眾退走初崇祖於淮陰見高帝使自擬
白唯上獨許之及破魏軍致至上謂朝臣曰崇祖恆自擬
韓白今見其人也進為都督崇祖聞陳顯達李安人皆增

給鼓吹一部崇祖應魏復攻淮北啓求鼓吹橫吹上敕曰
鼓吹一部崇祖應魏復攻淮北啓求鼓吹橫吹從下蔡戍
魏果欲攻下蔡及聞內徙乃揚聲平除故城欲置戍實是欲除
故城立戍崇祖曰下蔡戍亦敢置戍魏疑魏當於
此城正恐崇祖奔走及殺之不盡耳魏果夷抵下蔡城崇祖大破
之武帝即位為五兵尚書領驍騎將軍詔使還朝章王有盛寵
之武帝疑之曲加禮待酒後謂曰世間流言我已釋懷抱自
今已後富貴見付也崇祖拜謝及去後高帝復遣荀伯玉

敕以邊事受旨夜發不得辭東宮武帝以為不盡誠心衘
之永明元年詔褒其與荀伯玉搆扇邊荒誅之故人無敢
至者獨有前豫州主簿夏侯恭叔出家財為殯時人以此
變布恭叔誰國人崇以為豫州聞其才義辟為主簿兼寧
曰此恭叔也時宋氏封爵隨軍遷改恭叔以柳元景為
言論高帝即位方鎮皆有賀表王儉以崇祖為豫州啟谷嗟良父
興元勳劉勔殞身王事不宜見廢上表論之甚有義理事
雖不從優詔見荅後為竟陵令惠化大行木連理上有光
如燭咸以善政所致

榮祖字華先崇祖從父兄也父諒之宋比中郎府參軍榮

祖少學騎射或曰何不學書榮祖曰曹操曹丕上馬橫
槊下馬談論此可不負飲矣君輩無自全之伎何異犬
羊乎宋孝建中為後軍參軍伯父諒之子襄祖
為淮陽太守臨死與榮祖書曰冗從僕射遣還徐州說
又使殺襲祖書曰嶺南護之不食而死帝疾篤
敗矣明帝初即位四方反除榮祖
剌史薛安都曰天之所啟誰能興之使君今不同八百諸
侯如下官所見非計中也安都曰今京都無百里地莫論
攻圍取勝自可相拍手笑殺且我不欲令君孝武榮祖曰
武之行足致餘殃今雖天下雷同正是速死無能為也安

都曰不知諸人云何我不畏此大蹄馬在近便作計榮
祖被拘不得還因為安都將領安都引領軍入彭城榮
攜家屬南奔胸山齊高帝在淮陰榮祖歸附高帝保持之
及宋明帝崩高帝書送榮祖詣僕射褚彦回除東海太守
彥回謂曰蕭公稱卿幹略故以郡相勳榮祖善彈登西樓
見翔鵠雲中謂左右當生取之於是彈其兩翅翅毛脫盡墮
地無傷養毛生後飛去其妙如此元徽末蒼梧凶狂欲
危害宣帝帝欲奔廣陵榮祖諫
目領府吏臺百步走人
旦閉門不相受公欲何之公豈不知若單騎輕行便有叩臺門

者公事去矣蒼梧明夕自至領府扣門欲害帝帝嘗以書
案下安臥明旦以鐵為書鎮如意甚壯大以備不虞欲以
代杖蒼梧至府而日且申令夕須至一處作適還當取奴
尋遇殺群高帝謂榮祖曰不用卿言幾無所成豫佐命勳
封將樂縣子永明二年為尋陽相南新蔡太守被告作大
形棺材盛仗使江比宗度無實原後拜究州
剌史初巴東王子響事平鎮皆啟拜榮祖為究州
非所宜言政應云劉寅等孤負國恩獎過迫巴東使至於此
時諸啟皆不得通事平後上乃省視以榮祖言知九年
卒從弟歷生亦為驍將位太子右率性奇暴與姑安王遙

閩子承通棄從父也父遷位員外常侍閩為宋孝武帝
南中郎參軍孝武帝即位以為交州刺史時父夫全實閩
罷州還資財鉅萬孝武末年貪慾刺史二千石罷任還都
必限使獻物又以蒲戲取之半明帝猶嫌其少及閩至都詣廷尉
自清先詣獄官留閩於是悉送資財禁後被遣及蠻夷不
而孝武是駕擁南資為富人明帝初以為益州刺史蜀還至南州
薛道標封樂鄉縣男出為益州刺史蜀還至司州刺史歷度支尚
先送獻物傾西資之半明帝猶嫌其少又閩至都詣廷尉
受獻財嘖罪謂之賕時人謂閩被賕刺史歷度支尚

【南史列傳十五】 十七 ▼

書衛尉齊高帝輔政使褚彥回為子晃求閩女閩辭以齊
大非偶雖嘉其退讓而不能歡即以晃婚王佖女謂
豫章王嶷曰前欲以白象與垣公婿者重其夷澹事雖不
遂心常依欲白象兒小字也及高帝即位以有誠心封爵
如故卒於金紫光祿大夫諡曰定子憬伯襲爵憬伯少負
氣豪俠頗妙解射雄尤為武帝所重以為直閤將軍與王文
和俱住頴以地勢陵之後出為巴西梓潼二郡太守時文
為益州刺史曰每憶昔日俱在閤下卿時視我如我今
日見卿因誣其罪馳信啓之又郵道蕭寅代憬伯為郡憬
伯亦別遺啓臺閤待報寅以兵圍之齊明帝輔政知其

無罪不欲垂文和乃敕憺伯解揚遠為冠軍所歷束手受
書閩弟子臺深以行義稱為臨城縣罷歸得錢十萬以買
宅奉兄退無私焉先是劉憺為交州以貧一人為
閩又為九真郡旨著信南中羽林監曇深至交州閩第
南土所閩者同行俟良父曰得之矣昔垣閩怕之子也雅
有學行當今同行及隨憺未至交州而卒憺怕大驚曰
到鎮書夜紡織傍無親援年既盛美甚有容德自屬冰霜
深妻鄭氏字獻英榮陽人時年二十子文嶷始生仍隨憺
無敢望其門居者居一年私裝了乃告憺求還曇深驚曰
鄉萬里固非孀婦所滯遂不許鄭又曰垣氏輕魂不及而

【南史列傳十五】 十九 ▼

其孤貌幼妾若一同灰壞則何面目以見先姑因大悲泣
楷愴然許之厚為之送於是閩閩定險遂得至鄉葬畢乃
曰可以下見先姑矣時憺年甫四歲親教經禮訓以義
方州里稱美又有具興丘景宇彥先以節義聞父康
祖無錫令亡後僮僕數十人及宅宇產畜悉推讓與兄
鎮之鎮又推齋至三閒與之亦不肯受太守孔山士歎
曰閩柳下惠之風貪夫廉懦夫有立志復見之矣終於奉
朝請
張興世字文德竟陵人也本單名世宋明帝益為興世少
家貧自衣隨王玄謨伐蠻後隨孝武鎮尋陽補南中郎參

軍督讀從入討元凶及南郡王義宣反又隨玄謨出梁山有
戰功明帝即位四方反叛進與世龍驤將軍領水軍拒南
賊時臺軍據坏朝廷遣吏部尚書褚彥回就坏軍行選
是役也皆先戰授位橇枋不供由是有黃紙札南與
鵲尾既相持久不決與世建議曰賊據上流兵張地勢今
以奇兵潛出其首尾周惶進退疑阻糧運艱礙乃
制勝之奇沈流而上旋復回還二日中輒復如此使賊
下取楊州興世何人欲據我上與世謂收之等曰我尚在上流唯
不為之防賊帥劉胡聞興世欲上笑之曰我尚不敢越彼

十九

有錢溪可據乃往據之及劉胡來攻將士欲迎擊之興世
曰賊來尚遠而氣驟盛矢夫驟既力盡亦易衰此曹翽
所以破齊也將士不得妄動賊來轉近興世乃命壽寂之
任農夫率壯士擊之表頡云何得
句當平無為自苦忽不見至是果敗興世遂與具喜共平
活是月朔賭坊軍士伐木為柵於青山遇一童子曰賊下
眾漸飢劉胡棄軍走表頡仍亦奔散興世遂與具喜共平
江陵遷右軍將軍封作唐縣侯歷雍州刺史左衞將軍以
疾從光祿大夫尋卒與世初生當其門前水中一旦忽生洲
二千里先無洲嶼與世

雍州還資見錢三千萬蒼梧王自領人劫之一夜垂盡興
欣泰字義亨不以武業自居好隸書讀子史年十餘諳識
部尚書褚彥回問之即張即弓馬多少苔曰性怯畏馬無
力挽弓苔弓馬異之歷諸王府佐宋元徽中與世在家擁
世滅撤而行子欣泰

廿

吹興世欲拜墓仲子謂曰汝衞後大多先人必當羞怖興
之興世素恭謹畏法譬之曰此是天子鼓角非田舍公所
世曰我雖田舍老公樂聞鼓角可送一部行田時欲吹
世致位給事中與世欲將往襄陽榮鄉里不肯去嘗謂興
年年漸大及興世為方伯而洲上遂十餘頃父仲子由興

世憂懼兩卒欣泰兄欣華時為安成郡欣泰封餘財以
待之齊建元初為尚書都官郎武帝與欣泰早歡遇及即
位以為直閤將軍後為武陵內史坐贓私殺人被糾見原
還復為直閤步兵校尉領羽林監欣泰通涉雅俗交結
是名素下家兒何敢作此舉止後從駕出新林敕欣泰康案
帝曰將家兒於松樹下飲酒賦詩制局監呂文度以啟武帝
帝大怒遣出數日意釋召謂曰卿不樂武職當處卿清貴
除正貞郎出為鎮軍南平內史武當處卿清貴
殺傷佐上遣中庶子胡諧之西討使欣泰為副欣泰謂諧

之日今太歲在西南逆歲行軍兵家深忌若且頓軍夏口
宣示禍福可不戰而禽也詔之不從進江津尹略等見殺
事平欣泰徙為隨王子隆鎮西中兵改領河東內史子隆
深相愛重數與談宴意遇與謝朓相次典籤密啓之武帝
怒召還都屏居家巷置宅南岡下面接松山欣泰負弩射
雉恣情閒放聲伎雜藝頗多開解明帝即位為領軍長史
遷諮議參軍上書陳便宜二十條其一條言宜殿罷寺慧
景救援及魏軍退而邵陽洲上餘兵萬人求輪馬五百疋
帝並優詔報咨建武二年魏圍鍾離欣泰為軍主隨崔慧
離還啓明帝曰邵陽洲有死賊萬人慧景放而不取
假道慧景欲斷路攻之欣泰說慧景曰歸師勿過古人畏
之死地兵不可輕也慧景乃聽過時領軍蕭坦之亦接鍾
帝以此皆不加賞四年出為永陽太守永元初還都崔慧景
圍城欣泰入城守備事寧除盧陵王安東司馬梁武帝起
兵東昏以欣泰為雍州刺史欣泰與弟前始安內史欣時
密謀結太子右率胡松前南譙太守王靈秀直閤將軍鴻
選含德主帥苟勵直後劉靈運等並同契會帝遣中書舍
人馮元嗣監軍杜郎姁法珍梅蟲兒及太子右率李居士
制局監楊明泰等十餘人相送中興堂欣泰等使人懷刀
於坐斫元嗣頭墮果杅中又斫明泰破其腹蟲兒傷數劉

手指皆隆居士踰墻得出如法珍亦散走還臺姁欣仍往
石頭迎建安王寶寅率文武數百唱警蹕至杜姥宅欣泰
初聞事發馳馬入宮冀法珍等在外城內處分必盡見殺
因行殿立既而法珍得返處分開門上仗不配欣泰兵鴻
選在殿內亦不敢發城外衆尋散少日軍覺欣泰胡松等
皆伏誅欣泰少時有人相其富貴得三公而年裁三十後尾
屋隆傷額又問相者云無復公相其年壽更增亦可得方伯
耳死時年三十六

論曰王仲德受任二世能以功名始終入關之役檀王咸
出其下元嘉北討則受脅於人有靦生之志而無關公之
憤長者哉道豫雖地居豐沛榮非恩假時歷四代人焉不
絕文武之道不墜斯門始為優矣垣氏宋齊之際世著武
節崇祖陳力疆場以韓白自許竟而杜郵之酷可為痛哉
興世鵲浦之奇遠有深致其興組建姑豈徒然也

列傳第十五

南史二十五

袁湛弟豹
　豹子淑
　淑兄子顗
　顗弟子戫
　戫從弟昂
　昂子君正
　君正子樞

李延壽

南史二十六

袁湛字士深陳郡陽夏人也祖耽晉歷陽太守父質琅邪
內史並知名湛少與弟豹並爲從外祖謝安所知安以其
兄子玄女妻湛宋武帝起兵以爲鎮軍諮議參軍以從征
功封晉寧縣五等男義熙十二年爲尚書右僕射授武帝帝
沖讓湛等隨軍至洛陽往栢谷塢奉議受使未畢不拜晉
代湛兼太尉與兼司空尚書范泰奉九命禮拜授武帝北
卒贈左光祿大夫文帝即位以后父贈侍中以左光祿大
夫開府儀同三司諡曰敬公六明三年考武幸籍田
湛墓遣使致祭增守墓五戶子淳淳子植並早卒
湛弟豹字士蔚好學博聞善談雅俗每商較古今兼以誦
外孫也於諸甥敬禮多闕重子絢湛之甥也嘗於公坐慢
湛湛正色謂曰没便是兩世無渭陽情絢有愧色十四年
帝諸陵湛獨至五陵展敬時人美之初陳郡謝重王胡之
諏聽者志倦爲御史中丞時瀕陽縣侯孟懷玉父上母檀拜
國太夫人有司奏許豹以婦人從夫爵懷王大司農綝
見居列卿妻不宜從子奏免尚書右僕射劉柳等官詔並

贈論後爲丹陽尹太尉長史義熙九年卒官以參伐蜀謀
追封南昌縣五等子子淑
淑字陽源少有風氣數歲伯父湛謂人曰此非凡兒至
十餘歲爲姑夫王弘所賞博涉多通不爲章句學文采遒
豔從橫有才辯彭城王義康命爲司徒祭酒徙主簿從
母兄劉湛欲其附已而淑不爲政意由是大相乖失湛乃
向楚楚少別王人門非我親所尋以父疾免官元嘉二十
六年累遷尚書吏部郎其秋大舉北侵容曰今當席卷
趙魏檢王公宗頤上封禪書一篇文帝曰盛德之事我何

足以當之出爲始興王濬征北長史南東海太守淑始到
府潛引見謂曰不意鄙宗乃垂屈佐淑答曰朝廷遣下官本
以光公府望也還爲御史中丞時魏軍南代至武步文帝
使百官議防禦之術淑上議其言甚誕淑喜誇每爲時人
所嘲始與王濬嘗送錢三萬餉淑一宿復遣追取謂爲使
人謾誤欲以戲淑淑與濬書曰聞之前志曰七年之中一
與一奪義士猶或非之沉淑之於殿下非兄弟之匹乎可謂
恐二三諸侯有以觀大國之政遷太子左衞率元凶將爲
逆其夜淑及蕭斌等流涕告以明旦當行大事
望相與戮力淑斌並曰自古無此頗加善言勸怒斌懼曰

謹奉令淑叱之曰卿便謂殿下不是真人邪殿下幼時嘗患
風或是疾動耳勁愈怒因問曰事當剋不淑曰居不疑之
地何患不剋但既剋之後為天地所不容大禍亦族至耳
勁又引淑衣取錦裁三尺為一段又中裂之分賜淑等裰
裰又就主衣取錦裰裰出還省繞牀至四更乃寢勁將出巳
左右使以繾縛裰終不起勁命左右殺之於奉
與蕭斌同載呼淑甚急淑眠終不上勁贈
相繼徐起至車後勁即位追贈大常孝武即位贈侍中太尉
化門外槐樹下勁
謚曰中憲公又詔淑及徐湛之江湛王僧綽卜天與四家

長給稟淑文集傳於世諸子並早卒兄洵吳郡太守謚曰
貞洵子顯
顯字國章初為豫州主簿累遷音陵太守襲南昌縣五等
子大明末拜侍中領前將軍時新安王子鸞以母嬖有
盛寵太子在東宮多過上微有廢太子之意鸞為
言之顯盛稱太子好學有日新之美帝怒振衣而入顯亦
屬色而出左丞徐爰言於帝諸宥之帝意解後帝又以沈
慶之才用不多言論頗相啁殷顥又陳慶之之忠勤有幹略
詄華公欲引進顯任以朝政遷為吏部尚書封新渝縣子
世當重往由是前歷帝深感顥慶之亦懷其德景和元年

俄而意趣乖異寵待頓衰始令顯與沈慶之徐爰參知選
事尋復及以為界使有司糾奏坐白衣領職從辛湖執役往
數日不被命顯應禍求出乃除建安王休仁安西長史休
仁不行即以顯為領寧蠻校尉雍州刺史加都督顥甚
興宗謂曰襄陽至惡宣可冒邪顯曰白刃交前不救流矢
今日之行本願生出虎口且天道遼遠何必皆驗如其有
徵當悔德以禳之於是狼狽上路恆慮見追後至尋陽曰
人地本殊眾知其有異志矣及至襄陽便請兵討
會明帝定大事進顥驍右將軍遣荊州典籤邵宰秉驛還

江陵道由襄陽顥友意已定而糧仗未足欲且奉表於明
帝顥子祕書丞戢曰一奉表疏便為彼臣以臣伐君於義
不可顯從之顥詐云被太皇太后令使其起兵使勿解甲馳撤
奉勸晉安王子勛即大位與戢書使勿解甲子勛即位進
顯號安北將軍加尚書左僕射顥本無將略在軍中未嘗
戎服語不及戰陣唯賦詩談議而巳不能撫接諸將劉胡
每論事酬對甚簡由此顥接襄陽之資顥各曰都下米貴斗至
軍未至軍士圓之就顥接襄陽之恨恨以南
成方應經理不可損議又信往來之言顥甚恨於是擁甲以得之明帝使
數百以為不勞攻代行自離散於是擁甲以得之明帝使

顗舊門生徐碩奉手詔譬顗曰卿未經為臣今追蹤實融

猶未晚也及劉胡叛走不告顗顗至夜方知大怒罵曰今

年為小子所誤呼飛驚走謂其眾曰我當自出追之因又

遁走至鵲頭與戍主辭伯珍及其所領數千步取青林欲

向尋陽夜止山間宿謝罪王上然後自剄耳因慷慨叫左右索

以謀王室未一戰而散豈非天邪非不能死豈欲草間求

活望一至尋陽謝罪闡言乃斬顗首諧鎋溪馬軍

即無復應者及旦伯珍請求闡送首以為己功明帝即

怨顗違叛流尸於江弟子豪收斂於石頭後岡後廢帝即

位方得改葬顗子戢昂戢為黃門侍郎盆城尋陽敗伏誅

粲宇景倩洵弟子也父濯楊州秀才早卒粲幼孤祖民之名

之日粲孫伯叔並當世榮顯而粲飢寒不足毋琅邪王

氏太尉淹史誕之女也躬事績紡以供朝夕粲孫少好學

有清才隨伯父洵為吳郡擁弊衣讀書足不踰户其從兄

顗出遊要粲孫恢稱疾不動叔父洵子弟

曰我門不乏賢粲孫必當復三公或有欲與顗婚顗父洵

曰顗不堪政可與粲孫婚耳粲孫在坐流涕起出早以操

行見知宋孝武即位也輙遷尚書吏部郎太子右衛率中

孝建元年文帝諱曰聲臣並於中興寺八關齋中食竟粲

孫別與黃門郎張淹淹更進魚肉肉食尚書令何尚之奉法素

謹密以白孝武孝武使御史中丞王謙之糾奏並免官大

明元年復為侍中領射聲校尉封興平縣子三年坐納山

陰人丁邠女買婢為會稽郡孝廉免官其年皇太子冠上

加給事中七年轉吏部尚書左衛如故其年坐擢粲孫師伯

臨宴東宮與顏師伯柳元景沈慶之等並攝粲孫勸師

伯酒師伯不飲粲孫因相裁辱曰不能與侬人周旋兒

見龍於上上常嫌粲孫以寒素之因此發怒曰表粲兒

不逢朕員外郎未可得也而敢寒士遇物將手刃之命引

下席粲孫色不變沈柳並起謝久之得釋出為海陵太守

廢帝即位粲孫在郡夢日隋其曾上因驚尋被徵管機密

歷更郡尚書侍中驍衛將軍粲孫峻於儀範廢帝倮之迫

使走粲孫雅步如常顧而言曰風雨如晦雞鳴不已明帝

泰初元年為司徒左長史南東海太守粲孫清整有風操

自遇甚高嘗著妙德先生傳以續嵇康高士傳後以自況

曰有妙德先生陳國人也氣志深虛安神清映性孝履順尚

棲沖業閒有舜之遺風先生幼夙多疾性疎嬾無所營尚

然九流百氏之言雕龍談天之藝皆汎識其大歸而不以

成名家貧嘗仕非其好也混其聲迹晦其心用蓬門常掩

三逕裁通雖楊子寂漠嚴叟沈冥不是過也脩道遂志終

無得而稱焉又嘗謂周旋人曰昔有
一國國中一水號曰
狂泉國人飲此水莫不狂唯國君穿井而汲獨得無恙國人
既並狂又謂國主之不狂為狂於是聚謀共執國主
狂疾火艾針藥莫不具國主不任其苦於是到泉所酌
水飲之飲畢便狂父子君臣大小其狂若一狼乃歡然我既
往難父獨立此亦欲試飲此水矣勿藥莫荀奉倩為人孝武
時求改名蔡不許至明帝立乃讀改為蔡字景倩之乃令
王藥又云明帝多忌諱反語羲悟為殉門帝意惡之乃令
改為二年遷領軍將軍侍士三十人入六門其年徙中書
令領太子詹事三年轉尚書僕射蒙領吏部五年加中書

令文領丹陽尹蔡有才尚氣好虛遠雖位任隆重不以
事務經懷獨步園林詩酒自適家貧每仗策逐遊當
其慧得悠然忘友郡南一家頗有竹石蔡率爾步往亦不
通主人直造竹所嘯詠良久主人出語笑款然俄而車騎
羽儀併至門方知是蔡也又嘗步欵野間道遇
士大夫便呼與相酬飲明日此人謂被知顧到門求進蔡曰
昨飲酒無偶聊相要耳竟不與相見蔡嘗作五言詩言訪逖雖
中宇備寄乃滄洲蓋其志也七年為吏令初蔡忤於孝
武其母慮禍東興出貝車叩頭流血博碎傷目自此後蔡與
人語有謀道肺目者輒涕泣弥日嘗疾母憂念書寢夢見

父容色如平生與母語曰悟孫無愛將為國家器不患沈
沒但恐富貴終當頹滅耳母未嘗言及蔡貴重傾滅
乃以告之蔡故自抱損明帝臨崩蔡與褚彥回動並受
顧命加班劍二十人給鼓吹一部後廢帝即位加兵五百至
人元徽元年丁母憂葬甚哀詔及祥詔衞軍斷客二年桂陽王休範為
逆蔡扶曳入殿詔加兵自隨府置佐史時兵難危急
至蔡披門諸將意沮咸莫能固孤子受先帝顧託本以
已逼而羸情雖阻孤子受先帝顧託本以死報今日當與
諸君同死社稷因命左右被馬辭色哀壯於是陳顯達

等感激出戰賊即平珍軍寶授中書監本號開府儀同
三司領司徒以揚州解為府固不肯移二年徙尚書令衞
軍開府如故並固辭服終乃受命加侍中進爵為侯文
受時蔡與尚書令褚彥回入直平決軍機蔡
閒默善言不肯當事每往諮決或高詠對之時立一
意則衆莫能改素寡往來門無雜賓間居高即一無所接
談客文士所見不過一兩人順帝即位選中書監司徒侍
中如故蔡高帝既居東府故使蔡鎮石頭即便順旨有周
朝命遷切不得已然後方就又詔移石頭蔡素靜退每有
旋人解望氣謂蔡曰石頭氣其凶往必有禍蔡不答又給

油給通懷軍仗士五十人入殿時齊高帝方革命綮自以
身受顧託不欲事二姓變有異圖劉彥節宋氏宗室前湘
州刺史王蘊太后兄子素好武事並應不見容於齊高帝
皆與綮結諸將帥黃回住候伯孫曇瓘王宜興彭文之卜
伯興等並與綮合昇明元年荊州刺史沈攸收之舉兵之
高帝自詣綮稱疾不見綮宗人表逢以為不宜示異同
綮曰彼若劫我入臺便無辭以拒一如此不復得出矣時
齊高帝入屯朝堂彥節從父弟領軍出新亭綮附曰謀矯太
后令綰伯興率宿衛兵攻齊高帝於朝堂回率軍來應彥
節候伯等並赴石頭事泄先是齊高帝遣將薛深蘇烈王
天生等領兵戍石頭云以助綮實禦之也又令腹心王敬
則為直閤與伯興石頭醉深等誅蘊并伯興之舉軍
事敗矣乃狼狽率部曲向石頭醉深等據門射之蘊謂綮
已敗乃便散走齊高帝以報敬則敬則誅蘊并伯興遣軍
主戴僧靜向石頭助薛深自倉門入時綮與彥節等列兵登
東門僧靜分兵攻府西門彥節與兒瑜城出綮還坐列燭
自照謂其子最日本知一木不能止大廈之崩但以名義
至此耳僧靜挺身暗往奮刀直前欲斬之子最覺有異大
叫抱父乞先死兵士人莫不隕涕綮曰我不失忠臣汝

不失孝子仍求筆作啓云臣義秉大宋策名兩畢今便歸
魂墳壠求就山丘僧靜乃井斬之初綮大明中與蕭惠開
同車行逢大船開駐車惠開自照鏡曰無年可仕朗
執鏡良父曰視死如歸綮最後曰吾聞出郎君者有厚賞今表氏
如言字文高時年十七既父子俱殞左右分散任候伯
投綮門生狄靈慶靈慶曰當至三公而不終至是
巳滅汝匿之尚誰為乎遂抱以首乳母號泣呼天曰公昔
於汝有恩故冒難歸汝奈何欲殺郎君以求小利若天地
鬼神有知我見汝滅門此兒死後靈慶常見兒騎大蠶狗
戲如平常經年餘關塲忽見一狗走入其家遇靈慶於庭
嚙殺之少時妻子皆沒此狗即表郎所常騎也齊永明元
年武帝詔曰表綮劉秉節並與先朝同獎宋室沈收之於
景和之世特有乃心雖末節不終而始誠可錄歲月彌往
宜霑優隆於是並命改葬綮省事莫嗣祖
劉彥節等宣密謀至是齊高帝問曰汝知表綮謀逆何不
啓嗣祖曰小人無識曲蒙公表公厚恩罪不仰負今日就死
分甘如飴君賜性命亦不忍皆綮而獨生也戴僧靜勸殺之
帝曰彼各為其主遂赦焉用為省事歷朝所賞梁豫章王
直新出閤中宣用嗣祖為師

衆子緯才顥弟覬之子也覬好學美才早有清譽仕宋位
武陵內史覬不就覬臨終與兄顥書曰史公才識可喜足慰先基
矣覬史公覬小字也及顥見誅宋明帝投尸江中不許斂葬
家與舊奴一人微服求尸四十餘日乃得密瘞石頭後岡
身自負土懷其文集未嘗離身明帝崩後乃改葬覬從叔
司徒粲祖曄征西將軍蔡興宗並器之仕宋為齊高帝從
傅相國主簿秘書丞仕齊為中書郎兼太子中庶子又以
中書郎兼御史中丞坐彈 超宗簡泰依違免官後拜廬
陵王諮議時南郡江陵縣人苟蔣之弟胡之婦為曾口寺

【南史列傳十六】 十一 十

沙門所遙夜入苟家蔣之殺沙門為官司所檢蔣之列家
門穢行欲告則恥欲忍則不可實已所殺胡之列又如此
兄弟爭死江陵令宗躬啓州荊州刺史廬江王求博議家
曰夫迅寒急節乃見松筠之操危機迴構方識員孤之風
竊以蔣之胡之原心非暴辯讒之日友于讓生事憐
左右義行路昔文與引謗獲漏網將之心迹同符古
人若陷以深刑寔傷為善由是蔣之兄免死累遷太子
中庶子出為冠軍將軍監吳興郡事家性剛固以微言忤
武帝又薄王晏為人晏請交不荅武帝在便殿用金柄刀
子斵爪晏在側曰外聞有金刀之言恐不宜用此物帝窮

問所以晏曰表家為臣說之上街怒良久父家到郡坐過用
祿錢免官付東冶家妹為竟陵王子良妃子良世子昭胄
時年八歲見武帝而形容慘悴帝問其故昭胄流涕曰臣
昂貪罪今在尚方臣毋悲泣不食已積日臣所以不寧帝
曰與兒見之既而帝遊望東冶曰冶中有一好兒因見
因數日與朝臣幸冶履行庫藏因宴飲賜囚徒酒肉敕宥
家與語明日釋之幼而毋卒養於伯母王氏事之如親
數人推扶乃能徒步幼而毋卒養於伯母王氏事之如親
閨門孝義隆昌元年卒諡靖子家宗人廓之字思慶宏之
曾孫也父家儁宋世為淮南太守以非罪見誅廓之終身

【南史列傳十六】 十二 、

不聽音樂布衣蔬食足不出門示不臣於宋時人以比晉
之王裒延之見其幼時歎曰有子如表廓足矣齊國建
方出仕稍至殿中郎王儉柳世隆傾心待之為太子洗馬
子時何澗亦稱才子為文惠太子作楊畔歌辭其側麗太
子其悅廓之諫曰夫楊畔者亡國之響既非典雅而聲哀思殿下
當隆意簫韶之諫曰聽亡國之響太子改容謝之
昂字千里雍州刺史顥之子也顥敗藏於沙門杖而語之遂免或云顥敗時昂
出關關吏疑非常人沙門匿昂
年五歲乳媪抱匿於盧山州郡於野求之於乳媪匿所
見一虎因去遂免曾救得出猶徙晉安在南唯勤學至元

徵中聽還時年十五初顗敗傳首建鄴藏於武庫以漆題
顗名以為誌至是始還之昂號慟嘔血絕而復蘇以淚洗
所題漆字皆滅人以為孝感葬訖更制服廬于墓次以兄
永常撫視抑警之昂容質儀冠絕人倫以父亡不以理
終身不聽音樂後與永同見從叔司徒粲粲謂永曰昂必
孤而能至此故知名器自有所在仕齊為王儉鎮軍府功
曹此累遷黃門郎昂本名千里齊永明中武帝謂曰昂昂
千里之駒在卿有之今改卿名為昂即千里後為衛軍
武陵王長史丁母憂毀過禮服未除而從兄永卒昂前

為家所養乃制朞服人有怪而問之昂致書以喻之曰
聞禮由恩斷服以情申故小功他邦加制一等同爨有
緦明之典籍孤子夙以不天幼傾乾蔭資敬未奉庭莫
承藐藐沖年未達朱紫從兄提養訓教示以義方每假其
談價虛其聲譽得及次實亦有由兼開拓房宇勗以華
曠同財共有恣其取足爾來三十餘年慺固此恩此愛
壞不追既情若同生而復為諸從言心即事寔未忍安昔馬
色姊妹孤姪成就一時篤念之深在終彌固此恩此愛
緣情而致制雖識不及古誠懷感慕常願千秋之後從服
檢與從弟毅同居毅亡棲為心服三年由也之不除喪亦

朞齊不圖門衰禍集一旦草土殘息復嬰罹舋酷尋惟慟絕
彌剩彌深今以餘喘欲遂素志庶寄其圖慕之痛少伸無
已哽咽言不識次後為昂依事劾奏有先例率迷而至必欲行之臨
紙哽咽言不識次後為昂依事劾奏有先例率迷而至必欲行之初
廣州多納賕貨昂欽奏昂不憚權家當時號為正直初
昂為洗馬梁武帝親經相詣焉及踐阼奏事
多留與語謂曰我昔以卿有美名親經相詣昂答曰陛下
在田之日遂蒙三顧草廬素風潮暴邙乃縛衣著枢誓同
生母憂去職以喪還江路風潮暴邙昂船獲全咸謂精誠所致葬訖
沈溺及風止餘船皆沒唯昂船獲全咸謂精誠所致葬訖
起為吳興太守永元末梁武帝起兵州郡望風皆降昂獨
拒境帝手書喻之曰夫禍福無門興亡之所兼人
駈能匡機來不再圖之宜早頃藉道路承欲狼顧一隅
既未喻雅懷聊申往意獨夫狂悖振古未聞窮凶極虐歲
月滋甚天文表於上人事符於下不謀同契實是在茲辰且
入氏室天文表於上人事符於下不謀同契實是在茲辰且
前驅埽除京邑屠潰之期當不云遠兼感晉出端門太白
范岫申胄久薦誠款各率所守仍為椅角而足下欲何依去就之
區之郡獨堂堂之師根本既傾枝葉安附今竭力昏主未
足為忠家門屠滅非所謂孝忠孝俱盡將欲何依去就之

當其時也貪圖者曰至執玉帛者相望獨在愚臣頗氏身大
義狗鴻毛之輕忘同德之重但三吳險薄五湖交通憂起
田儋之變每懼殷通之禍空慕君魚保境遂失師之弘
後至者斬臣戮明刑狗報誰曰不然幸因約法之弘
編黔庶濯疵滌穢入楚遊陳天波既洗雲油濩沫古人有
承解網之宥猶富降等新繁乃頌釋鉗赭斂骨吹魂還
言非死之難處死之難臣之所荷曠古不書臣之所死未

宴辛加詳擇昂咨史至辱誨承藉以衆論謂僕有勤
王之興兼蒙誚責獨無送款猶復嚴旨若臨禹伐三吳內
地非用兵之所況以偏隅一郡何能為役近奉敕以此境
多虜見使安慰自承庸素文武無施莫不縢袒軍門雖僕一人
敢後至者正以自揆庸素文武無施莫不陳國賤男子耳
雖欲獻心不增大軍之勇置其愚黯窀泪瀝師之威幸藉
將軍含弘之大可得從谷以禮竊以一殘微施尚復巡撫
況食人之祿而頓忘一旦非唯物議以可亦恐明公部之
建康城平昂舉哀慟哭時帝使豫州刺史李元復巡撫東
主敕元復曰表昂道素之門世有忠節天下須其容之勿

以立威陵辱元復至宣旨昂亦不請降開門撤備而已又
至帝亦不問其過天監二年以為後軍臨川王參軍事昂
啓謝曰恩隆絕望之辰慶集其心之日燭灰非喻冀枯未
擬撫衣聚足顏狽不勝臣福羅三墳備詳六典巡校賞罰
之科洞檢生死之律莫不嚴五碎於明君之朝峻三章於
聖王之日是以塗山始貪致防風之誅鄷邑方攜乞言之臣
之伐未有緩憲於斯戮之人餘刑於耐罪之族出萬死入一
生如臣者也推恩及罪往臣實大披心瀝血敢乞言之臣
東國賤人學行何取既殊鳴鴉直木固無結綬彈冠徒藉
羽儀易襄就仕往年濫職守狄東隅仰屬龍興行風驅電掩

知何地武帝苕曰朕遺射鉤卿無自外尋為侍中遷吏部
尚書帝謂曰卿為黑頭尚書我用卿為白頭尚
書良久多愧對曰臣生四十七年于兹矢四十以前臣之

自有七年以後陛下所養七歲尚書未為晚達帝曰士固
不妄有名十五年為尚書左僕射尋為尚書令時僕射徐
勉執權天下在昂慶宴賓主甚歡勉求昂出內人傳盃昂
良父不出勉求之昂不獲已命出五六人始至齋閣昂
謂勉曰我無少年老嫗並是兄母非王妃母便是王大家
今令問訊卿勉聞大驚求止方知昂為貴昂在朝謇諤世
號忠臣昭明太子薨立晉安王綱為皇太子昂獨表言宜
立昭明長息歡為皇太孫雖不見用朝野咸歎異焉自是告
老乞骸骨不干時務昂雅有人鑒游處不雜入其門者號老
龍門大通中位司空大同六年薨時年八十詔即日舉哀

14-304

初昂臨終遺疏不受贈諡敕諸子不得言上行狀及立銘

誌凡有所須悉皆傅省因復曰吾釋褐從仕不期富貴但

官序不失等倫以此閨閫無慙鄉里往忝

吳興屬在昏明之際旣闇於聖朝不識天命

甘貽顯戮幸遇殊恩得全門户自念負非私門階榮望絶

保存性命以為幸甚不謂叨竊寵靈一至於此常欲竭誠

酬報實非矯言旣庸懦無施皆不蒙許欲罄命其議莫

從今日瞑目恨泉壤每興師北伐吾輒啓求行誓之

恩脱有贈官慎勿祗奉諸子累表陳泰詔不許諡曰穆正

公有集二十卷初昂之歸梁有馬仙琕者亦以義烈稱

仙琕守靈馥扶風郿人父伯鸞宋冠軍司馬仙琕少以果

敢聞父憂殷瘠過禮負土成墳手植松栢仕齊位豫州刺

史梁武起兵仙琕其故人姚仲賓說之仙琕先為設酒乃斬

於軍門以徇帝又遣其族叔懷遠說之仙琕曰大義滅親

又命斬之懷遠號泣軍中為請乃免武帝至新林仙琕猶

於江西口抄軍建康城平仙琕舉哀號衆曰我受人任寄

義不容降今衆寡不侔勢必屠滅公等雖無二心其如親

老何我為忠臣君為孝子各盡其道不亦可乎於是悉遣

城內兵出降餘壯士數十閉門獨守俄而兵入圍之數十

重仙琕令士皆持滿兵不敢近曰脱乃投弓曰諸君但來

見取我不降乃檻送建康至石頭脱之帝使待表昂

至俱入曰使天下見二義士帝勞之曰射鉤斬袪昔人弗

忌卿勿以戮使斷運茍自嫌絶也謝曰小人如失主犬後

主飼之便復為用帝咲而美之俄而毋卒帝知其貧給

甚厚仙琕號泣謂弟仲艾曰蒙上厚恩未獲上報今復

荷殊澤當與爾以力自効耳天監四年師侵魏仙琕每

戰恒冠三軍與諸將論議口未賞言功不逃罪乃平生願也何

大丈夫為時所知當進不求名退不逃罪乃平生願也何

功可論為南義陽太守累破山蠻郡境清諡以功封含洭

縣伯遷司州刺史進號員威將軍豫州人白早生使以

懸瓠來降武帝使仙琕赴之又遣直閤將軍武會超馬廣

卒衆為援仙琕進頓楚王城遣副將齊苟兒助守懸瓠

中山王英攻懸瓠執齊苟兒進圍馬廣送洛陽仙琕不能

救會超等亦相次退散魏軍進據三關仙琕坐徵還為雲

騎將軍十年胸山人殺琅邪太守劉晰以城降魏詔假仙

理節討之魏徐州刺史盧昶以衆十餘萬赴焉仙琕累戰

破走之進爵為侯遷豫州刺史加都督仙琕自為將及居

州郡能與士卒同勞逸身衣不過布帛所居無幃幕衾屏

行則飲食與廝養最下者同其在邊境常單身潛入敵境

伺知壁壘村落險要處所攻戰多剋捷士卒亦甘心為用
帝雅愛伏之卒於州贈左衛將軍諡曰剛初仙理幼名仙
婢及長以婢名不典乃以王代女云子嚴夫嗣
昂子君正字世忠少聰敏年數歲父疾晝夜不眠專侍左
右家人勸令暫卧答曰官既未差亦不安歷位太子庶
子君正美風儀善自居處以貴公子早得時譽為豫章內
史性不信巫邪有師萬世榮稱道術為一郡巫長君正在
郡小疾主簿熊岳薦之云須疾者交為信命君正以所
著襦與之軍竟取襦政
於衣裏襁之以為亂政即刑於市而焚神一郡無敢行巫

遷吳郡太守侯景亂率數百人隨邵陵王綸赴援及臺城陷
還郡正當官蒞事有名稱而醫聚財產服玩靡麗賊遣
張太墨攻之新城戌主戴僧易勸令拒守已以戍兵自外
擊之君正不能決吳人陸映公等懼不酒賊種族其勸
之迎賊君正怯懦乃送米及牛酒郊迎賊賊掠奪其財
物子女因是感疾卒子樞
樞字踐言美容儀性沈靜好學手不釋卷家本顯貴貲產
充積而樞獨處率素傍無交往非公事未嘗出游榮利之
懷淡如也侯景之亂樞往吳郡省父疾丁父憂時四方擾
亂人求苟免樞居喪以至孝聞王僧辯平侯景鎮建鄴衣

冠爭往造請樞杜門靜居不求聞達紹泰中歷吏部尚書
吳興郡太守陳永定中徵為侍中掌選遷都官尚書掌選
如故樞博學明悉舊章初陳武帝長女永嘉帝受命唯主
留太守錢藏生子岊主及岊並卒于梁時武帝公主先適陳
追封至是將葬尚書請議加藏駙馬都尉贈岊官樞議
曰昔王姬下嫁必適諸侯同姓為主聞於公羊之說車服
不繫顯於詩人之篇漢氏初興列侯尚主自斯以後降嬪
是以魏曹植表置由漢武或以假諸功臣或以加於戚屬
素族駙馬都尉駙馬奉車取為一號齊職儀曰凡尚公主
必拜駙馬都尉魏晉以來因為瞻準蓋以王姬之重庶姓

之輕若不加其等級寧可合卺而酳所以假駙馬之位乃
崇於皇女也今公主早薨儷巳絕既無禮數致疑何須
駙馬之校寮杜頠尚晉宣帝第二女晉武祚而主巳亡
泰始中追贈公主元凱無復駙馬之號梁文帝女新安穆
公主早薨天監初王氏無追拜駙馬之事遠近二例足以校明
無勞此授令宜追贈亭侯時議以為當天嘉三年為吏部
尚書領丹楊尹以葬父拜表自解詔令仲舉俱掌選事銓衡
服闋還職時僕射到仲舉雖參掌選事汲引並出於
樞舉薦多會上旨謹慎周密清白自居文武職司鮮有遊
其門者廢帝即位遷尚書左僕射卒諡曰簡懿有集十卷

憲字德章幼聰敏好學有雅量梁武帝修建庠序別開五
館其一館在憲宅西憲常招引諸生與之談論新義出人
意表同輩咸嗟服焉大同八年武帝撰孔子正言章句詔
下國學宣制旨義憲時年十四被召為正言生祭酒到溉
自送之愛其神采國子博士周弘正謂憲父君正曰賢子
今茲欲策試不君正曰未敢令試居數日君正遣門客岑
文豪與憲候弘正會弘正將升講坐弟子畢集乃延憲入
室授以麈尾令憲豎義時謝岐何妥在坐弘正謂曰二賢
雖窮奧賾得無懼此後生邪何謝乃遞起義端深極理致

【南史列傳十六】 二十一

憲與往復數番酬對閑敏弘正謂妥曰恣卿所問勿以童
幼期之時觀者重沓憲神色自若辯論有餘弘正亦起數
難終不能屈因告文豪曰卿還諮表吳郡此郎已堪見代
博士矣時生徒對策多行賄賂文豪請具束脩君正曰我
豈能用錢為兒買第邪學司衡之及憲試爭起劇難憲隨
問抗荅剖析如流到溉顧憲曰君正其有後矣及君正
將之吳郡溉祖道於征虜亭謂君正曰昨策生蕭敏孫徐
孝克非不解義至於風神器宇去賢子遠矣尋舉高第以
貴公子選尚南沙公主即梁簡文帝女也大同元年釋褐
秘書郎遷太子舍人侯景寇逆憲東之吳郡尋丁父憂哀

殷過禮陳武帝作相除司徒戶曹初謁遂抗禮長揖中書
令王勱謂憲曰卿何矯衆不拜錄公憲曰於理不應拜
衛尉趙知禮曰表生舉止詳中故有陳汝之風陳奏命授
中書侍郎兼散騎常侍與黃門郎王瑜使齊數年不遣天
嘉初乃還太建三年累遷御史中丞羽林監時豫章王叔
英不奉法度遇取人馬憲依事劾奏免叔英自是朝野嚴
憚憲詳練朝章尤明聽斷至有獄情未盡而有司具法者
帝留憲與衛尉樊俊徙席山亭談宴終日帝謂俊曰表家
故為有人其重如此自侍中遷吳郡太守以父任固辭

【南史列傳十六】 二十二

改授南康內史遷吏部尚書憲以父居清顯累表自解任
帝曰諸人在職屢有謗書卿獨無享己多可謂清白別相甄
錄且勿致辭遷右僕射參掌選事先是憲長兄樞為左僕
射至是憲為右僕射臺省目樞為大僕射憲為小僕射朝
廷榮之及宣帝不豫憲與吏部尚書毛喜俱受顧命始興
王叔陵之肆逆也憲指麾部分預有力焉後主被創病篤
執憲手曰我兒幼後事委卿憲曰羣情喁喁冀聖躬康
復憲手之委未敢奉詔以功封建安縣伯領太子中庶子
尋除侍中太子詹事及太子加元服行釋奠禮憲表請解
職不許尋給扶二人皇太子頗不率典訓憲手表陳諫十

條皆援引古今言辭切直太子雖外示容納心無悛改後
主欲立寵姬張貴妃子始安王為嗣嘗從容言之吏部尚
書蔡徵順旨稱賛憲屬色折之曰皇太子國家儲副億兆
宅心卿是何人輕言廢立然是竟廢太子為吳興王後
主知憲有規諫之事咎曰表德章實骾臣即日詔為尚
書僕射禎明三年隋軍來代憲待左右後曰我從來
待卿不先餘人今日見卿可謂歲寒知松栢後凋也非唯
由我無德亦是江東衣冠道盡後主將避匿憲正色曰北
兵之入必無所犯大事如此陛下安之臣子之節陛下依梁武

見侯景故事以待之不從因下榻馳去憲從出後堂景陽
殿後主投井中憲拜哭而出及至長安隋文帝嘉其雅操
下詔以為江表栭首授開府儀同三司昌州刺史開皇十
四年授晉王廣府長史十八年卒時年七十贈大將軍安
成郡公謚曰簡長子承家仕隋至祕書丞國子司業君正
弟敬
敬字子恭純素有風格幼便篤學老而無倦仕梁位太子
中舍人魏剋江陵流寓領表陳武帝受禪敬在廣州依歐
陽頠頠卒其子紀據州將有異志敬累諫不從宣帝即位
遣章昭達討紀紀將敗恨不納敬言朝廷義之徵為太子

中庶子歷左戶都官二尚書太常卿散騎常侍金紫光祿
大夫加特進至德三年卒謚靖德子元友嗣敬弟泌
泌字文清正有幹局容體魁岸志行脩謹仕梁藩諸王
府佐侯景之亂泌兄君正為吳郡太守召募士卒泌率
板泌為東宮領直令仕吳中召募士卒及景平王僧辯
表泌為富春太守兼丹陽尹貞陽侯明僭位以為侍中使
所領赴援城陷依鄱陽嗣王範之範卒泌降景景平王
琳稱尊號泌以泌輕舟送
達于北境蠶莊於御史中丞劉仲威然後拜辭歸陳請罪

文帝深義之累遷通直散騎常侍兼中書侍郎及宣帝入
輔又泌為司徒左長史卒于官臨終戒其子支華曰吾死
朝廷素無功績頭目之後斂手足旋葬無得受贈謚其子
述泌遺意朝廷不許贈金紫光祿大夫謚曰質
論曰天長地久四時代謝通目散化修迭生不冊求所以援洪
圖而輕天下愒寸陰而賤夫觀夫宋齊義還表門世蹈忠義固知風
軀茍主軍遇其人觀夫宋齊義還表門世蹈忠義固知風
霜之際松筠均其性乎君無陽原之節冊青天何取貴顗雖
末路披猖原心有本豪之出處所謂疾風勁草豈此之謂乎首王經峻

節既被雄於晉世祿之貞固亦改葬於齊朝其激厲之方
異代同符者矣昂命屬崩離身逢危奉雖獨夫喪德臣節
無改捍梁武之命義烈存焉隆從兄之服悼心高已既而
抗言儲嗣絕志直道辭榮身後有心黯殞自初及末無衡
鳳範從微至著皆為稱職蓋一代之名公也樞風格峻整
憲仁義孝由韓子獄人臣委質心無有二憲弗渝歲暮良
可稱云敬泌立履之地亦不為替矣

列傳第十六

南史二十六

孔靖　孫琇之　琇之曾孫奐　李　南史二十七
　殷景仁　從祖弟淳　　　　延壽
　孔琳之　孫覬

孔靖字季恭會稽山陰人也名與宋武帝祖諱同故以字
稱祖愉晉車騎將軍父誾散騎常侍季恭始察孝廉不就
司徒左西掾未拜遭母憂隆安五年被起為山陰令不就
宋武帝東征孫恩愛其才會稽過季恭宅季恭正晝眠有神
人衣服非常謂曰卿當大貴願以身為託於是曲意禮接
入結交執手曰卿後當大貴願以身為託於是曲意禮接
瞻給甚厚帝後討孫恩時桓玄纂形已著帝欲於山陰建
義季恭以山陰路遠且玄未居極位不如待其居後於京
口圖之帝亦以為然時虞嘯父為會稽內史季恭求為府
司馬不得出出詣都及帝定桓玄以季恭為會稽內史使
齊封扶拜授正與季恭遇季恭便迴舟夜還至即叩靴入
郡嘯父本為桓玄所授聞請罪季恭慰勉便且
安所佳明日乃後季恭到任鞶整浮華前罰遊惰由是境
內肅清眾遷其與太守加冠軍先是吳興頻喪太守言項
羽神為下山王居郡聽事二十年常避之季恭居聽事竟
無害也遷尚書左僕射固讓義熙八年復為會稽內史修

師學校督課誦習十年復為右僕射又讓不拜除領軍加
散騎常侍十二年致仕拜金紫光祿大夫是歲武帝北伐
季恭求從以為太尉軍諮祭酒從平關洛宋臺初建以為
尚書令又讓乃拜侍中特進光祿大夫辭事東歸帝親餞
之戲馬臺百僚咸賦詩述其美及受命加開府儀同三
司讓累年不受薨義熙符位丹楊尹會稽太守尋
加祿章王子尚撫軍長史靈符家本豐富產業甚廣又於
永興立野周回三十三里水陸地二百六十五頃含帶二
山又有果園九懸為有司所糾詔原之而靈符各對不實
坐免尋又復官靈符慈實有堪幹不存華飾每所莅官政
績修理廢帝景和中犯忤近臣為所譖搆遣便鞭殺之
子湛之深之於都賜死明帝即位追贈靈符金紫光祿大
夫深之大明中為尚書比部郎時安陸應城縣人張江陵
與妻吳共罵母黃令黃忿恨自經死值赦律子賊
殺傷毆父母梟首母毆殺夫之父亦棄市會赦故
殺傷雖遇赦猶鞶市母以自裁重於傷毆若同殺科則疑
重用補冶江陵棄市母黃以自裁重於傷毆又謇科則疑
免刑補冶江陵棄市深之議以為律文雖不顯母子
母致死魯救之科深之議曰夫題里逆心而仁者不入名
且惡之況乃人事故毆傷呪詛法所不原署
無可宥罰有從輕盡疑失善求之文旨非此之謂江陵雖

遇赦恩故令皇首婦本以義要距天蜀黃之所恨情不在
吳泉死補治有宄正法詔如深之議吳可葉市靈將得全靈
運位著作即靈運子瑤之瑤之有吏能仕齊為吳令有小
兒年十歲便能為隣家稻一束瑤之付獄案罪或諫之瑤
曰十歲便能為盜長大何所不為縣中皆襄蕭還左戶尚書
防備諸蕃毀寄身於上佐使便宜從事隆昌元年遷琊之
之清乃歎息出監豫章郡尋拜太守政績清嚴明帝輔政
在任清約罷郡還獻見畫三千斤尚書廷尉卿出為臨海太守
晉熙王冠軍長史江夏內史行郢州事欲令殺晉熙瑤之

辭不許欲自引決友人陸閑諫之瑤之不徙遂不食而死璵
子臻至太子舍人尚書三公即臻子幻孫梁寧遠枝江公
主簿無錫令幻孫子映

棐字休文數感而孤為叔父戾孫所養好學善屬文沛國
劉顯漢博學得每深相歎美熟其手曰昔伯喈墳素悉遺
仲宣當希彼君足下無愧王氏所保書籍尋以相付
佳棐為尚書儀曹侍郎時左戶尚書沈炯為飛書所謗尋帖
重郡運宮蘭人懷憂懼奧廷議理之竟得明白俟導帖
建鄴朝士並被拘縶或為賊率佐子鑑乃脫桎梏厚
遇之令掌書記時子鑑景之腹心朝士莫不甲而奧獨無

所下或諫奧曰不宜高抗命有在當有取媚凶
醜以求全乎時賊徒剝掠子女拘過士庶持得全著
甚眾尋遭母憂時天下喪亂貧不能終三年喪唯奧及吳
國張種在冠亂中守法度並以孝聞又景平司徒王僧辯
先下辟書引為左西掾梁元帝手敕報曰孔沈二士今且借公其為
僧辯累表請留之帝手敕報曰孔沈二士今且借公其為
朝廷所重如此僧辯為揚州刺史又補中從事史時僚
新平每事諮稟劉憲章故事無復存者奧博物強識甄明故
實問無不知儀體式戕畫裴翰皆出於奧陳武帝作相
除司徒長史左遷給事黃門侍郎即齊道東方老蕭軌來冠

四方壅隔糧運不繼三軍取給唯在都下乃除奧建康令
武帝趙日決戰乃令奧多營麥飯以荷葉裹之一宿之間
得數萬裹軍且食託盡棄其餘因而決戰大破賊自宋齊
以來為大郡雖經冠擾猶為全實前後二千石多行侵暴
受禪遷太子中庶子永定三年除晉陵太守晉陵自宋齊
即分膽孤寡郡中大理曰神君曲阿富人殷綺見奧居處後
素乃餉奧衣氈一具奧曰太守身居美祿何為不能辨此
但百姓未周不容獨享溫飽勿為煩費陳文帝
即位徵為御史中丞奧性剛直多所糾劾朝廷甚敬憚之

又達於政體每所奏未嘗不稱善百司滯事皆付咨決選
散騎常侍領步兵校尉中書舍人重除御史中丞尋為五
兵尚書時宣帝不豫臺閣事並委僕射到仲舉共決之
帝疾篤與宣帝及到仲舉并吏部尚書袁樞中書舍人
劉師知等入侍醫藥文帝嘗謂袁樞等曰今三方鼎峙宜
長君朕欲近則晉成帝遠則陸遜法卿等復非义皇太子春秋
歐歡跪而對曰陛下御膳違和聖躬不敢聞帝曰古人遺言復見之
卿乃用象為太子詹事廢帝即位除散騎常侍國子祭酒
盛聖德曰蹤廢立之事臣不敢聞帝即位除散騎常侍國子祭酒
出為南中即康樂侯長史尋陽太守行江州事宣帝即

位為始興王長史象在職清儉多所規正宣帝嘉之賜米
五百斛并累降敕書殷勤勞問太建六年為吏部尚書八
年加侍中時有事北邊封賞淮泗復役江左紛紜軍役賞
應接引進門無得實加以識鑒人物詳練百氏凡所銓拔
衣冠攢紳莫不忻服性耿介絕請託雖儲副之尊公侯
之重淵情相及終不為屈興王叔陵之在湘州累諷有
司固求大鑑象曰江夏章本以德舉未必皇枝因抗言宣
帝帝曰始興與郡忽望公且朕兒為公須在鄱陽王後
臣之所見亦如聖旨後主時在東宮欲以江摠為太子詹
事令管紀陸瑜言之象曰江有潘陸之華而無園綺之

實輔弼儲貳竊謂非材後主深以為恨乃自三袞宣帝宣
帝將許之象乃奏曰江摠文華之人今皇太子文華不少
無藉於摠如臣愚見願選敦重之才以居輔導帝曰誰可
象曰都官尚書王廓世有懿德識性敦敏可以居之後主
時亦在側乃曰廓王泰之子不可居太子詹事象又曰宋
朝范曄即范泰之子亦為太子詹事帝以象議於是乃止
及左僕射陸繕遷職宣帝欲用象代之象私薦吳郡張
為左僕射陸繕遷職宣帝欲用象代之象私薦已草詔訖後主固爭於象以為
遂不行十四年為散騎常侍金紫光祿大夫領前軍將軍
未行改領弘範宣衛尉至德元年卒年七十餘有集十五

卷彈文四卷子緒安絕薪紹忠紹字孝揚亦有才孝位
太子洗馬鄱陽東曹掾

孔琳之字彥琳會稽山陰人也曾祖群晉御史中丞祖沈
丞相掾父廞光祿大夫琳之強正有志力少好文義解音
律能彈棋妙善草隸桓玄輔政以為西閤祭酒玄
時議欲廢錢用穀帛琳之議曰洪範八政以貨次食豈
以交易之所資為用之所貴故聖王制無用之貨以
通有用之財既無毀敗之費又省運致之苦此錢所以
功遍歷代不廢著也穀帛為寶本充衣食分以為貨
則致損甚多又勞煩於商販之手耗棄於割截之用此
即致損甚多又勞煩於商販之手耗棄於割截之用此

為樂著於自彙故鍾繇曰巧偽之人競濡穀以要制薄
絹以充資魏世制以嚴刑弗能禁也是以司馬芝以為用
錢非徒豐國亦所以省刑今飢用而廢之則百姓頓失其
財是有錢無糧之人皆坐而飢困此斷之之獎也魏明帝
時錢廢穀用四十年矣以不宜復用錢彼尚舍穀帛而用
政之士莫不以試也玄又議復肉刑琳之以為唐虞象刑
夏禹立辟蓋淳薄既異致化不同書曰世輕世重言隨時
也夫三代風純而事簡故軍蹈刑辟季末俗巧而務殺故
動蹈網若三千行於叔世必有踊貴之尤此五帝不相循

〈南史列傳十七〉七

法肉刑不可悉復者也漢文發仁惻之意傷自新之路莫
由革古創制號稱刑厝然名輕而實重反更傷人故孝景
嗣位輕之以緩緩而人慢又不禁邪期于刑罰之中所以
見美於昔歷代詳論而未獲厭中者也兵荒已後羅法更
多棄市之刑本斬右趾漢文一謬承而弗革所以前賢恨
恨議之而未辯鍾繇陳羣之意雖小有不同欲以右趾代
棄市若從其言則肉刑可以
全其性命殺不革宜令逃身靡所亦以肅戒未犯永絕惡
逃為先慮救不革宜令逃身靡所功亦益眾又今之所惠迪
原至於餘條宜且依舊玄好人附悅而琳之不能順盲是

以不見知累選尚書左丞楊州中從事史所居著績時青
衆官獻便宜議者以為宜惰庠序郵典刑審官方明黜陟
擢逸拔才務農簡調琳之於衆議之外別建言曰夫璽印
者所以辯章官爵立契信官莫大於皇帝爵莫尊於公
侯而傳國之璽歷代遞用襲封之印亦世相傳襲貴在仍舊
無取改作今世唯別一職獨用一印至於內外羣官每遷
采畋討尋其義私所未達若謂官各異姓與傳襲不同則
未若異代之為殊也若論其名器雖有公卿之貴未若帝
王之重若以或有誅夷忌其凶穢則漢用秦璽延祚

〈南史列傳十七〉八

四百未聞以子嬰身戮國亡而棄不佩帝王公侯之尊不
疑於傳璽人臣衆僚之卑何嫌於即印載籍未聞其說推
別自乖其準而終年刻鑄喪功消實金銀銅炭之費不可
稱言兆所以因循舊貫易簡之道思請衆官即用一印無
煩改作若新置官又官多印少文或零失然後乃鑄則仰
禪天府非唯小益又曰凶門栢裝不出禮典起自末代積
習生常遂成舊俗愛自天子達于庶人誠行之有由卒革
必駭然苟無關於情而有惉禮度存之未有所明去之未
有所失固當式遵先典蹔華後謐況復兼以游費寔為人
患者乎凡人士喪儀多出閭里每有此須動十數萬損人
財力而義無所取至於寒庶則人思自竭雖復室如懸磬

莫不傾產單財所謂葬之以禮其若此乎謂宜一罷凶門
之式還尚書吏部即義熙十一年除宋武帝平北征西長
史遷侍中宋臺初建除宋國侍中永初二年為御史中丞
明憲直法無所屈橈奏劾尚書令徐羨之詆譭憲典時羨
之領揚州刺史琳之為中從事羨之使璩之
琳之弟璩之為中從事羨之使璩之解釋
身汝必不應從坐何憚勤邪自是百僚震肅莫敢犯禁
武帝甚嘉之行經蘭臺前幸遷祠部尚書不事產業
家充貧素景平元年卒追贈太常子遵有父風官至揚州
中從事遵子覬

南史列傳十七 九

覬字思遠少骨鯁有風力以是非為己任口吃好讀書早
知名歷位中書黃門侍郎初晉安帝時散騎常侍選望甚
重與侍中不異其後職任閑散用人漸輕孝建三年孝武
欲重其選於是吏部尚書顏竣奏以覬及司徒左長史王
景文應舉帝不欲威權在下其後分吏部尚書置二人以
輕其任侍中蔡興宗謂人曰選曹要重常侍閑淡改之以
名而不以實雖主意欲爾可變邪既而常侍之選復單
之選復單不異大明元年徙太子中庶子領翊
軍校尉歷秘書監廷尉卿為御史中丞鞭令史為有司所
糾原不問六年除安陸王子綏後軍長史江夏內史性使

酒枕氣每醉輒彌日不醒僚類間多所陵忽尤不能曲意
權幸莫不畏而疾之居常貧罄無有豐約未嘗關懷為府
長史典籤諮事不呼前不敢前不令去不敢去雖醉日居
多而明曉政事醒時判決未嘗有壅眾咸曰孔公一月二
十九日醉勝世人二十九日醒也武帝每欲引見先遣人
覘其醉醒性真素不尚矯飾遇得寶玩服用不疑而他物
覬敗終不改易時吳郡顧覬之亦尚儉素衣裘器服皆不擇
其陋者宋世人咸有輕之二人覬儉頗營產業
二弟請假東還覬出渚迎之舳艫十餘船皆是綿絹紙席
之屬覬見之偽喜謂曰我比乏此得甚要因命置岸側既

南史列傳十七 十

而正色謂曰汝輩忝預士流何至還東作賈客邪命燒盡
乃去先是庾徽之為御史中丞性豪麗服玩甚華覬代之
衣冠器用莫不麤率蘭臺令史並三吳富人咸有輕之之
意覬蓬首緩帶風貌清嚴皆重跡屏氣莫敢欺犯庾徽之
字景猷潁川鄢陵人也後至南東海太守覬後為司徒
左長史道存代覬為後軍長史江夏內史時東土大旱都
之覬呼吏謂之曰我在彼三載去官之日不辦有路糧即
色米貴一斗將百錢道存屬覬甚至遣吏載五百斛米餉
至彼未幾那能得此米邪可載米還彼更曰自古以來無
有載米上水者都下米貴乞於此貨之不聽吏乃載米而

去求光元年遷侍中後爲尋陽王右軍長史行會稽郡事
明帝即位召爲太子詹事軍遣詣佐平西司馬庾業爲右軍
司馬代覬行會稽郡事時上流又叛上遣都水使者孔覬
入東慰勞璵至說覬以廢帝後費倉儲耗盡都下罄資
用巳竭今南北並起遠近離叛若擁五郡之鋭招動三吳
郡太守顧琛以毋年篤老又密通建鄴與長子寶素謀
事無不剋覬然其言遂發兵馳檄若叛覬子長公琛二子澱玄
議來判少子寶珠以南師已近朝

延孤弱不時順從必有覆戒之禍覬前鋒軍巳度浙江琛

遠據郡同又吳興太守王曇生義興太守劉延熙晉陵太
守衷摽一時響應庾業既東明帝即以代延熙爲義興以
延熙爲巴陵王休若鎮東長史業至長塘湖即與延熙以
明帝遣威威將軍沈懷明東討尚書張永係進巴陵王休
若董統東討諸軍時覬所遣孫曇瓘等頓晉陵九里部
陣甚盛懷明至奔牛所領寡弱張永至曲阿未知懷明安
否退還延陵就休若諸將帥咸勸退破岡休若宣令敢有
言退者斬衆小定軍主劉亮又繼至兵力轉集人情乃安
時齊高帝率軍東討與張永等於晉陵九里曲結營與東
軍相持上遣積射將軍江方興南臺御史王道隆至晉陵

視賊形勢賊帥孫曇瓘程捍宗陳景遠尼有五城五相連
帶捍宗城猶未固道隆率所領急攻之俄頃城陷衆斬捍宗
首劉亮果勁乃負楯而進直入重柵衆稍近將士因此
皆擢破齊高帝與永等乘勝馳擊之又大破之曇瓘因即
敗走孔璵與曇生焚倉庫奔會稽聞西軍稍近將
多奔亡覬不能復制上虞令王晏起兵攻覬覬憂遽不知
所爲其夕率千人聲云東討實趣石湯遇潮洄不得去曇
叛都盡門生載以小船竄于山嵪村村人縛以送晏晏
曰此事孔璵之爲無豫卿事可作首辭當相爲申上覬
江東勠分莫不由身委罪求活便是君輩行意耳晏乃斬

之東閤外臨死求酒曰此是平生所好顧璵王曇表摽
等並詣吳喜歸罪皆宥之東軍主尼七十六人於陣斬
十七人餘皆原宥覬之起兵也蔓行宣陽門道上顧壁皆
立陵窟私告人曰立陵者弗平建康尉覬弟道存
位黃門吏部即南海太守晉安王子勛建偽號以爲侍中
行雍州事事敗見殺
殷景仁陳郡長平人也魯祖融晉太常祖茂之特進左光
祿大夫父道裕早亡景仁少有大成之量司徒王謐見而
以女妻之爲宋武帝太尉行參軍歷位中書侍郎景仁不
爲文而敏有思致不談義而深達理至於國典朝章舊章

記注莫不撰錄識者知其有當世之志也嘗建議請百官
舉才以所薦能否黜陟武帝其知之少帝即位補侍中累
表辭讓優詔申其請以為黃門侍郎歷左衛將軍文帝即
位委遇彌厚俄遷侍中左衛如故時與王華王曇首劉湛
四人並為侍中以風力局幹冠晃一時同升之美近代莫
及元嘉三年車駕征謝晦平代到彥之為中領軍侍中書下省莫
長直共掌留任晦平代晦之彥之為中領軍侍中書下省
車駕親往臨哭詔欲遵二漢推恩之典景仁議以為漢氏
所生章太后早亡上奉太后所生蘇氏甚謹六年蘇氏卒
推恩加爵于時承秦之弊儒術莫如懼非盛明所宜軌蹈

晉監二代朝政之所因君舉必書哲王之所慎體至公者
懸爵賞於無私奉天統者每屈情以申制所以作孚萬國
貽則後昆上從之丁毋憂非起為領軍將軍固辭上使
綱紀代終人周赴與載詣府服闋遷尚書僕射
太子詹軍劉湛代為領軍湛與景仁素善皆被遇於武帝
俱以宰相許之湛還朝共參朝政湛既入以景仁位遇本不踰己
一旦居前意甚憤憤知文帝信伏景仁不可移奪乃深結
司徒彭城王義康欲倚倚相之重以傾之十二年景仁遷
中書令護軍將軍僕射如故尋復加領吏部湛愈怒義康

納湛言毀景仁於文帝帝遇之益隆景仁密陳相王權重
非社稷計上以為然景仁對親舊嘆曰引之令入便噬人
乃稱疾解之以見許使停家養病湛議欲遣人若刦盜者
於外殺之以為文帝雖知當不能傷至親之愛上微聞之
徙景仁於西掖門外晉鄱陽王第以為護軍府密邇宮禁
故其計不行景仁臥疾既久左右皆不悟
及將收湛之日景仁臥疾五年雖不見上而密函去來日
中以十數朝政大小必以問焉影迹周密莫有窺其際者
其意其夜湛出華林園延賢堂召之景仁猶稱腳疾小差
興以就坐誅討處分一皆委之代義康為揚州刺史僕射

吏部如故遣使者授印綬主簿代拜畢便覺疾甚情理乖
錯性本寬厚而忽更苛暴問左右曰今年男婚多女嫁多
是冬大雪景仁乘輿出聽事觀望忽驚曰當閤何得有大
樹既而曰我誤耳疾篤文帝謂不利在州使還佳僕射下
省為州凡月餘日卒或云見劉湛為祟追贈侍中司空諡
曰文成公大明五年孝武帝行經景仁墓詔遣致祭子道猷
幼而不慧位太中大夫道猷子恂明帝時位侍中度支尚
書屬父疾積久為有司所奏詔曰道猷生便有病更無橫
疾怕因愚晉惜父妨清序可除散騎常侍
淳字粹遠景仁從祖弟也祖允晉太常父稷以和謹致稱

自五立尚書為宋武帝相國左長史元嘉中位特進(右光
祿大夫領始興王師卒官諡曰元子淳少好學有美名歷
中書黃門侍郎黃門清切直下應留下省以父老特聽還
家高顏愛言早有清尚愛好文義未嘗違拾在祕書閣撰
四部書大目凡四十卷行於世元嘉十一年辛朝廷痛惜
之子平有父風嘗與侍中何尚共食乎美盖勛云益專
英勛司空無忌乎也乎徐輟餉曰何無忌諱乎位吏部郎
為順帝撫軍長史乎臻字後同紉有名行裴躬彥回亚
賞異之每造(二公之席頓清言畢景王儉為刑陽尹引為
郡丞妻勛光拜祕書丞求臻為到省表臻苦曰何不見傷
拜而偹見作表遂(不為作歌位太子洗馬淳弟沖字希遠
位御史中丞有司直之稱用遷慶支尚書元凶妃即淳女
而沖在東宮為勛所知過劭殺立以為司隸校尉沖有學
義文辭勛使為尚書符罪狀孝武亦為劭盡力建鄴平賜
死沖弟淡字夷速亦歷黃門吏部即太子中庶子大明中
又以文章見知
論曰季恭命偶與王曇深惟攜及位致宗寵而每存謙挹
觀夫持滿之戒足以追蹤古人琇之貞素之風不踐無義
之地易曰王臣蹇蹇其動也直休文行己之度可謂近而
琳之二謙深達變通之道覬持身之節亦曰一時之良而

聽言則悖晚致覆沒痛矣哉景仁遠大之情著於初筮元
嘉之盛辛致宗臣言聽計從於斯為重美矣乎

列傳第十七

南史三十七

褚裕之　弟淡之　李延壽

玄孫球　裕之兄子湛之
奫子蓁　蓁子向
從父弟炫　篆子濯　濯子家　蒙子外

褚裕之字叔度河南陽翟人曾祖夏之曾孫也
書監父爽金紫光祿大夫長兄秀之字長倩歷太司馬琅
邪王從事中郎黃門侍郎宋武帝鎮西長史秀之妹嘗為
帝后也秀之雖晉氏姻戚而盡心於武帝遷侍中出補大
司馬右司馬晉恭帝即位為祠部尚書宋受命從太常

嘉初辛於官秀之第淡之字仲原亦歷顯官為宋武帝

【南史列傳十八】　〔一〕

騎從事中郎尚書吏部郎廷尉卿左衛將軍宋受命為侍
中淡之兄弟並盡忠事武帝恭帝每生男輒令方便殺焉
或誘賂內人或密加毒害前後如此非一及恭帝遜位居
秣陵宮常懼見禍與褚后共止一室憂有酖毒自煮食於
前武帝將殺之不欲遣人入內令淡之兄視后褚后出就
別室相見兵人乃踰垣而入進藥於恭帝帝不肯飲曰佛
教自殺者不得復人身乃以被掩之後會稽郡缺朝議欲
用淡之小字也乃用淡之為會稽太守景平二年富陽孫氏
聚合門宗謀逆其支黨在永興縣潛相影響晉永興令羊恬

覺其謀以告淡之淡之不信乃以誣人之罪收縣職局於
是孫法先自號冠軍大將軍與孫道慶等攻沒縣邑更相
樹置遣以鄞令司馬宣為征西大將軍建旗鳴鼓直攻
山陰淡之自假陵江將軍以山陰令陸邵行司馬加振武
將軍前員外散騎常侍謝奕之並參軍事名行參軍七十餘人
前鎮西諮議參軍孔甯子左光祿大夫孔季恭子山士並
在鄞中皆起為將軍遣隊主陳顏鄉郡掾憂道納二軍
過浦陽江願等戰敗賊遂推鋒而前去城二十餘里淡之
遣陸邵水軍禦之而身率所領出淡近郊邵與行參軍滿

【南史列傳十八】　〔二〕

恭期合力大敗賊於柯亭淡之尋卒諡曰貞子裕之名與
武帝同故行字焉初為太宰琅邪王行參軍武帝車騎參
軍司徒左西屬中軍諮議參軍署中兵加建威將軍從征
鮮卑盡其誠力廬循攻查浦叔度力戰有功循南走武帝
板行廣州刺史加督建威將軍領平越中郎將在任四年
廣營貲賄贓賄狼藉坐免官桂鋼終身還至都凡諸親舊
又一餞之敕無不厚加贈遺尋除大尉咨議參軍相國右
司馬武帝受命為右衛將軍武帝以其名家而能竭盡忠
力甚嘉之封番馬縣男尋加散騎常侍永初四年出為雍
州刺史領寧蠻校尉在任三年以清簡致稱景平二年卒

子恬之嗣恬之弟寂之著作佐郎早卒寂之子暠尚宋文
帝第六女琅邪貞長公主位太宰參軍亦早卒暠子繢位
太子舍人亦尚宋公主繢字仲寶少孤貧篤志好學
有才思宋建平王景素元徽中誅滅唯有一女存故吏何
昌㝢聞球速聞球字素之仕齊爲溧陽令在縣
清白貴公奉而巳仕梁歷都官尚書通直散騎常侍祕書
監領著作司徒右長史常傳著作如故自親孫禮晉荀組
以後台佐加貂始自球也女爲散騎常侍光祿大夫給事中
駙馬都尉著作即哀公主薨復尚武帝第五女吳郡宣
湛之字休玄秀之子也尚宋武帝第七女始安哀公主拜

◀ 南史列傳十八 ▶ 三

公主諸尚主者並因世胄不必皆有才能湛之謹實有意
幹故爲文帝所知歷顯位爲太子中庶子司徒左長史侍
中左衛將軍左户尚書丹楊尹元凶殺逆以爲吏部尚書
復出爲丹楊尹統石頭戍事孝武入伐劭自攻新亭晶後
湛之率水師俱進湛之因攜二息彥回登登輕舟南奔孝
回始生一男爲劭所殺孝武即位以爲尚書右僕射以南奔賜爵都
鄉侯大明四年卒諡敬侯子彥回
元年爲中書令丹楊後拜尚書見僕射以南奔賜爵
彥回幼有清譽宋元嘉末魏軍遠瓜步百姓咸負擔而立
時父湛之爲丹楊尹使其子弟並著芥幘於領前習行或

議之湛之曰安不忘危也彥回時年十餘甚有愧色湛之
有一牛至所愛無故隨聽事前井湛之率左右躬自營救
之郡中喧擾彥回下簾不視也又有門生魁而盜其衣彥回遇
見謂曰可密藏之勿使人見此門生魁而去不敢後還
貴乃歸罪待之如初尚宋文帝女南郡獻公主拜駙馬都
尉除著作佐郎累遷祕書丞永湛之卒彥回悉推財與弟澄
唯取書數千卷湛之有兩尉寶物在彥回所生郭氏間
母吳縣主求之郭欲不與彥回曰但令弟在何患無物
猶不許彥回流涕固請乃從之襲爵都鄉侯歷位尚書
部郎景和中山陰公主淫恣窺見彥回悅之以白帝帝召

◀ 南史列傳十八 ▶ 四

彥回西上閤宿十日公主夜就之備見逼迫彥回整身而
立竟夕至曉不爲移志公主謂曰君鬚髯如戟何無丈夫
意彥回曰雖不敏何敢首爲亂階宋明帝即位累遷吏
部尚書有人求官密袖中將一餅金因求請間出金示之
曰人無知者彥回曰卿自應得官無假此物若必見與不
得不相啟此人大懼收金而去彥回明日於朝堂白帝
時人莫之知也帝之在蕃與彥回以風素相善至是深相
委仗陳事皆見從改封雩都伯歷待中領尚書右衛將軍
彥回美儀貌善容止俯仰進退咸有風則每朝會百僚遠
國使莫不延首目送之明帝嘗歎曰褚彥回能遲行緩步

便得宰相英時人以方何平叔眾袞聚舍初秋涼夕風
月甚美彦回援琴奏別鵠之曲宮商既調風神諧暢王彧
謝莊並在坐撫節而歎曰以無累之神合有道之器宮
商暫離不可得已時人以方何平叔
一後又求降明帝加以重位彦回謂全其首領於事已弘
不足大加寵異帝不從珎奇尋又叛彦回後為吳郡太守
帝寢疾殆始馳使召之欲託後事及至召入帝坐帳中流
涕曰吾近危篤故召卿欲使著黃羅襦指枕頭大丸曰文
書皆函內實此函不得後開彦回亦悲不自勝黃羅襦乳
母服也帝雖小閒猶懷身後憂建安王休仁人才令美物
僕射以母老疾晨昏須養意辭衛尉不許明帝崩遺詔以為
中書令護軍將軍與尚書令袞聚安顧命輔幼主黎等雖
同見託而意在彦回同心理事務弘儉約百姓賴之
情宗向帝與彦回謀誅之彦回以為不可帝怒曰卿癡不
足與議事彦回懼而奉旨復為吏部尚書衛尉卿尚書右
既而王道隆阮佃夫用事姣賂公行彦回不能禁也遭所
生喪毀頻不便可識兼年不盟御江淥颳乃見其本質
焉詔斷哭禁弟客輦車起為中軍將軍本官如故元微二
年桂陽王休範反彦回與衛將軍入衛宮省鎮集眾
心彦回初為丹陽尹與從弟炤同載道逢齊高帝彦回舉手

指高帝軍謂昭曰此非常人也出為吳興與高帝餉物別彦
回又語人曰此人才貌非常將來不可測也及顧命之際
引高帝豫高帝既平桂陽還中領軍南兗州高帝固讓
命其年加彦回尚書令侍中給班劍二十八固讓令三年
與彦回及衛軍表袞書陳情彦回等書不從高帝乃受
時淮北屬闕改授中書監護軍如故給鼓吹一部
進爵為侯服闋改職又以弟奈禮及表解職並
錢人有餉鰒魚三十枚彦回時雖貴而貧薄過其門
生有餉計貴之云可得十萬錢彦回變色曰我謂此是食
物非曰財貨且不知堪賣買錢聊爾受之雖使儉之寧可賣
飾取錢也悉與親游噉之少日便盡明年娉母吳郡公主
蕙毀羸骨立荼毀詔攝職固辭又以弟奈禮及表解職並
不許蒼梧暴利甚齊高帝與彦回及表袞言世事袞曰
主上幼年微過易改伊霍之事非李世所行縱使功成亦
終無全地彦回默然歸心高帝及廢蒼梧臺公集議表袞
劉彦節既不受任彦回曰非蕭公無以了此手取事授高
帝高帝曰相與不肯我安得辭事乃定順帝立政號衛將
軍開府儀同三司侍中如故甲仗五十人入殿及表袞懷
貳曰褚公眼睛多白所謂白虹貫日亡宋者終此人也他
日袞謂彦回曰國家所倚唯公與劉丹陽及袞耳願各自

勉無使竹帛所笑彥回曰願以鄙心寄公之腹則可矣然
竟不能貞固及高帝輔政王儉議加黃鉞任遐曰此大事
應報褚公帝欲脫不與卿將何計遐曰彥回保妻子愛
性命非有奇才異節能制之果無違異及沈攸之事起
高帝召彥回謀議為其備事平進中書監司空彃臺建立
其內耳高帝密為齊官高帝謙而
不許建元元年進位司徒侍中中書監司空齊臺建元
公彥回讓司徒乃與僕射王儉書欲從袁粲謀事例以非
所宜言勸彥回受命終不就尋加尚書令二年重申前命

〈南史列傳十八〉

為司徒又固諫魏軍動高帝欲發王公以下無官者從軍
彥回諫以為無益實用空致擾動上乃止三年七月帝親
嘗酎盛暑欲出夜出與左僕射王儉諫以為自漢宣帝
以來不夜入廟所以誠非常人君之重所宜克慎從之時
朝廷機事彥回多與議謀每見從納禮遇甚重上大宴集
酒後謂朝臣彥回等並宋時公卿亦當言臣不言我應得天子
王儉等未及答彥回斂板曰陛下不得言臣不早識龍顏
上笑曰吾有愧文叔知公為朱祐父矣彥回善彈琵琶嘗
賜以金鏤柄銀柱琵琶性和雅有器度
武帝在東宮宴集失火煙爛甚遍左右驚擾彥回神色怡然
不妄舉動宅宇皆

七

索虜寇徐兗然世頗以名節譏之千時百姓語曰可憐石頭
城寧為袁粲死不作彥回生高帝崩遺詔以為錄尚書事
江左以來無單拜錄者有司疑立優策尚書令王儉議以
為見居本官別拜錄應有策書而舊事不載中朝以來三
公王侯則優策並設官品第二策而不優優者褒美策者
兼明委寄尚書職居天官政化之本故為尚書令品雖第
拜必有榮錄尚書秩不見而摠任彌重前代多用本官
同拜故不別有策即事緣情不容均以尋增彥回班劍為三十
申隆寄既異王侯不假優文從之
人五日一朝頃之寢疾彥回少時嘗夢乘兩夢人以上著一

〈南史列傳十八〉

具與之遂差其一至是年四十八矣歲初便寢疾而太白
熒惑相係犯上將彥回慮不起表遜位武帝不許乃改授
司空驃騎將軍侍中錄尚書事如故薨年四十八家無餘
財賵賻數十萬詔給東園祕器時司空掾屬以彥回未拜
疑應為吏敬不王儉議依禮婦人在塗聞夫家喪改服而
入今擬屬雖未服勤而吏節粟於天朝宜申禮敬司徒府
史又以彥回既解職而吏未恭後授府應上服以不儉又議
依中朝士孫德祖從樂陵遷為陳留迎吏依樂陵郡吏依
見君之禮陳留迎吏依未入境樂陵郡吏依
居官制服又詔贈太宰侍中錄尚書公如故增班劍為六

八

十人葬送禮悉依宋太保王弘故事諡曰文簡先是庶姓

三公輣車未有定格王儉議官品第一皆加幰絡自彥回

始也又詔彥回妻宋故巴西王延嫁新啓宜增南康郡公

夫人

長子賁字蔚先少耿介父素發等附高帝賁深執不同

終身愧恨之有樓退之志位侍中彥回免關見武帝賁

流涕不自勝上甚嘉之以為侍中領步兵校尉左戶尚書

常謝病在外上以此望之遂調令辭謝讓與第蔡仍居家

下及王儉薨乃騎水牛出乎以褻門外柱人突哀而退

人不知也會疾篤其子霽載以歸疾小閒知非故頻大怒

南史列傳十八

〔九〕

有樓飲食內外閒悉釘基之不與人相聞數曰我餘糜息

謝瀹閒其樂怅怅之誹閒不可開以柠捶破進見武帝曰事

之不可得者身也身之不可全者名也名與身俱滅者君

也豈不全之武貴曰吾少無人閒心豈身之可慕個個頹

改手歸全必在淸朧兒董不才未達余趣殺尸徒瀆失吾

素心更以此為恨耳明七年卒

蔡字茂緒位義興太守求元元年卒太常諡穆子慕位

蔡字寶詒許之建武末慕位太子詹事度支尚書領削

軍將軍永元元年卒太常諡穆子慕子向宇縣政年數歲

父母相繼亡没毀若成人親表異之又長淹雅有器量位

長兼侍中向風儀端麗眉目如畫每公庭就列為眾所瞻

望焉仕梁卒於北中郎廬陵王長史子翔

翔宇世舉起家秘書郎累遷宣城王主簿中大通五年梁

武帝宴群臣樂游別詔翔與王訓為二十韻詩限三刻

成翔於坐立奏帝異焉即日補宣城王文學俄遷友時宣

城友文學加正王二等翔超為之時論美焉出為義興太

守在政絜巳省繁苛去游費百姓安之郡西亭有古樹積

年枯死翔至郡忽更生枝葉咸以為善政所感以秩滿吏

人詣闕請之敕許徵為吏部郎去郡百姓無老少追

送出境涕泣拜辭翔居小選公淸不為請屬易意竊為平

南史列傳十八

〔十〕

允遷侍中太淸二年守吏部尚書丁母憂以毀卒翔少有

孝行為侍中時母病篤請沙門祈福中夜忽見戶外有異

光又聞空中彈指及旦疾遂愈咸以為精誠所致云

澄字彥道彥回第二子也初湛之尚安帝女始安公主薨納側室郭氏

生彥回後尚吳郡主生澄彥回尚宋文帝女廬江公主拜駙馬都尉歷

主表彥回為嫡澄尚吳郡太守百姓本道念以公事

官淸顯善醫術建元中為吳郡主孝謹主愛之湛之亡

到郡澄見診脈謂曰汝有重疾苦非冷非熱當是食白瀹雞子過

不差登為診脈謂曰汝有冷疾至今五年眾醫

多所致令取蘇一升煮服之始一服乃吐出一物如升涎

襄之動開著是雜羽翅爪距具足能行走澄曰此未盡
更服所餘藥又吐得如肉者雜十三頭而病都差當時稱
妙澄以錢一萬一千就招提寺贖高帝所賜彦回白貂坐
褥壞作裘及襖又贖彦回介幘犀導及彦回常所乘黃牛
永明元年為御史中丞表彦免官禁錮見原還侍中
領右軍將軍以勤謹見知澄女為東昏皇后永元元年卒
追贈金紫光祿大夫
炤宇彦回宣彦回從父弟也父法顯都陽太守炤少有高節
王儉嘗稱才堪原傅從父弟為成安郡還以一目眇召為國子博
士不拜常非彦回曰身事二代彦回子貢往問訊炤炤問曰
司空今日何在貢曰奉韶絨在齊大司馬門炤正色曰不
知汝家司空將一家物與一家亦復何謂彦回拜司徒貢
客滿坐炤數曰彦回少立名行何意披獨至此門戶不幸
乃復有今日之拜使彦回作中書郎而死不當是一名士
邪名德不昌遂有期頤之壽彦回性好戲以輶車給之炤
大怒曰此辱門戶那可令人見索火燒之驅人奔車乃
炫宇彦緒少清簡為從舅王景文所知從兄彦回謂人曰
從弟廉勝獨立乃十倍於我為正貝郎從宋明帝射雉帝
兄炤弟炫

至日中無所得其善召問侍臣曰吾旦來如畢遂空行
可笑坐者莫替炫獨曰今節候雖通而雲霧尚凝故斯畢
之禽驕心未警但得神駕猶豫養情便可載驪帝意解乃
於雉場置酒還中書侍郎初炫以清尚
與彭城劉俁陳郡謝朏濟陽江斆殷侍文義隸為四友
齊豐建為侍中領步兵校尉以家貧求建元初出補東陽太
守前後三為侍中與從兄彦回操行不同故彦回之世不
至大官永明元年為吏部尚書炫居身清立非弟問不雜
交游論者以為美及在選部門庭蕭索賓客罕至出行左
右常擇一黃紙帽箱風吹紙剝殆盡罷江夏郡還得錢十
七萬於石頭升分與親族病無以市藥以冠劍為質表自
陳解改授散騎常侍領安成王師國學建以本官領博士
未拜卒無以須斂時年四十一贈太常謚曰子澄
澄宇士洋仕梁為曲阿令歷晉安王中錄事正貝郎烏程
令兄游亡華縣還為太尉屬延陵令中書侍郎太子率更
今御史中丞湘東王諮議參軍之為縣令清慎可
紀好學解音律重賞客雅為湘東王所親愛澄子蒙位太
子舍人蒙子玠
玠宇溫理九歲而孤為叔父顯騎從事中郎隨所養卒有
令譽先達多以才器許之玠長美風儀善占對博學能屬

文利義興買不尚淫靡廉隅陳天嘉中兼通直散騎常侍聘齊

還遷中書侍郎太建中山陰縣多豪猾前後令皆以贓污

免宣帝謂中書舍人蔡景歷曰稽陰大邑久無良宰卿文

士之內武思其人歷選珙帝曰甚善卿言與朕意同乃

除山陰令縣人張次的王休達等與諸僚吏賄賂通姦全

丁大戶類多隱沒珙次的等具狀啟臺宣帝手敕慰勞

珙乃遣使助珙搜括所出歲餘

宣帝所寵縣人陳信家富詔事義達信父顯文恃勢橫暴

珙乃遣使執顯文鞭之二百於是吏人股慄信後因義達

諸珙竟坐免官珙在任歲餘守祿俸而已去官之日不堪

自致因留縣境種蔬菜以自給或以珙米百里才珙曰吾

委命輦轂最後列城除殘去暴姦吏蜀黍若謂其不能自

潤脂膏則如來命以為不達從政吾未服也時人以為信

然皇太子知珙無還裝手書賜東米二百斛於是還都後

累遷御史中丞珙剛毅有膽決善騎射當從司空侯安都

於徐州出獵遇猛獸珙射之載發皆中口入腹俄而獸斃

及為御史中丞其有直繩之稱卒於官皇太子親製誌銘

以表惟舊至德二年贈祕書監所製章奏雜文二百餘篇

甘初事理由是見重於世子亮位尚書殿中侍郎

論曰褚氏自至江左人為不墜彥回以此資時譽早集

十三

及於達迎奧運諂諛沛騰既以人望見推亦以人望而責

也詔貞勤之性炫廉勝之風求之古人亦何以加此玠公

平諒直文武兼資可謂世業無隕者矣

列傳第十八

南史二十八

李　延壽

南史二十九

蔡廓　子興宗
　　約弟摶　孫約　曾孫凝

蔡廓字子度濟陽考城人晉司徒謨之曾孫也祖系撫軍
長史父綝司徒左西屬廓博涉羣書言行以禮起家補著
佐郎後為宋武帝太尉從事中郎未拜遭母憂性至孝三年
武帝所知載遷太尉從事中郎廓未遭母憂以方梗聞素為
不櫛沐殆不勝喪宋臺建為侍中建議以為鞫獄不宜令
子孫下辭明言父祖之罪虧教傷情莫此為大自今但令
家人與囚相見無乞鞫之訴便足以明伏罪不須責家人

南史列傳十九　　一

下辭朝議從之世子左衞率謝靈運輒殺人御史中丞王
准之坐不糾免官武帝以廓剛直補御史中丞多所糾奏
百寮震肅時中書令傅亮任寄隆重學冠當時朝廷儀典
皆取定於其亮每事諮廓然後行亮意若有不同廓終不
為屈遷司徒左長史出為豫章太守徵為吏部尚書廓因
地傳隆問亮亮曰不論事不然不能拜也亮以
語錄尚書徐羨之羨之曰我不能為徐千木
復屈懷自此以上故宜共為同異廓曰我不能為羨吾徒不
署紙尾遂不拜千木羨之小字也選宋黃紙錄尚書與吏
部尚書連名故廓言署紙尾也羨之亦以廓正直不欲使

居權要從為祠部尚書文帝入奉大統尚書令傅亮率百
官奉迎廓亦俱行至尋陽遇疾不堪前亮將進路詣別廓
謂曰營陽在吳宜厚加供奉一旦不幸卿諸人有殺主之
名欲立於世將可得邪時亮已與帝之議害少帝乃馳信
止之信至巳不及亮之大怒曰與人共計云何裁轉背便
賣惡於人及文帝即位謝晦將之荊州與廓別屏人問曰
吾其免乎廓曰卿受先帝顧命任以社稷廢昏立明義無
不可但殺人二昆而以之北面挾震主之威據上流之重
以古推今自免為難也廓年位並輕而時流所推重每至
時歲皆束帶詣門奉兄軌如父家事大小皆諮而後行公

南史列傳十九　　二

祿賞賜一皆入軌有所資須悉就典者請焉從武帝在彭
城妻郗氏書求夏服廓答書曰知須夏服計給事自應相
供無容別寄時軌為給事中元嘉二年武帝崩云羊

微蔡廓可平世三公少子興宗

興宗字典宗幼為父廓所重謂有已風與親故書曰小兒
四歲神氣似可不入非類室不與小人游故以興宗為之
名以興宗為之字年十歲喪父哀毀有異凡童廓罷豫章
郡還起二宅先成東宅以與軌軌罷長沙郡還送錢五
十萬以禣宅直與宗年十一白母曰一家由來豐儉必共

全自宅直不宜受也母悅而從焉軌深有愧色謂其子淡

南史列傳十九

　曰我年六十行事不及十歲小兒尋又喪母少好學以業尚素立見稱為中書侍郎中書令建平王宏侍中王僧綽亞與之厚善元凶殺立僧綽袟累誅凶威方盛親故莫敢往興宗獨臨哭盡哀孝武踐袟累遷尚書吏部侍郎時尚書何偃疾上謂興宗曰卿詳練清濁今以選事相付便可開門當之無所讓也後拜侍中每正言得失無所顧憚孝武新年拜陵興宗陪乘及上還上欲因以射雉猶有餘日請待旦上色曰今致慶園陵興象及還上欲因以射雉待旦請待旦大怒遣令下車由是失旨竟陵王誕據廣陵為逆事平孝武興駕出宣陽門敕左右文武叫稱萬歲興宗時陪輦帝

額曰卿獨不叫興宗從容正色答曰陛下今日政應涕泣行誅豈得軍中皆稱萬歲帝不悅興宗奉旨慰勞廣陵州別駕范義與興宗素善在城內同誅興宗至躬自收殮致喪還豫章禮葬上聞謂曰卿何敢故爾觸網興宗抗言答曰陛下自殺賊臣自葬周朗既犯嚴制政當甘於斧鉞耳帝有慚色又盧江內史周朗以正言得罪鏁付寧州親戚故人無敢贍近興宗時在直請急詣朗別上知尤怒坐屬疾多曰白衣領職後為廷尉卿有解士先者告申坦昔與丞相義宣同謀時坦已死子令孫作山陽郡自繫廷尉興宗議曰若坦昔為戎首身今尚存累經肆眚猶應蒙宥令

南史列傳十九　四

　末榮陽王即位亦有文策今在尚書可檢視也不從時義興宗告太宰江夏王義恭曰累朝故事莫不皆然近永初之為今日復安用此興宗故曰臣朝政奏不旨然近永初相府亦以方嚴不被侵媟尚書僕射顏師伯謂曹郎王耽之曰蔡尚書常免暝戲去人實矣大明末廢帝即位宗以方直見憚不被侵媟尚書僕射顏師伯謂曹郎王方盛淫宴虐害臣自江夏王義恭以下感加稜屬唯興合闗見從出為東陽太守後為左戶尚書轉掌吏部時上孫天嘉理相為隱況人亡事遠追相誣訟許斷以禮律義有

恭錄尚書受遺輔政阿衡幼主而引身避事政歸近習越騎校尉戴法興與中書舍人巢尚之專制朝權威行近遠興宗職官九流銓衡所寄每至上朝輒與令陳欲登賢進士之意又箋規得失博論朝政義恭性怯阿順法興恒慮失旨每聞興宗言輒戰懼無計先是大明世奢侈無度多所造立賦調煩嚴徵役過苦至是發詔來皆削除由此紫極殿南北馳道之麗皆被毀壞自孝建以來大明末凡諸制度無或存者興宗於都坐慨然謂顏師伯曰先帝雖非盛德要以道始終三年無改古典所貴今殯宮始撤山陵未遠而凡諸制度興造不論是非一皆刊削

難復禪代亦不至爾天下有識當以此窺人師伯不能用
興宗每奏選事法興尚之等輒點定回換僅有存者興宗
於朝堂謂義恭及師伯曰主上諒闇不親萬機選舉密事
多被刪改非復義恭筆迹不知是何天子意王景文謝莊等
還校失存與宗又畋改為美選時醉安都為散騎常侍征
虜將軍太子率畋恆為中庶子興宗先選時醉安都為左衛將
軍常侍如故畋恆為黃門領校為中庶子興宗乃超越
左衛興宗曰翠衛相去幾何之閒且已失征虜乃超越
復畋常侍則頹為降黜者謂安都晚過微人本宜裁抑今
名器不輕宜有選存謹依選體非私安都義恭曰若宣官

宜加越授者殷恆便應侍中那得為黃門而已興宗又曰
中庶侍中相去實遠且安都作率十年殺恆中庶百日今
又領校不為少也使選令史顏樂之薛慶先等往復論執
義恭然後置宋既而中旨以安都為右衛加給事中由是
大忤義恭及法興寺出興宗為吳郡太守固辭又轉南東
海太守又不拜求出益州義恭於是大怒上表言興宗之
失詔付外詳讓義恭因使尚書令柳元景奏興宗及尚書
袁愍孫私相許與自相選署亂擧憲政混穢大猷於是除
興求永昌太守屬交州朝廷宜然莫不嗟歎先是興宗
納何后寺尼智妃為妾安見其妻迎車已去而師伯密遣

人誘之潛佳載取興宗迎人不得及興宗被徙論者並言
由師伯師伯甚病之法興亦不欲以從大臣為名師伯
又欲止息物議由此停行頃之法興見殺尚之被黜義恭
師伯並誅復起興宗為臨海王子頊前軍長史南郡太守
行荊州事不行時前發帝凶暴興宗外甥表顥為雍州刺
史固勸興宗行事顥在內大臣朝夕難
保勞今出居陝西為八州行事顥在襄沔地勝兵強去江
陵咫尺水陸通便若一朝有事可共立桓文之功豈與主
上甚踈未容有患宮省內外既人不自保比者會應有變
制凶狂禍不測同年而語乎興宗曰吾素門平進與主

若內難得弭外豐未必可量汝欲在外求全我欲居內免
禍各行所見不亦善乎時士庶危懼衣冠咸欲遷徙後皆
流離外難百不一存重除吏部尚書太尉沈慶之深慮危
禍閉門不通賓客左右莫諸興宗屬事興宗謂義
曰公閉門絶客以避悠悠之請謂耳非有求於人拒之日
莫復命慶之使要興宗與說之曰主上比者所行人
倫道盡令所忌唯在公公威名素著天下所服今擧
朝惶惶人懷危怖指撝之日誰不景從如其不斷旦暮禍
及僕等昔佐貴府蒙眷異常故敢盡言願思其計慶之曰僕
此日前慮不復自保但盡忠奉國始終以之正當委天住

命耳加老罷私門兵力頓闕雖有其意事亦無從與宗曰
當今懷謀思舊者非復壹貳宜重明功賞冬欲救死朝夕耳
殿內將帥正聽外間消息若一人唱首則俯仰可定況公
威風先著累朝諸舊率卽曲布在宮今誰敢不從僕在
尚書中自當唱率百寮案前世故事更簡實明以奉社稷
又朝廷諸所行造人間貴言今若沈疑不決當
有先公起事者公亦不免附惡之禍也車駕輦幸貴第
酗醉彌甚又聞斥舜左右獨入閤內此萬世一時機不可
失僕行卷深重故吐著膝之言公宜詳其禍項之
事大非僕所能行事至政當抱忠以沒耳項之廖果以

見忠致禍時領軍將軍王玄謨失將有威名邑里訛言玄
謨當建大事或言已見誅玄謨典籤包法榮家在東陽與
宗故郡人也為玄謨所信使至輒問興宗謂曰領軍此
日殊不保俄頃懼法榮日頃者殆不復食夜亦不眠恆言收
在門不保俄頃興宗因其言謂法榮勸玄謨勿令泄君語吾為
報曰此亦未易可行其當深思興宗因夜牽著作郎江斅宅興宗
宗故龍信專統禁兵興黃夜牽著作郎江斅宅興宗
帝所龍信專統禁兵興宗後過興宗謂道隆為
乘馬軍從道隆從車後過興宗謂道隆為
隆漆達此旨招興宗建安王休仁以下侍中袁愍孫等咸
羣臣自驃騎大將軍建安王休仁以下侍中袁愍孫等咸

繩之以法則士崩立至宜明罪不相及之義上從之遷尚
曰宜鎮之以靜以至信待人比者逆徒親戚布在宮省若
應賊東兵已至求世宮首崟懼上集羣臣以謀成敗興宗
諸方並舉兵反朝廷所保唯淮南數郡其間諸縣或以
是天下之主宜使袭禮粗足者直如此四海必將乘人
横施大醫閤口興宗謂尚書曰今僕射王景文曰此雖凶悖帝
行耳李產言亦何益玄謨有能色法榮所道非一事之廖慶帝
發著李產為女壻章希貴等曰當艱難時旋軍無一言相和
郎李產言曰蔡尚書令包法榮所道非乘人時
貝陵欲唯與宗得免項之明帝定大事玄謨責所親故更

書右僕射衛尉明帝謂興宗曰項日人情更安以此籌之不足
濟不興宗曰今未甚豐賤而人情更安以此籌之不足
卿言楛折平函送表顙首敕敕興宗言之不已上曰如
清然沈涉上不悅事平封興宗始昌縣伯興宗言之不已上曰如
必但臣之所憂更在事後酒羊公讓不許之封
慮耳尚書諸彥回以手板築興宗言之不已上曰如
與安縣伯國秩吏力終以不受時般琰攜壽陽為逆遣輔
國將軍劉勳攻圍之四方既平琰嬰城固守上使中書為
詔譬言琰興宗曰天下既定是琰思順之日此陛下宜賜手詔
數行今直使中書為詔彼必疑非真不從琰得詔謂劉勳

詐造果不敢降久乃歸順先是徐州刺史薛安都據彭城
反後遣使道歉歎泰始二年冬遣鎮軍將軍張永率軍迎之
興宗曰安都道使歸順此誠不虛今不過須單使一人戾
尺書耳若以重兵迎之勢必疑懼或能招引北虜為患不
測時張永已行不見安都聞大軍過淮果引魏軍永戰
大敗遂失淮北四州其失見如此初永敗問至上在乾明
殿先召司徒建安王休仁又召興宗謂休仁曰吾慚蔡僕
射以敗書示興宗曰我愧卿三年出為郢州刺史初其興
立珍孫言論常侵興宗珍孫子景先人才甚美興宗與之
周旋及景先為鄱陽郡會害安王子勛為逆轉在竟陵為
人害政興宗旨以法繩之又以王公妃主多立邸舍子息
滋長督責無窮咎罷省之并陳原諸遣雜役並見
從三吳僑有鄉射禮元嘉中羊玄保為吳郡行之久不復
脩興宗行之禮儀甚整明帝崩興宗與尚書令袁粲右僕
射褚彦回中領軍劉勔鎮軍將軍沈攸之同被顧命以興
宗為征西將軍開府儀同三司都督荊州刺史加班劍二
十人被徵還都時右軍將軍王道隆任參國政權重一時

臨履到興宗前不敢就席良久方去竟不呼坐元嘉初中
書舍人秋當諸太子詹事王曇首不敢坐其後中書舍人
弘興宗為交帝所愛遇上謂曰卿欲作士人得就王球坐
乃當判耳殺劉並雜無所益若往詣球可稱旨就席及
至球舉扇曰君不得爾弘還依事啟聞帝曰我便無如此
何至具興宗復爾道隆等以興宗強正不欲使擁兵上流
改為中書監左光祿大夫開府儀同三司興宗固辭興宗
行已恭恪王曇通興宗侍兒被責罵反接興宗命與
之敬又太原孫敬王曾通興宗奇其言對命釋縛試以伎能高其
杖敬王了無怍容興宗奇其言對命釋縛試以伎能高其
筆札因以侍兒賜之為立室宅位至尚書右丞其過惡揚
善若此敬王子廉仕梁以清能位至御史中丞興宗家行
尤謹奉嫂歸宗姑事嫂婉於兄子有聞於世太子左率王
錫妻范曄明婦人也有干學善屬讚錫弟僧達曰昔謝大傅
相比欲為婚姻每見興宗姊即頓首母也一孫一姪躬自撫養年齒
妻劉氏亦亡興宗即顓言此意大明初詔興宗女與
南平王敬獻婚姻興宗以妹生平之懷曼經陳啟帝答曰卿
諸人欲各行已意則國家何由得婚且姊言豈是不可違

之勳邪舊意既卑毋豪亦他聚其後豪家好不終顯又禍敗
豪亦渝發嘗時孤微理畫敷遇豪興宗女無子豪居名
門高胄多欲結姻明帝亦敕命謝氏興宗並不許以女適
豪泰豫元年卒年五十八遺命薄葬禁還封爵追贈後
作公官有太字者不可受也及有開府之授而太歲在亥
子順固辭不受又奉表疏十餘上詔特申其請以旌克讓
之風初與宗為鄣州府參軍彭城顏敝以式卜曰亥年當
風位太尉從事中郎昪明末卒弟約

約字景節宋孝武女安吉公主拜駙馬都尉仕齊累

遷太子中庶子領征虜騎校尉永明八年八月合湖約餓武
冠解劍於省眠至下斁不起為有司所素贖論出為宜都
王冠軍長史淮南太守行府州事武帝謂曰今用卿為近
蕃上佐想我所期約曰南豫密邇京師不化自理臣亦
何人燭火不息時諸王行事多相裁割約居右任主佐之
閒穆如也遷司徒左長史齊明帝為錄尚書輔政百僚脫
到帝約躇屣見不改帝謂江柘曰蔡氏是禮變之門故自
可悅柘曰大將軍有檐客復見於今約好飲酒夷淡不與
世雜求元二年卒於太子詹事年四十四贈太常弟搏
搏字景節少方雅退黙與第四兄寅俱知名仕齊位給事

黃門侍郎丁母憂廬于墓側齊末多難服闋因居墓所除
太子中庶子太尉長史並不就梁臺建為侍中遷臨海太
守公事左遷太子中庶子復為侍中吳興太守初搏在臨
海百姓楊元孫以婢采蘭貼與同里黃權約生子酬乳哺
直權死後元孫就權妻吳贖婢母子五人吳背約不還元
孫訴搏判還本主吳能為巫出入搏內以金釧賂搏妾遂
歧判與吳元孫遏聞敢訟之為有司時劾郡井自
不坐而常以為恥口不言錢又在吳與不欲郡井齋前為
種白莧紫茄以為常餌詔褒其清加信武將軍時帝將為
昭明太子納妃意在謝氏表昂曰當今貞素簡勝唯有蔡

搏乃遣吏部尚書徐勉詣之傅車三通不報勉笑曰當頻
我召也遂投刺乃入天監九年宣城郡吏吳承伯挾妖道
聚眾攻宣城殺太守朱僧勇吳興人並請避之搏
堅守不動命眾出戰權破斬承伯餘寇尋平累遷吏部尚
書在選弘簡有名稱又為侍中領祕書監武帝嘗謂曰卿
門舊尚有堪事者為多少搏曰臣門客沈約范岫各已被升
擢此外無人約時為太子少傅岫為右衛將軍搏風骨梗
正氣調英舉當朝無所屈讓嘗用琅邪王筠為殿中郎
武帝嫌不取筠乃掌通署乃推白牒於香橙地下曰卿珠不
了事搏正色俯身拾起曰臣謂舉爾所知許允曰卿殊不有前

事既是所知而用無煩禁軍署名臣搏少而仕宦未嘗有
不了事之目因捧牒直出便命駕而去仍欲抗表自解帝
尋取事為畫帝嘗設大臣麵搏在坐帝頻呼姓名搏竟
不答食麵如故帝覺其負氣乃改喚蔡尚書搏始放筋執
筋曰顒帝曰卿向何聲對曰臣預為右戚且職在
納言陛下不應以名垂喚帝有愧色性甚凝屬善自居通
女為昭明太子妃自謇事以下感來造謁往往稱疾相聞
聞遣之及其引進但暗寒而已外無復餘言後為中書
令卒於吳郡太守諡曰康子司空袁昂嘗謂諸賓曰蔡
侯平不復更見此人其為名輩所知如此子彥深宣城內

十三

史彥深弟彥高給事黃門侍郎彥高子凝

凝字子居美容止及長博涉經傳有文詞尤工草隸陳太
建元年累遷太子中舍人以名公子選尚信義公主拜駙
馬都尉中書侍郎遷晉陵太守及將之郡更令左右修中
書廨宇謂賓友曰庶來者無勞尋校吏部侍郎凝年位未
高而才地為時所重常坐西齋自非素貴名流罕所交
接趣時者多譏焉宣帝嘗謂凝曰我欲用義興主婿錢肅
為黃門侍郎卿意如何凝正色曰帝鄉舊戚恩由聖旨則
無所復問若格以公議黃散之職故須人門兼美帝默然
而止肅聞而不平義興公主曰諧之尋免官遷交趾頃之

追還後主嗣位為給事黃門侍郎後主嘗置酒歡甚將移
宴弘範宮眾人咸從唯凝與袁憲不行後主曰何為凝曰
長樂尊嚴非酒後所過臣不敢奉詔眾人失色後主曰卿
醉矣令引出他日後主謂吏部尚書蔡徵曰蔡凝負地
才無所用也尋遷信威晉熙王府長史鬱鬱不得志乃噵
然歎曰天道有廢興夫子云樂天知命斯理庶幾可達因
著小室賦以見志陳亡入隋道病卒年四十七子君知
知名

論曰蔡鄧體業弘正風格峻舉與宗出內所踐不隕家聲
位在具臣而情懷伊霍仁者有勇驗在斯乎然自廊及凝

十四

年移四代高風素氣無乏於時其所以取貴不徒然矣至
於矜居之失蓋其風俗所通格以正道故亦名教之深尤
也

列傳第十九

南史二十九

列傳第二十　　　　　　　　　　　　　　　　　　　南史三十

何尚之　李延壽

子偃
熙弟胤　偃弟求
孫戢　　求弟點
胤從弟炯　尚之弟子昌㝢
昌㝢子敬容

南史列傳二十　　一　洪

何尚之字彥德廬江灊人也曾祖準高尚不應徵辟祖恢
南康太守父叔度恭謹有行業叔度適沛郡劉璩與叔度母
情愛甚篤叔度每早卒奉姨若所生姨亡朝望應必往致哀
送祭皆手自料簡流涕對之公事畢即往致哀以此為常
并設奠食並珍新躬自臨視若朝望應有公事則先導
三年服竟義熙五年吳興武康縣人王延祖為劫父睦以
告官新制凡劫身斬刑家人棄市睦既自告於法有疑時
叔度為尚書議曰設法止姦必本於情理非謂一人為劫
閭門應刑所以罪及同產欲開其天屬還相告以出造惡之身
父子之至容可愍並合從原從之後為金紫光祿大夫吳郡太
存於情可愍並合從原從之後為金紫光祿大夫吳郡太
守太保王弘每稱其清身絜巳尚之少頗輕薄好摴蒱及
長折節蹈道以操立見稱為陳郡謝混所知與之游處家
貧初為臨津令宋武帝領征西將軍補主簿從征長安以
公事免還都因患勞積年飲婦人乳乃得差以從征之
勞賜爵都鄉侯火帝即位為廬陵王義真車騎諮議參軍

南史列傳二十　　二

義真與司徒徐羨之尚書令傅亮等不協每有不平之言
尚之諫戒不納義真被廢入為中書侍郎遷吏部郎告休
定省傾朝送別於冶渚及至郡叔度謂曰聞汝來定省傾朝
相送可有幾客答曰殆數百人叔度笑曰此是送吏部郎
耳非關何彥德也昔殷浩亦嘗作豫章無復相窺者甚眾
及廢徙東陽舫泊征虜亭積日乃至親舊疏絕賞會落
拜左衛將軍領太子中庶子尚之雅好文義從容賞會甚
為文帝所知元嘉十三年彭城王義康欲以司徒長史劉
斌為丹揚尹上不許乃以尚之為之立宅南郭外立學聚
生徒東海徐秀廬江何曇黃潁川荀子華太原孫宗昌王
延秀曾郡孔惠宣並慕道來游謂之南學王球常云尚之
西河之風不隊尚之亦云球正始之風尚在尚之女適劉
湛子黯而湛與尚之意好甚不篤湛欲領丹揚乃徙尚之
祠部尚書領國子祭酒尚之甚不平湛誅累遷吏部尚書
左衛將軍范曄任參機密尚之察其意趣異常白文帝宜
出為廣州若在內釁成不得不加以鈇鉞屢誅大臣有傷
皇化上曰始誅劉湛等方欲引升後進曄事跡未彰便逆
相斥萬姓將謂卿等不能容才以我為信受讒說但使
相點斥如此不憂致大也曄後謀反伏誅上嘉其先見二十
三年為尚書左僕射是歲造玄武湖上欲於湖中立方丈

蓬萊瀛洲三神山尚之固諫乃止時又造華林園並盛署役人尚之又諫上不許曰小人常日曝背此不足為勞時上行幸還多侵後尚之表諫上優詔納之先是患貨少鑄四銖錢人間頗盜鑄多翦鑿古錢以取銅上患之二十四年錄尚書江夏王義恭議以一大錢當兩以防翦鑿議者多同尚之議曰凡創制改法宜順人情人情未有違衆矯物而可久也泉布興議前代赤仄白金俄而罷息六貨宜守長世之業若本制遂行富人之貲自倍貧者彌增其困懼非所以欲均之意中領軍沈演之以為若以大當兩

則國傳難朽之寶多贏一倍之利不俟加憲巧源自絕上從之演之議遂以一錢當兩行之經時公私非便乃罷二十八年為尚書令太子詹事二十九年致仕於方山著退居賦以明所守而議者咸謂尚之不能固志文帝與江夏王義恭詔曰羊孟尚不得告謝尚之任遇有殊便當申待許尚之還攝職羊孟即羊玄保孟即孟顗尚之既任事上待之愈隆於是袁淑乃錄古來隱士有迹無名者為真隱傳以哐焉時或遣軍比侵資給我旅悉以委之元凶獄立進位司空尚書令時三方與義將佐家在都者劭悉欲誅之尚之誘說百端並得全免孝武即位復為尚書令丞相南

南史列傳二十 三

郡王義宣驃騎將軍臧質反義宣司馬竺超民長史陸展兄弟並應從誅尚之上言於法為重超從坐者由是得原時欲分荊州置郢州議其所居江夏王義恭蕭惠話以為宜在巴陵尚之議曰夏口在荊江之中正對沔口通接雍梁實為津要去江陵實千餘里從其議建言荊揚二州戶口居江南之半江左以來揚州為根本委荊揚以閫外至是分欲州上不許大明二年以左光祿開府儀同三司侍中如故尚之在家常著鹿皮帽又拜閣將天子臨軒百僚陪位沈慶之於殿庭戲之曰今日何不著鹿皮帽慶之累辭爵命

南史列傳廿

朝廷敦勸甚苦尚之謂曰主上虛懷側席誰宜固辭慶之曰沈公不效何公去而復還也尚之有愧色尚文義老而不休與太常顏延之少相好狎二人並短小尚之常謂延之為援延之目尚之為猴太子西池延之問路人云五吾二人誰似猴路人指尚之為猴延之喜笑曰此官人以才今官人以勢彼勢之所求求子何疑焉所與延之敗風俗也官人指官當圖人人安得圖官延之之大笑曰我聞古者論議往反並傳於世尚之立身簡約車服率素妻亡不要又無姬妾執衡當朝畏遠權柄親故一無薦舉既以此致

怨亦以此見稱復以本官領中書令薨年七十九贈司空
謚曰簡穆公子偃
偃字仲弘元嘉中位太子中庶子元凶弒立以偃為侍中掌
詔誥時尚之為司空尚書令偃居門下父子並處權要時
為寒心而尚之又偃善攝機宜曲得時譽會孝武即位往
無改歷位侍中領太子中庶子時求謹言偃以為宜重農郵
本并官省事考課以知能否增奉以除吏發責成良守於
其職都督刺史宜別其任政領驍騎將軍親遇隆宓有加舊
臣轉吏部尚書尚之去選未五載偃復賀其述世以為榮侍
中顏竣至是始貴與偃俱在門下以文義賞會相得甚歡

竣既往遇隆宓謂且居重大而位次與偃等殊意稍不
悅及偃代竣領選逾憤澍與偃遂隙竣時權傾朝野偃
不自安遂發悸病意慮華僻上表解職告靈不仕孝武
偃既深備加醫療乃得差偃素好談玄注莊子逍遙篇傳
於時卒官景選尚宋孝武長女山陰公主拜駙馬都尉累遷
戢字惠景和世山陰主就帝求吏部郎褚彥回侍已彥回
雖拘逼終不肯從戢同居止月餘日由是特申情好元
徽初彥回參朝政引戢為侍中時年二十九戢以年未三
十苦辭內侍改授司徒左長史群高常為領軍與戢來往

數申懽宴高帝水引戢每設上馬少之復為侍中果
遷高帝相國左長史建元元年遷散騎常侍太子詹事壽
改侍中詹事如故上欲轉戢領選尚書令褚彥回以戢
資重欲加散騎常侍彥回曰宋時王球從侍中中書令單
作吏部尚書貧與戢相似領選職方昔小輕不容頓加
侍中百每以蟬冕不宜過多臣與褚彥回加常
則八座便有三蟬若帖以驍游亦不為少遂以戢為吏部
尚書加驍騎將軍戢美容儀動止與褚彥回相慕時人號
為小褚公家業富盛性又華俊衣被服飾極奢麗出為
吳興太守上頗好書扇宋孝武賜戢蟬雀扇善畫者顧景
秀所畫時吳郡陸探微顧彥先並能畫歡其巧絕戢因王
晏獻之上令晏厚酬其意父交年三十六謚憨子

王右父追贈侍中右光祿大夫
求字子有偃弟子也父鑠仕宋位都太守求元嘉末為
文帝挽郎歷位太子洗馬丹楊郡丞清退無啫欲後仍住
子中舍人泰始中妻亡還吳葬畢還
其隱居波若寺足不踰戶人莫見其面宋明帝崩出奔國
哀除永嘉太守求時寄住南澗寺不肯詣臺乞於野外拜
愛見許一夜忽乘小舸逃歸吳與隱武丘山森永明四年拜
大中大夫不就卒初求父鑠素有風疾無故害求母王氏

坐法死求兄弟以此無官情求弟點

點字子晳年十一居父母憂毀至滅性及長感家禍欲絕昏宦尚之強為娶琅邪王氏禮畢將親迎點累涕泣求執本志遂得罷點明目秀眉容兒方雅真素通美不以門戶自矜博通群書善談論家本素族親姻多貴仕點雖不入城府性率到好狎人物遨游人間不簪不帶以人地並高無所與屈大言詭跱公卿敬下或乘柴車躡草屩恣心所適致醉而歸故世稱其通號曰游俠處士兄求亦隱吳郡弟胤為小隱士大夫多慕從之時人稱點菜食不飲酒訖于三年腰帶減半宋太始武立山求卒點菜食不飲酒

末徵為太子洗馬齊初累徵中書侍郎太子中庶子並不就與陳郡謝瀹吳國張融會稽孔德璋為莫逆友點門世信佛從弟道以東離門園居之德璋為棄室焉園有下忠貞家點植花於家側每飲必舉酒酹之招攜勝侶及名德桑門清言賦詠優游自得初褚彥回王儉為宰相點謂人曰我作禪書已竟眷云回既世族彥儉亦國華不賴覓氏世恓國家王儉聞之欲候點知不可見乃止豫章王嶷命駕造點點從後門遁去司徒竟陵王子良聞之曰後章王尚望塵不及吾當望岫息心後點在法輪寺子良就見之點角巾登席子良欣悅無已遺點鹿酒毛夜酒盂徐景山酒鎗

點少時曾患渴利積歲不愈後在吳中石佛寺建講於講所畫寢夢一道人形貌非常授丸一搦夢中服之自此而差時人以為淳德所感性通倜好施遠近致遺一無所逆隨復散焉嘗行經朱雀門街有自車後盜點衣者見而不言旁人禽盜與之點乃以衣施盜不敢受點令告有司益懼乃受之禽盜知吳與丘遲菲者童稱濟陽江淹於寒素悉如其言哀樂過人嘗行逢羣者歡曰此哭者之懷豈可思邪於是悲慟不能禁老又娶曾國孔嗣女嗣者點婦兄亦不與妻相見棄別室以劇之人莫諭其意吳國張融少時免官而為詩有高言點著

詩曰昔聞東都日不在簡書前雖戲而融父病之及點後昏融始為詩贈點曰惜哉何居士薄暮遷荒淫點亦病之永元中崔惠景圍城人閒悉伐圍樹以瞻親黨惠景性好佛義先慕交點點不顧之至是乃逼召點點裂裳為祷往赴其軍終日談說不及軍事其語點之迹如此惠景平後東昏大怒欲誅之王塋為之懼求計於蕭暢暢謂茹法珍曰點若不諫賊共講未必可量以此言之乃應得封東昏乃止梁武帝與點有舊及踐阼手詔論舊恩賜以鹿皮巾等并召之點以巾褐引入華林園帝贈詩酒恩禮如舊仍下詔徵為侍中持帝顒曰乃欲臣老子辭疾不起復

下詔詳加資給並出在所日費所須太官別給天監二年

辛詔給第一品材具喪事所須內監經理黜弟胤

胤字子季出繼叔父曠故更字胤叔年八歲居憂毀若成

人及長輕薄不羈睄乃折節好學師事沛國劉瓛受易又

禮記毛詩人入鍾山定林寺聽內典其業皆通而縱情誕

節時人未之知也唯瓛與汝南周顒深器異之仕齊為建

安太守政有恩信人不忍欺每伏臘放囚還家依期而及

歷黃門侍郎又使特進張緒續成

而卒又使特進張緒續成緒又卒屬在司徒竟陵王

子良以讓胤乃置學士二十人佐胤撰錄後以國子祭酒

南史列傳二十 九 岩

與太子中庶子王堂並為待中時胤單作祭酒疑所服陸

澄博古多該亦不能據遂以玄服臨試爾後詳議乃用朱

服祭酒朱服自此始也及鬱林嗣位胤為后族其見親待

為中書令領臨海巴陵王師胤雖貴顯常懷不足建武初

已築室郊外怵與學徒遊處其內至是遂賣園宅欲入東

未及發聞謝朏罷吳興郡不還胤恐後之乃拜表解職不

待報輒去明帝大怒使御史中丞袁昂奏收胤尋有詔許

之胤以會稽山多靈異往游焉居若邪山雲門寺初胤二

兄求黜並棲遁求先卒至是胤又隱世號點為大山胤為

小山亦曰東山兄弟發迹雖異克終皆隱世謂何氏三高

永元中徵為太常太子詹事並不就梁武帝霸朝建引為

軍謀祭酒並與書詔不至及帝踐阼詔為特進光祿大夫

遣領軍司馬王㒷之以手敕諭意并徵胤㒷之先至胤

所胤恐朏不出先示以可起乃單衣鹿皮巾執經卷下牀

跪受詔出就席伏讀胤因謂㒷之曰吾昔於齊朝欲陳三

兩條事一者欲正郊丘二者欲更鑄九鼎三者欲樹雙闕

世傳晉室欲立關者謂王丞相指牛頭山云此天闕也是未

明立關之意關者謂之象魏懸法於其上浹日而收之象

者法也魏者當塗而高大貌也鼎者神器有國所先圓丘

國郊舊典不同南郊祠五帝靈威仰之類圓丘祠天皇大

南史列傳二十 十 岩

帝比極大星是也往代合之郊丘先儒之巨失今梁德告

始不宜遂因前謬卿宜陳之㒷之曰僕之鄙劣豈敢輕議

國典此當敬俟叔孫生耳及㒷之從謝朏所還問胤以出

期胤知朏已應召苔㒷之曰吾年巳五十七月食四斗未

不盡何容復有宦情㒷之失色不能苔胤反謂曰卿何不

遣傳詔還朝拜表留與我同游邪㒷之愕然曰古今不聞

此例胤曰檀弓兩卷皆言物始自卿而始何必有例㒷

俱前代高士胤屢名譽尤邁矣㒷之遂以胤意奏聞有敕

給白衣尚書祿胤固辭又敕山陰庫錢月給五萬又不受

乃敕何子朗禮壽等六人於東山受學太守衡陽王元簡

南史列傳二十 十一 岩

深加禮敬月中常命駕式閭談論終日胤以若邪處勢迫
臨不容學徒乃遷秦望山山有飛泉迺起學舍即林成嶺
因巖為堵別為小閣室寢處其中躬自啟閞僮僕無得至
者山側營田二頃講隙從生徒游之胤初遷將築室忽見
二人著玄冠貌甚偉問胤曰君欲居此邪乃指一處云
此中殊吉忽不復見胤依言而卜焉尋而元簡發洪水樹石
皆倒拔唯胤所居室儼然獨存元簡去郡入山與胤別送至
作瑞室頌刻石以旌之及元簡入郡鍾軍
都賜壤坯郡三里因曰僕自葉人事交游路斷自非隆貴
山藪豈容復望城邑此坯之游於今絕矣執手涕零何氏
過江自晉司空充並菲吳西山胤家世年皆不永唯祖尚
之至七十二胤年登祖壽乃移還吳作別山詩一首言甚
悽愴至吳居武丘山西寺講經論學僧復隨之東境守宰
經途者莫不畢至胤常禁殺有虞人逐鹿鹿徑來趣胤伏
而不動又有異鳥如鶴紅色集講堂馴狎如家禽初開善
寺藏法師與胤遇於秦望山後還都卒於鍾山死日胤
在波若寺見一名僧授胤香爐奩并函書云貧道發自揚
都呈何居士言訖失所在胤開函乃是大莊嚴論世中未
有訪之香爐乃藏公所常用又於寺內立明珠柱柱乃七
日七夜放光太守何遠以狀啟昭明太子太子欽其德遣

令人思澄致手令以褒美之中大通三年卒年八十六
先是胤疾妻江氏夢神告曰汝夫壽盡既有至德當復延
期耐爾當念之妻尋見說焉俄得患而辛胤疾乃瘳至是胤夢
見一神女并八十許人並衣帢行列在前俱拜林下覺又
之後稍欲去其命甚者猶食白魚鮑腩糟蟹以為味食必方
疑食蚶蠣使門人議之學生鍾岏曰鮑之就腩驟以非見生物
蟹將糟蝼躁蹂彌其仁用意深懍懍如恒至於蜯蝛蠇
眉目內闚斷渾沌之奇殼外緘非金人之慎不悱不學
曾草木之不若無聲無臭與无碡其何算故宜長充庖厨
永為口實竟陵王子良見岏議大怒汝南周顒與胤書勸
令食菜岏曰變之大者莫過死生生之所重無逾性命性命
之於彼極切滋味之在我可賒若云三世理誣則幸矣良
心之怵惕亦自及夫人於血氣之類雖不身踐至於見
夜鯉不能不取備屠門財貝之經盜手猶為廉士所棄生
性之一啟鑾刀寧復慈心所忍嗜羶復片言發
食聞其風者宣不使人多愧夫人得此有素耶
起耳故胤末年遂絕血味胤注百論十二門論各一卷注
周易十卷毛詩總集一卷毛詩隱義十卷禮記隱義二十

何炯字士光胤從弟也父撰太中大夫炯年十五從胤受
業一朞並通五經章句白皙天容貌從兄求點每曰叔寶
神清杜又虜清令觀此子復見衛杜在目從兄戲謂人曰
此子非止吾門之寶亦為一代偉人炯常慕恬退不樂進
仕從叔昌寓謂曰求點皆巳高蹈沒無宜復爾且君子出
處亦各一途年十九解褐揚州主簿舉秀才累遷梁仁威
南康王限內記室書侍御史以父疾陳解炯侍疾踰旬衣
不解帶頭不櫛沐信宿之間形貌頓改及父卒號慟不絕
聲藉地腰脚虛腫醫云須服豬蹄湯炯以有肉味不肯服

▲南史列傳二十 十三

外無所言

仕進故祿所不及而今而後溫飽無貧乃潸然下泣自
所尚不同長慶緒於事為得必須儉而中禮無取苟異
月朝十五日可置一甌鬳粥如常日所進又傷兩兄並淡
親友請璧終於不回遂以毀卒先是謂家人曰王孫玄晏

何昌寓字儼望尚之弟子也父佟之位侍中昌寓少而清
靖獨立不羣所交者必當世清名是以風流籍甚仕宋為
尚書儀曹郎建平王景素征北南徐州府主簿以風素見
重毋羌求祿出為湘東太守還為齊高帝驃騎功曹昌寓
在郡景素被誅昌寓痛之至是啟高帝理其冤又與司空

褚彥回書極言之高帝嘉其義歷位中書郎王儉衛軍長
史儉謂昌寓曰後任朝事者非卿而誰臨海王昭秀為荊
州以昌寓為西中郎長史南郡太守行荊州事明帝將踐
阼先使裴叔業齎音詔昌寓令以便宜從事昌寓拒之曰
國家委身以上流之重付身以萬里之事臨海王未有失
寧得從君單詔邪即時自有啟聞須反更議叔業曰若爾
者僕也君不能見殺政有公流之計耳昌寓素有名德為
業不敢過而退上聞而嘉之昭秀由此得還都昌寓謂曰
吏部尚書嘗有一客姓閻求官昌寓謂曰君是誰後若

▲南史列傳二十 十四

子鵉後昌寓團扇掩口而笑謂坐客曰遙遙華胄昌寓不
雜交游通和沈愛歷郡皆以清白撝後卒於侍中領驍騎
將軍贈太常諡曰簡子敬容

敬容字國禮弱冠尚齊武帝女長城公主拜駙馬都尉梁
天監中為建安內史清公有美績吏人稱之累遷守吏部
尚書銓序明審贓為稱職出為吳郡太守政勤恤人隱
辯訟如神視事四年政為天下第一吏人詣闕請樹碑詔
許之復為吏部尚書侍中領太子中庶子敬容身長八尺
白皙美鬚眉性莊衣冠鮮麗武帝雖衣浣衣而左右衣
必須絜峯有侍臣袗衣帶卷摺帝怒曰卿衣帶如繩欲何所

縛敬容希百故益鮮明常以膠清制鬚衣裳不整伏牀尉
之或暑月背為之憔每公庭就列容止出入為尚書右僕
射參掌選事遷左僕射丹揚尹並參掌大選如故敬容接
對賓朋言詞若訥訓荅二宮則音韻調暢大同中朱雀門
災武帝謂羣臣曰此所謂制狹我始欲改搆遂遭天火相顧
改為敬容獨曰此所謂先天而天不違時以為名對五年
舊事尚書令參選事如故敬容久處臺閣詳悉晉魏以來
重事且聰明識達勤於簿領詰朝理事日旰不休職隆任
預不交語自晉宋以來宰相甚文義自逸首餉餽無賄則
略

貪怵為時所哂鄙其署名敬字則大作苟小為文容字大
為口陸倕戲之曰公家苟飽奇大父亦不小敬容遂不能
荅又多漏禁中語故嘲詶曰至嘗有容姓吉敬容間卿與
邢吉遠近荅曰如明公之與蕭何時蕭琛子巡頗有輕薄
才因製卦名離合等詩嘲之亦不屑也帝嘗夢具朝服入
太廟拜伏悲感旦於延務殷說所要敬容對曰臣聞孝悌
之至通於神明陛下性與天通故應感斯夢上極然之便
有拜陵之議後坐妾弟費惠明為導倉丞夜盜米為禁司
司所執送領軍府時河東王譽為將軍敬容以書解惠明
舉前經屬事不行因此即封書以奏帝大怒付南司推劾

御史中丞張綰奏敬容協私罔上合棄市詔特免職到溉
謂朱异曰天時便覽開霽其見嫉如此初沙門釋寶誌嘗
謂敬容曰君後必貴終是何敗耳及敬容為宰相謂何姓
當為其禍故抑沒宗族無仕進者至是竟為河東所中
大同元年三月武帝幸同泰寺講金字三惠經敬容啓預
聽敕許之又起為金紫光祿大夫未拜又加侍中敬容舊
時賓容門生諠譁如昔異其復用會稽謝郁致書戒之曰
草萊之人間諸道路君侯已得瞻望朝夕出入禁門昔流
將不敢阿灰然不無其漸甚敢賀於前又將弔也昔流
言裁至公旦東奔燕書始来子孟不入夫聖賢被虛過以

自斤未有嬰時置而求親者也且暴鰓之魚不念杯酌之
水雲霄之翼豈顧籠樊之糧何者所託已盛也昔君侯納
言加首鳴王在腰回豐貌以步文昌登高蟬而趨武帳可
謂盛矣不以此時鷹才拔士必報聖主之恩今卒如爰絲
之說受責見過方後欲更窺朝廷之觖望萬分竊不為左右
取也昔竇嬰楊惲亦得罪時不能謝絕賓客猶交黨援
無後福終益前禍僕之所弔實在於斯人人所以頗猶戒
蹕君侯之門者未必皆感惠懷仁有灌夫任安之義乃戒
瞿公之大署異君侯之復用也夫在思過之日而挾復用
之意未可為智者說矣夫君侯宜杜門念失無有所通築

芊茨於鐘章聊侯游以卒歲見可悴之意著待終之情後
仲尼能改之言惟子貢更也之譬少戢言於衆口微自救
於竹帛所謂失之東隅收之桑榆如此令明主聞知尚有
異也故披肝瞻示情素君侯豈能鑒焉太清元年遷太子
詹事侍中如故二年侯景龕建鄴敬容自府移家入臺景
渦陽退敗未得審實傅者乃云其將暴顯反景身與衆景
沒朝廷以為昬敬容尋見東宮問又謂曰淮北始更有信
侯景定得身免敬容曰得景遂死深是朝廷之福簡文失
色開其故對曰景擄叛臣於富國是朝廷之福簡文失

圖自講老莊二書學士吳孜時寄廬事每自入聽敬容
謂孜曰昔晉氏喪亂頗由祖尚虛玄胡賊遂覆中夏今東
官復襲此殆非人事其將為戎乎俄而侯景難作其言有
徵也三年卒于國內何氏自晉司空充宋司空尚之奉佛
法並建立塔寺至敬容又捨宅東為伽藍玄趣中夏全東
造構敬容並不拒故寺堂宇頗為宏麗時輕薄者因呼為
衆造寺及敬容免職亦以此稱之敬容免職出宅止有常用器物及裏衣而已竟
無餘財貨時亦以此稱之敬容免職出宅止有常用器物及裏衣而已竟
若邪山嘗疾篤有書云田疇館宇飛奉衆僧書經並歸從
弟敬容其見知如此敬容唯有一子年始八歲在具臨還

與胤別胤問名敬容曰仍欲就兄求名胤即命紙筆名曰
毅曰書云兩至曰毅吾與第二家共此一子所謂毅也位
秘書丞早卒
論曰尚之以雅道自居用致公輔行已之
平洗閣取譏皮冠攝詞負粹之地高人未之全古之所謂巧官又
一時並處權要雖經屯跛咸以功名自卒古之所謂巧官又
此之謂平黥胤弟兄云遊夫子哲之赴惠景子秀之嬌敬沖
其迹身則末禧名譽觀夫子哲之赴惠景子秀之嬌敬沖
以迹以心居然可測而高自標致一代歸宗以之入用未
知所取斯殆虖之勝江東所尚不然何以至於此乎

寓雅代名節殆曰人望敬容材實弇鄙斯而敗業惜乎昌

列傳第二十

南史三十

張裕　永宗　弟子緒　緒子完　充克
　　　　　　　　　稷子峻　峻弟盾　璝弟稷

李　延壽

南史三十一

張裕字茂度吳郡吳人也名與宋武帝諱同故以字稱曾
祖澄晉光祿大夫祖彭祖廣州刺史父敞侍御史度支尚
書國內史茂度仕為宋武帝太尉主簿揚州中從事累
遷別駕武帝西伐劉毅北關洛皆居守留任州事出為
都督廣州刺史中郎將綏百越嶺外安之元嘉元
年為侍中都督益州刺史帝討荊州刺史謝晦詔益州遣

〈南史列傳二十一〉

軍襲江陵晦平西軍始至白帝茂度與晦素善議者疑其
出軍遲留弟邵時為湘州刺史起兵應大駕上以邵誠節
自絕人事經始本縣之華山為居止優游野澤如此者七
故不加罪累遷太常以腳疾出為義興太守上從容謂曰
勿以西蜀介懷對曰臣不遺墜下之明墓木拱矣後為都
官尚書以疾就拜光祿大夫加金章紫綬茂度內足於財
恭子子演位太子中舍人演四弟鏡求辯代俱知名時謂
之張氏五龍鏡少與光祿大夫顏延之鄰居顏談議飲酒
喧呼不絕而鏡靜默無言聲後鏡與客談延之從籬邊聞

之取胡麻坐聽辭義清玄延之心服謂客曰彼有人焉由
是不復酬叫仕至新安太守演鏡兄弟中名最高餘並不
及初裕曾祖澄當葬父郭璞為占墓地曰葬其處歲年過
百世貴顯澄乃葬其所厥位光祿年六十四而云其子孫遂
歲位至三司而子孫不蕃其墓年幾減半位裁卿校而累

昌云

永字景雲初為郡主簿累遷尚書中兵郎先是尚書中條
制繁雜元嘉十八年欲加修撰從永為刪定郎掌其往二
十二年除建康令所居皆有稱績又除廣陵王誕北中郎
錄事參軍永涉獵書史能為文章善隸書騎射雜藝觸類

〈南史列傳二十一〉

兼善又有巧思益為文帝所知紙墨皆自營造上每得永
表啟輒執玩咨嗟自嘆供御者了不及也二十三年造華
林園玄武湖並使永監統凡所制置皆受則於永永既有
才能每盡心力文帝謂堪為將二十九年以永為揚威將
軍置州刺史加都督王玄謨申坦等諸將經略河南進攻
磁磽累旬不拔永即夜撤圍退軍不報
告諸將衆驚擾為魏軍所乘死敗塗地永及申坦並為統
府撫軍將軍蕭思話所収繫於歷城獄文帝以屢征無功
諸將不可任詔責永等與思話又與江夏王義恭書曰早
知諸將輩如此恨不以白刃驅之今者悔何所及三十年

元凶弒立起永為青州刺史及司空南譙王義宣起義文
改永為冀州刺史加督永遣司馬崔勳之中兵參軍劉
宣則二軍馳赴國難時蕭思話在彭城義宣廬二人不相
諧緝與思話書勸與永坦懷又使永往兄史張暢與永
太極殿前鍾聲斯之同姓欲使天下後無兗人永暁音律
年藏質及遣永輔武昌王渾鎮京口大明三年累遷廷尉
上謂曰卿既與釋之同姓欲使天下後無兗人永暁音律
召為江夏王義恭大司馬後事中郎領中兵武帝建元
求其處鑒而去之毋遂清越明帝即位為青冀二州刺史

臨四州諸軍事統諸將討徐州刺史薛安都累戰冠捷破
薛索兒又遷鎮軍將軍尋為南兗州刺史加督時薛安
都據彭城請降而誠心不欵朝帝遣永迎收之重兵迎
之加督前鋒諸軍事進軍彭城安都招引魏兵既至永狼
狽引軍還為魏軍追大敗後遇寒雪士卒離散腳胼斷
落僅以身免失其第四子三年從會稽太守加督嘗將軍
如故以比行失律固求自貶降號左將軍永痛悼所失之
子有兼常哀服制雖除之猶坐歡食衣服待之如生每
出行常別具名軍好馬號曰侍從有軍事輒語左右報郎
君知也以破薛索兒功封乾昌縣侯在會稽屬蒙各有謝方

童阮須何達之等竊其權賦貨盈積方童等坐下獄死永
又降號冠軍將軍廢帝即位為右光祿大夫侍中領安成
王師出為吳郡太守元徽二年為征北將軍南兗州刺史
加都督永少便驅馳志在宣力其為將帥能與士卒同甘
苦朝廷所給賜脯餉必墓坐齎割手自頒賜年雖已老志
氣未衰優獎閑任意甚不樂及有此授喜悅非常即命
駕還至新其前鋒攻南掖門永遣人覘賊既及唱言臺城陷
軫至都未之鎮遇桂陽王休範作亂永率所領以憤發病卒
求衆潰葉軍還以舊臣不加罪止免官削爵以白下休

岱字景山州辟從事累遷東遷令時殷沖為吳興太守謂
岱曰張東遷親貧須養所以棲遲下邑然名器方顯終當
大至後為司徒左西曹掾每八十籍注未滿岱便表官
從貧還養有司以岱違制將欲糾舉宋孝武曰觀過可以
知仁不須案也累遷山陰令職事閑理宋明帝謂
徐州未親政事以岱為冠軍諮議參軍領彭城太守行府
州國事後臨海王為征虜南兗州岱歷為三府諮議三王
晉安王為臨海王事事舉而典
錢主帥共事事畢而情得或謂岱曰圭王既幼執事多門
而毋能緝和公私云何得此岱曰古人言一心可以事百
君我為政端平待物以禮悔吾之事無由而及明闇短長

更是才用多少耳入爲黃門郎新安王子鸞以盛寵爲南
徐州割吳郡屬爲高選佐史孝武召岱謂曰卿美劭風著
兼資美已多今欲用卿爲子鸞別駕摠刺史之任無謂小
屈終當大申也帝當崩累選吏部郎恭始未爲吳興太守元
微中爲益州刺史加都督數年益土安其政累遷吏部尚
書王偁爲吏部郎時專斷曹事岱每相違執及偁爲宰相
以此頗不相善兄子瓛從政芙錦不宜濫裁齊高帝欲
恕爲人我所悉其又與瓛同勳自應加賞岱曰若以家貧
以恕爲晉陵郡岱曰瓛未閒從政芙錦不宜濫裁高帝曰
賜祿此所不論語功推事臣門之耻加散騎常侍建元元

【南史列傳二十一】 五

年中詔尋朝臣欲以右僕射擬岱褚彥回謂得此過優若
別有忠誠特宜升引者別是一理詔更量出爲吳郡太守
高帝短岱歷任清直至郡未幾乖敕曰大郡任重乃未欲
回換但摠我務裁量須望毒貝務用卿爲護軍加給事中岱
拜竟詔以家爲府武帝即位復爲吳興太守岱初作遺命分
興更以寬恕著名遷南兗州刺史未拜辛岱初作遺命分
張家財封置箱中家業張減隨復跂易如此十數年諡曰
貞子
緒字思曼岱兄子也父演宋太子中舍人緒少知名清簡
寂欲從伯敷及叔父鏡從叔暢並貴異之鏡比之樂廣敷

云是我輩人暢言於孝武帝用爲尚書金部郎都令史諮
詳郡縣米事緒蕭然直視不以經懷宋明帝每見緒輒歎
其清淡轉太子中庶子本州大中正還遷司徒左長史更
尚書表繁言於帝曰臣觀張緒有正始遺風宜爲官職復
轉中庶子後遷吏部郎笏簽堂大選元徽初東宮官
罷選曹操舍人王偁爲侍中遷吏部郎格外記室緒以偁地兼美宜轉
秘書丞從之緒又遷侍中常私謂客曰一生不解作諸有
以吾表繁褚彥回者由是出爲吳郡太守緒建元元年爲中
書令緒善談玄深見敬異僕射王偁嘗云緒過江所未有
明二年自祠部尚書爲齊高帝大傳長史緒初不知也

【南史列傳二十一】 六

比士可求之耳不知陳仲弓黃叔度能過之不駕幸華嚴
寺聽僧達道人講維摩坐遠不聞緒言上難移緒乃遷僧
達以近之時帝欲用緒爲右僕射以問王偁偁曰緒少有
清望誠美選也南士由來少居此職褚彥回曰俭少年或
未憶耳江左用陸玩顧和皆南人也偁曰晉氏衰政不可
爲則先是緒諸子並輕俠中子充少時又不護細行俭文
以爲言乃止及立國學以緒爲太常卿領國子祭酒以王
延之二代緒爲之可謂清小後接之者實爲未易緒長
於周易言精理奧見宗一時常云何平叔不解易中七事

武帝即位轉吏部尚書祭酒如故永明二年領南郡王師
加給事中三年轉太子詹事師給事如故緒每朝見武帝
目送之謂王儉曰緒以位尊我我以德貴緒還散騎常侍
金紫光祿大夫師如故給親信二十人後領中正長沙王
晃屬選用吳郡聞人邕為州議曹緒以資籍不當執不許
晃遺書於緒固請之緒正色謂晃信曰此是身家州鄉殿
下何得見逼乃止緒吐納風流聽者皆忘飢疲見者蕭然
如在宗廟雖終日與居莫能測焉劉悛之為益州以植柳
數株枝條甚長狀若絲縷時舊官芳林苑始成武帝以植柳
於太昌靈和殿前常賞玩咨嗟曰此楊柳風流可愛似張
緒當年時其見賞愛如此王儉為尚書令丹楊尹時諸令
史來問說有一令史善俯仰進止可觀儉賞異之問曰經
與誰共事答云十餘歲在張令門下儉目送之時丹丞殼
存至在坐曰是康成門人也七年竟陵王子良領國子祭
酒武帝敕王晏曰吾欲令緒領國子祭酒以授張緒物議以
為如何子良竟不拜以緒領祭酒緒口不言利有財
散之清談端坐或竟日無宅以殯遺命凶事不設祭從弟蘆
未嘗床也死之日無食門生見緒飢為之辦殯然
輒輴車引柩靈上置盃水香火不設祭從弟融敬緒事之
故親兄蕭酒於緒靈前酌飲慟哭曰阿兄風流頓盡追贈

〈南史列傳二十一〉〈七〉

散騎常侍特進光祿大夫諡簡子子完宋後廢帝時為正
貟郎險行見寵坐廢鋼完弟允永明中為西功曹溋通殺
人伏法允兄充知名
充字延符少好逸遊緒嘗告歸至吳始入西郭逢充獵右
臂鷹左牽狗遇緒船至便放紲韝拜於水次緒曰一身
兩役無乃勞乎充跪曰充聞三十而立今充二十九矣請
至來歲緒曰過而能改顏氏子有焉及明年便儁改多所
該過尤明老易能清言與從叔稷俱有令譽歷尚書殿中
郎武陵王亥時尚書令王儉當朝用事齊武帝皆取決焉
儉方聚親賓充穀巾葛帔至便求酒言論放逸一坐盡傾
及聞武帝欲以緒為尚書僕射儉竊本可充以為慍與儉
書曰頃日路長森霞晦凉暑來平想無慮攝充幸以漁
釣之閒鎌採之暇時復引軸以自娛逍遙乎前史從橫萬
古動默之別也路多端紛綸百年升降之塗不一故金剛水承
性之別也圓行方止器之異也善御性者不達金水之質
善為器者不易方圓之用充生平少偶非不以利欲干懷
三十六年差得以樓貧自澹介然之志峭聳霜崖確乎
情峯橫海岸至如影纏天閣既謝廊廟之華綴組雲臺之
愧衣冠之秀寔由氣岸踈凝情塗猶隔獨師懷抱不見許
於俗人孤秀神崖每邁回於在世長群魚鳥畢景松阿雖

〈南史列傳二十一〉〈八〉

復玉沒於訪珪之辰掩於搜芳之日氾濫於漁父之遊
偃息於卜居之會如此而已充何識哉若夫驚草白吐
海達天球品朋尋分毫落伺桂闇綺廱叢雜於山幽松柏
陰森相綵於澗側元卿於是乎不歸伯休亦以茲長往至
於飛竿釣渚灌足滄洲獨浪煙霞高卧風月悠悠琴酒長
遠誰來灼灼文言空擬子千里路隔江川毋
至西風何曾不歎丈人歲路未強牟優而仕道佐蒼生功
橫海長懷渭川之昉行著楮而秣歎得無惜乎充嵬冠
蓋而長懷渭川之昉行著褐而秣食不能事王侯覓知己造時人
姓名表一人篤耕而食不能事王侯覓知己造時人

韓游說容典於屠博之間其惟甚矣然舉世皆謂充為狂
充亦何能與諸君道之哉是以披閭見掃心胷述平生論
語默所可通夢交魂推襟送抱者唯丈人而已關廷寞阻
書龍莫因懍過燕夫妻塵事倩以為脫略弗之重仍以
書泉緒毅之一百又為之御史中丞到攄所奏免官禁錮
沈約見其書歎曰充始為之敗終為之成父之為司徒諸
議朱軍與琅邪太守為政清更人便之後為侍中梁武
賓客累選義與昏逢殺百官集西鍾下召充不至武帝
帝丘至建鄴東昏逢殺百官集西鍾下召充不至武帝
霸府建以充為大司馬諮議然軍天監初歷太常卿吏部

尚書居選以平允稱再遷散騎常侍國子祭酒登講說
皇太子以下皆至時王侯名士在孝經以拜充朝服而立
不敢當再遷尚書僕射頃之出為吳郡太守下車恤貧老
故舊莫不忻悅卒於吳郡謚曰穆子子最嗣
瓛字祖逸宋征北將軍南充州刺史求之子也仕宋累遷
桂陽內史不欲前兄璵處齊高帝固申明之璵由此感恩
通直散騎常侍驃騎將軍初璵父求拒桂陽王休範於白
下敗績阮佃夫等欲加罪璵齊高帝即有異圖第
自結後遭父母喪還吳持服昇明元年劉秉即有異圖
避為吳郡潛相影響齊高帝密遣殺中將軍卞白龍令璵取
諸張世有豪族璵宅中常有父時舊部曲數百避召
迎委以軍事璵偽受命與叔恕領兵十八人郡新之郡內
莫敢動事捷高帝以告在軍張沖沖曰璵以百口一擲出
手得盧矢即授吳郡太守錫以嘉名封義城縣侯從弟融
聞之與瓛書曰吳郡何晚何須王友聞之璧驚乃是阿兄
郡人顧高陸閑並少年未知名璵並引為綱紀後並立名
世以軍事環偽受命高帝常謂曰卿雖我臣我親卿不異
文季俱在門下高帝常謂曰卿雖我臣我親卿不異
等文季母還璵止朝服而已時集書每兼門
下東省實多清貧有不識璵者常呼為散騎出為吳興太

【南史列傳二十一】 【十一】

安璝以既有國秩不取郡奉高帝敕上庫別藏其秦以襲

昔清武帝即位為蒼蠻校尉雍州刺史加都督徵拜左

尚書加右軍將軍還後安陸王紂臨雍州行部登蔓苴有

野老來乞紂問何不事產而行乞邪荅曰張使君臨州理

物百姓家得相保後人政嚴故至行乞紂由是深加嗟賞

後拜太常自謂閑職輙歸家武帝曰鄉辜未富貴謂人不

與既富貴那復欲委去璝曰陛下御居等若養馬雖就

開厩有事復牽來帝猶怒遂又為散騎常侍光祿大夫

林之廢朝臣到宮門參璝事璝見朝廷多難遂

帝疑外藩起兵以璝鎮石頭督眾軍軍事璝疾腳不至海陵立明

恒郎疾建武未屢啟求還曰我見許居室家富侈妻房或

著識其妾春俊璝曰我少好音律老而方解平生嗜欲

無復一存唯未能遣此耳明帝疾甚防疑大司馬王敬則

起兵東昬假璝節戊石頭尋乘城還宮景天監元年

授璝平東將軍吳郡太守以腳疾及敬則反璝遣兵迎

拒於松江聞敬則軍敗聲一時散走璝棄郡逃人間事平

乃還郡為有司奏免官削爵永元初為光祿大夫三年梁

武帝起兵東昬假璝節戊石頭尋乘城還宮景天監元年

拜給事中右光祿大夫以腳疾拜於家四年卒璝有子十

二人常云中應有好者子率知名

率字士簡性寬雅十二能屬文帝曰限為詩篇或數日

【南史列傳二十一】 【十二】 占

不作則追補之稍進作賦頌至年十六向作二千餘首有

疊訥者見而詆之率乃一旦焚毀更為詩示焉託云沈約

訥便句句嗟稱無字不善率曰此吾作也訥慙而退時陸

少玄家有父澄書萬餘卷率與少玄善遂通書籍盡其

書建武三年舉秀才除太子舍人率與同郡陸倕幼相

友狷嘗同載詣左衛將軍沈約遇任昉在焉友又使揮

二子後進才秀皆南金也卿可識之由此與昉友人相

中為司徒謝朏掾直文德待詔省敕使抄乙部書又使

古婦人事使工書人琅邪王琛吳郡范懷約等寫給

率取假東歸論者謂為懺世率懼乃為待詔賦奏之其

稱賞手敕荅曰相如工而不敏枚皋速而不工卿可謂兼

二子於金馬矣又侍宴賦詩帝別賜率詩曰東南有才

子故能服官政余雖慙古昔得人今為盛率奏詩姓友六

首後引見於五衡殿謂曰鄉東南物望朕宿昔所聞鄉言

宰相是何人不從天下出鄉名家奇才若復父禪

律意便合是其人秘書丞天下清官東南望貴未有

者今以相處卿勿謂爾定名與昌率以為秘書丞自此選曹四

年撰欲依華光殿其日河南國獻赤龍駒能拜伏善舞詔

與到洽周興嗣嗣賦武帝以率及興嗣為工其年父憂去

職有父時妓數十人其善謳者有色貌邑子儀曹郎顧玩

之求婣謁者不顧遂出家為尼嘗因齋會率宅玖乃飛
壽言與率姦南司以事奏聞武帝惜其才猥然猶致
時論服關父之不仕七年除中權建安王中記室參軍俄
直壽光省脩丙丁部書抄累遷著安王宣惠諮議參軍率
在府十年恩禮甚篤後為揚州別駕雖歷居職務未嘗
留意簿領及為別駕奏事武帝覽牒問之並無對倡答云
事在廣中帝不悅後歷黃門侍郎出為新安太守丁所生
母憂委率尊酒不事於家務光志懷在新蔡道家僅載米
三千石還宅及至途耗太半嘗問其故苔曰雀鼠耗率奏
而言曰壯哉雀鼠竟不研問自少屬文七略及藝文志所
載詩賦今亡其文者亦補作之所著文務十五卷文集四
十卷行於世子長公率弟盾
盾字士宣以謹重稱為無錫令過劫問劫何須劫以刀研
其類盾目呲呲不易餘無所言於是生資皆盡不以介懷
為湘東王記室出監富陽令廊然獨處無所用心身死之
曰家無遺財唯有文集並書千餘卷酒米數甕而已
稷弟八喬瓌弟也幼有孝性所生母劉無寵遍疾時綿年
十一侍養衣不解帶母劉則累夜不寢及緣毀瘠過人杖
而後起見年韓幼童輙哽咽泣洟州里謂之淳孝長兄瑋
善屬出事稷以劉氏先執此佞聞瑋為清調便悲感頓絕遂

終身不聽之性踈率朗悟有才略起家著作佐郎不拜父
永及婣母丘相繼亡六年廬干墓側奉永明中為豫章
疑王薄與彭城劉繪俱見禮接未嘗被呼名每呼為劉四
張五以貧求為刻令略不視事多為小山遊會山賊專
之作亂稷率屬部人保全縣境於時雖母劉先假葬琅邪黃
山建武中改申葬禮賻助委積於時不拒絕事畢隨以
生焉給事中黃門侍郎新興永寧二郡太守犯私諱
還之自幼及長數十年中常設劉氏神生出告及面如事
之永寧為長寧永元末為侍中宿衛宮城梁武師至蕪衛
尉江淹出奔稷隸衛尉卿副王瑩都督城內諸軍事時東
民溢薑比徐州刺史王珍國弦稷謀乃使直閣張齊行弑
丁含德殿稷乃召右僕射王亮等列坐殿前西鍾下議道
兄殺其君袖揭帝首衣杂天血如卿兄弟有何
名稱稷曰臣乃無名稱至於陛下不得言無勳東昏暴虐
樂壽殿內實稷醉後言多怨辭形於色帝時亦酣謂曰仰
侍中書令及上即位封江安縣子位領軍將軍武帝賞
稷為侍中左衛將軍遷大司馬梁朝建為散騎常
義師亦來代之宣在臣而已帝愀其意頗目張公可畏人中
丞陸昊泉彊稷云領軍張稷閛無忠貞官必險達殺君者王

業以爲常武帝留中竟不問累遷高書左僕射帝幸稽
宅以盛暑留省舊臨幸供具皆酬太官饌直帝以
稷清貧手詔不受宋時武帝經造張永至稷三世並隆爲
乘論者榮之稷雖居朝右毎懃口實乃名其子伊字懷尹
霍字希光畋字農人同字不見字木同以旌其志既懼
且恨乃求出許之出爲青輿二州刺史不得志常閉閤讀
佛經禁防覺弛傳頗致侵擾州人徐道角等夜襲州城
乃害之有司奏削爵土稷性明烈善興人交歷官無宦橐
秦祿皆頒之親故家無餘財初去郡就僕射徵道由吳
引其子孫置之右職稱寬恕初爲吳興大守下車存問遺老

以身蔽刃先父卒稷與族兄充融卷知名時云充融
卷稷爲四張卷字令遠少以和理著稱能清言位至官尚
書天監初卒稷子峻

峻字四山稷初爲剡令至峻尊生之因名峻字四山少敏
如此稷長女楚媛適會稽孔氏無子歸宗至達稷見害女
孝行年三十餘猶班衣受稷杖動至數百收淚歡然方雅
有志操能清言感家禍終身蔬食布衣手不執刀刃不聽
音樂第進言果不倫峻垂泣訓起家祕書郎累遷鎮南
湘東王長史尋陽大守王毆曰玄言因爲之筮得節卦謂

峻曰卿後當東入爲郡怒不得終其天年峻曰貴得其所
耳時伏挺在坐曰君王可畏人也還爲太府卿吳興太守
侯景圍建鄴遣第伊率郡兵赴援城陷御史中丞沈浚遁
難東歸見之謂曰賊臣憑陵肆劫命之日今欲收逃
東將軍峻曰天子蒙塵今何情復受榮號留板而已賊
行臺劉神茂攻破義興遣使說峻峻斬其使仍遣軍破神
茂侯景乃遣其中軍侯子鑒助神茂擊峻峻敗乃釋戎
服坐於聽事賊景臨以刃終不屈執以送景景將舍之峻曰
速死爲幸乃殺之子弟遇害者十餘人景欲存其二子峻
曰吾一門已在鬼錄不就爾虜求固於是皆死賊平元帝
追贈侍中中衛將軍開府儀同三司諡忠貞子子峻弟
曰宋稱敷演梁則卷充清虞專學尚有其風仕梁爲中軍

名

種士苗永從孫也祖辯宋大司農廣州刺史父略太子
中庶子臨海太守種少恬靜居處雅正傍無造請時人語
宣城毛府主簿時已四十餘家貧求爲始豐令及武陵王
紀爲益州刺史種以求爲左西曹掾種辭以母老
爲有司奏免侯景之亂奉母東奔鄉里母卒種時年

五十而毀瘠過甚又迫以凶荒未葬雖畢居家飲食恆

若在喪景平初司徒王僧辯以狀表起爲中從事并爲具

荒僧辯誅種方即吉僧辯又以種年老無子賜以妻及居

勳之具陳武帝受禪爲太常卿歷位左戶尚書侍中中書

令金紫光祿大夫種沈深虛靜識量宏博時以爲宜居左執其爲所推

器僕射徐陵常抗表讓位於種以爲宜居左執其爲所推

如此卒贈特進諡元子種仁恕寡欲雖歷顯位家產屢罄

終曰晏然不以爲病太建初女爲始興王妃以居勳僻陋

特賜宅一區又累賜冊錫嘉興縣秩皆於無錫見重凶在

獄天寒呼凶暴曰逖失之帝大笑而不深責有集十四卷

稜亦清靜有識度位司徒左長史贈光祿大夫

論曰張裕有宋之初早參霸政出內所歷莫非清顯讜子

弟荷崇攝兒舉家聲譽折節非徒然也思曼立身簡

素殆人望乎干夫灌纓從重理存無二取信一主義絕百心

以求元之末人憂登台灰公衛重圍之內首劉大謀而旋見

猜嫌又況異於斯也然則士之行已可無深議四山赴蹈

之方可謂矯其違矣

列傳第二十一　　　　南史三十一

張邵　子敷　孫沖　兄子暢　楊子鵬　寶積　徐文伯　嗣伯

李延壽

張邵字茂宗會稽太守裕之弟也初為晉琅邪內史王誕
龍驤府功曹桓玄徙於廣州親故皆離弃之唯邵情禮彌
謹流涕追送時寇亂年饑邵又資饋其妻子桓玄篡位父
敞先為尚書以讜事微謬降為廷尉卿及宋武帝討桓玄
邵白敞表獻忠欵帝大悅命署寺門曰有犯張邵家者
軍法論事平以敞為其郡太守及王謐不輒婆
薄劉毅位居亞相好士愛才當世莫不輻湊唯邵不往親
故怪而問之邵曰主公命世人傑何煩多問劉穆之言於
帝益親之轉太尉參軍署長流賊曹廬循至蔡洲武帝
至石頭使邵守南城時百姓水際望賊帝不解其意以問
邵邵曰節鉞未反奔散之不暇亦何暇觀望不窮無復恐
耳帝以邵勤練憂公重補州主簿邵悉心政事精力絕人
及誅劉藩邵時在西州直廬即夜誡諸曹曰大軍當大討
可各各條倉庫及舟船人領至曉取辦旦日帝求諸簿最
應時即至怪問其速諸曹荅曰宿受張主簿處分帝曰張
邵可謂同人憂慮矣九年世子始開征虜府以邵補錄事
參軍轉號中軍遷諮議參軍領記室十一年武帝北伐以邵

〈南史列傳二十二〉　一

請見曰人生危脆宜有遠慮若劉穆之遇近不幸誰可代
之尊業如此若有不諱便云何帝曰此自委穆之與
卿耳青州刺史檀祗鎮廣陵頗率衆至滁中流道滌為軍首
穆之慮其為變議欲遣軍帝曰檀韶據中流道滌必無患也祗
若有相疑之跡則大府立危不如逆遣慰勞以司馬徐羨之代
果不動及穆之暴卒朝廷惶懼便發詔以司馬徐羨之荊州
邵獨曰今誠急病任終在徐羨之世子無專命之道
及方使世子出命曰朝廷及大府事悉諮徐司馬其餘啟
還武帝善其臨事不撓得大臣節十四年世子改授荊州
邵諫曰儲貳之重四海所繫不宜外出敢以死請世子竟
不行文帝為中郎將荊州刺史以邵為司馬領南郡相衆
事悉決於邵武帝受命以佐命功封臨沮伯分荊州立湘
州以邵為剌史謝晦反遺書要邵邵不發
函使呈文帝元嘉五年轉征虜將軍領寧蠻校尉雍州剌
史加都督初王華與邵不和及華參要親舊為之危心邵
曰子陵方弘至公豈以私嫌害正義是任也華實擊之及
至襄陽築長圍修立堤堰開田數千頃公私充給舟浙二
州蠻屬為寇邵誘其帥而殺之遣軍掩其村落
悉禽既失信羣蠻所在並起水陸路斷七年子敷至襄陽

〈南史列傳二十二〉　二

定省當還都輒變欲斷取之會蠻國獻使下蠻以為是
敷因掠之邵坐降號揚烈將軍江夏王義恭鎮江陵以邵
為撫軍長史持節南蠻校尉九年坐在雍州營私畜取職
賕二百四十五萬下廷尉免官削爵土後為吳興太守卒
追復爵邑諡曰簡伯邵臨終遺命祭以菜果傳席為轜車
諸子從焉 長子敷

敷字景儉生而母亡年數歲問知之雖童蒙便有感慕之
色至十歲許求母遺物而散施已盡惟得一扇乃緘錄之
每至感思輒開司流涕見從母悲感哽咽性整貴風韻甚
高好讀玄言兼屬文論初父邵使與高士南陽宗少文談

繫象往復數番少文每欲岳握麈尾歎曰吾道東矣於是
名價日重宋武帝聞其美召見奇之曰真千里駒也以為
臣性不耐雜上甚不悅遷正貞中書郎敷小名楂父邵小
世子中軍參軍數見接引累遷江夏王義恭撫軍記室參
軍義恭就文帝求一學義沙門會敷赴假還江陵入辭文
帝令以後車載沙門往謂曰道中可得言晤敷不奉詔曰

此也中書舍人狄當周赳詣管要務與敷同省名家之宗楂何敢
敷曰彼若不相容接便不如勿往詎可輕行當日吾等詣之
已貞外郎矣何憂不得共坐敷先勞設二牀去壁三四尺

本墮淮死子式嗣弟沖

追贈侍中改其所居稱孝張里敷弟東襲父封位通直郎
東勇力手格猛獸元凶以為輔國將軍孝武至新亭東出
但更甚耳自是不復往未嘗而卒孝武即位詔旌其孝道
度每止璧言之報更感慟絕而復續哉度曰我異璧汝有益
九十餘日始進水漿葬畢不進蔬菜遂毀瘠成疾伯父茂
郎始與王濬後將軍司徒左長史未拜父在吳興太守卒
響昌父之不絕張氏後進皆慕之其源起自敷也遷萬門餘
遇如此善持音儀盡詳緩之致與人別執手曰念相聞餘
二客就席敷呼左右曰移我遠客赴等失色而去其自標

冲字思約出繼伯父敷母戴顒女有儀範張氏內則
焉冲少有至性隨從叔永為將師除旴台太守求征彭城
遇寒軍人足脛凍斷者十七八冲足指皆悋齊永明八年
為假節監青冀二州行刺史事冲父初卒遺命祭我必以
鄉土所產無用牲物冲在鎮四時還吳國取果菜每至然
嘗輒流涕薦焉仍轉剌史永元二年為南兗州剌史立司
州裴叔業以壽春降魏又遷冲南兗州刺史並未拜崔慧
景事平徵建安王寶攝還都以冲為輔國將軍一歲之中
頻授四州剌史至是乃受任封定襄侯梁武帝起兵手書
喻意又遣辯士說之冲確然不回東昬遣驍騎將軍薛元

14-351

嗣制局監暨榮伯領兵及糧運送沖使拒西師元嗣等懲
劉山楊之敗疑沖不敢進停佳夏首浦聞梁武師將至元
嗣榮伯相率入郢城時竟陵太守房僧寄被代還至郢東
氏敕僧寄留守魯山脓驍騎將軍僧寄謂沖曰下官雖未
荷朝廷深恩實蒙先帝厚澤隆其樹者不折其枝實欲微
立塵効沖淶相許諾共結盟誓分部拒守遣軍主孫樂祖
數千人助僧寄攝魯山岸立城壘明年二月梁武圍魯山
言終而卒元嗣榮伯與沖子孜及長史江夏程茂固守東

∧南史列傳二十二　五　洪

間出擊之光靜戰死沖固守不出病將死屬府倈以誠節
經略唯迎蔣子文及蘇侯神日聞中於州聽上祀以求福
鈴鐸聲晝夜不止又使子文導從登陴巡行旦旦輒後如
之識者知其將士僧寄病死孫樂祖窖以城降郢被圍二
百餘日士庶病死者七八百家魯山陷後二日程茂及元
昏詔贈沖散騎常侍護軍將軍元嗣等處圍城之中無他
嗣等議降使孜為書與梁武帝沖故更青州中從事房長
瑜謂孜曰前使君忠貫昊天操愈松竹郎君但當端坐畫
一以荷折薪若非天運不與幅巾待命以下從使君今若
諸人之計非唯郢州士女失高山之望亦恐彼所不取也
不從卒以郢城降時以沖及房僧寄比藏洪之被圍也贈

僧寄益州刺史

暢字少微邵兄禧子也禧少有操行為晉琅邪王國郎中
令從王至洛還京都宋武帝封藥酒一甖付禧使密加酖
毒受命於道自飲而卒暢少與從兄敷名為後進
之秀為家所美弟牧嘗為獵大所傷醫云宜食蝦蟆
服盡哀為論者所笑先嘗為太守徐佩之被誅暢馳出奔赴制
牧甚難之暢含笑先嘗因此乃食劍亦即愈累遷太子
中庶子孝武鎮彭城暢為安北長史沛郡太守元嘉二十
七年魏太武率大衆去彭城數十里彭城衆力雖多軍食不足義
武親率大衆南征太尉江夏王義恭統諸軍出鎮彭城太
中兵參軍沈慶之議欲以軍營為函箱陳精兵為外翼奉

∧南史列傳二十二　六

恭欲棄彭城南歸計議彌日不定時歷城衆少食多安北
二王及妃媛直趨歷城分城兵配護軍將軍蕭思話留守
太尉長史何勗不同欲席卷奔鬱洲自海道還都二議未
史更集羣僚謀之暢曰若歷城鬱洲可至之理下官未敢
不高讚今城內之食百姓咸有走情但以關扃嚴固欲去
莫從耳若一旦動腳則各自散走欲至所在何由可得今
軍食雖寡朝夕猶未窘乏豈有捨萬安之術而就危亡之
道若此計必用下官請以頸血污君馬跡孝武聞暢議謂
義恭曰張長史言不可異也義恭乃止魏太武得至仍登

城南亞父冢於戲馬臺立氈屋先是歐主勑應見執其曰
晡時太武遣送應至小市門致意求甘蕉及酒孝武遣人
送酒一器甘蕉百挺求駱駝明日太武又自上戲馬臺後
遣使至小市門求與孝武相見遣駱駝并致雜物使於
南門受之暢於城上與魏尚書李孝伯問君何姓
孝武旨又致螺盃雜粽南土所珍太武復令孝伯傳語曰
魏主有詔情悰博具暢曰博具當為申致有詔之言政可施

於彼國何得稱之於此孝伯曰鄰國之君為不稱詔於
鄰國之臣暢曰鄰國尚不可聞於中華況在諸王之
復以此勞魏主孝伯曰亦知有水路似為白賊所斷暢曰
信殊當憂邑若欲遣信當為護送暢曰此方間路甚多不
貴而獨曰鄰國之君邪孝伯曰魏主言太尉鎮軍久關南
中赤眉暢曰黃巾赤眉似不在江南孝伯曰今亦無黃
君著白衣故稱白賊邪孝伯大笑曰今之白賊亦不異黃
太武又遣送氈及九種鹽并胡豉云此諸鹽各有所宜白
鹽是魏主所食黑者療腹服氣蒲細刮取六銖以酒服之

胡鹽療目痛柔鹽不用食療馬脊創赤鹽駮鹽臭鹽馬鹽
鹽四種並不中食胡豉亦中噉人求黃甘并云魏主致意
太尉安比何不遺人來至我間彼此之情雖不盡要須
見我小大知我老少觀我為人若諸佐不可遣亦可使僮
求暢又宣百答曰魏主形狀才力為復可有所餉
親自銜命不患彼此不復遣信又云魏主恨向所
送馬殊不稱意安比若須大馬當更送之脫須蜀馬亦有
佳者暢曰安比不之良駒送自彼意非所求但有
炬燭十挺孝武亦置錦一四又曰知更須黃甘誠非所
曾不足周彼一軍向給魏主未應便乏故不復重付武復

求甘蕉安石榴暢曰石榴出自鄴下亦當非彼所乏孝伯
曰君南土膏粱何為著此使云何暢曰骨
梁之言誠為多愧但以不武受命統軍戎陣之間不容緩
服大武又遣餉犇二王借筝篴琵琶箜篌及曄子孝伯
辭辯亦此土之美暢及左右人並相視歎息時魏聲六當出
以暢為南兗王義宣司空長史南郡太守三十年元凶殺
逆義宣舉哀之日即便舉兵暢為元佐位居僚首哀容俯
仲襟映當時舉哀畢改服著黃袴褶出射堂簡人音姿容
止莫不矚目見者皆願為盡命車平徙為吏部尚書封夷

道縣侯義宣既有異圖蔡超等以暢人望勸義宣留之乃
解南蠻校尉以授暢加冠軍將軍領承相長史暢道門生
苟僧寶不郡因顏竣陳義宣典僧寶有私貨猜已陵不
時下會義宣起兵顏竣告暢暢陳必無此理遂不得去義宣將為逆
遣殷人程靈寶以暢陳竣絕僧寶陳必無此理請以死保之靈寶知
暢不回勸義宣殺以徇眾顏雄署文檄而飲酒常醉不省
撫軍別立軍部以收人望顏相司馬竺超人得之進號
文書隨義宣東下梁山戰敗於亂兵自歸暢為人所掠衣
服都盡遇右將軍王玄謨與出營暢已得敗本因桃玄
謀士興玄謨意甚不悅諸將請殺之隊主張世營救得免

執送都下廷尉尋見原起為都官尚書轉侍中代子海領
太子右衛率孝武宴朝賢暢亦在坐何偃因醉曰張暢故
是奇才同作賊亦能無失非才何以致此暢乃驚聲
曰太初之時誰共闇帝曰何事相苦初元凶時偃父子與婢妾
共為元凶故暢臨終遺命與輯合墳論者非之暢弟悅亦有
暢愛弟子輔臨故終遺命與輯合墳論者非之暢弟悅亦有
美稱歷侍中臨海王子項前軍長史南郡太守晉安王子
勸建偽親召拜為吏部尚書與鄧琬共輔偽政事敗悅殺
琬歸降復為太子中庶子後拜雍州刺史泰始六年明帝

於巴郡置三巴校尉以悅補之加持節輔師將軍領巴郡
太守未拜年暢子浩官至義陽王和征北諮議參軍浩弟
海黃門郎封廣晉縣子太子左衛率東陽太守遇郡吏燒
脊照佛百姓有跣使樓佛贖愍動至數千拜坐免官禁錮
起為光祿勳臨川內史後與晉安王子勛同逆軍敗見
殺淹弟融
融字思光弱冠有名道士同郡陸脩靜以白鷺羽塵尾扇
遺之曰此既異物以奉異人解揭綱為宋新安王子鸞行參
軍王母毅淑儀薨後四月八日建鸞帝不悅曰融殘貧當
至二萬少不減五千融獨注懶百錢帝不悅曰融殺貧當

序以佳樣出為封溪令從叔出後之曰似聞朝旨百
汝尋當還融曰不患不還政恐還而復去及行經嶂岏
發賊執融將殺人食之融神色不動方詠曳詩賊異之而
不害也還浮海至交州於海中遇風終無懼色又作海賦文辭詭激獨
自可還其本鄉肉脯復何為者哉又作海賦文辭詭激獨
與眾異後以示鎮軍將軍顏觀之觀曰卿作賦實超玄
盧但恨不道臨海麾即求筆注曰漉沙構白熱波出素積
雪中春飛霜暑路此四句後所足也觀與融兒有恩
卒輒身自墳土在南與交趾太守卞展善展於嶺南為人
所殺融擬身赴嶺秀才對策中第為尚書殿中郎不就

改為儀曹郎轉請假叔父喪道中罰幹錢敷道鞭杖五
十寄繫延陵獄大明五年制二品清官行僮幹杖不得出
十為左丞孫緬所奏免官復位攝祠部曹曹時領軍
劉勔戰死融以祠部議上應哭勔見從父瞻為南陽王長史
開大舍融議不宜拘束小巳尋兼掌正尉見宰殺回車經
求去官不許融家貧欲禄乃與從叔征北將軍永書曰融
難暢將為王玄謨所殺時玄謨子瞻為南陽王長史義宣事
去自表解職再遷南陽王友融父暢為永相長史融啓
昔幼學旱訓家風雖則不敏率以成性布衣韋帶弱年所安
簞食瓢飲不覺不樂但世業清貧人生多待樣粟裹備女
　　
贊既長東帛會鳥男禮巳大勉身就官十年七仕不欲代
耕何至此事共取三吳一丞雖屬舛錯今閒南康缺守難
得為之融不知階級階級亦可復求丞不得所願
以求之融不知階級階級亦可復求丞又與吏部尚書
曰融天地之逆人也進不辯貴退不賤貧以家貧累積
孤露傷心八姪俱孤二弟頓弱當能山海陸禄申融情累
阮嗣宗東平土風融亦欣晉平開外時讓以融非御人才
竟不累群賢太傅橼稍選中書郎非其所好乞為中散大
夫不許張氏自歎以來竝以理音群儕儔儗為筆至融風
止詭越坐常危膝行則曳步親身仰首意制甚多見者驚

異聚觀成市而融了無斷色隨例同行常稽遲不進高帝
素愛融為太尉時與融款接見融常笑曰此人不可無一
不可有二即位後手詔賜融衣曰見卿衣服麤故誠可嘉
懷有本交爾藍縷亦復彫散今送一通故衣意謂雖故
勝新也是吾所著巳令裁減稱卿之體并就席上曰何乃遽
為對曰自地升天理不得速時魏主抗聲曰以無道而見有
忽來忽去未有若者融時下坐曰陛下自美其能帝曰卿書
道而去公卿咸以為棌融善書常自美其能帝曰卿書
殊有骨力但恨無二王法耳融曰非恨臣無二王法
太極殿西室融入問訊彌時方登階及就席上曰何意
　　
無臣法融假還鄉詣王儉別儉立此地與秋不前融不為棌
手呼儉曰歌曰王前儉不得巳趨就之融使融不見古人所
勢而今君為超士豈不善乎常歎云我不見古人所
恨古人又不見我融與吏部尚書何戢善往詣戢通尚
書劉澄曰都自非是乃去其為異如此又為長沙王鎮軍竟
視澄曰都自非是乃去其為異如此又為長沙王鎮軍竟
陵王征北諮議並領記室司徒從事中郎求明二年總明
觀講敕朝臣集聽融扶入就榻私索酒飲之事畢乃長歎
曰嗚呼仲尼獨何人哉為御史中丞到撝所奏免官尋復
職融形貌短醜精神清撤王敬則見融革帶寬殆將至髀

南史列傳二十二

〔十三〕

執革經老子右手執小品法華經妾二人事衰車各遺遇
謂曰革帶太忠融曰既非少妻恐帶何煩融假東出武帝
問融住在何處苔曰臣陸處撫屋舟居無水後上問其從
兄緒緒曰融近東出未有居止權庫小船於岸上住上大
笑後使融接對比使李道固就席道固顧而言曰張欲是
宋彭城長史張暢子不融頓愛父之曰先君不幸名達六
夷豫章王大會賓僚融食炙始行炙人便去融欲求
鹽蒜口然不言方搖食指牟日乃息出入朝廷皆拭目驚
觀之八年朝臣賀衆瑞公事融扶右拜起復為有司所奏
見原遷司徒兼右長史竟陵張欣時為諮議令坐罪當死
欣時父興世討宋南譙王義宣官軍欲殺融父暢與世以
庶子司徒左長史融有孝義忘月三旬不聽樂事媳甚謹
父暢臨終謂諸子曰昔承相事難吾以不同將見殺緣司
馬竺超人得活爾必報其子後超人孫微冬月遭母喪
居貧融甲之悉脫衣以為賻披牛被而反常以兄事微
史美事恐朝有常典不得如長史所懷還黃門郎太子中
至是融啟竟陵王子良乞代欣時死子良苔曰此乃長
袍覆暢而坐之以此得免興世卒融著高義為負土成墳
章王疑竟陵王子良覺自以身經佐史哭輒盡慟甚武
年病卒遺令建白旐無旒不設祭令人探壁尾登屋復觀
曰吾生平所善自當陵雲一笑三十寶棺無製新食左手

南史列傳二十二

〔十四〕

崇上善耳張氏前有敷演鏡暢後有充融卷稷第六弟寶
積建武中出為廬陵太守時名流謝瀹何點陸惠曉孔珪
至融鐵之舍點造坐便曰今日可謂盛集二五我兄弟
之流阿六張氏保家之子顧見王思遠曰卿詐作善非實
得也二五謂孔珪及融並第五寶積求元中為湘州行事
蕭穎胄於江陵秉事與諸穎舉動自若穎胄問何至之
晚苔曰本朝危亂四海橫流既不能為此千之死寶求忍
為微子之去是以至晚穎胄深以為善即用為相府諮議
後位御史中丞融與東海徐文伯兄弟厚文伯字德秀漢
陽太守熙曾孫也熙好黃老隱於秦望山有道士過求飲
名其集為王海司徒褚彥回問其故融云蓋王以比德海
蓋不憤家聲汝可躭哭而着之融文集數十卷行於世自
臨卒又戒其子曰手澤存焉父書不讀況文音情婉在其
政當有其體丈夫當删詩書制禮樂何至因循寄人籬下
以心可使耳為心也師也夫文豈有常體但以有體為常
疾為閒律自序云吾文章之體多為世人所驚汝可師耳
問融玄義無師法而神解過人高談辯抗拒求明中遇
家曰吾生平之風調何至使婦人行哭失聲暫停闈

14-356

留一瓠蘆與之曰君子孫宜以道術救世當得二千石照
開之乃扁鵲鏡經一卷因精心學之遂名震海內生子秋
夫彌工其術仕至射陽令當夜有鬼呻聲甚悽愴秋夫問
何須苔言姓某家在東陽患齒痛死雖為鬼猶難忍秋夫請
療之秋夫曰云何晉法鬼請為芻人寀孔穴乃針之
言為炙四處又針肩井三處設祭埋之明日見一人謝恩
忽然不見當世伏其通靈秋夫生道度叔嚮皆能精其業
道度有腳疾不能行宋文帝令乘小輿入殿為諸皇子療
疾無不絕驗位蘭陵太守宋文帝云天下有五絕而皆出
錢唐謂杜道鞠彈棊范悅詩褚欣遠模書褚伯玉圍棊徐道

度療疾也道度生文伯叔嚮生嗣伯文伯亦精其業兼有
學行倜儻不屈意於公卿不以醫自業融謂文伯嗣伯曰
昔王微稽叔夜學而不能殼仲堪之徒故所不論得之
者由神明洞徹然後可至故非吾徒所及且褚侍中澄嘗
貴亦能救人疾卿此更成不達苔曰唯達者知此可崇不
達者多以為深累既鄙之何能不恥之文伯為効與嗣伯
相將宋孝武路太后病衆醫不識文伯診之曰此石博小
腸乃為水劑消石湯病即愈除鄱陽王常侍遺以千金
旬日恩意隆重宋明帝宮人患腰痛牽心每至輒氣欲絕
衆醫以為肉瘕文伯曰此髮瘕以油投之即吐得物如髮

稍引之長三尺頭已成蛇能動掛門亡適盡一髮而已病
都差宋後廢帝出樂遊苑門逢一婦人有娠帝亦善診之
曰此腹是女也問文伯曰腹有兩子一男一女男左邊青
黑形小於女性急欲使剖文伯惻然曰若刀斧恐其
變異請針之立落便寫足太陰補手陽明胎便應針而落
兩兒相續出如其言子雄亦傳家業尤工診察位奉朝請
能清言多為貴遊所善事母孝謹母終毀瘠幾至自滅俄
而兄亡扶杖臨喪撫膺一慟遂以哀卒嗣伯字叔紹亦有
孝行善清言位正員郎諸府佐臨川王映所重時直
閤將軍房伯玉服五石散十許劑無益更患冷夏日常複

衣嗣伯為診之曰卿伏熱應須以水發之非冬月不可至
十一月冰雪大盛令二人夾捉伯玉解衣坐石取冷水從頭
澆之盡二十斛伯玉口噤氣絕家人啼哭請止嗣伯遣人執
杖防閤敢有諫者撾之又盡水百斛伯玉始能動而見背
上彭彭有氣俄而起坐曰熱不可忍乞冷飲嗣伯以水與
之一飲一升病都差自爾恒發熱冬月猶單禪衫體更肥
壯常有嫗人患滯冷積年不差嗣伯為診之曰此尸注也
當取死人枕煮服之乃愈於是往古冢中取枕枕已一邊
欠缺服之即差後秣陵人張景年十五腹脹面黃衆醫不
能療以問嗣伯嗣伯曰此石蚘耳極難療當死人枕煮之

依語者枕以湯投之得大利并蚘虫頭堅如石五升病即
盡後沈懵憙憙眼痛又多見鬼物以問伯伯曰邪氣
入肝可見死人枕養服之竟可埋枕於故處如其言又愈
王晏閒之曰三病不同而皆用死人枕而俱差何也荅曰
尸注者鬼氣伏而未起故令人沈滯得死人枕投之魂氣
飛越不得復附體故尸注可差石蚘者久蚘也醫療既僻
蚘中轉堅世間藥不能遣所以須鬼物驅之然後可散故
令蚘死人枕也夫邪氣入肝故使眼痛而見魍魎應須邪
物以鈎之故用死人枕也氣因枕去故令埋於家閒也又

春月出南籬間戲聞屋中有呻聲伯曰此病甚重更
二日不療必死乃往視見一老姥稱體痛而處處有黜黑
無數嗣伯還煑斗餘湯送令服之服訖痛勢愈甚跳投床
者無數須臾所黜處皆拔出釘長寸許以膏塗諸瘡口三
日而復云此名釘疽也從置春前桃樹上明旦雍消樹邊便起
昔伯宗爲氣封之時又薛伯宗善徙雍疽公孫泰患
一瘤如拳大稍長二十餘日瘤大膿爛出黃赤汁斗餘
樹爲之痿損

論曰有晉自宅淮海張氏無之賢良及宋齊之閒雅道彌
盛其前則云敷演鏡暢蓋其尤著者也然景徹敬愛之道
少微立復所由其殆優矣恩光行已卓越非常俗所道齊

故附之云爾
高帝亦云不可有二不可無一斯言其幾得失矣徐氏妙理
通靈蓋非常所至雖古之和鵲何以加兹融與文伯款好

列傳第二十二　　　　　　　　　　　南史三十二

范泰　子曄

荀伯子　族子萬秋　徐廣　郁紹

鄭鮮之　裴松之　孫昭明　曾孫子野　何承天　廣兄子齡　曾孫遜

李　延壽

南史列傳二十三　〈一〉　徐

范泰字伯倫順陽人也祖汪晉安比將軍徐兗二州刺史
父寧豫章太守並有名前代泰初為太學博士外弟荊
州刺史王忱請為天門太守忱嗜酒醉輒累旬及醒則儼
然端肅泰陳酒既傷生所宜深誠其言甚切忱歎父之
曰見規者眾未有若此者也或問忱范泰何如謝邈忱曰
茂度漫又問何如殷觊觎曰伯道易忱常有意立功謂泰
曰今城池既立軍甲亦充將欲掃除中原以申宿昔之志
伯道意銳當令擁戈前驅以君持重欲相委留事何如泰
曰百年通寇前賢挫屈者多矣功名難貴鄙生所不敢謀
會忱病卒召泰為驃騎諮議參軍選中書郎時會稽世子
元顯專權內外百官請假不復表聞唯籤詣世子顯而已泰言
以為非宜元顯不納以父憂去職襲爵興娜侯桓玄輔晉
使御史中丞祖台之奏泰及前司徒左長史王准之輔國
將軍司馬珣之並居喪無禮泰坐廢徙丹徒宋武帝義旗
建累遷黃門侍郎御史中丞坐議殷祠事謬白衣領職出
為東陽太守歷侍中度支尚書僕射陳郡謝混後進知

南史列傳二十三　〈二〉　徐

名武帝嘗從容問混泰名輩誰比對曰王元一流人也徙
為太常初司徒道規無子養文帝及道規薨以兄道憐第
二子義慶為嗣武帝以道規素愛文帝又令居重及道規
追封南郡公應以先華容縣公賜文帝泰議以為禮無二
主由是文帝還本屬後加散騎常侍為尚書兼司空與右
僕射袁湛授宋公九錫隨軍到洛陽武帝還彭城與泰登
城泰有足疾特命乘輿與泰好酒之然短於為政故不得在
坐笑言不異私室武帝甚賞愛之拘小節於是不得在
政事官武帝受命議建國學以泰領國子祭酒泰上表陳
獎進之道時學竟不立又言事者多以錢貨減少國用不
足欲更造五銖泰又諫曰臣聞為國拯弊莫若務本百姓
不足君孰與足未有人貧而國富本不足而末有餘者也
故囊漏貯中識者不吝反裘負薪存毛實難王者不言有
無諸侯不說多少食祿之家不與百姓爭利故拔葵所以
明政織蒲謂之不仁是以貴賤有章職分無爽今之所憂
在農人尚寡倉廩未充轉運無已資食者眾家無私積難
以禦荒耳夫貨存貿易不在少多昔日之貴今者之賤貴
此共之其揆一也但令官人均通則無患不足若使必資貨
廣以收國用者則龜貝之屬自古所行尋銅之為器在用
也博矣鐘律所通者遠機衡所揆者大斝鼎負圖寶兒象

瑞普呈羹亦啓休徵器有要用則貴賤同資物有適宜
則家國共急今毀必資之器而為無施之錢於貨則功不
補勞在用則君人俱困校之以實損多益少伏願思可父
之道探欲速之情弘山海之納擇芻牧之説景平初加位
特進明年致仕解國子祭酒少帝在位多諸愆失泰上封
事極諫少帝雖不能納亦不加譴徐羨之傅亮等與泰素
矣未有受遺顧託嗣君見殺賢王嬰戮者也元嘉二年
泰表賀元正并陳旱災多所規勸拜表遂輕舟游東陽任
心行止不關朝廷有司劾奏之文帝不問時文帝雖當陽

親覽而羡之等猶執重權泰復上表論得失言及執事諸
子禁之表竟不奏三年羡之伏誅進位侍中左光祿大夫
國子祭酒領江夏王師特進如故上以泰先朝舊臣恩禮
甚重以有腳疾宴見之日特聽乘輿到坐所陳時事上每
優遊之其年秋旱蝗又上表言有蝗之處縣官多課人捕
之無益於枯苗有傷於殺害又女人被宥由來尚矣謝晦
婦女猶在尚方足婦一至亦能有所感激書奏上乃原謝
晦婦女時司徒王弘輔政泰謂弘曰彭城王帝之次弟宜
徵還入朝共參朝政弘納其言時旱災未已加以疾疫泰
又上表有所勸誡泰博覽篇籍好為文章愛獎後生孜

孜無倦撰古今善言二十四篇及文集傳於世暮年事佛
甚精於宅西立祇洹精舍五年卒初議贈開府羨景仁曰
泰素望不重不可擬議台司竟不果及葬王弘撫棺哭曰
君生平重殼鐵今以此為報追贈車騎將軍諡曰宣侯第
四子晏最知名

晏字蔚宗母如厠産之額為墻所傷故以墻為小字出繼
從伯弘之後襲封武興縣五等侯少好學善屬文章能隸
書曉音律為祕書丞父愛去職服闋為征南大將軍檀道
濟司馬領新蔡太守後為尚書吏部郎元嘉元年彭城大
妃薨將葬祖夕僚故並集東府晏與司徒左西屬王深

及弟司徒祭酒廣夜中酣飲開北牖聽挽歌為樂彭城王
義康大怒左遷宣城太守不得志乃刪衆家後漢書為一
家之作至於屈伸榮辱之際未嘗不致意焉遷長沙王義
欣鎮軍長史兄嵩為宣都太守嫡母隨嵩在官亡報之以
疾晏不時奔赴及行又攜伎妾自隨為御史中丞劉損所
奏文帝愛其才不罪也服闋為始興王濬後將軍太子詹事晏
長不滿七尺肥黑禿眉鬚善彈琵琶能為新聲上欲聞
之屢諷以微旨晏偽若不曉終不肯為上嘗宴飲歡適謂
晏曰我欲歌卿可彈晏乃奉旨上歌既畢晏亦止弦初魯
國孔熙先博學有從橫才志文史星算無不兼善為員外

散騎侍郎不為時知父不得調初熙先父默之
史以贓貨下廷尉大將軍彭城王義康保持之故免及義
康被黜熙先密報劾以曇志不滿欲引之無因進說
曇甥謝綜雅為曇所知熙先藉南遺財家甚富乃傾
身事綜始與綜諸弟共博故為不敵前後輸曇物甚多曇
綜乃引熙先與綜戲熙先故為不敵前後輸曇物甚多曇
既利其財寶又愛其文藝遂與申莫逆之好熙先始以微
言動曇曇不回曇素有閨庭議朝野所知故門胄雖
華而國家不與文人婚以此激之曰丈人若謂朝廷相待厚者
何故不與丈人婚為是門戶不得邪人作犬豕相遇而丈

人欲為之死不亦惑乎曇默然不苔其意乃定時曇與沈
演之並為上所知待每被見多同曇若先至必待演之演
之先至常獨被引曇又以此為怨曇累經義康府佐見待
隨鎮豫章綜還申義康意於曇求解晚陳後戰往於曇既
素厚及宣城之授意好乖離綜為義康大將軍記室參軍
蕃王政以妖訛幸災便正大逆之罰況義康慈豐跡彰
有逆謀欲探時旨乃言於上曰臣歷觀前史二漢故事諸
著退適而至全無羔焉云文帝必以非道晏駕當由骨肉相
不納熙先素善天文云文帝必以非道晏駕當由骨肉相
域江州應出天子以為義康當之綜父述亦為義康所遇

綜弟約又是義康女夫故文帝使綜隨從南上既為熙先
獎說亦有酬報之心廣州人周靈甫有家兵部曲熙先以
六十萬錢與之使於廣州合兵靈甫一去不反大將軍府
史仲承祖義康舊所信念屢衡命下都亦酒結腹心規有
異志聞熙先有誠密相結納丹陽尹徐湛之告以密計承
祖南下申義康意於蕭思話及曇二本欲與湛之素為義康
愛雖為甥舅過子弟承祖因此結事湛之告以密計始
意不果與范本所養舊規相挺枝並與熙先往來使法畧罷
人先為義康所養舊恩相失傍人為之耳有王國寺法靜尼出入
康家內皆感激舊恩規話及曇二本

道法畧本姓孫改名异玄以為臧質寧遠參軍熙先善療
病兼能診脈法靜尼妹夫許耀領隊在臺宿衛殿省皆有
疾因法畧就熙先乞療得損因成周旋熙先以耀膽幹
因告逆謀耀章胡藩子遵世與法靜甚款亦
密相酬和法靜許為內應豫章胡藩子遵世與法靜甚款亦
訛圖識法靜還義康餉熙先銅匕銅鑷袍段綦等物熙
先慮事泄酖采藻殺之又謂曇等瘢質見與異常
質與蕭思話款密二人並受大將軍眷遇必無異同不憂
兵力不足但當勿失機耳乃備相署置湛之為撫軍將軍
揚州刺史曇中軍將軍南徐州刺史熙先左衛將軍其餘

皆有選擇凡素所不善及不附於義康者又有別簿並入死
目熙先使弟休先豫為檄文言讒臣趙伯符肆兵犯蹕禍
流諸宰乃奉就義康又以既為大事宜須義康意言乃作
義康與湛之書宣示同黨又以二十二年九月征比將軍衡陽
王義季右將軍南平王鑠出鎮上於虎帳岡祖道為將軍衡陽
以其日為亂許耀侍上扣刀以目曄曄不敢視俄而坐散
差互不得發十一月徐湛之上表告狀於上悉出檄書選
使窮詰乃曰熙先苟誣引臣熙先聞曄不服笑謂殿中將
軍沈邵之曰凡諸奧分符檄書疏皆曄所造及攺定云何

方作此抵上示以曄墨迹曄乃引罪明日送曄付廷尉入
獄然後知為湛之所發熙先望風吐款辭氣不撓上奇其
才使謂曰以卿之才而滯於集書省理應有異志此乃我
負卿也熙先於獄中上書陳謝并陳天文占候誠上有骨
肉相殘之禍本言深切曄後與謝綜等得隔壁遙問綜曰
疑誰所告綜曰不知曄乃稱徐湛之小名曰乃是徐僮也
在獄為詩曰禍福本無兆性命歸有極雖無嵇生琴庶同夏侯色
延一息在生已可知來緣慏無識好醜共一丘何足異枉
直豈論東陵上寧辯首山側雖無嵇生琴庶同夏侯色寄
喜生存子此路行後即上有白圑翁其佳送曄命書出詩賦

美句曄受旨援筆而書曰去日之烟烟覆長夜之悠
悠上循覽傳然曄本謂入獄便死而上窮其獄遂經二旬
曄便有生望熙先笑之曰詹事曾共論事無不攘袂頓目及在
驚喜綜熙先笑之曰詹事曾共論事無不攘袂頓目及在
西池射堂上躍馬顧眄自以為一世之雄而今攘紛紜展
死乃爾誤令賜以性命人臣圖可以生存曄曰
謂衛獄將曰惜哉如此人將詣市曄最在前於獄門
大將言是也及將詣市曄最在前於獄門顧謂綜曰次第
當以位邪綜曰賊帥當為先父既食又苦勸綜曰此
綜曰時欲至未綜曰勢不復久曄既食又苦勸綜曰此

異族篤何事強飯曄家人怒至市監刑職司問曰須相見
不曄聞綜曰家人已來幸得相見將不暫別與不
別亦何所在來必當嚎泣正足亂人意曄曰號泣何關人
向見道邊親故相瞻望吾意欲相見於是呼前曄妻先
撫其子回罵曄曰君不為百歲阿家不感天子恩遇身死
母對泣曰主上念汝無極汝曾不能感恩又不念我老今
固不足塞罪奈何枉殺子孫曄妻云罪至而已曄所生
別奈何仍以手擊曄頸及頰曄妻云罪人阿家莫憶念
妹及妓妾來別曄乃悲泣流連綜曰男子殊不及夏侯色
收淚而已綜母以子弟自陷逆亂獨不出視曄語綜曰姊今

不來。勝人多也。曄轉醉，子謂亦醉，取地土及果皮以擲曄，呼為別駕，數十聲。曄問曰：汝頭我邪？謂曰：今日何緣復頭，但父子同死，不能不悲耳。曄常謂死為滅，欲著無鬼論，至是與徐湛之書，當相訟地下，其悖亂如此。又語人寄語言：僕射天下決無佛鬼，若有靈，自當相報。汝曄家樂器服玩，並皆珍麗，妓妾亦盛飾，母住止單陋，唯有二廚，盛樵薪，弟子冬無被，叔父單布衣。曄及黨與伏誅，曄時年四十八。

亦得遂從。孝武即位乃還。曄性精微，有思致，觸類多善，衣裳器服，莫不增損制度，世人皆法學之。撰和香方，其序之曰：麝本多忌，過分必害；沈實易和，盈斤無傷；零藿虛燥，詹唐黏濕；甘松、蘇合、安息、鬱金、㮏多、和羅之屬，並被珍於外國，無取於中土；又棄膏旨昏鈍，甲煎淺俗，非唯無助於馨烈，乃當彌增於尤疾也。所言悉以比類朝士：沈演之比棗膏昏鈍，庾仲文比零藿虛燥，何尚之比詹唐黏濕，慧琳道人比甘松、蘇合，羊玄保比甲煎淺俗，徐湛之比零藿虛燥。曄獄中與諸甥姪書以自序，其略曰：吾少懶學問，年三十許始有尚耳，自爾以來，轉為心化，至於少賈易以自比也。所通處皆自得之胸懷，常謂情志所託，故當以意為主，則其旨必見，以文傳意，則其辭不流，然

後抽其芬芳，振其金石耳。觀古今文人，多不全了此處，縱有會此者，不必從根本中來，言之皆有實證，非為空談。年少中謝莊最有其分，手筆差易，於文不拘韻故也。吾思乃無定方，特能濟艱難，適輕重，所稟之分猶當未盡，但多公家之言，少於事外遠致，以此為恨，亦由無意於文名故也。本未關史書，政恒覺其不可解耳。既造後漢，轉得統緒，詳觀古今著述及評論，殆少可意者。班氏最有高名，既任情無例，不可甲乙辨。後贊於理近無所得，唯志可推耳。博贍不可及之，整理未必愧也。吾雜傳論，皆有精意深旨，既有裁味，故約其詞句。至於

循吏以下及六夷諸序論，筆勢縱放，實天下之奇作。其中合者，往往不減過秦篇。嘗共比方班氏所作，非但不愧之而已。欲遍作諸志，前漢所有者悉令備，雖事不必多，且使見文得盡；又欲因事就卷內發論，以正一代得失，意復未果。贊自是吾文之杰思，殆無一字空設，奇變不窮，同合異體，乃自不知所以稱之。此書行，故應有賞音者。紀傳例為舉其大略耳，諸細意甚多。自古體大而思精，未有此也。恐世人不能盡之，多貴古賤今，所以稱情狂言耳。吾於音樂，聽功不及自揮，但所精非雅聲，為可恨。然至於一絕處，亦復何異邪？其中體趣，言之不盡，弦外之意，虛響之音，不知所從而來，雖少許處，而旨態無極。亦嘗以授人，士庶中未有一豪似者，此永不傳矣。吾書雖小小有意，筆勢不快，餘竟不成就，每愧此名。章草尤難，遂不成就，平生所好，意別有在，此永不傳矣。事勢不快，餘竟不成就。人生庶中未有一豪似者，此不可盡紹外之意，虛響之音。賤今所以稱情狂言耳。幼而整潔，漿衣服竟歲未嘗有塵點。死時年二十。曄少時兄

晏常云此兒進利終破門戶果如其言初何尚之廥銓衡
自謂天下無滯才及熙先就拘帝詰尚之曰使孔熙先年
三十猶作散騎侍郎那不作賊熙先死後又謂尚之曰孔
熙先有美才地曾猶可論而翳迹仕流豈非時匠失乎尚
之曰臣昔謬得待罪選曹誠無以濯汙揚清然君子之有
上若熙先必蘊文采自葉於汙泥終無論矣上曰昔有良
智能鵷鶵鳳之有文采自葉之有文采自葉恨不出雲霞之
才而不遇知己者何嘗不遺恨於後哉

荀伯子潁川潁陰人晉驃騎將軍羨之孫也父猗祕書郎
伯子少好學博覽經傳而通率好為雜語遨遊閭里故以

【南史列傳三十三】 十一

此失清途解褐駙馬都尉奉朝請員外散騎侍郎著作郎
徐廣重其才學舉伯子及王韶之並為佐郎同撰晉史及
著桓玄等傳遷尚書祠部郎義熙元年上表稱故太傅鉅
平侯羊祜勳參佐命功盛平吳而嗣關然蒸嘗莫寄漢
尉廣陵公陳淮黨翼孫秀禍加淮南竊饗大國因罪為利
以蕭何元功故絕世輒紹愚謂鉅平宜同鄭國故太
會西朝政刑失裁中興後因而不奪今王道惟新豈可不
大判臧否謂廣陵之國宜在削除故太保衛瓘本爵菑陽
縣公旣被橫禍乃進第秩加贈蘭陵又轉江夏中朝公輔多
非理終殞功德不殊亦無緣獨受偏賞宜復本封以正國

章詔付門下前散騎常侍江夏公衛瓘及潁川陳茂先各
自陳先代勳不伏憝降詔皆付門下並不施行伯子為妻
弟謝晦薦達為尚書左丞出補臨川內史車騎將軍王弘
稱伯子沈重不華有平陽侯之風伯子常自衿藉陵之美
謂弘曰天下膏粱唯使君耳宣明之徒不足數也
遷散騎常侍又上表曰百官位次陳夏后於官氏
愚竊以為疑晉武王克殷封後於焦黃帝後於祝
堯後於薊祝帝舜後於陳夏后於杞殷後於宋杞陳亚為
列國而削祝焦無聞斯則崇所承優於遠代之顯驗也
是以春秋次序諸侯宋居杞之上考之近代事亦有徵

【南史列傳三十三】 十二

晉泰始元年詔賜山陽公劉康子弟一人爵關內侯衛公
姬署宋侯孔紹子第一人駙馬都尉第一人爵關内侯衛公
言愽士劉嘉等議稱衛公署於大晉在三恪之數應降稱
侯臣以為零陵王位宜在陳留之上從之為御史中丞莅
職勤恪有匪躬之稱立朝正色衆咸憚之凡所奏劾莫不
深相訶毀或延及祖禰示其切直又頗雜嘲戲故世人以
此非之補司徒左長史卒於東陽太守文集傳於世子赤
松為尚書右丞以徐湛之黨為元凶所殺伯子族弟昶字
茂祖與伯子絕服元嘉初以文義至中書郎昶見釋慧琳謂曰昨萬秋對東
秋字元寶亦用才學自顯

欲以相示皆曰此不須看若非先見而吾
先見而皆貧道奴皆能為昭曰此將不傷德道耶昭曰大
德所以不德乃相對笑竟不看焉萬秋孝武帝初為晉陵太
守坐於郡立華林閤置主衣主書下獄免前廢帝末為御
史中丞卒官

徐廣字野人東莞姑幕人也父藻都水使者兄邈太子前
衛率家世好學至廣尤精百家數術無不研覽家貧常
以產業為意妻中山劉諡之女忿之數以相讓廣終不改
如此十數年家道日弊遂與廣離後晉孝武帝以廣博學
除為秘書郎校書秘閤增置職僚隆安中尚書令王珣舉

為祠部郎李太后崩廣議服曰太皇太后名位既正體同
皇極理制備盡情禮彌申陽秋之義母以子貴既稱夫人
禮服從正故成風顯夫人之號昭公服三年之喪子於父
之所生體尊義重且禮祖不厭孫固宜遂服無屈而緣情
立制若嫌明文不存則規斯從重謂應同於為祖母後群
臣服三年時從其議又會稽王世子元顯錄尚書欲使百僚
致敬臺內使廣立議由是內外並執下官禮廣常為愧恨
義熙初宋武帝使撰車服儀注仍除鎮軍諮議參軍領記
室封樂成縣五等侯轉員外散騎常侍領著作郎二年尚
書奏廣撰成晉史六年遷驍騎將軍時有風電為災廣獻

言武帝多所勤免又轉大司農領著作郎還秘書監初桓
玄篡位安帝出宮廣陪列悲慟哀動左右及武帝受禪恭
帝遜位廣又哀感流涕謝晦見之謂曰徐公將無小
過廣收淚荅曰身與君不同君佐命興王逢千載嘉運身
世荷晉德眷戀故主因更歔欷求初元年詔除中散大夫
廣言晉墳墓在晉陵丹徒又生長京口息道玄此邑乞
隨之官歸終桑梓許之贈賜其厚性好讀書老而彌篤
歲讀五經一遍元嘉二年卒廣所撰晉紀四十二卷義熙
十二年成表上之又有答禮問百餘條行於世時有高平
郗紹亦作晉中興書數以示何法盛法盛有意圖之謂紹
曰卿名位貴達不復俟此延譽我寒士無聞於時如袞宏
于寶之徒賴有著述流聲於後宜以為惠紹不與至書成
在齋內廚中法盛詣紹紹不在直入竊書紹還失之無復
兼本於是遂行何書

徐齊字萬同廣兄子也父邈晉太子前衛率齊少精練
法理為時所推元嘉初為始興
太守表陳三事文帝嘉之賜絹二百四十疋徙廣州
剌史未拜卒

鄭鮮之字道子滎陽開封人魏將作大匠渾之玄孫也祖
襲大司農經為江乘令因居縣境父遵尚書郎鮮之下帷

讀書絕交遊之務初為桓偉輔國主簿先是兗州刺史滕
恬為丁零翟釗沒屍喪不反恬子羨仕官不廢論者嫌之
桓玄在荊州使羣僚博議羨之議曰名教大極忠孝而已
至平變通抑引每事報殊本而舉之皆求心而遺迹之
所乘遭遇或異故聖人或就迹以助教或因迹以成罪屈
申奧等難可齊乎而當舉其阡陌皆可終言矣天可逃乎而伊
尹廢君可靜乎而當善忠可愚乎而箕子同仁乎而自
此以遷殊實而亦聲異譽而等美者不可勝言如勝羨
情事者或終身隱處不聞人事或升朝理務無議令前哲通
滕者則以無識為證塞勝者則以隱處為美折其兩中則

【南史列傳二十三】　十五

異同之情可見矣大聖人立教猶言有禮無時君子不行
有禮無時政以事有變通不可宗一故耳宋武帝起義兵
累遷御史中丞性剛直甚得司直之體外甥劉毅權重當
時朝野莫不歸附毅之盡心武帝獨不屈意於毅毅甚恨
焉以與毅男甥制不相糺使書侍御史丘洹奏彈毅官禁
傳詔羅道盛詔無所問時新制長吏以父母疾去職羨之因此上議曰父母之
三年山陰令沈叔任父疾去職莫此為大謂宜從舊於義為允
疾而加以罪名悖義疾族理莫此為大謂宜從舊於義為允
從之於是自二品以上父母及為祖父母後者增喪崩毀
及疾病族屬輒去並不禁錮劉毅當鎮江陵武帝會於江

寧朝士畢集毅素好博搏於是歛帝與毅敳局各得其
半積錢隱人毅呼帝併之先歛得雉帝甚不悅良久乃答
之四坐傾屬既歛得盧毅意大惡謂帝曰知公不以大坐
席與人毅之大喜徒跣繞床大叫聲絕其平謂
之曰此鄭君何為者無復甥男之敬帝少事戎旅不經涉
學及為宰相頗慕風流時或談論人皆依違不敢難鮮之
難必切至未嘗寬假帝言或談論人皆依違不敢難鮮之
時慇惡色感其輸情時人謂為格佞十二年武帝伐
以為右長史鮮之曾祖晉江州長史哲墓在開封求拜省
帝以騎送之及入咸陽帝遍視阿房未央故地懷愴動容

【南史列傳二十三】　十六　陳

問鮮之秦漢所以得喪鮮之具以實誼過秦對帝曰及子嬰
而亡已為晚笑然觀始皇為人以智足見是非所住不得人何
也苦曰夫佞言似忠對言似信中人以上乃可語上始皇未
及中人所以暗於識士前至渭濱帝復歎曰此地寧復有
呂望邪鮮之曰昔葉公好龍而真龍見燕昭市骨而駿足
至明公以旰食待士豈惠海內無人帝稱善者久之宋國
初建轉本常赫連勃勃陷關中武帝復欲比討鮮之表諫
及踐祚遷太常都官尚書時傅亮謝晦位遇日隆范泰嘗
眾中讓誚鮮之曰卿與傅謝俱從聖主有功關洛鄉乃居
儓首今日苦颯去人遼遠何不肖之甚鮮之熟視不對鮮

之為人通率在武帝坐言無所隱晦亦甚憚焉而隱厚篤
實瞻恤親故遊行命駕或不知所過隨御者所之尤為武
帝所狎上曾內殿宴飲貴畢至唯不召鮮之坐定謂羣
臣曰鄭鮮之必當自來俄而外啟尚書鄭鮮之詣神獸門
求啟事帝大笑引入其被遇如此以從征功封龍陽縣五
等子景平中徐羨出為豫章太守時王弘為江州刺
史竊謂人曰鄭公德素先朝所禮方於前代鍾元常王景
興之流令徐傅出以為郡抑當有以尋有廢立事元嘉三
年弘入為相舉鮮之為尚書右僕射四年卒文集行於世

子愔始安太守

裴松之字世期河東聞喜人也祖昧光祿大夫父珪正員
外郎松之博覽墳籍立身簡素年二十拜殿中將軍此官
直衞左右晉孝武太元中革選名家以參顧問始用琅邪
王茂之會稽謝輶皆南北之望義熙初為吳興故彰令在
縣有績入為尚書祠部郎松之以世立私碑有乖事實宜
表陳之以為諸欲立碑者宜悉令言上為朝議所許然後
聽之庶可以防過無徵顯彰茂實由是普斷松之後
司州刺史宋國初建毛德祖使洛陽武帝敕之曰裴松之廊
廟之才不宜久居邊務令召為太子洗馬與殷景仁同可
州行事　　

令知之時議立五廟樂松之以妃藏氏廟用樂亦宜與四
廟同除零陵內史徵為國子博士元嘉三年誅司徒徐羨
之等分遣大使巡行天下並兼散騎常侍宣二十四條
詔書以松之使湘州甚得奉使之義論者美之轉中書侍郎
上使注陳壽三國志松之鳩集傳記增廣異聞既成奏之
上覽之曰裴世期為不朽矣出為永嘉太守勤恤百姓吏
人便之後為南琅邪太守致仕拜中散大夫尋為國子博
士進太中大夫使續成何承天國史未及撰述卒子騆南
中郎參軍松之所著文論及晉記騆注司馬遷史記並行
於世騆子昭明

昭明少傳儒史之業宋泰始中為太學博士有司奏太子
婚納徵用王璧虎皮未詳何所準擬昭明議禮納徵儷皮
鄭云皮為庭實鹿皮也晉太子納妃注以虎皮二太元中
公主納徵虎豹皮各一此豈謂婚禮不詳王公之差故取
虎豹文蔚以尊其事虎豹雖文而徵禮所不言熊羆古
而婚禮所不及珪璋雖美或為用各異今宜準經諸諸
儷謬一皆詳正於是有司參議加珪璋豹熊羆皮各二諸
徽中出為長沙郡丞罷任刺史王蘊之謂曰鄉清貧必無
還資湘中人士有須一禮之命者我不愛也昭明曰下官
忝為郡佐不能光益上府當以此郡之事仰累清風歷祠

部通直郎齊永明三年使魏武帝謂曰以卿有將命之才
使還當以一郡相賞還爲始安內史郡人龔玄宣云神人
與其玉印玉板書不須筆吹紙便成字自稱聖人以此
惑衆前後郡太守敬事之昭明付獄案罪及還甚貧罄武
帝曰裴昭明當罷郡還遂無宅我不讀書不知古人中誰
可比之遷射聲校尉九年復此使建武初爲王玄邈安北
長史廣陵太守明帝以其在事無啓奏代還甚貧聲云昭明
臣不欲競執關鍵故耳昭明歷郡皆清勤常謂人曰人生
何事須聚畜一身之外亦復何須子孫若不才我聚彼散
若能自立則不如一經故終身一不事產業中興二年卒

【南史列傳二十三】

十九

子子野

子野字幾原生而母魏氏亡爲祖母殷氏所養殷氏明有
文義以章句授之年九歲殷氏亡泣血哀慟家人異之少
好學善屬文仕齊爲江夏王行參軍遭父憂去職初父齋
疾彌年子野慘憒不暫離側夢見其容且召視
居喪每之墓所草爲之枯有白兔白鳩馴擾其側梁天監
初尚書僕射范雲嘉其至行將表奏之會雲卒不果樂安
任昉有盛名各爲後進所慕遊其門者昉必推薦子野於昉
爲從中表獨不至昉亦恨焉故不之善父之兼廷尉正時

三官通署獄子野掌不在同僚輒署其名奏有不允子野
從坐免職或勸言請有司可無咎子野笑曰雖勳槻季之
道豈訟以受服自此免黙父之終無恨意中書郎范續
與子野未遇聞其行業而善焉會遷國子博士乃上表
讓之有司以資歷非次不爲通後爲諸暨令在縣不行鞭
罰人有爭者示之以理百姓稱悅合境無訟初子野曾祖
松之宋元嘉中受詔續修何承天宋書未成而卒子野常
欲繼成先業及齊永明末沈約所撰宋書稱松之已後無
聞焉子野更撰爲宋略二十卷其敘事評論多善而約
淮南太守沈璞以其不從義師故也約懼徒跣謝之請兩

【南史列傳二十三】

二十

釋焉歎其述作曰吾弗逮也蘭陵蕭琛言其評論可與過
秦王命分路揚鑣於是吏部尚書徐勉言之於武帝以爲
著作郎掌修國史及起注頃之兼中書通事舍人尋除通
直員外著作郎如故敕又掌中書詔誥時西比遠邊有
白題及滑國遣使由岷山道入貢此二國歷代弗賓莫知
所出子野曰漢潁陰侯斬胡白題將一人服虔注云白題
胡名也又漢定遠侯擊虜八滑此其後平時人服其博識
二十國子野與沛國劉顯南陽劉之遴陳郡殷芸陳留阮孝
緒吳郡顧協京兆韋棱皆博學深相賞好顯尤推重之時
敕仍使撰方國使圖廣述懷來之盛自要服至于海表凡

長平侯蕭勱范陽張續毋討論墳籍咸折衷於子野繼毋
曹氏亡居喪過禮闋毋遷員外即普通七年大舉北侵
敕子野為文受詔立成武帝以其事體大召尚書僕射
徐勉太子詹事周捨受詔立成武帝之選中書侍即朱异集壽
光殿以觀之時並歡捨以書喻魏相元又其夜受旨子野曰其形雖弱其文甚
未之為也及五敇敕催令速上子野徐起操筆昧爽便就
及奏武帝深嘉焉自是諸符檄皆令具草子野為文速者子野若云人皆成於手
其末亀然重之或問其為文速者子野若云人皆成於手

我獨成於心遷中書侍即鴻臚卿領步兵校尉子野在禁
省十餘年默靜自守未嘗有所請謁外家及中表貧乏所
得奉祿給之無宅惜官地二畝起茅屋數間妻子恒苦飢
寒唯以教誨為本子姪祗畏若奉嚴君劉顯常以師道推
高之末年深信釋教終身菜食中大通二年卒先是
子野自占死期不過戊歲是年自省疾謂同官劉之
曰吾其逝矣命務存儉約武帝悼惜為之流涕贈散
騎常侍即日舉哀先是五等君及侍中以上乃有諡及子
野特以令望見嘉賜諡貞子子野少時集注喪服續裴氏
家傳各二卷抄合後漢事四十餘卷又敕撰眾僧傳二十卷

百官九品二卷附益諡法一卷方國使圖一卷文集二十
卷並行於世又欲撰齊梁春秋始草創未就而卒及弟湘
東王為之墓誌銘陳于藏内邵陵王又立墓誌埋于羨道
羨道列誌自此始焉子騫官至通直即
何承天東海郯人也五歲喪父毋徐廣姊也聰明博學故
承天幼漸訓義宋武帝初撫軍將軍劉裕鎮姑熟版為
行參軍殺當出行而馬嗽縣吏陳滿射鳥箭誤中直帥為
不傷人亂法棄市承天議曰獄貴情斷疑則從輕昔有驚
漢文帝乘輿馬者張釋之劾以犯蹕罪止罰金何者明其
無心於驚馬也故不以乘輿之重加於異制今滿意在射

鳥罪有心於中人寒律過誤傷人三歲刑況不傷手徵罰
可也宋臺建為尚書祠部即與傅亮共撰朝儀初謝晦鎮江
陵請為南蠻長史晦進號衛將軍轉諮議參軍領記室元
嘉二年晦見討問計於承天曰大小既殊逆順又異境
敗即擊義陽以出此其次也晦下計不從良可曰荊楚用武之
國旦當決戰不晚也及晦敗承天歸罪見原後兼尚書左丞具
興餘杭人薄道
頭承天自詣歸罪見原後兼尚書左丞具
大功親非應在補謫之例法以代公等毋存為其親則子
興為却制同籍暮親補立道舉從弟代公等毋存為其親則子

宜隨母補兵承天議曰尋劫制同籍朞親補兵大功則不
在倒婦人三從既嫁從夫夫死從子今道舉為劫若其叔
父尚存應制補謫妻子營居固其宜也但為劫之時叔父
已歿代公道是從弟大功之親不合補謫今若以叔
母為朞親令代公隨母補兵既爭大功不謫之制又失婦人
三從之道由於主者守朞親之文不辯男女之異謂代公
等母子並宜見原承天為性剛慢不能屈意朝右頗以所
長侮同列不為僕射殷景仁所平出為衡陽內史昔在西
方與士人多不恊在郡又不公清為州司所糾被收繫獄
會教免十六年除著作郎撰國史承天年已老而諸佐

郎並名家年少頴川荀伯子嘲之常呼為姈母承天曰姈
當云鳳凰將九子姈母何言邪尋轉太子率更令著作如
故時丹陽漂陽丁況等父喪而不葬承天議曰禮云還葬
當謂荒儉一時故許其稱財而不求備丁況三家數十年
中葬輒無棺槨實由淺情薄恩同於禽獸者其罪以丁寶
等同伍積年未嘗勸之以義繩之以法十六年冬既無新
科又未申明舊制有何嚴切欻然相糾或由隣曲分爭以
興此言如聞在東諸處比例既多江西淮北尤為不少若
但適此二人殆無所肅開其一端則互相恐動臣愚為況
等三家且可勿問因此附定制旨若人葬不如法同伍當

郎糾言三年除服之後不得追相告引十九年立國子學
以本官領國子博士皇太子講孝經承天與中庶子顏延
之同為執經頃之遷御史中丞時魏軍南伐文帝訪君臣
捍禦之略承天上安邊論凡陳四事其一移遠就近以實
內地其二浚復城隍以增阻防其三纂偶車牛以飾戎械
其四計丁課仗勿使有闕文多不載承天素好奕棋頗用
廢事又善彈箏文帝賜以局子及銀裝箏承天奉表陳
謝上荅曰局子之賜何必非張武之金邪承天博見古今

為一時所推張永嘗開玄武湖過古冢家上得一銅斗有
柄文帝以訪朝士承天曰此亡新威斗王莽三公亡皆賜
徒必邪之墓俄而果有一斗復有一石銘大
司徒甄邯之墓時帝每有疑議必先訪之信命相望於道
承天性褊促當對主者屬聲曰天何言哉四時行焉百物
生焉文帝乃知之應遣先戒曰善候何顏色如其不悅無
多陳二十四年承天遷廷尉未拜上欲以為吏部郎已受
密旨承天宣漏之坐免官卒於家年七十八先具禮論有
八百卷承天刪減并合以類相從凡為三百卷并前傳雜
語并纂文及文集並傳於世又改定元嘉曆改漏刻用二
十五箭前皆從之曾孫遜

遜字仲言，八歲能賦詩，弱冠州舉秀才。南鄉范雲見其對策，大相稱賞，因結忘年交，謂所親曰：頃觀文人，質則過儒，麗則傷俗，其能含清濁中今古見之何生矣。沈約嘗謂遜曰：吾每讀卿詩，一日三復，猶不能巳。其為名流所稱如此。

梁天監中，兼尚書水部郎，南平王引為賓客，掌記室事。後薦之武帝，與吳均俱進。帝引為賓客掌記室車後稍失意，帝曰：吳均不均，何遜不遜。未若吾有朱异。信則異矣。自是疏隔，希復得見。卒，命迎其柩而殯藏焉，并餘其妻子。東海王僧孺集其文為八卷。

初，遜文章與劉孝綽並見重，時謂之何劉。梁元帝為著論論之云：詩多而能者沈約，少而能者謝朓、何遜。遜從叔憺，字彥夷，亦以才著聞，宦遊不達，作拍張賦以喻意，末云：東方曼倩，發憤於侏儒，遂與火頭食子，稟賜不殊，位至臺郎。後又有會稽虞騫，工為五言，名與遜埒，官至王國侍郎。後時有會稽孔翁歸、濟陽江避，並為南平王大司馬府記室。翁歸工為詩，避博學有思理，法論語、孝經，二人並有文集。

論曰：夫令聞令望，詩人所以作詠，有禮有法，前哲由斯播美。觀夫范、荀二公，並以學業自著，而干時之譽，本期俱不為弘。雖才則有餘，而望乃不足。蔚宗藝用有過人之美迹，其行事何利害之相傾。徐廣動不違仁義，兼儒行鮮之時稱，格佞斯不佞矣。松之雅道為貴，宴光載德承天素訓，所資無慙舅氏，美矣乎。

列傳第二十三　　南史三十三

列傳第二十四　　　　南史三十四

顏延之　子竣　從子師伯　李
　　　　　　　　　　　　延壽
周朗　弟淵閔　顯子拾　沈懷文　子沖　從兄曇慶
　　　弘讓　　拾　捨弟子弘正
　　　弘直　　　　子確

【南史列傳二十四】徐

顏延之字延年琅邪臨沂人也曾祖含晉左光祿大夫
祖約零陵太守父顯護軍司馬延之少孤貧居負郭好讀書
無所不覽文章之美冠絕當時好飲酒不護細行年三十猶未
昏妹適東莞劉穆之子憲之聞其美才將仕之先欲
相見延之不往也後為宋武帝豫章公世子中軍行參軍
及武帝伐有宋公之授府道延之慶殊命行至洛陽周
視故宮室盡為禾黍悽然詠黍離篇道中作詩二首為謝
晦傳亮所賞武帝受命補太子舍人鴈門周續之隱廬山
儒學著稱求初中徵詣都下開館以居之武帝親幸朝彥
畢至延之宮官列引升上席使問續之三義續之雅
辭辯辨延之每以簡要連挫續之上又使還自敷釋言約
理暢辯莫不稱善再遷太子中舍人時尚書令傅亮自以文
義一時莫及延之負其才不為之下亮甚疾焉為廬陵王義
具待之甚厚徐羨之等疑延之為同異意甚不悅少帝即
位累遷始安太守領軍將軍謝晦謂延之曰昔荀勖忌阮
咸斤為始平郡今卿又為始安可謂二始黃門郎殷景仁
亦謂之曰所謂人惡俊異世疵文雅延之之郡道經汨潭

為湘州刺史張邵所忤原文以致其意元嘉三年羨之等
誅徵為中書侍郎轉太子中庶子領步兵校尉賞遇甚厚
延之既以學見知遇當時多推服唯袤湛年倍小延之
不相推重延之忿於衆中折之曰昔陳元方與孔元駿
年文學元駿拜元方於牀下今君何得不見拜延之
延之踈誕不能取容當世見劉湛殷景仁專當要任每犯
不平常言天下事豈一人之智所能獨了辭意激揚每
權要又少經為卿家吏耳湛後將軍主簿至是謂湛曰吾名器
不升當由作卿家吏此言於彭城王義康出為

【南史列傳二十四】徐

嘉太守延之甚怨憤乃作五君詠以述竹林七賢山濤王
戎以貴顯被黜詠嵇康六鸞翮有時鎩龍性誰能馴詠阮
籍云物故不可論途窮能無慟詠阮咸云屢薦不入官一
麾乃出守詠劉伶云韜精日沈飲誰知非荒宴此四句蓋
自序也湛及義康以其辭旨不遜大怒欲黜為遠郡文帝
與義康詔曰宜令思愆里間猶復不悛可隨事錄之於是延
之屏居七載中書令王球以名公子遺務事外與延之雅相愛好每
其整理菅柰思皇后崩應須百官皆取義康
延之兼持邑吏选札延之醉投札於地曰顏延之未能事

生為能事死文帝嘗召延之傳詔頻不見常曰但酒店裸
祖挽歌了不應對他日醉醒乃見帝嘗問以諸子才能延
之曰竣得臣筆測得臣文㌽得臣義躍得臣酒何尚之嘲
醉詣尚之望見便陽眠延之發簾熟視曰朽木難彫尚
之謂左右曰此人醉甚可畏閒居無事為庭誥之文以訓
子弟劉湛誅後起延之為始興王濬後軍諮議參軍御史
中丞在任從容無所舉奏遷國子祭酒司徒左長史何尚
之素與延之狎書與王球曰延之有後命教府無復光暉
坐啟買人田不肯還直尚書左丞荀赤松奏之曰求田問
舍前賢所鄙延之唯利是視輕冒陳聞依傍詔恩抵捍餘
直垂及周年猶不畢了眛利苟得無所顧忌延之昔坐事
屏斥復蒙抽進而冒不悛革怨誹無已交游闒葺沈迷麴
蘗橫興謗訕毀朝士仰竊過榮增憤薄之性私恃顧耻
成彊梁之心外示豪求內懷奔競干祿祈遷不知極已
宴班陽肆署上席山海含每存遺養兼雕蟲未忍況
棄而驕放不節日月彌甚臣閒聲聞過情孟軻所耻
非外求聞由已出雖心智薄劣而高自比擬客氣虛張嘗
無愧艮豈可復彌亮五教增耀台階請以延之訟田不實
妄干天聽以強陵弱免所居官詔可後為秘書監光祿勳

太常時沙門釋慧琳以才學為文帝所賞朝廷政事多與
之謀遂士庶歸仰上每引見常升獨榻延之甚疾焉因醉
白上曰昔同子參乘袁絲正色此三台之坐豈可使刑餘
居之上變色延之性既褊激兼有酒過肆意直言曾無回
隱故論者多不與之謂居身儉約不營財利布衣
蔬食獨酌郊野當其為適傍若無人三十年致事元凶弒
立以為光祿大夫長子竣為孝武南中郎諮議參軍及義
師入討竣定密謀兼造書檄勸召延之示以檄文問曰此
筆誰造延之曰竣之筆也又問何以知之延之曰竣筆體臣不
容不識勁又曰言辭何至乃爾延之曰竣尚不顧老臣何
能為陛下勸意乃釋由是得免孝武登祚以為金紫光祿
大夫領湘東王師嘗與何偃同從上南郊於路中遙呼
延之曰顏公延之以其輕脫怫然曰身非三公之公又
非田舍之公又非君家阿公何以見呼為公偃羞而退竣
既貴重權傾一朝凡所資供延之一無所受器服不改宅
宇如舊常乘羸牛車逢竣鹵簿即屏往道側又好騎馬遨
游里巷遇知舊輒據鞍索酒得必傾盡欣然自得嘗語竣
曰平生不喜見要人今不幸見汝要人表解師職加給親信二十人嘗早候
無令後人笑汝拙也汝表解師職加給親信二十人嘗早候
竣遇賓客盈門竣方臥不起延之怒曰恭敬擗節福之基

也驕很傲慢禍之始也況出糞土之中而升雲霞之上傲
不可長其能久乎延之有愛姬非姬食不飽寢不安靈憑
寵嘗溫延之陸致損竣殺之延以冬日臨哭忽見妾排屏風以
哭曰貴人殺汝非我殺汝以冬日臨哭忽見妾排屏風以
絕文帝嘗各敕擬樂府比上篇延之受詔便成靈運久之
謚曰憲子延之與陳郡謝靈運俱以辭采齊名而遲速縣
乃就延之嘗問鮑照己與靈運優劣照曰謝五言如初發
芙蓉自然可愛君詩若鋪錦列繡亦雕繢滿眼延之每薄
湯惠休詩謂人曰惠休制作委巷中歌謠耳方當誤後事

稱淵陸江左稱顏謝焉

是時議者以延之靈惠自潘岳陸機之後文士莫及江右
甚被嘉遇竣亦盡心補益元嘉中上不欲諸王各立朋黨
將召竣補尚書郎江湛以為在府有稱不宜改乃止隨
府轉安北領軍北中郎府主簿初沙門釋僧含精有學義
謂竣曰貧道常見讖記當有真人應符名次第屬在殿
下後竣在彭城嘗於稠人廣眾中敍之言遂宣布聞於文帝時元
凶巫蠱事已發故上不加推案孝武鎮尋陽還南中郎記
室三十年春以父延之致仕固求解職賜假未發而文帝

崩問至孝武舉兵入討轉諮議參軍領軍錄事任摠內外
并造檄書至孝武發尋陽便有疾自沈慶之以下並不堪相
見唯竣出入臥內斷決軍機時孝武踐阼歷任中左衛將軍自
凡厥眾務竣皆專斷施行孝武但端拱而已竣不任諉自
建城縣侯孝建元年轉吏部尚書領驍衛將軍封
強不息任遇既隆奏無不可後謝莊代竣領選意多不行
竣容貌嚴毅莊風姿甚美貴賤獻納常欲歎竣之人言
竣驟出入官謝莊笑而不與人官
反以竣甚領右將軍義宣諸子藏匿建康林陵湖熟江

靈縣界孝武大怒免冊楊尹褚湛之官收四縣官長以竣
為冊楊尹加散騎常侍先是竣未有子而司馬江夏王義
恭諸子為元凶所殺至是竣以自為制名名義恭子
為伯禽以比魯公伯禽周公之子名竣子名辟強以比漢
侍中辟強張良之子也先是元嘉中鑄四銖錢輪郭形制
與五銖同用費無利故百姓不盜鑄及孝武即位又鑄孝
建四銖所鑄錢形式薄小輪郭不成於是人間盜鑄者雜
以鉛錫並不牢固又翦鑿古錢以取其銅錢轉薄小稍違
官式雖重制嚴刑人吏坐死免者相係而盜鑄彌甚
百物踊貴人患苦之乃立品格薄小無輪郭者悉加禁斷
始興公沈慶之議宜聽人鑄錢置署樂鑄之家皆居署內

去春所禁新品一時施用今鑄悉依此格萬税三千嚴檢

盗鑄幷禁翦鑿數年之間公私豐贍銅盡事息姦偽自止

禁鑄則銅轉成器開鑄則器化為財上下其事於公卿竣

議曰今云開署放鑄誠所欲同但應采山事絶器用日耗

銅既轉少器亦彌貴設器直一千則鑄二銖錢竣又議曰今

雖令不行時議者又以銅難得欲鑄二銖錢之減半為之無利

鑄二銖恣行新細於官無解難絶欲之而人大興天下之貨將

壞碎至盡空曰嚴禁而利深難絶此一二年間其弊不

可復救此其甚甚不可一也富商得志貧人困窘此又甚不可三也若使

南史列傳二十四　七

姦益深重尚不可行況又未見利而衆斃如此失算當時

取笑百代千前廢帝即位鑄二銖形式轉細官錢每出人

間即模効之而大小厚薄皆不及也無輪郭不磨鑢如今

之翦鑿者謂之来子錢景和元年沈慶之啓通私鑄由是

錢貨亂敗一千錢長不盈三寸大小稱此謂之鵝眼錢劣

於此者謂之綖環錢貫之以縷入水不沈隨手破碎市井

不復料數十萬錢不盈一掬斗米一萬商貨不行明帝初

唯禁鵝眼綖環其錢皆通用復禁人鑄官署亦廢尋復普

斷唯用古錢故自散騎常侍卌陽尹加中書令表讓中書

令見許時歳旱人飢竣上言禁袄一月息未近萬斛復代

謝莊為吏部尚書領太子右衛率未拜丁父憂裁踰月起

為右將軍卌陽尹如故竣固辭表十上不許遣中書舍人

戴明寶抱竣登車載之郡舍賜以布衣一襲絮以綵綸遣

主衣就衣諸體竣藉蕃朝之舊臣每捍陳得失竝無所回

之後宮内頗有醜論之多所興造竣諫爭懇切竝比當

避上意甚不悦多不見從竣自謂才足幹時恩舊莫比當

務居中永執朝政而所陳多不被納疑上欲跪之乃求出

以上時旨大明元年以為東揚州刺史既許竣便憂懼

無計至州又丁母艱不許去職聽送喪還都恩待猶厚竣

彌不自安每對親故頗懷怨憤又言朝廷違謬人主得失

南史列傳二十四　八

及王僧達被誅謂為所讒構臨死陳竣前後怨懟恨言不

見從僧達所言頗相符會上乃使御史中丞庾徽之奏竣

窺覦國柄潜圖父執受任選曹驅徴朋澄甚出尹京筆形勢

顏放傳詔犯憲須啓聞而竣以通訴忤已輙加鞭辱罔

彌威靈莫此為甚懷挾姦數包藏隱豫聞中旨罔不宣

顏罰則委上善以下天旨既獲出藩怨詈方肆及脅腹

懷猜懼偽請東牧以亡詔還葬事畢不去盤桓經時方

誹方之已輕前冬母亡詔賜還京道將顛兼行關於

攜閒勲賣造立同異遂以已被斥外國道説非復風聲宜

家早負世議天倫怨毒親交震駭街談道説非復風聲宜

加顯戮以昭盛化請以見事免竣所居官下太常削爵土
上未欲便加大戮且止免官竣啟謝罪并乞命上愈
怒詔答曰憲司所奏非宿昔所以相期婉受榮遇政當極
此訕訐怨憤已孤本望乃復過煩思懼不全立竝為下
事上誠節之至邪及竟陵王誕為逆子辟強從交州又於宮亭湖沈殺
之竣文集行於世竣弟測亦以文章見知官至江夏王義
恭大司馬錄事參軍以兄賈為愛先竣卒明帝即位詔曰
延之昔師訓朕躬情契兼重前記室參軍濟陽太守蔡
獄賜死妻息宥之於前立奏奏成詔先打折足然後於
召御史中丞庾徽之以遠子辟強誣逆因此陷之言通於誕

事著朝綱繆恩幬可擢為中書侍郎奧延之第三子也
頵師伯字長深峻族兄也父邵剛正有局力為謝晦領軍
司馬晦鎮江陵請為諮議參軍領錄事軍府之務悉委焉
邵廬晦有禍求為竟陵太守未及為郡會晦見討邵飲藥
死師伯少孤貧涉獵書傳頗解聲樂弟師仍為輔國安
質為徐州辟師伯為主簿臺武為徐州師伯以主簿
比行參軍王景文時為諮議參軍愛其諧敏進之孝武以
為徐州主簿善於附會大被知遇及去鎮師伯以主簿送
故孝武鎮尋陽啟文帝請為南中郎府主簿伯孝武啟為長流正佐
故蔡曰中郎府主簿那得用頵師伯孝武啟為長流正佐
典籤曰

帝又曰朝廷不能除之卿可自拔然亦不宜署長流乃板
為參軍刑獄及討元凶轉主簿孝武踐祚以為黃門侍郎
累遷侍中大明元年封平都縣子親幸隆密群臣莫二多
納貨賄家累千金孝武嘗與師伯棋得盧帝作盧爾曰師
必勝師伯後得盧義色師伯遽斂子曰幾作盧爾資
伯一擲得雉帝意色師伯
為尚書左僕射時分置二選陳郡謝莊琅邪王曇生竝為
吏部尚書師伯子與周旋異人張奇為公車令上以奇資
品不當使兼市買丞以蔡道惠代之令史潘道栖道惠

頵禓之元從大任遷之石道兒黃難周公選等抑道惠敕
使奇先到公軍不施行奇兼市祿之石道兒黃難周公選
莊臺生免官道栖道惠華市祿之等六人鞭杖一百師伯坐以子預職
尋領太子中庶子雉被挫受任如初孝武臨崩師伯受
遺詔輔幼主尚書侍中中軍輔國將軍如故孝武臨崩受任如初帝即位復還池第
加領衛尉師伯居權日久天下輻湊游其門者爵位莫不
踰分多納貨賄家產豐積伎妾聲樂盡天下之選
宅宇冠當時驕奢淫恣為衣冠所疾又遷尚書僕射領丹
陽尹廢帝欲親朝政轉師伯為左僕射以吏部尚書王景
文為右僕射奪其京尹又分臺任師伯至是始懼與柳元景

誅發立初師伯專斷朝軍不與沈慶之參懷調令史曰沈
公爪牙者耳安得預政事慶之聞而切齒乃泄其謀尋與
太宰江夏王義恭同誅六子皆見殺明帝即位謚曰荒

沈懷文字思明吳興武康人也祖寂晉光祿勳父宣慎
世為江夏王義恭東閣祭酒丁父憂
六人服闕關除尚書殿中郎隱士雷次宗被徵居鍾山後南
終禮畢餘悉班之親戚一無所留
太守懷文少好玄理善為文章為凌新安郡送故豐厚奉
還盧江何尚之歎祖道文義之士必集為連句詩義文所
作尤美辭高一坐

誕為襄陽出為後軍主簿興諸議
行立不悅弟懷遠納東陽公主養女王鸚鵡為妾元凶行巫
蠱懷武坐之事濱懷文因此失調為治書侍御史元凶殺
廣州欲以懷文為安南府記室先除通直郎懷文固辭南
立以為中書侍郎孝武入討呼之使作符檄固辭助大怒
會殺沖救得免託疾洛馬閒行弃新亭以為竟陵王誕騁
驃錄事參軍淮陵太守時國哀未釋懷欲起內齋懷文以
為不可乃止尋轉揚州中從事史時議省錄尚書懷文以
為非宜上議不從遷別駕從事史及江夏王義恭遷西陽
王子尚為揚州居職如故時榮感守南斗上乃發西州舊

館使子尚移居東城以厭之懷文曰天道示變宜應之以
德今雖空西州恐無益也不從而西州竟發火明二年遷
尚書吏部郎時朝議欲依古制立王畿揚州移居會稽
猶以星變故也懷文曰周制封畿漢置司隸各因時宜非
存相反安心定國其揆一也苟人心所安天亦從之必改
今追古乃致平一神州舊壤歷代相承異於邊州或置或
罷既物情不悅廬化本又不從三年子尚移鎮會稽遂選
撫軍長史行府州事時四籤甚多動經月懷文到任訖
五郡九百三十六獄眾咸稱平入為侍中龍待隆密到任
王誕據廣陵反及城陷士庶皆裸身鞭面然後加刑聚所

殺人首於石頭南岸謂之髑髏山懷文陳其不可上不納
孝武嘗有事圓丘未至期而兩晦竟夜明旦風霽雲色甚
美帝升壇悅懷文稱慶曰昔漢后郊杞太一白日重輪神
光四燭全陛下有事茲禮而膚迎清景龍旂拂震夏輪
明幽感所致臣願與侍臣賦之上笑稱善揚州移會稽忿
浙江東人情不和欲貶其勞祿唯西州情人不改懷文曰
揚州徙居既乖人情一州兩格尤失大體上不從懷文典
顏竣周朗素善竣以失旨見誅朗亦以忤意得罪上謂懷
文曰竣若知我殺之亦當不見如此懷文默然又嘗以咸
又與謝莊王景文顏師伯被敕入省未及進景文因誘言

次稱弢朗人才之美懷文與相酬和師伯後因語次白上

歛景文等此言懷文屢經犯忤至此上倍不悅上又壞諸

郡士族以充將吏並不服役至柔逃亡不

乃改用軍法得便斬之莫不奔竄山湖聚為盜賊懷文又

以為言齊庫上絹年調鉅萬疋綿絹亦懷文又

緣死懷文具陳人困由是綿絹薄有所減俄後舊者或自

買絹一疋至三四百貫者賣妻子甚者或自

諸皇子皆置邸舍逐什一之利為患徧天下懷文又列

肆販賣古人所非上武明不兩之由弘羊受詖以來抑黜諸弟若

以用度不充故宜量加減省不聽孝建以來抑黜諸弟廣

陵平後復欲更峻其科懷文曰漢明不使其子比光武之

子前史以為美談陛下既明管蔡之誅願崇唐衞之寄及

海陵王休茂誅欲逐前議太宰江夏王義恭探得密旨先

發議端懷文固請不可由是得息時游幸無度太后六宮

常乘副車在後懷文每諫不宜亟出後因從坐

松樹下風雨其驟景文曰卿可以言矣懷文曰獨言無繼

宜相與陳之江智深助草側亦謂之善俄而被召俱入雄

場懷文曰風雨如此非聖躬所宜景文又曰懷文所啓宜

從智深曰景深小子恨不得鞭其面上方注督所作色曰卿欲効顏竣邪何以

恒知人事文曰顏竣小子恨不得鞭其面上每宴集在坐

者咸令沈醉懷文素不飲酒又不好戲上謂欲異已謝

莊嘗誡懷文曰卿每與人異亦何可久懷文曰吾少來如

此豈宜一朝而變非欲異物性之所不能耳五年出為晉

安王子勛征虜長史廣陵太守明年坐朝正事事被遣還

此以女病求申臨行又乞僅三日訖猶不去為有司所糾

免官禁錮十年既被免賣宅還東大怒收付廷尉賜死

弟懷遠為始興王濬征北長史流參軍深見親待坐納王鸚

鵡為妾武從之廣州刺史宗慤欲殺之會南郡王義宣

及懷遠頗閑文筆慤起義造檄書并使造牋與始

興相沈法系起義事事平慤其為陳請由此見原

武世不得還前廢帝世歸位武康令撰南越志及懷文文

集竝傳於世懷文三子淡深沖

沖字景綽泛獵文義仕宋歷位撫軍正佐兼記室及懷文

得罪被繫沖兄弟行路謝情哀貌苦見者傷之柳元景欲救

懷文言於孝武帝曰沈懷文三子淡深沖不可見顏陛下速正其

罪沈此知名累遷司徒錄事齊建元中累遷太子中庶子武帝在東宮待

第以此知名累遷司徒錄事齊建元中累遷太子中庶子武帝在東宮待

史尋陽太守齊建元中累遷太子中庶子武帝在東宮待

沖與兄淡深名譽有優劣世號為腰鼓兄弟淡深並歷御

恒知人事文曰顏竣小子恨不得鞭其面上方注督所作色曰卿欲効顏竣邪何以

以恩舊及即位轉御史中丞明四年為五兵尚書

史中丞兄弟第三人皆為司直晉宋所未有也中丞案裁之
職被惡者多結怨求明中深彈吳興太守表家建武中氶
從弟昂為中丞毋孔氏在東鄰家失火疑家為人所焚毀大呼曰
官禁錮沖毋孔氏在東鄰家失火疑家為人所焚毀大呼曰
我三兒皆作御史中丞與人豈有善者方恐肌分骨散何
但焚如兄弟後並屢待中武帝方欲任沖尋卒追贈太常
諡曰恭子

曇慶懷文從父兄也父淳宋初歷位中書
書左丞時歲有水旱曇慶議立常平倉以救人急文帝納
其言而事不行大明元年為徐州刺史時殿中員外將軍

續常謂子弟曰吾處世無才能圖作大老子耳世以長者
稱之卒於祠部尚書

裴景仁助成彭城景仁本北人多悉關中事曇慶
記十卷敘符氏事其書傳於世曇慶謹實清正所莅有稱
周朗字義利汝南安成人也父淳宋初歷位侍中太常兄
嶠尚武帝第四女宣城德公主二女適建平王宏廬江王
禕以貴戚顯官朗少而愛奇雅有風氣與嶠志趣不同嶠
甚疾之為江夏王義恭太尉參軍元嘉二十七年春朝議
比侵魏當道義恭出鎮彭城為諸軍大統朗聞之解職及
義恭出鎮府主簿羊希從行與朗書戲之勸令獻奇進策

朗報書援引古義辭意佩儻孝武即位除建平王宏中軍
錄事參軍時普責百官謹言朗上書陳述得失多自矜誇
書奏忤旨自解去職後乃為廬陵內史郡界蕪穢頗有野獸
毋薛氏見獵朗乃合圍縱火之火逸燒郡界蕪穢頗有野獸
悉以秩米起屋償所燒之限稱疾去官為州司所糾還都
謝莘武曰州司舉臣怒失多不允臣在郡猛獸三食人蟲
鼠犯稼以此二事上負陛下上變色曰州司不允或可有
之蟲獸之災蒙關卿小物朗尋丁毋憂每哭必慟其餘頗
不依居喪常節大明四年上使有司奏其居喪無禮詔曰
朗悖禮利口宜合罪戮微物不足亂典刑特鎖付邊郡於

是傳送寧州於道殺之朗族孫顒
顒字彥倫晉左光祿大夫顗七世孫也祖虎頭員外常侍
父恂歸鄉相顒少為族祖朗所知解褐海陵國侍郎益州
刺史蕭惠開賞異顒攜入蜀為厲鋒將軍帶肥鄉成都二
縣令仍為府主簿常謂惠開性太險每致諫惠開不悅答
顒曰天險地險王侯設險但問用險何如耳隨惠開還都
宋明帝頗好玄理以顒有辭義引入殿內親近宿直帝所
為慘毒之事顒不敢顯諫輒誦經中因緣罪福事帝亦為
之小止元徽中詔為劍令有恩惠百姓思之齊高帝輔政
為驃殿中郎建元初為長沙王後軍參軍山陰令還為文

南史列傳二十四

惠太子中軍録事參軍文惠在東宮顥遷正貞郎始典王
前軍諮議直侍殿省深見賞遇顥音辭辯麗長於佛理著
三宗論言空假義西涼州智林道人遺顥書深相賛美言
為之發兩非意此音猥來入耳其論見重如此顥於鍾山
挺鋒尾來四十餘載頗見此音宗録唯此途白黑無一人得者
西立隱舍休沐則歸之轉太子僕兼著作撰起居注還中
書郎兼著作常游侍東宮少從外氏車騎將軍臧質家得
衛恒散隸書法學之甚工文惠太子使顥書玄圃茅齋壁
國子祭酒何佟以遊書求就顥虛席暗語辭韻如流聽者
道立不與易也每賓友會同顥

∧南史列傳二十四 十七 ▼

忘倦兼善老易與張融相遇輒以玄言相帶彌日不解清
貧募欲然日長蔬雖有妻子獨處山舍其機辯衛將軍王
儉謂顥曰卿山中何所食顥曰赤米白鹽緑葵紫蓼文惠
太子問顥曰菜食何味最勝顥曰春初早韮秋末晚菘何
亦精信佛法無妻太子又問顥卿精進何如何佟顥曰三
塗八難共所未免各有累如此轉國子博士兼著作生慕其
肉其言辭辯變如此轉國子博士兼著作諸生慕其
風爭事華辯始著四聲切韻行於時後卒於官子捨
捨字身逸幼聰穎異之臨終謂曰汝不患不富貴但當
將之以道德及長博學尤精義理善誦詩書音韻清辯弱

冠舉秀才除太學博士從兄綿為剡縣職汙不少藉沒資
財捨乃推宅助為建武中魏人吳苟南歸有儒學尚書僕
射江祐招苞講為造坐折苞辭理遒逸由是名為口辯王
亮為丹陽尹聞而悅之辟為主簿政事多委捨遷太常丞
梁武帝即位吏部尚書范雲與顥素善重捨十器言之武
帝召拜尚書祠部郎禮儀損益多自捨出先是帝與諸王
及吳平侯書皆云弟捨立議引武王周公故事皆曰汝從
之冥遷鴻臚卿時王亮得罪歸家故人莫至捨獨敦恩舊
及亮卒營殯葬時人稱之遷尚書吏部郎太子右衛率
右衛將軍雖居職屢徙而常留省內學得休下國史詔諮

∧南史列傳二十四 十八 ▼

儀體法律軍旅謀謨貲兼掌之日夜侍上豫機密二十餘
年未嘗離左右帝以為有公輔器初范雲辛卷以沈約允
當樞管帝以約輕易不如徐勉於其勉捨同參國政勉小
嫌中廢捨專掌權轄雅量不及勉而清簡過之兩人俱稱
賢相時議國史疑文帝紀傳之捨以為帝紀之籠百事
如乾象之包六爻今若追而為紀則事無所包若直書功
德則傳而非紀應於上紀之前略為紀述從之捨占對辯
捷常居直廬語及嗜好裴子野言從來不甞食薑捨應聲
曰孔稱不撤薑乃不掌一坐皆悅與人論議終日不絕而
竟不言漏洩機事衆尤服之性儉素衣服器用居處狀帶

如布衣之貧者每入官府雖廣廈華堂閨闥重邃捨居之
則麈埃蕭積以荻為障壞亦不修歷侍中太子詹事普通
五年南津校尉郭祖深獲始與相白泊渦書餉捨復及婢
以聞坐免官以右驍衛將軍知詹事卒上臨哭動左右
追贈侍中護軍將軍諡曰簡子初帝思其功下詔述其德
美以為往者南司白渦之劾恐外議謂朕有私致此黜免
不可唯捨贊成之大通中累獻捷帝思其功下詔述其德

卷二子弘義弘信弟子弘正

弘正字思行父寶始梁司徒蔡酒弘正幼孤及弟弘讓弘

直俱為伯父捨所養年十歲通老子周易捨每與談論輒
異之曰觀汝清理警發後世知名當出吾右河東裴子野
深相賞納請以女妻之十五召補國子生仍於國學講易
諸生傳習其義以季春入學孟冬應舉學司以日淺不許
博士到洽曰周郎弱冠講經豈俟策試普通中初置司文
義郎直壽光省以弘正為司義侍郎弘正醜而不陋吃而
能談誹諧以優剛腸似直善玄理為當世所宗藏法師於
開善寺講說門徒數百弘正年少未知名著紅褌錦絞罄
踞門而聽眾莫之弗識也既而乘間進難舉坐盡傾法
師愕非世人覷知大相賞狎劉顯將之尋陽朝賢畢祖道

顯縣帛十四約曰險衣來者以賞之眾人競改常服不過
長短之間顯曰將有甚於此矣既而弘正綠綵布袴繡假
種軒昂而至折標取帛大通三年昭明太子薨其嗣華容
公不得立乃以晉安王綱為皇太子弘正奏記請抗目夷
上仁之義執子臧之節其抗直守正如此常自稱有才無
相僕射徐勉掌選以其陋不堪為尚書郎乃獻書於勉其
言甚切稍遷國子博士學中有宋元凶講孝經碑歷代不
改弘正始到官即表刊除時於城西立士林館弘正居以
講授聽者傾朝野焉弘正啟周易乾坤二繫及爻後詔許之

乾以二繫後詔苔之後為平西邵陵王府諮議參軍有罪
應流桃敕以賜千陌利國未去寄繫尚方於獄上武帝講
武時降敕原罪仍復本位弘正博物知玄象善占候大同
末嘗謂弟弘讓曰國家數年當有兵起吾與汝不知
何所逃之及武帝納侯景弘正謂弘讓曰亂階此矣臺城
陷弘正詔附王偉又與周石珍合族避景諱改姓姬氏拜
太常弘正韶次朝士執使掌禮儀及王僧辯曰其周弘正乎弘
曰王師近次朝士執當先來王僧辯曰其周弘正乎弘正
智不逮也俄而前部傳云弘正至僧辯飛騎迎之及見歡甚
曰吾固知王僧達非後機者公可坐吾膝上對曰可謂進

而若將加諸縢老夫何足以當僧辯即目啓元帝手書與
弘正仍遣使迎之謂朝士曰晉氏平吳喜獲二陸今我討
賊亦得兩周及至禮數甚優朝臣無比授黃門侍郎直侍
中省俄遷左戶尚書加散騎常侍夏月著憤鼻褌衣朱衣
為有司所彈其作達如此元帝嘗著金樓子曰余於諸僧
重招提琰法師隱士重華陽陶貞白士大夫重汝南周弘
正其於義理情轉無窮亦一時之名士也弘正善清談泉
未為玄宗之冠及侯景前後二十餘年情所安
戀不欲歸建業兼故府僚皆逃人並欲即都江陵云建

康蓋是情都彫荒已極且王氣已盡兼與此止隔一江若
有不虞悔無所及且臣等又聞荊南有天子氣本其應矣
元帝無去意時尚書左僕射王襃及弘正咸侍帝領曰卿
意何如疑等以帝猜忌弗敢斥言襃後因
清閒密諫遠丹陽甚切帝雖納之猶懷疑惑襃
曩曰卿昨勸還鄴不為無理吾昨夜思之猶懷疑
知不引納乃止他日弘正乃正色諫至于再三曰若如士
大夫唯聖王所都本無定處至如黔首未見入建鄴城便
謂未是天子猶列國諸王今日趙百姓之心不可不歸建
鄴當時頗相酬許弘正退後黃羅漢宗懍乃言弘正王襃

鄴東人仰勸東下非為國計弘正竊知其言他曰乃上
前面折二人曰若東人勸下東謂之私計西人勸住西亦
是私計不衆人黙然而人情竝勸還都乃又冐以後堂大
集文武預會者四五百人帝欲徧試人情曰勸吾去者
左袒於是左袒者過半武昌太守朱買臣上舊左右而閣
人也頗有幹用故上權之又是勸上還日買臣家在荊州
宣卒不能用及魏平江陵弘正遁歸建鄴太平元年授侍
中領國子祭酒還都官尚書陳武帝授太子詹事
天嘉元年還侍中國子祭酒往長安迎宣帝二年自周還

廢帝嗣位領都官尚書總知五禮事宣帝即位遷特進領
國子祭酒加扶太建二年授尚書右僕射尋敕侍東宮講
論語孝經太子以弘正德望素重有師資之敬焉弘正特
善玄言兼明釋典國僧莫不請質疑滯六年卒官
年七十九贈侍中中書監諡曰簡子所著周易講疏十六
卷論語疏十一卷莊子疏八卷老子疏二卷
集二十卷行于代子豫玄年十四與弟豫玄
岸見縢花弘正挽之船覆俱溺弘正僅免豫玄逐得心驚
疾次子墳尚書吏部郎

弘讓性簡素博學多通始仕不得志隱於句容之茅山頻

微不出晚仕候景為中書侍郎人問其故對曰昔王道正
直得以禮進退今乾衆易位不至將害於人吾畏死耳始
彭城劉孝先亦辭群命隨兄孝勝在蜀武陵建號仕為世
子府諮議參軍二隱並獲讚於代弘讓承聖初為國子祭
酒二年為仁威將軍句容以居之命曰仁威臺陳天嘉
初以白衣領太常卿光祿大夫加金章紫綬
弘讓弟弘直字思方幼而聰敏仕梁為西中郎湘東王外
兵記室參軍與東海鮑泉南陽宗懍平原劉緩沛國劉毅
同掌書記王出鎮江荊二州累除諮議參軍及承制封湘
濱縣侯累遷昌州刺史王琳之寧弘直在湘州琳敗乃

入陳位太常卿光祿大夫加金章紫綬弘直方雅敦厚氣
調高於次昆或問三周孰賢人曰若蜂蠆嬰吳太建七年卒
遺疏氣絕之後便市中見材小形者斂以時服古人通
制但下見先人必須備禮可著單衣裙衫故覆旣應待養
宜備紛悅或逢善友又須香煙棺內唯安白布手巾麤香
鑪而已此外無所用卒於家年七十六有集二十卷子確
字士潛美容儀寬大有行檢博涉經史篤好玄言位都官
尚書禎明初卒

論曰文人不護細行古今之所同焉由夫聲裁所知故取
忤於人者也觀夫顏謝之於宋朝非不名高一代靈運旣

德門者焉

以取熬延之亦蹤卑向之所謂忠臣孝身翻成窆巳者矣士
遜撲筆數罪陵儴犯難餌彼慈親再之獸吻以此為忠無
聞前諮失自思其親必將忍人之親士遜自忘其孝期以
申人之孝自非嚴父之辭允而義倀則難乎免矣師伯行
已縱欲追蹤古烈孔毋致懼中丞其誠深矣周朗始終之
地足以踰跡退旣以此始終亦此終耳懷文蹈履之
節亦僑儻為尤顯捨父子文雅不逮弘正兄弟義業幾乎

列傳第二十四　　南史三十四

列傳第二十五

南史三十五
李延壽

劉湛
顧琛
　庾悅　族弟登之　仲文
　　　子弘遠　仲文族孫仲穆
顧覬之　孫憲之

劉湛字弘仁南陽涅陽人也祖耽晉左光祿大夫
開府儀同三司父柳宋光祿大夫湛出繼伯父淡襲封安衆縣五等男少有
局力不尚浮華博涉史傳前代舊典朝章罕有遺漏父柳亡於江州府州送
故甚豐一無所受時論
稱之服闋闇為相國參軍謝晦王弘並稱其器幹武帝入受
晉命以第四子義康為冠軍將軍豫州刺史留鎮壽陽以

▲南史列傳二十五　一　徐

湛為長史梁郡太守義康弱年未親政府州事悉委湛進
號右將軍仍隨府轉義康以本號徙南豫州刺史政歷陽
太守為人剛嚴用法效吏犯贓百錢以上皆殺之自下莫
不震肅廬陵王義真為車騎將軍南豫州刺史湛又為
長史太守如故義真時居武帝憂使帳下備膳湛禁之因
真乃使左右人買魚肉珍羞於齋內別立廚帳會湛入因
命臑酒炙軍醫湛正色曰公當令不宜有此設義真曰旦
甚畏杯酒炙亦何傷長史事同一家望不為異酒至湛起曰
既不能以禮自處又不能以禮處人後為廣州刺史嫡母

憂去職服闋闇為侍中時王華王曇首殷景仁亦為侍中文
帝於合殿與四人宴飲甚悅華等出帝目送良久歎曰此
四賢一時之秀同管喉唇恐後世難繼及撫軍將軍江夏
王義恭鎮江陵以湛為使持節南蠻校尉領撫軍長史行
府事王弘輔政而王華王曇首任事居中湛自謂才能不
後之不願外出是行也謂為弘等所排意甚不平常曰二
王若非代邸之舊無以至此可謂遭遇風雲湛與殷景仁
字季珪母於江陵兩卒湛求自送喪還都義恭亦為之陳
請文帝答義恭曰吾亦得湛啓事為之酸懷乃不欲苟違

▲南史列傳二十五　二　徐

所請但汝弱年新涉軍務八州殷曠專斷事重疇諮委仗
不可不得其人量筭三五未獲便相應許今蒼湛啓權停
彼葬頃朝臣零落相係寄懷轉篤湛寬國器吾乃欲引其
令還直以西夏任重且汝慶賞黜陟得失
者必宜悉相委寄義恭性甚狷隘遂搆文帝間之密邇權要
為湛所裁主佐之間嫌隙遂搆文帝聞之漸大欲專政事每
義恭陳湛無居下之禮又自以年長未得行意雖奉詔旨
每出怨言上友于素篤欲加酬順乃詔之曰當今之才委
甚畏相彌縫取其可取棄其可棄先是王華既卒
臺首又宰領軍將軍殷景仁以時賢零落自文帝微湛八

年召為太子詹事加給事中與景仁並被任遇湛云今代宰相何難此正可當我南陽郡漢代曹耳明年景仁轉尚書僕射領選護軍湛代之功曹十二年又領詹事湛與景仁素歇又以其建議徵之甚相感悅及俱被時遇猜嫌漸生以景仁專內任謂為間巳時彭城王義康專執朝權而湛益以景仁為上佐遂以舊情委心自結欲因宰相之力回主心頓黙景仁

行義康傺屬及湛諸附隷潛相約勒無敢歷者湛當劉敬文父成未悟其機詣景仁求郡敬文遠謝湛曰老父悭嗇遂就殺鐵千祿由敬文闇淺上貢生成合門憨懼

【南史列傳二十五】 三 甫

無地自處敬文之姦諂如此義康擅權專朝威傾內外湛愈推崇之無後人臣之禮上稍不能平湛初入朝委任共事善論政道并諮前代故事聽者忘疲每入雲龍門御者便解駕黑左右及羽儀隨意分散不夕不出以此為常及晚親日劉斑初自西還吾小字斑獸故云班也還丹楊尹將亦著日早晚應其不去湛形迹既乖垂宣將廈事如故十七年所生母亡上與義康結湛亦知無復全地及至丁難謂所親曰今年必敗常曰頓口吉爭之故得推遷耳今既嬰毒無復此望禍至其能

久矣伏於甲於室以待上臨弔謀弗之幸十日詔收付廷尉於獄伏誅時年四十九黯等從誅第素黃門郎徒廣州湛初被收歎曰便是亂邪又曰不言無我應亂殺我日自是亂法耳入獄見素曰乃復及汝邪相勸為惡不可為相勸為善正見今日如何湛生女輒殺之為時流所怪

庾悅字仲豫潁川鄢陵人也晉太尉亮之曾孫也祖義兵國內史父淮西中郎將豫州刺史悅仕晉為司徒右長史桓玄篡位為中書侍郎宋武平京邑累遷建威將軍江州刺史加都督初劉毅家在京口酷貧賞與鄉曲士大夫往

【南史列傳二十五】 四

東堂共射時悅為司徒右長史要府州僚佐出東堂毅巳先至遣與悅相聞曰身昔貧踐營一遊甚難君如意人無勢不可為適豈不能以此堂見讓悅素豪徑前不答毅時衆人並避唯毅留射如故悅廚饌甚盛不以及毅毅既去悅甚不歡殺又相聞曰身今年未得子鵝豈能以殘炙見惠悅又不答至是毅表解悅都督將軍官以刺史移鎮豫章以親將趙恢領千兵守尋陽建威府文武三千人悉入毅將府深相挫辱悅不得志疽發背到豫章少日卒

登之字元龍悅族弟也曾祖冰晉司空蘊廣州刺史父廊東陽太守登之少以彊濟自立初為宋武帝鎮軍參軍

領討桓玄功封曲江縣五等男爵邊新安太守謝晦為荊州刺史請為長史南郡太守仍為衛軍長史晦與晦俱曹氏塔名位本同一旦為之佐意甚不懌到聽戲唯言即曰恭到初無感謝之言每入觀見備持箱囊几席之屬一物不具則不肯坐每入謂西征賦云生有偤短之命佐有邊塞之遇晦恨而常慊容之晦坐之曰我亦幾與三豎同戴弄守登之不許敗登之以無住免官禁鋼還家何承天戲之曰因禍為福未必皆知登此三豎故登之為司天為晦作表云當舟東下戲到無佳處免官禁鋼還家欲登之留徒長史南東海太守府公彭城王義康專覽政事不欲自

門者唯仲遠朝謁不替明帝即位謂卿所謂疾風知勁草自軍錄事參軍擢拜太子中庶子卒於豫章太守贈侍中登之弟仲文

仲文位廣平太守兄登之為謝晦長史仲文往省之時晦以贓貨免官後拜豫章太守徵為中護軍未拜卒子仲遠初為宋明帝佐廢帝景和中明帝疑防賓客故人無到

權重朝士並加敬仲文獨與抗禮後為彭城王義康驃騎主簿未就徙為丹楊丞既未到府疑於府公禮敬下禮官博議中書侍郎裴松之議曰案春秋桓公八年祭公逆王

后于紀公羊傳曰女在國稱女此其稱王后者無外其辭成失推此而言則仲文為吏之道定於受敕之日矣名器既正則禮亦從乎宜執吏禮從之後始與王濟富鎮湘州以仲文為司馬濟不之任仍除南梁太守司馬如故于時領軍劉湛協附大將軍彭城王義康而與僕射殷景仁隙凡朝士遊殷氏者不朝見之門獨仲文遊二人間密盡忠於朝廷景仁稱疾不朝者歷年仲文為尚書吏部郎與右衛將軍沈演之俱蒙密歷侍中吏部尚書領義陽王師內外歸附勢傾朝野仲誅以仲文為尚書吏部郎與右衛將軍沈演之俱歸附勢傾朝野仲

文為人強急不耐煩賓客訟非理者忿罵形於辭色素無術學不為衆望所推性好潔士大夫造之者未出戶輒令人拭席洗牀時陳郡殷沖亦好淨小史非淨浴新衣不得人抵席大夫小不整潔每容接之仲文好絜及其每以近左右大夫小不整潔每容接之仲文好絜及其每以此見譏選既不緝衆論又頒通賄用小府卿劉道錫為廣州刺史道錫至鎮餉仲文車裝飾甚麗有之平仲文或以白文帝帝見問曰道錫餉卿小車裝飾甚麗有之平仲文或以白文謝又仲文請急還家吏部令史周伯齊出仲文宅諮事泰能彈琵琶善歌仲文因留停宿尚書制令史諮事泰不得宿停外雖八座命亦不許為有司所表

上於仲文素厚將恕之召問尚書右僕射何尚之具陳仲文
得失奏言仲文事如丘山若縱而不紀後何以為政晉武
不為明主斷罪令史遂能奮發華廙見待不輕廢錮累年
後起改作城門校尉耳若言仲文有誠於國未知的是何事
時意事豈復可襃縱有微誠復何足掩其過今賈充勳烈
政當與殺景仁不失其舊言與劉湛亦有不踈且景仁當
晉之重臣雖身事業不稱不聞有大罪既自過於泛舉所
下聖敬反更過過於此仲文身之體傳普訪諸司顧問者
少賊一事耳伏願深加三思試以諸聲侵傷顧問之日宜布嫌
輦下見陛下顧遇既重恐不敢苦侵傷顧問之

責之旨若不如此亦當不辯有所得失時仲文自理不諳
臺制令史竝言傳外非嫌帝以小事不足傷大臣尚之又
陳令史具向仲文說不得停之意仲文了不聽納非為不
解直是苟相留耳雖是令史出乃遠斥朝典又不得謂之
小事謝晦望實非令臾疇一事錯誤免侍中官王珣時賢
少失桓袛春鬼之謀旨白衣領職況公犯憲制邪礼萬祀
君左局言此言亦為異也文帝猶優遊便尚之更陳其意尚
公敢作此言要異他尚書令又云不疑不聲不成姑
之備言仲文您曰畏張遼之言闔羽雖兄弟曹公父子
豈得不言觀今人臣憂國甚寡臣復結舌日月之明或有

所蔽然不知臣者宣不謂臣有爭競之心亦追以悵悵臣
與仲文周旋俱被恩接不宜復生厚薄昨與臣言說
仲文有諸不可非唯一條遠近相崇畏震動四海仲文先與
劉德願殊惡德願自持琵琶其精麗遺之便歇然市令
盛饋進數百口材助營宅恐人知作虛買券道錫驥有
所輸傾南奉於州國吏載燋蘇無絮於道之如父人有物鮮
蕉若新發劉雍自謂其力助事之如父人有物鮮
或不求聞劉遵考有材便乞材見好獨繫後乞之選用
不平不可二太尉又言仲文都無共事之體凡所選舉悉
是其意政令太尉知耳論賈秀黃門太尉不答和故得

停太尉近與仲文疏欲用德願見作州西曹仲文乃啟用
為主簿即語德願以謝太尉前後漏泄賣恩亦復何極縱
不罪故宜出之自從裴劉刑罰已來諸將陳力百倍今日
事實好惡可聞若赫然發憤顯明法憲陛下便可闊即紫
闥無復一事也帝欲出仲文為丹陽又以問尚之答言仲文
蹈罪負恩陛下遲遲舊恩未忍窮法方復有尹京赫赫之
授恐悉心奉國之人於此而息貪狼恣意歲月滋甚臣如
所聞天下讜論仲文恆歷累目月未見一豪增輝乃更成形
勢是老王雅也古人言無賞罰雖堯舜不能為政陛下豈
可坐損皇家之童迷一凡人令賈誼劉向重生豈不懍慨流

漆於聖世邪臣昔墮范晔當時亦懼犯觸之尤苟是愚懷
所把政自不能不舒達所謂雖九死而不悔也臣謂仲文
且外出若能悔改在職著稱遐亦不難而得少明國典粗
酬四海之誚今慾譬如山榮任不能採臣不損仲文之言若復有彰大之
桑誰敢必聞亦知陛下不能採臣不損仲文之言故是臣不能必已
之慈耳又曰臣見劉柏龍大悚慨仲文之言有人送張
幼緒話人吾雖得縣員錢三十萬庚蕚詣仲文逢一客姓夏侯主人
見縛東猶未得解手苟萬秋仲遠仍蕚送至新林
閒有好牛不言無閒有好馬不又言無政有佳驢耳仲文
便蕚甚是所慾客出門遂相閒索之劉道錫言仲文所舉

【南史列傳二五】 九

就道錫察嫁女具父祠器乃當百萬數猶謂不然選令史
章龍向臣說亦歎其受納之過言實得嫁女銅鑪四具舉
乃勝細鶯斗帳等物不可稱數在尚書中令奴酤酒利
其百十亦是辛臺閣卿無不審小簡聖聽不帝乃可有司
之奏免兔文官卒于家帝録其宿誠追贈本官子弘遠
弘遠字士操清賞有聲仕齊為江州長史刺史陳顯達
舉立敗斬於朱雀航將刑索帽著之曰子路結纓吾不可
以不冠而死謂著者曰吾言天下將免逢崇弘遠子子曜年十
陳公太輕專若用吾言必殺之仲文從弟徽之位御史中丞
四抱持父乞代命遂併殺之仲文從弟徽之位御史中丞

徽之子澈西郡陵王記室澈子仲容
仲容字子仲幼孤為叔父澈所養及長杜絕人事專精篤
學晝夜手不輟卷初為安西法曹行參軍澈時以顯更部
尚書勉擬澈子晏嬰為宮僚澈泣曰兄子幼孤人才迥
可願以晏嬰所乔回用之勉許焉轉仲容為太子舍人遷
安成王主簿時平原劉峻亦為府佐並以強學王所禮接
後為永康縣唐武康令並無績多被推劾父之除安成王
中記室當出隨府皇太子以舊恩降餞賜詩曰孫生陟陽
道具子朝歌縣宰若樊林鄴置酒臨華殿時薄暮盛顏任氣
尚書左丞坐推紀不直免官仲容博學少有盛名頗任氣

【南史列傳二五】 十

使酒好尼言高論士友以此少之唯與王籍謝幾卿情好
相得二人時亦不調遂相追誕縱酬飲不持檢操遇太
清亂遊會稽卒仲容抄子書三十卷眾家地
理書二十卷列女傳三卷文集二十卷並行於代
顧琛字弘瑋吳郡吳人晉司空和之冑孫也祖履之父悛
琛為司徒左西曹掾琛謹確不尚浮華起家州從事馬駙
都尉累遷尚書庫部郎元嘉七年文帝遣到彥之經略河
南大敗悉委奔兵甲武庫為之空虛文帝宴會有妇化人
在座上問琛庫中仗猶有幾許琛詭對有十萬人妇化人
庫伏秘不言多少上既發閒追悔失言及琛詭對上甚善

之尚書等門有制八坐以下門生隨入者各有差不得雜
以人士琛以宗人顧碩寄尚書張戎廣門名而與顧碩同
讁出者百員無代人聽還本職琛仍為彭城王義康所請
再補司徒錄事參軍十五年出為義興太守
入府欲委以腹心琛不能承事劉湛故尋見斥外十九年
徙東陽太守欲使琛防守彭城王義康固辭忤旨廢還
家積年及元凶殺立分會稽五郡置州以隨王誕為刺史
即以琛為會稽太守誕起義加冠軍將軍平運吳興太
守孝建元年為吳郡太守以起義功封永新縣五等侯大

■【南史列傳二十五】 【十一】▼ 楊

明元年吳縣令張闓坐居母喪無禮下廷尉錢唐令沈文
秀判劾違誅應坐被彈琛宣言於眾闓被刻之始屢相申
明又云當啓文秀留縣孝武聞之大怒謂琛賣惡歸上竟免
官琛母老仍停家琛及前西陽太守張牧並事司空竟陵
王誕誕及遣客陸延慰書板琛及子弟官時孝武
素結軍誕或有異志遣信就吳郡太守王曇生誅琛父子
會延慰先至琛等即執斬之遣二子送延慰時年百餘歲
所遣誅誅使其日亦至而獲免琛母孔氏時烈將軍悉以
安帝隆安初琅邪王廞於吳中作亂以為貞烈將軍悉以
女人為官屬以孔氏為司馬及孫恩亂後東土飢荒人相

食孔氏散家糧以振邑里得活者甚眾生子皆以孔為名
焉琛仍為吳興太守明年坐郡人多翦錢及盜鑄免官歷
位都官尚書嚴帝即位為吳郡太守初琛景平中為朝請
假還東日晚至方山于時商旅載十船悉泊岸側有一人
玄衣介幘執鞭屏諸船云顧吳郡部伍尋至應泊此岸於
是諸船各東西俄有一假裝至事力甚寡仍泊向奧人問
顧吳郡早晚至船人荅無顧吳郡又問何顧朝請耳
莫不驚怪琛意竊知為善徵因哲之曰若得郡當於此立
廟至是果為吳郡乃立廟方山號曰馬廟明帝泰始初
與四方同反兵敗奉母奔會稽臺軍既至歸降後為員外

■【南史列傳二十五】 【十二】▼

常侍中散大夫卒次子寶先大明中為尚書水部郎先是
琛為左丞苟萬秋所刻及寶先為郎萬秋猶在職自陳不
拜孝武詔曰救違紆慢司之職若有不公自當更有糾
改而自頃刻無輕輒致私絕此風難長主者嚴為其科
先是宋世江東貴達者會稽孔季恭吳興丘深之
及琛吳音不變深之字思玄吳興烏程人位侍中都官尚
書卒於太常
顧覬之字偉仁吳郡吳人也高祖謙字公讓晉平原內史
陸機姊夫祖崇大司農父黃老司徒左西曹掾覬之為謝
晦衛軍參軍晦愛其雅素深相知待歷位尚書都官郎毀

劉隊著觀之不欲與殺之景仁父接乃辭脚疾免歸毎夜常
於床上行脚家人竊異之而莫曉其意及義康徙廢朝廷
多受禍觀之竟免後為山陰令山陰劇邑三萬戶前後官
長晝夜不得休事猶不舉觀之御繁以約縣用無事晝日
盡廉門閉閤自宋世為山陰務簡而事理莫能尚也後
為尚書吏部郎嘗於文帝坐論江東人物言及顧榮表淑
謂觀之曰卿南人怯懦豈辦作賊觀之正色曰卿乃復以
忠義奚人淑有慚色孝建中為湘州刺史以政績稱大明
元年微求慶支尚書轉吏部尚書時沛郡相縣唐賜往比
村彭家飲酒還因得病吐蠱二十餘物賜妻張從就臨終

言死後剖腹五藏悉糜碎郡縣以張忍行剖剖賜子副
又不禁止論妻傷夫五歲刑子不孝母子棄市並非科例
三公郎劉頠議賜妻痛往遵言見識謝之理考事原心非
在忍害謂宜哀矜觀之議以妻子而行忍酷不宜曲通小
情謂副為不孝張同不道詔如觀之議後為吳郡太守幸
臣戴法興權傾天下而觀之未嘗低意其風節過峻觀之
宗戴法興為州郡所重子緄私財甚豐鄉里士庶多貪責觀之
使吾不為三公耳後卒於湘州刺史諡曰簡子觀之家門
雍穆為州郡所重及後為吳郡誘出文券一大廚悉令焚之宣語
禁不能止及後為吳郡誘出文券一大廚悉令焚之宣語

遠近皆不須還送懊歎彌日觀之常執命有定分非智力
所致唯得要乃守道信天任運而闇者不達妄意徼倖徒
釁雅道無閒得要乃以其意命第子作定命論願子
恭父深之散騎侍郎願好學有才辭卒於太子舍人觀之
孫憲之

憲之字士思性尤清貞宋元徽中為建康令時有盜牛者
與本主辛牛各稱己物二家辭證等前後令莫能決憲之
至覆其狀乃令解牛任其所去徑還本宅盜者始伏憲之
罪時人號曰神明至於權要請托長吏貪殘撻法直繩無
所阿縱性又清儉強力為政甚得人和政都下飲酒者醇

旨輒號為顧建康謂其清且美為仕齊為衡陽內史先是
郡境連歲疾疫死者太半棺椰尤貴悉裹以笙席棄之路
亡為禍皆開冢剖棺水洗枯骨名為除祟憲之曉喻為陳
生死之別事不相由風俗遂改時刺史王奐初至唯衡陽
僑無訟者乃歎曰顧衡陽之化至於郡山陰人呂文度有寵於
事後為東中郎長史行會稽郡事山陰人呂文度有寵於
齊武帝於餘姚立邸頗縱橫憲之至郡即日除之文度後於
還葬郡縣爭助喪事憲之不與相聞文度甚衍之亦卒不能

傷也時西陵戍主杜元懿以具興歲儉會稽年登商旅往
來倍歲西陵牛埭稅官格日三千五百求加至一倍計年
長百萬浦陽南比津及柳浦四埭乞為官領攝一年格外
長四百許萬浦陽武帝以示會稽使陳得失憲之議曰尋立
牛埭非苟通懈以納稅也當以風濤迅險人力不捷濟急
以利物耳既公私必樂故輸直無怨京師航渡即其例也
而後之監領各務已功或禁遏別道人生理外尤如此類
不經埭煩牛者上詳被報蒙停格外十條從來喧訴始得
暫弭案吳興頻歲失稔今茲尤饉去之從體良由飢饉舊
格新減尚未議登格外加倍將以何術皇慈恤隱振彫罷

調而元懿幸災權利重增困瘼人而不仁古今共疾且比
見加格置市者前後相屬非唯新加無虧並皆舊格有闕
愚恐元懿今啓亦當不殊若事不副言懼貽譴詰便百方
侵苦為公賣怨其所欲舉腹心亦當歔欷而冠耳書云與其
有聚斂之臣寧有盜臣言盜公為損蓋微人所害乃大也
然掌斯任者應簡廉平則無害於人愚又以便宜者蓋謂
便於公宜於人也輒見頃之言便宜者非能於人力之外
用天分地者也率皆即日不宜於人方來未便於公名與
實反有乖政體凡如此等誠宜深察山陰一縣課戶二萬
其人貲不滿三千者殆將居半刻又刻之猶且三分餘一

凡有貲者多是士人復除其貲極者悉皆露戶役人三五
屬官並惟正百端輸調又則常然皆眾局檢校首尾尋續
橫相質累者亦復不少一人被攝十人相追一緒裁萌千
孽五起蠶事弛而農業廢賦取庸而貴舉責應公贍私日
不暇給欲無為非其可得乎死且不憚短刑罰身且不
愛何況妻子是以前檢未窮後巧復滋網辟徒峻猶不能
悛姦巧人之多偽寔由宋季軍旅興役賦殷重不堪勤
劇奇巧所優積習生常遂迷忘反四海之大庶黎之眾
用參差難卒澄之化宜以漸不可疾責誠存不擾疾疢
灣務詳寬簡則稍自歸淳又被簡符前後累千符旨既嚴

不敢闢信縣簡送郡郡簡呈使殊形詭狀千變萬源閒者
忽不經懷見殊刑者實足傷駭累屬里伍流離道路時
轉窮涸事方未已其士人婦女彌屬衰不簡則疑其有
巧欲簡復耒知所安愚謂此條宜委縣保舉其網略其
毛目乃當有漏不出貯中庶嬰疾況者重荷生造之恩
也又永興諸暨離唐寓冠擾公私殊爐彌復特令史會稽
早實不易思俗諺云會稽打鼓送恤吳興步擔令史會稽
舊稱沃壤今猶若此吳興本是埤土事在可知因循餘弊
誠宜改張武帝並從之由是深以方直見知遷南中郎巴
陵王長史南兗南豫二州事典籤諮事未嘗接以顏色動

導法制時司徒竟陵王於宣城臨成定陵三縣界立屯封
山澤數百里禁人樵採憲之固陳不可言甚切直王曰非
君無以聞此德音即命罷屯禁遷給事黃門兼尚書吏部
郎中宋時其祖觀之嘗為吏部於庭列植嘉樹謂人曰吾
為憲之植耳至是憲之果為此職永明中為後軍記室在
任清簡務存寬惠有貞婦萬睎者少婦居憲之雛
孝父母欲奪而嫁之誓死不許憲之賜以束帛表其節義
梁武帝平建鄴為揚州牧事舅姑尤
巳受禪憲之風疾漸篤因不還具就加太中大夫憲之雖
累經宰郡資無儋石及歸環堵不免飢寒天監八年卒於
家臨終為制敕其子曰夫出生入死理均晝夜生既不知
所從死亦安識所往延陵云精氣上歸于天骨肉下歸於
地魂氣則無所不之也雖復茫昧難徵要若非妄
百年之期迅若馳吾今預為終制瞑目之後念並遵行
勿違吾志也莊周達生者也王孫士安矯俗者也吾
進不及達退無所矯常謂中都之制允理愜情衣周於身
示不違禮周於衣足以蔽臭入棺之物一無所須載以
輤車覆以鹿布衣云列士之高亦奧以寒水乾飯況吾單庸以
杅水脯糗范史雲為使人勿惡也漢明帝天子之尊猶祭以
之人其可不節衷也喪易甯慼自是親親之情禮奢甯儉

〈十七〉

蓋可得由吾意不須常施靈廷可止設香燈使致哀者有
邊耳朔望祥忌可權安小牀暫施几席唯下素饌勿用牲
牢燕嘗之祠貴賤罔替備物難辨多致疎怠祠先自有舊
典不可有闕自吾已下止用蔬食時果勿同於上世亦令
子孫四時不忘其親耳孔子云雖菜羹瓜祭必齊如也者本
貴誠敬豈求備物哉所著詩賦銘讚并衡陽郡記數十篇
論曰古人云利令智昏後弟為臣則君臣之道用變見才
能寔包經國之略豈知後
主則兄弟之義殊而執數懷姦苟相崇悅與夫推長戰而
犯順何以異哉昔華元敗則以羊羹而取禍觀夫庾悅亦
鵝炙以速充乾餞以延斷相類矣登之因禍而福倚伏無
常仲文賄而為災乃徇財之過也顧琛昺郡徵兆於初筮
覲之清白之迹見於暮年憲之檢政所在稱美時移三代
一德無斁求之古人未為易過觀其遺命可謂有始有卒
者矣

〈十八〉

沈演之〔子勃〕
　　五世孫繼紀
　　六世孫懷文
　　　　　　江東之子謐

羊欣
兄孫顗　江夷〔子湛〕　羊玄保〔兄子戎〕
　　　　　　玄孫循　　　　　子希
　　　　　　　　　禄　曾孫敳

羊欣字敬元泰山南城人也曾祖忱晉徐州刺史祖權黃
門郎父不疑桂陽太守欣少靖默無競於人美言笑善容
止泛覽經籍尤長隸書父不疑為烏程令欣年十二時王
獻之為吳興太守其知愛之欣嘗夏月著新絹裙晝寢獻
之入縣見之書裙數幅而去欣書本工因此彌善起家輔

國臣軍府解還家隆安中朝廷漸亂欣優遊私門不復進
仕會稽王世子元顯每使書䟎常不奉命元顯怒乃以為
其後軍府舍人此職本用寒人欣意貌恬然不以高卑見
色論者稱焉嘗詣領軍謝混混擁膝改服然後見之時混
猴子靈運在坐退告族兄瞻曰望蔡見羊欣遂易衣
欣由此益知名桓玄輔政以欣為平西主簿參豫機要欣
欲自疎時漏密事之本殷中禮樂所出卿昔勳股肱方此
郎謂曰尚書政事之本殷中禮樂所出卿昔勳股肱方此
為輕欣就職少日稱病自免居里巷十餘年義熙中弟
徹被知於武帝帝謂徐羨參軍鄭鮮之曰年微一時美譽

世論猶在兄後即板欣補右軍劉毅卷司馬後為新安太守
在郡四年簡惠著稱除臨川王義慶輔國長史廬陵王義
真車騎諮議參軍並不就文帝重以為新安太守在郡十
三年樂其山水嘗為子弟曰人生仕官至二千石斯可矣
又是便懷止足情義與太守非其好也頃之稱病篤免歸
自非尋省近親不妄行詣行必由城外未嘗入六門武帝
除中散大夫素好黃老常手自書章有病不服藥飲符水
而已銀善醫術撰藥方數十卷欣以不堪拜伏辭不朝覲
文帝立恨不識之元嘉十九年卒第微字敬猷時譽多欣
位河東太守卒

羊玄保山南城人也祖楷晉尚書都官郎父綏中書侍
郎玄保初為宋武帝鎮軍參軍少帝景平中累遷司徒右
長史府公王弘甚知重之謂左長史庾登之吏部尚書王
淮之曰卿二賢明美朗詣會悟多通然弘懿之望故當共
推羊也頃之入為黃門侍郎善弈棊品第三文帝亦好弈
與賭郡玄保戲勝以補宣城太守先是劉式之為宣城立
更人士叛制一人不禽符伍里吏逆叛川作叛之由皆出於
二階立殊制於事為苦又尋此制施一邦而已若其非邪亦不宜獨行一郡由此制停
過全立殊制於事為苦又尋此制施一邦而已若其非邪亦不宜獨行一郡由此制停
則德與天下為一若其非邪亦不宜獨行一郡由此制停

歷丹陽尹會稽太守吳郡太守文帝以玄保廉素寡
欲故頻授名郡為政雖無殊績而去後常必見思不營財
利產業儉薄孝武帝嘗曰人仕宦非唯須才亦須運命每有
好官缺我未嘗不先憶羊玄保元凶弒立以為吏部尚書
領國子祭酒及孝武入伐士多南奔玄保容色不異徐曰臣
其以死奉朝勦為解孝武即位為金紫光祿大夫以謹敬
見知大明五年加散騎常侍特進玄保自少至老謹於祭
祀四時珍新未得薦者口不妄嘗當卒諡曰定子子戎少
有才氣而輕薄少行檢語好為雙聲江夏王義恭嘗設齋

使戎布牀須更王出以牀狹乃自開牀我曰官家恨狹更
廣八分王笑曰卿豈唯善俳聲乃辯士也文帝好與玄保
蒭菩中使至玄保曰今日上何召我邪戎曰金溝清泚銅
池搖颺既佳光景當得劇棊玄保常嫌其輕脫云此必
亡我家位通直郎坐與王僧達謗時政賜死後孝武帝
引見玄保謝曰無日不碄之明以此上貢上美其言
戎二弟文叔賜名曰咸曰粲謂玄保曰欲令卿二子有
林下正始餘風玄保既善棊而何尚之亦雅好其事吳郡
褚胤年七歲便入高品及長冠絕當時胤父榮期與臧質
同逆徹雖從誅何尚之固請曰徹棊之妙超古冠今魏

三

雙犯令以村穀免父戮子宥其例莈多特乙與其微命使
異術不絕不許時人痛惜之玄保兄子希子泰聞少有才
氣為尚書左丞時揚州刺史西陽王子尚上言山湖之禁
雖有舊科人俗相因替而占貪者縱熾賦弱者薪蘇無託至漁
採之地亦又如茲斯冕害人之深弊為政所宜去絕損益
舊條更申恒制有司辰詔書占山封水漸染復滋更相因
仍便成先業一朝
頓去易致嗟怨今更申華立制五條凡是山澤先恒燝燻

養種竹木雜果為林芿及陂湖江海魚梁鰒場恒加功
修作者聽不追奪官品第一第二聽占山三頃第三第四
品二頃五十畝第五第六品二頃第七第八品一頃五十
畝第九品及百姓一項皆依定格條上貲簿若先已占山
不得更占先占闕少依限占足若非前條舊業一不得禁
有犯者水土一尺以上並計贓依常盜律論停除咸康二
年壬辰之科從之時益州刺史劉瑀先為右衛將軍與府
司馬何季穆共事不平季穆為尚書令建平王宏所親待
屢勸瑀於安會瑀出為益州奪士人妻為妾宏使希舉察
之瑀坐免官瑀恨希切齒有門生謝元伯往來希間瑀密

四

令訪被免之由此奏非我意瑀即日到宏門奉牋
陳謝云聞之羊希坐漏泄官泰始三年為靈朔將軍
廣州刺史四年希以市郡劉旺道行晉康太守領襄州代偉
思道達節失利希遣收之思道不受命率所領襄州希踰
城定思道覆而殺之希子崇字伯遠尚書王客郎丁母憂
哀殿過禮及聞廣州亂即日便徒跣出新亭不能步泣頓
伏江渚門義以小船致之父單乃不勝哀而卒

沈演之字臺真吳興武康人也高祖充軍騎將軍吳國
內史曾祖祖勁冠軍陳祐長史成金塘為燕將慕容恪所陷
不屈見殺贈東陽太守祖赤黼廷尉卿父叔任少有幹貴

朱齡石伐蜀為齡石建威府司馬平蜀之功亞於元帥以
功封寧新縣男後拜益州刺史卒演之年十一尚書僕射
劉柳見而知之曰此童終為令器沈氏家世為將而演之
折節好學讀老子百徧以義理業尚知名襲父別爵吉陽
縣五等侯舉秀才為嘉興令有能名元嘉中累遷尚書吏
部郎先是劉湛劉斌等結黨欲排殺尚書僕射殷景仁演
之雅正義與景仁素善盡心朝廷文帝甚嘉之及彭城
王義康出藩誅劉湛等以演之為右衛將軍景仁尋卒乃
以後軍長史范曄為左衛將軍與演之對掌禁旅同參機
密尋加侍中文帝謂之曰侍中領衛望實俱重此蓋宰相

便坐卿其勉之上欲伐林邑朝臣多不同唯廣州刺史陸
徽與演之贊成上意及林邑平賜群臣黃金生口銅器等
物演之所得偏多上謂曰廓廓清舊都鳴鸞東岱之謀卿家其力平此遠更
未足多建第王廓清舊都鳴鸞東岱之不開也
二十一年詔以演之為中領軍太子詹事伏位吏部尚書領太子
右衛率素有心氣病歷年上使臥疾理事性好舉才中
之覺其有異言之文帝尋伏位黃門侍郎與弟文帝痛惜贈金
紫光祿大夫諡曰貞子睦位黃門侍郎位太子右衛率加給事

勃怠閒坐從始興郡勃輕薄好利位太子右衛率加給事
中坐職賄從梁州後還給事阮佃夫王道隆等位司徒左
長史為後廢帝所誅演之兄子坦之住齊位都官郎坦之

子顗

顗字勵幼清靜有至行嘉黃叔度徐孺子之為人讀書
不為章句著述不尚浮華常獨處一室人罕見其面從叔
勃貴顯每還吳興賓客填咽顗不至其門勃就之顗送迎
不越閾勃歡曰吾乃今知貴不如賤也顗內行其修事母
兄孝友兄昂一名顗亦退素以家貧仕為始安太子舍人通
直郎並不起文惠太子嘗擬古詩三首寄落王山朋顗

能分離相隨之住齊永明年中徵拜著作郎太子令舍人

聞之曰此讖言也既而太子薨至秋武帝崩鬱林海陵相
次黜辱顗素不事家産及昂卒逢齊末兵荒與家人并日
而食或有饋其粱肉者閉門不受唯採擷根供食以樵
採自資怡然不改其操梁天監四年大舉北侵南陽
樂藹為武康令以顯從役到建鄴揚州別駕任以書與
其興太守柳惲責之不能甄善別賢惲大慙即表停之卒
家所著文章數十篇

憲字彥璋演之從祖弟子也祖諡道巴西梓潼二郡太守
父瑛之比中郎行參軍憲少有幹局為駕部郎宋明帝與
廣州刺史材也補烏程令甚著政績太守褚
彥回歎美以為方圓可施少府管掌煩冗材幹者並更其
藏憲以吏能累遷少府卿武陵王曄為會稽以憲為左軍
司馬齊高帝以山陰戶眾分為兩縣令政聲大著孔珪請
可御但用不得人耳乃以憲帶山陰令後為晉安王後軍長
假東歸謂人曰沈令料事特有天才後為晉安王後軍長
史廣陵太守西陽王子明代為南兗州憲仍留為冠軍
史太守如故求明八年子明典籤劉道濟賕私百萬為有
司所奏賜死憲坐不糾免官後除散騎常侍未拜卒當時
稱為良吏賜憲同郡丘仲起先是為晉平郡清廉自立卒當
回歡曰目見可欲心能不亂此楊公所以遺子孫也仲起

南史列傳二十六　七

憲字孫浚字叔源少涉學有才幹仕梁歷山陰具建康三縣
並有能名大清二年累遷御史中丞時臺城為侯景所圍
外援並至景表請和求解圍還江北詔許之遣右衛將軍
柳津對景盟歃景知城內疾疫稍無守備因緩去期城內
知其詐明復舉烽鼓譟後數日景復進表請和簡文使
往為申闡浚曰大將軍此意在得城下風所聞父已食
城內離困尚有兵糧朝廷恐和好非真已密救外軍若臺
城傾覆勿以二宮為念當以死雪恥若不能決戰當深壁
自守大將軍十萬之眾將欲何資景橫刀於膝瞋目叱之
浚乃正色責景曰河南王人臣而舉兵向闕今朝廷已赦
王罪結盟口血未乾而復翻背沈浚六十之年且天子使
也奉命而行何用見脅徑去不顧景歎曰是真司直也然
密銜之又勸張嶷立義後得殺之
江東字茂遠濟陽考城人也祖晉護軍將軍父歆驃騎諮
議參軍東少自藻厲為後進之美宋武帝板為鎮軍行參
軍後討桓玄功封南郡陵縣五等侯累遷大司馬武帝
命大司馬府琅邪國事一以委焉為武帝受命歷位吏部尚
書具郡太守營陽王於其照見害東臨哭盡禮以兄疾去

南史列傳二十六　八

14-396

官後為右僕射東莞風儀善舉止歷任以和簡著稱出為
湘州刺史加散騎常侍未之職卒遺令薄斂疏與務存儉
約子湛

湛字徹深居喪以孝聞受文義善弈棋鼓琴兼明算術為
彭城王義康司徒主簿太子中舍人司空檀道濟為子求
婚湛妹不許義康有命又不從時人重其立志義康之盛
人競求自昵唯湛自踈固求外出乃以湛為武陵內史臨
誕為北中郎將南徐州刺史以湛為長史南東海太守委
以政事元嘉二十五年徵為侍中任以機密遷左衛將軍
時政選舉職以湛江夏王義恭領國子祭酒湛領博士

轉吏部尚書家甚貧不營財利餉饋盈門一無所受無兼
衣餘食嘗為上所召遇澣衣稱疾經日衣成然後起牛餓
御人求草湛良久曰可與飲在選職頗有刻義之議而公
平無私不受請謁論者以此稱焉初上大舉北侵與朝謂
為不可唯贊成之及魏太武至瓜步以湛兼領軍軍事處
分一以委焉魏遣使求和上召太子劭以下集議眾並謂
宜許湛謂許之無益劭怒謂湛曰今三王在阨詎宜苟執
異議聲色甚厲湛坐俱出劭使班劍及左右推排之殆於
顛倒劭後使湛具集未嘗命湛上乃為劭長子偉之娶湛第三
女欲以和之上將廢劭使湛具詔草劭之入殺湛直上省

開叱乃還傍小屋劭遣求之令吏給云不在此兵即殺舍
吏乃得見湛湛攘頸受害意色不撓五子恁愻愻法壽
皆見殺初湛家數見怪異未敗少日所眠牀忽有數十血

孝武即位追贈左光祿大夫開府儀同三司謚曰忠簡公
恁位著作佐郎恁子敷

敷字叔文母宋文帝女淮陽長公主幼以戚屬召見孝武
謂謝莊曰此小兒方當為名器少有美譽尚書僕射王敬
弘每云端雅之士有子如此足矣與宴賞留連日夜還中書郎
不墮政在江郎敷與宴賞留連日夜還中書郎
公主拜駙馬都尉為丹楊丞時袁顗尚書郎敷歎曰風流
王氏老疾敷視勝貧藥七十餘日不解衣及累居內官每

以侍養陳請朝廷優其朝直初湛娶褚秀之女大義不終
褚彥回為衛軍敷為人先通意引為長史藺府輯司空
長史領臨淮太守轉齊高帝太尉從事中郎齊臺建為吏
部郎郎高帝即位敷以祖母久疾啟求自解初宋明帝敕
之文近代緣情皆由父祖之命未有既孤嗣所寄唯敷一
出繼其叔穆為從祖後於是僕射王儉啟禮無後小宗
也雖後臣子一揆而義非天屬江忠簡胤所寄唯敷一
人傍無期屬敷宜還本若不欲江愻絕後可以敷小兒繼
愻為孫尚書參議謂開世立後禮無其文荀顗無子立孫
履遜禮之姐何琦又立此論義無所據於是敷還本家詔使

自量立後者出為豫章內史還除太子中庶子未拜門客
通贓利武帝遣信檢覆斆藏此客而躬自引咎上甚有怪
色王儉從容啟上曰江斆若能臨郡此便是具美耳上意
乃釋求明申為竟陵王司馬斆好文辭圍棋第五品為朝
貴中最遷侍中歷五兵尚書東陽吳二郡太守復為侍中
轉都官尚書領驍騎將軍王晏啟武帝曰江斆今重登禮
闥兼掌六軍慈淵所重宴有優秦但語其事任始同闥門
納言旣欲升其名位愚謂以侍中領驍騎望貴清顯有殊
下故有此回換耳先是中書舍人紀僧真幸於武帝稍歷
軍校容表有士風謂帝曰臣小人出自本縣武吏邀逢聖
時階榮至此為兒昏得荀昭光女即時無復所須唯就陛
下乞作士大夫帝曰由江斆謝瀹我不得措此意可自詣
之僧真承旨詣斆斆登榻坐定斆便命左右曰移吾林讓客
僧真喪氣而退告武帝曰士大夫故非天子所命時人重
斆風格不為權倖降意斆至雲龍門方知斆勤動醉
林廢朝臣皆被召入宮斆
吐車中而去明帝即位改領祕書監又改領晉安王師卒
詔嘉美之從其所請贈散騎常侍太常卿諡曰敬子子蒨
遺令不受贈詔賻錢三萬布百四匹

蒨字彥標幼聰警讀書過口便誦選為國子生舉高第起
家祕書郎累遷廬陵王主簿居父憂以孝聞廬于墓側明
帝敕遣寧朔將軍劉誨之為郡蒨拒之及建鄴平蒨坐
禁錮俄被原歷太尉臨川王長史尚書吏部郎領右軍方
雅有風格僕射徐勉權重唯蒨及王規與抗禮不為之屈
勉因蒨門客翟景為子縣求昏於蒨女不答景再言之乃
杖景四十由此與勉忤勉怒為吏部郎坐杖曹中幹免官
人並拒之聾為子求昏於蒨女出宅
乃遷散騎常侍皆勉意也初天監六年詔以侍中常侍並
侍帷幄分門下二局入集書其官品視侍中而非華胄所
悅故勉斥泰為之蒨尋還司徒左長史初王泰出閣武帝
謂勉云江蒨資應居選部勉曰蒨有眼患又不悉人物
乃止遷光祿大夫卒諡靖居選部
遺典三十卷未就卒文集十五卷蒨弟
有器度位侍中太子詹事王書善琴初卒量弟禄
禄字彥遐幼篤學有文章王書善琴形貌短小神俊發
位太子洗馬相東王錄事參軍以氣陵府王深憾焉盧
陵威王續代為荊州留為驃騎諮議參軍獻書告別王荅
書乃致恨禄先為武寧郡頗有資產積錢於壁壁為之倒

子絜

並以自喻子微亦有文采而清狂不慧常以父爲戲倩

侯相卒撰列仙傳十卷行於世及并絜皋木人賦敗船詠

東王恨之旣深以其名祿改字曰榮旣以志其忿後爲唐

迮銅物皆鳴人戲之曰所謂銅山西傾洛鍾東應者也湘

絜字含絜幼有孝性年十三父備惠眼絜侍疾將朞月衣

不解帶夜夢一僧云惠眼者飮慧眼水必差及覺說之莫

能解者絜第三叔祿與草堂寺智者法師舊往訪之智者

曰無量壽經云慧眼見眞能度被岸倩乃因智者啓捨同

夏縣界牛也里會爲寺乞賜嘉名敕荅云純臣孝子往往

感應晉時顏含遂見冥中送藥又近見智者以鄉第二息

夢云飮慧眼水慧眼則五眼之一號可以慧眼爲名及就

創造泄故井井水清洌異於恒泉依夢取水洗眼及賣藥

稍覺有瘥因此遂差時人謂之孝感南康王爲徐州召爲

迎主簿絜性沈靜好班老玄言尤善佛義不樂進仕及父

卒絜于墓終日號慟不絕聲月餘乃卒子擒

擒字擒持七歲而孤依于外氏幼聰敏有至性元舅具平

侯蕭勱各重當世特所鍾愛謂曰爾神采英拔後之知名

當出吾右及長勵學有文辭仕梁爲尚書殿中郎武帝撰

正言始畢製述懷詩擒預同此作帝覽擒詩深見嗟賞轉

侍郎尚書僕射范陽張續度支尚書琅邪王銓都官尚書

南陽劉之遴並高才碩學擒時年少有名績等雅相推重

爲忘年友會之遴嘗酬擒詩相欽挹累遷太子中舍人

侯景冠建鄴詔以擒權兼太常卿守小廟臺城陷避難會

稽郡憩於龍華寺乃製脩心賦擒第九舅蕭勃先據廣州

又自會稽往依焉及元帝平侯景徵擒時內史會稽剡

江陵不行自此流寓嶺南積歲陳天嘉四年以中書侍郎

徵還累遷左戶尚書轉太子詹事擒性寬和溫裕九工五

言七言溺於浮靡及爲宮端恣與太子爲長夜之飮養良

娣陳氏爲女太子甄微行遊擒家宣帝怒免之後又歷侍中

左戶尚書後主即位歷吏部尚書僕射尚書令加扶旣當

權任宰不持政務但日與後主遊宴後庭多爲豔詩好事

者相傳諷翫于今不絕唯與陳暄孔範王瑳等十餘人當

時謂之狎客由是國政日頹綱紀不立有言之者輒以罪

斥之君臣昏亂以至于滅禎明三年陳亡自入隋拜上開府

開皇十四年卒於江都年七十六其爲自序云太建之時

權移群小諂妒作威屢被摧黜奈何命也識者譏其言跡

之乖有文集三十卷長子黃門侍郎太子中庶子入隋爲

屬故友不免詆欺歷

秦王文學卒

江智深夷之第子也父僧安宋太子中庶子夷有盛名夷
子湛又有清譽父子並貴達智深父少無名問湛禮敬甚
簡智深常以為恨自非卽省不嘗入及湛門及為隨王誕後軍
參軍在襄陽常待之甚厚時談議參軍謝莊主簿沈懷文
與智深善善懷文每稱曰人所應有盡無者所應無盡有者
其江智深乎元嘉末除尚書庫部郎時高流官序不為臺
郎智深門孤僕乃就記室參軍領南濮陽太守遷從事中郎
誕將為逆智深悟其機請假先及誕事發卽除中書侍郎
陵王誕為司空王主簿記室參軍中郎
智深愛好文雅辭采清贍孝武深相知待恩禮冠朝上宴

《南史列傳二十六》 十五

私甚數多命臺臣五三人遊集智深常為其首同侣未及
前輒獨蒙引進每以越席為愧未嘗有喜色每從遊幸與
羣僚相隨見傳詔馳來知常呼己辯動愧恧形於容貌論
者以此多之 遷驍騎將軍尚書吏部郎上每酬旨輒詆羣
臣并使朗戲其子景文智深正色曰恐不宜有此戲上怒
使王僧朗誚以為歡咲智深素方退漸不會言上嘗
曰江僧安癡人自相惜智深伏席流涕由此恩寵大
衰出為新安王子鸞北中郎長史南東海太守行南徐州
事初上寵姬宣貴妃殷氏卒使羣臣議謚智深上議曰懷
上以不盡嘉號其衡之後軍駕幸南山乘馬至殷氏墓瑩

《南史列傳二十六》 十六

庭常數百人東之御繁以簡常得無事宋世唯顧覬之亦
部下蕭然後為山陰令人戸三萬政事繁擾訟者盈階
為求世勢程令以善政著名東土徵為建康令為政嚴察
江東之字玄叔濮陽考城人也祖逌晉太常父纂給事中
東之少孤第妹七人並幼稚躬自撫育姻聚其心力宋少帝時
后妃之女也廢帝即位以后父追贈金紫光禄大夫妻
王平望鄉君智深兄子驎早孤智深養之如子驎壁黃門
史部郎侍中武陵王贊北中郎長史
懷字智深益憚懼以愛孽子筠太子洗馬早卒後廢帝皇
臣皆驂從上以馬鞭指墓石柱謂智深曰此柱上不容有

以省務者續其餘雖復刑政備理而未能簡事以在縣有
能出補新安太守元嘉十二年轉在臨海並以簡約見稱
辛於官所得秩悉散之親故妻子常飢寒人有勸其營田
東之正色苦曰食禄之家豈可與農人競利在郡作書素
一枚去官留以付庫東之宗人遂之字玄遠頗有文義撰
文釋傳於世位司徒記室參軍東之子玄徽尚書都官郎民
今元凶殺徐湛之子徽以當與見誅子謚
謚字令和父徽遇禍謚尚方宋孝武平建鄴乃得出為
于湖令強濟稱職宋明帝為兗州謚傾身奉事為帝所待
即位以為驃騎參軍弟袭貌醜帝常召見狎侮之謚再遷

若永兼比部郎太始四年江夏王義恭第十五女卒年十
九未笄禮官議從成人服諸王服大功左丞永禮
記女子十五而笄鄭玄云應年許嫁者也其未許嫁者則
二十而笄射慈二十猶為殤禮官違越經典無據禮
太常丞下結免贖論坐杖督五十奪勞百日謚又奏免
先不研辯混同謀議準以事例亦宜及各奏復結免贖論
詔可出為建平王景素冠軍長史長沙內史行湘州事政
教奇劾僧遵道又與謚情款贖謚蒞郡把小事餓繫郡獄
僧尊道裂三衣食之盡而死為有司奏徵還明帝崩遇赦
免肴齊高帝領南兗州謚為鎮軍長史廬陵太守入為游擊

將軍性疏俗善趨時利元徽末朝野咸屬意建平王景素
謚深自委結景素事敗僅得免禍蒼梧王廢後物情尚懷
疑貳謚獨竭誠歸事齊高帝昇明元年為黃門侍郎領尚
書左丞沈收之事起議加高帝黃鉞謚所建也事寧遷吏
部郎齊建元元年位侍中既而驃騎豫章王嶷領湘州以
謚為長史封永新縣伯三年為左戶尚書諸皇子出閤用
文武王帥悉以委謚尋敕選曰江謚寒士誠當不得竞等
華僧然甚有才幹可還手吏部謚才長刀筆所在幹職高
帝崩謚稱疾不入衆頗疑其怨望時武帝不豫謚詣豫章王嶷請問曰至
不還官以此怨望武帝即位謚又

尋非起殤東宮又非才公令欲何計武帝知之出謚為鎮
北長史南東海太守未發憂甚乃以輿憙占卦云有客南
來金椀玉杯上使御史中丞沈沖奏謚前後罪惡請收送
廷尉詔賜死果以金麗盛藥鴆之子介建武中為吳令政
亦深奇人門榜死人髑髏為謚責介棄官而去
論曰敬元夷簡命稟於玄天跡見推其思寵蓋亦猶賢
也然元夷時隆帝念雖命稟於玄保弘懿見知綢繆帷幄遂參
之助沈氏世傳武節而演之以業尚見知臨危諡德高風所謂世有
機務鬱黙保閑篤素源節見臨危諡德高風所謂世有
人矣戎遠自晉及陳雅道相係亦世載德斯之謂焉而摠
玄叔清介著美足以追蹤古烈令和穎覘成性終取蹎於
溺於寵狎及以文雅為敗然則士之成名所貴彬彬而已
險塗宜矣

列傳第二十六

南史三十六

沈慶之 孫昭略
　　從子攸之　收之從孫僧昭
　　　子文季
　　　弟文秀

宗慤 從子夬

李　延壽　　南史三十

《南史列傳二十七》〈一〉

沈慶之字弘先吳興武康人也少有志力晉末孫恩作亂
使其鄉里流散慶之未冠鄉族聚屋為冦慶之率其宗
黨及鄉人捷由是以勇聞
荒境慶之後鄉邑流散慶之躬耕龍畝勤苦自立年四十未
知名兄敞之為趙倫之征虜參軍監南陽郡襲蠻有功
即具慶之往襄陽首兄倫之見而賞之命子竟陵太守伯
符放為審遠中兵參軍竟陵蠻屢為冦慶之為設規略每
擊破之伯符由此致將帥之稱永初二年慶之除殿中員
外將軍隨伯符病歸伪隷檀道濟
道濟白文帝稱慶之忠謹曉兵上使領隊防東掖門稍得
引接出入禁省領軍劉湛知之欲相引接謂曰鄉在省年
月久遠比當相論慶之正色曰下官在省十年自應得轉
不復以此仰累尋轉正員將軍及湛被收之夕上開門召
慶之慶之曰夜半喚隊主不容緩服遂收吳郡太守劉斌殺
之元嘉十九年雍州剌史劉道產卒群蠻大動征西司馬
朱脩之討蠻失利以慶之為建威將軍率眾助脩之失律

《南史列傳二十七》〈二〉

下獄慶之軍進討大破緣沔諸蠻蠻後為孝武撫軍中兵
參軍孝武以本號為雍州隨府西上征蠻冦慶之有功還都
復為廣陵王誕北中郎中兵參軍以將軍加建威將軍南瀆陰太
守雍州蠻又為冦慶之以將軍太守復隨威將軍南瀆陰及至
襄陽率後軍中兵參軍柳元景隨郡太守宗慤等代沔北
諸山蠻大破之威震諸山群蠻皆挾槇賴慶之惠頭畏懼曰蒼
頭公已復來矣慶之引軍出前後破降甚眾又討大羊諸
山蠻緣險築重城施門櫓其峻山下營中開門
相通又令諸軍各穿池於營內朝夕不外汲兼以防蠻
狐皮帽得群蠻惡之號曰蒼頭公每見輒畏懼曰蒼
火頭之風甚蠻夜下山人提一炬燒營火至輒以池水灌
滅之營被圍守日久並飢自後稍出歸降慶之所
獲蠻五移都下以為營戶二十七年遷太子步兵校尉其
年文帝將北侵慶之諫曰道濟再行無功彦之失利而反
令料王玄謨等未踰兩將恐重辱王師上曰王師再屈別
有所申道濟養寇自資彦之中塗疾動虜所恃唯馬夏水
浩大汎舟漕河洛陽自然不固慶之固陳不可拔剡此二戎
館穀邨人虎牢洛陽必走滑臺易可覆拔上以其言
徐湛之尚書江湛並在坐上使湛之等難慶之慶之
曰為國譬如家耕當問奴織當訪婢陛下今欲伐國而與

白面書生輩謀之事何由濟上大笑及軍行慶之副玄謨
玄謨進圍滑臺慶之與蕭斌留守碻磝仍領斌輔國司馬
玄謨攻滑臺積旬不拔魏太武大軍南向斌遣慶之將五
千人救之慶之以少軍輕往必無益也會玄謨退還斌
將斬之慶之諫乃止蕭斌以前驅敗績欲絕死固碻磝慶
之以為不可會制使至不許退諸將並笑曰沈
於慶之慶之曰聞外人事將所得專制從遠來事勢已異
節下有一范曾而不能用空議何施斌及坐者並笑曰沈
公乃更學問慶之厲聲曰眾人雖見古今不如下官耳學
也玄謨自以退敗求還歷城申坦垣護之共

攄清呂慶之奔驛馳歸二十九年師復行慶之固諫不從
以立議不同不使北出是時亡命石盧江叛吏裒
佐方進在西陽五水謹動輩眾員淮汝間至江沔咸離其
患乃遣慶之督諸將討之制江豫荊雍並遣軍受慶之節
度三十年孝武出次五洲抱統輩帥慶之從巴水出至五
洲諮受軍略會孝武典藏董元嗣自建鄴還陳元凶殺逆
孝武遣慶之引諸軍並易與耳今輔順討逆不憂不濟也時元凶密與
餘將帥並易與耳今輔順討逆不憂不濟也時元凶密與
慶之書令殺孝武慶之入求見孝武稱疾不敢見慶之曰
前以元凶手書呈孝武泣求入內與母辭慶之曰下官

受先帝厚恩常願報德今日之事唯力是視殼下何是疑
之深帝起再拜慶之國家國安危在於將軍慶之即勒內外嚴
分府主簿顏峻聞慶之至馳入見帝曰四方尚未知義
師之舉而劬據有天府首尾不相應黃頭小兒
鎮晉齒然後舉事慶之厲聲曰今方與大事而黃頭小兒
皆參預此禍至矣宜斬以徇眾軍既集假慶之為武昌內史領
拜慶之至尋陽慶之及柳元景等並不拜
時司馬孝武至尋陽慶之廳事於是廝分句日內外整辦
賊勍遣慶之門生錢無忌齎書說慶之解甲慶之執無忌

白之孝武祚以慶之為領軍將軍尋出為南兗州刺史
加都督鎮盱臺封南昌縣公孝建元年魯爽反遣慶之與
薛安都等往討之安都臨陣斬爽進慶之號鎮北大將軍
尋與柳元景俱開府儀同三司固辭政封始與郡公慶之
少年滿七十固請辭事以為侍中左光祿大夫開府儀同
三司固讓乃至稽顙自陳言輒泣涕上不能奪聽以郡公
罷就第月給錢十萬米百斛二儀史五十八大明三年司
空竟陵王誕據廣陵反復以慶之為車騎大將軍開府儀
同三司固讓南兗州刺史加都督率眾討之誕遣客沈道
愍齎書說慶之餉以玉環刀慶之遣道愍反數以罪惡慶

之至城下誕登樓謂曰沈公君曰首之年何爲來此慶之
曰朝廷以君狂愚不足勞少壯耳故使僕來耳慶之塞漸造
攻道立行樓土山弁諸攻具時夏雨不得攻城慶之御史
中丞便徹之奏免慶之官以激之不開恐焚之誕於城上慶
之食提挈者百餘人慶之
之爲逃慶之曰我奉制討賊不得爲波送表每攻城慶之
受矢石邪自四月至七月乃屠城斬誕進慶之司空又固
讓爵於是與柳元景並依晉密陳侯鄭袤故事朝會慶之
位次司空元景在從公之上給鈒吏五十八門施行馬初

【南史列傳二十七】 五

慶之省夢引鹵簿入廁中慶之甚惡入廁之鄙時有善占
夢者爲解之曰君必大富貴然未在旦夕問其故苔云鹵
簿固是富貴容廁中所謂後帝也知君富貴不在今主及
中興之功自五校至是而登三年四年西陽五水礓礫爲
寇慶之以郡公統諸軍討平之慶之居清明門外有宅四
所室宇甚麗又有園舍在婁湖慶之一夜攜子孫徙居之
以宅還官悉移親戚中表於婁湖列門同閈焉廣開田園
之業每拍地語人曰錢盡在此中興身其大國家素富厚
產業累萬金奴僮千計再獻錢萬斛以始興封優
近求改封南海郡不許姬妾十數人並美容工藝慶之優

游無事盡意歡怡自非朝賀不出門每從游幸及校獵輒
鞍陂屬不異少壯太子妃上孝武金鏤匕筋及杆杓上以
賜慶之齱酌以大夫爲先也上嘗歡飲甚舉
臣賦詩慶之粗有口辯手不知書每將書輒恨眼不識
字上逼令作詩慶之口授之曰臣不知書請口受師伯上即令顏
師伯執筆慶之口授之曰微生遇多幸運逢時運昌朽老
筋力盡徒步還南岡辭榮此聖世何愧張子房上甚悅衆
坐並稱其辭意之美孝武嘗謂慶之與柳元景等並受顧
命遺制老有大軍旅及征討慶之前慶帝即位加慶
之几杖給三望車一乘慶之每朝賀常乘猶鼻無幰車左

【南史列傳二十七】 六

右從者不過三五騎展行園田每農棄劃月無人從行過
之者不知三公也及加三望車謂人曰我每游覆田園有
人時與馬成三無人則與馬成二今乘此車安所之平及
賜几杖並固讓柳元景顏師伯實詣慶之會其游田元景
等鳴笳弸羃滿道慶之獨與左右一人在田見之悄然改
容曰夫貴賤不可苟若富貴亦難守吾與諸公並出貧賤因
時際會榮責至此唯當共思損抑之事老子八十之年目
見成敗者已多諸君炫此車服欲何爲乎乃於是捶杖而耘
不爲之顧元景等微侍襄盡從之慶之乃與相對爲歡慶之
之既通貴鄉里老舊素輕慶之者後見皆膝行而前慶之

歡曰故是昔時沈公視諸公為劫首者數十人士悉患之

慶之詭為置酒大會　時殺之於是合境蕭清人皆喜悅

廢帝狂悖無道羣臣勸之發三又柳元景等告慶之

慶之與江夏王義恭不厚發其事帝誅義恭元景等以慶之

之為侍中太尉及義陽王昶及慶之從帝度江摠統衆軍

帝凶暴自甚慶之猶盡言諫爭帝意稍不悅又誅何邁慮

慶之不同量其必至乃開清溪諸橋以絕之慶之果往不

得度四還帝又忌之乃遣其從子收之賜死時年八

十是歲慶之夢有人以兩疋絹與之謂曰此絹足度無盈

而謂人曰老子今年不免矣兩疋八十尺也度無餘

矣及死贈侍中太尉如故給絰為輅輼輬車前

後羽葆鼓吹謚曰忠武公未及葬帝即位追贈侍

中司空謚曰襄公太始七年政封蒼梧郡公慶之羣從姻

戚由慶之在列位者數十人長子文叔位侍中慶之之死

也不肯飲藥被收之以被掩殺之文叔密取藥藏錄或勸文

叔逃避文叔見帝斷截江夏王義恭體憚奔亡之日帝

怒容致義恭之變乃飲藥自殺慶之羣從文

父死曰何忍獨生亦自縊死元徽元年還復先封時政始

與為廣興郡公齊受禪國除昭明弟

昭略

昭略字茂隆性狂烈不事公卿使酒杖氣無所推下嘗醉

晚日負杖橋家賓子弟至妻湖苑逢王景文子約目視

之曰汝是王約邪乃肥而癡約曰汝沈昭略邪何乃瘦

而狂昭略撫掌大笑曰瘦已勝肥狂又勝癡約於尊君不

賢叔可謂吳興僕射　中書郎累遷侍中王晏嘗戲昭略曰

汝寧可昇明末為相國西曹掾承高帝賞之及即位謂王

欲遣乃曰南士中有沈昭略何職務之儉以擬前軍將軍上不

珍等進藥酒昭略怒罵徐孝嗣曰廢昏立明古今令典宰

相無才致有今日以鴆投其面曰使為破面鬼死時言笑

自若了無懼容徐孝嗣謂曰見卿使人想夏侯泰初苦曰

明府猶憶夏侯是方寸不能都舍下官見龍逢比干欣

然相對殺時霍光脫問明府今日之事何辭苦之邪昭略第昭

光聞收兵至家人勸逃去昭光不忍捨毋入執毋手悲泣

遂見殺時昭明子曇亮已得逃去聞昭光死乃曰家門屠

滅獨用生何為又絕吭而死時人歎其累世孝義中興元

年贈昭略太常昭光廷尉

文季字仲達文叔第也以寬雅正直見知尤善塞及彈基

在宋封山陽縣五等伯位中書郎父慶之遇害諸子見收

文叔謂之曰我能死爾能報遂自殺文季揮刀馳馬去收
者不敢追遂免明帝立為黃門郎領長水校尉明帝宴會
朝臣以南臺御史賀咸為柱下史糾不醉者文季不肯飲
被驅下殿晉平王休祐為南徐州就褚彥回求幹事人
為上佐彥回舉文季轉驃騎長史南東海太守休祐被殺
雖用裴禮僚佐多不敢至文季獨往荼展戔元徽初自祕
書監出為吳興太守文季飲酒至五斗妻王氏飲亦至三
斗嘗對飲竟日而祖事不廢昇明元年沈攸之反齊高帝
加文季冠軍將軍督吳興錢唐軍事初慶之死也收之求
行至是文季收攸之弟新安太守登之誅其宗族以復讎

怨親黨無吹火為君子以文季能報先恥齊國建為侍中
領祕書監建元元年轉太子右衛率侍中如故政封西豐
縣侯文季風采稜岸善於進止司徒褚彥回當時貴望頗
以門力裁之文季不為之屈武帝在東宮於玄圃宴朝臣
文季數舉酒勸彥回彥回甚不平啟武帝曰沈文季謂彥
回經明府亡國失土不識枌榆逐言及魏軍動事彥回曰
豈如明府其郡依然猶有故情文季曰惟桑與梓必恭敬止
陳顯達沈文季寅今將略足委少邊事文季譖稱將門因
是發怒敕敢武帝曰褚彥回遂品藻人流臣未知其身死之
日何面目見宋明帝武帝笑曰沈率醉也中丞劉休舉其

軍見原後豫章王比宅後堂集會文季與彥面泣善琵琶
酒闌彥回取樂器為明君曲文季便下席大唱曰沈文季
不能作伎見豫章王戮之曰此故當不損仲谷之德也雖
彥回顏色無異終曲而止求武帝謂文季曰南士無僕射多歷年
所文季對曰南風不競非復一日當世善其酬對明帝輔政
欲以文季為江州遣左右單景儁宣旨文季陳讓稱老不
願外出因問景儁還縣旨之延興元年以
為尚書右僕射明帝即位加領太子詹事尚書令王晏普
戲文季為吳興僕射文季答曰琅邪執法似不出卿門建

武二年魏軍南伐明帝以為憂制文季鎮壽春文季入城
門嚴加備守魏軍尋退百姓無所損求元元年轉侍中左
僕射始安王遙光反其夜遣於宅掩取其坐南被門上時
而文季已還臺明日與尚書令徐孝嗣論時事文季欲以為都督
東昏已行殺戮孝嗣屬深懷憂慮欲與文季論而不荅未幾
引以作辭終不得及事寧加鎮軍將軍署府史文季以時
方昏亂託老疾不豫朝機見子昭略謂文季曰阿父年六
十為貪恩求免乎文季笑而不荅未幾害先被
召便知敗舉動如常登車顧曰此行恐往而不反於華林
省死年五十八朝野冤之中興元年贈司空諡曰忠憲公

文秀字仲遠慶之弟子也父邵之南中郎行參軍文秀以宋
前廢帝時累遷青州刺史將之鎮部曲出次白下文秀說
慶之以帝狂悖禍在難測欲因此眾力圖之慶之不從及
行慶之果見殺又遣直閣江方興領兵誅文秀未至而明帝
已定亂時晉安王子勛據尋陽文秀與徐州刺史薛安都
並同子勛反文秀遣信引魏魏遣慕容白曜援之及至五年為魏
城同反文秀善於撫御被魏圍三載無叛者及五年為魏
安本任四年封新城縣侯先是冀州刺史崔道固亦據歷
所尅終于北

攸之字仲達慶之從父兄子也父叔仁為宋衡陽王義季
征西長史兼行參軍領隊攸之少孤貧元嘉二十七年魏
軍南攻朝廷發三吳之眾攸之亦行及至建鄴詣領軍將
軍劉遵考求補白丁隊主遵考以為形陋不堪攸之歎曰
昔孟嘗君身長六尺為齊相今求士取肥大者哉因隨慶
之征討二十九年征西陽蠻始補隊主巴口建義攻為太
郎府板長兼行參軍新亭之戰身被重創事寧為太尉行
參軍封平洛縣五等侯隨府轉大司馬行參軍晉時都下
二岸揚州舊置都部從事分掌二縣非通逵求以後罷省
孝建三年復置其職攸之掌北岸會稽孔覬掌南岸後文

罷攸之遷負外散騎侍郎又隨慶之征廣陵建軍有功被前
破骨攸之武以其善戰配以仇池步稍軍當事平當加厚賞為慶
之所抑遷太子旅賁中郎攸之甚恨之前廢帝景和元年
除豫章王子尚車騎中兵參軍直閣與宋越譚金等並為
廢帝所寵誅諸暴公攸之等皆為之用命封東興縣侯明
帝即位以例削封尋告宋越譚金等謀反復召直閣會四
方叛攸之以近道以攸之為寧朔將軍在虎檻率五
軍據虎檻時王玄謨為大統未發前鋒有五軍在虎檻吏
軍後為駱驛繼至每夜各立姓號不相稟受攸之謂軍吏
曰今眾軍同舉而姓號不同若有耕夫漁父夜相呵叱便

致駭亂此敗道也請就一軍取號眾咸從之毅孝祖為前
鋒都督失人情攸之內撫將士外諧羣帥眾並安之時
殺孝祖中流矢死軍主范潛率五百人投賊人情震駭並
謂攸之宜代孝祖為統時建安王休仁屯虎檻撫眾軍
聞孝祖死遣寧朔將軍江方興龍驤將軍劉靈遺各率三
千人赴赭圻攸之以為孝祖新敗賊有乘勝之心明日若
不更攻則示之以弱方興名位相亞必不為己下軍政不
一致敗之由乃率諸軍主詣方興推重并慰勉之方興甚
悅攸之既出諸軍主並尤攸之曰卿忘廉蘺寇賈事邪
吾本以濟國活家豈計此之升降明旦進戰自寅訖午大

破賊於赭圻尋進號輔國將軍代司
常保等在赭圻食盡南賊大師劉屯濃湖以襄盛米繫
流查及船腹陽覆船順風流下以餉赭圻收之疑其有異
遣人取船及流查大得囊米尋剋赭圻遷寧蠻校尉雍州
刺史加都督表顗後率大眾來入鵲尾相持既久軍主張
興世越鵲尾上據錢溪劉胡自攻之悉以錢溪所遣胡於濃湖
錢溪信至大破賊攸之恋諸軍攻濃湖多所斬獲胡於是棄
衆而奔顗亦奔走赭圻濃湖之平也賊軍委棄資財珍貨
駭懼急追胡還攸之諸軍忿收之張興約勒所部不犯毫芥
山積諸軍各競收斂唯收之悉力進攻多所斬獲胡於

諸將以此多之攸之進平尋陽遷中領軍封貞陽縣公時
劉道考為光祿大夫攸之在御坐謂道考曰形陋之人今
何如帝問之攸之依實對帝大笑累遷郢州刺史為政刻
暴或鞭士大夫上佐以下有忤意輒面加責辱而曉達吏
事自強不息士庶憚人莫敢欺閒有猛獸輒自圍捕往
無不得一日或得兩三若遍募不禽則宿止圖守賦斂嚴
苦徵發無廢繕修船舸營造器甲自至夏口便有異圖進
監豫司之二郡軍事進號鎮軍將軍泰豫元年明帝崩收
之與蔡興宗並在外藩同預顧命會巴西人李承明反蜀
土檄擾時荊州刺史建平王景素被徵新除荊州刺史蔡

興宗未之鎮乃遣收之權行荊州事會承明已平乃以收
之為領西將軍荊州刺史加都督斂兵養馬至三千
餘冗皆分賦遣將士使耕田而金帛米榖充倉儲荊州作
部咸送數十人伏收之割留之簿上去供討廂廊然燭達
艦數百千艘沈之靈溪其器械巨積漸懼不臣之心
朝廷制度無所遵奉富貴錄於王者夜中諸藏襞襞戰
旦後房服珠玉者數百人皆一時絕貌江州刺史桂陽王
休範有異志欲以微旨動收之使道士陳公昭作天公
書一函題言沈泳相送收之門者收之不開書推檢得公
昭送之朝廷後廢帝元徽二年休範舉兵襲都收之謂僚

佐曰桂陽今逼朝廷必斃言吾與之同若不顧沛勤王必
增朝野之惑於是道使愛郢州刺史晉熙王燮節度會休
範平使乃還適號征西大將軍開府儀同三司固讓開府
收之自掩閭分街朝廷疑憚之累欲徵入應不受命乃止四
年建平王景素舉京城又收之復應朝廷景素尋平時收
之初至州道慶家在江陵收之初宴飲於聽事前各
戚十餘人求州從事西曹收之為用三人道慶天怒自入
臺責教毀之而去道慶忿恚乃使馬收之頭宴未畢各
州取教毀之馬輒怒宗收乃馳馬而出還都
說收之反狀請三千八龍裂之朝議慮其事難濟高帝又保

持不許楊還長等常相疑長乃與道慶密遣刺客潛廢帝
手詔以金餅賜攸之州府佐吏進其階級時有象三頭至
江陵城比數里攸之自出格殺之忽有流矢集攸之馬鞍
況其後刺客事發嚴刺殺之攸之自出格殺之忽有流矢
軍開府儀同三司齊高帝遣順帝即位加攸之車騎大將
廢帝剋斷之具以示攸之曰吾寧為王陵死不作賈充
生尚未得即起兵乃上表稱慶并與群高帝推功攸之
有嘉書十數行常韜在兩檻角中與宋明帝與已豹整及皇
太后使至賜攸之燭十挺割之得太后手令官年巳老郎
一以委公明日遂興兵其妾崔氏許氏諫曰官年巳老郎
不為百口作計攸之指兩檻角示之攸之素重士馬資用
豐積至真戰士十萬鐵馬三千將發江陵使沙門釋僧粲
筮之云不至都當自郢州回還意甚不悅初發江津有氣
狀如塵霧從西北來正蓋軍上郢高帝遣眾軍西討攸之
盡銳攻郢州行事柳世隆屢破之昇明二年還向江陵未
至城已為雍州刺史張敬兒所據無所歸乃與第三子中
書侍郎文和至華容之績頭村家此吏嘗為攸之
所報待攸之甚厚攸之於櫟林與文和俱自經死村人欲
取之攸之於櫟林與文和俱自經死村人斬首送之都或
剖其腹心有五竅征西主簿苟昭先以家財葬攸之攸之

晚好讀書事不釋卷史漢事多所記憶常歎曰早知窮達
有命恨不十年讀書夜攻郢城嘗風浪米船沒倉曹
參軍崔靈鳳女先適柳世隆子攸之正色謂曰當今軍糧
要急而卿不以在意由與城內婚姻邪靈鳳荅曰樂廣有
言下官豈以五男易一女攸之招集才力
之士隨郡人雙泰真有膂力不肯來攸之遣二十人被
甲追之泰真射殺數人欲過家將母逃走攸之
入藝者既失之錄其母妻泰真既失母乃自歸攸之不
罪曰此孝子也賜錢一萬轉補隊主其柳情待士如此初
攸之賤時與吳郡孫超之全景文共乘一小船出都三人
共上引埭有一人止而相之曰君三人皆當至方伯攸之
曰當有是事相者曰不驗便是相書誤耳後攸之為郢荊
二州超之廣州刺史景文南豫州刺史景文字弘達齊永
明中起於光祿大夫攸之初至郢州有順流之志府主簿
宗儼之勸攻郢城功曹臧寅以為攻守勢異非旬日所拔
若不時舉挫銳損威攸之不從既敗諸將帥皆本散或呼
寅俱亡寅曰我委質事人豈可幸其成而責其敗乃投水
死又倉曹參軍金城邊榮為府錄事所厚攸之為榮將至
錄事攸之自江陵下以榮為南中郎府司馬守城張敬兒將至
人或說之使詣敬兒降榮曰受沈公厚恩一朝緩急便叛

易本心不能也城敗見敬兒敬兒問曰邊公何為同人作
賊不早來榮曰沈荊州舉義匡社稷身雖可滅要是求
世忠臣天下尚有直言之士不可謂之為賊身本生
何須見問敬兒曰死何難命斬之榮笑而去容無異色
國不聞怎之聲而先殺義士三楚之人寧蹈江漢而死
太山捉問邑之者素依隨榮坐是抱持榮歡笑謂敬兒曰君入人
豈告與將軍同日以生敬兒曰求死甚易何為不許先殺
邑之然後及榮三軍莫不華咨奈何一日殺二義士比之
洪又陳容發帝之殯攸又曰今歲星守南斗其
臧之曰起兵皆候太白太白見則成伏則敗昔挂陽以太白

〈南史列傳二十七〉 〈十七〉

伏時舉兵一戰捉首此近世明驗今蕭公發香立明正逢
太白伏時此與天合也且太白尋出東方利用兵西方不
利故攸之止不下及後舉兵問知星人葛珂之珂
國不可代攸之不從果敗攸之表檄文疏皆其記室南陽
宗懍之辭也軍事敗責之咨曰士為知己當為君輩所識述
女義與憲公主妺攸之第三子文和生二女立義之長
恩禮甚厚及嫁皆得素舊公家營遣為娉武帝制以攸之
早雍之孫僧昭為郡義與公主後僧昭別名法朗少事天師
道士常以甲子及甲午日夜著黃巾衣褐禮於私室時記

人吉山頗有應驗自云為太山錄事幽司中有所收錄必
僧昭署名中年為山陰縣梁武陵王紀為會稽太守宴坐
池亭蛙鳴眹其王曰殊廢絲竹之聽僧昭曰聞令恣汝鳴
息及曰晚王又曰欲其復鳴僧昭曰闕令恣汝有
即便喧聒又嘗校掁中道而邊左右聞其故咎曰國家有
邊軍須還憂處分聞何以知之曰向聞南山虎嘯知耳俄而
使至復謂人曰吾昔為幽司所使實為煩碎已自解乃
開匣出黃紙書上有一大字字不可識為敕分判如此及
太清初謂親知明年海內喪亂生靈十一二存乃苦求
東歸既而獲許及亂百口皆殲僧昭位廷尉卿太清三年卒

〈南史列傳二十七〉 〈十八〉 劉宗

宗懍字元幹南陽涅陽人也叔父少文高尚不仕懍年少
問其所志懍荅曰顧乘長風破萬里浪少文曰汝若不富
貴必破我門戶泌娶妻始入門夜被劫懍年十四挺身
與劫相拒十餘人皆披散不得入室時天下無事士人並
以文義為業少文既高尚蔑詒典故懍愛好墳典而懍任
氣好武故不為鄉曲所知江夏王義恭為征比府主簿與懍同住
州刺史懍隨鎮廣陵時從兄緒為征比府主簿與懍同住
緒善與綺更少緒為征北府主簿妾懍知之
入殺牛泰然後自綺義恭莊其意不羣也後以補國上軍
將軍元嘉二十二年代林邑懍自舊顧行義恭與懍有膽

勇乃除武將軍為安西參軍蕭景憲軍副隨交州刺史
檀和之圍區粟城林邑遣將范毗沙達來救區粟和之遣
偏軍拒之為賊所攻和之乃遣慜乃分軍為數道偕進
討破之仍攻拔區粟又進慜本縣因此潰亂遂剋林邑收其珍
具裝被象剖牙破骨無際慜以為外國有師子威服百獸乃製
其形與象相禦象果驚奔林邑大奔獲
異皆是黍名之家雜物不可稱計慜一毫無犯唯有
被梳枕拂此外蕭然文帝甚嘉之三十年孝武伐逆以慜
為南中郎諮議參軍領中兵及事平功次柳元景孝武即
位以為左衛將軍封洮陽侯萇建中累遷豫州刺史監五
州諸軍事先是鄉人庾業家富豪後侯服王食與宜容相
對膳必方丈而為慜設粟飯菜殖謂客曰宗軍人串噉麤
食慜致飽而退初無具辭至是業為慜長史帶梁郡慜待
之甚厚不以昔事為嫌大明三年竟陵王誕據廣陵反慜
表求赴討乘驛詣都面受節度士傳慜鞭躍數十
左右額眄上壯之及行隷車騎大將軍沈慶之初誕誑其
眾云宗慜助我及慜至躍馬繞城呼曰我宗慜也事平入
為左衛將軍五年從獵隨馬腳折不墮朝直以為光祿大
夫加金章紫綬有佳牛堪進御官買不肯賣坐免官明年
復先職廢帝即位為寧子蠻校尉雍州刺史加都督辛贈征

西將軍諡曰蕭侯配食孝武廟庭子羅雲卒子元寶嗣
慜從子夫字明揚祖少文名列隱逸傳父敪卒西中郎諮議
參軍夫少勤學有局幹仕齊為驃騎行參軍時竟陵王子
良集學士於西邸並見圖畫夫亦預焉慜從事以為南郡
王居西州使夫管書記以筆札見任故任昉選也及文
和通敕夫與尚書殿中郎任昉同接魏使皆附選也及文
惠太子薨王為皇太孫夫仍管書記太孫即位多失德以被
頗自踈得為秣陵令遷尚書都官郎少帝見誅舊寵多被
其災唯夫與傅昭以清正免禍明帝起兵還
父老去官南康王為荊州刺史引為別駕侯武帝起兵還

西中郎諮議時西土位望唯夫與同郡樂藹劉坦為州人
所推服故領軍蕭穎胄梁相委仗武帝受禪歷太子右衛
率五兵尚書參掌大選天監三年卒子曜卿
論曰沈慶之以武毅之姿屬驅馳戎旅所在見
惟其戰難定功蓋宋之方邵及勤王之業克東台鼎之
位已隆年致懸車官成名立而卒至顛覆倚伏豈易知也
諸子才氣並有高風將門有將斯言得失收之地處其有
聲稱義舉專威擅命竟年具逾十終從諸葛之斃伐德其有
平宗慜氣槩風雲成其志矣蹈覆清正用升顯級亦
各志能之士也

列傳第二十七

柳元景　　　　李　　　　南史三十八
　　　　　　　　　延壽

元景弟子世隆
世隆從弟慶遠
　　子恬　子詵
　悰弟憕　憕弟惔
　　　　惔弟忱
　　子津　子仲禮
　　　　敬禮

柳元景字孝仁河東解人也高祖純位平陽太守不拜曾
祖卓本郡遷於襄陽官至汝南太守祖恬西河太守父
憑馮翊太守元景少便弓馬數隨父代彎以勇稱寡言語
有器質荊州刺史謝晦聞其名要之未及往而晦敗雍州
刺史劉道產深愛其能會荊州刺史江夏王義恭復召之
道產謂曰久規相見今貴王有召難輒相留乖意以為固

闇服關景遷義恭司徒太尉城局參軍文帝見又知之先
是劉道產在雍州有惠化遠縣歸懷皆出綠沔為村落戶
口殷盛及道產死羣蠻大為寇暴孝武西鎮襄陽義恭薦
元景乃以為武威將軍隨郡太守及至廣設方略斬獲數
百郡境肅然隨王誕鎮襄陽元景從為後軍中兵參軍及
朝廷大舉比侵使諸鎮各出軍二十七年八月誕遣尹顯
祖出貲谷魯方平薛安都龐法起入盧氏田義仁出魯陽
加元景建威將軍總統軍帥後軍外共參軍龐李明三秦
冠族求入長安招懷關陝乃自貲谷入盧氏盧氏人趙難
納之元景率軍係進以前鋒深入懸軍無繼馳遣尹顯祖

入盧氏以為諸軍聲援元景以軍食不足難可曠日相持
乃束馬縣車引軍上百丈崖出溫谷以入盧氏法起諸軍
進次方伯堆去弘農城五里元景引軍庱熊耳山安都頓
軍弘農法起進擐潼關李明平方趙難諸軍向陝十一
月元景率眾至弘農營於開方口仍以元景為弘農太守
無坐守空城而令龐公孤軍深入宜急進軍眾立造陝
下列營以遍之拉大造具魏城臨河為固悰自守李
明安都方顯祖趙難諸軍頓三攻未拔安都方平各列
陣於城東南以待之魏兵大合輕騎桃戰安都瞋目橫矛

單騎突陣四向奮擊左右皆辟易殺傷不可勝數於是眾
軍並鼓譟俱前魏多縱突騎眾軍患之安都怒甚乃脫兜
鍪解所帶鎧唯著絳衲兩當衫馬亦去具裝馳入賊陣猛
氣咆勃所向無前當其鋒者無不應刃而倒如是者數四
每入眾無不披靡魏軍之將至也方平遣驛騎告元景時
諸軍糧盡各餘數日食元景方督義租并上驢馬以為糧
運之計遣軍副柳元怙簡歩卒二千以赴陝急卷甲兼行
一宿而至詰朝魏軍悉勒歩卒在右掎角之餘諸義軍方
安都并領馬軍方平悉勒歩卒列於城外方平諸軍並成列
於城西南列陣方平謂安都曰今勍敵在前堅城在後是

吾取死之日卿若不進我當斬卿卿若不進當斬我也
安都曰卿言是也遂合戰安都不堪其憤橫矛直前殺傷
者甚多流血凝肘矛折易之復入副譚金率騎從而奔之
自詰旦戰至日晏魏軍大潰面縛軍門者二千餘人諸將

魯爽向虎牢復使元景率安都等比出爽退乃遷再出比
胡谷南歸並有功而入誕登城望之以鞭下馬迎元景時
斷後宋越副軍深入文帝以元景會季明亦從
獨進且令班師諸軍王玄謨等敗退魏軍深入文帝以元景不宜
時比略諸軍王玄謨乃自狐闕度白楊嶺出于長洲安都
侵咸信著於境外孝武入討元凶以為諮議參軍配萬人
為前鋒宗愨薛安都等十三軍皆隸為時義軍船乘小陋
憲水戰不敵至蕪湖元景大喜倍道兼行至新亭依山建
壘柵東西據險令軍中曰鼓繁氣急麥蹋乃命開壘鼓譟
衝杖疾戰一聽吾營鼓音元景繁賊氣衰叫勳力易蹋但各
以奔之賊眾大潰砍率餘眾自來攻壘復大破之砍僅
以身免上至新亭即位以元景為侍中領左衛將軍尋轉
寧蠻校尉雍州刺史監梁南北秦四州荊之竟陵隨二郡
諸軍事始上在巴口間元景事平何所欲對曰願還鄉里
故有此授初臧質起義以南譙王義宣闇弱易制欲相推

奉牋報元景使率所領西還元景即以始興書呈孝武語其
信臧質軍當是未知殺下義軍耳方應逆不容西還
質以此恨之及元景憲其為雍州質應其為荊州後忠
不宜遠出上重違其言更以元景為領軍將軍加散騎常
侍封曲江縣公孝建元年正月與褚湛之遣左衛將軍王玄
謨討之加元景撫軍將軍假節佐系玄謨後以元景為領南
蠻校尉雍州刺史加督臧質義宣並反王玄謨求益兵
山垣謨之薛安都度歷陽元景出屯採石玄謨以羸弱居
上使元景進屯姑熟梁山望之如數萬人皆謂都下兵悉

守所遣軍多張旗幟梁山望之如數萬人皆謂都下兵悉
至由是剋捷與沈慶之俱以本號加開府儀同三司改封
晉安郡公固讓開府復為領軍太子詹事加侍中大明三
年為尚書令太子詹事侍中中正如故以封在嶺南改封
巴東郡公又命左光祿大夫開府儀同三司侍中中正如
故又讓開府乃與沈慶之俱依晉密陵侯鄭袤不受司空
故事六年進司空侍中中書令如故又固讓乃授侍
中驃騎大將軍南兗州刺史留衛都下孝武晏駕與太宰
江夏王義恭尚書僕射顏師伯並受遺詔輔幼主遷尚書
令領丹陽尹侍中將軍如故加開府儀同三司給班劍二
十人固辭班劍元景少時貧窶嘗下都至大雷日暮寒甚

頗有羈旅之歡岸側有一老父自稱善相謂元景曰君方
大富貴位至三公元景以為戲之曰人生免飢寒幸甚豈
望富貴貴老父曰後當相憶及貴求之不知所在元景起自
將率及當朝理務雖非所長而有弘雅之美時在朝勤要
多事產業惟元景獨無所營南岸有數十畝菜園守園人
賣菜得錢三萬送還宅元景怒曰我立此園種菜以供家
中咬耳乃復責以取錢舉百姓之利乞守園人
武嚴暴無常元景雖荷寵遇恒懷憂懼太宰江夏王義恭
及諸大臣莫不重足屏氣未嘗敢私相往來武崩義恭
元景等並相謂曰今日始免橫死義恭與義陽等諸王元

景與顏師伯等常相馳逐聲樂酣歌以夜繼晝前廢帝少
有凶德內不能平殺戮法典後悖情轉露義恭元景憂懼
乃與師伯等謀廢立義恭持疑未決發覺帝親率宿衛
兵自出討之檄詔召元景左右奔告兵刃非常元景知禍
至整朝服乘車應召出門逢弟車騎司馬叔仁戎服左右
壯士數十人欲拒命元景有幹力而情性不倫孝武使元
景逐還襄陽於道賜死少子嗣宗紹宗茂宗孝宗文宗仲
宗成宗秀宗至是並遇禍元景六弟僧珍叔宗叔政
叔珍叔仁僧珍叔仁及子姪在都下襄陽死者數十人元

佛林

景少子承宗嗣宗子墓並在塋獲全明帝即位贈太尉給
班劍三十人羽葆鼓吹一部諡曰忠烈公元景從父兄元
怙大明末同晉安王子勛逆事敗降元景從祖弟光世
留鄉里仕魏為河北太守封西陵男與司徒崔浩親被
誅光世南奔明帝時位右衛將軍順陽太守子欣慰謀反
光世賜死
世隆字彥緒元景第子也父叔宗字雙駒位建威參軍事
早卒世隆幼孤挺然自立不與衆同雖閉勢子弟獨脩布
衣之業又長好讀書折節彈琴涉獵文史音吐溫潤元景
愛賞異於諸子言於宋孝武得召見帝謂元景曰此兒將

來復是三公一人為西陽王撫軍法曹行參軍出為武威
將軍上庸太守帝謂元景曰卿昔以武威之號為隨郡今
復以授世隆使卿門世不乏公也元景為前廢帝所殺世
隆以在遠得免太始初四方反叛世隆於上庸起兵以應
宋明帝為孔道存所敗衆散逃隱道存購之甚急軍人有
貌相似者斬送之時世隆母郭妻閻並繫襄陽獄道存
以所送首示之母見子首悲慟號叫方甚竊謂
郭曰今見不悲為人所覺唯當大慟以滅之世隆竟以免
後為太子洗馬與張緒王延之沈琛為君子之交累遷晉
熙王安西司馬加寧朔將軍時齊武帝為長史與世隆相

宗文

遇甚懽敬高帝之謀度廣俊也令武帝率眾同會都下
世隆與長流參軍蕭景先等戒嚴待期事不行時朝廷疑
憚沈攸之密爲之防府州器械皆有素爲武帝將下都劉
懷珍白高帝曰夏口是兵衝要地宜得其人高帝將下與
武帝書曰汝既入朝當須文武兼資人委以後事世隆其
人也武帝乃舉世隆自代轉爲武陵王前軍長史江夏內
史行郢州事昇明元年冬攸之反遣輔國將軍中兵參軍
孫同等以三萬人爲前驅又遣司馬冠軍將軍劉攘兵與
人次之又遣輔國將軍中兵參軍王靈秀等分兵出夏口
據魯山之乘輕舸從數百人先大軍下住白螺洲坐胡

七　宗文

林以望其軍有自驕色既至郢以郢城弱小不足攻攸之
將去世隆遣軍於西渚挑戰攸之果怒晝夜攻戰世隆隨
宜拒應眾皆披却武帝初下與世隆別曰攸之一旦爲變
雖留攻城不可卒拔卿爲其內我爲其外乃無憂耳至是
武帝遣軍主桓敬陳䂮叔苟元賓等八軍據西塞令堅壁
以待賊衰應世隆危急遣腹心胡元直潛使入郢城旣
軍消息內外竝喜郢城旣不可攻平西將軍黃回軍至
西陽乘三層艦作羌胡伎沿流而進攸之素失人情本逼
以威力初發江陵已有叛者至此稍多攸之大怒於是一
人叛遣十人追遉去不返劉攘兵射書與世隆請降開門

納之攸之怒衝衢阻之收攘兵兄子天賜女壻張平虜斬
之軍旅大散世隆乃遣軍副劉僧驎緣道追之攸之已死
徵爲侍中仍遷尚書右僕射封貞陽縣侯出爲吳郡太守
居母憂寡不衣帛齊高帝踐祚起爲南豫州刺史加都督
進爵爲公上手詔司徒褚彥回甚傷美之彥回曰世隆其
增寵足以敦厲風俗建元二年授右僕射不拜性愛涉獵
啓高帝借盡忠居憂應起立人之本二理同死州刺史加一萬
陛下在危盡忠居憂起立人之本二理同極加於一萬
都督武帝即位加散騎常侍世隆善
求明初世隆即位永明九年我亡後三年立

八　劉悛

此李乂屏人命典籤李薀筆及高齒展題兼箱旌曰
明十一年因流涕謂當曰汝當見吾不見也遷護軍而衛
軍主儉俏下官敬甚謹世隆止之儉曰將軍雖存弘眷如
王典何其見重如此性清廉唯盛事蹟張緒問曰觀君
舉措當以清名遺子孫邪荅曰一身之外亦復何須子孫
不才將爲爭府如其才也不如一經光祿大夫韋祖征州
里宿德世隆雖已貴重每爲之拜人或勸祖征止之荅曰
司馬公忻所爲後生楷法吾豈能止之哉後授尚書左僕射
湘州蠻動遣世隆以本官緫督伐蠻眾軍仍爲湘州刺史
加都督至鎮以方略討平之在州立邸興生爲御史中丞

庾杲之所奏謚不聞後人為之南書左僕射不拜乃轉尚書
今世隆少立功名晚專以談義自業善彈琴世稱柳公雙
璡為士品第一常自云馬稍第一清談第二彈琴第三在
朝不干世務垂廉鼓琴風韻清遂甚獲世譽以疾遂位拜
左光祿大夫侍中永明九年卒詔繪東園祕器贈司空拜
綱二十人謚曰忠武世隆晚數術於倪塘創暴與賓家踐
後十往五住常坐一廬及卒墓上圖墓正取其坐廬焉所
若龜經祕要二卷行於世長子悅字文殊少有清致位中
書郎卒謚曰某世隆次子慷

慷字文通好學工製文九聽音律少與長兄悅齊名王儉

謂人曰柳氏二龍可謂一日千里儉為尚書左僕射嘗造
世隆宅世隆謂韶邑徘徊父之及至門唯求慷及慷遣
謂世隆曰賢子俱有盛才一日見顧令故報禮若仍相造
似休本意恐年少弱人嘗預齊武燿火樓宴帝善其詩謂
豫章王嶷曰慷非徒風韻清東亦屬文通麗後為巴東王
禍稱疾還都又難作以免累遷新安太守居郡以無政績
免建武末為梁南秦二州刺史及梁武帝起兵慷繫漢中
以應梁武家命為太子詹事加散騎常侍武帝之鎮襄陽
慷祖道梁武帝解其上王環贈之天監二年元會帝謂曰卿所

佩玉環是新亭所贈邪對曰既而瑞感神衷臣謹服之無
數帝因勸之酒慷時未卒爵帝曰吾常比卿劉越石近辭
厄酒邪罷會封曲江縣侯帝因實為詩貽慷曰爾寔冠羣子
后惟余實念功帝又嘗謂曰徐元瑜違金嶺南周當父子
兄弟黨不相及朕已放其諸子何如慷曰司不及嗣僕
于後念復見之聖朝時以為知言遷尚書左僕射年六
十卒於湘州刺史諡曰穆慷度量寬博家人未嘗見其喜
慍甚重其婦頗成畏懽性愛音樂女伎精麗略不敢視僕
射張援與慷狎密而為慷妻責敬稼每詣慷必先問夫
人慷每欲見妓恒因穆誌謂暮其事隔帷坐妓然後出慷因
得留目慷著仁政傳及諸詩賦粗有辭義子昭位中書郎
襲爵曲江侯

慷弟悰字文暢少有志行好學善及牘與陳郡謝瀹鄰居
深見友愛瀹曰宅南柳郎可為儀表初宋時有嵇元榮羊
蓋者竝善參子傳戴安道法曹從之學慷特窮其妙亦覺
陵王子良聞而引為法曹行參軍唯與王晪陸果善每置酒後
園有晉大傳謝安鳴琴在側撥以授慷慷彈為雅弄子良
曰卿巧蛾稱心妙臻羊體良質美手信在今夜豈止當今
稱奇亦可追蹤古列為太子洗馬父蔡藻當著述先頌申

其閏極之心文甚哀麗後試守鄱陽相聽吏屬得盡三年
喪禮畢之文教百姓稱焉還除驃騎從事中郎梁武帝王
建鄴惲候調石頭以為征東府司馬上牋請城平之日先
收圖籍及導漢嵩覽大之義帝從之被焉相國右司馬天
監元年除長兼侍中與僕射沈約等共定新律惲立性員
素以貴公子早有令名少工篇什為詩齋壁及折執筆立員
首秋雲飛琅邪王融見而嗟賞因書景陽樓篇云太液滄
武帝與宴必詔惲賦詩嘗和武帝登景陽樓篇云太液滄
波起長楊高樹秋翠華承漢遠彫輦逐風游深見賞美當
時咸共稱歷平越中郎將廣州刺史秘書監右衛將軍

再為吳興太守為政清靜人吏懷之於郡感疾自陳解任
父老千餘人拜表陳請事未施行卒初惲父世隆彈琴為
士流第一惲每奏其父曲常感思復變體備寫古曲嘗賦
詩未就以筆捶琴坐客過以筋扣之惲驚其哀韻乃製為
雅音後傳擊琴自於此惲常以今聲轉棄古法乃著清調
論具有條流齊竟陵王晉宿旦明日將朝見惲遲之王以實對武帝後使
絕傳擊父之進見遂晚所武帝遲之王以實對武帝後使
為之賜絹二十四疋與琅邪王瞻懍射嫌其皮關乃摘梅
帖烏珠之上發必命中觀者驚駭梁武帝好弈棊使惲品
定棊譜登格者二百七十八人第其優劣為棊品三卷惲

為第二焉帝謂周捨曰吾聞君子不可求備至如柳惲可
謂具美分其才藝足乎十人惲著十枝龜經性好醫術盡
其精妙少子偃字彥游年十二梁武帝引見詔問讀何書
對曰尚書又問有何美句對曰德惟善政政在養人眾咸
異之詔尚武帝女長城公主拜駙馬都尉尋侯位即
內史卒子盼尚陳文帝女富陽公主拜駙馬都尉入殿門
為有司劾免卒於家贈侍中從祖弟莊清警有
鑑識自盼後太后宗屬唯雅素有名望深被恩
禮位度支尚書陳亡入隋為岐州司馬惲弟憕

憕字文深少有大意好玄言通老易梁武帝舉兵至姑熟
憕與兄惲及諸友朋於小郊候接時道路猶梗憕與諸人
同憩逆旅食俱去行里餘憕曰覽我負人不人負我者復
有追揚位給事中此客命左右燒逆旅舍以絕後追當時服其善
人蹮為方王後為鎮比始與琅邪王長史王稚鎮益州復請
帝曰柳憕風標才氣恐不能父為少王臣王祈請數四不
得已以為鎮西長史蜀郡太守在蜀廉恪為政益部懷之

憕弟忱

忱字文若年數歲父世隆及母閭氏竝疾忱不解帶經年

及居喪以毀聞仕郡為西中郎主簿東昏遣巴西太守劉
山陽由荊州襲梁武帝于雍州西中郎長史蕭穎冑未定
召忱及其所親席闡文等入議之忱及闡文議同武
帝穎冑從之以忱為寧朔將軍累遷侍中郢州平穎冑議武
遷都夏口忱以巴峽未實不宜輕捨根本搖動人心不從
俄而巴東兵至峽口遷都之議乃息論者以為見機及梁
受命封州陵伯歷五兵尚書祕書監散騎常侍改授給事中
光祿大夫忱
第二兄恱第三兄憺第四兄曇及忱三兩年間四人多少亡唯
侍中後居方伯當世罕比子範嗣

慶遠字文和元景弟子也父叔珍義陽內史慶遠仕齊為
魏興太守郡遭暴水人欲移於杞城慶遠曰吾聞江河長
不過三日命築土而已俄而水退百姓服之後為襄陽令
梁武帝之臨雍州問京兆人杜恂求州綱紀恂言慶遠武
帝曰文和吾已知之所聞未知者耳因辟為別駕慶遠謂
所親曰天下方亂定霸者其吾君乎因盡誠協贊及起兵
慶遠常居帷幄為謀主從軍東下身先士卒武帝行營見
慶遠頓舍嚴整每歎曰人若是吾又何憂建康城平為
侍中帶淮陵齊昌二郡太守城內皆夜火衆並驚懼武帝為
時君宮中悉斂諸門篇闔柳侍中何在慶遠至悉付之其

見任如此霸府建為從事中郎武帝受禪封重安侯位散
騎常侍改為雲杜侯俄出為雍州刺史加都督帝餞於新亭
謂曰卿衣錦還鄉朕無西顧之憂矣始武帝為雍州慶遠為
別駕武帝謂曰晉羊公語吾後當居吾處今相觀卿亦復如
是貿未十年而慶遠從之談者以為知人帝嘗謂慶遠曰吾
中領軍將軍給扶出為雍州刺史慶遠重為本州頗惠清
節士庶懷之武帝親臨之初慶遠從父兄世隆嘗謂慶遠曰吾昔夢
太尉以褥席見賜吾遂亞台司適又夢以吾褥席與汝汝
必光我門族至是慶遠亦繼世隆焉

子津字元孺雖乏風華性甚強直人或勸之聚書津曰
吾嘗請道士上章驅鬼安用此鬼名邪歷散騎常侍太子
詹事甚敬封雲杜侯侯景圍城既急帝名石津問策對曰陛下
有邵陵襲封雲杜侯不忠不孝賊何由可平太清三年城陷
卒子仲禮男力兼人少有膽氣及簡文入居儲宮津亦得侍
從仲禮留在襄陽馬伏侯人悉付之撫循故舊甚得衆和
起家著作佐郎稍遷電威將軍陽泉縣侯中大通中西魏
將賀拔勝來逼武帝技勝求逼城陷除黃門郎稍遷司州
刺史武帝思見其面使畫工圖之初侯景濟圖反斬仲禮

先知之屋後求以精兵三萬討景朝夕不許及景濟江朝
野便望其至報蕭雍司精卒與諸將走援見惟抱督景素
聞其名其憚之仲禮亦自謂當世英雄諸將莫已若也章
皇攻仲禮又食後被練馳之驍能屬者七十比至象
剗見仲禮因與景戰於青塘大敗之景與仲禮交戰各不
巳敗仲禮稍折將及景而賊聚剗將支伯仁自弗見也綸
禮中有馬陷于淖賊聚剗將郭山石救之以弗
此壯氣外義不復言戰神情懷恨淩蔑將師邵陵王綸亦自
鞭策軍門每日必至眾刻後時仲禮亦兔既怨歎
怨隙遂成而仲禮常置酒高會自作倡毒掠百姓汙辱

妃王父津蛩城謂曰汝君父在難不能盡心竭力百代之
後謂洛為何仲禮聞之言笑自若晚又與臨城公大連不
陷俟景矯詔使石城公大獻以白虎幡解諸軍仲禮召諸
將軍會議邵陵王以下畢集王曰今日之命委之將軍仲
日因請皆恣拒焉南安侯駿謂曰城急如此都督不戰眾軍
分如朕不守何面以見天下義士仲禮無以應之及臺城
沒正常東王經遣王琳送米二十萬石以餉軍至姑孰
禮熟視不對裴之高王僧辯曰將軍擁眾百萬致宮闕淪
各散時湘東王經遣王琳送米二十萬石以餉軍至姑孰

聞臺城陷乃沈米於江而退仲禮及弟敬禮眾士咸欲
辯趙伯超並開營降賊時城雖陷援軍猶戍於仲
盡力及聞降莫不歎憤論者以為淶禍始於朱异既而景留
禮仲禮等入城並先拜景而後見帝不與言餽於後渚
柳敬禮羊鴉仁而遣仲禮僧辯西上各復本位既於仲
及至江陵會岳陽王啟告急于魏魏遣湘東王以仲禮為雍州刺史
景執仲禮手曰天下之事在將軍耳郢州巴西並以相付
乃以別將夏侯強為司州刺史守南陽圍急仲禮命其將
龔襄陽仲禮力觀成敗未發及南陽人以降仲禮使
司馬康昭如竟陵討孫昌萬兢魏戍人以降仲禮命其將

王叔孫為竟陵太守副軍馬岫為安陸太守置柵於安陸
而以輕兵師干淙頭侵襄陽岳陽王啟急于魏魏遣
大將楊忠援之仲禮與戰于淙頭大敗弟子禮沒于魏
魏相安定公待仲禮以客禮西魏於是盡得漢東
仲禮弟敬禮少以勇列聞蠡基無行檢恒略責人為百姓
所苦故襄陽有柳四郎歌起家著作佐郎稍遷扶風太守
侯景度江敬禮率馬步三千赴援至都與景頻戰其著威
名臺景陷於與兄渚敬禮經略上流留敬禮質以為護軍將軍
景餞仲禮於後渚敬禮謂仲禮曰景今來會敬禮抱之兄
便可殺城雖死無恨仲禮壯其言許之及酒數行敬禮目仲

禮仲質見備衛嚴不敢動遂不果會景從晉熙敬禮與南

康王會理襲其城剋期將發建安侯蕭賁吿之遂遇害

臨死曰我兄老婢也國敗家亡實奈之責今日就死豈非

天乎

論曰柳元景行已所資豈徒武毅當朝任職實兼雅道卒

至覆族遭逢亦有命乎世隆文武器業殆人堲也諸子門

素所傳俱云克構仲禮始終之際其才不副也何哉豈應天

方要梁不然何斯人而有斯迹也

殷孝祖　族子琰

劉勔　子悛　悛弟繪　繪孫孺　覽　遜　悛弟子苞

南史列傳二十九　　　　一　列傳

殷孝祖陳郡長平人也曾祖羨晉光祿勳父祖官並不達

孝祖少誕節好酒色有氣幹宋孝武時以軍功仕至積射

將軍前廢帝景和元年為兗州刺史孝武明帝初即位四方反

叛孝武外甥司徒參軍潁川荀僧韶建議衒命徵孝祖入

朝上遣之時徐州刺史薛安都遣薛索兒等屯據津徑僧

韶間行得至說孝祖曰景和凶狂往闕未有朝野憂危假

詔漏刻主上賀不浹辰夷凶翦暴國亂朝危宜立長主公

命百辟人無異議而羣迷相尚構造無端貪利幼弱競懷

卿幸舅甥少有立功之志以氣節成名若能控濟河義勇

希奉朝廷非唯匡主靜亂乃可以垂名竹帛孝祖即日棄

還妻子率文武二千人隨僧韶還都時普天同逆朝廷唯保

丹陽一郡孝祖忽至眾力不少人情於是大安進孝祖號

冠軍將軍假節督前鋒諸軍事御仗先有諸葛亮筩袖鎧

鐵帽二十五石弩射之不能入上悉以賜孝祖孝祖負其

誠節陵轢諸將時賊據赭圻孝祖將進攻之與大帥王玄

謨別悲不自勝眾並駭怪泰始二年三月三日與賊合戰

每戰常以鼓蓋自隨軍中人相謂曰殷統軍可謂死將矣

今與賊交鋒而以羽儀自標顯若射者十手攢射欲不斃

得乎是日中流矢死追贈建安縣侯謚曰忠

琰字敬珉孝祖族子也父道鸞宋衡陽王義季右軍長史

琰少為文帝所知見遇與琅邪王景文相埒南梁郡

元年累遷黃門侍郎出為山陽王休祐右軍長史南梁郡

太守休祐入朝琰乃行府州事明帝泰始元年以休祐為

荊州會晉安王子勛反即以琰為豫州刺史土人前右軍

杜叔寶等並勸琰同逆琰素無部曲無以自立受制於叔

寶二年正月帝遣輔國將軍劉勔西討之築長圍開攻道

南史列傳二十九　　　　二　列傳

於東南角并作大蝦蟇車載土牛皮蒙之三百人推以塞

塹琰乃始降時琰有疾以板自輿諸將帥面縛請

罪勔並撫宥之無所誅戮後除少府加給事中卒官琰性

和雅靜素寡嗜慾謂前世舊事軍兄弟謹少以名行見稱

在壽陽被攻圍積時為城內所懷附其謹少

西將軍蔡興宗司空褚彥回並相與友善

劉勔字伯猷彭城安上里人也祖懷義父穎之位並郡守

勔少有志節兼好文義家貧仕宋初為廣州增城令稍遷

龔林太守大明初還都徐州刺史劉道隆請為寧朔司馬

竟陵王誕據廣陵為逆勔隨道隆受沈慶之節度事平封

金城縣五等侯除西陽王子尚撫軍參軍入直閤先是費
沈伐陳擅不剋乃除勳龍驤將軍西江督護鬱林太守勳
既至隨宜翦定大致名馬并獻珊瑚連理樹上其悅前發
帝即位為屯騎校尉又入直閤明帝即位江州刺史晉安
王勳為延四方響應勳以本官領建平王景素輔國司
馬進據采山會豫州刺史殷琰反叛召勳還都後兼山陽
王休祐驃騎司馬致討時琰嬰城固守自始春至于末冬
勳內攻外樂戰無不捷善撫將帥以覺厚為眾所依將軍
之勳懼矢即解馬與廣之及琰請降勳約令三軍不得妄

勳城內士無感悅咸曰來蘇還都拜太子右衛率封鄙陽
縣侯遷右衛將軍加都督後徵拜散騎常侍
中領軍勳以世路紛紜有懷止足經始鍾嶺之南以為栖
息聚石蓄水髣髴丘中朝士雅素者多往游之明帝臨崩
顧命以勳為守尚書右僕射中領軍發帝即位加兵五百人
元徽初月犯右執法太白犯上將或勸勳解職勳曰吾執
心行己無慚幽明君子輕死重義必及天道密微避豈
能免挂陽王休範為亂奄至建鄴加勳使持節領軍將軍
置佐鎮杆石頭既而戰眾屯朱雀航南右軍將軍王道隆
率宿衛向朱雀聞賊已至急信召勳勳戰敗死之事平贈

悛字士操隨父征竟陵王誕於廣陵以功拜駙馬都尉後
為桂陽王征北中兵參軍與齊武帝同直殿內立為宋明
帝所親待由是與武帝款好悛本名忄愉忌反語
劉悛為臨攤改名悛焉齊武帝當至悛宅即覺後自捧
忽至百姓巷哭悛親率部之於是乃立漢壽人邵榮
金溪雌受四升水汲沃盥因以興帝前後所納稱此後遇
安遠護軍武陵內史郡南古江塊父廢俗蠻王
興六世同爨懷表其門閭懷強澄有世田憧在山中垂二
百餘歲南謐王義宣為荊州僅出謁至

是又謁悛明帝崩表求奔赴敕帶郡還都吏人送者數千
萬人悛人執手係以涕泣百姓感之贈甚厚桂陽之
難加密朝將軍助守石頭父悛時遇疾扶
伏加密號哭求勳免頂復傷硬悛劉義補之持喪基
側冬日不衣絮齊南帝代勳為領軍悛與齊高帝抓眾前政貌乃止霸業初建
勳柳勉建平王景素及高帝招眾悛初免喪
勤入首欲使領支軍及見皆賦削政貌乃止霸業初建
先致誠節沈攸之事起加輔國將軍後為廣州刺史襲爵
鄙陽縣侯武帝目尋陽遠過悛雞宜叙書傳十餘日乃下
遣文惠太子及竟陵王子良攝衣雞備父友之散騎常禪

國除平西記室參軍夏侯恭叔上書以柳元景中興功臣
劉勔殞身王事宜存封贈詔以與運隆替不容復晉意也
初蒼梧廢帝集議中華門見悛謂曰君昨直邪悛曰僕
昨正直而之急在外至是上謂悛曰功名之際人所不忘
卿鄉眷非常之勳我何其欲謝世事悛曰臣世受宋恩門
荷殊獎非常之勳所犯害百姓德之謝不以實仰答遷太子中庶
風帷帳校尉時武帝即位改領軍後將軍拜司州刺史悛父
子悛起平壽陽無所犯害百姓德之為立碑記悛步道從壽
敢㧞平壽陽無所犯害百姓德之為立學校得古禮器銅罍
陽之鎮過勔碑拜敬涕泣州下立學校得古禮器銅罍

饒歈山銅礦鑄銅豆鍾各二口獻之遷長兼待中車駕數
幸悛宅盛修山池造甕牖武帝著鹿皮冠被悛冤皮衾
於帳中宴樂以冠賜悛至夜乃去後從駕蔣山上數歎
世言富貴好及其妻情吾雖有四海今日與卿盡布衣之
也世言富貴好及其妻情吾雖有四海今日與卿盡布衣之
適悛起拜謝景運始興王前軍長史平蠻校尉蜀郡太守
行益州府州事初高帝輔政有意欲鑄錢以禪讓之際未
又施行建元四年奉朝請孔顗上鑄錢均貨議辭證甚博
其略以為食貨相通理勢自然李悝曰糴甚貴傷人甚賤
傷農人傷則離散農傷則國貧甚賤與甚貴其傷一也三

吳國之關奧比歲時採水源而耀不貴是天下錢少非穀
糴既此不可不縈在鑄錢之弊在輕重鑄錢患用
而難用為累輕輕錢弊也惜銅愛工謂錢無用之
法不禁者由上鑄錢愛工也惜銅愛工為禍深而盜鑄嚴
器以通交易務欲令輕而易成不詳其輕重可法得行官鑄
泉府才牧貢金大興鑄錢重五銖一依漢法若官鑄
興而不變五銖錢者明其輕重可法得行官錢
為患也自漢鑄五銖至宋文帝歷五百餘年制度世有廢
布於人使嚴斷翦鑿輕小破缺無周郭者悉不得行官錢
細小者稱合銖兩銷以為大利貧良之人塞藝巧之路

貨既均遠近若一百姓樂業市道無爭衣食滋殖矣時議
多以錢貨輕少宜更廣鑄重其銖兩以防人姦高帝使
諸州郡大市銅炭會晏駕事寢永明八年悛啟武帝曰
南廣郡界蒙山下有城可二頃地有煅鑪四所高一
一丈五尺從蒙城度水南百許步平地掘土深二尺得銅
又有古掘銅坑深二丈并居宅處猶存鄧通南安人漢文
帝賜通嚴道縣銅山鑄錢今蒙山近在青衣水南安青衣
側並是故地帝改名漢嘉且蒙山去
南安二百里秦此必具通所鑄錢近喚蒙山獠出云甚可經
略此議若立潤利無極并獻蒙山銅一片又銅石一片平

州鑄鐵刀一口上從之遣使入蜀鑄錢得千餘萬功費多
乃止悛仍代始興王鑑為益州刺史監益寧二州諸軍事
悛既藉舊恩尤能承迎權貴賓客闐房供費無厭罷廣司
二州領貢獻家無留儲在蜀作金浴盆餘金物稱是罷
見原辭終身雖見殷勤而賓客日至海陵即位以白衣
少蠻林知之諷有司收悛付廷尉將加誅戮明帝救之
任以本號還都欲獻之而武帝與蠻林新立悛奉獻廣之
除兼左戶尚書尋除正明帝立加領驍騎將軍復故官齊
馬都尉悛歷朝見恩遇高帝為鄱陽王鏘約悛妹為妃明
帝又為晉安王寶義納悛女為妃自此連姻帝室王敬則

【南史列傳二十九】　〔七〕

反悛出守琅邪城轉五兵尚書悛兄弟以父死朱雀航終
身不行此路明帝崩東昏即位改授散騎常侍領驍將
軍尚書如故衛尉山陵路經朱雀航感慟至曲阿而卒贈
太常常侍都尉如故諡曰敬子
子孺字季幼幼聰敏七歲能屬文年十四居喪毀瘠立
宗黨咸異之叔父瑱義興郡攜以之官常置左側謂賓
客曰此吾家明珠也及長美風采性通和雖家人不見其
喜慍本州召迎主簿起家中軍法曹行參軍時鎮軍沈約
聞其名引為主簿恆與游宴賦詩大為約所嗟賞累遷太
子中舍人孺少好文章性又敏速嘗在御坐為李賦受詔

便成文不加點梁武帝甚稱賞之後侍宴詩光殿詔群臣
賦詩時孺與張率並醉未及成帝取孺手板題戲之曰張
率東南美劉孺洛陽才攬筆便就何事遲回其見親
愛如此遷中書郎兼通事舍人歷太子中庶子尚書
吏部郎累遷散騎常侍左戶尚書大同五年守吏部尚書
出為晉陵太守在郡和理為吏人所稱入為侍中後復為
吏部尚書母憂以毀卒諡曰孝子孺少與從兄孝綽齊
名苟卓卒孝綽數坐免黜位並不高唯孺貴顯有文集二
十卷孺弟覽

【南史列傳二十九】　〔八〕

覽字孝智十六通老易位中書郎以所生母憂廬于墓常
稗蕪不嘗鹽酪食麥粥而已隆冬止著單布衣家人憂不
勝毀遂中夜竊置炭於牀下覽因暖得睡及覽知之號慟歐
血梁武帝聞其至性數使省視服闋除尚書左丞性聰敏
尚書令史七百人一見記名姓當官清正無所私從兄
吏部郎孝綽在職頗通贓貨覽劾奏免官孝綽怨之常謂
人曰大噬行路覽噬家人出為始興內史居郡尤勤清節
復為左丞卒官覽弟遵
遵字孝陵少清雅有學行歷王立為皇太子為晉安王綱宣惠雲麾
二府記室甚見賞禮王立為皇太子仍除中庶子遵自隨
番及在東宮以舊恩偏蒙寵遇時覽莫及卒官皇太子深

悼惜之與遵遊兄陽羨令曰賢從弟中庶奄至殞
逝痛可言其孝友淳深立身貞固內含玉潤外表瀾清
言行相符終始如一文史該富琛琰為辭章博贍玄黃
成采既以鳴謙表性又以難進自居吾晉在漢南連翩書
記及喬朱方從容坐首鷁舟午動朱驚徐鳴鳳未嘗一日而
不追隨一時而不會遇益者三友此宴其人及弘道下邑
未申善政而能使人結去思野多馴雉霍此亦咸鳳一羽足
以驗其五德其見愛賞如此

苞字孝嘗一字孟嘗瓛弟子也父愷位太子中庶子苞三
歲而孤至六七歲見諸父怠弟常涕泣時伯父繪等並顯貴其
母謂其畏憚怒之苞曰早孤不及有識聞諸父多相似故
心中悲耳因而歔欷母亦悲慟初苞父母及兩兄相繼亡
殁悉假瘞焉苞年十六始移墓所經營殯葬不資諸父本
君母朱夫人及所生陳氏並喪所經營殯葬不資諸父
少好學能屬文家有舊書傾甘殘手自編緝筐篋盈滿
梁初以臨川王妃弟故自征虜功曹累遷太
子洗馬掌書記侍講壽安殿及從兄孝緯等並以文藻見
知多預宴坐受詔詠天泉池荷及採荇調下筆即成天監
十年卒臨終呼友人南陽劉之遴記以喪事從儉苞居官
有能名性和直與人交面折其非退稱其美士友咸以此

歎惜之
繪字士章瓛弟也初為齊高帝行參軍帝歎曰劉公為不
亡也及豫章王嶷鎮江陵繪為鎮西外兵參軍以文義見
禮時琅邪王慈為功曹以吏能自進嶷謂僚佐曰吾雖不
能得應嗣陳蕃然下自有二顧也性通悟出言辯捷周顗
郡人有姓賴所居名穢里刺史謂繪曰卿此鄉曾有何穢
而居穢里此人應聲曰未審孔丘何闕而居闕里繪為後進領袖時張融
子祭酒何徵撰俗禮儀求明末都下人士咸為文章談義
皆湊竟陵西邸繪為後進領袖時張融

彌為清綺而繪音采不膽麗雅有風則時人為之語曰三
人共宅夾清漳張南周北劉中央言其處二人間也魚復
侯子響誅後豫章王嶷欲求蕃之召繪為表言其事繪須
史便成嶷歎曰劉繪後進領袖
見成人後魏使至繪以辭辯被敕接使事事當撰攜養術
謂人曰無論繪色澤潤以繪辯被敕接使事事當撰攜語辭繪
事將見誅繪伏關請代兄死明帝輔政救之乃免死明帝
即位為太子中庶子安陸王寶晊為湘州以繪為冠軍長
史長沙內史行湘州事寶晊愛其侍婢繪
奪取具以啟聞寶晊以為恨與繪不協遂母喪去官至性

服闕為晉安王征北長史南海太守行南徐州事及梁武
起兵朝廷以繪為雍州刺史固讓不就泉以朝廷皆為
之寒心繪終不受乃改用張欣泰轉繪建安王車騎長史
行府國事及東昏見殺城內遣繪及國子博士范雲等
繪字孝宗本名冄幼聰敏七歲能屬文勇齊中書郎王
融深賞異之與同載以適親友號曰神童融每曰天下文
章若無我當歸阿士阿士即孝繪小字也父長年長繪十餘歲其子
誥孝繪時年十四五及雲遇孝繪便申伯季乃命孝

才拜之兼善草隸自以書似父刀巒為別體梁天監初起
家著作佐郎為歸沐詩贈任昉報曰彼美洛陽子投我
懷秋作詘慰臺妄人徒深老夫託直史兼寢脫輈司專疾
惡九折多美彥匪報庶其為名流所重如此後遷兼
尚書水部郎奉啓陳謝手敕荅曰美錦未可便製繪亦
宜稍習學之即真武帝時因宴幸令沈約往助等言志賦
詩孝繪亦見引當時宴坐作詩七首武帝覽其文篇篇
嗟賞由是朝野改觀累遷秘書永武帝謂舍人周捨云第
一官當知用第一人故以孝繪居此職後為太子僕掌東

宮嘗記時昭明太子好士愛文孝繪與陳郡殷芸吳郡陸
倕琅邪王筠彭城到洽等同見禮太子起樂賢堂乃使先
圖孝繪太子文章繁咸欲撰錄太子獨使孝繪集而序
之遷兼廷尉卿初孝繪兄弟甚狎洽少孤宅近僧
寺遷往溉許適見黃卧縣本孝繪謂僧物色也撫手笑溉
知其旨奮拳擊之傷口而去又與洽同游東宮孝繪自以
才優於洽每於宴省輒乘卧車於下宅為御史中丞遣令
奏之云攜妾入廷尉其母猶停私宅洽尋為御史劾改
妹字為姝孝繪坐免官諸弟時隨番皆在荊雍乃與書論

共洽不平者十事其辭皆訴到氏又寫別本封至東宮昭
明太子命焚之不開視孝繪免職後武帝為籍田詩又起為
宣旨慰撫之每朝宴常預焉及武帝於樂遊苑賦詩勉先
示孝繪時奉詔作者數十人帝以孝繪詩工即日起為西
中郎湘東王諮議參軍遷黃門侍郎尚書吏部郎坐受人
絹一束為餉者所訟左遷信威臨賀王長史晚年忽忽不
得志後為秘書監初孝繪居母憂之月飲冷水因得冷癖
以大同五年卒官年五十九孝繪少有盛名而杖氣負才
多所陵忽有不合意極言詆譽領軍藏盾太府卿沈僔夐
等並被時遇孝繪尤輕之每於朝集會同處公卿間無所

與語及呼驎辛訪道途聞事由此多忤於物前後五免孝

綽辭藻為後進所宗時重其文文母作一篇朝成暮徧好事
者咸諷傳寫流聞河朔亭死時重其文集數十萬

言行於時兄弟及羣從子姪當時有七十人並能屬文近
古未之有也其三妹一適琅邪王叔英一適吳郡張嶙一
適東海徐悱悱並有才學悱妻文尤清拔所謂劉三娘者也
悱為晉安郡卒喪還建鄴妻為祭文辭甚悽愴悱父勉
欲為哀辭及見此文乃閣筆

孝綽子諒字求信小名春少好學有文才尤迷晉代故事
時人號曰皮裹晉書位中書宣城王記室為湘東王所善

<南史列傳二十九> 十三

王暕游江濱歡秋望之美諒對曰今日可謂帝子降於北
渚王有目疾以為刺己應曰鄉言目眇以愁子邪從此
嫉之

孝綽弟褒字孝儀幼孤與諸兄相勖以學立工屬文諸
王嘗云三筆六詩三即孝儀六謂孝威也舉秀才累遷
書殿中郎敕令製雍州平等寺金像碑文甚宏麗譬安王
綱鎮襄陽引為安北功曹史及王為皇太子仍補洗馬遷
中舍人出為陽羡令甚有稱績後除中書郎以公事左遷
安西諮議參軍兼散騎常侍魏還除中書郎累遷尚書
左丞長兼御史中丞在職多所彈糾無所顧望當時稱之

出為臨海太守時政網踈闊百姓多不遵禁孝儀下車宣
下條制勵精綏撫境內翕然風俗大變入遷都官尚書太

清元年出為豫州內史侯景寇建鄴孝儀遣子勵帥郡兵
三千隨前衡州刺史韋粲入援及宮城不守孝儀為前兵

陽太守莊鐵所過失郡卒孝儀奉寡嫂甚謹家內巨細必先諮決與妻
兄孝熊早卒孝儀奉寡嫂甚謹家內巨細必先諮決與妻
子朝夕事奉未嘗失禮時人以此稱之有文集二十卷

於世第五弟孝勝位尚書右丞兼散騎常侍聘魏還為安
西武陵王紀長史蜀郡太守紀僭號於蜀以為尚書僕射

隨紀出峽口兵敗被執元帝省之以為司徒右長史第六

<南史列傳二十九> 十四

弟孝威氣調爽逸風儀俊舉初為安比晉安王法曹後為
太子洗馬中舍人庶子率更令並掌管記大同中白雀集

東宮孝威上頌甚美太清中遷中庶子兼通事舍人及侯
景寇亂隨司州刺史柳仲禮至安陸卒第七弟孝先位武

陵王主簿與兄孝勝俱隨紀軍出峽口兵敗元帝以為黃
門郎遷侍中

填字士溫繪弟也少有行業文藻遒家隸冊青並為當世所
稱時有綵陽毛惠遠善畫馬填善畫婦人並為當世第一

妹為郡鄱陽王妃伉儷甚篤王為齊明帝所誅妃追傷
遂成痼疾醫所不療有陳郡殷蒨善寫人面與真不別填

令嬪畫王形像幷圖王平生所幸龍姬共照鏡狀如欲偶寢

瑱乃密使嬪示妃妃視畫仍唾之因罵云故宜其早死

於是恩情即歇病亦除差此姬亦被髮苦因即以此畫焚

之瑱仕齊歷尚書吏部郎義興太守先繪卒

論曰當太姶之際二殺去就不同原始要終各以名節自

立孝祖亂敵而亡蓋其宜也劉勳出征久撫所在流譽行

已之節赴蹈為期雖古之忠烈亦何以加此悛至胜過人

繪辭義克舉諸子各擅削龍當年方駕文采之盛殆難繼

乎孝緒中蕤為尤可謂人而無儀者矣

列傳第二十九　　　南史三十九

黄倚

列傳第三十

魯爽

鄧琬　劉胡

吳喜

宗越

黃回

薛安都　從子深

李　延壽　撰

南史四十

魯爽小字女生扶風郿人也祖宗之字彥仁仕晉官至南
陽太守義熙元年起義以功為雍州刺史宋武帝討劉毅
與宗之因會江陵封南陽郡公自以非武帝舊隸屢建大
功有自疑之志會司馬休之見討猜懼因與休之北奔為
室入姚氏頃之病卒父軌一名象齒便弓馬膂力絕人為
竟陵太守隨父入姚氏及武帝定長安軌襄陽之北奔魏
以軌為荊州刺史襄陽公鎮長社孝武鎮襄陽軌遣親人
程整奉圭規欲歸南致誠以殺劉康祖徐湛之父不敢歸
文帝累遣招納許以為司州刺史爽少有武藝魏太武知
之常置左右及軌死爽代為荊州刺史襄陽公鎮長社纔
中使酒數有過失太武怒將誅之爽懼密謀歸南計次弟
秀小字天念頗有意略仕魏以軍功為中書郎封廣陵侯
或告太武鄴人欲反後遣秀檢察并燒石季龍殘餘宮殿
秀常乘驛往返是時病還遷為太武所詰秀恐懼太武
尋南攻因從慶河先是廣平人程天祚為殺中將軍有武

力元嘉二十七年助成彭城為魏軍所獲以善針術深被
太武賞愛封南安公常置左右及太
武北還與爽俱來奔文帝悅以爽為司州刺史秀為滎陽
潁川二郡太守是歲元嘉二十八年也魏毀其墳墓明年
四月入朝時太武已崩上更謀經略五月遣爽與雍州刺
史加都督至壽陽還三
十年元凶弒逆南譙王義宣起兵入討爽與雍州刺史加
都督
賀俱詣江陵義宣以爽為豫州刺史加都督
在建鄴元凶謂秀曰我為卿誅徐湛之矣元凶之為逆也秀
意實寶客爵命士人畜伏聚馬如寇將至元凶方相委任以秀
為右將軍使攻新亭秀因此歸順孝武即位以為司州刺
史加都督汝南太守孝建元年二月義宣起兵秀往酒誹
謗即日便起兵其眾戴黃摽稱建
平元年矯造興服義宣聞爽已勳分便狼狽同反爽於
是遣所造輿服詣江陵板義宣及臧質等文曰丞相劉今
補天子名義宣軍騎臧令補丞相名質平西朱令補車騎
名悕之皆板到奉行義宣歎其所送法物並留竟陵縣
不聽進使爽直出歷陽自采石濟軍與質水陸俱下左軍
將軍薛安都與爽相遇刺殺之傳首建鄴進平壽陽子第
並伏誅

薛安都河東汾陰人也世為強族族姓有三千家父廣為宗毫宋武帝定關河以為上黨太守安都少以勇聞身長七尺八寸便弓馬往魏以軍功為雍州秦州都統元嘉二十一年來奔求北還構扇河陝文帝許之孝武鎮襄陽板為北弘農太守魏軍漸強安都乃歸襄陽二十七年隨王誕率安都為建武將軍隨元景同關陝率步騎居前所向剋捷後孝武逆安都領騎為前鋒直入殿庭以功封南鄉縣男安都初征關陝至曰夢仰視天見天門開謂左右曰汝等見天門開不至是歎曰夢天門開乃中興之象邪阼除右軍將軍率所領騎元景與柳元景俱發孝武踐

從弟道生亦以軍功為大司馬參軍犯罪為秣陵令庾淑之所鞭安都大怒即曰乃乘馬從數十人令左右執稍欲往殺淑之行至朱雀桁柳元景遇閒曰薛公何之安都躍馬至車後曰小子庾淑之鞭我從弟全指住刺殺之元景慮其不可駐車給之曰小子無宜適卿往與手其快安都既回馬元景呼之令下馬入車因讓之曰卿從弟服章言論與寒細不異且人身犯罪理應加罰卿為朝廷勳臣云何放恣輒於都邑殺人非惟科律所不容主上亦無辭相宥因載俱歸於都安都乃止其年以憚直官乞還除左軍將軍及魚安反叛遣安都及沈慶之溯江安都望

見爽便躍馬大呼直往刺之應手倒左范雙斬爽首爽世祖猛咸二萬人敵安都單騎直入斬之而反時人皆云關羽斬顏良不是過也進爵為侯時王玄謨拒南郡王義宣攻玄謨於梁山安都復領騎為支軍義宣遣將劉諶及臧質攻玄謨顏命眾軍擊之使安都引騎出賊陣橫擊陷之賊遂大潰轉太子右衛率大明元年魏軍向無鹽道安都領馬軍東陽太守沈法系統水軍討任榛見天早水泉多鷗人馬疲困不能遠追安都凌白衣領職坦繫世通叛所聚秣榛深密難為用師任榛大抵在任城界積世通叛所聚秣榛深密難為用師

故能久自保藏屢為人患安都明年復職改封武昌縣侯景和元年為平北將軍徐州刺史加都督明帝即位安都舉兵同晉安王勳時安都從子索兒在都明帝以為左軍將軍直閤安都將為逆遣報之又遣人至瓜步迎接時右衛將軍柳光世亦與安都通謀二人俱逃攜安都諸子及家累席卷北奔青州刺史沈文秀張永等比討所至奔散皆同反明帝遣鎮軍將軍張永率軍隸劉勔攻殺琰於壽陽道固部將傳靈越為廣之軍人所禽鷹聲曰我傳靈越也汝得賊何不即殺時生送詣面面跪自慰勞詰其叛逆斬薛索兒時武備將軍王廣之領歩騎動攻殺所至奔散

對曰九州晡義豈獨在我勳又問卿何不早歸天闕乃逃
命間靈越曰辭公舉兵淮北威震天下不能專任智勇
委付子姪致敗之由實在於此人生歸於一死實無面求
活勳壯其意送還建鄴明帝欲加原宥靈越辭對如一終
不回改乃殺之靈越清河人也子勳平定安都遣別駕從
事史單景雋下邳太守王煥等奏啓軍詣明帝歸欵索兒
之死也安都使柳光世守下邳至是亦率所領詣明帝以
四方巳平欲示威於淮外遣張求沈攸之以重軍迎安都
懼不免罪遂降魏

深安都從子也本名道深避齊高帝偏諱改為安都以彭
城降魏親族皆入北高帝鎮淮陰深遁求委身自結於高
帝果幹有氣力宋元徽末以軍功至驍騎將軍軍主封竟
陵侯沈攸收之之難齊高帝入朝堂豫章王嶷代守東府使
深領軍屯司徒右府分備建鄴袁粲據石頭豫章王嶷夜
登西門遙呼深深驚起率軍赴難高帝即位除淮陰太守
尋為直閤將軍轉太子左率武帝即位遷左衛將軍隆昌
元年為司州刺史右將軍卒

鄧琬字元琬豫章南昌人也父儼之宋孝武征虜長史光
祿勳孝武起義初琬為南海太守以弟瓔與臧質同逆遂
從仍為廣州父之得還歷位册楊永大明七年車駕幸歷

陽追思在蕃之舊擢琬為給事中黃門侍郎明年出為晉安
王子勳鎮軍長史尋陽內史行江州事前廢帝以文帝孝
武並次居第三以登極位子勳次第既同深致嫌疑因何
邁之謀乃遣使齎藥賜死使至子勳典籤謝道邁主帥潘
欣之侍書褚靈嗣等馳以告琬泣涕請計琬曰身南土寒
士蒙先帝殊恩以愛子見託當以死報景和元年冬子勳
勳戎服出聽事宣旨欲舉兵四坐未荅錄事參軍陶亮車騎將軍
請效死前驅衆並奉旨會明帝定亂子勳號令書檄進子
開府儀同三司令書至諸佐史並喜造琬曰暴亂既除殿
下又開黃閤實為公私大慶琬以子勳次第居三又以尋
陽起事有符考武理必萬剋乃取令書投地曰殿下當開
端門黃閣是吾徒事耳衆並駭愕琬與陶亮等善甲器徵
兵四方鄧州刺史安陸王子綏荊州刺史臨海王子頊會
稽太守尋陽王子房雍州刺史袁顗梁州刺史柳元怙益
州刺史沈文秀冀州刺史崔道固湘州行事何慧文青州
刺史沈文秀蕭惠開廣州刺史袁顗梁州刺史薛安都吳郡太
守顧琛呈興太守王曇生晉陵太守袁標義興太守劉延
熙並同叛逆琬乃建牙於桑尾傳檄建鄴購明帝遣荊州典籤
布絹二萬定金銀五百斤其餘各有差明帝遣荊州典籤
邵宰乘驛還江陵經過襄陽表顗馳書報琬勸勿解甲并

奉勸子勛即偽位琬乃稱說符瑞令顗昭之撰為瑞命記
造乘輿御服立宗廟設壇場矯作崇憲太后璽令羣僚上
偽號於子勛泰始二年正月七日即位於尋陽城改景和
三年為義嘉元年其日雲兩晦合行禮志稱萬歲取子勛
其幟又有禿鶖鳥集城上拜安陸王子綏為司徒因雷電
所乘車除脚以為董置偽殿之西世子有鳩樓其中鳩集
晦真震其黃閤柱鳴尾燒地又有鳴樓其帳上琬性聰闇
貪各過其財貨酒食皆自畫校至是父子並賣官鬻爵
使婢出市道販賣醇歌博奕日夜不休賞客到門者歷
旬不得前內事委李褚靈嗣等三人羣小競為威福士庶

■ 南史列傳三十 七 ■ 宣永茂

忿怨內外離心失明帝遣領軍將軍王玄謨領水軍南討
吳興太守張永為繼尚書下符奉詔以四王幼弱不幸陷
難兵交之日不得安加侵犯若有傷損琬坐賜死孫
沖之等前鋒一萬據赭圻沖之於道頭子勛書欲泛流挂
帆直取白下請速遣陶亮眾軍相接分據新亭亮本無幹
略闇闒建安王休仁自上殺孝祖又至不敢進及孝祖中流
矢死沈攸之代為前鋒沖之謂陶亮曰若祖暴將一戰便
死天下事定矣不須後戰便當直取京都亮不從明帝遣
貪外散騎侍郎王道隆至赭圻本戰琬軍奪其大破之琬
又遣豫州刺史劉胡來屯鵲尾胡宿將攸之等甚憚之胡

■ 南史列傳三十 八 ■ 宣永茂

奔迅榜突柵出江胡等力不能制趄流而下泊攸之等營
材不周計無所出會琬送五千片榜供胡軍用俄而風潮
上又遣強弩將軍任農夫等領兵繼至攸之之緒脩船舸板
難以千朝典當為下之節沈攸之等領兵繼至攸之之緒脩船舸板
王休仁即使房回擬選上不許曰忠臣殉國不謀共報臨
下申謙杜幼文因此求黃門沈懷明劉亮求中書郎建安
帝欲綏慰人情遣吏部尚書褚彥回至武檻選用將帥以
王休仁自武檻進據赭圻時虹等兵眾強盛遠近疑惑明
那等共語那等說令歸順胡回軍入鵲尾無他權略建安
鄉人蔡那佼長生張敬兒各領軍隸攸之在赭圻胡因要

於是材板大足琬進表琬都督征討諸軍事率樓船千艘
來入鵲尾張興世建議越鵲尾上據錢溪斷其糧道胡累
攻之不能剋乃遣龍驤將軍陳慶領三百舸向錢溪戒慶
不須戰陳慶至錢溪不敢攻越溪於梅根立砦胡別遣將
王起領百舸攻興世世仁因此命沈攸之具喜佼長生劉靈遺劉伯
胡攻興世世仁因此命沈攸之具喜佼長生劉靈遺劉伯
符等進攻濃湖造皮艦千乘挾其營柵苦戰移日大破之
顗被攻急馳信召胡令還張興世既據錢溪江路岨斷胡
軍之食琬大送資糧袤興世不敢下胡道將迎之為錢溪
所破夜走徑趣梅根顗聞胡走亦棄眾西奔至青林見殺

琬惶擾無計時張悅始發兄子浩襄乃稱疾呼琬計事令
左右伏甲戒之若聞索酒便出琬至諶斬晉安王封府庫
以謝罪悅曰寧可賣殿下求活邪琬再呼左右震
懼不能應第二子詢提刀出餘人續至即斬琬悅因齎琬
首詣建安王休仁降蔡那子道深以父為明帝効力被繫
作部因亂脫入城執子勛四之沈攸之諸軍至江州斬
子勛於桑尾牙下傳首建鄴劉走入城告渴

彥追殺懷直取胡首鏑有其功荊州聞濃湖平更議奉子
得酒歠酒畢引佩刀自刺不死斬首送建鄴張興世弟僧
直憲子也斷道邀之胡人既疲困因隨懷直入城告渴
豈可得至遣使歸罪荊州中從事宗景土人姚儉等勒兵
入城執子頭以降劉胡南陽湼陽人也本以面黑似胡
故名坳胡及長單名胡焉出身郡將稍至隊主討代諸蠻
往無不捷繼其畏憚之明帝即位除越騎校尉蠻民之小
兒啼語云劉胡來便止

宗越南陽葉人也本為南陽次門安北將軍趙倫之鎮
陽襄陽多雜姓越更被黜為役門出身補郡吏父為蠻所
殺越於市中刺殺讎人太守夏侯穆嘉其意擢為隊主蠻
有為冠盜者常使越討伐往輒有功家貧無以市馬刀楯

步出單身挺戰衆莫能當每一捷將輒賞錢五千因此
得買馬元嘉二十四年啓文帝求復次門移戶屬冠軍縣
許之二十七年隨柳元景侵魏領馬幢隸柳元怙有戰功
還補後軍參軍督護隨王誕戲之曰汝何人遂得我府四
字越荅曰佛狸未死不慮不得諮議參軍誕大笑孝武即
位以為江夏王義恭大司馬行參軍臧質魯爽
反朝廷致討越前功封范陽縣子大明三年為長水校
尉竟陵王誕謀反廣陵及越領馬軍隸沈慶之攻誕及城陷

孝武使悉殺城內男丁越受旨行誅躬臨其事莫不先加
捶撻或有鞭其面者欣欣然若有所得凡殺數千人改封
始安縣子前廢帝景和元年進爵為侯召為遊擊將軍直
閣領南濟陰太守改領南東海太守帝凶暴無道而越譚
金童太一並為之用命誅戮羣公及何邁等莫不盡心竭
力故帝憑其爪牙無所忌憚賜與越等一往意氣皆無復二心帝
時南郡王義宣且便發其兄爻悉聽越等出外宿明帝因此定亂
明帝崩越等並入被撫接其厚越改領南濟陰太守本官如
故越等既為廢帝盡心慮明帝不能容之上接待雖厚內

14-433

並懷懼上意亦不欲使其居中從容謂曰卿遭離暴朝勤
勞又兵馬大郡隨鄉率所擇越等素已自疑及聞此言
皆相顧失色因謀作難以告沈收之其白帝即日下
獄死越善立營陣每歲萬人止頓見騎馬前行使軍人隨
其後馬越善立營陣
鋒時蓁祖新死衆心並懼收之代殺善祖為南討前
處而性嚴酷好行誅刑王玄謨猶尚可惜故有勝人
語曰寧作五年徒不逐王玄謨御下亦少恩將士為之
譚曰金在魏時與薛安都拒堅陷陣氣力兼人孝建三年
歸國金常隨征討副安都排堅陷陣氣力兼人孝建三年

為屯騎校尉直閤領南清河太守景和元年前廢帝誅羣
公金等並為之用封金平都縣男一宜陽縣男沈攸
之東興縣男越州里又有武念攸之長生寧蠻校尉曹欣之以
將帥顯武念位至南陽太守長生寧蠻校尉曹欣之驍騎
將軍蔡那見子道慶傳

吳喜吳興臨安人也本名喜公明帝減為喜出身為領軍
府白衣吏少知書領軍將軍沈演之使寫起居注所寫既
畢閤讀略皆上口演之嘗作讓表未奏失本喜經一見即
寫無所漏脫演之甚知之因此洗攎史漢頗見古今演之
門生朱重人入為主書薦喜為主書吏進為主圖令史交

帝嘗求圖書嘗開卷倒進之帝怒遣出會太子步兵校尉
沈慶之征蠻啟文帝請喜自隨為孝武所知稍遷至河東
太守殿中御史明帝即位四方反叛喜請得精兵三百致
死於東帝大悅即假建武將軍簡羽林勇士配之議者以
喜刀筆吏不嘗為將不可遣中書舍人巢尚之曰喜隨沈
慶之累經軍旅性既勇決又習戰陣若能任之必有成績
及東討喜在孝武世既見驅使性寬厚所至人並懷之
步兵校尉封竟陵縣侯東土平定及率所領南討遷尋陽
太守泰始四年攺封東興縣侯除右軍將軍淮陽太守兼

太子左衛率五年轉驍騎將軍太守兼率如故其年大破
魏軍於荊亭六年又率軍向豫州加督豫州諸
軍事明年還建鄴初喜東征自明帝得尋陽王子房及諸
賊帥即於東泉斬東土既平喜見南賊方熾慮後翻覆受
禍乃生送子房還都凡諸大主帥顧琛王曇生之徒皆被
全活上以喜新立大功不問而心銜之及平荊州恣意剽
虜賊私萬計又嘗對客言漢高魏武本是何人上聞之益
不悅後壽寂之死喜內懼因乞中散大夫上尢疑之及上
有疾為身後之慮疑其將來不能事幼主乃賜死上召入
內殿與言讌酬接甚欵賜以名饌並金銀御器救將命者

勿使食器宿喜家上素多忌諱不欲令食器停凶禍之室

故也及喜死發詔賻贈子微人襲

黃回竟廢郡軍人也出身充郡府雜使稍至傳教臧質為郡轉為齋帥及去職以回自隨質討凶回隨從有功免軍戶後隨質於梁山敗走被錄遇赦因下都於宣陽門與人相打詐稱江夏王義恭馬客被鞭二百付右尚方會中書舍人戴明寶被繫差回為戶伯奉車明寶竭心盡力明寶尋得原散委任如初啟免回以領隨身隊統知宅及江西野軍性巧觸類多能明寶甚寵任之回舉捷果勁勇力兼人在江西與諸楚子相結屢為劫盜會明帝初即位四方反數明寶啟帝使回蘇江西楚人得快手八百隸劉勔西討累遷至將校以功封葛陽縣男元徽初桂陽王休範為逆回以屯騎校尉領軍隸齊高帝於新亭創詐降之計回見休範可乘謂張敬兒曰卿可取之我誓不殺諸王敬兒即日斬休範軍平進爵為侯改封聞喜縣四年遷冠軍將軍南琅邪濟陽二郡太守建平王景素及回又率軍前討城平之日回軍先入又以景素讓張敬兒奴似如明年遷右軍將軍沈攸之反以回為平西將軍郢州刺史率舸出新亭為前鋒未發而表聚擾於石頭不從齊高帝回與新吏諸將任候伯彭文之王宜興等謀應粲攻齊高帝於朝

堂事既不果高帝撫之如舊回與素不恊乗斬之宜與吳興人也形狀短小而果勁少年時為劫不須伴郡縣討逐圍繞數十重終莫能擒嘗舞刀楯回使十餘人以水交灑不能著明帝泰始中為將在壽陽閒與魏戰每以少制多挺身深入以平建平王景素功封長壽縣男至是為屯騎校尉領軍回進軍未至郢州而沈攸之敗走回不樂停郢州固求南兗州遂率部曲輒還改封安陸郡公南兗州刺史加都督郡高帝以回專殺終已乃使召之及上車愛妾見赤光冠其頭至足苦不肯住及至見誅回既貴甚重戴明寶甚謹言必自名未嘗敢坐至帳下及入內料檢有無隨之供選以此為常回同時為將有南郡高道慶凶險暴橫求欲無已有失意者輒加捶拉往住有死者朝廷畏之如虎狼齊高帝與袁粲等議收付廷尉賜死

論曰凶人之所社其身業非世亂其莫由焉爽以亂世之請而行之於平日其取敗也宜哉安都自致奔亡亦為幸矣鄧琬以亂濟亂終致顛隕宗越蠹稔惡盈旋至夷戮各其職也吳喜以定亂之功勞未酬而禍集黃回以助順之志福未賒而災生唯命也哉

列傳卷第三十

南史四十

齊宗室

衡陽元王道度

始安貞王道生

安陸昭王緬　　曲江公遙欣 子幾

南豐伯赤斧 頹達 子諶冑　新吳侯景先

臨汝侯坦之　　衡陽公諶

衡陽元王道度齊高帝長兄也始與高帝俱受學于雷次宗宣帝問次宗二子學業次宗荅曰其兄外朗其弟內潤皆良璞也仕宋位安定太守卒齊建元元年高帝追加封

鈞字宣禮年五歲所生區貴人病便加慘悴左右依常以五色餅飴之不肯食曰須待姨差年七歲出繼衡陽元王見高帝未拜便涕泗横流高帝執其手曰伯叔父猶父勿怨所以令汝出繼以汝有意堪奉蒸嘗故耳即敕外如先給通懄車雜使屋寓居事事依正王區貴人卒乃居廬盡禮服闕自問訊武帝即事等登軍三上不能升乃止典籤曹道人具以聞武帝可數相撫悅先是貴人以華釵厨子并衡陽猶奇毀損卿可數相撫悅先是貴人以華釵厨子

前列錦繡中倒炬鳳達菱星月之屬賜釣以為玩貴人亡後毋歲時及朔望開視再拜嗚咽見者皆為之悲性好學善屬文與琅邪王智深以文章相稱濟陽江淹亦遊為武帝謂王倩曰衡陽王須文學當使華實相稱常手止取青游子弟而已乃以衡陽王子舍人蕭敷為文學釣常自細書寫五經部為一卷置于巾箱中以備遺忘侍讀賀玠問曰殿下家自有墳素後何須蠅頭細書別藏巾箱中荅曰閒而易搜開既易且一更手寫則永不忘諸王聞而爭效為巾箱五經自此始也居身清率言未嘗及時事會稽孔珪家起園列植桐柳多構山泉

殆窮真趣釣往遊之珪曰殿下處朱門遊紫闥詎得與山人交邪荅曰身處朱門而情遊江海形入紫闥而意在青雲琁珪大美之吳郡張融清抗絕俗雖王公貴人視之懱如也唯雅重釣謂從兄緒曰衡陽王飄飄有凌雲氣其風情素韻彌足可懷融與之遊不知老之將至見賞如此歷位秘書監延興元年為明帝所殺明帝立以永陽王子珉仍本國繼元王為孫子珉字雲騢武帝第二十子也初封義安郡王後改求陽永泰元年見害後以武陵昭王曄子子坦奉元王後

始安貞王道生字孝伯高帝次兄也仕宋位奉朝請卒高

帝即位追加封諡三子長鳳次鸞是為明帝次絪是為安

陸昭王鳳字景慈仕宋位正員郎卒高帝即位諡靖世子

建武元年明帝追尊道生為景皇妃江氏為后立寢廟於

御道西陵曰脩安追封鳳始安靖王改華林鳳莊門為望

賢門太極東堂畫鳳題為神鳥而改鸞鳥為神雀子遙

光嗣

〔南史列傳三十一〕 三

始安王遙光字元暉生而躄疾高帝謂不堪奉祀祫欲

封其弟武帝諫乃以遙光襲爵位中書郎明帝輔政誅賞

諸事唯與遙光共謀議勸明帝併殺高武諸子弟見從建

武元年為揚州刺史三年進號撫軍將軍好吏事頗多怨

害足疾不得同朝例常乘輿自望賢門入每與明帝火清

閑言畢帝索香火明日必有所誅太子不悅學唯要遊是

好朝議令蔡仲熊為太子講禮未半遙光從容曰文義之

事此是士大夫以為佞妄欲求官耳皇太子何用講為之

不豫遙光數入侍疾帝疾漸甚河東王鉉等七王一夕見

殺遙光意也帝崩遺詔加遙光侍中中書令給扶永元

年給班劍二十人即本號開府儀同三司遙光多怨人有

以為然乃傳講永泰元年即本號

饒貸者以為戲已大被責劉繪嘗為戲云智不及葵亦

以刀旨既輔東昏潛結江祏兄弟謀自樹立弟遙欣在荊

楚擁兵居上流密影響遙光當攝東府號令使遙欣急

下潛謀將發而遙欣病死江祏被誅東昏召遙光入殿告

以祏罪還遙光懼還省便陽狂號哭自此稱疾不復入臺死

是遙光行還入城風飄儀檻出城外遙光弟遙昌先卒壽

春豫州部曲皆歸遙光及遙欣襄還遙武進停東府前渚

荊州部曲送者其盛東昏誅遙昏後憲遙光不自安欲轉

為司徒還第名人喻旨遙光憲見殺收集荊豫二州部曲

於府東門眾頗怪其異莫知其拍趨也遙光召親人丹陽

承劉渢及城局參軍劉晏中兵參軍曹樹生等并諸僚

欲以計劉暄及名夜遺數百人破東冶出囚尚方匹伏又召

〔南史列傳三十一〕 四

驍騎將軍垣歷生歷生隨信至便勸遙光令率城內兵夜

攻臺華荻燒城門口公但乘輿隨後及掌可得遙光意疑

不敢出天稍曉遙光戎服至聽事停輿處分使登城

賞賜歷生復勸出軍遙光不宵望臺內自變及日出壹臺

司馬曹武屯青溪大橋太子右率左興盛屯東府門東籬

門眾軍圍東城遙光遣垣歷生復曲出戰臺軍慶北殺軍主朱

稍至遙光於是戒嚴敕都下領軍蕭坦之屯湘宮寺鎮軍

天愛初遣光問諸議祭軍蕭闡暢暢正色拒不往既而暢

與撫軍長史沈昭略出

戰為曹武所禽謂武曰鄉以主上為聖明梅蟲如為賢相

者則我當死旦我今死卿明亦死遂殺之遙光閣歷生見
攜大怒於州上自竦踊使殺歷生兒其晚臺軍射火箭燒
東北角樓至夜城潰遙光還小齋令人及拒左右並踰屋
出臺軍主劉國寶時當自率先入遙光聞外兵至吹火滅火
內皆夢羣蛇綠城四出各共說之遙光舉事四日而卒舉事之
扶匿下狀軍人排閣入斬之遙光為安兒
夕月蝕識者以為大臣蝕之既必滅之道未敗之
時明帝使與遙光幼時甚貝正明帝傾意待之咸以為兒童
屋宇旦盡遙光初呼遙光為安兒恩情甚至及
遇光誅後東昏在齋官山望東府悵然呼曰安兒乃鳴

【南史列傳三十一】　五

咽左右不忍視見思如此天下知名之士劉渢渢弟謙陸
閑閑子絳司馬端崔慶遠皆坐誅
曲江公遙欣字重暉始安王遙光弟也宣帝兄西平太守
奉之無後以遙欣繼為曾孫遙欣髫齔中便髣髴風期明帝謂
江祏曰遙欣雖幼觀其神彩殊有幹略必成令器但恐未和年
命何如耳安陸昭王緅曰不患其兄弟不富貴但恐不急左右感
及見其言之悽然而悲始年七歲當蕭時有一在右小兒
善彈飛鳥無不應弦隨落遙欣謂曰凡戲多端何急殺此
烏自空中翔飛向關少年人事無趣殺生亦後不急左右感
其言遂不復彈烏時少年通好此事所在遂止年十五六

便博覽經史弱冠拜中書郎明帝入輔遙欣與始安王遙
光等參預政事及所談薦皆旨得其人由是朝野輻湊軒蓋
盈門延興元年明帝以遙欣為兖州刺史時豐城公遙昌
亦出鎮壽春帝於便殿密宴始安王遙光亦在座帝悵然
謂遙欣曰昭王云不患汝兄弟不富貴而言不及見如何
因悲慟不自勝君臣皆嗚咽侍者兩淚及泣歐陽岸不見如此
左右曰此何都不見彈左右云有門生因彈見易遂斷邪
廢所在皆止遙欣笑曰我小兒時聊復語耳那後遂斷邪
建武元年進跳西中郎將封閩甚縣公遷荊州刺史加都
督改封曲江明帝子弟弱小晉安王寶義有癈疾故以

【南史列傳三十一】　六

遙光為楊州居中遙欣居陝西在外威權并在其門遙欣
好勇聚玄思士以為形援永泰元年詔遙欣以本官領雍
州刺史寧蠻校尉移州鎮襄陽親軍退不行卒贈司空諡
康公
子幾字德玄年十歲便能屬文早孤有弟九人並幼幾恩
愛篤睦聞於朝廷性溫和與物無競清貧自立好學善章
隸書湘州刺史揚公則曲江公故吏更見幾謂人曰康
公此子可謂柜靈寶重出及公則卒幾為之誄時年十五
沈約見而奇之謂其舅蔡撙曰昨見賢甥文不
減希逸之作始驗康公積善之慶位中書侍郎尚書左丞

末年專釋教爲新安太守郡多山水特其所好適性遊履
遂爲之記辛于官子清亦有文才位求康令遙欣弟遙昌
字季暉雍武元年封豐城縣公位豫州剌史卒諡憲公
安陸昭王紀字景業養容止仕宋位中書郎建元元年封
安陸侯爲五兵尚書出爲吳郡太守政有能名竟陵王子
良與之書曰編承下風數十年來姑蘇未有此政武帝嘉
其能黑遠卒喪選百姓緣沔水悲泣設祭於峴山爲立
祠諡曰昭侯明帝少相友愛時加都督紲衛尉表求解職
姓所畏愛及卒時爲僕射領衛尉表求解職
呼左宗前親自顧閉有不得理者勉喻之退皆無恨爲百

私第屢表哀訖不許每臨紲靈輀慟絕不成聲建武元年
贈司徒安陸王子寶畽嗣永元元年政封湘東王昏嚴
寶畽望物情歸已坐待法熖而城內迷歆于梁武帝宣
德太后臨朝拜太常不自安謀及及弟江陵公寶賢甯城
公寶宏皆伏誅新吳侯景先高帝從子也祖爰之貞外郎
父敬宗始興王國中軍提攜及鎮淮陰以孔氏爲舅
氏禰卷高帝嘉之常相提攜及鎮淮陰以景先領軍主自
隨防衛城內委以心腹武帝爲黃興郡啟高帝求景先同
行除武帝寧朝府司馬自此常相隨逐建元元年爲太子
左衛率封新吳縣伯見委任勢傾天下景先本名道先乃

政爲景先以避上諱初武帝少年與景先共車行泥路車
久故壞至領軍府西門車轊折俱墜畢先謂帝曰兩人
脫作領軍亦不得忘今日蓺辛及武帝踐祚詔以景先爲
兼領軍將軍拜曰羽儀袞盛傾朝觀臨拜還未至府門中
詔間領軍今曰故當無折轊事邪景先奉詔景先車上
豫章王一人在席而已轉中領軍車駕郊外景先常
盡心故恩寵特密初西還上坐景陽樓召景先夜乘城
舉兵從廉察左右尋進爵爲侯始明中沈攸之於荊州
甲仗從武帝時鎮江州盆城景先夜乘城忽聞空中有小兒
呼蕭丹楊未測何人聲聲不絕試開空中應云賊尋當

平何軍嚴防語訖不復言即窮討之了不見明旦以白帝
帝曰收之自無所至焉知汝後不作丹楊尹景先曰寧有
作理尋而收之首至及求明三年詔以景先爲丹楊尹謂
曰此授欲驗往年盆城漸空中言耳後假節督州諸軍事
卒諡曰忠侯子毅位北中郎司馬性奢豪好弓馬爲明帝
所疑忌王晏事敗并陷誅之
南豐伯赤斧高帝從祖弟也祖隆子衛軍錄事參軍父始
之冠軍中兵參軍赤斧以和謹爲高帝所知高帝輔政爲
黃門侍郎淮陵太守順帝遜位于丹楊故所立宮上令赤
斧輔送至因留防衛蕭乃還後爲雍州剌史在州不營產

利勤炎奉公遷散騎常侍左衛將軍武帝親遇與蕭景先
相比封南豐縣伯遷給事中太子詹事卒於家資無絹為
斂武帝聞之愈加悼惜謚懿伯子穎胄襲辭
穎胄字雲長弘厚有父風起家祕書郎高帝謂赤斧曰穎
胄輕朱被身覺其趨進美兒慰人意遷太子舍人穎
喪感腳疾數年然後能行武帝有詔慰勉之賜以醫藥除
竟陵王司徒外兵參軍晉熙王文學王敬則自以醫藥除
好武勇武帝登烽火樓詔羣臣賦詩穎胄詩合旨上謂穎
胄曰卿文弟武宗室便不乏才士以穎胄勳戚子弟自中
書郎除左軍將軍知殿內文武事得入便殿出為新安太
守吏人懷之後除黃門郎領四廂直遷衛尉明帝廢立穎
胄從容不為同異乃引穎胄預功建武二年進爵為侯賜
以常所乘白褊牛明帝每存約儉欲鑄壞太官元日上壽
銀酒鎗令尚書令王晏等諸德穎胄曰朝廷盛禮莫過
三元此一器既是舊物不足為侈帝不悅後預曲宴銀器
滿席穎胄曰陛下前欲壞酒鎗恐宜移在此器也帝是年
後為廬陵王後軍長史廣陵太守行兗州府事是年親揚
欲當飲馬長江帝懼敕穎胄移居人入城百姓驚恐席卷
聲南度穎胄以親軍尚遠不即施行魏軍亦尋退仍為南
兗州刺史穎胄以都督和帝為荊州以穎胄為西中郎長史南

郡太守行荊州府事時江祏專執朝權此行由祏穎胄不
平曰江公溷我輩出東督侯誅羣公委任厮小崔陳敗
後方鎮各懷異計永元二年十月尚書令臨湘侯蕭懿及
弟衛尉暢見害先遣輔國將軍劉山陽就道穎胄兵襲梁武
帝帝時為雍州刺史將起兵穎胄不同道穎胄親人王天
武詣江陵聲云山陽西上并襲荊雍書與穎胄勸同舉兵
穎胄意猶未決初山陽出南州謂人曰朝廷以白虎幡追
我亦不復還矣席捲妓妾盡室西行至巴陵逶回十餘日
不進梁武帝復遣天武齎書與穎胄設奇略以疑之是時
或云山陽謀殺穎胄以荊州同舉山陽至果不敢入城穎
胄計無所出夜遣錢唐人朱景思呼西中郎城局參軍席
闡文諮議參軍柳忱閉齋定議闡文曰蕭雍州蓄養士馬
非復一日江陵素畏襄陽人人情又不敵取之不可必制
制之歲寒復不為朝廷所容今若殺山陽與雍州舉事立
天子以令諸侯霸業成矣山陽持疑不進是不信我今斬
送天武則彼疑可釋至而圖之固不濟矣忱亦勸焉穎胄
乃斬之傳首于梁武東昏聞山陽死發詔討荊雍穎胄文
勒兵斬之傳首于梁武東昏聞山陽死發詔討荊雍穎胄文
有器司既唱大事衆情歸之長沙寺僧鑄黃金為龍數千
兩埋土中歷相傳付莫為下方黃鐵穎胄因取此以充軍

二月移鎮建鄴軍實乃歎曰往年江祏斥我至今始知禍福之無門也十

號鎮軍將軍於是始選用方伯梁武屢表勸和帝即尊號

潁冑使別駕宗夌撰定禮儀上尊號改元於江陵立宗廟

南北郊州府門悉依建康官置尚書五省八州軍事

為蘭臺南郡太守為君建武中荊州大風雨龍入柏齋中

桂壁上有爪足處剌史蕭遙欣恐畏不敢居之至是以為

率師隨梁武圍郢城潁達會軍於漢口與王茂曹景宗等

攻陷郢城梁武進漂州使與曹景宗破東昏將李居士又

從下東城初梁武之起也巴東太守蕭惠訓子璝巴西太

守魯休列弗從舉兵侵荊州敗輔國將軍任漾之於峽口

潁冑遣軍拒之而梁武巳平江郢圍建康時潁冑輔帝主

有安軍之勢素能飲酒噉白肉膽至三斗自以職居上將

不能拒制璝等憂愧發疾而卒和帝密詔報潁冑凶問亦

為敕命時梁武圍建康住石頭和帝乃始發喪詔

秘不發喪及建康平蕭璝亦眾懼而潰詔

贈潁冑丞相前後部羽葆鼓吹班劍三十人輼輬車黃屋

左纛梁天監元年追封巴東郡公喪還武帝車駕臨哭渚

次弟倣晉王導齊王儉立章王故事諡曰獻武

弟潁達少好勇身使為潁冑齊建武末行荊州事潁達亦為

西中郎外兵參軍俱在西府齊季多難潁冑不自安因與兄

潁冑舉兵潁達弟潁孚自建鄴為盧陵人脩景智潛引與勸

康歸潁孚緣山踰嶺僅免輝後絕輝因食過飽而卒建

南郡潁孚緣山踰嶺僅免

衛將軍封潁達作唐侯位侍中衛尉卿出為豫章內史右

其憤憤未發前領華林宴酒辭氣不悅沈約因勸

酒欲以釋之潁達大罵約曰我今日形容正是汝老鼠所

為何勿復勸我酒輿坐驚愕帝謂之曰汝是我家阿五沈

公宿望何意輕脫若以法繩汝汝復何理潁達竟無一言

唯大沸泣帝心愧之未幾遷江州剌史少時縣瓠歸化潁

達長史沈瑀等苛刻為盜眾頗疑潁達或傳陰謀及帝

遣直閤將軍張豹子稱江中討盜貫使防之潁達知朝廷

之意唯飲酒不知州事後卒於左衛將軍諡康侯子敏嗣

位新安太守好射雉未嘗在郡辭訟多遷於畋焉後張嘷

損潁而卒第七子敷州梁太清初為魏興太守遷梁州剌史

侯循以為府長史梁州有古墓名曰尖冢或云張駿墳欲

有發者輒聞鼓角與外相拒若進埋者懼而退敷謂無此理求

自監督及開唯有銀鏤銅鏡方尺敷時居毋服清談所眹

衡陽公諶字彥孚高帝絕服族子也祖道度員外郎父仙伯桂陽國下軍宋元徽末武帝在郢下消息高帝遣諶就武帝宣傳謀計留為腹心昇明中為武帝中軍刑獄參軍南東莞太守以勞封安復縣男建元初武帝在東宮諶領宿衛高帝殺張景真武帝即位除步兵校尉南蘭陵太守領御仗主齋內兵仗悉委付之心膂密事皆使參掌為左中郎不悅諶懼而退武帝即位深委信諶諶每請急宿出帝通夕不能寐諶還乃安轉衛軍司馬兼衛尉丁

上崩遺敕諶領殿內事如故武帝卧疾延昌殿在左右宿直將後軍將軍太守如故禪即位深委信諶在左宿直

母憂敕還本位守衛尉明帝輔政諶回附明帝勸行廢立密召諸王典籤約語之不許諸王外接人物諶親要日又眾皆憚而從之鬱林被廢日初聞外有變猶密為手敕呼諶其見信如此諶性險無護身之計及廢帝日領兵先入後宮齋內伏身素隸服諶莫有動者海陵立轉中領軍進爵為公甲仗五十人入直殿內月十日還府建武元年明帝初軍將軍左將軍南徐州刺史給扶進爵衡陽郡公明帝初許事剋用諶為揚州及有此授諶志日見炊飯推以與人王晏聞之曰誰復為揚州及有此授諶甚見推以與人明帝新即位遣左右要人於外聽察具知諶言深相疑阻

江后

二年六月上華林園宴諶及尚書令晏等數人盡歡坐罷留諶晚出至華林閣伏身執還入省上遣左右莫智明數諶曰隆昌之際非卿無有今日今一門二州兄弟三封朝廷相報政可極此卿恒懷怨望乃云炊飯已熟合飢與人今令賜卿死諶謂智明曰天去人亦復不遠我與至尊殺高武諸王是卿傳語智明曰天去人亦復不遠我與至尊殺邪今死諶喜曰感卿意無為道吳興沈文猷伏誅諶兄誕字彥偉求明中為建康令人言也至是文猷伏誅諶兄誕字彥偉秋而智明死見諶相云不減高帝諶喜曰感卿意無為左

與秣陵令司馬遒之同乘行車前導四卒左丞沈昭略奏凡有鹵簿官共乘不得兼列驅寺請免諶等官詔贖論延興元年歷徐司二州刺史明帝立封安復侯徵為左衛將軍上欲殺諶以誕在邊鎮拒誕故未及行魏軍退六旬諶誅遣死梁武帝為司州別使誅誕妻及行魏軍退六旬諶聞誕死曰蕭氏皆盡妻何用生慟哭而絕諶弟誄字彥文與諶同豫廢立封西昌侯位太子左衛率誅諶之日輔國將軍蕭季敞啟求收誅深加排苦乃至手相摧屠誅徐曰巳死之人何足至此君不憶相提拔時幽冥有知終當相報季敞盧猛無行善於彌縫高帝時為諶所獎說故累為郡守在政貪穢諶輒掩之後為廣州刺史白日見誅將

兵入城斫之少日果爲西江都護周世雄所襲軍敗奔山
中爲蜑所囓肉都盡而死慘楚備至後爲村人所斬論者
以爲有天道焉

臨汝侯坦之字君平高帝之與蕭諶同族爲東宮直閤以勤直爲
父狀祖武進令坦之與蕭諶同族爲東宮直閤以勤直爲
文惠所知除給事中蘭陵令武帝崩坦之率太孫文武廝
上臺除射聲校尉令如故未拜除正員郎南魯郡太守少
帝以坦之文惠舊人親信不難得入內見皇后帝於宮中少
及出後堂雜狡擔坦之皆得在側或遇醉後倮袒坦之輒
扶持諫喻見帝不可奉乃敗附明帝密爲耳目隆昌元年

追錄坦之父勳封臨汝縣男少帝微聞外有異謀悄明帝
在臺內敕移西州後在華林園華光殿露著黃敎襌政林
垂脚謂坦之曰人言鎮軍與王是蕭諶欲共發我似林靈
傳蘭陵所聞云何坦之嘗作蘭陵令故稱之坦之曰天下
寧當有此誰樂無事廢天子邪萱元徽獨在路上走三年
人不敢近政坐枉殺孫起杜幼文等故敗耳官有何事一
旦便欲廢立朝貴不容遣以論政當是諸尼師母言耳豈
可以尼姝言爲信官若無事除此三人誰敢自保安陸諸
王在外寧有後還道剛之伎何能抗此三人帝曰膽陵可好聽
察作事莫在人後帝以爲除諸執政應須當事人意在沈

文李夜遣內左右密略文李文李不受帝大怒謂坦之曰
我賜文李不受豈有人臣拒天子賜坦之曰官詔敕出賜
曰內左右官若詔敕出賜令舍人主書送往文李
寧敢不受政仰遣耳帝又夜醉乘馬控帝運
步廊向北馳走如此兩三將倒坦之與曹道剛扶抱還壽昌殿琚
拳聲坦之不著地坦之與曹道剛扶抱還壽昌殿琚
心直閤時明帝謀廢殺旣與蕭諶及坦之定謀未能發始
良久乃眠時明帝謀有異密有勳分諶未能發始
與內史蕭季敞南陽太守蕭頴基並應還都諶欲待二蕭

至藉其威力以學事明帝應事變以告坦之坦之馳謂諶
曰發天子古來大事比聞曹道剛朱隆之等轉已猜疑衛
尉明日若不就事無所後及第有百歲母豈能坐聽禍敗
政應作餘計耳諶惶遽明日遂廢帝坦之力也海陵即位
除黃門郎兼衞尉建武元年遷左德將軍進爵爲侯東昬
立爲侍中領軍將軍永元元年毋憂起復職加將軍置府
江祏兄弟欲立始安王遙光密告坦之坦之曰明帝取天
下已非次第天下人至今不服令若復作此事恐四海尤
解我其不敢言及遙光起事遣人夜掩取坦之坦之謂曰
著褌蹋墻走逢臺游邏主顏端執之坦之謂曰始安作賊

遣人見取於宅奔走欲還臺耳君何見錄端不答而守
防逾嚴坦之謂曰身是大臣夜半奔走君理見疑以為得
罪朝廷若不信自可步往東府參視亦不答端至小街審
知遙光舉事乃走還未至三十餘步下馬再拜曰今日乞
垂將接坦之比至新亭道中坐遙光所廣之餘得二百許人并有
相隨去比至西掖門開鼓後得入殿內其夕四更主書馮元
嗣叩北掖門告遙光及殿內為之備向曉召徐孝嗣入左
將軍沈約五更初聞難馳車走趣西掖門或勸戎服約斷
外軍已至君衣或者謂同遙光無以自明乃朱服而入

臺鼎部分既立坦之假節督衆軍討遙光事平遷尚書左
僕射丹楊尹右軍如故進爵為公坦之肥黑無鬢語聲斷
時人號為蕭菩薩很專執羣小畏而憎之遙光平二十
餘日帝遣延明主帥黃文濟圍坦之宅誅之坦之從兄
宗為海陵郡將發坦之謂文濟曰從兄海陵宅故應得罪仍遣
文濟曰海陵宅在何勲坦之告之文濟應得罪無他
收之檢家赤貧唯有質錢帖子數百還以啓帝原其死和
帝中興元年追贈坦之中軍將軍開府儀同三司
論曰有齊宗室唯始安之後克昌明帝取之以非道遙光
濟之以殘酷其卒至顥仆所謂亦以終者也穎胄荊州

之任蓋惟失職及其末途俛伏豈預圖之所致乎諶與坦
之俱應顧託既以傾國亦以覆身各其宜矣

齊高帝諸子上

豫章文獻王嶷

子子廉　子子恪　子子乾
子恪　弟子顯
子範　子雲

齊高帝十九男昭皇后生武帝豫章文獻王嶷謝貴嬪生
臨川獻王映長沙威王晃羅太妃生武陵昭王曄任太妃
生安成恭王暠陸脩儀生鄱陽王鏘晉熙王銶袁修容生
桂陽王鑠何太妃生始興簡王鑑宜都王鏗區貴人生衡
陽王鈞張淑妃生江夏王鋒河東王鉉李美人生南平王
銳第九第十三第十四第十七皇子早亡衡陽王鈞出繼

【南史列傳三十二】　一

豫章文獻王嶷字宣儼高帝第二子也寬仁弘雅有大成
之量高帝特鍾愛焉仕宋為尚書左戶郎錢唐令高帝破
薛索兒改封西陽以先爵賜嶷為晉壽縣侯後為武陵內
史時沈攸之睨伐荊州界內諸蠻遂反五溪蠻禁斷魚鹽群
蠻怨怒酉溪蠻王田頭擬殺攸之使攸之責賧千萬頭擬
輸五百萬發氣死其弟妻篡立頭攜子田都走入獠中
於是蠻部大亂府抄掠至都城下嶷遣隊主張英兒擊破之
田都自獠中請立而妻侯亦歸附嶷誅妻侯於郡獄命田
都繼其父纘眾乃安入為宋順帝驃騎從事中郎詣司徒

袁粲粲謂人曰後來佳器也高帝在領軍府嶷居青溪宅
蒼梧王夜中微行欲掩襲宅內嶷令左右偫刀戟於中庭
蒼梧殂高帝報嶷曰大事已判汝明可早入順帝即位轉
王勸帝度江北起兵嶷諫曰主上狂凶人不自保軍行道
路易以立功然於此起兵鮮有剋勝於此立計萬不可失及
嶷遣帳內直帶沈攸之之難高帝入朝堂嶷出鎮東府
加冠軍將軍督二十人隨辇道深等俱至石頭焚
嶷之功元孫禎焉先是王蘊萬部曲六十人助為城防實

門之功元孫禎焉

【南史列傳三十二】　二

侍中撫軍將軍及袁粲舉兵丹陽丞王遜告變先至東府
揔皆已亡去上流平後武帝自尋陽還嶷出為都督江州
刺史以定策功改封永安縣公仍徙鎮西將軍都督荊州
刺史時高帝作輔嶷務存約儉停府州儀迎物及至州坦
懷納善側席思政王儉與嶷書曰舊楚蕭條仍歲多故政
荒人散寔須緝理公臨蒞甫爾英風惟穆江漢來蘇八荒
慕義庶亮以來荊州無復此政古人云相去千載月有成而公旬
日成化宣不休哉初沈攸之欲聚眾開人相告士庶坐執
役者其眾嶷至鎮一日遣三千餘人見四五歲刑以下不
連臺者皆原遣以市稅重多所寬假百姓甚悅禪讓之間

武帝欲速定大業，嶷慮違其事，默無所言。建元元年，高帝即位，赦詔未至，嶷先下令蠲除部內昇明二年以前通責。遷侍中、尚書令、都督揚州刺史、驃騎大將軍、開府儀同三司，封豫章郡王。會魏軍動，詔以嶷為南蠻校尉、荊湘二州刺史、都督八州。尋給油絡犊望車，二年給班劍二十人。其夏，於南蠻園東南開館立學，上表言狀，置生三十人，取舊族父祖位正佐臺郎年二十五以下十五以上補之，置儒林參軍一人、文學祭酒一人、勸學從事二人，行釋菜禮。以穀過賤，聽人以米當口錢，優評斛一百。義陽劫帥張羣亡命積年，鼓行為賊，義陽、武陵、天門、南平四郡界被其殘破。

沈攸之連討不禽，末乃首用之。攸之起事，羣從下郢於路先叛，結柴於三溪，依據深險。嶷遣中兵參軍慶於祖為義陽太守，使降意誘納之，厚為禮遺，於坐斷首，其當皆散。四郡穫安。入為中書監、司空、楊府文武都督二州，侍中如故，加兵置佐，以前軍臨川王映府文配司空。嶷以將遠都，修廨宇及路陌，東歸都，曲不得賷府州物出城，發江津士女觀送數千人皆垂泣。嶷發江陵感疾，至都未瘳，上幸東府應為之大赦，三年六月壬子赦令是也。疾愈，上幸東府設金石樂，使乘輿至宮六門。武帝即位，進位太尉，增置兵佐，解侍中，增班劍三十人。建元中，武帝以事失音，高帝頗有

代嬌之意，而嶷事武帝恭悌盡禮，未嘗違忤顏色，故武帝友愛亦深。性至孝，高帝崩，哭泣過度，眼耳皆出血。求明元年領太子太傅、中書監。宋武以來，州郡秩俸及雜供給多隨土所出，無有定準。嶷上表請明立定格，班下四方，永為恒制，從之。嶷上所出，無有定準。侍中宋元嘉制，諸王入齋閤得白服裙帽見人主，唯出太極四廟乃備朝衣。自此以來，此事一斷。上與嶷同生相友睦，宮內曲宴，許依元嘉故事，嶷固辭不奉敕，唯車駕幸第乃白服烏紗帽以侍宴焉。至於衣服制度，動皆陳啟，事無專制，務從減省，並不見許。又啟曰，比第舊邸，本自甚華，臣往歲作小眠齋，皆補接為辦，無華格制，要是梐柢之華。一時新淨，東府又有此齋，亦為華屋，而臣頗有二處住止，下情竊所未安。訊訪東宮玄圃，乃有栢屋制甚古拙，臣乃欲取以奉太子，非但失之於前，且補接既多，不可見後，亦恐外物或為異論，不審可有垂許送東府齋理不。上荅曰，見別紙，汝勞疾亦復那得不動，何意為作煩長啟事竟不從。三年，文惠太子講孝經畢，親臨釋奠，求解揚州，許之。盛蒲又因言宴求解揚州，授竟陵王子良，上終不許。嶷曰，汝一世無所多言。武帝即位後，頻發詔拜陵不果行。遺嶷拜陵，還過延陵季子廟，觀沸井，有水牛突部伍，直兵執牛

推閒疑不許取緝一疋擁舲半角故歸其家政在寬厚故
得朝野歡心四年唐寓之賊起嶷啟上曰此段小寇出於
凶愚天網宏畢不足論但聖明御世幸可不爾此藉聲
聽甘云有由而然但頃小大士庶每以小利奉公不顧所
揹者大捷籍檢功巧督郵簡小塘藏丁匿口凡諸條制實
長怨府此目前交利非天下大計一室之中尚不可精宇
宙之內何可周洗公家何嘗不知人多巧古今政以不可
細碎故不為耳為此者實非華理但識理者百不有一豈
下弟兒大臣猶不能伏理況復天下悠悠萬品怨積聚黨

山迷相類此於一處何足不除脫復後所便成緝上咨
日欺巧那可容宋世混亂以為是不蚊蟻何足為憂至今
都應散滅吾政恨其不辭大耳亦何時無亡命邪後乃詔
聽復籍注是時武帝奢後營萬餘人宮內不容大樂景
弟暴室皆滿猶以為書甚之又為之減遣正
書於疑極言共失嶷谷言良乆為書房亦十餘人潁川荀丕獻
令召後為荊州西曹書佐長史王秀與其書題之云西
曹荀君丕報書曰第五之位不減驃騎亦不知西曹何殊
長史且人之處世當以德行稱著何遽以一爵高人邪相
如不見屈於澠池毛遂安受辱於建都造敵臨車僕必先
於二子未知足下之威孰若秦楚兩王僕以德

為實足下以位為寶各寶其寶於此敬宜於是直題云長
史王君時尚書令王儉當朝玉又與儉書曰足下建高人
之名而不顯高人之迹將何以書於薺史哉及南郡綱紀
啟荊州刺史隨王子隆請罪丕丕自申乃免又上書極諫
武帝言甚直帝不悅不竟於荊州獄賜死徐孝嗣聞其死
曰丕縱有罪亦不應殺數十年後其如竹帛何五年嶷進
位大司馬八年給油絡車寿加中書監固讓嶷身長七尺
八寸善持容範文物衛從禮冠百僚每出入殿省皆瞻望
嚴肅自以地位隆重深懷退素北宅舊有園田之美乃盛
脩理之武帝常問臨川王映曰政使映日政使劉瓛

講禮顧憪講易朱廣之講莊老臣與二三諸彥兄弟友生
時復擊贊以此為樂上大賞之他日謂嶷曰臨川為善遂
至於斯嶷曰未若皇帝之次弟為善最多也嶷常戒諸子
意指嶷曰我若皇帝之次弟安得不爾上仍以王如
凡富貴少不驕奢者鮮矣以約失之者亦鮮矣來俟王子弟
以驕恣之故大者滅身喪族小者削奪邑地可不戒哉
疾不利佳東城累求還第令世子子廉代鎮東府上數幸
嶷第宋長寧陵隧道出第前路上曰我便是入他家墓內
尋人乃徙其表闕騏驎於東岡騏驎及闕形勢甚巧宋孝
武於襄陽致之後諸帝王陵皆模範而莫及也求明末車

駕數遊幸唯嶷陪從上嘗出新林苑同輦夜歸至宮門嶷
下輦辭出上曰今夜行無使為尉司所呵也嶷對曰京輦
之內皆屬臣州願陛下不垂過慮上大笑賜以魏所送氈
車每幸第不復屏人敕上幸嶷即後堂設金石樂宮人畢至
登桐臺便嬈著烏紗帽極日盡歡敕嶷備家人之禮嶷謂
上曰古來言願陛下極壽百年亦足矣上曰百年後何可得
止得東西一百於事亦濟因相執流涕十年上封嶷諸子
舊例王子封千戶嶷欲五子俱封啟減人五百戶其年疾

《南史列傳三十二》　七

篤表解職不許賜錢五百萬嘗功德薨年四十九其日上
視疾至薨乃還宮詔歛以袞冕之服溫明秘器大鴻臚持
節護喪事大官朝夕送祭奠大司馬太傅王如故傅
過葬詔贈假黃鉞都督中外諸軍事丞相揚州牧綠綟綬
具九服錫命之禮侍中大司馬太傅王如故給九旒鑾輅
黃屋左纛虎賁班劍百人輼輬車前後部羽葆鼓吹喪葬
送儀並依漢東平王蒼故事嶷臨終召子子廉子恪曰吾
無後當共相勉勵篤此為先才有優劣位有通塞運有富
貧此自然理無足以相陵侮勤學行守基業修閭庭尚閑
素如此足以無憂患聖主儲皇及諸親賢亦當不以吾沒易

情也三日施靈帷香火盤水干飯脯檳榔而已朔望菜食
食一盤加以甘果此外悉省葬後除靈可施吾常所乘輿
輦繖朔望時節席地香火盤水酒脯干飯檳榔便足棺器
及墓中勿用餘物為後患也朝服之外唯下鐵環刀一口
作家每令深一二依格莫過度也後堂樓可安佛供養外
國二僧餘皆如舊嶷及汝遊戲後堂船乘吾牛馬送二
宮及司徒服飾衣裘悉為功德子廉等竟泣奉行武帝哀
痛特至蔬食積旬太官朝夕送祭奠王融為銘云半岳摧
峯中河隕月帝流涕曰此正吾所欲言也至其年十二月
乃興樂宴朝臣樂始興上便歔欷流涕嶷竟後第庫無見

《南史列傳三十二》　八

錢武帝敕賞雜物服飾數百萬起集善寺月給錢百
萬至上崩乃省嶷性沈愛不樂聞人過失左右投書評直
置靴中竟不視取火焚之齋庫失火燒荊州還資評直三
千餘萬主有各校數十而已嶷薨後忽見形於沈文季曰
我未應便死皇太子加膏中十一種藥使我雍不差湯中
復加一種使利不斷吾已訴先帝先帝許還東邸當判
此事因曾中出青紙文書示文季曰與鄉少舊因呈上
俄失所在文季秘而不傳甚懼此事少時太子嶷又嘗見
形於第後園乘腰輿指麾處分呼直兵直兵無手板左右
授一玉手板與之謂曰橘樹一株死可覓補之因出後園

閑直兵倒地仍失手板摹吏中南陽樂藹彭城劉繪吳郡
張稷最被親禮藹與竟陵王子良戚欲率荊江湘三州僚
吏建碑託中書侍郎劉繪管辨藹文與右率沈約書請為
文約荅曰郭有道漢末之匹夫非蔡伯喈不足以偶三絕
謝安石素冥之台輔時無麗藻迄乃有碑無文況文獻王
冠冕舜倫儀形寓內自非一代辭宗難或與此約間鄙
人名不入第欵今旨便是以禮許人開命懃顏已不覺
為文妃庚氏有女功婦德甚重之宋時武帝及嶷位官
汗之需也建武第二子恪託約及太子詹事孔珪

【南史列傳三十二】 九 甫

公事晚還飢疲躬營飲食未嘗不迎時先辦雖豐儉隨車
而香淨適口穆皇后不自營文不整潔上亦以此貴之又
不姚忌疑倍加敬重嶷薨後少時亦亡
子廉字景嶷初疑養魚後侯子嚮為嗣子廉封永新侯
子嚮本子廉為世子位淮陵太守太子中舍人前將軍
善撫諸弟十一年卒贈侍中諡曰
禪詔曰豫章王元琳故竟陵王昭冑子同齊氏宗國高武
嬌胤宜祚井邑以傳于後降封新塗侯
子廉第子恪字景沖永明中以王子封南康縣侯年十二
和從兄司徒竟陵王子良高松賦衛軍王儉見而奇之建

武中為吳郡太守及大司馬王敬則於會稽及奉子恪為
名而子恪奔走未知所在始安王遙光勸上併誅諸
子孫於是並敕竟陵王昭冑等六十餘人入永福省令大
醫煮椒二斛并命辨數十具棺材謂全人沈徽孚曰椒熟
則一時賜死期三更當殺之令會上暫即主書單景儁依
肯獎之徽孚堅執曰事須更審爾夕三更子恪徒跣奔至
建陽門上聞驚覺曰故當未賜諸侯以苦上撫
以子恪為太子中庶子東昏即位為侍中中興二年為相
國諮議參軍梁天監元年降爵為子位司徒左長史子恪

【南史列傳三十二】 十 甫

與弟子範等嘗閑事入謝梁武帝在文德殿引見謂曰夫
天下之寶本是公器苟無期運雖有項籍之力終亦敗亡
宋孝武為性猜忌兄弟粗有令名者無不因事鴆毒所為
唯景和至朝臣之中疑有天命而致害者枉濫相繼干時
雖疑卿祖無如之何如宋明帝本為庸常被宣疑得全
又後我千時巳年二歲彼豈知我應有今日當知有天命
者非人所害害亦不能得我初平建康城朝廷內外皆勸
我云時代革異物心須一宜行戮我於時依此而行誰
謂不可政言江左以來代謝必相誅戮此是傷於和氣國
祚例不靈長此是一義二者齊梁雖曰革代義異往時我

興卿兄弟宗屬未遠卿勿言兄弟是親人家兄弟自有周
旋者不周旋者五服之屬邪齊業之初亦是甘苦共嘗
腹心在我卿兄弟年少理當不悉我與卿兄弟便是情同一
家豈當都不念此作行路事此是二義且建武屠滅卿門
我起義兵都非惟自雪門耻亦是為卿兄弟報仇卿若能在
建武永元之時撥亂反正我雖起樊鄧豈得不釋戈推奉
自籍喪亂代明帝家天下不亦可得況子與自擁
我今為卿報仇且時代革異望卿兄弟盡節報我耳且我
成帝子光武言假使成帝更生天下亦不復可得況子有天命

【南史列傳三十二】　十一　】南

非我所殺若其無運何忽行此政是示無度量曹志親是
魏武帝孫入事晉武為晉室忠臣此即卿事例卿是宗室
情義異他方坦然相期小待自當知我寸心又文獻王時
內齋直帳閤人趙叔祖天監初入臺為齋帥在壽光省武
帝呼問曰汝比見諸郎不若見道我此意今日雖是
革代情同一家但今盤石未立所以未得用諸郎非唯是
我未宜我亦是欲使諸郎得安耳但開門高枕後自當見
我心叔祖即出具宣敕意子恪普通三年累遷都官尚書
四年轉吏部大通二年出為吳郡太守卒官諡曰恭子子
恪兄弟十六人並入梁有文學者子恪子質子顯子雲子

暉子恪常謂所親曰文史之重諸第備之矣不煩吾後牽
率但退食自公無過足矣子恪亦涉學頗屬文隨棄其本
故不傳文集子恪次弟子操封泉陵侯王侯出身褐為給
事守自此齊末皆以為例永泰元年兄子操解褐為吳
郡太守避王敬則難歸以為具明中封祁陽縣侯拜太子
洗馬郎子操弟子範字景則蕪永明中憂去職子
範有孝性居喪以毀聞閤遷大司馬南平王從事中
郎王愛文學士子範偏被恩遇常曰此宗室奇才也使製

【南史列傳三十二】　【十二】

千字文其辭甚美王命記室蔡遠注釋之自是府中文筆
皆使具草後為臨賀王正德長史正德遷丹楊尹復為正
德信威長史領尹丞歷官十餘年不出番府而諸弟並登
顯列意不能平及是為到府咸曰上蕃首僚於茲而秀河
南雕伏自此重叼老少異時盛衰殊略相比而
臀子範少與弟子顯子雲才名略相比而風采容上不逮
故宦途有優劣每讀漢書杜緩傳云六第五人至大官唯
中弟欽官不至最知名常吟諷之以況己也後為秘書監
韓簡皇后使製宣成策文理哀切帝謂武林侯蕭諮曰此
聞文即位召為光祿大夫加金章紫綬以逼賊不拜其年
辭簡皇后使製茲及策文理哀切帝謂武林侯蕭諮曰此段

荘陵萬事零落唯哀冊尚有典刑敕資米千石子範無居
宅尋卒於揩撮辛僧房賦平元帝追贈金紫光祿大夫謚
曰文前後文集三十卷子滂確並少有文章簡文在東宮
時嘗與邵陵王數諸蕭文士滂確並預焉滂位中軍宣城
王記室先子範卒確位司徒右長史魏平江陵入長安滂
弟乾字思惕容止雅正性恬簡善隸書得叔父之雲之法
九歲補國子周易生祭酒袁昂深敬重之仕梁為宣城王
諮議參軍陳武帝鎮南徐州引為司空從事中即及受命
求定元年除給事黃門侍郎時能曇朗在豫章周迪在臨
川留異在東陽陳寶應在建安共相連結閩中豪帥立柴

自保武帝患之令乾往諭以逆順謂曰昔陸賈南征趙他
歸順隨何奉使顯布來臣追想清風緜緜弟在日鄉宜勉建
功名不煩更勞師旅乾至示以逆順於在款附其年就除
建安太守天嘉二年留異及陳寶應助之又資周迪在臨
出寇臨川因遍建安單使臨郡不能守乃棄居郊野及寶
應時閩中牽守並受寶應署置乾獨不屈從居郊野及寶
應平都督章昭達以聞文帝其嘉之超授五兵尚書卒謚
静子
子顯字景陽子範弟也幼聰慧巖偏愛之七歲封寧都縣
侯梁天監初降為子位太尉錄事參軍子顯身長八尺狀

克甚雅好學工屬文嘗著鴻序賦尚書令沈約見而稱曰
可謂明道之高致蓋幽通之流也又採衆家後漢考正同
異為一家之書又啓撰齊史書成表奏詔付秘閣累遷邵
陵王友後徐黃門郎中大通二年遷長兼侍中梁武帝雅
愛子顯才文嘉其容止吐納每御筵侍坐偏顧訪焉嘗從
容謂曰我造通史此書若成衆史可廢子顯對曰仲尼讚
易道黑八索述方除九丘聖製符同後在兹時以為
名對三年以本官領國子博士武帝製孝經義未列學官
子顯在職表置助教一人生十八人又啓撰武帝集并普通
北伐記遷國子祭酒加侍中於學遞述武帝五經義選吏

部尚書侍中如故子顯風神灑落雅容閑雅簡通賓客不
畏鬼神性愛山水為代社文以見其志飲酒數斗頗負才
氣及掌選見九流賓客不與交言但舉扇一撝而已衣冠
竊恨然簡文素重其為人在東宮時每引與從宴子顯嘗
起更衣簡文謂坐客曰嘗聞異人間出今日始見知是蕭
尚書其見重如此出為具興太守卒時年四十九詔贈侍
中中書令及請謚手敕曰恃才傲物宜謚曰驕子顯為
自序其略云余為邵陵王友嵆還京師遠思前比即楚之
唐宋梁之嚴鄒追尋平生頗好辭藻雖在名無成求心已
足若乃登高目極臨水送歸風動春朝月明秋夜早雁初

懇開花落葉有來斯應每不能已也且前代賈傳崔馬邯
鄲緲路之徒並以父章顯所以憂上歌頌自比古人天監
六年始預九日朝宴稠人廣坐獨受旨云令雲物甚美卿
將不斐然賦詩詩既成又降旨曰可謂才子余退謂人曰
一顧之恩非望而至遂方賈誼何如哉未易當也每有製
作體兼眾製文備多方頗為好事所傳故嘗賦易聲易遠子
顯所著後漢書一百卷齊書六十卷晉通比伐記五卷貴
儉傳三卷文集二十卷子序愷才學譽望時論必方其父簡文在
庶子卒愷太子家令愷才學譽望時論必方其父簡文在
東宮早引接之時中庶子謝嘏出守建安於宣猷堂餞飲
並召時才賦詩同用十五劇韻愷詩先就其辭又美簡文
與湘東王令曰王筠本自舊手後進有蕭愷可稱信為才
子先是太學博士顧野王奉令撰王篇簡文嫌其書詳略
未當以愷博學於文字尤善便更與學士刪改太清中卒
於侍中子顯弟子雲
子雲字景喬年十二齊建武四年封新浦縣侯自製拜章
便有文采梁天監初降爵為子及長勤學有文藻弱冠撰
晉書至年二十六書成百餘卷表奏之詔付祕閣子雲性
沈靜不樂仕進風神閑曠任性不群夏月對賞客恒自裸

祖而兄弟不睦乃至吉凶不相弔問時論以此少之年三
十方起家為祕書郎遷太子舍人撰東宮新記表之敕賜
束帛累遷揚郡丞湘東王繹為丹陽尹深相賞好如布
衣之交中大通三年為臨川內史在郡以和理稱人吏悅
之還除散騎常侍中國子祭酒梁初郊廟未華牲牷
樂辭皆沈約撰至是承用子雲啟宜改之敕曰此是主
者守株宜急改也仍使子史文章淺言而沈約所撰
詰大語不得雜用子史用子雲草隸為時楷法自云善效鍾
元常王逸少而微變字體當合敕云臣昔不能拔賞隨時
子雲作成敕並施用子雲善草隸為時楷法亦多舛謬
欲作論草隸法言不盡意遂不能成略指論飛白一事而
已十許年始見敕旨論書一卷商略筆狀洞澈字體始變
所貴規摹子敬多歷年所年二十六著晉史至二王列傳
子敬全範元常並驅爾以來自覺功進其書跡雅為武帝所
重帝嘗論書曰筆力勁駿心手相應巧逾杜度美過崔寔
當與元常並驅爭先其見賞如此出為東陽太守百濟國
使人至建鄴求書逢子雲為郡維舟將發使人於渚次候
之望船三十許步行拜前子雲遣問之答曰侍中尺牘之
美遠流海外今日所求唯在名迹子雲乃為停船三日
書三十紙獲金貨數百萬性吝書自外答餉不書好紙

好事者重加賂遺以要其名大清元年後為侍中國子祭

酒二年侯景過子雲逃入閨三年宮城失守奔晉陵餓

卒于顯雲寺僧房年六十三所著書一百二十卷東宮

新記二十卷子特字世達早知名亦善草隸時人比之衛

恒衛瓘武帝嘗使特書及奏帝曰子敬之迹不及逸少蕭

特之書遂通於父位太子舍人海鹽令坐事免先子雲卒

遺焓闓文求為墓誌銘帝為製銘焉

子雲弟子暉字景光少涉學亦有文才性恬靜寡嗜慾嘗

預重雲殿聽制講三慧經退為講賦奏之甚見責卒於驃

騎長史

列傳第三十二　　　　　　　　南史四十二

列傳第三十三

齊高帝諸子下

李　延　壽

南史四十三

臨川獻王映字宣光高帝第三子也少而警悟美言笑善
容止仕宋位給事黃門侍郎南兗州刺史留心吏事自下
莫不肅然令行禁止高帝踐阼為雍州刺史加都督封臨
川王嘗致錢還都買物有獻計者於江陵買貨至都還換
可得微有所增映笑曰我是賈客邪乃復求利改授都督
揚州刺史位事聰敏府州曹局皆重足以奉禁令自宋彭
城王義康以後未之有也永明元年為侍中驃騎將軍五

◀ 南史列傳三十三（一）▶

年即本號開府儀同三司七年薨映善騎射解聲律工左
右書左右射應接賓客風韻韶靡及薨朝野莫不惋惜贈
司空九子皆封侯長子子晉永元初為侍中入梁為高平
太守第二子子游州陵侯為黃門侍郎謀反兄弟並伏誅
長沙威王晃字宣明高帝第四子也少有武力為高帝所
愛昇明二年代兄映為淮南宣城二郡太守時大守晃便弓馬初
沈收之事起晃多從武容赫弈都街時人為之語曰煥
蕭四繼其年遷西中郎將豫州刺史監三州諸軍事高帝
踐阼每陳政事輒為典籤所裁見殺之上大怒手詔賜
杖遷南徐州刺史加都督武帝為皇太子拜武進陵於曲

阿後湖閣隊使晃御馬軍上聞之又不悅臨崩以晃屬武
帝廐以輦轝載近番勿令遠出永明元年以晃為都督南徐
州刺史入為中書監時禁諸王畜仗在都下者雖置捉刀
左右四十人晃愛武飾禁司所覺投之江中帝聞之大怒將
禁司所覺投之江中帝聞之大怒將
首流涕曰晃罪誠不足宥陛下當憶先朝念白象白象晃
小字也上亦垂泣高帝大漸時戒武帝曰宋氏若骨肉
相圖佗族當乘其弊汝深戒之故武帝終無異意然晃
亦不見親寵當時論者以武帝優於魏文減於漢明後拜
車騎將軍侍中薨贈開府儀同三司武帝嘗幸鍾山晃從

◀ 南史列傳三十三（二）▶

駕以馬稍刺道邊枯蘗上令左右數人引之銀纏皆卷聚
而稍不出乃令晃復馳馬拔之應手便去每遠州獻駿馬
上輒令晃於華林中調試之高帝常曰此我家任城也武
帝緣此意故諡曰威
武陵昭王曄字宣昭高帝第五子也母羅氏從高帝在淮
陰以罪誅曄年四歲思慕不異成人每慟吐血高帝敕武
帝曰三昧至性如此恐不濟汝可與共住每抑割之三昧
曄小字也故曄見愛高帝雖為方伯而居處甚貧諸子學
書無紙筆曄常以指畫空中及畫掌學字遂工篆法少時
又無棊局乃破荻為片縱橫以為棊局指點行勢遂至名

品性剛穎傷儁出與諸王共作短句詩學謝靈運體以呈高
帝帝報曰見汝二十字諸兒作中最為儁者但康樂放蕩
作體不辨有首尾安仁士衡深可宗尚顏延之抑其次也
建元二年為會稽太守加都督上遣儒士劉瓛往郡為蕤
講五經武帝即位歷中書令祠部尚書巫覡或言蕤有非
常之相以此自負武帝聞之故無寵未嘗處方岳於御坐
曲宴醉伏地貂抄肉柈帝不悅性輕財重義有古人風罷會稽都
而踈其嘗肉帝笑曰汗貂對曰陛下愛其羽毛
齋中錢不滿萬俸祿所入皆與參佐賓僚共之常曰兄作
天子何畏弟無錢居上附身所須而已名後堂山為首陽

蓋怨貧薄也嘗於武帝前與竟陵王子良圍棊子良大比
及退豫章文獻王謂蕤曰汝與司徒手談故當小相推讓
蕤曰身立以來未嘗一口妄語執心踈婞不知悔好
文章射為當時獨絕琅邪王瞻亦稱善射而不及蕤也武
帝幸豫章王嶷東田宴諸長王獨不召蕤疑曰風景殊美
今日其億武陵上仍呼使射屬發命中額四坐曰手何如
上神色甚怪疑曰何五常曰不爾今可謂仰藉天威帝意
苔曰蕤立身以來此戲凡六箭五破一皮賜錢五萬文又上
乃揮後於華林射賭兒號為桐山武帝幸之置酒為樂領
軍酒勸蕤曰陛下常不以此戲許臣上回面不荅豫章王
於郎起土山列種桐竹號為桐山武帝幸之置酒為樂領

臨川王映王郎亦有嘉名不映曰臣好靜因以為稱又
問蕤曰山甲不習栖靈昭景唯有薇蕨直號首陽山
帝曰此真勞者之歌也父之出為江州刺史上以蕤方出
鎮求其宅給諸皇子遺舍人喻旨蕤曰先帝賜臣此宅遷
臣歌哭有所陛下欲以州易宅請不以宅易州帝恨之
至鎮百餘日典籤趙渥之啟蕤得失徵還為左戶尚書
便殿閒蕤至引見問之蕤稱疾不得志冬郎問說諸王皆出蕤獨後來上已還
太常卿累不得志冬郎問說諸王皆出蕤獨後來上已還

事還過竟陵王子良宅冬月道逢乞人脫襦與之子良見
副御牛一頭救主客自今諸王來不隨例者不復為通公

蕤衣單進襦於蕤蕤曰我與向人亦復何異尚書令王儉
詣蕤蕤留儉設食盤中菜鮑魚而已儉重其率真為飽
食盡歡而去尋為丹楊尹始不復置行事自得親政轉侍
中護軍將軍給油絡車又給扶二人武帝臨崩遺詔為衛
將軍開府儀同三司大行在殯竟陵王子良在殿內太孫
未至眾論喧疑欲立子良則應在我立嫡則應二
立太孫及彭林立其見馮賴隆昌元年竟贈司空班劍二
十人

安成恭王暠字宣曜高帝第六子也性清和多疾歷位南
中郎將江州刺史侍中領步兵校尉中書令永明元年為

散騎常侍秘書監領石頭戍事及宣猷

鄱陽王鏘字宣韶高帝第七子也建元末武帝即位為雍

州刺史加都督武帝服除鏘乃還始入觀拜便流涕武帝

愕然問其故鏘收淚曰臣違奉顏年今奉顏色聖顏損瘦

所以泣耳武帝歡曰我復是有此一弟累遷丹楊尹永明

十年為領軍將軍鏘和悌美令性謙慎好文章有寵於武

帝領軍之授齊臺諸王所未為者鏘在官理事無擁當時稱

之車駕游幸常甲仗衛從恩待次豫章王疑其年給油絡

車隆昌元年轉尚書左僕射還侍中驃騎將軍開府儀同

三司領兵置佐鏘雍容得物情為鬱林依信鬱林心疑明

帝諸王問訊獨留鏘謂曰聞鸞於法身何如鏘曰臣鸞於

宗戚最長且受寄先帝臣等年皆尚少朝廷之幹唯鸞一

人願陛下無以為慮鬱林退謂徐龍駒曰我欲與公共計

取鏘公既不同我不能獨辦且後小聽及鬱林廢鏘不

知延興元年進位司徒侍中如故明帝鎮東府權威稍異

鏘每往明帝屣履至車迎鏘語及家國言淚俱下鏘以此

取信之而宮臺內皆屬意於鏘勸令入宮發兵輔政制局

監謝粲說鏘及隨王子隆曰殿下但乘油壁車入宮出天

子置朝堂二王夾輔號令粲等閉城門上仗誰敢不同宣

城公政當投井求活耳有一步動哉東城人政共縛送耳

子隆欲定計鏘以上臺兵力既乘虛廢東府且應難捷意甚

猶豫馬隊主劉巨武帝時舊人詣鏘請聞叩頭勸鏘立事

鏘命駕將入復回與母陸太妃別日暮不成行典籤

知謀告之數日明帝遣二十人圍鏘宅或齊研關排牆叫噪而

殺凡諸王被害皆以夜遣兵圍宅謝粲等皆見

其賞興則詩酒連日情有所厭則兄弟不通隆昌元年加

清嬴有冷疾常枕臥武帝臨視賜鏘帳衾褥性理偏狹遇

散騎常侍時鄱陽王鏘好文章鏘好名理人稱為鄱桂鏘

桂陽王鑠字宣朗高帝第八子也求明七年為中書令加

入家財皆見封籍焉

前將軍給油絡車并給扶二人鄱陽王見害鑠遷中軍將

軍開府儀同三司不自安至東府見明帝及出歎分存亡

之計謂侍讀山惊曰吾前日觀王流涕嗚咽而鄱陽隨

郡見誅今日見王王又流涕而有愧色其在吾邪其夜三

更中兵已見害

始興簡王鑑字宣徹高帝第十子也性聰警年八歲喪所

生母號慕過人數日中便至骨立豫章文獻王聞之撫其

首鳴咽謂高帝曰此兒操行異人恐其不濟高帝聞之悲不

自勝初封廣興郡王袁彖時為秘書丞早有令譽高帝盛

重鑑乃以彖為友後改封始興自晉以來益州刺史皆以

良將為之宋泰始中益州市橋忽生小洲道士邵碩見之
曰當有貴一臨州劉亮先為剌史泰前石榴樹冬生華亮
以問碩碩曰此謂往華宋諸劉滅亡之象後二年君當終
後九載宋當滅後有王勝憲來作此州冀爾時蜀土平
碩始康人元徽二年忽告人云吾命終因臥而死後碩見
碩在荊州上明以一隻故履縛左腳而行甚疾遂不知所
於此乃驗先是劫帥韓武常聚黨千餘人斷流為暴郡
縣不能禁行旅斷絕碩行至上明武方乃出降長史虞惊

等咸請殺之鑑曰武方為暴積年所在不能制今降而被
殺失信且無以勸善於是啟臺稟被宥自是巴西蠻夷凶
惡皆望風降附行次新城路籍措一陳顯達大選士馬
不肯就徵巴西太守陰智伯亦以為然乃停新城十許日
遣典籤張曇皙住觀形勢俄而顯達遣使人郭安明朱公
恩奉書貽咸勸鑑執之鑑曰顯達立節本朝必自無此
星哲還若有同異執安明等未晚居二日曇皙還說顯達
道家累已出城日久望殿下至於是乃前時年十四好學
善屬文不重華飾器服清素有高士風輿記室參軍蔡仲
熊登張儀樓商略先言往行及蜀土人物鑑言辭和辯仲

能應對無滯嘗時以為盛事州城北門常閉不開鑑問其
故於虞惊惊蒼曰蜀中多寇裘亦有時抄掠至城下故相承
閉之鑑曰古人云善閉無關楗且在德不在閉即令開之
戎夷景義自是清謐於州閭地得古冢無復棺但有石槨
銅器十餘種並古形玉璧三枚珍寶甚多不可皆識金銀
為鑿蛇形者數十又以朱沙為阜水銀為池左右咸勸取
之鑑曰皇太子昔在雍有敢發古冢者得玉鏡玉屏風玉匣
之屬皆將還都即是素

歲不涌三萬王儉常歎曰始與王雍尊貴而行復都是素
實物一不得犯性甚清在蜀積年未嘗有所營遣資用
馬以繩縣馬令去地尺餘灌之以水文以器盛水於下以
六寸六分圍三尺四寸圓如筒銅色黑如漆甚薄上有銅
士時有廣漢什邡人段祖以淳于獻鑑古禮器也高三尺
古所以節樂也五年為散騎常侍秘書監領石頭戍事上
文九年為散騎常侍石頭宴會實勗尋遷左衛將軍未拜遇疾上為南
車駕幸石頭琳起青楊巷第新成車駕與後宮幸第樂飲其日
康王子琳記聞疾相繼為之止樂尋薨
鑑疾上遺騎詔問疾
江夏王鋒字宣穎高帝第十二子也母張氏有容德宋蒼

梧王遍取之又欲害鋒高帝甚懼不敢使居舊宅匿於張
氏舍時年四歲性方整好學書張家無紙札乃倚井欄為
書書滿則洗之已復更書如此者累月又晨與不肯拂拭
塵而先畫塵上學為書字五歲高帝使學鳳尾諾一學即
工高帝大悅以王騏驥賜之曰騏驥賞鳳尾矣至十歲便
能屬文武帝時藩邸嚴急諸王不得讀皇書五經之外唯
得者孝子圖而已鋒乃密遣人於市里街巷買圖籍非月
之閒始將備矣鋒乃好琴書畫亦天性於當觀武帝賜以寶裝琴
仍於御前鼓之大見賞帝謂鄱陽王鏘曰阿黎琴亦是柳
令之流亞其既事有意吾欲試以臨人鏘曰昔鄱忽鼓

琴威王委以國政乃出為南徐州刺史善與人交行事王
文和別駕江祏等皆相友善後文和被徵爲益州置酒告
別文和流淚曰下官少來未嘗作詩今日違戀不覺文生
於性王徽聞之曰江夏可謂善緝緛素也王書爲當時蕃
王所推南郡王昭業亦稱工謂武帝曰臣書固應勝江夏
王武帝荅閒黎第一法身第二法身昭業小名閒黎鋒小
名也隆昌元年爲侍中領驍騎將軍尋加祕書監及明帝
知權蕃邸危懼江祏嘗謂王晏曰江夏王有才行亦善能
匿迹以琴道校羊景之景之著名而江夏掩能於世非唯
七絃而已百氏亦復如之鋒聞歎曰江祏遂復爲混沌書

眉欲益反弊耳寡人聲酒是耽狗馬是好豈復一夏於平
生哉當時以爲話言常忽忽不樂著憂栢賦以見志曰既
殊羣而杭立亦忘貪貞而挺正宣春日之自芳在霜下而
盛衢風不能摧其枝攢雪不能改其性雖復之意之行
後凋之可詠時鼎業潛移鋒獨憒然有匡復之意之行
事故不遂也嘗見明帝言欠及遙光之於高皇帝廟安社稷
鋒荅曰遙光之於陛下猶殿下之於高皇帝廟安社稷
實有收寄明帝失色鋒有武力明帝殺諸王鋒與書詰責
左右不爲通明帝深憚之不敢於第收之鋒出登車兵人
欲上車防勒鋒以手擊却數人皆應時倒地遂逼害之江

戮閒其死流涕曰芳蘭當門不得不鋤其楯栢之賦乎
南平王銳字宣毅高帝第十五子也位左戶尚書朝貞勤
謹未嘗屬疾求明七年出爲南中郎將湘州刺史延興元
年明帝作輔害諸王遣裴叔業平尋陽仍進湘州銳防閒
周伯玉大言於衆曰此非天子意本斬叔業舉兵社稷
誰敢不同銳與典籤叱左右斬之銳下獄誅
宜都王鏗字宣儼高帝第十六子也生三歲喪母及有識
問母所在左右告以早亡便思慕蔬食自悲不識母常祈
請幽寞求一夢見至六歲遂夢見一女人云是其母鏗悲
泣向舊左右說容貌衣服事皆如平生聞者莫不歔欷清

悟有學行求明十一年為南豫州刺史都督二州軍事雖

未經庶務而雅得人心舉動每為戲師所制立意多不得

行州鎮姑孰于時人發桓溫女家得金市箱織金箋為嚴

器又有金蠶銀甕等物甚多條以啟閭鬱林敕以物賜之

鏗曰今取往物後令物如此循環豈可熟念使長史察之

約自往脩復纖毫不犯年十歲時與云景雕商略先言往

不顧視彌善射常以堋的大闊曰終日射矢何難之有乃

取甘蔗插地百步射之十敬十中永明中制諸王年未三

十不得畜妾及武帝晏駕後有勸取左右者鏗曰在內不

無使役既先朝遺旨何忍而違及延興元年明帝誅高武

文東諸子鏗聞之馮之右從容雅步詠陸機甲魏武二昔

以四海為己任死則以愛子託人如此者三左右皆泣後

果遣呂文顯齎藥往夜進聽事正逢八關齋鏗上高坐謂

文顯曰貧道昔龍任君何事乃有今日之行苔云不獲

已於是仰藥時年十八身長七尺鏗狀似兄巍峨以國器

許之又死有識者莫不痛惜初鏗出閤時年七歲嘗咸以

為侍讀八九年中甚相接遇後弘景隱山忽夢鏗來慘然

言別云其日命過無罪遣信出都參訪果與事符同弘景因

事多秘不出覺後即遣信出都參訪果與事符同弘景因

著夢記云

晉熙王銶字宣徹高帝第十八子也隆昌元年位郢州刺

史延興元年見害

河東王鉉字宣徹高帝第十九子也母張氏有寵於高帝

鉉又最幼尤所留心高帝臨崩以屬武帝武帝甚加意焉

為納柳世隆女為妃及明帝誅高帝諸子看新婦流涕不自勝鉉亦以

章王巚亦哽咽及明帝誅高帝諸子以鉉尚幼

才弱年幼故得全初鉉年三四歲高帝嘗晝臥纏繩

歲時輒開視涕鳴咽人才甚凡而有此一至蓮武中高

高帝腹上弄繩高帝因以繩賜鉉及崩後鉉以賣武盛繩

武子孫愛疑鉉朝見常鞠躬俯僂不敢正行直視尋遠待

中衞將軍鉉年稍長四年誅王晏以謀立鉉為名鉉免官

以王還第禁不得與外人交通永泰元年明帝暴疾其男

見害聞收至欣然曰死生命也終不數建安王為奴而不

論曰豫章文獻王珪璋之質風表天姿行己所安率由忠

敬雖代宗之議早隆皇瞻而天倫之愛無斁永明故知為

仁由己不亦信乎也自宋受晉終馬氏遂為廢姓齊受宋禪

雖見梁武之弘裕亦表文獻之餘慶晉陳思表二權之所

劉宗蓋見誅東梁武革齊弗取前轍子恪兄弟並皆錄用

存難跡必重勢之所去雖親必輕原夫此言實存固本然
就國之典觖隨代革鄉士入朝作貴蕃輔皇王託體同禀
尊極仕無常資秩有恒數禮地兼隆易生推擬武帝顧命
情深尊嫡密圖遠籌意在求安以明帝同起布衣用存顧
託遂翰未命於近戚寄重任於疎親以為子弟列外有
強大之固支庶中立可息覬覦之謀表裏相維汾隆家國
曾不庸機能遠衡權可制衆宗族殱滅一至于斯曹植之
言遠有致矣

列傳第三十三

南史四十三

齊武帝諸子
明帝諸子

李　延壽

文惠諸子

武帝二十三男穆皇后生文惠太子竟陵文宣王子良張
淑妃生廬陵王子卿魚復侯子響周淑儀生安陸王子敬
建安王子真阮淑媛生晉安王子懋謝昭儀生西陽王
生隨郡王子隆蔡婕妤生西陽王子明樂容華生南海王
子罕傅充華生巴陵王子倫謝昭儀生邵陵王子貞江淑
儀生臨賀王子岳庚生西陽王子文前昭華生南康

南史列傳三十四　　一

文惠皇太子長懋字雲喬小字白澤武帝長子也武帝年
未弱冠而生太子安容豐美為高帝所愛宋元徽末秘
書郎不拜夜輔國將軍遷晉熙王撫軍主簿寧武帝遣
太子還都為高帝方創霸業心存嫡嗣謂太子曰汝還行日
辦矣勅之府東齋令通文武賓客謂荀伯玉曰我出行甲兵
城中軍悉受長懋節度我雖不行內外直防及諸門甲兵
悉令長懋時時復行轉秘書丞以與宣帝諱同不就歷中

書萬門侍郎昇明三年高帝將受禪以襄陽兵馬重鎮不
欲勦佗族出太子為雍州刺史加都督北中郎將寧蠻校
尉建元元年封南郡王江左嫡皇孫及至襄陽因執誅
梁州刺史范柏年頗著威名沈攸之事起自此也先是
之二年徵為侍中中軍將軍置府鎮石頭穆妃薨成服日
子憲其為變乃遺說之玄許啟為府長史及至襄陽回親興不肯下太
朝廷遣王玄邈代之玄邈已至柏年遂回親興不肯下太
車駕出臨喪朝議疑太子應出門迎左僕射王儉曰尋禮
記服問君所主夫人妻太子嫡婦言國君為此三人為主
喪也今鑾輿臨降自以主喪而至雖因車撫慰義不在弔

南史列傳三十四　　二

南郡以下不應出門奉迎但尊極所臨禮有變革權去杖
以衰情行事望拜止哭率由情禮如為可安又其年九月有閏小祥疑應
惟常體求之情敬無煩止哭皇太子既一宮之主自
計閏儉又議以為三百六旬尚書明義文公納幣春秋致
讓故先儒著喪歲數沒閏大功以下月數閏所以具商
云舍閏以正朞允協情理固在言先並從之武
帝即位為皇太子初高帝好左氏春秋太子承旨諷誦以
為口實及正位東儲善立名尚解聲律工射飲酒至數斗

而未嘗舉盃從容有風儀音韻和辯引接朝士人人自以
為得意文武士多所招集會稽虞炎濟陽范岫汝南周顒
陳郡袁廓並以學行才能應對左右而武人略陽垣歷生
襄陽蔡道貴奉勇秀出當時以此開羽張飛其餘安定梁
天惠平原劉矯廬河東王世興趙郡李居上襄陽黃嗣祖
魚文絢之徒並為後來名將求明三年於崇正殿講孝
經少傅王儉以太子僕周顒撰為義疏
學親臨策試諸生於坐問少傅王儉曲禮云無不敬義儉
及竟陵王子良等各有酬荅太子又以此義問諸學生謝
幾卿等二十人並以筆對太子問王儉周易乾卦本施天

◀南史列傳三十四▶　三

位而說封云帝出平震本非天義苴當相主儉曰乾健
震動天以運為德故言帝出平震儉又諮太子孝經仲尼
居曾子侍義臨川王暎諮丹楊所領因為南北二百里內獄
其有條貫明年上將訊
太子於玄圃園宣猷堂三署囚原宥各有差上晚年
詔太子省視太子與竟陵王子良
俱好釋氏立六疾館以養窮人而性頗奢麗宮內殿堂皆
好游宴尚書曹事亦分送太子省視太子與竟陵王子良
雕飾精綺過於上宮開拓玄圃園與臺城北塹等其中起
出土山池閣樓觀塔宇窮奇極麗費以千萬多聚異石妙
極山水應上宮中望見乃旁列修竹外施高郵造游觀數

百間施諸機巧宜須郭敞須更成立若應毀撤應手遷徙
製珍玩之物織孔雀毛為裘光采金翠過於雉頭遠矣以
晉明帝為太子時立西池乃啟武帝引前例求於東田起
小苑上許之求明中二宮並力金寶太子使宮中將更
箘篠役營城包巷制度之盛觀者傾都上性雖嚴藏之由
為遠壯麗極目於是大怒收監作主帥太子懼皆藏之由
是見責太子素疾體又過壯常在宮內簡於遨遊玩之由
儀多所僭擬雖尺寸宮禁上終不知又使徐文景造輦
又乘輿御物辨貴雲罕之屬上嘗幸東宮忽忽不服藏輦

◀南史列傳三十四▶　四

文景乃以佛像內輦中故上不疑文景父陶仁時為給事
中謂文景曰終當滅門政當掃墓術耍耳乃移家避之其
後文景竟賜死陶仁遂不哭時人以為有古人風十年豫
章王薨竟太子見上友于既至造碑文奏之未及雋勒十
一年春正月太子見上有疾上自臨視有憂色疾篤上表告辭
薨于東宮崇明殿時年三十六太子年始過立父陶仁時在儲宮
得參政事內外百姓咸謂文惠晏朝野驚惋焉
上幸東宮上臨哭盡哀詔斂以袞冕之服謚曰文惠葬崇
安陵有司奏御服縗朝臣齊衰三月南郡國臣齊衰朞臨
汝曲江國臣並不服六宮不從服武帝履行東宮見太子

服玩過制大怒敕有司隨事毀除以東田殿堂廢為崇虛
館鬱林立追尊為文帝廟稱世宗初太子惡明帝密謂竟
陵王子良曰我意色中殊不悅此人當由其福德薄所致
子良便苦救解後明帝立果大相誅害

竟陵文宣王子良字雲英武帝第二子也幼聰敏武帝為
贛縣時與裴后不諧道人船送右還都已登路子良年
小在庭前不悅帝謂曰汝何不讀書子良曰嘗慇何慇何
郡封聞喜公宋元嘉中皆責成郡縣孝武後徵求急速以
謝諲王微弱故不廢此官昇明三年為會稽太守都督五
郡

郡縣遷緩始遣臺使自此公役勞擾高帝踐祚子良陳之
請息其弊子良敬愛古郡人朱百年有至行先卒賜其
妻米百斛彊一人給其薪蘇古郡闃卜有震翻舊林罷任還
乃致以歸後於西邸起古齋多聚古人器服玩以充之夏禹
廟盛有橋祀子良曰馬泣韋表仁菲食庶官仍為丹楊尹
以致誠使歲獻獻芻簞而已時有山陰人孔平詰子良訟田義於
此乃賜米錢以償平建元二年得妃薨去官仍為丹楊尹
開私倉振屬縣貧人先是太妃以七月薨子良以八月奉
凶問又小祥嬖南郡王應相待尚書左僕射王儉議以為

禮有倫序義無徒設如今遠則不待近必相須禮例既申
即心無取若疑兄弟同居凶凶雜則遠還之子自應開
立別門以終喪靈筵張設異宜通在家之人再舉而殿庶子
在家亦不待嫡而況備妃正體王室中軍長史夔之重天朝
又行權制進退彌複非疑莚除昆弟亦宜相就寫情
喜致哀而已不受弔慰至聞喜變除出居之地傾意賞客天下才學皆
不對客從之武帝即位封竟陵郡王南徐州刺史加都督
求明二年為護軍將軍兼司徒四年進號軍騎將軍子良
少有清向禮才好士居不疑之地傾意賓客天下才學皆
游集焉善立勝事夏月客至為設瓜飲及甘果著之文教

士子文章及朝貴辭翰皆發教撰錄是時上新視政水旱
不時子良密啟請原除通租又陳寬刑息役輕賦省傜並
陳泉鑄歲類多前繫江東大錢十一在公家所受必
須輪郭遂買本一千加子七百求請無地捶革相驅尋完
者為用既不兼兩回復遷買會非妻積徒令輸直進達舊科
苦且錢布相半為制求久或聞長宰須令小人每嬰困
退容姦利五年正位司徒給班劍二十人侍中如故移居
雞籠山西邸集學士抄五經百家依皇覽例為四部要略
千卷招致名僧講論佛法造經唄新聲道俗之盛江左未
有武帝好射雉子良啟諫先是左衛殿中將軍邯鄲超上

子良書諫射雉武帝為止之超竟被誅永明末上將復射雉
子良復諫前後所陳上雖不盡納而深見寵愛又與文惠
太子同好釋氏甚相友悌子良敬信尤篤數於邸園營齋
戒大集朝臣眾僧至賦食行水或躬親其事世頗以為失
宰相體勸人為善未嘗厭倦以此終致盛名八年給三望
車九年都下大水吳興偏劇子良開倉振救貧病不能立
者於第北立解收養給衣及藥十年領尚書令揚州刺史
本官如故尋解尚書令加中書監文惠太子薨武帝檢行
東宮見太子服御羽儀多過制度上大怒以子良與太子
善不啟聞頗加嫌責武帝不豫詔子良甲仗入延昌殿侍

醫藥子良啟進沙門於殿戶前誦經武帝為感夢見優曇
鉢花子良案佛經宣旨使御府以銅為花插御牀四角日
夜在殿內太孫間日入參武帝暴漸內外惶懼百僚皆已
變服物議疑立子良俄頃而蘇問太孫所在因召東宮器
甲皆入遺詔使子良輔政明帝知尚書事子良素仁厚不
樂時務乃推明帝詔云事無大小悉與鸞參懷削不得立
也太孫少養於子良妃袁氏甚著慈愛既懼前不得立志
此深忌子良大行出太極殿西階之下成服後諸王皆出
郎將潘敞二百人仗屯太極殿不許進位大傅增班劍為
子良乞停至山陵不許三十人本官

如故解侍中隆昌元年加殊禮劍履上殿入朝不趨贊拜
不名進督南徐州其年疾篤謂左右曰門外應有異遣人
視見淮中魚無算皆浮出水上向城門尋薨年三十五帝
常慮子良異志及薨甚悅詔給東園溫明祕器斂以袞冕
之服東府施喪位大鴻臚持節監護大官朝夕送祭又詔
追崇假黃鉞侍中都督中外諸軍事大宰領大將軍揚州
牧綠綟綬備九服錫命之禮持節羽葆鼓吹挽歌二部虎
賁班劍百人葬禮依晉安平王故事初豫章王嶷薨焉所
牛山文惠太子葬夾石子良臨送望祖硎山悲感歎曰比

瞻吾叔前望吾兄死而有知請葬茲地及薨遂葬焉所著
內外文筆數十卷雖無文采多是勸戒子良既亡故人皆
來本赴陸惠曉問之曰近者云定後何
謂王融見殺而魏準破膽道路籍籍又云竟陵不永天年
有之乎答曰齊氏微弱巳數年矣若不立長君無以鎮安
之所餘政風流名士耳若不立長君無以鎮安四海王融
雖為身計實安社稷恨其不能斷事以至於此道路之談
自為身計實安社稷恨其不能斷事以至於此道路之談
范雲上表為子良立碑事不行子邸胤
昭胄字景徽況涉書史有父風位大常以封境邊魏永元

元年改封巴陵王先是王敬則事起南康侯子恪在吳郡
明帝慮有同異召諸王俠入宮晉安王寶義及江陵公寶
覽往中書省高武諸孫住西省敕人各兩左右自隨過此
依軍法孩者乳母隨入其夜並將加害賴子恪至乃免
自建武以來高武王俠居常震怖朝不保夕至是尤甚及
陳顯達起事王俠復入宮昭胄徵往時之懼與弟未新俠
昭穎逃奔江西變形為道人崔慧景舉兵昭胄兄弟出投
之慧京敗昭胄兄弟首出投臺軍主胡公各以王俠還第
不自安謀為身計子良故防問桑偃為梅蟲兒軍副統前
巴西木守蕭寅謀立昭胄昭胄許事剋用軍為尚書左僕
射護軍以寅有部曲大事皆委之時胡松領軍在新亭寅
遣人說之松許諾又張欣泰嘗為雍州亦有部曲昭胄又
遣房天實以謀告之欣泰聞命響應蕭寅左右華來達知
其謀以箸御刀朱光尚光尚挾左道以感東昏因謂東昏
曰昨見將王云已巴陵王在外結黨欲反須官出行仍慫萬
春門入事不可量時東昏日游走聞此說大懼不復出四
十餘日偓佃等謀害竟健兒百餘人從萬春門入突取之御刀
以為不可偓同黨王山沙於路走於鷹勝中得其事迹昭胄
重頁遺人殺山沙厲事又無成以事告時御刀徐僧
與同黨昔伏誅梁受禪陳封昭胄子同為監利侯同弟寶

字文奧形不滿六尺神識耿介幼好學有文才能書善畫
於碼上圖山水咫尺之內便覺萬里為逍逰愃不傳自娛
而巳好著述嘗著西京雜記六十卷起家湘東王法曹參
軍得一府歡心又亂王為橄貪讀至偃師南莘無復儲冗
露寒河陽北臨或有穹廬氈帳遇曰聖製此句非為過似
如體目朝廷非關序賊王聞之大怒以付獄遂以餓終又
追殺資尸乃著懷舊傳以謗之極言誣毀
廬陵王子響字雲長武帝第三子也建元元年封臨汝郡
公武帝即位為郢州剌史加都督子卿諸子中無德又與
魚復侯子響同生故無寵徙都督荊州剌史始興王為益
州子卿解督子卿在鎮營造服飾多違制度作璵珅要具
詔責之令速送都又作銀鎧金薄裹箭腳亦便速壞去凡
諸服章自今不啓專輒作者當得彌杖又曰汝比令讀學
今年轉成長學既勿得敕如風過耳使吾失氣永明十年
為都督南豫州剌史之鎮道中戢部伍為水軍上聞大怒
殺其典籤遣宜都王鏗代之卿還第至崩不與相見害以
昌元年為衛將軍開府儀同三司置兵佐鄮陽王鏘見害以
子卿代為司徒所居星渠桂陰血出溜于地旬日而見殺
魚復侯子響字雲音武帝第四子也豫章王嶷無子養子
嚮貲侯疑有子表留胃為嫡武帝即位為南彭城臨淮二郡太

守子響勇力絕人開弓四斛力數在園池中帖騎馳走竹樹下身無鞍傷既出燈車服異諸王每入朝輒忽舉打車壁武帝知之令車服與皇子同永明六年有司奏子響宜還本乃封巴東郡王七年為都督荊州刺史直閤將軍董蠻粗有氣力子響要與同行蠻曰殿下顧而不願苑雷敢相隨邪子響英曰君敢出此語亦復奇顧上聞而不悅曰今日仲舒降自天帝以此復何容得蘊藉乃改名為仲舒謂曰今日仲舒何如昔日仲舒荅曰昔日稱善子響少好武帶令私作錦袍絳襖言之勝莒遠矣上置酒與之聚樂左右六十人皆有膽幹數在內齋殺牛置酒與之聚樂

欲餉蠻交易器伏長史劉寅等連名密啟上敕精檢寅等懼欲祕之子響聞臺使下不見敕乃召寅及司馬席恭穆諮議參軍江愻敎景晟中兵參軍周彥典籤吳脩之王賢宗魏景深等俱入於琴臺下併斬之上聞之怒遣衛尉胡諧之游擊將軍尹略中書舍人茹法亮領羽林三千人撿捕舉小敕子響白服登城頻遣信與相聞曰天下豈有兒反身不作賊直是麤跡今便單舸還闕何築城見捉邪尹略獨荅曰誰將汝反父人共語子響聞之唯灑泣又送牛數十頭酒二百石果饌二十輿略弃之江流子響膽力之

士王沖天不勝忿乃率儻慶洲攻壘斬略而諧之法亮單艇奔逸上又遣丹楊尹蕭順之領兵繼之子響即日將白衣左右三十人乘舴艋中流下都初順之發文惠太子素旨子響密遣不許於射堂繼之有司奏絕子響屬籍賜為蛸氏子響密作啟數紙藏妃王氏裙腰中具自申明云蛸申明順之不許還令便為之所子響及見順之欲自還闕不得上心甚怪恨百日於華林為子父有害子之名又順之還上心甚怪恨移時左右莫不掩涕他日出景陽山見一猨透擲悲鳴間後堂丞響作辭上自行香對諸朝士嗚感及見順之嗚咽移時左

此緩何意荅曰彼子前日墮崖致死其母求之不見故爾上因憶子響歔欷良久不自勝順之慙懼感病遂以憂卒於是豫章王嶷上表曰故庶人蛸子響稟識懷願樹貝淪不逞肆憤一朝取陷凶德身膏草野未云塞釁慺俱歸罪司戮迷而知返撫事惟往載傷心目伏願一下天恩使得旋窆餘麓豈伊窮散被德實且天仁上不許眠為魚復侯安陸王子敬字雲端武帝第五子也初封雁城縣公先是子敬所生母范氏母養之而子及婦服制禮慈姑為慈婦無明文求明中尚書令王儉議孫為慈孫婦為慈婦姑為慈姑宜制朞年服從之十年位散騎常侍撫軍將軍丹楊

尹十一年加車騎將軍隆昌元年遷都督南兗州刺史延
興元年加侍中明帝除諸番王遣中護軍王玄邈征九江
王廣之襲殺子敬所留心帝不豫有意立
子敬為太子代太孫子敬與太孫俱入參畢同出武帝目
送子敬良久曰阿五鈍由此代換之意乃息
晉安王子懋字雲昌武帝第七子也諸子中最為清恬有
意恩廉讓好學年七歲時母阮淑媛嘗病危篤請僧行道
有獻蓮華供佛者衆僧以銅罌盛水漬其莖欲華不萎子
懋流涕禮佛曰若使阿姨因此和勝願諸佛令華竟齋不
萎七日齊畢華更鮮紅視罌中稍有根鬚當世稱其孝感

永明五年為南兗州刺史監五州軍事六年徙監湘州刺
史八年撰春秋例苑三十卷奏之武帝敕付祕閣十一年
為都督雍州刺史給鼓吹一部豫章王妃服未畢上以邊
州須威望許得奏之啟求所好書武帝曰知汝常以書讀
在心足為深欽賜以杜預手所定左傳及古今善言隆昌
元年為征南大將軍江州刺史敕留西楚部曲助鎮襄陽
單將白直俠轂自隨陳顯達時屯襄陽入別子懋謂之曰
朝廷命身單身而反身是天王宣可過爾輕率今欲將二
三千人自隨公意何如顯達曰殿下若不留部曲今欲大
遠敕旨顯達因辭出便發去子懋計未立還鎮尋陽延興

元年加侍中鄱陽隨郡二王見殺欲起兵赴難與參軍
周英防閣陸超之議傳檄荊郢入討君側成則宗廟獲
安不成猶為義鬼防閣董僧慧攘袂曰此州雖小孝武所
中護軍王玄邈平西將軍王廣之南北討使軍王裴叔業
其用之今以勤王之師橫長江楯北關以請鬱林之過誰
能對之於是部分兵將入匡社稷母阮在都欲密迎
上阮報同產弟于瑤平西將軍王廣之馳告明帝於是嚴遣
與瑤之先襲尋陽聲云為郢府司馬子懋知之遣三百人
守盆城叔業泝流直上襲盆城子懋先已具船於稽亭渚
聞叔業得盆城乃據州自衛子懋部曲多雍土人皆勇躍

顧奮叔業畏之遣于瑤之說子懋曰今還都必無過憂政
百人散官不失富貴也子懋既不出兵攻叔業眾情稍沮
當作散官不失富貴也子懋遣軍主徐玄慶將四
中兵參軍于琳之琳之說子懋重賂叔業子懋使琳之
之往琳之因說叔業請取子懋叔業遣軍主徐玄慶將四
百人隨琳之入城琳之入城內子懋聞有異士二人琳
從二百人仗自入齋子懋笑謂之曰不意吾府有義士二人琳
琳之以袖障面使人害之故人懼罪無敢至者唯英與僧
慧號哭盡哀為殯殮董僧慧丹楊姑熟人出自寒微而慷
慨有節義好讀書甚驍果能及手於背彎五斛弓當世莫

有能者玄邈知其諜子懋之謀執之僧慧昌曰
僕實豫議古人云非死之難僕得為主人死不
恨矣願至主人大斂畢退就湯鑊雖死猶生玄邈義而許
之還具白明帝所配東冶言及九江時事輒悲不自勝子
懋子昭基九歲以方二寸絹為書參其消息并遺錢五百
以金徧人崎嶇得至僧慧觀書對錢曰此郎君書也悲慟
而卒陸超之與人以清靜雅為子懋所知子懋既敗于琳
之勸其逃亡苍曰人皆有死此不足懼吾若逃亡非唯孤
晉安之眷亦恐田橫客笑人玄邈等以其義欲因將還都
而超之亦端坐待命超之門生姓周者謂殺超之當得賞

【南史列傳三十四　　　　十五】

乃伺超之坐自後斬之頭墜而身不僵玄邈嘉其節厚為
殯斂周又助舉棺墜政殯其頭折即死聞之者
莫不以為有天道焉

隨郡王子隆字雲興武帝第八子也性和美有文才要尚
書令王儉女為妃武帝以子隆能屬文謂儉曰我家東阿
也永明八年為都督荊州刺史隆昌元年為侍中撫軍將
軍領兵置佐延興元年轉中軍大將軍侍中如故子隆年
二十一而體過充壯常使徐嗣伯合蘆茹丸以服自銷損
猶無益明帝輔政謀害諸王武帝諸子中子隆最以才貌
見憚故與鄱陽王鏘同夜先見殺文集行於世

建安王子真字雲仙武帝第九子也永明七年累遷郢州
刺史加都督隆昌元年為散騎常侍護軍將軍延興元年
明帝遣裴叔業就典籤柯令孫殺之子真走入牀下令孫
手牽出之叩頭乞為奴贖死不從見害年十九
西陽王子明字雲光武帝第十子也永明元年封武昌王
三年失國璽改封西陽十年為會稽太守建武元年為撫軍將軍
領兵置佐二年誅蕭諶子明及弟子貞同諶見害
年十七

南海王子罕字雲華武帝第十二子也頗有學母樂容華
有寵故武帝留心母嘗寢疾子罕晝夜祈禱于時以竹為
燈纘續照此宿昔枝葉大茂母病亦愈咸以為孝感所
致主簿劉緻又侍讀賀子喬為之賦頌當時以為美談建
武元年位護軍將軍二年見殺年十七

【南史列傳三十四　　　　十六】

巴陵王子倫字雲宗武帝第十三子也永明十年為北中
郎將南琅邪彭城二郡太守鬱林即位以南蘭陵代之延興
元年明帝遣中書舍人茹法亮殺子倫子倫時鎮琅邪城
厚養壯士子倫與中書舍人恭母珍之更以南彭城之延興
有守兵子倫英果恐明帝恐不即可辦以問典籤華伯茂伯茂
曰公若遣兵取之恐不即可辦若秦伯茂一小吏力耳既

而伯茂手自執燭過之左右莫敢動者子倫正衣冠出受
詔謂法亮曰積不善之家必有餘殃昔高皇帝殘滅劉氏
今日之事理固然舉酒謂亮曰君是身家舊人今銜此
命當由事不獲已此酒差非勸酬之爵因仰之而死時年
十六法亮及左右皆流涕先是高帝武帝為諸王置典籤
帥一方之事悉以委之每至觀接輒留心顧問刺史行事
之美惡係於典籤莫不折節推奉恒慮弗及於是威
行州部權重蕃君武陵王曄為江州性烈直不可忤典籤
趙渥之曰今出郡易刺史及見武帝相誣輒免還南海
王子罕戍琅邪欲暫游東堂典籤姜秀不許而止還泣謂

母曰兒欲移五步亦不得與囚何異秀後輒取子罕展繖
欽器等供其兒昏武帝知之鞭二百繫尚方然而擅命不
改邵陵王子貞嘗求熊白厨人荅典籤不在不敢與西陽
王子明欲送書參侍讀鮑僎病典籤吳脩之不許曰應諮
王子明乃止言行舉動不得自專徵衣求食必須諮訪永明
中巴東王子響殺行事劉寅等武帝聞之謂羣臣曰子響
遂反戴僧靜大言曰諸王都自應爾豈唯巴東武帝問其
故荅曰天王無罪而一朝被囚取一挺藕一杯漿皆諮籤
帥不在則竟日忍渴諸州唯聞有籤帥不聞有刺史竟陵
王子良嘗問衆曰士大夫何意詣籤帥參軍范雲荅曰詣

長史以下皆無益詣籤帥使便有倍本之價不詣謂何子
良有愧色及明帝誅異己者諸王見害悉典籤所殺竟無
一人相抗孔珪聞之流涕曰齊之衡陽江夏最有意而後
害之若不立籤帥故當不至於此
邵陵王子貞字雲松武帝第十四子也建武二年見誅年
十五

臨賀王子岳字雲嶠武帝第十六子也明帝誅武帝諸子
唯子岳及第六八在後時呼為七王朔望入朝上還後宮
輒歡息曰我及司徒諸兒子皆不長高武子孫日長大求
泰元年上疾甚絕而復蘇於是誅子岳等延興建武中凡
三誅諸王每一行事明帝輒先燒香鳴咽涕泣衆以此輒
知其夜當殺戮也子岳死時年十四
西陽王子文字雲儒武帝第十七子也永明七年封蜀郡
王建武中改封西陽永泰元年見殺年十四
衡陽王子峻字雲嵩高武第十八子也永明七年封廣漢
郡王建武中改封求泰元年見殺年十四
南康王子琳字雲璋武帝第十九子也母荀昭華盛寵後
宮才人位登來女者依例舊賜王鳳凰荀時始為来女得
王鳳凰投地曰我不能例受此武帝乃拜為昭華子琳以
母寵故最見愛太尉王儉因請昏武帝悅而許之舉臣奉

寶物名好盡貢數百金武帝為之報若亦如此及應封而
好郡已盡乃以宣城封之既而以宣城屬揚州不欲為王
國改封南康公褚蓁為巴東公以南康為王國封子琳永
泰元年見殺年十四

湘東王子建字雲廣武帝第二十一子也母謝無寵武帝
慶為尼明帝即位使還母子建永泰元年見殺年十三

南郡王子夏字雲廣武帝第二十三子也上春秋高子夏最
幼寵愛過諸子初武帝夢金翅鳥下殿庭搏食小龍無數
乃飛上天又明帝幼年安皇右生廢帝鬱林王昭業宮人許氏生
文惠太子四男安皇右生廢帝鬱林王昭秀褚氏生

廢帝海陵恭王昭文陳氏生巴陵王昭秀褚氏生桂陽王
昭粲

巴陵王昭秀字懷尚文惠太子第三子也鬱林即位封臨海郡
王隆昌元年為都督荊州刺史延興元年徵為車騎將軍
明帝建武二年改封巴陵王永泰元年見殺年十六

桂陽王昭粲太子第四子也鬱林立封永嘉郡王延興元
年出為荊州刺史加都督建武三年改封桂陽王四年為
太常永泰元年見殺年八歲

明帝十一男敬皇右生廢帝東昏侯寶卷江夏王寶玄廬陵
王寶寅和帝寶融貴嬪生巴陵隱王寶義晉熙王寶嵩袁

貴妃生廬陵王寶源管淑妃生邵陵王寶攸許淑媛生桂
陽王寶貞餘皆早夭

巴陵隱王寶義字智勇明帝長子也本名明基建武元年
封晉安郡王寶義少有廢疾不堪出入間止加除授為都
督揚州刺史仍以始安王遙光代之轉為右將軍領兵置
佐領石頭二年為南徐州刺史加都督東昏即位進征北
將軍開府儀同三司給扶永泰元年為都督揚州刺史三
年進位司徒和帝西臺建以為侍中司空詔云不言之化形于自
德太后令以寶義為太尉領司徒二年梁受禪封謝沐公詔
遠時人皆云此實錄也梁受禪封謝沐公

奉永後天監中薨

江夏王寶玄字智深明帝第三子也建武元年封江夏郡
王東昏即位為都督南徐兗二州刺史寶玄娶尚書令徐
孝嗣女為妃孝嗣被誅離絕東昏遣使奉寶玄為
恨望有異計明年崔慧景舉兵渡至廣陵遣使奉寶玄為
主寶玄斬其使因是被將更防城慧景乘江寶玄密與
相應開門納慧景兵八柵與千軺絡繹慧景堂堂都百
姓多桂投集慧景敗收得朝野投寶玄又慧景軍名東昏
令燒之曰江夏尚爾豈後可罪餘人寶玄逃奔數日乃出
帝召入後堂以步郖圍之令舉小鼓十人鳴鼓角馳繞其

外遺入謂曰汝近圍我亦如此少日乃殺之

廬陵王寶源字智泉明帝第五子也建武元年封和帝即
位為車騎將軍開府儀同三司中興二年薨

鄱陽王寶寅字智亮明帝第六子也建武初封建安郡王
東昏即位為都督郢州刺史求元三年為車騎將軍開府
儀同三司鎮石頭其秋雍州刺史張欣泰等謀起事於新
亭殺臺內諸主帥難作之日共前南譙太守王靈秀奔往
石頭帥城內將吏去車駕載寶寅向臺城百姓數千人皆
空手隨後至杜姥宅已欲暗城門閉城上人射之衆棄
寶寅走寶寅逃亡三日戎服詣草市尉尉馳以啓帝帝迎
入宮問之寶寅涕泣稱制不自由帝笑乃復爵位宣德太
后臨朝改封寶寅鄱陽王中興二年謀反奔魏

邵陵王寶攸字智宣明帝第九子也建武元年封南平郡
王二年改封中興二年謀反宣德太后令賜死

晉熙王寶嵩字智靖明帝第十子也中興元年和帝以為
中書令二年誅

桂陽王寶貞明帝第十二子也中興二年誅

論曰守器之重邦家所馮觀文惠之在東儲固已有歸令
德向令荷斯集猶當及於禍敗況先朝鳳闕悠失已彰
而武帝不以擇賢傅之思孚推此而論有冥數矣子良物

望所集失在儒雅當斷不斷以及子災非止自致喪亡方
至宗祀覆滅豈哉夫帝王子孫生長尊貴情偽之事不經
耳目雖卓爾天悟自得懷抱孤寡為識所陋猶多齊氏諸
王並幼踐方岳故輔以上佐簡自帝心勞臣醫左右用為主
帥州國府第先令後行欽食游居動應開奏
承法度張弛之要莫敢厝言行事執其權典籖聖其肘腋
地雖重行止扶危不在身閫茇接下叁卒一朝事難
集望其擇位莫由威有十失其一尚
狹曾不知執柯所指胼蹄相從而敗以此而圖萬事未知
存斯宋氏之餘風及在齊而彌弊寶玄親第一體於受家

其弊彌也

列傳第三十四

南史四十四

王敬則
張敬兒
陳顯達
崔慧景

南史四十五

王敬則臨淮射陽人也僑居晉陵南沙縣母為女巫常謂
人云敬則生時胞衣紫色應得鳴鼓角為人吹角可矣敬
則年長而兩腋下生乳各長數十夢騎
五色師子性倜儻不羈好刀劍嘗與既陽縣吏關謂曰我
若得既陽縣當鞭汝小吏背吏唾其面曰汝得既陽縣我
亦得司徒公矣屠狗商販徧於三吳使於高麗與其國女
子私通因不肯還被收然後及善拍張補刀戟左右宋
前廢帝使敬則跳刀高出白虎幢五六尺接無不中仍撫
髀拍張甚為儇捷俠轂隊主領細鎧左右與壽寂之殺
前廢帝及明帝即位以為直閤將軍封重安縣子敬則少
時於草中射獵有蟲如烏豆集其身摘去乃脫其處皆流
血敬則惡之詣道士卜道士曰此封俟瑞也敬則聞之喜
故出都自效後補既陽令昔日關吏亡叛勒令出遇之甚
厚白我已得既陽敬則船獨不進汝何時得司徒公邪初至既陽縣陸
主山下宗侶十餘船同發敬則呪云若是吉使船速進吾富貴當改葬
之見烏瀁棺敬則曰若是吾富貴當改葬

【南史列傳三十五】　　　　　　　　一

爾船須臾入縣收此棺葬之時軍荒後縣有一部劫出逃入
山中為人患敬則遣人致劫帥使出首當相申論耶下
廟神甚酷烈百姓信之敬則引神為擔必不相負劫還神
出敬則於廟中設酒會於坐收縛曰吾啟神若負擔還神
十牛今不得違即殺十牛解神并斬諸劫百姓悅之元
徽二年隨齊將軍高道慶乘舸迎戰大破賊水軍寧帶南太
守石俠載主轉越騎校尉安成王車騎參軍蒼梧王狂
虐左右不自安敬則以高帝有威名歸諷奉事每下直輒
往領軍府著青衣扶匐道路為高帝聽察高帝令敬則
於殿內伺機及楊玉夫首投敬則敬則馳謂高帝乃戎
服入宮至承明門門皆閉不敢進倉梧還敬則慮人覘見以刀
環塞奎孔呼開門甚急衛尉丞顏靈寶窺見高帝乘馬在
外籍謂親人今若不開內領軍天下會是乱爾門開敬則
隨帝入殿昇明元年遷輔國將軍領軍將軍臨淮太守知朝堂
衛兵軍沈攸之事起進敬則冠軍將軍高帝入守朝堂表
桀起兵召領軍劉韞直閤將軍卜伯興等於宮內
嚴將發敬則開關掩襲皆殺之殿內竊發盡平敬則之力
也政事無大小帝並以委之敬則不識書上下名然甚善
決斷齊臺建為中領軍高帝將受禪村官薦易太極殿柱

【南史列傳三十五】　　　　　　　　二

順帝欲避上不肯出宮遜位明旦顯臨軒順帝逃宮內
敬則將輿入迎帝驚令出引令升車順帝不肯即收
涙謂敬則曰欲見殺乎敬則苔曰出居別宮爾官先取司
馬家亦復如此順帝立而彈指唯願後身生生世世不復
天王作因緣宮內盡哭聲徹於外順帝拍敬則手曰必無
過應常餉輔國十萬錢齊建元元年出為都督南兗州刺
史封尋陽郡公加敬則妻懷氏爵為尋陽國夫人二年魏
軍攻淮泗敬則恐索鎮還都百姓皆驚散奔走上以其功
歲小兒於路取遺物敬則殺之以徇自此路不拾遺郡無

劫盜又錄得一偷召其親屬於前鞭之令偷身長掃街路
父之乃令偷與舊偷恐為所識皆逃走境內以
清仍入烏程從市過見屠酤研歡曰具與甚盅此栿是我
少時在此所作也召故人飲酒說平生不以屑也還護軍
改授侍中撫軍高帝遺詔贈敬則以本官領丹楊尹尋遷會
稽太守加都督永明二年給鼓吹一部曾上遣帶湖海人
丁無士庶皆保塘役敬則以勞力有餘悉評斂為錢送臺
庫以為便宜上許之三年進號征東將軍宋廣州刺史王
翼之子妻路氏酷暴殺婢騰蔞妾子法朗告之敬則付山

陰獄殺之路氏家訴為有司所奏山陰令劉佖坐棄市刑
敬則入朝上謂敬則曰人命至重貴誰不意殺之都不啟
聞敬則曰是臣愚意臣知何物科法見持後有鄧便言應
得殺人劉佖亦引罪上乃赦之敬則兒官以公領郡後與
王儉俱即本號開府儀同三司時徐孝嗣於崇禮門候儉
因嘲之曰可謂連璧俄曰不意老子遂與韓非同傳
人以告敬則敬則欣然曰我南沙縣吏徵得細鎧左右
遠風塵以至於此遂與王衛軍同日拜三公王敬則復何
達不以富貴自遇初為散騎使魏於比館種楊柳後員外
郎虞長曜北使還敬則問我昔種楊柳今若大小長曜
曰虜中以為甘棠武帝令群臣賦詩敬則曰臣幾落此奴
度上問之敬則對曰臣若解書不過作尚書都令史爾那
得今日敬則雖不大識書而性甚警黠臨郡令省事讀辭
下教制決皆不失理明帝輔政密有廢立意隆昌元年出
敬則為會稽太守加都督海陵王立進位太尉明帝即位
為大司馬臺使拜授日兩大洪注敬則文武皆失色一客
帝曰公由來如此昔羽儀備朝恨導引出聽事拜受意猶
我須命應得兩八之帝既多殺害敬則自以高武舊臣心懷
不自得吐舌之

憂懼帝雖外厚其禮而內相疑備數訪問敬則飲食體幹

聞其表老且以君內地故得少安後遣蕭坦之將齎伏五

百人行晉陵敬則諸子在都憂怖無計上知之問計於梁

武帝武帝曰敬則諸子在都憂怖無計上知之問計於梁

使人如斯而已偶頃意待之以為游擊將軍遣敬則謀世子仲雄

頓齟使上偶頃意待之以為游擊將軍具郡太守

東泰元年帝疾屢經危殆以張瓖為平東將軍吳郡太守

懷郎今東行許又曰君行不淨心那得惡人願帝愈憐悅

日一給敬則今東行許又曰君行不淨心那得惡人願帝愈憐悅

入東仲雄善彈琴在御前鼓琴作懊儂歌曰常歎負情

置兵佐密防敬則內外傳言當有處分敬則聞之戇曰東

今有誰祇是欲平我耳東亦何可平吾終不受金甌

謂鵂酒也諸子怖懼第五子幼隆道正員將軍徐嶽以

情告徐州行事謝朓為計若同者當往報庶幾以

啟之敬則城局參軍徐庶家在京口其子密以報朓朓執嶽馳

告敬則五官王公林公林敬則族子也常所委信公林勸

敬則急送啟賜兒死單舟夜還都敬則曰若爾諸郎

應有信人欲令我作何計其夜呼僚佐文武樗蒱賭錢謂眾曰

爾敬則不聲明旦召山陰令王詢臺傳御史鍾離祖願作

諸人欲令我作何計莫敢先答防閤丁興懷曰祇應作敬

鍾隨逐之十餘萬眾至武進陵口慟哭東有興而前遇興

盛山陽二柴盡力攻之官軍不敵欲退而圍不開各死戰

胡松領馬軍突其後曰丁無器仗皆驚散敬則大叫索馬

朝三千餘人築壇於曲阿長岡尚書左僕射沈文秀為持

節都督屯湖頭備京口路敬則以舊將舉事百姓擔篙荷

浙江遣輔國將軍前軍司馬左興盛直閤將軍馬軍主胡

便應殺之舉大事先殺朝賢事必不濟乃率實甲萬人過

長史王弄璋司馬張思祖止之曰何蹙蹙乃爾令高蹈不從

不更思配衣二三日便發欲劫前中書令何胤還為尚書令

招集配衣二三日便發欲劫前中書令何胤還為尚書令

願對並乘旨敬則怒將出斬之王公林又諫敬則曰官詣

則橫刀跂坐問謗等發丁可得幾人庫見有幾錢物詢祖

屋望見征鹵亭失火謂敬則至急裝欲走是時上疾已篤

則曰檀公三十六策走是上計汝父子唯應急走耳蓋譏

檀道濟避魏事也敬則之來聲勢甚盛凡十日而敗時年

六十四朝廷遣淳其首藏在武庫至梁天監元年其故吏夏

侯亶表請收葬許之

陳顯達南兗城彭城人也仕宋以軍功封彭澤縣子位羽
林監濟陽太守隸齊高帝討桂陽賊於新亭軍勳勳大桁
敗賊進杜姥宅又休範死顯達出杜姥宅大戰於宣陽津
陽門大破賊矢中左目而鏃不出地黃村潘嫗善禁先以
釘釘柱嫗再遷平越中郎將出乃禁顯達目中鏃出之事
封彭城侯再遷平越中郎將廣州刺史沈攸之之事
起顯達遣軍援臺長史到遁司馬諸葛勳顯達保境畜
眾密通彼此顯達於坐手斬之遣表疏歸心蕭高帝帝即
位拜護軍將軍後御膳不宰牲顯達上能燕一盤上即以
充飯後拜都督益州刺史武帝即位進號鎮西將軍益部

南史列傳三十五　七　　十五

山險多不賓服大度村獠前刺史不能制顯達遣使責其
祖餞獠帥曰兩眼刺史尚不敢調我遂殺其使顯達分部
將吏聲將出獵夜往襲之男女無少長皆斬之自此山夷
震服求明二年徵為侍中護軍將軍顯達累任在外經高
帝之憂又見武帝流涕悲咽上亦泣心甚嘉之八年為征
南大將軍江州刺史顯達謙厚有智計自以人微位重每
遷官常有愧懼之色子十餘人誡之曰我本意不及此汝
等勿以富貴陵人家既豪富諸子與王敬則諸兒並精車
牛麗服飾富世快牛稠陳世子青王三郎為呂文顯折角
江瓘墨白革而皆集陳舍顯達知此不悅及子休尚為郢

府主簿過九江拜別顯達曰兄著後鮮有不敗麈尾蠅
拂是王謝家許汝不須捉此遂即取於前燒除之其靜
退如此豫麟麟林之勳延興元年為司空進爵為公明帝
即位進太尉封鄱陽郡公之勳
尉封鄱陽郡公為三公加兵二百人給油絡車後以太
上乃止顯達建武世懷不安深自貶退車乘朽敗導從
色曰臣年已老富貴已足唯少枕枕死特就陛下乞之上
國薄皆用贏小侍宴酒後啟上借枕枕帝令與之顯達撫
曰公醉矣以老年老告退不許泰元年乃遣顯達北侵

南史列傳三十五　八

永元元年顯達督平北將軍崔慧景軍四萬圍南鄉界
馬圈城去襄陽三百里改之四十日魏軍食盡噉死人肉
又樵皮外圍急親軍突走顯達入據其城遣軍主莊丘黑
進取南鄉縣魏孝文帝自領十餘萬騎奄至軍主崔恭祖
胡松以烏布幔盛顯達數人擔之出均水又臺軍綠道奔
退死者三萬餘人顯達素有威名著於外境至是大損喪
焉御史中丞范岫奏免顯達官又表解職並不許以為江
州刺史鎮盆城初王敬則事起始安王遙光啟明帝慮顯
達為變欲追還都得此授甚喜尋加領征南大將軍給三
不樂還都　　　　　　　　　　　　　　　　　大將軍顯

14-475

達聞都下大相殺戮徐孝嗣等皆死傳聞當遣兵襲江州
顯達懼禍十一月十五日舉兵欲直襲建鄴以捍不備又
遙指郢州刺史建安王寶黃為主朝廷遣後軍將軍胡松
等據梁山顯達率眾數千人發尋陽與松戰於採石大破
之都下震恐十二月潛軍度取石頭北上襲宮被大駭
閉門守備顯達馬稍從步軍數百人於西州前與臺軍戰
再合大勝稍折手猶殺十餘人官軍繼至顯達不能抗退
走至西州後烏榜村稍刺落馬斬之雜在江州遇疾
不療之氣意甚不悅是時連冬大雪泉首朱雀而雪不
涌涌雜似淳于伯之被刑時年七十三顯達
集諸子皆伏誅

張敬兒南陽冠軍人也父醜為郡將軍官至郎府參軍敬
兒年少便弓馬有膽氣好射猛獸發無不中南陽新野風
俗出騎射而敬兒尤多嘗力稍官至寧蠻行參軍隨郡人
劉胡代襄陽諸山蠻深入險阻所向皆破又擊胡陽蠻官
軍引退敬兒單馬在後賊不能抗山陽王休祐鎮壽陽求
善騎射士敬兒及襄陽前湛應選敬兒善事人遂見寵為
長兼行參軍泰始初隨府轉驃騎參軍署中兵領軍討義
嘉賊與劉胡相拒於鵲尾洲啟明帝乞本郡事平除南陽
太守敬兒之為襄陽府將也家賞每休假輒備資負給嘗

為城東吳泰家擔水通泰所愛婢事敬兒被泰殺以絲逃賣搉
材中以蓋加上乃免及在鵲尾洲啟明帝云泰以絲助雍
州刺史袁覬為弩弦黨同逆若事平之日乞其家屬帝許
之至是收籍吳氏唯家人倖得共僮役財貨數千萬
敬兒皆有之先所通婢即以為妾後為越騎校尉桂陽王
事起敬兒隸齊高帝頓新亭賊矢石既交休範白服乘輿勞樓
下敬兒與黃回自高帝求許降以取之高帝曰卿若辦事
當以本州相賞敬兒回陽致高帝密意休範信之回目敬兒
奪取休範防身刀斬之其左右百人皆散敬兒持首歸新
喜召至輿側南放仗走大呼稱降休範

亭除驍騎將軍加輔國將軍高帝置酒謂敬兒曰非卿之
功無今日安帝以敬兒人位既輕不欲使便為襄陽重鎮之
敬兒求之不已乃微動高帝曰沈攸之在荊州公知其欲
何所作不出敬兒以防之恐非公之利也帝笑而無言為
除雍州刺史加都督襄縣侯部泊沔口敬兒兼船艦過
江詣晉熙王燮中江遇風船覆左右丁壯者各泗水夫餘
二小史沒船下求敬兒救敬兒兩被挾左右所持郎船仰得在水
上如此翻覆行數十里方得迎接矢所持郎更給之至頓
厚結收之得其事迹密白高帝終無二心又與蒼梧
劉攘兵情款及蒼梧殷敬兒疑攸之當因此起兵密間攘

兵所言奇敬兒馬鐙一隻敬兒乃為備昇明元年冬攸之
乃遣報敬兒勞接周至為設食訖列仗於聽事前斬之
集部曲頓攸之下當襲汪陵敬兒告繼使至高帝大喜進
號鎮軍將攷督攸之至郢城敗走其子元琰與兼長史
江乂別駕傅宣等還江陵敬兒軍至白水元琰聞城外鶴
唳謂是叫聲恐懼欲走其夜又宣開門出奔城潰元琰奔
寵洲見殺敬兒至汪陵誅攸之親黨沒入其財物數千萬
善者恣以义私送臺者百不一焉攸之於湯渚村自經死
居人送首荊州為公敬兒在雍州貪殘人間一物堪用吳不奪
建鄴進爵為公敬兒
取於襄陽城西起宅聚物貨宅大小殆佯襄陽又欲移羊
叔子墮淚碑於其處置臺綱紀諫曰此羊大傅遺德不宜
遷動敬兒曰大傅是誰我不識又敢受禪轉侍中中軍將
軍遷散騎常侍軍將軍置在史嵩帝崩遺詔加開府儀
同三司於家慟泣曰官家大老天子可惜太子年少尚我
所不及也及拜王敬則戲之回敬兒曰我馬上
毛氏而納尚氏為室及居三司尚氏猶居襄陽宅廬不復
妻毛氏生子道闓而鄉里尚氏女有色貌敬兒悅之遂棄
外出乃迎家口來下至都啓武帝不蒙勞問敬兒心自疑

及垣崇祖死愈恐懼性好卜術信夢先其初征荊州每見
諸將帥不遑有餘計唯叙夢云先貴時夢居村中社樹欲
高數十丈又在雍州又夢社樹直上至天以此誘說部曲
自云貴不可言由是不自測量無知又使於鄉里為謠言
使小兒輩歌曰天子在何處宅在赤谷口天子是阿誰非
豬如是狗敬兒家在冠軍宅前有地名赤谷既得開府又
望班劍語人曰我車邊猶少班蘭物敬兒長首荒遠少習
武事既從容都下又四方寧益不得志其妻尚氏亦曰
吾荳慶一手熱如火而君得南陽郡元微中夢一解熱如
火君得本州建元中夢半體熱尋得開府今復舉體熱矣
以告所親言其妻初夢次夢又言今與體熱矣闇人聞其
言說之事達武帝敬兒又遣使與蠻中交關武帝疑有異
志求明元年敕朝臣華林八關齋於坐收敬兒初左右雷
仲顯常必盈蒲誡敬兒不能從至是知有變抱敬兒泣誅
脫冠貂投地曰用此物誤我父子道闓畅道休並伏誅
少子道慶宵後數年上與豫章王嶷三日曲水內宴作
艐船流至御坐前襄沒上由是言及敬兒悔殺之敬兒始
不識書及為方伯乃習學讀孝經論語初欲為護軍乃潛
於密室中令人學揖讓皆對空中俯仰弟得斠窺笑焉嘗
拜三司謂其妻嫂曰我拜後府開黃閤因口自為鼓聲初

得敢吹蓋便奏之又於新林松廟為妻祈子祝神口自稱
三公其部裡如此始其母左中臥慶犬子有角舐之已
而有娠而生敬兒故初名苟兒又生一子因苟兒之名復
名豬兒宋明帝嫌苟兒故改為敬兒故猪兒亦政為恭
兒位正員郎謝病歸本縣常居上保村不肯出仕與居人
不異與敬兒甚篤及聞敬兒敗走入變後首出原其罪

崔慧景字君山清河東武城人也祖構奉朝請父系之州
別駕慧景少有志業仕宋為長水校尉祖高帝在淮陰為都
景與宗人祖思同時目結及高帝受禪封樂安縣子為都
督梁南秦二州剌史永明四年為司州刺史母喪詔起復

本任慧景每罷州輒傾貲獻奉動數百萬武帝以此寵之
十年為都督豫州刺史歡林即位慧景以少主新立密與
魏通朝廷疑之明帝輔政遣梁武帝至壽春安慰之慧景
密啟送誠勸進建武四年為雍支尚書領太子左率東昏
即位為護軍時輔國將軍徐世標專權懃令慧景備貝而
已帝既誅裁舊臣旦盡慧景自以年宿位重轉不自
安又襄叔業以壽陽降魏即授慧景平西將軍假節侍中
護軍如故率軍水路征壽陽軍頓白下將發帝長圍屏除
出琅邪城送之帝親率慧景騎進圍內無一人
自隨敎交數言拜辭而去慧景出至白下甚喜曰頸非後

小豎玄等所折也子覺為寧閣將軍慧景密與之期時江夏
王寶玄頷京口聞慧景北行遣左右余文興說之曰朝廷
任用群小猜害江劉徐沈君之所見身雖魯儒亦不
知滅亡何時君今段之舉有功亦死無功欲何求所
免機不可失仝擁強兵此取廣陵收吳楚勁卒身擧州以
相應取大功如反掌天慧景常不自安聞言鄉應千時廬
陵王長史蕭寅為司馬崔恭祖守廣陵城慧景以寶玄事告
燕祖恭祖先無宿勢口雖相和心實不同俄而慧景至恭祖閉
為閉城計寅心謂恭祖與慧景同謀明日殿昏人情所
樂寧可違拒恭祖猶執不同俄而慧景至恭祖閉門不

出慧景知其異已泣數行而去中兵參軍張慶延明嚴卿
等勸慧景襲取廣陵及密遣軍主劉靈運間行突入慧景
俄係至遂攘其城子覺至仍使領兵襲京口寶玄本謂大
軍併來及見人少極失所望拒覺之恭祖及覺精兵
八十濟江汪恭祖心本不同及至蒜山欲斬覺以軍降京口
事既不果而止覺等軍器精嚴柳燈沈燈等謂寶玄曰崔
護軍威名既重乃誠可見既已昏齒忽中道立異彼以樂
歸之眾既乱江而濟誰能拒之於是登北固樓並千蠟燭為
烽火舉軍亂慧景覺帝聞變以名衛將軍左興盛假節督都下
水陸眾軍慧景傳二日便率大眾一時濟江趣京口寶

玄仍以覺為前鋒恭祖次之慧景領大都督為眾軍節度

東府石頭白下新亭諸城皆潰左興盛走不得入宮逃淮

渚狹船中慧景稱宣德皇后令廢帝為吳王

時柳燈別推實玄禽殺之慧景為寶玄羽翼不復承奉慧景

巴陵王昭冑先逃人間出投慧景意更向之故猶豫未知

所立此聲顧泄燈恭祖始貳於慧景又恭祖勸慧景射火

其計性好談兼解佛理頓法輪寺對客高談恭祖深懷

怨望先是衛尉蕭懿為豫州刺史自歷陽步道征壽陽帝

遣密使告之懿率軍主胡松李居士等自採石濟岸頓越

城舉火臺城中鼓叫稱慶恭祖先勸慧景遣二千人斷西

岸軍令不得度慧景以城旦又降外救自然應散不許恭

祖請擊義師又不許八遣子覺將精甲數千人度南岸義

師昧旦進戰覺大眾慧景人情離沮恭祖頓軍與騎將於

東宮掠得女妓寶來過奪由是忿恨其夜崔恭祖度江城北

劉靈運詣城降慧景乃將腹心數人潛去欲北度江城北

諸軍不知猶為拒戰城內出盪殺數百人慧景餘眾皆舟

慧景圍城凡十二日軍旅散在都下不下為營壘及走眾於

道稍散單馬至蟹浦投漁人太叔榮之榮之故為慧景門

人時為蟹浦戍謂之曰吾以樂賜汝汝為吾覓酒既而為

榮之所斬以頭內籃中檐送都恭祖者慧景宗人驍果

便馬矟眾力絕人頻經軍陣討王敬則與左興盛容表

文曠爭敬則首許帝曰恭祖矟馬絳衫手刺倒敬則故

文曠得斬其首以死勳而見枉奪若失此勳要當刺殺

左興盛帝以其勇健謂興盛曰何容令恭祖與文曠爭功

慧景平後恭祖尚方少時殺之覺亡命為道人見執伏

法覺弟偃年十八便身長八尺博涉書記善蟲篆自始安

內史藏竄得免和帝西臺立以為寧朔將軍中興元年詣

公車尚書省申冤言多指斥尋下獄死先是東陽女子妻逄

變服詐為丈夫義編游公卿仕至揚州議

曹從事事發明帝驅令還東遑始作婦人服而去歡曰如

此伎還之為老嫗豈不惜哉此人妖也陰而欲為陽事不

果故泄敬則遙光顯達慧景之應也舊史裴叔業有傳

終于魏令略之云

論曰光武功臣所以能終身名者豈唯不佐職事亦以繼

奉章明心存正嫡王陳拔迎舊飛則建元永明之運身極

鼎將則建武永元之朝勳非往時位逾昔等禮授雖重情

分不交加以主猜政亂危亡慮及舉手扞頭人思自免干

戈既用誠渝犯上之跡敵國起於同牀況又疎於此也敬

兒狹震主之勇當烏盡之運內感邪夢跡涉覬覦其至殲

亡亦其理也慧景以亂濟亂能無及乎

列傳第三十五　　　　　南史四十五

李　延壽

李安人　子元履
戴僧靜　桓康
焦度
曹武　子毗宗
呂安國
周山圖　周盤龍　子奉叔
王廣之　子珍國　張齊

【南史列傳三十六　一】

李安人蘭陵承人也祖幾衛將軍父欽之薛令安人少
有大志常村酈歡曰大丈夫勳世富貴示可希取三將五
校何難之有隨父在縣宋元嘉中縣被魏剋安人尋率部
曲自拔南歸明帝時稍遷武衛將軍領水軍討晉安王子
勛所向剋捷事平明帝大會新亭樓勞諸軍主樗捕官賭
安人五擲皆盧齊高帝在淮陰安人遙相結事元微初降司
安人少時貧有一人從門過相之曰君後富大富貴與天
子交手共戲至是安人尋此人不知所在後為廣陵太守
行南兗州軍齊高帝大驚目安人曰卿面方如田封侯相也
州刺史領義陽太守及桂陽王休範起事安人遣軍援都
建平王景素起兵安人破其軍於葛橋景素誅留安人行
南徐州事城局參軍王回素為安人所親盜絹二疋安人
流涕謂曰我與卿契闊備嘗今日犯王法乃卿負我也於
軍門斬之厚為斂殯軍府皆震服轉東中郎司馬行會稽

【南史列傳三十六　二】

郡事時著梧縱震嘉高帝憂道無計安人白高帝欲於東
奉江夏王躋起兵高帝不許乃止高帝即位為中領軍以下各募部
康樂侯自宋泰始以來內外頻有賊寇將帥以下各募部
曲屯聚都下安人上表以為自非淮北常備其分餘軍央
皆輸遣若親近宜立隨身者聽限人數上納之故詔斷眾
墓時王敬則以勳誠見親至於家國密事上唯與安人論
議謂曰我便不復細覽也尋為領軍將軍魏
攻壽春至馬頭安人汝公垂手過膝
是宋時七命王元初聚黨六合山棲大號自云垂手過膝
州郡討不能禽積十餘年安人生禽之斬建康市高帝崩
遺詔加侍中武帝即位為冊楊兗遷尚書左僕射安人時
屢啟密謀見賞又善結尚書令王儉故世傳儉啟有此授
尋上表以父疾求退為吳興太守於家載米往郡時服其
安人奉佛法不與神牛護郡聽事太守到郡必須祀下牛
清兵與有項羽神護郡聽事太守到郡必須祀下牛
而牛死葬廟側安人呼為李公牛家人須聽上八關齋俄
誣齕侯子元履幼有操業甚閑政體為司徒竟陵王子良
法曹參軍與王融游狎及王融誅竟陵右衛將
南康侯之北征密令於比殺之會蕭林敗死元履拜謝廣之曰二十
元履無過甚推護之會蕭林敗死元履復拜謝廣之曰二十

二載父母之年自此以外丈人之賜也住梁為吳郡太守
慶文尚書衞將軍青冀四州刺史
戰僧靜覽稽永與人也少有膽力便弓馬事刺史沈文秀
俱被魏虜後將家屬叛還淮陰郡高帝為軍
於都私齋錦出事發繫南兗州獄高帝遣薛僧靜酒
食以刀子冥魚腹中僧靜與獄吏飲酒又醉以刀刻械手
自折鎖發屋而出歸高帝匿之齋內其家貧年給穀
千斛會魏軍至僧靜將一刀直前魏軍奔退文追
斬三級時天寒甚乃脫衣口銜二頭拍浮而還沈收之事
起高帝入朝堂遣僧靜將腹心先至石頭經略袁粲時蘇

三

列據其城門僧靜射書與列夜縋入城繫登城西南門列
爇火坐臺軍至射之火乃滅回登東門其黨孫曇瓘驍勇
善戰每溢一合輒大殺傷官軍死者百餘人軍主王天生
殊死拒戰故得相持自亥至丑有流星赤色照地墜城中
僧靜率力攻倉門千斷槧於東門外軍燒門入以功除前
軍將軍寧朔將軍高帝即位封建昌縣侯位太子左衞率
武帝踐阼出為北徐州刺史貿牛給貧人令耕種其得荒
情後除南中郎司馬淮南太守永明八年巴東王子響殺
僚佐武帝召僧靜使領軍向江陵僧靜面啟上曰巴東王
年少長史司馬挾之大急急不思難故耳天子兒過誤殺

人有何大罪乎急遣軍西上人情惶懼無所不至臣不敢
奉敕上不荅而心善之從盧陵王中軍司馬高平太守卒
諡壯侯
桓康北蘭陵承人也勇果驍悍宋大明中隨宋始武帝為軍
容從武帝在贛縣泰始初武帝起義為郡所執衆皆散康
裝檐一頭貯穆后一頭貯宋孝武子安陸王子良自負其
置山中興門答蕭欣祖等四十餘人相結破郡獄出武帝
郡追兵急康等死戰破陷陣武帝起兵摧堅陷陣旅力絕
人所經村邑恣行暴害江南人異之以其名怖小兒畫其
形於寺中病瘧者寫形帖著床壁無不立愈後除襄賁令

四

桂陽王休範事起康華縣還都就高帝會事已平除員外
郎元徽五年七月六日夜少帝微行至領軍府帝左右人
曰一府皆眠何不緣墻入帝曰我今夕欲一處作適待明
旦王敬則將帝首至扣府門康謂其變與荒黑於門間聽得其語明
出仍隨高帝入宮高帝鎮東府徐黃回時為南兗州部曲
蒂蘭陵太守常衞左右高帝誅黃回除後軍將軍直閤將軍
數千欲收恐為亂召入東府付外賷使康數回罪然後殺
之時人為之語曰欲俻張間桓康除後軍將軍直閤將軍
南濮陽太守建元元年封吳平縣侯高帝謂康曰卿隨我

日久未得方伯亦當衆解教意正欲與卿共滅虜耳三
年魏軍動康大破魏軍於淮陽武帝即位卒於驍騎將軍
焦度字文績南安氏也祖文珪避難居襄陽乃立天水郡
方明平楊難當度父明與千餘家隨居襄陽初青州刺史顏
略陽縣以居之度少有氣幹便弓馬孝武初宋元嘉中裴
師伯出鎮滑臺度領幢主迭之與魏豹皮公遇交槊關豹
皮公遁地禽其具裝馬手殺數十人師伯啟孝武稱度氣
力弓馬並絕人帝召還
健人也補晉安王子勛夾轂隊主隨度領江州子勛起兵以
度為龍驤將軍為前鋒所向無不勝事敗逃宮亭湖為賊

朝廷聞其勇甚患之使江州刺史王景文誘降之景文以
為已鎮南參軍領中軍直兵厚待之隨景文還都常在府
內以度武勇補晉熙王燮防閤隨鎮夏口武陵王贊代
知也
燮為郢州度仍留鎮為贊前軍參軍沈攸之事起轉度中
直兵郢高帝文使假節輔國將軍屯騎校尉右將軍轉度中
容貌壯醜皮膚若漆質直木訥口不能出言晉熙王燮
主周安與度俱在郢州彥有左右人與度父同名彥常呼
其名使役之度積怨阿責彥曰汝知我諱明而恒呼明何
也及在郢城尤為沈攸之所忿攸之大衆至夏口將直下

都留偏兵守郢而已度於城樓上肆言罵辱攸之至自發
露形體穢辱之故攸收改計攻城度親力戰攸之衆攻城
楨攻城不能拔後呼此樓為焦度樓
事寧度功居多封東昌縣子東宮直閤將軍還都為貴戚
追敘郢城時塞露穢藝不能冒後呼此樓為焦度樓為貴戚
帝求郢城比及露穢藝之事其諓如此為人朴澀欲就高
求度郢城時比及見不涉一語帝以其不閑政事竟不用後
日皆得上一口曾高帝履行石頭啟公度啟公度無食帝笑
時卒志所教乃大言曰度公行石頭城度於大衆中欲自陳
何憂無食即賜米百斛建元四年乃除淮陽太守性好酒
醉輒暴怒上常使人節之年雖老而氣力如故除游擊將
軍卒

曹武字士威下邳人也本名虎頭齊高帝鎮東府使武與
戴僧靜各領白直三百人後為屯騎校尉帶南城令石頭
平封羅江縣男及高帝受禪改封監利縣侯武帝即位進號
隆昌元年為雍州刺史建武二年進爵為鄴敕改之鬱林即位累遷
前將軍鎮軍司馬求元年始安王遙光及武領軍屯青
溪大橋事寧轉散騎常侍右衛將軍常侍右衛元年始安王遙光形幹甚殺善於誘
納脫節在雍州致見錫十萬錢度輪大郭他物無稱是焉

八百匹僕妾食膳無甘肥管為梅蟲見如法珍設女伎
金翠曜眼器服精華蟲兒等因是欲誣辱之人傳武每
好風景頓開庫招拍張武戲帝疑武舊將領兼利其財新
除未及拜遇誅又收兵至歎曰諸人知我無異意所以殺
我政欲取吾財貨女耳恨令眾蕈見之諸子長成者皆
見誅唯子世宗兄弟二人未冠繫尚方梁武帝兵至得免
武雖武士頗有知人鑒梁武又崔慧景之在襄陽于時崔
為貴盛武性儉嗇無所餉遺獨餉梁武謂曰卿必大貴我
當不及見今以弱子相託每密选錢物并好馬時帝在戎
多之就武換借未嘗不得遂至十七萬及帝即位志其惠

黃子尚

天監二年帝忽夢如田塍下行兩邊水深無底慶中甚懼
忽見武來負武得過曰卿今為天下主乃爾忘我顧我
之言邪我覩飢寒無衣昔所換十七萬可還其市宅帝覺
即使主書选錢還之使用市宅子世澄世宗性嚴明頗識
兵翰未遂蒙抽權二
二年間选為大郡世宗贈左散騎常侍左衛將軍謚曰壯侯
歷位太子左衛率卒贈左散騎常侍左衛將軍封侯
呂安國廬陵人也宋大明末以將領任隱重有幹局為
劉勔所稱泰始二年為劻軍副征殷琰以勁封鍾武縣男
累遷兗州刺史又沈攸之事起齊高帝即以安國為湘
史建元元年進爵為侯轉右衛將軍加給事中後改封湘

鄉侯武帝即位累遷光祿大夫加散騎常侍安國欣有文
授謂其子曰汝後勿複襁褓使單衣猶恨不稱當為朱衣
官也歷都官尚書當為太子左率領軍安國累居將帥在
朝以宿舊見遇尋遷散騎常侍金紫光祿大夫給扶永明
八年卒謚蕭侯

周山圖字季寂義興義鄉人也家世寒賤年十五六氣力
絕衆食啖恆兼數人鄉里獵戲集聚常為主帥指麾處分
皆見從不重產業願為將雖勇健而不閉弓馬於書題
甚拙謹直少言不嘗說人短長與人周旋皆自首不異宋
元嘉二十七年魏軍至瓜步臺符取健兒山圖應募領白

衣隊主軍功除負外郎加振武將軍及鎮軍將軍張永侵
魏山圖領二千人迎運至武原為魏軍所追合戰多傷殺
魏軍稱其勇呼為武原將及永軍大敗山圖收散卒守下
邳城還除給事中宂從僕射直閣將軍山圖好酒多失明
帝數加怒誚後遂自改累遷淮南太守時盜發桓溫冢大
獲寶物客竊取以遺山圖山圖不受薄以還官遷左中郎
將齊高帝輔政山圖密啟沈攸之久有異圖宜為之備帝
笑而納之攸之事起武帝為西討都督啟山圖為軍副收
之攻郢城武帝令山圖置其形勢山圖曰收之為人性度
險刻無以結固士心如頓兵堅城之下適所以為離散之

漸耳及攸之敗高帝謂曰周公前言可謂明於見事矣建
元元年封晉興縣男武帝踐祚還竟陵王領北司馬帶南
平昌太守以盆城之舊出入殿省其見親信義鄉縣長風
廟神姓鄧先經為縣令遂發靈山圖啟乞加神位輔國
將軍上苔曰足狗尚便可事何用階級為轉黃門郎領羽
林監四廟直衛山圖於新林立野舍晨夜往還上謂曰卿
罷萬人都督而輕行郊外自今往輒可以伏身自隨以備
不虞灾疾上手敕問疾尋卒年六十四

功封晉安子元徽二年桂陽補難盤龍時為冗從僕射隨
齊高帝頻新莽稍至驍騎將軍改封沌陽侯高帝即位進
號右將軍建元元年魏攻壽春以盤龍為軍主假節助豫
州刺史垣崇祖拒魏大破之上聞之喜下詔稱美送金釵
以二十枚與其愛妾杜氏手敕曰買戎角城攻明年魏攻
淮陽圍角城先是上遣軍主成買戎角城辭於王儉曰今
段之行必以死報衛門逢戶不朱斯白小人弱自當得一
子儉問其故苔曰若不殺賊便為賊殺殺息不為世子則門
為孝子若子則門加素葉世子則門施丹赭至是買被圍
上遣領軍將軍李安人救之敕盤龍卒馬步下淮陽就李
安人買與魏拒戰手所傷殺無數長起手中忽有數升血

其日遂戰死首見斬擔尸橇鞍奔還軍然後僵盤龍十奉
叔單馬率二百餘人陷陣魏軍萬餘騎消直奔魏之一
騎走還報叔已沒盤龍方食棄飯馳馬奮矟出魏陣
自稱周公來魏人素畏盤龍驍名莫不披靡時奉叔已大
殺親軍得出在外盤龍不知乃東西馳擊魏軍莫敢當魏
殺見其父不出復躍馬入陣父子兩騎縈攪數萬人魏
軍大敗盤龍父子由是名播北國形甚羸而臨軍勇果諸
將莫逮求明五年為大司馬加征虜將軍張浦與魏潛通因
數講武嘗令盤龍領馬軍校騎稍後以疾為光祿大夫
尋出為兗州刺史進爵為侯角城戍將戍武帝
奏詔白衣領職八坐尋奏後位加領東平太守盤龍表年
老才弱不可鎮邊求解職見許還為散騎常侍光祿大夫
武帝戲之卿著貂蟬何如兜鍪盤龍曰此貂蟬從兜鍪中
生耳尋疾卒年七十九子奉叔勇力絕人少隨盤龍征討
所在暴掠為東宮直閤將軍轉遊擊將軍鬱林在西州奉
及即位與直閤將軍曹道剛為心膂陵轢朝士就司空王敬
則學騎龍見親龍得入內無所忌憚不受敬則大懼乃更餉
二百斛并金鈴等物敬則以百斛與之敬帝令奉叔求奉叔不

通迎前從者執單刀皆半拔敬則跣走入內既而自計不
免乃出遇呼叔曰弟那忽能顧奉叔宣旨永妓意乃得
釋與蔡母珍曹道剛朱隆之共相唇齒焰弄威權奉叔常
云周郎刀不識君求武帝御用又與并求御仗以給左右
事無不從又求黃門郎明帝作輔固執不能得乃令蕭諶
蕭坦之說帝出奉叔為外鎮樹腹心又說奉叔伯之
重奉叔納其言隆昌元年出為青冀二州刺史奉叔就帝
求千戶侯帝許之明帝以為不可忽謂蕭諶曰若不能見
與千戶侯不復應減五百戶不爾周郎當就刀頭取辦耳
後堂執送廷尉盡之

南史列傳三十六　　十一

說諭乃受及將之鎮明帝慮其不可後制因其早入引往
既而封曲江縣男奉叔大怒於眾中攘刀屬目切齒明帝
勇力初為馬隊主隨劉勔征殺琰在兵既盛而合肥戍又阻
王廣之字林一字林之沛郡相人也少好弓馬便捷有

乃至此邪廣之由此知名初封蒲坼子廣有學術善舉止
廣之亦雅相推慕勔亡後蕭更依廣之盛相賞接啟
武帝以為東海太守不念舊惡如此廣之後以征代功位
給事中冠軍將軍改封寧都縣子齊高帝起兵廣之留都石
為徐州刺史鍾離太守沈攸之事起廣之及從弟馬兄子
頭仍從高帝頓新亭高帝誅黃回回弟馬四從弟馬過轉
奴亡逸高帝與廣之書曰黃回雖有微勳而罪過自恐其
容近遂啟請御大小二與為刺史服飾吾不惜為其啟
聞政恐得興復求書輪車此外罪不可勝數弟自悉之今
啟依法令廣之於江西搜捕馳等建元元年進爵為侯武

南史列傳三十六　　十二

帝即位累遷右衛將軍散騎常侍前軍將軍延興元年為
豫州刺史豫廢鬱林後拜鎮南將軍江州刺史進應城縣
公建武中位侍中鎮軍將軍給扶後辛贈車騎將軍諡壯公
子珍國字德重仕祎為南譙太守有能名時郡境苦飢乃
發米散財以振窮乏之高帝手敕云卿愛人活國甚副吾意
求明初遷桂陽內史討捕賊盜境內肅清罷任還都路經
江州刺史柳世隆臨渚餞別見珍國裝輕素歎曰此真
良二千石也還為大司馬中兵參軍武帝雅相知賞謂其
父廣之曰珍國應堪大用卿可謂老蚌也廣之曰臣不敢
辭帝大笑帝每歎曰晚代將家子弟如珍國者少矣累遷

游擊將軍父憂去職建武末魏軍圍司州明帝使
史裴叔業攻渦陽以為聲援起珍國為輔國將軍助焉
魏將楊大眼大眾奄至叔業懼棄軍走珍國又率其眾拒之永元
不至大敗及會稽太守王敬則反珍國率眾拒之十二月丙寅旦
中為北徐州刺史將軍如故梁武起兵東昏召珍國以眾
鏡獻誠於梁武帝帝斷金以報之時侍中衛尉張稷都督
還都使出屯朱雀門為王茂所敗乃入城密遣郗纂奉明
衆軍珍國潛結稷心張齊要稷稷許之於西鍾下使國子博士范雲等奉
珍國引稷於衛尉府勒兵入自雲龍門殺東昏於內殿與

東昏首歸梁武後因侍宴帝曰卿明鏡尚存昔金何在珍
國曰黃金謹在臣肘不敢失墜歷位左衛將軍加散騎常
侍封灄陽侯遷都官尚書初珍國自以廢殺東昏意望台
鼎先是出為梁泰二州刺史心常怏怏酒後於坐啟云臣
近入梁山便哭帝大驚曰卿若哭東昏則已晚若哭我我
後未死珍國起拜謝竟不荅坐即散因此疏退久方有此
進天監五年魏任城王澄改鍾離帝遣珍國為援因問討
賊方略對曰臣常患眾少不苦其多武帝壯其言乃假
節與眾軍同赴魏軍退班師又出為南秦梁二州刺史會
梁州長史夏侯道遷以州降魏珍國步道出魏興將襲之

不果遂留鎮焉改封宜陽縣侯累遷丹楊尹卒贈車騎將
軍諡曰威子僧度嗣
張齊字子響馮翊郡人少有膽氣初事荊州司馬垣歷生
歷生酗酒下嚴酷不禮之及兵郡張稷為荊府司馬齊
復從之甚見重焉為腹心稷歸都督齊稷為南兗州
府中兵參軍梁武帝起兵東昏徵稷稷明目與稷珍國即東
齊夜引珍國就稷齊手自執燭定謀明旦與稷珍國即東
昏於殿內齊手殺焉武帝受禪封蔡陽侯位歷陽太守
將王足攻蜀圍巴西帝以齊為輔國將軍救蜀未至足退

齊進戍南安遷巴郡太守初南鄭沒于魏乃於益州西置
南梁州州鎮草剏皆仰益州取足齊上黃獠義租得米二
十萬斛十一年進假節督益州外水諸軍事齊在益部累年
討擊蠻獠身無寧歲其居軍能身親勞屢與士卒同勤
苦自擊蠻獠身無寧歲其居軍得其便調給衣糧資用人無困之
既為物情所歸蠻獠亦不敢犯是以威名行於庸蜀巴西
郡居益州之半又當東道衝要刺史經過軍府遠涉多窮
匱齊緣路聚糧食種蔬菜行者皆取給焉歷南梁州刺史
遷信武將軍征西鄀陽王司馬新興永寧二郡太守未發
卒諡曰壯

論曰宋氏將季亂離日兆家懷逐鹿人有異圖高帝觀釁
深視將興符運李安人戴僧靜桓康焦度蒯武吕安國周
山圖周盤龍王廣之等或早見誠款或備盡心力或受委
方面或功成塵下其所以自致與寵天豈徒然蓋亦驗人
心之有歸樂推之非妄也語云勇而無禮則亂觀天奉叔
取進之道不亦幾於亂乎其宜芙珍國明鏡
雖在而斷金莫驗報罵之義理則具然谷輔之翼其何爽
也張齊人位本下志垫易充績宜所拯其始優也

列傳第三十六　　　　　南史四十六

荀伯玉（祖思宗人文仲）

虞悰

虞玩之

江祏劉暄

崔祖思（祖思叔父景真）

蘇侃

胡諧之（范柏年）

劉休

李延壽

南史四十七

事及事敗還都賣卜自業聚高帝鎮淮陰伯玉為高帝冠

荀伯玉字弄璋廣陵人也祖永南譙太守父闡之給事中
伯玉仕宋為晉安王子勛鎮軍行家軍泰始初隨子勛舉

軍刑獄參軍高帝為宋明帝所疑被徵為黃門郎深懷憂
震見平澤有群鶴忽命筆詠之曰八風儛遙翮九野弄清
音一摧雲間志為君死中禽以示伯玉深指伯玉勸高帝
遣數十騎入魏界安置標榜魏果遣游騎數百復行界上
高帝以聞猶懼不得留令伯玉占伯玉言不成行而帝卒
復本任由是見親待高帝有故吏東莞王景秀嘗以過繫
作部高帝謂伯玉卿比看景秀不苦曰數往候之備加清
詭云若許某自新必吞刀刮腸飲灰洗胃帝養其苦即釋
之卒為忠信士後隨高帝還都除奉朝請高帝使主家事
武帝罷廣興還立別宅遣人於大宅掘樹數株伯玉不與

馳以聞高帝善之高帝為南兗州刺史伯玉從轉鎮軍中兵參
軍帶廣陵令初高帝在淮陰伯玉假還廣陵城夢上廣陵城
南樓上有二青衣小兒語伯玉云草中肅九五相追逐伯
王視城下人頭上皆有羽不舒七年又夢高帝乘船在廣陵
比渚兩脅下有翅不舒伯玉問何當帝曰却後三年伯
王夢中自謂是呪師凡六唾呪之有六龍出兩脅下皆有
兵參軍帶濟陽太守霸業既建伯玉忠勤盡心常衛左右
舒還復斂元徽二年而高帝破桂陽威名大震五年而
蒼梧謂伯玉曰卿夢今日効矣昇平初仍為高帝驃騎
加前將軍大見委信齊建元元年封南豐縣子為豫章
司空諮議太守如故時武帝在東宮自以年長與高帝同
剗大業朝事大小悉皆專斷多違制度左右張景真偏見
任遇又多僭侈武帝拜陵還景真白服乘畫舸坐胡牀
觀者咸疑是太子内外祗畏莫敢有言者驍騎將軍陳儁
叔先已陳景真及太子前後得失伯玉因武帝拜陵之後
密啟之上大怒豫章王疑素有寵政以武帝長嫡又南郡
王兄弟竝列故武帝為太子至是有廢黜之意武帝東還
遣文惠太子聞甚公子良宣敕責并示以景真罪狀使
以太子令收景真殺之儲叔因白武帝皆言伯玉以聞武
帝憂懼稱疾月餘日上怒不解畫卧太陽殿王敬則直入

叩頭啟誦往東宮以慰太子高帝無言敬則因大聲宣旨
住東宮命裝束又敕大官設饌密遣人報武帝高帝令奉迎因
呼左右索輿高帝了無動意敬則索衣以衣高帝仍牽上
輿遂幸東宮召諸王宴歙因游女圍圍長沙王晃挺華蓋
臨川王映執雉尾扇聞真公子良持酒鎗南郡王行酒武
帝與大醉甚歙日暮乃去是日微敬則目捧有饌高帝大歙賜武帝以下
酒並大醉甚歙日暮乃去是日微敬則掌軍國密事權勢朝右每暫休外
軒蓋填門當週毋憂成服日左率蕭景先侍中王晏共載
臺伯玉盡心翊見使掌軍國密事權勢朝右每暫休外
雀雖續後言外論云千敕萬令不如荀公一命武帝深惡
宮言便云二臣等所見二宮門及禁闈方荀公伯玉宅政可設
方得帝比出二人飢乏氣息慄然切齒形于聲貌明日入
前又領事父之中詔道中書舍人徐希秀斷哭止客父
至下鼓尚未得冊同徒褚彥回衛軍王儉俱進繼後方得

三

戲初伯玉微時有善相墓者謂其父曰君墓當出暴貴者
子左率呂文顯歎曰伯玉能謀太祖而不能自謀豈非天
之伯玉乃安求明元年與崇祖並見譖伏誅而褫收為太
以其與垣榮祖田業在江西慮相扇為亂加意撫
伯玉高帝臨崩指伯玉以屬武帝即位伯玉意懼上聞之

但不得父耳又出失行女子伯玉聞之曰朝聞道夕死可
矣頃之伯玉姊當嫁明日應行金多逃隨人去家尋求不
能得後遂出家為尼伯玉卒敗亡
崔祖思字敬元清河東武城人魏中尉琰七世孫也祖諱
宋冀州刺史父僧護州秀才祖思少有志氣好讀書年十
八為都昌令隨祖入堯廟有蘇侯神偶
坐護之曰唐堯聖人而與蘇侯神共坐今欲正之何如祖
思曰使君若清湯此坐則是堯廟重去四凶由是諸神
並除齊高帝在淮陰祖思聞風自結為上輔國主簿甚見
親待參預謀議宋朝初議封高帝為梁公祖思啟高帝曰

四

讖云金刀利刃齊刈之今宜稱齊實應天命從之自相國
從事中郎遷齊國內史高帝既為齊王置酒為樂甚歙既
至祖思曰此味故為南北所推侍中沈文季曰羹膾吳食
非祖思所解祖思曰此包犧鱗鯉似非句吳之詩文季曰千
里蓴羹豈關魯衛祖思甚悅曰炙美故應還沈帝之輔政眾
議將加九錫內外皆贊成之祖思獨曰公以仁恕匡社稷
執股肱之義君子愛人以德不宜如此帝聞而非之曰祖
思遠同荀令孤所望也由此不復廁任職之官而禮見
甚重垣崇祖受密旨參訪朝臣光祿大夫垣閎曰身受宋
氏厚恩後蒙明公眷接進不敢同退不敢異祖思又曰公

退讓誠節故宜受之以禮次問冠軍將軍崔文仲問
崇曰卿意云何對曰聖人云知幾其神又云見幾而作
文仲撫髀曰政與吾意同崇祖具說之及帝受禪闕存故
爵文仲皆封侯祖思加官而已除給事中黃門侍郎
武帝即位祖思啟陳政事以為自古開物成務必以教學
為先宜太廟之南弘脩文序司農以比廣開武校又曰劉
婦以繡衣攜銅鑄錢以充國用魏武校又曰劉
備取帳構銅鑄錢以充國用魏武校又曰劉
房唯碧紈蚊幬三齊祐帝五盞盤桃花米飯穀仲文勸令
齋伎苫我不解聲仲文曰但畜自解又吝畏解故不畜

歷觀帝未嘗不以約素興後麗亡世伏惟陛下體唐成
儉蹈虞為模寢殿則素木構膽器則陶瓠充御瓊簪玉
笏碎以為塵裝繡服焚之如草宜察朝士有柴車蓬館
高以殊等馳禽菜色長違清編則調風變俗不俟終日又
曰憲律之重由來尚矣宴宜清置廷尉茂簡三官漢來習
律有家子孫並傳其業今廷尉生乃令史門戶刑之不
厝抑此之由又曰案削漢編戶千萬太樂伶官方八百二
十九人孔光等奏罷不合經法者四百四十一人正樂定
員唯置三百八十八人今戶口不能百萬而大樂雅鄭元
微時校試千有餘人後堂雜伎不在其數屢費力役傷敗

風俗今欲撥邪歸道莫若罷雜伎王庭唯置鐘簴羽戚登
歌而已上詔報答後為青冀二州剌史在政清勤而謙甲
下士言議未嘗及時事上更以敬重之未幾卒上深加歎
惜祖思叔父景真位平昌太守有惠政常懸一蒲鞭而未
嘗用之射聲校尉武帝取為延昌王帥從駕至何美人墓上
仕至射聲校尉元祖言臣甥也稱以為善來明九年魏使李道
為悼亡詩待詔元祖使和稱以為善來明九年魏使李道
固及蔣少游至元祖之為立祠子元祖有學行好屬文
模鳳宮挾未可令及上不從少游果圖畫而歸元祖歷位
驍騎將軍出為東海太守上每思之時鄭恒賜手敕賞賜

有加時青州剌史張沖啟淮北頻歲不熟今秋始稔此境
鄰接戎寇彌須沃實乞權斷穀過淮而徐兗後司諸州
又各私斷穀米不聽出境自是江北荒儉有流亡之弊元
祖乃上書謂宜豐儉俵均之書奏見從祖思宗人文仲位徐
州剌史封建陽縣子在政為百姓所懼除黃門侍郎領越
騎校尉徙封隨縣嘗獻高帝纏繩一校上納受後卒於
汝陰太守贈徐州剌史謚襄子
蘇侃字休烈武邑人也祖護本郡太守父端州中從事侃自
涉獵書傳辭藻及引侃為其府參軍使掌書記侃自拔
南歸奔高帝在淮上便自委結高帝鎮淮陰取為冠軍錄

事參軍時高帝在兵久見疑乃作懊憹吟以喻志曰常懍

泰宗神經淡序德晦河晉曆宣江楚雲雷兆壯天山䬸武
直髮指素關凝越溪汊秋風起塞草衰鵬鴻思邊馬悲
平原十里顧但見轉蓬飛星巖海淨月澈河明清暉而
素液凝庭金茄夜鷹羽轉翰精渾而悵泗岫松洲而
悼情蘭泛風之寫豔菊龍泉而散英曲繞首燕之歎吹而
絕越之聲歇弄桂旋鶱躍遠波情綠而方遠
思襄褱而遂多興觳秦中之筑因爲羹上之歌歌曰朝發
西科悟源靚霧罷音暉霰戒旋庭霍之餘馨青闕望斷白日
兮江泉日夕兮陵山驚風兮灞泘淮流兮潎淺胡埃兮雲

〔南史列傳三十七〕 七

聚楚蒔兮星懸愁埤兮恩宇惻愴兮何言定寰中之逸鑒
審雕陵之迷泉樊龍之或累悵遐心以栖玄倪達高帝
此旨更自勤屬遂見委付事深被知待桂陽之難帝以倪
爲平南錄事領軍主從頓新亭使分金銀賦賜將士後爲
太尉記室帝征代之功封新建縣侯齊臺建爲黄門郎領
射聲校尉住以心贊帝即位倪撰聖皇瑞命記一卷奏之
建元元年卒上惜之甚至諡筞俟
虞惇字景豫會稽餘姚人也祖嘯父晉左戶尚書秀之
黄門郎惇少以孝聞父病不欲見人雖子弟亦不得前時

懍年十二晝夜伏戶外間內豎消息間未知轉鳴咽流
湧如此者百餘日及亡終喪日唯食麥麩二枚仕宋位黄
門郎宋明帝誅山陽王休祐至葬日寒素厚三尺故人無
至者唯懍一人來赴初齊武帝始從官尚領懍數相
分遺每行必呼帝同載帝其德之齊建元初爲太子中庶
子累遷豫章內史懍家富於財而養爲滋味豫章王嶷盛
饌享賓謂懍曰着羞有所遺不懍曰何曾食疏有黄頜臛
恨無之累遷太子右率明八年水百官戒服救太廟見
懍朱衣乘車圍薄於宣陽門外入行馬內驅逐人被委見
原上以懍布衣之舊從容謂懍曰我當令卿復祖業轉待

〔南史列傳三十七〕 八

中朝廷咸驚其美遷祠部尚書武帝幸芳林園就懍求味
懍獻冊及雜肴數十輿大官鼎味不及也上就懍求諸飲
食方懍秘不出上醉後體不快懍乃獻醒酒鯖鮓一方而
已懍林王立兼大匠卿起休安陵於陵所賞局下牛酒坐
免官隆昌元年以白衣領職懍林廢懍竊歎曰王徐逐縛
稗疾不陪位帝使尚書令王晏歠廢立事示懍懍舊人
禱廢天子天下豈有此理耶延興元年領石軍明帝立
引參佐命懍謂晏曰主上聖明公卿戮力寧假拙老以匡
贊惟新乎不敢聞命因懼不自勝朝議欲糾之僕射徐孝
嗣曰此亦古之遺直衆議乃止懍稗疾篤還東詔賜假百

日轉給事中光祿大夫尋加正員常侍卒懔性教實與人
知識必相存訪親踈貴有終始世以此稱之
胡諧之豫章南昌人也祖廉之書侍御史父翼之州辟不
就諧之仕宋為邵陵王左軍諮議齊武帝為江州以諧之
為別駕委以事任建元二年後帝問曰卿家人語音已正
未諧之荅曰宮人少臣家人多非唯不能得正音遂使宮
人往諧之家教子女語二年後帝問曰卿家人語音正未
獎以貴族婚姻以諧之有識具每朝廷官缺及應遷代量
人頓成僕隸語之有識向朝臣說之求明五年為左衞將
軍加給事中諧之風采環潤善自居廉兼以舊恩見遇朝

士多與交游六年遷都官尚書上欲遷諧之嘗從容謂曰
江州有幾以侍中邪荅曰近世唯程道惠一人而已上曰當
令有二後以語高書令王儉儉意更異乃以為太子中庶
子領左衞率諧之有識具每朝廷官缺及應遷代容量上
所用人皆如其言虞惊以此稱服之既居權要多所徵求
就梁州刺史范柏年求佳馬柏年患之謂使曰馬赤狗子
那可得為酬使人致恨歸謂諧之切齒致忿時王玄
邈代柏年耕疾推遷不時遷諧之言於帝曰柏年恃
說山川險固聚衆欲擅一州又柏年下帝欲不問諧之又

言見默格得而放上山於是賜死十年諧之轉婁支尚書
領衞尉明年卒諡蕭侯柏年本澤潼人土斷舊屬梁州華陽
郡初為州將劉亮使出都諮事見宋明帝言次及荊州武
貪泉因問柏年鄉州復有此水不荅曰梁州唯有文川武
卿兼泉讓之間常嗟所居廉讓之間常坐免
其善荅因見知歷位內外終於梁州刺史
慶玩之字茂瑤會稽餘姚人也祖宗晉尚書右丞玩之少閒刀筆涉書史仕宋為烏程令路太
通直常侍玩之依法案之太后怒訴孝武帝
后外親朱仁彌犯罪玩之依法案之太后怒訴孝武帝
官元微中為尚書右丞齊高帝家政與玩之書曰張華為

齊支尚書事不徒然今漕藏有闕吾賢君右丞已竟金粟
可積也玩之上表陳府軍錢帛器械役力州縣轉多興用
漸費應不支月朝議優報之高帝鎮東府朝玩之
為少府猶蹟踬造蒂高帝取後親視之詫黑斜銳羹斷以
芒接之問曰卿此後已幾戴玩之曰初釋褐拜征北行佐
買之著已三十年資士竟不辦易高帝深嘆因賜以新復
玩之不受帝問其故荅曰今日之賜恩華俱重但著弊
席後不可遺所以不敢當常善之拜驍騎諮議參軍霸府
初開賓客輻湊高帝留意簡接玩之與樂安任遐俱以進
對有席上之美齊名見遇玩之遷黃門即先時宋世人籍

欺巧久而高帝即位救玩之與驃騎將軍傳堅意檢定之建
元二年詔朝臣曰黃籍人之大綱國之政端自頃俗巧
偽乃至竊注爵位盜易年月增損三狀貿襲萬端或戶
而文綴已絕或人在而反託死叛傷私而云隸役身強而
稱六疾此皆政之巨蠹教之深弊若約之以刑則人偽已
遠若綏之以德則勝殘未易諸賢並深明政體各獻嘉謀
玩之表言便宜多見采納於是朝廷乃別置校籍官置令
史限人一日得數巧以防懈怠既連年不已貨賄溝通百
姓怨望至富陽人唐寓之僑居桐盧父祖相傳圖墓為業寓
之自云其家墓有王氣山中得金印轉相誑惑求明二年

冬寓之聚黨遂陷富陽至錢唐傋號置太子賊遂據郡又
遣偽會稽太守孫泓至山陰時會稽太守王敬則遣正故
寓之謂可乘虛而襲泓至浦陽江而郡丞張思祖遣浹口
戊主楊休武拒戰大破之朝廷遣禁兵東討至錢唐一戰
便散禽斬寓之進兵平諸郡縣臺軍乘勝百姓被強奪
軍還上聞之收軍主前軍將軍陳天福棄市天福善馬矟
為諸將法上寵將也既伏誅內外莫不寒庸玩之以父官
衰疾上表告退許之玩之於人物好減否宋末王儉舉貢
外即孔顗儉不出送朝廷無祖餞者中丞劉休與親知書曰虞
東歸儉不出送魏玩之言論不相饒過儉恨之至是玩之

公散騎海隅同古人之爽而東都之逆殊不羈謁玩之婦
家數年卒其後剪外郎孔瑄就儉求會稽五官儉方與投
早爽於地曰卿鄉俗惡實玩之至死頌人
劉休字弘明沛郡相人也初為駙馬都尉宋明帝居藩始
為湘東國常侍不為帝所知襲祖南鄉侯友人陳郡謝休
同承國義官及休坐匿之被繫尚方毎武崩乃得出泰始
初諸州及休素能棊知明帝當勝靜勢不預異謀休之繫
尚方也尚方令呉喜為青輔師府錄事
安軍喜進之明帝得在左右板桂陽王征北參軍休頗有
好尚尤嗜飲食休多藝能矣至鼎味英不闕解遂見親賞
長直殿內後宮毎者帝使筮其男女無不如占帝憎婦人
妬尚書右丞榮彥遠以善某見親婦妬傷其面帝曰我為
卿斷之何如彥遠卒爾從其夕邃賜藥殺其妻休妻王
氏亦妬帝聞之賜休敕與王氏二十杖令休於宅後開
小店使王氏親賣蒂以此辱之其見親如此尋除都水
使者南康相善談政體而在郡無異績西違元初為御史
中丞頗之啟言宋世載祀六十歷斯任者五十有三枚其
員外領輔國司馬中善通事舍人帶南城令後為都
年月不過盈歲於臣叨濫宜請骸骨四年出為豫章內史
辛宋末造指南軍高帝以休有思理使與王僧虔對其監

試又元嘉中羊於重王子敬正隸書世共宗之右軍之體
微輕不復見貴及休始好右軍法因此大行云
江祐字弘業濟陽考城人也祖遵寧朝參軍父德驎司徒
右長史祐姑為齊高帝兄安貞王道生妃父德驎以
生齊明帝祐少為明帝所親恩如兄弟明帝祐為吳興以祐
為郡丞祐後除通直郎補南徐州別駕明帝輔政委以腹心
引為驃騎諮議參軍領南平昌太守時新立海陵太守王洪
服祐每說明帝以君臣大節明帝出以示人晉壽太守王洪
有赤誌常祕不傳既而祐勸帝出以示人皆謂此是日月相卿幸無泄之
範罷住還上祖示之曰人皆謂此是日月相卿幸無泄之
洪範曰公日月在軀如何可隱轉竊言之公卿上大悅會
直後張伯兒轉等屢謀竊發祐憂責無計每夕輒託事外
出及明帝入幕議加祐寧朔將軍明帝為宣城王太史
密奏圖緯云一覩當得十四年祐入帝喜以示祐曰得此
復何所望及即位遷守衛尉安陸縣侯祐以外戚后父贈
金紫光祿大夫父德驎以帝舅亦贈光祿祖遵以太后父贈
衛將軍掌甲仗兼廉察四年轉太子詹事祐以外戚親要權
冠當時魏軍南伐明帝欲以劉暄為雍州祐時方希內職
不願遠役投於祐祐謂明帝曰昔人相瞳得一州便頤今
為雍州儻相中平上默然微召梁武帝謂曰今使卿為雍

州闻外一以相委祐既見住遂遠致餉遺或取諸王名書
好物然家行甚謹待子姪有恩永泰元年明帝寢疾轉祐
侍中中書令出入殿省及崩遺詔轉高書左僕射祐弟衛
尉祐為侍中皇后弟劉暄為衛尉與祐始安王遙光徐孝嗣
蕭坦之等輔政誡東昏曰五年中汝勿復意過此自覽易
復委人及即位祐參掌選事明帝雖顧命羣臣而意寄多
在祐兄弟至其更直殿內動止關諮帝深忌之孝嗣謂
事劉暄還散騎常侍右衛將軍欲行意稍行意徐孝嗣不能
奪蕭坦之雖時有異同而祐堅意執制帝諮事及祐曰但以見付必無
祐曰主上稍有異詔可為相垂及祐曰但以見付必無
所憂左右小人會稽茹法珍吳興梅蟲兒東海祝靈勇東
冶軍人俞靈韻右衛軍人豐勇之等並為帝所委任祐常
裁折之群小切齒帝失德既彰祐議欲立江夏王寶玄劉
暄初為寶玄郢州行事執事過刻有人獻馬寶玄欲看之
暄曰馬何用看妃家黃勿帳下諮暄暄曰舅殊無謂陽之
復此寶玄憾曰舅殊無謂陽之情暄聞之亦不悅至是不
同祐議欲立建安王寶夤密謀於遙光遙光自少年長勸
暄若立已失元舅之望不首同故祐邊姑父不決遙光以
當鼎命動祐勸立遙光遙光以少主難保勸祐立遙光以
遙光若立已失元舅之望不首同故祐邊姑父不決遙光
大怒遣左右黃曇慶於青溪橋道中刺殺暄曇慶見暄部

伍人多不敢發軍竟嚙告祐謀帝勴分收祐兄弟祀時直
在殿內疑有異遣信報祐曰劉暄似有謀今作何計祐曰
政當靜以鎮之俄而召祐入見傅先是直蘇表文
曠以王敬則動當計祐執不與帝使文曠取祐以刀環築
其心曰復能奪我封不祐祀同日見殺祐任寄雖重而不
忘財利論者以此少之栖栖若在吾豈能得此因問祐
謂左右曰祐常楚吾騎馬小子若於吾作敕賜祥死祀
字景昌位至安王鎮北長史南東海太守行衙州事祀事
禧早卒有子厥字偉卿年十二聞收至謂家人曰伯既如

此無心獨存赴井死劉暄字士穆彭城人及聞祐等戮眠
中大驚投出戶外聞左右收至未良久意定還坐大悲曰
不念江行自痛也遙光事起以討暄為名事平暄還領軍
將軍封平都縣侯其年如法珍梅蟲兒徐世摽譜有異
志帝曰頷軍是我舅豈應有此世摽曰明帝是武帝同堂
恩遇如此尚滅害都盡及復弱為可信乃誅乃
弱當軸居政每事護江祐蔑弟不得進官死之日皆怨之
和帝中興元年贈祐散騎常侍撫軍將軍並開
府儀同三司祀散騎常侍太常卿
論曰君老不事太子義烈之遺訓也欲夫專心所奉在節

無二伯王始導其事旋及誅夷有以驗行之惟艱且知齊
武之非弘量矣高帝作牧淮兗將與霸業催蘇睎微知著
自同奔定虞惊筍餌之恩諳之心腹之寄竝得攀光日月
亦各時運之所躋乎玩之臧否之尤著在懸軍之日是知
嗣宗所誡蓋亦遠有致乎江祐立辟非時竟貽龍逢之血
人之多僻蓋詩人所深懼也

列傳第三十七

南史四十七

陸澄
　緯弟硙　瓛弟襄　兄子雲公　雲公子瑴　瑴子從典
　瑴從父弟威　琰弟瑜　瑜從兄階　從弟琰
陸慧曉子僚　孫繕　弟子絳

陸杲子罕

　　　　　　李延壽

陸澄字彥深吳郡吳人也祖幼臨海太守父瓌州從事澄
少好學博覽無所不知行坐眠食手不釋卷宋泰始初為
尚書殿中郎議皇后諱班下應依舊稱姓左丞徐爰奏司
馬斗議皇后春秋逆王后于齊並不言姓澄以意立議坐
免官白衣領職郎官舊坐杖有名無實澄在官積前後罰

凡至千數後兼左丞泰始六年詔皇太子朝服袞冕九章
澄與儀曹郎丘仲起議袞冕以朝實著經文泰除六冕漢
明還備魏晉以來不欲令臣下服袞故位公者加侍官
今皇太子禮絶羣右宜遵聖王盛典革近代之制遠御
史中丞䂮建元元年驃騎諮議沈憲等家奴客為劫子弟
被糾憲等晏然左丞任之義詔外詳議尚書令褚彥回檢
言舊例無左丞糾中丞任之義詔免官若其眾奏免澄所
宋以來左丞糾正中丞不糾而免官表自理
見此撝後毘上掩皇明下籠朝議請以見事免澄所居官
詔澄以白衣領職求明元年累遷度支尚書尋領國子博

士尚書令王儉謂之曰昔曹志緣悅為此官以君係之始
無慙德儉嘗問澄曰崇禮門有鼓而未嘗鳴其義安在答
曰江左草創禮閣皆是茅茨設此以備火則扣以集眾
相傳至今又與儉書陳王弼注易玄學之所宗今若弘儒
鄭注不可廢弁言左氏杜學之長穀梁尋擐有膏信近益
范甯不足兩立也　　著經題為鄭玄注觀其用辭不與
注書相類案玄自序所注眾書亦無易注且為小學之類
不宜列在帝典儉荅曰易體微遠實貫羣籍豈專於小
王便為該備依舊存鄭高來說元凱注傳起近儒穀
梁小書無俟兩注存擬略乃率申舊式凡此諸議並同雅

前代不嫌意謂可安乃舊立置儉自以博聞多識讀書過
七略藝文並陳六藝不與澄韻凡將之流也鄭注虛實
論疑莘經注鄭所注僕以此書明且行之首實入倫所先
少便執掌王務雖後一覽便諳然見卷軸未必多僕少來
澄澄謂曰僕年少來無事唯以讀書為業且年位已高今君
千條皆僋所未覩僋乃歎服僋在尚書省出入箱几案雜
學士何憲等盛自商略澄待僋語畢然後談所遺漏數百
服飾令學士隸車事多者各得一兩物澄後來求
更出諸人所不知事後各數條弁去轉散騎常
侍祕書監吳郡中正光祿大夫加給事中尋領國子祭酒

竟陵王子良得古器小口方腹而底平可容十八升以問
澄澄曰此名服匿單于以與蘇武子良詳視器底有字彷
彿可識如澄所言隆昌元年以老疾轉光祿大夫加散騎
常侍未拜卒謐靖子澄當世稱為碩學讀易三年不解文
義欲撰宋書竟不成王儉戲之曰陸公書廚也家多墳籍
人所罕見撰地理書及雜傳死後乃出澄弟鮮得罪宋世
當死澄於路見鮮就舍人王晏叩頭流血以此見原揚州主
簿顧測以兩奴就鮮質錢鮮死子暉誣為賣券澄為中丞
測遂為澄所抑世以此少之

陸慧曉字叔明吳郡吳人晉太尉玩之玄孫也自玩至慧
曉祖萬載世為侍中覽有名行慧曉伯父仲元又為侍中
時人方之金張二族父子真仕宋為海陵太守時中書舍
人僑橋又以妨農假還葬父子真不與相聞當請發
公子孫以才懶物為吳郡太守五世內侍我之流亞子真自
一公兩掾英英門戶陸子真父彭城王義康聞而賞之王僧達貴
臨海太守眼疾歸為中散大夫卒慧曉清介正立不雜交
游曾稽內史同郡張緒稱之曰江東裴樂也初應州郡辟
舉秀才歷諸府行參軍以母老還家侍養十餘年不仕丞
高帝輔政除為尚書殿中郎郯族來相賀慧曉舉酒曰陸

慧曉年踰三十婦父領選始作尚書郎卿輩乃復以為慶
邪高帝表禁奢侈慧曉撰答詔草為帝所賞引為太傅東
閤祭酒齊建元初遷太子洗馬廬江何點常稱慧曉心如
照鏡遇形觸物無不朗然王思遠恒如懷冰暑月亦有霜
氣當時以為實錄慧曉與張融並宅其間有池池上有二
株楊栁點歎曰此池便是醴泉此木便是交讓又武陵王
曄守會稽上為精選僚介以慧曉為征虜功曹與府參軍
沛國劉璡同從述職璡清介士也行至吳謂人曰吾聞張
融與慧曉並宅其間有水此必有異味故命駕往酌而飲
之曰飲此水則鄙吝各之萌盡矣何點薦慧曉於豫章王
嶷

補司空掾加以恩禮累遷安西諮議領冠軍錄事參軍武
帝第三子廬陵王子卿為南豫州刺史帝稱其小名謂司
徒竟陵王子良曰烏熊羆如子卿為行事
無以壓二州既而曰吾思得人矣乃使慧曉為長史行事
別帝問曰卿何以輔持蘧陵答曰靜以修身儉以養性靜
則人不擾儉則人不煩王大悅後為司徒右長史時陳郡
謝朓為左長史府公竟陵王子良謂王融曰我府前世誰
此融曰明公二上佐天下英奇古來少見其此子良西即
抄青令慧曉參知其事朓遷西陽王征虜巴陵王後軍臨
汝公輔國三府長史行府州事復為西陽王左軍長史領

會稽郡丞行郡事隆昌元年桂爲當熙王冠軍長史江夏
內史行郢州事慧曉歷輔五政立身清素僚佐以下造詣
必起送之或謂慧曉曰長史貴重不宜妄自謙屈答曰我
性惡人無禮不容不以禮數人未嘗卿士大夫或問其故
慧曉曰貴人不可卿而賤者乃可卿人生何容立輕重於
懷抱終身常呼人位建武初除西中郎長史行事內史
故俄徵黃門郎未拜遷吏部郎尚書令王晏選門生補內
外要司慧曉爲用數人而止恨之送女妓一人欲與申
好慧曉不納每語諮求詭選事慧曉任己獨
行未嘗與語帝遣主書單景儁謂曰都令史諮選舊貫可

共參懷慧曉謂景儁曰六十之年不復能諮都令史爲史
部郎也上若謂身不堪便當拂衣而退帝甚憚之後欲用
爲侍中以形短小乃止出爲晉安王鎮北司馬征北長史
東海太守行府州事徙慧景事
平領右軍將軍出監南徐州朝議又欲以爲侍中王亮曰
濟河須人今且就朝廷借之以鎮南兗州王瑩王志皆曰
侍中彌須英華方鎮猶應有選者乃以角其二者則貂璫
緩挹拒寇切當今朝廷甚弱宜從切者乃以爲輔國將軍南
兗州刺史加督至鎮俄爾以疾歸卒贈太常三子
並有美名時人謂之三陸初授慧曉兗州三子依次第各

作一讓表辭竝雅麗時人歎伏僚學涉子史長於微言美
姿容鬚眉甚如畫位西昌侯長史蜀郡太守
倕字顥習公少勤學善屬文於宅內起兩茅屋杜絕往來晝
夜讀書如此者數歲所讀一編必誦於口嘗借人漢書失
五行志四卷乃暗寫還之略典遺脫勿爲外祖張岱所異
岱嘗謂諸子曰此兒汝家陽元也十七舉本州秀才刺史
竟陵王子良開西邸延英俊倕預焉爲學士初爲右軍安
成王主簿與樂安任昉友善昉爲感知己賦以贈昉昉因此名
以報之及昉爲中丞簪裾輻湊預其讌者殷勤到溉劉
孺劉顯劉孝綽及倕而已號曰龍門之游雖貴公子孫不

得預也遷臨川王東曹掾梁武帝雅愛倕才乃敕撰新漏
刻銘其文甚美遷太子中舍人又詔爲石闕銘敕裦美之
賜絹三十四疋遷太常卿卒子增字慧七歲通經爲童子
郎卒次緬有似於倕一看殆不能別
緬字景聖士儒倕兄子也父往御史中丞勿勿有志尚以雅正知
名梁承聖中爲中書侍郎掌東宮管記魏平江陵緬服微服
遁還建鄴紹泰元年除司徒右長史御史中丞以父任所
終固辭陳武帝作輔爲司徒及受命位侍中出爲新
安太守文帝嗣位徵爲中庶子領步兵校尉掌東宮管記
緬儀表端麗進退閑雅趨步蹕復文帝使太子諸王咸取

則焉後復拜御史中丞猶以父所終固辭不許乃權換廨
宇徙以居之大建中歷度支尚書侍中太子詹事尚書右
僕射尋遷左僕射參掌選事別敕與徐陵等七人參議政
事卒贈特進諡曰安子以縝東宮舊臣特賜祖奠繾子辯
慧年數歲詔引入殿內進止有父風宣帝因賜名辯慧字
敬仁繾兄子見賢亦方雅位少府卿卒
閉字澂業慧曉兄子也上地重才弱必不能振難將至矣
張緬所知仕至揚州別駕齊明帝崩閒謂所親人曰同郡
晏駕百司將聽家宰主元末剋史始安王遙光據東府

【南史列傳三十八】

七　徐

作亂或勸去之閒曰吾為人吏何可逃死臺軍攻陷城閒
以綱佐被收至杜姥宅尚書令徐孝嗣閉不預逆謀未
及報徐世摽命敕之閒四子厥緯完襲也緯字魏卿時臨
閒抱頸求代死不獲遂以身敵刀刃行刑者俱書之
厥字韓卿少有風槩好屬文齊永明九年詔百官舉士高
郡司徒左西曹掾顧憲之表薦秀才時盛為文章
其興沈約陳郡謝朓琅邪王融以氣類相推轂汝南周顒
善識聲韻約等文皆用宮商將平上去入四聲以此制韻
有平頭上尾蜂腰鶴膝五字之中音韻悉異兩句之內角
徵不同不可增減世呼為永明體沈約宋書謝靈運傳後

又論其事厥與約書曰范詹事自序性別宮商識清濁特
能適輕重濟艱難古今文人多不全了斯處縱有會此者
不必從根本中來尚書亦云自靈均以來此秘未觀或暗
與理合匪由思至張蔡曹王曾無先覺潘陸顏謝去之彌
遠大旨欲宮商相變低昂舛節若前有浮聲則後須切響
一簡之內音韻盡殊兩句之中輕重悉異辭既美矣理又
善焉但觀歷代眾賢似不都闇此處而云此秘未觀近於
誣乎若以文章之音律同弦管之聲曲則美詠清謳有辭
或閒與理合則美詠清謳有辭章調韻者難有差謬亦有
謬於玄黃摘句著其音律也范又云時有會此者雖有差謬亦有

【南史列傳三十八】

八　徐

會合推此以往可得而言夫思之不免文
有閒塞即事不得無之子建所以好人譏彈所以遺
恨終篇既曰遺恨非盡美之作理可詆訶君子執其詆訶
便謂合理為閒當如指其合理而寄詆詞為遺恨邪自親
文屬論深以閒當為言劉楨奏書大明體勢之致顒頓
帖之談深觀茲論為繪以清濁為言至於律呂比五色之相宣苟
此秘未觀茲論為何所指邪思謂前英已早識宮徵但未
屈曲指的若今論所申至於掩瑕藏疾合少謬多則臨淄
所云人之著述不能無病者也非知之而不改則
不知斯曹陸又稱竭情多悔不可力強者也今許以有病

14-500

有悔焉言則必自知無悔無病之地引其不了不合為聞
何獨誚其一合一了之地乎意者亦質文之所急著亦質文之
將急在情物而綴文之所急美惡猶古好殊
章句意之所綴故合少而諓多義兼於斯必非文知明矣
長門上林始非一家之賦洛神池鴈便成二體之作孟堅
精正詠史無虧於東主平子恢富羽獵不累於馮盧王粲
初征他文未能稱於一日翩翩伏伏暑賦彌日不獻率自意多
則事促乎一日翩翩愈伏而理賖於七步一人之思遲速
天懸一家之文拙壞陽何獨宮商律呂必責其如一邪
論者乃可言甚無先兢也約咨曰宮商

九 ▼

之聲有五文字之別累萬以累萬之繁配五聲之約高下
低昂非思力所學又非止若斯而已十字之文顛倒相配
字不過十巧歷已不能盡何況復過於此者乎靈均以來
人堂不知宮羽之殊商徵之雕蟲篆刻云壯夫不為自古辭
則知前世文士便未悟此處若以文章之音韻同絃管之
聲曲美惡妍蚩不得頓相爭反警悟子野操曲安得忽有

關綴失調之聲以洛神比陳思他賦有似異乎之作故知
天機啟則律呂自調六情滯則音律頓舛也士衡文之煥
若綿錦字有灌色江破其中復有一片是衞文之服此則
陸生之言即後不盡若矣韻與不韻復有精麤輪扁不能
言之老夫亦不辯盡此約論四聲妙有詮辯而諸賦亦不
慧超尚席於兀其側慧超不能平乃驚曰那得此
往與慧超韻華時有王斌者不知何許人也著四聲論行於時
斌初為道人博涉經籍雅有才辯善屬文能為
儀曾弊衣於瓦官寺聽雲法師講成實論無處坐處唯僧
正慧超尚
道人祿菽似隊父唐突人因命驅之斌笑曰既有敘勳僧
道人不為動而撫機問難辯理清舉四坐

十 ▼

正荷為無隊父道人
皆矚目後還俗以詩樂自樂人莫能名之求元嘉元年始安
王遠光反碌父閉披誅碌坐尚方有救碌感慟而卒
年二十八文集行於世時有會稽虞炎以文學與沈約俱
為文惠太子所遇意眄殊常官至驍騎將軍
襄字師卿第四弟也本名襄字趙卿有表奏者誤字為
襄深武帝乃改為襄字師卿猶天監三年都官尚書范岫表
蕫蕫起家著作郎後昭明太子統聞襄業行啟武帝引
與遊處自廬陵王記室除太子洗馬遷中舍人立掌管記
出為揚州中從事以父終此官固辭武帝不許聽與府司

馬換解居之昭明太子敬著老襄母年將八十與蕭琛傳

昭陸泉每月常遣存問加賜珍羞衣服襄母常卒患心痛

賢方須三升栗漿時冬月日又遍幕求索無所忽有老人

詣門貨樂量如方劑始欲酬直無何失之時以襄孝感所

致後為太子家令復掌管記毋憂去職襄年已五十毀頓

過禮太子憂之日遣使誡喻大通七年為鄱陽內史

郡人鮮于琮服偁道法常入山采藥拾得五色幡毦又

於地中得石璽鯿怪之琮先與妻別室望琮所勳常有異

氣益以為神大同元年送結門徒殺廣晉令王筠號上願

元年署置官屬其黨轉相誑惑有衆萬餘人將出攻郡襄

先巳率人吏脩城隍為備及賊至破之生獲琮時鄰郡豫

章安成等守宰家其盡歡酒罷同載而還因相親厚又

人盡室雁禍唯襄郡枉直無濫人作歌曰鮮于抄後有善

分人無橫死賴陸君又有彭李二家先因忿爭遂相誣告

襄引入內室不加責誚但和言解喻之二人感恩深自悔

咎乃為設酒食令其盡歡酒罷罷讎共車在政六年郡中大寧

歌曰陸君政無怨家閤既罷讎共車在政六年郡中大寧

郡人李明等四百二十人詣闕拜表陳德化求於郡立

碑降敕許之又表乞留襄固乞還太清元年為度支尚書

侯景圍臺城以襄直侍中省城陷襄逃還吳縣將宋子仙

進攻錢唐會海鹽人陸黯舉義黯郡殺偽太守蘇單于推

襄行郡事時淮南太守文成侯蕭寧逃入吳襄遣迎寧

為盟主遣黯及兄子映公帥衆驅子仙與戰黯敗走吳下

軍聞之亦散襄匿于墓下一夜憂憤卒襄弱冠家禍釋

服猶居憂終身蔬食布衣不聽音樂口不言殺害五十

年侯景平元帝贈侍中追封餘干縣侯

雲公字子龍襄兄完子也完位寧遠長史琅邪彭城二郡

丞雲公五歲誦論語毛詩九歲讀漢書略能記憶從祖㭬

與沛國劉顯質問十事雲公對無所失顯歎異之及長好

學有才思為平西湘東王繹行參軍雲公先製太伯廟碑

吳興太守張纘罷郡經途讀其文歎曰今之蔡伯喈也纘

至都掌選言之武帝召為尚書儀曹郎入直壽光省以本

官知著作郎事累遷中書黃門郎兼掌著作雲公善棊

嘗夜侍坐武冠觸燭火帝笑謂曰燭燒卿貂帝將用為侍

中故以此戲之武帝新製編魚舟形狹而短帝服日

常泛此舟於樂游苑池新製編魚舟形狹而短帝將用為侍

異雲公時年位尚輕亦預焉太清元年卒兄子賢時為湘州

與雲公叔襄兄晏子書曰賢有識同悲其為士流稱重如此雲公

逝非唯貴門喪寶實兄黃門姊

從父兄才子亦有才名位太子中庶子延尉與雲公並有

文集行於世

雲公子瓊字伯玉幼聰慧有思理六歲為五言詩頗有詞宋大同末雲公受梁武帝詔校定謀品到溉朱异以下並集瓊時年八歲於客前覆局由是都下號曰神童异以言之武帝召見瓊風神警亮進退詳審帝甚異之十一丁父憂毀瘠有至性從祖襄歎曰此兒必荷門基所謂一不為少及侯景作逆攜母避地于縣之西鄉勤苦讀書晝夜無怠遂博學善屬文陳天嘉中以文學累遷尚書殿中郎瓊素有令名深為陳文帝所賞又討周迪陳寶應等都官郎行又諸大手筆並中敕付瓊邊新安王文學掌東宮管記及宣

帝為司徒妙簡僚佐除尚書徐陵薦瓊於宣帝言瓊識具優敏文史足用進居郎署歲月過淹左掾鈌允曠茲選雖階次小踰其岳滯已積乃除司徒左西掾尋兼通直散騎常侍聘齊太建中為給事黃門侍郎轉中庶子領大著作撰國史後主即位直中書省掌詔誥至德初瓊一公華梁武敕撰嘉瑞記瓊述其旨而續焉自求定託于云德動成一家之言遷吏部尚書著作如故瓊詳練譜牒雅有識鑑先是吏部尚書宗元饒卒尚書左僕射袁樞雅宣帝未之用至是居之覽為稱職瓊性謙愻不自封植雖

位望日隆而執志逾下園池室宇無所政作車馬衣服不尚鮮華四時祿俸皆散之宗族家無餘財幕年深懷止足思避權要恆謝疾不視事俄丁母憂初瓊之待東宮隨在宮舍及喪還鄉詔加贈後主自制誌銘朝野榮之瓊母隨慕過毀以至德四年卒有集二十卷行於世子從字擬之便有儀幼聰敏年八歲讀沈約集見回文研賞愛之瓊將終有佳致十二作抑賦其詞甚美從父瓊特所賞愛又瓊將終命家工從典籍皆付之從父瓊特所賞愛又文甚工從典籍皆付佐郎尚書右僕射楊素奏從典續司掾陳亡入隋位著作佐郎尚書右僕射楊素奏從典續司

馬遷史記迄于隋其書未就坐弟受漢王諒職免後卒於南陽縣主簿

琰字溫玉瓊之從父弟也父令公渠中軍宣城王記室參軍琰幼孤好學有志操州舉秀才陳文帝聰覽餘暇頗留心史籍以琰參軍宣嘉德殿學士陳文帝聰覽餘暇頗留心史籍以琰博學善占誦引置左右嘗使製刀銘琰援筆即成與王外兵褒帝嗟賞父之賜衣一襲俄兼通直散騎常侍副琅邪王厚聘齊至鄴而琰為使主時年二十餘風氣韻亮占對閒敏齊士大夫甚傾心焉為太建初為武陵王明威府功曹史兼東宮管記丁母憂去官卒至德二年追贈司農卿

琰寡慾鮮於競遊心經籍晏如也所製文筆多不存本後主求其遺文撰成二卷

弟瑜字幹王少篤學美詞澡州舉秀才再選軍師晉安王外兵參軍東宮學士兄琰時為管記並以才學娛侍左右時人比之二應太子好學欲博覽群書以子集繁多命瑜抄撰大旨時皇太子好學欲博覽群書以子集繁多命瑜抄記常受業老於汝南周弘正學咸實論於僧滔法師並通未就而卒太子為之流涕親製祭文仍與詹事江總論述其美詞甚傷切至德二年追贈光祿卿有集十卷瑜有從父兄珩從父弟琛

贈少府卿有集十卷

珩字潤玉梁大匠卿晏子之子也弘雅有識度好學能屬文後主在東宮徵為管記仍兼中舍人尋以疾失明將還鄉里太子賜衣贈之為之流涕太建八年卒至德二年追

珩性頗躁坐漏泄禁中語詔賜死

琛字潔王宣毅臨川王長史丘公之子也少聰後軍後母以孝聞後主嗣位為給事黃門侍郎中書舍人參掌機密

陸泉字明霞吳郡吳人也祖徽字休猷宋補建康令清平無私為文帝所善元嘉十五年除平越中郎將廣州刺史加督清名亞王鎮之為士庶所愛詠二十三年為益州刺

史亦加督邸隱有方威惠兼著冠蓋盜靜息人物殷阜蜀土安之卒於官身亡之日家無餘財文帝甚痛惜之諡曰簡子父敕揚州中從事泉少好學工書畫舅張融有高名泉風韻舉止頗類時稱曰不唯舅與甥為尚書殿中曹郎拜日八坐丞郎並到上省交禮而泉至晚不及時刻坐免官後為司徒從事中郎梁臺建為相國西曹掾天監五年位御史中丞性婞直無所顧望時山陰令虞肩在任贓汙數百萬泉奏劾之中書舍人黃睦之以肩事託泉泉不答梁武聞之問泉曰有之帝曰識睦之不答曰臣不識其人時聽之在御側上指示曰此人是也泉謂

曰君小人何敢以罪人屬南司睦之失色領軍將軍張稷是泉從舅泉嘗以公事弹稷因侍讌訴帝曰陸泉是臣親通小事弹臣不貸帝曰陸泉職司其事卿何得為嫌泉在臺號不畏強禦為義興太守在郡寬惠為下所稱歷左戶尚書太常卿出為臨川內史將發辭武帝坐通藉求部曲帝問何不付所由呈聞泉答所由不為受帝頗怪以其臨路不各問何呈訴時人為金紫光祿大夫特進卒諡貞子罩字洞元少篤學多所該善屬文理位太子家令撰晉書未就又著陸史十五卷陸氏驪泉果素信佛法持戒甚精著沙門傳三十卷弟瑜學涉有思志一卷並行於時子罩字洞元少篤學多所該善屬文

14-504

簡文居蕃為記室參軍撰帝集本稍選太子中庶子掌管
記禮遇甚厚大同七年以母老求去公卿以下祖道於征
虜亭皇太子賜黃金五十斤時人方之疎廣毋終後位終
光祿卿初簡文在雍州撰法寶聯璧昱與群賢並抄撰區
分者數歲中大通六年而書成命湘東王為序其作者有
侍中國子祭酒南蘭陵蕭子顯等三十人以比王象劉邵
之皇覽焉

論曰陸澄學稱博古而用不合今夫子將見重於時貴其
所以立斷於事未能周務書廚得所譏矣叔明持身有撿
始為人望雅道相傳可謂載德者也景諒真見稱罩文以
取達亦足美乎舊陸徽考傳事迹蓋寡今以附孫杲上云

列傳第三十八　　南史四十八

庾杲之 叔父蓽
孔珪

李　延壽

南史四十九

懿慰子霽
懷珍從孫訏
杳
獻
懷珍族弟善明
劉懷珍
劉沼
王諶從叔摛
孔珪子靈哲
何憲
從父弟峻
從子懷慰

庾杲之字景行，新野人也。祖深之，位義興太守，以善政聞。父徽，為宋南郡王義宣丞相城局參軍。王舉兵，杲之幼有孝行。宋司空劉勔見而奇之，謂曰：「見卿足使江漢崇墮杞梓發聲。」解褐本朝請，稍遷尚書駕部郎，清貧自業，食唯有韮葅瀹韭生韭雜菜。任昉戲之曰：「誰謂庾郎貧，食鮭常有二十七種。」累遷尚書左丞。王儉謂人曰：「昔袁公作衛軍，欲用我為長史，雖不獲就，要是意向如此，今亦應須如我輩人也。」乃用杲之為衛將軍長史。安陸侯蕭緬與儉書曰：「盛府元僚，實難其選。庾景行汎淥水，依芙蓉，何其麗也。」時人以入儉府為蓮花池，故緬書美之。歷位黃門吏部郎，御史中丞，參大選事，兼侍中夾侍柳世隆在御坐，謂齊武帝曰：「庾杲之為蟬冕所映，彌有華來。」隆在御坐謂齊武帝曰庾杲之下故當與其即真謝齊武帝曰庾杲以許其假職若以其即真上甚悅王儉仍曰國家以杲之商略酒後謂羣臣曰我後當得何謚羣臣莫有荅者王儉

【南史列傳三十九 一】

因目杲之從容曰陛下壽等南山方與日月齊明千載之後豈足臣子輕所仰量時人雅歎其辯苦泉之嘗兼主客郎對魏使，使問杲之，曰：「百姓那得家家題門帖賣宅苔曰？」杲之曰：「朝廷既欲掃蕩京洛，克復神州，所以家家賣宅耳。」魏使縮皇而不荅。時諸王年少，不得妄接人，敕杲之及濟陽江淹五日一詣諸王，使申遊好。遷尚書吏部郎，掌大選事。太子右衛率，加通直常侍九年卒，上甚惜之，謚曰貞子。杲之叔父蓽，亦仕齊為驃騎功曹史，博涉羣書，有口辯。永明中與魏和親，以蓽兼散騎常侍報使，還拜散騎侍郎，知東宮管記事。後為荆州別駕，前後紀綱皆致富鏡。

【南史列傳三十九 二】

蓽再為之，清身率下，杜絕請託，布被蔬食，妻子不免飢寒。齊明帝聞而嘉焉，手敕褒美。州里榮之。初梁州人益州刺史鄧元起功勳甚著名地，甲瑣願士流時始與忠武王澹為益州將，元起位已高而解中不先州官則不為鄉里王澹責之曰：「元起，汝府卿，何為苟惜從事。」蓽用之。蓽曰：「府是元起所部，已籍出身州從事懔命蓽不從懔大怒所悉起之，曰：「蓽由我故得薦用，何為苟惜從事。」蓽曰：「府是元起所部，已籍出身州從事懔命蓽不從懔大怒召蓽責之曰蓽尊府州是蓽州宜須品藻懔不能折遂止累遷會稽郡丞行郡府事時承彫弊之後百姓凶荒米斗至數千人多流散蓽撫循其有理唯守公祿清郎飢饉至有經日不舉火太守永陽王聞而饋之蓽謝不受天監元年卒停屍無以

14-506

敛柩不能歸梁武帝聞之詔賜絹百疋穀五百斛初華為西
楚望族兄子杲之又有寵於齊武帝華早歷顯官鄉人樂
藹有幹用素與華不平互相陵競藹事齊豫章王嶷嶷薨
藹仕不得志自步兵校尉求助戎歸荊州時華為州別駕
益忽藹及梁武帝踐祚藹以寒賤仕叨九流選及為州
帝為荊州刺史而州人范與話為荊州別駕時元
宣旨誨之華大憤故發病卒子喬恭後仕為荊州
日府州朝賀喬不肯就列曰庾喬恭為端右不能與小人
主簿又為荊州令及之故元帝勒喬恭聽與話到職及屬元
客食必列鼎又狀貌豐美顧煩開張人皆謂叒必為方伯
憤卒世以喬為不隆家風喬子叒少聰慧家富於財好賓
面其火妾有從理入口竟保衣食而終

范與話為膺行元帝聞乃進喬而停與話喬羞慚還家
無餒之之慮及魏尉江陵卒致餓死時又有水軍都督褚靈嶷

王諶字仲和東海郯人晉少傅雅玄孫也祖慶貪外常侍
父元閔護軍司馬宋大明中沈曇慶為徐州辟諶為迎主
簿又為州迎從事湘東王或國常侍鎮北行參軍及或即
帝位是為明帝除司徒參軍帶辭令兼中書舍人諶有學
義見親遇常在左右帝所行慘辟謀廉諫不從請退坐此

繋尚方後拜中書侍郎明帝好圍棋置圍棋州邑以建安
王休仁為圍棋州都大中正諶與太子右率沈勃領尚書水
部郎庾珪之為彭城丞王抗四人為小中正朝請褚思莊傳
楚之為湘州後為尚書左丞領東觀祭酒即明帝所
置撰明觀也遷黃門郎齊永明初累遷豫章王太尉司馬
武帝與諶相遇於宋明之世甚委任之歷黃門郎領驍騎
將軍太子中庶子諶貞正和謹朝廷稱善人多與之厚
八年轉冠軍將軍長沙王車騎長史行南兗府州事諶少貧自
又徙西陽王子明征虜長史行南兗府州事諶少貧自
紡績及通貴後每為人說之世稱其達九年卒

謙從叔撝以博學見知尚書令王儉嘗集才學之士總校
虛實類物隸之謂之隸事自此始也儉嘗使賓客隸事多
者賞之事皆窮唯廬江何憲為勝乃賞以五花簟白團扇
坐簟執如意甚自得撝後儉以所隸示之曰卿能奪
之乎撝操筆便成文章既奧辭亦華美儉擊賞撝乃命
左右抽憲簟手自擲取撝登車而去儉笑曰所謂大力者
負之而趨竟陵王子良校試諸學士唯撝問無不對為秣
陵令清真請謁不行羽林隊主潘敞有寵二宮勢傾人主
婦弟犯法敞為之請撝投書於地更鞭四十敞怒譖之
明日而見代求永明八年天忽黃色照地眾莫能解司徒法

曹王融上金天頌橋曰是非金天所謂榮光武帝大悅用

為求陽郡後卒於尚書左丞

何憲字子思廬江灊人博涉該通羣籍畢覽天閣寶祕人間散逸無遺漏焉任昉劉渢共執祕閣四部書試問其所知自甲至丁書說一事弁敘述作之體連日累夜莫見所遺宗人何逷退讓士也見而美之願與為友憲位本州別駕國子博士求明十年使于魏時又有孔逷字世遠會稽山陰人也好典故學與王儉至交昇明中為齊臺尚書儀曹郎屢感關禮多見信納上謂王儉曰逷真所謂曹不喬歐職也儉為宰相逷常謀議幃帳每及選用頗失鄉曲

【南史列傳三十九】 五 ▽ 弼

情僿從容啓上曰臣有孔逷猶陛下之有臣求明中為太子家令卒時人呼孔逷何憲為王儉三公及卒儉惜之為撰祭文

孔珪字德璋會稽山陰人也祖道隆位侍中父靈產泰始中晉安太守有隱遁之志於禹井山立館事道精篤吉日於靜屋四向朝拜涕泣滂池東出過錢唐比郭輒於舟中選拜杜子恭墓自此至都東向坐不敢背側元徽中為中散大夫頗解星文好術數齊高帝輔政沈攸之起兵靈產白高帝曰收之兵眾雖強以天時冥數而觀無能為也高帝驗其言擢遷光祿大夫以簏盛靈產上靈臺令其占候

餉靈產曰羽扇隱几曰君有古人之風故贈君古人之服當世榮之珪少學涉有美譽太守王僧虔見而重之引為主簿舉秀才再遷殿中郎高帝為驃騎取為記室參軍與江淹對掌辭筆為尚書左丞父憂去官與兄仲智還居父山舍仲智妾李氏驕妒無禮珪白太守王敬則殺之求明中歷位黃門郎太子中庶子廷尉江左承用晉時張杜律二十卷武帝留心法令數訊囚徒詔獄官詳正舊注先是尚書刪定郎王植撰定律奏之削其煩害錄其允當取張斐注七百三十一條杜預注七百九十一條或二家兩釋於義乃備者又取一百七條其注相同者取一百三條

【南史列傳三十九】 六 兩房

集為一書凡一千五百三十二條為二十卷請付外詳校擿其違謬詔從之於是公卿八座參議考正舊注有輕重竟陵王子良下意多使從輕其中朝議不能斷者則制旨平決至九年珪表上律文二十卷錄序一卷又立律學助教依五經例詔報從之事竟不行轉御史中丞建武初為平西長史南郡太守珪以魏連歲南伐百姓死傷乃上表陳通和之策帝不從徵侍中不行留本任珪風韻清踈好文詠飲酒七八斗與外兄張融情趣相得又與琅邪王思遠廬江何點弟引並款交不樂世務居宅盛營山水憑几獨酌傍無雜事門庭之內草萊不翦中有蛙鳴或問

之曰欲爲陳蕃平珪笑答曰我以此當兩部鼓吹何必效
蕃王晏嘗鳴鼓吹候之聞羣蛙鳴曰此殊聒人耳珪曰我
聽鼓吹殆不及此晏甚有慙色永元元年爲都官尚書遷
太子詹事加散騎常侍三年珪疾東昏屏除以床舁之走
因此疾其遂卒贈金紫光祿大夫

劉懷珍字道玉平原人漢膠東康王寄之後也其先劉植
奉伯宋世位至陳南頓二郡太守懷珍幼隨奉伯至壽陽
都昌宋武帝平齊以爲青州中從事位至員外常侍伯父
爲平原太守因家焉爰從慕容德南慶河因家于北海
馬順則聚黨東陽州遣懷珍將數千人討平之宋文帝問
破賊事懷珍讓功不肯當親人怪問爲懷珍曰昔國子足
恥陳河間之級吾豈能論邦域之捷哉時人稱之江夏王
義恭出鎮肝台道遇懷珍以應對見重取爲驃騎長史兼
墨曹行參軍孝建初爲義恭大司馬參軍直閤將軍隨府轉
太宰參軍大明二年以軍功拜樂陵河間二郡太守賜爵
廣晉縣侯司空竟陵王誕友郡人王弼門族甚盛勸懷珍
起兵助誕懷珍殺之帝嘉其誠除豫章王子尚車騎參軍
每憂去職服闋見江夏王義恭義恭曰別子多年那得不

老對曰公恩未報何敢便老義恭善其對累遷黃門郎領
虎賁中郎將桂陽王休範及加懷珍前將軍守石頭出爲
豫州刺史加督建平王景素反懷珍遣子靈哲領兵赴建
鄴沈攸之在荊楚遣使人許天保說結懷珍斬之送首於
齊高帝封中宿縣侯進平南將軍增置二州初宋孝武世
燕高帝爲舍人懷珍爲直閤相遇早舊懷珍假還青州高
帝有白騧馬齒人不可騎送與懷珍別懷珍報上一百匹絹
或謂懷珍曰蕭公此馬不中騎君耳君報百四不
亦多乎懷珍曰蕭君局量堂堂寧負人此絹吾方欲以
身名託之豈計錢物多少高帝輔政以懷珍內資未多徵
爲都官尚書領前將軍以第四子晃代爲豫州刺史或疑
懷珍不受代高帝曰我布衣時懷珍便推懷珍投款況在今
日寧當有異晃發經日疑論不止上乃遣軍主房靈人領
百騎進送晃謂靈人曰論者謂懷珍必有異同我期之有
素必不應爾卿是其鄉里故遣懷珍行非唯衛新臣亦以迎故
以懷珍爲宋臺右衛懷珍謂帝曰人皆迎新臣獨送故甞
懷珍還乃授相國右司馬及齊臺建朝士人人爭爲臣吏
以臣篤於本平齊建元元年轉左衛將軍加給事中改封
齊城侯懷珍年老以禁旅辛勤求爲閒職轉光祿大夫卒
遺言薄葬贈雍州刺史諡敬侯

子靈哲字文明位齊郡大守前軍將軍靈哲所生母嘗病
靈哲朝夕祈禱夢見黃衣老公與藥曰可取此食之疾
可愈靈哲驚覺於枕間得之如言而疾愈藥似竹根於齋
前種葉似芜此嫡母崔氏及懷珍從父兄子景煥為魏所獲
靈哲為布衣不聽樂及懷珍卒富襲爵靈哲固辭以兄子
在魏存亡未測無容得立武帝戾之令比使者請之魏人送
母及景煥累年不能得武帝義之朝廷隆義之靈哲始
以還南襲懷珍珍封爵位兖州刺史隆昌元年卒為始興
峻字孝標本名法武懷珍從父弟也父琁之仕宋為魏人
内史峻生甫月而琬之卒其母許氏攜峻及其兄法鳳還

【南史列傳三十九】 九

鄉里宋泰始初魏剋青州峻時年八歲為人所略為奴至
中山中山富人劉寶慜峻以東帛贖之教以書學魏人聞
其江南有戚屬更從之代都居貧不自立與母並出家為
尼僧既而還俗好學奇人廬下自課讀書常燎麻炬從
夕達旦時或昏睡熱其顙驚及覺復讀其精力如此時魏
孝文選拔盡物望江南人士才學之徒咸見申擢峻兄第不
蒙選拔齊永明中俱奔江南更改名峻字孝標自以少時
未開悟晚更屬精明慧過人苦所見不博聞有異書必往
祈借清河崔慰祖謂之書淫於其博極羣書文藻秀出故
其自序云躭嗜墳典亦猶飢者之愛食渴者之愛飲馀少年

應鈕也時竟陵王子良招學士峻因人求為子良國職吏
部尚書徐孝嗣抑而不許用為南海王侍郎不就至御明
帝時蕭遙欣為豫州引為刑獄禮遇甚厚遙欣尋卒父
不調梁天監初召入西省與學士賀蹤典校秘閣峻兄孝
慶時為青州刺史峻請假省之坐私載禁物為有司所奏
免官安成王秀雅重峻及安成以疾去因遊東陽紫巖山
給其書籍使撰類苑未及成復以疾去因山棲志其文
甚美初梁武帝招文學之士有

【南史卷二十九】 十

高才者多被引進擢以不次峻率性而動不能隨眾沈浮
武帝每集文士策經史事時范雲沈約之徒皆引短推長
峻乃

帝乃悅加其賞賚貲策錦被軍感言已罄帝試呼問峻峻
時貧悴冗散忽請紙筆疏十餘事坐客皆驚帝不覺失色
自是惡之不復引見及峻類苑成凡一百二十卷帝即命
諸學士撰華林徧略以高之竟不見用乃為自
蒼之會沼卒不見用峻後報者必為書以序其事其文
並多不載峻又嘗為自序其略云余自比馮敬通而有同
之者三異之者四何則敬通雄才冠世志剛金石余雖不
及之而節亮慷慨此一同也敬通逢中興明君而終不試用
余逢命世英主亦擯斥當年此二同也敬通有忌妻至於

14-510

身操并曰余有悍室亦令家道輻輳此三同也敬通當更
始世手握兵符躍馬肉食余自少迄長戚戚懼此一異
也敬通有子仲文官成名立余自伯道永無血徹此二
異也敬通旅力剛強壯老而益壯余有犬馬之疾溘死無時
此三異也敬通雖殘惠焚終填溝壑而為名賢所慕其
風流郁烈芬芳余父而彌盛余聲塵寂寞不吾知魂魄
去將同秋草此四異也所以力自為序遺之好事云峻本
將門兄法鳳自比歸歟改名者慶孚仲昌早有幹略齊末為
兗州刺史舉兵應梁武封某干男歷官顯重峻獨篤志好
學居東陽兵曾人士多從其學普通三年卒年六十門人

諡曰玄靖先生

劉沼字明信中山魏昌人六世祖輿晉驃騎將軍沼幼善
屬文及長博學位終秣陵令

懷慰字彥泰從子也祖奉伯宋元嘉中為冠軍長史
父乘人冀州刺史懷慰珍從子也

不用絮衣養孤弟妹事寡叔母皆有恩義仕宋為尚書駕
部郎懷慰崇從善明等為齊高帝心腹懷慰亦預焉齊國
建上欲置齊郡於都下議者以江右王沇流人所歸乃置於
瓜步以懷慰為輔國將軍齊郡太守上謂懷慰曰齊邦是
王業所基吾方欲以為顯任經理之事一以委卿有手敕

曰有文事必有武備今賜卿玉環刀一口懷慰至郡悁城
郭安業居人墾廢田二百頃決沈湖灌溉不受禮謁人有
餉其新米一斛者懷慰出所食麥飯示之曰食有餘幸不
煩此因著廉吏論以達其意高帝聞之手敕襃賞進督泰
沛二郡妻子在都賜米三百石兗州刺史柳世怪與懷慰書曰
膠東流化潁川致美以今方古曾何足云六懷慰本名聞慰
武帝即位以與男氏名同敕改之後兼安陸王比中郎司
馬卒明帝即位謂僕射徐孝嗣曰劉懷慰若在朝廷不愛
無清吏也子霽

霽字士泯九歲能誦左氏傳十四居父憂有至性每哭輒

嘔血家貧與弟杏敬勵學及長博涉多通梁天監中
歷位西昌相尚書左丞除建康令不拜毋明氏嬰疾霽前後宰二邑並以
和理稱後除海鹽令霽前後宰一邑並以
解帶者七旬誦觀世音經數萬遍中夜夢見一僧謂曰
夫人筭盡君精誠篤志當相為申延後六十日餘乃亡霽
廬于墓哀慟過禮常有雙白鶴循翔廬側勵士阮研致
書抑譬焉霽思慕不已未終喪而卒著釋俗語八卷文集
十卷

杏字士深年數歲徵士明僧紹見之撫而言曰此兒定千
里之駒十三丁父憂每哭哀感行路梁天監中為宣惠豫

章王行參軍杳博綜羣書洗約任昉以下每有遺志皆訪
問焉嘗於約坐語及宗廟犧樽約云鄭玄答張逸謂為畫
鳳皇尾漆骹然今無復此器則不依古杳曰此言未必可
安古者樽彝皆刻木為鳥獸鑿頂及背以出內酒魏時魯
郡地中得齊大夫子尾送女器有犧樽作犧牛形晉永嘉
中賊曹嶷於青州發齊景公冢又得二樽形亦為牛象二
麑皆古之遺器知非虛也約大以為然約又云何承天篡
文奇博其書載張仲師及長頸王此二樽並是魏朱建安以南記
云古來至今不死約即取二書尋撿一如杳言約郊居宅

長尺二寸唯出論衡長頸是此樽王朱建安扶南以南記
文奇博其書載張仲師及長頸王此何所出杳曰仲師

時新構閣齋杳為贊二首並以所撰文章呈約即命工
書人題其贊於壁仍報杳書共相歎美又在任昉坐有人
餉昉搘酒而作撅字昉問杳此字是不杳曰萬洪字苑作
木旁搘酒又曰酒有千日醉當是虛言杳曰桂陽程鄉有
千里酒飲之至家而醉亦其例昉大驚曰吾自當遺忘實
不憶此杳云出楊元鳳所撰置郡事元鳳是魏代人此書
仍載其賦三重五品商漢撈里昉即檢楊記言皆不差王
僧孺被使撰譜訪杳血脈所因杳云桓譚新論太史三代
世表旁行邪上續周譜以此而推當起周代僧孺歎曰
可謂得所未聞周捨又問杳尚書著紫荷橐相傳云筆囊

竟何所出杳曰張安世傳云持橐簪筆事孝武皇帝數十
年帝幸昭張晏注竝曰橐囊也簪筆以待顧問漢名臣奏
音訓又訪杳焉尋佐周捨撰國史出為臨津令有善續秩
滿縣三百餘人詣闕請留敕許焉後杳事徐勉舉又顧
協等五人入華林撰徧略書成以晉安王府參軍兼延尉
正以足疾解因著林庭賦王僧孺見而歎曰郊居以後無
復此作累遷尚書儀曹郎僕射徐勉以臺閣文議專委焉
年為步兵校尉兼東宮通事舍人昭明太子謂曰酒非卿
所好而為酒府之職政為卿不愧古人耳太子有飄食器

因以賜焉曰卿有古人之風故遺卿古人之器俄有敕代
裴子野知著作郎事昭明太子薨新宮建舊人例無傳者
敕持留杳為僕射何敬容奏轉杳王府諮議武帝曰劉杳
須先經中書仍除中書侍郎尋為平西湘東王諮議參軍兼
舍人著作如故遷尚書左丞卒杳清儉無所嗜好自居母
憂便長斷腥羶持齋蔬食臨終遺命斂以法服載以露車
還葬舊墓隨得一地容棺而已不得設靈筵及祭醊其子
遵行之撰要雅五卷楚辭草木疏一卷高士傳二卷東宮
新舊記三十卷古今四部書目五卷文集十五卷並行於世
歆字士光生夕有香氣氛氳滿室幼有識慧四歲喪父與

難十二讀莊子逍遙篇曰此可解耳客問之隨問而答甘
有情理家人每異之謂為神童及長博學有文才不驚不
仕與族弟詡立隱居求志遨遊林澤以山水書籍相娛而
已奉母兄以孝悌稱寢食不離左右母意有所須口未及
言獻已先知其誠感如此性重興樂兄愛山水登危履
險必盡幽遇人莫能及皆歎其有濟勝之具常欲避人世
人或遺之亦不拒也又而歎曰受人者必報不則有愧於
人母老不忍違每隨兄齋者從官少時好施務周人之急
翌日轉有闕効其誠感如此

【南史列傳二十九】　十五

人吾固無以報人豈可常有愧乎天監十七年忽著華終
論以為形者無知之質神者有知之性有知不獨存者
知以自立故形之於神遞旅之館耳及其死也神去此館
速朽得理是以子羽沈川漢伯方壤文楚黃壞士安索
此四子者得理也若從四子而遊則平生之志得矣然積
習生常難卒改革一朝肆志慷不見從今欲則載煩厚務
存儉易進不保尸退單便傷存者之念有合至人之
道且張奐止用幅巾王肅唯盥手足范冉斂畢便葬姜肱
無設建几文慶故舟為棺子廉牛車載枢叔起誠絕墳龍
康成使無卜吉此數公者尚或如之況為吾人而尚華泰

今欲鬢髮景行以為軹則氣絕不須復魂盟漱而斂以一
千錢市成棺單故裂衫衣巾枕飛以外送往之具棺中常
物一不得有施世多信李彪之言可謂惑矣余以孔釋
為師差無此感斂記載以露車歸於舊山臨得一地地足
為坎坎足容棺不須埤壟不勞封樹祭奠勿置几筵
其蒸嘗繼嗣言象所絕車止余身無傷世教初訏之疾獻
盡心救療及辛哀傷為之謀又著悲友賦以序哀情忽有
老人無因而至謂曰君心力堅猛恐破死生但運會所至
不得久留一方耳彈指而去獻既而寢疾恐貽母憂乃自言笑勉進

【南史列傳二十九】　十六

其所於其信心彌篤指而寢疾
湯藥謂兄齋者曰兩兄祿仕足伸供養獻之歸泉復何所
憾願深割無益之悲十八年年三十二卒始沙門釋寶誌
遇獻於興皇寺驚起曰隱居學道清淨登仙如此三說獻
未死之春有人為其庭中栽柿蔽謂兄子弁曰吾不見此
實衝其勿言至秋而亡人以為知命親故諡其行迹曰貞
貞節處士先是有太中大夫琅邪王敬胤以天監八年卒
遺命不得設復魄旐一蘆席下枕覆上吾氣絕便
沐浴籃舁載尸還忠謝桃一枚覆上吾尸於
九泉斂飢外甥許慧詔因阮研以聞詔曰敬胤令其息崇
素氣絕便沐浴籍以二蘆蕸鑿地周身歸葬忠侯此達生

之格言賢夫王匣石擲遠吳然子於父命亦有所
不從今崇素信遺意上周淺薄屬辟不施一朝見侵狐
鼠戮死巳甚父可以訓子亦不可行之外內易棺此自
奉親之情籍土而葬亦通人之意宜兩捨兩取以達父子
之志棺周於身土周於椁去其牲奠斂以時服一可以申
情二可以稱家禮教無違生死無屏此故當為安也
許字彥度懷珍從孫也祖宋太宰參軍父靈真齊鎮
西諧議武昌太守許幼稱純孝數咸父母繼卒許居喪哭
泣孺慕幾至滅性赴弟者莫不傷焉後為伯父所養事伯
母及昆姉孝友篤至為宗族所稱自傷早孤人有誤觸其

諱者未嘗不感結流涕長兄槩為娉妻冠曰成婚許聞而
逃匿事息乃還本州刺史張稷辟為主簿主者檄召許乃
挂檄於樹而逃陳留阮孝緒博學隱居不交當世恒居一
鹿牀環植竹木寢處其中時人造之未嘗見也許經一造
孝緒即顧以神交許族兄歆又履高標三人日夕招攜故
都下謂之三隱許善玄言尤精釋典曾與敵聽講鍾山
諸寺因共卜築宋熙寺東澗有終焉之志尚書郎何炯嘗
遇之於路曰此人風神頴俊蓋荀奉倩衛叔寶之流也命
駕造門拒而不見族祖孝標與書稱之曰許超超越俗如
半天朱霞獨矯矯出塵如雲中白鶴皆儉歲之粱稷寒年

之纖纊許善穀皮市披納每遊山澤輒留連忘返神
理閑正姿貌甚華在林谷之間意氣彌遠或有遇之者皆
謂神人家甚貧併日而食隆冬之月或無襦絮許處之晏
然人不覺其飢寒也自少至長無慍之色每於可競之
地輒以不競勝之或有加陵之者莫不退而愧服由是眾
論咸歸善焉天監七年卒於獻舍臨終執手曰氣絕便
斂斂畢即埋靈筵一不須立勿設饗祀無求繼嗣獻從而
行之善明懷珍族弟也父懷人仕宋為齊北海二郡太守元嘉
末青州飢荒人相食善明家有積粟躬食饘粥開倉以救

鄉里多獲全濟百姓呼其家田為續命田善明少而靜處
讀書刺史杜驥聞名候之辭不相見年四十刺史劉道隆
辟為中從事懷人謂善明曰我已知汝身復欲見汝立
官也善明應辟仍舉秀才宋孝武見其策強直甚異之泰
始初徐州刺史薛安都反青州刺史沈文秀應之時州居
東陽城善明家在郭內不能自拔伯父彌之詭說文秀求
自效文秀使領軍主張靈慶等五千人援安都乃背文秀
密謂部曲曰始免禍坑矣行至下邳文秀族兄
懷恭為北海太守攝郡相應善明密契收集門宗部曲得
三千人夜斬關奔北海族兄乘人又聚勃海以應朝廷而

彌之尋為薛安都所殺明帝贈青州刺史善明以兄人為冀州
刺史善明為比海太守除尚書金部郎乘人病卒仍以善
明為冀州刺史文秀既降除善明海陵太守郡境邊海無
樹木善明課人種榆檟雜果遂獲其利還為直閣將軍五
年魏尅青州善明母在焉糧置代善明布衣蔬食哀戚
如持喪明帝每見為之歡息轉巴西梓潼二郡太守善明
以母在魏不願西行泣涕固請見許朝廷多哀善明心事
紹使魏贖毋還時宋後廢帝新立羣臣執政善明獨事齊
高帝委身歸誠出為西海太守行青州事二州刺史善明從

弟僧副與善明俱知名於鄉里泰始初魏攻淮北僧副將
部曲二千人東依海島齊高帝在淮陰壯其所為召與相
見引為安成王撫軍參軍後廢帝肆暴高帝憂恐常令僧
副微行伺察聲論使密告善明及東海太守垣崇祖使動
魏兵善明勸靜以待之高帝納其言善明見殺善明為高帝
驃騎諮議南東海太守行南徐州事沈攸之反高帝深以
為憂善明獻計曰沈攸之控引八州縱情萬姓茍藏賦志
於焉十年性既險躁才非持重起逆旬違回不進宣應
有所待也一則天奪其魄本疑其輕速權襲未備今六師齊奮諸
惠四則天奪其魄本疑其輕速權襲未備今六師齊奮諸

侯同舉此已籠之鳥耳平高帝召善明還都謂曰卿策
沈攸之雖張良陳平適如此耳仍還太尉右司馬齊臺建
為右衛將軍辭疾不拜司空褚彥回謂善明曰高尚之事
乃卿從求素意今朝廷方相委待誼褥便學稀喬邪善明
苔曰我本無宦情飽逢知己所以戮力驅馳天地廓清朝
廷濟濟鄙各申不敢昧於富貴茍高帝踐阼祚以善明勳
誠欲與之禄既申不敢昧於富貴茍高帝踐阼祚以善明勳
與我卧理之祿召明帝謂曰淮南近畿國之形勝非親賢不居卿
封新塗伯善明至郡上表陳事凡二十一條其一以為天
地開剿宜存問遠方廣宣慈澤其二以為京都遠近所歸

宜遣醫藥問其疾苦年九十以上及六疾不能自存者隨
宜量賜其三以為宋氏赦令蒙原者茍黯謂令下赦書宜
令事實相副其四以為劉親猶存容能远境上諸城宜
應嚴備其五以為宜除宋氏苛政細制以崇簡
易其六以為凡諸土木之費且可權停其七以為帝子王
女宜崇儉約其八以為諸番貢獻言
以弘廣唐虞之美其九以為忠貞孝悌宜擢以殊階使其十
苦節應授以政務其十以為革命惟始宜擇才北使其十
一以為交州險夐要荒之表宋末政苛遂至怨叛今宜懷
以恩德來應遠勞將士搖動邊甿又撰賢聖雜語奏之託

以諷諫上優詔答之又諫起宣陽門表陳宣明守宰貪殘
立學校制郡禮開賓館以接鄰國上荅曰卿賢勤以撫守
寧飾館以待選荒皆古之善政吾所宜勉更摸新禮或非
勵制國學之美已敕公卿宣陽門今敕傅竟外德多關思復
有閒善明身長七尺九寸賀家不好聲色所居當筆為吏
而已林榻几案不加劖削少立節行常云在家當孝為吏
當清子孫楷栻足矣及累為州郡顧黷財賄崔祖思怕而
問之荅曰管子云我善知我因流涕悌曰方寸亂矣宣二州
廉所得金錢皆以贈毋又至清節方峻所歷之職廉簡
不煩傳禄散之親友與崔祖思友善祖思出為青冀二州

善明遺書叙懷因相勗以忠榮又蘭祖思死慟哭仍得病
建元二年卒遺命薄殯贈左將軍豫州刺史諡烈伯子滌
闕善明家無遺儲唯有書八千卷高帝聞其清貧賜滌家
葛塘屯穀五百斛滌字上圖功臣像下令後世知其異
善明從弟僧副字士雲位前將軍封豐陽男卒於巴西樣
謹二郡太守上圖功臣像諸僧副亦在焉兄法護字士伯
有學業位濟陰太守
論曰詩稱抑抑威儀惟人之則又云其儀不忒正是四國
觀夫杲之風流所得休野行已之度蓋其有爲仲和性度
所導德璋業尚所守殆人望也懷珍宗族文質斌斌自宋

至梁時移三代或以隱節取高或以文雅見重古人云立
言立德折閒其有之乎

劉瓛　弟璡　族子顯　子山賓
庾易　子黔婁　於陵　明僧紹　子山賓
劉虯　蚪子之遴　從弟坦　之亨

李
延壽

謂得人除奉朝請不就兄弟三人共處蓬室一間為風所
倒無以葺之怡然自樂習業不廢聚徒教授常有數十
陽五表絮於後堂夜集聞而請之指聽事前古柳樹謂瓛
曰人謂此是劉尹時樹高風可復想瓛卿清德可謂不
衰矣薦為祕書郎不見用後拜安成王撫軍行參軍公事
免瓛素無官情自此不復仕表薨誅瓛微服往哭致賻
助齊高帝政祚召瓛入華林園談語問以政道瓛曰在
陛下戒前軌之失加之以寬厚雖危可安若循其覆轍雖
安必危及出帝謂司徒褚彥回曰方直八耳學士故自過

劉瓛字子珪沛郡相人晉丹陽尹惔六世孫也祖弘之給
事中父惠臨賀太守瓛篤志好學博通訓義年五歲聞
孔熙先讀管寧傳欣然欲讀舅為說更為說男
可及也宋大明四年舉秀才兄璿亦有名先應州舉曰此
別駕東海王元胄與瓛父惠書曰此歲賢子充秀州舉至是

〔南史列傳四十〕　一

人敕瓛使數入而職自非詔見未嘗到寫門上意欲用瓛為鳳池
中書郎使吏部尚書何戢喻旨戢謂瓛曰上意欲用瓛為
相瓛恨君資輕可且就前除少日富轉國子博士即所
授瓛歎曰平生無榮進意今聞得中書郎而拜記室豈本
心哉後以母老闕養拜彭城郡丞如故瓛終不肯學武
苟曰自省無廊廟才所願唯保彭城丞耳上又以瓛兼總
明觀祭酒除豫章王驃騎記室參軍丞如故瓛終不肯學
從之若轉衆求明初竟陵王子良請為講講除會富傳八事但念生平
陵王聘為會稽太守上欲令瓛為征虜司徒記室室武
與張融王思遠書曰奉教使恭召會富傳八事但念生平

素抱有甲恩顧吾性拙人間不習仕進且嘗為行佐便以
不能及公事免黜此春者所共知也量已審分不敢期榮
凤嬰貧困加以疎懶衣裳容髮有足駭者中以親老供養
襄裳徒步脫爾逮今二代一紀先朝使其更自修正勉勵
於階級之次見其艦縷或復賜以衣裳表稱諸公咸加勸
勵終於不能自反也一不復為安可重為或昔人有以冠
一免不重加於首每謂此得進止之儀又上下年尊益
願居官次廢晨昏也先朝為此曲申從許故得連年不拜
既習此歲又齒長疾侵豈宜攝齋河間之聰廁迹東平
之僚本無絕俗之操亦非能僵褰為吊此又聰聽鬼所當深

〔南史列傳四十〕　二

寮者也近初奉教便自希得託迹客游之末而固辭樂級
其故何邪以古之王侯大人或以此延四方之士有追申
白而入楚羨鄒枚而游梁吾非敢叨天襄賢庶欲從九九
之遺迹既於聞道集泮不殊而幸無職司拘礙可得奉溫
清晨私計志在此耳除步兵校尉不拜　瓛姿狀纖小儒業
冠於當時都下士子貴游莫不下席受業當世推其大儒
以比古之曹鄭性謙率不以高名自居之詭於人唯一門
生持胡牀隨後主人未通便坐門待谷住在檀橋茆屋數
間上皆穿漏學徒敬慕不敢指斥呼為青溪焉竟陵王子
良親往脩謁七年表武帝為　瓛立館以楬烈橋故王弟子
之生徒皆賀　瓛曰美矣為人哉此華宇豈吾宅邪幸可
詔作講堂猶恐見害也未及居遇疾子良遣從　瓛學者
彭城劉繪順陽范縝將厨於　瓛宅譽齋及卒門人受學者
並甲服臨送　瓛有至性祖母病　經年手持膏藥漬指為
爛母孔氏甚　嚴明謂親戚曰阿稱便是今世曾子稱　瓛小
名也年四十餘未有婚對建元中高帝與司徒褚彥回為
瓛娶王氏女王氏穿壁窺之落孔氏牀工孔氏不悅　瓛
即出其妻及居母憂住墓不出蘆足為之磈杖不能起
此山常有鳴鶡鳥　瓛在山三年不敢來服釋還家此焉乃
至梁武帝少時嘗經伏膺及天監元年下詔為　瓛立碑謚

曰貞簡先生所著文集行於世初　瓛講月令畢謂學生嚴
植之曰江左以來陰陽律數之學廢矣吾今講此曾不得
其彷彿學者莫見其退讓時濟陽蔡仲熊禮學博聞謂人曰
五音本在中土故氣韻調平今既東南土氣偏詖詖至
感動木石　瓛亦以為然仲熊執經議論往往與時宰不合
亦終不改操求同故坎壈不進歷年方至尚書左丞當時
恨其不遇又東陽婁幼瑜字季玉著禮捃拾三十卷
瓛年瑊字子瑊方軌正直儒雅不及　瓛而文采過之宋泰
豫中為明帝挽郎齊建元初為武陵王曄冠軍征虜參軍兼
與傅佐欲自割鬻炙雖曰應刀落俎具膳夫之事殿下親
執鸞刀下官未敢安席因起請退與友人會稽孔逷同舟
入東於塘上遇一女子過目送曰美而豔　瓛曰斯豈君子
所宜言乎非吾友也於是解衾自隔或曰與友孔逷同舟
入東徹留目觀岸上女子　瓛舉席自隔不復同坐兄見　瓛夜
隔壁呼瑊瑊不答　瓛怪其父　瓛曰
向東帶未竟其立操如此文惠太子召　瓛入侍東宮每上
事輒削草壽署射聲校尉卒於官時濟陽江重欣亦清介
雖勳閥至如對嚴賓而不及　瓛也重欣位至射聲校尉
顯字嗣芳　瓛族子也父　瓛字仲翔博識強正名行自著幼
為外祖　瓛賀所翔養賀既當盛恒有音樂　瓛立後母沒十

許年戰每聞絲竹之聲未嘗不歔欷流涕嘆失監初終於
晉安內史顯勿而聰敏六歲能誦呂相絕秦書誼過秦
邪王思遠具國張融見而稱賞號曰神童宗族伯顥儒學有
重名卒無嗣孫武帝詔顥為後時年八歲本名頲齊武以
字難識法曹顥改名顥天監初舉秀才解褐中軍臨川王行參軍
俄署法曹顥博涉多通任昉嘗得一篇缺簡文字零落示
諸人莫能識者顥見云是古文尚書所刪逸篇昉檢周書
果如其說昉因大相賞異丁母憂服闋關尚書令沈約時領
太子少傳引為少傳五官約為丹陽尹命駕造焉坐策
顯經史十事顯對其九約曰老夫昏志不可受策雖然聊
武數事不可至十顥問其五約對其二陸倕聞之擊席喜
曰劉郎子可謂差人雖吾家平原詣張壯武王粲謝伯喈
必無此對其為名流推賞如此五官尚書傳昭掌著作撰
國史顯自兼廷尉正被引為佐及革選尚書五都顯以法
曹兼吏部郎後為尚書儀曹郎嘗為上朝詩沈約見而美
之命工書人題之於郊居宅壁後兼中書通事舍人再遷
驃騎鄱陽王記室兼中書舍人後為中書郎含人如故顯
與河東裴子野南陽劉之遴吳郡顧協連職禁中遞相師
友人莫不慕之顯博聞強記通於裴顧時波斯獻生師子
帝問曰師子有何色顯曰黃師子超不及白師子超魏人

送古器有隱起字無識者顥案文讀之無滯考校年月一
字不差武帝甚嘉焉遷尚書左丞除國子博士時有沙門
訟田帝大署曰貞有司未辯編問莫知顯曰貞字文為與
上人帝因思其能出之後為雲麾邵陵王長史尋陽太守
親使李諧至聞之相謂歎曰梁德衰矣善人國之紀
也而出之無乃不可乎王遷鎮郢州除平西府諮議參軍
父並事之驕王人為之憂而反見禮重友人劉之遴啟皇太
子為之銘誌葬於秣陵縣劉員長禮坐子葬焉臻早有
名載北史
顯從弟毅字仲寶形貌短小儒雅博洽善辭翰隨湘東王
在蕃十餘年寵寄甚深當時文檄皆其所為位吏部尚書
國子祭酒魏劫江陵入長安
明僧紹字休烈平原人一字承烈其先具太伯之襄百
里奚子孟明以名為姓也其後也祖玩州中從事父略絵事
中僧紹明經有儒術宋元嘉中再舉秀才求光中鎮北府
辟功曹並不就隱長廣郡嶗山聚徒立學魏劫淮南乃度
江升明中齊高帝為太傅教辟僧紹及顧歡臧榮緒以旌
帛之禮徵為記室參軍不至僧紹弟慶符為青州僧紹乏
糧食隨慶府之鬱洲住弁榆山栖雲精舍欣玩水石竟不

一入州城泰始七年岷益有山崩淮水竭齊郡僧紹騙謂其弟曰天天地之氣不失其序若夫陽伏而不泄陰迫而不蒸於是乎有山崩川竭之變昔伊洛竭而夏亡河竭而殷亡三川竭岐山崩而周亡五山崩而漢亡夫有國必爾山川而為固山川作變不亡何待今宋德如四代之季爾誌吾言而勿泄也竟如其言昇建元元年冬徵為正員郎稱疾不就其後帝與褚恩祖書令僧紹與慶符俱歸僧紹又曰不食周粟而食周微古猶發議在今寧得息談邪聊以為笑慶符罷住僧紹隨歸住江乘攝山僧紹聞沙門釋僧遠風德往候定林寺高帝欲出寺見之僧遠問僧紹曰

天子若來居士若為相對僧紹曰山藪之人政當鑿壞以遁若辭不獲命便當依戴公故事既而逃遁攝山蓮栖寺而居之高帝後謂慶符曰卿兄高尚其事亦堯加其身僧紹故云云高帝後遣慶符曰卿兄向其軍亦堯之外臣朕雖不相見而心已勤矣所謂巡路絕風雲通仍賜竹根如意筍籜冠隱者以為榮焉敕海封延伯者高行士也聞之歎曰明君士貞彌高而名彌先亦宋齊之儒仲也求明中徵國子博士不就卒僧紹長兄僧胤能言玄仕宋史為江夏王義恭參軍王別為立榻比之徐孺子位異州刺史子慧照元徽中為齊高帝平南主簿從拒桂陽累至縣

騎中兵參軍與荀伯玉對領貞建元元年為巴州刺史綏懷蠻蜒上許為益州刺史未遷卒僧徹次弟僧祐亦好學宋大明中再使魏于時新誅司空劉誕語武謂曰若問廣陵之事何以荅之對曰周之管蔡漢之淮南帝大悦及至魏魏間曰卿南此命當緣上國無相踰者邪荅曰聰明特達棄袂成帷比屋又無下僕妾子所謂看國善惡故再辱此庭任至青州刺史僧紹子元琳仲璋山賓並傳家業山賓最知名

山賓字孝若七歲能言名理十三博通經傳居喪盡禮起家奉朝請兄仲璋迴疾家道屢空山賓乃行干祿後為廣陽令頃之去官曾記使公卿舉士左衛將軍江祏上書薦山賓才堪理劇齊明帝不重學謂祏曰聞山賓談書不輟何堪官邪遂不用梁臺建累遷右軍記室參軍掌書記太子率更經博士山賓首應其選歷中書侍郎國子博士太子中庶子以公事左遷黃門侍郎天監十五年出為持節都督緣淮諸軍事北兗州刺史普通二年徵為太子右衛率加給事中遷御史中丞以公事左遷黃門侍郎四年為散騎常侍東宮新置學士又以山賓居之誡以本官兼國子祭酒初山賓在州所部平陸縣不稔啟出倉米以振百姓後刺史檢州曹失簿以山賓為耗損有司追責籍其宅入官山賓不自

理更市地造宅昭明太子聞築至不就有令曰明築祭酒雖
出撫大蕃擁旄推轂琱金拖紫而恒事屢空聞攜宇未成
今送薄助并訟詩曰平仲古稱奇夷齊昔擅美令則挺伊
賢東泰固多士榮室非道傍置宅歸仁里庚乗方有係原
生今易擬必來三徑人將招五經士山賓性篤實家徒壁
之困貧所乗牛齡隹吳錢乃謂賓主曰此牛經由惠涌蹄療
差已父恐後脫發無容不相語買主遽還取錢勵士阮孝緒
聞之歎曰此言足使遠淳及朴激薄俗庚乗夫君學官甚
攝北兗州事後卒官贈待中諡曰賓子山賓與居學官之所
有訓導之益然性煩踈通接於諸生多狎比人皆愛之

著吉禮儀注二百二十四卷禮儀二十卷孝經喪服義十
五卷子震字典道亦傳父業位太子舍人尚書祠部郎餘
姚令山賓弟少避字勔默亦知名位都官尚書簡文謂人
曰我不喜明得尚書更喜朝廷得人後拜青州刺史者六人
之乱奔魏仕比齊卒於太子中庶子罕司空記室明氏
南度雖晚並有名位自宋至梁為刺史者六人
庚易宇幼簡新野人也徙居江陵祖玫巴郡太守父道驥
安西參軍易志性恬靜不交外物齊臨川王映臨州表薦
之餉麥百斛易謂使人曰走襄拯震麂之伍終其解之毛
衣馳騁日月之車得保自耕之禄於大王之恩亦巳深矣

始二日壁乀欲知差劇但嘗糞甜苦易泄利黔婁輒取嘗
心驚舉身流汗即日薬官歸家家人悉驚至時易疾
必為仁化所感從舅陵令到縣未旬易在家遘疾時
色於人南陽高士劉虯宗測游歎異之仕齊為編令政有
黔婁字子貞一字正少好學多所講誦性至孝不曾失
異績先是縣境多猛獸暴黔婁至猛獸皆度往臨界時
詔徵為司空主簿易不就卒子黔婁嗣
聞巢許以觀臺尚易以連理几竹籟書格報之建武三年
格蚌盤蚌研白象牙筆并贈詩曰白日清明青雲遼亮苦
舒不受以文義自樂安西長史裴象欽其風贈以鹿角書

之味轉甜滑心愈憂苦至又每稽顙比辰求以身代聞
空中有聲曰徵君壽命盡不復可延汝誠禱既至政得至
月末晦而易亡黔婁居喪過禮廬于家側弟臺建黔婁自
西臺尚書儀曹郎為益州刺史鄧元起表為府長史巴西
梓潼二郡太守及成都平城中珍寶山積元起悉分與僚
佐唯黔婁一無所取元起惡其異衆厲聲曰長史何獨為
高黔婁示不違一請書數篋而歸蜀郡太守在職清素百
姓便之元起死于蜀郡部曲皆散黔婁身營殯斂携持喪
柩歸鄉里東宮建以中軍記室參軍侍皇太子讀甚見知
重詔與太子中庶子殷鈞中書舍人到溉國子博士明山

賓遷曰為太子講五經義遷散騎侍郎卒第於陵

於陵字介七歲能言至理及長清鑒博學有才思齊隨王子隆為荊州召為主簿使與謝朓宗夫抄撰群書子隆在代還又以為送故王簿子隆為明帝所害停使民避莫至唯於陵與夾獨留經理喪事求元未除東陽遂安令為人吏所稱梁天監初為建康獄平遷尚書功論郎待詔文德殿後兼中書通事舍人拜太子洗馬禮東宮官屬通為清選洗馬掌文翰尤其清者近代用人皆取甲族有才望者時論以為與周拾並擢充此職武帝曰官以人清豈限甲族時論以為美吳遷中書黃門待郎舍人如故後終於鴻臚卿第有吾

肩吾字慎之八歲能賦詩為兄於陵所友愛初為晉安王國常侍王每徙鎮肩吾常隨府在雍州被命與劉孝威伯橋孔敬通申子悅徐防徐搞王囿孔鑠鮑至等十人抄撰衆籍豐其果饌號高齋學士王為皇太子兼東宮通事舍人後為安西湘東王中錄事諮議參軍太子率更令庶子簡文開文德省置學士肩吾子信徐搞子陵具郡張沈約文章始用四聲以為新交至是轉拘聲韻彌為麗靡長公比地傳弘東海鮑至等充其選齊永明中王融謝朓復踰往時簡文與湘東王書論之曰比見京師文體儒鈍殊常競學浮疎爭事闡緩既殊比與正肯風騷若夫六典

三禮所施則有地吉凶嘉賓用之則有所未聞吟詠情性反擬內則之篇操筆寫志更摸酒誥之作遲遲春日翻學歸藏湛湛江水遂同大傳吾既拙於為文不敢輕為搞撫但以當世之作歷萬古之才人遠則揚馬曹王近則潘陸顏謝觀其遣辭用心了不相似若以今文為是則昔賢為非若以昔賢可稱則今體宜棄各則未之敢許又時有效謝康樂裴鴻臚文者亦頗有惑焉何者謝客吐言天拔出於自然時有不拘其糟粕裴氏乃是良史之才了無篇什之美是為學謝則不屆其精華但得其冗長師裴則義絕其所長唯得其短謝故巧不可階裴亦質不

宜慕故驅騁賸斷之侶好名志實之類沈羽謝生豈三千之可及伏膺裴氏懼兩唐之不傳故王暉金銑及為拙目所哂巴人下俚非是精討錙銖覆量文質有異巧心終愧不尋竟不精討錙銖覆量文質有異巧心終愧而握瑜懷玉之士瞻鄭邦而知退章甫之人望闕鄉而歡息詩既若此筆又如之徒以煙墨不言受其驅染紙札無情任其搖襞甚矣文章之橫流一至於此至如近世謝朓沈約之詩任昉陸倕之筆斯文章之冠冕述作之楷模張士簡之賦周升逸之辯亦成佳手難可復遇文章未墜必有英絕領袖之者非第而誰每欲論之無可與晤思吾

子建一共商榷辯茲清濁使如涇渭論茲月且類彼汝南
朱白既定雌黃有別使天懷鼠知慙濫竽自恥相思不見
我勞如何及簡文即位以肩吾為度支尚書時上流蕃鎮
並據州拒侯景景矯詔遣肩吾使江州喻當陽公大心大
心乃降賊肩吾逃入東後賊宋子仙破肩吾稽購得肩吾
欲殺之先謂曰吾聞汝能作詩今可即作若能將貨汝命
肩吾操筆便成辭采甚美子仙乃釋以為建昌令仍間道
奔江陵歷江州刺史領義陽太守封武康縣侯卒贈散騎
常侍中書令子信

〈南史列傳四十〉　十二

劉虬字靈預一字德明南陽涅陽人晉豫州刺史喬七世
孫也徙居江陵虬少而抗節好學須得祿便隱宋泰始中
仕至晉平王驃騎記室當陽令罷官歸家靜處常服鹿皮
袷斷穀餌术及胡麻齊建元初豫章王嶷為荊州教辟虬
為別駕與同郡宗測新野庾易並遺書禮請之虬等各修
牋答而不應命永明三年刺史廬陵王子卿表虬及同郡
宗測宗尚之庾易劉虬五人請加蒲輪束帛之命詔徵為
通直郎不就竟陵王致書通意虬荅曰虬四節臥疾病三
時營灌植暢餘陰於山澤記幕情於魚鳥寧非唐虞重恩
周邵宏施虬精信釋氏衣麤布禮佛長齋注法華經自講
佛義以江陵西沙洲去人遠乃徙居之建武二年詔徵國

子博士不就其冬虬病正晝有白雲徘徊簷戶之內又有
香氣及磬聲其日卒年五十八虬子之遲
之遲字義員人歲能屬文虬曰此兒必興吾宗宗常謂
諸子曰若此之顏氏之遲得吾文由是州里稱之之遲小字僧伽福德兒
沙門僧惠有異識每詣虬必呼之遲小字曰僧伽福德兒之時有
之更部尚書王瞻嘗候任昉遇之遲於門昉因為之蔽異
握手而進之年十五舉秀才明經對策沈約約任昉見而異
陽劉之遲學優未仕王瞻管見水鏡所宜甄握即調為太學博士昉
曰為之美談不如面試時張稷新除尚書僕射昉為讓
表昉令之遲代作操筆立成昉曰荊南秀氣果有異才後

〈南史列傳四十〉　十四

仕必當過僕御史中丞樂藹即之遲之舅嘗奏彈貨令
之遲草焉後為荊州中從事梁簡文臨荊州仍遷宣惠記
室之遲篤學明審博覽羣籍時劉顯博學稱強記之遲
每與討論咸不過也累遷中書侍郎後除南郡太守武帝
謂曰卿母年德並高故令卿衣錦還鄉盡孝養少理轉西
中郎湘東王繹長史太守如故初之遲在荊府常寄居南
郡忽夢前太守袁彖謂曰卿後當為折臂太守即居此中
之遊後　憶車折臂右手偏直不復得屈伸並坐可横政
就筆歎曰豈顗而王平周捨嘗戲之曰雖後並坐則以手
恐嘔　無枕後連相兩王再為此郡歷秘書監出為郢州

行事之遊意不顧出固辭曰去歲命離巽不敢東下今
年所息又在西方武帝手敕曰朕聞妻子具孝衰於親爵
禄具忠義於君卿既內足理志奉公之即遂為有司奏免
後為都官尚書太常卿之遊好古愛可柱荊州聚古器數
十百種有一器似厨可容一斛上有金錯字時人無能知
者又獻古器四種於東宮其第一種鏤銅鴟夷榼二枚兩
枝有篆鐸銘云秦容成侯適楚之歲造其第二種金銀錯鐘二
一口有銘云元封二年龜兹國獻其第三種外國漆盤一
枚銘云初平二年造時鄯陽嗣王範得班固所撰漢書其
之遊錄其異狀數午事其大略云案古本漢書稱永平十
本獻東宮皇太子令之遊與張纘到溉陸襄等參校異同
而古本云古彪自有傳又今本紀及表志列傳不相合為
次而古本相合為次摠成三十八卷又今本高五子文三王景十三王
日子又案古本敘傳驟為中篇今本摭為敘傳載班彪事
六年五月二十一日乙西郎班固上而今本無上書年月
後古本外戚次帝紀下又今本外戚在西域
孝武六子宣元六王雜在諸傳表中古本諸王悉次在西域
下在陳項傳上又本韓彭英盧吳述云信惟餓隸布實
點徒越亦狗盜芮尹江湖雲起龍驤化為侯王古本述云

淮陰毅毅伏劍周章邦之傑子寔惟彭英仕為侯王雲起
龍驤又古本第三十七卷解音釋義以助雅話而今本無
此卷也之遊好蜀文多學古體貶河東裴子野沛國劉顯
恒共討論古籍因為交好時周易尚書禮記毛詩並有武
帝義疏及遷隻氏傳尚闕之遊乃著春秋大意十科左氏十
科三傳同異十科合三十事上之帝大悅詔曰可省所撰
春秋義比事論書辭微旨遠編年之教言簡義繁立明傳
洙泗之風公羊宗西河之學鐸梜千秋最為張春之傳左
氏賈誼之襲荀卿源本分鑣指歸殊致詳略紛然其來舊
矣昔在弱年久經研味一從遺置忽將五紀秉燭晚秋翌促
機事牟暇夜分求衣未達披括須待夏景試欲推尋若溫
故可求別酬所問也始武帝於蔡代為別府諮議時之遊
父虯隱在百里洲早相知聞帝偶圖之道就虯換穀百斛
之遊時在父側帝蔬議蹟士云何能得春願與其求虯
從之及帝即位常懷之侯景初以蕭正德為帝虯先是平
景所將使授重綬之遊預知仍剃鬚披法服乃免先是平
之遊遇亂遂被染服時人笑之尋避難鄉相東王繹
昌伏挺出家之遊為詩嘲之曰傳聞伏不關化為道林
嘗嫉其才學聞其西上至夏口刀密送藥殺之不欲使人
黜徒越亦狗盜芮尹江湖雲起龍驤化為侯王古本述云

【南史列傳四十】

知乃自製誌銘厚其賻贈前後文集五十卷子達字三

善數歲能清言及屬文交州將湘東王繹聞之盛集賓客召

而試之說義屬詩皆有理致年十一二聽江陵令賀革講禮

還仍覆述不遺一句年十八卒之達深懷悼恨乃題墓曰

深妙士以雄之之達第之耳

議參軍敕賜金策并賜詩為大通六年出師南鄭詔湘東

代兄之遴為中書通事舍人累遷步兵校尉湘東王繹諮

以文章顯之遴富以功名著後州興秀才除大學博士仍

對武帝之臨荆州唯與虬談虬見之遴之達帝曰之遴少

之遴字嘉會年四歲出後叔父高及長好學美風姿善占

十七

王爾度諸軍之耳以司農卿為行臺承制途出本州比界

摠督衆軍杖節而西樓船戈甲其盛老小緣岸觀曰是前

舉秀才者鄉部偉之是行也大致剋復軍士有功皆錄唯

之耳為蘭欽所訟執政因而陷之故封賞不行但復本位

而巳父之帝讀陳湯傳恨其立功絕域而為文吏所抵宜

者張僧亂曰外聞論者僉謂劉之耳以之帝感悟乃封為

臨江子固辭不拜之耳美聲在朱异之右既不協懼

為所害故美出之以兄代之之遴為安西湘東王繹長史南郡

太守上問朱异曰之耳兄弟孰賢對曰荆州長史南郡太守皆是

馮而巳又謂尚書令何敬容曰荆州長史南郡太守皆是

【南史列傳四十】

僕射出入人主者之耳便是九轉在郡有異績吏人稱之卒

荆土懷之不復稱名號為大南郡小南郡子廣德亦好學

負才任氣承聖中位湘東太守魏平荆州依于王綝綝平

陳太建中歷河東太守卒官之耳第之遴位荆州中從事

史子仲威少有志氣頗涉文史梁承聖中為中書侍郎蕭

莊稱尊號以為御史中丞蘭莊於鄴中

長沙太守行湘州刺史坦甞求行乃除輔國長史

史師赴夏口西朝議行州事者坦求行乃除輔國長史

居以幹濟稱梁武帝起兵時輔國將軍楊公則為湘州刺

坦守德度虬從弟也仕齊歷尚書令南中郎錄事參軍所

齊東昏遣安成太守劉希祖破西臺所選太守范僧簡於

平都希祖移檄湘部於是妃與內史王僧粲應之湘部諸

郡悉皆蜂起州人咸欲沈舟逃走坦悉聚舫焚之前湘州

鎮軍鍾玄紹潛應僧粲坦聞其謀偽為不知因理訟至夜

城門遂不開以疑之玄紹未及發明旦詣坦問其故父留

與語密遣親兵收其家玄紹在坐未起而收兵巳報具得

其文書本末玄紹即首伏於坐斬之焚其文書餘黨悉無

所問梁天監初論功封荔浦子三年遷西中郎長史蜀郡

太守行益州事未至蜀道卒

論曰劉巘弟兄僧紹父子並業盛專門飾以儒行持身之

十八

節異夫苟得患失者焉庶易劉虹取高一代其所以行己
事鞿陽德諸子學業之美各著家聲顯及之遘見嫉時主
或以非罪而盡或以非疾而亡異夫自古哲王盈己下賢
之道有以知武皇之不弘元凶之多忌親稱之不求也不
亦宜哉

列傳第四十　　　　　　　南史五十

列傳第四十一　李延壽　南史五十一

梁宗室上

吳平侯景　子勵　勵弟勃

長沙宣武王懿　子業　昂　昱
　正德
　正立子貴　正德子見理　孫孝儼　業弟藻　獻
　　　　　　正立弟正表　獻弟朗　明

求陽昭王敷

桂陽簡王融　子象　象子慥　臨川靜惠王宏　宏子正仁

衡陽宣王暢
　正德　正德第正則　正則弟正立
　　　　　　　　　正則弟正立　正義

吳平侯景字子照梁武帝從父弟也相道賜以禮讓稱居鄉有爭訟專賴平之又周其疾急鄉里號曰盧王皆竊言曰其後必大仕宋終于書侍御史齊末追贈左光祿大夫三子長曰尚之次曰崇之敦厚有器業為司徒建安王中兵參軍一府稱為長者遷步兵校尉卒官梁天監初追諡曰文宣侯子靈鈞仕齊為廣德令武帝起兵行會稽郡事頃之卒追封東昌縣侯景嗣崇之官至東陽太守以幹能顯政尚嚴屬天監初追諡簡侯永明中錢唐璃之反別眾破東陽崇之遇害天監初好學才辯有識斷仕也八歲隨父政為百城最永嘉太守范述曾居郡號稱廉齋為求寧令政乃牓郡門曰諸縣有疑滯者可就求寧令平雅服景為政

【南史列傳四十一】

決以疾去官求嘉人胡仲宣等千人詣闕表請景為郡不許求元二年以長沙宣武王懿勳除步兵校尉詔景景亦逃難武帝起兵以景行南兗州事時天下未定馮比楚各據塢壁示以威信渠帥相率面縛請罪旬日境內清景以平武帝踐祚封其平縣侯南兗州刺史加都督內皆平武帝踐祚封其平縣侯南兗州刺史加都督母毛氏為國太夫人禮如王國太妃假金章紫綬景居州清恪有威裁明解吏職文案無擁下不敢欺吏人畏敬如神會年荒計口振恤又為饘粥於路以賦之死者給棺具人甚賴焉天監七年為左驍騎將軍兼領軍將軍領軍管天下兵要宋孝建以來制局用事與領軍分權典事以上

【南史列傳四十一】

皆呈奏領軍垂拱而已及景在職峻切官曹肅然制局監皆呈近倖頗不堪命以是不得久留中尋出為寧蠻校尉雍州刺史加都督八年魏荊州刺史元志攻潺溝驅逼羣蠻羣蠻悉度漢水來降議者以蠻累為邊患可因此除之景曰窮來歸我誅之不祥且魏人來侵每為矛楯若悉誅蠻則魏軍無礙非長策也乃開樊城受降因命司馬朱思遠寧蠻長史曹義宗中兵參軍孟惠儁擊志於潺溝大破之景初到州省除參迎羽儀器服不得煩擾吏人脩葺城壘申警邊備理辭訟勸農桑郡縣皆改節自勵州內清靜抄盜絕迹十三年復為領軍將軍直殿省知十州損益

軍月加祿五百萬景爲人雅有風力長於辭令其在朝廷爲
衆所瞻仰於武帝雖屬爲從弟而禮寄甚隆軍國大事甘
與議決十五年加侍中及太尉揚州刺史臨川王宏坐法
免詔景以爲安右將軍監揚州置佐史即宅爲府景越
居揚州固讓至于洴浹帝弗許在州尤稱明斷符教嚴整
有田舍老姓訴得符還至于縣縣吏未即發姓語曰蕭監
刺史將發帝幸建興苑餞別爲之流洴在州復有能名齊
安貧陵郡接魏界多滋賊景後書告示魏即焚塢戍保境
不復侵略卒于州贈開府儀同三司謚曰忠子勵

【南史列傳四十一】 （三）

勵字文約弱不好弄喜慍不形於色位太子洗馬母憂去
職殆不勝喪每一思至必徒步之墓或遇風雨仆卧中路
坐地號慟起而後前家人不能禁景特所鍾愛曰吾百年
後其無此子乎使左右節哭服闋除太子中舍人景薨子
郢鎮或以路遠秘其出閤以疾漸爲辭勵乃奔波屆于江
夏不進水漿者七日廬于墓所親友隔絕會叔父曇朗詔
獄勵乃率昆弟羣從詣大理雖門生故吏莫不哀感識之
黎封吳平侯對揚王人悲慟嗚咽傍人亦爲隕洴除淮南
太守以善政稱遷宣城內史郡多猛獸常爲人患及勵在
任獸暴爲息又遷豫章內史道不拾遺男女異路徙廣州

刺史去郡之日吏人悲泣數百里中舟乘填塞各齎酒肴
以送勵勵人爲納受隨以錢帛與之至新淦縣岼山村有
一老姓以鰻鮬鮐魚自送舟則奉上之童兒數十人入水
板舟或歌或泣廣州邊海舊饒外國舶至多爲刺史所侵
每年舶至不過三數及勵至纖豪不犯歲十餘至俚人不
貿易多爲海暴勵征討所獲生口寶物之外悉送還臺
前後刺史皆嘗私蓄方物之貢少登天府自勵在州歲中
數獻軍國所須相繼不絕武帝歎曰朝廷便是更有廣州
有詔以本號還朝而江西俚帥陳文徹出寇高要詔勵
重申蕃佳未幾文徹降附勵以南江危險宜立重鎮乃表

【南史列傳四十一】 （四）

臺於高涼郡立州敕仍以爲高州以西江督護孫固爲刺
史徵爲太子左衛率勵性率儉而器度寬裕左嘗將娶
止嘗前嘲之顏色不異徐呼更衣裘書至三萬卷披翫不
倦九好東觀漢記略皆誦憶劉顯執卷策勵酬應如流
至卷次行數亦不差失少交結唯與河東裴子野范陽張
續善卒於道贈待中謚曰光侯位南康內史太舟鄉少以清
靜自立封西鄉侯位待中贈待中謚曰光侯與南康
王會理謀誅侯景事發遇害勵弟勱位定州刺史封曲江鄉
侯大寶初廣州刺史元景仲將謀應侯景西江督護陳霸

先攻景仲迎勃為刺史時湘東王繹在荊州雖承制授職
力不能制遂從之勃乃鎮嶺南為廣州刺史後江表定以
王琳代為廣州以勃為晉州刺史魏剋江陵勃復據廣州
敬帝承制加司徒紹泰中為太尉尋進為太保及陳武禪
代之際舉兵不從敗遇害

昌字子建景弟也位衡州刺史性好酒在州每醉徑出人
家或獨詣草野刑戮頗無期度醉時所殺醒或求焉亦無
悔也累遷兼宗正卿嘗為有司所劾久留都忽忽不樂遂
縱酒虛憊在石頭東齋引刀自剌而卒弟昂

昂字子明位輕車將軍監南兗州初兒景再為兗州德惠
在人及昂來代時人方之馮氏徵為琅邪彭城二郡太守
時有女子年二十許散髮黃衣在武窟山石室中無所脩
行唯不甚食或出人間時飲少酒鵝卵一兩枚人呼為聖
姑就求子往往有效造者充滿山谷昂呼問無所對以為
祅之封湘陰侯出為江州刺史辛謚曰恭侯
又之二十創即差失所在中大通元年為領軍將軍
昂弟昆字子真少而狂猖不拘禮慶異服危冠交遊冗雜
尤善屬牛業以為常於宅內酤酒好騎射歷位中書侍郎
每求試逰州武帝以其輕脫無威望抑而不許遷給事黃
門侍郎上表請自解帝以手詔責之坐免官因此杜門絕朝

觀普通五年坐於宅內鑄錢為有司所奏下廷尉得免死
從臨海郡行至上虞有敕追還令受菩薩戒既至恂恂盡
禮改蔬蹈道持戒又精潔帝甚嘉之為晉陵太守下車勵
名迹除煩明法憲嚴於姦吏旬日之間郡中大安俄而
暴卒百姓哭市里為之諠沸設祭冀於郡庭者四
百餘人田舍中婦女夏氏年百餘歲扶曺孫出郡悲泣不自
勝其惠化所感如此百姓相率為立廟建碑以紀其德又
詣都表求贈諡詔贈湘州刺史諡曰恭子

文帝十男張皇后生長沙宣武王懿求陽昭王敷武帝衡
陽宣王暢李太妃生桂陽簡王融為東昏所害敷暢齊

建武中卒武帝踐祚追封郡王陳太妃生臨川靜惠王
宏南平元襄王偉吳太妃生安成康王秀始興忠武王憺
費太妃生鄱陽忠烈王恢

長沙宣武王懿字元達文帝長子也少有令譽解褐安
南邵陵王行參軍襲爵臨湘縣侯歷位晉陵太守以善政
稱求明末為梁南秦二州刺史加督其歲魏軍入漢中遂
圍南鄭懿隨機拒擊乃解圍道去又遣氏帥楊元秀攻取
魏歷城等六戍魏人震懼邊境遂寧永元二年裴叔業據
豫州反懿以豫州刺史領歷陽南譙二郡太守討之叔業
懼遂降魏武帝時在雍州遣典籤趙景悅說懿興晉陽之

甲誅君側之罪懿不苦既而平西將軍崔慧景入寇奉江
夏王寶玄圍臺城至大亂懿信召懿懿時方食投著而
起率銳三千人入援武帝馳遣慶安福下都說懿曰誅
賊之後則有不賞之功當明君賢主尚或難立況於亂世
何以自免若賊滅之後仍勒兵入宮行伊霍故事此萬世
一時若不欲爾便放表還歷陽託以外拒為事則威振內
外誰敢不從一朝放兵受其厚爵高而無人必生後悔長
史徐曜甫亦苦勸懿不從慧景遣其子覺來拒懿擊大破
之東勝而進慧景眾潰追斬之授中書令都督征水陸
諸軍事時東昏肆虐茹法珍王咺之等執政宿臣舊將並

【南史列傳四十】　七　朱黃

見誅夷懿既勳高獨居朝右深為法珍等所憚乃說東昏
將加酷害徐曜甫知之密具舟江渚勸令西奔懿不從曰
古皆有死豈有叛走中書令邪尋見留省賜藥與弟融俱
殯謂使者曰家弟在雍深憂之中興元年贈司徒

宣德太后臨朝改贈太傅天監元年追崇丞相封長沙郡
王諡曰宣武給九旒鸞輅黃屋左纛禮依晉安平王故
事懿各望功業素重武帝本所崇敬帝以天監元年四月
丙寅即位是日即見襄戌辰乃始贈第二兄數第四弟
暢第五弟融至五月有司方奏追皇考皇姚尊號遷神主
于太廟帝不親奉命臨川王宏侍從七月帝臨軒遣兼太

尉散騎常侍王份奉策上太祖文皇帝獻皇后及德皇后
尊號既先甲後尊又臨軒命策識者頗致譏焉
懿子業字靜曠幼而明敏仕齊為太子舍人宣武之難與
二弟藻象俱逃匿於王嚴秀家東昏知之收嚴秀付建康
獄考掠備極乃以鉗拔手爪至死不言竟以免禍天監二
年襲封長沙王歷位秘書監侍中都督南兗州刺史運私
郎米餉人作甍以砌城武帝喜之徙湘州先著善政零陵
舊有二猛獸為暴無故相枕而死郡人唐庾見猛獸傍一
人曰刺史德感神明所在留意普通四年為侍中金紫光祿大夫
之業性敦篤所

【南史列傳四十一】　八

業諡曰元王文集行於世子孝儼嗣
孝儼字希莊射策甲科除祕書郎太子舍人從幸華林園
於坐獻相風烏華光殿景陽山等頌其文甚美帝深賞異
之業諡曰章子存嗣業第藻
藻字靖藝仕齊位著作佐郎天監元年封西昌縣侯為益
州刺史時鄧元起在蜀自以有剋劉季連功恃宿將輕少
藻藻怒乃殺之既天下草創邊徼未安州人焦僧護聚眾
數萬據郟嚇作亂藻年未弱冠集僚佐議欲自擊之或陳
不可藻大怒斬之階側乃乘平肩輿巡行賊壘賊聚弓亂
射矢下如雨藻從者舉楯禦前又命除之由此人心大安賊

乃夜逋澡命騎追擊平之九年徵為太子中庶子初鄧元
起之在蜀也乃於聚斂財貨山積金玉珍帛為一室號為
內藏綺縠錦罽為一室號曰外府澡以外府賜帥內藏
歸王府不有私焉及是還朝輕裝就路再遷侍中澡性謙
退不求聞達善書屬文尤好古體自非公宴未嘗妄有所為
縱有小文成輒棄本歷雍兗二州刺史頻徙州鎮人吏咸
稱之推善下人常如弗及普通六年為軍師將軍與西豐
侯正德北侵渦陽報班師為有司奏免官削爵土八年復

封爵中大通三年為中軍將軍太子詹事出為丹陽尹帝
每稱其小字歡曰子弟並如迦葉五復何憂入為尚書左
僕射加侍中固辭不許大同五年遷中衛將軍開府儀同
三司中書令侍中如故澡性怡靜獨處一室恍有膝痕宗
室衣冠莫不楷則常以爵祿太過每思屏退閉門寂寞
客至通簡文尤敬愛之自遭家禍恒布衣蒲席不食鮮禽
非公庭不聽音樂武帝每以此稱之出為南徐州刺史侯
景亂澡遣世子或率兵入援及城開加散騎常侍侯景遣
其儀同蕭邕代之澡京口澡因感氣疾或勸奔江北澡曰
吾國之台鉉任寄特隆既不能謀翦逆賊正當同死朝廷
耳因不食而薨

澡弟猷封臨汝侯為晉興郡守性倜儻與豫王廟神交飲

至一斟每醉祀盡歡極醉神影亦有酒色所禱必從後為
益州刺史侍中中護軍時江陽人齊苟兒反眾十萬攻州
城猷兵糧俱盡人有異心乃遙禱請救是日有田老逢一
騎浴鐵從東方來問去城幾里曰百四十時日已晡騎曰
稍曰後人來可及日暮乃問其姓馬欲及日破賊俄而老
一騎過問飲田叟問曰吾興豫王來救臨汝侯當此
時猷請飲十餘日乃見衛士偶皆泥濕如汗者是
月猷大破苟兒猷在州頗懷溫客庭內有香橙不置連
楊武帝末知之以此為恨還郡以憂懼成疾卒諡曰靈以
興神交也

猷子韶字德茂初封上甲縣都鄉侯大清初為舍人城陷
奉詔西奔及至江陵人士多往尋覽韶不
能人人為說乃疏為一卷客問者便示之湘東王聞而取
看謂曰昔王韶之為隆安紀十卷說晉末之亂離卿之為
詔亦可為太清紀十卷矣韶乃更為太清紀其諸談論多
長為之詔既承旨撰著多非實錄韶甚為幼童庾信愛之
武王封長沙王遂至鄰州刺史韶韶為幼童庾信愛之
韶袖之歡衣食所資皆信所給遇客韶亦為信傳酒後為
鄰州信西上江陵途經江夏韶接信甚薄坐青油幕下引
信入宴坐信別榻有自矜色信稍不堪因酒酣乃徑上韶

狀踐踏有饌直視詔面謂曰官今日形容大異近日時賣
客滿坐詔甚慙恥
詔弟駿字德歆善草隸工文章晚更習武旅力絕人與求
安侯雍相類位尚書殿中郎起武將軍封南安侯城陷為
賊任約所禮謀召鄱陽嗣王範襲約反爲所害
獻弟朗字靖微天監五年例以王子封侯歷太子洗馬桂
州刺史加都督性倨而震舉下患之記室庾丹以忠諫見
害朗聞之使於嶺表以功自劾丹父景休罷巴東
郡頗有貲産丹負錢數百萬責者填門景休怒不爲之償

少有儁才挺身伏挺何子朗俱爲周捨所狎初景休御史中丞丹東
坐事流廣州
朗弟明字靖通少被武帝親愛封貞陽侯太清元年爲豫
州刺史百姓詣闕拜表言其德政樹碑于州門內及碑匠
揉石出自肥陵明乃廣營廚帳多召人物躬自率領牽至
州識者笑之曰王自立碑非州人也武帝既納侯景大舉
北侵使南康王會理擁兵明乃拜表求行固請乃許之會
理已至宿預詔改以明代為都督水陸諸軍趣彭城大圖
進取救曰侯景志清鄴洛以雪讎恥其先率大軍隨機撫
定汝等衆軍可止於寒山築堰引清水以灌彭城大水一

沈孤城自珍慎勿妄動師次呂梁十八里作寒山堰以
灌彭城城水及于堞不没者三板魏遣將慕容紹宗赴救明
謀略不出戰令莫行諸將每諮軍輒怒曰吾自臨機制變
勿多言衆乃各掠居人明亦不能制唯禁其一軍無所侵
掠紹宗至決堰水明命將救之莫肯出魏軍轉逼人情大
駭胡貴孫趙伯超曰不戰何待伯超不能對貴孫
入陳苦戰伯超擁衆弗敢救曰與戰必敗不如全軍早歸
乃使具良馬戴其愛妾自隨貴孫遂沒伯超方將赴
戰伯超懼其出使人召之遂相與南還明醉不能與衆軍
大敗明見俘執北人懷其不侵掠謂之義王及至魏魏帝

引見明及諸將帥釋其禁送首陽勃海王高澄禮明其重
謂曰先王與梁主和好十有餘年聞彼禮佛常云奉為
魏主并及先王此甚是深主厚意不謂一朝失信致此紛
擾因欲與梁通和使少明書告武帝方致書以慰高澄
東魏除明散騎常侍又聞社稷淪殄哀泣不捨晝夜魏平
江陵齊文宣使送明至鄴并前所獲湛海珍等皆聽
從明歸今上嘗王澳率衆逆之其時太尉王僧辯司空陳
霸先在建康推管進明安王方智為太宰都督中外諸軍事陳
制置百官澳軍漸進明與僧辯書求迎僧辯不從及澳破
東關斬裝之橫僧辯懼乃納明於是梁興東庾齊師北友

明至鵲朱雀門便長慟逕至所止道俗參問皆以哭對之

及稱尊號改承聖四年為天成元年大赦境內以方智為

太子按王僧辯大司馬遣其子章馳到齊拜謝喬遇明及

僧辯使人在館供給宴會豐厚一同武帝時使及陳霸先

襲殺僧辯後奉晉安王是為敬帝而以明為太傅建安王

報齊云僧辯陰謀篡逆故誅之仍請稱臣于齊永為蕃國

齊遣行臺司馬恭及梁人盟於歷陽明年齊人徵明霸先

猶稱蕃將道使送明疾薨背死時王琳與霸先相杭齊文

宣遣兵納永嘉王莊主梁祀追諡明曰閔皇帝

求陽昭王歡字仲達文帝第二子也少有學業仕齊為隨

【南史列傳四十一】

十三

郡內史招懷遠近士庶安之以為前後之政莫及明帝謂

徐孝嗣曰學士舊聞例不解理官閣蕭歡隨郡唯置酒清言

而路不拾遺行何風化以至於此各曰古者修文德以來

遠人況止郡境而已帝稱善徵為廬陵王諮議參軍卒武

帝即位贈司空封求陽郡王諡曰昭天監二年子伯游嗣

伯游字士仁位會稽太守薨諡曰恭

衡陽宣王暢文帝第四子也有美名仕齊位太常封江陵

縣侯卒天監元年追贈開府儀同三司封衡陽郡王諡曰

宣三年子元簡位郢州刺史卒於官諡曰孝葬將引柩有

聲讀者欲開視王妃柳氏曰晉文已有前倒不聞開棺無

益亡者之生徒增生者之痛遂止少子獻嗣

桂陽簡王融文帝第五子也仕齊位太子洗馬與宣武王

懿俱遇害天監元年贈撫軍大將軍封桂陽郡王諡曰簡

無子詔以長沙宣武王第九子象嗣

象字世翼容止閑雅簡於交游事所生母以孝聞位丹陽

尹象生長深宮始親庶政舉無失德朝廷稱之再遷湘州

刺史加都督湘州舊多猛獸為暴及象任州日四猛獸死

于郭外自此靜息故老咸稱政德所感雁位太常卿加侍

中兼祕書監薨諡曰敦子慷嗣

慷字元貞位信州刺史有惠惠太清二年赴援臺城遇敕

【南史列傳四十一】

十四

還蕃尋為張纘所構書報湘東王曰河東桂陽二蕃掎角

欲襲江陵湘東乃水步兼行至荊鎮慷尚軍江津不以為

意湘東至乃召慷深加慰喻慷心乃安後留止省內慷

知禍及遂肆醜言湘東大怒付獄殺之

臨川靜惠王宏字宣達文帝第六子也長八尺美鬚眉容

止可觀仕齊為北中郎桂陽王功曹史宣武之難兄弟皆

被收道人釋惠思藏宏及武帝師下宏至新林奉迎建康

平為中護軍領石頭戍事天監元年封臨川郡王位揚州

刺史加都督四年武帝詔宏都督諸軍侵魏宏以帝之介

第所領皆器械精新軍容甚盛北人以為百數十年所未

之有軍次洛口前軍剋梁城宏部分半方多違朝制諸將
欲乘勝深入宏聞魏援近畏懦不敢進召諸將欲議旋師
呂僧珍曰知難而退不亦善乎宏曰我亦以為然柳惔曰
自我大衆所臨何城不服何謂難乎裴邃曰是行也固敵
是求何難之避馬仙琕曰王安得亡國之言天子掃境內
以屬王有前死一尺無卻生一寸昌義之怒鬚盡磔
僧珍可斬也豈有百萬之師輕言可退何面目得見聖主
死議者已罷僧珍謝諸將曰殿下昨來風動意不在軍深
恐大致沮喪欲使全師而反又私裴邃曰王非止全無經

〈南史列傳四十〉　十五

略庸怯過甚吾與三軍事都不相入觀此形勢豈能成功
宏不敢便違衆議停軍不前魏人知其不武遺以巾幗北
軍歌曰不畏蕭娘與呂姥但畏合肥有韋武謂韋叡也
僧歡歡曰使始興吳平為元帥我相毗輔中原不足平今
遂敵人見欺如此乃令軍中人馬有前行者斬是軍政不
宏固執不聽乃遣楊大眼
和人懷憤怒魏莫康生馳道楊大眼謂元英曰梁人自剋
梁城已後久不進軍其勢可見當是懼我王若進據洛水
彼自奔敗元英曰蕭臨川雖駿今且觀形勢未可便與交鋒
未可當望氣者言九月賊退今且觀形勢未可便與交鋒

張惠紹次下邳號令嚴明所至獨剋下邳人多有欲來降
惠紹曰我若得城卿皆是國人若不能破賊徒令公等
失鄉非朝廷本意也今且安堵後業勿妄自辛苦降
人咸悅九月洛口軍潰衆棄其夜暴風兩軍驚宏與
數騎逃亡諸將求宏不得衆散而歸棄甲投戈填蒲水陸
捐棄病者強壯僅得脫身宏乘小船濟江夜至白石壘款
城門求入臨汝侯登城謂曰百萬之師一朝奔潰國之存
亡未可知也恐姦人乘間開洛口敗不可夜開宏無辭以
對乃絕食鐺之惠紹聞洛口敗亦退軍六年遷司徒領太
子太傅八年為司空揚州刺史十一年正月為太尉其年

〈南史列傳四十一〉　十六

冬以公事左遷驃騎大將軍開府同三司之儀未拜遷揚
州刺史十二年加司空十五年所生母陳太妃薨去職尋
起為中書監驃騎大將軍揚州刺史如故宏妻弟吳法壽
性麤狡特宏無所畏忌輒殺人死家訴有救嚴討法壽在
宏府內無如之何武帝注曰愛宏之敗乃兄弟私親免宏
司徒驃騎揚州刺史武帝注曰愛宏自洛口之敗常懷慚
王者正法所奏可宏自洛口之敗常懷慚
司徒以宏為各屬善有同所奏帝每貰之十七年帝將幸
發輅以宏為名屢書有同所奏帝每貰之十七年帝將幸
光宅寺有士伏於驃騎航待帝夜出帝將行心動乃於朱
雀航過事發稱為宏所使帝泣謂宏曰我人才勝汝百倍

當此猶恐顛墜汝何為者我非不能為周公漢文念汝愚
故宏頓首曰無是於是無於是以罪免而繼恣不悛奢後過
度倫第擬於帝宮後庭數百千人皆極天下之選所幸江
無畏服玩年於齊東昏潘妃寶釵直千萬好食鱘魚頭常
日進三百其佗珍膳盈溢房食之不盡棄諸道路江本
吳氏女也世有國色親從子女編游王侯後宮男免弟
九人因權勢橫於都下宏未幾復為司徒普通元年遷太
尉揚州刺史侍中如故七年四月薨自獲至薨輿駕七出
臨視及薨詔贈侍中大將軍揚州牧假黃鉞弁給羽葆鼓
吹一部增班劍為六十人諡曰靖惠宏以介弟之貴無佗

量能恣意聚歛庫室垂有百間在內堂之後關籥甚嚴有
疑是鎖仗者密以聞武帝於友千甚厚殊不悅宏愛妾江
氏寢膳不能暫離一佗日送盛饌與江曰當來就汝懽宴
唯攜布衣之舊射聲校尉丘佗卿往與宏及江大飲半酔
後謂曰我今欲履行汝後房便呼後閣輿徑性屋所宏恐上
見其賄貨顏色怖懼上意彌言是仗屋屋檢視宏性愛錢
百萬一聚黃榜標之千萬一庫縣一紫標如此三十餘間
帝與佗卿囲指計見錢三億餘萬餘屋貯布絹綿漆蜜
紵蠟朱沙黃屑雜貨但見滿庫不知多少帝始知非仗大
悅謂曰阿六汝生活大可方更劇飲至夜舉燭而還兄弟

情方更敦睦宏都下有數十郎出懸錢立券每以田宅郎
店縣上文券期託便驅券主奪其宅都下東土百姓失業
非一帝後知制懸券不得復驅奪自此後貧庶不復失居
業晉時有錢神論豫章王綜以宏貪食逐為錢愚論其子
其切致帝知以激宏宣言與綜天下文章何限那忽作此雖
今急毀而流布已遠宏深病之聚歛稍改為帝女永女永
興主密言於丁貴嬪欲二僮衣以姆服僮蹋閤失驚閤帥
齋諸主竝豫永興使二僮懼或不信乃使主帥請閤帝
疑之密言於已遠許事捷以為皇后帝嘗為三日
令內與人八人纏以純綿立於幕下齋坐散主果請閤帝
許之主升階而僮先趣帝後八人抱而擒之帝驚墜於展
搜僮得刀辭為宏所使帝祕之殺二僮於內以漆車載王
出生憲死竟不臨之帝諸女臨安吉長城三主竝有
文才而安吉最得令稱宏性好內樂酒沈湎聲色侍女千
人皆極綺麗慎儔寡方故屢致降免宏子十人許可知者
七人長子正仁宗公業位祕書丞早卒諡哀世子正仁弟

正義嗣

正義字公威初以王子封平樂侯位太常卿南徐州刺史
屬武帝幸朱方正義修解宇以待興駕初京城之西有別
嶺入江高數十丈三面臨水號曰北固蔡謨起樓其上以

置軍實是後朋壞頂猶有小亭登降甚狹及上升之下革
步進正義乃廣其路傍施欄楯翌日上幸遂通小輿上悅
登空父之敕曰此嶺不足須固守然京口實乃北觀乃改
曰比顧賜正義束帛後為東揚州刺史甍正義弟正德
正德字公和武帝猶嗣未立養以為子及平建康生昭明太子
津武中武帝猶嗣未立養以為子及平建康生昭明太子
正德嫡嫡心常怏怏每形於言普通三年以黃門侍郎為
廷尉儲嫡心常怏怏每形於言普通三年以黃門侍郎為
輕車將軍置佐史頃之奔魏初去之始為詩一絕內火籠
中即詠竹火籠曰楨幹曲盡蘭筥含煙欲知懷炎日

正是後冰朝至魏稱是被廢太子時諸蕭寶寅先在魏乃
上表魏帝曰豈有伯為天子父作揚州乃殺一小兒稱為己子遠
國不若殺之魏人不疑又自魏逃歸見於文德殿至庭叩頭武
帝泣而誨之特復本封正德志行無悛常公行剝掠時東
府有正德及樂山侯正則潮浦有董當門子進世謂之董
世子者也南岸有袁俟彌世子洪此四凶者為百姓巨蠹
恣以淫盜為業殺人於道謂之打稽時動象子弟多縱
多聚亡命黃昏多殺人於道謂之打稽時動象子弟多縱
魏西豐駱馬樂山烏牛董進金帖織成戰樂直七百萬後

正則為劫殺沙門徒嶺南死為其父瓌素襄東冶死於
徙進坐與求陽王妃王氏亂誅三人既除百姓少安正德
溢虐不革尋除給事黃門侍郎六年為輕車將軍隨章
王北侵正德輒棄軍委走為有司所奏下獄帝復詔曰汝
以猶子情秉常愛故越先汝兄剖符連郡往年在蜀暱近
小人猶謂少年情志未定更於吳郡殺戮無辜劫盜財物
雅然無畏及還京師專為通逃乃至江乘要道湖頭斷路
遂使京邑士女早閉晏開又平人妻妾略之女誘為姜勝我
直失其配匹乃橫死道路王伯敖逾甚逐四馬奔亡志
每加掩抑其汝自新了無悛董怨懺列卿之女徐敖非
懷反噬遣信慰問其汝能還果能來歸逐我風志謂汝不
好文史志在武功令汝叔節董我前驅豈謂汝狼心不改
包藏禍胎志欲覆敗國計以快汝心今當宥汝以遠無令
房累自隨敕所在給汝稟餼王新婦見理等當有汝傳太尉間
汝餘房累悉許同行於是免官削爵土徙臨海郡未至徙
所道追赦之八年復封爵位還求交朱異帝既封昭
明諸子異言正德失職大同四年特封臨賀郡王後為丹
陽尹坐部多劫盜復為有司所奏去職出為南兗州在
任奇刻人不堪命廣陵役逮逐為之荒至人相食敢既累
試無能從其黜敗轉增憤恨乃陰養死士常思國釁藉董

米栗宅內五十間室並以為倉自征虜至于方山悉略
為聖聚奴僮數百皆黥其面大清二年秋道
姦心禹賞徐思王在比經常與正德相知至是景
建鄴具以事告又與正德書曰今天子年尊奏道臣亂國以
景觀之計曰必敗大王屬常儲貳中被廢厚天下義士籲以
奮正德得書大喜曰顧此私情襄茲億兆景雖不武實恩自
所忿慨大王豈得顧
之及景至正德潛運空舫訐補迎狄以濟景至正德乃
其謀以正德為平屯朱崔航景至正德乃栖馬上退

關三拜辭歃藏流涕引賊入宣陽門與景安揖馬上退
攝左衛府先是其軍並著絳袍裏皆碧至是悉反之賊以
正德為天子號曰正平元年初童謠有之故以應也又世
人相恨必稱正平耳正德乃以長子見理為太子以女妻
景景為丞相與約曰平城之日不得全二宮又令畿內王
侯三日不出者誅之及臺城開正德率衆揮刀欲入賊先
使其徒守門故正德不果乃復入太清之窕降正德為侍中
大司馬正德入問訊拜且泣武帝曰悔其
景知為賊所賣深自咎悔密書與鄱陽嗣王勢以兵入
正德知為賊所賣深自咎悔
賊遽得書乃矯詔殺之先是正德妹長樂主通陳郡謝禧
正德姦之燒主第縛一婢加王釧於手以金賫附身聲云

主被燒死檢取婢屍并金王葬之仍與主通呼為柳夫人
生二子焉日月稍久風聲漸露後黃門郎張準有一雄姝
正德見而奪之會重雲殿為淨供皇儲以下莫不畢集
準於衆中叱罵曰張準雄姝非長樂主何可略奪皇太子
恐帝聞之令武陵王和止之乃休及出送雄姝還之其後
梁室傾覆既由正德百姓至聞臨賀父子其惡之如是
云宇達五虎入市不欲見臨賀郡名亦不欲道童謠
見理字孟韶性其凶驩長劍短衣出入塵里不為崇室所
齒及肆迎甚得志焉招聚羣盜每夜輒掠劫於大航為流
矢所中死正德第正則

正則字公衡天監初以王子封樂山侯泉遷太子洗馬合
人恆於第內私械百姓令養馬又盜鑄錢大通二年坐馬
劫盜前爵徙鬱林帝救廣州日給酒肉南中官司猶廄以
侯權正則滋怨諸父與西江督護靳山顧通室招誘亡命
將製番禺末及期而事發遂鳴鼓會將攻州城刺史元景
仲命長史元孝深討之正則敗逃于厠村人縛送之詔斬
於南海有司請絕屬籍收妻子詔聽絕屬籍妻子特原正
則第正立

正立字公山初封羅平侯母江氏寵初正仁之亡宏溺情
曲制以正立為世子正立微有學宏薨後知非朝議表求

讓兄帝甚嘉焉諸侯例封五百戶正立改封實土蓮安縣

侯食邑一千戶後位卅楊尹薨謚曰敏子賁嗣

賁字世文性躁薄正德為侯景所立賁出投之專監改

其以攻臺城常為賊廿目南康嗣王會理謀襲景賁與中

宿世子邕告之賊矯封賁竟陵王子邕隨郡王立改姓

侯氏賁為宗正卿子邕都官尚書專擅朝政居當畫

曰見柳敬禮蕭勃入室歐之賁驚起乞思俄而賊惡其翻

覆殺之

正立弟正表封封山侯後舜樂山表弟正信正信字公理

封武化侯與正立同生亦被宏逢愛然勿不蕙常執白團

扇湘東王取題八字銘玩之正信不知哂之終常搖揑位

給事中卒

列傳第四十一　　　　南史五十一

南史傳卅一

梁宗室下

安成康王秀〔秀子機　機弟推〕

南平元襄王偉〔偉子恪　恪弟恭
　　　　　　　靜　　恭弟祗〕

鄱陽忠烈王恢〔恢子範　範子嗣
　　　　　　　諮弟循　循弟泰
　　　　　　　　　　　範弟諮〕

始興忠武王憺〔憺子暎　暎弟曄
　　　　　　　　　　　亮弟映〕

▶南史列傳四十二

安成康王秀字彥達，文帝第七子也。年十三，吳太妃亡。秀
母始興王憺，時年九歲，與秀並以孝聞。居喪累日不進
飲。文帝親取粥授之，哀其早孤。命側室陳氏并母二子陳
太子舍人長沙王懿，平崔慧景後為尚書令，居端右衡陽
亦無子，有母德，視二子如己生。秀美風儀，性方靜。雖左右
近侍，非正衣冠弗之見，由是親友及家人咸敬焉。仕齊為
王暢為衛尉，掌管籥。東昏旦夕逸游，眾頗勸懲廢之。懿弗
聽，東昏左右惡懲動高，又應廢立間，懲懲亦危之。自是
諸親咸為之備。及難作，臨川王宏以下諸弟姪俱隱人間，
罕有發洩。唯挂陽王馴及武帝兵至新林，及諸親並
自拔越軍健康，平為南徐州刺史，天監元年封安成郡王。
京口自摧惠景亂後，累被兵華，人戶流散，秀招懷撫納，惠
愛大行，仍屬飢年，以私財賑百姓，所濟甚多。六年為江州

▶南史列傳四十二

刺史，將發，秀堅明主者求堅船以為齋舫。秀曰：吾豈愛財而不愛
士。乃教以牢者給參佐，下者給船載齋物。既而遭風齋舫遂破。
及至州，聞前刺史取徵士陶潛曾孫為里司。曹時夏水汎長，津梁斷絕，
德宣可不及後徹，即日辟為西曹。辟水潦為患，可
外司請依舊僦度收其價。秀教曰：刺史不德，水潦尚可。運
利之乎。請給船而已。七年遭慈母陳太妃憂，詔起視事，尋遷
荊州刺史加都督。立學校，招隱逸，辟處士河東韓懷明、南
平韓望、南郡庾承先、河東郭麻等。是歲親縣人田秀以穀二
豫州刺史司馬仙琕，仙琕籤荊州求
應赴，眾咸謂宜待臺報。秀曰：彼待我為援之，宜速待敕，

非應急也。即遣兵赴之。及沮水暴長，頻敗人田，秀以穀二
萬斛賑之。使長史蕭琛簡州貧老單丁吏一日散遣百餘
人，百姓其悅。荊州嘗苦旱，咸欲徙市開渠，秀乃責躬親祈
楚望，俄而甘雨即降，遂獲有年。又武寧太守為弟所殺，乃
偽云士，及秀照其羞，應望首款，咸謂之神。於荊州起天
居寺，以武帝游梁館也。及去任，行次大雷，風波暴起，船艫
淪溺，秀所閱唯恐傷人。十三年為郢州刺史加都督。郢州
地居衝要，賦斂殷煩，人力不堪，至以婦人供作，秀務存約
已，省去游費，百姓安堵，境內晏然。夏口常為戰地，多暴露
骸骨，秀於黃鶴樓下祭而埋之，一夜夢數百人拜謝而去。

每冬月常作襦袴以賜凍者時司州叛蠻田魯生魯賢超
秀擇蠻龍來降武帝以贍生為此司州刺史贍賢比豫州
剌史趙秀定州刺史為此境捍敵而魯生趙秀互相謗毀
有去就心秀撫喻懷納各得其用當時賴之遷雍州刺史
在路薨武帝聞之甚痛悼焉進南康王績緣道迎候初秀
薨四州人裂裳為白帽哀哭以迎送之雍州蠻迎秀閣薨
祭哭而去喪至都贈司空諡曰康秀美容儀每在朝百寮
屬目性仁恕喜慍不形於色左右嘗以石擲殺所養鵝輒
帥請按其罪秀曰吾豈以為傷人在都且臨公事廚人進

《南史列傳四十三》　三

食誤覆之去而登車竟朝不飯亦弗之請也時諸王並下
士建安安成二王尤好人物世以二安重士方之四豪秀
精意學術搜集經記招學士平原劉孝標使撰類苑書未
及畢而行於世秀昆弟及從子皆以君臣小心畏
憚久為荊州刺史帝常以所得奉中分秀秀稱心受之不辭
撤過於疎賤者帝益以此賢之少偏孤於始興王憺尤篤
多也昆弟之睦時譽歸之佐史夏侯亶等表立墓碑詔
許焉當世高才遊王門者東海王僧孺吳郡陸倕彭城劉
孝綽河東裴子野各製其文欲擇用之而咸稱實錄遂四
碑並建世子機嗣

撤字智通位湘州刺史薨於州機美姿容善吐納家既多
書博學強記然而好弄尚力遠士子通小人為州專意聚
斂無政績頻被案劾將葬有司請諡詔曰王好內怠政宜
諡曰煬所著詩賦數千言元帝集而序之子操嗣
機弟推字智進少清敏好屬文涉獵書史所親賞普通六
年以王子封南浦侯歷淮南晉陵貳郡太守所臨必赤地
大旱吳人號旱母焉侯景之亂守東府城陷推握節死之
南平元襄王偉字文達文帝第八子也幼清警好學仕齊
為晉安王驃騎外兵參軍武帝為雍州刺史將亂求迎
偉及始興王憺俄聞已入沔帝欣然謂佐史曰阿八十一

《南史列傳四十二》　四

行至吾無憂矣及起兵留行雍州州府事及帝剋鄧誓下
尋陽圍建鄴而巴東太守蕭惠訓子璝及巴西太守魯休
烈起兵逼荊州蕭穎冑憂憤暴卒西朝兇懼徵兵於偉偉
乃割州府將吏配始興王憺往赴之憺至璝等皆降群和
帝詔以偉為都督雍州刺史天監元年封建安王初武帝
軍東下用度不足偉取襄陽寺銅佛毀以為錢富僧藏鐵
多加毒害遂惡疾十三年累遷為左光祿大夫加親信
四十人歲給米萬斛直二百四十萬廚供月二十萬斤
二衛兩營雜役二百人倍先置防閤白直左右職局一百
人以疾甚故不復出蕃而加奉秩十五年所生母陳太妃

薨曾頻過禮水漿不入口累日帝每臨幸抑譬之偉雖奉
詔而殆不勝殷惡疾轉增因求改封十七年政封南平郡
位侍中左光祿大夫開府儀同三司大通四年為中書令
大司馬薨贈侍中太宰謚曰元襄偉性端雅持軌度少好學
篤誠通恕趨賢重士常如弗及由是四方游士當時知名
者莫不畢至疾明便不復出齊世青溪宮改為芳林
苑天監初賜傳為第又加穿築東木珍奇窮極彫靡有伴
造化立游客省寒暑得宜又有龍爐夏設飲鈞每臨宴客
游其中命役事中郎蕭子範為之記梁番邸之盛無過焉
而性多思惠尤愍窮乏常道腹心左右歷訪閭里人士有

貧困言山不舉者即遣贍邮之平原王曼卒家貧無以
殯友人江革往哭之其妻見對革號訴華曰建安王當知
必為營理言未訖而偉使至給其喪事得周濟焉每祁寒
積雪則遣人載樵米隨乏絕者賦給之晚年崇信佛理尤
精玄學著二暗義製性情義僧等論義有寵及周捨殷鈞
陸倕並名精解而不能屈朝廷得失時有匡正子姪當知
義方訓誘斯人斯疾而不得助主興化梁政漸替自公薨
焉世子恪嗣
世子恪字敬則弘雅有風則姿容端麗位雍州刺史年少
未閑庶務委之群下百姓每通一辭數處輸錢方得聞徹

賓客有江仲舉蔡遠王臺卿庾仲容四人俱被接並有
蓄積故人間歌曰江千萬蔡五百王新車庾大宅遂達武
帝帝接之曰主人慣慣不如客尋以廬陵王代為刺史恪
還奉見武帝以人間語問之恪大懟不敢一言後折節學
問所歷以善政稱太清中為郢州刺史及亂郢陵王至郢
恪郊迎之讓位焉不受及王僧辯至郢恪歸荊州元
帝以為尚書令司空貶為揚州刺史時帝未遷都以恪
宗室令舉故先使歸鎮杜稷大寶三年薨于長沙未之鎮
也贈太尉謚曰靖節王恪第五恭
恭字敬範天監八年封衡山縣侯初樂山侯正則有罪教
讓諸王獨謂元襄王曰汝見非直無過並有義方歷位監
南徐州事時衡州刺史武會超在州子姪縱暴州人朱朗
聚黨反武帝以恭為刺史時朗已圍始興恭至緩服徇賊
示以恩信羣伏其勇是夜退三舍以避軍吏請追恭曰
賊以政苟致叛非有陳吳之心緩之則自清急之則併力
諸君置之明日朗遣使請降恭杖節受之一無所問即日
收始興太守張賓生及會超第之子二子仁斬之軍門以其
賄而虐也有司奏恭繼罪人專戮二十石有詔宥之遷湘
州刺史善解吏事所在見稱而性尚華侈廣營第宅重齋
步閣模寫宮殿尤好賓友酣宴終辰坐客滿筵言談不倦

時元帝居蕃頗事聲譽勤心著述危酒未嘗安進恭每從容謂曰下官歷觀時人多有不好懺與乃仰眠牀上看屋梁而著書千秋萬歲誰傳此者勞神苦思竟不成名豈如臨清風對朗月登山泛水肆意酣歌也尋除寧蠻校尉雍州刺史便道之鎮闔文少與恭游特被賞狎至是手令勗以政事恭至州政績有聲百姓請於城南立碑頌德詔許焉名為政德碑是夜聞數百人大叫碑上使力士數十人抑之不下起一尺恭命以大柱置千碑俄而自復視者竟不見之恭聞又以酒脯祭之使人守視俄而旦視之碑涌而惡焉先是武帝以雍為邊鎮運數州粟以實儲蓄恭乃

南史列傳四十二 七 ▼ 洪

多取官米還贍私宅又典籤陳保印侵剋百姓為荊州刺史盧陵王所啟被詔徵還在都朝謁白服隨例帝曰白衣者為誰對曰前衡山侯恭帝屬色曰不還我陳保印吾當白汝未巳而保即其姓名曰表逢恭竟不叙用侯景亂卒於城中詔特復本封元帝追諡曰傷侯學既內足於財多聚經史散畫滿席手自讎校何敬容欲子靜字安仁少有美名號為宗室後進有文才而篤志好以妻之靜怨其太盛拒而不納時論服焉然好戲笑輕論人物時以此少之位給事黃門侍郎深為簡文所愛賞太清三年卒贈侍中

恭弟祗字敬謨美風儀幼有令譽天監中封定襄縣侯後歷位比兗州刺史侯景亂與從弟湘潭侯退謀起兵內援會州人反城應景祗逐奔東魏
鄱陽忠烈王恢字弘達文帝第十子也幼聰穎七歲能通孝經論語義發摘無遺及長美風儀涉獵史籍仕群位比中郎外兵參軍前軍主簿宣武王之難逃在都下武帝起兵恢藏伏免大軍至新林乃奉迎天監元年封鄱陽郡王除郢州刺史加都督初郢城內疾疫死者甚多不及藏殯恢下車逐命埋瘞又遣四使巡行州部境內疾疫死者進饟中布者恢以奇貨異服即命棷之於是百姓仰德累

南史列傳四十二 八 ▼ 洪

遷都督益州刺史成都去新城五百里陸路往來悉訂私馬百姓患焉累政不能改恢乃市馬千四以付所訂之家須則以次發之百姓賴焉再遷開府儀同三司都督荊州刺史普通七年薨於州詔贈侍中司徒諡曰忠烈恢美容質善談笑愛文酒有士大夫風則所在雖無皦皦察亦不傷物有孝性初鎮蜀所生費太妃猶停都後於都下忽感之知一夜忽夢還侍疾及覺憂惶寢食俄而都信至太妃已瘳後有目疾久廢視瞻有道人慧龍得療眼術諸之及至空中忽見聖僧及慧龍下針豁然開朗咸謂精誠所致恢性通恕輕財好施凡歷四州所得奉祿隨而散之

在荊州嘗從容問賓僚曰中山好酒趙王好吏二者孰愈

衆未有對者顧謂長史蕭璟曰漢時王侯番屏而已視事

親人自有其職中山聽樂可得任悅彭祖代而已視事

今之王侯不守番國當佐天子臨人清白其優乎坐者咸

服有男女百人男對侯者三十九人女主三十八人世子

侯退隨喪而下大同元年以開通劒道剋復華陽增封尋

範嗣

範字世儀溫和有器識為衛尉卿每夜自巡警武帝嘉其

勞苦出為益州刺史行至荊州而忠烈王薨因傅自解武

帝不許詔權監荊州及湘東王至範依舊述職遣弟湘潭

竟陵世子範嗟人往物存攬筆為誄以示湘東王王吟咏

古招集文才率意題章亦時有奇致嘗得舊琵琶題云齊

其辭作琵琶賦和之後為都督雍州刺史範作牧蒞人甚

得時譽撫循將士盡懽心於是養士馬脩城郭聚軍糧

於私邸時廬陵王為荊州既是都督府又素不相能乃啟

稱範謀亂範亦馳啟自理武帝怒為時論者猶謂範欲為

賊又童謡云莫忽莫忽且寬公誰當作天子莫覆軍邊已時

武帝年高諸王綸特相猜嶷阻綸時為丹楊尹威震都下簡文

司空邵陵王綸特相猜嶷阻綸時為丹楊尹威震都下簡文

乃選精兵以衛宮內兄弟貳心四方範以名應謡言

而求為公未幾加開府儀同三司範心密喜以為謡驗武

帝若崩諸王必亂範既得眾名望非常太清元年大舉北侵初謀以定天

下乃更收士眾希望非常太清元年大舉北侵初謀以定天

帝欲用範時朱异欲急外還聞之遂入曰嗣王雄豪蓋世

亭以望江石有及氣骨肉為我首今日之事尤宜詳擇

帝默然曰會理何如對曰陛下得之臣無恨矣會理懦而

魚謀所乘禪輿施版屋冠以牛皮帝聞不悅行至宿預貝

陽侯明請行儀同三司臺城不守範乃棄合肥出東關請

北征討諸軍事尋遷南豫州刺史侯景敗於渦陽退保壽

陽乃收範為合州刺史領合肥時景不臣迹露範屢啟言

之朱异每抑而不奏及景圖都範遣世子嗣與裴之高等

入援範開府儀同三司嗣不守範乃棄合肥出東關請

兵千魏道二子為質魏人據合肥範進退無計

乃泝流西上範得書大喜乃引軍至盆城以晉熙為晉

江欲共兵西上鎮得書大喜乃引軍至盆城以晉熙為晉

州遣子嗣為刺史江州郡縣輒更改易於是尋陽政令所行

唯在一郡又疑畏範乃復道其弟觀寧侯永

將兵通南川助莊鐵時二鎮相猜無復圖賊之志範數萬

之旅皆無復食人人多餓死範發背而薨眾祕不發喪

泰弟南安侯恬為主有狼數千範將侯瑱襲殺荊鐵於豫章

殺之盡併其軍乃迎返往郡於松門遇風柩沈千水鉤求

得之及于慶之過豫章侯瑱以範子十六人降賊賊盡於

石頭坑殺之

世子嗣字長偷容貌豐偉腰帶十圍性驍果有膽略儻個

不護細行而復傾身養士皆得死力約攻嗣時賊方盛咸勸

熙城中食盡士皆乏絕侯景道任約效命死即之秋也及

且止嗣按劍叱之曰今日之戰蕭嗣効命死節方命按刃之應

戰遇流矢中頸不許按帶簡手殺數人賊退方命按之應

嗣之死猶未敢發範喪

時氣絕妻子為任約所禽初範既與尋陽王大心相持及

範弟諮字世恭位衛尉卿封武林侯簡文即位之後景周

衛軍嚴外人莫得見唯諮及王克殷不害並以文弱得出

入臥內晨昏左右與之講論六藝不輟於時及南康

王會理事敗克乃自疎諮不忍離帝朝觀無絕

賊惡諮侑宇世和封宜豐侯蜀力戎刺殺諮於廣莫門外

諮弟十一能蜀文鴻臚卿裴子野見而賞之性至孝年十二

語所生徐氏艱自荊州及葬中江遇風前後部伍多致沈

丁溺

溺侑抱柩長號血淚俱下隨波搖蕩終得無作葬訖因廬

墓次先時山中多猛獸至是絕迹野鳥狎棲宿庵宇武

帝嘉之以班告宗室為兼衛尉卿美姿貌每屯兵周衛武

帝視之孫輩初為衛尉卿行城常因風便鞭筆

宿衛欲令帝知其勤及侑在職夜必再巡而不欲人知或

之常何足自顯聞者歎服時王子侑之為近鑒小郡歷試

遣詔則奉詔則厲事胡賢之清尚畏人知此

閏其故曰夜中警達官有壯勞主上慈愛聞之或賜止

有績乃得出為邊州帝以侑識量宏達自衛尉出鎮鍾離

徙為梁秦二州刺史在漢中七年移風改俗人號慈父長

史范洪胄有田一頃將秋遇蝗侑躬至田所深自咎功

曹史琅邪王廉勤侑捕之侑曰此由刺史無德所致捕之

何補言卒忽有飛鳥千群蔽而至瞬息之閒食蟲逐盡

而去莫知何鳥過也州人表請立碑頌德嗣王範在益

曰大牙不入無以過也州人表請立碑頌德嗣王範在盆

城頗有異論侑泣涕為言曉諭諄嗟侑深自分釋求

送質子并請助防武陵王大生疑防流言中郎蕭固諮以當世

之事具觀侑意侑忠臣孝子之節王敬納之故

終侑之時不為不義一忽有拘撿侑所卧床而侑遺

此其戎乎因大脩城壘承聖元年魏將達奚武來攻侑遣

記室參軍劉璠至益州求救於武陵王紀遺將楊乾運援
之拜脩隨郡王璠還至璠家乃降于魏乾運班師璠至城
下說城中降魏脩數之曰卿不能死節反為客邪命射
之間信遣至荊州元帝遣與相聞脩中直兵參軍陳暠甚
勇有口求為睍候見獲以辭烈被害乃遺說議盧聲致甚
牛酒武謂曰梁巳為侯景所敗安定公宇文泰書喻之
之以死誓為斷頭將軍憙其為讖中使睍伺不絕於道至
屈乃降安定公禮之甚厚未幾令遠江陵厚遺之以文武
千家為綱紀之僕元帝憙其為讖中使睍伺不絕於道至
之夕命劫竊之及旦脩長輸馬伏而後帝安脩入覲望閣

悲不自勝元帝亦慟盡朝皆泣尋拜湘州刺史長沙遇
兵荒人戶凋弊脩勤務分未畢流人至者三十餘家元
帝多愍動加誅鄹脩靜恭自守埋聲晦迹元帝亦以宗室
長年深相敬禮及江陵被圍閒至即日登舟赴救至巴陵
西而江陵覆滅帝立遙授太尉遷太保時王室浸微
脩雖圖義舉力弱不能自振遂發皆歐血而薨年五十二
脩弟泰宇世怡封豐城侯歷位中書舍人傾竭財產以事
時要超為誰州刺史江比人情懭彊前後剌史並綏撫之
之者重加棰責多輸射者即放免之於是人皆思亂及侯

景至人無戰心乃先慶敗
始興忠武王憺字僧達文帝第十一子也仕齊為西中郎
外兵參軍武帝起兵以憺為相國從事中郎與南平王偉留
守襄和帝即位以憺為給事黃門侍郎時巴東太守蕭惠
訓子璝等兵逼荊州蕭穎胄暴卒尚書僕射夏侯詳議迎
憺行荊州事和帝詔以憺為都督荊州刺史天監元
年加安西將軍封始興郡王時軍旅之後公私匱乏憺
精為政廣開屯田減省力役存問兵死之家供其窮困人
甚安之是歲嘉禾生一莖六穗甘露降於黃閤四年荊州

大旱憺使祠于天井有巨蛇長二丈出逶迤壇側俄而注雨
歲大豐憺自以少年始居重任閑事物情廨訟者皆立待
符教決於俄項曹無留事下無滯獄六年州大水江溢隄
壞憺親率將吏冒兩賦丈尺築之而兩水壯眾皆恐或
請避憺憺曰王尊尚欲身塞河堤我獨何心以免乃登
歡息終日輟膳刑白馬祭江神酹酒於流以身為百姓請
命言終而水退堤立那洲在南岸數百家見水長驚走登
屋緣樹憺募人救之一口賞一萬估客數十人應募乘
皆以免更人歎服咸稱神勇又分遣諸郡遭水死者給棺
槥失田者與糧種是歲嘉禾生于州界吏人歸美焉七年

慈母陳太妃薨水漿不入口六日居喪過禮武帝優詔勉

之使攝州任是冬詔徵以本號還朝人歌曰始興王人之

赴人急如水火何時復來哺乳我荊土方言謂父（爹反）

爲爹啟云後爲中衞將軍中黃令領衞尉卿憺性好謙降

意接士常與賓客連榻坐時論稱之九年拜都督荊州刺

史舊守宰丞尉歲時乞丐躬歷村里百姓苦之憺以爲常

憺至州傳斷嚴切百姓以蘇又興學校祭漢蜀郡太守文

翁由是人多向方者十四年遷都督荊州刺史同母兄安

成王秀將之雍州薨于道憺聞喪自投于地席豪哭泣不

飲不食者數日傾財産賻送部伍大小皆取足焉天下稱

其弟十八年徵爲侍中中撫軍將軍開府儀同三司領軍

將軍即開府黃閤薨二宮悲惜輿駕臨幸者七焉贈司徒

諡曰忠武憺未薨前蹇改封中山王策授如他日意頗惡

之數旬而卒憺有惠西土荊州人聞薨皆哭於巷嫁娶有

吉日移以避哀子亮嗣

亮弟映字文明年十二爲國子生天監十七年詔諸兄

策宗室可否帝知映聰解特令問策又口對並見奇謂祭

酒袁昂曰吾家千里駒也起家淮南太守諸兄未有除命

乃抗表讓焉映美容儀普通二年封廣信縣侯丁父憂隆

冬地席哭不絕聲不嘗穀粒唯飲冷水因患藏結陳太子

洗馬詔以憺第難養難王業追增國封嗣封王陳讓既不獲許乃

乞頒邑諸弟許之改封新渝縣侯後居太妃憂蒼生武康三

年服闋爲吳興太守郡累不稔中大通三年野穀生武康

比徐州刺史在任弘恕人吏懷之常載粟帛遊境內有

遇貧者即以振給名山多所尋履又徵將還鍾離人

顧恩遠挺又行部伍中映見其老盡令問對曰年巳六十一

十二歲凡七聚有子十二死亡略盡今賜之食食兼

又無孫息家闕養乏是以行役映大異之召賜之食與

於人檢其頭有閭角長寸遂命舟載還都謁見天子與

之言往事多異所傳權爲散騎侍郎賜以奉宅朝夕進見

荊州上津鄉人張元始年一百二十六歲旅力過人進食

不異至年九十七方生兒遂無影將亡人以爲知命湘東王愛

山林樹木勵勵履行少日而終時人以爲知命湘東王愛

奇重異遂留其枕映後歷給事黃門侍郎衞尉卿廣州刺

歲不復能食穀唯曾孫婦文帝命勞之賜以束帛

年百二十卒又普通中比侵攻穰城城內有人年二百四十

史卒官諡曰寬侯

映弟曄字通明美姿容善談吐初封安陸侯憺特所鍾愛

常曰送之曰吾所深憂在右問其故答曰其過俊發恐必

無年及儉不豫侍疾衣不釋帶言與淚并憺悴扶而後起

服闋改封上黃侯位兼正卿簡文入居監撫歷德

頌遷給事黃門侍郎出為晉陵太守美才仗氣言多激揚

常乗折角牛穀木驥被服必於儒者名盛海內為宗室推

重特被簡文友愛與新渝建安南浦並預密宴競東宮四

友簡文曰有五六使求往曄初至郡屬旱躬自祈禱果獲

甘潤郡雉林村舊多猛獸為害曄在政六年此暴遂息卒

于郡初曄寝疾歴年官曹擁滯有司案論法言行相違曰

替乃蓋替佚

論曰昔王者創業英不廣植親親割裂州國封建子弟

是以大斾少帛崇於魯衛盤石犬牙寄深染楚梁武遂遇

前軌蕃屏懿親至於戚枝咸被住遇若蕭景才辯固亦梁

之令望者乎臨川不才頻四重寄右者睦親之道蔡而不

殊加之重名則有之矣而宏屬顯舞典一撓師徒望之不

網於斯爲甚正德穢行早顯逆心夙構比齊襄而迹可足

似吳濞而勢不侔徒爲賊景之階梯竟取國敗而身滅哀

哉安成南平鄱陽始與俱以名迹著美盖亦有梁之間平

也

梁武帝諸子

李　延壽

武帝八男丁貴嬪生昭明太子統簡文皇帝廬陵威王續阮脩容生元皇帝吳淑媛生豫章王綜董昭儀生南康簡王績丁充華生邵陵攜王綸葛脩容生武陵王紀

昭明太子統字德施小字維摩武帝長子也以齊中興元年九月生于襄陽武帝既年而降而績又荊州使至云蕭頴冑暴卒時人謂之三慶少日而建鄴平識者知天命所集天監元年十一月立為皇太子時年幼依舊於内拜東宮官屬文武皆入直永福省五年五月庚戌出居東宮太子生而聰叡三歲受孝經論語五歲徧讀五經悉通諷誦性仁孝自出宮恒思戀不樂帝知之每五日一朝多便留永福省或五日三日乃還宮八年九月於壽安殿講孝經盡通大義講畢親臨釋奠于國學年十二於内省見獄官將讞事問左右曰是皆可念我得判否有司以統幼給之曰得其獄罪上統皆署杖五十有司以獄不知所為其曰廷尉官屬召視其書曰是皆可念我得判否有司欲寬縱者即使太子決之建康縣諮議人誣以獄翻縣以

太子仁愛故輕賞罰當秋四十令目彼若得罪當使合家驚戰今縱不以其罪罪之豈可輕罰而已可付冶十四年正月朔旦帝臨軒冠太子於太極殿舊制太子著遠游冠金蟬翠緌纓至是詔加金博山太子美姿容善舉止讀書數行並下過目皆憶每游宴祖道賦詩至十數韻或作劇韻皆屬思便成無所點易帝大弘佛教親自講說太子亦素信三寶徧覽衆經乃於宮内別立慧義殿為法集之所引名僧自立三諦法義普通元年四月甘露降于慧義殿咸以為至德所感時俗稍奢太子欲以己率物服御朴素身衣浣衣膳不兼肉

宮禮絕傍親書翰並依常儀太子以為疑命僕劉孝綽議其事孝綽議曰案張鏡撰東宮儀記稱三朝發哀者踰月不舉樂鼓吹寢奏服限亦然尋傍絕之義義在去服服雖可奪情豈無悲縞素奪良以此既有悲情宜稱兼慕卒哭之後依常舉樂稱悲竟此理例相待謂猶應兼慕請至卒哭僕射徐勉左率周捨家令陸襄並同孝綽議今曰張鏡儀記云依士禮終服月稱縞恭悼又云凡三朝發哀者踰月不舉卒哭之後緣情為論此自難一也用張鏡之悲之說非止卒哭之後依常舉樂稱悲竟此理例相符尋情情豈踰月不舉

舉樂葉張鏡之稱悲一鏡之言取有異此自難一也陛
家令止云多歷年所恐非事證雖復累稔所用意常未安
近亦嘗以此問外由來立意謂猶應有慕悼之言張當不
以樂樂為犬稱悲事小所以用小而忽大良亦有以至如
比之亦然書疏方之事則成小差可緣心聲樂自外書疏
元正六佾事為國章雖情或未安而禮不可廢樂自軍樂
自內樂自他書自己劉僕之議即情未安可令諸賢更共
詳衷司農卿明山賓步兵校尉朱异議梅慕悼之辭宜終
服月於是付典書遵用以為永準七年十一月貴嬪有疾
太子還永福省朝夕侍疾衣不解帶及薨哀從喪還宮至

■南史列傳四十三　三

須水漿不入口每哭慟絕武帝敕中書舍人顧協宣旨
曰毀不滅性理人之制不勝喪比於不孝有我在那得自
毀如此可即強進飲粥太子奉敕乃進數合自是至葬日
進麥粥一升武帝又敕曰聞汝所進過少轉就羸瘦我比
更無餘病政為汝如此寢中亦填寒成疾故應彊加饘粥
不俟我恒爾懸心雖屢奉敕勤逼終喪日止一溢不嘗菜
果之味體素壯腰帶十圍至是減削過半每入朝士庶見
者莫不下泣太子自加元服帝便使省萬機內外百司表
事者填塞於前太子明於庶事每所表讜誤巧妄即辯
析示其可否徐令改正未嘗彈糾一人平斷法獄多所全

宥天下皆稱仁性寬和容眾喜慍不形於色引納才學之
士賞愛無倦恒自討論墳籍或與學士商榷古今繼以文
章著述率以為常于時東宮有書幾三萬卷名才並集文
學之盛晉宋以來未之有也性愛山水於玄圃穿築更立
亭館與朝士名素者遊其中嘗泛舟後池番禺侯軌盛稱
此中宜奏女樂太子不答詠左思招隱詩云何必絲與竹
山水有清音軌慙而止出宮二十餘年不畜音聲未嘗少
時敕賜太樂女伎一部略非所好普通中大軍北侵都下
米貴太子因命菲衣減膳每霖雨積雪遣腹心左右周行
閭巷視貧困家及有流離道路以米密加振賜人十石又

■南史列傳四十三　四

出主衣綿帛年常多作襦褲各三千領冬月以施寒者不
令人知若死亡無可斂則為備棺槥每聞遠近百姓賦役
勤苦輒斂容變色常以戶口未實重於勞擾吳郡屢以水
災不輒有上言當漕大瀆以瀉浙江中大通二年春詔遣
前交州刺史王弁假節發吳興信義三郡人丁就役太
子上疏曰伏聞當遣王弁等上東三郡人丁開漕溝渠導
洩震澤使吳興一境無復水災竊勞求逸必獲後利未萌
難親竊有愚懷所聞吳興累年失收人頗流移吳郡十城
亦不全熟唯信義去秋有稔復非恒役之民即日東境殼
稼猶貴劫盜憂起在所有司皆不聞奏今征戍未歸強丁

疎少此雖小惡竊恐難合更一呼門動爲人蠹又出丁之

廝遠近不一比得齊集已妨辯農去年穰爲豐歲公私未

能足食如復今茲失業應恐爲獘多伺候人

間虛實若善人從役則抄盜彌增吳興未受其益内地已

離其獘不審可得權停此功待優實以不武帝優詔以喻

焉太子孝謹天至每入朝未五鼓便守城門開東宮雖燕

居内殿一坐一起恒向西南面臺宿被召當入危坐達旦

出因動股恐貽帝憂深誡不言以寢疾聞武帝敕看問輒

三年三月游後池乘彫文舸摘芙蓉姬人蕩舟没溺而得

自力手書啓及稍篤左右欲啓聞猶不許曰何令至尊

知我如此惡因便嗚咽四月乙巳暴惡馳啓武帝比至已

薨時年三十一帝臨哭盡哀詔斂以袞冕諡曰昭明五月

庚寅葬安寧陵詔司徒左長史王筠爲哀冊文朝野愍愕

都下男女奔走宮門號泣滿路四方甿庶及壇徼之人聞

喪者哀慟太子性仁恕見在宮禁防捉荆子者問之云以

清道驅人太子恐復致痛使捉手板代之頻食中得蟣蟲

之屬必置邊恐厨人獲罪不令人知又見後閤小兒攤

戲後屬有獄牒攤者法士人結流徒庶人結徒太子曰私

戲自戲不犯公物此科太重令注刑止三歲士人免官

鍼應死者必降長徒自此以下莫不減半所著文集二十

卷又撰古今典誥文言爲正序十卷五言詩之善者爲英

華集二十卷文選三十卷薨後長子東中郎將南徐州刺

史華容公歡封豫章郡王次子枝江公譽封河東郡王曲

江公譽封岳陽郡王詧封武昌郡王鑒封義陽郡王各三

千戶女悉同正主蔡妃供侍一同儀雅别立金華宮爲異

帝既廢嫡立庶海内噂𠴲故各封諸子大郡以慰其心岳

陽王啓流涕受拜累日不食因闔人偷三副求市得三百

善墓墓地將斬草有賣地者因人俞三副密啓武帝言太子

萬許以百萬與之三副密啓武帝言太子所葬畢有道士善圖

所得地於帝吉帝末年多忌便命之葬

墓云地不利長子若厭伏或可申延乃爲蠟鵝及諸物埋

墓側長子位有宮監鮑邈之魏雅者二人初並爲太子所

愛邈之晚見疎於雅密啓武帝云雅爲太子厭禱帝密遣

檢掘果得鵝等物大驚將窮其事徐勉固諫得止於是唯

誅道士由是太子迄終以此慚慨故其後宮簡文

追感太子寃揮涕誅之邵陵王

臨丹楊郡因邊之鄉人爭姫讓以爲誘略之罪牒宮簡文

之姪即日驅出先是人間謠曰鹿子開城門鹿子開

當開復未開使我心徘徊城中諸少年逐歡歸去來鹿子

閒者反語爲來子哭云帝哭也歡前爲南徐州太子果薨

遣中書舍人臧砥追歡於崇正殿解甲臨哭既殯既嬪孫次
應嗣位而遲疑未決帝既新有天下恐不可以少主主大
葉又以心術意止在吾安王還豫自四月上旬至五月二
十一日方决歡止封豫章王還住往謠言心徘徊者未定
也城中諸少年遂歡歸去來復還徐方之象也歡字孟孫
位雲麾將軍江州刺史薨謐安王子棟嗣
終於是年竟天正追尊昭明太子曰昭明皇帝安王為安
棟字元吉及簡文見廢侯景奉以為王棟方與妃張氏鋤
菜而法駕奄至棟不知所為泣而升輦及即位升武德
殿有迴風從地涌起翩翩華蓋徑出端門時人知其不
皇帝金華敬妃蔡氏為敬皇后王氏為皇太后妃為
皇后未幾行禪讓禮棟封淮陰王及二弟橋樛並鎖於密
室景敗走兄弟相扶出逢杜崱於道即去其鎖弟曰今日
免橫死矣棟曰儻伏難知吾猶有懼初王僧辯之為都督
將發諸元帝曰平賊之後嗣君萬福未審有何儀注帝曰
六門之內自極兵威僧辯曰平賊之後嗣君萬福已任成濟之
事請別舉人由是帝別敕宣猛將軍朱買臣使行忍酷會
簡文已被害棟等與賈臣遇見呼往船共飲未竟並沈于水
河東王譽字重孫遷南中郎將湘州刺史未幾侯景寇建鄴
封河東郡王譽累遷南中郎將湘州刺史未幾侯景寇建鄴

譽入援至青草湖臺城沒有詔班師譽還湘鎮時元帝軍
于武城新除雍州刺史張纘密報元帝曰河東起兵岳陽
聚米將來襲江陵元帝其懼沈米斷纜而歸因達諸讒周
弘直至譽所督其糧眾譽曰各自軍府何忽疑人使三反
譽並不從元帝大怒遣世子方等征之反為譽敗死又以
信州刺史鮑泉討譽逆擊不利而還福譽謂曰欲即前無所
多說泉軍于石槨寺譽升陳不禍福譽勃而驍勇上用腎兼有膽
氣能無士卒甚得眾心元帝又遣領軍王僧辯代鮑泉攻
之又見敗於是遂圍之譽眾下將容華引僧辯入城遂被
舉譽將潰圍而出會其麾下
執謂守者曰勿殺我得一見七官申之讒賊死無恨主者
曰奉令不許遂斬首送荊鎮其首以葬焉初譽之
將敗引鏡照面不見其頭又見長人蓋屋兩手摷地歌其
臍又見白狗大如驢從城出不知所在譽其惡之俄而城陷
豫章王綜字世謙武帝第二子也天監三年封豫章郡王
累遷北中郎將南徐州刺史入為侍中鎮石將軍初綜母
吳淑媛在齊東昏宮寵在潘余之亞及得幸於武帝七月
而生綜宮中多疑之淑媛寵衰望及綜年十四五恒夢
一年少肥壯自挈其首對綜望及綜年十四五恒夢武帝
已煩密閒淑媛曰夢何所如夢既不一淑媛閒夢中形色
綜轉成長心驚不

頹類東昏因密報之曰汝七月日生兒安得比諸皇子汝
今太子次弟幸保富貴勿洩宗相抱哭每日夜恆泣泣又
每靖室閉戶藉地被髮帝業輕財好士分施不輟唯留身
上故衣外齋接客分廳服庫恆致擊之常於內蕭布沙
以屯蹟投告綜于時大之唯有眠沐故卓複帳即下付之
於地終日跣行三百里嘗有人士姓王
其降慈下士以伺風雲之會諸佐王妃主及外人並知此
懷唯武帝不疑及長有才學善蜀文武帝御諸子以禮朝
見不甚敦綜恆怨不見知每出蕃淑媛恆隨之至鎮時年
十五尚裸袒嬉戲於前晝夜無別妃衣氏尚書令昂之女

【南史傳四十三】 〔九〕

也淑媛恆節其宿止遇衰如刀以道內外咸有礙聲綜
後在徐州政刑酷暴又有勇力制及奔馬攝殺駒犢常陰
服微行著烏絲布帽夜出無有期變招引道士採求數術
性聰敏多通每武帝有敕疏至輒忿恚形於顏色帝性嚴
舉臣不敢輕言得失凡綜所行弗之知也於徐州還類裁
表陳便宜求經略邊境並致優敕咎之徐州所有綾樹並
今勉未敢言因是怒勉餉以白團扇圖射徐勉求出言其賄
陽勉勉因信閒俗說以生者血瀝死者
此在西州於別室歲時設蕭祠齊氏七朝又累微行至曲
阿拜齊明帝陵然猶無以自信聞俗說以生者血瀝死者

晉熙即為父子綜乃私發齊東昏墓出其骨瀝血試之既
有徵矣在西州生次男月餘日潛殺之既瘞夜遣人發取
其骨又試之其酷忍如此每對東宮及諸王辭色不恭遜
嘗政歲問說臨川王宏出至中閒登宏羊車次遺簣而
於政歲後問說臨川王宏出居都下所多如此其辭訟則隔簾理之方幅出行垂帷
勤於事而不見賓客其面也初齊故建安王蕭寶寅在魏綜
求得比來道人釋法鸞使入北通問於寶寅謂為叔父襄
陽人梁話每死法鸞說綜厚賜之言終可任使綜遺話錢
五萬又辭畢引在左右法鸞在廣陵往來通魏凡數每會

【南史列傳四十三】 〔十一〕 〔十〕

淮陰苗文寵家言文寵於綜引為國常侍六年魏將元
法僧以彭城降帝使綜都督眾軍權鎮彭城并攝徐州府
事武帝曉別玄象知當更有敗軍失將恐為此所擒手
敕綜令拔軍夜潛與梁話苗寵三騎開北門涉汴河遂奔
魏綜元延明相持夜潛與梁話苗寵坐之間其名氏不答曰
蕭城自稱隊主見延明而拜延明名使視之旦豫章王也延明喜
殿下問人有識者延明名使送于洛陽又旦汝豫章王昨夜已來在
下問人有見識者其手皆其拜送于洛陽
我軍中城中既失王所在眾軍乃退不得還者甚眾湘州
眾莫知所以唯見城外魏軍叫曰汝豫章王諸閣猶開不閉
阿拜齊明帝陵然猶無以自信聞俗說以生者血瀝死者

益陽人任煥常有雌馬乘之退走煥脚為抄所傷人馬俱
斃煥於橋下歇抄後至煥脚痛不復得上馬於是向馬泣
曰雖子我於此死矣馬因跪其前脚煥乃得上馬遂免難
綜至魏位侍中司空高平公冊揚王梁詰苗籠並為光祿
大夫綜改名纘字德文追服斬衰魏太后及羣臣
並帛日有詔復屬籍封直永新侯久之乃策免吳淑媛恃氏未及
旬日有詔復屬籍封直永新侯久之乃策免吳淑媛悌氏未及
長安及綜復去洛陽欲奔之魏法度河橋不得乘馬綜乘
鳩而卒有詔其品秩謚曰敬使直主其喪及蕭寶夤豫

馬而行橋吏執之送洛陽魏孝莊初歷位司徒太尉尚帝
姊壽陽長公主陳慶之之至洛也送綜啟求還時吳淑媛
尚在敕使以綜小時衣寄之信未達而慶之敗未幾終於
魏初綜在魏不得志嘗作聽鍾鳴悲落葉以申其志當時
莫不悲之後梁人盜其柩來奔武帝猶以子禮祔葬陵次

直字思方位晉陵太守沙州刺史
南康簡王續字世謹小字四果武帝第四子也天監七年
封南康郡王十年為南徐州刺史時年七歲主者有受貨
洗改解書長史王僧孺弗之覺續見而詰之便即首服衆
咸歎其聰警十七年為都督南兗州刺史在州以善政稱

尋有詔徵還百姓曹樂等三百七十八人詣闕上表稱續尤
異二十五條乞留為州任優詔許之普通四年徵為侍中
雲麾將軍領石頭戍軍事五年出為江州刺史丁董汰媛
憂居喪過禮固求解職乃徵授安右將軍領石頭戍軍事
尋加護軍贏瘠不親視事大通三年因感疾薨于任贈開
府儀同三司謚曰簡續寡玩好少嗜欲居無僕妾躬事儉
約所有租秩悉寄天府及薨後少府有南康國無名錢數
千萬子會理嗣

會理字長才少聰慧好文史年十一而孤特為武帝所愛
衣服禮秩與正王不殊十五為湘州刺史多信左右行事
劉納每禁少會理心不平諮以贓貨收送建鄴納歎曰我
一見天子使汝等知會理厚送資糧遣慰喻令心腹於
青草湖為盜殺納百口俱盡累遷都督南兗州刺史太清
元年督衆軍北侵至彭城為魏師所敗退歸本鎮二年侯
景圍城會理入援實謀襲廣陵會理擊破之方得進路臺城
正德外託赴援遭前臨江太守董紹先以武帝手敕召
陷會理歸鎮侯景遣謀襲廣陵會理擊破之方得進路臺城
會理其僚佐曰紹先書豈天子意咸勸拒之會理用其典
籤范子鸞計曰天子年尊受制賊虜今有手敕召我入朝
臣子之心當得違背且赴江比功業難成不若身赴京都

圖之肘腋遂納紹先入以烏幡麾眾單馬違之至都

景以為司空兼尚書雖在寇手每思匡復與西鄉侯歡

等潛布腹心要結壯士時范陽祖皓斬董紹先攝廣陵城

與柳敬禮及北兖州司馬成欽謀之敬禮曰舉大事必有

官猶以白衣領尚書令是冬景往晉熙都下虛弱會理復

起義期以會理為內應皓敗辭相連及侯景矯詔免會理

所貲今無寸兵安可以動會理曰湖熟有吾故舊三千餘

人昨來相知剋期響集計賊守兵不過千人若大兵外攻

五等內應直取王偉事必有成縱景後歸以謀告王偉偉

日善干時百姓厭賊咸思用命建安侯貴以謀告王偉偉

不服傳赦之會理弟通理字仲宣位太子洗馬封析陽侯

至是亦遇害

省問事之所起考掠千計終無所言會理陽壁聞之遙曰

通理弟文理字季英生十旬而簡王薨至三歲能言見内

人分散涕泣相送閒其故或曰此簡王宮人喪畢去耳又

理便鳴咽悲不自勝諸宮人見之莫不哀感為之傳者三

人服闋見武帝升殿又悲不自勝帝為之收淚謂左右曰

此兒大必為奇士大同八年封安樂縣侯又理懷慨慕立

遂收會理及其弟過理時有鐵唐褚弘晃兒於

功名每讀書見忠臣烈士未嘗不廢卷歎曰生之內當

無媿古人博覽多識有文才嘗祭孔文舉墓并為立碑製

文甚美及侯景內寇又遣容赴南兖州隨見會理入援

及城陷又隨會理還廣陵因入亦為質乞師行二日會景

遣董紹先攝廣陵遂追獲之防嚴不得與兄相見乃偽請

先還都入辭母因謂其姊固安主曰願使善為計

自劬勿顧以為前途立劭乃以王柄翁贈之貞怪

都以魏降人為念前途亦劭但未知天命何如耳至

不受父理曰後當見會祖皓起兵父理奉為廬陵為景所

害元貞始悟其前言往收葬焉

廬陵威王續字世訢武帝第五子也天監八年封廬陵王

少英果旅力絕人馳射應命中武帝歎曰此我之任城

也嘗馳射於帝前續中兩鹿發冠於諸人帝大悅中大通二

年為都督雍州刺史寧蠻校尉大同元年遷江州刺史又

為驃騎將軍開府儀同三司又為都督荊州刺史薨贈司

空諡曰威始元帝母阮脩容得幸由丁貴嬪之力故元帝

與簡文相得而與廬陵王少相謗元帝之臨荊州

有宮人李桃兒者以才慧得進及還以李氏行時行宮户

禁重續具狀以聞元帝泣對使訴於簡文和之不得

元帝猶懼遣李氏還荊州世所謂西歸內人者自是二王

書問不通及續薨元帝時為江州聞問入閤而躍殊為之
破尋自江州後多駿為荊州荊州人迎于我境帝數而遣之
人失望續多駿馬伏董養赫雄眈色愛財極意收斂貪儲
庫藏盈溢臨終有啓遣中錄事參軍謝宣融送所上金銀
器千餘件武帝始知其富以為財多德寡因問宣融曰王
金盡於此乎宣融曰此之謂矣安可加也夫王之過如日
月之蝕欲令陛下知之故終而不隱帝意乃解世子慥以
非前誅死次子應慥不慧王慕至內庫閱珍物見金錢
閣左右曰此可食不莘曰不可食並持乞汝
他皆此類

邵陵攜王綸字世調小字六真武帝第六子也少聰穎博
學善屬文尺牘天監十三年封邵陵郡王普通五年
以西中郎將權攝南徐州事在州輕險躁急喜怒不恒軍
服憎擬肆行非法遨遊市里雜於廝隸嘗問賣鮑者曰
史何如對有言其躁愎綸怒令吞鮑以死自是百姓惶懼
道路以目嘗逢喪者乎服而著之翩翩起舞號叫籲帥慄
罪密以聞帝始嚴責綸不能改於是遣代之
取一老公短瘦類者加以袞冕置之高坐朝以為君目
陳無罪就坐剝褫之於庭忽作新棺木貯司馬崔會
慈以輀車挽歌為送葬弔之法使嫗乘車悲號曾意不堪輕

騎還都以聞帝恐其奔逸以禁兵取之將於獄賜盡昭明
太子流涕固諫得免免官削爵土還第大通元年復封爵
中大通四年為揚州刺史綸繼慾盛器服遣人就市
瞭買錦采絲布數百疋擬與左右職局防閤為絳衫內人
帳幔百姓並關閉邸店不出臺續使少府市采經時不能
得教責府丞何智通以血畫壁作邵陵字乃絕逐知之帝
子高戴武李撤趙智英等於路尋目被責暴草恒逢之以
槊刺之刃出於背智通以血畫壁作邵陵字乃絕逐知之
懸錢百萬購賊有西州游軍將宋嶷子條姓名以啓敕遣
舍人諸曇粲領齋仗五百人圍綸第於內人檻中舁瓜撤

智英子高驍勇踰牆突圍遂免智向子斂之割炙食之即
載出新亭四面火炙之焦熟敬車載錢設臛森崔百姓食
撤一鬸賞錢一千徒黨并毋閔遂盡綸鎮在第舍人諸曇
粲并主帥領仗身守桅免為庶人經三句乃脫鎖頃之
復封爵後預餞衢州刺史元慶和於坐賦詩十二韻末云
方同廣川國寂寞父無聲大為武帝賞曰汝人才如此何
慮無聲句日間拜郢州刺史大清二年位中衛將軍開府
儀同三司侯景小豎頗習行陣未可以一戰即殄當以歲月圖之
綸發白下中江而浪起有物蕩舟將覆識者九異之及次

鍾離景已虞珠石綸乃晝夜兼道旋軍入赴濟江中流風
起人馬溺者十二三遂率西豐公大春新淦公大成等步
騎三萬發京口將軍趙伯超請從徑路直指鍾山綸出其不
意綸從之衆軍奄至賊徒大駭分為三道攻綸以數十騎馳之
朔日賊又來攻日晚賊稍退南安侯駿以數
回拒駿駿部亂賊因遇大軍大軍潰綸至鍾山戰敗奔還
京口軍王霍俊見獲賊送于城下遍云已禽邵陵王俊偽
許之乃曰王小失利政為糧盡還京口俊為糧盡還所獲非
詩之乃曰王小失利政為糧盡還京口俊中書
軍敗也賊以刀背毆其髀俊色不變賊義而捨之俊中書
舍人靈超子也三年正月綸與東揚州刺史大連等入援

至驃騎洲進位司空臺城陷綸奔宂東土皆附臨城公
大連懼將害已乃圖之綸覺乃去至尋陽尋陽公大心欲
以州讓之不受大寶元年綸至郢州刺史南平王恪讓州
於綸綸不受乃上綸為假黃鉞都督中外諸軍事綸於是
置百官改聽事為正陽殿內外齋省悉題署焉而數有變
怪祭城隍神將煞牛有赤蛇繞牛口出南浦抵安嶂久無
何風起飄没于江于時元帝圍河東王譽於長沙既久豐
道之斯美以和為貴況天時地利不及久乎豈可手足肱支
自相屠害即日大敵猶疆天讎未雪余爾昆弟在外三人

如不匡救安用臣子如使逆寇未除家禍仍構料今訪古未
或弗亡征戰之理義在克勝至於骨肉之戰愈勝愈酷
捷則非功敗則有喪勞兵衄失多矣侯景之軍所以
未窺江外者政為蕃籬固宗鎮疆密若自相魚肉何快如之
代景行師景便不勞兵力致成効徒聞此何快如之
元帝復書陳譽有罪不可解圍之狀綸省書流涕曰天下
之事一至於此左右聞之莫不掩泣於是大修器甲將討
侯景元帝聞其盛乃遣王僧辯帥舟師
劉龍武等降僧辯綸遂與子躓等十餘人輕舟走武昌沙
門法馨與綸有舊藏之巖石之下時綸長史韋質司馬姜

偉先在外聞綸敗馳往迎元帝復遣將徐文盛追攻之綸
復收卒屯于齊昌郡引魏軍共攻南陽侯景將任約襲
綸綸敗走定州刺史田龍祖迎綸綸懼為所執乃復歸齊昌
行收兵至汝南魏所署汝南城主李素綸之故吏開
城納之綸乃修復城池收集士卒將攻竟陵魏聞之遣大
將楊忠儀同侯幾通攻破城執綸不為屈通乃臥大鼓
使綸坐上殺之投于江岸經日色不變鳥莫敢近時飛
雪飄零屍橫道路周回數步獨不霑灑唯家壙所獨不下雪
破敵歛之於襄陽葬之日黃雪霏霏唯家壙所獨不下
楊忠知而悔焉使以太牢往祭殯焉百姓憐之為立祠廟

岳陽王詧遣迎喪葬於襄陽望楚山南贈太宰諡曰安後
元帝議追加諡尚書左丞劉毅議諡法怠政交外曰攜從
之綸任情卓越輕財愛士不競人利府無儲積聞有輒求
既得即散士亦以此歸之初鎮京口大造器甲既涉聲論
投之于江及後出征戎備頗闕乃歎曰吾昔造仗本備非
常無事涉疑遂使零散今日討抄卒無所資初昭明之薨
簡文入居監撫綸不謂德舉而云時無豫章故以次立及
盧陵之沒綸撫望滋甚是伏兵于莽用伺車駕上以賜及
人張僧胤知之其謀頗洩又綸戲曲阿酒百器上以賜寺
人飲之而斃上乃不自安頗加衛士以警宮內於是傳者
諸相疑阻而綸亦不懼武帝竟不能有所廢黜卒至宗室
爭競為天下笑
長子堅字長白大同元年以倒封汝南侯亦善草隸性頗
庸短嘗與所親書題云嗣王其人得書大駭執以諫堅堅
曰前言戲耳人曰不願以此為戲耳侯景圍城堅屯太陽
門終日補飲不撫軍政更士有功未嘗申理變瘠所加亦
不存恤士咸憤怨大清三年堅書佐董勛華白曇朗等以
堅私室醞釀亟有烹宰不相露及忿恨夜遣賊登樓遂
陷堅遇害弟確
確字仲正少驍勇有文才九工楷隸公家碑碣皆使書之

除秘書丞武帝謂曰汝能文所以特有此授大同二年
封為正階侯復從封求安常在第中習騎射學兵法時人
以為狂左右或進諫確曰聽吾為國家破賊使汝知之鍾
山之役確所向披靡羣賊憚之確每臨陣對敵意甚詳贍
帶甲攖鞍自朝及夕馳驟往返不以為勞諸將服其壯勇
軍敗賊使負砲不之知也確因隙自拔得達朱方又後侯
景乞盟憚確及趙威方在外慮確為後患啟求召確入城
乃召確憚確方為南中郎將廣州刺史確知此盟必淪沒
欲先遣趙威方入確固南齊綸聞之遣確使入城猶不肯
綸流涕謂曰汝欲反邪時臺使周石珍在坐確曰侯景雖
云欲去而不解長圍以意而推其事可見今召我入未見
益也石珍曰敕旨如此侯豈得辭確執意猶堅綸大怒謂
趙伯超曰譙州卿為我斬之當齎首赴闕伯超揮乃眄曰
我識君耳刀豈識君確流涕而出遂入城又景背明復圍
城城陷確排闥入啟時武帝方寢確出城已暗矣帝曰猶
可一戰不對曰人心不可臣向格戰不禁纔下僅得至此
使確為慰勞文謂曰汝父復何恨幸不累子孫乃
武帝歎曰自我得之自我失之亦復何以二宮為念又出
見景景愛其旅力恒令在左右後從景仰見飛鵝羣賊事
射不中確射之應弦即落賊徒忿嫉咸勸除之先是綸遣

典籤唐法隆導確謂使者曰侯景輕佻可一夫力致
確不惜死欲手刃之卿還啓家王願勿以一子為念後與
景獵鐘山同逐禽引弓將射景弦斷不得發賊覺殺之
武陵王紀字世詢武帝第八子也少而寬和喜怒不形於
色勤學有文才天監十三年封武陵王尋授揚州刺史中
書詔成武帝加四句曰貝白儉素是其清也臨財能讓是
其廉也知法不犯是其慎也庶事無留是其勤也紀特為
帝愛故先作牧揚州大同三年為都督益州刺史以路遠
固辭帝曰天下方亂唯益州可免故以處汝汝其勉之紀
厭歉既出復入帝曰汝嘗言我老我猶再見汝還益州也

紀在蜀開建寧越嶲貢獻方物十倍前人朝嘉其績加開
府儀同三司初天監中震大陽門城字曰紹宗梁位唯武
王解者以武陵王於是朝野屬意焉及侯景陷臺城上甲
侯韶西上至硤出武帝密敕加紀侍中倬黃鉞都督征討
諸軍事驃騎大將軍太尉承制領二蜀精兵三萬受湘東王
殺告諸州征鎮遣世子圓照領二蜀精兵三萬受湘東王
繹節度繹命圓照且頓白帝未許東下七月甲辰湘東王
繹遣鮑檢報紀以武帝崩問十一月壬寅紀縂戎將發益
鎮之吾自當滅賊又別紙云地擬孫劉各安境界情深魯

衛書信悃通二年四月乙丑紀乃僣號於蜀改年曰天正
暗與蕭棟同名識者尤之以為於文天為二人正為一止
言各一年而止也紀又立子圓照為皇太子圓正為西陽
王圓滿竟陵王圓普譙王圓肅宜都王以巴西梓潼二郡
太守求豐侯攜為征西大將軍益州刺史封秦郡王司馬
王僧略直兵參軍徐怦並固諫皆殺之僧略僧辯弟怦勉
從子也以懅奧帥書云事事往人口具以為反
於已誅之求豐侯攜歎曰王不克矣夫善人國之基也今
乃誅之不亡何待又謂所親曰昔桓玄年號大亨識者為
謂二月了而玄之敗實在仲春今年曰天正在文為一止

其能久乎丁卯元帝遣萬州刺史宋簀襲圓照於白帝圓
照弟圓正時為西陽太守召至鎮于省內初揚乾運求為
梁州刺史不得紀以為潼州刺史揚法深求為黎州刺史
亦不得以為沙州刺史二憾不獲所請各遣使通西魏及
聞魏軍侵蜀紀遣其將譙淹回軍赴援魏將尉遲迥遒涪
水楊乾運降之迥即趣成都五月己巳紀次西陵軍容甚
盛元帝命護軍將軍陸法和立二城於峽口名七勝城鎖
江以斷峽紀時陸法和告急旬
照元帝乃拔任約於獄以為晉安王司馬撤禁兵以
日相繼元帝甚憂法和告急旬
配之牙遣宣猛將軍劉棻共約西赴六月紀築連城攻絕

鐵鎖元帝復於獄拔謝苔仁為步兵校尉配眾一旅上赴

紀之將發也江水可揭前部不得行及登舟其水長

六丈劉孝勝喜曰始天贊也將至峽有黑龍負其將咸

謂天助及頓兵日久頻遣報紀世子圓照鎮巴東留執紀

人人劍閣成都虛弱憂懣不知所為先是元帝已平侯

景執所倖蛾頓責之圓照曰侯景雖誅江陵未服宜速平蕩

云侯景未平宜急征討已聞荊鎮為景所滅疾下大軍紀

紀亦以既居尊位宣言於眾敢諫者死蜀中將卒日夜思

悔巳召圓照責之圓照曰謂為實然故仍率眾沿江進於路方知侯景已平便有

歸所署江州刺史王開業進曰宜還救根本更思後圖諸

將僉以為然圓照劉孝勝獨言不可紀乃止既而聞王琳

將至潛遣導將軍侯叡俟險出法和後臨水築壘藥琳及法

和元帝書遺紀遺光州刺史鄭安中往喻意於紀許其還

蜀專制峽方紀不從命報書如家人禮既而侯叡為和約

謝苔仁所破又陸納平諸軍並西赴元帝乃與紀書曰甚

苦大智李月煩署流金鑠石聚蚊成雷封狐千里以茲王

體辛苦性勞如何自獨飲淇灑酒雞胡叛換

蜀五年為一日之長屬有平亂之功雁此樂推重歸當變懷

遣使乎良所希也如曰不然於此投筆友于見弟分形共

氣兄肥弟瘦無復相代之期讓東推梨長懷慷忸之日上

林靜拱聞四鳥之哀鳴宣室罷被圖嗟萬始之長逝心平愛

矣書不盡言又智紀別字也帝又為詩曰回首望荊門驚

浪且雷奔四鳥嗟長別三聲悲夜猿圓正在獄中連句曰

水長二江急雲生三峽昏願貰淮南罪思奉皇陵恩帝看

詩而泣紀敗知不振遣署度支尚書樂奉業往江陵

和緝之計元帝知紀必破遂拒而不許於是兩岸十餘城

遂俱降游擊將軍樊猛率所領至紀所紀在舡中遶牀而

走以金擲猛等曰此顧卿送我一見七官卿必當富貴猛

曰天子何由可見殺足下此金何之猶不敢逼圓而守之

法和馳啟上密敕樊猛曰生還不成功也猛率甲士祝文

簡張天成拔刃升舟猶左右奔擲第五子圓滿躍來就

紀首既落圓滿軀亦分法和收太子圓照見弟三人問圓照

曰阿郎何以至此圓照失計願為公作奴法和叱遣之

圓照字明周中大同初為益州東齊郎宋寧宋興二郡太

守遠鎮諸王世子皆在建鄴賀帝特愛紀故遣以副紀

紀之構釁柔其謀也六弟圓正先見鎖在江陵及紀既以

終然元帝使謂曰四軍已敗汝父不知存亡意欲使其自

裁而圓正既奉此問便號哭盡哀以禍難之興皆由圓照

兵於是唯哭世子言不絕聲上謂圓正聞問悲感必應自殺

頓看知不能死又付廷尉獄及見圓照曰阿兄何乃亂人
骨肉使酷痛如此圓照更無所言唯云計誤並命絕食於
獄齧臂噉之十三日死天下聞而悲之
圓正字明允歷第二子美風儀善談論寬和好施愛接士
人封江安侯歷西陽太守有惠政既居上流人附者甚衆
及侯景作逆圓正收兵衆且一萬後遂跋扈中流不從王
命及景破後謀入蜀元帝將圍之署為平南將軍又至弗
見使南平嗣王恪等醉之時紀以功業顯著先啓黃旛兒
有司奏請絕紀屬籍元帝唯之賜姓饕餮氏紀最為武帝
所愛武帝諸子罕登公位唯紀以功業顯著先啓黃旛兒

聞之大怒曰武陵有何功業而位乃前我朝廷憒憒似不知人武帝
思之使善畫者張僧繇至蜀圖其狀在蜀十七年南開寧
州越巂西通資陵吐谷渾內惟耕桑鹽鐵之功外通商賈
遠方之利故能殖其財用器甲殷積馬八千四上足者置
曰武陵有怏怏每不平及開紀為征西繕撫枕歎
邵陵王綸憂以罪黜心每不平及聞紀為征西繕撫枕歎
之其他錦罽繢采稱是每戰則懸金帛以示將士終不賞
匡濟旣東下黃金一斤為餅百餅為䤵至有百䤵銀五倍
九日講武躬領幢隊及聞國難謂僚佐曰七官文士豈能

賜寧州刺史陳知祖請散金銀募勇士不聽慟哭而去自
是人有離心莫肯為用紀頗與觀占善風角亦知不復能
濟膽望氣色歎咤天道推狀聞于外有請事者以疾辭
不見旣死埋於沙州不封無櫬元帝以劉孝勝生花其藝
免之初紀將花號祅怪不一內寢柏殿柱繞節生花非佳事
四十有六霾雺可愛狀似荷花識者曰王敦祅花非佳事
也時蜀知星人說紀曰官若東下當用申年太白出西
之為利申歲發蜀酉年入荊不可失也發蜀之歲太白在
西北及明年則巳東出矣

論曰其議安之為巧也夫言附正直跡在兼敬悅自會
心無施不可至乃離父子間兄弟廢楚媾漢嗣可為太
息良非一塗以昭明之親之賢梁武帝之愛之信謗言一
及至死不能自明況於下此者也綜勳秦政之疑懷貞尺
之志肆行狂悖卒致奔亡盧陵多財為累雄心自立未及
騁暴早沒為幸南康為政有方居喪多財為累雄心自立未及
危季邵陵少有險躁人道頓亡晚致勤王殞優矣武陵
地居勢勝卒致傾覆于輕志大能無及乎

列傳第四十三

南史五十三

梁簡文帝諸子　　　　　　元帝諸子

李
延壽

簡文二十子王皇后生哀太子大器南郡王大連陳淑容
生尋陽王大心左夫人張夫人生南海王大臨安陸王大春謝夫
人生瀏陽公大雅陳夫人生新興王大莊包昭華生西陽
王大鈞范夫人生武寧王大盛褚脩華生建平王大球陳
夫人生義安王大昕朱夫人生綏建王大摯其臨川王大
欵桂陽王大成汝南王大封樂良王大圜並不知母氏潘
美人生皇子大訓早亡無封其餘不知不載

哀太子大器字仁宗簡文嫡長子也中大通三年封宣城
郡王太清二年十月侯景冦建鄴敕太子為臺內大都督
三年五月簡文即位六月癸酉立為皇太子大寶二年八
月景廢簡文將害太子時景黨稱景命召之太子方講老
子將下牀而刑人掩至太子顏色不變徐曰久知此事嗟
其晚耳刑者將以交帶絞之曰此不能見殺乃指繫
帳竿下繩命取絞之而絕時年二十八太子性寬和兼神
用端嚴在賊中每不屈意左右竊問其故荅曰賊若未須
見殺雖復陵懍呵叱其終不敢言若見害時至雖一日百
拜無益於死間者又曰官今憂逼而神貌怡然未喻此意

荅曰吾自度死必在賊前若諸將外來平夷羯冦必前見
殺然後就死若其遂開拓上流必先見殺後取富貴何能
以無益之愁憂必死之命景之四上攜太子同行及敗
歸舡往往相失所乘舡入樅陽浦舟中腹心並勸達文
北太子曰自國家喪敗志不圖生主上蒙塵寧忍違離先
今若去乃是叛父進賊以太子有器度每憚之恐為後患故先
鳴咽命即前進賊以太子有器度每憚之恐為後患故先
又禍承聖元年四月追謚哀太子祔太廟陰室

尋陽王大心字仁恕簡文第二子也幼而聰朗菩屬文中
大通四年以皇孫封當陽縣公大同元年為都督郢州刺

史時年十三簡文以其幼戒之曰事無大小悉委行事大
心雖不親州務發言每合於理衆皆驚服太清元年為雲
麾將軍江州刺史會曾財賄不能綏接百姓二年侯景冦
都大心招集士卒與上流諸軍赴援宮闕三年臺城陷上
元年封尋陽王初歷陽太守莊鐵以城降侯景既而又奉
其母來奔大心以鐵舊將厚為其禮軍旅之事悉以委之
甲侯蕭韶南奔宣密詔加散騎常侍進號平南將軍大寶
以為豫章內史景遣軍西上冦大心鐵頓令鐵擊破之
禽其將郭珍加妻賊不能進時鄱陽王範率衆棄合肥屯于
栅口待援兵揔集欲俱進大心聞之遣要範西上以盆城

令中兵參軍韋約討之鐵敗气降鄱陽世子嗣先與鐵善
乃謂範曰昔與鐵游勵其人才略從擴若降江州必不全
其首領請援之乃遣將侯瑱救鐵夜破韋約等營大心大
懼於是二蕃縱起景將任約略地至盆城大心遣司馬韋
質拒戰敗績時帳下猶有勇士千餘人咸說曰既無糧儲
難以守固若輕騎往建州以圖後舉策上咸說日遠林
容不從撫膺慟哭大心乃止遂與約和二年將遇害與
謂賊廟公王僧貴曰我以全州歸命何忍相苦乃見射而殞

臨川王大款字仁師簡文第三子也初封石城縣公位中
書侍郎太清三年簡文即位封江夏郡王大寶元年奔江
陵湘東王承制改封臨川王魏尅江陵遇害

南海王大臨字仁宣簡文帝第四子也大同二年封寧國
縣公少而敏慧年十一遭左夫人憂哭泣毀瘠以孝聞後
入國學明經射策甲科拜中書侍郎還給事黃門侍郎十
一年長兼侍中出為琅邪彭城二郡太守侯景亂屯端門
都督城南諸軍事大寶元年封南海郡王出為都督東揚
州刺史又除吳郡太守時張彪起義於會稽吳人陸令公
賴川庚孟卿等勸大臨投之大臨曰彪若成功不藉我力
如其挑敗以我說為不可往也二年遇害

南郡王大連字仁靖簡文第五子也少俊爽能屬文舉止
風流雅有巧思妙達音樂兼善冊書大同二年封臨城縣
公七年與南海王俱入國學並射策門皆拜中書侍郎
十年武帝幸朱方大連與兄大臨並從武帝問曰汝等習
騎不對曰臣等未奉詔不敢輒冒敕令給馬試之大連兄
弟攬鞍往還各得馳驟之節帝大說即賜所乘馬及為啓
謝醉又甚美帝他日謂簡文曰昨見大臨大連風韻可愛
足慰吾老年遷給事黃門侍郎轉侍中太清元年出為東
揚州刺史侯景寇建鄴大連率衆四萬來赴及臺城没
援軍散還東揚州會稽豐沃糧仗山積東人懲景所
樂為用而大連恒沈酒于酒宋子仙攻之大連棄城走追
及於信安縣大連猶醉弗之覺於是三吳悉為賊有大寶
元年封南郡王賊遣將趙伯超劉神茂來攻大連專委部
將留異以城應賊大連棄走為賊所獲侯景以為江州刺
史二年遇害

安陸王大春字仁經簡文第六子也少博涉書記善吹笙
天性孝謹體貌瑰偉腰帶十圍大同六年封西豐縣侯拜
中書侍郎後為寧遠將軍知石頭戍軍事侯景內寇大春
奔京口隨邵陵王入援戰于鐘山軍敗肥大不能行為賊
所獲大寶元年封安陸郡王出為東揚州刺史二年遇害

桂陽王大成字仁和簡文第八子也初封新淦公太清三
年簡文即位封山陽郡王大寶元年奔江陵湘東王承制
改封桂陽王大成性甚鷙忍纔兼便弓馬至江陵被甲夜出
人謂為劫研之遂失左髻魏尅江陵遇害
汝南王大封字仁叡簡文第九子也初封臨汝公太清三
年簡文即位封宜都郡王大寶元年奔江陵湘東王承制
封汝南王魏尅江陵遇害
瀏陽公大雅字仁風簡文第十二子也大同九年封瀏陽
縣公少聰警美姿儀特為武帝所愛臺城陷大雅猶命左
右格戰賊至漸衆乃自縊而下發憤感疾薨

遇害
封高唐縣公大寶元年封新興郡王位南徐州刺史二年
新興王大莊字仁禮簡文第十三子也性躁動大同元年
年七歲武帝嘗問讀書因令諷誦即誦周南
音韻清雅帝重之因賜王義之書一卷大寶元年封西陽郡
西陽王大鈞字仁博簡文第十四子也性厚重不妄戲弄
王位丹楊尹一年監揚州遇害
武寧王大威字仁容簡文第十五子也美風儀眉目如畫
大寶元年封武寧郡王二年為丹楊尹遇害
皇子大訓字仁德簡文第十六子也少而脚疾不敢蹋履

大清三年未封而亡年十歲
建平王大球字仁玉簡文帝第十七子也大寶元年封建
安郡王性明慧風成初侯景圍臺城武帝素歸心釋教每
發誓願恒云若有衆生應受諸苦譖身代當時大球年甫
七歲聞而驚異母曰官家尚爾兒安敢辭乃六時禮佛亦
云凡有衆生獲苦悉大球代受其年安慧如此二年遇害
義安王大昕字仁朗簡文帝第十八子也年四歲嘗大
人卒便哀毀有若成人晨夕涕泣眼霑為之傷及武帝崩大
昕奉慰簡文嗚咽不自勝左右莫不掩泣大寶元年封義

安郡王二年遇害
綏建王大摯字仁琰簡文第十九子也幼雄壯有膽氣及
臺城陷乃歎曰大丈夫會當滅虜屬妳媼驚掩其口曰勿
妄言禍將及大摯笑曰禍至非由此大寶元年封後入周仕隋
樂良王大圜簡文第二十子也大寶元年封後入周仕隋
位內史侍郎
元帝諸子徐妃生忠烈世子方等主貴嬪生貞惠世子方
諸始安王方略表貴人生愍大子方矩夏貴妃生敬皇
帝自餘不顯
忠烈世子方等字實相元帝長子也少聰敏有俊才善騎
射尤長巧思性愛林泉特好散逸嘗著論曰人生處世如

白駒過隙耳一壺之酒足以養性一簞之食足以怡形生
在高蓬死葬溝壑瓦棺石椁何以異茲吾嘗夢為魚因化
為鳥方其夢也何樂如之及其覺也何憂斯類良由吾之
不夜魚鳥者也遠矣故魚鳥飛浮任其志性之進退則去
掌握舉首懼觸搖足恐墮若使吾終得與魚鳥同遊則在
人間如脫屣耳初徐妃以嫉妒失寵方諸母王氏以冶容
倖嬖及王夫人終元帝歸咎徐妃方等欣然升舟冀免憂行
之又惡方等方等益懼故述此論以申其志時武帝年高
欲見諸王長子元帝遣方等省書歡息知無還意乃配步騎一萬

方等當顧其生元帝省書歡息知無還意乃配步騎一萬
使援臺城賊每來攻方等必身當矢石城陷方等歸荊州
收集士馬甚得眾和元帝始歡其能方等又勸修築城柵
以備不虞既成樓雉相望周回七十餘里元帝觀之甚說
入謂徐妃曰若更有一子如此吾復何憂徐妃不荅垂泣
而退元帝念之因跣其穢行謗于大閤方等入見益以自
危時河東王為湘州刺史為都督南討方等臨行謂所親
汝有水厄深宜慎之拜為都督南討方等臨行謂所親曰
吾此段出征必死無二死而獲所吾當愛生及至麻溪軍
敗溺死求屍不得元帝聞之心喜不以為戚後追思其才

氣而死

貞惠世子方諸字明智元帝第二子也幼聰警博學明老
易善談玄風采清越特為元帝所愛母王氏又有寵及方
等敗後元帝謂曰不有所廢其何以興勿以汝兄為念因
拜中撫軍將軍以自副又出為郢州刺史鎮江夏以鮑泉
為行事時元帝遣徐文盛與侯景將任約相持方諸年十
五童心未革特與鮑泉蒲酒為樂
侯景知之乃遣其將宋子仙從間道襲之百姓奔告方諸
等方諸不信曰文盛大軍在下何緣得來始命閉門賊
已入城方諸與鮑泉並不暇避遂為賊所執方諸以
歸王僧辯軍至蔡洲景遂害之元帝追諡貞惠世子

贈侍中中軍將軍揚州刺史諡忠壯世子并招魂以葬之
方等注汲塚後漢書未就所撰三十國春秋及鴛鴦子行
於世元帝即位改諡武烈世子封莊為求嘉王及魏剋
江陵莊年甫七歲為人家所匿後莊長王琳迎送建鄴及敬帝
立出質于齊齊敬帝太平二年陳武帝將受禪王琳請莊于
齊以主梁嗣自盆城濟江許之齊武平元年授持進開府儀
同三司封梁王齊以為朝許以興復竟不果而齊亡莊在鄴飲

劉仲威奉以奔壽陽遂入齊齊人所敗其軍國明

置百官王琳擁莊為陳人所敗其軍國明

愍懷太子方矩字德規元帝第四子也少勤學美容止初
封南安侯太清初累遷侍中中衞將軍元帝承制拜王太
子改名元良承聖元年十一月丙子立為皇太子及升儲
位昵狎羣下好著微服嘗入朝公服中著碧綠布袴摳衣
高元帝見之大怪遣尚書周弘正責之因使太子師弘正
佗曰弘正謁見元帝問曰太子比頗受卿導不對曰太子
聖德乃未極日新幸無大過帝曰卿以我父子故未直言
從容之間無失和嶠之對便有廢立計未及行而江陵喪
亡遇害太子聰頴出暴悟忍俱有元帝敬帝承制追諡
愍懷太子

九

郭名

始安王方略元帝第十子貞惠世子母弟也母王氏王琳之
次姊元帝即位拜貴嬪次妹又為良人並蒙寵幸方略益
鍾愛侯景亂元帝結好于魏方略年數歲便辭入關元帝親
送近畿執手歔欷既而旋舊憶之賦詩曰如何吾幼子勝
衣已別離十日無甲宴千里送遠垂至長安即得還贈遺甚
厚江陵喪亡遇害貴嬪良人並更誕子未出閤無封失名
論曰簡文提契寇戎元帝崎嶇亂諸子之備踐艱棘蓋
時運之所鍾亦忠列以幹蟲之材居家嗣之任竟亦當年
擯落通塞亦云命也良哉

列傳第四十四

南史五十四

王茂

席闡文

吉士瞻

楊公則　　　蔡道恭

張惠紹　　　鄧元起　李膺

康絢　　　　夏侯詳　子亶　夔

　　　昌義之

　　　馮道根

李

曹景宗

延壽

天生宋末為列將剋司徒袁粲以勳歷位郡守封□黃縣

王茂字休連一字茂先太原祁人也祖深北中郎司馬父

者必此兒也又長好讀兵書究其大指性隱不交游身長

八尺絜白美容儀齊武帝布衣時嘗見之歎曰王茂先年

少堂堂如此必為公輔後為臺郎累年不調亦知之將亡

求為邊職焉乃為雍州長史襄陽太守梁武便以王佐許

之事無大小皆詢焉人或譖茂反帝弗之信諸譖者驟言之

遣視其甲稍並勸除之而茂少有駭名帝又惜其用曰將軍大事

腹心並勸除之而茂少有駭名帝又惜其用曰將軍大事

便害茂曰我病可耳紹乃令腹心鄭紹叔往候之遇其卧因

問茂茂曰我病可耳紹叔曰都下殺害甚甚使君家門塗

炭今欲起義長史那猶卧茂因擲枕起即攝褶隨紹叔

入見武帝大喜下牀迎因結兄弟被推赤心遂得盡力故叔

雍部遣茂為前驅與魯既平從武帝東下為軍鋒師次秣

陵東昏遣遣大將王珍國盛兵朱雀門衆號二十萬及戰梁

武軍引卻茂下馬單刀直前外甥韋欣慶勇力絕人執鐵

纏稍襄茂而進故大破之茂勳為第一欣慶也建康城平

以茂為護軍將軍遷待中領軍時東昏妃潘玉見有

國色武帝將留之以問茂茂曰亡齊者此物留之恐貽外

議帝乃出之軍主田安啓求為婦玉見泣曰昔見縊絜者此

主今豈下四非類死而後巳義不受辱又見縊絜美如生

興出尉吏俱行非禮乃以余妃賜茂茂亦潘之亞也羣盜反

燒神獸門茂率所領應起為盜所射茂躍馬而進羣盜反

走茂以不能式過姦盜自表解職優詔不許加鎮軍將軍

封望蔡縣公是歲江州刺史陳伯之叛茂務農省役百姓安

南討之伯之奔魏時九江新經軍寇之餘民多流亡江州刺史

之四年魏攻漢中茂受詔西禦魏乃班師歷位待中中衛

將軍太子詹事車騎將軍開府儀同三司丹楊尹時天下

無事武帝方敦文雅茂心頗快快侍宴醉後每見言色武

帝宥而不責進位司空茂性寬厚居官雖無美譽亦為吏

人所安居處方正在一室衣冠儼然雖僕妾莫見其惰容姿

表襄覿須眉如畫衆所瞻望從標騎將軍開府同三司
之儀江州刺史在州不取奉禄囚居氣被服同於儒者
魏武帝甚悵惜之詔贈太尉諡曰忠烈公初茂以元
勳武帝賜鐘磬之樂茂在州夢鐘磬在格無故自臨心惡
之又竟命奏樂既成列鐘磬無故自隕地茂
州後俄而病卒子貞秀嗣以居憂無禮為有司所奏徙越
州後詔留廣州與魏降人杜景欲襄州城長史蕭昂斬之
曹景宗字子震新野人也父欣之於宋位徐州刺史景宗
幼善騎射好畋獵常與少年數十人澤中逐麇鹿每衆騎

趈鹿鹿馬相亂景宗於衆中射之人皆懼中馬足應弦輒
難以此為樂未弱冠欣之於新野道出州少四馬將數人
於中路卒逢蠻賊數百圍之景宗帶百余箭每箭殺蠻蠻
遂散走因以瞻勇聞蠻史蓄每讀穰苴樂毅故
敬息曰丈夫當如是少與州里張道門善道門車騎將軍
歉少子也為武陵太守敬兒誅道門於郡伏法親屬故
莫敢收景自襄陽遣船到武陵收其尾迎還殯葬
【以此義之仕齊以軍功累加游擊將軍建武四年隨太
尉陳顯達此圍馬圈以奇兵二千破魏援中山王英四萬
人及剋馬圈顯達論功以景宗為後景宗退無怨言魏孝

文率衆大至顯達宵奔景宗導入山道故顯達父子獲全
梁武為雍州刺史景宗深自結附數請帝臨其宅時天下
方亂帝亦厚加意焉表為竟陵太守及帝起兵景宗聚衆
并率五服內子弟二百人從軍遣親人杜思冲勸先迎南
康王於襄陽即位武帝不從至竟陵以景宗為軍鋒居
次江寧東昏將李居士僧珍掎角破王珍
士茅甲本走景宗此皆獲之又與王茂呂僧珍掎角破王珍
國於大航景宗軍士皆桀黠無賴御道左右莫非富室居
掠財物晏尞子女景宗不能禁及武帝入頓西城嚴申號
今然後稍息城平封湘西縣侯除郢州刺史加都督天監

元年改封竟陵縣侯景宗在州驅貨聚斂於城南起宅長
堤以東夏口以此開街列門東西數里而部曲殘橫部下
厭之二年十月魏攻司州刺史蔡道恭城中貞秋而汉
景宗望閣門不出但耀軍游獵而已及司州城陷為御史
中丞任昉所奏帝以功臣不問徵為右衛將軍五年魏中
山王英攻鐘離圍徐州刺史昌義之武帝詔景宗督衆軍
援義之豫州刺史韋叡亦授焉而受景宗節度韋叡性
道人州待衆軍齊集俱進景宗欲專其功乃違敕而進遇暴
風卒起頗有沈溺復還守先頓帝聞之曰此所以破也景
宗不進蓋天意乎若孤軍獨往城不時立必見狼狽今得

待軍同進始可大捷矣及帝敕至與景宗進頓邵陽洲立
壘與魏城相去一百餘步魏連戰不能郤傷殺者十二三自
是魏軍不敢逼昌景宗等器甲精新魏人望而奪氣魏將楊
大眼對橋北岸立城以通糧運每敕人徑度大眼城南數里
大眼所署景宗乃累募敢士千餘人徑度大眼道抄掠輒為
趙草所獲先是詔景宗等預裝高艦使與魏橋等為火攻
討令景宗與敵各攻一橋敕攻其南景宗攻其北六年三
月因春水生淮水暴長六七尺敕遣所督將馮道根李文

釗裝遂韋叡等乘艦登岸擊魏洲上軍盡殪燒景宗使眾軍
復鼓譟凱登諸城呼聲震天地大眼於西岸燒營英自東
岸棄城走諸壘相次土崩悉棄其器甲爭投水死滅水上
之不流景宗命軍主馬廣躡大眼至濊水上四十餘淮水為
屍相枕藉之出逐英至洛口英以匹馬入梁城緣淮百餘
里屍骸相籍雾五萬餘人收其軍糧器械山積牛馬驢騾
不可稱討景宗乃搜所得生口萬餘人馬十四遣獻捷先
是旱詔祈禱帝神求兩二旬不降帝怒命載荻欲焚蔣
朝升神影爾日開朗欲起火當神上忽有雲如繖倏忽將
雨如寫臺中宮殿皆自振動帝懼馳詔追停少時還靜自

此帝畏信逾深自踐祚以來未嘗躬自到廟於是備法駕
將朝臣脩謁是時魏軍攻圍鐘離蔣帝神報敕必許扶助
既而無兩水長遂挫敵人亦神之力焉凱旋之後廟中人
馬腳盡有泥溼當時並目觀焉景宗振旅凱入帝於華光
殿宴飲連句令左僕射沈約賦韻景宗不得韻意色不平
啟求賦詩帝曰卿伎能甚多人才英挹何必止在一詩
景宗已醉求作不已詔令約賦韻時韻已盡唯餘競病二字
借問行路人何如霍去病歎不已及朝賢驚嗟竟日
詔令上左史於是進爵為公拜侍中領軍將軍景宗為人

自恃尚勝每作書字有不解不以問人皆以意造雖公卿
無所推唯以韋叡年長且州里勝流特相敬重同宴御延
亦曲躬謙遜武帝以此嘉之景宗好內妓妾至數百窮極
錦繡性躁動不能沈默出行常欲褰車帷左右輒諫以
位望隆重人所具瞻不宜然景宗謂所親曰我昔在鄉里
騎快馬如龍與年少輩數十騎拓弓弦作礔礰聲箭如
鸥叫平澤中逐麞數肋射之渴飲其血飢食其胃甜如甘
露覺耳後生風鼻頭出火此樂使人忘死不知老之將
至今來揚州作貴人動轉不得路行開車幔小人輒言不
可閉置車中如三日新婦此邑邑使人氣盡為人嗜酒好

樂臘月於宅中使人作邪呼逐除編往人家乞酒食本以
為戲而部下多剽輕因弄人婦女奪人財貨帝頗知之景
宗懼乃止帝數見功臣共道故舊景宗酒後謬妄或誤
稱下官故縱之以為笑樂後為江州刺史赴任卒於道
贈雍州刺史開府儀同三司諡曰壯子皎嗣景宗齊永元
初任竟陵郡又是蔡蘊之義宗遣人送書竟陵諸景宗景宗題書
埤義宗以妹適之義宗年少未有位官居在雍州既
方伯之弟又是蔡蘊之門市邊富人姓向以見錢百萬欲
後咨曰買婢未得云何已賣義宗貪強逐成後隨武帝題書
下歷位至梁奉二州刺史向家兄弟憑附曹氏位登列卿後

七

席聞文安定臨涇人也孤貧涉獵書史齊初為雍州刺史
蕭赤齊中兵參軍由是與其子穎冑後歷西中郎中兵參
軍領城局梁武帝之將起兵聞文勸穎冑同為仍遣客田
祖恭私報帝并獻銀裝刀帝報以金如意和帝稱尊號為
衛尉卿穎冑暴卒州府騷擾聞文以和帝幼弱中流任重
時始興王憺留鎮雍部乃與西朝羣臣迎憺摠州事故穎
以寧輔帝受禪除都官尚書封山陽伯出為東陽太守在
郡有能名冬至悉放獄中因依期而至改封湘西侯卒官
諡曰威

夏侯詳字叔業譙郡譙人也年十六遭父難居喪毀三
年廬于墓側曾有三足雀來集其廬户衆咸異焉仕宋為
新汲令政有異績豫州刺史段佛榮班下境内為屬城表
轉中從事史仍還別駕歷八將州郡辟之齊明帝為荊州為刺
史雅相器遇及蕭穎冑輔政引詳及蕭叔業日夜與語詳不酬
微有竹出為征虜長史義陽太守及南康王為荊州為
西中郎司馬新典太守梁武帝起兵長史蕭穎冑同剡大
帝以聞叔業以告詳曰易耳近詳求昏未之許令成
昏而告之之不憂立異於是以女適其子溈大事方建西臺

八

舉慮詳不同以告詳詳曰不為禍始不由此
以詳為中領軍加散騎常侍南郡太守凡軍國大事穎冑
多決於詳頴之穎冑卒梁武弟始興王憺留守襄陽詳乃
遣使憺共參軍國遷侍中尚書右僕射尋授荊州刺史詳
又固讓乃更授右光祿大夫侍中如故給親信二十人改封
曹城縣公三年遷湘州刺史詳善吏事在州四載為百姓
所稱州城南臨水有峻峯禧傳云刺史登此山輒代由是
歷政莫敢至詳於其地起臺榭延僚屬以表損抱之志後
徵為尚書左僕射金紫光祿大夫道病卒上為素服舉哀
贈開府儀同三司諡曰景子亶嗣

萬字世龍齊永元末父詳為西中郎南康王司馬隨府鎮荊州萬留都下為東昏聽政主帥及崔慧景作亂萬以捍禦功除驍騎將軍及梁武起兵詳與長史蕭穎胄協同袞遣迎萬萬乃齋萬德皇后令南康王纂承大統建鄴平以萬為尚書吏部郎俄遷侍中奉璽紱於帝天監六年累遷南郡太守父憂去職居喪盡禮廬于墓側遺財悉推諸弟州甚有威惠為政去人圖其像立碑頌美八年起為司州刺史領安陸太守服闋襲封曹城縣公居焉普通五年為中護軍六年大舉北侵先遣豫州刺史裴

邃帥譙州刺史湛僧智等自南道攻壽陽未剋而邃卒乃加萬便持節代邃與魏將河間王琛臨淮王彧等相拒頻戰剋捷尋敕班師合肥須堰成復進七年夏淮堰水盛壽陽城湛僧智魚弘張澄等通流清閒將入淮肥魏軍夾肥築城出萬後萬與僧智選兵破之進攻魏城真威將軍韋放自北道會為兩軍既合所向皆降凡降城五十二獲男女口七萬五千人詔以壽陽依前代置豫州合肥鎮改為南豫州以萬為豫南豫二州刺史加都督壽春久離兵荒百姓多流散萬招輯輕刑薄賦務農省役頃之人戶充復率于

州鎮帝聞之即日素服與哀贈軍騎將軍諡曰襄州人夏侯簡等表請為萬立碑詔許之萬美風儀寬厚有器量涉獵文史能專對宗人夏侯溢為徭陽內史辭日萬侍御坐帝謂萬曰夏侯溢於卿疏近萬答云是臣從弟帝知溢於萬已疏乃曰卿倫人如何不辯族性萬率爾對曰臣聞服屬易疏所得隨服親疏故性怜率用六君三州不為產業祿賜所得隨散親舊時謂廉為夏侯妓衣子諠襲封曹城縣公華後晚年頗好音樂有妓妾十數人並無被服安容每有客常闔簾奏之時謂廉為司州刺史領安陸太守師萬弟虁字季龍位大匠卿累遷

壯武將軍任思相出義陽道攻平靜穆陵陰山三關剋之時譙州刺史湛僧智逆擊元慶和於廣陵入其郭魏將元顯伯率軍赴援僧智破之萬自武陽出會僧智斷魏軍歸路襲和於內築柵自固及虁至遂請降凡降男女口萬餘人由是義陽北道遂絕追慶一萬餘人斬獲不可勝數顯伯聞之夜遁走與魏軍司州封保城縣侯中大通六年為豫州刺史加督豫州積及郢州刺史元顯達降詔以虁為剌史兼督歲收穀百餘萬石以充儲備兼贍貧人境內賴之虁兄萬歲連兵人頗失業虁乃率軍人於蒼陵立堰溉田千餘頃

先經此任至是盡文居為兄弟並有恩惠於鄉里百姓歌
曰我之有州頻得夏侯前兄後弟布政優優愛愛在州七年
遠近多附之有部曲萬人馬二千四並服習精彊為當時
之盛性奢豪後房伎妾曳羅綺飾金翠者百數愛好人士
不以貴位自高文武賓客常滿坐時亦以此稱之卒于州
諡曰桓子讜嗣官至太僕卿讜弟譜少蘆險薄行常傳鄉
里領其父讜曲為州助防刺史貞陽侯明引為府長史明
被囚後為侯景長史景前驅濟江頓兵士林館破
邸第及居人富室子女財貨盡略之明在州有四妾章
於王阮並有國色明被魏囚其妾並還都第譜至破第納為

魚弘襄陽人身長八尺白皙美姿容累從征討常為軍鋒
歷南譙盱台竟陵太守嘗謂人曰我為郡有四盡水中魚
鼈盡山中麋鹿盡田中米穀盡村里人庶盡丈夫生如輕
塵棲弱草白駒之過隙人生俱歡樂富貴在何時於是恣
意酣賞侍妾百餘人不勝金翠服翫車馬皆窮一時之麗
絕有眠牀一張皆其廳楣四面周币無一有異通用銀鏤
金花壽福兩重為肺為湘東王鎮西司馬述職西上道中
乏食緣路採菱作菱米飯給所部弘度之所後人見一菱
不得又於窮洲之上捕得數百綱猴脯以為脯以供酒食
此及江陵資食後振逢敕迎瑞豫王令迭像下都弘率部

曲數百桑衣錦袍赫弈滿道頗為人所忿塗經夏首李抗
敕其為人抗男元法僧間之杖抗三百後為新興永寧太
守辛阳官

吉士瞻字渷容馮翊夕人也少有志氣不軍生業時徵
士吳苴見其姿容勸以經學因誦照詩云賢儒守一經
未足識行藏拂衣不顧年逾四十忽忽不得志乃就江陵
卜者王先生曰君擁旄杖節非一州後一年
當得戎馬計祿命王生曰義陽太守王撫之天門太守
王智遠武陵太守及梁武彊等並不從命鎮軍司馬
討平之齊和帝即位以為領軍司馬士瞻少時嘗於南蠻
國中擲博無輝襄露為儕輩所侮及平魯休烈軍得絹三
萬疋乃作百褌其外並賜軍士不以入室以軍功除輔國
將軍步兵校尉建康平為巴東相建平太守初士瞻為荊
府城局參軍浚萬人仗庫防池得一金革鉤隱起鏤其精
巧篆文曰錫爾金鉤且公且侯士瞻要夏侯詳兄女女竊
以與詳喜佩之及是革命詳果封侯而士瞻不錫茅土
天監二年入為直閤將軍歷位秦梁二州刺史加都督後
為太子右衛率又出為西陽武昌二郡太守在郡清約家
無私積始士瞻夢得一積鹿皮從而數之有十一領及覺
喜曰鹿者祿也吾當居十一祿乎自其仕進所往迄已九及

除二郡心惡之遇疾普通七年卒於郡贈左衛將軍諡曰胡子子琨時在戎役聞問一踊而絕良久乃蘇不顧軍制輒離所部遂以孝聞詔下旌異

蔡道恭字懷儉南陽冠軍人也父那宋益州刺史道恭少寬厚有大量仕齊爲西中郎中兵參軍加輔國將軍梁武帝起兵蕭穎冑以道恭素著威略專相委任齊和帝即位爲右衛將軍出爲司州刺史梁天監初論功封漢壽縣伯進號平北將軍三年魏圍司州時城中衆不滿五千人食裁半歲魏攻之晝夜不息乃作大車載土四面俱前欲以填塹道恭潛內作艫艦以待之魏人不得進又潛作伏道以決塹水道恭載土他塞之相持百餘日前後斬獲不可勝計魏大造梯衝攻圍日急道恭用四石烏漆大弓射所中皆洞甲飲羽一發或貫兩人敵人望旨皆雁又於城內作土山多作大弩長二丈五尺施長刃使壯士執以刺魏人魏人甚憚之將退貪道恭疾篤乃呼兄子僧勰從弟靈恩及將率謂曰吾所持節授僧勰曰莫命出疆節無令吾沒有遺恨又令取所持節授僧勰曰莫命出疆既不得奉以還朝方欲攜之同逝可與櫬柩相隨衆皆流涕其年五月辛卯魏知道恭死攻之轉急先是朝廷遣郢州刺史曹景宗赴援景宗不前至八月城內糧盡魏剋之贈

鎮西將軍并啟購喪襄槻八年魏許遂道恭喪其家以女樂易之葬襄陽舊傳國至孫固早卒國除

楊公則字君翼天水西縣人也父仲懷爲宋豫州刺史殷琰將版輔國將軍劉勔討琰仲懷力戰死於橫塘公則隨父往軍年未弱冠冒陣抱尸號哭氣絕良久勔命殯仲懷首公則斂畢徒步負喪歸鄉里由此著名後梁州刺史范栢年板爲宋熙太守領白馬戍主時賊本烏奴攻白馬公則矢盡糧竭陷于冠抗罵賊烏奴之要與同事公則僞許而圖之謀泄單馬逃歸齊高帝下詔襄美除晉壽太守在任清絜自守遷扶風太守母憂去官雍州刺史陳顯達起爲寧湖將軍復領太守頃之荆州刺史巴東王子響構亂公則進討事平遷武寧太守百姓便之入爲前軍將軍和帝爲荆州刺史公則爲西中郎中兵參軍及蕭穎冑協同梁武以公則爲輔國將軍領西中郎諮議參軍率兵東下和帝即位授湘州刺史梁武軍次沔口公則率湘府之衆會于夏口時荆州諸軍平武帝命衆軍即日俱下宗室之貴亦隸焉郢城東下直造建鄴公則號令嚴明秋豪不犯所在莫不賴焉大軍至新林公則自越城移屯命先驅江州既定旌旗東指公則自越城移屯領軍府壘北樓與南掖門相對嘗於樓垂戰城中遙見麾蓋

縱神鋒駭射之矢貫胡牀左右皆失色公則曰虜豈能中吾
脚談笑如初東昏夜選勇士攻公則柵軍中驚擾公則堅
臥不起徐命擊之東昏乃退軍乃每出盪輒先犯公則壘公則性
儒怯城內輕之以為易與及城平內出者或被剝奪公則親率
屬軍士剋復更多及城平內出者或被剝奪公則親率
下列陳東被門衛送公卿士庶故出者多由公則營焉進
號左將軍還鎮南藩初公卿東下湘部諸郡多未賓從及
寧都縣侯湘州冠亂累年人多流散公則輕刑薄斂頃之
公則還州然後諸屯聚並散天監元年進號平南將軍封
戶口克復為政雖無威嚴然勵己廉慎為吏人所悅湘俗

〈 十五 〉

單門多以賂求州職公則至皆斷之所辟皆州郡著姓武
帝班下諸州以為法四年徵中護軍代至乘二舸便發送
故一無所取遷衛尉卿時朝廷始議比侵公則威名素著
至都詔假節先屯洛口公則受命將發遘疾謂親人曰昔
廉頗馬援以年老見遺猶自力請用今國家不以吾朽懦
任以前驅方於古人見知重矣雖臨途疾苦豈可僶俛辭
事馬援方此吾志也遂彊起登舟至洛口壽春士女歸
降者數千戶魏豫州刺史薛恭度遣長史石榮等前鋒接
戰即斬石榮逐北至壽春去城數十里而返表為錄事
武帝深痛惜之即日舉哀諡烈侯公則為人敦厚慈愛居

家篤睦視兄子過於己子家貲委棄性好學雖居軍放
手不輟卷士大夫以此稱之子瞻嗣有罪國除帝以公則
勳臣特聽燕長子眺嗣眺固讓歷年乃受
鄧元起字仲居南郡當陽人也少有膽幹性任俠仕齊與
武寧太守梁武起兵蕭穎冑與書招之即日道率眾與
武帝會于夏口齊和帝即位拜廣州刺史中興元年為益
州刺史仍為前軍建康城平進號征虜將軍天監初封
當陽縣侯元起至遂發兵拒守元起至巴西巴西太守朱士
略開門以待時蜀人多逃亡至是競出投元起皆稱起

【南史列傳四十五】

〈 十六 〉

義應朝廷元起在道久軍糧乏絕或說之曰蜀郡政慢若
檢巴西二郡籍注因而罰之所獲必厚元起然之涪令李
膺諫曰使君前有嚴敵後無繼援山人始附於我觀德若
紈以刻薄人必不堪眾一離悔無及膺請出圖之不
患資糧不足也元起曰善一以委卿膺退率富人上軍資
米俄得二萬斛元起進屯西平乘連始嬰城自守時益州
兵亂既久人廢耕農內外苦飢人多相食道路斷絕乘
計窮會明年武帝使赦至連罪許之降乘即日開城納
元亂元起送乘連于建康元起以鄉人庾黔婁為錄事參
軍又得荊州刺史蕭遙欣故客荊光濟並厚待之任以州

事黔婁其清絜光濟多計謀立勤為善政元起之剋李連
也城內財寶無所私勤人軍口不論財色性能飲酒至
一斛不亂及是絕之為蜀土所稱元起勇子梁稱孫性輕
脫與使黔婁志行不同乃言於元起曰城中稱有三刺史
節下何以堪之元起由此疎黔婁而政迹稍損在政二年
以母老乞歸供養詔許焉徵為右衞將軍以西昌侯蕭藻
代之時梁州長史夏侯道遷以南鄭叛引魏將王景胤孔
陵攻東西晉壽並遺告急衆勸元起急救之元起曰朝廷
萬里軍不卒至若冦賊浸淫方須撲討董督之任非我而
誰何事忽忽便相催督黔婁等苦諫之皆不從武帝亦假

元起節征討諸軍將救漢中比是魏已攻剋兩晉壽蕭藻
至元起頗營還裝糧儲器械無遺者蕭藻入城求其
良馬元起曰年少郎子何用馬為藻羞而殺之元起麾
下圍城哭且聞其故藻懼曰天子有詔衆乃散遂誣以及
帝疑焉有司追劾削爵土詔减邑之半封松滋縣侯故吏
廣漢羅研詣闕訟之帝曰果如我所量也使讓藻號為冠軍
為汝報讎汝為讎報忠孝之道如何乃聚衆為亂研請除其弊帝從
將軍贈元起征西將軍給鼓吹諡忠矦
故事黃置觀農調者圍桑度田勞擾百姓研請除其弊帝從
羅研字深微少有材辯元起平蜀碎為主簿後為信安令

之鄱陽忠烈王恢臨蜀聞其名請為別駕又西昌侯藻重
為刺史蜀人為之懼研舉止自若侯謂曰非我無以容卿
非卿無以事我齊苟兒之役瞔波嘲之曰卿蜀人樂禍貪
亂一至於此對曰蜀中積弊實非一朝之玷之永林上有百錢
家有食窮迫之人什有八九束縛之使旬有二三貪亂樂
禍無足多怪若令家畜五母之鷄一母之豕按劍於後
將不能使一夫為盜況貪亂乎大通二年卒官蜀
王範將西忠烈王恢謂曰吾昔在蜀每事委羅研數年卒
勿失範至復以為別駕升堂拜母蜀人榮之

土以文達者唯研與同郡李膺
膺字公徹有才辯西昌侯藻為益州以為主簿使至都武
帝悅之謂曰今李膺何如昔李膺對曰今勝昔問其故對
曰昔事桓靈之主今逢堯舜之君帝嘉其對以如意擊席
著帝記三卷行於世初元起
在荊州刺史王板元起為從事別駕庾華堅執不可元
起恨之及大軍至都華在城內甚懼城平而元起先遣迎
華語人曰庾別駕若為亂兵所殺我無以自明因厚遺之

少時又嘗至其西沮田舍有沙門造之乞元起有稻幾二
千斛悉以施之時人稱其二者有大度元起初為益州過

江陵迎其母母事道方居館不肯出元起拜請同行母曰

汝貧賤家見忽得富貴詎可久保我寧死此不能與汝共

入禍敗及至巴東聞蜀亂使蔣光濟送之遇塞喟然歎曰

吾當鄧艾而及此乎後果如筮子鏗嗣

張惠紹字德繼義陽人也少有武幹仕齊為竟陵橫桑戍

主母喪歸鄉里聞梁武帝起兵乃自歸率以軍功累增爵

祚封石陽縣侯位驍騎將軍直閤左細仗主時東昏餘黨

數百人竊入南北掖門夜燒神獸門害衛尉張弘策惠紹

馳率所領赴戰賊乃散走遷太子右衛率以軍功累增爵

邑歷位衛尉卿左衛將軍司州刺史領安陸太守在州和

理吏人親愛之徵還為左衛將軍加通直散騎常侍仗甲

百人直衛殿中卒謚曰忠子登嗣累有戰功與湛僧智胡

紹世魚弘並為當時驍將歷官衛尉卿太子左衛率卒官

謚曰愍

馮道根字巨基廣平鄭人也少孤家貧傭賃以養母行得

甘肥未嘗先食必遽還以遺母年十三以孝聞郡召為主

簿不就曰吾當使封侯廟食安能為儒吏邪年十六鄉人

蔡道班為湖陽戍主攻蠻錫城反為蠻圍道根救之四馬

轉戰提雙劍左右奮擊殺傷甚多道班以免由是知名齊

建武末魏孝文攻陷南陽等五郡明帝遣太尉陳顯達爭

之師入沘沘口道說顯達曰沘水急不如悉船於鄧

城方道步進顯達不聽道根猶以私屬從軍及顯達敗夜

走魏道根指路以全尋為沘均口戍主為南梁太守領阜陵

為驍騎將軍封增城縣男天監二年為南梁太守領阜陵

武帝起兵乃謂所親曰金革奪禮古人不避揚名武帝即位

非孝乎因率鄉人歸武帝隸於王茂常為前鋒武帝

城戍初到阜陵修城隍遠斥候如敵將至者眾頗笑之道

根曰怯防勇戰此之謂也修城未畢魏將黨法宗傅豎眼

率眾二萬奄至城下道根瀝圖畢城中眾少莫不失色道

道根命開城門綏服登城選精銳二百人出與魏軍戰敗

之魏軍因退遷輔國將軍六年魏攻鍾離武帝詔豫州刺

史韋叡救之道根為截前驅至徐州建計據邵陽洲築壘

掘塹遏魏城道根能走馬步地計足以賦功馬步城隍立辦

及淮水長道根乘戰艦斷魏連橋魏軍敗績進爵為伯

封豫寧縣八年拜豫州刺史領汝陰太守為政清簡境內

安之累遷右衛將軍道根性謹厚木訥少言為將能檢御

部曲所過村陌秋毫無犯每征伐終不言功其部曲

或怨非之道根喻曰明主自鑒功夫多少吾將何事下之

嘗指道根示尚書令沈約曰此陛下之

大樹將軍也歷廬州郡和理清靜為下所懷在朝廷雖貴

顯而性儉約所居宅不脩牆屋無器服侍衞入室則蕭然
如素士之貧賤者當世服其清退武帝亦雅重之微時不
學旣貴粗讀書自謂少文常慕周勃之器量十六年復爲
豫州將行武帝引朝臣宴別道根於武德殿召畫工使圖
其形通根踧踖謝曰臣所可報國家唯餘一死但天下太
平恨無可死之地豫部重得道根人皆眞悅武帝每稱曰
馮道根所在能使朝廷不復憶有一州居州少時遇疾乞
還朝廷徵爲散騎常侍左軍將軍卒於官是日輿駕春祠
二廟及出宮有司以聞帝問中書舍人朱异曰吉凶同日
今可行乎對曰昔柳莊寢疾衞獻公當祭請尸曰有臣柳

〈南史列傳四十五〉　二十一　節

莊非寡人之臣社稷之臣也聞其死請往不釋祭服而往
遂以褖之道雖未爲社稷臣亦有勞王室臨之禮也帝
即駕幸其宅哭之甚慟謚曰威子懷嗣
康絢字長明華山藍田人也其先出自康居初漢置都護
盡臣西域康居亦道侍子待詔河西因留不去其後遂氏
焉晉時隴右亂遷千藍田因爲扞堅太子詹事生
穆穆爲姚長河南尹宋永初中穆率鄉族三千餘家入襄
陽宋爲置華山郡藍田縣寄立於襄陽以穆爲秦
梁之峴南宋末爲華山太守絢伯父元撫哇爲華山流人所推爲相
鍾爲華山太守絢少儻儻有志氣仕齊爲華山太守推誠

撫循荒餘悅服梁武帝起兵絢舉郡以應天監元年封南陽
縣男除竟陵太守累遷太子左衞率甲仗百人與領軍蕭
景直殿內絢身長八尺容貌絕倫雖居職顧問武藝帝
幸德陽殿戲馬敕絢馬射撫弦貫的觀者悅之其日上使
畫工圖絢形遣中使持以問絢曰卿識此圖不其見親如
此時魏降人王足陳計求堰淮水以灌壽陽又引北方童
謠曰荊山爲上格浮山爲下格潼沱爲激溝併灌鉅野澤
帝以爲然使水工陳承伯材官將軍祖暅視地形咸謂淮
內沙土漂輕不堅實其功不可就帝弗納發徐揚人率二
十戶取五丁以築之假絢節都督淮上諸軍事並護堰作

〈南史列傳四十五〉　二十二

役人及戰士有衆二十萬於鍾離南起浮山北抵巉石依
岸築土合脊於中流十四年四月堰將合淮水漂疾復决
潰衆農之或謂江淮多蛟能乘風雨决壞崖岸其性惡鐵
因是引東西二冶鐵器大則金釜小則鍤鋤數千萬斤沉
於堰所猶不能合乃伐樹爲幹填以巨石加土其上緣淮
百里內岡陵木石無巨細必盡負擔者肩穿夏日疾疫死
者相枕蠅蟲晝夜聲合武帝悶之遣尚書右僕射昂侍
中謝舉假節慰勞并加錫復是冬寒甚淮泗盡凍士卒死
者十七八帝遣賜以衣袴十一月魏遣將楊大眼揚聲决
堰絢命諸軍撤營露次以待之遣其子悅挑戰斬魏咸陽

王府司馬徐方與魏軍小却十五年四月堰成其長九里

下闊一百四十丈上廣四十五丈高二十丈深十九丈五

尺夾之以堤并樹杞柳軍人安堵列居其上或謂絢曰四瀆天所以節宣

視邑居人墳墓了然皆在其下

其氣不可久塞若鑿渠北注則淮水清䟽

鑿山深五丈開瀆北注水日夜分流䟽通淮水信之果

之開瀆東注方數百里地魏壽陽城戍

頓八公山此南居人散就岡壟初堰起徐州界刺史張豹

竟潰而歸水之所及夾淮方數百里魏軍

子謂已必尸其事既而絢 陀官來監作豹子其慙由是

諸絢與魏交通帝雖不納猶以事畢徵絢尋除司州刺史

領安陸太守絢還遣豹子不脩堰至其秋淮水暴長堰壞

奔流于海殺數萬人其聲若雷聞三百里水中怪物隨流

而下或人頭身或龍形馬首或殊類詭狀不可勝名祖晅

坐下獄絢在州三年六脩城隍䟽為嚴整普通元年除衛

尉卿未拜卒輿駕即日臨哭謚曰壯絢寬和少言常懼在朝

廷見人如不能言號為長厚在省每寒見省官有縕纊者

輒道遺以縑衣其好施如此子悅嗣

昌義之歷陽烏江人也少有武幹為馮翊戍主梁武帝為

雍州因事帝亦厚遇之及起兵板為輔國將軍軍主每

戰必捷天監元年封永豐侯累遷北徐州刺史鎮鍾離四

年大舉北侵臨川王宏督眾軍向洛口義之為前軍攻魏

梁城拔之五年冬武帝以征役久詔師班魏中山王元

英乘勢追躡攻城城內糧盡魏來襲歸北議者

咸謂無復南向帝曰此必乃進兵非其實也遣脩鍾離城

西埭時城中眾纔三千義之督帥隨方抗禦前後殺傷萬

計魏軍死者與城平六年帝遣曹景宗喜歡率眾二十萬

救義之為大眾守備是冬英果率眾數十萬圍鍾離衝車

師將軍再遷都督南兗州刺史坐以禁物出蕃為有司所

奏免十三年累遷左衛將軍是冬帝遣太子左衛率康絢

督眾軍作荊山堰魏將李曇定大眾逼荊山揚聲決堰詔

假義之節救絢等已破魏軍魏又遣大將軍李

平攻硤石義之又率朱衣直閤王神念救之魏克硤石義

之班師為有司所奏帝以其功臣不問十五年授北徐州

刺史義之不知書所識不過十字性寬厚為將能得人死

力及居藩任吏人安之改封營道縣侯徵為護軍將軍卒

於官帝深痛惜之謚曰烈子寶景嗣

論曰永元之季雖時主昏狂荊雍二州尚未有釁梁武皇迹

緣家酷首嗚孟津之師王茂等運接昌期自致勤王之舉

若非天人啟期豈得若斯之速乎其陰名顯級亦各風雲
之感會也元起勤乃胥附功惟關土勞之不圖禍機先陷
冠軍之殷於罰巳輕梁之政刑於斯爲失私戚之端自斯
而啓年之不求不亦宜乎張惠紹馮道根康絢昌義之攀
附之始其勁則未及羣盜焚門張以力戰自著鍾離邵陽
之過馮昌勞劭君多浮山之役而康絢寶與其事互有願
勞競進宜朱先及鎮星守天江而堰貴興退舍而決豈人
事乎其天道也

列傳第四十五

南史五十五

張弘策 子緬 續緬
鄭紹叔
樂藹 子法才

李　南史五十六
延壽

張弘策字真簡范陽方城人梁文獻皇后之從父弟也父
安之青州主簿南蠻行參軍弘策幼以孝聞母嘗有疾五
日不食弘策亦不食母所餘遭母
憂三年不食鹽菜幾至滅性兄弟友愛不忍暫離雖各有
室常同臥起世比之姜肱兄弟弘策與梁武帝年相輩幼

▲南史列傳四十六 [一]

見親狎恒隨帝游戲每入室常覺有雲氣體軸蕭然弘策
由此特加敬異建武末與兄弘喆從武帝宿酒酣弘策
下語及時事帝曰天下方亂爾知之乎魏軍方動則
亡漢北王敬則又當乘間而作弘策曰敬則張瓌
赤眼容能立事帝曰敬則甲為天下唱先爾生上運祚
盡於來年國權富歸江劉而汪甚陰都下當大
亂死人如亂麻齊之歷數自茲亡矣梁榮漢富有英雄興
弘策曰瞻烏爰止于誰之屋帝突曰光武所云安知非僕
弘策起曰今夜之言是天意也請定君臣之分帝曰舅欲
毀鄧彪乎是冬魏軍攻新野豫明帝密詔武帝代曹武監

雍州事弘策聞之心喜謂帝曰夜中言當驗帝笑曰且勿
多言弘策從帝西行仍參帷幄身親勞役不憚辛苦齊明
帝崩遺詔以帝為雍州刺史乃表弘策為錄事參軍帶襄
陽令帝觀海內方亂有匡濟之心密為儲備謀猷所及唯
弘策而已時帝長兄懿罷益州還為西中郎長史行郢州
事帝使弘策到郢陳計於懿曰昔晉惠庸主諸王爭權遂
內難九興外寇三作方今喪亂本無令譽蜉蝶人上
王憲制主畫敕各欲專成且嗣主在宮本無令譽蔑委政
右蜂目忍人一居萬機恣其所欲為趙倫形迹已露釁隙人上
臣積相嫌貳必大誅戮始安欲為趙倫形迹已露釁隙人上

▲南史列傳四十六 [二]

天信無此理且性甚猜狹徒取機所可當軸江劉而已
祐怯而無斷暗弱而不才弱鼎覆餗踵可待蕭坦胷懷
猜忌動言相傷徐孝嗣才非柱石聽人穿鼻若隙開釁起
必中外土崩今得外藩幸圖身計及今猜防未生宜召諸
弟以時聚集鄄州控帶荊湘西注漢沔雍州士馬呼吸數
萬時安則竭誠本朝亂則為國弭暴如不早圖悔無及
也懿聞之變色心未之許及懿遇禍帝將起兵夜召弘策
呂僧珍入定議旦乃發兵以弘策為輔國將軍領萬人
督後部軍及鄢城平蕭穎達楊公則諸將皆欲頓軍夏口
帝以為宜乘勝長驅直指建鄴弘策與帝意合又訪寧朔

將軍庾域城又同即日上道尼礒浦村落軍行宿次立頓

廄所弘策預為圖皆在目中城平帝遣弘策與呂僧珍先

往清宮封檢府庫于時城內珍賫妻積弘策申勒部曲秋

毫無犯還衛尉卿加給事中天監初加散騎常侍封曲陽

縣侯弘策盡忠奉上知無不為交友故舊隨才薦拔縉紳

皆趨為時東昏餘黨孫文明等初近赦令多未自安文明

府弘策踰垣匿于龍廄遇賊見害賊又進燒尚書省及閤

黃雲龍門前軍司馬呂僧珍直殿省帥羽林兵邀擊未能

【三】章

却上戎服御前殿謂僧珍曰賊夜來是衆少曉則走矣命

打五鼓賊謂已曉乃散官軍捕文明斬于東市張氏親屬

簞食之帝哭之慟曰痛哉復與誰論詔贈

車騎州軍謚曰閔侯弘策為人寬厚通率篤舊故及居隆

重不以貴地自高故人賓客接之如布衣祿賜皆散之親

友及過害莫不痛惜焉子緬嗣

緬字元長年數歲外祖中山劉仲德異之曰此兒非常器

非止為張氏寶方為海內令名也齊永元末兵起弘策從

武帝向都留緬襄陽年始十歲每聞軍捷勝負憂喜形於

顏色及弘策遇害緬襄遇于禮武帝每遣喻之服闋與封

洮陽縣侯起家秘書郎出為淮南太守時年十八武帝奇

其年少未閑吏事道主書封取郡曹文案見其斷決允愜

甚稱賞之再遷雲麾外兵參軍緬少勤學自課讀書手不

輟卷有質疑者隨問便對略無遺失殿中郎缺帝謂徐勉

曰此曹舊用文學且膺行之首宜擇其人緬勉舉緬充選

頃之為武陵太守還拜太子洗馬中舍人緬毋劉氏以父

沒家貧葬禮有闕遂終身不居正室不隨子入官府緬在

郡所得俸祿有闕遂不敢用至乃妻子不易衣裳及還都並供

毋振遺親屬雖累所著一朝隨盡緬私室常闊然如此其

【四】章

素者累遷豫章內史緬為政任恩惠不設鉤距吏人化其

德亦不敢欺故老咸云數十年未有也後為御史中丞坐

收捕人與外國使鬪左降黃門兼領先職俄復舊任緬居

憲司推緬無所顧望號為勁直武帝乃遣圖其形於臺省

以勵當官遷待中未拜卒詔便舉哀昭明太子亦往臨哭

緬抄後漢晉書抄三十卷又抄江左集末及成文集五卷

緬弟續

續字伯緒出繼從伯弘籍武帝舅也梁初贈廷尉卿續年

十一尚武帝第四女富陽公主拜駙馬都尉封利亭侯召

補國子生起家秘書郎時年十七身長七尺四寸眉目踈

朗神采奕奕發武帝異之嘗曰張壯武云後八世有逮吾者

其此子孫繽好學兄繽有書萬餘卷晝夜披讀殆不輟手

秘書郎四貞宋齊以來爲甲族起家之選揩欲入補其闕

職倦不數十日便遷仕繽固求不從欲遍觀閣內書籍帝

執四部書目曰君試讀此畢可言優仕矣如此三載方遷太

子舍人轉洗馬中含人立堂管記繽與琅邪王錫繽時年二十

三著明見而嘆服累遷尚書殿部郎俄而長兼侍中時人

以爲早達河東裴子野曰張率是府郎繽與錫繽遇便

通初親使彭城人立劉善明通和求識繽與錫繽時人

矣子野性曠達自云年出三十未復詣人初未與繽遇便

虛相推重因爲忘年之交大通中爲吳興太守居郡省煩

苟務清靜人吏便之大同二年徵爲吏部尚書後門興素

[个者此見引拔不寫貞門凡意人士翕然揣之貞其才氣

無所與讓事亦頗有文性與兄衡山侯恭俱

爲皇太子愛賞時繽從兄謐聿立不學問性又凡愚恭祗

嘗預東宮盛集太子戲繽曰從兄謐聿何在繽答曰

繽有謐東官盛集時繽從兄謐聿曰夾人謐聿皆何如繽及

愿短湘東王在坐問繽曰夾人二後事亦弭於藝業何如繽

旦下官從弟雖並無多繽賢毅下之有衡定牽坐愕然其

竹物如此五年武帝詔曰繽本寒門以外戚顯重高自擬

後名冠范陽可尚書僕射繽本寒門以外戚顯重高自擬

及綸作牧郢蕃規隨從江夏遇繽出之湘鎮路經郢服編

賦初吳興吳規頗有才學郡陵王綸引爲賓客深相禮遇

服宜立著繽時立施行改爲湘州刺史述職經郡禮遇

在職議自南郊御乘素華適古今之衷又議印綬官若備朝

心飾貌酷非所滯近蔽耳目深淺清濁當有能預加以矯

者笑而自出守股肱入名衡尺可以仰首伸眉論列是非

讓表曰自出守股距不前曰吾不能對何敬容居客輈湊有

過詣繽繽與蓋掌何敬容意趣不愜敬容居客殘客輈湊有

初繽與蓋掌何敬容言深用爲恨以朱异草詔與异不平

倫而詔有司空范陽之言深用爲恨以朱异草詔與异不平

饑之南浦繽見規在坐意不能平忽舉盃曰吳規此酒慶

汝得陪今宴尋起還其子翁孺見父不悅問而知之翁

孺因氣結爾夜便卒規恨繽慟哭憤哭兼至信次之間又

致殤規妻深痛夫子豎曰又亡時人爲張繽一盃酒殺吳

氏三入其輕傲皆此類也至州務公平遣十郡慰勞解放

老疾更役及關市戍邏先所防人一皆省併州界零陵衡

陽等郡有莫徭蠻者依山險爲居歷政不賓服因此向化

益陽縣人作田二項皆異獻同穎在政四年流人自歸戶

口增十餘萬州境大寧晚頗好積聚多爲圖書數萬卷有

[油]二百斛米四千石佗物稱是太清二年徙授領軍將改

雍州刺史初聞邵陵王綸當代已為湘州其後更用河東
王譽續素輕少王州府候迎及資待甚薄譽深銜之及至
州舉遂託疾不見續仍檢括州府付度事留續不遣會聞
侯景寇建鄴譽富下援湘東王與譽及信州刺史桂陽王慥
因之以敕譽兄弟時湘東王鎮江陵湘東王屆郢州
各率所領入援臺下破至江津譽次江口湘東王書曰河東戴
鎮欲待湘東至謁督府方還州續乃貽湘東書曰將旋湘
之武城爲侯景已請和武帝詔罷援軍譽自江口將旋湘
檣上水欲襲江陵岳陽在雍共謀不遂江陵遊軍主朱榮

南史列傳四十六 七 方

斬纜而歸至江陵收憺殺之荊湘因構嫌隙續尋棄其部
曲攜其二女單舸赴江陵湘東遣使責議譽索續部下仍
遣續向雍州前刺史岳陽王詧推遷未去鎮但以城西白
馬寺厲之會聞賊陷臺城詧因不受代州助防杜岸紿續
無不濟續以爲然因與岸兄弟盟乃要雍州人席引等於
西山衆聚乃服婦人衣乘青布輿與典親信十餘人奔於
曰觀岳陽不容使君使君素得物情若走入西山義舉
杜岸馳告憺登令中兵參軍尹正等追討續以爲襲江陵常
喜及至並禽之續懼不免請爲沙門名法緒詧襲江陵常
載續隨後過使爲橄固醉以疾及軍退敗行至潊水南防

又遣使報云桂陽佳此欲應舉景湘東信之乃散船沈米

守續本應追兵至遂害之纂而去元帝承制贈開府儀
同三司諡簡憲公元帝少時續便推誠委結及帝即位追
思之嘗爲詩序云簡憲之爲人也不事王侯負才仕氣鴻
余則申旦達夕不能已懷夫人之德何日忘之續之往雍州資産素薄留江陵性
既貧業南中貲賄填積及死湘東王皆使收之書二萬卷
寶二百卷文集二十卷初續之
並捷還齊珍寶財物悉付庫以粽蜜之屬遠其家次子希
字子顏早知名尚簡文第九女海鹽公主承聖初位侍中

續弟緬

緬字孝卿少與兄續齊名湘東王綝嘗策之百事緬對關

南史列傳四十六 八 万

其六號爲百六公位貞外散騎常侍中軍宣城王長史遷
御史中丞武帝遣其弟中書令人絢宣旨曰爲國之急唯
在執憲直繩用人之本不限升降賢愚時周閒蔡廓兼以
侍中爲之卿勿疑是左遷時宣城王府堅重故有此旨焉
大同四年元日舊制僕射中丞坐位東西時當緬兄續爲
僕射及百司就列兄弟並導騶分趨兩途前代未有時人
榮之出爲豫章內史在郡述制旨禮記正言義四姓衣冠
士子聽者常數百人八年安成人劉敬躬挾妖道逐聚黨
攻郡進寇豫州刺史湘東王遣司馬王僧辯討賊受緬節
庚旬月間賊黨悉平十年徵爲御史中丞緬再爲憲司彈

斜無所回避家右憚之時城西開士林館聚學者縡與右
衛朱异太府卿賀琛遞述制旨禮記中庸義太清三年為
吏部尚書宮城陷奔江陵位尚書右僕射魏剋江陵朝士
皆俘入關縡以疾免卒於江陵次子交字少游尚簡文第
十一女定陽公主承聖二年官至祕書丞掌東宮管記
庚域字司大新野人也少沈靜有名鄉曲梁文帝為郢州
辟為主簿歡美其才曰荆南祀梓其在斯乎加以恩禮長
沙宣武王為梁州以為錄事參軍帶華陽太守時魏軍攻
圍南鄭州有空倉數十所域手自封題指示將士曰此中
粟皆滿足支二年但努力堅守眾心以安軍退以功拜羽
林監及長沙王為益州域隨為懷寧太守罷任還家妻子
猶事井臼而域所衣大布餘皆供養母好鶴咳域在
位營求孜孜不怠一旦雙鶴來下論者以為孝感所致求
起為寧朔將軍領行選武帝東下師次楊口和帝遣御史
中丞宗史勞軍域乃諷武帝曰黃鉞未加非所以揔率兵
元初南康王板西中郎諮議參軍母憂去職梁武帝興兵
若謂武帝應即命衆軍便下域謀多被納用霸府初開為
丈及西臺即授武帝黃鉞蕭穎胄既都督中外諸軍事論
奧武帝意同即命衆軍天監初封廣牧縣子後軍司馬出為寧朔將軍

巴西梓潼二郡太守梁州長史夏侯道遷降魏魏襲巴西
城固守城中糧盡將士皆齕草供食無有離心魏軍退進
爵為伯于時兵後人飢域上表掇貸不待報輒開倉為有
司所斜上遷域西中郎司馬輔國將軍寧蜀太守卒于官
子子興
子子興字孝卿幼而歧嶷五歲讀孝經手不釋卷或曰此書
文句不多何用自苦荅曰孝德之本何謂不多齊求明末
除州主簿時父在梁州遇疾子興奔侍醫藥言淚恒井長
沙宣武王省疾見之顧曰便錄事雖老猶可憂更在子興
尋丁母憂哀至輒嘔血父戒以滅性乃禁其哭泣淚初為
尚書郎天監三年父出守巴西子興以蜀路險難啓求侍
從以孝養獲許遷寧蜀子興亦相隨父於路感心疾每
至必叫子興亦悶絕及父卒哀慟將絕者再奉喪還鄉秋
水猶壯巴東有淫預石高出二十許丈及秋至則纜如見
焉次有瞿塘大灘行侶忌之部伍至此石猶不見子興撫
心長叫其夜五更水忽退減安流南下及度水復舊行人
為之語曰淫預如襆本不通衢塘水退為庚公初發行有
雙鳩巢舟中及至又栖蘆側每聞哭泣之聲必飛翔簷宇
悲鳴激切欲為父立佛寺未有定處夢有僧謂曰將修勝
業傾南原即可營造明往復歷果見標度處所有若人功

因立精舍居其所以終喪服闋手足㾦躄待人而起仍布衣蔬食志守墳墓叔該謂曰汝若固志吾亦抽簪於是始仕雖以嫡長龍奮國秩盡推諸弟累遷中郎司馬大通二年除巴陵內史便道之官路中遇疾或勸上郡就醫子興曰吾疾患全酒理難愈可貪官陳尸公廨因勒門生不得報入城市即於渚次卒遺令單衣帢履以斂酒脯施靈而已

鄭紹叔字仲明榮陽開封人也累世居壽陽祖琨宋高平太守紹叔年二十餘為安豐令有能名後為本州中從事史時刺史蕭誕弟諶被誅臺遣收誕兵使卒至左驚散

紹叔獨馳赴焉誕死待送喪抑眾咸稱之到都司空徐孝嗣見而異之曰祖逖之流也梁武帝臨司州命為中兵參軍領長流因是厚自結附帝罷州還都謝遣賓客紹叔獨固請願留帝曰卿才幸自有用我今未能相益宜更思佗塗固不許於是乃還壽陽刺史蕭遙昌苦要引紹叔終不受命遙昌將因之卿人救解得免及帝為雍州紹叔兄植為東昏直後東昏遣至雍州託候紹叔潛使為剌客紹知之密白帝及植至帝於紹叔處置酒宴使植為曰朝廷遣卿見圖今日閒宴是見取良會也賓主大笑令

樓登城隍周觀府署士卒器械舟艦戎馬翼不富實猶退謂紹叔曰雍州實力未易圖也紹叔曰兄還具為天子言之若取雍州紹叔請以此眾一戰送兄於南峴相持慟哭而別續後遣主帥杜伯符亦欲為刺客詐言作使上亦密知宴接如常伯符懼不敢發上後即位作五百字詩具及之初起兵紹叔為冠軍將軍驍騎將軍從東下江州平留紹叔監州事曰荀蕭何鎮關中漢祖得成山東之業寇恂守河內光武建河北之基今之九江昔之河內我故留卿以為羽翼前途不捷我當其咎糧運不繼卿任其責紹叔流涕拜辭於是督江湘糧運無闕之天監初入為衛

尉卿紹叔少孤貧事母及祖母以孝聞秦兄恭謹及居顯要糧賜所得及四方遺餉之兄室忠於事上所聞纖豪無隱每為帝言事善則曰臣愚不及此皆聖主之策不善則曰臣智慮淺短以為其事當如是咎以此誤朝廷也臣之罪深矣帝甚親信之母憂去職紹叔有至性帝常使人節其哭頃之封營道縣侯以營道縣戶洞弊改封東興縣侯三年魏圍合肥紹叔以本號督眾軍鎮東關事平復為衛尉既而義陽入魏司州移鎮關南以紹叔為司州刺史紹叔至創立城隍繕兵積穀流人百姓安之性頗矜躁以權勢自居然能傾心接物多所舉薦士亦

以此歸之徵為左衞將軍至家疾篤詔於宅拜授輿還府中使覘之一日數至卒於府舍帝將臨其殯紹叔宅巷迺不容輿駕乃止詔贈散騎常侍護軍將軍諡曰忠紹叔卒後帝甞愾然謂朝臣曰鄭紹叔立志忠烈善則推君過則歸己當今殆無其比見賞惜如此

呂僧珍字元瑜東海范陽人也世居廣陵家甚寒微童兒時從師學有相工歷觀諸生指僧珍曰此兒有奇聲章兒相也事梁文帝為豫州刺史以為典籤帶蒙令帝遷領軍將軍補圭薄賊唐寓之寇東陽文帝率衆東討使僧珍知行軍衆局事僧珍宅在建陽門東自受命當行每日由建陽門道不過私室文帝益以此知之司空陳顯達出軍河北見而呼坐謂曰卿有貴相後當見減深自努力建武二年魏軍攻五道並進武帝師援義陽僧珍從在軍中時長沙宣武王為梁州刺史魏軍圍守連月義陽僧珍從在雍州路斷武帝欲遣使至襄陽求梁州聞衆莫敢行僧珍固請充使即日單舸上道及至襄陽即位司空徐孝嗣管朝政欲要僧珍與共事僧珍知不久當敗弗往武帝臨雍州僧珍固求西歸得補邔令及至武帝命為中兵參軍委以心

旅僧珍陰養死士歸之者甚衆武帝頗招武猛士庶響從會甚萬餘人因命按行城西空地將起數千間屋為止舍多伐材竹沈於檀溪積茅蓋若山阜皆未之用僧珍獨悟其指因私具槽數百張及兵起悉取檀溪竹裝為船艦與其指每船付二張爭者乃息武帝以僧珍為輔國將軍步兵校尉引入臥內宣通意旨大軍次江寧武帝使僧珍與王茂率精兵先登赤鼻邏其日東昏將李居士來戰僧珍等大破之乃與茂進白板橋李居士知城中衆少直來薄城僧珍謂將士曰今力不敵不可戰亦勿遙射須至濠裏當并力破之俄而皆越壍僧珍分人上城自率馬步三百人出其後內外奮擊居士等應時奔散及武帝受禪為冠軍將軍前軍司馬封平固縣侯并遷左衞將軍加散騎常侍入直祕書省總知宿衞天監四年大舉北侵自是僧珍晝直中省夜還祕書省五年旋軍少本官領太子中庶子僧珍去家久表求拜墓武帝欲榮以本州乃拜南兗州刺史僧珍在任見士大夫迎送過禮平心率下不私親戚兄弟皆在外堂並不得坐如故位謂曰此兗州刺史坐非呂僧珍林及別室促膝如故父兄子先以販葱為業僧珍至乃棄業求州官僧珍曰吾

反荊肆耳僧珍舊宅在市北前有督郵廨鄉人咸勸徙解
以益其宅僧珍怒曰豈可徙官廨以益吾私宅乎姊適于
氏住市西小屋臨路與列肆雜僧珍常導從鹵簿到其宅
不以為恥在州百日徵為領軍將軍直秘書省如先常以私
車蓬水瀉御路僧珍既有大勳任揔心膂性甚恭慎當直
業中盛暑不敢解衣每侍御坐屏氣鞠躬對果食未嘗舉
箸因醉後取一甘食武帝笑謂曰卿今日便是大有所進
禄俸外又月給錢十萬其餘賞賚不絕於時初武帝起兵
攻郢州久不下欲走北僧珍獨不肯累日乃見從一夜

僧珍忽頭痛壯熱及明而頹骨益大其骨法盡有異焉十
年疾病車駕臨幸中使醫藥日有數四僧珍語親舊曰吾
昔在蒙縣熱病發黃時必謂不濟主上見語鄉有富貴相
必當不死俄而果愈及吾今已富貴而復發黃所若與昔
同必不復起竟如其言卒于領軍官舍武帝即日臨哭贈驃
騎將軍開府儀同三司諡曰忠敬武帝痛惜之言為流涕

價曰二十一百萬買宅一百萬買鄰
及僧珍生子季雅往賀署函曰錢一千
子淡嗣初宋季雅罷南康郡市宅居僧珍宅側僧珍問宅
強之乃進僧珍疑其故親自發乃金銀也遂言於帝陳其

呂公在州大有政績

才能以為壯武將軍衡州刺史將行謂所親曰不可以負

樂藹字蔚遠南陽清陽人晉尚書令廣之六世孫也家居
江陵方顗隆進舉動醖藉其男雍州刺史宗慙嘗陳器物
試諸甥姪藹時尚幼而無所取慙由此奇之又取史傳各一
卷揔撮綱等使讀畢言所記藹最詳慙益善之齊豫章王
嶷為荊州刺史以藹為驃騎行參軍領錄事參軍宗懃知州事
嶷嘗問藹城隍風俗山川險易藹隨問立對若案圖牒
嶷益重焉荊州人嫉之或譖藹藹聞之方見藹
閉閤讀書後為大司馬記室永明八年荊州刺史巴東王

子響稱兵反及敗焚燒府舍官曹文書一時湯盡齊武帝
見藹問以西事藹占對詳敏帝悅用為荊州中從事敕付
以修復府州事藹繕脩廨署數百區頃之咸畢豫章
王嶷薨解官赴喪率荊湘二州故吏建碑墓所南康王
為西中郎以藹為諮議參軍藹及宗懃燒府引藹
以經略天監初累遷御史中丞藹初為諮議引藹及宗慙故吏劉坦任
八車輻如中丞健步避道者至是果遷焉性公彊居憲臺
其稱職時長沙宣武王葬而車府忽於庫失油絡欲推
主者藹曰昔晉武庫火張華以為積油萬石必然今庫若
灰非吏罪也既而檢之果有積灰時稱其博物弘恕二年

出為平越中郎將廣州刺史前刺史徐元瑜罷歸遇興

人士及逐内史崔睹舒因掠元瑜財產元瑜走歸廣州瑍

兵於瓛託欲討賊而實謀龕瓛覺誅之尋卒於官瓛姊

適徵士同郡劉虯亦明識有檐訓瓛誅為州迎姊居官舍三

武帝嘉其清節曰居職若斯可以為百城表矣遷太舟卿

尋除南康内史恥以讓奉受名齡不拜歷位少府卿江夏

太守因被代表求便道還鄉至家劉為寺樓心物表尋

法才字元備幼與弟法藏俱有美名沈約見之曰法才實

才子為建康令不受奉秩比去將至百金縣曹啟輸臺庫

分祿秩以供焉西土稱之子法才

辛法藏位征西錄事參軍早亡子子雲美容觀善舉止位

江陵令承制除光禄卿魏剋江陵與弟散呼子雲子雲曰

終為虜矣不如守以死節遂仆地卒於馬蹄之下

論曰張弘策惇厚慎密首預帝圖其位遇之隆豈徒外戚

云爾至如太清板蕩親寓離貳續不能叶和蕃岳克濟陶

冶之功而苟懷私怨以成興隙之首風格若此而為梁之

亂階惜乎庾域鄭紹叔呂僧珍等或忠誠亮盡或恪勤匪

解締構王業皆有力焉儻珍之肅恭禁省紹叔之勤誠靡貳

蓋有人臣之節矣瓛雖異帷幄之勳亦讚墨雲之業其當

官任事寵秩不亦宜乎

列傳第四十六　南史五十六

沈約　子旋　孫邏郲　　李延壽　范雲　從兄縝

沈約字休文吳興武康人也昔金天氏有裔子曰昧為玄
冥師生子允格臺駘臺駘能業其官宣汾洮障大澤以處
太原帝顓頊嘉之封諸汾川其後四國沈姒蓐黃沈子國
今汝南平輿沈亭是也春秋之時列於盟會魯昭四年晉
使蔡滅沈沈其後因國為氏自茲以降譜謀罔存秦末有沈
遑徵丞相不就漢初遑曾孫保封竹邑侯保子遵自本國
遷居九江之壽春生戎戎為王太傅封敷德侯遵生驃騎將
軍達生尚書令乾生南陽太守弘弘生河内太守勖

〔南史列傳四十七〕 徐

勖生御史中丞奮奮生將作大匠恪恪生尚書關内侯謙
謙生酆陽太守靖靖生戎戎字威卿仕為州從事說降劉
賊尹良漢光武嘉其功封為海昏縣侯辭不受因避地徙
居會稽烏程縣之餘不鄉遂家焉雖邦邑屢改而築室不
遷戎子酅字聖通位零陵太守致黃龍芝草之瑞第二子
仲高安平相少子景河間相演之慶之曇慶懷文其後也

為吳郡復為吳郡人靈帝初平五年分烏程餘杭為永安
縣吳孫皓寶鼎二年分其地為吳興郡晉太康三年改永
安為武康縣復為吳興武康人焉

仲高子鸞字建光少有高名州舉茂才公府辟州別駕從
事史時廣陵太守陸穎舅也以義烈政績顯名漢朝
復以女妻鸞鸞早卒子稠稠亦有清名卒子
瑜儀俱少有至行瑜十歲儀九歲而父亡居喪毀瘁過於
成人外祖會稽孔愉撫養之及長篤志好學有雅才以儒
素自業時海內大亂兵革並起經術廢弛
禮畢並不復仕
少全行而儀淳深隱默守道不移風操貞整不妄交納唯
與族子仲山叔山及吳郡陸公紀友善州郡禮請二府交

〔南史列傳四十七〕 徐

辟公車徵並不屈以壽終子最字元禪左中郎新都都尉
定陽侯才志顯於吳朝子矯字仲桓以節氣立名仕為立
武校尉偏將軍孫皓時有將帥之稱吳平為擬林長沙二
太守不就太康末卒子景字高晉元帝之為鎮東將軍
命參軍事子延字思長潁川太守始居縣東鄉陸里
餘烏村延子賀字子寧桓沖南中郎參軍賀子譽字世明
博篤有行業學通左氏沈春家產累千金後將軍謝安命
為參軍甚相敬重召內足於財為東南豪士無進仕意謝
病歸安固留不止乃謂曰沈參軍卿有獨善之志不亦高
平譽曰使君以道御物前所以懷德而至既無用佐時故

日汝南黃中英爽終成奇器何遽逾制自取殄滅邪三年

遂飲啜○願兩還家積載以素業自娛前將軍王恭鎮京
口與敬宣有舊好復引為參軍手書殷勤苦相招致不得已
而應之尋復謝去子林子謂敬宣曰足下既執不技之志高尚東
恭命為前將軍主簿謂婁之也初錢唐人杜炅字子恭
南政庶厥子共言非吏職要之也初錢唐人杜炅字子恭東
通靈有道術東土豪家莫不敬事貴竪並事之為弟子執在
三之敬言累世事道亦精言子恭子恭死並為之服弟子
劉牢之所破穆夫見害先是穆夫宗人沈預與穆夫多釁

不協至是告警及穆夫弟仲夫往夫領夫佩夫並遇害唯
穆夫子深子遜子由子林子虔子獲全田子林子知名田子字
敬光從武帝尅京城進平建鄴參鎮軍事封營道縣五等
侯戰沒田子力戰破之及盧循過都帝遣田子與建威
將軍孫季高海道龍驤破廣州還除太尉參軍淮陵內史賜
爵都鄉侯義熙八年從討劉毅除司馬休之
振武將軍扶風太守十二年從討姚泓將自與大軍
傅弘之名領別軍從武關入屯嶢柳青泥姚泓將自與大軍
應田子龍襄其後欲先平田子然後傾國東出乃率步騎數

萬奄至青泥田子本為疑兵所領裁數百欲擊之傅弘之
曰彼衆我寡難可與敵田子曰師貴用奇不必在衆弘猶
固執田子曰衆寡相傾勢不兩立若使賊圍既固人情喪
沮事便去矣及其未整薄之必剋所謂先人有奪人之志
也便獨率所領鼓譟而進賊合圍數重田子乃棄幢麾毀舍
躬勒士卒前後奮擊賊衆一時潰散所殺萬餘人得泓偽
乘輿服御武帝表言其狀既平武帝議于文昌殿集
酒賜田子曰咸陽之平卿之功也即以咸陽相賞即授咸
陽始平二郡太守大軍既還挂陽公義真留鎮長安以田
子為安西中兵參軍龍驤將軍始平太守時赫連勃勃來
寇田子及傅弘之等並以鎮惡家在關中友叛

帝曰今留卿文武將士精兵萬人彼若欲為不善政足自
滅耳勿復多言及俱出北地論者謂鎮惡欲盡殺諸南人
以數十人送義真南還因攝關中友叛田子乃於弘之營
內請鎮惡計事使宗人敬仁於坐殺之率左右數十人自
歸義言長史王脩收殺田子於長安棄其尸於門外其歲十四
年正月十五日也武帝表天子以田子卒發往易不深罪
也林子字敬士少有大度年數歲隨王父在京口王恭見
而奇之曰此兒王子師之流也嘗與衆人共見遺寶咸事

超之林子直去不顧年十三遇家禍既門陷祿蕩兄弟並
應從誅而沈預家其彊富志相陷滅林子兄弟沈伏山澤
無所投厝羅會孫恩襲會稽武帝致討林子乃自歸陳情
率老弱歸罪請命因流涕哽咽三軍為之感動帝甚奇之
乃載以別船遂盡毒殺京城進平都邑時年十八身長七尺五寸
留心文義從兄為害後京口帝分宅以給焉林子博覽羣書
身直入斬預首男女無論長幼系著之以預首祭父祖墓
報讎五月夏節日至預政大會子弟及壁林子兄弟挺
沈預憚林子為憲常被甲持戈至是林子與兄田子還東
及帝為揚州辟為從事領建熙令封資中縣五等侯從伐
討之斬亮之於七里澗而納鎮惡惡武陵既平後討曹軌於
石城軹兼眾走襄陽復追躡之襄陽既定權留守江陵武
帝伐姚泓後參征西軍事加建武將軍統軍為前鋒從
之招集蠻晉屯據武陵武陵太守王鎮惡既出奔林子率軍
討司馬休之武帝每征功後從征劉毅參大尉軍事後從
慕容超平盧循並著軍功後從征林子輒推鋒居前時賊黨郭亮
入河僞并州刺史河東同攻蒲坂龍驤王鎮惡攻潼關姚
冠軍檀道濟同攻蒲坂龍驤王鎮惡攻潼關姚聞大軍
至遣僞東平公姚紹爭據潼關林子謂道濟曰潼關天阻
所謂形勝之地鎮惡孤軍勢危力屈若使姚紹據之則難

| | 南史列傳四七 | | | 五 | |

图也及其未至當并力爭之若潼關事捷尹昭可不戰而
服道濟從之及至紹舉關右之眾設置圍圍林子及道濟
鎮惡等道濟議欲度河避其鋒或欲兼捎輜重遠赴武帝
林子按劍曰下官今日之事自為將辦之然二三君子
或同業艱難或荷恩罔極此退撓亦何以見武帝
邪塞井焚舍示無全志章卒獲捷志獲紹器械小
靡乘其亂而薄之紹以大潰俘虜以千數恐獲紹器械小
實時諸將破賊皆多其首級而林子獻捷書至每以實聞
武帝問其故林子曰夫王者之師本有征無戰豈可後增
張虜獲以示誇誕昔魏尚以盈級受罰此亦後秉之良轍

| | 南史列傳四七 | | | 六 | 徐 |

也武帝乃所望於卿也初紹退走還保定城留偽武衛
將軍姚鸞精兵守嶮林子銜枚夜襲即屠其城剿繩而坑
其眾紹復遣撫軍將軍姚讚將兵屯河上林子連破之紹
又遣長史姚伯子等屯據九泉憑河固險以絕糧援武帝
復遣林子累戰大破之即斬伯子所俘獲悉以遠紹使知
王師之弘紹志節沈勇林子每戰輒勝白武帝曰姚紹氣
蓋關右而力以勢屈但恐凶命先盡不得以膏齊斧爾尋
紹疽發背死武帝以林子之驗乃賜書嘉美之於是讚統
後軍復龍驤林子禦之連戰皆捷帝至閺鄉姚泓自率大眾
內兵屯嶢柳時田子自武關北入屯軍藍田泓

攻之帝衆寡不敵遣林子步自秦嶺以相接援比至泓
已破走田子欲窮追進取長安林子止之曰往取長安如
指掌爾復剋賊城便為獨平一國不賞之功也田子乃止
林子威震關中豪右望風請附帝以林子綏納之功略有方
頻賜書襃美弃令深慰納之長安既平姚氏十餘萬口西
奔隴上林子追討至嘉婦議以林子及謝晦為蕃佐帝曰
領才授用文帝出領荊州議還至槾里天軍東歸林子
隨水軍於石門以為聲援還至彭城帝令林子以行
吾不可頻無二人林子行則晦不宜出乃以林子為西中
郎中兵參軍領新興太守林子以行役父女士有歸心乃深

陳事宜幷言聖王所以戒慎祗蕭非以崇威立武寔乃經
國長毗宜廣建蕃屛崇嚴宿衛武帝深相訓俄而謝翼
謀友帝歎曰林子之見何其明也文帝進踐鎮西隨府轉
加建威將軍河東太守時武帝以方隅未靜復欲親戎林
子固諫帝咎曰吾當不復自行帝踐祚以佐命功封漢
壽縣伯固讓不許永初三年卒追贈征虜將軍元嘉二十
五年謚曰懷少子璞嗣璞字道真童孺時神意閑審文帝
召見奇璞應對謂林子曰此非常兒也初除南平王左常
侍文帝引見謂之曰吾昔以弱年出蕃鄉家以親要見
今日之授意在不薄王家之事一以相委勿以國官垂清

塗為閩也元嘉十七年始興王濬為揚州刺史寵愛殊
異以為主簿時順陽范曄為長史行州事曄性疎頻文帝
謂璞曰范曄性疎卿必多不同卿腹心所寄當密以在意彼
行事其實卿也璞以任遇旣深所懷輒以密啓每至際也
必從中出曩政謂聖明留察故深更恭慎而莫見其際
在職八年神州大寧文無謗璞有力焉年二十二年范曄
坐事誅時濬始興國大農累遷淮南太守三十年元凶
弒立璞以奉迎之晚見殺有子曰約其制自序大略如此
約十三而遭家難潛竄會赦乃免旣而流寓孤貧篤志好

學書夜不釋卷母恐其以勞生疾常遣減油滅火而晝之
所讀夜輒誦之遂博通羣籍善屬文濟陽蔡興宗聞其才
而善之及為郢州引為安西外兵參軍兼記室興宗常謂
其諸子曰沈記室人倫師表宜善師之及為荊州又為征
西記室帶闗西令齊初為征虜記室帶襄陽令所奉主即
齊文惠太子入居東宮為步兵校尉管書記直永壽
省校四部圖書時東宮多士約特被親遇每旦入見景斜
方出時王侯到宮或不得進約每以為言太子曰吾生平
嬾起是卿所悉得卿談論然後忘志寢卿欲我夙興可恒早
入遷太子家令後為司徒右長史黄門侍郎時竟陵王招

士約與蘭陵蕭琛琅邪王融陳郡謝朓南郡范雲樂安任
昉等皆游焉當世號為得人隆昌元年除吏部郎出為東
陽太守齊明帝即位徵為五兵尚書遷國子祭酒明帝
政歸冢宰尚書令徐孝嗣使約撰定遣詔求元中復為司
徒左長史進號征虜將軍南清河太守初梁武在西邸與
約游舊建康城平引為驃騎司馬時帝勳業既就明帝崩
屬約嘗扣其端帝默然而不應佗日又進曰今與古異不
可以淳風期萬物士大夫攀龍附鳳者皆望尺寸之功
以保其福祿今童兒牧豎悉知齊祚之終且天文人事表
革運之徵求元以來充為彰著讖云行中水作天子此又

天人之望脫一人立異便損威德且人非金石時事難保
豈可以建安之封遺之子孫若天子還都公卿在位則君
公初起兵樊沔此時應思今日王業已就何所復思昔武
王伐紂始入人便曰吾君武王不達人意亦無所復思公自
至京邑已移氣序比於周武逢運不同若不早定大業稽
古作賊帝然之約出尹范雲旨雲對略同約旨帝曰智
者乃爾爾暗同卿明早將休文更來雲出語約
我雲許諾而約先期入帝令草其事約乃出懷中詔書并

諸選置帝初無所改俄而嘆曰我起自寒門不得入排佪
壽光閣外但云咄咄約出雲問曰何以見嘆約舉手向左
頤曰此口不在公今復何在雲笑曰不乖明讖雲與沈休文輩君
不覺有異人焉公今日才智縱橫可謂明識雲曰公今知
不異約今知公帝起兵於今三年矣功臣諸將實有
其勞然成帝業者乃卿二人也梁臺建為散騎常侍吏部
尚書兼右僕射及受禪為尚書僕射封建昌縣侯又拜母
謝為建昌國太夫人奉策之日右僕射范雲等二十
餘人咸來致拜朝野以為榮俄遷尚書左僕射中書令前將

憂與駕親出臨弔以約年衰不宜致毀遣中書舍人斷客
節哭起為鎮軍將軍丹楊尹置佐史服闋遷侍中右光祿
大夫領太子詹事秦尚書八條事遷尚書令累表陳讓改
授左僕射頒中書令遷尚書令領太子少傅九年轉左
光祿大夫初約久處端揆有志臺司論者咸謂宜而帝
終不用乃求外出又不見許與徐勉素善遂以書陳情於
勉言已老病百日數旬革帶常應移孔以手握臂率計月
小半分欲謝事求歸老之秩勉為言於帝請三司之儀弗
許但加鼓吹而已約性不飲酒少嗜慾雖時遇隆重而君
毁儉立宅東田矚望郊阜常為郊居賦以序其事壽加
特進遷中軍將軍丹楊尹侍中特進如故十二年卒官年

七十三諡曰隱約左目重瞳子齊有紫志聰明過人好墳籍聚書至二萬卷都下無比少孤貧約于宗黨得米數百斛為宗人所侮辣米而去及貴不以為憾約歷郡部傳嘗侍宴有妓師是齊文惠宮人帝問識不曰唯識沈家令約伏地流涕帝亦悲焉為之罷酒約歷仕三代該悉舊章博物洽聞當世取則謝玄暉善為詩任彥昇工於筆約兼而有之然不能過也自負高才昧於榮利乘時射勢頗累清談及居端揆稍弘止足每進一官輒殷勤請退而終不能去論者方之山濤用事十餘年未常有所薦進政之得失唯唯而已初武帝有憾於張稷及卒因與約言

之約曰左僕射出作邊州刺史已往之事何足復論帝以為約婚家相為怒約曰鄉言如此是忠臣邪乃輦歸內殿約懼不覺帝起猶坐如初及還未至牀憑空頓於戶下因病夢齊和帝劍斷其舌召巫視之巫言如夢乃呼道士奏赤章於天稱禪代之事不由己出先此約嘗侍宴會豫州獻栗徑寸半帝奇之問栗事多少與約各疏所憶少帝三事約出謂人曰此公護前不讓即羞死帝以其言不遜欲抵其罪徐勉固諫乃止及疾上遣主書黃穆之專知省視穆之夕還增損不即啟聞懼罪鍮以赤章事因上省竪徐奘以聞又積前失帝大怒中使譴責者數焉約懼遂卒有

司諡曰文帝曰懷情不盡曰隱故改為隱約少時常以晉氏一代竟無全書年二十許便有撰述之意宋泰始初征西將軍蔡興宗為啟明帝有敕許焉自此躓二十年所撰之書方就凡一百餘卷條流雖舉而採綴未周永明初遇盜失第五帙又齊建元四年被敕撰國史永明六年二月畢著作郎撰次起居注五年春又被敕撰宋書天監中又撰梁武功表上之其所撰國史為齊紀二十卷天監二十卷撰梁武紀十四卷又撰通言十卷諡例十卷文章志三十卷文集一百卷皆行於世又四聲譜以為在昔詞人累千載而不悟而獨得胸衿窮其妙旨自謂入神之作武帝雅不好焉嘗問周捨曰何謂四聲捨曰天子聖哲是也然帝竟不

甚遵用約也子旋字士規躗辭辭位司徒有長史太子僕以母憂去官因蔬食碎穀服除猶絕粳粱終于南康內史諡曰恭集注通言行於世旋弟趨字孝鯉亦知名位黃門郎旋子寔嗣寔弟眾眾字仲興好學頗有文詞仕梁為太子舍人時梁武帝制千文詩眾為之注解與陳郡謝景同時見于文德殿帝令眾為竹賦賦成奏之手敕答曰鄉文體翩翩可謂無忝爾祖累遷太子中舍人兼散騎常侍聘魏還為驃騎廬陵王諮議參軍侯景之亂表求還吳興召募故義部

14-593

曲以討賊梁武許之及景圍臺城眾率宗族及義附五千
餘人入援都軍容甚輕景深憚之梁武於城內遙授太子
右衛率臺城陷眾乃降景平元帝以爲司徒左長史魏
赴江陵見虜亦逃歸陳武帝受命位中書令帝以眾爲
里知名甚敬重之賞賜超於時輩性吝嗇財帛億計無所
分遣自奉甚薄每朝會中衣裳破裂或躬提履復求定二
年兼起部尚書監起太極殿服布袍芒屩以麻繩爲帶二
又囊麥飯餅以啖之朝士咸共詆其所爲眾性狷急因忿
恨遂歷詆公卿非毀朝廷武帝大怒以眾素有令望不欲
顯誅因其休假還武康遂於其中賜死

范雲字彥龍南鄉舞陰人晉平北將軍汪六世孫也祖璩
之宋中書侍郎雲六歲就其姑夫袁叔明讀毛詩日誦九
紙陳郡殷琰名知人候叔明見之曰公輔才也雲性機警
有識且善屬文下筆輒成時人每疑其宿構父抗同府見
友之起家郢州西曹書佐轉法曹行參軍俄而沈約收之
兵圍郢城抗時爲府長流入城固守留家屬居外雲爲軍
人所得收之召與語聲色甚厲雲貌不變徐自陳說收之
笑曰卿定可見且出就舍明旦又召雲令远書入城內餉
武陵王酒一石犢一頭餉長史柳世隆鱔魚二十頭皆去

其首城內或欲誅雲雲曰老母弱弟懸命沈氏若其違命
禍必及親今日就戮甘心如薺世隆素與雲善乃免之後
除貧外散騎郎齊建元初竟陵王子良爲會稽太守雲爲
府主簿王未之知後刻日登山乃命雲以山上有
秦始皇刻石此文三句一韻人多作兩句讀之並不得韻
又皆大篆人多不識乃夜取史記讀之皆上口明日登山
子良令賓僚讀之皆茫然不識末問雲雲曰下官嘗讀史
記見此刻石文進乃讀如流子良大悅因以爲上賓自
是寵冠府朝王爲丹楊尹復爲主簿深相親任時進見齊
高帝會有獻白烏者雲位甲最後答曰臣聞王
者敬宗廟則白烏至時謁廟始畢帝曰卿言是也感應之
理一至此乎子良爲南徐州南兗州雲並隨府遷每陳朝
政得失於子良尋除尚書殿中郎子良爲雲求祿齊武帝
曰聞范雲諂事汝政當流之子良對曰雲之事臣動相箴
諫諫書存者百有餘紙紙皆切至咨嗟良久
曰不意范雲乃爾方令汝子弼之言皆惻怛至到豫章王巍
王子響在荆州殺上佐帝令子良爲司徒又補記室時巴東
鎮東府多選私邸朝臣子良築第西郭所禮游戲而已而
梁武帝時爲南郡王文學與雲俱爲子良所禮梁武勸子
良還石頭并言大司馬宜還東府子良不納梁武以告雲

時延尉平王植為齊武帝所狎雲謂植曰西夏不靜人情
甚惡大司馬詬得久遠私第司徒亦宜鎮石頭卿入既數
言之莞易因求啓作雲自呈之俄而二王各鎮一城文惠
太子嘗幸東田觀穫稻雲時從文惠顧雲曰此刈甚快雲
曰三時之務亦甚勤勞願殿下知稼穡之艱難無徇一朝
之宴逸也文惠改容謝之及出侍中蕭緬先不相識就車
褚雲手曰不謂今日復見讜言永明十年使魏魏使李彪
宣命至雲所甚見稱美彪為設甘蔗黃甘粽隨盡絕益彪
笑謂曰范散騎小復儉之一盡不可復得使還再遷零陵
内史初零陵舊政公田奉米之外別雜調四千石及雲至

【南史列傳四十七 十五 ▼】

郡止其半百姓悅之深為齊明帝所知還除正負郎時高
武王俠立懼大禍雲因帝召次曰昔太宰文宣王語臣言
嘗夢在一高山上上有一深阬見文惠太子先墜次武帝
次文宣望見僕射在室坐御牀備王者羽儀不知此是何
夢卿慎勿向人道明帝流涕曰此惠亦難負於是處
昭胄兄弟異於餘宗室雲之幸於子良江祏求雲女婚姻
酒酣巾箱中取剪刀與雲曰且以為娉雲笑受之至是祏
貴雲又因酣曰昔與將軍俱為黃鵠今將軍化為鳳皇荊
布之室理陽華盛因出翦刀還之祏亦更姻他族及祏敗
妻子流離每相經理又為始興内史舊郡界得亡奴婢悉

付作部曲即賃去買銀輸官雲乃先聽百姓誌之若百日
無主依判送臺又郡相承後堂有雜工作雲來省還役入
為帝所賞郡多豪猾大姓二千石有不善者輒自衛雲入
則逐之遍帶蠻俚尤多盜賊前内史皆以兵刃自衛雲遷廣州刺
史撫以恩德罷遣候伺商賈露宿郡中補為曲江令祏深以託雲有
窓頓琦等纍時江祏姨弟徐藝藝唐頌蒼梧丁
譚儼者縣之豪族藝鞭之儼以為恥至都訴雲坐微
下獄會赦免初梁武為司徒與雲俱在竟陵王西邸
情好歡甚永明末梁武與兄懿卜居東郊之外雲亦築室

【南史列傳四十七 十六 ▼】

相依梁武每至雲所其妻常聞蹋聲又嘗與梁武同宿頷
嵩之舍嵩之妻方产有鬼在外曰此中有王有相雲起曰
王當仰屬相以見歸因是盡心推事及帝起兵將至都雲
雖無官自以與帝素歡為昏主所疑求入城先以軍
迎太原孫伯翳謀之伯翳曰今天文顯於上災變應於下
蕭征東以濟世雄武挾天子而令諸侯人事宰侯多
說雲曰此政會吾心今羽翮未備不得不就籠檻希足下
善聽之及入城除國子博士未拜而東昏遇弒侍中張稷
使雲銜命至石頭梁武恩待如舊遂參讜謀毗佐大業
仍拜黃門侍郎與沈約同心翊贊俄遷大司馬諮議參軍

領録事梁臺建侍中武帝時納齊東昏餘妃頗妨政事
雲骨以為言末之納後與王茂同入卧内雲又諫王茂因
起拜曰范雲言是公必以天下為念無宜留情帝默然雲
便跪令以余氏賚茂帝賢其意而許之明日賜雲錢各
百萬及帝受禪柴燎南郊雲以侍中參乘禮畢帝升輦謂
雲曰朕之今日所謂懍乎若朽索之馭六馬雲對曰亦願
陛下慎一日帝善其言即日選散騎常侍吏部尚書以
佐命功封霄城縣侯雲以舊恩超居佐命盡誠翊亮知無
不為帝亦推心仗之所奏多允雲本大武帝十三歲嘗侍
宴帝謂臨川王宏鄱陽王恢曰我與范尚書少親善申四

【南史列傳四十七】 十七 ▶

海之敬今為天下主此禮既革汝宜代我呼范為兄二王
下席拜與雲同車還尚書下省時人榮之帝嘗與雲言及
舊事云朕司州還在三橋宅門生王道牽衣云聞外述圖
讖云齊祚不久別應有王者官應取富貴朕齊中坐聞書
内感其言而外迹不得無怪欲呼人縛之道叩頭求哀乃
不復敢言今道發耳帝又云布衣時嘗夢羽林監支德主帥兩舊羨為六宫有天
意令道發耳帝又云布衣時嘗夢羽林監支德主帥兩舊羨為六宫有天
下此嫗已卒所拜非復其人恒以為恨其年雲以本官領
太子中庶子二年遷尚書右僕射雲猶為右僕射領吏部
用人免吏部猶為右僕射雲性篤睦事寡嫂盡禮家事必

先諮而後行好節奇專趨人之急少與領軍長史王暕
善雲起宅新成移家始畢亡於官舍殯無所歸雲以東
箱給之移屍自門入朝自營唅招復如禮時人以為難及
居選官曹隆重書牘盈案賓客滿門雲應答如流無所
壅滯官曹文墨發擿若神時人咸服其明贍性頗激厲少
威重有所是非形於造次士或以此少之初雲為郡號廉
照及貴重頗通饋遺然家無畜積隨散之親友武帝九錫
之出雲忽中疾居二日半召醫徐文伯曰朝聞夕
死而況二年文伯乃下火而焈焉重衣以覆之有頃汗流

【南史列傳四十七】 十八 ▶

於此即起二年果卒帝為流涕即日輿駕臨殯詔贈侍中
衛將軍禮官請諡曰宣敕賜諡曰文有集三十卷子孝才
嗣孫伯黥太原人曾祖放晉國子博士
士長沙太守父康起部郎貧常映雪讀書清介交游不雜
伯黥位終驃騎鄱陽王參軍事雲從父兄縝
縝字子真父濛奉朝請早卒縝少孤貧事母孝謹年未弱
冠從沛國劉瓛學瓛奇之親為之冠在瓛門下積年恒
芒屩布衣徒行於路瓛門下多車馬貴游縝在其間聊無
恥愧及長博通經術尤精三禮性質直好危言高論不為
士友所安唯與外弟蕭琛善琛名曰辯每服縝簡詣每

二十九段曰膰然乃作傷暴詩曰陵詠以自嗟往哲位尚
書敕中即求明中與魏氏和親簡才學之士以為行人縝
及從弟雲蕭琛琅邪顏幼明河東裴昭明相繼將命營著
名鄰國時竟陵王子良盛肥賓客縝亦預焉嘗侍子良
良精於佛教而縝盛稱無佛子良問曰君不信因果何得
幗墜於茵席之上自有關離牆落於糞溷之中隊茵席者
殿下是也落糞溷者下官是也貴賤雖復殊途因果竟在
何處子良不能屈然深怪之縝退論其理著神滅論以為
即形也形即神也形存則神存形謝則神滅形者神之質

神者形之用也形稱其質神言其用形之與神不得相
異神之於質猶利之於刀形之於用猶刀之於利利之名
非刀也刀之名非利也然而捨利無刀捨刀無利未聞
沒而利存豈容形亡而神在此論出朝野諠譁子良集僧
難之而不能屈大原王琰乃著論譏縝曰嗚呼范子曾不
知其先祖神靈所在而縝後對曰嗚呼王子知
其祖先神靈所在而欲拉縝就對縝又恐傷險諛皆此類也
子良使王融謂之曰神滅既自非理而卿堅執之恐傷
教少卿之大美何患不至中書即而故言刺為此豈便毀
華之縝太笑曰使范縝賣論取官已至令僕矣何但中書

郎邪後為宣都太守性不信神鬼時夷陵有伍相廟唐漢
三神廟胡里神廟縝乃下教斷不祠後以母憂去職居干
南州梁武至縝墨縗來迎武帝與縝有西邸之舊見之甚
悅及建康城平以縝為晉安太守在郡清約資公祿而已
還高書左丞及還雖親戚無所遺唯飴前尚書令王亮縝
以矯於時竟坐亮徙廣州在南累年追為中書郎國子博
士卒文集十五卷子胥字長才傳父業位國子博士有口
辯大同中常兼客郎應接比使卒於鄱陽內史

論曰齊德將謝昏主暴刻梁武撫茲
歸運噛召風雲范雲恩結龍潛沈約情深惟舊並以茲文
義首居帷幄追蹤亂傑各其時之遇世而約以高才博洽
名亞董遷末迹為頗亦鳳德之衰乎縝婞直之節著于
始其以王亮為尤亦不足非也

列傳第四十七

南史五十七

列傳第四十八　　　李　延壽

南史五十八

韋叡　兄纂　闡
　　叡子放
　　正子黯　鼎
叡弟弟俊　正弟稜
　　　孫黎　孫黤　孫黯
裴邃　邃子忌　鼎子之高弟之横
　　　　　　　　　之高弟之平

▲南史列傳四十八　徐

韋叡字懷文，京兆杜陵人也。世為三輔著姓。祖玄避吏隱
長安南山。宋武帝入關，以太尉掾徵不至。伯父祖征，宋末
為光祿勳。父祖歸，寧遠長史。叡事繼母以孝聞。祖征累為
郡守，每攜叡之職，視之如子。時叡內兄王憕、姨弟杜惲並
有鄉里盛名，祖征謂叡曰：汝自謂何如？叡謙不敢對。
祖征曰：汝文章或小減，學識當過之，然幹國家成功業皆
莫汝逮也。外兄杜幼文為梁州刺史，要叡俱行。梁土富饒，
往者多以賄敗。叡雖幼，獨以廉聞。宋求元表，頻為雍州
刺史而異之，引為主簿。到州興鄧琬起兵，叡求出為
義成郡，故免顯之禍。累遷齊興太守、本州別駕、長水校尉、
右軍將軍齊末多故，欲還鄉里求為上庸太守，俄而
陳顯達護軍將軍崔慧景頻過建鄴，人心惶駭，西上人謀
之，叡曰：陳雖舊將，非有高人才；崔自崄更事，懦而不武，天下真
人殆興吾州矣，乃道其二子自結於梁武及兵起，樔至叡
率郡人伐竹，為筏倍道來赴，有眾二千馬二百。四帝見叡
其悅，撫几曰：佗日見君之面，今日見君之心，吾事就矣。師

▲南史列傳四十八　二　徐

剋郢、魯、平、岻、湖，叡多建策，皆見用。大軍發郢謀留守將上
難其人，父之顧叡曰：葉騏驥而不乘焉，逸遑遑而更索即日
以為江夏太守，行郢州府事。初郢城之拒守也，男女垂十
萬閉墨，經年疾疫死者十七八，皆積屍於牀下，而生者寢
處其上，每屋數滿，叡料簡隱郵，咸為營理，百姓賴之。梁遷
徵為大理卿。武帝即位，遷延尉，封都子。天監二年，改封
昌再遷豫州刺史，領歷陽太守。魏遣眾來伐，叡率州兵擊
走之。四年，侵魏，詔叡都督眾軍。叡遣長史王超宗、梁郡太
守馮道根攻魏小峴城，未能拔，叡巡行圍柵，魏城中忽出
數百人陳於門外，叡欲擊之，諸將皆曰：向本輕來請還授
甲而後戰。叡曰：魏城中二千餘人，閉門堅守，足以自保，今
無故出人於外，必其驍勇者也。其城自拔眾猶遲疑
叡指其節曰：此非以為飾，韋叡之法不可犯也。先是，右
軍司馬胡景略至合肥，久未能下。叡案行山川曰：吾聞汾
進兵，魏軍敗，因急攻之，中宿而城拔，遂進討合肥。
水可以灌平陽即此是也。乃堰肥水，頃之堰成，水通舟艦
繼至，魏初分築東西小城夾肥。叡先攻二城。既而魏援將
楊靈亂帥軍五萬奄至。眾懼不敵，請表益兵。叡曰：賊已至
城下，方復求軍且吾求濟師。彼亦徵眾，故軍克在和古人之
義也。因戰破之，軍人少安。初肥水堰立，使軍主王懷靜築

城於岸守之魏攻陷城乘勝至獻城下軍監潘靈祐勸獻
退還巢湖諸將又請走保三丈獻怒曰將軍死綏有前無
却因令取纖傘麾幢樹之堤下示無動志獻養羸每戰不
嘗騎馬以板輿自載督眾軍魏兵繫堤獻親與爭魏軍不
却因築壘萬餘於堤以自固起闘艦高與合肥城等四回臨之
城潰俘獲萬餘於獲軍實無所私焉初胡景略與前軍趙
祖悅同軍交惡志相陷害景略一怒自齧其齒齒皆流血
獻以將帥不和將致患禍酌酒自勸景略每晝接客旅夜筭書
復私起張燈達曙撫循其眾常如不及故投募之士爭歸

一南史列傳四十八 三

三更之所至頓舍脩立館宇蒲離墻壁皆應準繩合肥既平有
詔班師去魏軍既近有懼為所躡獻悉遣輜重居前身乘小
輿殿後魏人服獻威名望之不敢逼全軍而還於是遷豫
州於合肥五年魏中山王元英攻北徐州圍刺史曹義宗
拒之次邵陽洲築壘相守未敢進帝怒詔獻會焉賜以龍
於鍾離眾兵百萬連城四十餘武帝遣征北將軍曹景宗
環御刀曰諸將有不用命者斬之獻自合肥徑陰陵大澤
過澗谷輒飛橋以濟師人畏魏軍盛多勸獻緩行獻曰鐘
離令繫而汲而處負戶而汲軍卒奔狷恐其後而況緩乎
旬日而至邵陽初帝敕景宗曰韋獻卿鄉望宜善敬之景

宗見獻甚謹帝聞曰二將和師必濟矣獻於景宗營前二
十里夜掘長塹樹鹿角截洲為城比曉而營立元英大驚
以杖擊地曰是何神也景宗慮城中危懼乃募軍士言文
達洪騏驎等齎敕入城使固城守潛行水底得達東城城
中戰守日苦始知有援於是人百其勇魏將楊大眼將萬
餘騎來戰大眼者魏之驍將也獻結車為陣大眼圍之獻
以勇冠三軍所向皆靡獻軍人殺傷者眾
矢貫大眼右臂亡魂而走明旦元英自率眾來戰獻乘素
木輿執白角如意以麾軍一日數合英甚憚其銳魏軍
夜來攻城飛矢兩集獻子黯請下城以避箭獻不許軍中

一南史傳四八 四

驚獻於城上厲聲呵之乃定魏人先於邵陽洲兩岸為兩
橋樹柵數百步跨淮通道獻裝大艦使梁郡太守馮道根
盧江太守裴邃秦郡太守李文釗等為水軍會淮水暴長
獻即遣之鬥艦競發皆臨賊壘以小船載草灌之以膏從
而焚其橋風怒火盛敢死之士拔柵斫橋樹又漂疾倏忽
之間橋柵盡壞道根等皆身自搏戰軍人奮勇呼聲動天
地無不一當百亦如之其餘軍人分投水死者
十餘萬斬首亦如之其餘釋甲稽顙乞為囚奴猶數十萬
獻遣報昌義之且悲且喜不暇答但叫曰更生更生
帝遣中書郎周捨勞軍於淮上獻積所獲於軍門捨觀之

謂叡曰君此獲復與熊耳山等失以功進爵為侯七年還
左衛將軍俄為安西長史南郡太守會司州刺史馬仙琕
自此還軍為魏人所躡三關擾動詔叡督衆軍援焉叡至
安陸增築城二丈餘更開大漸起高樓衆頗議其示弱叡
曰不然為將當有怯時是時元英復追仙琕將復邵陽之
恥聞叡於故舊無所惜士大夫年七十以上多與假板縣
令鄉里甚懷之十五年拜表致仕優詔不許徵拜護軍給
鼓吹一部入直殿省居朝廷恂恂未甞忤視武帝甚禮敬
之性慈愛撫孤兄子過於已子歷官所得祿賜皆散之親
故家無餘財後為護軍居家無事嘉石陸賈之為人因
畫之於壁以自玩時雖老暇日猶使說書其所發樿棷猶
尤明經史世稱其治聞叡每坐使說書諸兒以學第三子稜
弗之逮武帝方銳意釋氏天下咸從風而化叡自以信受
素薄位居大臣不欲與衆俯仰所行略如佗日普通元年
還侍中車騎將軍未拜卒於家年七十九遺令薄葬斂以
時服武帝即日臨哭其勳贈車騎將軍開府儀同三司諡
曰嚴叡雅有曠世之度溢人以愛惠為本所居必有政績

十四年為雍州刺史初叡起兵鄉中容陰雙光理復邵陽之
還為州雙光道候叡初名頗笑曰若從公言乙食於路矢餉耕牛

將兵仁愛士卒營幕未立終於不肯舍并垒未成亦不先食
被服必於儒者雖臨陳交鋒常緩服乘輿執竹如意以麾
進止與裴邃俱為梁世名將餘人莫及初邵陽之役昌義
之甚德叡請曹景宗與叡會因設錢二十萬官賭令景宗
擲得雉叡徐擲得盧還取一子反之曰異事遂作塞墅特
進沈約宜撰纂於是約纂聞而先啓上曰恨陛下不與此
時與羣帥爭先啓之捷叡獨居後其意非臣也
尤以此賢之叡兄纂聞并名纂仕齊位司徒記室特
輩也纂聞為建宇縣所得俸祿百餘萬還家衆委伯父廎分
鄉里宗事之位通直郎

叡子放字元直身長七尺七寸腰帶八圍容貌甚偉襲封
永昌縣侯位竟陵太守在郡和理為吏人所稱大通元年
武帝遣兼領軍曹仲宗等攻渦陽又以放為明威將軍揔
兵會之魏大將軍費穆帥衆奄至放軍營未立廎有
二百餘人放從弟洵驍果有男力單騎擊戮刺陷魏洵
馬亦被傷不能進放胄矢盡色請放大呼曰今日唯有死
卒皆殊死戰莫不一當百遂比至渦陽魏又遣常山王元
昭大將軍李獎乞伏寶費穆等五萬人來援放大破之渦
陽城主王偉以城降魏人棄諸營壘一時奔潰衆軍乘之

斬獲略盡禽偽楊第超井王偉遷建鄴還為太子右衛率中

大通二年徙此北徐州刺史卒於鎮諡曰宜侯放性弘厚篤

實輕財好施於諸弟尤雜橇每將邊別及行役初遷常同

一室即起時比之三姜初放與具郡張率皆有側室懷孕

因指為昏姻其後各產男女未及成長而率亡遺嗣孤弱

放常贍卹之又為比息岐聚孝文又以女適率子時稱放能篤

信於故友乃以息岐聚孝

僑子藻

藻字靖倩少有父風好學仕氣身長八尺容觀甚偉初為

雲麾晉安王行參軍後為外兵參軍兼中兵時潁川庾仲

容具郡張率前輩才名與藻同府並忘年交好又王為皇

太子藻自記室遷步兵校尉入為東宮領直後襲爵永昌

縣侯累遷右衛率領直衛以舊恩任寄綢密雖居職累徙

常留宿衛頻擅詮衡不為時輩所平右衛朱异嘗於酒

藻屬色謂藻曰卿何得已作領軍面向人大同中帝嘗不

豫一日暴剋皇太子以下並入侍疾內咸云帝崩藻於酒

率官甲度臺徵有喜色問所由邪不見辨長梯以為大行

幸前殿須長梯以度也帝後聞之怒曰韋藻願我死有司

奏推之帝曰各為其主不足推故出為衡州刺史皇太子

出餞新亭執藻手曰與卿不為父別父之帝復召還為散

騎常侍還至盧陵聞侯景作逆便簡閱部下倍道赴援至

豫章即就史劉孝儀共謀之孝儀曰必如此當有整

可輕信單便安相驚動或恐不然時孝儀置酒藻怒以

抵地曰賊已度江便逼宮闕水陸阻斷何暇有報假令無

敕且得自安韋藻今日何情飲酒即馳馬出部分將發會

江州刺史當陽公大心遣使要藻往見大心曰上游要鎮

助第九弟警為前軍藻馳往分麾下配弟八弟

都最近發下情計實宜在先但中流任重當須大

關鎮今宜張軍聲勢執後鎮盆城遺弟

心然之遣中兵柳昕帥兵二千隨藻藻悉留家累於江州

以輕舸就路至南洲藻外弟司州刺史柳仲禮亦帥步騎

萬餘人至橫江藻即送糧使給之并散私金帛以賞其戰

士先是安北劊陽王範亦自合肥遣西豫州刺史裴之高

與其世子嗣帥江西之眾赴都屯于張公洲待上流諸軍

至是之高遣船度仲禮與藻合軍進屯新林王遊苑藻建

議推仲禮為大都督報下流狼軍裴之高自以少年位高恥

居其下乃云今茲之舉仲禮年少在我後鞭撻累日不決

藻乃抗言於眾曰今同赴國難義在除賊所推柳司州者

政以久捍邊疆先為侯景所憚且士馬精銳無出其前若

論位次柳在藻下語其年齒又少於藻藻且以社稷之計不

得復論今日貴在將和若人心不同大事去矣裴公朝之
書曇朗惡遂應接私以阻大計蔡請為諸君解釋之乃單舸
至之高曇切讓之之高泣曰吾荷國榮自應帥先士卒顧
無俟矢石爾若必有疑當剖心相示於是諸將定議曰定
方得進軍汶新亭賊必有疑當剖心相示於中興寺相持至晚各解歸是
恨長老不能効命企望柳使君共平凶逆前謂眾議已
夜仲禮又聚營部分眾軍旦曰將戰諸將各有據守令眾
頓青塘當石頭中路眾慮柵壘未立賊爭之頗以為憚謂
仲禮曰下官才非禦武直欲以身徇國節下善量其宜不
可致有虧喪仲禮曰青塘立營迫近淮渚欲以糧儲船乘

【南史列傳四七】　九　▮盧

盡就迫之此事大非兄不可若疑兵少當更差軍相助蔡
帥所部水陸俱進時皆霧軍人失道比及青塘夜已過平
壘柵至曉未合高景登禪靈寺門望蔡營未立便率銳卒來
攻軍敗乘勝入營左右馮睪蔡避賊眾不動兵死略盡
遂見害眾十尼及三弟助警構從弟昂皆戰死親戚死者
數百人賊傳蔡首闕下以示城內簡文聞之流涕謂御史
中丞蕭愷曰社稷所寄唯在韋公如何不幸先死行陣詔
贈護軍將軍元帝承制以諡忠貞子諒以學業為陳始
興王叔陵所引為中錄事參軍兼記室叔陵敗伏誅放弟

正字敬直位至襄陵太守初正與東海王僧孺善及僧孺為
吏部郎盜掌大選賓友故人莫不傾意正獨淡然及僧孺
擯斥正復篤素分有蹈襲目論者稱焉卒於給事黃門侍
郎子載
載字德基少聰慧篤志好學年十二隨叔父稜見沛國劉
顯顯問漢書十事載隨問應無疑滯及長博涉文史沈敏
有器局仕梁為尚書三公郎侯景之亂元帝承制以為中
書侍郎尋為尋陽王僧辯東討侯景景平歷
位琅邪義興太守陳武帝誅王僧辯乃遣周文育襲載載

【南史列傳四八】　十　▮盧

嬰城自守載所屬縣並陳武舊兵多善用寫載收得數十
人繫以長鎖令所親監之使射文育軍約曰十發不兩中
者死每發輒中所中皆斃相持數日陳武帝聞文育軍不
利以書喻載以眾降陳武帝引載恒置左右與之謀議徐嗣徽
任約先擄三吳之路略地東境則時軍去矣今可悉於淮
分兵先擄齊軍濟江擄石頭城問討於載載曰齊軍若
南即侯景故壘塹城以通東道轉輸別令輕兵絕其糧運
使進無所虜退無所資則齊州之首旬日可致於是於
定中位散騎常侍太子右衛率天嘉元年以疾去官載有
田十餘頃在江乘縣之白山至是遂築室而居屏絕人事

吉凶慶弔無所往來不入闤闠者幾十載卒於家載弟鼎

鼎字超盛少通曉傳涉經史明陰陽逆剌尤善相術仕梁起家湘東王法曹參軍道父忝永嘉不入口者五日哀毀過禮始將滅性服闋為邵陵王主簿侯景之亂鼎兄於京口戰死鼎負屍出寄子中興寺求棺無所得鼎哀慟以哭忽見江中有物流至鼎所稿翼之徃視乃新棺也因以充斂元帝聞之以為精誠所感候景平司徒王僧辯以為戶曹屬累遷中書侍郎陳武帝在南徐州鼎望氣知其當王逐奇孕焉因謂陳武帝曰明年有大臣誅死後四歲梁其代終天之曆數當嶪獲後昔周威殷氏封媯汭于虓丘其裔子孫因為陳氏僕觀明公天縱神武繼絕統者無乃是乎武帝陰有圖僭辯意聞其言大喜因而定策及受禪拜黃門侍即太建中以廷尉卿為聘周使加散騎常侍後為太府卿至德初鼎盡貨賣田宅寓居僧寺當與兩人大匠毛彄問其故苔曰江東王氣盡於此矣吾與爾當葬長安期運將又故破產辭爾之聘周也嘗遇隋文帝謂曰觀公容貌不久必大貴貴則天下一家歲一周天老夫當委質願深自愛又陳亡驛召入京授上儀同三司待遇甚厚每公宴鼎恒預為性簡貴雖為亡國之臣未嘗屈仰當時史部尚書韋世康兄弟顧貴隋文帝從容謂鼎曰世康與

公遠近對曰臣宗族南徙昭穆非臣所知帝曰卿百代卿族豈忘本也命官給酒肴遣世康請鼎遂柱陵鼎乃自大傳孟以下二十餘世並若論昭穆作韋氏譜七卷示之歡飲十餘日乃還時蘭陵公主寡上為之求夫選親衛柳述又蕭瑒等以示鼎鼎曰瑒當封侯而無貴妻之相述亦諸兒誰為嗣曰至尊皇后所最愛者當與之非臣敢預知也上笑曰不肯顯言乎開皇十三年除光州剌史仁義教道務弘靜州中有土豪外修邊幅而内行不軌常為劫盜鼎於都會時謂之曰卿是好人那忽作賊因條其

徒黨姓名誰逗遒其人驚懼即自首伏又有人客游通主家之妾又其還去妾盜珍物於夜逃亡尋於草中為人所殺主家知客與妾通告客殺之縣司鞫問具得姦狀因斷客死獄成上於鼎鼎覽之曰此客實姦而不殺也乃其寺僧訟妾盜物令奴殺之贓在某處即放此客也遣人掩僧井獲贓物自是部内肅然咸稱其神道無捨遺蓋追入京頃之而卒于長安年七十九正弟稜

稜字威直性怡素以書史為業博物彊記當世士咸就質疑位終光禄卿著漢書續訓二卷稜弟顒

顒字務直性彊正少習經史位太府卿侯景濟江顒屯六

門尋改為都督城西面諸軍，時景於城外起東西二土山，城內亦應之。簡文親自負土，袁太子以下躬執畚鍤守西土山，晝夜苦戰。以功授輕車將軍、加持節，卒於城內。初，黔為太僕卿，而兄子聚為左衛率，黔以常快快謂人曰：「韋黔巳落驛繡前朝廷喜人。」

裴邃字淵明，河東聞喜人，魏冀州刺史徽之後也。祖壽孫，寓居壽陽，為宋武帝前軍長史。父仲穆，驍騎將軍。邃十歲能屬文，善左氏春秋。齊帝踐祚，始安王蕭遙光為魏郡太守刺史，引邃為參軍。遙光敗，邃還壽陽。遙光仕魏為魏郡太守，遙光陽降魏，邃遂隨眾比徙。魏宣武帝雅重之，仕魏為魏郡太守。魏道王肅鎮壽陽，邃固求隨肅，密圖南歸。天監初，自後南還，除後軍諮議參軍。邃求邊境自効，以為盧江太守。五年，征邵陽洲，魏人為長橋斷淮，水暴溢，邃乘艦徑造橋，輒刺。於是密作沒突艦，會甚雨，兩淮水暴溢，邃築壘逼橋，每戰側進擊，大破之。以功封夷陵縣子，遷廣陵太守。與鄉人共入親武潮，因論帝王功業。其妻舅王箋之密啓梁武帝云：「裴邃大言有不臣跡。」由是左遷始安太守。邃志立功。遂不願關，乃致書於呂僧珍曰：「昔阮咸、顏延有二始之默，喜才不速古人，今為二始，非其願也，將如之何？」後為覓陵太守，開置屯田，公私便之。尋遷西戎校尉、比梁泰二州

刺史，復開創屯田數千頃，倉廩盈實，省息邊運，人吏獲安。乃相率餉絹千餘匹，邃從容曰：「汝等不應爾，吾又不可逆。」納其二匹而已。入為大匠卿。普通二年，義州刺史文僧明入魏，魏所署義州刺史封壽督豫州諸軍事，討焉。邃深入其不意，魏軍來援，以邃為信武將軍督豫州諸軍事，先襲壽陽，攻其郭，斬破之，遂圍其城。壽陽請降，義州平，除豫州刺史，加督，鎮合肥。邃擊之，遂復整兵收集士卒，令諸將各以服色相別，邃自為黃袍騎先攻。

狄丘壁壘城，黎漿文、暑安成、馬頭沙陵等戍，明年略地，至汝潁間，所在響應。魏壽陽守將長孫承業、河間王元琛出城挑戰，邃臨淮歎曰：「今日不破河間，方為謝玄所笑。」乃為四甄以待之，令直閤將軍李祖憐偽遁以引承業，承業等悉眾追之，四甄競發，魏眾大敗，斬首萬餘級。以引承業等悉眾，不敢復出，在軍疾篤，遂還。

合肥令宰甘節，侍中左衛將軍。諡曰烈。邃沈深有思略，為政寬明，能得士心，居身方正，有威重，將吏憚之少致犯法，又卒難肥間莫不流涕，以為邃不死，當大關土宇之禮。子少禮嗣。

子義美，容儀能言玄理，為西豫州刺史。毋憂吾委發

唯大食發飲逸廟在光宅寺西堂宇弘敞松栢欝茂范雲廟在三橋逢高不翦梁武帝南郊道經二廟顧而歎曰范死為巳兀裝為更生大同初都下旱蝗四備門外桐栢凋盡唯逾墓大牛不入當時異之歷位黃門侍郎武帝設無遮會傳纘為排突陛衛王公皆散唯之禮與散騎常侍藏盾不動帝壯之以之禮為壯勇將軍北徐州刺史盾兼中領軍軍之禮卒於少府卿諡曰壯子政承聖中位給事黃門侍郎魏剋江陵隨例入長安

之高字如山纘兄之子也頗讀書少負意氣常隨叔父遷征討所在立功甚為纘所器戎政咸以委

為壽陽之役遂卒於軍所之高隸夏侯夔平壽陽仍除梁郡太守封都城縣男時魏汝陰來附敕之高應接仍除潁州刺史俟景之亂之高為西豫州刺史率眾入援南豫州刺史都陽嗣王範命之高總督江右援軍諸軍事頓張公洲柳仲禮至橫江之高遣船舸迎致仲禮與韋粲等俱會青塘及城陷之高還合肥與都陽王範西上元帝遣召之以為侍中護軍州到江陵時之高第六弟之悌在俟景卫或傳之悌斬俟景元帝兼中書舍人黃羅漢報之高之高竟無言直云戰自殺賊非之高所聞元帝深嗟其介

直承制除特進金紫光祿大夫卒諡曰恭子諡官至太子右衛平魏剋江陵力戰死之

之高第五弟之平字如原少倜儻有志略以軍功封費縣俟承聖中累遷散騎常侍太子詹事陳文帝初除光祿大夫慈訓宮徵衛尉並不就乃藥山穿池植以卉木居處其中有終焉志天康元年卒諡曰億子子忌

忌字無畏少聰敏有識量頗涉史傳為當時所稱俟景之亂招集勇力乃隨陳武帝征討及陳武帝誅王僧辯僧辯弟僧智舉兵據吳郡陳武帝遺黃他玫之不能剋命忌勤部下精兵自錢唐直趣吳郡夜至城下鼓譟薄之僧智疑

大軍至輕舟奔杜龕忌入據吳郡陳武帝嘉之表授吳郡太守天嘉五年累遷衛尉卿封東興縣俟及華皎稱兵上流宣帝時為錄尚書輔政惠命眾軍出討委忌摠知中外城防諸軍事宣帝即位政封樂安縣俟歷位都官尚書及其明徹省眾北伐忌以本官監明徹軍淮南平授豫州刺史忌善於綏撫甚得人和及明徹進軍彭汴以明徹都督與明徹俱進呂梁軍敗見囚于周校上開府隋開皇十四年卒於長安年七十三之高第十二弟之橫之橫子如岳少好賓游重氣俠不事產業之高以其縱誕乃為狹被菰食以激焉之之橫歎曰大丈夫富貴必作百

幅被遂與僮屬數百人於乎陂大營田墅遂致殺積梁簡

文在東宮聞而要之以爲河東王常侍還頁閤將軍侯景

之亂隸鄱陽王範討景濟江仍與範世子嗣入援臺城

城陷退還合肥侯景遣任約逼晉熙令之橫下接未及

至範薨之橫乃還時尋陽王大心在江州範副梅思立密

要大心襲盆城之橫斬思立而拒大心大心以州降侯景

之橫與兄之高歸元帝位廷尉卿河東內史隨王僧辯拒

侯景景退還東徐州刺史封豫寧侯又隨僧辯破景景東

奔僧辯命之橫與杜剋入守臺城及陸納攙湘州叛又隸

僧辯南討斬納將李賢明平之又破武陵王於峽口還除

高煥挟貝陽侯明攻東關晉安王承制以之橫爲徐州刺

史都督衆軍出守斷城之橫營壘末周而齊軍大至兵盡

矢窮遂於陣沒贈司空諡曰忠壯子鳳寶嗣

論曰韋裴少年勵操以學尚自立晚節驅馳各著功於

戎馬觀戢制勝之道謂爲魁梧之傑然而形其贏瘵身不

跨鞌板輿指麾隱如敵國其器分有在隆名豈虛得乎遂

自効邊疆盛績克舉其志不遂良可悲夫二門子弟各著

名節與梁終如克荷隆攜將門有將斯言豈曰妄乎

列傳第四十八

南史五十八

列傳第四十九　　　　　　　南史五十九

江淹　　　　李

王僧孺　　　任昉　　　延壽

徐

江淹字文通濟陽考城人也父康之南沙令雅有才思淹
少孤貧常慕司馬長卿梁伯鸞之為人不事章句之學留
情於文章早為高平檀超所知常升以上席甚加禮焉起
家南徐州從事轉奉朝請宋建平王景素好士淹隨景素
在南兗州廣陵令郭彥文得罪辭連淹言受金淹被繫獄
自獄中上書曰昔者賤臣叩心飛霜擊於燕地庶女告天
振風襲於齊臺下官每讀其書未嘗不廢卷流涕何者士
有一定之論女有不易之行信而見疑貞而為戮是以壯
夫義士伏死而不顧者以此也下官聞仁不可恃善不可
恃謂徒虛語乃今知之伏願大王暫停左右少加矜察下
官本蓬戶桑樞之人布衣韋帶之士退不飾詩書以驚愚
進不買聲名於天下日者謬得升降承明之闕出入金華
之殿何嘗不局影凝嚴側身屏息者平竊慕大王之義後
為門下之賓備鳴盜淺術之餘豫三五賤伎之末大王惠
以恩光顧以顏色實佩荊卿黃金之賜竊感豫讓國士之
分欲常欲結纓伏劍少謝萬一剖心摩踵以報所天不圖

小人固陋坐貽謗讟迹墜昭憲身限幽圄覆影甲心酸鼻
痛骨下官聞國形之為辱㓝形次之是以每一念來忽若有
遺加以涉旬月迫季秋天光沈陰左右無色身非木石與
獄吏為伍此少卿所以仰天搥心泣盡而繼之以血者也
下官雖乏鄉曲之譽然嘗聞君子之行矣其上則隱於簾
肆之間即身於嚴石之下次則結綬金馬之庭高議雲臺之
上退則虜南越之君係單于之頸俱啟丹冊並圖青史寧
爭分寸之末競錐刀之利哉下官聞積毀銷金積讒謗骨
遠則直生取疑於盜金近則伯魚被名於不義彼之二才
猶或如是況在下官焉能自免昔上將之恥絳侯幽獄名
臣之羞史遷下室至如下官當何言哉夫以魯連之智辭
祿而不反接輿之賢行歌而忘歸子陵閉關於東越仲蔚
杜門於西秦亦良可知也若使下官事非其虛罪得其實
亦當鉗口吞舌伏死嗌首以謝君子何以見齊魯奇節之人燕
趙悲歌之士平方今聖歷欽明天下樂業青雲浮洛榮光
塞河西泊臨洮狄道北距飛狐陽原莫不寗仁沐義照景
飲醴而已下官抱痛圓門含愍獄戶一物之微有足悲者
仰惟大王少垂明白則梧丘之魂不愧於沈首鶼吾之鬼
無恨於灰骨景素覽書即日出之尋舉南徐州秀才對策
上第再遷府主簿景素為荊州淹從之鎮少帝即位多失

德景素專擅上流咸勸因此與事淹每從容進諫景素不

納又鎮京口淹為鎮軍參軍領南東海郡丞景素與腹心

日夜謀議淹知禍機將發乃贈詩十五首以諷焉會東海太

守陸澄丁艱淹自謂郡丞應行郡事景素黙然為建安吳興

令又齊高帝輔政聞其才召為尚書駕部郎驃騎參軍事俄而荊州

刺史沈攸收之景素大怒言於選部黜淹為

淹曰昔項彊而劉弱袁衆而曹寡羽卒受一劍之辱終

為舞北之虜此所謂在德不在鼎公何疑哉帝曰試為我

言之淹曰公雄武有奇略一勝也寬容而仁恕二勝也賢

【南史傳甲九】 【二】

能單力三勝也人望所歸四勝也奉天子而伐叛逆五勝

也彼志銳而器小一敗也有恩無威二敗也士卒解體三

敗也搢紳不懷四敗也懸兵數千里而無同惡相濟五敗

也雖財狼十萬而終為我獲焉帝笑曰君談過矣桂陽之

役朝廷周章詔檄撓之未就齊高帝引淹入中書省先賜

酒食淹素能飲啖食鵝炙垂盡進酒數升訖文誥亦辦相

府建補記室參軍高帝讓九錫及諸章表皆淹製也齊受

禪復為驃騎豫章王記室兼參軍建元二年始置史官淹

與司徒左長史檀超共掌其任所為條例並為王儉所駁

其言不行淹任性文雅不以著述在懷所撰十三篇竟無

次序又領東武令參掌詔策後拜中書侍郎王儉嘗謂曰

卿年三十五已為中書侍郎才學如此何憂不至尚書金

紫於謂曰賞貴郷自取之但問年壽何如爾淹曰不悟明公

見眷之重永明三年兼尚書左丞時襄陽人開古冢得王

鏡及竹簡古書青字不可識王僧虔善識字體亦不能諳直

云似是科斗書淹以科斗字推之則周宣王之前也簡始

如新少帝初兼御史中丞帝作相謂淹曰君昔在尚書

中非公事不妄行在官寬猛能折獄吾為南司足以振明

宣爾於是彈中書令謝朏司徒左長史王績護軍長史庾

【南史列傳四十九】 【四】

百僚於是淹曰今日之事可謂當官而行更恐不足仰稱明

劫內外肅然明帝謂曰自宋以來不復有嚴明中丞君今

可謂近世獨步累遷秘書監待中衛尉卿初淹年十三

時孤貧常采薪以養母賣所得以供

養其毋曰此故汝休徵也汝行

昭略永嘉太守庾曇隆及諸郡二千石并大縣官長多被

梁州刺史陰智伯並賦貨巨萬輒收付廷尉臨海太守沈

弘遠並以託疾不預山陵公事又奏收前益州刺史劉悛

留得待中著之至是果如母言永元中崔慧景舉兵圍

都衣冠泄沒投各刺淹稱疾又副領軍王瑩及梁武至新林

昏末淹以祕書監兼衛尉

淹微服來奔位相國右長史天監元年為散騎常侍左衞
將軍封臨沮縣伯淹乃謂子弟曰吾本素官不求富貴今
之忝竊遂至於此平生言止足之事亦以備矣人生行樂
須富貴何時吾功名既立正欲歸身草萊耳以疾遷金紫
光祿大夫改封醴陵侯卒武帝為素服舉哀諡曰憲淹少
以文章顯晚節才思微退云為宣城太守時罷歸始泊禪
靈寺渚夜夢一人自稱張景陽謂曰前以一匹錦相寄都
可見還淹探懷中得數尺與之此人大恚曰那得割截都
盡顧見丘遲謂曰餘此數尺既無所用以遺君自爾淹文
章躓矣又嘗宿於冶亭夢一丈夫自稱郭璞謂淹曰吾有

筆在卿處多年可以見還淹乃探懷中得五色筆一以授
之爾後為詩絕無美句時人謂之才盡凡所著述自撰為
前後集并齊史十志並行於世嘗欲為赤縣經以補山海
之闕竟不成子蔿嗣

任昉字彥升樂安博昌人也父遙齊中散大夫遙兄遐字
景遠少敦學業家行甚謹位御史中丞金紫光祿大夫始
興永明中遐以罪將徙荒裔遙懷名請訴言淚交下齊武
帝聞而哀之竟得免遙妻河東裴氏高明有德行晝臥
夢有五色采旗蓋四角縣鈴自天而墜其一鈴落入懷中
心悸因而有娠占者曰必生才子及生昉身長七尺五寸

幼而聰敏早稱神悟四歲誦詩數十篇八歲能屬文自製
月儀辭義甚美褚彥回謂遙曰聞卿有令子相為喜之
所謂百不為多一不為少由是聞聲藉甚年十二從叔驃
有知人之量見而稱其小名曰阿堆吾家千里駒也昉孝
友純至每侍親疾衣不解帶言與淚井湯藥飲食必先經
口初為奉朝請舉兗州秀才拜太學博士永明初衞將軍
王儉領丹揚尹復引為主簿儉每見其文必三復殷勤以
為當時無輩曰自傅季友以來始復見於任子若孔門是
用其入室升堂於是令昉作一文又見曰正得吾腹中之
欲乃出自作文令昉點正昉因定數字儉拊几歎曰後世

誰知子定吾文其見知如此後為司徒竟陵王記室參軍
時琅邪王融有才儁自謂無對當時見昉之文悒然自失
以父憂去官泣血三年杖而後起齊武帝謂昉伯遙曰聞
昉哀瘠過禮使人憂之非直亡卿之寶亦時士可惜宜深
相全譬遙使進飲食當時勉勵回即歐出昉素性重
擯榔以為常餌臨終當求之剖百許口不得好者昉亦所
嗜好深以為恨遂終身不嘗擯榔遭繼母憂先以毀瘠
每一慟絕良久乃蘇因廬於墓側以終喪禮哭泣之地草
為不生絕素彊壯晉帶甚辛服闋後不復識齊明帝深
加器異欲大相擢引為愛憎所白乃除太子步兵校尉掌

東宮書記齊明帝廢鬱林王始為侍中書監驃騎大將軍開府儀同三司揚州刺史錄尚書事封宣城郡公使昉其草帝惡其辭斥甚憤昉亦由是終建武中位不過列校昉尤長為筆頗慕傅亮才思無窮當時公王表奏莫不請焉昉起草即成不加點竄沈約一代辭宗深所推挹永元中紆意於梅蟲兒東昏中旨用為中書郎謝嘗書令王亮亮曰卿宜謝梅那忽謝我昉勃而退末為司徒右長史梁武帝剋鄆建鄴府初開以昉為驃騎記室參軍專主文翰每制書草沈約欲求同署當被急召昉出而約在是後文筆約檄製為始梁武與昉遇竟陵王西邸從容謂昉曰我登

三府當以卿為記室昉亦戲帝曰我若登三事當以卿為騎兵以帝善騎也至是引昉符昔言為昉奉牋云昔承清宴屬有緒言善謔當謂多幸斯言不渝蓋為此也梁臺建禪讓文誥多昉所具奉世叔父母不異嚴親事兄嫂恭謹外氏貧闕恒營奉供養祿奉所收四方餽遺皆班之車服亦不鮮明武帝踐阼歷給事黃門侍郎吏部郎於邑車服亦不鮮明時產子者不舉昉嚴其制罪同殺人孕者供其資費濟者千室在郡所得公田奉秩八百餘石昉五分督一餘者悉

原兒妾食麥而已友人彭城到溉溉弟洽從昉共為山澤游及被代登舟止有絹七匹米五石至都無衣鎮軍將軍沈約遣裙衫迎之重除吏部郎參掌大選居職不稱尋轉御史中丞秘書監齊永元以來秘閣四部篇卷紛雜昉手自讐校由是篇目定焉出為新安太守在郡不事邊幅本然曳杖徒行邑郭人通辭訟者就路決焉不為政清更人便之卒於官惟有桃花米二十石無以為斂遺言不許立祠堂於城南藏時祠之武帝聞問方食西瓜投之於盤悲不自勝因曰昉少時常恐不滿五十今四

十九可謂知命即日舉哀哭之甚慟追贈太常謐曰敬子昉好交結獎進士友不附之者亦不稱述得其延譽者多見升擢故衣冠貴游莫不爭與交好坐上客恒有數十時人慕之號曰住君言如漢之三君也在郡尤以清絜著名百姓年八十以上者遺戶曹掾訪其裏溫省欲營佛齋調楓香二石始入三十便出教長斷曰與奪自己不欲貽後人郡有蜜嶺及楊梅舊為太守斷曰與奪自己不欲貽即時傅絕吏人咸以百餘年未之有也為家誡殷勤甚有條賁陳郡殷芸與建安太守到漑書曰哲人云亡儀表長謝元龜何寄指南何託其為士友所推如此昉不事生產

至乃居無室宅時或譏其多乞貸亦隨復散之親故常自
歎曰知我者亦以叔則不知我者亦以叔則既以文才為
知時人云任昉沈詩昉聞甚以為病晚節轉好著詩欲以
傾沈用事過多屬辭不得流便自爾轉下士子慕之轉為
穿鑿於是有才盡之談矣昉博學卷書無所不見家雖貧
書至萬餘卷率多異本及卒後武帝使學士賀縱共沈約
勘其書目官無者就其家取之以為過於董生揚子之盛行
於時東海王僧孺普論之以為過於董生揚子之
樂憂人之憂虛往實歸忘貧去客行可以厲風俗義可以
厚人倫能使貪夫不取懦夫有立其見重如此有子東里

西華南容比叟並無術業隊其家聲兄弟流離不能自振
生平舊交莫有收邮西華冬月著葛帔練裙道逢平原劉
孝標泫然矜之謂曰我當為卿作計乃著廣絕交論以譏
其舊交曰客問主人曰朱公叔絕交論為是乎為非乎主
人曰客奚此之問客曰夫草蟲鳴則阜螽躍是以王陽
登則貢公喜寧生逝而國子悲且心同琴瑟言鬱郁於蘭
茝道葉膠漆志婉孌於埏竑聖賢以此鏤金板而鑄盤盂
書玉牒而刻鐘鼎若乃匠石輟成風之妙巧伯牙息流波
之雅引范張款款於下泉丹斑陶陶於求夕駱驛從橫烟

罪雨散巧歷所不知心計莫能測而朱益州汩蕪敘粵謨
訓摛直切絕交遊視黔首以鷹鸇媲人靈於豺虎蒙有猜
焉請辯其惑主人听然曰客所謂撫弦揮音未達燥濕變
響張羅沮澤不睹鴻鴈高飛蓋聖人握金鏡闡風烈龍驤
蠖屈從道汙隆日月連璧贊豐豐之弘致雲飛雷薄顯棟
華之微盲若五音之變化濟九成之妙曲此朱生得玄珠
於赤水謨神睿以為言至夫組織仁義錟道德懷其愉
樂恤其音霜雪零而不渝其色斯賢達之素交歷萬古而一
輟其音霜雪零而不渝其色斯賢達之素交歷萬古而一

遇速叔世人訛狙詐飇起谿谷不能踰其險鬼神無以究

其綿競毛羽之輕趨錐刀之末於是素交盡利交興天下
蚩蚩鳥驚雷駭然利交同源泛流則異軹言載其略有五術
焉若其寵均董石權壓梁竇彫刻百工鑪錘萬物吐欸興
雲兩呼噏下霜露九域聳其風塵四海譬其熏灼鷓不望
影星奔電馳蹑踵摩頂至踵贍膽柚腸約同要離捐妻子誓殉荊卿
輕皆願摩頂至踵贍膽柚腸約同要離捐妻子誓殉荊卿
湛七族是曰勢交其流一也富埒陶白貲巨程羅山檀銅
陵家藏金穴出平原而聯騎屋閑而鳴鐘則有窮巷之
賓繩樞之士冀宵燭之末光邀潤屋之微澤魚貫鳧踊颯
沓鱗萃分鴈鶩之稻粱委莪蒿於王侯之餘瀝衒邑遇進欸誠援

援青松以示心，指白水而旌信。是曰賄交，其流二也。

陸大夫宴喜西都，郭有道人倫東國，公卿貴其籍甚，搢紳美其登仙。加以顒顒卬卬，涕唾流沫，騁黃馬之劇談，縱碧雞之雄辯。敘溫郁則寒谷成暄，論嚴苦則春叢零葉。飛沈出其顧指，榮辱定其一言。於是有弱冠王孫，綺紈公子，道不挂於通人，聲未遒於世祿。是曰談交，其流三也。

陽舒陰慘，生靈大情，憂合歡離，品物恒性。故魚以泉涸而呴沫，鳥因將死而鳴哀，同病相憐，綴河上之悲曲，恐懼寘懷，昭谷風之盛典。斯則斷金由於湫隘，刎頸起於苫蓋，是以伍員濯溉於宰嚭，張王撫翼於陳相。是曰窮交，其流四也。

馳騖之俗，澆薄之倫，無不操權衡，執纖纊，所以揣其輕重，所以屬其鼻息。若衡不能舉，纊不能飛，雖顏冉龍鳳，曾史薰蕕，共工之蠹，鴟雕之翣，蛇折支，舐痔，金膏翠羽以將其意，脂韋便辟以導其誠。故輪蓋所游，必非夷惠之室；苞苴所入，實行張霍之家。謀而後動，毫芒寡忒。是曰量交，其流五也。凡斯五交，義同賈鬻，故桓譚譬之於闤闠，林回諭之於甘醴。夫寒暑遞進，盛衰相

襲，或前榮而後悴，或始富而終貧，或初存而末亡，或古約而今泰，循環翻覆，迅若波瀾。此則殉利之情未嘗異，變化之道不得一。由是觀之，張陳所以凶終，蕭朱所以隙末，斷金之交可知矣。而翟公方規規然勒門以愧客，何所見之晚乎！

然因此五交，是生三釁：敗德殄義，禽獸相若，一釁也；難固易攜，讎訟所聚，二釁也；名陷饕餮，貞介所羞，三釁也。古人知三釁之為梗，懼五交之速尤，故王丹威子以檟楚，朱穆昌言而示絕，有旨哉，有旨哉！

近世有樂安任昉，海內髦傑，早綰銀黃，夙昭民譽，遒文麗藻，方駕曹王，英跱俊邁，聯衡許郭。類田文之愛客，同鄭莊之好賢，見一善則盱衡扼腕，遇一才則揚眉抵掌。雌黃出其脣吻，朱紫由其月旦。於是冠蓋輻湊，衣裳雲合，輜軿擊轊，坐客恒滿，蒲萄盈門。升其堂，入其隩隅，謂登龍門之坂，至於顧盼增其倍價，翦拂使其長鳴，彯組雲臺者摩肩，走丹墀者疊跡。莫不締恩狎，結綢繆，想惠莊之清塵，庶羊左之徽烈。及瞑目東粵，歸骸洛浦，繐帳猶懸，門罕漬酒之彥；墳未宿草，野絕動輪之賓。藐爾諸孤，朝不謀夕，流離大海之南，寄命瘴癘之地。自昔把臂之英，金蘭之友，曾無羊舌下泣之仁，寧慕郈成分宅之德。嗚呼！世路險巇，一至於此！太行孟門，豈云嶄絕。是以耿介之士，疾其若斯，裂裳裹足，棄之長騖，獨立

高山之頂懽與麞鹿同群瞰然絕其愛濁誠恥之也誡
畏之也到溉見其論抵几於地終身恨之防撰雜傳二百
四十七卷地記二百五十二卷文章三十三卷東里位尚
書外兵郎

王僧孺字僧孺東海郯人也魏衛將軍肅八世孫也曾祖
雅晉左光祿大夫儀同三司祖準之宋司徒左長史父延
年員外常侍未拜卒僧孺幼聰慧年五歲便機警初讀孝
經問授者曰此書何所述曰論忠孝二事僧孺曰若爾願
常讀之又有餧其父李先以一與之僧孺不受曰大人
未見不容先嘗七歲能讀十萬言及長篤愛墳籍家貧常
傭書以養母為畢諷誦亦了仕齊為太學博士尚書僕射
王晏深相賞好晏為丹楊尹召補功曹使撰東宮新記司
徒竟陵王子良開西邸招文學僧孺與太學生虞羲丘國
賓濟陽江洪丘令楷江洪劉孝孫並以善辭藻游焉而僧孺
與高平徐寅俱為學林文慧尤子欲以為宮僚乃召入直
崇明殿王會稽出為晉安郡丞仍除候官令建武初舉士為
始安王遙光所薦除儀曹郎遷書侍御史出為錢唐令初
僧孺與樂安任昉遇於竟陵王西邸以文學會友又將之
縣昉贈詩曰唯子見知唯余知子觀行視言要終猶始敏
之重之如蘭如玉形之影響行於止百行之首立人斯

著子之有之誰毀誰與慎名既立老至何遽誰其執鞭吾
為子御劉略班藝蠹氲志苟錄伊昔有懷交相欣勗下帷無
倦升高有屬晨登惜余夜燭其為士友推重如此梁
天監初除臨川王後軍記室待詔文德省出為南海太守
南海俗殺牛曾無限忌僧孺至皆禁斷又外國舶物高涼
生口歲數至皆外國賈人以通貨易舊時州郡就市回而
即賣其利數倍歷政以為常僧孺歎曰昔人為蜀郡長史
終身無蜀物吾欲遺子孫者不在越裝並無所取視事二
歲發擿有聞詔獎其能曰僧孺通貨便禁斷俗六百人詣闕請留不許
至拜中書侍郎領著作復直文德省撰起居注中表簿遷
尚書左丞俄兼御史中丞僧孺幼貧其母鬻紗布以自業
嘗榜僧孺至市道遇中丞鹵簿驅迫溝中及是拜日引
駟清道悲感不自勝頃之即真時武帝制春景明志詩五
百學敕沈約以下辭人同作帝以僧孺詩為工歷少府卿尚
書吏部郎參大選請謁不行出為仁威南康王長史蘭陵
太守行府州國事初帝閨僧孺妾姜氏懷孕之
視及在南徐州友人以妾寅之行還姜遂懷孕對曰臣室無傾
湯道愍所糾遂詣南司坐免官久之不調交人盧江何烱
猶為王府記室乃與烱書以見其意後為安成王參
軍事鎮右中記室參軍僧孺工屬文善楷隸多識古事侍

郎金元起欲注素問訪以砭石僧若古人當以石為
針必不用鐵說支有此砭字許慎云以石刺病也東山經
高氏之山多針石郭璞云可以為砭針春秋美疢不如惡
石服子慎注云石砭石也季世無復佳石故以鐵代之爾
轉北中郎諮議參軍入直西省知撰譜事先是尚書令沈
約以為晉咸和初蘇峻作亂文籍無遺後起咸和二年以
至于宋所書並皆詳實可實惜位居雖高甲皆可依
案宋元嘉二十七年始以七條徵發既立此科人姦互起
偽狀巧籍歲月滋廣以至于齊患其不實於是東堂校籍

十五

置郎令史以掌之競行姦貨以新換故昨日甲今日便
成士流凡此姦巧並出愚下不辨年號不識官階或注隆
安在元興之後或以義熙在寧康之前此時無此府此時
無此國元興唯有三年而撰稱四五詔書甲子不與長歷
相應校籍諸郎亦所不覺不才令史固自志言臣謂宋齊
二代士庶不分雜役減闕職由於此篇以晉籍所餘宜加
寶愛武帝以是留意譜籍多離其罪因詔僧孺改定
百家譜始晉太元中員外散騎侍郎平陽賈弼篤好簿狀
乃廣集眾家大搜羣族所撰十八州一百一十六郡合七
百一十二卷凡諸大品略無遺闕藏在祕閣副在左戶及

彌子太宰參軍胝之子長水校尉深世傳其業太保
王弘領軍將軍劉湛並好其書弘日對千客不犯一人之
諱湛為選曹始撰百家以助銓序而傷於寡略齊衛將軍
王儉後加去取得繁省之衷僧孺之撰通範陽張等九族
以代鴈門解等九姓其東南諸族別為一部不在百家之
數為普通二年卒僧孺好墳籍聚書至萬餘卷率多異本
與沈約任昉家書相埒其所抄作為時重其尤傳集十八

逸多用新事人所未見者時重其尤傳集十八州譜七百
一十卷百家譜集抄十五卷東南譜集抄十卷文集三十
卷兩臺彈事不入集別為五卷及東宮新記並行於世

十六

義字士光會稽餘姚人盛有才漢辛於晉安王侍郎丘國
賓具興人以才志不遇著書以譏楊雄蕭文琰蘭陵人丘
令楷具興人江洪濟陽人竟陵王子良嘗集學士刻燭
為詩四韻者則刻一寸以此為率文琰曰頓燒一寸燭而
成四韻詩何難乃與令楷江洪等共打銅鉢立韻響
滅則詩成皆可觀覽劉孝綽彭城人博學通敏而仕多不
遂常歎曰古人或開一說而致卿相立談間而降白璧書
籍妄耳徐勉高平人有學行父榮祖位祕書監嘗有罪繫
獄旦日原之而髮皓白齊武聞其故曰臣思愆於內而髮
變於外當時稱之

論曰二漢求士率先經術近代取人多由文史觀江佐之
所以効用蓋亦會其時焉而淹實先覺加之以沈靜眆乃
舊恩持之以內行其所以名位自畢各其宜乎僧孺學
而中年遭躓非爲不遇斯乃窮通之數也

列傳第四十九

南史五十九

列傳第五十

范岫
孔休源
徐勉　　毅鈞 宗人芸

李　延壽

傳昭 弟映
江革 子德藻
許懋 子亨

南史六十

范岫字懋賓濟陽考城人也高祖宣晉徵士父羲宋尚書
殿中郎本州別駕竟陵王誕及義在城中事平遇誅岫幼
而好學早孤事母以孝聞外祖顏延之早相題目以為中
外之寶與宗臨荊州引為主簿及蔡將卒以岫貧之遺
旨賜錢二十萬固辭拒之仕齊為太子家令文惠太子之
在東宮沈約之徒以文才見引岫亦預焉岫文雖不逮約
而名行為時輩所與博涉多通尤悉魏晉以來吉凶故事
約常稱曰范公好事該博胡廣無以加南鄉范雲謂人曰
諸君進止威儀富問范長頭以岫多識前代舊事也遷國
子博士岫長七尺八寸姿容甚偉求明史迎為詔選
朝士有辯辭者接使於界首故以岫兼淮陰長史迎入
為尚書左丞丁母憂居喪過禮朝廷頻起並不拜朝廷
其哀歌得終喪制出為安成內史劃立銷折行舍公私弘
益微黃門侍郎兼御史中丞將選一無所納求元末為

輔國將軍冠軍晉安王長史行南徐州事兼武帝平建鄴
承制徵為尚書吏部郎參大選天監五年為散騎常侍先
祿大夫侍皇太子給扶累遷祠部尚書金紫光祿大夫卒
官岫恭儉沓悋進止以禮自親喪後蔬食布衣以終身每
所居官恒以廉潔著稱為長城令時有梓材中箱至數十
年經貴遂不改易在賈陵唯作牙管筆一雙稻以為費所
著文集禮論雜儀十卷行於世二子褱偉

傳昭字茂遠北地靈州人晉司隸校尉咸七世孫也祖和
之父淡善三禮知名宋世淡軍宋竟陵王誕及坐誅昭
六歲而孤哀毀如成人為外祖所養十歲於朱雀航賣曆
日雍州刺史袤顗見而奇之顗嘗來昭所昭讀書目若神
色不改顗歎曰此兒神情不凡必成佳器司徒建安王休
仁聞而悅之固欲致昭昭時願以宋氏多故遂不往並當時有稱昭
於廷尉震願乃遣車迎昭昭以英妙擅山東才子傾洛陽清塵誰能嗣
及爾遘遺芳太原王延秀薦昭於丹楊尹袁粲造哀策文乃引
流通之貽昭詩曰
為郡主簿使諸子從昭受學會明帝崩昭於蒿里
昭定其所製昭有其半焉每經昭戶輒歎曰經其戶寂
若無人披其室其斯在豈非名賢身為總明學士奉朝
請齊永明中累遷尚書儀曹郎先是御史中丞劉休薦昭

於習武帝求明初以昭為南郡王侍讀王嗣帝位故時臣
隸寧求權寵唯昭及南陽宗夫保身而已守正無所參入
竟不雖禍明帝踐阼引昭為中書通事舍人時居此職者
自權傾天下昭獨廉靜無所干祿羸服率陋身安儀獨常
昭燭披林明帝聞之賜漆合燭盤敕曰卿有古人之風故
種燭敕林相接府舍稱凶每晝旦間人鬼相觸在任者鮮以
賜卿古人之物累遷尚書左丞梁武帝素重昭梁臺建以
竟終及昭至有人夜見甲兵出曰傅公善人不可侵犯乃

【齊傳五十】 【二十一】

尚書家選事四年即真歷位左戶尚書安成內史郡守曾
愚咸正所昭貞正所致郤溪無魚或有著月鷹昭既
不納又不欲遂餞于門側郡多猛獸為害常設檻弄昭既
只不害猛獸亦不害人乃命去檻弄猛獸竟不為害
歷秘書監太常卿遷臨海太守郡有蜜巖嚴前後太守皆
自封固專收其利昭以周文之困與百姓共之大可喻小
乃救勿封縣令金紫光祿大夫昭所蒞官常以清靜為政普通五
年為散騎常侍卒昭生平為朝廷無所請謁不交私利日
不尚嚴肅若朝廷無所請謁不交私利日
端若以書記為樂雖老不衰博極古今尤善人物魏晉以

來官官庶代姻通內外與論之無所遺矢世稱為學府
性尤篤慎子婦嘗得家餉牛肉以進昭召其子曰食之
則犯法告之則不可取而埋之其君身行已不負闇室常
皆如此後進宗其學重其道人自以為不逮卒益司貞
長子諝位度支尚書昭弟映字徽遠三歲而孤兄弟友睦年
帝時位度支尚書昭弟湘東王外兵參軍諝子準有文才梁宣
身勵行兆禮不動始昭之窆至守臨海蓮隆廬墓俱懷曰
暮不反映以昭年高不可連夜極樂乃自徃候接同乘而
峙兄弟並已班白時人美而道之如父年
踰七十哀戚過禮服制雖除而言輒慟天監中位烏程令

【南史五十】 【四】

卒於太中大夫子弘
孔休源字慶緒會稽山陰人晉尚書沖之八世孫沖即開
府儀同三司愉之世父也曾祖遙之宋尚書水部郎父佩
愉通直即休源十一而孤君喪盡禮每見父手所寫書即
哀慟流涕不能自勝見者莫不為之重泣後就吳興沈麟
士受經略通大義舉秀子太尉徐孝嗣首肯其策深善之
觀此足稱王佐之才琅邪王融雅相友善乃薦之於司徒
謂同坐曰董仲舒華令思何以尚此可謂後生之雋的也
竟陵王為西邸學士梁臺建與南陽劉之遴同為太學博
士當時以為美選休源初到都寓於宗人少府孔登曾以

祠事入廟侍中范雲一與相遇深加褒賞曰不期忽觀清
顏頓祛名觀天挾繁驗之今日後雲忝命駕到少府登便
拂筵整帶謂當諸已備水陸之品雲駐節筋命休源及至命
取其常膾正有赤倉米飯蒸鮑魚雲食之品雲駐節筋命休源及至
之饌高談盡日同載還家登深以為愧尚書令沈約當朝一
青顏軒蓋盈門休源或時後來必虛襟引接慮之坐右商
略文義其為通人所推如此武帝嘗問吏部尚書徐勉求一
有學藝解朝儀者為尚書儀曹郎勉曰孔休源識見清通詳
練故事自晉宋起居注誦略上口武帝亦素聞之即日除
兼尚書儀曹郎時多所改作每遠訪前事休源即以所誦

《南史列傳五十》　五

記隨機斷決曾無疑滯吏部郎任昉常謂之為孔獨誦遷
建康獄正平友辨析時宰寬人為獄官者帝常常
引休源以勖之除中書舍人後為尚書左丞彈糾必當
允朝望時周捨撰禮疑義自漢至于齊梁並皆搜采休
源所有奏議咸預編錄兼遷長兼御史中丞正色直繩無
所回避百寮憚之後為晉安王長史南郡太守行州府
州事帝謂曰荊州擁上流衝要義高分陝今以十歲兒委
卿善匡翼之勿憚周昌之舉也乃敕晉安王曰孔休源人
倫儀表女年尚幼當每事師之尋始興王憺代鎮荊州後
為隨府長史太守行府事如故在州累政甚有政績平心

決斷請託弗行帝深嘉之歷從曹監復為晉安王府長史
南蘭陵太守別敕專行南徐州事休源累佐名蕃其得人
興王深相倚杖常於中齋別施一榻云此是孔長史坐人
莫得預焉其見敬如此歷都官尚書普通七年揚州刺史
臨川王宏薨武帝與群臣議立代者時貴戚王公咸
望遷授帝曰得人矣孔休源才識通敏實應此選乃授
宣惠將軍監揚州事休源初為臨川王行佐及王薨管
州任時論榮之神州都會簿領殷繁休源剖斷如流傍無
私謁中大通二年加金紫光祿大夫在州書決辭訟夜覽
墳籍每車駕巡幸常以軍國事委之昭明太子薨有敕夜

《南史列傳五十》　六

召休源入宴居殿與群公參定謀議立晉安王綱為皇太
子自公卿珥貂搢笏沒休源前休源怡然無愧時人
名為兼天子四年卒遺疏薄葬節朝憲蔬菲而已帝為深
沒朕甚痛顧謝舉曰孔休源此人清介直臣朝憲蔬菲而已惜之諡曰
貞子休源風範正明練政體常以天下為已任武帝深
委杖之累居顯職性縝密未嘗言禁中事聚書盈七千卷
手自校練凡奏議彈文勒成十五卷長子雲章頗有父風
位東揚州別駕少子宗範聰敏有識度位中書郎
江革字休映濟陽考城人也祖齊之宋都水使者尚書金

部郎父柔之齊尚書倉部郎有孝行以母憂毀卒革幼而
聰敏早有才思六歲便解屬文柔之深加賞器曰此兒必
興吾門九歲丁父艱與第四弟觀同生母孤貧傍無師友
兄弟自相訓勗讀書精力不倦十六喪母以孝聞服闋與
觀俱詣太學補國子生舉高第齊中書郎王融吏部郎謝
朓雅相欽重朓嘗行還過候革時大寒雪見革弊絮單席
而耽學不倦嗟歎久之乃脫其所著襦并手割以貽革
充臥具而去司徒竟陵王聞其名引為西邸學士弱冠舉
南徐州秀才時豫章胡諧之行州事王融與諧之書令薦
革諧之方貢琅邪王泛便以革代之僕射江祏深相引接

祏為太子詹事啟革為丞祏時權傾朝右以革才堪經國
令參掌機務詔誥文檄皆委以具革防杜形迹外人不知
祏誅賓客皆罹其罪革獨以智免除尚書駕部郎元
年梁武帝入石頭時吳興太守袁昂拒義不從革製
書與昂於坐立成辭義典雅帝深賞歎之與徐勉同掌
書記建安王為雍州刺史表求管記以革為征北記室參
軍帶中廬令與弟觀少長共居不忍離別苦求同行以觀
為征北行參軍兼記室時吳興沈約樂安任昉與革書云
比聞雍府妙選英才文房之職總卿昆季可謂馭二龍於
長途聯騏驥於千里次江夏觀卒革在雍州為府王所

便馬沉舟而還途經下邳為魏人所執魏徐州刺史安豐
王元延明聞革才名厚加接待革稱腳疾不拜延明將害之
見革辭色嚴正更加敬重時祖暅同被拘執延明使暅作
欹器漏刻銘革唾罵暅曰卿荷國厚恩已無報答乃為虜
立銘孤負朝廷延明聞之乃令革作丈八寺碑并祭彭祖
文革辭以囚執既久無復心思延明逼之逾苦革厲色而

言曰江革行年六十不能殺身報主今日得死為幸誓不
筆延明知不可屈乃止日給脫粟三升僅餘性命會魏帝
請中山王元略反北乃放革及祖暅遠朝上大宴舉酒勸
革曰卿那不畏延明害對曰臣行年六十死不為天且畏
延明帝曰今日始見蘇武之節於是以為太尉臨川王長

史時帝惑於佛教朝多啓求受戒革精信因果而帝未
知謂革不奉佛法乃賜革覺意詩五百字云唯當勤精進
自彊行善嘗可作庶矣如彼必死囚以此告革及諸貴
遊又手敕曰果報不可不信嘗得庶突如對兀延明革
因乞受菩薩戒時武陵王紀在東州頗驕縱上以臧盾性
弱不能匡正召革慰遣乃除武陵王長史會稽郡丞行府
州事革畏百城震恐琅邪王騫為山陰令臧貨狼籍望風自
革曰我通不受餉不容獨當故人筐篚至鎮唯資公俸食
不兼味郡境殷廣辭訟日數百革分判辯折曾無疑滯人
安吏畏革門生故吏家多在東聞革至並賣持緣道迎候

解府王憚之每待讌論必以詩書王因此眈學好文典
籤沈熾文以王所制詩呈武帝帝謂僕射徐勉曰革果稱
職乃除都官尚書將還贈遺一無所受送故依舊訂舫革
並不納唯乘臺所給一舸艖偏敕不得安臥或請濟江
橦重物以迮艖革既無物乃於西陵岸取石十餘片以
捉之其濟貧如此尋監吳郡時境內荒儉劫盜公行革至
實唯有公給仗身二十人百姓皆懼不能靜寇革乃示以
郡境震恐盜靜息武陵王出鎮江
軍刺百姓逾恐革乃廣施恩惠貧
州乃曰我得汪革文清貧豈能一日忘之當與其同飽
乃表革同行除南中郎長史尋陽太守徵入為慶支尚書好

獎進闡為後生延譽由是衣冠士子翕然歸之時尚書
令何敬容掌選序用多非其人革性彊直每朝宴恒有褒
貶以此為權貴所疾乃謝病還除光祿大夫優游閒放
以文酒自娛辛謚曰彊子有集二十卷行於世革歷官八
府長史四王行事三為二千石傍無姬侍家徒壁立時以
此高之長子敏早辛次子德藻

德藻字敏行好學美風儀身長七尺四十性至孝事親盡
禮與異產昆弟居恩義甚篤涉獵經籍善屬文仕梁為尚
書比部郎以父憂去職服闋後容貌毀瘠如居喪時及陳
武帝受禪為祕書監兼尚書左丞尋以本官兼中書舍人

天嘉中兼散騎常侍與中書郎劉師知使齊著北征道里
記三卷還除太子中庶子遷御史中丞坐公事免後自求
宰縣補新渝令政尚恩頗有異績辛於官文帝贈散騎
常侍文筆十五卷子椿亦善屬文位尚書右丞德藻弟從
簡少有文情年十七作釆荷調以刺何敬容為當時所賞
位司徒從事中郎侯景亂為任約所害子兼叩頭流血乞
代父命以身蔽刃遂俱見殺天下痛之

徐勉字修仁東海郯人也祖長宗宋武帝霸府行參軍父
融南昌相勉幼孤貧早勵清節年六歲屬霖雨家人祈霽
率爾為文見稱著宿及長好學宗人孝嗣見之歎曰此所

謂人中之騏驥必能致千里又嘗謂諸子曰此人師也兩等則而行之十八召為國子生便下帷專學精力無怠同時儕輩蕭而敬之雜酒王儉每見常目送之曰此子非常器也每稱有宰輔之量射策甲科起家王國侍郎補太學博士時每有議定勉理證明允莫能壓奪同官咸取則焉遷臨海王西中郎田曹行參軍俄從署都曹時琅邪王融一時才儁特相慕悅嘗請交勉後果陷於法以此見推識鑒累遷領軍長史初與長沙宣武王游梁武帝深器賞之及武帝兵至建鄴勉於新林謁見帝甚加恩禮使管書記及帝即位拜中書侍郎進領中書通事舍人直內省遷臨川王後軍諮議參軍轉尚書左丞自掌樞憲多所斜舉時論以為稱職天監三年除給事黃門侍郎尚書吏部郎參掌大選遷侍中時師方侵魏佚驛填委勉象掌軍書勞動經旬乃一還家臺大驚吹勉歎曰吾憂國志家乃至於此若吾亡後亦是傳中一事六年除給事中五兵尚書遷吏部尚書勉居選官彝倫有序既開尺牘兼善辭令雖文案填積坐客充滿應對如流手不停筆又該綜百氏皆避其諱當與門人夜集客有虞暠求詹事五官勉正色苔云今夕止可談風月不宜及公事故時人服其無私天監初官名互

有省置勉撰立選簿奏之有詔施用其制開九品為十八班自是貪冒苟進者以財貨取通守道淪退者以貧寒見沒矣後勉為左衛將軍領太子中庶子侍東宮昭明太子尚幼勉知宮事每事詢謀嘗賞殷講臨川王宏尚書令沈約備二傅勉與國子祭酒張充為執經王瑩張稷柳憕王暕為侍講時選極親賢妙盡人譽勉陳讓數四又與沈約求換中正取勉子松克南徐選首帝敕之曰卿寒士而子與王志子同迎僮王以來未之有也勉恥以其先為戲苟旨不恭由是左遷散騎常侍領游擊將軍後為太子詹事又遷尚書石僕射勉射詹事如故時人間喪事多不導禮朝終夕殯相尚以速勉上疏曰禮記閒喪云三日而後斂者以俟其生也三日而不生亦不生矣頃來不導斯制送終之禮殯以昏日潤屋豪家乃或半棧衣衾棺擲以速為榮親戚徒隸各念休戚故繼繐軍灰釘已具忘狐鼠之顏步蜆雀之徊翔傷情戚理莫此為大且人子承衾之時志漸心絕喪事所資悉關他手愛憎深淺寘難原如覘視或爽存沒違溫使萬有其一怨酷已多豈不緩其告斂如其不辰申其望生之異誠謂自今士庶宜悉依古三日大斂如其不奉加以斜繩詔可其奏又除尚書僕射

中衛將軍勉以舊恩繼升重位盡心奉上知無不為愛自
小選迄于此職常參掌衛石甚得士心禁省中事未嘗漏
泄每有表奏輒焚藁章博通經史多識前載齊世王儉居
職已後莫有連者朝儀國典吉凶皆預圖議初勉
受詔撰五禮普通六年功畢表上之曰夫禮以安上化
人弘風訓俗經國家利後嗣者也唐虞三代咸必由之在
平有周憲章尤備因殷夏損益可知雖復經禮三百曲
禮三千經文三百威儀三千其大歸有五即宗伯所掌典
禮言為上凶次之賓次之軍次之嘉為下也故祠祭不以
禮則不荼不莊喪紀不以禮則背死忘生者眾賓客不以
禮則朝覲失其儀軍旅不以禮則致亂於師律冠昏不以
禮則男女失其時為國恼身於斯收急洵周室大壞王道
既衰官守斯文日失其序暴秦滅學埽地無餘漢氏興典
日不暇給猶命叔孫於外野方知帝王之為貴末葉紛綸
遂有興毀及東京曹褎南宮制述集其散略百有餘篇雖
寫以尺簡而終闕平奏其後兵革相尋異端互起章句既
淪俎豆斯輟方領矩步之容事革滅於旌鼓蘭臺石室之典
用盡於帷蓋至乎晉氏爰定新禮苟顗制之於前摯虞刪
之於末既而中原喪亂伏惟陛下睿明啟運光天改物撥亂惟
革之風是則未暇伏性陛下

武經俗以文作樂在乎功成制禮弘於業定伏尋所定五
禮起齊永明二年太子步兵校尉伏曼容表求制一代禮
樂于時參議置新舊學士十人止脩五禮諸票衛將軍丹
楊尹王儉學士亦分住郡中制作歷年猶未克就及文憲
薨遺文散逸又以事付國子祭酒何徹徹涉九載猶後未
畢建武四年徹還東山齊明帝敕委尚書令徐孝嗣嗣事
本末隨在南第永元中孝嗣於此遇禍又多零落當時鳩
集所餘權付尚書左丞蔡仲熊驍騎將軍何佟之共掌其
事時禮局住在國子學中門外東昏之時頻有軍火其所
散失又踰太半天監元年佟之啟審省置之宜敕使外詳
時尚書參詳以天地初革庶務權輿宜俟隆平徐議刪撰
欲且省禮局併還尚書儀曹詔旨云禮壞樂缺故國異家
珠寞宜以時脩定以為求進於是尚書僕射沈約等參議
請五禮各置舊學士一人人各自舉學士二人相助抄撰
其中有疑者依前漢石渠後漢白虎隨源以聞請旨斷決
乃以舊學士右軍記室參軍明山賓掌吉禮中軍騎兵參
軍嚴植之掌凶禮中軍田曹行參軍兼太常丞賀瑒掌嘉
禮征虜記室參軍陸璉掌軍禮右軍參軍兼司馬褧掌賓
禮尚書左丞何佟之總參其事佟之亡後以鎮北諮議參
軍伏暅代之後又以暅代嚴植之掌凶禮暅尋遷官以五

經博士繆昭掌凶禮後以禮儀深廣記載殘缺宜須博
論共盡其致更使鎮軍將軍舟楊丹沈約太常卿張充又
命五禮舊學士及參知若有疑義所掌學士當職
即周捨庚於陵二人復隊參知若有疑義所掌學士當職
先立議通諮五禮舊學士及參知各言同異條牒啟決
之制旨疑事既多歲時又積制旨裁斷其數不少莫不細
羅經誥玉振金聲凡諸禮儀注以天監六年五月七日上
及其列畢不得同時嘉禮儀注以天監六年五月七日上

尚書合十有二帙一百一十六卷五百三十六條賓禮儀
注以天監六年五月二十日上尚書合十有七帙一百三
十三卷五百四十五條軍禮儀注以天監九年十月二十
九日上尚書合十有八帙一百八十九卷二百四十條言
禮儀注以天監十一年十一月十日上尚書合二十有六
帙二百一十四卷一千五條凶禮儀注以天監十一年
一月十七日上尚書合四十有七帙五百一十四卷五百
六百九十三條又列副祕閣及五經典書各一通繕寫校定
十一十九條又列副祕閣及五經典書各一百七十六卷八
以普通五年二月始獲洗畢竊以撰正復禮歷代罕就皇
明在運歆功克成周代三千舉其緊數今之八千隨事附

盜賢文相變故其數兼倍猶如八卦之爻因而重之錯綜
成六十四也臣以庸識謬司其任淹留歷稔允當斯責庶
勒成之初未遑表上寔由才務廣恩力不周永言慚惕
無忘癢痒自今春興駕將親六師搜尋軍禮闕其條章
不該備可以懸諸日月頒之天下者矣詔有司案以遵行
尋加中書令絕以敷求解內任詔乃卷日人遺子
一朝有事遭主書論決患腳轉劇朝觀固求陳解詔
許疾差還省勉雖居顯職不營產業家無畜積奉祿分瞻
親族之貧乏者門人故舊或從容致言輒輒如不才為
孫以財我遺之清白子孫才也則自致輜軿如不才終為

忧有嘗為著戒其子粲曰吾家本清廉故常為貧素至於
產業之事所未嘗言非直不經營而已薄躬遭逢逮至全
日尊官厚祿可謂備之每念叨竊若斯豈由才致仰籍先
門風籥又以福慶故臻此爾古人所謂以清白遺子孫
亦覬于又云遺子黃金滿籯不如一經詳求此言信非徒
語吾來將三十載門人故舊承斯意或使創闢田園或
貴以來將三十載門人故舊承斯意或使創闢田園或
勤吳立即店又欲軸艫運致亦令貨殖聚歛若此眾事皆
距而不納非謂拔葵去織且欲省息紛紜中年聊於東田
開營小園者非存播藝以要利政欲穿池種樹少寄情賞

又以郊際閑曠終可為宅儻獲懸車致事寒欲歌哭於斯
慧目十佳等既應營昏又須住止吾清明門宅無相容處
所以兩者亦復有以前割西邊施宣武寺既失西厢不復
方惆悵意亦謂此逆旅舍爾何事須華常恨時人謂是我宅
古往今來家富纏踰高明甲第連閻洞房婉其死矣定是
以內中過促無復房宇近脩東邊兒孫二宅乃耕十佳南
誰至但不能不為培壤之山聚石移果雜以花卉以娛休
沐用託性靈隨便架立不存廣大唯功德處小以為好所
還之貧其中所須猶為不少既拳挽不至又不可中途而
報郊閭之園遂不辦保貧與羹顯乃復百金成就兩宅已

消其平尋圍價所得何以至此由吾經始歷年粗已成立
桃李茂密桐竹成陰陌交通渠畎相屬華樓迥榭頗有
臨眺之美孤峯叢薄不無紛紜之興憶謝靈運山家詩云
殊富又連云二人外城關密邇囂塵生欲亦雅有情趣追
述此事非有各心蓋是車意所至爾
中為天地物本成鄙夫有各心此且擇氏之教以貽物謂之外典
物物之與我相校幾何哉
親累既多理亦須此所以分汝營小田舍
亦稱何以聚人曰財況汝常情安得忘此聞汝所買湖熟
田地甚為割圄彌復可安所以如此非物競故也雖事異

寢立聊可髣髴孔子曰居家理事可移於官既已營之宜
便成立豈兩工更貽取笑若有所收獲汝可自分贈內
外大小宜令得所非吾所知又復一二諸女緝紝人無聞
長故有此又凡為人長殊復不易當使中外諧緝若能爾者
言先物後已然可貴老生云後其身而先若能爾
此意政謂為家以來不事資產暨立頓舍似年薄景公略不
乃是華身身名之美惡豈可不慎今之所敕略
更招巨利汝當自勗見賢思齊以棄身也棄不
克舉其中餘暇裁可自休或復冬日之陽夏日之陰良辰

美景文棗聞陳貧杖躡履復逛陸臨池觀魚披抹聽鳥
濁酒一杯彈琴一曲求數刻之暫樂燕居常以待終不宜
復勞家閒細務汝交關既定此書又行凡所資須付給如
別自茲以後吾不復言及田事汝亦勿復與吾言之假使
堯水湯旱豈如之何若其滿庾盈箱爾之幸遇如斯之
過並無俟令吾知也記云夫孝者善述人之志善繼人之事
事分且望汝全吾此志則無所恨矣
至不欲令父廢王務乃為答客以自喻焉第二子悱
擇後營其聲西曲女妓各一部並華少貴通末武帝自序其
酒祿奉之外月別給錢十萬信遇之深故無與四中大通

中又以疾自陳移授特進右光祿大夫侍中衛將軍置
佐史扶如故增親信四十人兩宮參問層蓋結轍有敕每
欲臨幸勉以疾有靦敬停出詔許之遂傳輿駕及卒
帝聞而流涕即日車駕臨殯贈右光祿大夫開府儀及卒
司皇太子亦舉哀朝堂有司奏謚居敬行簡帝益執
心決斷曰蕭因謚簡公勉雖骨鯁不及范雲亦不阿意
苟合後知政事者莫及梁世之言相者稱范徐云善屬文
勤著述雖當機務下筆不休常以起居注煩雜乃撰為流
別起居注六百六十卷左丞彈事五卷在選曹撰選品三
卷齊時撰太廟杭文二卷以孔釋二教殊途同歸撰會林
五十卷凡所著前後二集五十卷又為人章表集十卷大

子舍人掌書記累遷洗馬中舍人猶管書記出入宮坊者
紀德即降詔立碑於墓焉僉字敬業幼聰敏能屬文位太
同三年故佐史尚書左丞劉覽等詣闕陳勉行狀請刊石
歷稔以足疾出為湘東王友俄遷晉安內史
許懋字昭哲高陽新城人魏鎮比將軍尤九世孫也五世
祖詢晉徵士祖珪宋給事著作郎桂陽太守父勇慧齊太
子家令冗從僕射懋少孤性至孝居父憂孝喪過禮篤志
好學為州黨所稱十四入太學受毛詩旦領師說晚而屬
講坐下聽者常數十百人因撰風雅比興義十五卷盛行

於時允明故事稱為儀注學起家後為豫章王行參軍轉
法曹舉秀才遷驃騎大將軍儀同中記室文惠太子聞而
召之侍講於崇明殿後兼國子博士與司馬褧同志交善
僕射江祏甚推重之號為經史質梁天監初吏部尚書范
雲舉懋參詳五禮除西曹鄱陽王證議參軍著作即待
詔文德省時有請會稽封禪者武帝因集儒學士草封禪
儀將行焉懋建議獨以為不可帝見其議嘉納之由是遂
傳十一年轉太子家令凡諸禮儀多所刊正以足疾出為
平西太守政有能名加散騎常侍轉天門太守中大通三年
皇太子召與諸儒錄長春義記四年拜中庶子是歲卒撰

述行記四卷有集十五卷子亨
亨字亨道少傳家業孤介有即行博通群書多識前代舊
事甚為南陽劉之遴所重梁大清初為西中郎記室兼太
常丞侯景之亂避地郢州會梁邵陵王自東至引為諮議
參軍王僧辯之襲郢州素聞其名召為儀同從事中郎遷
太尉從事中郎與吳興沈烱對掌書記府政朝務一以委
之晉安王承制授給事黃門侍郎即陳武帝受禪為太中
夫領大著作知梁史事初僧辯之誅也所司收僧辯及其
子頠屍於方山同坎埋瘞至是無敢言者亨以故吏抗表
請葬之與故義徐陵張種孔奐等相率以家財營葬九七

樞皆政委爲光大中宣帝入輔以耳貞正有古人風甚相
欲重常以師禮事之及到仲舉之謀出當帝問耳耳
勤勿奉詔宣帝即位拜衛尉卿卒於官耳初撰齊書并志
五十卷遇亂亡矢後撰梁史成者五十八卷梁太清之後
所製文第六卷子善心位至尚書度支侍郎

殷鈞字季和陳郡長平人晉荆州刺史仲堪五世孫也曾
祖元素宋南康相坐元凶事誅元素娶尚書僕射琅邪王
僧朗女生子寧早卒寧遺腹生子叡亦當從戮僧朗啟孝
武救之得免叡有口辯褚彥回甚重之謂曰諸殷自
荆州以來無出卿叡斂容答曰殷族慈悴誠不如昔若此
旨爲虛故不足降此旨爲實彌不可聞仕齊歷司徒從事
中郎叡妻琅邪王奐女奐爲雍州刺史啟叡爲府長史叡
誅叡亦見害鈞九歲以孝聞及長恬靜簡交游好學有思
理善隸書鈞少故舊以女求與公主妻鈞拜駙馬都尉歷秘
書丞在職啟校定祕閣四部書更爲目錄又受詔料撿西
省法書古迹列爲品目累選待中東宮學士自宋齊以來
武帝與叡少故舊以險臿鈞報流涕以出主命
公主多驕淫無行求興主加以險臿鈞報流涕以出主命
憎每被召入先蒲壁爲毅叡字鈞輒流涕以出主命
而反之鈞不勝怒而言於帝帝以犀如意擊主碎於背然

猶恨鈞自侍中出爲王府諮議後爲明威將軍臨川內史
鈞體羸多疾閉閣臥理而百姓化其德劫盜皆奔出境嘗
禽劫帥不加考掠所言銷貫劫盜過額乞改過鈞便命遣
之後遂爲善人郡舊多山獠更暑必動自鈞在任郡境無
復寇疾母憂去職居喪過禮昭明太子憂之手書誡喻服
闋爲散騎侍領步兵校尉侍東宮政領中庶子後爲國
子祭酒灌疏偶儻不拘細行然不妄交游門無雜客勵精勤
學博洽羣書幼而盧江何憲見之深相歡賞天監中位祕
書監司徒左長史後直東宮學士卒

芸字灌蔬偶儻不拘細行然不妄交游門無雜客勵精勤

論曰范縝之德美傅茂遠之清令孔休源之政事江休
映之彊直並加之以學植飾之以文采其所以取高時主
豈徒然哉徐勉少而勵志發憤忘食修身愼行運屬興王
依光日月致位公輔提衡端執時無異議爲梁氏宗臣信
爲美矣許懋業藝以經笥見推其懷道好古以博覽歸譽
其所以折議封禪求之僧辯正直存焉豈唯文義而已古
人云仁者有勇斯言近之殷鈞德業自居又加之以政績
文質斌斌亦足稱也

列傳第五十　　　　　南史六十

陳伯之

陳慶之　子昕　瞻

蘭欽

陳伯之濟陰睢陵人也年十三四好著獺皮冠帶刺刀候鄰里稻熟輒偷刈之嘗為田主所見呵之曰楚子莫動伯之曰君稻幸多取一擔何苦田主將執之因拔刀而進曰楚子定何如田主皆反走徐擔稻而歸及年長在鍾離數為劫盜嘗授面覘人舩舩人斫之獲其左耳後隨鄉人車騎將軍王廣之廣之愛其勇每夜臥下榻征伐常將自隨

頗以戰功累遷驃騎司馬封魚復縣伯梁武起兵東昏假伯之節督前驅諸軍事豫州刺史轉江州刺史尋陽以拒梁

【南史列傳五十一　一】

武郢城平武帝使說伯之即以為江州刺史子武牙為徐州刺史伯之雖受命猶懷兩端帝及其猶豫遣之伯之退保南湖然後歸附與眾軍俱下建康城未平每降人出伯之輒喚與耳語帝疑其復懷翻覆會東昏將鄭伯倫降帝使過伯之謂曰城中甚忿卿欲遣信誘卿須卿降當生割卿手脚卿若不降復欲遣刺客殺卿伯之大懼自是無異志矣城平封豐城縣公遣之鎮江州得文牒辭訟唯作大諾而已有事典籤傳口語與奪決於主

者伯之與豫章人鄧繕求興人戴永忠並有舊繕經藏伯之息免禍伯之尤德之又在州用繕為別駕承忠為記室參軍河南褚緭都下之薄行者武帝即位頻造尚書范雲不好緭堅拒之緭益怒私語所知曰建武以後草澤底下悉成貴人吾何罪而見棄今天下草創喪亂未可知陳

伯之擁強兵在江州非我而誰可疑且復慫惥守南郢詐非我出今者一行事若無成入魏何減作河南郡於是投伯之書佐王思穆事之大見親押及伯之鄉人朱龍符為長流參軍並乘伯之之愚闇恣行姦險伯之子武牙時為直閤將軍武帝手疏龍符罪親付武牙封示

【南史列傳五十一　二】

伯之帝又遣代江州別駕鄧繕繕伯之並不受命曰龍符健兒鄧繕在事有績臺所遣別駕請以為中從事繕於是日夜說伯之云臺家府庫空竭無復器仗三倉無米此萬世一時機不可失繕承忠等每贊成之伯之謂繕今段啟

若復不得便與卿共下我荷明帝厚恩誓以死報使繕詐為蕭寶寅書曰本朝淪敗建安王教率江北義勇十萬已次六合見使以江州見力運糧速下次第敏繕說伯之令舉大事以盟伯之先敏長史以下不僚佐於聽事前為壇殺

牲以血報使程元沖不與人同宜引人望程元沖不與人同臨川內史王觀僧慶之孫

人身不惡可召為長史以代元沖伯之從之仍以緝為尋
陽太守承忠輔義將軍龍行豫州刺史豫章太守鄭伯倫
起郡兵拒守程元沖既失職於家合率百人使伯之典
之即呼自率出盧元沖因其解弛從此門入徑至聽事前伯
右仗身皆休息元則為內應伯之每旦常作伏日晡輙回左
藏呂孝通戴元沖力不能敵走逃盧山伯之遣使還
報武牙兄弟武牙等走肝台人徐文盛莊興紹張顯
明邀擊之不能禁及見殺武帝遣王茂討伯之敗走間道
亡命出江北與子武牙及褚緝俱入魏魏以伯之為使持
節散騎常侍都督淮南諸軍事平南將軍光祿大夫曲江

縣侯天監四年詔太尉臨川王宏比侵宏命記室丘遲私
與之書曰陳將軍足下無恙幸甚幸甚將軍勇冠三軍才
為世出棄燕雀之毛羽慕鴻鵠以高翔昔因機變化遭遇
時主立功立事開國稱孤朱輪轂擁旄萬里何其壯也
如何一旦為奔亡之虜聞鳴鏑而股戰對穹盧以屈膝又
何劣邪尋君去就之際非有他故直以不能內審諸己外
受流言沈迷猖獗以至於此聖朝赦罪責功棄瑕錄用推
赤心於天下安反側於萬物此將軍之所知非假僕一二
談也昔朱鮪涉血於友于張繡剚刃於愛子漢主不以為
疑魏君待之若舊況將軍無昔人之罪而勳重於當代夫

迷途知返往哲是與不遠而復先典攸高主上屈法申恩
吞舟是漏將軍松柏不翦親戚安居高堂未傾愛妾尚在
悠悠爾心亦何可言當今功臣名將鴈行有序佩紫懷黃
讚帷幄之謀乘軺建節奉疆場之任並刑馬作誓傳之子
孫將軍獨靦顏借命驅馳氈裘之長寧不哀哉夫以慕容
超之強身送東市姚泓之盛面縛西都故知霜露所均不
育異類姬漢舊邦無取雜種北虜僭盜中原多歷年所惡
積禍盈理至焦爛況偽孽昏狡自相夷戮部落攜離酋豪
猜貳方當繫頸蠻邸縣首藁街而將軍魚游於沸鼎之中
燕巢於飛幕之上不亦惑乎暮春三月江南草長雜花生
樹群鶯亂飛見故國之旗鼓感生平於疇日撫絃登陴豈
不愴恨所以廉公之思趙將吳子之泣西河人之情也將
軍獨無情哉想早勵良規自求多福當今皇帝盛明天下
安樂白環西獻楛矢東來夜郎滇池解辮請職朝鮮昌海
蹴角受化唯北狄野心掘強沙塞之間欲延歲月之命耳
中軍臨川殿下明德茂親揔茲戎重方申欬之勤之命乃
於壽陽擁泉八千歸降武牙為魏人所殺伯之既至以為
平北將軍西豫州刺史求新縣侯未之任復為驃騎將軍
又為太中大夫久之卒於家其子猶有在魏者褚緝在魏

魏人欲用之魏元會網戲為詩曰帽上著籠冠袴上著朱
衣不知是今是不知非昔非魏人怒出為始平太守日日
行獵墮馬而死

陳慶之字子雲義興國山人也幼隨從梁武帝帝性好棋
每從夜至旦不輟等輩皆睡唯慶之不寢聞呼即至其見
親賞從平建鄴稍為主書散財聚士恒思立效除奉朝請
普通中魏徐州刺史元法僧於彭城求入內附以慶之為
武威將軍與胡龍牙成景俊等諸軍應接還除宣猛將軍
文德主帥仍率軍送豫章王綜入鎮徐州魏遣安豐王元
延明臨淮王元或率眾十萬來拒延明先遣其別將丘大

千觀兵近境慶之擊破之後豫章王棄軍奔魏慶之乃斬
關夜退軍士獲全普通七年安西將軍元樹出征壽春以
慶之假節總知軍事魏豫州刺史李憲遣其子長鈞別築
兩城相拒慶之攻拔之憲力屈遂降慶之入據其城轉東
宮直閤大通元年隸領軍曹仲宗伐渦陽魏遣常山王元
昭等眾援前軍至馳澗去渦陽四十里韋放曰賊鋒必是
輕銳戰捷不足為功如不利沮我軍勢不如勿擊慶之曰
魏人遠來皆已疲倦須挫其氣必無不敗之理於是與麾
下五百騎齊擊破其前軍魏人震恐慶之還共諸將連營
西進據渦陽城與魏相持自春至冬各數十百戰師老氣

衰魏之援兵復欲築壘於軍
後仲宗等恐腹背受敵謀退
慶之杖節軍門曰須虜圍合然後與戰若欲班師慶之別
有密敕仲宗壯其計乃從之魏人掎角作十三城慶之銜
枚夜出陷其四壘九城兵甲猶盛乃陳其
俘馘略盡渦水咽流詔以渦陽之地置西徐州眾軍乘勝前
頓城父武帝嘉焉手詔慰勉之大通初魏北海王元顥來

降武帝以慶之為假節飆勇將軍送元顥還北顥於渙水即
魏帝號授慶之為鎮北將軍前軍大都督自銍縣進遂至睢陽魏將丘
大千有眾七萬分築九壘以拒慶之自旦至申攻陷其三
壘大千乃退時魏濟陰王元暉業率羽林庶子二萬人來救
梁宋進屯考城慶之攻陷其城禽暉業仍趣大梁顥進慶
之徐州刺史武都郡王仍率眾而西魏左僕射楊昱等率
御仗羽林宗子庶子眾七萬據滎陽拒顥兵強城固魏將
元天穆大軍復將至先遣其驃騎將軍爾朱兆騎將魯安
等援楊昱又遣右僕射爾朱世隆西荊州刺史王羆據虎
牢時滎陽未拔士眾皆恐慶之乃解鞍秣馬宣喻眾曰我
等纔有七千賊眾四十餘萬今日之事義不圖存須平其
城壘一鼓悉使登城壯士東陽宋景休義興魚天愍踰堞
而入遂剋之俄而魏陣外合慶之率精兵三千大破之魯
安於陣乞降天穆兆單騎獲免進趣虎牢爾朱世隆棄城

走魏孝莊出居河北其臨淮王或安豐王延明率百僚備
法駕迎顥入洛陽宮御前殿改元大赦顥以慶之為車騎
大將軍魏上黨王元天穆又攻拔大梁分遣王老生費穆
據虎牢刀宣刀雙入梁宋慶之隨方掩襲並降先是洛中謠
曰名軍大將莫自牢千兵萬馬避白袍所向無前初魏帝單騎
十四旬平三十二城四十七戰所向披靡自發銍縣至洛陽
度河官衞嬪侍無改於常顥既得志荒于酒色不復視事
與安豐淮計將肯梁以時事未安且資慶之力用慶之
心知之乃說顥曰今遠來至此未伏尚多宜啟天子更請

精兵并勒諸州有南人没此者悉須部送顥欲從之元延
明說顥曰慶之兵不出數千已自難制今更增其眾寧可
為用魏之宗社於斯而滅顥由是疑慶之乃密啟武帝傅
軍洛下南人不出一萬魏人十倍軍副馬佛念言於慶之
曰勳高不賞震主身危二事既有將軍豈得無慮今將軍
威震中原督勳河塞暑顥擾洛則千載一時慶之不從顥
前以慶之為徐州刺史因求之鎮顥心憚之遂不遣將
爾朱榮爾朱世隆元天穆爾朱兆等眾號百萬挾魏帝來
攻顥顥據洛陽六十五日凡所得城一時歸魏慶之度河
守北中郎城三日十一戰傷殺其眾榮將退還時有善天

文人劉靈助謂榮曰不出十日河南大定榮乃為枹濟自
破石與顥戰於河橋顥大敗走至臨潁被禽洛陽復入魏
慶之馬步數千結陣東反榮親自來追軍人死散慶之乃
落顥髮為沙門間行至豫州人程道雍等潛出之至汝陰
至都仍以功除右衞將軍封永興縣侯邑與侯出為北兗州
督緣淮諸軍事會有妖賊沙門僧強自稱為帝土豪蔡伯
龍起兵應之攻陷北徐州詔慶之討焉斬僧強
傳其首中大通二年除南北司二州刺史加都督慶之至
鎮遂圍縣破魏潁州刺史婁起楊州刺史是玄寶伯
水又破行臺孫騰豫州刺史堯雄梁州刺史司馬恭於楚

城罷義陽鎮兵停水轉運江湘諸州並得休息開田六千
頃二年之後倉廩充實又表省南司州復安陸郡置上明
郡大同二年魏遣將侯景攻下楚州刺史桓和景仍進
軍淮上慶之破之時大寒雪景棄輜重走是歲豫州飢慶
之開倉振給多所全濟州人本年等八百人表求樹碑頌
德詔許焉五年辛謚曰武慶之性祗慎每奉詔敕必洗沐
拜受儉素不衣紈綺不好絲竹射不穿札馬非所便而善
撫軍士能得其死力長子昭嗣梁世寒門達者唯慶之與
俞藥初為武帝左右帝謂曰俞氏無先賢世人云俞錢
非君子所宜改姓愉藥曰當令姓自於臣歷位雲旗將軍

慶之第五子昕字君章七歲能騎射十二隨父入洛遇疾
還都詣鴻臚卿朱异异訪比間事昕聚主畫城指麾分別
異甚奇之慶之在縣勅魏驍將羲雄子寶樂特為敢勇求
單騎校戰昕躍馬直趣寶樂即潰散後為臨川太守太
清二年侯景陷歷陽勅召昕還昕啟云株石急須重鎮王
質水軍輕弱恐為必濟乃板昕為雲騎將軍代質未及下
渚景已度江為景所禽令收集部曲將用之昕誓而不許
景使其儀同范桃棒嚴禁之昕因說桃棒令率所領歸降
襲殺王偉宋子仙桃棒許之遂立明射城中遣昕夜縋而

【南史列傳五十一】　九 ▼

入武帝大喜教即受降蘭文遷疑累日不決外事泄昕弗
之知猶依期而下景邀得之遍昕令更射書城中云桃棒
且輕將數十人先入景欲襲甲隨之昕不從遂見害
少弟暄學不師受文才俊逸尤嗜酒無即操偏歷王公門
景異以諷諫暄聞之與秀書曰旦見汝書與孝典陳吾飲
沈酒諠譟過差非虜其兄子秀當率之致書於暄友人何
胥某以此好五十餘年昔吳國張長公亦稱耿恥嘗吾
見張時伊巳六十自言引蒲大勝少年時吾今所進亦多
於往日老而彌篤唯吾與張季寄耳吾方與此子交歡於
地下汝欲夫吾所志耶昔阮咸籍同遊竹林宣子不聞

斯言王湛能玄言巧騎武子呼為癡叔何陳留之風不嗣
太原之氣歸然翩成可怪吾既寂漢當世朽病殘年產不
異於顏原名未動於卿相若不日飲醇酒復欲安歸汝以
飲酒為非吾以不飲酒為過昔周伯仁度江唯三日醒吾
不以為少鄭康成一飲三百盃吾不以為多然洪醉之後
吾常醒酒之猶水亦可以濟舟亦可以覆舟故江諺議有
有得有失成斯養之志是其得也使次公之狂是其失也
言酒猶兵也兵可千日而不用不可一日而不備酒可千
日而不飲不可一飲而不醉一飲而不醉可與共論酒矣汝
驚吾憒憒馬侍中之門階池武陵之第編布朝野自言焦悴

【南史列傳五十一】　十 ▼

丘也幸苟有過人必知之吾生平所願身沒之後題五字墓
云陳故酒徒陳君之神道老斯志意當避南征之不復賈
誼之慟哭者哉何水曹眼不識盃鐺吾口不離瓢杓寧
與何同日而醒與吾同日而醉平政言其醒可及其醉不
可及也速營糟丘吾將老焉爾無多言非爾所及暄以落
魄不為中正所品久不得調陳太康中徐陵為吏部尚書
精簡人物縉紳之士皆鄉慕焉暄以至帽簪挿筆緋絲布
裹頭袍拂膝靴至膝不陳爵里直上帳坐陵不之識命吏
持下暄徐步而出舉止自若竟無作容作書諸陵陵甚病
之後主之在東宮引為學士及即位遷通直散騎常侍與

義陽王叔達尚書左僕射袁權侍中王瑒金紫光
禄大夫陳襃御史中丞沈雍散騎常侍王儀等恒入禁中
陪侍游宴謂為狎客暄素通脱以俳優自居文章諧謔語
言不節後主甚親昵而輕侮之嘗倒縣于梁臨之以刃命
使作賦仍限以晷刻暄援筆即成不以為病而懻甚
後主稍不能容後遂博艾為帽加于其首以藝之然及
赦之造次之忿伏待刑憲後主素重莊意銜解敕引暄出
命莊競坐數日暄發悟而死

於變垂泣求哀聲聞于外而弟之釋會衛尉卿柳莊在坐
遷延攜之拜謝曰陳暄無罪臣恐陛下有觀人之失輒矯

蘭欽字休明中昌魏人也幼而果决趫捷過人宋末隨父
子雲在洛陽恒於市驅豪馳後子雲還南梁天監中以軍
功至冀州刺史敛兼文德主帥征南中五郡諸洞及著所
至皆平欽有謀略勇決善戰步行日二百里勇武過人善
撫取得人死力以軍功封安懷縣男累遷都督梁南秦二
州刺史進爵為侯征梁漢軍平進號智武將軍政授都督
衡州刺史未及述職會西魏攻圍南鄭梁州刺史杜懷珤
來請救欽乃大破魏軍追入斜谷斬獲略盡魏相安定公
遣致馬二千疋請結鄰好欽仍令述職經廣州因破俚帥陳文徹兄
國詔加散騎常侍

弟並禽之至衡州進號平南將軍政封曲江縣公在州有
惠政吏人詣闕請立碑頌德詔許焉後為廣州刺史前刺
史新渝侯映之薨南安侯恬權行州事叟得即真及聞欽
至嶺厚貨廚人塗刀以毒削瓜進之欽及愛妾俱死帝聞
大怒檻車收恬削爵土欽子夏禮侯景至歷陽率其部曲
邀景兵敗死之

論曰陳伯之雖輕狡為心而勇勁自立其累至至爵位盖有
由焉及喪亂既平去就不已卒得其死亦為幸哉慶之初
同鬻崔之游懷鴻鵠之志及乎一見任委長驅伊洛前
無強陣攻靡堅城雖南風不競晚致傾覆其所剋捷亦足
珊之蘭欽戰有先鳴位非虛受終逢鴆毒唯命也夫

賀瑒　子華
　　　弟子琛
朱异　弟子琛
徐摛　子陵　陵弟子儉　份
　　　　　　　司馬褧
　　　　　　　顧協
　　　　　　　鮑泉　行卿　弟客卿
李謨

延壽

賀瑒字德璉會稽山陰人晉司空循之玄孫也世以儒術
顯伯祖道養工□笙經遇工歌女人病死也世以儒術
死也天帝召之歌耳乃以土塊加其心上俄頃而蘇祖道
力善三禮有盛名仕宋為尚書三公郎建康令父損亦傳
家業瑒少聰敏邿時沛國劉瓛為會稽府丞見瑒深器異

之眷與俱造吳郡張融指瑒謂曰此生將來為儒者宗矣
薦之為國子生舉明經後為太學博士梁天監初為太常
丞有司舉瑒修賓禮及見說禮義武帝異之詔朝望□
華林講四年初開五館以瑒兼五經博士別詔為皇太子
定禮撰五經義時武帝方創定禮樂瑒所建議多見施行
七年拜步兵校尉領五經博士卒於館所著禮易毛詩講
疏朝廷中生徒常數百篇第子明經對策至數十人二子華
華字文明少以家貧自躬耕供養年二十姉輒未就文學業
季弟子琛並傳瑒業

精力不怠有六尺方牀思義未達則橫卧其上不盡其義
終不肯食通三禮及喪禮論語毛詩左傳為儒者所宗太
學博士長七尺八寸雍容都雅吐納蘊藉敎於求福省為
邵陵東武陵三王講禮後為國子博士於學講授生徒
常數百人出為西中郎湘東王諮議參軍帶江陵令於
再臨南平郡為人吏所懷養在荊州歷為郡縣所得俸秩
孝常恨食祿不及妻好專擬還鄉造寺以申感思子徽美
不及華愛先華卒華哭之因遘疾而卒季子亦明三禮位中
州置學士以華鎮儒林祭酒講三禮荊楚衣冠聽者甚衆前
深為華愛先華卒華哭之因遘疾而卒季子亦明三禮位中

書黃門郎兼著作
琛字國寶幼孤伯父瑒授其經業一聞便通義理瑒異之
常曰此兒當以明經致貴瑒卒後琛家貧嘗從假販
粟以養母雖自執舟檝閒則習業瑒家聚徒教授四方受業者三
之門徒稍從問道初瑒於鄉里聚徒教授四方受業者三
千餘人瑒天監中亡至是複集琛乃築室郊郭彭城
數閒年將三十便車講授既世習禮學窕其精微古述先
儒吐言辯絜坐之聽終日不疲湘東王幼年臨郡彭城
到溉為行事忽求見莫不傾動琛說經無輟曾不降意溉下車欣
聞上佐行事聞琛美名命賀琛正講學僧蒲遊既

然就席便申聞難往復竟義理該贍混嘆曰通儒碩學
復見賀生今且還城尋當相屈琛了不酬答神用頹然漑
言之王請補郡功曹史琛辭以母老終於固執俄遭母憂
廬於墓所服闋猶未還會生徒復從之琛衰毀積年骨立
而已未堪講授諸生學
宏臨州召補祭酒從事琛年已四十餘始應辟命武帝聞
其有學術召見文德殿與語悅之謂僕射徐勉曰琛殊有
遷尚書左丞詔琛撰新諡法便郎施用時皇太子議以
之末可以冠子嫁女琛駁議曰今旨以大功之末可得冠

子嫁女不自冠自嫁推以記文籍猶致惑案嫁冠之禮本
是父之所成無父之人乃可自冠故記稱大功小功並以
得自娶而亦云冠子娶婦其義益明故先列二服每明冠
冠子自冠矣蓋是約言而見旨若謂緣父服大功子服小功
子嫁子結於後句方顯自娶之義既明小功自娶即知大
功自冠服輕故不應復云冠子嫁子也若謂小功
則小功之末非明父子冠嫁大功服重故不得自嫁自冠者
小功之文故得為子冠嫁大功服殊不應復云冠子嫁者
小功之末言已可壞但得為子冠嫁竊謂有服不行嘉禮本
不得自行嘉禮但得為子冠嫁

為吉凶不可相干子雖小功之末可得行冠嫁猶應須父
得為其冠嫁若父於大功之末可以冠子嫁子是於吉凶
禮無礙吉凶禮無礙豈不得自冠自嫁令許其冠自嫁是自冠是
有礙則冠子嫁子寧獨可通今許其冠子而塞其自冠是
琛之所惑也又令旨推此旨若為降服大功小
亦不得為子冠嫁伏尋此旨若為降服大功小
子則不得降服小功亦不可自冠自嫁為凡厭降服大功小
功皆不言降服的寧下殤實有其義夫夫出嫁出後或有再降
今不言降服的寧下殤實有其義夫夫出嫁出後或有再降
出後之身於本姊妹降為大功若是大夫出嫁士父又以尊

降則成小功其於冠嫁義無以異所以然者出嫁則有受
我出後則有傳並亦欲使薄於此而尊於彼此服雖降彼
服則隆昔實情深既無受厚他姓又異傳重役有倫服未若
夫朞年之喪復為小功為小功止是一等降殺有倫服未若
之故夫喪情深既無受厚他姓又異傳重役宗嫌其年幼
冠故無有異唯下殤之服特明不娶以示本重之恩是以厭降服冠嫁
頓成殺略故特明不要其義若此則不得言大功之降
服皆不冠嫁也且記云下殤小功下殤則不得通然中
上語小功又不兼於大功若實大功小功降服皆不冠嫁

14-634

上中二殤亦不冠嫁者記不得直云下殤小功則不可恐
非文意此又琛之所疑也遂從琛議加員外散騎常侍舊
尚書南坐無貂貂自琛始也遷御史中丞參禮儀事如先
性貪鄙多受賕賂家產既豐買主第為宅為有司奏免
官後為通直散騎常侍領尚書左丞參禮儀事琛前後居
職凡郊廟諸儀多所創定每進見武帝與語常移晷刻故
省中語曰上殿不下有賀雅琛容止閑雅故時人呼之遷
散騎常侍琛啟陳事條封奏大略其一曰今北邊稽服政是

害時政琛啟陳事條封奏大略其一曰今之急務國家之
生聚教訓之時而天下戶口減落誠當今之急務國家之
寧非牧守之過其二事曰今天下宰守所以皆尚貪殘
有廉白者良由風俗侈靡使之然也欲使人守廉隅吏尚
清白安可得邪今誠宜嚴為禁制導之以節儉貶黜雕飾
糾奏浮華使眾皆知變其耳目改其好惡則易於反掌其
三事曰斗筲之人詭競求進運智挾巧之智徼分外之求以
深刻為能以繩逐為務長姦增婪是由於此誠願責其
公平之效黜其殘愚之心則下安上謐無徼倖之惠矣其
四事曰自征伐北境帑藏空虛今天下無事而猶日不暇
給良有以也夫國奢則省其事而息其費事省則養人費

息則財聚若言小費不足害財則終年不息矣以小役不
足妨人則終年不止矣書奏武帝大怒召主書謂言曰聞
敕責琛曰朕有天下四十餘年公車讜言曰聞口受苦
悾憁更增惜愍鄉珥貂紼組博聞冷聞不宜同於關茸止
取名字言我能上事恨朝廷不能受鄉云今北邊稽服政
是生聚教訓之時而人失安居牧守之過此言大善夫子
言其身正不令而行其身不正雖令不從朕言大澤之中有
龍有蛇縱不盡善不能皆惡鄉可分明顯出其人鄉云宜
導之以節儉又云至道者必以淳素為先此言亦宜
言不與女人同屋而寢亦三十餘年於居處不過一牀

餘年不與女人同屋而寢亦三十餘年於居處不過一牀
之地雕飾之物不入於宮此亦人所共知受生不飲酒受
生不好音聲所以朝中曲宴未嘗奏樂朕三更出理事隨
事多少事或少中前得竟日昃方得就食既常一
食若晝若夜無有定時疾苦之日或亦再食昔腰過於十
圍今之瘦削裁二尺餘舊帶猶存非為妄說為誰為之救
物故也書云股肱惟人良臣惟聖向使朕有股肱又云百
主今乃不免居九品之下不令而行徒虛言耳鄉又云嚱
食莫不奏事詭競求進今不許外人呈事誰尸其任專委之人云何可得
廢飡此之謂也若斷呈事詭競求進今不許外人呈事誰尸其任專委之人云何可得
是故古人云專聽生姦獨任成亂何者是宜具以奏聞琛

奉敕但謝過而已不敢有所指斥太清二年為中軍宣城

王長侯景陷城琛被創未死賊求得之輿至闕下求見
侯與遣王克領軍朱异勸開城納賊克等謙之弟琛所戲
後與遣班嚴寺療之明年臺城不守琛逃歸鄉里而卒賊
冠擔擔復執琛琛少禄大夫卒琛所撰三
司馬聚字元表河內溫人也曾祖純之晉大司農高密敬
王祖讓之員外常侍父寔書三禮仕齊為國子博士聚少
禮講說五經滯義叉諸儀注凡百餘篇為宗族通儒
傳家業強力專精手不釋卷沛國劉瓛為儒者宗武帝
深相賞好與樂安任昉善昉亦推重之深天監初詔通

南史五十一　十七

五禮有興毀俗嘉禮除尚書祠部即時創定禮樂聯衣
所建議多見施行兼中書通事舍人每吉凶山禮當時名儒
明山賓貨琚等疑不能斷者皆取決焉累遷御史中丞十
六年出為宣毅南康王長史行府國事石頭戍軍事駭難
居外官有敕預文德武德二殿長名問訊不限日選員安
王長史辛王命記室便有吾集其文為十卷所撰嘉禮儀
注一百二十二卷

朱异字彥和吳郡錢唐人也祖昭之父巽烈所知名年數歲所生母亡昭之假我於
謙之字處先以義烈知名年數歲所生母亡昭之假我於
田側為族人朱幼方燎火所焚同產姊密語之謙之雖小

便哀感如持喪齊永明中手刃殺幼方詣獄自
繫縣令申靈勗表上之齊武帝嘉其義復乃遣
之隨曹武西行將發幼方子懼於津陽門伺殺謙之兄巽
之即巽父也又刺殺懼有司以聞武帝曰弟死於孝兄殉
可聞悉赦之吳興沈顗聞而歎曰此兒非常器也至吳平令年十
友之節幸此一門畢之字處默著辯相論幼時顧
歡見而異之以女妻焉仕齊宜至建康令年二十五方得釋褐司
餘好群聚蒲博頗為鄉黨所患父長乃折節從師梁初開
顗撫之謂其以女妻焉仕齊宜至建康令自業寫畢便誦
五館異服競於博士明山賓貨房資父備書自業寫畢便誦

南史五十二　十八

偏覽五經九明礼易涉獵文史兼通雜藝博弈書筭皆
其所長年二十出都詣尚書令沈約面試之因戲异曰卿
年少何乃不廉异遜對曰天下唯有文義
棊書卿一時將去可謂不廉也尋上書言建康宜置獄司
比廷尉敕付尚書詳議從之尋制年二十五方得釋褐時
之士五經博士明山賓貨表薦异年時尚少特敕擢為揚州議曹從事史尋有詔求異能
異適二十一特敕擢付尚書詳議為揚州議曹從事史尋有詔求異能
無散逸之想處闇有對之色曰字弘深神表峰峻金山
万丈綠陽未登五海千尋鏡映不測加以珪璋新琛錦組
初捃騙饗鏗鏘遇来便發觀其信行非唯十室所稀若使

頁重遷途必有千里之用武帝召見使說孝經周易義甚
悅之謂左右曰朱異實異後見明山賓所舉殊得人
仍召直西省俄兼太學博士甚年帝自講孝經使異執讀
遷尚書儀曹郎入兼中書通事舍人後除中書郎時秋日
始拜有飛蟬正集異武冠上時咸謂蟬珥之兆遷太子右
衛率普通五年大舉北侵魏徐州刺史元法僧遣使請舉
地內屬詔有司議其虛實異曰自王師北討剋獲相繼徐
州地轉削弱咸願歸罪法僧懼禍其降必非偽也帝仍遣
異報法僧并敕衆軍應接受異節度及至法僧邊承旨諸
如異策焉遷散騎常侍異容貌魁梧能舉止雖出自諸

生甚閑軍國故實自周捨卒後異代掌機密其軍旅謀謨
方鎮改換朝儀國典詔誥敕書並典掌之每四方表疏當
局薄領詿諜詳請斷填委於前異屬辭落紙覽事下議縱橫
敏贍不暫停筆頃刻之間諸事便了遷右衛將軍啟求於
儀賢堂奉述武帝老子義敕許之及就講朝士及道俗聽
者千餘人為一時之盛時城西又開士林館以延學士異
與左丞賀琛遞日述武帝禮記中庸義皇太子又召異於
玄圃講易大同八年改加侍中異博解多藝圍棋甚上品而
貪財冒賄欺罔視聽以伺候人主意不肯進賢黜惡四方
餉饋曾無推拒故遠近莫不恣疾起宅東陂窮乎美麗晚

日來下酣飲其中每追隨黃廬臺門將闔乃引其閽簿自
宅至城使捉城門傳留管籥既聲勢所驅董灼內外產
與羊侃相埒好飲食極滋味聲色之娛子鵝包鮓不輟於
口雖朝謁從車中必齎餱餌而輕傲朝賢不避貴戚人或
誨之異曰我寒士也遭逢以至今日諸貴皆恃枯骨見輕
我下之則為蔑士甚我是以先之自徐勉周捨卒後異文
華敏洽曲營世譽二人行異而俱見倖異在內省十餘年
未嘗被譴司農鄉傅岐嘗謂異曰今聖上委政於君安得
每事從旨頃者外聞殊有異論異曰政我不能諫爭耳

當今天子聖明吾豈可以其所聞干忤天聽太清二年為
中領軍舍人如故初武帝夢中原盡平舉朝稱慶甚悅以
語異曰吾生平少夢夢必有實異曰此宇內方一之徵及
侯景降救召群臣廷議尚書僕射謝舉等以為不可許武
帝欲納之未決嘗夙興至武德閣口獨言我國家猶若金
甌無一傷缺承平若此今便受地詎是事宜脫至紛紜悔
無所及異探帝微旨曰聖明御寓北土遺黎
誰不慕仰為無機會未達其心今侯景分魏國大半遠歸
聖朝若不容受恐絕後來之望帝深納異言又感前夢遂
納之及貞陽侯敗沒帝憂曰今勿作晉家事乎尋而貞陽

自觀遺使述魏相高澄欲申和睦敕有司定議異又議以和為
允帝從之其年六月遣建康令謝挺通直郎徐陵使北通好
時侯景鎮壽春疑懼累啓請絕和及致書於制局監周石珍令具申聞異約其金而不停
兩又致書於
此使景遂反初景謀反合州刺史鄱陽王範司州刺史羊
鴉仁並累有啓聞異以景孤立寄命必不應兩乃謂使曰
前壽州司馬徐思玉先至求見於上上召問之思玉曰徐思玉
反賊請聞陳事上將屏左右令舍人高善寶曰思玉從賊中
來情偽難測安可使其獨在殿上時異侍坐乃曰徐思玉
豈是刺客邪何言之僻書寶曰思玉已將臨賀入比詐可
輕信言未卒思玉果出賊遂以討異陸驗
為名又景至城下又射啓言朱异等弄朝權輕作威福
臣等為名耳今日殺異無救於急適足貽笑將來若
簡文曰有是乎對曰然帝召有司將誅之簡文曰賊特以
既誅之未晚帝乃止異之方倖在朝翼不側目雖皇太
子亦不能平至是城內咸欲異簡文為四言詩曰
彼陂田嗟斯氛霧我王度又製圍城賦末章
云彼昏不悛斯氛霧並蔬食而乘肥并紫禁之
丹地挑玉殿

【十一】

之金篚陳謀謨之厥沈宣政刑之福威四郊以之多壘萬
邦以之未綏問紂狼其何者訪絁錫之為誰並以指异又
帝登南樓望賊顧謂异曰四郊多壘誰之罪歟异流汗不
能對慙憤發病至時年六十七詔尚書右僕射开舊當書
官不以為贈及异卒武帝悼惜之方議贈事左右有善异
者乃啓曰异生平所懷願得執法之方帝因其宿志特有此贈
异居權要三十餘年善承上旨故特被寵歷官四職並驅鹵
常侍至侍中四官皆珥貂自右衛率至領軍四職並青溪其中有
臺池誑好每暇日與賓客遊焉四方餽遺財貨充積性吝
薔未嘗有散施厨下珍羞恒腐爛每月常棄十數車猶諸
子別房亦分賄所撰禮易講疏及儀注文集百餘篇子
蕭位國子博士次閏司徒掾並遇亂卒
顧協字正禮吳郡吳人晉司空和六世孫也幼孤隨母養於
外氏外祖祖右光祿大夫張永嘗攜內外孫姪遊虎丘山協
年數歲求撫之曰見異欲兒政欲枕石漱流求數息
曰顧氏興於此子及長好學以精力稱外氏諸張多賢達
有識鑒焉並率尤推重焉初為揚州議曹從事史舉秀才尚
書令沈約覽其策而歎曰江左以來未有斯作為兼廷尉
正太尉臨川王聞其名召掌書記初侍西曹侍正德讀正

【十二】

【占】

德為巴西梓潼郡協除所部新安令未至縣遭母憂惟
始興王厚資道之送喪還於峽江遇風同旅皆漂溺唯協
一舫觸石得泊為咸謂精誠所致張率嘗鷹之於帝問協
年率三十有五帝曰比方高涼四十強仕南方甲濕三十
巳袁如協便為巳老恒其事親莘與友信亦不可遺於普通
鄉便稱敕喚出於是以協為兼太學博士湘東王參
軍兼記室普通中有詔舉士湘東王表薦之即召拜通直
散騎侍郎兼中書通事舍人大通三年霆擊大航華表然
之所擊　一本罰惡龍二彰朕之有過協捷惡揚善非吉祥未
忠

南史列傳五十二　〔十三〕

公由是見免後守鳴臚鄉負朴散騎常侍鄉舍人並如故
自為近臣便繁幾密每有述製敕前示協時輩榮之卒官
無衣以斂為士所嗟歎武帝悼惜之為舉哀贈散騎常侍
諡曰溫子協少清介有志操初為廷尉正支服單薄寺鄉
法度欲解襦與之惲其清嚴不敢發口謂人曰我願解
上襦與顏郎顏郎難衣食者竟不敢以遺之及為含人同
官者皆贈屋協在省十六載器服飲食不改於常有門生
始來事協知其廉潔不敢厚餉止送錢二千協發怒杖二
十因此事協知其絕於饋遺自丁艱憂終身布衣蔬食少時將
娉婦員女未成昏而協母亡免喪後不復要年六十餘此

女猶未他適協義而迎之脫雖判合卒與徹嗣協博極羣
書於文字及禽獸草木尤稱精詳撰異姓苑五卷璅語十
卷文集十卷並行於世
徐摛字士績祖憑道宋海陵太守
父超之梁天監初位外散騎常侍摛幼好學又長編覽
經史屬文好為新變不拘舊體晉安王綱出戎石頭武帝
謂周捨曰為我求一人文學俱長兼有行者欲令與晉安
戎必侵以撰寧憲府長史參軍政教命軍書多自
游戲捨曰臣外弟徐摛形質陋小若不勝衣而堪此選
曰必有仲宣之才亦不簡貌乃以摛為侍讀大通初王

南史傳五十二　〔十四〕

摛出王入為皇太子轉家令兼管記尋帶領直摛文體
既別春坊盡學之號自斯而始帝聞之怒召摛加
誚責又見應對明敏辭義可觀乃意釋因問五經大義次
問歷代史又百家雜記未論釋教摛商較縱橫應答如響
帝甚加歎異更被親狎寵遇日隆領軍朱异不悅謂所親
曰徐叟出入兩宮漸來見逼我須早為之所遂承間白帝
曰摛年老又愛泉石意在一郡自養帝謂摛欲之乃召摛
曰新安大好山水任昉等並經為之卿為我臨此郡中大
通三年遂出為新安太守為政清靜教人禮義勸課農桑
春月風俗便改秩滿為中庶子時臨城公納夫人王氏即

簡文妃姪女晉宋以來初昏三日婦見舅姑衆賓皆列觀引春秋至丁丑夫人姜氏至戊寅公使大夫宗婦覿用幣戊寅郎丁丑之明日故禮官擄此皆云宜依舊覿簡文問擄議曰賀明贊見婦於舅姑雜記又云婦見舅姑兄弟姊妹皆立於堂下政言婦是外宗未審姻於舅以舅延外客姑率內賓堂下之儀以備盛禮近代婦於舅姑本有戚屬不相瞻者夫人乃妃姪女有異他姻覿之儀謂應可略簡文從其議除太子左衛率及侯景攻陷臺城時簡文居求福省賊衆奔入侍衛走散莫有存者擄獨侍立不動徐謂景曰侯公當以禮見何得如此凶威遂折

擄字景乃拜由是常懼擄簡文嗣位進授左衛將軍固辭不拜簡文被閉擄不獲朝謁因感氣疾而卒年七十八贈侍中太子詹事諡貞子長子陵最知名陵年數歲家人擄以候沙門釋寶誌寶誌摩其頂曰天上石麒麟也光宅寺慧雲法師每嗟陵早就謂之顏回八歲屬文十三通莊老義及長博涉史籍從橫有口辯父擄為晉安王諮議王又引陵參寧蠻府軍事王立為皇太子東宮置學士陵充其選稍遷尚書度支郎出為上虞令御史中丞劉孝儀與陵先有隙聞刻陵在縣贓汙因坐免又

之為通直散騎侍郎梁簡文在東宮撰長春殿義記使陵為序又令於少傅府述今所製莊子義大清二年兼通直散騎常侍使魏魏人授館宴賓其日甚熱其主客魏收嘲陵曰今日之熱當由徐常侍來聘郎答曰昔王肅至此為魏始制禮儀今我來聘卿復知寒暑收大慙齊受魏禪梁元帝承制於江陵復通使於齊陵累求復命終拘留不遣乃致書於僕射楊遵彥不報及魏平江陵齊送貞陽侯為梁嗣乃遣陵隨還太尉王僧辯初拒境不納明往復致書皆

陵辭也及明入僧辯得陵大喜以為尚書吏部郎兼掌詔誥其年陳武帝誅僧辯仍進討董裔而任約徐嗣徽承虛襲石頭陵感僧辯舊恩往赴約約平武帝釋陵不問以為尚書左丞紹泰二年又使齊還除給事黃門侍郎祕書監陳受禪加散騎常侍御史中丞時安成王頊為司空以帝弟之尊權傾朝野直兵鮑僧叡假王威風抑塞辭訟大臣莫敢言陵乃劾奏之文帝見陵服章嚴肅若不可犯為斂容正坐陵進讀奏狀時安成王殿上侍立仰視文帝流汗失色陵遣殿中郎引王下殿自是朝廷肅然還東部尚書領大著

作陵以淺末以來撰授多失其所於是提舉綱維綜覈名
實時有冒進求官馳競不已者乃爲書宣示之曰永定
銀難得黃札易營權以官階代於錢絹義在撫接無計多
少致令員外常侍路上比肩詔議參軍市中無數既是朝
章應其如此今衣冠禮樂日富年華何可猶作儔意非理
朱領軍异亦爲卿相此不諭其本分則此是天子所披文
望也所見諸君多喻本分擔言大屈未諭高懷若問梁朝
關選戶梁武帝云世間人豈無運命每有好官鈇輒羊玄保此則清階
顯職不由選也既尓衡流諸賢深明卿意自是眾咸服焉
時論比之毛玠及宣帝入輔謀默異志者引陵預其議發
帝即位封建昌縣侯大建中爲尚書左僕射抗表推周弘
正王勱等帝召入内殿曰卿何爲固辭而舉人乎陵曰弘
正舊番長史王勱太平中相府長史張種帝鄉賢戚若選
賢舊宜居後固辭累日乃奉詔文朝議地侵宣帝命舉
元朗眾議在淳于量陵獨曰不然吳明徹家在淮左悉彼
風俗將略人才當今無過者於是爭論數日
尚書裴邑出曰臣同徐僕射陵應聲曰非但明徹良
良副也是日詔明徹爲大都督令忽監軍事遂剋淮南數

十州地宣帝因置酒舉杯屬陵曰賞卿知人七年領國子
祭酒以公事免侍中僕射尋加侍中十二年爲中書
監領太子詹事以老累表求致事宣帝亦優禮之詔將
作爲造大齋令陵就第攝事後主即位遷左光祿大夫太
子少傅至德元年辛卯年七十七詔贈特進初衡之至是諡文
陵云他人所作陵唯都不成辭句後主曰至是諡
祿與親族共之太建中食建昌户送米至水次親戚有
曰章僞侯陵器宇深遠容止可觀性又清簡無所營樹俸
貧匱者皆令取之數日便盡陵家有可賣不其周給如
其故陵云我有車牛衣裳可賣餘家無可賣不
禪詔榮皆陵所製爲一代文宗亦不以秘物未嘗諡詞者
有青精時人以爲聰慧之相也自陳創業文檄軍書及受
之其後進接引無倦文宣之時國家有大手筆必命陵草
品經義學名僧自遠雲集每講筵商較四坐莫能與抗目
此少而崇信釋教經論多所釋解後主在東宮令陵講大
已傳寫成誦遂傳千周齊家有其本後逢喪亂多散失存
者三十卷陵有四子儉份儀傳
倩一名報紉而倩立勤學有志操没南周弘直重其爲人
妻之以女梁元帝召爲尚書金部郎中常侍宴賦詩元帝

歡賞之曰徐氏之子復有文矣魏平江陵還建鄴累遷中
書侍郎太建初廣州刺史歐陽紇舉兵反宣帝令儉持節
喻旨紇見儉盛列仗衛言辭不恭儉曰呂嘉之事誠當已
遠將軍獨不見周迪陳寶應平紇雖然不莟懼儉沮衆不
事儉須還報天子儉之性命雖在將軍將軍成敗不在於
許入城置儉於孤園寺紇嘗出見儉從間道馳還宣帝乃命章昭達
討紇以儉監昭達軍紇平為兼中書通事舍人後主立尋
遷尋陽內史為政嚴明盜賊靜息遷散騎常侍襲封建昌
侯入為御史中丞儉公平無所阿附尚書令江揔望重一

時為儉所劾後主深委任焉禎明二年卒
份少有父風九歲為梁賦陵見之謂所親曰吾幼屬文亦
不加此為海鹽令有政績入為太子洗馬性孝弟嘗疾
篤份燒香泣涕跪誦孝經日夜不息如是者三日陵疾豁
然而愈親戚皆謂份孝感所致先陵卒
儀少聰警仕陳位尚書殿中郎陳亡隱于錢唐之赭山隋
煬帝召為學士尋除著作佐郎大業四年卒
陵弟孝克有口辯能談玄理性至孝遭父憂殆不勝喪所
生母陳氏盡就養之道梁末侯景冠亂孝養母饘粥不
能給妻東莞臧氏領軍將軍盾女也甚有容色孝克乃謂

十九

曰今飢荒如此供養交闕欲嫁鄉以望彼此俱濟
於鄉如何臧氏弗許之時有孔景行者為侯景將多從
右逼而迎之臧氏涕泣而去所得穀帛悉以遺母孝克又
剃髮為沙門改名法整兼乞食以充給臧氏伺孝克於途
中累日乃見謂孝克曰往日之事非為相負今既得脫當
歸供養孝克默然無咎於是歸俗更為夫妻後東遊居錢
唐之佳里與諸僧討論釋典遂通三論每日二時講
講佛經晚講禮傳道俗受業者數百人天嘉中除剡令非
其好尋去職太建四年徵為秘書丞不就乃蔬食長齋持

菩薩戒晝夜講誦法華經宣帝甚嘉其操行後為國子祭
酒孝克每侍宴無所食噉至席散當其前膳羞損減帝寄
記以問中書舍人管斌斌自是伺之見孝克取珍果納紳
帶中斌當時莫識其意後尋訪方知其以遺母斌以啟宣
帝嗟歎良久乃敕自今宴享孝克前饌並遺將還以餉其
母時論美之至德中皇太子入學釋奠孝克發
孝經題後主詔皇太子北面致禎明元年入為都官尚
書自晉以來尚書官僚皆攜家居省省在臺城內下舍
門中有閤道東西跨路通于朝堂其第一郎都官省西抵
閤道年代久遠多有鬼怪每夜昏之際無敢有行光或見

二十

人著衰冠從井中出須臾復沒或門閭自然開閉居多死
亡尚書周確卒於此省孝克代確便即居之經兩載秩文
旨息時人咸以為真正所致孝克性清素好施惠故不克
飢寒後主敕以石頭津稅給之孝克性清素好施惠故不克
生母患欲粳米為粥不能常辦母亡後孝克常歠菜有
一年為散騎常侍侍東宮陳七隨例入長安常設齋講經不克
遺粳米者孝克對而悲泣終身不復食焉侍金剛般若
安夫疫隋文帝聞其名行名令於尚書都堂講禮傳
經尋授國子博士後侍東宮講禮傳十九年以疾辛年七
十三臨終念佛室內有非常香氣都里皆驚異其之子萬

載位太子洗馬

鮑泉字潤岳東海人也父幾字景玄家貧少母老詣東部
尚書王亮干祿亮一見嗟賞輝為春陵令後為明山賓所
薦為太常丞以兄傳昭為太常長兼服不得相臨改為
尚書即終於湘東王諮議參軍泉美鬚髯舉止閑雅高
見權任謂曰我文之奴無出卿者後為通直侍郎常侍早
尺性其警悟博涉史傳兼有文筆少事元帝為國常侍即
懷軍從數十左右纖蓋服玩其精道逢國子祭酒王承高
疑非舊貴請訪之泉從者咎曰鮑通直承欲厚之
道通軍閤鮑通直復是何許人而得如此都下少年淺為

口實見尚豪華人相戲曰鮑通直復是何許人而得如此
以為笑謔及元帝承制累遷至信州刺史方等之敗元帝
大怒泉與王僧辯討之僧辯曰計將安出泉曰事等沃雪
何所多憂電僧辯時人比泉為鄭奇泉既專征長沙又
入豆泉許諾僧辯如向言泉嘿然不繼元帝大怒於是
帝乃數僧辯時人曰君言文士常談耳江東少有武幹非精
城繫僧辯時人曰君言文士常談耳江東少有武幹非精
廿一萬不可以性許諾王僧辯代泉為都督使泉曰羅
毛徒勞繞噪乃從獄中起王僧辯代泉為都督使泉曰羅
蝟重歡領齊候三百人與僧辯往及至長沙道逢使曰羅

舍人被令送王竟陵來泉愕然顧左右曰得王竟陵助我
經略賊不足平矣乃拂席坐而待之僧辯入乃衣泉而坐
曰鮑即卿有罪令旨使我鏁卿卿勿以故意見期命遂
出令示泉鏁之泉便顏色自若了無懼容曰僧辯緩王師
罪乃甘分但恐後人更思鮑泉之懷懣耳僧辯等甚不平
陵王於郢州郢州平元帝尋復其任令與僧辯等東
行州府事方諸見泉為長史未嘗用使泉伏林騎
皆為馬善其衣作其姓名由是州府盡相欺侯景密遣將
宋子仙任約龍步之方諸與泉不恤軍政唯蒲酒自樂云賊

何由得至既而傳言者衆始命臘門城陷賊報方諸及泉
遷之意所後景攻王僧辯於巴陵不剋敗還乃殺泉於江
夏沉其屍於黃鶴磯初泉夢著朱衣行水上及死舉身帶
血而沉于江如其夢泉於儀禮尤明撰新儀三十卷行於
世時又有鮑行卿以博學大才稱位後軍臨川王錄事兼
中書舍人遷步兵校尉上玉璧銘武帝發詔發賞好韻語
及拜步兵面謝帝曰作舍人不免貧得五校實大校例甘
如此有集二十卷撰皇室儀十二卷與典龍飛記二卷

湘東王五佐正好交遊無日不適人人為之語曰無勢不
第客郷位南康太守客郷三子檢正至並才藝知名俱為
屍焚之王聞之曰忠非紀信利非東齒斃如弃如於吳子
恨之及建鄴城陷正為尚書外兵郎病不能起景雜於死
逢烏噪無勲不達鮑佐正不為湘東王所知獻書告退王
得君子以此知湘東王不仁檢為湘東鎮西府中記室使
蜀不屈於武陵王見害

論曰夏侯勝云士患不明經術經絎明取青紫如拾地芥
耳於賀瑒賀琛朱异司馬褧其得之矣而斤瓷微龍倖任
事居權不能以道佐時苟取容媚及延寇敗國寔異之由
禍難歃彰不明其罪亦既身死寵贈猶珠罰既弗加賞亦
斯濫夫太清之亂固其宜矣顏協清介足以追蹤古人徐

攄身正仁者信乎有勇孝穆聦明特達緝穆興王獻替謀
猷亮直斯在泉本文房之士每勦荷戈之任非材之責勝
任不亦難乎

列傳第五十二　　　南史六十二

14-644

王神念　子僧辯

羊侃

羊鵾仁

李延壽

▲南史列傳五十三

王神念太原祁人也少好儒術九明内典仕魏位頴川太
守與子僧辯擄郡歸梁封南城縣侯歷安成武陽宣城内
史皆著政績後為青冀二州刺史神念性剛正所更州郡
必禁止淫祠時青州東北有石鹿山臨海先有神廟祅巫
欺惑百姓遠近祈禱糜費極多及神念至便令毀撤風俗
遂改後徵為右衞將軍卒於官諡曰壯及元帝初追贈侍
中中書令政諡忠公神念少善騎射及老不衰甞於武帝
前手執二刀楯左右交度馳馬往來冠絕羣伍時復有揚
華者能作驚軍騎亦一時妙捷帝深賞之華本名白花武
都仇池人父大眼為魏名將華少有勇力容貌瓌偉魏胡
太后追思之華懼禍及大眼死擁部曲載父屍改名華來
降胡太后幸之華白花歌辭使宮人晝夜連臂
蹋蹄歌之聲其悽斷華後位太子左衞率卒於侯景中神
念長子導業位太僕卿次子僧辯
僧辯字君才學涉該博九明左氏春秋言辭辯捷器宇
然雖射不穿札而有陵雲之氣元帝後為江州刺史僧辯

▲南史列傳五十三　二　徐

隨府為中兵參軍時有安成望族劉敬躬者田間得白蛆
化為金龜將銷之龜生光照室敬躬以為神而禱之所請
多驗無賴者多依之平生有德有怨者必報遂謀作亂遠
近響應元帝命中直兵參軍曹子郢討之又討平安成僧
子郢既破其軍敬躬走安成僧辯禽之又討平安州反蠻
由是以勇略稱元帝除荆州僧辯為貞毅府諮議參軍代
柳仲禮為竟陵太守及侯景悉收其軍實而厚加綏撫遣
歸竟陵於是倍道兼行西就元帝元帝承制以為領軍將
軍及荆湘疑貳元帝令僧辯及鮑泉討之時僧辯以竟陵
間部下皆勁勇猶未盡來意欲待集然後上頓與泉俱入
使泉先言之泉入不敢言元帝問僧辯僧辯以情對元帝
性忌以為遷延不去大怒厲聲曰卿懼行拒命欲同賊邪
今唯死耳僧辯對曰今日就戮甘心但恨不見老母帝自
斫之中其髀流血至地悶絕父之方蘇即送廷尉并收其
子姪並繫之其母脫簪珥待罪帝意解賜以良藥故不死
會岳陽重襲江陵人情搔擾元帝遣就獄出僧辯以為城
内都督俄而岳陽弁退而鮑泉力不能剋長沙遂復領軍
代之僧辯仍部分將師并力攻圍遂平湘土還帝命僧辯
軍侯景浮江西冦軍次夏首僧辯為大都督軍次巴陵景

既陷郢城將進寇荊州於是緣江屯戍望風請服僧辯並沈公私船於水分命衆軍乘城固守偃旗臥鼓安若無人翌日賊衆濟江輕騎至城下謂城中曰語王領軍何不早降僧辯使荅曰大軍但向荊州此城自當非礙僧辯百口在人掌握宣得便降景軍內薄苦攻城內同時鼓譟矢石雨下賊乃引退元帝又命平北將軍胡僧祐率兵援僧辯是日賊後攻城不剋又為火艦燒柵風僧辯流星墮其營中賊徒大駭相顧失色賊帥任約又為陸法和所禽景乃燒營夜遁旋軍夏首元帝以僧辯為征東將軍開府儀同三司江州刺史封長寧縣公即率巴陵諸

軍泝流討景攻魯山仍攻郢即入羅城又有大星如車輪墜賊營去地十丈變成火一時碎散有龍自城出五色光曜入城前鸚鵡洲水中景聞之倍道歸建鄴賊帥宋子仙等困感求輸郢城身還就景僧辯偽許之子仙謂為信然浮舟將發僧辯命杜龕鼓譟掩至大破之禽子仙丁和等送江陵元帝命生釘和舌鸞殺之郢既平僧辯進師尋陽軍人多夢周何二廟神云吾已助天子討賊同夢者數大將軍並乘朱航俄而及曰巳被景軍同夢者數十百為元帝加僧辯侍中尚書令征東大將軍僧辯頻表勸進並蒙優荅於是發江州直指建鄴乃先命南兗州刺史侯瑱襲

南陵鵲頭等戍並剋之先是陳武帝率眾五萬出自南江前軍五千行至盆口陳武名蓋僧辯憚之既至盆口與僧辯會于白茅洲為盟於是升壇歃血共讀盟文辭氣慷慨皆泫下霑衿及發鵲頭中江而風浪師人咸懼僧辯再拜告天曰僧辯忠臣奉節代主褫中興當使風息若鼎命空引導賊望官軍上有五色雲雙龍挾艦行其迅疾景自出戰於石頭城北僧辯等大破之盧暉略開景戰敗以石頭城降僧辯引軍入據之景走朱方僧辯命眾軍入據臺城其夜軍人失火燒太極殿及東西堂僧辯命雖有滅賊之

功而馭下無法軍人鹵掠逼居人都下百姓父子兄弟相哭自石頭至于東城被執縛者男女裸露祖衣不免緣淮號叫糊思景偽為僧辯命侯瑱裝之橫東迸景偽行臺趙伯超自吳松江降侯瑱瑱送至僧辯僧辯謂曰卿國重恩遂複同逆今日之事將欲如何伯超因命送江陵伯超既出僧辯顧坐客曰朝廷昔唯知有趙伯超耳何常識王僧辯乎社德僧辯慄然為我所復人之興廢亦復何常賓客皆前褊歎功溫居我首何力之有焉於是逆寇乘平元帝即位授鎮衛將軍司徒加班劍二十人改封永寧郡公侍中尚書令如

故先是天監中沙門釋寶誌為讖云大歲龍將無理蕭經
霜草應死餘人散十八子時言蕭氏當滅李氏代興及湘
州賊陸納等攻破衡州刺史丁道貴而李洪雅又自零陵
稱為助計納既而朝廷未達其心詔徵僧辯就宜豐侯循南
征為都督東上諸軍事以陳武帝為都督西下諸軍先
是陳武讓都督於僧辯僧辯不受故元帝分為東西都督
而俱南討焉尋而洪雅降納以為應符於是共議拜京洪
雅為大將軍尊事為主洪雅乘平有大艑繳蓋鼓吹羽儀
悉備翼從入長沙城時納等攏車輪夾岸為城士卒皆百
戰之餘器甲精嚴徒黨勇銳蒙衝關艦亘水陵山時天日
竊言知其敗也三月庚寅有兩龍自城西江中騰躍升天
五色分明遙映江水百姓咸仰面目之父老或聚而悲
相謂曰地龍已去國其亡乎初納造大艑一名曰三王艦
者邵陵王河東王桂陽嗣王三人並為元帝所害故立其
像於艦祭以大牢加其節蓋羽儀鼓吹每戰輒祭之以求
福又造二艦一曰青龍艦一曰白虎艦皆衣以牛皮並高
十五支選其中尤勇健者乘之僧辯惲之稍作連城以逼
為賊不敢交鋒並懷懈怠僧辯因其無備親執旗鼓以誡
進止靈賊大敗婦保長沙僧辯乃命築壘圍之而自出臨

視賊知不設備其黨吳藏李賢明等蒙楯直進僧辯尚攏
胡牀不為之動指麾勇敢遊斬賢明賊乃退歸初陸納作
逆以王琳為辭云若放琳則自服時眾軍未之許而武陵
王紀擁眾上流內外駭懼元帝乃遣之湘州乃平
因被詔會眾軍西討尋而武陵王敗績是時齊遣郭元建
襲建鄴又遣其大將東方老等繼之陳武帝聞之馳報江
陵元年郎詔僧辯急下赴援僧辯次姑熟郎留鎮焉命
豫州刺史侯瑱築壘於東關以拒北軍徵吳郡太守張彪吳
興太守裴之橫會瑱而大敗之僧辯振旅歸建鄴承聖三
年二月詔以僧辯為太尉車騎大將軍項之丁母憂毋姓
魏氏性甚安和善於綏接家門內外莫不懷之初僧辯下
微母流涕行將入謝罪元帝不與相見時貞惠世子有
寵母詣閣自陳無訓涕泗嗚咽頗並矜之及僧辯罪免母
深相責厲辭色俱嚴雖劬復舊都功蓋宇宙毋恒自謙撝
不以富貴驕物朝野稱之謂為明哲婦人及三甚見愍悼
且以僧辯勳重故喪禮加焉命侍中謁者監護喪事諡
曰貞敬太夫人靈柩將歸建康又遣謁者至舟浦弔祭其
年十月魏遣兵及梁王詧合眾將襲江陵元帝徵僧辯於
建鄴為大都督荊州刺史未至而荊州已滅及敬帝初即
梁王位僧辯預據立功承制進驃騎大將軍中書監都督

外諸軍事錄尚書與陳武帝參謀討伐時齊文宣又納貞
陽侯明以為梁嗣與僧辯書并貞陽亦頻與僧辯書論還
國繼統之事僧辯不納及貞陽與齊上黨王高渙至東關
散騎常侍裴之橫軍敗僧辯遂納貞陽仍書信高渙至東都
禮因遣第七子顯所生劉并弟子珍往充質遣左戶尚
書周弘正至歷陽迎明又遣吏部尚書王通逑啟因求以
敬帝為皇太子明報書許之僧辯遣使送質于鄴貞陽求
乃同會于江寧浦明蹑位授僧辯大司馬領太子太傅揚

舟法駕往迎貞陽濟江之日僧辯擁檝中流不敢就岸末
度衛士三千僧辯應其為變止受散卒千人而已并遣龍
南門又白有兵來僧辯與子頠遶走出閤計無所出乃據
南門樓拜請求哀陳武縱火焚之方共頠下就執陳武謂
日我有何辜公欲與齊師賜討又日何意全無防備僧辯
日委公北門何謂無備是夜及子頠俱被絞殺初僧辯平
兵襲之僧常處石頭城是日視事軍人已踰城比而入
州牧餘如故陳武帝時為司空南徐州刺史因自京口舉
建鄴遣陳武守京口推以赤心結廉藺之分且為第三子
顏許聖陳武章后所生女未昏而僧辯母亡雖然情好甚
密其長子頠屢諫不聽至是會江淮人報云齊兵大舉至
壽春僧辯謂齊軍必出江表因遣記室參軍江旰以事報

陳武仍使整舟艦器械陳武宿有圖僧辯志及聞命留旰
城中衛校而進知謀者唯侯安都周文育而已外人但謂
江旰徵兵扞北安都舟艦將趣石頭陳武控馬未進安都
大懼乃追陳武罵曰今日作賊事勢已成生死須決在後
欲何所望陳武曰敗俱死後期得免斬頭邪陳武曰安都
乃敢進遂剋之時壽春竟無齊軍而非陳武之譎聞之乃
也頠承聖初位侍中魏剋江陵隨王琳入齊頠弟頗少有志節恒
出郡城南登高冢上號哭一慟而絕頠弟僧智得就任
齊遣王琳鎮壽春將圖江左及陳平淮南琳頠頗聞之乃
隨梁元帝及荊州覆滅入于魏僧辯既亡弟僧智得就任

約約敗走僧智肥不能行又遇雲僧智弟僧愔位譙州刺
史征蕭敖及聞兄死引軍還時吳州刺史羊亮隸在僧愔
下與僧愔不平密召侯瑱見禽僧愔以名義責瑱瑱乃委
罪於將羊鯤斬之僧愔復得舍齊與徐嗣徽等挾齊軍攻
陳軍敗鼠逸荒野莫知所之仰天嘆百僚恥不雪未欲自
膏野草若精誠有感當得道路誓不受辱人手技刀將自
刎閤空中催令急去僧愔異之勉力馳進行一里許顧向
憂已有陳人踰越江山僅得歸齊徐嗣徽高平人父雲伯
自青部南歸位終新蔡太守侯景之亂嗣徽歸荊州元帝
以為[ ]州刺史及弟嗣宗並有武用嗣徽從征巴丘以功

為太子右衛率臨南荆州徐之亡任泰州刺史嗣產先
在建鄴嗣宗目荆州滅亡中逃得至都從弟嗣先即僧辯
之甥復為比丘慧暹藏得脫俱還及僧辯見害兄弟抽刀
裂眦志在立功俱逃就兄嗣徽密結南豫州刺史任約與
僧辯故舊圖陳武帝遣江旴說之嗣徽執旴送鄴乞師
齊辯及宣帝授為儀同命將應赴及戰敗嗣徽隨馬嗣宗援
齊與任約王曇席皐同心度江及石頭敗後復請兵於
兄見害嗣產為陳武軍所禽辭已不撓而死任約王曇得
北歸

羊侃字祖忻泰山梁父人也父祉宋史有傳侃少而瓌偉
身長七尺八寸雅愛文史弱冠隨父在梁州立功初為尚
書郎以力聞魏帝常謂曰郎官謂卿為虎當是羊質虎皮乎
試作虎狀侃因伏以手抉殿沒指魏帝壯之賜以珠劍正
光中泰州社恒使侃南歸侃至是將舉漢河以成先志其從
寇雍州侃為偏將蕭寶寅性討之射殺天生其眾即潰
以功為征東大將軍東道行臺領泰山太守進爵鉅平侯
兗州刺史敢知之攝州拒侃侃乃率精兵三萬襲之
初其父社恒使侃至是將舉漢河以成先志其從
不剋仍築十餘城以守之梁朝賞授一與元法僧同魏帝
聞之使授侃驃騎大將軍司徒太山郡公長為兗州刺史

侃斬其使魏人大駭令僕射干暉率眾十萬又高歡爾朱
陽都等相繼而至柵中矢盡南軍不進乃夜潰圍而出一
日一夜乃出魏境至渣口眾尚萬餘人馬二千四將入南士
卒竟夜悲歌侃乃謝曰卿等懷士幸適去留各拜辭而去
侃以大通三年至建鄴授徐州刺史累遷太子左衛率及三弟忱給
元皆拜侃封高昌縣侯帝預宴時少府奏新造兩刃稍成長二丈四尺
圍一尺三寸帝因賜侃河南國紫騮試之
左右擊刺特盡其妙觀者登樹帝曰此樹必為侍中折矣
俄而果折因號此稍為折樹稍比人降者唯侃是衣冠餘

幸樂游苑侃預宴
緒帝寵之踰於他者謂曰朕少時捉稍開勢似卿今失其
舊體殊覺不奇上又製武宴詩三十韻示侃侃即席上應
詔帝覽曰吾聞仁者有勇令見勇者有仁可謂鄒魯遺風
英賢不絕是日詔入直殿省啟尚方仗不堪用上大怒坐
者非一及俟景作逆果醉於仗廳後遷都官尚書高書令
何敬容用事與之並省未嘗游造左衛蘭欽同侍宮宴詞
色少交侃於坐折之曰小子汝以銅鼓買朱異作父葦鏖
作兄何敢無適朱時在席後華林法會欽珠謝於省中王
銓謂欽曰卿能屈膝廉公彌見盡美然羊公意猶未釋容
能更置一拜欽從之官者張僧胤嘗候侃侃曰我狀非閭

人所坐竟不前之時論美其貞正太清元年為侍中會大
舉北侵以侃為冠軍將軍監作寒山堰事堰立侃勸元帥
貞陽侯明乘水攻彭城不見納既而魏援大至侃頻言錄
其遠來可擊旦日又勸出戰並不從侃乃率所領頓堰上
及衆軍敗侃結陣徐還二年復為都官尚書侯景及攻陷
歷陽帝問侃討景之策侃求以二千人急據採石令邵陵
王襲取壽春使景進不得前退失巢窟為合之衆自然瓦
解議者謂景未敢便逼都遂寢其策景至新林追侃入副宣
敗矣乃令侃率千餘騎頓望國門景既卒至百姓競入公私混亂
城王都督城內諸軍事時

楊

無復次序侃乃區分防擬皆以宗室間之軍人爭入武庫
百取器甲所司不能禁侃命斬數人方得止是時梁興四
十七年境內無事公卿在位及閭里士大夫莫見兵甲賊
至卒迫公私駭震時宿將已盡後進少年並出在外城中
唯有侃及柳津韋黯時老且疾黯懦而無謀軍旅指撝
一決於侃
中軍師將軍有詔送金五千兩銀萬兩絹萬匹期戰士侃
偽稱得外射書云邵陵西昌侯已至近路衆乃少安賊攻
東掖門縱火甚盛侃以水沃滅火射殺數人賊乃退加侍
辭不受部曲千餘人並私加賞賚賊為尖頂木驢攻城矢

石所不能制侃作雉尾炬施鐵鏃以油灌之擲驢上焚之
俄盡賊又東西起二土山以臨城城中震駭侃命為地道
潛引其土山不能立賊又作登城樓高十餘丈欲臨射城
中侃曰車高墊虛彼來必倒可即而觀之及車動果為所
皆服為賊既頻攻不捷乃築長圍朱异張綰議出擊之帝
以問侃侃曰不可賊多日攻城既不能下故立長圍欲引
城中降者耳令擊之出人若少不足破賊若多則一旦失
利門隘橋小必大致衄不從遂使千餘人出戰未及交鋒
望風退走果以爭橋赴水死者太半初侃長子瑑為景所
獲執來城下示侃侃謂曰我傾宗報主猶恨不足豈復計

此一子幸早殺之數日復持來侃謂瑑曰汝為死猶
在邪吾以身許國誓死行陣終不以爾而生且引
射之賊以其忠義亦弗害景遣儀同傅士哲呼侃與語
曰侯王遠來問訊天子何為閉拒不時進納尚書國家大
臣宜啟朝廷侃曰侯將軍奔亡之餘歸命國家重鎮方城
戎服得一相見如此後大
懇相任寄何所見苦忽致稱兵至於此吾不
能妄受浮說開門揖盜士哲曰在此之日久把風猷願去
所欽慕如此後大雨水內土山崩賊乘之垂入其為比人
禁侃乃令多擲火為火城以斷其路徐於城內築城賊不

能進尋以疾辛於城內贈侍中護軍將軍子球嗣侃少雄
勇旅力絶人所用弓至二十石馬上用六石弓嘗於兗州
克廟蹋壁直上至五尋橫行得七跡四橋有數石人長八
尺大十圍侃執以相擊柔皆破碎性豪侈善音律自造采
蓮棹歌兩曲侃執以相致姬妾列侍窮極奢靡有彈箏人
大喜著鹿角爪長七寸偉人張淨琬腰圍一尺六寸時人
時無對初赴衢州於兩艖辮起三間通梁水齋飾以珠玉
敕賚歌人王娥兒東宮亦賚歌者屈帖地街得席上玉簪
咸推能掌上偉又有孫荊玉能反腰帖地街得席玉簪
加之錦繢盛設帷屏列女樂乘潮解纜臨波置酒緣塘傍
水觀者填咽大同中魏使陽斐與侃在北嘗同學有詔命
侃延斐同宴賓客三百餘人食器皆金玉雜寶奏三部女
樂至夕侍婢百餘人俱執金花燭侃不飲酒而好賓游終
日歡酬同其醉醒性寬厚有器局嘗南還至潯口置酒有
客張孺才者醉於船中失火延燒七十餘艘艪所燔金帛
可勝數侃聞不挂意命酒不輟孺才慙懼自逃侃慰喻之
使還待之如舊第三子鵬字子鵬隨侃臺內城陷寬於陽
平侯以其妹為小妻呼還待之其厚以為庫真都督及
景敗鵬密圖之乃臨其東走景於松江戰敗惟餘三舸下
海欲向蒙山會景畫寢鵬語海師此中何勠有蒙山汝但

聽我戮分逐直向京口至胡豆洲景覺大驚問岸上云郭
元建猶在廣陵景大喜將侯之鴉拔刀叱海師使向京口
鴉與王元禮謝苔仁第葳粲並景之眤也三人謂景曰我
等為王百戰百勝自謂無敵卒至於此豈非天乎今就王
乞頭以取富貴景欲透水鴉為青州刺史封昌國縣
小刀抉鼠以稍入刺殺之景乃走入船中以
以景命召之斬于京口元帝以鴉為青州刺史除西
侯又領東陽太守征陳西魏圍江陵破
郭元建於東關還東晉州刺史承聖三年西魏圍江陵破
赴援不及從王僧悟征蕭敎於嶺表聞僧辯敗乃還為侯
填所破遇害年二十八
牟鴉仁字孝穆太山鉅平人也少驍勇仕郡為主簿普通
中率兄弟自魏歸梁封廣昌侯征伐青齊間累有功績位
至都督北司州刺史及侯景叛應接景至仍為都督司
之仁州刺史鎮淮海珍等趣縣弧應接景敗至渦陽魏軍
二州刺史鎮淮珍會侯景敗於渦陽魏軍漸逼鴉仁恐糧
運不繼遂還北上表陳謝帝大怒鴉仁懼頓軍入
淮上及侯景友鴉仁率所部入援大清二年景既盟鴉
仁乃與趙伯超及南康王會理并攻賊於東府城友為賊
敗臺城陷景以為五兵尚書鴉仁常思奮發謂所親曰吾

以厄流受寵朝廷竟無報效以荅重恩今若以此終没有
餘責因泣下見者傷焉三年出奔江西將赴江陵至東莞
爲故比徐州刺史荀伯道子醫所害臨死以報效不終因
而泣下後鴉仁兄子海珍知之掘骸父伯并祖及所生母
合五喪各分其半骨共棺焚之半骨雜他骨作五袋盛之
銘袋上曰荀骼祖父某之骨鴉仁子亮侯景亂後移至
吳州刺史隨王琳以名將子見禮其隆爲人多酒無賴酒
醉爲閽豎所殺

論曰王神念羊侃羊鴉仁等自比祖南咸受寵任既而侃
及鴉仁晚遇屯剝侃則臨危不撓鴉仁則守義以殉古人
所謂心同鐵石此之謂乎僧辯風格秀舉有文武奇才而
達兹酷濫殺致隕覆幸全首領卒樹奇功事人之道於斯
爲得及時鍾交喪地居元宰內有奧主而外求君逐使尊
甲易位親疏貿序既同見戲且類弃基延敵開釁賈基於
此喪國傾宗爲天下笑豈天將降陳何斯人而斯謬也哀哉

徐

十五

列傳第五十三　　南史六十三

江子一

陰子春　子過

張彪

李　延壽

胡僧祐　徐文盛

杜岸　弟岈　幼安

王琳

▲南史列傳五十四　　　　　　一　　徐

江子一字元亮濟陽考城人晉散騎常侍統之七世孫也
父法成奉朝請子一少慷慨有大志家貧以孝聞苦侍養
多闕因終身蔬食仕梁起家為王國侍郎奉朝請上書言
事為當軸所排乃拜表求入此為刺客武帝異之又啓求
觀書秘閣武帝許之有敕直華林省其姑夫左衞將軍朱

異權要當朝休下之日賓客輻湊異不為物議所歸欲引
子一為助子一未嘗造門其高案如此為遂昌曲阿令皆
著美績後為南津校尉弟子四歷尚書金部郎大同初遷
右丞兄弟性並剛烈子四自右丞上封極言得失武帝其
善之詔曰屋漏在上知之在下其令尚書詳擇施於時政
左戶郎沈烱少府丞顧璵管奏事不允帝怒呼縛之子四乃據地
四乃趨前代烱等對釋之猶坐免職及侯景攻陷歷陽自橫
不受帝怒亦歇乃釋之猶坐免職及侯景攻陷歷陽自橫
江將慶子一帥舟師千餘人於下流欲邀之其副董桃生
走子一乃退還南洲收餘眾步赴建鄴見於文德殿帝怒

之具以事對且臣以身許國常恐不得其死今日之事
何所復惜不死闕前終死闕後耳及城被圍開承明門出
戰子一及弟尚書左丞子四東宮直殿主帥子五並力戰
直前賊騎倒稍折稍不起子一引稍橦之賊縱突騎眾子一
刺其騎稍倒乃免冑赴敵子四稍洞胷死子五傷胔還至塹
一慟而絕賊義子一之勇歸子一之面如生詔贈子一給事黄
門侍郎子四中書侍郎子五散騎侍郎侯景平元帝又追
贈子一侍中諡義子子四黄門侍郎諡毅子子五中書侍
郎諡烈子子一續黄圖及班固九品弃辭賦文章數十篇

▲南史列傳五十四　　　　　　二　　徐

行於世

胡僧祐字願果南陽冠軍人也少勇決有武幹仕魏位至銀
青光祿大夫以大通三年避爾朱氏之難歸梁僧祐又歸梁
武帝器之拜文德主帥歸使成項城魏剋項城因入此中
大通元年陳慶之送魏北海王元顥入洛陽僧祐頻上封事
陳南天水天門二郡太守有善政性好讀書愛綴文
辭鄙野多被謿謔而自謂實工綸伐彌甚晚事梁元帝侯
景之亂西沮蠻及元帝令僧祐討之使盡誅其渠帥僧祐
諫忤旨下獄大寶二年景圍王僧辯於巴陵元帝乃引僧
祐於獄拜為假節武猛將軍封新市縣侯令援僧辯將發

泣下謂其子𤛭曰汝可開朱白二門吾不捷則死吉則由
朱凶則由白也元帝聞之前至赤沙亭會陸法和至
乃與并軍大敗將任約軍禽約送江陵侯景之遂遁
後拜領軍將軍厚自封植以所加鼓吹恒置齋中對之自
娛人曰此是羽儀公名望隆重不宜若此吝曰我性愛之
恒湏見耳或出游亦以自隨以承聖三年為車騎
將軍開府儀同三司及魏軍至以僧祐為都督城東諸軍
軍俄中流矢卒城遂潰

徐文盛字道茂彭城人也家本魏將父慶之梁天監初自
北歸南未至道卒文盛仍統其衆稍力統功績大同末為寧
州刺史州在僻遠群蠻劫竊相聚前後刺史莫能制文盛
推心撫慰夷人感之風俗遂改太清二年聞國難乃召募
得數萬人來赴元帝以為秦州刺史加都督授以東討之
略東下至武昌遇侯景軍軍遂與相持元帝又命護軍
將軍尹悅平東將軍杜幼安等會之並受
文盛節度大敗約於貝磯約退保西陽文盛進據蘆洲又
與相持景聞之率大衆西上攗約至西陽諸將咸曰景水軍
輕進又甚飢疲擊之必大捷文盛不許文盛妻石氏先在
建鄴至是景載以還之文盛深德景遂密通信使都無戰
心衆咸憤怨杜幼安宋𥳑等乃率所領獨進大破景獲其

舟艦以歸會景密遣騎陶道貴陷郢州軍中懼遂大潰文
盛奔還荊州元帝仍以為城北面大都督又聚斂贓汙甚
多元帝大怒下令數其十罪除其官爵文盛私懷怨望帝
聞之乃以下獄時任約被禽與文盛同禁文盛謂約曰何
不早降令我至此卿馬跡使我何處得降
文盛無以荅遂死獄中

陰子春字幼文武威姑臧人也晉義熙末曾祖襲隨宋武
帝南遷至南平因家焉父智伯與梁武帝鄰居少相善甞
入帝卧內見有異光成五色因握帝手曰公後必大貴非
人臣也天下方亂安養生者其在君乎帝曰幸勿多言及
帝踐阼官至梁秦二
州刺史子春仕歷位胸山戍主東莞太守時青州石鹿山
臨海先有神廟刺史王神念以百姓祈禱糜費毀神影壞
屋舍當堂棟上有一大蛇長丈餘役夫打撲不禽入海
既無所託欽君厚德欲憩此境子春心密記之經二日而
水爾夜子春夢見人通名詣子春云有人見苦破壞宅舍
知之甚驚以為前所夢神因辦牲醑請召安置一歲餘
復夢一朱衣人相聞辭謝云得君厚惠當以一州相報子
春心喜供事彌勤經月餘魏欵龍胸山開謀前知子春酘
伏攗破之詔授南青州刺史鎮胸山又遷都督梁秦二州

剌史子離無咎才行臨人以廉絜稱閨門混雜而身服垢污卿數年一洗言則失財敗事二在梁州以洗足致梁州敗太清二年徵為左衞將軍遷侍中屬侯景亂元帝令子春隨王僧辯攻平邵陵王又與左衞將軍徐文盛東討景至貝磯與景遇子春力戰恒冠諸軍會郢州陷没軍遂退卒於江陵子鏗

鏗字子堅博涉史傳尤善五言詩被當時所重為梁湘東王法曹行參軍初鏗甞與宴飲見行觴者因回酒炙曰吾儕終日酣酒而執爵者不知其

味非人情也及侯景之亂鏗嘗為賊兵舍或救之獲免鏗間之乃前所行觴者陳天嘉中為始興王中錄事參軍文帝甞宴羣臣賦詩徐陵豆之帝即日召鏗預宴使賦新成安樂官鏗援筆便就帝甚歎賞之累遷晉陵太守貞外散騎常侍頃父卒有文集三卷　行於世

崱京兆杜陵人也其先自北歸南居於雍州之襄陽子孫因家焉為父懷瑤少有志節梁天監中累有軍功後又立功南鄭位梁秦二州剌史大同初魏軍復圍南鄭懷瑤命第三子嶷帥二百人與魏前鋒戰於光道寺嶷力戰斬其失馬敵人交稍至嶷斬其一騎而上馳以歸嶷放力絕人便馬善射一日中戰七八合所佩鞴明朱弓四石餘力

斑絲纏稍長二丈五同心敢死士百七十人每出殺傷數百人敵人憚之號為杜彪懷瑤卒於州諡曰桓侯崱位西荊州剌史時譏言獨梁之下有膽天子元帝以崱其人也會崱改葬父祖帝敕圖墓者惡之逾年而崱卒崱弟也幼有志氣居鄉里以膽勇稱後為新興太守太清三年隨岳陽王來龔荊州元帝與崱兄岸舊密書邀之崱乃與侯景令隨領軍王僧辯束討侯景至巴陵景道加侍中進爵為公仍隨僧辯追景至石頭景敗崱入據臺城景平加散騎常侍江州剌史郭元建攻秦州剌史嚴超達

於秦郡王僧辯令崱赴援陳武帝亦自歐陽來會元建卻崩因縱兵大破之元建遁時元帝徵崱與王僧辯討之及納等戰史陸納等於長沙反元帝徵崱與王僧辯討之及納等千車輪大敗之後納等降崱又與王僧辯西討平武陵王於硤石旋鎮邁疾卒諡曰武崱兄弟九人兄嵩嵩崱及歐岸及弟幼抛幼安並知名岸字公衡太清中與崱崩赴岳陽王詧攻荊州同歸元帝以為比梁州剌史封江陵縣侯岸請以五百騎襲襄陽去城三十里城中覺之詧夜知其師擣襄陽以岸等襄陽豪帥於是夜遁歸襄陽岸等知詧至遂奔其兄南陽太守

歡於廣平譬遣將尹正薛暉等攻拔之獲歡岸等并其母
妻子女並斬於襄陽北門譬母龍保林數岸於衆岸曰老
嫗敎汝兒殺汝叔乃枉殺忠良譬命捩其舌蠆殺而食之
盡誅諸社宗親者幼弱下蠶室又發其墳墓燒其骸骨
灰而揚之并以爲漆髑及建鄴平齗兄弟發安寧陵焚之
之又令助徐文盛東討侯景至貝磯大破景將任約斬其
以報漆髑之酷元帝亦不責也
幼安性至孝寬尋雄勇過人與兄齗同歸元帝元帝以爲西
荊州刺史封華容縣侯與王僧辯討河東王譬於長沙平
之荊州刺史封湘州刺史趙威方等仍進軍大舉漢口別

【南史列傳五十四】 十七

儀同叱羅子通湘東刺史

攻拔武昌景度盧洲上流以壓文盛幼安與衆軍大敗之
會景密遣騎龔陷郢州執刺史方諸人情大駭文盛由漢
口遁歸衆軍大敗幼安降景景以其多反覆殺之
繼徐文盛軍至巴陵聞侯景陷郢州西上將至乃興僧辯
刺史封中盧縣侯與王僧辯討平河東王譬又隨僧辯下
寵岑之子也少驍勇善用兵興諸父歸元帝元帝以爲鄖州
及衆軍至姑熟景將侯子鑒逆戰寵與陳武帝王琳等擊
之大敗子鑒遂至石頭景親會戰寵與衆軍大破之論功
爲冠授東揚州刺史又與王僧辯降陸納平武陵王及魏平

江陵後歡納約貞陽侯明以紹梁嗣以寵爲震州刺史兵興
太守遷南豫州刺史封溧陽縣侯又加散騎常侍鎮南大
將軍寵僧塔也始爲其興大守以陳武帝壻之切齒及僧
辯爲之本郡以法繩其宗門無所縱捨武帝寵尚醉文帝遣人
辯敗寵乃據其興與以拒之頻敗陳文帝說寵降文帝寵
之其妻王氏私通於文帝寵居蕃琳姊妹並
復大敗文帝軍後將杜泰降文帝寵尚醉不覺文帝遣人貝
恒醉勇而無略部將杜泰私財賞募
出項王寺前斬之王氏因截髮出家杜氏一門覆失
王琳字子珩會稽山陰人也本兵家元帝居蕃琳姊妹並

【南史列傳五十四】 八

入後廷見幸琳由此未弱冠得在左右少好武遂爲將帥
太清二年帝遣琳獻米萬石未至都城陷乃中江沈米輕
舸還荊遷岳陽內史以軍功封建寧縣侯侯景遣將湘
子仙據郢州琳攻剋之禽子仙又隨王僧辯破景後拜湘
州刺史琳果勁絕人又能傾身下士所得賞物不以入家
寵縱暴於建鄴王僧辯禁之不可懼將爲亂啓請誅之琳
亦疑禍暴於建鄴陸納率部曲前赴湘州身輕上江陵陳謂
將行謂納等曰吾若不反子將安之咸曰請死相泣而別
及至帝以下更而使廷尉卿黃羅漢大舟卿張載宣喻琳

軍陸納等及軍人並哭對使者莫肯受命乃縶黃羅漢殺
張載載性刻為帝所信荊州疾之如讎故納等因人之欲
柚其腸繫馬腳使繞而走腸盡氣絶又臠割肉五刑而斬
之元帝遣王僧辯討納等敗走長沙是時湘州未平武
陵王兵下又甚盛江陵公私恐懼人有異圖納會
罪請復本位求為奴婢元帝乃鎖琳送時納出兵方戰會
乞王郎入城即出及放琳入納等乃降湘州平仍復琳本
位使拒武陵王紀紀平授衡州刺史元帝性多忌以琳所
部甚盛又得衆心故出之嶺外又授都督廣州刺史其友

【南史列傳五十四】 九

人主書李膺帝所任遇琳告之曰琳挾權常欲畢命以
報國恩今天下未平遷琳嶺外如有萬一不虞安得琳力
忖琳非願長坐荊南政以國計如此耳膺然其言而不敢
急動靜相知軌若遠棄嶺南相去萬里一日有變將欲如
何琳遂率其衆鎮嶺南元帝為魏圍逼乃徵琳赴援除湘州
刺史琳師次長沙知魏平江陵已立梁王警乃為元帝舉
哀三軍縞素遣別將侯平率舟師攻梁琳屯兵長沙傳檄
諸方為進趨之計時長沙蕃王蕭韶及上游諸將推琳主

盟侯平雖不能度江頻破梁軍又以琳威不接翻更不
受指麾琳遣將討之不克又師老兵疲不能進乃遣使奉
表詣齊并獻馴象又使獻款于魏求其妻子亦稱臣于梁
陳武帝既殺王僧辯推立敬帝以侍中司空徵琳不從命
乃大營樓艦將圖義舉琳將張平乘一艦每將戰勝艦
則有聲如野豬故琳戰艦以千數以野豬為名陳武帝遣
將侯安都周文育等討琳仍受梁禪安都文育
師無名義逆戰於沌口琳秉鉞而麾之鉞墮之禽安都文
育其餘無所漏唯以周鐵武一人背恩斬之以我其敗乎
置琳所坐艦中令一閹竪監守之琳乃挾湘州軍府就郢

【南史列傳五十四】 十

城帶甲十萬練兵於白水浦琳巡軍而言曰可以為勤王
之師矣溫太真何人哉南江渠帥熊曇朗周迪懷貳琳遣
李孝欽樊猛與余孝頃同討之三將軍敗並為迪所囚安
都文育等逃匿人家後琳迎還建鄴初魏剋江陵之時
永嘉王莊年甫七歲逃匿人家盡逃還建鄴及敬帝立出質
于齊請納莊為梁主齊文宣遣兵援送東下及敬帝立出質
駟驢冊拜琳為梁丞相都督中外諸軍錄尚書事又遣兼中書令李
書舍人辛慤詮之等齎璽書江表宣勞自琳以下皆有
頒賜琳乃遣兄子叔寶率所部十州刺史子弟赴鄴奉莊
纂梁祚於郢州莊授琳侍中使持節大將軍中書監改封

安成郡公其餘並依齊朝前命及陳文帝立琳乃輔莊次
于濡須口齊遣揚州道行臺慕容儼率衆臨江為其聲援
陳遣安州刺史吳明徹江中夜上將襲盆城琳遣巴陵太
守任忠大敗之明徹僅以身免琳兵因東下陳遣大尉侯
瑱司空侯安都等拒之瑱等以琳軍方盛引軍入蕪湖避
之時西南風至急琳謂得天道將直取揚州俄瑱等徐出
蕪湖躡其後比及兵交西南風翻為瑱用琳兵放火燈以
擲瑱船者皆反燒其船艦潰亂兵士透水死者十二
三其餘皆棄船上岸為陳軍所殺殆盡初琳命左長史表
泌御史中丞劉仲威同典兵待衛莊及軍敗泌遂降陳仲
威以莊投歷陽又送壽陽琳尋與莊同入齊齊孝昭帝遣
琳出合肥鳩集義故更圖進取琳乃繕艦分遣招募淮南
傖楚皆願戮力陳合州刺史裴景暉琳兄珉之壻也請以
私屬導引齊師孝昭委琳與行臺左丞盧潛率兵應赴沈
吟不決景暉懼事泄挺身歸齊琳
陽其部下將帥求聽以從乃除琳驃騎大將軍開府儀同
三司揚州刺史封會稽郡公又增兵秩兼給鼓吹琳水陸
戒嚴將觀釁而動屬陳氏結好於齊使琳更聽後圖琳在
壽陽與行臺尚書盧潛不協更相是非被召還鄴齊武成
置而不問除滄州刺史後以琳為特進侍中所居屋脊無

故剝破出赤蛆數升汁落地化為血蠕動有龍出於門外
之池雲霧起晝晦會陳將吳明徹寇齊齊帝親勅領軍將
尉破胡等出援秦州令琳共為經略琳謂所親曰今大歲
在東南歲星居牛斗分太白巳高皆利為客我將有喪又
謂破胡曰呉兵甚銳宜長策制之慎勿輕關破胡不從戰
軍大敗琳單馬突圍僅而獲免還至彭城齊令破胡還壽陽
井許召募又進封琳巴陵郡王陳將吳明徹進兵圍之堰
肥水灌城而齊將皮景和等屯淮西竟不赴救明徹畫
夜攻擊城內水氣轉侵人皆患腫病相枕死七月至十
月城陷被執百姓泣而從之呉明徹恐其為變殺之城東北
二十里時年四十八哭者聲如雷有一雙以酒脯來至號
醉盡哀收其血懷之而去傳首建康縣之於市琳故吏梁
驃騎府倉曹參軍朱瑒致書陳尚書僕射徐陵求琳首曰
竊以朝市遷貿時傳冑鯁之風歷運推移閭表忠貞之迹
故典午將滅徐廣為晉家遺老當塗巳謝馬孚稱魏室忠
臣用能播美於前書勁績中朝當離亂之辰擁蕃伯
胄汧川舊族立功代郎以身許國寔追蹤於往烈信陳武於
之任爾乃輕躬殉主以身許國寔追蹤於往烈信陳武於
前脩而天厭梁德尚思匡繼徒蘊包胥之念終邁萇弘於
舊迫王業光啓非祚有歸於是遠跡山東寄命河北難輕

旅臣之歎猶懷儓客之禮感知已忘此捐軀至使身没
九泉頭行萬里誠復馬革裹屍遂其生平之志原野暴骸
會彼人臣之節然身有足悲者封樹靡上良可惜
焉場卑遵末僚領參下席降辭君之顏回腸感首切猶生之面伏惟
聖恩博厚明詔哀發輕玉經之哭許田橫之葬瑒雖毅賤
竊亦有心琳經往壽陽頗存遺愛曾游江右非無舊德此
宥東閣之吏繼踵西園之賓願歸窀穸庶孤墳
既築或飛衡士之墳豐碑式樹時留墮淚之人近故舊王
縮等已有論喫仰蒙制議不遂所陳苦廉公告逝即肥川

而建營城叔孫云亡仍苟陵而植楸檟由此言之抑有其
例不使壽春城下唯傳報葛之人滄洲島上獨有悲田之
客眜死陳祈伏待刑憲嘉其志節又明徹亦數夢琳求
首並為啟陳主而許之仍與開府主簿劉韶慧等持其首
還于淮南權瘞八公山側義故會葬者數十人瑒等乃間
道北歸別議迎接尋有揚州人芽智勝等五人密送喪柩
達于鄴贈十五州諸軍事揚州刺史待中特進開府錄尚
書事諡曰忠武王莽給輼輬車琳體貌閑雅立髮委地喜
怒不形於色雖無學業而強記內敏軍府佐史千數皆識
其姓名刑罰不濫輕財愛士得將卒之心少為　將帥屢經

喪亂雅有忠義之節雖本圖不遂齊人亦以此重之待遇
甚厚及敗為陳軍所執吳明徹欲全之而其下將領多言
故吏野老知與不知莫不為之歎欷流涕觀其誠信感物
雖李將軍之恂恂善誘殆無以加焉琳十七子長子敬在
齊襲王爵武平末通直常侍第九子衍隋開皇中開府儀
同三司大業初卒於渝州刺史
張彪不知何許人也少亡命在若邪山為盜頗有部曲臨城公
史蘭欽外弟少亡命在若邪山為盜頗有部曲臨城公
大連出牧東揚州彪率所領客焉始為防閤後為中兵參

軍禮遇甚厚及侯景將宋子仙攻下東揚州復為子仙所
知後去子仙還入若邪義興征子仙不捷仍走向剡趙伯
超兄子稜為侯景山陰令去職從彪後懷異心僞就彪計
請酒為盟引刀子扠心自歃彪信之亦取刀刺血報
之刀始至心彪便以手案之望入彪心刀斜傷得不深稜
重取刀刺彪頭面被傷頓絕稜謂已死因出外告諸將
言已殺訖欲與求富貴彪左右韓武入視彪已蘇細聲謂
曰我尚活可與手於是武遂誅稜
甚嘉之及侯景平王僧辯遇之甚厚引為爪牙與杜龕相
似世謂之張杜貞陽侯踐位為東揚州刺史并給鼓吹室

富於財晝夜樂聲不息劒令主懷之不從彪自征之留長
史謝岐居守會僧辯見害彪不自袞援時陳文帝已摲裹
澤將及會稽彪乃遣沈泰呂寶真還州助岐保城彪後至
泰等反與岐迎陳文帝入城彪因其未定踰城而入陳文
帝遂走出彪後搪走不敢還城摲之彪將申進密與泰相知因
香嚴寺可性收取遂往盡擭之彪之西山摲子及暗得與陳文
又叛彪復敗走彪前後未曾捨離乃還入若邪山中
所養一犬名黃蒼楊氏去猶在彪前後數人追隨彪疑之皆發遣唯常
沈泰說陳文帝遣章昭達領千兵重購之并圖其妻彪眠

未嘗黃蒼驚吠劫來便嚙一人中咽即死彪援刀逐之映
火識之曰何忍舉惡卿湏我者但可取頭誓不生見陳倩
劫曰官不肯去請就平地彪知不免謂妻楊呼為鄉里曰
我不忍令鄉里落佗手今當先殺鄉里然後就死楊引頸
受刀曰辭懼彪不下鑱到平處謂劫曰卿
湏我頭我身不去也呼妻與訣曰生死從此而別劫不能生得
泰申進等為語曰功名未立猶望彪道相逢劫不能生得

又俯伏家間號吐不肯離彪還經彪宅謂昭達曰婦人本
在容貌幸苦日久請暫過宅莊飾昭達許之楊入屋便以
刀割髮毀面哀哭慟絕誓不更行陳文帝聞之歎息比出
遂許為尼後陳武帝軍人求取之楊氏天水人散騎
之垂死積火溫燈乃蘇復投於火彪始起於若邪所
若邪終於若邪又妻犬皆為時所重異楊氏因亂為詩一絕
常侍彪友人吳中陸山才嗟彪背刈吳昌門為詩一絕
曰田橫感義士韓王報主臣若為留意氣持寄禹川人
論曰忠義道安有常哉善言者不必能行蹈之者恒在

所忽江子一胡僧祐大清之季名宦盡微江則自致亡軀
胡亦期之殞命然則貞勁之節歲寒自有性也文盛克終
有鮮詩人得所誠為子春戰乃先鳴幽通有助及乎梁州
之敗而以濯足為尤杜氏終致覆亡亦云圖墓之吝凶
之兆二者豈易知乎王琳亂朝忠節志雪仇耻然天方相
陳義難弘濟斯則大廈將傾豈一木所能支也張彪一遇
何懷死而後已唯妻及犬義感人記傳所陳何以加此

楊便改啼為笑欣然意悅謂昭達彪喪墳冢既畢黃蒼
若有哀狀達進軍迎彪妻便拜稱陳文帝敕迎為家主
遂殺彪并弟致二首於昭達黃蒼號叫彪側死轉血中
異乎

李延壽

陳宗室諸王

求脩侯擬
宜黃侯慧紀
南康愍王曇朗 子方泰 方慶
衡陽獻王昌 子伯信
文帝諸子
宣帝諸子
後主諸子

南史列傳五十五 〔一〕

將軍以雍州刺史資監南徐州事武帝踐祚廣封宗室詔

求脩侯擬字公正陳武帝之疎屬也少孤貧質直彊記武
帝南征交阯擬從焉梁紹泰二年除員外散騎常侍明威
將軍封永脩縣侯北徐州刺史襄封鍾陵縣
侯晃封建城縣侯從孫明威將軍祐封豫寧縣
化縣侯吉陽縣侯詮仍前封信威將軍慧紀封宜黃縣侯敬雅
州刺史詳封遂興縣侯貞威將軍慧紀封宜黃縣侯敬雅
封寧都縣侯敬泰封平固縣侯文帝嗣位擬除丹楊尹坐
事以白衣知郡桑復本職卒謚曰定天嘉二年配享武帝
廟庭子黨嗣

遂興侯詳字文幾少出家為沙門善書記談論清雅武帝
討侯景召令還俗配以兵馬從定建鄴永定二年封遂興
縣侯天嘉三年累遷吳州刺史五年討周迪戰敗死之以

南史列傳五十五 〔二〕

宜黃侯慧紀字元方武帝之從孫也涉獵書史負材任氣
所統失律無贈謚子正理嗣

從武帝平侯景及帝踐祚封宜黃縣侯除黃門侍郎大建
十年吳明徹北侵敗績以慧紀為緣江都督兗州刺史至
德二年為都督荊州刺史又梁安平王蕭巖歐陽頠以州
等諸慧紀請降慧紀以兵迎之以應接功位開府儀同三
司禎明三年隋師濟江慧紀率將士三萬人船艦千餘乘
沿江而下欲趣臺城遣南康太守呂肅將兵據巫峽以五
條鐵鎖橫江蕭摩訶其松尉以充軍用隋將楊素舊兵擊之
四十餘戰爭馬鞌山及磨刀澗守險隋軍死者五千餘人

陳人盡取其鼻以求功賞既而隋軍屢捷獲陳之士三縱
之蕭乃遁保延洲別帥廖世寵領大船詐降欲燒隋艦更
決一戰於是有五黃龍備衆色各長十餘夫驤首連接
順流而東風浪大起雲霧晦冥陳人震駭不覺火自然隋
軍乘高艦張大弩以射之陳軍大敗風浪應時頓息蕭收
餘衆東走慧紀時至漢口固推湘州刺史晉熙王叔文
盡燒公安之儲偽引兵東下
為明主隋晉王廣遣一使以慧紀子正業來喻文使樊毅
建鄴平隋水軍都督周羅睺與郢州刺史荀法尚守江夏又
遣羅睺其上流城戍悉解甲於是慧紀及巴州刺史畢寶

並慟哭俱降慧紀入隋使例授儀同三司卒子正平頗有

文學

衡陽獻王昌字敬業武帝第六子也梁大清末武帝南征李賁命昌與宣后隨沈恪還貝興又武帝東討侯景昌與宣后文帝並為景所囚景平拜長城國世子吳興太守時年十六容貌偉麗神情秀朗雅性聰辯明習政事武帝遣陳郡謝哲濟陽蔡景歷輔昌又遣吳郡杜之偉授昌以經昌讀書一覽便誦明於義理剖析如流尋與宣帝俱往荊州魏剋荊州又與宣帝俱遷長安武帝即位頻遣使請宣帝及昌周人許而未遣及武帝崩遺詔時王琳作梗中流昌不得還居于安陸王琳平後天嘉元年二月昌發自安陸由魯山濟江而巴陵王蕭沇等率百僚上表請以昌為湘州牧封衡陽郡王詔曰可三月甲戌至境詔令主書舍人緣道迎接丙子濟江於中流殞之使以溺告四月庚寅喪柩至都上親臨哭乃下詔贈假黃鉞都督中外諸軍事大宰楊州牧葬送之儀一依漢東平憲王蒼豫章文獻王故事謚曰獻無子文帝以第七皇子伯信嗣伯信字孚之位西衡州刺史及隋師濟江與臨汝侯方慶並為東衡州刺史王勇所害

南康愍王曇朗武帝母弟忠壯王休先之子也休先少倜

儻有大志梁簡文之在東宮深被知遇為文德主帥頃之卒敬帝即位追贈南徐州刺史封武康縣公武帝所愛有司徒封南康郡王謚曰忠壯王曇朗少孤丸為武康郡膽力善綏御侯景平後起家著作郎武帝誅王僧辯留曇朗鎮京口知留府事紹泰元年除中書侍郎監南徐州二年齊兵攻建鄴因請和求武帝子姪為質曇朗以身許並多未實本根虛弱糧運不繼在朝文武咸憚之曇當武帝難之而重違眾議乃遣曇朗恐曇朗悍不恩當寬乃自率步騎京口迎之決遣曇朗於齊齊月約遣蕭軌徐嗣徽度江武帝大破之虜蕭軌等於東方老等誅之齊人亦害曇朗于晉陽時陳與齊絕弗之知武帝踐祚猶以曇朗襲封南康郡王奉忠壯王祀禮秩一同皇子天嘉二年齊妄自隨在北又生三子方華方曠亦同得還方泰少罐癡人結好始知其亡文帝詔贈開府儀同三司南徐州刺史謚曰愍乃遣兼中郎令隨聘使江德藻迎曇朗喪柩三年春至都初曇朗未質於齊生子方泰方慶及將適齊以二子自隨諸惡少年羣聚游逸無度交帝以南康王故特宥之天嘉二年以為南康王世子及聞曇朗薨於其襲爵南康王天建四年為都督廣州刺史為政殘暴為有司奏免六年授豫章內史在郡不循政事秩滿之際屢放部曲為劫

又縱火延燒邑居因行暴掠錄富人徵求財賄期代至又
淹留不還至都以為崇正卿未拜為御史中丞宗元饒所
劾免官以王還第十一年起為寧遠將軍直殿省尋加散
騎常侍其年八月宣帝幸大壯觀因大閱武命都督任忠
領步騎十萬陣於玄武湖都督陳景領樓艦五百出於八
步江上登玄武門觀宴羣臣以觀之因辛樂游苑設絲竹
會仍重幸大壯觀集軍振旅而還時方泰當從馭稱所
生母疾不行因與亡命鍾期等二十人微行往人間淫
淳于岑妻為州長流所錄方泰率人仗抗拒傷禁司為有
司所奏上大怒下方泰獄又率人初承行淫不承拒格禁司

南史列傳五十五　五　列宗

上曰不承則上測方泰乃投列承引於是兼御史中丞徐
君譽奏請解方泰所居官下宗正削爵土上可其奏禎明
初為侍中陳亡與後主俱入長安隋大業中為掖縣令
方慶少清警沈猛書傳又長有幹略天嘉中封臨汝縣侯
至德二年隋將軍武州刺史初廣州刺史馬靖久
居領表大得人心士馬強盛朝廷疑之以方慶為廣州刺
史以兵襲靖誅進號宣教將軍方慶性清謹甚得人和
禎明三年隋師濟江都督東衡州刺史王勇徵兵於方慶
欲與赴援臺城時隋行軍總管韋洸帥兵度嶺宣隋文帝
敕云若嶺南平定留勇與豐州刺史鄭萬頃且依舊職方

慶聞之恐勇實已且欲觀變乃不從勇使高州刺史戴智
烈斬方慶於廣州而收其兵鄭萬頃榮陽人梁司州刺史
紹叔之姪族子也父旻梁末入魏萬頃通達有材幹周武
帝時為司城大夫出為溫州刺史至德中與司馬消難奔
陳拜散騎常侍武將軍豐州刺史在州甚有惠政吏人
表請立碑詔許焉初萬頃在周其被隋文帝知遇及王勇降
帝踐祚常思還北及王勇敕方慶舉兵捍勇降文
隋隋授上儀同尋卒
文帝十三男沈皇后生廢帝始興王伯茂嚴淑媛生鄱陽
王伯山晉安王伯恭潘容華生新安王伯固劉昭華生衡

南史列傳五十五　六

陽王伯信王充華生廬陵王伯仁張脩容生晉陽王伯義
韓脩華生武陵王伯禮江實妃生永陽王伯智孔貴妃生
桂陽王伯謀二男早卒無名伯信出繼衡陽王昌
始興王伯茂字鬱之文帝第二子也初武帝兄始興昭烈
王道談仕梁為東宮直閤將軍侯景之亂援臺中流矢卒
紹泰二年贈南兗州刺史封義興郡公謚曰昭烈武帝受
禪重贈大傅改封始興郡王道談生文帝及宣帝宣帝以
梁承聖末遷於長安至是武帝遣以宣帝龔封始興嗣王
以奉昭烈王祀武帝崩文帝入纂帝位時宣帝在周未還
文帝以本宗之饗徙封宣帝為安成王封伯茂為始興王

以奉昭烈王祀陽天下為父後者爵一級舊制諸王受封
未加戎號者不置佐史於是尚書八坐奏加伯茂寧遠將
軍置佐史號者不置佐史於是尚書八坐奏加伯茂
太子母弟文帝深愛重之時軍人於舟徒盜發晉郗曇墓
大獲晉右將軍王羲之書及諸名賢遺跡事覺其書並沒
縣官藏于祕府文帝以伯茂好古多以賜之由是伯茂大
工草隸書甚得名後宣帝在都劉師知等矯詔出宣帝伯
同三司廢帝時伯茂在都劉師知等矯詔出宣帝伯
成之師知等誅後宣帝恐伯茂扇動朝廷乃進號中衛將
軍令入居禁中專與廢帝游嬉時四海之望咸歸宣帝伯

茂深不平數肆惡言宣帝以其無能不以為意及建安人
蔣裕與韓子高等謀反伯茂並陰豫其事光大二年皇太
后令黜廢帝為臨海王其日又下令降伯茂為溫麻侯時
六門之外有別館以為諸王冠昏之所名為百姓第至是命
伯茂出居之宣帝遣盜殞之於車中年十八
鄱陽王伯山字靜之文帝第三子也偉容儀舉止閑雅喜
慍不形於色武帝時天下草創諸王受封儀注多闕及伯
山受封文帝欲重其事天嘉元年七月丙辰尚書八坐奏
封鄱陽郡王乃遣度支尚書蕭睿持節兼太宰告于太廟
又遣五兵尚書王質持節兼太宰告于太社其年十月上

臨軒策命策訖主公以下並宴於王第六年為緣江都
督平北將軍南徐州刺史宣帝輔政不欲令伯山厲邊光
大元年徙為東揚州刺史累遷征南將軍護軍將軍加開
府儀同三司給鼓吹升扶伯山性寬厚美風儀又於諸王
最長後主深敬重之每朝庭有冠昏饗宴恒使為主及遭
所生憂居喪必以孝聞後主嘗幸吏部尚書蔡臺宅因往
之伯山號慟殞絕起為鎮衛將軍乃謂羣臣曰鄱陽王君
至性可嘉又是西第之長豫章以下宜遵用往弗
未及發詔禎明三年薨義屬陳亡遂無贈諡長子君範為
襲爵而隋師至時宗室王侯在都者百餘人後主恐其為
變乃並召入屯朝堂使豫章王叔英摠督之又陰為之備
六軍敗績相率出降因從後主入長安隋文帝並配隴右
及河西諸州各給田業以處之大業二年隋煬帝以後主
第六女婤為貴人絕愛幸因召陳氏子弟盡還京師隨才
敘用由是並為守宰編於天下君範位溫縣令
新安王伯固字牢之文帝第五子也生而龜胷目通睛揚
白形狀眇小而俊辯善言論天嘉六年立為新安郡王太
建七年累遷都督南徐州刺史伯固性嗜酒不好積聚所
得祿奉用度無節醉後多所乞丐於諸王中最為貧
窶宣帝每矜之特加賞賜性輕率好行鞭捶在州不知政

明書

14-664

事自出田獵或乘眠輿至於草間輒呼人從游動至旬日
所捕麞麂多使生致宣帝頗知之遣使責讓首數矢十年
為國子祭酒頗知玄理而惰業無所通至於摘句問難往
往有可善為政嚴苛國學有惰游不脩習者重加檟楚生
徒懼焉由是學業頗進十三年為都督揚州刺史後主初
供官與伯固甚親狎伯固又善謔謔宣帝每宴集多引
之叔陵在江州心害其寵陰求瑕疵將中以法及叔陵入
朝伯固懼罪詭求其意乃共訕毀朝賢歷詆文武雖著
高位皆面折無所畏忌伯固性好射雉叔陵又好開發冢
墓出游田野必與偕行於是情好大協遂謀不軌伯固侍

禁中每有密語必報叔陵及叔陵奔東府遣使告之伯固
單馬馳赴助叔陵指麾知事不捷便欲走會四門已閉不
得出因趣白揚道臺客至為亂兵所殺尸於昌館門時
年二十八詔特許以庶人禮葬子及所生王氏並特宥為
庶人國除

晉安王伯恭字肅之文帝第六子天嘉六年封為吳郡
太守時年十餘歲便留心政事官曹緝理歷位尚書左僕
射後為中衛將軍右光祿大夫陳亡入長安大業初為成
州刺史太常少卿

盧陵王伯仁字壽之文帝第八子天嘉六年立為侍中國

子祭酒領太子左庶子陳亡卒于長安

江夏王伯義字堅之文帝第九子天嘉六年封位金紫光
祿大夫陳亡入長安遷於瓜州道卒

武陵王伯禮字用之文帝第十子天嘉六年立大建初為
吳興太守在郡恣行暴掠後為有司所劾十一年被代徵
還遂遷延不發為御史中丞徐君整所劾免陳亡入長安
大業中為臨洮太守

永陽王伯智字策之文帝第十二子少敦厚有器局博涉
經史大建中立累遷尚書左僕射後為特進陳亡入長安
大業中為國子司業

侍斃子鄱大業中為番禾令

宣帝四十二男柳皇后生後主彭貴人生始興王叔陵曹
淑華生豫章王叔英何淑儀生長沙王叔堅宜都王叔明
魏昭華生建安王叔卿錢貴妃生河東王叔獻劉昭儀生
新蔡王叔齊袁昭容生晉熙王叔文義陽王叔達新會王
叔坦王姬生淮南王叔彪巴山王叔雄吳姬生始興王叔
重徐姬生尋陽王嶷淳于姬生岳陽王叔慎王脩華生
武昌王叔虞章脩容生湘東王叔平施姬生臨賀王叔敖
沅陵王叔興曾姬生陽山王叔宣楊姬生西陽王叔穆申

媗好生海陵王叔儉南郡王叔澄岳山王叔韶太原王叔
匡表姬生新興王叔純巴東王叔謨劉姬生臨海
王叔顯泰姬生新寧王叔隆新昌王叔榮其皇子叔嶷叔
忠叔泓叔毅叔訓叔武叔處叔封八人並未及封三子早
卒無子

始興王叔陵字子嵩宣帝之第二子也梁承聖中生於江
陵魏剋江陵宣帝遷關右叔陵留穰城宣帝之還以後主
及叔陵為質天嘉三年隨後主還朝封康樂縣侯叔陵少
機辯徇聲名強梁無所推屈太建元年封始興王奉昭烈
王祀位都督江州刺史時年十六政自己出僚佐莫預焉

性嚴刻部下懾憚諸公子姪及罷縣令長皆過令事已豫
章內史錢法成詣府進謁即配其子季卿將領馬伏季卿
慚耻不時至叔陵大怒侵辱法成成憤怨自縊而死州
縣非其部內亦徵攝案之朝貴及下吏有乖忤者輒誣奏
其罪陷以重辟四年遷都督湘州刺史諸州鎮聞其至皆
震恐股慄叔陵日益橫征伐夷獠所得皆入己絲毫不以
賞賜徵求役使無有紀極夜常不卧執燭達曙呼召賓客
談人間細事戲謔無所不為性不飲酒唯多置餚膳
食歠而已自旦至中方始視牘事曹局文案非呼不得輒白
笞罪者皆繫獄動數年不省視瀟湘以南皆逼為左右屢

里始無遺者其中脫有㫇賞輒殺其妻子州縣無敢上言
宣帝弗之知九年除都督揚州刺史十年至都加扶給油
幢車叔陵居東府事務多關涉省閣執事之司承意順旨
即諷上進用之微致忤必抵大罪重者至殊死道路藉
藉皆言其有非常志叔陵脩飾虛名每入朝常於車中馬
上執卷讀書高聲長誦陽自矜衒歸坐齊中或自執斧斤
為沐猴百戲又好游冢墓間遇有埋表磊誌古器并骸骨肘脛
左右發掘取其石誌古器井骸骨肘脛持為玩弄藏之府
庫人間少妻處女微有色貌者並即逼納十一年丁所生
母彭氏憂去職頃之起為本職晉世王公貴人多葬梅嶺

及彭氏卒叔陵啟求梅嶺葬之乃發故太傅謝安舊墓棄
去安柩以葬其母初喪日偽為哀毀自擗刺血寫涅槃經
未及十旬乃自進甘膳又私召左右妻女與之姦合所作
尤不軌侵淫上聞宣帝責御史中丞王政以不舉奏免政
官又黙其典籤親事仍加鞭捶宣帝哀慶叔陵不繩以法
但責讓而已服闋頃又為侍中中軍大將軍及宣帝不豫後
主諸王並入侍疾叔陵隆有異志命典藥吏磨切藥刀及
倉卒之際又命左右取劒左右不悟乃取朝服所佩木劒
以進叔陵怒及翌日小歛後主哀頓俯伏叔陵以剉藥刀
斫後主中項太后馳來救焉叔陵又斫太后數下後主乳

媼樂安君吳氏時在太后側自後主因得起叔陵

初持後主衣就後主自奮得免長沙王叔堅以手搤叔陵奪

去其刀仍牽就柱以其褶袖縛之棄池水中將殺之問後

主曰即盡之為待也時吳媼已扶後主避賊叔陵求後主

所呼其甲士斷青溪橋道放東城囚以充戰士又遣人往

新林追所部兵馬訶自被甲著白帽登城西門招募百姓

散金銀以賞賜外召諸王將帥無有應者唯新安王伯固

聞而赴之叔陵聚兵僅得千人欲擄城保守時眾軍並緣

江防守臺內空虛叔堅白太后使太子舍人司馬申急召

右衛將軍蕭摩訶將兵至府西門叔陵事急遣記室韋諒

送鼓吹與摩訶訶謂星馳捷以公為台皇鼎摩訶紿報曰須王

心膂節將自來方敢從命叔陵即遣戴溫譚騏驎二人詣

摩訶訶執以送臺斬於閣道下持其首徇東城仍懸於

朱雀門叔陵自知不濟遂入沈其妃張氏及寵妾七人于

井中叔陵有部下兵先在新林於是率人馬數百自小航

度欲趣新林以舟艦入北行至白楊路為臺軍所邀伯固

見兵至旋避入巷叔陵拔刀追之伯固復還叔陵部下多

棄甲潰散摩訶馬容陳智深刺叔陵閹堅王飛禽斬之

數十下馬容陳仲華就斬首送臺自寅至巳乃定尚書八

坐奏請依宋世故事流尸江中汙瀦其室幷毀其所生

氏墳廟還謝氏之塋後主從所奏叔陵諸子即日並賜死

豫章王叔英字子烈宣帝第三子也寬厚仁愛太建元年

封後位司空隋大業中位涪陵太守卒

長沙王叔堅字子成宣帝第四子也母本吳中酒家婢相

者言當生貴子宣帝微時因飲通焉生叔堅及貴召拜淑

儀叔堅少而嚴整又頗使酒兄弟憚之好數術卜筮風角

鋌金琢玉並究其妙初封豐城侯大建元年封累遷揚

尹初叔堅與始興王叔陵並招聚賓客各爭權寵甚不平

每朝會闆簿不肯為先後必分道而趨左右或爭道而闆

至有死者及宣帝不豫叔堅與叔陵等並從後主侍疾叔

陵陰有異志叔堅疑之微伺其所為及行逆賴叔堅以免

以功進驃騎將軍開府儀同三司揚州刺史尋遷司空將

軍刺史如故時後主患創不能視事政無大小悉決于叔

堅權傾朝廷後主由是疎忌之孔範管斌施文慶等並東

宮舊臣日夕陰持其短至德元年乃詔曰司空

之儀出為江州刺史未發尋以為司空實欲奪其權又陰

令人造其厭魅刻木為偶人衣以道士服施機關能拜跪

晝夜於星月下醮之祝詛於上又令人上書告其事案驗

令實後主召叔堅因于西省將黝之令近侍宣敕數之叔

堅自陳爲使人所構死日勦見叔陵後主感其前功乃赦之冤所居官以王還築第後位中軍大將軍開府儀同三司荆州刺史秩滿還都陳亡入隋還于瓜州叔堅素貴不知家人生產至是與妃沈氏酣酒不以耕種爲事大業中爲上黨通守

建安王叔卿字子弼宣帝第五子也性質直有材器容貌甚偉大建四年立位中書監陳亡入隋大業中爲都官郎

宜都王叔明字子昭宣帝第六子也儀容美麗舉止和柔狀似婦人太建五年立位侍中陳亡入隋大業中爲鴻臚少卿

河東王叔獻字子恭宣帝第九子也性恭謹聰敏好學太建五年立位南徐州刺史薨贈司空諡康簡字孝寬隋大業中爲涇城令

新蔡王叔齊字子肅宣帝第十一子也風采明贍博涉經史書屬文太建七年立位侍中陳亡入隋大業中爲尚書主客郎

晉熙王叔文字子才宣帝第十二子也性輕險好虛譽頗涉書史太建七年立位都督湘州刺史徵爲侍中未還而隋軍濟江隋素王至漢口時叔文自湘州還朝至巴州乃

率巴州刺史畢寶等請降致書於秦王王遣使往巴州迎勞叔文叔文與畢寶將吏赴漢口秦王並厚待之及至京隋文帝觀叔文從容自若

淮南王叔彪字子華宣帝第十三子也少聰慧善書大建八年立位侍中入隋卒于長安

始興王叔重字子厚宣帝第十四子也性質朴無伎藝宣建八年立位侍中入隋卒于長安帝崩始興王叔陵爲逆誅其年立叔重爲始興王以奉宣烈王後位江州刺史隋大業中爲逆誅

尋陽王叔儼字子思宣帝第十五子也性凝重舉止方正後主即位立位侍中陳亡入隋卒

岳陽王叔慎字子敬宣帝第十六子也少聰敏十歲能屬文太建十四年立至德中爲丹楊尹時後主愛文章叔慎與衡陽王伯信新蔡王叔齊等日夕陪侍賦詩恒被蔽實禎明元年出爲湘州刺史加都督及隋師濟江清和公楊素兵不荆州遣將龐暉略地至湘州州內將士剋日請降叔慎置酒會文武酣歡曰君臣之義盡於此乎長史謝

基伏而流涕湘州助防遂興侯正理在坐起曰主辱臣死

諸君獨非陳國臣乎繼其無成猶見臣節青門之內有死

不能令日後應者斬衆咸許諾乃刑牲結盟遣人詐奉降

書於龐暉叔慎伏甲待之暉入發縛暉等以徇皆斬

之叔慎招士衆數日中共至五千人隋又遣內陽公齊爲

湘州剌史聞龐暉死乃益請兵隋又遣行軍摠管劉仁恩

救之未至薛冑貪叔慎秦王斬之漢口

義陽王叔達字子聰宣帝第十七子也太建十四年立位
丹楊尹入隋大業中爲內史舍人絳郡通守武德中位侍
中封江國公歷禮部尚書卒

巴山王叔雄字子猛宣帝第十八子也太建十四年立入
隋卒于長安

武昌王叔虞字子安宣帝第十九子也太建十四年立入
隋大業中爲高苑令

相東王叔平字子康宣帝第二十子也至德元年立又隋
大業中爲胡蘇令

臨賀王叔敖字子仁宣帝第二十一子也至德元年立入
隋大業中位儀同三司

陽山王叔宣字子通宣帝第二十二子也至德元年立入
隋大業中爲涇城令

西陽王叔穆字子和宣帝第二十三子也至德元年立入
隋卒于長安

南安王叔儉字子約宣帝第二十四子也至德元年立入
隋卒于長安

南郡王叔澄字子泉宣帝第二十五子也至德元年立入
隋大業中爲靈武令

沅陵王叔興字子推宣帝第二十六子也至德元年立入
隋大業中爲給事郎

岳山王叔韶字子欽宣帝第二十七子也至德元年立位
丹楊尹入隋卒于長安

新興王叔純字子洪宣帝第二十八子也至德元年立入
隋大業中爲河北令

巴東王叔謨字子軏宣帝第二十九子也至德四年立入
隋大業中爲鵰船令

臨海王叔顯字子亮宣帝第三十子也至德四年立入隋
大業中爲汧陽令

新會王叔坦字子開宣帝第三十一子也至德四年立入
隋大業中爲涉縣令

新寧王叔隆字子遠宣帝第三十二子也至德四年立入
隋卒于長安

隋大業中為內黃令

太原王叔臣字子伍宣帝第二十四子也禎明二年立入

隋大業中為壽光令

後主二十二男張貴妃生太子深會稽王莊孫姬生吳興

王徹高昭儀生南平王嶷淑媛生永嘉王彥邵陵王兢

襲貴嬪生南海王虔循唐王恬張淑華生信義王祗徐淑

儀生東陽王恮孔貴人生吳郡王蕃其皇子摠觀綱統

沖洽綹緒威辯十一人並未及封

太子深字承源後主第四子也少聰慧有志操容止儼然

【南史列傳五十五】 十九 刘保

左右近侍未嘗見其喜慍以母張貴妃故特為後主所愛

至德元年封始安王位揚州刺史禎明二年皇太子徹廢

後主乃立深為皇太子隋師濟江隋將韓擒虎自南掖門入

百僚奔散深時年十餘歲閉閤而坐舍人孔伯魚侍隋軍

排闥入深使宣令年軍旅在道不勞軍也軍人咸致

敬焉隋大業中為枹罕太守武德初為秘書丞卒官

吳興王徹字承業後主長子也太建五年二月乙丑生於

東宮母孫姬因產卒沈皇后哀而養之以為己子後主

長未有嗣宣帝詔為父後者賜爵一級十年

封永康公後主即位為皇太子徹性聰敏好學執經建業

終日不倦博通大義兼善書文時張貴妃孔貴嬪並愛幸

沈皇后無寵日夜構成后及太子之短孔範之徒又於外

合成其事禎明二年廢為吳興王加侍中衛將軍入隋卒

于長安

南平王嶷字承岳後主第二子也方正有器局年數歲風

采動有若成人至德元年立位揚州刺史遷郢州

刺史入隋卒于長安

永嘉王彥字承懿後主第三子也至德元年立位南徐

州刺史入隋

南海王虔字承恪後主第五子也至德元年立位南徐州

中為國子監丞

邵陵王兢字承檢後主第七子也禎明元年立入隋大業

城二郡太守入隋大業中為通議郎

信義王祗字承敬後主第六子也至德元年立位琅邪彭

會稽王莊字承肅後主第八子也容貌最醜性嚴酷數歲

時左右有不如意輒剟刺其面或加燒爇性嗜酒好以

母張貴妃寵後主甚愛之至德元年立位揚州刺史入隋

【南史列傳五十五】 二十 刘保

東陽王恮字承原後主第九子也禎明二年立入隋大業

中為通議郎

吳郡王蕃字承廣後主第十子也禎明二年封隋大業中

為任城令

錢唐王恬字承恢後主第十一子也禎明二年封入隋卒

于長安

江左承西晉諸王開國並以戶數相差為大小三品大國

置上中下三將軍又置司馬一人次國置中下二將軍小

國置將軍一人餘官亦準此為差武帝受命自永定訖子

禎明唯衡陽王昌特加禮命至五千戶自餘大國不過二

千小國則千戶云

論曰有陳受命雖疆王曰戚然封建之典無革先王永脩

等並以疎屬列居蕃屏慧紀娭終之迹其殆優乎衡陽南

康地皆懿戚提挈以殞惟命也夫文宣二帝諸子不一蕃

陽岳陽風迹可紀古所謂維城盤石杞憂其近之乎

列傳第五十五

南史六十五

李延壽　撰

杜僧明
周文育　子寶安
侯安都
侯瑱
歐陽頠　子紇
黃法氍
淳于量
章昭達
吳明徹　裴子烈

杜僧明字弘照廣陵臨澤人也形貌眇小而有膽氣善騎射梁大同中盧安興為廣州刺史南江督護僧明與兄天合及周文育並為安興所啓請與俱行頻征俚獠有功為新州助防天合亦有材幹預在征伐安興死僧明復副其子子雄及交州豪士李賁反逐刺史蕭諮諮奔廣州臺遣

南史列傳五十六　一

子雄與高州刺史孫囧討賁時春草已生瘴癘方起子雄請待秋討之廣州刺史新渝侯蕭映不聽蕭諮促之子雄等不得已遂行至合浦死者十六七衆並潰散禁之不可乃引其餘兵退還蕭諮啓子雄及囧與賊交通逗遛不進梁武帝敕於廣州賜死子雄弟子烈並豪俠家屬在南江天合謀於衆曰盧公累葉待我等甚厚今見枉死而不能為報非丈夫也吾弟僧明萬人之敵若圍州城召百姓誰敢不從城破斬二侯然後待臺使至是所願也唯足下命之乃與周文育等率衆結盟奉子雄

弟子略為主以攻刺史蕭映子略頓城南天合頓城北僧明文育分據東西二城人並應之一日之中衆至數萬陳武帝時在高要聞事起率衆來討大破之殺天合禽僧明及文育等並釋之引為主帥武帝征交阯及討元景仲景仲自縊武帝入援建鄴武帝於始興破蘭裕僧明為前鋒斬裕文與蔡路養戰於南野僧明馬被傷武帝馳救之以所乘馬授僧明僧明上馬復進殺數十人因乘之大敗路養軍僧明仕文據大皋入灨石以逼武帝武帝遣周文育為前軍與僧明擊走之遷

南史列傳五十六　二

仕興寧都人劉孝尚力將襲南康陳武帝令僧明與文育等拒之相持連戰百餘日卒禽遷仕送于武帝及帝下南康留僧明頓西昌督安城盧陵二郡軍事梁元帝承制授新州刺史臨江縣子侯景遣于慶等寇南江武帝頓豫章命僧明為前驅所向剋捷武帝表僧明為長史仍隨東討軍至蔡洲僧明率麾下燒賊水門大艦又禽平虜將軍章昭裕為侯仍領晉陵太守及荊州覆亡武帝使僧州刺史吳明徹等隨侯瑱西授於江州病卒贈散騎常侍諡曰威陳文帝即位追贈開府儀同三司配享武帝廟庭子晉嗣

周文育字景德義興陽羨人也少孤貧本居新安壽昌縣

姓項氏名猛奴年十一能反覆游水中數里跳高六尺與

羣兒聚戲衆莫能及義興人周薈為壽昌浦口戍主見而

奇之因召與語文育對曰母老家貧兄弟姊妹並長大困於

賤役薈長之乃隨薈至家就其母請文育養為己子母

遂與之及薈秩滿與文育還都見太子詹事周捨請制名

字捨因為立名為文育字景德命兄子弘讓教之書計

讓善隸書寫蔡邕勸學及古詩以遺之文育不之省謂弘

讓曰誰能學此取富貴但有大䫫耳弘讓壯之教之騎射

文育大悅司州刺史陳慶之與薈同郡素相善啟薈為前

軍主慶之使薈將五百人往新蔡懸瓠慰勞白水蠻謀執

薈以入魏事覺薈與文育拒之時賊徒甚盛一日中戰數

十合文育與薈前鋒陷陣勇冠軍中薈於陳戰死文育馳取其

尸賊不敢逼及夕各引去文育身被九創創愈辭請還葬

慶之壯其節厚加賚遺而遣之葬訖會盧安興為南江督

護啟文育同行累征有功除南海令安興死後文育與杜

僧明攻廣州為陳武帝所敗帝赦之後臨賀王勤以文育

為長流深被委任勤被代文育欲與勤俱下至大庾嶺

卜者曰君北下不過作令長南入則為公侯文育曰足

錢便可誰望公侯卜人曰君須史當暴得銀至二千

兩若不見信以此為驗其夕宿逆旅有賈人求與文育博

文育勝之得銀二千兩旦辭勤勤聞其故文育以告勤乃

遣之武帝聞其還大喜分麾下配焉武帝之討侯景文育

與杜僧明為前軍別剋蘭裕援歐陽頠皆有功武帝破蔡路

養於南野文育為路養所圍四面數重矢石兩下所乘馬

死文育右手搏戰左手解鞍潰圍而出與杜僧明等相得

并力復進大敗路養武帝乃表文育為府司馬李遷仕

據大皐遣其將軍杜平虜入巘石魚梁作城武帝命文育

擊之平虜遣其將軍杜平虜入巘石魚梁作城武帝命文育據

大皐悉選精兵盡葉城走文育據住閏平虜敗老弱於

未解會武帝遣杜僧明來援別破遷仕水軍遷仕眾潰不

敢過大皐直走新淦梁元帝授文育假節雄信將軍義州刺史遷仕又與

劉孝尚謀拒義軍武帝遣文育與侯安都杜僧明等會

陵築城於白口拒之文育頻出與戰遂禽遷仕侯景平文育除

南康遣文育將兵五千開通江路侯景將王伯醜據豫章

文育擊走之遂據其城累功封東遷縣侯及至姑熟與侯子

鑒戰破之景平改封南移縣侯累遷散騎常侍武帝誅王

僧辯令文育督眾軍會文帝於吳興圍剡所杜龍又襲

灣命文育擊走之遂據其城累功封東遷縣侯及至姑熟與侯子

會稽太守張彪得其郡城及文育為惌所襲文育時頓城

比香嚴寺文帝夜往趨之彪又來攻文育苦戰遂破平彪

武帝以侯瑱擁據江州命文育討之仍除南豫州刺史率
兵襲盆城未剋餘嗣徽引齊人度江據無湖詔徵文育還
都嗣徽等乃列艦於青墩至于七磯以斷文育歸路及夕
文育鼓譟而發嗣徽等不能制至旦反攻嗣徽驍將
鮑砰獨以小艦殿文育乘單舴艋跳入砰艦斬砰仍牽其
艦而還戰衆大駭嗣徽因留船艦無湖緣江步上時武帝拒
敗嗣徽等移濟莫府山文育徙頓對之
亦尋轉敗傷數百人嗣徽會將風急武帝曰兵不逆風而進衆軍隨之風
頻戰功最進爵壽昌縣公給鼓吹一部及廣州刺史蕭勃

【南史列傳五十六】 五

舉兵踰嶺詔文育督衆軍討之時新吳洞主余孝頃舉兵
應勃遣其弟孝勱守郡城自出豫章據于石頭勃使其子
孝勁將兵與孝頃相會又遣其別將歐陽頠頓軍苦竹灘傅泰
據墌口城以拒官軍官軍至焚頠軍船少孝頃有舥艦三百艘艦百餘
乘在上牢文育遣軍主焦僧度羊柬濟潛軍襲之悉取而歸
仍於豫章立柵時官軍食盡欲退還文育不許乃使人間
行遣周迪書約為兄弟幷陳利害迪得書甚喜許饋以糧
於是文育分遣老小乘故船舫沿流俱下燒豫章所立柵
偽退孝頃望之大喜因不設備文育由間道信宿達芊韶
芊韶上流則歐陽頠蕭勃下流則傅泰余孝頃文育據其

中間築城襲土賊徒大駭歐陽頠乃退入泥溪作城自守
文育遣嚴威將軍周鐵武與長史陸山才襲剋之於是蕭
勃在南康聞之衆皆股慄其將譚世遠斬勃欲降為人所
害世遠軍主夏侯明徹持勃首并降蕭孝勵余孝頃猶據石
頭武帝遣侯安都助文育為南道都督同會武昌
與琳戰於沌口為琳所執後得逃歸請罪詔不問復其官
爵及周迪破余孝頃之弟孝勱猶據舊柵擾動

【南史列傳五十六】 六

南土武帝復遣文育及周迪黃法氍等討之豫章內史熊
曇朗亦率衆來會文育遣吳明徹為水軍配周迪運糧自
率衆軍入象牙江築城於金口公勵偽降謀執文育覺
文育囚之送都以其部曲分隸眾軍周迪黃法氍等相
三陂王琳遣將曹慶救孝勱分遣主帥常衆愛與文育相
拒自帥所領攻周迪吳明徹軍敗愛文育退據金口熊
曇朗因其失利謀害文育以應眾愛文育監軍孫白象頗
知其事勸令先之文育曰不可我舊兵少客軍多若取曇
朗人皆驚懼亡立至矣不如推心撫之初周迪之敗棄船
走莫知所在及得迪書文育喜齎示曇朗曇朗害之於坐

武帝聞之即日舉哀贈侍中司空諡曰忠愍初文育之據
三陂有流星墜地其聲如雷地陷方一丈中有碎炭數斗
又軍市中忽聞小兒啼一市並驚聽之在土下軍人掘焉
得棺長三尺文育惡之俄而迪敗文育見殺天嘉二年有
詔配享武帝廟庭子寶安嗣文育本族兄景曜因文育官
至新安太守

績繫於王琳寶安便折節讀書與士君子游綏御文育士
寶安字安人年十餘歲便善騎射以貴公子驕蹇游逸好
狗馬樂驅馳靡衣媮食文育之為晉陵以征討不遑之郡
令寶安監知郡軍尤聚惡少年武帝患之及文育西征敗
深器重之寄以心旅精卒多配焉又平王琳頗有功周迪
徵寶安還起為猛烈將軍領其舊兵仍令南討文帝即位
卒甚有威惠文育歸復除吳興太守文育為熊曇朗所害
之破熊曇朗寶安南入窮其餘燼天嘉二年重拜吳興太
守龔襲封壽昌縣公三年征異為侯安都前軍真平除給
事黃門侍郎衛尉卿再遷左衛將軍領衛尉卿卒諡曰成
子𢌿嗣位晉陵定遠二郡
侯瑱字伯玉巴西充國人也父弘遠累世為西蜀酋豪蜀
賊張文雟據白崖山有眾萬人梁益州刺史鄱陽王蕭範
命弘遠討之弘遠戰死瑱固請復讎每戰先鋒遂斬文雟

由是知名因事範範委以將節之任山谷夷獠不附者並
遣瑱征之累功授輕車府中兵參軍晉康太守範為雍州
刺史瑱除馮翊太守遷鎮合肥範又隨之侯景圍臺城
範乃遣瑱輔其世子嗣入援都及城陷瑱領其衆依于豫
仍隨範徙鎮盆城俄而範及嗣皆卒瑱領其衆依于豫章
太守莊鐵鐵疑之瑱懼不自安詐引事因刃之據豫
章之地後降於侯景將于慶慶送瑱妻子於景景亦
姓託為宗族待之其厚留其妻子及弟為質遣瑱隨慶平
蠡南諸郡及景敗巴陵將宋子仙任約等並為西軍所
獲瑱乃誅景黨與以應義師景遣將亦誅其弟及妻子梁元帝

授瑱南兗州刺史郢縣侯仍為都督王僧辯討景恒為前
鋒既復臺城景奔吳郡僧辯使瑱追景大敗之於吳松江
以功除南豫州刺史鎮姑熟及齊遣郭元建出濡須僧辯
遣瑱扞之大敗元建攻荊州王僧辯以瑱為前軍赴援
未至而魏剋荊州瑱頓九江因衛晉安王還承制以瑱
為侍中江州刺史加都督政封康樂縣公及司徒陸法和
據郢州引齊兵來冠乃使瑱西討未至而法和及瑱還入齊齊遣
慕容恃德鎮夏首瑱攻之恃德盡請和及瑱還鎮豫章王僧
辯使其弟僧愔與瑱共討蕭勃及陳武帝誅僧辯僧愔陰
欲圖瑱而奪其軍瑱知之盡收僧愔徒黨僧愔奔齊是時

瑱據中流甚強又以本事王僧辯雖外示臣節未肯入朝

初余孝頃為章豫章太守及瑱鎮豫章乃於新吳縣別立城柵與瑱相拒瑱留軍人妻子於豫章令從弟孝勱知後事悉眾以攻孝頃自夏迄冬弗能剋齋與其部下侯方兒歸于武帝瑱既失根本方兒下攻齋寅焚金玉歸于武帝瑱後悉輕歸豫章人拒之乃趣盆城就其將焦僧度勸瑱投齊瑱以武帝有大量必能容已乃詣闕請罪武帝至其爵位求定二年進位司空帝即位進授太尉王琳至柵口又以瑱為都督侯安都等並隸焉天嘉元年二月王琳引合肥濡湖之眾舳艫相次而下瑱率軍進歔柵洲明

日合戰琳軍少卻及夕東西風吹其舟艦並壞夜中有流星墜于賊營及旦風靜琳入浦以鹿角繞岸不敢後出時西魏將史寧躡其上流瑱聞之知琳不能持久收軍卻據湖浦以待其斃及史寧至圍郢州琳恐眾潰乃率軍來下去蕪湖十里而泊明日齊人遣兵助琳瑱令軍中晨炊蓐食頓蕪湖洲尾以待之將戰有微風至自東南報軍大敗縱火定州刺史章昭達乘平虜大艦中江而進琳軍大敗脫走免者十二三琳因此入齊其年詔以瑱為都督五州諸軍事鎮盆城周將賀若敦獨孤盛等來攻巴湘又以瑱為西討都督大敗盛軍以功授湘州刺史改封零陵郡

公二年薨贈大司馬諡曰壯蕭配享武帝廟庭子淨藏嗣尚文帝女富陽公主

侯安都字成師始興曲江人也為郡著姓父捍少仕州郡以忠謹稱安都貴後官至光祿大夫始興內史安都工隸書能鼓琴涉獵書傳為五言詩頗清靡兼善騎射為邑里雄豪侯景之亂招集兵甲至三千人陳武帝入援京邑有都引兵從武帝攻蔡路養破李遷仕平侯景並力戰有功封富川縣子隨武帝鎮京口除蘭陵太守武帝謀襲王僧辯唯與安都定計仍使安都率水軍自京口趣石頭武帝自從江乘羅落會之安都至石頭北棄舟登岸僧辯弗

之覺石頭城北接岡阜不甚危峻安都被甲帶長刀軍人捧之投於女垣內眾隨而入進逼僧辯臥室武帝大軍亦至與僧辯戰于聽事前安都自內閤出僧辯背擊之遂禽僧辯以功授南徐州刺史武帝東討杜龕安都留臺居守徐嗣徽任約等引齊寇入據石頭游騎至于闕下安都閉門示弱令城中登陴看賊者斬及夕賊收軍還石頭安都夜令士卒密營禦敵之具將旦賊騎至以安都與戰大敗之賊乃退還石頭及武帝至以安都為水軍於中流斷賊糧運又襲秦郡破嗣徽柵收其家口得嗣徽所彈琵琶及所養鷹鵰遣信餉之曰昨至弟住處得此今以相還

嗣徽等見之大懼尋求和武帝聽其退北及嗣徽等濟江

齋之餘軍猶據挑石守備甚嚴又遣安都攻之多所俘獲

明年春詔安都率兵鎮梁山以備齋徐嗣徽等復入至湖

熟武帝追安都還拒之戰於耕壇南安都率十二騎突其

陣破之禽齋儀同乞扶無芳又剌齋將東方老墮馬張繁

騎至救老獲免賊北度齋將山安都又與齋將王敬寶戰於

龍尾使徙弟曉軍主張繁前犯其陣曉被劉隧馬張繁死

之安都與齋軍戰於莫府山命安都自白下橫擊其後

大敗之以功進爵為侯又進號平南將軍改封西江縣公

仍督水軍出豫章助豫州剌史周文育討蕭勃安都未至

文育已斬勃并禽其將歐陽頠傳泰等唯本孝頃與勃子

孜猶於豫章之石頭作兩城幸頠與孜各據其一又多設

船艦夾水而陣安都至乃銜枚夜燒其艦文育率水軍安

都領步騎登岸結陣孝頃俄斷後路奔歸新吳請入子為質

引營漸進頻致剋捷乃降孝頃安都乃令軍士豎柵

許之以功加開府儀同三司仍率衆會武昌與周文育西

討王琳將發王公以下餞於新林安都躍馬度橋人馬俱

墜水中又坐胡牀墜於檻井時以為不祥至武昌琳將樊

猛棄城走文育亦自豫章至時兩將俱行不相統攝因部

下交爭稍不平軍至郢州琳將潘純於城中遙射官軍安

都怒圍之未剋而王琳至弁口安都乃釋郢州悉衆往沌

口以禦之安都等敗不得進琳據東岸官軍據西岸相持數日

乃合戰安都等敗與周文育徐敬成並為南豫州剌史令

鏃繫之置千艦下令所親信者王子晉乃為偽以小船住餉

城白水浦安都文育敬成等甘言許賂子晉晉乃偽以小船供餉

而釣夜載安都文育敬成等為偽以小船供餉

劾詔並赦之復其官爵曇為熊曇朗所害安都自宮

繼周文育攻余孝勱及王琳將曹慶常衆愛等安都回取大

亭湖出松門踏衆爱後文育為熊曇朗所害安都回取大

艦遇琳將周炅周協南歸與戰破之禽炅見協孝獻

率部下四千家欲就王琳遇炅敗乃詣安都降安都進

軍於禽奇洲破曹慶常衆爱等於其船艦衆爱奔廬山為

村人所殺餘衆悉平還軍至南皖而武帝崩安都隨文帝

還朝乃與羣臣議翼奉文帝時帝謙讓弗敢當太后又以

衡陽王故未肯下令羣臣不能決安都曰今四方未定何

暇及遠臨川王有功天下須共立之今日之事後應者斬

便按劍上殿白太后出璽又手解王琳下至栅口大軍

即位選司空仍授南徐州剌史給扶王琳下至栅口大軍

出頓蕪湖時侯瑱為大都督而指麾經略多出安都及王

琳入齊安都進軍益城討琳餘黨所向皆下別奉中旨迎衡陽獻王昌初昌之將入也致書於文帝辭甚不遜帝不懌召安都從容而言曰太子將至須別求一藩吾其老焉安都對曰自古豈有被代天子臣不敢奉詔因自迎昌中流而殺之以功進爵清遠郡公於是威名甚重羣臣無出其右安都父捍為始興內史卒於官文帝徵安都為喪尋起復本官贈其父散騎常侍金紫光祿大夫拜其母為清遠國太夫人仍迎赴都母固求還鄉里上乃下詔改桂陽郡之汝城縣為廬陽郡分衡州之始興安遠二郡合三郡為東衡州以安都從弟曉為刺史安都第三子祕年九歲上以為始興內史並令在鄉侍養改封安都桂陽郡公王琳敗後周兵入攖巴湘安都奉詔西捍又留異擁據東陽又奉詔東討異本謂臺軍自錢唐江上安都乃步由會稽之諸暨出樂異所不意度嶺逾巖谷間豎柵以拒守安都躬自接戰為流矢所中應時卻領鹵獲軍容止不變因其山陇為堰壅漚水漲安都引舟入堰樓艦與異城等安都奮第二子忠臣脫身奔晉安虜其妻子振旅而歸加侍中征北大將軍仍還本鎮更人詣闕表請立碑頌美安都功績詔許之自王琳平後安都勳庸轉大又自以功安社稷漸驕於招聚文武士騎驅

馳騁或命以詩筆第其高下以差次賞賜之文士則諸珍馬樞陰鏗張正見徐伯陽劉刪祖孫登武士則蕭摩訶裴子烈等並為之實內動至千人部下將帥多不遵法度檢問收攝則本歸安都文帝性嚴察衘之安都日益驕慢表啟封訖有事未盡乃開封自書之云又啟其事及川王時帝不應安都甚怏帝曰此雖天命抑亦明公之力宴訖又啟便借供張水飾將妻客於御坐歡會帝雖許其請甚不懌明日安都坐於御堂賓客居樓鶴上壽初重雲殿災安都率將士帶甲入殿帝甚惡之自

是陰為之備又周迪之反朝望當使安都討之帝乃使吳明徹討迪又頻遣臺使簡閱安都部下撿括亡叛安都內不自安天嘉三年冬遣其別駕周弘實自託於舍人蔡景歷并問省中事甚錄其狀奏之稱安都謀及帝憲其不還都會于尚書朝堂於坐收安都囚于西省又收其將帥受召明年春乃除安都為征南大將軍江州刺史令京口將帥會于尚書朝堂於坐收安都宴於嘉德殿又集其部盡奪馬仗而釋之因出景歷表其罪明日於西省賜死尋有詔宥其妻子家口葬以士禮初武帝嘗與諸將宴杜僧明周文育侯安都為壽各稱功伐帝曰卿

14-678

等發良將也而並有所短拒公志大而識暗狎於下而驕

於尊裕其功不收其拙周侯交不擇人而推心過差居危

殆嶺猜防不設侯即懶誕而無厭輕佻而肆志並非全身

之道卒皆如言大建三年宣帝追封安都陳集縣侯子曇
為嗣

歐陽頠字靖世長沙臨湘人也為郡豪族少頠直有思理

以言行著於嶺表父喪哀毀甚至家產累積悉讓諸兄盧

於麓出寺傍軍精習業博通經史年三十其兄遇令從官

梁左衞將軍蘭欽少與頠善故頠常隨欽征討欽南征夷

獠禽陳文徹所獲不可勝計大獻銅鼓累代所無頠預其

功還為直閣將軍欽征交州復啓頠同行欽度嶺而卒頠

除臨賀內史啓乞送欽喪還都然後之任時湘衡界五十

餘洞不賓敕衡州刺史韋粲討之粲委頠為都督悉皆平

殄侯景稱逆粲自解還都征景以頠監衡州臺城陷後粲

南互相吞併蘭欽弟前高州刺史欽始興內史蕭勃據嶺

奪其郡以兄欽與頠舊遺招之頠不從謂使曰高州昆季

隆顯莫非國恩今應赴難援都豈可自為跋扈及陳武帝

入援都將至始興頠乃深自結託遺兵攻頠頠武帝援之

裕敗武帝以王懷明為衡州刺史遷頠為始興內史武帝

之討蔡路養李遷仕也頠助帝平之梁元帝承制以始興

郡為東衡州以頠為刺史封新豐縣伯侯景平元帝徵周

朝宰使各舉所知君臣未對元帝曰吾已得一人矣歐陽

頠甚公正本有匡濟才恐蕭勃留之乃授武州刺

史尋授郢州欲令出頠蕭勃留之不獲拜命尋授衡州刺

史進封始興縣侯時蕭勃在廣州兵強位重元帝患之

遣王琳代為刺史琳已至小桂嶺勃遣其將孫瑒監州盡

率部下至始興頠與瑒相結盟琳兵鋒甚銳頠別據一城不往謁琳開門高

曇亦不相戰勃怒遣兵襲頠盡收其貲財馬仗尋赦之還

復其所復與結盟魏平荊州頠委質於勃及勃度嶺出南

康以頠為前軍都督周文育破勃之送于武帝帝釋而禮

之蕭勃死後嶺南亂頠有聲南土且與武帝有舊乃授安

南將軍衡州刺史封始興縣侯未至頠頠子紇已剋始興

及頠至嶺南皆懾伏仍進廣州盡有越地改授都督廣

等十九州諸軍事平越中郎將廣州刺史進封陽山郡公

頠自海道及東嶺奉使不絕永定三年即本號開府儀同

三司文帝即位進號征南將軍改封陽山郡公初交州刺

史袁曇緩密以金五百兩寄頠令以百兩還合浦太守龔

蒍四百兩竝匿智矩餘人弗之知頠尋卒至是頠並依信還之

並盡唯所寄金獨存曇緩亦尋卒至是頠並依信還之

人莫不歎伏之時頠合門顯貴威振南土又多致銅鼓生

口獻奉珍異前後委積頗有助軍國天嘉四年薨贈司空
諡曰穆子統嗣紹字奉聖頗有幹略襲父爵官爵在州十餘
年威惠著於百越帝以紹父在南服頗疑之大建元年
徵為左衛將軍其部下多勸之反遂舉兵攻衡州刺史錢
道戢詔儀同章昭達討禽之送至都伏誅子詢以年幼免
黃法䒩字仲昭巴山新建人也少勁捷有膽力日步行二
百里能距躍三丈頗便書疏閑明簿領出入州郡中為鄉
閭所憚侯景之亂於鄉里合徒衆太守賀詡下江州法䒩
監知郡事陳武帝將踰嶺入援建鄴率逕往作梗中途武
帝命周文育屯西昌法䒩遣兵助文育時法䒩出頓新淦

縣景遣行臺于慶求襲新淦法䒩敗之梁元帝承制授交
州刺史資領新淦縣令封巴山縣子敬帝即位改封新建
縣侯太平元年割江西四郡置高州以法䒩為刺史鎮巴
山蕭勃歐陽頠來攻周迪且謀取法䒩援迪破之永定三
年王琳遣李孝欽等三將猛余孝頃攻周迪法䒩以功授平南
州刺史開府儀同三司熊曇朗於金口害周文育法䒩
共周迪討平之天嘉三年周迪反法䒩與吳明
徹討平迪法䒩居多廢帝即位進爵為公大建五年大
舉兵侵法䒩為都督出歷陽於是為拋車及步艦
遏之砲加其樓堞剋之盡誅其戍卒進兵合肥望旗降欵以

法䒩禁侵掠躬自勞撫而與之盟並放此以功加侍中
改封義陽郡公七年為豫州刺史鎮壽陽薨贈司空諡曰
威子玩嗣
淳于量字思明其先濟北人也世居建鄴父文成仕梁為
將帥位梁州刺史量少善自居勳僅姿容有幹略便弓馬
梁元帝為荊州刺史量預其
廣晉縣男侯景之亂梁元帝分量人馬令往事焉以軍功封
巴州元帝使都督王僧辯入援巴陵量與僧辯并力拒景
臺城陷量選荊州元帝承制以為巴州刺史侯景西上攻
大敗之禽其將任約進攻郢州獲宋子仙仍隨僧辯平侯

景封謝沐縣侯尋出為都督桂陽刺史及魏剋荊州量保
桂州王琳擁割湘郢累遣召量量殊雖與琳往來而別遣
使歸陳武帝武帝受禪進位鎮西大將軍開府儀同三司
天嘉五年徵為中撫軍大將軍量所部將率多戀本土並
欲逃入山谷不願入朝文帝使湘州刺史華皎征衡州且
以兵迎量天康元年至都以在道淹留為有司奏免儀同
餘如故華皎構逆以量為征南大將軍西討大都督總率
大艦自郢州樊浦拒之皎平并降周將長湖公元定等以
功授侍中中軍大將軍開府儀同三司進封醴陵縣公未
拜出為南徐州刺史太建元年進號征北大將軍給扶三

年就江陰王蕭季卿買梁陵中樹季卿坐免量免侍中
復侍中吳明徹之北侵也量讚成其事又遣第六子岑率
所領從軍淮南剋定量改封始安郡公及周獲吳明徹乃
以量為都督水陸諸軍事車騎將軍都督南兗州刺史十
四年薨贈司空

章昭達字伯通吳興武康人也性倜儻輕財尚氣少時遇
相者謂曰卿容貌其善鬚小黥則當富貴大同中昭達
為東宮直後因醉墮馬鬢角小傷昭達喜之相者曰未也
侯景之亂昭達率鄉人援臺城為流矢所中眇其一目相者
見之曰卿相善矣不久當富貴臺城陷昭達還鄉里與陳
文帝游因結君臣分侯景平文帝為吳興太守昭達杖策
來謁文帝見之大喜因委以將帥恩寵超於儕等陳武帝
謀討王僧辯令文帝還長城招聚兵眾以備杜龕頻使昭
達往京口稟承計晝僧辯誅後杜龕遣其將杜泰來攻長
城昭達因從文帝進軍吳興以討龕龕平又從討張彪於
會稽剋之累功除定州刺史時留異擁據東陽武帝患之
乃使昭達為長山令居其心腹天嘉元年追論長城功封
欣樂縣侯尋隨侯安都拒王琳昭達乘平虜大艦中流而
進先鋒發拍中賊艦王琳平昭達策勳第二二年除都督
郢州刺史周迪據臨川反詔昭達便道征之迪敗走徵為

護軍將軍改封邵武縣侯四年陳寶應納周迪其寇臨川
又以昭達為都督討迪迪走昭達踰嶺討陳寶應與戰
不利因據上流為筏施拍其上壞其水柵又出兵攻其步
軍方大合戰會文帝遣余孝頃出自海道適至并力來
之遂定閩中盡禽留異寶應以功授鎮軍將軍開府儀同
三司初文帝嘗夢昭達升台鉉及旦以夢告之至是侍宴
酒酣顧昭達曰卿憶夢不何以償夢耶昭達對曰當時臣夢
之用以盡節自餘無以奉償尋出為都督江州刺史廢
帝即位改封邵陵郡公華皎之反其移文並假以昭達為
辭又頻遣使招之昭達盡執其使送都秩滿徵為中撫大
將軍宣帝即位進號車騎大將軍以遠朝遲留為有司
劾降號軍騎將軍歐陽紇據領南反詔昭達都督眾軍征
之紇聞昭達奄至乃出頓洭口聚沙石盛以竹籠置於水
柵之外用過舟艦昭達居其上流裝艦造拍以臨賊栅又
令人衔刀潛行水中以斫竹籠籠絕皆解因縱大艦突之
大敗紇禽之送都廣州平進位司空太建二年征江陵時詧
明帝與周軍大蓄舟艦於青泥中昭達分遣偏將錢道戢
程文季乘輕舟焚之周又於峽口南岸築壘名安蜀城於
江上橫引大索編葦為橋以度軍糧昭達乃命軍士為長
戟施樓船上仰割其索索斷糧絕因縱兵攻其城降之二

〈南史列傳五十六〉 廿一

年於軍中病薨贈大將軍昭達性嚴刻每奉命出征必盡
夜倍道然其所剋必推功將帥廚膳飲食並同羣下將士
亦以此附之每飲會必盛設女伎雜樂備羌胡之聲音律
姿容並一時之妙雖臨敵弗之廢也四年配享文帝廟庭
子大寶襲邵陵郡公位豐州刺史在州貪縱百姓怨酷後
主以太僕卿李暈代之乃襲殺暈而反尋被禽梟首朱雀
航夷三族

吳明徹字通炤秦郡人也父樹梁右軍將軍明徹幼孤性
至孝年十四感墳塋未修家貧無以取給乃勤力耕種時
天下元旱苗稼焦枯明徹哀憤每之田中號哭仰天自訴
居數日有自田還者云苗已更生明徹疑其給己又往如
言秋而大穫足充葬用時有伊氏者善占墓謂其兄曰君
葬日必有乘白馬逐鹿者經墳此是最小孝子大貴之徵
至時果有應明徹即其小子也及侯景寇都明徹有粟
麥三千餘斛而鄉里飢餒乃曰諸兄今人不圖久奈何
不與鄉里共此於是計口平分其豐儉羣盜聞而避焉
賴以存者甚眾陳武帝鎮京口深相要結明徹乃詣武帝
帝為之降堦執手即席明徹亦微涉書史經傳就汝南周
弘正學天文孤虛遁甲略通其術頗以英雄自許武帝亦
深奇之又受禪授安南將軍與侯安都周文育將兵討王

琳及眾軍敗沒明徹自拔還都文帝即位以本官加右衛
將軍及周迪反詔以明徹為江州刺史領豫章太守總眾
軍以討迪明徹雅性剛直統內不甚和聞之遣安成
王頊代明徹令以本號還朝天嘉五年遷吳興太守及引
辭之郡帝謂曰吳興雖郡帝鄉之重故以相授欽即位
授領軍將軍尋遷丹楊尹仍詔以甲仗四十人出入殿省
到仲舉之矯令出宣帝也毛喜知其詐宣帝懼遣喜等討
徹籌焉明徹曰嗣君諒闇萬機多闕殿下親賢周名德冠
伊霍願留中深計慎勿致疑及征南大將軍淳于量等討

〈南史列傳五十六〉 廿二

詔授明徹都督湘州刺史仍與征南大將軍淳于量等討
晈晈平授開府儀同三司進爵為公大建五年朝議比征公
卿互有異同明徹決策請行詔加侍中都督征討諸軍事
總眾軍十餘萬發都綠江城鎮相續降宣帝軍至秦郡齊大
將軍尉破胡將兵為援破走之秦郡降宣帝以秦郡明徹
舊邑詔具太牢令拜祠上冢文武羽儀甚盛鄉里榮之進
剋仁州授征北大將軍進封南平郡公進逼壽陽齊遣王
琳拒守明徹乘夜攻攻之城
城明徹令軍中益脩攻具又遏肥水灌城城中苦濕多腹
疾手足皆腫死者十六七會齊遣大將皮景和率兵數十
萬來援去壽春三十里頓軍不進諸將咸曰計將安出明

徹曰兵貴在速而彼結營不進自挫其鋒吾知其不敢戰
明矣於是躬擐甲冑四面疾攻城中震恐一鼓而禽王琳
等送建鄴和懼而遁走詔以為車騎大將軍豫州刺史
增封并前三千五百戶遣詔者蕭淳就壽陽授策明徹於
城南設壇士卒二十萬陳旗鼓戈甲登壇拜受成禮而退
龍尾尋授都督南兖州刺史及周滅齊宣帝將事徐兗九
年詔明徹北侵令其世子慧覺攝行州事軍至呂梁周徐
州摠管梁士彥率衆拒戰明徹頻破之仍進清水以灌其
城攻之甚急環列舟艦於城下周遣上大將軍王軌救之
軌輕行自清水入灌口橫流豎木以鐵鎖貫車輪遏斷船
路諸將聞之甚恐議欲破堰拔軍以舫載馬馬明戎裴子
烈曰君若決戰下船必傾倒豈可得乎不如前遣馬出
適會明徹苦背疾甚篤知事不濟遂從之乃遣蕭摩訶帥
馬軍數千前還明徹仍自決其堰乘水以退軍及至清
口水力微舟艦並不得度衆軍皆潰明徹窮蹙乃就執周
封懷德郡公位大將軍憂憤疾卒於長安後故吏盜其
樞歸至德元年詔追封邵陵侯以其息慧覺故更盜其字
大士河東聞喜人梁員外散騎常侍猗之子少孤有志氣

以驍勇閨位比譙太守岳陽內史封海安伯
論曰古人云知臣莫若君書曰知人則哲觀夫陳武論將
而周侯遇禍有以知斯言之非妄矣若不然者亦何以駈
駕雄傑而劉基撥亂者乎故項領並自奔四翻同有亂離
量望風景附自等誠臣良有以也昭達勤王之略遠符耿
舍行己之方頗同吳漢旣眇而貴亦黯而王吉凶之筭豈
人事也明徹屬運否之期當關土之任才非韓白識暗孫
吳知進而不知止知得而不知喪犯斯不韙師亡國蹙宜
矣哉

列傳第五十六　　南史六十六

胡穎
杜稜
程靈洗 子文季
陸子隆
駱文牙
徐世譜
荀朗
魯悉達 弟廣達
任忠

李慶 延壽
徐度 子敬成
周鐵武
沈恪
錢道戢
孫瑒
周敷
周炅
蕭摩訶 子世廉
樊毅 弟猛

南史列傳五十七

胡穎字方秀吳興東遷人也儀容甚偉性寬厚梁末陳武帝在廣
州穎深自結託從克元景仲平蔡路養李遷仕皆有功武
帝進軍頓西昌以穎為巴丘令鎮大皋督糧運下至豫章
以穎監豫章郡事與王僧辯會白茅灣同討侯景
以領知留府事梁承聖初元帝按穎羅州刺史封漢陽縣
侯尋除豫章內史隨武帝鎮京口烈還遣郭元建出東關武
帝令穎率府內驍勇隨侯瑱大破之後從武帝襲
王僧辯又隨周文育於吳興討杜龕武帝受禪兼左衞將
軍天嘉元年除散騎常侍吳興太守卒官諡曰壯二年配

享武帝廟庭享六同嗣

徐度字孝節安陸人也少倜儻不拘小節又長安貌環傋
嗜酒好博恆使僮僕屠酤為事初從梁武帝在交阯乃委質焉侯景之亂武
帝剋廣州平蔡路養李遷仕計畫多出於度侯景平後
追錄前後戰功封廣德縣侯武帝度率於所領從朱方除蘭陵太守武
帝遣衡陽獻王往荊州度率所領從江陵還一間行東
歸武帝東討杜龕奉敬帝幸京口以度領宿衞知留府
事徐嗣微任約等來寇武帝與敬帝還都時賊已據石頭府
使度頓軍於沿城寺明年嗣徽等又引齊寇濟江度隨報

軍破之於北郊壇以功除郢州刺史兼領吳興太守文帝
即位累遷侍中中撫將軍開府儀同三司進爵為公天嘉
元年以平王琳功改封湘東郡公及太尉侯瑱薨于湘州
以度代瑱為都督湘州刺史秩滿復為侍中中軍大將軍
文帝崩度預顧命許以甲伏五十人入殿省廢帝即位進
位司空薨贈太尉諡曰忠廟太建四年配享武帝廟庭子
敬成嗣

敬成幼聰慧好讀書起家著作佐郎永定元年領度所部
士卒隨陳用文育侯安都征王琳於沌口敗績為琳所繫二
年隨文育安都得歸父度為吳郡太守以敬成監郡光大

元年為巴州刺史尋為水軍隨吳明徹平華晈太建二年
以父憂去職尋起為南豫州刺史龔爵湘東郡公五年除
吳興太守隨都督吳明徹北討出秦郡別遣敬成為都督
乘金翅自歐陽引埭沂江由廣陵齊人皆城守弗敢出自
繁梁湖下淮准陰山陽鹽城三郡仍進剋禮州進號壯
武將軍鎮胸豫卒諡曰思子敞嗣
安州刺史鎮宿豫卒諡曰思子敞嗣
杜稜字雄盛吳郡錢唐人也少落泊不為時知頗涉書傳
游嶺南事淓廣州刺史新渝侯蕭映映卒從知陳武帝平蔡
路養李遷仕皆有功淓元帝承制授石州刺史上陌縣侯
侯景平後武帝鎮朱方以稜監義興琅邪二郡武帝謀誅
王僧辯引稜與侯安都等共議稜難之武帝懼其泄乃
以手巾絞稜悶絕於地因閉於別室軍發召與同行及
僧辯平後武帝東征杜龕等留稜與安都居守徐嗣徽
約引齊師濟江攻臺城稜方抗拒未嘗解帶賊
平以功除右衛將軍丹陽君永定元年位侍中領軍將
帝崩文帝在南皖時内無嫡嗣外有強敵傢瑱侯安都
度等並在軍中朝廷宿將唯稜在都獨典禁兵乃與蔡景
歷等祕不發喪奉迎文帝即位遷領軍將軍以領建
立功改封永城縣侯位丹陽君發帝即位加特進侍中光

大元年解君量置佐史給扶太建元年出為吳興太守二
年徵為侍中尋加特進護軍將軍三年以公事免侍中護
軍四年復為侍中右光祿大夫將軍佐史扶並如故稜歷
事三帝並見恩寵末年不預征役優游都下頃之卒于官
贈開府儀同三司諡曰成配享武帝廟庭子安世嗣
周鐵武不知何許人也語音傖重齒力過人便馬善事眾
河東王蕭譽以勇敢聞譽為湘州以為臨蒸令侯景之亂
梁元帝遣世子方等代譽拒戰大捷方等死鐵武功最
及王僧辯討譽於陣獲之將殺焉鐵武呼曰侯景西上鐵武
何殺壯士僧辯奇其言宥之還其麾下及侯景未滅奈
從僧辯剋住約獲宋子仙每戰有功元帝承制授潼州刺
史封沌陽縣子又從僧辯定建鄴降謝答仁平陸納於湘
州錄前後功進爵為侯陳武帝誅僧辯鐵武率所部降因
復其本職徐嗣徽引齊寇度江鐵武破其水軍嗣徽平遷
太子左衛率尋隨周文育拒蕭勃於南江育命鐵武偏軍襲勃
禽勃剋軍歐陽頠又隨文育西征王琳於沌口敗績與文
育侯安都並為琳所禽其後鐵武與語唯鐵武辭氣不屈
故琳盡宥有文育之徒獨鐵武見害贈侍中護軍天嘉三年
文帝又詔配食武帝廟庭子瑜嗣
程靈洗字玄滌新安海寧人也少以勇力聞步行日二百

里便騎善游素為鄉里畏伏侯景之亂據數歛徒以拒
景景軍擁有新安太守湘西鄉侯蕭隱奔依靈
洗奉以主盟梁元帝授新安太守誰州刺史蕭隱奔依靈洗
巴丘縣侯後助王僧辯鎮防及武帝誅僧辯靈洗率所領
來援其夜力戰於石頭西門武帝軍不利遣使招諭之
乃降帝深義之授蘭陵太守仍助防京口及平徐嗣徽之
洗有功除南丹陽太守遂安縣侯等逃歸累遷太子左衛率
武帝崩王琳前軍東下靈洗於南陳寶應侯琪等敗王琳于
琳軍敗為琳所拘累與侯安都等敗王琳于
青龍十餘乘乘少功授都督南豫州刺史
柵口靈洗逐北掾有曾山徵為左衛將軍天嘉四年周迪
重寇臨川以靈洗為都督自都陽別道擊之迪又走山谷
閒遷中護軍出為都督郢州刺史破帝即位進號深嘉其
軍華皎之反遣使招靈洗斬皎使以聞朝廷元定率
忠因推心待之使其子文季領水軍助防時周將元定
步騎二萬助眈圍靈洗顯城固守及皎敗乃出軍躡其
定以功改封重安縣公靈洗性嚴急御下其奇刻士卒有
寬以功獲渝江以其眾降因進攻剋周汦州禽其刺史裴
小罪必以軍法誅之號令分明與士卒同甘苦眾亦以此
德之性好播植躬勤耕稼至於水陸所宜刈穫早晚雖老

農不能及也妓妾無游手並督之紡績至於散用貲財亦
弗儉吝卒贈鎮西將軍開府儀同三司諡曰忠壯太建四
年配享武帝廟庭子文季嗣
文季字少卿幼習騎射多幹略果決有父風靈洗與周文
育侯安都等敗於池口為王琳所執武帝召陷賊諸子弟
厚遇之文季最有禮容深見賞武帝後乘金翅助父頓
城華皎平靈洗及文季並有扞當之功乃靈洗卒文季旅
領其眾起為武將軍仍助防郢州文季性至孝雖軍旅
奪禮而毀瘠甚至服闋關襲封重安縣公隨都督章昭達

軍往荆州征梁梁人與周軍多造舟艦置于青泥水中昭
達道文季共錢道戰盡梵其舟艦既而周兵大出文季僅
以身免以功加通直散騎常侍大建五年都督吳明徹北
討至秦郡秦郡前汧浦通涂水齊人並下大柱為杙柵水
中文季乃前領其驍勇拔刃開其柵明徹率大軍自後而至攻
剋秦郡又別遣文季攻逕州屠其城進拔肝台仍隨明徹
圍壽陽文季臨事謹飭御下嚴整前後所克城壘率皆近
水為堰土未之功勤踰敷置陣役人文季必先於諸將
夜則早起迄暮不休軍中莫不服其勤幹每戰為前鋒飛
軍深憚之謂為程虎以功除散騎常侍襟新安內史累遷

比徐州刺史加都督後隨明徹北侵軍敗爲周所

開府儀同三司十一年自周逃歸至高陽爲邊吏執送

安死于獄是時覘與周絕不之知至德元年後主知之贈長

散騎常侍又詔傷其廢絕封重安縣侯以子響襲封

沈恪字子恭吳興武康人也深沈有幹局梁新渝侯蕭映

之意廣州兼映府中兵參軍陳武帝與恪同郡情好甚昵

景圍臺城起東西二土山以逼城城內亦作土山應之恪

爲東土山主晝夜拒戰以功封東興侯及城陷間行歸鄉

武帝討景遣使報恪恪於東起兵相應賊平後授都軍副

及武帝謀討王僧辯恪預其事軍帝使文帝還長城立柵

備杜龕使恪還武康招集兵衆及僧辯誅龕果遣副將杜

泰襲文帝於長城恪時已出縣誅龕黨與武帝尋遣周文

育來攻長城文育至泰乃走又龕平文帝爲東揚州刺史

張彪以恪監吳興郡武帝受禪時恪具與入朝武帝如別官恪排

闥入見武帝叩頭謝曰恪身經事蕭家今日不忍見此

軍分受死耳泣不奉命武帝嘉其意不復逼更以爲吳興太守永定三年除散騎常侍會

僧忘代之帝踐祚除吳興太守永定三年除散騎常侍會

稽太守歷事文帝及廢帝累遷護軍將軍至宣帝即位除

平越中郎將都督廣州刺史恪未至嶺前刺史歐陽紇舉

兵拒嶺不得進朝廷遣司空章昭達討紇恪得入州兵

荒之後所在殘毀恪綏懷安輯被以恩惠嶺表賴之後主

即位爲特進金紫光祿大夫卒諡曰光子法興嗣

陸子隆字興世吳郡人也祖敬之梁嘉興令父悛封氏令

子隆少慷慨有志功名仍隨彪徒鎮會稽及文帝討彪彪將

吳郡太守引子隆爲將帥仍隨彪徒鎮會稽及文帝討彪彪將

沈泰吳寶具申縉等皆降而子隆力戰敗績文帝義之後

使領其部曲文帝嗣位子隆力戰伏宿衛封益陽縣

子東遷盧陵太守周迪據臨川反子隆隨章昭達討迪迪

退走因隨昭達討陳寶應平子隆功最遷武州刺史

改封朝陽縣伯華皎據湘州反以子隆居其心腹晱惠

之頻遣使招子隆不從攻又不剋及皎敗於郢州子隆出

兵襲其後因與大軍相會進爵爲侯尋遷都督荆州刺史

荆州新置居公安城池未固子隆修立城郭綏集夷夏甚

得人和號爲稱職吏人詣闕求立碑頌美功績詔許之卒

諡威子之武嗣之武年十六領其舊軍後爲弘農太守力

隸吳明徹於呂梁軍敗逃歸爲人所害子隆第子子才亦卒

幹略從子隆征討有功除始平太守封始康縣子才於信

錢道戢字子韜吳興長城人也父景深梁漢壽令道戢少
必孝行著聞又長顧有材幹陳武帝微時以從妹妻焉武
帝輔政道戢隨文帝平張彪于會稽以功拜東徐州刺史
封求安縣侯天嘉元年為臨海太守會安郡之討留異道
戢帥軍出松陽以斷其後異平以功加散騎常侍後為都督郢州
二年又隨昭達征江陵以功加散騎常侍領
刺史與儀同黃法氍攻下歷陽因以道戢鎮之卒官諡曰

蕭子顗嗣

南史列傳五十七 九

略文牙字雄門吳興臨安人也父崧梁鄱陽嗣王中兵參
軍牙年十二宗人有善相者云此郎容貌非常必將遠
致梁太清末陳文帝避地臨安文牙母陵覩帝儀表知非
常人實侍甚厚及陳帝為吳興太守引文牙為將帥從平杜
龕張彪勇冠衆軍文帝即位封臨安國太夫人諡曰恭
文牙母卒時兵蒸至是始葬詔贈臨安縣侯位越州刺史初
太建八年文牙累遷散騎常侍入直殿省十年授豐州刺
史至德二年卒贈廣州刺史子義嗣

孫瑒字德璉吳郡人也父儉道梁中散大夫以雅素知
名瑒少倜儻好謀略博涉經史尤便書翰仕梁為邵陵王

中兵參軍事大清之難授假節宣猛將軍主僧辯之
討侯景也王琳為前軍琳與瑒親媾乃表薦為宣都太守
後以軍功封富陽侯敬帝立瑒遷巴州刺史琳徵瑒為少府卿仍徙都督
禪王琳立梁永嘉王蕭莊於郢州徵瑒為寧遠將軍乘虛攻之瑒兵
郢州刺史擬留府之任周迪大舉東史寧將軍乘勝而進周兵
不滿十人乘城拒守周兵不能剋而遣使奉表歸梁瑒徵
乃解瑒於是盡有中流之地既而遣使奉表歸朝徵
年授湘州刺史封定襄縣侯瑒懷不自安乃固請入朝徵
為侍中領軍將軍未拜文帝謂瑒曰昔卿不顧妻子頤為本郡卿
宣有意瑒乎改授吳郡太守給鼓吹一部秩滿徵拜散騎

南史列傳五十七 十一

常侍中護軍及留異反據東陽詔瑒督舟師進討異平遷
鎮右將軍頃之出為建安太守大建四年為都督荊州刺
史出鎮公安為鄰境所憚居職六年以公事免及吳明徹
軍敗呂梁詔授都督緣江水陸諸軍事乘檄都督郢州刺
史十二年坐疆場交通抵罪後主頤幸其宅賦詩述勳德之美遷
尚書僕射領左軍將軍侍中如故禎明元年卒官諡曰桓
五兵尚書父親以孝聞於諸弟其篤睦性通泰有財散之
瑒軍親以孝聞於諸弟其篤睦性通泰有財散之
家頗失於後家庭穿築極林泉之致歌鍾舞女當世罕傳
賓客填門軒蓋不絕及出鎮郢州乃合十餘船為大舫於

中立亭池植荷芰每良辰美景賓僚並集泛長江而置酒
亦一時之勝賞焉常於山齋設講肆集玄儒之士冬夏資
奉為學者所稱而處已率易不以名位驕物時興皇寺朗
法師該通釋典場每造講延時有抗論法侶莫不傾心又
巧思過人為起部尚書軍國器械多所創立有鑑識男女
婚姻皆擇素貴及辛尚書令江揔為之銘誌後主又題銘
後四十字遣左戶尚書蔡徵就宅宣敕鐫之其詞曰秋風
動竹煙水驚波幾人樵徑何處山阿今時日月宿昔綺羅
天長路遠地久靈多功臣未勒此意如何時論以為榮場
二十一子第二子訓頗知名位高唐太守陳六入隋

徐世譜字興宗巴東魚復人也世居荊州為主帥征伐蠻
蜒至世譜尤勇敢有旅力善水戰梁元帝之為荊州刺史
世譜將領鄉人事焉侯景之亂因預征討累遷至員外散
騎常侍尋領水軍從司徒陸法和與景戰於赤亭湖時景
軍甚盛世譜乃別造樓船拍艦火舫水車以益軍勢將戰
又乘大艦居前大敗景軍禽景將任約景退走因隨王僧
辯攻郢州世譜復乘大艦臨其倉門賊將宋子仙據城降
以功除信州刺史封魚復縣侯仍隨僧辯東下恆為軍鋒
景平以衡州刺史資領河東太守西魏攻荊門世譜為鎮南將軍
頭岸據有龍洲元帝授侍中都督江南諸軍事鎮南將軍

護軍將軍魏剋江陵世譜東下依侯瑱紹泰元年徵為侍
中左衛將軍陳武帝之拒王琳其水戰之具悉委世譜世
譜性機巧諳解舊法所造懸艡拍艦並隨機損益妙思出人求
定二年遷護軍將軍文帝即位歷持進右光祿大夫以疾

失明謝病不朝卒謚曰桓
周敷字仲遠臨川人也為郡豪族敷形貌眇小如不勝衣
膽力勁果超出時輩性豪俠輕財重士鄉黨少年任氣者
咸歸之侯景之亂鄉人周續合眾以討賊眾為事梁內史
與蕃王蕭毅以郡讓續續所部有欲侵掠者敷擁護之
親率其黨捍送至豫章時梁觀寧侯蕭永樂侯蕭基等
城侯蕭泰避難流寓閩敷信義皆往依之敷愍其危懼凡
體崇敬厚加給血送之西上俄而續部下將帥爭權殺續
以降周迪迪素無謀閎又失眾心侍敷族望深求交結敷
未能自固事迪甚恭迪大憑杖之迪據臨川之工塘縣侯
臨川故郡侯景平梁元帝授敷寧州刺史封西豐縣侯陳
武帝受禪王琳擁有上流余孝頃與琳黨李孝欽等共圍
周迪敷助於迪迪禽孝頃等敷功最多熊曇朗之殺周文
育據豫章敷將兵屯之王琳平授敷散騎常侍豫章太守時
迪黃法氍等進兵屯之王琳大破之曇朗走巴山郡敷因與周
南江酋帥並顧戀巢窟唯敷獨先入朝天嘉二年詔勒進

號安西將軍令還鎮豫章周迪以敷素出巴下超致顯達深六年乃興兵反遣第方興敷敷大破之仍從都督吳明徹攻破迪禽方興再遷都督南豫州刺史迪又收餘粮襲東興文帝遣都督章昭達征迪敷又從軍至定川縣與迪相對迪紿敷求還朝欲立盟敷許之方登壇為迪所害諡曰脫子智安嗣位至太僕卿

荀朗字深明潁川潁陰人也祖延祖梁潁川太守父伯通衛尉卿朗少慷慨有將帥大略侯景之亂據巢湖無所屬臺城陷沒後梁簡文帝密詔授朗豫州刺史令與外藩討景景使儀同宋子仙任約等頻征之不能剋時都下饑朗更招致部曲眾至數萬侯景敗於巴陵朗截破其後軍景平後又別破齊將郭元建於跑蹵山及魏剋荊州陳武帝入輔齊遣蕭軌東方老等來寇據石頭朗自宣城來赴與侯安都等大破之武帝受禪賜爵與鄱陽縣侯兄昂為左衛將軍武帝崩宣太后與舍人蔡景歷祕不發喪朗弟曉在都微知之謀率其家兵襲臺事覺景歷殺曉仍繫其兄弟文帝即位並釋之因厚撫朗令與侯安都等拒王琳琳平遷都督合州刺史卒諡曰壯子法尚嗣法尚少倜儻有文武幹略禎明中為都督郢州刺史及隋軍濟江法尚降入隋歷邵觀綿豐四州刺史巴東

敦煌二郡太守

周炅字文昭汝南安成人也祖強齊梁州刺史父靈起梁廬桂二州刺史保城縣侯炅少豪俠任氣有將帥才梁太清元年為弋陽太守侯景之亂元帝承制授西陽太守封西陵縣伯以軍功累遷都督江州刺史政封龍源縣侯北踐祚王琳擁據上流炅以州從之後為侯安都所禽送都文帝釋之授定州刺史帶西陽武昌二郡太守大建五年為都督安州刺史政封龍源縣侯其年隨都督吳明徹北討所向剋捷一月之中獲十二城敗齊尚書左丞陸騫萬師進攻巴州剋之於是江北諸城及穀陽土人並誅其渠帥以城降進號和戎將軍仍敕追炅入朝後梁定州刺史田龍昇以城降詔以為定州刺史封赤亭王及炅入朝龍昇以江北六州七鎮叛入于齊齊遣歷陽王高景安應之是令炅為江北道大都督總統眾軍以討龍昇斬之盡復江北之地進號平北將軍卒於官贈司州刺史政封武昌郡公諡曰壯

魯悉達字志通扶風郿人也祖斐齊衡州刺史父益之梁雲麾將軍新蔡義陽二郡太守悉達幼以孝聞侯景之亂糾合鄉人保新蔡力田蓄穀時兵荒都下及上川餓死者十八九有得存者皆攜老幼以歸焉悉達所濟活

者長衆招集眷熙等五部盡有其地使其弟廣達領兵隨
王僧辯討平侯景衆元帝授北江州刺史敬帝即位王琳
攄有上流留衆余孝頃周迪等所在蜂起悉達撫綏五郡
其得人和琳授北將軍陳武帝亦遣書趙知禮授征
西將軍江州刺史悉達兩受之遷延顧望武帝遣安西將
軍沈泰濟師龔之不能剋齊遣行臺慕容紹宗來攻鄵口
諸鎮悉達與戰大敗齊紹宗僅以身免王琳欲圖東下
以悉達制其中流遣使招誘悉達終不從琳不得下乃連
結於齊遣清洄王高岳助之會禪將梅天養等懼罪乃
引齊軍入城悉達勒麾下數千人濟江而歸武帝見之

嗣弟廣達

廣達字偏覽少慷慨志立功名虛心愛士賓客自遠而至
俠不以勇膂驕人雅好詞賦招禮賢才與之賞會文帝即
位遷吳州刺史遭母憂良毀過禮因遘疾卒諡孝侯子覽
喜昌來何達也授北江州刺史彭澤縣侯悉達雖杖氣任
時江美將帥各領部曲動以千數而曾氏尤為多仕衆為
平南當陽公府中兵參軍侯景之亂與兄悉達聚衆保新
蔡衆元帝承制授晉州刺史王僧辯亦是王師東道主
人仍率衆隨僧辯景平加貞外散騎常侍陳武受禪授東

海太守後代兄悉達為吳州刺史封中宿縣侯光大元年
遷南豫州刺史華皎稱兵上流詔司空淳于量進討軍至
夏口見皎勇師強盛莫敢進攻廣達首率驍勇直衝賊軍廣
達隨水沈溺久之因救獲免皎平授廣達巴州刺史鎮湓城
儀同章昭達入峽口招定安蜀等諸州鎮時周迪南圖江左大
造舟艦於蜀升運糧青泥廣達與錢道戢等將兵掩襲縱
火焚之仍還本鎮廣達為政簡要推誠任下吏人便之及
秩滿皆詣闕表請於是詔申二年衆軍北伐略淮南舊地
廣達與齊軍會於大峴大破之斬其數城王張元範進剋
比徐州仍授北徐州刺史十年授都督合州刺史十一年

周將梁士彥圍壽春詔遣中領軍樊毅左衞將軍任忠等
分部趣陽平秦郡廣達率衆入淮為掎角必擊之周軍攻
陷豫霍二州南北充晉等各自拔諸將並無功盡失淮南
之地廣達因免官以侯還第十二年與南豫州刺史樊毅
比討剋郭黙城壽授平西將軍都督郢州以上七州諸軍
事頓兵江夏周安州摠管元景征江外廣達命偏師擊走
之至德二年為侍中改封綏越郡公壽為中領軍及賀若
弼進軍鍾山廣達於白土岡置陣與弼旗鼓相對廣達躬
擐甲胄手執桴鼓率勵致死而進隨軍退走如是者數四
及弼乘勝至宮城燒比掖門廣達猶督餘兵苦戰不息會

日暮乃解甲面臺再拜慟哭謂衆曰我身不能救國負罪
深矣士卒皆涕泣歔欷於是就執禎明三年依例入隋廣
達追愴本朝淪覆遘疾不療尋以憤慨卒尚書令江摠撫
柩慟哭乃命筆題其棺頭爲詩曰黃泉雖抱恨白日自留
名悲君感義死不作負恩生又製廣達墓銘述其忠槩初
隋將韓擒之濟江廣達長子世真在新蔡乃與其弟世雄
及所部奔擒擒遣使致書招廣達廣達時屯兵都下乃自
劾廷尉請罪後主謂曰世真雖異路中大夫公國之重臣
吾所恃賴豈得自同嫌疑之間乎加賜黃金即日還營廣
達有隊主楊孝辯時從廣達在軍中力戰陷陣其子亦隨

孝辯揮刀殺隋兵十餘人力窮父子俱死

蕭摩訶字元胤蘭陵人也父諒梁始興郡丞摩訶隨父之
郡年數歲而父卒其姊夫蔡路養時在南康乃收養之稍
長果毅有勇力侯景之亂陳武帝赴援建鄴路養起兵拒
武帝摩訶時年十三單騎出戰軍中莫有當者及路養敗
摩訶歸侯安都常從征討安都遇之甚厚及任約徐嗣徽
引齊兵爲寇武帝遣安都北拒齊軍於鍾山龍尾及北郊
壇安都謂摩訶曰卿驍勇有名千聞不如一見摩訶對曰
今日令公見之及戰安都墜馬被圍摩訶獨騎大呼直衝
齊軍齊軍稍解去安都乃免以平留異歐陽紇功累遷巴

山太守太建五年衆軍北伐摩訶隨都督吳明徹濟江攻
秦郡時齊遣大將尉破胡等率衆十萬來援其前隊有蒼
頭犀角大力之號皆身長八尺膂力絕倫其鋒甚銳又有
西域胡妙於弓矢弦無虛發衆軍尤憚之及將戰明徹謂
摩訶曰若殪此胡則彼軍奪氣君有關張之名可斬顏良
矣摩訶曰願得識其形狀明徹乃召降人有識胡者云胡
絳衣樺皮裝弓兩端骨弭明徹遣人覘伺知胡在陣仍自
酌酒飲摩訶摩訶飲訖馳馬衝齊軍胡挺身出陣前十餘
步彀弓未發摩訶遙擲銑鋧正中其額應手而仆齊軍大
力十餘人出戰摩訶又斬之於是齊師退走以功封廉平

縣伯尋進爲侯位太僕卿又隨明徹進圍宿豫擊走齊將
王康德以功除晉熙太守九年明徹進軍呂梁與齊大戰
摩訶率七騎先入手奪齊軍大旗齊衆大潰以功授譙州
刺史及周武帝滅齊遣其將宇文忻爭呂梁忻時有精騎
數千摩訶領十二騎深入周軍從橫奮擊斬馘甚衆及周
遣大將王軌來赴結長圍連鏁於呂梁下流斷大軍還路
摩訶謂明徹曰聞軌始鏁下流其兩頭築城今尚未立公
若見遣擊之彼必不敢相拒彼城若立則吾屬虜矣明徹
奮髯曰搴旗陷陣將軍事也長筭遠略老夫事也摩訶失
色而退一旬之中水路遂斷周兵益至摩訶又請曰今求

戰不得進退無路若潛軍突圍未足為恥願公率步卒乘
馬興徐行摩訶驅馳前後必使公安達京邑明徹曰第計
乃良圖也然老夫受脤專征今被圍過轗吾無地且步軍
既多吾為擁督必須身居其後果騎繼焉比
前摩訶因夜發選精騎八千率先衝突自後衆騎
旦達淮南宣帝徵還授右衛將軍及宣帝崩始與王叔陵
於殿內手刃後主遂奔東府城摩訶封綏建郡公率馬步數
素所蓄聚金帛累巨萬後主悉以賜之改授侍中驃騎大
將軍左光祿大夫舊制三公黃閣聽軍置鴟尾後主特詔
摩訶開黃閤門施行馬聽事寢堂並置鴟尾仍以其女為
皇太子妃會隋總管賀若弼鎮廣陵後主委摩訶禦之授
南徐州刺史禎明三年元會徵摩訶還朝弼乘虛濟江襲
京口摩訶請率兵逆戰後主不許及弼進鍾山摩訶又曰
弼懸軍深入壘壁未堅出兵掩襲必克又不許及將出戰
後主謂曰公可為我一決摩訶曰從來行陣為國為身今
日之事兼為妻子後主多出金帛賦諸軍以充賞賜令摩
訶領軍魯廣達陳兵白土岡居衆軍南鎮東大將軍任忠居
之護軍將軍樊毅都官尚書孔範文次之摩訶軍最居
衆軍南北亙二十里首尾進退不相知弼初謂未戰將

騎登山望見衆軍因馳下置陣後主通於摩訶之妻故摩
訶雖領勁兵八千初無戰意唯魯廣達田瑞以其徒力戰
賀若弼及所部行軍七總管楊牙韓洪員明張默言
達突陣麈下戰死者二百七十三人弼繼以煙焰自隱窘而復
廣達麈下戰死者甲士凡八千各各勒陣以待之弼縱煙
振陳兵得人頭皆定獻死者五千人諸門衛皆走黃竟不
暫陳兵敗走陳軍盡潰後主求賞金銀弼更趣弄黃所馳
燒北掖門而入員明禽死城平弼置後主於德教殿令兵衛守摩
挽乃釋而禮之及城平弼命在斯須願一見舊主死無所恨弼
訶請弼曰今為囚虜命在斯須願一見舊主死無所恨弼
哀而許之入見後主俯伏號泣仍於舊廚取食進之辭訣
而出守衛者皆不能仰視隋文聞摩訶抗其主賀若弼曰
壯士也此亦人之所難入隋授開府儀同三司尋從漢王
諒詣并州同謀作逆伏誅年七十三摩訶訥於言恂恂長
者至於臨戎對寇奮發所向無前未弱冠隨侯安
都在京口性好獵無日不畋游及安都征伐摩訶每為軍
子世廉有父風性至孝及摩訶山終服関後追慕彌甚其
父時賓故脫有所言及世廉對之哀慟不自勝言者為之
歔欷終身不執刀斧時人嘉焉
力過人以平叔陵功為巴陵內史摩訶之戮也其子先已

籍没智深收摩訶首自殯斂哀感行路君子義之頴川
陳禹亦隨摩訶征討聰敏有識量涉獵經史解風角兵書
頗能屬文便騎射官至王府諮議
任忠字奉誠小名蠻奴汝陰人也少孤微不爲鄉黨所齒
及長譎詭多計略旅力過人九善騎射州里少年皆附之
深鄰陽王蕭範爲合州刺史聞其名引置左右侯景之亂
忠率鄉黨數百人隨晉熙太守梅伯龍討景將王貴顯於
壽春每戰却敵會土人胡通聚衆抄範命忠與主帥梅
思立弃軍討平之仍隨範世子嗣率衆入援會京城陷旋
戍晉熙侯景平授蕩寇將軍王琳立蕭莊署忠爲巴陵太

守琳敗還朝授明毅將軍安湘太守仍隨侯瑱進討巴湘
累遷豫寧太守衡陽內史華皎之舉兵也忠預其謀及皎
平宣帝以忠先有密啓於朝廷釋而不問大建初隨章昭
達討歐陽紇於廣州以功授直閤將軍武毅將軍廬陵
內史秩滿入爲右軍將軍五年衆軍北伐忠將出西道擊
走齊歷陽王高景安於大峴逐北至東關仍剋其東西二
城進軍歷陽新蔡霍州緣淮衆軍霍州以功授
負外散騎常侍封安復縣侯呂梁之喪師也忠全軍而還
尋授忠都督壽陽新蔡霍州刺史加都督率步騎趣歷陽
儀將軍遷平南將軍南豫州刺史加都督率步騎趣歷陽

周遣王延貴率衆爲援忠大破之生禽延貴後主嗣位進
號鎮南將軍給鼓吹一部入爲領軍將軍加侍中改封梁
信郡公出爲吳興內史及隋兵濟江忠自吳興入赴軍
朱雀門後主召蕭摩訶以下於內殿定議忠曰兵法客貴
速戰主貴持重今國家足食足兵宜固守臺城緣淮立柵
比軍雖來勿與交戰分兵斷江路無令彼信得通給臣精
兵一萬金翅三百艘下江徑掩六合彼必謂臺城受敵度江
將士已被擒自然挫氣淮南土人與臣舊相知悉今臣
往必皆從臣復揚聲欲往徐州斷彼歸路則諸軍不擊
而自去待春水長上江周羅睺等衆軍必沿流赴援此良

計矣後主不能從明日欻然曰腹煩殺人喚蕭郎作一打
忠叩頭苦請勿戰後主從之忠出戰於是採白土畫陣
及軍敗忠馳入臺見後主曰陛下惟當具舟檝就上流衆軍
主與之金兩縢爲我南岸收募人猶可一戰忠曰陛下
當具舟檝就上流衆軍臣以死奉衛後主信之敕忠出部
分忠辭云臣處分訖即奉迎後主忠率數騎往石子岡降
望不至時隋將韓擒自新林進軍忠率數騎往石子岡降
之仍引擒軍共入南掖門臺城平又長安隋授開府儀同
三司卒年七十七隋文帝後以散騎常侍表元友能直言
於後主嘉之權拜主爵侍郎謂臺臣曰平陳之而義悔不

殺任讓殺受人榮祿兼當重寄不能橫屍云無所用力與

弘演納肝何其遠也子幼武位儀同三司

撅毅字智烈南陽湖陽人也祖方興梁散騎常侍司州刺

史僉複縣侯父文熾梁散騎常侍東益州刺史新蔡縣侯

毅援臺城文僉於青溪戰殁毅赴江陵仍隸王僧辯討河

皎王蕭譽以功陳右中郎將代兄俊為梁興太守領三州

游軍隨宜豐侯蕭循討歐納於湘州軍次巴陵營頓未立

納潛軍夜至薄營大諜軍中將士皆驚擾毅獨與左右數

十人當營力戰斬十餘級鼓申令眾乃定焉以功封

夷道縣侯除天門太守進爵為侯及西魏圍江陵毅率

郡兵赴援會魏剋江陵為後梁所傳父之遁歸陳武帝受

禪毅與弟猛舉兵應王琳琳敗本郡大尉侯瑱遣使招毅

毅率子弟部曲還朝大建初為豐州刺史封高昌縣侯入

為左衛將軍北伐毅攻廣陵發子城拔之毅入

齊軍及呂梁喪師詔以毅為大都督率眾度淮對清口築

城與周人相抗霖雨城壞毅全軍自拔尋遷中領軍十一

年周將梁士彥圍壽陽詔以毅為都督北討前軍事十三

年為荊州刺史後主即位改封趙郡公入為侍中護軍

將軍及隋軍濟江毅謂僕射袁憲曰京口采石俱是要所

各須銳卒數千金翅二百都下江中上下防捍如其不然

大事去矣諸將咸從其議曾施文慶等鎮隋兵消息計

不行臺城平隨俾入關卒毅弟猛字智武幼俶儻有幹略

及長便弓馬膽氣過人青溪之戰毅自旦訖暮與侯景軍

短兵接戰殺傷其眾臺城平隨兄毅西上梁南安侯方矩

為湘州刺史以猛為司馬會武陵王紀舉兵自漢江東下

方矩遣猛隨都督陸法和進軍拒之猛手禽紀父子三人

斬於欄中盡收其舟艦器械以功封安山縣侯周

梁益還遷司州刺史進爵為侯陳永定元年周文育等敗

於沌口為王琳所擄琳乘勝將南中諸郡君遣猛與本孝

欽等將兵攻豫章進逼周迪軍敗為迪所執尋遁歸王琳

琳敗還朝散騎常侍荊州刺史入為左衛將軍後主即位為

南豫州刺史隋將韓擒之濟江猛在都下第六子巡攝行

州事擒進軍攻陷之巡及家子並見執時猛與左衛將軍

蔣元遜領青龍八十艘為水軍於白下游弈以禦隋六合

兵後主知猛妻子在隋懼有異志欲使任忠代之令蕭摩

訶徐喻毅不悅摩訶以聞後主重傷其意乃止禎明三

年入隋

論曰梁氏云季運屬雲雷陳武帝杖旗掃難緫緫伊始胡

穎徐度杜稜周鐵武程靈洗等或感會風雲畢力驅馳之
日或權自降附乃糅夔與王之始咸得配享清廟豈徒然哉
沈悋行巳之方不踐非義之迹子隆持身之節無失事人
之道仁矣乎鐵道戩駱文牙孫瑒徐譜周敷苟周臾魯
悉達廣達蕭摩訶任忠挼敎等所以獲用當年其道雖異
至於功名自立亦各因時當金陵覆沒抑惟天數然任忠
與亡義無乃致觿與夫蕭魯所行固不同日持此百心而
事二主欲求取信不亦難乎首領獲全亦爲幸也

列傳第五十七

趙知禮　　　　　李　延壽

蔡景歷　王瑒　　宗元饒

韓子高　華皎　　劉師知

謝岐　　　　　　沈君理

陸山才　毛喜

▲南史列傳五十八　一▼

趙知禮字齊旦天水隴西人也父孝穆梁候官令知禮涉獵文史善書翰陳武帝之討元景仲也或薦之引為書記知禮為文贍速每占授軍書下筆便就率皆稱旨由是恒侍左右深被委任當時計書莫不預焉武帝征侯景至白茅灣上表於梁元帝及與王僧辯論軍事其並知禮所製及受平授中書侍郎封始平縣子陳受命位散騎常侍太府卿知領軍事天嘉元年進爵為伯王琳平授吳州刺史知禮沈靜有謀諝每軍國大事輒令草書問之再遷右將軍領前軍將軍卒贈侍中諡曰忠子元恭嗣

蔡景歷字茂世濟陽考城人也祖點梁尚書左戶侍郎父大同輕車岳陽王記室參軍景歷少俊爽有孝行家貧好學善尺牘工草隸為海陽令政有能名在侯景中與南康嗣王會理通謀反事洩被執賊黨王偉保護之獲免因容游京口侯景平陳武帝鎮朱方素聞其名以書要之景

薛弘尚

▲南史列傳五十八　二▼

歷對使人答書筆不停輟文無所改帝得書其加欽賞即日授征北府中記室參軍仍領記室衡陽獻王昌為吳興太守帝以鄉里父老尊甲有數恐昌年少接對乖禮乃遣景歷輔之承聖中還掌記室武帝將討王僧辯獨與侯安都等數人謀之景歷弗之知部分既畢召令草檄景歷援筆立成辭義感激事皆稱旨及受禪遷祕書監中書通事舍人掌詔誥永定二年坐妻兄劉淹受周寶安馬為御史丞沈炯所劾降為中書侍郎舍人如故三年武帝崩時外有強寇文帝鎮南皖朝無重臣宣后呼景歷及江大權杜

梭定議祕不發喪疾召文帝景歷躬共宦者及內人密營敛服時既署熱須棺恐斤斧之聲聞外乃以蠟為祕器文詔依舊宣行文帝即位復為祕書監中書舍人如故以定策功封新豐縣子車遷散騎常侍文帝誅侯安都景歷勸成其事以功遷太子左衛率進爵為侯常侍舍人如故坐妻兄劉洽依倚景歷前後姦詭并受歐陽威餉百四免官華皎反以景歷為武勝將軍吳明徹軍司歐平明徹於軍中輒戮安成內史揚文通受降人馬仗有不分明景歷又坐不能匡正被收父之獲宥宣帝即位累遷通直散騎常侍中書通事舍人掌詔誥仍復封邑太建五年都督吳明徹北侵所向剋捷大破周梁士卒於呂梁方進圍

彭城時宣帝銳意河南以為指麾可定景歷稱師老將驕
不宜過窮遠略帝惡其違眾大怒猶以朝廷舊臣不加深
罪出為豫章內史未行為飛章所劾以在省之日贓污狼
籍帝令有司案問景歷但承其半於是御史中丞宗元饒
奏免景歷所居官從景歷會稽及吳明徹敗帝追憶景歷
言即日追還以為征南鄱陽王諮議數日遷員外散騎常
侍兼御史中丞後本爵封入守度支尚書舊拜官在午
後景歷拜日適逢輿駕幸玄武觀在位皆侍宴帝恐景歷
不預特令早拜其見重如此卒官贈太常卿諡曰敬十二
年改葬重贈中領軍禎明元年配享武帝廟庭二年車駕

南史列傳五十八　三

親幸其宅重贈景歷侍中中撫軍將軍諡曰忠敬給鼓吹
一部於墓所立碑景歷屬文不尚雕靡而長於敘事應機
敏速為當時所稱有文集三十卷子徵嗣江大權字伯謀
濟陽考城人位少府封四會縣伯太建二年卒於通直散
騎常侍

徵字希祥幼聰敏精識強記年六歲誦梁吏部尚書河南
褚翔歎其穎悟七歲丁母憂居喪如成人禮繼母劉氏性
悍忌視之不以道徵供侍益謹初無怨色徵本名覽景歷
以其有王祥之性更名字焉陳武帝為南徐州召補領主
簿尋授太學博士太建中累遷太子中舍人兼東宮領直

龔封新豐侯至德中位太子中庶子中書舍人掌詔誥尋
授左戶尚書與僕射江總知撰五禮事後主器其才幹任
寄日重遷吏部尚書每十日一往東宮於皇太子前論述
古今得喪及當時政務又敕以廷尉寺獄事無大小取徵
議決俄敕遣徵收募兵士自為部曲徵善撫卹得物情旬
月之間眾近一萬位望既重兼聲位薰灼物議咸忌之大
怒收奪人馬將誅之左右中領軍事徵禎明二年隋軍濟江
尋徙中書令中領軍知中書事

力後主嘉焉謂曰事寧有以相報及決戰於鍾山南岡敕

南史列傳五十八　四

後主以徵有幹用令權知中領軍徵日夜勤替備盡心
徵守宮城西北大營尋令督眾軍戰事陳亡隨例入長安
徵美容儀有口辯多所詳究至於士流官宦陳宗戚屬又
當朝制度憲章軌躅已風俗山川土地問無不對然性
頗便佞進取不能以退素自業初拜吏部尚書啟後主
鼓吹後主謂所司曰鼓吹軍樂有功乃授蔡徵不自量揆
蔡我朝章然其父景歷既有締構之功宜且如啟拜訖即
追還徵不修廉隅皆此類也隋文帝聞其敏贍召見顧問
言報會自然累年不調之除太常丞歷尚書戶部儀曹
郎轉給事郎卒子翼位司徒屬入隋為東宮學士
宗元饒南郡江陵人也少好學以孝聞仕梁為征南府外

兵參軍及司徒王儉辯幕府初建元饒與沛國劉師知同
為主簿陳武帝受禪稍遷廷尉卿尚書左丞宣帝初軍國
務廣事無巨細一以貫之臺省號為稱職遷御史中丞知
五禮事時令州剌史陳襄之之元饒污狼耕遣使就港歛魚令
陵王伯禮豫章內史南康嗣王方泰等驕蹇被橫元饒案
奏其覺削黜元饒性公平善持法譜晓故事明練政體吏
有犯法政不便時及於名教不足者隨事糺正多所裨益
遷南康內史以秩米三千餘斛助人租課存問高年拯救
乏絶百姓甚賴焉以課取入朝詔加散騎常侍後為吏部

南史列傳五十八　五　劉休

尚書卒
韓子高會稽山陰人也家本微賤侯景之亂寓都下景平
陳文帝出守吳興子高年十六為捴角容貌美麗狀似婦
人於淮渚附部伍寄載欲還鄉里文帝見而問曰能事我
乎子高許諾子高本名蠻子帝改名之性恭謹恓恀備身
刀及傳酒炙帝性急恄會意言稍長習騎射頗有膽
力願為將帥及平杜龕以甲卒文帝甚愛之未嘗離左
右帝嘗夢騎馬登山路危欲隥子高推捧而升文帝之討
張彪也沈泰等先降帝據有州城周文育鎮北郭香嚴寺
張彪自剡縣夜還襲城文帝自比門出倉卒闇夕軍人擾

亂唯子高在側文帝乃遣子高自亂兵中往見文育反命
酬答於闇中又往慰勞眾軍稍集子高引入文
帝營因立柵明日敗彪彪奔松山浙東平文帝乃分麾
下多配子高子高亦輕財禮士歸之者甚眾文帝嗣位除
右軍將軍封文招縣子及王琳平子高所統益多將士依
附之其力役者帝皆任使焉天嘉六年為右衛將軍
帝不豫入侍醫藥廢帝即位加散騎常侍宣帝入輔子高
兵權過重深不自安好參訪臺閣又求出為衡廣諸鎮光
大元年八月前上虞縣令陸昉及子高軍主告其謀反執送
帝在尚書省因召文武在位議者皇太子子高預焉執送

南史列傳五十八　六　虞子德

廷尉其夕與到仲舉同賜死父延慶及子弟並原宥
華晈晋陵暨陽人也世為小吏晈梁代為尚書比部令史
侯景之亂事景之黨王偉陳武帝南下文帝為景所囚晈
遇文帝甚厚及景平文帝杜龕配以晈晈為都錄事深
見委任及文帝平杜龕都督甲兵御下分明善於撫接
解衣推食多少必均天嘉元年封懷仁縣伯王琳東下晈
隨侯瑱拒之琳平知江州事後隨都督吳明徹征周迪迪
平以功進爵為侯仍授都督湘州剌史晈起自下吏善營
產業又征川洞多致銅鼓及生口並送都下廢帝即位改
封重安縣公韓子高誅後晈內不自安光大元年密啟求

廣州以觀時主意宣帝偏許之而詔書未出晈亦遣使引
周兵又崇奉梁明帝士馬甚盛詔乃以吳明徹為湘州刺
史實欲以輕兵襲之慮晈先發乃前遣明徹率眾三萬乘
金翅直趣郢州又遣撫軍大將軍淳于量率眾五萬乘大
艦繼之時梁明帝遣水軍為晈聲援周武帝遣衛公宇文
直頓魯山又遣桂陽公元定攻圍郢州梁明帝授晈
司空巴州刺史戴僧朔衡陽內史任蠻奴巴陵內史潘智
虔岳陽太守章昭裕桂陽太守曹宣湘東太守錢明並隸
於晈又長沙太守曹慶等本隸晈下因為之用帝恐上流
宰守並為晈扇惑乃下詔曲赦湘巴二州其賊主帥節將

並許開恩自出首晈以大艦載新因風放火俄而風轉自焚
晈大敗乃與戴僧朔奔江陵元定等無復船度步趣巴陵
巴陵城已為陳軍所據乃降送于建鄴晈遂終於江陵其
黨並誅唯任蠻奴曹宣圖劉廣業獲免
劉師知沛國相人也家本素族祖奚之眾淮南太守以善
政聞父景彥梁司農卿師知本名師智以與敬帝諱同改
焉好學有當務才博涉書傳工文筆善儀體臺閣故事多
所詳悉紹泰初陳武帝入輔以師知為中書舍人掌詔誥
時兵亂後朝儀多闕武帝為丞相又加九錫禪受禪其儀
注多師知所定梁敬帝在內殿師知常侍左右及將加害

師知詭帝令出帝寬遣於是司師知實我陳霸先及我本
不須作天子何意教師知執帝衣行事者加刃焉既而
報陳武帝曰卿乃忠於我後莫復爾也師知
不對武帝受命仍兼奏人性疎簡與物多忤雖位官不遷
而任遇甚重其所獻替皆有弘益及武帝崩六日成服時
朝臣共議大行皇帝靈柩俠御人衣服吉凶之制博士沈
文阿議宜服吉師知議云既稱成服服吉安於成服明
太子雖服倰俠侍之官承哀斬衰署本備喪禮安成明
恩謂六日成服俠御靈坐須服衰經中書令人參喜歷江德
漢詢歧等同師知議時以二議不同乃啟取左丞徐陵決

斷陵云案山陵園簿吉部五中公卿以下導引者爰及武
賁鼓吹議入執裁蓋奉車並是吉服豈容俠御獨為衰経
卿督吏等並服衰経此五有何差別若言文物並
吉司事者出豈容祇裼而奉華蓋衣而升玉路邪若同博
士議謂歧議云靈庭祇宗廟梓宮遠山陵實如左丞但
山陵園簿備有吉凶蓋奉車儀服無變從祥宮者皆服
草蓂爰至士禮未同此制自是山陵之儀非關成服今
謂祥宮靈辰共在西階細為成服亦無園簿直是衰経自
吏上至王公四士庶於此日服重而待中至於武衛最是
成例豈容凡百士庶求此日服重而待中至於武衛最是

近宦及嬖王紉青與平吉不異左丞皆推以山陵事愚意
或謂成服有殊陵重苦云老病屬纊不能多說古人爭
議多成怨所見衆議不能決乃具錄二議奏聞上從權
緘散怨所見萬一不死猶得展言庶與聾賢更審揚權
文阿猶執所見衆議不能決與聾賢更審揚權
議遷鴻臚卿舍人如故天嘉元年坐事免桒起為中書舍
人復掌詔誥天康元年文帝不豫師知與尚書僕射到仲
舉等入侍醫藥記令宣帝崩豫顧命宣帝入輔師知與仲
舍人殺不使矯記令宣帝崩豫顧命宣帝入輔師知
敕師知撰起居注自永定二年秋至天嘉元年為十卷

謝岐會稽山陰人也父達梁太學博士岐少機警好學仕
梁為山陰令侯景亂流寓東陽依千張彪彪亦在吳郡
及會稽庶事委之彪每征討悉留岐監郡知後事彪敗陳
武帝引參機密為兼尚書右丞時軍旅繁兩煇攟多闕岐
所在幹理深被知遇求定元年為都官尚書右丞如故天嘉二年卒贈通直散騎常侍
人兼右丞如故天嘉二年卒贈通直散騎常侍弘崇孝
為通儒

毛喜字伯武榮陽武人也祖稱梁散騎侍郎父栖忠中
權司馬喜少好學善隸書陳武帝素知之父鎮京口命喜
與宣帝往江陵仍敕宣帝諮稟之又梁元帝即位以宣帝

為領直喜為尚書功論侍即及魏平江陵喜與宣帝俱遷
長安文帝即位喜自周還進和好之策陳朝乃遣周弘正
等通聘及宣帝及國又遣喜入周以家屬為請周冢宰宇
文護執喜手曰能結二國之好者卿也仍迎柳皇后及後
主還天嘉三年至都宣帝時為驃騎將軍仍以喜為府諮
議參軍領中記室府朝文翰皆喜詞也文帝嘗謂宣帝曰
我諸子皆以伯為名汝諸子宜用叔為稱宣帝以訪喜曰
即條自古名賢杜叔英虞叔卿等二十餘人以啓之文帝
稱善文帝崩廢帝沖昧宣帝錄尚書輔政僕射到仲舉等
矯太后令遣宣帝還東府當時疑懼無敢厲言喜即馳入
謂宣帝曰今日之言必非太后之意宗社至重願加三思
竟如其策右衛將軍韓子高始與仲舉通謀其事未發喜
謂宣帝曰宜簡人馬配與子高升賜鐵炭使備邊寇軍甲
曰子高即欲收執何更如是喜曰山陵始畢邊寇尚多而
子高受委前朝名為杖順宜推心安誘使不自疑圖之一
壯士之力耳宣帝卒行其計及帝即位除給事黃門侍郎
兼中書舍人典軍國機密宣帝議北侵敕喜撰軍制十三
條詔頒天下文多不載論定策功封東昌縣侯以太子右
衛率右將軍行江夏武陵桂陽三王府國事母憂去職詔
封喜母庾氏東昌國太夫人遺貟外散騎常侍杜緬圖其

墓田上親與緬案圖指書其見重如此歷位御史中丞五
兵尚書參掌選事及得淮南之地喜陳安邊之術宣帝納
之即日施行帝又欲進氏彭汴以間喜喜以為淮左新平
邊人未輯周氏始吞齊國難與爭鋒未若安人保境斯久
長之術也上不從吳明徹卒悼于周喜後歷開陽尹吏部
尚書及宣帝崩叔陵謀逆構禍平加侍中初宣帝委政於喜喜數有諫
軍皆取喜處分賊平宣言令南北諸
不用喜討遂令至此由是益見親重言乃言無回避時皇
太子好酒德每共君幸人為長夜之宴喜嘗言之宣帝太

■南史列傳五十八　十一

子遂衒之即位後稍見疎遠及被始與王傷劉俞置酒引
江摠以下飲賦詩酔酣而命喜于時山陵初畢未及踰
年喜見之不懌欲諫而後主已醉喜心疾仆于階下移
出省中後主醒乃謂江摠曰我悔召毛喜知其無病但欲
阻我懽宴非我所為耳乃與司馬申謀曰此人負氣吾欲
將已鄱陽兄弟聽其報讎可乎對曰終不爲官用願如聖
旨傳繹爭之曰君許報讎欲置先皇何地後主曰當與一
小郡勿見人事耳至德元年授永嘉内史喜臺郡不受
奉秩政弘清靜人吏安之遇豐州刺史章大寶舉兵反郡
與豐州接而素無備喜乃偹城隍器械又遣兵援建安賊

平授南安内史禎明元年徵爲光祿大夫領左驍騎將軍
道卒有集十卷子颺沖嗣

沈君理字仲倫吳興人也祖僧畟梁左戸尚書父巡元帝
時位少府卿魏平荊州梁宣帝署金紫光祿大夫君理美
風儀博涉有識鑒陳武帝鎮南徐州巡遣君理結致深見
器重命尚會稽長公主及帝受禪拜駙馬都尉封永安亭
侯爲吳郡太守時兵革未窒百姓荒弊君理勸課農桑甚
飾器械深以爲理見稱文帝嗣位累遷左戸尚書天嘉六
年爲東陽太守天康元年以父憂去職君自請往荊州迎柩
朝議以在位重臣難令出境乃遣令嚴往焉又還將

■南史列傳五十八　十二

葬詔贈侍中領軍將軍諡曰敬子大建中歴位太子詹
事吏部尚書晉帝以君理女爲皇太子妃賜爵望蔡縣侯
位侍中尚書右僕射卒贈翊左將軍開府儀同三司諡曰
貞憲君理弟君高君高字季高少知名性剛直有吏
能爲衛尉卿平越中郎將都督廣州刺史其叛六命斬子建康君
祁子君公自梁元帝敗後常在江陵禎明中與兩娣蕭
嚴叛隋歸陳後主寵爲太子詹事君公博學有才辯善談
論後主深器之陳亡入隋文帝以其叛六命斬子建康君
理弟叔邁亦方正有幹局吳郡人也祖靉梁尚書右僕射
陸山才字孔章吳郡吳人也祖靉梁尚書右僕射仕郎父沈

中散大夫山才倜儻好尚文史范陽張繕繕弟縉並欽重
之紹泰中都督周文育出鎮南豫州不知書疏以山才為
長史政事悉以委之文育南討蕭勃禽歐陽頠計薎多
出山才後文育重鎮豫章金口山才復為鎮南長史豫章
太守文育為熊曇朗所害曇朗凶逆山才獲反累遷度支尚書
而侯安都敗琳將衆常愛由是山才等送于王琳未至
坐待宴與蔡景歷言語過差為有司所奏免官尋授散騎
常侍遷西陽武昌二郡太守卒諡曰簡子

論曰趙知禮蔡景歷屬陳武經綸之日居文房書記之任
此乃宋齊之初傳亮王儉之職若乃校其才用理不同年

而卒能膺務濟時蓋其遇也希祥勞臣之子才名自致迹
涉便佞介所羞元飽始終任遇無虧公道名位自卒其
殆優于子高權重為戮亦其宜也華皎經綸云始飽蹈元
功殷廖之反自同勁草雖致奔敗未足為非師知送往多
闕見怠新主謀人之義可無慎哉然晚遇誅夷非夫過也
毛喜逢時遇主好謀而成見發昏朝不致公輔惜矣沈陸
所以見重固亦雅望之所致焉

沈炯
顧野王　虞荔弟寄　　李延壽
　　　　姚察　傅縡章華

沈炯字初明吳興武康人也祖瑀梁尋陽太守父續王府記室參軍炯少有儁才為當時所重仕梁為尚書左戶侍郎吳令侯景之難吳郡太守袁君正入援建鄴以炯監郡炯辭以疾子仙怒命斬之炯解衣將就戮碎於路間柔從乃更往他所或救之僅而獲免子仙愛其才終逼之令掌書記臺城陷景將宋子仙據吳興使召炯方委以書記

及子仙敗王僧辯購得之酬所獲者錢十萬自是羽檄軍書皆出於炯及簡文遇害四方岳牧上表勸進僧辯令炯制表當時莫有逮者陳武帝南下岳牧上表會於白茅灣登壇設盟炯為其文及侯景東奔至吳郡獲炯妻子及子行簡並殺之炯弟攜其母逃免侯景平梁元帝愍其妻子嬰戮特封原鄉縣侯以母老表請歸養元帝許之及魏克荊州被執以炯為從事中郎魏人甚禮之授儀同三司以母在東恒思歸國恐以文才被留固辭不就梁元帝崩後王僧辯陳武帝等以炯羈寓異域恐其播越仍以書招之炯又與王克等並獲東歸歷司農卿御史中丞陳武帝受禪

當獨行經漢武通天臺為賦以叙其思鄉之意曰臣聞

橋山雖掩鼎湖之竈可祠有曾遊茲苑大庭之跡無泯伏惟陛下降德猗蘭緼茲谿谷湊靈鍾其谿道既登神仙可謹射之界於海浦禮曰觀而稱功中流於汾河指栢梁而高宴何其盛於斯樂豈不然歟既而亡魂放逸故基與原甫承明見一朝零落茂陵王盌泳出人間陵雲故臺無愚心黍稷非餘跡帶陵阜而亡鄉西人間故實有愚心黍稷非助東歸駟馬可乘長鄉西人聞故實有呂梁之祠未光夏后聲敢望傲禍倏崔臺之書之所兵衛甚嚴瞻仰煙霞伏增悽戀總奏託其夜費有呂梁炯便以情事陳訴聞有人豈其不惜放卿還養幾時可至少

曰便與王克等並獲東歸歷司農卿御史中丞陳武帝受禪加通直散騎常侍表求歸養詔不許文帝嗣位又表求去職不當敕所由相迎尊累使卿公私無廢帝欲重其才欲禪加通直散騎常侍表求歸養詔不許文帝嗣位又表求當輔炯宜居王佐軍國大政多預謀謨文帝又重其才欲寵貴之會王琳入寇大雷留異擁據東境帝欲使炯因立功乃解中書侍郎加明威將軍遣還鄉里收徒眾以疾卒于吳中贈侍中諡恭子有集二十卷行於世

虞荔字山披會稽餘姚人也祖權梁廷尉卿永嘉太守父檢平北始興王諮議參軍荔幼聰敏有志操年九歲隨從伯闡候太常陸倕倕問五經十事荔對無遺失倕甚異之

又嘗詣徵士何亂時太守衡陽王亦造之亂言於王王欲
見荔荔辭曰果有板剌無容拜調王以荔有高尚之志雅
相欽重還郡即辟為主簿荔又辭以年小不就及長美風
儀博覽墳籍善屬文往梁景
如故臺城陷逃歸鄉里侯景平元帝徵為中書侍郎貞陽

領大著作及遭景之亂荔率親屬入臺除鎮西諮議參軍
楊詔獄正梁武帝於城西置士林館荔乃制碑奏上帝命
勒之子館仍用荔為士林學士尋為司文郎遷通直散騎
侍郎兼中書舍人時左右之任多參權軸以文史見知尋
帶掌唯荔與顧協泊然靜退居于西省但以文義見有
文帝平魁武帝及文帝並書招之據會稽荔時在焉又
都而武帝崩文帝嗣位除太子中庶子仍侍太子讀尋領
大著作初荔母隨荔入臺卒於臺內尋而城陷情禮不申
由是終身蔬食布衣不聽音樂雖任遇隆重而居止儉素
淡然無營文帝深器之常引左右朝夕顧訪荔性沈密少
言論凡所獻替莫有見其際者第二第寄寓子閭中依陳
寶應荔每言之輒流涕文帝哀而謂曰我亦有第在遠此
情甚切他人豈知乃敕寶應求寄寶應終不遣荔因以感
疾帝欲數往臨視令將家口入省荔以禁中非私居之所

乞停城外帝不許乃令佳閭臺乘輿再三臨問手敕中使
相望於道又以疏食積父非贏疾所堪乃敕日卿年事已
多氣力稍減方欲今卿祿食良須克壯今給卿魚肉不得固從
所執荔終不從乃卒贈侍中諡曰德子及襲柩還鄉里上
親出臨送當時榮之子世基世南並少知名
屬文性沖融有栖遁志弱冠舉秀才對策高第起家梁宣
寄字次安少聰敏年數歲客有造其父遇寄於門嘲曰郎
子姓虞必當無智寄應聲曰文字不辨豈得非愚客大慚
入謂其父此子非常人文舉之對不是過也及長好學善
形容以申擊壞之情耳吾豈買名求仕者乎乃閉門稱疾
唯以書籍自娛岳陽王警為會稽太守寄為之內終日寂然候
五官掾在職簡略煩苛務存大體曹局之內終日寂然侯
景之亂寄隨兄荔入臺及城陷遁還鄉里張彪往臨川強
晉安時陳寶應據有閩中得寄甚喜陳武帝意乃劫寄舟
寄俱行寄與彪將鄭瑋同舟而載瑋常懷異意乃
裁清拔卿之士龍也將如何擢用寄聞之歎曰美盛德之
武觀之甚有喜色寄因上瑞兩頌帝謂寄兄荔曰此頌典
城王國左常侍大同中嘗驟兩發前往往有雜色寶珠梁
景之亂寄隨兄荔入臺及城陷遁還鄉里張彪往臨川強
令自結寶應從之乃遣使歸誠承聖元年除中書侍郎貞
應愛其才託以道阻不遣每欲引寄為僚屬委以文翰寄

固辭獲免及寶應結昏寅潛有逆謀寄微知其意言說之際每陳逆順之理微以諷諫寶應輒引說他事以拒之又嘗令左右讀漢書曰聽之至削通說韓信曰相君之背貴不可言寶應瞿然起曰可謂智士寄知寶應不可諫韓未定稱智者班彪王命論所歸乎寄知寶應不可諫慮禍及已乃為居士服以拒絕之常居東山寺偽稱脚疾不復起寶應以為假託遣人燒寄所臥屋寄安臥不動親救之寶應愈以為信之又留異稱立寶應資其部曲寄乃因書懇諫曰東山居士虞寄致書於明將軍使君節下寄

流離艱故飄寓貴鄉將軍待以上賓之禮申以國士之眷意氣所感何日忘之而寄沈痼彌留陰將盡常恐辛填溝壑消塵莫是以敢布腹心冒陳丹款願將軍留須更之慮少恩察之則冥目之日所懷畢矣夫安危之兆禍福之機匪獨天時亦由人事失之毫釐差以千里是以明智之士據重位而不傾執大節而不失豈惑於浮辭哉將軍文武兼資英威動俗往因多難杖劒興師援旗誓眾撫威千里豈不以四郊多壘共謀王室匡時報主寧國庇人乎此所以五尺童子皆願荷戈而隨將軍者也及高祖武皇帝肇基草昧初濊艱難于時天下沸騰人無定主狼當

道鯨鯢橫擊海內業業未知所從將軍運動微之鑒從折衝之辯策名委質自託宗盟此將軍妙筭遠圖殆於夷誠者也及主上繼業欽明睿聖選賢舉能委臣輯睦結將軍以維城之重崇將軍以裂土之封豈非宏謀廟略推赤心於物者也屢申明詔欵篤殷勤君臣之分定矣豈首南之恩深矣不意將軍惑於邪說翻然異計寄所以疾首痛心泣盡繼之以血萬全之策願將軍少戢雷霆縣其嚴刻無足來千慮一得請陳愚筭將軍誠能翻然改圖使得盡狂瞽之說披肝膽之誠則雖死之日猶生之年也自天厭梁德多難荐臻寰宇分崩英雄互起不可勝紀人

人自以為得之然夷凶剪亂拯溺扶危四海樂推三靈眷命揖讓而居南面者陳氏也非歷數有在惟天所授當璧應運其事甚明一也主上承基明德遠被天網再張地維重紐夫少王琳之強侯瑱之力進足以搖盪中原事衡天下退足以屈強江外雄張偏隅或命一旅之師或資關庭斯又天假之威而除其患莫不身異域珍則厥角稽藩戚之重擁東南之衆盡皆奉上勠力勤王豈不聖朝融籠過吳芮析珪判野南面稱孤其事甚明三也且聖朝棄瑕忘過寬厚得人改過自新咸加敘擢至如余孝頃潘

純陀李考歐陽顧等恭委以心腹任以爪牙置中諮然
曾無纖芥之況將軍豈非張繡罪異畢諶當何厲於危亡何失
於富貴此又其事甚明四也今周齊鄰睦境外無虞并
得雍容高拱坐論西伯其事甚明五也且留將軍狼狽一
隅亟經摧衂聲實頓喪膽氣衰沮高壤向文政留瑜黄子
王此數人者將軍所知首鼠兩端唯利是視其餘將帥亦
可見矣孰能被堅執銳長驅深入擊馬埋輪奮不顧命以
先士卒者乎此又其事甚明六也且將軍之強孰如侯景
將軍之眾孰如王琳武皇滅侯景於前今上摧王琳於後

【南史列傳五十九　七】

此乃天時非後人力且兵革已後人皆厭亂其孰能棄墳
墓捐妻子出萬死不顧之計從將軍於白刃之間乎此又
其事甚明七也歷觀前古鑒之往事子陽季孟傾覆相尋
餘善右渠危亡繼及天命可畏川難恃況將軍欲以數
郡之地當天下之兵以諸侯之資拒天子之命強弱逆順
可得侔乎此又其事甚明八也且非我族類其心必異夫
受其親暱及物留將軍身藉國寵子尚王姬猶且棄夫
屬而弗顧背明君而孤立危急之日豈能同憂共患不背
將軍者乎至於師老力屈懾誅利賞必有韓智晉陽之謀
張陳井陘之事此又其事甚明九也且比軍萬里遠鬪鋒

不可當將軍自戰其地人多顧後梁安背向為心宵旰四
夫之力眾寡不敵將帥不作師以無名而出事必無機而
動以此稱兵未知其利以漢朝吳楚晉室頴顯連城數十
長戰百萬技本塞源自圖家國其有成功者乎又其事甚
明十也為將軍計者莫若不遠而復絕親留氏秦郎快郎
隨遣入質釋甲偃兵一遵詔旨且朝廷許以鐵券之要申
以白馬之盟朕不食言誓之宗社寄之幾間不容髮方今
不再計此成敗之効將軍勿疑吉凶之幾
蕃維尚少皇子幼沖凡預宗枝肯家寵樹況以將軍之地

【南史列傳五十九　八　連彥博】

將軍之才將軍之名將軍之勢而能克修蕃服北面稱臣
窮與劉澤同年而語其功業戢豈不身與山河等安名與
金石相獘顧加三思廬之無忽寄氣帛縣微餘陰無幾感
恩懷德不覺狂言鈇戉之誅甘之如薺寄氣縣微書大怒或
謂寶應曰虞公病篤言多錯謬寶雁乃小釋亦以寄人望
且容之及寶應敗走夜至蒲田顧謂其子扞秦曰早從虞
公計不至今日扞秦但泣而已寶應謂其子扞秦曰諸寶客微有
交涉者皆誅唯寄以先識免禍初沙門慧標涉獵有才思
及寶應起兵作五言詩以送之曰送馬猶臨水離旗稍引
風好看今夜月當照紫微宮寶應得之甚悅慧標沁獵旗稍引
寄一覽便止正色無言慧標退寄謂所親曰標公既以此

始必以此終竟坐 是誅文帝怒敕都督遣發遣寄
還朝及至謂曰管寧無恙甚慰勞懷頃之到仲舉曰
衡陽王既出閤須得一人旦夕游處兼掌書記宜求宿士
有行業者仲舉未知所對帝曰吾自得之乃手敕用寄寄
入謝帝曰所以賢屈卿游藩非止以文翰相煩乃令以師
表相事也後除東中郎建安王諮議加戎昭將軍寄嘗以
疾不堪旦夕陪列王於是令長史諮議以下每王有疑議就少
決之但朔旦歲時修問而已太建元年加太中大夫後卒寄少
則辭氣凜然於刃不憚也大建
篤行造次必於仁厚雖僮堅未嘗加以聲色至臨危執節
氣病每得荻書氣輒奔劇殆者數矣前後所居官未嘗
至秩滿裁春月便自求解退常曰知足不辱吾知足矣及
謝病永庭每諸王為州將必造門致禮命釋鞭板以
九杖侍坐嘗出游閭里傳相告語老幼羅列望道少
左或言誓為約者指寄便不欺其至行所感如此所制
文筆遭亂並多散失
傳緯字宜事北地靈州人也父彎彙臨沂令緯勁聰敏七
歲誦古詩賦至十餘萬言長好學能屬文太清末母憂
在共剡中居喪盡禮長毀骨立士友以此稱之後依湘州
刺史蕭循徇徇頗好士廣集墳籍緯肆志尋閱因博通羣書王

琳聞其名引為府記室琳敗隨琳將孫瑒還都時陳文帝
使顏晃賜瑒雜物瑒以答謝詞理周洽無所點見文帝
言之文帝召為撰史學士再遷驃騎安成王中記室撰史
如故緯篤信佛教從興皇寺慧朗法師受三論盡通其學
尋以本官兼通直散騎侍郎使齊還累遷太子庶子後主
即位遷秘書監右衛將軍兼中書通事舍人掌詔誥專
者亦無以加甚為後主所重然性木強不持檢操才使
文典麗性又敏速雖國大事下筆輒成未嘗起草沈思
制衡軸而緯益跡文慶等因共譖之後主收緯下獄緯素
氣陵悔人物朝士多衒之會施文慶沈客卿以俱見幸
剛因憤恚於獄中上書曰夫人君者恭事上帝子愛黎
省嗜慾遠諂佞未明求衣日旰忘食是以澤被區宇慶流
子孫陛下頃來酒色過度不虔郊廟專媚淫昏之鬼
小人在側宦豎弄權惡忠直若仇讎視百姓如草芥後宮
曳綺繡廄馬餘菽粟百姓流離轉死溝壑貨賄公行帑藏
損耗神怒人怨叛親離恐東南王氣自斯而盡益怒令宦者
主大怒頃之稍解使謂曰我欲赦卿卿能改過不緯對曰
臣心如面臣面可改則臣心可改後主於是益怒令宦者
李善度窮其事釁賜死獄中有集十卷緯雖強直有才而
惡傲慢為當世所疾及死有惡蛇屈屋來上靈牀嘗前受

祭酹去而復來者百餘日時時有彈指聲時有吳興壹
牛仲宗家本農夫至華獨好學與士君子游廈頗通經史
善為廣州文侯景之亂游嶺南居羅浮山寺專精習業歐陽頠領
為廣州刺史署為南海太守頠子紇敗乃遠都後主時除
太市令非其所好乃辭以疾禎明初上書極諫其大略曰
陛下即位于今五年不思先帝之艱難不知天命之可畏
溺於嬖寵惑於酒色祠七廟而不出拜妃嬪而臨軒老臣
宿將棄之草莽諂佞讒邪升之朝廷今壇場日盛隋軍壓
境陛下不改紈易張臣見麋鹿復游於姑蘇矣書奏後
主大怒即日斬之

顧野王字希馮吳郡吳人也祖子喬梁東中武陵王府參
軍事父烜信威臨賀王記室兼本郡五官掾以儒術知名
野王幼好學七歲讀五經略知大旨九歲能屬文甚奇之
賦領軍朱异見而奇之十二隨父之建安撰建安地記二
篇長而徧觀經史精記黙識天文地理蓍龜占候蟲篆奇
字無所不通為臨賀王府記室宣城王為揚州刺史野王
及琅邪王褒並為賓客王甚愛其才野王又善丹青王於
東府起齋令野王畫古賢命王褒書贊時人稱為二絕及
侯景之亂野王丁父憂歸本郡乃召募鄉黨數百人隨義軍
野王體素清羸裁長六尺又居喪過毀殆不勝哀及秋戈

被甲陳君臣之義逆順之理抗辭叱色見者莫不壯之城
陷逃會稽陳天嘉中敕補撰史學士天嘉中為太子率更
令尋領大著作掌國史知梁史事後為黃門侍郎光祿卿
知五禮事本贈秘書監石衛將軍野王少以篤學至性知
名在物無過辭失色觀其容貌似不能言其厲精力行皆
人所莫及所撰至篇三十卷典地志三十卷符瑞圖十卷
顧氏譜傳十卷分野樞要一卷續洞冥記一卷玄象表一
卷並行於時又撰通史要略一百卷國史紀傳二百卷未
就而卒有文集二十卷時有蘭陵蕭濟孝康東海鮑陵人也
好學博通經史仕梁為太子舍人預平侯景功封松陽縣

侯陳文帝為會稽太守以濟為宣毅府長史及即位授侍
中太建中歷位五兵度支祠部三尚書卒
姚察字伯審吳興武康人吳太常卿信之九世孫也父僧
坦梁太醫正及元帝在荊州為晉安王諮議參軍後入周
位遇其甚寵幼有至性六歲誦書萬餘言不好戲弄勵精
學業十二能屬文嘗游學之資察並用聚書圖書由是聞見
皆回給察兄弟為儒者所稱及簡文時在東宮盛修文義即引於宣猷
堂聽講論難為儒者所稱及簡文嗣位尤加禮接起家南
海王國左常侍兼司文侍郎後兼尚書駕部郎遇梁室喪

亂隨二親還鄉里在亂離閒篤學不廢元帝於荊州即位
授察原鄉令後為佐著作復撰史陳永定中吏部尚書徐陵
領大著作復引為史佐大建初補宣明殿學士尋為通直
散騎常侍報聘子周江左著舊先在關右者咸相傾慕沛
國劉臻竊於公館訪漢書疑事十餘條並為剖析皆有經
據臻鎮所親曰名下定無虛士著西聘道里記使還補東
宮學士遷尚書祠部侍郎舊魏王肅奏祀天地設宮懸
樂付有司立議以梁武為非時碩學名儒朝端在位咸希

樂八佾定傑爾後因循不革至梁武帝以為事人禮緯之
神曾獨古無宮懸之文陳初承用莫有損益宣帝欲設備
莫不軟服僕射徐陵因改同繁議據梁樂為是當時驚駭
也後歷仁威淮南王平南建安王三府諮議參軍內憂
去職徒起為戎昭將軍知撰梁史後主立兼東宮通事舍
人知撰梁文察父僧坦入長安察疏食希衣不聽首樂至是
梁室備文察父僧坦入長安察母童氏興制過除後主以樂
必閒因聘使到江南時察母童氏興制過除後主以樂
麻廬加毀頻乃密達中書舍人司馬申就宅發哀仍敕申
專加聲抑尋以忠毅將軍起兼東宮通事舍人察頻以
許俄敕知尋作郎事服闋除給事黃門侍郎領著作察既

張名遠

累居憂感毀瘠素日父因加氣疾後主嘗別召見為之動容
命停長齋令從晚食又詔授秘書監領著作仍奏撰中書表
集歷度支吏部二尚書察自居顯要一不交通常有私門
生不敢厚餉送南布一端花練一匹察謂曰吾所衣著止
是麻布蒲練此物於吾無用既欲相款接不煩爾此人
遂請察成梁二史又敕於朱華閣長參別敕令
日獨召入內殿陳賜果菜指謂朝臣曰聞姚察學行當今無
此我平陳唯得此一人開皇十三年襲封北絳郡公察在
陳時聘周因得與父僧坦相見將別之際絕而復蘇至是
承襲愈更悲感見者莫不為之欷歔丁後母杜氏喪解職
在服之中有白鳩巢于戶上仁壽二年詔除員外散騎
常侍晉王侍讀煬帝即位授太子內舍人及改易衣冠刪
定朝式預參對問大業二年終於東都遺命薄葬以松板
薄棺纔可容身土周於棺而已葬日止鹿車即送自餘並
比不須立靈置一小牀每日設清水六齋日設齋食菜果
任家有無不須別經營也初察欲讀一切經寂其後遂得
終曾無痛惱但西向坐正念云一切空寂其後身體柔軟
顏色如恒兩宮悼惜贈賻甚厚冢至孝有人倫鑒識沖虛
謙遜不以所長矜人專志著書自首不倦所著漢書訓纂

姜原良

三十卷說林十卷西聘玉璽建康三鐘等記各一卷文集
二十卷所撰梁陳史雖未畢功隋開皇中文帝遣中書令
人虞世基索本且進臨亡戒子思廉撰續思廉在陳為衡
陽王府法曹參軍會稽王主簿

論曰沈炯才思之美足以繼踵前良然仕於梁朝年已知
命主非不文而位裁邑宰及於運逢交喪驅馳戎馬所在
稱美用捨信有時焉虞荔兄弟才行兼著嶇嶇喪亂保玆
貞一並取貴時主豈虛得乎傅縡聰警特達才氣自負行
之平曰其猶殆諸處以危邦死其宜矣顧姚栖託藝文踽
踽清貞文質彬彬各踐通賢之域美矣乎

循吏

吉翰　　杜驥
申恬　　杜慧慶
阮長之　孫峳
傅琰　　甄法崇　孫彬
王洪軌　李瑎之
范述曾　沈瑀
何遠　　孫謙　從子廉
　　　　郭祖深

南史列傳六十

昔漢宣帝以為政平訟理其惟良二千石乎前史亦云今
之郡守古之諸侯也故長吏之職號曰親人至於道德齊
禮移風易俗未有不由之矣宋武起自匹庶知人事艱難
及登庸作宰留心庶職而王略外舉未遑內務奉身之費
日耗千金播茲儉約欲以儉御身方
右無幸謁之私閨房無文綺之飾故能戎車歲駕鶩邦不
擾文帝幼而寬仁入纂大業及難興陝服六戎薄伐興師
命將動在淹時費由府實無外擾自此方內晏安黎庶
蕃息奉上供徭止於歲賦晨出暮歸自事而已守宰之職
以六事為斷雖沒世不徙未及暴時而人有所係吏無苟

得家給人足即事難難轉死蒲渠於時可免凡百戶之鄉
有市之邑歌謠舞蹈觸處成群蓋宋世之極盛也暨元嘉
二十七年舉境外掆於是傾資掃蓄猶有未供深賦厚斂
天下騷動自茲迄于孝建兵連不息以區區江東羌爾方
臨荐之以師旅因之以凶荒宋氏之將亡也盛名文帝
帝多動內房朝宴所臨東西二堂制度滋長大馬餘救粟
構又永初受命無所改作所居唯一殿不制嘉名
因之亦有合殿之稱及孝武承統壯麗過正
土木衣綈繡追陋前規更造正光王燭紫極諸殿周柔綺
節珠綴網戶婇女幸庄賜傾府藏嗚呼四海不供其欲彈人

南史列傳六十

命未快其心明皇繼祚彌驕浮後圈不卹下以至橫流蓋
人之官遷賣威屬突不得黷寵未暇暖蒲密之化事未易
階旹徒吏不及古人乘於昔由為上所擾致化莫從亷
高帝承斯奢縱輔立劼主思振人嘆風移百城為政未其
擢山陰令傅琰為益州刺史乃損華反撲恭己南面導人
以賄意存乎勿擾以山陰大邑獄訟滋繁建元二年別置獄
丞與建康為此永明繼運志善斷猶多漏網
長吏犯法封刃行誅郡縣居職以三周為小滿水旱之災
輒加振邮十許年中百姓無犬吠之驚都邑之盛士女昌
逸歌聲舞節桄服華粧桃花淥水之間秋月春風之下無

往非適明帝自在布衣達于吏事及居宸扆專務刀筆未
嘗枉法申恩守宰由斯而震屬以魏軍入伐壃場大擾兵
車連歲不遑啟居軍國廠耗從此衰矣繼以昏亂政由羣
辟賦調雲起傜役無度守宰多倚附權門互長貪虐賁列
聚斂侵擾黎甿天下搖動無所措其手足梁武在田知人
疾苦及定亂之始叮寬書東昏時雜調咸悉除省於是
四海之內始得息肩及踐皇極躬覽庶事日具聽政求瘼
郵隱乃命軺軒以省方俗置肺石以達窮人勞已所先事
唯急病元年始去人此計了為布在身服澣濯之衣御府
無文錦之飾太官常膳唯以蔬蔌圓案所陳不過三盞蓋

【南史列傳六十】 三 刻伏

以儉先海內也故每選長吏務簡廉平甘召見於前親勗
政道始攉尚書郎中到溉為建安內史左戶侍郎劉駿
為豆安太守溉等居官立以廉潔著又著令小縣有能遷
為大縣令大縣有能遷為二千石於是山陰令丘仲孚有
異績以為長沙內史武康令何遠清公以為宣城太守剖
符為更者往往承風焉斯亦近代黝陟勸之方也案前史各
立循吏傳序其德美今並採采其事以備此篇云

吉翰字休文馮翊池陽人也初為龍驤將軍劉道憐參軍
隨府轉征虜左軍參軍隨道憐比征廣固賜爵建城縣五
等侯參宋武帝中軍軍事臨淮太守復為道憐驃騎中兵

參軍從事中郎為將佐十餘年清謹勤正其為武帝所知
賞元嘉中歷位梁南秦二州刺史徙益州刺史加督在任
著美績甚得方伯之體論者稱之累遷徐州刺史監徐兗
二州豫州梁郡諸軍事時有死罪囚典籤意欲活之因
之原此囚命其刑政類如此自下畏服莫敢犯禁至於官
貸餽欲加恩卿便當代任其罪因命左右收典籤付獄殺
死命昨旦於齋坐見其事亦有心活之但此囚罪重不可全
復入呼之來取昨所呈事視訖謂曰卿意當欲活之因
八關齋呈事翰省訖語令旦去明可更呈明旦卿籤不敢

【南史列傳六十】 四 寶寬

杜驥字度世京兆杜陵人也高祖預晉征南將軍曹祖耽
避難河西因仕張氏符堅平涼州父祖始還關中兄坦頗
涉史傳宋武帝平長安隨從南還元嘉中位青冀二州刺
史晚度北人南朝常以傖荒遇之雖復人才可施每為清
途所隔坦以慨然嘗與文帝言及史籍上曰金日磾忠
孝淳深漢朝莫及恨今世無復此輩人也坦曰請以臣言之臣本中
華高族亡高
祖因晉氏喪亂播遷涼土直以南度不早便以荒傖賜隔
如聖詔假使出乎今世養馬不暇豈辦見知上變色曰卿
才臣恐未必能也上默然此土舊法闕疾必遣子弟驅年
日磾胡人身為牧圉便超入內侍齒列名賢聖朝離隔

十三父使候同郡葦華華子玄有高名見而異之以女妻
焉累遷長沙王義欣後軍錄事參軍元嘉七年隨到彥之
入河南洛陽加建武將軍魏軍戍悉歸河北彥之使驥守
洛陽洛陽城既廢父又無糧食又彧之敗退驥欲棄城走慮
為文帝誅將初武帝平關洛致鍾虡舊豊器於南還（一）大鍾墜洛
水中至是帝遣將姚聳夫領千五百人迎致之時聳夫慮
弱令脩理城池竝已堅固軍糧又足所之者人耳君幸率衆
率令領韋鍾於洛水驥虞舊豊器
見就共守此城大功旣立取鍾無晚聳夫入城便走
驥又至城不可守又無糧食於是引衆去驥亦委城南奔

白文帝本欲以死固守姚聳夫入城便走人情沮敗不可
復禁上怒使建威將軍鄭順之殺聳夫於壽陽聳夫吳興
武康人勇果有氣力宋偏裨小將莫又十七年驥為青冀
二州刺史在任八年惠化著於齊土自義熙至于宋末刺
史唯羊穆之及驥為吏人所稱詠後徵為左軍將軍兄坦
代為刺史比土以為榮焉坦長子琬為員外散騎侍郎文
帝嘗有幽詔敕坦琬輒開視信未及發又追取之敕函已
發大相推檢上遺主書詰責驥幷檢開幽之主驥答曰開
函是臣第四息季文伏待刑坐上特原不問卒官第五子
幼文薄於行明帝初以軍功封郡陽縣男尋坐巧雲奪爵

後以發太尉盧江王禕謀反軍拜給事黃門侍郎廢帝元
徽中為散騎常侍幼文所莅貪橫累千金與沈勃孫超
之居止接近又竝與阮佃夫厚善佃夫既死廢帝深疾之
帝微行夜輒在幼文門埽開聽其絃管積父轉不能平於
是自率宿衛兵誅幼文勃超之等其兄叔文為長水校尉亦
誅

申怗字公休魏郡魏人也曾祖鍾為石季龍司徒宋武
帝平廣固怗父宣從父兄亦皆得歸晉立以幹用見知武
帝踐祚拜太中大夫宣元嘉初歷究青二州刺史怗兄謨

與朱脩之守滑臺魏剋滑臺其後得還為究陵太守怗
初為驥騎劉道憐長兼行參軍宋受命辟東宮殿中將軍
庚還臺眞省十一年不請休急歷下詔北海二郡太守所至
皆有政績又為北譙梁二郡太守郡境與接任榜曼被寇元
嘉十二年遷督魯東平濟北三郡諸軍事太山太守威惠
拉怗到任密知賊來乃伏兵要害出其不意悉皆禽殄
史加督明年加濟南太守孝武踐祚為青州刺史尋加督
兼著吏人便之二十一年冀州綫鎮歷下以怗為冀州刺
間遂皆優實性清約頗處州郡妻子不免飢寒世以此稱
麻地連歲興兵百姓雕弊怗防禦海境勸課農桑三年
之後拜豫州刺史以疾徵還道卒死之日家無遺財子定

南譙太守謨子元嗣海陵太守元嗣弟謙臨川內史求子

坦孝建初為太子右衞率徐州刺史大明元年魏攻兗

孝武遣太子左衞率薛安都東陽太守沈法系比捍至兗

州魏軍已去坦建議任榛亡命邊人令軍出無功當

因此朝撲上疏之忘命先已聞知舉村逃走安都即

白衣領職坦棄市羣臣為靖莫得將行刑始與公沈慶之

入市抱坦慟哭曰卿無罪為朝廷所枉我入市亦當不

久市官以白上乃原生命繫尚方尋被有復為驍騎將軍

疾卒子令孫明帝時為濟陰太守戍睢陵城奉順不同安都

與安都合弟闓時為徐州刺史討薛安都行至淮陽即

安都攻圍不能剋會令孫至遣往睢陵說闓闓降殺之令

孫亦見殺

杜慧慶交阯朱䣃人也本屬京兆曾祖元為寧浦太守遂

居交阯父瑗字道言仕州府為日南九德交阯太守初九

真太守李遜父子勇壯有權力威制交土聞刺史滕遯之

當至分遣二子斷遏水陸津要收眾斬交土聞刺史滕遯之

為龍驤將軍交州刺史宋武帝義旗建進號冠軍將軍廬

循籍據廣州遣使通好瑗斬之義熙六年卒年八十四贈

右將軍慧慶第五子也七年除交州刺史詔書未到其

年春盧循襲破合浦徑向交州慧慶乃帥文武六千人拒

循於石碕破之循雖破餘黨尚有習兵者皆逃藏子孫子李奔

移李脫等皆奔竄石碕艦枉接父有部曲循知奔等與

關氏有怨遣使招之并等受循節度六月庚子循晨造南

杜氏有怨遣使招之弈等受循節度有部曲循知弈等造武

帝踐阼裨進號輔國將軍其年南討林邑林邑乞降輸生口

大象金銀古貝等及遣長史江攸奉表獻捷慧慶希

高祖踐阼戰放火箭循眾艦俱然一時散潰循中箭赴水死

軸循及父弈循循循眾艦封慧慶龍編縣侯武

津令三軍入城乃食慧慶悉出宗族私財以充勸賞自登

杜氏有怨遣使招之并等受循節度六月庚子循晨造南

歲荒人飢則以私祿振給為政纖密有如居家由其威惠

軍以慧慶長子弘文為振遠將軍交州刺史初武帝比征

關洛慧慶慮龍編侯元嘉四年文帝以寬和

得眾龍驤副龍編侯元嘉四年文帝以廷尉王徽為交州刺

史弘文被徵會得重疾牽以就路親見其患篤勤待病

愈弘文曰吾世荷皇恩杖節三世常欲投軀帝庭見其老見弘文興

荷況親被徵命而可晏然者乎弘文母阮年老見弘文諸建鄴朝

疾就路不忍別與到廣州遂卒臨死遺第弘文飲諸建鄴和之

廷甚哀之孝建中以豫章太守檀和之為豫州刺史和之

先歷始興太守交州刺史所在有威名盜賊弭迹每出獵

猛獸伏不敢起

阮長之字茂成一字義業陳留尉氏人也祖思曠金紫光
祿大夫父普騶騎諮議參軍長之年十五喪父有孝性哀
感傍人除服蔬食者彌積閉戸篤學未嘗有惰容初為
諸府參軍毋老求補襄坦令督郵無禮報之去職後拜武
昌太守時王弘為江州雅相知重引為車騎從事中郎元
嘉十一年除晡海太守在官常擁敗絮至郡少時母亡葬
畢不勝憂去時郡田祿以芒種為斷此前去官者則一年
秩祿皆入後人始以元嘉末料為斷此科計月分祿長之去武
昌郡代人未至以芒種前一日解印綬初發都親故或以
器物贈別得便緘錄後歸志以還之為中書郎直省夜往
鄰省誤著養出閤依事自列門下以聞夜人不知不受列
長之固道送曰一生不侮暗室前後所莅官皆有風政為
後人所思宋世言善政者咸稱之文帝深惜之目景茂為
堪大用宣直以清苦見惜子師門原鄉令元嘉初文帝遣
大使巡行四方兼散騎常侍王歆之等上言宣城内史魏
南頓二郡太守李元德清勤均平姦盜止息彭城内史陳
恭子康惜傎慎在公忘私安約守儉久而彌固前宋縣令
成浦為政寬濟遺詠在人前銅陽令李熙國在事有方人
思其政故山桑令何道自少清廉自首彌厲鷹加襃贊以

勸千後各被襃賜之字叔道河東人曾祖迤期有名晉
世官至南蠻校尉歆之位左戸尚書光祿大夫卒官
甄法崇中山人也父臣位少府鄉以清閒法崇宋求初中
為江陵令在任嚴整縣境肅然于時南平緣士通為江安
令卒官至其年末法崇在聽事上通前見法崇知其已亡
愕然不言定云鄉縣人宋雅見負米千餘石不還令兒
窮繁不自存故自訴因命口受為辭既遂下席而
法崇為閤綜家擯損輸送太守王華聞而歎美之法崇孫
彬有行業鄉黨稱善曾以一束苧就州長沙寺庫質錢
贖學還於學中得五兩金以手巾裹之彬得送還寺庫
道人驚云近有人以此金質錢時有事未得舉而失檀越
乃能見還輒以金半酬往復十餘彬堅然不受因謂曰
五月披羊裘而負薪拾遺金者邪卒還金深武帝布衣
而聞之又踐祚以西昌侯藻為益州刺史刀以彬為府錄
事參軍帶魏郡將行同列五人帝誡以廉慎至禁獨曰
卿昔有還金之美故不復以此相屬由此名德益彰及
在蜀藻禮之甚厚云
傅琰字季珪比地靈州人也曾祖弘仁宋武帝之外弟以
中表歷顯官位太常鄉祖劭字彥先員外散騎侍郎父僧
祐山陰令有能名琰美姿儀仕宋為武康令遷山陰令琰

著能名二縣皆謂之傅聖賜爵新淦侯元徽中遷尚書左
丞母喪鄰家失火延燒琰屋抱柩不動鄰人競來赴救乃
得俱全琰股髀之間已被烟焰者高帝輔政以山陰獄訟
煩積復以琰為山陰令賣針賣糖老姥爭團絲來詣琰琰
挂團絲於柱視有鐵屑乃罰賣糖者二野父爭
難琰各問何以食雞一人云粟一人云豆乃破雞得粟罪
言者縣內稱神明無敢偷盜琰父子並著奇績時云諸
傳有理縣近世牢有齊建元四年徵驍騎將軍黄門郎來明
縣遷州近世牢有昇明中遷益州刺史自

中為廬陵王安西長史南郡內史行荊州事卒琰要西還
有詔出臨哭時長沙太守王沈新蔡太守劉聞慰晉平太
守丘仲起長城縣令何敬叔故郡縣令丘寂之皆有能名
而不及琰也沈字彥流東海人歷錢唐山陰令南平
長沙太守清廉戒慎身恒居處甚貧死之日無宅
可憩故吏為營棺柩聞慰自有傳仲起見沈憲敬見
子思泌得傳寂之之子德玄吳興烏程人年十七為州西曹兼
直主簿刺史王彧或行夜還前驅已至而寂之不肯開門曰不
奉墨盲或於車中為教故於後開或歎旦不意到君章近在
閣下即轉為主簿尋以康潔御下于時州徒縣令沈嶠
之以清廉措罪家之聞之曰清吏真不可為也政當慮季孟

之間平嶺吳興武康人性踈直在縣自以清廉不事左右
浸潤日至逐鎖繫尚方歎曰見天子足矣上召問曰復
欲何陳苔曰臣坐所以獲罪上曰清名不然清名不立又有汝南周沿
亦不責後知其無罪重除丹徒令入縣界吏人候之謂曰
我今重來當以人肝代米不然清名不立又有汝南周沿
衣諸賢皆是若臣得更鳴必令清譽曰至嶺之雞危言謂曰
歷句容曲阿上虞吳令廉約無私於都水使者無以殤
欲吏人為買棺器齊武帝聞約無私辛立都水使者無以殤
處不理遂坐無車宅死令更衣棺之此故宜罪賦無論聚

恤乃教不給贈賻琰予翻為官亦有能名後為吳令別建
康令孫廉康因問曰聞丈人發姦擿伏惠化如神何以至
此苔曰無他也唯勤而清清則憲綱自行勤則物無疑滯
憲綱自行則吏不能欺其事自理則物無疑滯欲常為天下第
時臨淮劉玄明亦為山陰建康令問玄明曰願以
一終於司農卿後翹又代玄明為山陰令問玄明曰願以
舊政告新令尹苔曰我有奇術卿家譜所不載臨別當相
示既而作縣令唯日食一升飯而莫飲酒此第一策也翹
天監中為建康令復有能名位驃騎諮議參軍岐字景平
仕梁起家南康王左常侍後兼尚書金部郎母憂去職居

喪盡禮闋後疾廢父之後除始新令縣人有因鬭相毆
而死家許以仇殺訖至縣乃掠備至然郡乃移
獄於縣即令脫械以和言問之便即首服法當償死會
冬節至岐乃放其還家獄曹椽固爭曰古者有此今不可
行岐曰其若負信縣令當坐累遷安西中記室
遷以狀聞岐後至常遣岐接對焉太清元年與魏和親其
舍人如故岐在禁省十餘年機事密勿亞於朱异此年冬
使人如故岐美容止博涉能占對大同中累遷太僕卿
兼舍人如故郡錄正入兼中書通事舍人深相歎異
里至都除尉

貞陽侯蕭明代彭城兵敗囚於魏三年明遣使還述魏欲
通和好敕有司及近臣定議左衛朱异曰彭城之得靜寇
息人於事為便議者並然之岐獨曰高澄既新得志何事
須和必是設間故令貞陽遣使侯景自疑當以貞陽
去感喪師渦陽敗退今使景東有此疑必啟釁兵入
景意不安必圖禍亂若許通好政是懷其計中且彭城
可許异等固執遂從之乃遣使如東故二月侯景於
寇請誅朱异三年遷中領軍舍人如故
通表乞割江右四州安置部下當解圍還鎮敕許之乃於
城西立盟求遣召宣城王出送岐固執宣城王嫡嗣之重

不宜許之乃遣石城公大欵送之又與景盟訖城中文武
喜躍異得解圍岐獨言於衆曰賊舉兵為逆豈有求和及
景背盟翼不歡服尋有詔以岐勤勞封南豐縣侯固辭不
嘗宮城失守岐帶疾出圍卒於宅
虞愿字士恭會稽餘姚人也祖賚宋元嘉中為建安
早卒賚中庭橘樹冬熟子孫競來取之愿獨不取
資又家人皆異之宋元嘉中為湘東王國常侍又明帝立
以愿儒吏學涉兼番禺縣侯固意遇甚厚除太常丞尚書祠
部郎通直散騎侍郎帝性猜忌體肥憎風夏月常著小皮
衣拜左右二人為司風令史風起方面輒先啟聞星文災
變不信大史不聽外奏敕靈臺知星二人給愿常在省直
有異先啟以相檢察帝以故宅起湘宮寺費極奢侈以孝
武莊嚴刹七層帝欲起十層不可立分為兩刹各五層新
安太守巢尚之罷郡還見帝曰卿至湘宮寺未我起此寺
是大功德愿在側曰陛下起此寺皆是百姓賣兒貼婦佛
若有知當悲哭哀愍罪高佛圖有何功德帝大怒使人驅曳
坐少日中已復召入帝好圍棋其拙去格七八道物議共
欺為第三品與第一品王抗圍棋其恭依品賭戲抗饒借帝曰
皇帝飛碁君臣抗不能斷帝終不覺以為信然好之愈篤愿

又曰堯以此教丹朱非人主所宜好也雖數忤旨而蒙賞
賜循異餘人遷兼中書郎帝寢疾恐常侍醫藥帝尤好此遂
夷以銀鉢盛蜜漬之一食輒鉢謂揚州刺史王景文曰此
是奇味卿頗足不景文曰臣好食蜜而不喜蜜漬腹氣將絕
帝甚悅食遂夷積多腹脹氣將絕左右啟欲數升酢
帝乃悅食疾逐至三升水患父轉正真郎出彰其兒婦為
賀安太守在郡不事生業與百姓交關買錄其舊出彰蛇膽
願道人於道奪將選在郡立學堂教授郡舊出彰蛇膽
可為藥有遺恨者願不忍殺放二十里外山中一夜蛇

漸日正坐呼酒在郡不事生業

還狀不復送四十里山經宿復歸論者以為仁心所致海
邊有越王石常隱雲霧相傳云清廉太守乃得見願往就
觀視清徹無所隱蔽後琅邪王秀之為郡與朝士書曰此
郡承虞公之後善政猶存遺風易導差得無事以母老解
職除後軍將軍褚彥回歎曰虞君之清至於此令人掃地拂塵
埃有書數奏彥回歎曰虞君之清至於此令人掃地拂塵
而去遷中書郎領東觀祭酒除驃騎將軍遷延尉祭酒如故
嘗事宋明帝齋初神主遷汝陰廟愿拜辭流涕建元元年
卒愿著五經論問撰會稽記文翰數十篇

王洪軌上谷人也宋太始中魏剋青州洪軌得別駕清河
崔祖歡女仍以為妻祖歡女說洪軌南歸宋桂陽王之難
隨齊高帝鎮新亭常以身捍矢高帝曰我自有楯卿可自
防答曰天下無洪軌何有哉著生方亂甚矣
甚賞之後為晉壽太守多眛賄賄所為青異二州刺史洪軌悔或
建鄴高帝輔政引為腹心建武初為青州刺史遇大懼棄郡奔
晉壽時化曰賦所敗更厲清節先是青州資魚鹽之貨或彊
借百姓麥地以種紅花多與部下安以祈利益洪軌至一
皆斷之啟求侵魏得黃郭鹽倉等數戍後遇敗死傷塗地
深自責乃於謝祿山南除地廣設南席三牲招戰亡
者鬼祭之人人呼名即自沃酹仍慟哭不自勝因發病而
亡洪軌既比人而有清正州人呼為虞父使君言之感落
淚永明中有江夏奉珪之字孔珪位尚書右丞兼都水使
者歷職稱為清能後兼少府卒

沈瑀字伯瑜吳興武康人也父昶事宋建平王子景素景素
謀反昶先去之又敗坐繫獄瑀詣臺陳請得免罪由是知
名為奉朝請嘗詣齊尚書左丞殷沵沵與語又政事甚名
之謂曰觀卿才幹當居吾此職時建康令沈徽孚恃勢
引為府行參軍領揚州部傳從事時建康令沈徽孚恃勢
嫩瑀瑀以法繩之眾憚其強子良其相知賞雖家事皆以

南史列傳六十

委瑀子良慧瑀復事刺史始安王遙光嘗使人丁逮而
無怨遙光謂同使吏曰爾何不學沈瑀所為乃令瑀專知
州獄事湖熟縣方山埭高峻冬月公私行侶以為艱明帝
使瑀行脩之瑀乃開四洪斷行客就作二日便辦揚州書佐
私行訴瑀使者不肯就作瑀鞭之四十書佐歸訴遙光遙
光曰沈瑀必不枉汝帝後使瑀築赤山
塘所費減材官所量數十萬帝益善之為建德令教一
丁種十五株桑四株柿又梨栗女子十牛之人咸懽悅頃
之成林丟官還都兼行選曹郎隨陳伯之軍至江州會梁
武起兵圍郢城瑀說伯之迎武帝伯之泣曰余生在都瑀

南史列傳六十　〈十七〉　視廈

日不然人情匈匈皆思改計若不早圖衆散難合伯之遂
降初瑀在竟陵王家素與范雲善齊末嘗就雲宿夢坐屋
梁柱上仰見天中有字曰范氏宅至是瑀為帝說之帝曰
雲得不死此夢可驗及即位雲深薦瑀自旣吩令權兼
尚書右丞時天下初定陳伯之言瑀催督運輸軍國獲濟
帝以為能遷尚書駕部郎兼右丞如故瑀薦族人沈僧隆
僧照有吏幹帝竝納之以母老長乞解職為餘姚令縣大姓
虞氏千餘家請調如市前後二千石討莫能禁自瑀到縣
無所通以法繩之縣南又豪族數百家子弟縱橫遞相訟
廕厚自封植百姓甚患之瑀召其老者為石頭倉監少者

補縣僮於蹤涉道路自是權右屏跡瑀初至富吏皆鮮衣
美服以自彰別瑀怒曰汝等下縣吏何得自擬貴人乃使
著芒屩麤布侍立終日足有蹉跌輒加捶瑀微時嘗至
此霸年犇器為富人所厚故因以報焉由是士庶駭怨瑀廉
絜自守故得遂行其意後為安南長史尋陽太守如故瑀性
史曹景宗卒仍為信威蕭穎達長史太守如故瑀性剛強
每忤穎達穎達銜之天監八年因入諮事辭又激厲穎達
作色曰朝廷用君作行事邪瑀出謂人曰我死而後已穎達
不能傾側面從是日於路為人所殺多以穎達害之
累訟之遇穎達尋卒事不窮竟績乃布衣蔬食終其身

南史列傳六十　〈十八〉

范述曾字子玄一字穎茷吳郡錢唐人也幼好學從餘杭
呂道惠受五經略通章句道惠曰此子必為王者師起家
惠晉熙王國侍郎齊初至南郡王郎中令遷太子步兵
宋晉熙王國侍郎齊初至南郡王郎中令遷太子步兵
校尉帶開陽令述為人謇諤在官多所諫爭太子雖不
能全用然亦弗之罪也竟陵王子良深相器重號為周舍
左衛率沈約亦以為方漢汲黯齊明帝即位為永嘉太守
為政清平不尚威猛民俗便之所部橫陽縣山谷嶮峻
逋逃所聚前後二千石討捕莫能息述曉下車開示恩信
凡諸畜黨襁負而出編戶屬籍者二百餘家自是商旅流

通居人安業勵志清白不受饋遺明帝下詔襃美徵為游
擊將軍郡送故舊錢二十餘萬一無所受唯得白桐木火
籠朴十餘枚而已東昏時拜中散大夫還鄉里梁武帝踐
祚乃輕行詣闕仍辭還武帝下詔襃美以為太中大夫述
曾生平所得奉祿皆以分施及老遂壁立無資以天監八
年卒注易文言著雜詩賦數十篇後有吳興立師施亦廉
潔稱罷臨安縣還唯有二十籠簿書並是舍庫券帖當時
以比述曾位至臺郎

孫謙字長遜東莞莒人也客居歷陽躬耕以養弟妹鄉里
稱其敦睦仕宋為句容令清慎強記縣人號為神明宋明
帝以為巴東建平二郡太守郡居三峽恒以威力鎮之謙
將述職敕募千人自隨謙曰蠻夷不賓蓋待之失鄖耳何
煩兵役以為國費固辭不受至郡布恩惠之化蠻獠懷之
競餉金寶謙慰喻而遣一無所納及掠得生口皆放還家
奉秩出吏人者悉原除之郡境翕然威惠大著視事三年
徵還為撫軍中兵參軍遷越騎校尉征北司馬府主建平
王將稱兵患謙強直託事遺使至都然後作亂及建平王誅
遷左軍將軍齊初為錢唐令煩以簡獄無繫囚及去官
百姓以謙在職不受餉遺追載縑帛送之謙辭不受每
去官輒無私宅借空車廐居焉求明初為江夏太守坐被

代輒去郡繫尚力頃之免為中散大夫明帝將廢立欲引
謙為心膂使兼衞尉給甲伏百人謙不願處際會輒散甲
士帝雖不罪而弗復任焉梁天監六年謙為零陵太守年已
衰老猶強力為政吏人安之先是郡多猛獸暴謙至絕迹
及去官之夜猛獸即害居人謙為郡縣勤勸農桑務
盡地利收入常多於鄰境每朝見猶請劉職自效帝矜
帝嘉其清潔其禮異焉為東莞席夏日無幬帳而夜臥未嘗有蚊
當使謙智不使卿力及老歷二縣五郡所在廉潔居身儉素
給扶謙自少及老歷十四年詔加優秩給親信二十人开
遂蘚弄風冬則布被莞席夏日無幬帳而夜臥未嘗有
蚋人多異焉年逾九十強壯如五六十者每朝會輒先衆
到公門力於仁義行已過人甚遂從兄靈慶嘗病寄謙
行出還閉起居靈慶百向飲冷熱不調即時猶渴謙退道
其妻有彭城劉融行乞疾死以禮殯葬衆咸服其行義未年頭生
二肉角各長一寸五分卒官時年九十二臨終遺命諸
子曰吾少無人間意自不求聞達而仕歷三代官成兩
朝如我資名或以家貧素體耳氣絕即以幅巾就斂每
存儉率比見輕車過精非吾志也士安東以邊蘚王孫偉
入后地雖是匹夫之節取於人情未允今使棺足周身壙

足容柩旐書爵里無日不然旐表命數差可停息直䞓輀
牀裝之以蘝以藏乃乘者為魂車他無所用第二子貞巧
乃纖細麁裝輀以黛為鈴佩雖素而華帝為擊哀甚悼惜
之

從子廉字思約父奉伯位少府卿淮南太守廉便辟巧官
齊時已歷大縣尚書右丞天監初沈約范雲當朝用事廉
傾意奉之及中書舍人黃睦之等亦尤所結附凡貴要每
食廉必曰進訖皆手自煎調不辭勤劇遂得為列卿御
史中丞晉陵吳興太守廉高潔有險薄才客於廉廉委
以文記葇嘗有求不遂乃為展謎以喻廉曰剌鼻不知嚏

踢面不知瞋齧齒作步數持此得勝人譏其不計恥辱以
此取名位然歷官平直遂以善政稱武帝嘗曰家莞二孫
謙廉而已

何遠字義方東海郯人也父慧炬齊當書郎遠仕齊為奉
朝請豫章王蕭景敗亡事抵尚書令蕭懿懿深保匿焉會赦
出頭之懿遭難子弟皆潛伏遠求得懿藏之既而發
覺遠壽跼蹐以免融遇禍遠家屬繫尚方遠遂亡度江因降
魏入壽陽見刺史王肅求迎梁武帝肅遣立挺送武帝見
遠謂張弘策曰何遠丈夫而能破家報售德未易人也武
帝踐祚祈以奉迎勳封廣興男為後軍都陽王恢錄事參軍

遠與恢素善在府盡其志力知無不為恢亦推心杖之恩
寄其密遷武昌太守遠本倜儻同輦俠至是乃折節為吏
杜絕父游饋遺秋毫無所受武昌俗皆汲江水盛夏遠水
溫毋以錢買人井寒水不取錢者則捷水還之其他事率
多如此跡雖似僞而能不過乾魚數片而已然性剛嚴
吏人多以細事受鞭罰遂為人所訟徵下廷尉被劾十數
條當時士大夫坐法皆不受測遠度已無贓就測立三七
日不款猶以私藏禁仗除名後為武康令遠處廉節除淫
祀正身率職人甚稱之太守王彬巡屬縣諸皆盛供帳以

待之至武康遠獨設糗水茈巳彬去遠送至境進斗酒隻
鵝而別彬戲曰卿禮有過陸納將不為古人所笑乎武帝
聞其能權為宣城太守自縣為近畿大郡近代未之有也
郡經寇抄遠盡心綏理復著名迹拜年遷樹功將軍始興
內史時泉陵侯朗為桂州緣道多剽掠入始興界草木無
所犯遠在官好開途巷修葺牆屋人居市里城隍廄庫所
過若營家焉田秩奉錢並無所取歲暮擇人尤窮者充其
租調以此為常然其聽訟猶人也不能過絕而性果斷人
畏而惜之所至皆生為立祠表言政狀帝每優詔答焉後
帝歷給事黃門侍郎信武將軍監吳郡在吳頗有酒失遷東

陽太守遠處職疾強富如仇讎視貧細如子弟特為豪右
所畏憚在東陽歲餘復為受罰者所謗坐免歸性耿介
無私曲居人間絕請謁不造詣與貴賤書跡抗禮如一其
所會遇未嘗以顏色下人多為俗士所疾惡其清公實
貧者又去東陽歸家經年歲口不言榮辱士類益以此多
之其輕財好義周人之急言不虛妄蓋天性也每戲語人
云卿能得我一妄語則謝卿以一縑眾共伺之不能記也
後為征西諮議參軍中撫軍司馬卒

郭祖深襄陽人也梁武帝初起以客從後蔡道恭司
州陷北還上書言境土事不見用選為長兼南梁郡丞從
後軍行參軍帝溺情內教朝政縱弛祖深輿櫬詣闕上封
事其略曰大梁應運功高百王慈悲既弘憲律如昔愚輩
閭識詭慢斯作各競奢後貪穢遂生頌由陛下寵勳過
駁下太寬故廉潔者自進無途貪苟者取入多徑直弦者
坐見埋沒勞勤厚祿賞未均無功側入反加寵權昔
信坐溺溝壑曲鈞者升進重貪飾口利辭競相推薦人為國本
宋人賣酒犬惡致酸陛下之大甚矣臣聞人為國本
食為人命故禮曰國無六年之儲謂非其國也推此而言
農為急務而郡縣苛暴不加勸獎全年豐歲稔猶人有飢

色設遇水旱何以救之陛下昔歲尚學置立五館行吟坐
諫誦聲溢境比來慕法普天信向家家齋戒人人懺禮不
務農桑空談彼岸夫農桑者今日濟育有功德者將來勝因
豈可墮本勤末置塋兆者此亦商旅轉繁游食轉眾耕夫
日少杼軸日空陛下若廣興屯田賤金貴粟勤農桑者權
以階綴情耕織者告以明刑如此數年則家給人足廉讓
於道者安國濟人志於利者損物圖己適人者害國小人
可生夫君子小人智不同君子志於道小人謀於利志
也忠良者捍國君子也臣見疾者諂道士則勸奏章僧尼
則令齋講俗師則鬼禍須解醮訴則湯熨散灸皆先貧為
也臣謂為國之本與療病相類療病當去巫鬼尋華扁為
國當黜佞邪用管晏之奸任腹背之毛耳論外則有禦
捨說內則有雲夏虛夏所議則傷俗士女南望懷宪若
安枕江東圭慈臣惟思謀外甸使中國女
賈誼重生豈不慟哭息謀全五言犯顏罪或容有而菲忤貴
臣則禍在不測所以不憚斧鑕區區必聞者正以社稷
重而蠖蟻命輕使臣言入身滅臣何所恨夫謀臣將何
代無之責在見知要在用耳陛下不和苟閇唯唯而已入對
于之節諫爭是誰敢逆耳過實在下而諫
則言聖旨神衷出論則云誰敢逆耳過實在下而諫見於

上遂使聖旨降誠躬自引咎宰輔晏然曾無諫退且百僚
卿士堪有奉公尸祿競利不尚廉潔累金積鏹侍列如仙
不田不商何故而爾法者人之父母惠者人之仇讎法嚴
則人思善德多則物生惡惡不可長欲不可縱伏願去貪
濁進廉平明法令嚴刑罰禁奢侈薄賦斂則天下幸甚謹
上封事二十九條伏願之明少察愚戇時常大弘
釋典將以易俗故祖深尤言其事條以為都下佛寺五百
餘所窮極宏麗僧尼十餘萬貲產豐沃所在郡縣不可勝
言道人又有白徒尼則皆畜養女皆不貫人籍天下戶口
幾亡其半而僧尼多非法養女皆服羅紈其蠹俗傷法抑
由於此請精加檢括若無道行四十巳下皆使還俗附農
罷曰徒養女聽畜奴婢婢唯著青布衣僧尼皆令蔬食如
此則法興俗盛國富人殷不然恐方來處處成寺家家剃
落尺土一人非復國有朝廷權用勳舊為三陸州郡不頒
御人之道唯以貪殘為務迫脅良善害甚豺狼江湘人尤
黨其弊自三關以外是處逼毒而此勳人投化之始但有
一身又被任用皆虛名上簿止送出三津名在遠役身歸鄉
募利其貨財皆上簿而揚徐之人過以衆役多投其
里又懼本屬檢問於是逃亡之他境僑戶之興由此故又
梁興以來發人征役號為三五又投募將客主將無恩存

鄉失理多有物故輒剌叛亡或有身殞戰場而名在叛目
監符下討編募家丁合家又叛則取一人有犯則合村
又叛則取比伍比伍又叛則壑村而取同籍同籍
皆空雖害肆暴滁淮始而監符猶下舊曰限以嚴程
上下任吏轉相督促臺使到州又遣押使至郡郡課
競急切同趣下城令宰多庸才風伏於是斂戶課鷹
其簧匪使人納重貨許立文其百里微欲矯俗則嚴科
立至自是所在恣貪利以事上官又請斷界首將生口
入比及關津廢替須加糾擿又言盧陵年少宜鎮襄陽
左僕射王暕在喪被起為吳郡曾無辭讓其言深刻又請
復郊四星帝雖不能悉用然嘉其正直擢為豫章鐘陵令
貞外散騎常侍普通七年改南州津為南津校尉以祖深
為之加雲騎將軍秩二千石使募部曲二千及至南州公
嚴清刻申束王侯勢家出入津不忌憲綱俠藏亡命祖深
搜檢奸惡不避強禦動致刑辟奏江州刺史邵陵王太子
詹事周捨贓罪遠近側足莫敢縱恣淮南太守畏之如上
府常服故布襦素本家食不過一肉有姬餉一早青瓜祖
深報以足帛後有富人效之以紵報而拘衆朝野憚之絕
於干請所領皆精兵令行禁止有所討逐越境追禽江中
嘗有賊祖深自率討之列陳未敢進仍令所親入先登不

時進斬之途大破賊威振遠近良涇肅清

論曰善政之於人猶良工之於埴也用功寡而成器多焉
漢世戶口殷盛刑務閒闊郡縣之職外無橫擾勸賞威刑
事多專斷尺一詔書希經邦邑吏居者或長于孫畢敷
德政以盡人和興義讓以存簡父故襲黃之化易以有成
降及晚代情偽繁起人減昔時務殷前世立績垂風難易
百倍若乏上古之化御此世之人今吏之良撫前代之俗
則武城弦歌將有未暇淮陽卧鎮如或可勉未必全才陋
古蓋化有醇薄者也

列傳第六十

南史七十

儒林　　　　　　　　　　　　　　李　延壽　　南史七十一

伏曼容　子暅　暅子挺　何佟之
嚴植之　司馬筠
卞華　崔靈恩
孔僉　盧廣
沈峻　太史版明　峻子文阿　孔子袪
皇侃　沈洙
戚袞　鄭灼　張崖　陸胤　沈德威　賀德基
《南史列傳六十一》
全緩　張譏
顧越　冀孟舒　沈不害
王元規　陸慶

盖今之儒者本因古之六學以弘風正俗斯則王政之所
先也自秦氏坑焚然其道用缺又漢武帝時開設學校立五
經博士置弟子員射策設科勸以官祿傳業者故益眾矣
其後太學生徒動至萬數郡國黌舍皆充滿其學於山
澤者或就
始以後更尚玄虛公卿士庶莫不祖述虛言淳藝之徒
雖議創制未有能易俗移風者也自是中原橫潰衣冠道

《南史列傳六十一》　　　　　　　　　　　　二

盖速江左草創日不暇給以迄宋齊國學時或開置而勸
課未博建之不能十年盖取文具而已是時鄉里莫或開
館公卿罕通經術朝廷大儒獨學而弗肯養眾後生孤陋
擁經而無所講習大道之鬱也矣至平其武劍業深感
五經博士各一人於是以平原明山賓吳郡陸璉吳興沈
峻建平嚴植之會稽賀瑒補博士各主一館館有數百生
給其餼廩其射策通明經者即除為吏於是懷經負笈者
雲會矣又選學生遣就會稽雲門山受業於盧江何胤
遣博士祭酒到州郡立學七年又詔皇太子宗室王侯始
就學受業武帝親屈輿駕釋奠於先師先聖申之以謙語
勞之以束帛濟濟焉洋洋焉大道之行也如是又陳武劍
業時經喪亂衣冠殄瘁敦獎之方所未遑也天
嘉以後稍置學官雖博延生徒成業蓋寡其所采綴蓋亦
梁之遺儒令並集之以備儒林云
伏曼容字公儀平昌安丘人晉著作郎滔之曾孫也父胤
之宋司空主簿曼容早孤與母兄居南海少篤學善老
易倜儻好大言常云何晏疑易中九事以吾觀之晏了不
學也故知平叔有所短徒教授以自業為驃騎行參軍
宋明帝好周易嘗集朝臣於清景殿講詔曼容執經

時始與內史何遠累著清績武帝權為黃門侍郎俄遷信

以賜之為尚書外兵郎昔與袤罷朝相會言論

以為一臺二絕昺明末為輔國長史南海太守至石門作

貪泉銘辝建元中上書勸封禪高帝以其禮難備不從

仕為太子講衞將軍王儉深相愛好令

與河內司馬憲吳郡陸澄共撰喪服文竟與定禮樂

素美風采明帝恒以方稽夜使兵人陸探微畫叔夜像

會儉薨建武中拜中散大夫時明帝不重儒術曼容宅在

苑寺東施高坐於聽事有賓客輒升高坐為講說生徒

常數十百人梁臺建召拜司徒司馬出為臨海太守天監

元年卒官年八十二曼容多佚術善音律射馭風角醫筭

莫不閑了為周易毛詩喪服集解老莊論語義子暄

暄字玄曜幼傳父業能言玄理與樂安任昉彭城劉曼俱

知名仕齊位東陽郡丞鄞令時曼容已致仕故頻以外職

慶暄得養焉梁武帝踐祚薨五經愽士與吏部尚書徐

勉中書侍郎周捨撰知五禮事出為永陽內史在郡清素

政務安靜郡人何貞秀等一百五十四人詣州言狀湘州

刺史以聞詔勘有十五事為吏人所懷帝善之徙新安太

守在郡清恪如永陽時人賦稅不登者輒以太守田米助

之郡多麻苧家人乃至無以為繩其屬志如此屬縣始新

遂安海寧竝同時生為立祠徵為國子博士領長水校尉

時始與內史何遠累著清績武帝權為黃門侍郎俄遷信

武將軍監吳郡事暄自以名輩素在遠前為吏俱稱廉白

遠累見擢暄徇階而已意望不滿多託疾居家尋求假到

東陽迎妹喪因會稽禁宅自表解職詔以為豫章內史

乃出拜書侍御史虞騫奏曰風聞豫章內史伏暄去歲啓

假以迎妹喪為辭因停會稽不去東之始貪濁賣車以

此而推則是本無還意暄歷典二邦少免貪濁此自為政

之本豈得稱功謂人才品望居何遠之右而遠以清見

權在位轉隆暄深懷誹怨形於辭色天高聽卑無私不照

去年十二月二十一日下詔曰國子博士領長水校尉伏

暄為政廉平宜加將養勿使憲望致虧士風可豫章內史

豈有人臣奉如此之詔而不亡魂破膽歸罪有司而冒寵

不辭各斯苟得故以士流解體行路沸騰辨跡求心無一

可恕請以暄大不敬論有詔勿論暄遂得就郡徵為給事

黃門侍郎領國子博士未赴卒暄父曼容與樂安任遙

皆昵於齊太尉王儉遙子昉及暄獨滯於象軍事及終名位略

盛齊末已為司徒左長史暄父防知頎之防才遇稍

相伴暄性儉素車服纜惡外雖退靜內不免心競故見議

於時然能推薦後來常若不及小年士子或以此依之子

挺

伯安

14-727

挺字士標幼敏悟七歲通老子及長博學有才思為
五言詩善劾謝康樂體父友樂安任昉深相歎異常曰此
子日下無雙齊末州學秀才策為當時第一梁武帝師至
挺迎謁於新林帝見之甚悅謂之顏子引為征東行參軍
時年十八天監初除中軍參軍事居宅在潮溝於宅講論
語聽者傾朝挺二世同時聰徒教授宇有其比累為晉陵
武康令罷縣還仍於東郊築室不復仕挺少有盛名又善
挺父之藏匿後遇赦乃出大心寺會邵陵王為江州攜挺
除南臺書侍御史因事納賄被劾懼罪乃硬服出家名僧
之鎮王好文義深被恩禮挺不堪蔬素因此還俗侯景亂
中卒著邁說十卷文集二十卷子知命以其父官途不進怨
朝廷後遂盡心侯景龍鄞州圍巴陵軍中書檄皆其文也
言又西臺莫不劇筆乃景纂位為中書舍人權傾內外景
敗被送江陵於獄幽死挺弟挺亦有才名為邵陵王記室
參軍

何佟之字士威廬江灊人晉豫州刺史惲六世孫也祖邵
之宋員外散騎常侍父歆齊奉朝請佟之少好三禮師心
獨學強力專精手不輟卷讀禮論三百餘篇略皆上口太
尉王儉雅相推重起家揚州從事仍為撰明館學士仕齊

初為國子助教為諸王講喪服結章為經屈手巾為冠諸
生有未曉者委曲誘誨都下稱其醇儒建武中為鎮北記
室參軍侍皇太子講時步兵校尉劉瓛徵士吳苞皆已卒
都下碩儒唯佟之而已當時國家吉凶禮則皆取決焉後
為驃騎司馬求元末都下兵亂佟之常集諸生講論孜孜
不怠性好潔一日之中洗滌者十餘過猶恨不足時人稱
為水淫有至性母亡後常設一屋晦朔拜伏流涕如此
者二十餘年當世服其孝行子時又有遂安令劉登為性
彌潔在縣埽拂郭邑路無橫草水翰蟲穢百姓不堪命坐
免官然甚員正善醫術與徐嗣伯坊名子聰能世其家業
佟之自東昏即位以其兇虐乃謝病終身不涉其流梁武
帝踐阼以為尚書左丞時百度草創後之依禮定議多所
禆益天監二年卒故事左丞無贈官者帝特詔贈黃門
侍郎儒者榮之所著文章禮議百許篇子朝隱朝晦

嚴植之字源建平秭歸人也少善莊老能玄言精解喪
服謹厚不以所長高人少遭父憂因菜食二十三載仕齊
為廣漢王國右常侍仍侍王讀及王誅國人莫敢視植之
獨奔哭手營斂徒跣送還墓所起冢葬畢乃還當時
義之後為康樂令植之在縣清白人吏稱之梁天監二年

詔求通儒脩五禮有司奏植之主凶禮四年初置五經博士各開館教授以植之兼五經博士植之館在潮溝生徒常百數講說有區段次第折理分明每當發講五館生畢至聽者千餘人遷中撫記室參軍猶兼博士卒於館植之自疾後便不受東奉妻子困乏及卒喪無所寄生徒為市宅乃得成喪植之性慈仁好行陰德在閨室未嘗忿憖少嘗山行見一患者闆其姓名不能答載與俱歸為營醫藥六日而死為作棺斂殯之云不知何許人也又嘗緣栅塘行主將發棄之于岸植之惻然載還療之經年而愈請終身充奴僕以報厚恩植之不受遺以資糧遣之所撰凶禮儀注四百七十九卷

南史列傳六十一　七

司馬筠字貞素河內溫人也晉譙王承七代孫祖亮宋司空從事中郎父叔字敬文郡奉朝請始安王遙光使掌文記遙光之敗曹武入城見之端曰身為蒙始安厚恩君宜見殺武叱令速去尋兵至見殺筠少孤貧好學師沛國劉瓛強力專精深為獄器及長博通經術九明三禮梁天監初為尉陽令有清績入拜尚書桐部郎七年安成國太妃陳氏薨江州刺史安成王秀荊州刺史始興王憺並以慈母表

解職詔不許還攝本任而太妃在都喪祭無主中書令人周捨議曰賀瑒先稱慈母之子不服慈母之黨婦又不從夫而服其黨慈姑小功服無從母由斯而言非徒子不從母服明矣尋門內之哀不容自同於常案父之祥禫子乃制曰二弗今二王諸子宜以成服揲又禮官議云縞冠玄武子之冠王在遠世子宜攝祭事揲文吳太妃既則世子衣服宜異於常可著細布衣絹為領帶三年不聽樂又禮及春秋庶母不世祭蓋謂無王命者耳吳太妃既朝命所加得用安成禮秩則當祔祧五世親盡乃毀陳太祭孫止是會經文武帝由是敕禮官議皇子慈母之服筠

南史列傳六十一　八

妃命數之重雖則不異慈孫既不從服廟食理無傳祀子議宋朝五服制皇子服訓養母依禮庶母慈已宜從小功之制案曾問云子游曰喪慈母依禮歐孔子曰非禮也古者男子外有傳內有慈母君所使教子也何服則王者之子不服又可知又喪服經云君子子為庶母慈已者傳曰君子注云此指謂國君之子也君子子者貴人之子也鄭玄子者貴人之子也鄭玄云君子子者大夫以此而推則慈母之服上不在五等之嗣下不逮三士之息儻其服者止卿大夫尋諸侯之子尚無此服況乃施之皇子謂

宣依禮刊除以反前代之惑武帝以為不然曰禮言慈母凡有三條一則妾子之無母養之命為母子服以三年喪服齊衰章所言慈母如母是也二則嫡妻之子無母使妾養之慈撫隆至雖均於三年之慈母但嫡妻妾無為母之義而恩深事故服以小功喪服小功章所以不直言子非無母正是擇賤者視之義同此慈亦無內愛故亦有慈母之名師保既無其服則此慈母次為保母

此其明文言擇諸母是擇人而為此三母非謂擇取兄弟之母也何以知之若是兄弟之母其先有子者則是長妾長妾之禮是有殊加何容次妾生子乃退成保母斯不可也又有多兄弟之人於義或可若始生之子便應三母俱關邪由是推之內則所言諸母是謂三母非兄弟之母明矣孔子游夏問自是師保之慈非三母小功之慈也故夫子得有此對堂非師保之慈無服以注慈已後人猶爾自斯以混為訓釋引彼無服以致謬實此之由經言君子子者此雖起於大夫明大夫之子者此貴人之子也摯爾自此以上彌故異故傳云君子子者貴人之子也摯爾言貴無所不包經傳互文交相顯發則知慈加之義通乎大夫以上矣宋代

則云擇於諸母與可者使為子師其次為慈母次為保母

愛故亦有慈母之名師保既無其服則此慈母次為保母

定嫡妻之子母沒為父妾所養服之五月貴賤並同以為此科不垂禮意便加除削良其所疑於是筠等請依制改求制後為尚書左丞辛於始興內史子壽傳父業明三禮位尚書祠部郎曲阿令

卞華字昭岳濟陰宛句人晉驃騎將軍壼六世孫也父之齊給事中華幼孤貧好學年十四召補國子生通周易及長徧習五經與平原明山賓會稽賀瑒同業友善渉天監中為安成王功曹參軍兼五經博士涉有機辯說經析理為當時之冠江左以來鍾律絕學至華乃通為位尚書儀曹郎吳令

崔靈恩清河東武城人也少篤學徧習五經尤精三禮三傳仕魏為太常博士天監十三年歸梁累遷步兵校尉兼國子博士靈恩聚徒講授聽者常數百人性拙樸無風采及解析經理甚有精致都下舊儒咸稱重之助教孔僉尤好其學靈恩先習左傳服解不為江東所行及改說杜義每文句常申服以難杜遂著左氏條義以明之時助教虞僧誕又精杜學因作申杜難服以答靈恩世並傳焉僧誕會稽餘姚人以左氏教授聽者亦數百人該通義例當世莫及先是儒者論天五執渾蓋為一焉說蓋不合渾論渾不合蓋靈恩立義以渾蓋為一焉出為長沙內史還除國子

博士講衆尤盛又出為桂州刺史卒官靈恩集注毛詩二
十二卷集注周禮四十卷制三禮義宗三十卷左氏經傳
義二十二卷左氏條例十卷公羊穀梁文句義十卷
孔僉會稽山陰人少師事何佟通五經尤明三禮孝經論
語講說並數十編生徒亦數百人三為五經博士後為海
臨山陰二縣令僉儒者不長政術在縣無績太清亂卒於
家子淑玄頗涉文學官至太學博士僉兄子元素又善三
禮有盛名早卒

廬廣范陽涿人自云晉司空從事中郎諶之後也少明經
有儒術天監中歸梁位步兵校尉兼國子博士編講五經

時比來人儒學者有崔靈恩孫詳蔣顯並聚徒講說而音
辭鄙拙唯廣言論清雅不類北人僕射徐勉兼通經術深
相嘗好後為尋陽太守武陵王長史卒官

沈峻字士高吳興武康人也家世農夫至峻好學與舅太
史叔明師事宗人沈驎士在門下積年晝夜自課睡則以
杖自擊其篤志如此遂博通五經九長三禮為兼國子助
教時更部郎陸倕與僕射徐勉薦峻曰凡聖賢所講之書
必以周官立義則周官一書實為群經源本此學不傳多
歷年世比人孫詳顯亦經聽習而音革楚夏故學徒不
至唯助教沈峻特精此書比日時開講肆羣儒劉嵒沈宏

沈熊之徒竝執經下坐北面受業莫不歡服人無間言第
謂宜即用此人令其專此一學周而後始使聖人正典廢
而更興勉從之奏峻兼五經博士於館講授聽者常數百
人及中書舍人賀琛奉敕撰梁官乃啓峻又及孔子祛令卒
省學士助撰錄書成又兼中書通事舍人出為武康令卒
官傳峻業者又有吳郡張及會稽孔子雲皆至五經博
士尚書祠部郎大史叔明吳興程人好學通經
善莊老兼通孝經論語禮記尤精三玄每講說聽者常五
百餘人為國子助教邵陵王綸好其學
明之鎮郢州遷郢州所至輒講授故江州人士皆傳
其學峻子文阿

文阿字國徾性剛強有膂力少習父業研精章句祖舅太
史叔明舅王慧興竝通經術而文阿頗傳之又博采先儒
異同自為義疏通三禮三傳位五經博士梁簡文引為東
宮學士及撰長春義記多使文阿撮異聞以廣之及侯景
寇敗文阿宗子山野景素聞其名求之甚急文阿窮迫登
嶺自縊遇有所親救之自投而下折其左臂及景平陳武
帝以文阿州里表為原鄉令監江陰郡紹泰元年入為國
子博士尋領步兵校尉兼掌儀禮自太清之亂臺閣故事

無得在者文阿父峻梁武時常掌朝儀頗有遺豪於是對
酌裁撰禮慶皆自之出及陳武帝受禪文阿輒棄官還武
康帝大怒發使往誅之時文阿宗人沈恪為郡請使者寬
其死即面縛鎖頸致於上前上視而笑之曰腐儒復何為
者遂赦之武帝崩文阿與尚書左丞庾持奉詔遣博士議其禮及文
知等議大行皇帝靈座俠御衣服之制語在師知傳及文
帝即位剡日謁廟尚書左丞徐陵中書舍人劉師
以適宜夫千人無君不敗則亂萬乘無主不危則亡當隆
阿議曰人物推移文殊軌聖賢因機而遘教王公隨時
周之日公旦叔父呂爪牙成王在喪禍幾覆國是以既

葬便有公冠之儀始殯受麻冕之策斯蓋示天下以有主
應社稷之艱難達乎末葉從橫漢承其斃雖文景刑厝而
七國連兵或踰月即尊或朝日稱詔此皆有而為之非無
心於禮制也今國諱之日雖抑哀於璽紱之重猶未序於
君臣之儀古禮朝廟退坐正寢聽羣臣之政今皇帝拜廟
還宜御太極前殿以正南面之尊此即周康在朝二三臣
衞者也其壞莫之郎周禮以王作贊公侯以珪子男執璧
此王作端也輿尊贄竟又復致羣夫子以璧王后用琮禀燒
經典咸儀散滅叔孫通定禮尤失前憲輿贄不珪致事無
帛公王同璧鴻臚奏賀若此數事未聞於古後相沿襲至

梁行之志稱觴奉壽家國大慶四廂雅樂歌奏懽欣全君
臣吞哀兆庶割同於惟新之禮乎且周康賓稱奉珪
無萬壽之獻豈同於惟新之禮乎且周康賓稱奉珪之
儀無賀酒之禮謹撰謁廟還升正寢延尉卿所撰儀禮八
詔可施行尋遷通直散騎常侍兼國子博士領羽林監仍
令於東宮講孝經論語天嘉中卒贈廷尉卿經典大義十
八卷流於時儒者多傳其學
十餘條疏行於時儒者多傳其學
孔子袪會稽山陰人也少孤貧好學耕耘樵採常懷書自
隨役閑則誦讀勤苦自勵遂通經術尤明古文尚書為兼

國子助教講尚書四十遍聽者常數百人為西省學士助
賀琛撰錄書成兼司文侍郎不就累遷兼中書通事舍人
加步兵校尉梁武帝撰五經講疏及孔子正言專使舍人
檢閱羣書以為義證事竟敕子袪與右衞朱异集注周易
於士林館遞日執經梁後加通直正員郎卒官子袪凡著尚
書義二十卷集注尚書三十卷續朱异集注周易一百
續何承天集禮論一百五十卷

皇侃吳郡人青州刺史中皇象九世孫也少好學師事賀瑒
精力專門盡通其業尤明三禮孝經論語為兼國子助教
於學講說聽者常數百人撰禮記講疏五十卷書成奏上

詔付祕閣頃之召入壽光殿說禮記義梁武帝善之加貞
外散騎侍郎偘性至孝常日限誦孝經二十徧以擬觀世
音經丁母憂還鄉里平西邵陵王欲其博厚禮迎之及至
因感心疾卒所撰論語義禮記義見重於世學者傳焉
沈洙字弘道吳興武康人也祖休奉梁餘杭令父山卿梁
國子博士中散大夫洙少方雅好學不妄交游通三禮春
秋左氏傳精識強記年蓋二十餘大同中學者多涉獵文史
不為章句而洙獨積思經術吳郡朱异會稽賀琛景之亂洙
為尚書祠部郎時會稽賀琛甚嘉之
及昇琛於士林館講制百義常使洙為都講侯景之亂洙
竄於臨安時陳文帝在焉親就習業文陳武帝入輔除國
子博士與沈文阿同掌儀禮武帝受禪加貞外散騎常侍
位揚州別駕從事史大匠卿有司奏建康令沈孝軌門生
陳三兒牒稱主人翁靈柩在周王人弟息見在此者為至月
又而未友此月晦即其冊周主人奉使關右因欲迎喪
末除靈內外即吉旣為待主人還情禮申竟以事諮左丞江
德溓德藻議謂王衛軍云久喪不葬唯主人不燮其餘親者
各終月數而除此蓋引禮文論在家內有事故未得葬者
耳孝軌旣已迎喪還期無指諸弟若遂不除永
絕昏嫁此於人情或未為允中原淪陷以後理有事例宜

諮沈常侍詳議洙議曰禮有斬衰正文有從且禮小記云父而
不葬者唯主人喪者不除其餘以麻終身旣有除喪已注云其
餘謂傍親如鄭所解衆子皆應不除王衛軍所引此蓋禮
之正也但魏氏東關之役旣失亡屍柩葬禮無期時議以
為禮無終身之喪故制使除服晉氏喪亂或死於寇庭無使
由迎殯江左故後申明其制李令之父立亡不
測其子制服依時釋衰此立變禮因奉使
便欲迎喪而還期未卒宜依東關故事改葬之禮在此者立應釋服
衰麻毀靈枢若祭若喪枢得遠別行改葬之禮百天下寇亂
西朝傾覆若此之徒諒非一寧可喪期無數而弗除衰服
朝廷自應為之限制以義斷恩德藻依洙議奏可文帝即
位累遷光祿卿侍東宮讀發帝嗣位歷尚書左丞衡陽王
長史行府國軍梁代舊律測四之法曰上起自晡鼓盡一
二更及比郎范泉刪定律令以舊法測立時久非人所堪
分其刻數日再上廷尉以為新制過輕請集八座郎并祭
酒孔奐行事都官尚書沈洙五舍人會尚書省詳議時宣帝錄尚書
集衆議之都官尚書周弘正議曰凡小大之獄必應以情
政言傍議准五聽驗其虛實豈可令以掠測且測
人時郎本非古制近代以來方有此法起自晡鼓迄于二
更查是常人所能堪忍所以重械之下危慄之士無人不服

誣枉者多朝晚二時同等刻數進退而求於事爲褻若謂
小促前期數致實罪不服如後時節延長則無行安歇且
人之妨堪既有強弱人之立意固亦多途至如貫高栲答
刺爇身無完者戴就熏針竝困極不移旦關時刻長短
掠測優劣夫與殺不辜寧失不經罪疑惟輕功疑惟重斯
則古之聖王垂此明法愚謂依范泉著制爲允誅議曰夜
中測立緩急易欺兼用晝漏於事爲允但漏刻賒促今古
不同漢書律歷何承天祖沖之祖暅父子漏經竝自關鼓
至下鼓自晡鼓至關鼓皆十三刻廷尉本牒以

有長短分在中時前後今用梁末改漏下鼓之後分其短
長晷不問寒暑竝依今之夏至朝夕上測各十七刻雖冬至
古漏則一上多昔四刻即用全漏則冬至夜漏五刻雖至
之時敷刻侵夜正是少日於事非疑庶罪人不以漏短而
時刻短促致罪人不款愚意願去夜測之昧從晝漏之明
樹酌今古之聞參會二漏之義憐秋冬之少刻從晝漏之明
長夏至之日各十七刻冬至之日各十二刻

議非頓異范正是欲使四時均其刻數請寫還冊定曹詳
制宣帝曰沈長史議得中宜更博議左丞宗元饒議曰沈
爲捍獄囚無在夜之致誣求之鄙意竊謂宜依范泉前
改前制宣帝依事施行誅以太建元年卒

戒爰字公文吳郡臨官人也少聰慧游學都下受三禮於
國子助教劉文紹二年中大義略擧年十九梁武帝敕
策孔子正言并周禮禮記義對擧第除揚州祭酒從事
史就國子博士宋懷方質禮記義懷方北人自魏攜儀禮
禮記疏秘惜不傳又將亡謂家人曰吾死後戴生若來即
以儀禮禮記義本付之若其不來即隨屍燒之戴生前
許如此尋乃命道學博士
集玄儒之士先命道學互相質難次中庶子徐摛講論又嘗置宴
大義閳以劇談摛辭從橫捷難以咨抗諸儒懾氣時哤
朝聘義攜與往復袞精采自若領若如流簡文深加歎賞

敬帝立爲江州長史仍隨沈泰鎮南豫州泰之奔齊逼袞
鄭灼字茂昭東陽信安人也幼聰敏勵志儒學少學業於
皇侃梁簡文在東宮雅愛經術引灼爲西省義學士承聖
中爲兼國子博士未拜卒灼性精勤九明三禮少時嘗夢
士失禮記義四十卷行於世
歸卒於始興王府錄事參軍哀於梁代撰三禮義記逢亂
俱行後自蹤逃還又隨程文季於昌梁軍敗入周久之得
後兼國子博士未拜卒灼性
皇侃遇於途人抄義疏
益進灼家貧抄義疏以日繼夜筆豪盡每削用之常疏食

講授多苦心執若瓜時輒偃卧以瓜鎮心起便讀誦其篤
志如此時有晉陵張崖真與陸謝會稽德
基俱以禮學自命張崖傳三禮於同郡劉文紹天嘉元年
為尚書儀曹郎廣沈文阿儀注撰五禮後為國子博士陸
詡少習崔靈恩三禮義梁時百濟國表求講禮博士詡
詡行天嘉中位尚書祠部郎沈德威字懷遠少有操行梁
太清末遁於天目山築室以居雖鳳亂離而篤學無倦天
嘉元年徵出都後為國子助教每自學還私室講受道俗
受業數百人率常如此遷太常丞兼五禮學士後為尚書
祠部郎陳亡入隋官至秦王府主簿卒年五十五賀德基

字業業世傳禮學祖文發父淹仕梁俱為祠部郎並有名
當世德基少游學都下積年不歸衣資罄之又聰服故嫩
盛冬止衣袷裯裼嘗於白馬寺前逢一婦人容服甚盛呼
德基入寺門脫白綸巾以贈之仍謂曰君方為重器不久
貧寒故以此相遺耳問姓名不荅而去德基於禮記稱為
精明位尚書祠部郎雖不至大官而三世儒學俱為祠部
郎時論羨其不墜

全緩字弘立吳郡錢唐人也幼受易於博士褚仲都篤志
研翫得其精微陳太建中位鎮南始興王府諮議參軍緩
通周易老莊時人言玄者咸推之

張譏字直言清河武城人也祖僧寶梁太子洗馬父仲悅
梁尚書祠部郎譏幼聰俊有思理年十四通孝經論語篤
好玄言受學于汝南周弘正每有新意為先輩推服梁大
同中召補國子正言生梁武帝嘗於文德殿釋乾坤文言
議與陳郡袁憲等預焉敕令論議諸儒莫敢先出譏乃整
容而進諮審循環辭令溫雅帝甚異之賜裹襦絹等云表
卿稽古之力譏幼喪母有錯綵絹帕即母之遺制又有所
識家人具以告之每歲時輒對帕哽噎不能勝及丁父憂
居喪過禮服闋為士林館學士簡文在東宮出士林館發
題譏論議往復甚見嗟賞及景逆於圍城之中獨侍

哀太子於武德後殿講老莊臺城陷譏崎嶇避難卒不事
景陳天嘉中為國子助教時周弘正在國學發周易題弘
正第四弟弘直亦在講席譏與弘正論議弘正屈弘直危
坐屬聲助其申理譏乃正色謂弘曰今日義集辯正名
理雖知兄弟急難四公不得有助弘直危謂君師何
為不可舉坐以為笑樂弘正當謂人曰吾每登坐見張譏
在席使人懍然宣帝時為武陵王限內記室兼東宮學士
後主在東宮集宮僚置宴時造玉柄麈尾新成後主親執
之曰當今雖復多士如林至於堪捉此者獨張譏耳即手
授譏仍令於溫文殿講莊老宣帝幸宮臨聽賜御所服衣

一襲後主嗣位為國子博士東宮學士後主嘗幸鍾山開
善寺召從臣坐於寺西南松林下敕譏豎義時索麈尾未
至後主敕取松枝手以屬譏曰可代麈尾顧拳臣曰此即
張譏後事陳六入隋終於長安年七十六譏性恬靜不求
榮利常慕閑逸所居宅營山池植花果講周易老莊而教
授兒吳郡陸元朗朱孟博一乘寺沙門法才法雲寺沙門
慧抉至真觀道士姚綏皆傳其業譏所撰周易義三十
尚書義十五卷玄道義十一卷論語義二十
卷老子義十一卷莊子內篇義十二卷孝經義八卷論語義二十卷雜
篇義十卷玄部通義十二卷游玄桂林二十四卷

南史列傳六十一　廿一　勝佛神

顧越字允南吳郡鹽官人也所居新坂黃岡世有鄉校由
是顧氏多儒學馬祖道望散騎侍郎父仲成梁護軍司
馬豫章王諮議參軍家傳儒學並專門教授越幼明慧必
有口辯勵精學業不捨晝夜弱冠游學都下通儒碩學必
造門質疑討論無倦至於微言玄旨九章七曜音律圖緯
咸盡其精微時太子詹事周捨以儒學見童名知人一見
越便相歎異命與兒子弘正弘直游學為之談由是聲譽
日重時又有會稽賀文發學兼經史與越名相埒故都下
謂之發越焉初為南平元襄王偉國右常侍與文發俱入

重尋轉行參軍大通中詔飄勇將軍陳慶之送
魏北海王顥還北主魏慶之請越參其軍事時慶之所向
剋捷直至洛陽既而顥遂肆驕縱又上下離心越料其必
敗以疾得歸裁至彭城慶之果見摧幽越竟得先反時稱
其見機及至除安西湘東王府參軍及武帝撰制旨新義
選諸儒在所流通遣越揚講說越偏該該經藝深明
毛詩傍通異義特善老子尤長論難兼工綴文閑尺牘
七尺三寸美鬚眉武帝嘗於重雲殿自講老子僕射徐勉
舉越論義越抗首而請音響若鍾容止可觀帝深賞焉仍
是權為中軍宣城王記室參軍尋除五經博士仍令侍宣

南史列傳六十一　廿二　付名仲

城王講大同八年轉安西武陵王府內中錄事參軍尋遷
府諮議交倓景之亂越與同志沈文阿等逃難東歸賊黨
數授以爵位越誓不受命承聖二年詔授宣惠晉安王府
諮議參軍領國子博士越少世路未平無心仕進因歸鄉
栖隱于武丘山與吳興沈炯同郡張種會稽孔奐等每為
文會紹泰元年後徵為國子博士其見優禮尋領羽林監
除東中郎鄱陽王府諮議參軍陳天嘉中詔侍東宮讀
給事中黃門侍郎國子博士侍讀如故時朝廷草創禮儀
多所取決咸見施用每侍講東宮皇太子常虛己禮接越
以宮僚未盡時彥且太子仁弱宣帝有奪宗之志內懷憤

激乃上疏曰臣梁世薄宦祿不代耕季年板蕩竄身窮谷
幸屬聖期得奉昌運朝廷以臣微涉藝學遠垂徵引擢臣
以貴仕資臣以厚秩二宮恩遇有異凡流木石知感大馬
識養臣獨何人罔懷報德伏惟皇太子天下之本養善春
宮臣陪待經籍於今五載如愚所見多有曠官輔弼丞疑
論恒聞前聖往誥言往賢政道如此則非僻之語無從而入
未極時選至如文宗學府廉絜正人當趨奏龍樓晨夕

帝即位拜散騎常侍兼中書舍人黃門侍郎如故領天保

奏狂願留中不泄疏奏帝深感焉而竟不能改革及廢
臣年事迫非有邀求政是懷此不言則為有負明聖敢
博士掌儀禮猶為帝師入講授甚見尊寵時宣帝輔政華
較舉兵不從越因請假東還或諸之宣帝言越將動番
鎮竟免官太建元年卒於家年七十七所著喪服毛詩老
子經義論語等義疏四十餘卷詩頌碑誌戲表凡二百餘
篇時有東陽龔孟舒有亦通毛詩善談名理仕梁位尋陽
郡丞元帝在江州遇之甚重躬師事焉天嘉中位太中大
夫

沈不害字孝和吳興武康人也幼孤而修立好學陳天嘉
初除衡陽王府中記室參軍兼嘉德殿學士自梁季喪亂
至是國學未立不害上書請崇建儒宮帝優詔答之又表

改定樂章詔使製三朝樂歌詞八首合二十曲行之樂府
後為國子博士領羽林監敕脩五禮掌策文謚議等事太
建中位光祿卿通直散騎常侍兼尚書左丞卒不害通經
術著屬文雖博綜經典而家無卷軸每製文操筆立成曾
無尋檢汝南周弘正常稱之曰沈生可謂意聖人乎著五
禮儀一百卷文集十四卷子志道字崇基少知名位安東

新蔡王記室參軍元規八歲而孤兄弟第三人隨母資財巨萬欲

王元規字正範太原晉陽人也祖道寶永嘉郡守父瑋
梁武陵王府中記室參軍元規八歲而孤兄弟第三人隨母
依舅氏往臨海郡時年十二郡土豪劉瑱資財巨萬欲

妻以女母以其兄弟幼弱欲結強援元規泣請曰因不失
親古人所重豈得苟安異壤輒昏非類母感其言而止元
規性孝事母甚謹晨昏未嘗離左梁時山陰縣有暴水
流漂居宅元規唯有一小船倉卒引其母妹及姑姪入船
元規自執柂而去留其男女三人閣於樹杪及水退俱
復全時人稱其至行少從吳興沈文阿受業十八通春秋
左氏孝經論語喪服仕梁位中軍宣城王記室參軍陳天
嘉中為國子助教後主在東
宮引為學士就受禮記左傳喪服等義國子祭酒新安王
伯固固嘗因入宮適會元規將講乃啟請執經時論榮之俄

除尚書祠部郎自梁代諸儒相傳為左氏學者皆以賈逵

服虔之義雜釀杜預凡一百八十條元規引證通析無後

疑滯每國家議吉凶大禮常参預焉後為南平王府限内

参軍王為江州元規隨府之鎮四方學徒不遠千里來請

道者常數十百人陳亡入隋卒於秦王府東閣祭酒元規

著春秋發題辭及義記十一卷續經典大義十四卷孝經

義記兩卷左傳音三卷禮記音兩卷子大業中宗人陸榮

有吳郡陸慶少好學徧通五經尤明春秋左氏傳卸操甚

高仕梁為婁令陳天嘉初徵為通直散騎侍郎不就永陽

王為吳郡太守聞其名欲與相見慶辭以疾時宗人陸榮

二五　六庭

為郡五官掾慶曰聖王乃微服往學宅穿壁以觀之王

謂榮曰觀陸慶風神凝峻殆不可測嚴者平鄭子真何以

尚效鄱陽晉安王俱以記室徵不就乃筮室弄君以禪誦

為事由是傳經受業者蓋鮮焉

論曰語云上好之下必有甚焉者是以鄒纓齊紫且以移

俗況祿在其中可無歟當天監之際時主方崇儒業如

崔嚴何伐之徒前後互見升寵于時四方學者靡然向風

斯亦襄時之盛也自梁訖陳年且數十雖時經屯誠郊生

戎馬而風流不替豈俗化之移人乎古人稱上德若風下

應猶草美矣豈斯之謂也

列傳第六十一

文學

李延壽

南史七十二

丘靈鞠 子遲
　　檀超 熊襄 叔道鸞
卞彬 諸葛勗 袁嘏 孫抱 孫仲 表仲明
丘巨源 孔廣 孔逭 孔臶
王智深
崔慰祖 祖沖之 子暅之 孫皓
賈希鏡 袁峻
劉昭 子緬繼 鍾嶸 兄岏 岏弟嶼 司馬憲 孫憲
周興嗣 吳均 江洪
劉勰
劉陟
任孝恭 顏協
紀少瑜 杜之偉
顏晃 岑之敬
何之元 徐伯陽
張正見 阮卓

【南史列傳六十二】

何思澄 子朗 王子雲 （一）

主儒雅篤好文章故才秀之士無乏於時降及梁朝其流彌盛蓋由時
臨幸輒命羣臣賦詩其文之善者賜以金帛是以縉紳之
士咸知自勵至有陳受命運接亂離雖加獎勵而向時之
風流息矣詩云人之云亡邦國殄瘁莫金陵之數將終三
百年乎不然何至於是也宋史不立文學傳齊梁皆有其目
今綴而序之必備此篇云爾

【南史列傳六十二】 （二）

為州職詣領軍謝晦賓主坐甚政如今日卿將求復如此
鞠少好學著屬文州辟從事詣領軍沈演之演之曰身昔
丘靈鞠吳興烏程人也祖系秘書監父道員軍長史靈
也累遷員外郎宋孝武殷貴妃亡靈鞠獻挽歌三首云
橫廣階闥霜深高殿寒帝擒句嗟賞後為烏程令不得志
泰始初坐事禁錮數年褚彥回為吏部尚書彥回為其興太守謂人曰此郡
才士唯有丘靈鞠及沈敦耳乃啟申之明帝使著大駕南
討記論父之除太尉參軍昇明中為正員郎兼中書郎時
方禪讓齊高帝使靈鞠參掌詔策建元元年轉中書郎敕
知東宮手筆薝齊還東詣司徒褚彥回彥回為不起曰比脚
疾更增不復能起靈鞠曰脚疾亦是大事公為一代鼎臣
不可復為覆餗其彊切如此不持形儀唯以笑謔為娛又嘗
知國史武帝即位為通直常侍尋領東觀祭酒靈鞠曰人

居官顧望遷使我終身為祭酒不恨也永明二年領驍騎
將軍靈韻不樂武位謂人曰我應還東掘顧榮家江南地
方數千里士子風流皆出此中顧粲忽引諸倍輩靈韻曰
輩塗轍死有餘罪靈韻好飲酒藏否人物在沈深坐見王
儉詩深曰王儉謂文名甚盛入郭頗減邊髮縱無形儀不事
家業王儉宋時文名甚盛入郭頗減邊髮縱無形儀不事
騎長史卒著江左文章錄序起太興詫元熙文集行於時

子遜

遜字希範八歲便屬文靈韻常謂氣骨似我黃門郎謝超
宗徵士何點並見而異之在齊以秀才累遷殆中郎梁武
帝平建鄴引為驃騎主簿甚被禮遇時勸進梁王及殊禮
皆遜文也及踐阼遷中書郎待詔文德殿時帝著連珠詔
羣臣繼作者數十人遜文最美坐事免乃獻青朝詩上優
辭答之其後出為永嘉太守在郡不稱職為有司所糾帝愛
其才寢其奏天監四年中軍將軍臨川王宏北侵親以為
諮議參軍領記室從事中郎卒官遜辭以書喻
之伯之遂降時有鐘嶸著詩評云范雲婉轉清便如流風回雪
采麗逸
遲點緻映媚似落花依草雖取賊文通而秀於敬子其見

稱如此

仲孚字公信靈韻從孫也少好學讀書常以中宵鐘鳴為
限靈韻嘗稱為千里駒也齊永明初為國子生王儉曰東
南之美復見此生舉高第未調還鄉里家貧資為結羣盜
之計劫掠三吳仲孚聰明有智略羣盜服所行皆果故
亦不發為子湖令有能名太守呂文顯當時倖臣陵蔑屬
縣仲孚獨不為屈明帝即位為曲阿令仲孚鑒長岡埭則
反乘朝廷不備及問至而前鋒已屆曲阿仲孚長岡埭則
瀉瀆水以阻其路遷山陰令居職甚有聲稱百姓謠曰二
仲孚以拒守功遷山陰令居職甚有聲稱百姓謠曰二
沈劉不如一丘前世傳琰父子沈憲劉玄明相繼宰山陰
並有政績言仲孚皆過之齊末政亂頗有賕賄為有司所
舉將見收竄逃還都會赦不問梁武帝踐阼復為山陰令
仲孚長於撥煩善適權變吏人敬服號稱神明政為天下
第一後為衛尉卿恩任甚厚初起雙闕以仲孚為大匠累
遷豫章內史在郡更勵清節頃之卒贈給事黃門侍郎喪
將還豫章老幼號哭攀送車輪不得前仲孚為左永撰皇
典二十卷南宮故事百卷又撰尚書具事雜儀行於世
檀超字悅祖高平金鄉人也祖疑之字弘宗宋南琅邪太
守父道鸞字萬壽位正貞郎超少好文學放誕任氣解褐

州西曹蕭惠開為別駕超便抗禮惠開自以地位居前稍
相陵辱而超動嘯傲不以地勢推之張目謂曰我與卿
俱是國家微賤時外戚耳何足以一爵高人蕭太后惠開
之祖姑也長沙景王妃祖姑也故超以此議之惠開欣然
更為刎頸之交後位國子博士兼左丞超嗜酒好談諧自
封爵各詳本傳無假年表又制著十志多為左僕射王儉
所不同既與物多忤史功未就從交州於路見殺江淹撰

▲南史列傳六十二 　五

成之猶不備也時有豫章能襄著齊典上起十代其序云
尚書堯典謂之虞書則附所述通謂之齊書名為河洛金
匱又有吳邁遠者好為篇章宋明帝聞而召之及見曰此
人連絕之外無所長遠何為者而蚩鄙他人每作詩
得稱意輒擲地呼曰曹子建何足數哉超聞而笑曰昔
劉李緒才不逮於作者而好抵訶人文章季緒璅璅焉足
道哉至於邁遠何為者子超叔父道鸞字萬安位國子博
士永嘉太守亦有文學撰續晉陽秋二十卷
　彬字士蔚濟陰冤句人也祖嗣之中領軍父延之國子博
為上虞令有剛氣會稽太守孟顗以令長裁之積不能容

脫幘投地曰我所以屈卿者政為此幘耳今已投之卿矣
卿以一世勳門而國士拂天下傲之而去彬儉恨有才而
與物多忤齊高帝輔政表誅劉善節王蘊等皆不同而沈
收之又稱兵及蘊敗收以高帝事無
所成乃謂帝曰比聞謠云可憐念之尚存彬意猶以高帝
代哭列管暫鳴死滅族公頗聞不時蘊居父慶與蘂同死
故云乃著服也服者衣也孝子不在代哭者褚彥回也彬
謂沈收之得志褚彥回當敗故言哭也列管謂蕭也高帝
不悅又彬退曰彬自作此後常於東府謁高帝時為
齊王彬曰殿下即東宮府則以青溪為鴻溝鴻溝以東為

▲南史列傳六十二 　六

齊以西為宋仍詠詩云誰謂宋遠跂予望之遂大忤旨因
此擯斥數年不得仕進乃擬趙壹疾邪賦以喻意
後為南康郡丞彬頗飲酒擯棄形骸既不遂乃著蚩蚩
蝸蟲蝦蟇等賦皆大有指斥其蚩蟲賦序曰余居貧布衣
十年不製一袍之縕有生所託資其寒燠無與易之為人
多病起居甚踈躁寢眠絮不能自釋兼攝性懶嬾隨事皮
膚澡沐不謹瀚沐失時四體囂塵加以臭穢故葦席蓬纏
之間蚤蝨猥流淫攘渭濊無時恣由探揣摸日不替手
蚖有諺言朝生暮孫若吾之蚤者無湯沐之虞絕相與之
零蠹聚歛乎又襂襤布之裳復不褝之討捕孫孫子子三十

五歲為其略言皆實錄也又為錢獸決錄曰會獸云羊性
淫而很脆甲而率撥性頑而懶狗性險而出皆指斥貴
勢其羊淫很謂呂文顯狗斥隆之鷄頑傲謂潘敞
狗險出謂文度其險詭如此蝦蟇賦云紆青拖紫名為蛤
魚世謂比令史諸事也又云蜿虫于閭巷閶水唯朝繼冬羋
役如凫比令史諸室撥性飲酒以瓠壺瓢勺杭皮為肴著帛
田居婦為傅犁堂或謂曰卿都不持操名器何由得升彬
冠十二年不改易以大瓠為火龍什物多諸詭異自稱下
曰擲五木子十擲瓢囊菫後是擲子之拙吾好擲政極此
耳後為綏建太守卒官永明中琅邪諸葛易為國子生卒
雲中賦指祭酒以下皆有形似之目坐事繫東冶作
徒賦武帝見赦之又有陳郡袁敞自重其文謂人云我詩
應須大材迄之不酬飛去建武末為諸暨令被王敬則賊
之了不相接袁事又有人逐書與袁告蹟云比曰守羊困
徒受飼蒼書云高晉陵自爾之俄而袁代為縣循道迎贈甚厚
陵令耳何開袁事又有人送書來承抱為延陵縣敬云徒
苦袁苕曰守羊無食何不貰羊來承抱為延陵縣敬云徒
詰之抱了無故人之懷袁出從縣閣下過取筆書敬云徒

有八尺圍腹無一寸腸面皮如許厚受打未詬夾袂機悟
多如此坐被繫作鑲魚賦以自況其文甚工後遇赦免
卒抱東莞人父廉吳興太守抱善吏職形體肥壯腰帶十
圍袁故以此激之
丘巨源蘭陵蘭陵人也少舉丹楊郡孝廉為宋孝武所知
大明五年敕助徐爰撰國史夏王義恭取掌書記
明帝即位使參詔誥引在左右自南臺御史為王景文鎮
軍參軍寧朔還家元徽初桂陽王休範在尋陽以巨源有
筆翰遣船迎之餉以錢物巨源因齎高帝自啟敕起之
使留都下桂陽事起使於中書省撰符檄懃朝請
巨源望有封賞既而不獲乃與尚書令袁粲書自陳竟不
被申沈攸之事高帝又使為尚書符荊州以此又望賞異
自此意常不滿後除武昌太守拜竟不樂江外行武帝閒
之巨源曰古人云寧飲建鄴水不食武昌魚臣年已老寧
死於建鄴乃以為餘杭令明帝罷武昌水不食令明帝賞有
譏刺語以事見殺時又有會稽孔廣作秋胡詩有
字淹源美容止善吐論王儉張緒咸美之儉常云廣來使
人廢簿領匠不須求來則莫聽去緒數巾車詣之每歎云廣
孔廣使吾成輕薄祭酒仕至桥州中從事追抗真有才藻
製東都賦于峙才士稱之陳郡謝瀹年少時遊會稽還父

莊間入東，何見孔逭不見，重如此。著三具決録不傳。終
於衛軍武陵王東曹掾。又時有虞通之、廬鼴，司馬憲表仲
明孫詵等，皆有學行。與廬尹之鼴皆曾稽餘姚人。通
之壻，言易至步兵校尉。鼴位中書郎、廷尉，少好學居貧屋
漏恐濕墳典，乃舒被覆書，書貴全而被大漁。時人以比高
鳳。憲字景思，河內溫人，待詔東觀爲學士，至殿中郎，口辯
仲明與劉融下鼴俱爲表裴所賞，恆在坐席。裴未成而卒。初
取鼴爲主簿，好詩賦，多識，剌世人，坐徙巴州。詵字休群，太
原中都人，愛文，九賞眞泉石，卒於御史中丞。

王智深字雲才，琅邪臨沂人也。少從陳郡謝超宗學屬文
好飲酒，拙澀乏風儀。仕齊爲豫章王大司馬參軍兼記室
武帝使太子家令沈約撰宋書，疑立表裴傳以審武帝，帝
曰：表裴自是宋家忠臣。約父多載孝武、明帝諸穢黷事上
遺左右語約曰：孝武事迹不容頓爾，我昔豫其事。宋明帝
可思諱惡之義，於是多所省除。又敕智深撰宋紀，召見扶
容堂，賜衣服，給宅。智深貧居豫章王曰：須卿書成當相
想。論以祿，書成三十卷，武帝後召見王智深於璿明殿，令拜
表奏上，表宋奏而武帝崩。隆昌元年敕索其書，智深遷爲
竟陵王司徒參軍，免官家貧無人事，嘗餓五日不得食，掘

兗根食之。司空王僧慶及子志分與衣食，卒於家。
崔慰祖字悌宗，清河東武城人也。父慶緒永明中爲梁州
剌史。慰祖解褐奉朝請。父喪不食鹽，吾今亦
未有子，偃毀不滅性，政當不進肴羞耳，如何絕鹽。吾亦
不食矣。慰祖不得已從之。父時假貰文
族滅器，題爲日字。日字之器流平速近料得，父時假貰文
疏，謂族子紇曰：彼有自當見還，無吾何言哉。悉火焚之
好學，聚書至萬卷，隣里年少好事者來從假借，日數十袠
室通光好基，數召慰祖對戲，慰祖輒辭拙，非朔望不見也

建武中詔舉士，從兄慧景舉慰祖，又平原劉孝標並碩學
帝欲試以百里，慰祖辭不就。國子祭酒沈約、吏部郎謝朓
嘗於吏部省中，寶文俱集，各問慰祖地理中所不悉十餘
事，慰祖口吃無華辭而酬據精悉，一坐稱服。之朓歎曰：假
使班馬後生無以過此。慰祖賣宅一價直四十五萬，買者云寧
有減不，苔曰：誠異韓伯休，何容二價。買者又曰：君但賣四
十六萬，一見與。慰祖曰：豈是我心乎。少與丹陽丞劉渢素善，遇
又祀責常來候之，而慰祖在城內城未潰。一日渢謂之曰：卿有老
光據東府反，慰祖詣闕自首，繫尚方病卒。慰祖著
母宜出此，命門者出之。慰祖

海岱志起太公迄西晉人物為四十卷半成臨卒與從弟
緯書云常欲更注遷固二史採史漢所漏二百餘事在廚
篋可檢寫之以存大意海岱志良未周悉可寫數本付護
軍諸從人一通及友人任昉徐寅劉洋襲揆令後世知吾
微有素業世又令以棺親土不須甆勿設靈坐
祖沖之字文遠范陽遒人也曾祖台之晉祖昌宋大
匹卿父朔之奉朝請沖之稽古有機思宋孝武使直華林
學省賜宅宇車服解褐南徐州從事公府參軍始元嘉中
用何承天所製歷比古十一家為密沖之以為尚疎乃更
造新法上表言之孝武令朝士善歷者難之不能屈會帝
崩而施行歷位為婁縣令調者僕射却兄武平關中得姚
與指南車有外形而無機杼每行使人於內轉之晉明中
齊高帝輔政使沖之追修古法沖之改造銅機圓轉不窮
而司方一馬均以來未之有也時有北人索馭驎者亦
云能造指南車高帝使與沖之各造使於樂游苑對共校
試而頗有差僻乃毀而焚之晉時杜預有巧思造欹器三
改不成求明中竟陵王子良好古沖之造欹器獻之與周
廟不異文惠太子在東宮見沖之歷法啟武帝施行文惠
尋薨又寢轉長水校尉領本職沖之造安邊論欲開屯田
廣農殖建武中明帝欲使沖之巡行四方興造大業可以

利百姓者會連有軍事事竟不行沖之解鍾律博塞當時
獨絕莫能對者以諸葛亮有木牛流馬乃造一器不因風
水施機自運不勞人力又造千里船於新亭江試之日行
百餘里於樂游苑造水碓磨武帝親自臨視又特善算
元二年卒年七十二著易老莊義釋論語孝經注九章
綴述數十篇兼莫子頊之

頊之字景爍少傳家業究極精微亦有巧思入神之妙般
倕無以過也當其詣微之時靁霆不能入嘗行遇僕射徐
勉以頭觸之勉呼乃悟父所改何承天歷時尚未行梁天
監初頊之更修之於是始行焉位至太舟卿
晅之子晧志節慷慨有文武才略少傳家業善算歷大同
中為江都令後拜廣陵太守侯景陷臺城晧在城中將見
害乃逃歸江西百姓感其遺惠每相蔽匿廣陵人來颳乃
說晧曰逆賊滔天王室如燬正是義夫發憤之秋志士
軀之日府君荷恩重世又不為賊所容逃竄草間知者
非一危之甚矣累葉非喻董紹先雖京之腹輕而無謀
新剋此州人情不附襲而殺之此一壯士之任耳今若烈
義勇自立可得三二百人剋捷可立桓文之勳必天未悔禍
新翦自當投袂起如其剋捷可立桓文之勳必天未悔禍
率義勇自立可得三二百人剋捷可立桓文之動必天未悔禍
生理必百代之下猶為梁室忠臣君何晧曰僕所願也死

且甘心為要勇士耿光等百餘人襲殺景景兗州刺史董紹

先推前太子舍人蕭勱為剌史結東魏為援轍遠近將

討景景大懼即日率俠子鑒等攻之城陷

之箭徧體然後軍裂以徇城中無少長皆埋而射之來襲

字德山幼有奇節兼資文武既與勱義舉邵陵王承制除

步兵校尉秦郡太守封永寗縣侯及勱敗并執子姪遇

害者十六人子法敏逃免徐羨蘇寶生並不能悲希鏡對曰

海女郎問學士宋孝武時青州人發古冢銘云青州東

軍家傳譜學宋孝武時青州人

晉希鏡平陽襄陵人也祖弼之晉員外郎父匪之驃騎參

此是司馬越女嫁苟晞兒撿訪果然由見過敦希鏡注

郭子昇明中齊高帝嘉希鏡世學取以為驃騎參軍武陵王

國郎中令歷大司徒府參軍竟陵王子良使希鏡撰

見客譜出為句容令先是謂學未有名家希鏡祖弼之廣

集百氏譜記專心習業晉泰元中朝廷給弼之令史書史

撰定繕寫藏秘閣及左戶曹郎

族譜合百帙七百餘卷該究精悉皆如貫珠當時莫比求

明中衛軍王儉抄次百家譜與希鏡參懷撰定建元初希

鏡遷長水校尉傖人王泰寶瑑襲瑯邪譜當書令王晏以

啟明帝希鏡坐被收當極法子楗長謝罪稽顙流血朝廷

哀之免希鏡罷後為北中郎參軍卒撰氏族要狀及人名

書並行於時

袤峻字孝高陳郡陽夏人魏郎中令澳之八世孫也早孤

篤志好學家貧無書每從人假借必皆抄寫自課日五十

紙紙數不登則不止訥言語工文辭梁武帝雅好辭賦時

獻文章賜東帛除員外散騎侍郎直文德學士省抄

之帝嘉焉於南闕除員外散騎侍郎直文德學士省抄

史記字漢書各為二十卷又奉敕與陸倕各製新闕銘云

父憂父喪聞宋武帝敕皇太子諸王並往弔尉官至少府

劉昭字宣卿平原高唐人晉太尉寔九世孫也祖伯龍居

卿父勃躬征虜晉安王記室昭幼清警通老莊義及長勤

學善屬文外兄江淹早相稱賞梁天監中歷中軍臨川

王記室初昭伯父肜集衆家晉書注干寶晉紀為四十卷

至昭集後漢同異以注范曄後漢世稱博悉

亦好學通三禮位尚書祠部郎著先聖本記十卷行於世

紹弟綬字含度為相東王中錄事性虛遠有氣調風流迭

宅名高一府常云不須名位所須衣食不用身後之譽唯

重目前知見

鍾嶸字仲偉潁川長社人晉侍中雅七世孫也父蹈齊中

劉宗

軍參軍嶸與兄峋弟峻並好學有思理嶸齊永明中為國
子生明易衛將軍王儉領祭酒頗賞接之建武初為南
東王侍郎時齊明帝躬親細務綱目亦密於是郡縣及六
署九府常行職事莫不爭自啟聞取決敕文武勳舊皆
不歸選部於是憑勢互相通進人君之務粗為繁密乃
上書言古者明君揆才頒政量能授職三公坐而論道九
卿作而成務所謂勞於求賢逸於任使者也書奏上不
大夫顧曰鐘嶸何人欲斷朕機務卿識之不省謂太中
位末名卑而所言或有可採且繁碎職事各有司存令人
主總而親之是人主愈勞而人臣愈逸所謂代庖人宰而

為大匠斷也上不顧而他言永元末除司徒行參軍梁天
監初制度雖革而未能盡改前獎嶸上言曰永元肇亂坐
弄天爵勳非即戎官以賄就揮一金而取九列寄片札以
招六校騎都塞市郎將填街服既纓組尚為賤獲之事職
雖黃散猶躬斥徒之役名實淆紊茲為尤甚愚謂永元
諸軍官是素族士人自有清貫而因斯受爵一宜削除以
懲澆競若吏姓寒人聽極其門品不當因軍遂濫清級若
僑雜傖楚應在綏撫正宜嚴斷祿力絕其妨正直乞虛號
而已敕付尚書行之衡陽王元簡出守會稽引為寧朔記
室專掌文翰時居士何㥄築室若邪山山發洪水漂拔樹

石此室獨存元簡令嶸作瑞室頌以旌表之辭甚典麗還
西中郎晉安王記室嶸嘗求譽於沈約約拒之及約卒嶸
品古今詩為評言其優劣云觀休文眾製五言最優齊永
明中相王愛文王元長等皆宗附約於時謝朓未遒江淹
才盡范雲名級又微故稱獨步故當辭密於范意淺於江
蓋追宿憾以此報約也頃之卒官峋字長丘位建康令卒
著良吏傳十卷嶸字季望永嘉郡丞

周興嗣字思纂陳郡項人也世居姑熟初
自姑熟投宿逆旅夜有人謂曰子才邁世初當見識貴
臣卒被知英主言終不測所之齊隆昌中謝朓為其
興太守唯興嗣初談文史而已及罷郡因大相談薦梁天
監初奏休平賦其文甚美武帝嘉之拜安成王國侍郎直
華林省其年河南獻舞馬詔興嗣與待詔到沆張率為賦
帝以興嗣為工權拜員外散騎侍郎進直文德壽光省時
武帝以三橋舊宅為光宅寺敕興嗣與陸倕各製寺碑及
成俱奏帝以興嗣所製自是銅表銘柵塘碣撰魏文碑
王羲之書千字並使興嗣為文每奏帝稱善賜金帛後佐
撰國史興嗣兩手先患風疽十二年又染癘疾左目盲帝
撫其手嗟曰斯人而有斯疾手疏疽方以賜之佳肪又愛
其才常曰興嗣若無此疾旬日當至御史中丞十七年為

給事中直西省周捨奉勑注武帝所製歷代賦啟與嗣與
馬普通二年卒所撰皇帝實錄皇德記起居注職儀等百
餘卷文集十卷

且均字叔庠吳興故鄣人也家世寒賤至均好學有俊才
沈約嘗見均文頗相稱賞梁天監初柳惲為吳興召補主
簿日引與賦詩均文體清拔有古氣好事者或斅之謂為
吳均體均嘗不得意贈惲詩而去久之復來惲遇之如故
弗之憾也薦之臨川靖惠王王稱之於武帝武帝即日召入賦
詩悅焉待詔勑起居注及羣臣行狀武帝不許遂私撰齊
撰齊書求借起居注及羣臣行狀武帝不許遂私撰齊
春秋又書稱帝為齊明帝佐命帝惡其實錄以其書不
實使中書舍人劉之遴詰問數十條竟支離無對勑付省
焚之坐免職既有勑召見便撰通史起三皇訖齊代均
本紀世家已畢唯列傳未就卒均注范曄後漢書九十卷
著齊春秋三十卷廟記十卷十二州記十六卷錢唐先賢
傳五卷續文釋五卷文集二十卷先是有濟陽江洪

文為建陽令坐事死
劉勰字彥和東莞莒人也父尚越騎校尉勰早孤篤志好
學家貧不婚娶依沙門僧祐居遂博通經論因區別部類
錄而厚之定林寺經藏勵所定也梁天監中兼東宮通事

舍人時七廟饗薦已用蔬果而二郊農社猶有犧牲勰乃
表言二郊宜與七廟同改詔付尚書議依勰所陳遷步兵
校尉兼舍人如故深被昭明太子愛接初勰撰文心雕龍
五十篇論古今文體其序略云予齒在逾立嘗夜夢執丹
漆之禮器隨仲尼而南行寤而喜曰大哉聖人之難見也
迺小子之垂夢歟自生靈以來未有如夫子者也敷讚聖
旨莫若注經而馬鄭諸儒弘之已精就有深解未足立家
唯文章之用實經典枝條五禮資之以成六典因之致用
於是搦筆和墨乃始論文其為文用四十九篇而已既成
未為時流所稱勰欲取定於沈約無由自達乃負書候約
於車前狀若貨鬻者約取讀大重之謂深得文理常陳諸
几案勰為文長於佛理都下寺塔及名僧碑誌必請勰製
文敕與慧震沙門於定林寺撰經證功畢遂求出家先燔
鬢髮自誓敕許之乃變服改名慧地云
何思澄字元靜東海郯人也父敬叔齊長城令有能名在
縣清廉不受禮遺卒忽謗門受餉數日中得米二千
餘斛他物稱是以代貧人斛祖思澄少勤學工文為遊
廬山詩沈約見之大相稱賞曰以為弗逮約郊居宅新構
閣齋因命工書人題此詩於壁傳昭嘗請思澄製釋奠詩
辭文典麗天監十五年敕太子詹事徐勉舉學士入華林

撰通略勉舉思澄顏協劉杳阮卓王子雲鐘嶼等五人以應還
八年乃書成合七百卷思澄重交結分書與諸賓朋校定
而終日造謁每宿昔作名一束曉便命駕朝賢無不悉狎
押輒即命食有人方之婁護欣然以來此職甚輕天監初
必盡自廷尉正選書侍御史宋齊以執戟盛印青囊權事紀
始重其選車前依當書二丞給三騶執盛印青囊權事紀
彈官印綬在前故也後除安西湘東王錄事參軍兼東宮
通事舍人時徐勉周捨以才具當朝並好思澄嘗遷曰
招致之後卒於宣惠武陵王中錄事參軍文集十五卷初
思澄與宗人遜及子朗俱擅文名時人語曰東海三何子
朗最多思澄聞之曰此言誤耳如其不然故當歸遜思澄
意讀宣在己也子朗字世明早有才思周捨每與談其
精理嘗為敗冢賦擬莊周馬棰其文甚工世人語曰人中
爽爽有子朗卒於國山令年二十四集行於世王子雲太
原人及江夏費昶並為閭里才子昶善為樂府又作鼓吹
曲武帝重之敕曰才意新拔有足嘉異晉郎悰博物卞蘭
巧辭束帛之賜寔惟勸善可賜絹十四子雲善草隸為
其美

仕孝恭字孝恭臨淮人也曾祖農夫宋南豫州刺史農夫
弟候伯位輔國將軍行湘州事並佐將帥孝恭幼事母

以孝聞精力勤學家貧無書並常崎嶇從人假借每讀一遍
諷誦略無所遺外祖立宅與武帝有舊帝聞其有才學名
入西省撰史初為奉朝請進直壽光省為司文侍郎俄兼
中書通事舍人敕道製建陵寺刹下銘又啟撰武帝集序
文並富贍自是專掌公家筆翰孝恭為文敏速老不留思
每奏稱善累賜金帛少從蕭寺雲法師讀經論明佛理至
是疏食持戒信受甚篤而性頗自伐少之太清三年侯景寇逼
中多有忽略世以此少之孝恭還赴臺書門間侯景獲之使
兵隸蕭正德正德入賊孝恭冠蓋遨之因走入東府城陷景斬之
作檄求還私第撿討景許之

文集行於世
顏協字子和琅邪臨沂人也晉侍中含七世孫也父見遠
博學有志行初齊和帝鎮荊州以為錄事參軍及即位兼
御史中丞梁武帝受禪見遠不食發憤數日而卒帝聞之
曰我自應天從人何豫天下士大夫事而顏見遠乃至於
此協幼孤養於舅氏少以器局稱博涉群書工草隸飛
白時人范懷約能隸書協學其書殆過真昶荊楚碑碣
皆協所書時又有會稽謝善勳能為八體六文方寸千言
京兆韋仲善飛白並在湘東王府善勳為錄事參軍仲為
中兵參軍府中以協優於韋仲而減於善勳善勳飲酒至

數十醉後輒張眼大罵雖後貴賤親踈無所擇也時謂之
謝方眼而劉杳夷坦而士君子之操焉協家雖貧素而脩
飾邊幅非車馬未嘗出游湘東王出鎮荊州以為記室時
吳郡顧協亦在蕃邸與協同名才學相亞府中稱為二協
舅陳郡謝暕卒協以有鞠養恩居喪如伯叔禮議者甚重
焉又感家門事義不求顯達辭徵辟游於蕃府而已卒日
元帝甚歎惜之為懷舊詩以傷之協所撰晉仙傳五篇日
月災異圖兩卷行於世其文集二十卷遇火湮滅子之儀
之推並早知名

紀少瑜字幼瑒丹楊秣陵人也本姓吳養子紀氏因而命
族早孤幼有志節常慕王安期之為人年十三能屬文初
少瑜嘗夢陸倕以一束青鏤管筆授之云我以此筆猶可用
為京華樂王僧孺見而賞之曰此子才藻新拔方有高名
少自擇其善者其文因此遒進年十九始游太學備探六
經博士東海鮑皦敏雅相欽悅時皦有疾請少瑜代講少瑜
既被恩遇後侍宣城王讀當陽公為郢州以為功曹參軍
深妙至吾善談吐辯捷如流為晉安國中尉即梁簡文邵
陵王在郢啓求學士武帝以少瑜充行少瑜美容見工篇
轉輕車限內記室坐事免大同七年始引為東宮學士邵
吏部尚書到溉嘆曰此人有大才而無貴仕將技之會

溉去職後除武陵王記室參軍卒

杜之偉字子大吳郡錢唐人也家世儒學以三禮專門父
規梁奉朝請之偉幼精敏有逸才年十五遍觀文史及儀
禮故事時輩稱其早成僕射徐勉撰五禮重其有筆力
中大同元年梁武帝幸同泰寺捨身敕撰儀注勉以先
無此體召之偉草具其儀乃啓補東宮學士與學士劉陟
等抄撰群書嘗限內博士所撰富教政道一篇皆上所為序

後兼太學限內博士大同七年梁皇太子釋奠於國學時
樂府無孔子顏子登歌詞之偉製文俗人傳習以為故
軍再遷安前邵陵王刑獄參軍之偉年位其卑特以強識
俟才顏有名當世吏部尚書張纘深知之以為郎廟之器
陳武帝為丞相素聞其名召補記室參軍遷中書侍郎領
大著作及受禪除鴻臚卿餘並如故之偉製文俗作優敕
不許再遷太中大夫仍敕撰汎史卒官文集十七卷
顏晃字元明琅邪臨沂人也少孤貧好學有辭采解褐梁
邵陵王兼記室參軍時東宮學士庾信府記室王褒見
士嘗時以為善對侯景之亂奔荊州承聖初除中書侍郎
對信輕其少曰此府當少於宮中學
陳天嘉初家遽貧外散騎常侍轉中書舍人掌詔誥卒鵩
同襄卹謚曰貞子兒家世單門傍無戚援而介然修立為

常世所知其表奏詔詁下筆立成便得事理有集二十卷

岑之敬字思禮南陽棘陽人也父善紹染世以經學聞官
至負曹令司義郎之敬年五歲讀孝經每燒香正業親戚
咸加歎異十六策春秋左氏制旨議義擢為高第梁武帝
奏曰皇朝多士例止明經者顏閔之流乃應高第梁武帝
省其策曰何妨我復有顏閔邪因召入面試令之敬升講
敬剖釋從橫左右莫不嗟服仍除童子奉車郎賞賜優厚
十八預重雲殿法會時武帝親行香熟視之敬曰未幾見
芳突而弁芳即曰除太學限內博士累為壽光學士司義
郎太清元年表試吏除南沙令承聖二年除晉安王宣惠
府中記室豪軍時蕭勃據嶺表敕之敬宣旨慰喻會魏剋
江陵仍留廣州陳太建初還朝授東宮義省學士累遷南
臺書侍御史征南諮議參軍之敬始以經業進而博涉
文史雅有詞筆不為醇儒性謙謹未嘗以才學矜物接引
後進恂恂如也每母忌日營齋必躬自洒掃涕泣終日士
君子以為行稱之十一年卒有集十卷行於世子德潤有
父風位中軍兵興王記室

何之元廬江灊人也祖僧達齊南臺書侍御史父法勝以
行業聞之元幼好學有才思居喪過禮梁天監末司空袁

昂表薦之因得召見累遷信義義其宗人敬容位望隆重
頻相饋訪之元終不造焉或問其故之元曰昔楚人得寵
於觀起有馬著皆亡夫德薄任隆必近覆敗吾恐不獲其
利而招其禍識者以是稱之侯景之亂武陵王以太尉承
制授南梁州刺史北巴西太守武陵王自成都舉兵東下
之元與蜀中人庶抗表請無行王以為沮眾囚之于艦
陵劉棻卒王琳召為記室參軍之元俄從邵陵太守劉棻之郡
郎王琳敗齊王以為揚州別駕時琳立蕭莊署為中書侍
伐湘州刺史始興王叔陵遣功曹史柳咸齎書召之之元
始與陳朝有隙書至大惶恐讀書至孔璋無罪左車見用
遂隨咸至湘州再遷中衛府諮議參軍及叔陵誅之元乃
屏絕人事著梁典起齊永元元年迄于琳遇獲七十五年
行事為三十卷陳亡日陵王即壽春及眾軍北
卒于家

徐伯陽字隱忍東海人也父僧權梁東宮通事令人領祕
書以善書知名大同中為候官令其得人和侯景之亂至
近三千餘卷伯陽大同中好學善色義家有史書所讀者
廣州依蕭勃勃平還都陳太嘉中除司空侯安都府記室
參軍大建初與中記室李爽記室張正見左戶郎賀徹學

士阮卓黃門郎蕭詮三公郎王由禮廚士馬樞記室祖
登比部郎賀循長史劉删等爲文會友後爲熱燦劉助陳
暄孔範亦預焉皆一時士也遊宴賦詩動成卷軸伯陽爲
其集序盛傳於世後除鎮北新安王府中記室參軍兼
徐州別駕帶東海郡丞鄱陽王爲江州刺史伯陽常使南
造爲王掌府僚與伯陽登匡嶺置酒酣命筆賦劇韻三
十伯陽與祖孫登前成王賜以奴婢雜物後除鎮右新安
王府諸議參軍事聞姊喪發疾卒

張正見字見賾清河東武城人也祖蓋之魏散騎侍郎勃
海長樂二郡太守父偹禮魏散騎侍郎歸梁仍拜本職遷
懷方太守正見幼好學有清才梁簡文在東宮正見年十
三獻頌簡文深賞之梁元帝即位於彭澤令屬景亂避
地匡俗山陳武帝受禪正見還都累遷尚書度支郎撰史
著七十有集十四卷其五言尤善

阮卓陳留尉氏人也祖詮梁散騎侍郎父問道梁岳陽
府記室參軍卓幼聰敏篤志經籍九五言性至孝父隨
岳陽王出鎮江州卒卓時年十五自都奔赴水漿不入口
者累日載柩還都度彭蠡湖中流遇疾風船幾沒者數
卓仰天悲號俄而風息人以爲孝感之至陳天嘉元年爲
新安王府記室參軍隨府轉訥右記室撰史著士及平

歐陽紇交阯東繚往往聚爲寇抄卓奉使招慰交阯通日
南象郡多金翠珠貝珍怪之產前後使者皆致之唯卓挺
身而還時論咸伏其廉後爲始興王中衛府記室參軍及
叔陵誅後主謂朝臣曰阮卓素不同逆耳加旌異至德元
年入爲德教殿學士尋兼通直散騎常侍副王話聘隋隋
文帝聞其名遣河東薛道衡琅邪顏之推等與卓談宴
賦詩賜遺加禮還除南海王諮議參軍以目疾不之官
退居里舍改搆亭宇脩山池卉木招致賓友以文酒自娛
陳亡入隋行至江州追感其父所終遘疾卒

論曰文章者蓋情性之風標神明之律呂也蘊思含毫
心內運放言落紙氣韻天成莫不稟以生靈遷乎愛嗜機
見殊門賞悟紛雜感召無象變化不窮發五聲之音響而
出言異句寫萬物之情狀而下筆珠形暢自心靈宣之
簡素輪扁斲之言未或能盡然緲假之天性終資於好習是以
古之賢哲咸所用心至若丘靈鞠等或克荷門業或鳳懷
慕尚雖位有窮通而名不可減然則立身之道可無務乎

列傳第六十二　　南史七十

孝義上

南史七十　李延壽

孝義上

龔潁
賈恩
嚴世期
潘綜　陳遺　秦綿
立傑
王彭　蔣恭
徐耕　孫淇宗
范叔孫　吳國夫人　孫法宗
許昭先　卜天與　弟天生
崔懷順　余齊人
孫棘　妻許　鍼許　徐元妻許
吳慶之　何子平
蕭矯妻羊　羊緝之女闕任　吳興之母子　王虛之　蕭叡明　鮮于文宗
華寶　辭天生　劉懷胤　解叔謙
立冠先　孫淡　韓係伯
吳欣之

韓靈敏
封延伯　陳玄子　邵榮興　文獻叔　李聖伯　范道根　譚弘宝　何弘　陽黑頭　王續祖　郝道福
吳達之　第預　沈君之
庾道愍　族孫沙彌　沙弥子特
樂頤之　江泌
王文殊
劉渢　弟淵　柳叔夜

南史列傳六十三

易曰立人之道曰仁與義夫仁義者合君親之至理實
孝之所資雖義發因心情非外感然企及之旨聖哲貽言
至於風離化薄禮導道喪忠不樹國孝亦衰家而一代之
毗權利相引仕以勢招榮非行立名嘩翔之感棄捨生之
分霜露冬改大痛已志於心名節不變我軍還為其首斯

并軌訓之理未弘汲引之塗多闕若天情款於天行成乎
已揖軀捐命濟圭安親雖乘理闇至匪由勸賞而宰世之
人曾微誘激乃至事隱聞賭無聞視聽考才載籍何代無
之故宜被之圖象用存勸令搜緝淪落以備闕文云爾
龔潁遂寧人也少好學益州刺史毛璩辟為勸學從事璩
為離縱所殺故佐吏並逃亡潁號哭奔起礥送以禮緶後
設宴延潁不獲已而至樂奏潁流涕起日比面事人亡不
能死何忍舉觴蹈跡逆乱大將護其道福引出將
斬之道福母即潁姑也跣出救之得免及縱僭窺備禮徵
又不至乃脅以兵刃執志終無回改至于蜀平送不節

其後刺史至輒加碎引歷府參軍州別駕從事史宋文帝
元嘉二十四年刺史陸徽表類節義遂不被朝命終於家
劉瑜歷陽壄陽人也七歲喪父事母至孝年五十二又喪
母三年不進鹽酪號泣晝夜不絕聲勤身力以營葬事服
除二十餘年布衣蔬食言輒流涕常居墓側未嘗暫還宋
文帝元嘉初卒又元嘉七年南豫州舉所統西陽縣人董
陽三世同居外無異門内無異煙詔榜門曰篤行董氏之
閭益一門租布

南史列傳六十三

二

刘川

賈恩會稽諸暨人也少有志行元嘉三年母亡居喪過禮
未葬為鄰火所逼恩又妻柏氏親姑命救鄰近起助棺櫬
得免恩及柏俱燒死有司奏改其里為孝義里蠲租布三
世追贈恩天水郡顯親左尉
郭世通稽永興人也年十四喪父居喪殆不勝哀家貧
傭力以養繼母婦生一男夫妻恐廢侍養乃垂泣還先直
亡貧土成墳親戚或共賻助微有所受葬畢備償還直
服除後思慕終身有呼其名者未嘗不釋衣悵仁孝之風行於鄉
黨鄰村小大莫有呼其名者方悟追還本鎮主驚歎以半
直與之世通委之而去元嘉四年大使巡行天下散騎常
得一千錢嘗時不覺召吉方悟追還本鎮主驚歎以半
侍表愉表其淳行文帝嘉之敕榜表門閭蠲其租調改所

居獨楓里為孝行焉太守孟顗察孝廉不就
子原平字長恭又稟至行養親必以己力傭賃以給供養
性甚巧每為人作正取散夫價而姜主設食原平自以家貧
父不辦有肴味唯襄鹽飯而已若家或無食則虛中竟
日義不獨飽須日暮作畢受直歸家於里糴買然後舉爨
父篤疾彌年原平衣不解帶口不嘗鹽菜者跨積寒暑又
未嘗睡臥父亡哭踊慟絕數日方蘇以為奉終之義情禮
自畢塋壙凶功不欲假人本雖巧而不解作墓吉中
有營墓者助人運力經時展勤父乃閒練又自賣十夫以

南史列傳六十三

四

隆附

供衆費窆穸之事儉而當禮性無術學因心自然葬畢詣
所買主執役無懈與諸奴分務讓逸取勞主人不忍使每
遺之原平服勤未嘗暫替備貸義母有餘聚以自贍既學
構家尤善其事每至吉歲求者盈門原平所起小屋必自
既取賤價又以夫日助之交父喪終自起兩間小屋以為
祠堂每至節歲常於此數日中哀思絕飲粥父服除後不
復食肉高陽許瑤之罷建安郡丞還家以綿一斤遺之不
受瑤之乃自往曰今歲過寒而建安綿好以此奉尊上下
耳原平乃拜而受之及母終毀瘠彌甚僅乃免喪墓前有
數十畝田不屬原平每至農月耕者恒裹糧原平不欲使
人慢其墳墓乃貿家資貴買此田三農之月輒束帶垂泣

躬自耕墾每出賣物裁求半價邑人皆共識悉輒加本價
與之彼此相讓要使微賤然後取直宅上種竹夜有盜其
筍者原平遇見之盜者奔走墜溝原平乃於所植竹處溝上
立小橋令通又採筍置籬外隣里慚愧無復取者宋文帝
崩原平號慟日食麥餅一枚如此五日人曰誰非王臣何
獨如此原平泣而荅曰吾家見異先朝蒙褒賞之宠不能
報恩私心感動耳又以種蒔田之水以通運瓜之船乃步從
後通船隣令劉僧秀愍其窮老下漬水與之原平曰普天
大旱百姓俱困豈可減溉田之水以通運瓜之船乃步從
他道往錢貨賣每行來見人牽埭未過輒迅攝助之已

南史列傳六十三　五

自引船不假旁人若自船已度後人未及常停住須待以
此為常嘗於縣南郭鳳埭助人引船遇有闗者為吏所錄
關者逃散唯原平獨住吏執以送縣令新到未相諳悉
將加嚴罰原平解衣就罪義無一言左右大小咸稽顙請
救然後得免由來不謁官長且自此乃始修敬太守蔡興宗
臨郡深加貴異以私米饋原平及山陰朱百年妻各百斛
原平誓死不受百年妻亦固辭會稽郡貴重望計及望孝
盛族出身不減祕者明帝泰始七年與宗欲舉山陰孔仲
智子為望計原平次息為望孝仲智會土高門原平一邦
至行欲以相敵會明帝別敕用人故二選並寢與宗徵還

都表其殊行舉為太學博士會興宗薨事不行卒於家三
子一郡並有門行
嚴世期會稽山陰人也性好施同里張邁等三人妻各產
子歲飢欲棄而不舉世期分食解衣以贍其之三子並得
成長同縣飢年並殞葬宗親嚴氏鄉人潘伯等十五
人荒年並餓死露骸不收世期買棺器埋存育孤幼宋元
嘉四年有司奏榜門曰義行嚴氏之門復其身徭役蠲租
秋十年

南史列傳六十三　六

吳逵吳興烏程人也經荒飢饉係以疾疫父母兄嫂及群
從小功之親男女死者十三人逵時病困隣里以葦席裹
之埋於村側旣而親屬皆盡唯逵夫妻獲全家徒四壁立
冬無被袴晝則傭賃夜則伐木燒塼妻亦同逵此誠無有
懈倦逵夜行遇猛獸猛獸輒下道避之逵年中成七墓葬
十三棺隣里嘉之葬日悉出赴助送終之事亦儉而周禮
逵時逆取隣人夫直葬畢衆悉以放之逵一無所受皆傭
力報苔焉太守張崇之三加禮命太守王韶之權補功曹
史逵以門寒固辭不就舉為孝廉
潘綜吳興烏程人也孫恩之亂妖黨攻破村邑綜與父驃
共走避賊驃年老行遲賊轉逼驃語綜我不能去汝走

可脫幸勿俱死驃迎賊叩頭曰父年老乞賜生命賊至驃亦請曰兒年少自能走今為老子不走老子不惜死乞活此兒因此兒驃綜抱父於腹下賊斫綜頭面凡四劍綜當時悶絕有一賊從傍來相謂曰卿欲舉大事此兒以死救父可殺孝子不祥賊乃止父子並得免鄉人秘書監丘系祖廷尉沈赤黔以綜異行薦補左州臺陳其行跡及將行設祖道贈以四言詩元嘉四年有司奏改其母為純孝里錫布三世又宋初吳郡人陳遺少為郡吏母好食鱠底飯遺在役恆帶一囊每食輒錄

【南史列傳六十三】 七

其焦以貽母後孫恩亂聚得數升恆帶自隨又敗逃竄多有餓死遺以此得活母晝夜泣涕目為失明耳無所聞遺還入戶再拜號咽母豁然即明後又有河南孝廉秦綢遭母喪送葬不忍復還鄉人為作茅菴仍止其中若遇有米則食粥無米食菜而已哀號之聲行者為之潛涕服竟猶不還家遇疾不療辛臨亡告人曰若死者無知固不宜獨存有知則大獲吾志

張進之永嘉安固人也為郡八族少有志行歷五官主簿次寧安固二縣領校尉家世富足經荒年散財救贍鄉里遂以貧罄金濟者甚多太守王味之有罪當見收逃避進

之家供奉經時盡其誠力味之嘗避地隨水沈沒進之投水援救相與沈淪久而得免時劫掠充斥每入村抄暴至進之門輒相約勒不得侵犯其信義所感如此元嘉初詔在所蠲其徭役又孫恩之亂永嘉太守司馬逸之被害妻子並死兵寇之際莫敢收藏郡吏俞命以家財冒難棺斂逸之等六喪送致都葬畢乃歸鄉里元嘉中老病卒時又精誠感悟疾得愈見榜門曰孝行張氏之閭易其里為孝行里錫布三世身加旌命

丘傑字偉時吳興烏程人也十四遭喪以孰菜有味不嘗

【南史列傳六十三】 八

於口歲餘忽夢見母曰死止是分別耳何事乃爾茶苦汝噉生菜遇蝦蟇毒每靈林前有三丸藥可取服之傑驚起得甌甌中有藥服之下科斗子數升丘氏世保此甌大明七年災火焚失之

師覺授字覺授南陽涅陽人也與外宗少文並有素業以琴書自娛於路忽見一人持書一函題曰至孝竟陵前俄而不見捨車奔歸聞家哭聲一叫而絕良久乃蘇後撰孝子傳八卷宋臨川王義慶辟為州祭酒主簿並不就乃表薦之會卒

王彭盱台真潰人也少喪母元嘉初父又喪亡家貧力弱

無以營葬兄弟二人晝則傭力夜則號感鄉里並哀之乃
各出夫力助作塼塼須臾而天草穿井數十丈泉不出墓
慮去淮五里荷擔遠汲困而不彭號天自訴如此積日
一旦大霧霧歇博覽前忽生泉水鄉隣助之者並嗟神異
縣邑近遠恭時錄晞張為倡晞張先行不在本村遇水妻息避水
龍依事表言改共里為通靈里纑祖布三世
移寄恭家時錄晞張不獲禽收恭及兄恊付獄科罪恭
不合罪後除恭義成令恊義招令
並款舍住晞張家口而不知劫情恭列晞張妻息是婦之
親親本有罪恭身甘分求免兄恊列是戸主求免弟恭
兄弟二人爭求受罪郡縣不能制依事上詳州議以為並
辭以米千斛助官振貸縣為言上當時議以耕比漢卜式
徐耕晉陵延陵人也元嘉二十一年大旱人飢耕詣縣陳
詔書襃美酬以縣令大明八年東土飢旱東海嚴成東莞
王道蓋各以私穀五百餘斛助官振郎
孫法宗一名之呉與人也父侑孫恩入海澄被害骸骼
不收母兄並餓死法宗年小流迸至十六方得還單身勤
苦霜行草宿營辦棺槨造立冢墓葬送母兄儉而有禮以

父疫不測入海尋求世間論是至親以血瀝骨當悲漬
浸乃操刀溢海見枯骸則刻肉灌血如此十餘年臂脛無
完皮血脉枯竭終不能逢衰經終身常若居喪所山禽野
獸皆悲馴附每麋鹿觸網必解放之償以錢物後忽苦頭
創夜有女人至曰我是天使來相謝行創本不關善人使
者遠相及取牛養養傳之即驗一傳便差一境賴之及
不噉饋遺無所受宋孝武初揚州辟為文學從事不就卒
范叔孫呉郡錢唐人也少而仁厚周睍濟急同里范法先
父母兄弟孫凡七人同時疫死唯餘法先病又危篤喪屍
不收叔孫来備棺器親為殯埋又同里施夫疾病父死不
臨畏遠真敢營視叔孫並為殯瘞躬病者並皆得全鄉
隣貴其義行莫有呼其名者宋孝武建初除竟陵王國
中軍不就義興呉國夫亦有義讓之美人有竊其稻者乃
曲貴其義行莫有呼其名者宋孝武建初除竟陵王國
引還為設酒食以米送之
卜天與呉興人也父名祖宋武帝聞其有幹力名補
隊主從征伐封關中侯歷二縣令天與善射弓力兼倍容
貌嚴毅笑不解顏文帝以其舊將使教皇子射元嘉二十
九年為廣威將軍領左細仗其凶入弑事露奔出卒舊將羅
訓徐牢皆望風屈謝天與不暇被甲執刀持弓疾呼左右

出戰徐牢曰殺下人汝欲何為天與罵曰殺下常來去云
何即時方作此語只汝是賊手射劭於東堂幾中逆徒擊
之臂斷乃見殺其隊將張弘之朱道欽陳滿與天與同出
拒戰並死即位後將軍益州刺史諡曰壯
侯車駕臨哭之等各贈天與龍驤將軍南賊於赭圻戰沒伯宗弟
殷中將軍明帝泰始初領細仗隊主昇明元年與袞
伯興官至南平昌太守直閣領郡守給天與家長稟子伯宗
蔡同謀誅天與弟天生少為隊將十人同火屋後有一
坑廣二丈餘十八人共跳之皆度唯天生墜天生乃取實中
菩竹劉其端使利交橫布坑內更呼等類其跳並懼不敢

天生乃復跳之性及十餘嘗無留碾衆並歡服以兇死節
為孝武所留心大明末為弋陽太守明帝泰始初與殷琰
同逆被斬

許昭先義與人也叔父肇之坐事繫獄七年不判子姪二
十許人昭先家最貧薄專獨料訴無日在家飼饋肇先無
非珍新資產既盡賣宅以充之肇之諸子倦怠唯昭先無
有懈息如是七載尚書沈演之嘉其操行肇之事由此得
釋昭先舅夫妻並疾病死亡家貧無以殯送昭先賣衣物
以營殯葬舅子三人並幼贍護昭先皆自必從宗黨嘉其孝行雍州刺
病家無僮役竭力致養甘旨

史劉真道板為征虜參軍昭先以親老不就補迎主簿昭
先以叔未仕又固辭
余郡人晉陵曲陵人也少有孝行為邑書吏宋大明二年
父殞在家病亡信未至鄉人謂人曰比肉痛心煩有如割
截居常惶駭必有異故信尋至以父病報之四百餘里一
日而至至門方知父死號踊慟絶良久而蘇問父所遺言
母曰汝父臨終恨不見汝齊人即曰相見何難於是號叫
殯所須臾便絶州縣上言有司奏改其里為孝義里蠲租
布賜其母穀百斛
孫棘彭城人也宋大明五年發三五丁弟薩應充行坐違
期不至棘詣郡辭列為家長令弟不行罪應百死乞以
身代薩薩又辭列自引太守張岱疑其不實以棘薩各
置一處報云聽其相代顏色並悅甘弟赴死棘妻許又寄
語屬棘君當門戶堂可委隸小郎且大家臨亡以小郎屬
君竟未妻娶家道不立君已有二兒死復何恨嫂許叔薩
上考武詔特原朱州加辟命并賜帛二十先是新蔡徐
元妻許二十一喪夫子甄年三歲父攬悲其年少以更適
同縣張買許自誓不行父逼載送買許經氣絶家人奔
赴良久乃蘇買夜送還攬許歸徐氏養元父季元嘉中八
十餘卒又明帝泰始二年長城頁慶恩殺同郡錢仲期子

延慶屬廬役在都，聞父死，馳還於庱浦埭，逢慶恩，手刃殺之，自繫烏程獄。吳興太守郗顯表不加罪，許之。

何子平，廬江灊人也。曾祖楷，晉侍中。祖友，會稽王道子驃騎諮議參軍。父子先，建安太守。子平世居會稽，少有志行，事母至孝。揚州辟從事史，月奉得白米，輒貨市粟麥。人曰：所利無幾，何足為煩。子平曰：尊老在東，不辦得米，何心獨饗白粲。每有贈鮮者，若不可寄致至家，則不肯受。母本側庶，籍注失實，年未及養，而籍年已滿，便去職歸家。時鎮軍將軍顧覬之為州上綱，謂曰：尊上年實未八十，親故所知。州中差有微祿，當啟相留。子平曰：公家正取信黃籍，籍年既至，便應扶持，何容苟冒榮利，乆違供養。元嘉三十年，元凶弒逆，隨王誕入討，以子平為行參軍。子平以凶逆滅理，故廢已受職事，竊自解。未除吳郡海虞令，縣祿唯供養一身，不以及妻子。人疑其儉薄，子平曰：希祿本在養親，不在為己。問者慚而退。母喪去官，哀毀踰禮，每至哭踊頓絕，方蘇，號哭常如袒括之日。冬不衣絮，暑不避清涼，一日以數合米為粥，不進鹽菜。所居屋敗，不蔽風日，兄子伯興欲為葺理，子平不肯曰：我情事未申，天地一罪人耳，屋何足宜覆蓋。蔡興宗為會稽太守，甚加矜賞，為營壙。子平居喪

毀甚，及免喪，殆至不立。勿持撲撿，敕厲名行，雖進好退如接大賓，學義座明，勵之以默，安貧守善，不求榮進，好退之士彌以此貴之。卒年六十。

崔懷順，清河東武城人也。父邪利，魯郡太守。宋元嘉中為魏所獲。懷順與妻房氏篤愛，聞父見虜，即遣妻，布衣疏食，如居喪禮。歲時比向流涕。邪利後仕魏，書戒懷順不許如此。懷順得書更號泣。懷順從叔模，為滎陽太守，亦入魏。模子雖居顯任，不廢婚宦，懷順宗人異之。史元孫北使魏，魏人問之曰：崔邪利、模並歸命，二家子姪出處不同，義將安在。元孫曰：王尊驅驥，王陽回車，欲令忠孝並弘，臣子兩遂。泰始初，淮北入魏，懷順因此歸北。至氐都而邪利已卒，懷順絕而後蘇，載喪還青州，徒跣雪土，氣寒酷而手足不傷，時人以為孝感，毀瘠畢葬在南。郡建元初又逃歸，而弟已立，懷順孤貧，宗黨哀之，日斂給其斗米。永明中卒。

王虛之，字文靜，廬江石陽人也。十三喪母，三十三喪父。二十五年，鹽酢不入口，疾瘳，常有一人來闕此，謂之曰：君病尋差。俄而不見，病果差。庭中楊梅樹，隆冬三實。又每夜所居有光如燭。墓上橘樹，一冬再實。時又有顧昌玄、江泰感所致。齊永明中，詔榜門閭，旌其三世。時又有顧昌玄、江泰

之江軻並以爲行知名昌衍具人居喪幾致滅性王儉言
之天子曰昌衍既有至行且張求之甥宜居闔以光郎
署乃以爲尚書庫部郎柔之軻並濟陽人柔之守叔盞孝
悽遍亮亦至臺郎軻字伯倫員殼有行宗人江蘤位至侍
中性豪侈唯見軻則敬把焉

吳慶之字文悅濮陽人也寓居江興宋江夏王義恭爲揚
州召爲西曹書佐及義恭誅慶之自傷爲吏無狀不復肯更
仕終身蔬食後王琨爲吳興太守欲召爲功曹曰走素
無人世情直以明府見接有禮所以奔走歲時若欲見
則是蒿魚於樹栖鳥於泉耳不辭而退琨追謝之望塵不
及矣

蕭叡明字景濟南蘭陵人也母病風積年沈卧叡明晝夜
祈禱時寒叡明下淚爲之冰如筋額上叩頭血亦冰不溜
忽有一人以小石函授之曰此療夫人病叡明跪受之忽
不見以函奉母母病復安能食兒當之遂併食盡到
即平復于時秣陵朱緒無行母病積年忽思莼羹緒妻到
市買葵爲葵欲奉母緒無心併噉盡天若有知當令汝哽
母怒曰我病欲此葵汝何心併噉盡天若有知當令汝哽
死緒便聞心中介然即利血明日而死叡明聞之大悲
懣不食積日閒緒尸在何處欲手自戮之既而曰渟吾刀

乃止求明五年居母喪不勝喪辛詔贈中書即時又有鮮
于文宗漁陽人八年七歲喪父父以種子時亡至明年辛時
對芋鳴咽如此終身姊文英適荀氏七日而夫亡執節不
嫁又母卒晝夜哭泣遂喪明

蕭矯妻羊字淑褘性至孝居父喪哭輒吐血遭舅氏母亡
褘於中夜祈禱忽見一人在樹下自稱枯桑君曰夫人無
疾夜號哭不飲食三日而亡鄉里表其門
忠愍泄氣在亥西南求白石鎮之言訖不見明日如言而
畫夜號哭不飲食三日而亡鄉里號曰孝婦又有晉陵吳
康之妻趙氏父亡第紹遇歲飢母老病篤趙詣鄉里告乞

言辭哀苦鄉里憐之各分升米遂得免又嫁康之少時夫
亡家欲更嫁誓言不貳爲又義興蔣氏之妻黃氏夫亡不
重嫁家過之欲自殺乃止建元三年詔表門閭又會稽
求與吳襄之母丁氏少喪夫性仁愛遭年荒分衣食以飴
里中飢餓者鄰里求借未嘗違同里陳攘父母死孤單無
親戚丁收養之及長爲營婚娶又同里王禮妻徐荒年客死
丁陰爲買棺器自往斂葬元微末大雪商旅斷行村里比
室飢餓丁自出塩米計口分賦同里左儕家露四喪無以葬
丁爲辦冢檽有三調不登者代爲送丁長子婦王氏守寡執
志不再醮州郡上言詔表門閭蠲租稅又會稽寒人陳氏

有三女無男祖父母年八九十老無所知父篤癃病母不
安其室甍遇歲飢二女相率於西湖採菱莠萆更日至市貿賣
未嘗觥怠鄉里稱為義門多欲娶為婦長女自傷煢獨誓
不肯行祖父母尋相繼卒三女得病兩目皆首性女自
又求與稅中里王氏女年五歲遂墳葬於王成紵舍畫採樵夜紡績
至性可重山神欲相驅使汝可爲人療病必得大富貴女

親戚相棄鄉里不容女後父母俱卒親營殯葬主成紵舍畫採樵夜紡績
開時人稱爲孝感又諸暨東洋里屠氏女父失明母痼疾
以供養父母俱卒親營殯葬主成紵舍中有聲云汝
眼皆血出小妹娥舐其血左目即

謂是魃魅弗敢從遂得病積時隣舍有溪蟘毒者女試
療之自覺病便差以無兄弟守墳墓無不愈家產日益
鄉里多欲娶之女以無兄弟守墳墓取婦自與二男寄
又具興公濟妻姚氏生二男而公濟及兄公願山劫所殺
辛各有一子姚養育之賣田宅爲取婦自與二男寄
家明帝詔爲其二子婚表閭復搖役又吳郡范法悛妻褚

氏亦勤苦執婦業宋昇明中孫曇瓘謀反夫
僧簡曰孫越州先坐不免汝宜收之曇瓘尋伏法褚氏令僧
義重古人逃竄脫不免汝宜收之曇瓘尋伏法褚氏令僧
簡往斂葬年七十餘永明中卒僧簡在都聞病馳歸未至

南史列傳六十三　　十七

褚已卒將殯舉尸不起尋而僧簡至焉
公孫僧遠會稽剡人也居父喪至孝事母及伯父甚謹年
饑僧遠省躬減食以養母及伯父兄弟第六貧無以葬身自
販貼與隣里供送之費躬負土種松栢兄姊未婚
嫁乃自賣爲之成禮名聞郡縣齊高帝即位遣兼散騎常
侍虞炎等十二部使表列僧遠等二十三人詔並表門閭
蠲租稅

吳欣之晉陵利城人也宋元嘉末弟慰之爲武進縣吏
王誕起義元凶遣軍主華欽討之吏人皆散慰之獨留見
執將死欣之諸欽乞代弟命辭淚哀切弟兄皆見原齊建

南史列傳六十三　　十八

元三年有詔蠲表之永明初廣陵人童超之二息犯罪爭
死太守劉悛表以聞

韓係伯襄陽人也事父母謹孝襄陽人隣居種桑樹於界
上爲誌係伯以桑枝蔭妨他地遷界開數尺隣畔隨復
侵之係伯輒更改種久之隣人慚愧還所侵地躬往謝之
齊建元三年蠲表門閭以壽終時有興人聞人奭年十
七結客報父仇以興烏程人也少有節義齊永明中位森外給
事中時求使蠕蠕國尚書令王儉言奭先雖名位森外而
義行甚重若爲行人則蘇武鄭衆之流也於是使蠕蠕蠕

蠕逼令拜冠先執節不從以刃臨之冠云能殺我者蠕

蠕也不能以天子使拜戎者我也遂見殺武帝以冠先

不屈命賜其子雄錢一萬布三十疋雄不受詣闕上書曰

臣父執節守死如蘇武守死如谷吉遂不書之良史甄之彝策

萬代之後誰死社稷建元四年車僧朗銜使不裹抗節是

同詔贈正員外郎此天朝褒建平父葬書奏不省

家壁臣父湮葬絕域語忠烈則亦不謝車論荼苦則彼優

而此剟名位不殊禮數甚等乞申哀贈書奏不省

孫淡太原人也世居長沙事母至孝母疾不眠食以差

為期母哀之後有疾不使知也齊建元三年蠲表門閭卒

南史列傳六十三　十九

於家

華寶晉陵無錫人也父豪晉義熙末戍長安年八歲臨別

謂寶曰須我還當為汝上頭長安陷寶年至七十不婚冠

或問之寶輒號慟彌日不忍荅也同郡薛天生母遭艱菜

食天生亦菜食母未免喪而死天生終身不食魚肉又同

郡劉懷亂與弟懷則年十歲遭父喪不衣絮帛不食鹽菜

齊建元三年並表門閭

解叔謙字楚梁鴈門人也母有疾叔謙夜於庭中稽顙祈

福閭空中語云此病得丁公藤為酒便差即訪醫及本草

注皆無識者乃求訪至宜都郡遙見山中一老公伐木問

其所用荅曰此丁公藤療風尤驗叔謙便拜伏流涕具言

來意此公憫然以四段與之并示以漬法叔謙受之顧

視此人不復知處依法為酒母病即差齊建武初以奉朝

請徵不至時又有宗元卿庚黔婁朱文濟建武初魯康祚謝昌

寓皆有素履而叔謙尤高元卿字希將南陽人有至行早

孤為祖母所養祖母病元卿在遠輒心痛大病則大痛小

病則小痛以此為常鄉里宗事之號曰宗曾子黔婁字孝

新野人喪父居貧無以葬賣書以營事至手掌穿然後

葬事獲濟南陽劉虬因此為作孝子傳文濟字令先盧陵

人自賣以葬母太守謝瀹命為儒林不就斯字令先盧陵

南史列傳六十三　二十　隱逸付

人有至性隱金華山服食不與俗人交母病亡已經日昔

奔還號叫母即蘇皆以為孝感所致康祚扶風人亦有至

行母患乳癰諸醫療不愈康祚乃跪兩手捧癰大悲泣母

即覺小寬因此漸差時人以其有孝性康祚位至屯騎校

尉昌寓陳郡人也為劉悛廣州參軍母病亡而寓亦至

昌寓病二旬而鶡二旬不食昌寓亡而鶡遂飛去

韓靈敏會稽剡人也早孤與兄靈珍並有孝性母亡又七

家貧無以營山兄弟共種武朝採氏子暮生已復遂

事貧珍亡無子妻朝氏守節不嫁懼家人奪其志未嘗告

歸靈敏事之如母

劉渢字應和南陽人也父紹仕宋位中書郎渢母早亡紹
被敕納路太后兄女為繼室渢年數歲路氏不以為子奴
婢輦捶打之無期度渢每為婢僕所驅捶
苦路氏生渢兄渢憐愛之不忍捨恒在牀帳側輒被驅捶
終不肯去路氏病漸年渢晝夜不離左右每有增加
沸不食路氏病差渢意慈愛遂隆路氏富盛一旦為渢
比部郎後為渢光諮議專知腹心任時遭渢過於同產事無大小
必諮兄而後行渢妹適江祏弟禧與祏兄弟異常自尚書
野向渢知事渢忌之求出為丹楊丞雖外遷而意任無改

及遇光舉事六召渢渢以為宜悉呼佐史渢之徙丹楊
承也遇光必蕭憼第四第晉安王之文學暢為諮議領錄
事及召入遇光謂曰劉暄欲有異志公去歲達取之遇光去
顧左右急呼帥視脈遇光萬聲曰諮議欲作異邪因詞令
歲暴風性理事錯多時方愈暢曰諮議汝作夜攻臺餛
出須史風入暢朝曰公昔年風疾生至與渢俱勸夜攻臺餛
勳分云何而作此語及迎垣歷生坐守此城今年坐
不見納渢歷生並無應作只欲作賊而坐守此城今年坐
公滅族矣又遇光敗渢靜坐園舍廉為慶支郎亦奔亡遇
渢乃不傳首去渢曰吾為人作吏自不避死汝可去無相

守同書蓉曰向老不逢兄亦草間苟免令既相逢何忍獨
生因以衣帶結兄衣俱見殺何觔聞之歎曰兄死君難弟
死禍美哉又柳叔夜河東人父宗朱黃門郎叔夜年十
六為新野太守其有名績補遙光諮議參軍又事敗左右
扶上馬欲與俱亡蓉曰吾已許始安以死豈可負之邪遂
自殺

封延伯字仲連勃海人也世為州著姓寓居東海三世
同財為北州所宗附延伯好學退讓事寡婦謹垣崇祖
為兗州請為長史不就崇祖軾其門不肯相見後為豫州
為之表薦之詔書優禮起家為平西長史梁郡太守為政清
靜有高士風俄以疾免還東海于時四州入魏士子皆依
海曲爭往宗之如遼東之仰郊原也建元三年大使巡行
天下義興陳玄子四世同居一百七十口武陵邵榮興文獻
叔並八世同居東海徐生之武陵范安祖李聖伯范道根
並五世同居零陵譚弘寶華陽黑頭踉道福
世世同爨詔表門閭調役又蜀郡王續祖華陽郝道福
吳達之與敬伯夫妻荒年被略賣江達之有田十畝貨以
從祖弟敬伯夫人也娶亡無以葬自賣為十夫客以營家樁
贖之與同財共宅郡命為主簿固以讓兄又讓世舊田與

族弟預亦不受田遂閉發齊建元三年詔表門閭先是有
蔡曇智鄉里號蔡曾子盧江何伯璵兄弟何展
禽並為高士沈顗所重常云聞恭曇智之風怯夫勇鄙夫
有立志聞何伯璵之風偽夫正薄夫厚云恭曇智與之安
俱屬節操養孤兄子及長為婚推家業盡與之安貧枯槁
誨人不倦郡下車莫不僑謁伯璵卒幼璵末好佛法躬
落長齋持行精苦梁初卒兄年八十餘
王文殊字令章吳興故郡人也父沒人物吳興太守謝
蕭聘為功曹不就立小屋於縣西端拱其中歲時伏臘月
身蔬食不衣帛服麻緼而已不婚不交人物吳興太守謝
朝十五未嘗北望長悲如此三十餘年太守孔琇之表
其行藝詔榜門政所居為孝行里

樂頤之字文德南陽涅陽人也世居南郡少而言行和謹
仕為京府家軍父在郡病亡頤之忽悲戀涕泣因請假還
中路果得父凶問便徒跣號呱出陶後渚遇商人附載西
上水漿不入口數日嘗遇病與母隔壁忍病不言噛被至
碎恐母之哀已也湘州剌史王僧虔引為主簿以同僚非
人棄官去吏部郎庾杲之嘗往候頤之為設食唯枯魚菜之
曰卿過於茅季偉我非郭林宗仕至郢州中從事

弟預字文介亦至孝父臨亡執手以託郢州行事王英預
悲感悶絕吐血數升遂發病官至驃騎錄事參軍隆昌末
預謂丹楊尹徐孝嗣曰外傳藉藉似有伊周之事君蒙武
帝殊常之恩荷託付之重恐不得同人此事人笑之曰昇之至
今齒冷無為效尤孝嗣之亦說之曰昇之
與君俱有項領之功今一言而二功俱解豈願聞之乎君
受恩二祖而更參惟新之政以君為及覆人事成則無勳
逃咎矣昇之章萊百姓言出禍已隨之乾趨起然謝病高
枕家園則與松栢比操風霜等烈當美邪孝嗣並改容
謝之預建武中為永世令人懷其德辛官時有一嫗年可
六七十擔檻蔬菜造市貨之聞預六大泣棄之曰失樂
令我輩孤獨老姥政應就死耳市人亦皆泣其惠化如此
江泌字士清濟陽考城人也父亮之貧賤泌少貧書日斫
屧為業夜讀書隨月光光斜則握卷升屋睡極隨地則更
登性行仁義衣弊韜多綿裹置壁上恐蟲飢死乃復置衣
中數日閒終月無復蟲母亡後從生關供養遇鮮不忍食
菜不食心以其生意唯食老葉而已母亡憂毀
依新宮災三日哭淚盡繼之以血歷仕南中郎行參軍所
給募吏去役得時病莫有舍之者吏杖投泌泌自隱郵
吏死泌為買棺無憧役兄弟共輿埋之後領國子助教乘

牽車至淥為頭見一老公步行下車載之躬自拜去淥武
帝以為南康王子琳侍讀建武中明帝崩諸王後泌憂念
子琳訪諒公道人問其禍福諒公覆香鑪灰示之曰都盡
無餘及子琳被害泌往哭之淚盡繼以血親視殮斂畢乃
去泌尋卒族人充州中從事泌黃門郎念子也與泌同名
裸及長知之求為廣州綏寧府佐至南而去交州道愍尚在襁乃
自負擔冒嶮僅得自達及至交州尋求母雖經年日夜悲
世謂泌為孝泌以別之
庾道愍潁川鄢陵人晉司空冰之玄孫也有孝行頗能屬
文少出孤悴時人莫知其所生母流漂交州道愍尚在襁
道愍心動因訪之乃其母也於是行伏篋泣遠赴之莫
不揮淚道愍尤精相板宋明帝時山陽王休祐屢以言語
忤顏見道愍託以已板為他物令道愍占之道愍曰此乃甚
貴然使人久恐忤休祐甚不悅休祐回許密以換其板他日彦
回侍明帝自稱下官帝多忌甚不悅帝乃
意解道愍仕齊位射聲校尉族孫沙彌亦以孝行著
沙彌晉司空冰之六世孫也父佩玉仕宋位長沙內史昇
明中坐沈攸之事誅時沙彌始生及年五歲所生母為製
采衣輒不肯服母問其故流涕對曰家門禍酷用是何為

及長終身布衣疏食為中軍田曹行參軍嫡母劉氏寢疾
沙彌衰服不解帶或應針灸輒以身先試及母亡
水漿不入口累日不衣綿纊夏日不解衰絰不出廬戶晝夜
不食盬酢冬日不衣綿纊夏日不解衰絰不出廬戶晝夜
號慟隣人不忍聞所坐薦蒸為爛墓在新林忽生旅松
百許株枝葉繁茂有異常松劉杳好學仕梁為
宗人都官尚書詠表言其狀應純孝之舉梁武帝召見嘉
之以補歇令還除輕車邵陵王參軍事隨府曾稽後丁所
生憂喪還都濟浙江中流遇風舫將覆沒沙彌抱柩號哭
俄而風靜咸以為孝感所致後卒於長城令子持
持字元德少孤性至孝父憂居喪過禮篤志好學仕梁為
尚書左戶郎後兼建康監陳文帝為吳興太守以為郡丞
兼掌書翰天嘉初為尚書左丞封崇德縣子拜封之日請
令史為客受其餉遺文帝怒之因坐免後為臨安令坐杖
殺人免還為給事黃門侍郎歷鹽官令秘書監知國史事
又為少府卿遷太中大夫領步兵校尉卒持善字書每屬
辭好為奇字文士亦以此譏之有集十卷

列傳第六十三　　　南史七十三

李　延壽

孝義下

滕曇恭　徐普濟　張悌　陶季直
沈崇傃
吉翂
甄恬
荀匠
趙拔扈
韓懷明
褚脩
張景仁　宛陵女子　劉景昕　衛敬瑜妻王
陶子鏘
成景儁
李慶緒
謝藺　子貞

【南史列傳六十四】

殺不害　弟不佞
張昭　弟乾　王知玄
司馬暠

滕曇恭，豫章南昌人也。年五歲，母楊氏患熱，思食寒瓜，土俗所不產。曇恭歷訪不能得，銜悲哀切。俄遇一桑門問其故，曇恭具以告。桑門曰：「我有兩瓜，分一相遺。」還以與母。舉室驚異，尋訪桑門，莫知所在。及父母卒，曇恭水漿不入口者旬日。感慟嘔血，絕而復蘇。哀隆冬不著襦絮，蔬食終身。每至忌日思慕，至於是日輒慟哭。冬生樹二株，時忽有神光自樹而起。俄見佛像及來侍之，儀容光著，自門而入。曇恭家人大小，咸共禮拜。父之乃滅，遠近道俗
咸傳之。太守王僧慶引曇恭為功曹，固辭不就。王儉時隨僧慶在郡，號為滕曾子。梁天監元年，陸璉奉使巡行風俗，表言其狀。曇恭有子三人，皆有行業。

時有徐普濟者，長沙臨湘人，居喪未葬，而鄰家失火，延及其金。普濟號慟伏棺，以身扞火，火遂滅。其金普濟富人不與，不勝，乃有建康人張景家貧，無以供養，以情告鄰里。富人不與，不勝，念遂結四人作劫，所得衣物三劫持去，實無一錢入己。縣抵悌罪，悌訴稱與弟景是前母子，後母唯生悌。若長不能教誨之，悌請代景死。景又曰松具嫡長，後母唯生悌。若從法，母亦不全，亦請死。母又云悌應死，豈以弟罪枉及諸兄。悌亦引分，全兩兄，供養縣以上讞，帝以為孝義，特降死。

後不得為例。

陶季直，丹楊秣陵人也。祖愍祖，宋廣州刺史。父景仁，中散大夫。季直早慧，愍祖甚愛異之，嘗以四函銀列置於前，諸孫各取其一，季直時年四歲，獨不取。問其故，答曰：「若有賜，當先父伯，不應度及諸孫。」故不取。愍祖益奇之。五歲喪母，哀若成人。初母未病，令於外染衣，母亡後，家人始徹之，號慟，聞者莫不酸感。及長好學，澹於榮利。時劉…聘君…為望蔡令，以病免。時劉勣…將圖之…節本季真…李真必致顛

殞固辭不赴俄而彥節等敗辭初爲尚書此郡郎時褚彥
回爲尚書令素與季直善頻以彥回爲司空司徒主薄以季直
事彥回卒尚書令王儉以季直爲公季直
曰文孝是司馬道子諡恐其人非具美不如文簡儉從之
季直又請爲彥回立碑始終營護甚有吏節再遷東莞太
守在郡號爲清和後爲鎮西諮議參軍領錄武康令作
相誅鋤異己季直不能阿意取容明帝頗忌之出爲輔國
長史北海太守爲之者或勸季直造門
致謝明帝留以爲驃騎諮議參軍兼尚書左丞遷建安太
守爲政清靜百姓便之梁臺建爲給事黃門侍郎常稱仕

至二千石始願畢矣無爲父預人間事乃辭疾還鄉里梁
天監初就拜太中大夫武帝曰梁有天下遂不見此人十
年卒于家季直素清苦絕倫又屏居十餘載及死家徒四
壁子孫無以殯斂聞者莫不傷其志事云
沈崇傃字思整吳興武康人也父懷明宋兗州刺史崇傃
六歲父憂哀踊過禮及長事所生母至孝家貧常備書
以養天監三年太守柳惲辟爲主簿崇傃以不及待疾將欲致死水漿不入口
毋未至而母卒崇傃號
畫夜號哭旬日始將絕氣乃稍進食毋權瘞葬去家數里哀至
非全孝道也崇傃心悟乃稍進食毋權瘞葬去家數里哀至

未至縣卒
苟匠字文師潁陰人晉太保勗九世孫也祖琇年十五後
父仇於成都市以孝聞宋元嘉末慶淮達武陵王擧義爲
元凶所殺贈員外散騎侍郎父法超仕齊爲安後令
卒官匠號慟氣絕身體皆冷至夜乃蘇既而舟喪毋宿江
褚脩但不忍聞其哭聲梁天監元年其兄斐爲鄞林太守
征虜賊爲流矢所中死於陣喪還匠迎于豫章望舟投水
傍人赴救僅而得全及至家貧不時葬居父憂并兄服歷
四年不出廬尸自括髮不復櫛沐鬢貲禿落末無時聲盡
則係之以征目眥皆爛形骸枯頓顏貌毀瘠家人不復
識郡縣以狀言武帝詔道中書舍人爲其除服擢爲豫章
王國左常侍匠即言而毀頓逾其外祖孫謙誠之曰主
上以孝臨天下汝行過古人故擢汝此職非唯君父之命

難拒故亦揚名後世所顯豈獨汝身哉匠乃拜竟以毀卒

吉翂字彥霄馮翊蓮勺人也家居襄陽翂幼有孝性年十一遭所生母憂水漿不入口殆滅性親黨異之梁天監初父為吳興原鄉令為吏所誣逮詣廷尉翂年十五號泣衢路祈請公卿行人見者皆為隕涕其父理雖清白而耻為吏訊乃虛自引咎罪當大辟翂乃撾登聞鼓乞代父命武帝異之尚以其童幼疑受教於人敕廷尉蔡法度嚴加脅誘取其款實法度乃還寺盛陳徽纆厲色問曰爾求代父死敕已相許便應伏法然刀鋸至劇審能死不且兩孺志不及此必為人所教姓名是誰若有悔異亦相聽許

對曰囚雖蒙弱豈不知死可畏憚顧諸弟幼藐唯囚為長不忍見父極刑自延視息所以內斷胷臆上干萬乘今欲殉身不測委骨泉壤此非細故奈何受人教邪法度知不可屈撓乃更和顏誘語之曰主上知尊侯無罪行當釋亮觀君神儀明秀稱佳童又若父子同濟以此妙年苦未湯鑊翂曰凡鯤鮞螻蟻尚惜其生況在人斯豈願虀粉但父挂深劾必正刑書故思殞仆冀延父命翂初見囚獄掾依法備加桎梏法度矜之命脫其二械更令著一小者翂弗聽曰翂求代父死死囚豈可減乎竟不脫械法度以聞帝乃宥其父丹楊尹王志求其在廷尉故事并

諸鄉居欲於歲首舉充純孝翂曰異哉翂之莫夫父辱子死斯道固然若翂有靦面目當其舉則是因父賣名一何甚辱拒之而止年十七應辟為本州主簿臨賀王縣攝官甚有風化大行自雍還郢郢州主簿復召為主簿後秣陵鄉人裴儉丹楊郡守殺教付太常旌舉張汯連名薦翂以為孝行純至明通易老敕付太常旌舉初翂以父陷罪因成悸疾後因發而卒

甄恬字彥約中山無極人也世居江陵恬歲喪父哀感有若成人家人矜其小以肉汁和飯飼之恬不肯食年八歲嘗問其母恨生不識父遂悲泣累目忽若有見言形貌則

其父也時以為孝感家貧養母常得珍善及居喪廬於墓側恒有烏玄黃雜色集於廬樹恬初與白鳩白雀栖宿其廬州將始興王憺表其行狀詔旌表門閭加以爵位恬官至安南行參軍

趙拔扈新城人也兄震勤富於財太守樊文茂求之不已震動怒曰無感將及我文茂聞其語聚其族誅之拔扈走免亡命聚黨墾社樹呪曰文茂殺拔扈兄今欲報之若事克祈新樹願更生不克即死三宿三樹生十餘枝餘十餘目為神附者千餘萬凱殺文茂轉攻傍邑將至成都十餘戰敗退保新城未降文茂黎州刺史文熾弟襄陽人也

懷明上賞人也客喜荊州十歲母惠尸獲每發輒危殆
懷明夜於星下稽顙祈禱時樂甚切忽聞香氣空中有人
曰童子母須臾便差無勞自苦未曉而母平復鄉里以此
異之十五喪父幾至滅性負土成墳贈助無所受鄉里與
鄉人郭琰俱師南陽劉虬虬問家人咨去是外祖卒七日時虬
之即日罷學還家翁為服釋乃去及除喪疏食終身衣裘
上宇乳哺狎若家翁為服釋乃去及除喪疏食終身衣裘
肆力以供甘脆嬉下朝夕不離母側母年九十以壽
終懷明水漿不入口一旬號哭不絕聲有雙白鳩巢其廬
無所改梁天監初刺史始與王僧表言之州累辟不就卒
于家

褚脩吳郡錢唐人也父仲都善周易為當時之冠梁天監
中歷位五經博士脩少傳父業武陵王紀為揚州引為宣
惠參軍兼限內記室脩性至孝父喪毀瘠過禮因惠冷氣
又丁母憂水漿不入口二十三日每號慟輒嘔血遂以毀卒

張景仁廣平人也父梁天監初為同縣常法所殺景仁時
年八歲及長志在復讎普通七年遇法於公田諸手斬其
首以祭父墓事竟詣郡自縛乞依刑法太守蔡天起上言
於州時簡文在鎮乃下教褒美之原其罪下屬長纏其一

户租調以供孝行又天監中宣城宛陵女子與母同床眠
母為猛獸所取女啼號隨獸行數十里獸毒落獸
乃曾其母而丟芟抱母猶有氣息經時乃絕鄉里言於郡
縣奇之蕭琛表上詔榜其門閭又霸城王整之姊嫁為衛
敬瑜妻年十六而敬瑜亡誓不嫁姊妹咸欲嫁之誓而不許
乃截耳置盤中為誓乃止遂手為墳種樹數百株墓前
栢樹忽成連理一年許還分散忽復一株
栢根連復並枝妾念木猶能感木頹似住乃有鶬巢
常雙飛來去後忽孤飛女感其偏栖為詩曰昔年無偶去
歲此鷇果復更來猶帶前繫脚為誌后

春猶獨歸故人恩既重不忍復雙栖於問題曰貞義衛婦
嘉其美節乃起樓於門題曰貞義衛婦之閭又表於臺後
有河東劉景昕事母孝謹母常病癖三十餘年一朝而瘳
鄉里以為景昕事母孝謹荊州刺史西昌侯藻
陶子鏘字海育丹陽秣陵人也父延尚書比部郎兄尚宋
末為僞臣所怨被繫予鏘公私緣訴流血稽顙行路嗟傷
逢謝起宗下車相訪詣入縣詣建康訟冤勞苦遠曰豈忍見
人昆季如此而不思勞感之兄得釋母終居喪盡禮與
范雲降雲每聞其哭聲必動容改色欲相申薦會靈至初
子鏘母嗜薑蒜母沒後恆以供奠梁武義師初至此年冬營

奪不得子辦痛懟哭而絕父之乃蘇遂長斷奪味

成景偁字超范陽人也祖與仕魏為五兵尚書父安樂
陽太守梁天監六年常邑和殺父文城內附景偁謀復
讎因役魏宿預城主以地南入普通六年邑和為鄆陽內
史景偁購人刺殺之未父重購邑和家人鳩殺其子宋熊
類俱盡武帝義之每為屈法景偁雪冤思報劢後
除比豫州刺史景偁魏所向必摧其智勇時以比馬仙琕兼
有政績縕字孝緒廣漢郪人也父為人所害慶緒九歲而孤

李慶緒字孝緒見懷北豫州吏人樹碑紀德卒諡曰忠烈云
為兄所養日夜號泣志在復讎授州將陳顯達仍於部伍

【南史列傳六十四　九】

白日手刃其仇自縛歸罪州將義而釋之梁天監中為東
莞太守丁母憂去職廬于墓側每慟嘔血數升後為巴郡
太守號良吏累遷衛尉封安陸縣侯益州二百年無復貴
仕慶緒承恩至此便欲西歸尋徒太子右衞率未拜而卒
謝藺字希如陳郡陽夏人晉太傅安之八世孫也父經不
進勇院孝緒聞之歡曰此兒在家則賢子之流事君則藺
中郎諮議參軍藺五歲時父未食乳媼欲令先飯藺不
生之四因名曰藺稍授以經史過目便能諷誦孝緒母自
吾家陽元也及丁父憂晝夜號慟毀瘠骨立母阮氏常自
守視譬抑之服闋闕吏部尚書蕭子顯嘉其至行權為王府

法曹行參軍累遷外兵記室參軍時甘露降士林館藺獻
頌武帝嘉之有詔使製北兗州刺史蕭楷德政碑又奉詔
令製宣城王奉述中庸頌後為兼散騎常侍會侯景
入附境上交兵藺母既廬不得還感氣而卒及藺還入境
夜夢不祥旦便投列馳歸及至號慟嘔血氣絕父之水漿
不入口每哭眼耳口鼻皆血流經月餘日因夜臨而卒所
製詩賦碑頌數十篇子貞

貞字元正幼聰敏有至性祖母阮氏先苦風眩每發便一
二日不能飲食貞時年七歲祖母不食貞亦不食往往如
此母王氏授以論語孝經讀訖便誦八歲誦春日閑居

【南史列傳六十四　十】

詩從舅王筠奇之謂所親曰至如風定花猶落乃追步惠
連矣年十三尤善左氏春秋工草隸蟲篆十四丁父艱號
頓於地絕而復甦者數矣初貞父藺以憂毀卒家人賓客
復憂貞從父洽族兄曷乃共請華嚴寺長爪禪師為貞說
法仍譬以母須侍養不宜毀滅乃少進饘粥又魏剋江陵
入長安高逃難嚳舅貞母出家于宣明寺及陳武帝受禪
曷還鄉里供養貞母將二十年初貞在周嘗待周武帝愛
弟趙王招讀易招甚禮之聞其獨處必晝夜涕泣私問知母
在鄉乃謂曰募人若出居蒲當遣侍讀還家後數年招果
出因辭面奏請放貞還帝音招仁愛遂遣隨聘使杜子暉歸

國是歲陳太建五年也始自周還時始與王叔陵為揚州
刺史引為祠部侍郎阮卓為記室辟名主簿尋遷府錄事
參軍領丹揚丞貞知叔陵有異志因與卓自疎每有宴遊
輒以疾辭未嘗參預叔陵雅重之弗之罪也及叔陵肆逆
唯貞與卓不坐再遷南平王友掌記室事府長史汝南周
確新除都官尚書請貞為讓表後主覽而奇之及問知周
所作因敕舍人施文慶曰謝貞在王家未有祿秩可賜米
百石以母憂去職頃之敕起還府累啟固辭敕不許貞哀
毀羸瘠絕不能之官舍吏部尚書姚察與貞友善及貞病粗
篤問以後事貞曰孤子嘗禍所集隨灰壤族子凱等粗
自成立已有踈付之此固不足仰塵厚德弱兒年甫六歲
名靖字依仁情累所不能忘敢以為託是夜卒後主問察
曰謝貞有何親屬察以靖荅即敕長給衣糧初貞之病有
遺踈告族子凱勿以僧家為俗屍床設香
正恐過為獨異可用薄板周身載以露車覆以草席坎山
次而埋之又靖年尚小未閑人事但可三月施小床設香
水盡卿兄弟相厚之情即除之無益之事勿為也
高明梁尚書兵部郎不害性至孝居父憂過禮由是少知
名家世儉約居其貧素有弟五人皆幼弱不害事老母養

小弟勤劇無所不至士大夫以篤行稱之年十七仕梁為
廷尉平長於政事兼飾以儒術名法有輕重不便者輒上
書言之多見納用大同五年兼東宮通事舍人時朝政多
委東宮不害與舍人庾肩吾直日奏事梁武帝嘗謂有吾
曰卿是文學之士吏事非卿所長何不使敕入臺及臺城陷簡
見知如此簡文以不害善事親賜其母蔡氏錦裙襦氈席
被褥單複畢備俟景之亂不害從簡文入臺左右甚不
文在中書省晝帶甲將兵唯不害與居亂景許之不害供侍
動靜文為景所幽遣人請不害與居亂景許之不害供侍
遂侍衛衛者莫不驚恐易以朝陛見過謁簡文左右側不
益謹梁元帝立以不害為中書郎兼廷尉卿魏平江陵失
母所在時甚寒雪凍死者填滿溝壑不害行哭尋求聲不
暫輟過見死人溝中即投身捧視舉體凍僵水漿不入口
者七日始得母死憑屍而哭每輒氣絕行路皆為流涕即
江陵權殯與王褒庾信俱入長安自是疏食布衣枯槁骨
立見者莫不哀之大建七年自周還陳除司農卿遷晉陵
太守在郡感疾詔以光祿大夫微還養疾後主即位加給
年陳亡僧首來迎不害道卒年八十五不害弟不佞
不佞字季卿少立名節居父喪以至孝稱好讀書尤長吏

衡梁承聖初為武康令時兵荒飢饉百姓流移不敢循撫
招集繦負至者以千數會魏剋江陵而毋卒道路隔絕父
不得奔赴四載之中晝夜號泣居廬啜飲常為居喪之禮
陳武帝受禪除妻令至喪禁第四兄不齊始於汪陵迎母喪
樞歸葬不使居憂之節如始聞問若此者又三年身自負
僕射到仲舉中書舍人劉師知尚書左丞王瑒等謀矯詔
出宣帝衆人猶豫未敢先發不使乃馳詣相府面宣詔旨

士手植松柏每歲時伏臘必三日不食文帝時兼尚書右
丞遷東宮通事舍人及廢帝嗣立宣帝為大傅錄尚書輔
政其為朝望所歸不使素以名節自立又受委東宮乃與

並草亡事第二寡妻張氏其謹所得禄奉不入私室長子
楚章位尚書金部郎

令相王還第及事發仲舉等皆伏誅宣帝雅重不使特赦
之免其官而已及即位以為軍師始興王諮議參軍後兼
尚書左丞加通直散騎常侍卒官不使不疑不占不齊

司馬晶字文昇河內溫人也高祖柔之曾侍中以南頓王
孫紹齊文獻王攸後父子產即梁武帝之外兄也位岳陽
太守晶幼聰警有至性年十二丁內艱哀慕過禮水漿不
入口始經一旬每號慟必至悶絕父每喩之令進粥然猶
毀瘠骨立服闋以姻戚子弟入問說梁武帝見其羸疾歎

息父之字其小字曰昨見羅兒面顏顇頓使人惻
然便是不墜家風為有子矣後累遷正員郎丁父艱哀毀
愈其廬于墓側日進薄麥粥一升墓在新林連接山阜舊
多猛獸晶結廬載籽狼迹常有兩鳩栖宿廬所馴狎
異常承聖中除太子庶子魏剋江陵隨例入長安而采宗
屠殺太子殷痤失所及同受禪剋江陵隨直散騎常侍太
陵政葬辭甚酸切周朝優詔苔之即勅荊州以禮安厝陳
太建八年自周還宣帝降殊禮歷位通直散騎常侍太
中大夫卒有集十卷子延義字希少沈敏好學初隨父
入關丁母憂喪過于禮及晶還都延義乃躬負靈櫬畫伏

宵行冒犯冰霜手足皸瘃至都遂致攣廢數年乃愈位司
徒從事中郎

張昭字德明吳人也幼有孝性父爁常患消渇嗜鮮
魚昭乃身自結網捕魚以供朝夕弟乾字玄明聰敏好學
亦有至性及父卒兄弟並不衣綿帛不食鹽酢日唯食一
升麥屑粥每一感慟必致歐血鄰里聞之皆為涕泣父服
未終母陸氏又卒兄弟遂六年哀毀形容骨立家貧未得
大葬遂蔬食十有餘年杜門不出屏絕人事時衡陽
王伯信臨郡舉乾苹廉固辭不就兄弟並因毀成疾昭一
眼失明乾亦中冷苦癖年並未五十終于家子俪俱絕宣

帝時有太原王知玄者僑居會稽初劉縣若窦以孝聞及丁
憂衰毀而卒帝嘉之詔改所居青苦里為孝家里
論曰自澆風一起人倫毀薄蓋抑引之教頓小俗所先亦里
雖閭義存勸隨是以漢世士務脩身故忠孝成俗至于乘
軒服冕克非此莫由晉宋以來風衰義缺刻身厲行事薄當
膝若使孝立閭庭忠被史策義感乖刻海畎之中非出衣簣之
下以此而言聲教不亦鄉大夫之恥乎

列傳第六十四

南史七十四

列傳第六十五　　　　　李　　南史七十五
　　　　　　　　　　　　　　延壽

隱逸上

陶潛　　　　　　　　　宗少文　孫測　從弟或之
沈道虔　　　孔淳之
周續之　　　戴顒
戴顒　　　　雷次宗
翟法賜　　　劉凝之
郭希林
龔祈　　　　朱百年
關康之　辛普明　樓惠明　漁父
杜京產　孔道徽　京產子栖　剡縣小兒
褚伯玉
【南史列傳六十五】
顧歡　盧度

易有君子之道四焉謨之謂也故有入廟堂而不出徇
江湖而求歸隱避紛紜萬品若道義內足希微兩亡
藏景窮嚴蔽名愚谷解桎梏於仁義宗形神於天壤則名
教之外別有風猷故堯封有非聖之人孔門謬雞黍之客
次則揚獨往之高節重去就之虛名或慮全後悔事歸知
殆或道有不申行吟山澤皆用宇宙而成心惜風雲以為
氣求志達道未或非然故須含貞養素文以藝業不爾則
與夫礁者在山何殊異也若夫陶潛之徒或仕不求聞退

不謹俗或全身幽屢服道儒門或道迹江湖之上或藏名
巖石之下斯並向時隱淪之徒歟今並綴緝以備隱逸篇
焉又齊梁之際有釋寶誌者雖綵屢顯晦而道合希夷求
其行事蓋亦俗外之徒也故附之云
陶潛字淵明或云字深明名元亮尋陽柴桑人晉大司馬
侃之曾孫也少有高趣宅邊有五柳樹故常著五柳先生
傳云先生不知何許人不詳姓字閑靜少言不慕榮利好
讀書不求甚解每有會意欣然忘食性嗜酒而家貧不能
恒得親舊知其如此或置酒招之造飲輒盡期在必醉既
醉而退曾不吝情去留環堵蕭然不蔽風日短褐穿結簞

【南史列傳六十五】

飄屢空晏如也常著文章自娛頗示己志忘懷得失以此
自終其自序如此蓋以自況時人謂之實錄親老家貧起
為州祭酒不堪吏職少日自解而歸州召主簿不就躬耕
自資遂抱羸疾江州刺史檀道濟往候之偃臥瘠餒有日
矣道濟謂曰夫賢者處世天下無道則隱有道則至今子
生文明之世奈何自苦如此對曰潛也何敢望賢志不及
也道濟饋以粱肉麾而去之後為鎮軍建威參軍謂親朋
曰聊欲絃歌以為三徑之資可乎執事者聞之以為彭澤
令不以家累自隨送一力給其子書曰汝旦夕之費自給
為難今遣此力助汝薪水之勞此亦人子也可善遇之公

田悉令吏種秫稻妻子固請種粳乃使二頃五十畝種秫五十畝種粳郡遣督郵至縣吏白應束帶見之潛歎曰我不能為五斗米折腰向鄉里小人即日解印綬去職賦歸去來兮田園將蕪胡不歸既自以心為形役奚惆悵而獨悲悟已往之不諫知來者之可追實迷塗其未遠覺今是而昨非舟遙遙以輕颺風飄飄而吹衣問征夫以前路恨晨光之熹微乃瞻衡宇載欣載奔僮僕歡迎稚子候門三徑就荒松菊猶存攜幼入室有酒盈樽引壺觴而自酌眄庭柯以怡顏倚南窗以寄傲審容膝之易安園日涉以成趣門雖設而常關策扶老以流憩時矯首而遐觀雲無心以出岫鳥倦飛而知還景翳翳將入撫孤松而盤桓歸去來兮請息交以絕遊世與我而相違復駕言兮焉求悅親戚之情話樂琴書以消憂農人告余以春及將有事於西疇或命巾車或棹孤舟既窈窕以尋壑亦崎嶇而經丘木欣欣以向榮泉涓涓而始流善萬物之得時感吾生之行休已矣乎寓形宇內復幾時曷不委心任去留胡為乎遑遑欲何之富貴非吾願帝鄉不可期懷良辰以孤往或植杖而耘耔登東皋以舒嘯臨清流而賦詩聊乘化以歸盡樂夫天命復奚疑義熙末徵為著作郎不就江州刺史王弘欲識之不能致也潛嘗往廬山弘令

潛故人龐通之齎酒具於半道栗里要之潛有腳疾使一門生二兒舁籃輿及至欣然便共飲酌俄頃弘至亦無忤也先是顏延之為劉柳後軍功曹在尋陽與潛情款後為始安郡經過潛每往必酣飲致醉弘欲邀延之一坐彌日不得延之臨去留二萬錢與潛潛悉送酒家稍就取酒嘗九月九日無酒出宅邊菊叢中坐久之滿手把菊忽值弘送酒至即便就酌醉而後歸潛不解音聲而畜素琴一張每有酒適輒撫弄以寄其意貴賤造之者有酒輒設潛若先醉便語客我醉欲眠卿可去其真率如此郡將候潛逢其酒熟取頭上葛巾漉酒畢還復著之潛弱年薄宦不潔去就之跡自以曾祖晉世宰輔恥復屈身後代自宋武帝王業漸隆不復肯仕所著文章皆題其年月義熙以前明書晉氏年號自永初以來唯云甲子而已與子書以言其志并為訓戒曰吾年過五十而窮苦荼毒性剛才拙與物多忤自量為己必貽俗患僶俛辭事使汝幼而飢寒耳常感孺仲賢妻之言敗絮自擁何慚兒子此既一事矣但恨鄰靡二仲室無萊婦抱茲苦心良獨內愧少來好書偶愛閒靜開卷有得便欣然忘食見樹木交蔭時鳥變聲亦復歡爾有喜嘗言五六月比窗下臥遇涼風暫至自謂是羲皇上人意淺識陋日月遂往疾患以來漸就衰損親舊不遺每有藥石

見赦自恐大分將有限也汝輩幼小家貧無復柴水之勞
何時可免念之在心若何可言然雖不同生當思四海皆
兄弟之義鮑叔敬仲分財無猜歸生伍舉班荊道舊遂能
以敗為成因喪立功佗人尚爾況共父之人哉穎川韓元
長漢末名士身廁鄉佐八十而終兄弟同居至於沒齒
比汜勿春晉時操行人也七世同財家人無怨色詩云高
山景行汝其慎哉又為命子詩以貽之元嘉四年將復徵
命會卒世號靖節先生其妻翟氏志趣亦同能安苦節夫
耕於前妻鋤於後云

宗少文南陽涅陽人也祖承宜都太守父鎩之湘鄉令母

同郡師氏聰辯有學義教授諸子少文善居喪為鄉閭所
稱宋武帝既誅劉毅領荊州問毅府諮議參軍申永曰今
何施而可永曰除其宿釁倍其惠澤貫敘門次顯擢才
能如此而已武帝納之乃辟少文為主簿不起問其故苔
曰栖丘飲谷三十餘年武帝善其對而止少文妙善琴書
圖畫精於言理每游山水往輒忘歸征西長史王敬弘每
從之未嘗不彌日也乃下入廬山就擇慧遠考尋文義兄
臧為南平太守遍與諸子俱還乃於江陵三湖立宅閑居無事
武帝召為太尉行參軍驃騎道憐命為記室參軍並不就
二兄早卒孤累甚多家貧無以相贍頗營稼穡人有餽遺

並受之武帝敕南郡長給吏役又戴致餼賚後子弟從祿
乃悉不復受武帝開府辟召下書召少文與鴈門周續之
並為太尉掾皆不就宋受禪及元嘉中頻徵並不應妻羅
氏亦有高情與少文協趣羅氏沒少文哀之過其既乃悲
情頓釋曰死生之分未易可達三復妻羅之終命為教
方能遣哀衡陽王義李為荊州親至其室與為賓宴命為
諮議參軍不起好山水愛遠遊西陟荊巫南登衡岳因結
宇衡山欲懷尚平之志有疾還江陵歎曰老疾俱至名山
恐難徧覩唯澄懷觀道臥以游之凡所游履皆圖之於室

謂之撫琴動操欲令眾山皆響古有金石弄為諸桓所重

桓氏亡其聲遂絕唯少文傳焉文帝遣樂師楊觀就受之
少文孫測亦有祖風

測字敬微一字茂深家居江陵少靜退不樂人間歎曰家
貧親老不擇官而仕先哲以為美談余竊有感誠不能潛
感地金宜致江鯉但當用天之分地之利孰能食人厚
祿憂人重事乎齊驃騎豫章王嶷徵為參軍測不起
府云何為謀傷海鳥橫斤山木母喪身貧貧士植松柏塋
遺書請之辟為參軍測苔曰性同鱗羽愛止山壑眷戀松
雲輕迷人路縱宕巖流有若狂者忽不知老至而今鬢已
白豈容課虛責實限魚鳥慕哉永明三年詔徵太子舍人

不就欲游名山乃寫祖少文所作尚子平圖於壁上測長
子賔客在都知父此旨便求祿還爲南郡丞付以家事刺
史安陸王子敬長史劉寅以下皆贈送之測無所受齎老
止祖少文舊宅魚複侯子響爲江州厚遣贈遺測曰少有
子莊子二書自隨子孫拜辭悲泣測長嘯不視遂往廬山
狂疾尋山採藥遠來至此畺腹而進松木度形而衣薜蘿
淡然已定豈容當此横施子響造之測不見後子響
不告而來奄至所住測不得已巾褐對之竟不交言子響
不悅而退侍中王秀之彌所欽慕乃令陸探微畫其形與

己相對又賄書曰貴人有圖畫僑札輕以自方耳王俊亦
不測之贈以蒲褥筍席之測送弟衆還西仍留舊宅求
業寺絕賔友唯與同志遊劘此宗人尚之等徒衆講說
荊州刺史隨王子隆至遺別駕宗忄口致勞問測咲曰貴
賤理隔何以此竟不荅建武二年徵爲司徒主簿不就
辛當美畫自圖阮籍遇蘇門於行障上坐即對之畫求
業佛影臺旦爲妙作好岩律善莒以老續皇甫謐高士傳三
卷嘗游衡山七嶺著衡山廬山記尚之字敬之亦好山澤
徵辟一無所就以壽終
或之字叔粲少文從父弟也早孤事兄恭謹家貧好學雖
文義不逮少文而真誠過之徵辟一無所就宋元嘉初大

使陸子真觀採風俗三詣或之每辭疾不見告人曰我布
衣草萊之人少長龍蟠何宜枉軺輶晃之客子真還表薦之
又不就徵卒於家

沈道慶吳興武康人也少仁愛好老易居縣北石山下孫
恩亂後飢荒時復還石山精廬與諸孤兒子共立宅臨溪
有山水之玩遷南廱頭里爲立宅縣令廬江主迎出縣
困不改節受琴於戴逵王敬弘深貴重之郡州府凡十二
命皆不就有令築菜者外還見之乃自逃隱待編者
去後乃出人又扰其屋後大箭令人止之曰惜此箭欲令成
林更有佳者損其屋後大箭送與之盜者慙不取道

諫之不止悉以其所得與之爭者愧恧後每事輒云勿令
廄使置其門內而還常以捃拾自資同捃者或爭穋道慶
居士知冬月無複衣戴顒聞而迎之爲作衣服并與錢一
萬及還分身上衣及錢悉供諸兄弟子無衣者鄉里少年
相率受學道慶常無資以立學徒之遺使存問賜錢三萬米
給受業者咸得有成宋文帝聞之欣然厚相賚
二百斛受業外散騎侍郎不就累世事
佛推父祖舊宅爲寺至四月八日每請像請像之日輒舉
家感慟焉道慶年老菜食恒無經日之資而琴書爲樂不
孜不倦文帝敕郡縣使隨時資給卒于慧鋒備父業不就

州辟

孔淳之字彦深會人也祖恬尚書祠部郎父粲秘書監徵
不就淳之少有高尚愛好墳籍為太原王恭所稱居會稽
剡縣性好山水每有所游必窮其幽峻或旬日忘歸嘗游
山遇沙門釋法崇因留共止遂停三載法崇嘆曰緬想
之墓側服闋與徵士戴顒王弘之及王敬弘等共為人外
之游又申以婚姻敬弘以女適淳之子尚淳之以烏羊繫所
乘車轅頭揭燭為禮至則盡歡共飲迄晝而歸或怪其如此

【南史列傳六十五】 九

外三十年矣今乃傾蓋于茲不覺老之將至也及淳之還
乃不告以姓淳著作郎太尉參軍竝不就居喪至孝廬
不識其水陸栖者非辯其林飛沈所至何問其主終不肯
往茅室蓬戶庭草蕪徑唯牀上有數帙書初復徵為
能致使謂曰吾不入吾郡何為入吾郡之笑曰潛游者
昔曰固亦農夫田父之禮也會稽太守謝方明苦要之不
散騎侍郎乃逃于上虞縣界家人莫知所在弟黙之為廣
州刺史出都與別司徒王弘要淳之集台城即日命駕東
歸遂不顧也元嘉七年卒黙之儒學注穀梁春秋黙之子
熙先事在范曄傳

周續之字道祖雁門廣武人也其先過江居豫章建昌縣
續之八歲喪母哀戚過於成人奉兄如事父豫章太守范

審於郡立學招集徒徒遠方至者甚衆續之年十二詣范
受業居學數年通五經竝緯號曰十經名冠同門稱為顏
子既而閑居讀老易入廬山事沙門釋慧遠時彭城劉遺
人道迹而廬山陶淵明亦不應徵命謂之尋陽三隱劉毅
姑孰命為撫軍參軍徵太學博士竝不就江州刺史劉鍾太
招請續之不尚峻節頗從之游常以嵇康高士傳得出處
之美因為之注又讀禮月餘復還山江州刺史劉柳薦之
延入講禮加以僕射之義辯析精奧稱為名通續之素患
尉掾不就武帝北代還鎮彭城遣使迎之禮賜甚厚每相
真高士也尋復南還武帝踐祚復召之上為開館東郭外

【南史列傳六十五】 十

論注公羊傳於世無子兄子景遠有續之風
痺不復堪講乃移病鍾山景平元年卒通毛詩六義及禮
我九齡射於雙圉之義辯析精奧稱為名通續之素患
戴顒字仲若譙郡銍人也父逵兄勃竝隱遁有高名顒十
六遭父憂幾於毀滅因此長抱羸患父不仕會稽剡縣多名
父善琴書顒並傳之凡諸音律皆能揮手
山故世居剡下顒及兄勃竝受琴於父沒所傳之聲
忍復奏各造新弄勃制五部顒制十五部顒又制長弄一
部竝傳於世中書令王綏嘗攜客造之勃等方進豆粥綏

曰聞卿善琴試欲一聽不答縱恨而去桐廬縣又多名山
兄弟復共游之因留居止勑惠恩醫藥不給顧謂勃曰閑
非有心於語黙今疾篤無可營療顧當于祿以自濟耳
乃求海鹽令事垂行而勃卒乃止桐廬僻遠難以養疾乃
出居吳下吳郡內衣冠初建元嘉中徵並不就衡陽王義季時
衆論以此多之宋國初建元嘉中徵並不就衡陽王義季
吳將守又郡內衣冠要其同游野澤堪行便去不為矯介
鎮京口長史張邵與顧姻通迎來止黃鵠山山北有竹林
精舍林澗甚美顧居於此澗義季數從之游顧服其野服
不改常度為義季鼓琴並新聲變曲其三調游弦廣陵止
息之流皆與世異文帝每欲見之嘗謂黃門侍郎張敷曰
吾東巡之日當見賢人戴公山下也以其好音聲正聲一
部顧合何嘗自鳴二聲以為一調號為清曠自漢世始有
佛像形制未工逵特善其事顧亦參焉宋世子鑄丈六銅
像於瓦官寺既成面瘦乃銷臂胛及減臂胛瘦患即除無不歎服十八
非面瘦乃臂胛肥耳及減臂胛瘦患即除無不歎服十八
年卒無子景陽山成顧已亡矣上歎曰恨不得使戴顧觀
翟法賜尋陽柴桑人也曾祖湯祖莊父綝並高尚不仕逃
之

避徵辟法賜少守家業室廬山頂喪親後便不復還家
不食五穀以獸皮及結草為衣雖鄉親中表遠近避徵聘逃遁
辟一無所就後家人至石室尋求莫見焉
跡幽深卒於巖石間
雷次宗字仲倫豫章南昌人也少入廬山事沙門釋慧遠
篤志好學尤明三禮毛詩隱退不受徵辟宋元嘉十五年
徵至都開館於雞籠山聚徒教授置生百餘人會稽朱膺
之潁川庾蔚並以儒學總監諸生時國子學未立上留
意藝無使丹陽尹何尚之立玄學太子率更令何承天立
史學司徒參軍謝元立文學凡四學並建車駕數至次宗
館資給其厚父之還廬山公卿以下並設祖道後又徵詣
都為築室於鍾山西巖下謂之招隱館使為皇太子諸王
講喪服經次宗不入公門乃使自華林東門入延賢堂就
業二十五年卒于鍾山子蕭之頗傳其業
郭希林武員人也曾祖翻晉世高尚不仕希林少守家業
徵召一無所就卒子蒙亦隱居不仕
劉凝之字隱安小名長生南郡枝江人也父期公衡陽太
守兄盛公高尚不仕凝之慕老萊嚴子陵為人推家財與
弟及兄子立屋於野外非其力不食州里重其行辟召一
無所就妻梁州刺史郭銓女也遣送豐麗凝之然散之屬

親妻亦能不慕榮華與凝之共居儉苦夫妻共乘蒲萃車
出市買易周用之外輒以施人為村里所誚一年三輸公
調求輒與之文嘗認其所著履咲曰僕著已敗今家中覓
新者備君此人後田中得所失展送還不肯復取臨川王
義慶衡陽王義季鎮江陵竝遣使存問凝之答書頓首
稱僕不為百姓禮人或譏焉凝之曰昔老萊向楚王稱僕
嚴陵亦抗禮光武末聞巢許稱臣堯舜時戴顚頤衡陽王
義季書亦抗禮荊州年飢義季聞有飢色者餉錢十萬凝之
之大喜將錢至市門觀有飢色者悉分與之俄頃立盡性
好山水一旦攜妻子泛江湖隱居衡山之陽登高嶺絕人
迹為小屋居之採藥服食妻子皆從其志卒年五十九
襲祈字蓋道武陵漢壽人也從祖玄之父黎人竝不應徵
辟祈風姿端雅容止可觀中書郎范述見之歎曰此荊楚
之仙人也自少及長徵辟一無所就時或賦詩而言不及
世事卒年四十二
朱百年會稽山陰人也祖凱之晉左衛將軍父濤揚州主
簿百年少有高情親亡服闋攜妻孔氏入會稽南山伐薪
採若為業以薪若置道頭輒為行人所取明旦已復如此
人稍怪之積父方知是朱隱士所賣須者隨其所堪多少
留錢取薪若而去或遇寒雪薪若不售無以自資輒自榜

船送妻還孔氏天晴迎之有時出山陰為妻買繒采五三
尺好飲酒遇醉或失之顏延之時為詩詠往往有高勝
之言隱迹避人唯與同縣孔顗友善顗亦嗜酒相得甚歡
百年不覺也既覺引卧去不就顏竣為東陽州發
悲慟顗亦為之傷感除太子舍人不就顏竣為東陽州發
教餉百年穀五百斛不受時山陰又有寒人姚吟亦有高
趣為衣冠所重政餉百年妻米百斛遣婢詣
蔡興宗為會稽太守餉百年米百斛妻遣婢詣
關康之字伯愉河東楊人也世居京口寓居南平昌少而
篤學姿狀豐偉下邳趙繹以文義見稱康之與友善特進
顏延之等當時名士十許人入山候之見其散髮被黃布
帊席松葉枕一塊白石而卧了不相眄延之等咨嗟而退
不敢干也晉陵顧悅之難康之論易義四十餘條康之申王
難顧遠有情理又為毛詩義經籍疑滯多所論釋嘗就沙
門支僧納學算幷能精其能徵辟一無所就棄絕人事守志
閑居弟雙文為藏質車騎參軍與質俱下至赭圻病卒康之
於水濱康之時得病小差牽以迎喪因得癆病寢頓二

十餘年時有閒日輒臥論文義宋孝武即位遣大使巡行

天下使反薦康之宜加徵聘不見省康之性清約獨處一

室希淡與妻子相見不通賓客弟子以業傳受尤善左氏春

秋粲高帝為領軍時素好此學迺本與康之手自點

定又造禮論十卷高帝絕賞愛之及崩遺詔以入玄宮康

之以宋明帝太始初與平原明僧紹俱徵辟以疾時又有

河南辛普明東陽樓惠明皆以篤行聞普明字文達少就

康之受業至性過人居貧與兄共廁一帳兄亡仍帳施靈

蚊其多通又不得寢而終不改僑居會稽會稽士子

高其行當葬兄皆送金為贈後至者不復受人問其故苔

日本必兄墓不周故不逆親友之意今寔已足豈可利亡

者餘贈邪齊豫章王嶷為揚州徵為議曹從事不就惠明

字智遠立性貞固有道術居金華山舊多蠱毒自惠明居

之無復辛螫之苦藏名匿迹人莫之知宋明帝召不至齊

高帝徵又不至文惠太子在東宮苦延方至仍又辭歸俄

自金華輕棹西下至丹陽唯豐安獨全時人以為有先覺齊武帝敕為

職入城塗地唯豐安獨全時人以為有先覺

立館

漁父者不知姓名亦不知何許人也太康孫綽為尋陽太守

落日逍遙潴際見一輕舟陵波隱顯俄而漁父至神韻蕭

灑垂綸長嘯綸甚裹裹乃問有魚賣乎漁父笑而苔曰其

釣非釣寧賣魚者邪緄盍怪焉遂褰裳涉水謂曰竊觀先

生有道者也終朝鼓枻亦勞止吾聞黃金白璧重利也

駟馬高蓋榮勢今方王道文明守在海外隱鱗之美何晦用其若是也漁父曰僕山

然向風狂人不達世務未辯賤貧無論榮貴乃歌曰竹竿籊

山海狂人不達世務未辯賤貧無論榮貴乃歌曰竹竿籊

是收然鼓枻而去緄字伯緒餌釣非夷非惠聊以忘憂於

篁河水漵漵相忘為樂貧餌鉤非夷非惠聊以忘憂於

宋明帝其知之位尚書在永東中郎司馬

褚伯玉字元璩吳郡錢唐人也高祖含始平太守父遇征

虜參軍伯玉少有隱操寡慾年十八父為之昏婦入前門

伯玉從後門出遂往剡居瀑布山性耐寒暑時人比之王

仲都在山三十餘年隔絕人物王僧達為吳郡將軍珍之

伯玉不得已傳郡信宿縷交數言而退寧朔將軍丘珍孫

與僧達書曰聞褚先生出居貴館此子滅景雲棲餐松

侯抱高木食有年載矣自非折節好賢何以致之古之逸人或

棲冶城安道入昌門於茲三焉郡粒之士食霞之人乃

可暫致不宜久羈君當思遂其高尚成其羽化堅其還策

之日暫紆清塵亦願助為譬說僧達答曰褚先生從白雲

游舊矣古之逸人或留廬兒女或使華陰成市而此子索

然唯朋松石介於孤峯絕嶺者積數十載近故其來此
箕慰日夜比談討艾桂借訪珈蘿若已窺煙液滄洲矣
知君欲見之輒當申擘朱孝建二年散騎常侍樂詢行風
俗表薦伯玉加徵聘本州議曹從事不就齊高帝即位手
詔吳會二郡以禮迎遣又辭疾上不欲違其志敕於剡白
石山立太平館居之建元元年卒年八十六伯玉常居一
樓上仍葬樓所切珪從其受道法於館側立碑
顧歡字景怡一字玄平吳興鹽官人也家世賤貧父祖並
為農夫歡獨好學年六七歲知推六甲家貧父使田中驅
雀歡作黃雀賦而歸雀食稻過半父怒欲接之見賦乃止

鄉中有學舍歡貧無以受業於是竊於籬壁後倚聽無遺忘者夕
則然松節讀書或然糠自照及長篤志不倦聞吳興東遷
邵玄之能傳五經文句假為書師從之受業同郡顧顗之
臨縣見而異之遣諸子與游及孫憲之並受經焉年二十
餘更從豫章雷次宗諧玄儒諸義母亡水漿不入口六七
日廬于墓次遂隱不仕於剡天台山開館聚徒受業者常
近百人歡早孤讀詩至哀哀父母輒執書慟泣由是受學
者廢蓼莪我篇不復講為晚節服食不與人通每旦出戶山
鳥集其掌取食好黃老通解陰陽書為數術多效驗初
以元嘉中出都寄住東府忽題柱云三十年二月二十一

日因東歸後元凶弑逆是其年月日也弟子鮑靈綬門前
有一株樹大十餘圍上有精魅數見影歡即樹即枯死
山陰白石村多邪病村人告訴求哀歡往村中為講芒子
規地作獄有頃見狐狸龜鼈自入獄中者甚多即命殺之
病者皆愈又有病邪者問歡曰家有何書歡曰唯有孝
經爾已歡曰可取仲尼居置病人枕邊恭敬之自差也而後
病者果愈人問其故答曰善禳惡正勝邪此病者所以
差也齊高帝輔政徵歡為揚州主簿及踐祚乃至稱山谷臣
顧歡上表進政綱一卷時貞外即劉思劾表陳讜言優詔
並稱美之歡東歸上賜麈尾素琴求明元年詔徵為太學

博士同郡顧黯為散騎侍郎黯字長儒有隱操與歡不就
徵會稽孔珪嘗登嶺尋歡共談四本歡曰蘭石危而密宣
國安而跅士季而似非公深謬而是撝而言之其失則同
曲而辯之其塗則異何者同昧其本而競談其末猶未識
辰緯而意斷南北羣迷夫中理唯一豈容有二四本
無正失中故也於是著三名論以正之尚書劉澄臨川王
常侍朱廣之並立論難與之往復而廣之才理尤精詣也
廣之字歆深吳郡錢唐人也著清言初歡以佛道二家教
異學者互相非毀乃著夷夏論曰夫辯是與非宜據聖典

道經云老子之闗之天竺維衞國王夫人名曰淨妙老子
因其晝寢乗日精入淨妙口中後年四月八日夜半時剖
右腋而生墜地即行七步於是佛道興焉此出玄妙內篇
佛經云釋迦成佛有塵劫之數出法華無量壽或為國師
道士儒林之宗出瑞應本起歡論之曰五帝三皇不聞有
佛國師道士無過老莊儒林之宗孰出周孔若老非聖
誰則當之然二經所說如合符契道則佛也佛則道也其
聖則符其跡跡則符其人如或和光以明近或曜靈以示遠濟天
下故無方而不入智周萬物故無物而不為其入不同其
為必異各成其性不易其事是以搢紳諸華之容廓
後曠衣羣夷之服鬒髨折俟甸之恭狐蹲狗踞荒流之
肅棺殯槨葬中夏之風火焚水沈西戎之俗全形守禮繼
善之教毀貌易性絶惡之學豈伊同人爰及異物鳥王獸
長往往是佛無窮世界聖人代興或昭五典或布三乘在
鳥而鳥鳴在獸而獸吼教華而華言化夷而夷語耳雖在
車均於致遠而有川陸之節佛道齊乎達化而有夷夏之
別若謂其致既均其法可換者而車可涉川舟可行陸乎
今以中夏之性效西戎之法既不全同又不全異下育妻
孥上絶宗祀嗜欲之物皆以禮伸孝敬之典獨以法屈悖
禮犯順曾莫之覺弱喪忘歸孰識其舊且理之可貴者

道也事之可賤者俗也捨華効夷義將安取若以道邪道
固符合矣若以俗邪俗則大乖矣屢見刻櫬沙門守林道
士交諍小大互相彈射或域以為兩或混俗以為一是牽
異以為同破同以為異則爭之由淆亂之本也尋聖道
雖同而法有左右始乎無端終乎無末泥洹仙化各是一
衍佛號正真道稱正一一歸無死無生之化可以進謙弱
博非精人所能佛言華而引道言實而抑抑則明者獨進
法可以退夸强佛教文而博道教質而精精非麤人所信
實則可但無生之化無死之化各是一在名則反
引則眛者競前佛經繁而顯道經簡而幽則妙門難見
顯則正路易遵此二法之辯也聖匠無心方圓有體器既
殊用教亦易施佛是破惡之方道是興善之術興善則自
然為高破惡則勇猛為貴佛跡光大宜以化物道跡密微
利用為己懷濟物之分大夫在茲夫蹲夷之儀羅之辯各
出彼俗自相聆解猶蟲躍鳥聆何足述效歟雖同二法而
意黨道教宋司徒表薈託為道人通公駁之其畧曰白日
得光恒星隱照誕降之應在老先似非入關方昭斯瑞
又西域之記佛經之說俗以膝行為禮不慕蹲坐為恭
帝滕行而進趙王見周三環而止今佛法垂化或因或革清
以三遠為庾不尚踞傲為蕭豈專戎土愛亦故方襄童謂

信之士容衣不改息心之人服貌必變變本從道不遵彼俗俗風自殊無患其亂孔老釋迦其人或同觀方設教其道必異孔老教俗爲本釋氏出世爲宗發軫既殊其歸亦異又仙化以變形爲上泥洹以陶神爲先變形者白首還緇而未能無死陶神者使塵惑日損湛然常存泥洹之道無死之地乖詭若此何謂其同歡答曰案道經之作著自西周佛經之來始乎東漢年踰八百代懸數十若謂黃老雖久而濫在釋前是呂尚盜陳恒之齊劉季竊王莽之漢也又夷俗長跽法與華異翹左跂右全是蹲踞故周公禁之於前仲尼誡之於後又佛起於戎豈非戎俗素惡邪道出

於華豈非華風本善邪今華風既變惡同戎狄佛來破之良有以矣佛道實貴故戒業可遵戎俗實賤故言貌可棄今諸華士女氏族弗革而露首偏踞濫用夷禮又若觀風流教其道必異佛非東華之道道非西夷之法魚鳥異川永不相關安得老釋二教交行八表今佛既東流道亦西邁故知俗有精麤教有文質然則道教執本以領末佛教救末以存本請問所歸異在何許若以翦落爲異則胥靡翦落矣若以立像爲異則俗巫立像矣此非所歸歸在常住常住之象常道孰異神仙有死權便之說神仙是大化之揔稱非窮妙之至名至名無名其有者二十七品仙變

成眞眞變成神或謂之聖各有九品品極則入空寂無爲無名若服食茹芝延壽萬億壽盡則死藥極則枯此脩考之士非神仙之流也明僧紹正二教論以爲佛明其宗老全其生守生者蔽明宗者通今道家稱長生不死名補天曹大乖老莊立言本理文惠太子竟陵王子良並好釋法吳興孟景翼爲道士太子召入玄圃衆僧大會子良使景翼禮佛景翼不肯子良送十地經與之景翼造正一論大略曰寶積云佛以一音廣說法老子云聖人抱一以爲天下式一之爲妙空玄絕於有境神化贍於無窮爲萬物而無爲處一數而無數莫之能名強號爲一在佛曰實相在道曰玄牝道之大象即佛之法身以不守

之守守法身以不執之執執大象但物有八萬四千行說有八萬四千法法乃至於無數行亦達於無央等級隨緣須導歸一歸一曰回向向正即無邪邪觀既遣億善日新三五四六隨用而施獨立不改絕學無憂曠劫諸聖共遵斯一老釋未始於嘗分迷者分之而未合億善徧脩脩徧成聖雖十號千稱終不能盡終不能盡豈可思議司徒從事中郎張融作門律云道之與佛逗極無二吾見道士與道人戰儒墨道人與道士辨是非昔有鴻飛天首積遠難亮越人以爲鳧楚人以爲乙人自楚越鴻常一耳以示太子僕周顒顒難之曰虛無法性其寂雖同位寂之方其旨則別論所謂逗極無二者爲逗極

於虛無當無二於法性邪足下所宗之本一物為鴻乙亭
驅馳佛道無二末未知高鑒緣何識本輕而宗之其有
繫學者傳之知將終賦詩言志曰五塗無恒宅二清有常
旨乎往後文多不載歡口不辯善於著論又注王弼易二
舍精氣因天行游魂物化鵬鵾適大海蜩鳩之桑拓連
生任去留善死均日夜委命安所乘何方不可駕翅心企
前覺融然從此謝自剄死日自擇葬時卒於剡山時年六
十四身體香軟道家謂之屍解仙化為還葬舊墓木連
理生墓側縣令江山圖表狀武帝詔歡諸子撰歡文議三
十卷又始興人盧度字孝章亦有道術少隨張永北侵魏
永敗魏人追急度阻水不得過度心誓曰若得免死從今不
復殺生須臾見兩楯流來接之得過然後隱居廬陵西昌
三顧山鳥獸隨之夜有鹿觸其壁度曰汝壞我壁鹿應聲
去屋前有池養魚皆名呼之次第來取乃去逆知死年
月與親友別永明末以壽終

杜京產字景齊吳郡錢唐人也祖運劉毅衛軍參軍父道
鞠州從事善彌綦京產少恬靜閉意榮宦頗涉文義傅
黃老會稽孔顗清剛有峻節一見而為款交郡命主簿州
辟從事稱疾去與同郡顧歡同契始寧東山開舍授學齊
建元中武陵王曄為會稽齊高帝遣儒士劉瓛入東為曄

祐為之養劍愈然後去太守王僧虔張緒書曰孔祐敬
尨石不異采樵者競取入手即成沙礫嘗有數百斛鹿中箭來授
祐至行通神隱於四明山山谷中有數百斛
交會稽山陰人孔道徽守志業不仕與京產友善道徽父
外散騎侍郎京產日狃生持釣嘗為自壁所回辭疾不就
徵為奉朝請不至於會稽日門山聚徒教授建武初徵員
部尚書虞悰致書以通殷勤永明十年琊及光祿大夫陸澄祠
謝瀹竝致書以通殷勤永明十年琊及光祿大夫陸澄祠
講書傾資供待子栖躬自硴屨屬為瓛生徒下食孔琊周顒
廬瓛故往與之游曰杜生當今之臺尚也京產請瓛至山舍

康曾孫也行動幽祇德標松桂引為主簿迷不可屈此古
之遺德也道徽少厲高行能世其家風隱居南山終身不
窺都邑豫章王嶷為揚州辟西曹書佐不至鄉里宗慕
道徽兄子摁有操行遇飢寒不可得衣食吳興丘仲
孚薦之除竟陵王侍郎竟不至永明中會稽鍾山有人姓
蔡不知名隱山中養鼠數十頭呼來即來遣去即去言語
狂易時謂之謫仙不知所終京產高祖父恭以來及子栖
世傳五斗米道不替栖字孟山善清言龍彈琴剌史齊豫
章王疑聞其名辟議曹從事仍轉西曹書佐竟陵王子良
數致禮接國子祭酒何胤掌禮又重栖以為學士掌冠

儀以父老歸養栖肥白長壯及京產病旬日間便皮骨自

支京產云水漿不入口七日晨夜不罷哭不食鹽菜毋嘗

買粖鬻身自看視親泣不自持朝望暮繞歲絕而復續嘔血

數升時何徹謝瀹竝隱東山遺書敦譬諭以毀滅至祥禫

暮夢見其父慟哭而絕初徹兄點見栖歎曰卿風韻如此

雖獲嘉譽不求年矣卒時年三十六當時咸嗟惜焉建武

二年剡縣有小兒年八歲與毋俱得赤班病毋死家人以

小兒猶惡不令其知小兒屢之問云毋嘗數問我病昨來

覺聲羸今不復聞何也因自投下牀扶匐至毋尸側頓絕

而死鄉隣告之縣令宗善才求表廬事竟不行

列傳第六十五　　　南史七十五

隱逸下

臧榮緒　　吳苞　釋僧巖　蔡曾
沈麟士　阮孝緒　鄧郁　　徐伯珍 婁劫瑜
諸葛璩　　劉慧斐 兄慧鎮 慧鏡　陶弘景 親密誌
庾詵　　張孝秀　康絢先
范元琰　馬樞

〈南史列傳六十六〉

〈一〉

臧榮緒東莞莒人也祖奉先建陵令父庾人國子助教榮
緒幼孤躬自灌園以供粢祀母喪後乃著婦寢論掃洒堂
宇置庭席朔望輒拜郡先食純薦好學揚東
西晉為一書紀錄志傳百一十卷隱居京口教授東

為揚州刺史徵榮緒為主簿不到建元中司徒褚彥回答
高帝稱述其美以置秘閣榮緒博愛五經謂人曰昔呂尚
奉丹書武王致齋降位本釋教學童三禮及老
至道乃著拜五經序論常以宣尼庚子日生其日陳五經
拜之自號被褐先生又以飲酒亂德言常為誡求明六年
辛初榮緒與關康之俱隱在京口時號為二隱
吳苞字天蓋一字懷德濮陽鄄城人也儒學善三禮及老
莊宋太始中過江聚徒教學冠黃葛巾竹麈尾蔬食二十
餘年與劉瓛俱於褚彥回宅講授瓛講禮苞論語孝經
諸生朝聽瓛晚聽苞也齊隆昌元年徵為太學博士不就

始安王遙光及江祏徐孝嗣同共為立館於鍾山下教授朝
士多到門焉當時稱其儒者自劉瓛以後聚徒講授唯苞
一人而已以壽終時有趙僧巖養素有常行慕苞為人
僧巖北海人家貧無常人不能測與善明友善明為青州
欲舉為秀才大驚拂衣而去後忽為沙門棲遲山谷常以
一壺自隨一旦謂弟子曰吾今夕當死壺中大錢一千以
為知命蔡曾字休明陳留人清抗與俗人交不揖謂江
通九泉之路臘燭一挺以照七尺之尸至夜而亡時人以
為知命夷白乎又有魯國孔嗣之字敬伯宋時與齊
戮曰古人稱安貧清白吏涅而不緇曰白至如吾揭謂江
者可不謂之夷白乎

〈南史列傳六十六〉

〈二〉〈周〉

高帝俱為中書舍人並非所好自廬江郡守去官隱君錢
山朝廷以為太中大夫卒
徐伯珍字文楚東陽太末人也祖父並郡掾史伯珍少孤
貧學書無紙常以竹箭箬葉甘蕉及地上學書山水暴出
漂溺宅舍村鄰皆走伯珍累床而坐誦書不輟叔父璩
之與顏延之友善還棲蒙山立精舍講授伯珍從學積
十年究尋經史游學者多依之太守琅邪王曇生吳郡張
淹並加禮辟伯珍應召便退如此者凡十二焉徵士沈儼
造膝談論申以素交吳郡顧歡擿出尚書滯義伯珍訓答
其有儒理儒者宗之好釋氏老莊兼明道術常以草屩

所嘗異著禮摽拾三十卷

同郡妻幼瑜字季亦聚徒教授不應徵辟彌為臨川王映

碑議曹從事不就家甚貧兄弟四人皆白首相對時人

呼為四皓建武四年卒年八十四受業生凡千餘人伯珍

婦人嚴二年伯珍之隔戶之間木生皆連理門前生

梓樹一年便合抱館東石簟夜忽有赤光洞照俄爾而威

白雀一雙樓其戶牖論者曰為隱德之感焉刺史豫章王

山後漢龍立蔓隱廬也山多龍類擁柏望之五采世呼為

晚不復重要自此曾參屯南九里有高山班固謂之九嚴

筮之如期而兩皋動有禮過曲木之下趨而避之早喪妻

沈麟士字雲禎吳興武康人也祖膺期晉太中大夫父虔

之宋樂安令麟士幼而敏年七歲聽叔父岳言玄寶散

言無所遺失岳撫其有曰吾家祖文不絕其在爾乎及長博

通經史有高尚之心親亡居喪盡禮服關息曰報流涕彌

旬居貧織簾誦書口手不息鄉里號為織簾先生嘗行路鄰人認

作竹誤傷手便流涙而還同作者謂曰此不足損何至於涕

零苔曰此本不痛但遺體毀傷感而悲耳嘗行路隣人認

其所著後麟士曰吾鄉曲邪笑而受之宋元嘉末文帝令僕射

還之麟士曰非卿履邪笑而受之宋元嘉末文帝令僕射

何尚之抄撰五經訪舉學士縣以麟士應選不得已至郡

門教授居成市麟士重陸機連珠每為諸生講之征北張

百人各營屋宇依止其側時為之語曰吳差山中有賢士開

麟士未嘗合也隱居餘杭吳差山講經教授從學士數十

士辟不應宗人徐州刺史曇慶侍中懷文左率勃來候之

行坐忘何為不希企日損乃作玄散賦以絕世太守孔山

歸鄉不與人物通養孤兄子義著鄉曲或勸之仕答曰吾魚

因游都下歷觀四部畢乃歎曰古人亦何人哉少時稱疾

黃叔度之流也豈可澄清濁邪汝師之麟士嘗苦無書

尚之深相接及至尚之謂子偃曰山藪故多奇士沈麟士

永為吳興請麟士入郡麟士聞郡後堂有好山水即戴安

道游吳興因古墓為山池也欲一觀之乃往停數月永欲

請為功曹麟士曰明府德履沖素留心山谷是以被褐負

杖忘其疲病必欲飾渾池以蛾眉冠越客於文冕雖不

敏請事斯語逡巡而退永乃止麟士嘗自為祭文曰

末太守王奐求明中中書郎沈約並表薦之徵皆不就乃

與約書曰名者實之賓本所不庶中央無心空勤南北為

惠反凶將在於斯麟士無所營求以篤學為務恒憑素九

鼓素琴不為新聲負薪汲水并日而食守操終老讀書貴

倦遭火燒書數千卷年過八十耳目猶聰明以反故抄寫

火下細書復成二三千卷滿數十篋時人以為養身靜嘿

所致製黑蝶賦以寄意著周易兩繫莊子內篇訓註易經

禮記春秋尚書論語孝經喪服老子要略數十卷梁天監

元年與何點同徵又不就二年卒於家年八十五以楊王

孫皇甫謐深達生死而終禮矯俗乃自為終制遺令氣絕

剝被取三幅布以覆屍及斂仍移布於屍下以為斂服反

衫先著褌凡二服上加單衣幅巾履枕席於地以依士安

被左右兩際以周上不復製褻被不潰沐浴啥珠以米囊

用孝經既殯不復立靈座四節及祥權鋪席於地以設玄

酒之奠人家相承漆棺今不復爾亦不潰旒成服後即葬

也不得朝夕下食祭奠之法至于菲唯清水一盂子彝奉

成墳使上與地平王祥終制亦爾葬不潰輤車靈舫魌頭

作冢令小後柎更作小冢於瀆合葬非古也冢不潰聚土

五

阮孝緒字士宗陳留尉氏人也父彥之宋太尉從事中郎

以清幹流譽與孝緒七歲出繼從伯胤之胤之母周氏卒

財百餘萬雁歸孝緒一無所納盡以歸胤之姊琅邪

王晏之母聞者咸歎異之乳人憐其傳重辛苦輒竊王羊

金歇等物與之孝緒見而駭愕啟彥之送還王氏幼至孝

性沈靜雖與童兒游戲恒以穿池築山為樂年十三徧通

五經十五冠而見其父彥之彥之誡曰三加彌尊人倫之

始宜思自勗以庇爾躬荅曰願迹松子於瀛海追許由於

穹谷庶保促生以免塵累自是屏居一室非定省未嘗出

戶家人莫見其面親友因呼為居士年十六父喪不服綿

纊雖蔬有味亦吐之外兄王晏貴顯屢至其門孝緒度之

必至顛覆聞其後至輒移床藏匿不與相見曾食醬美問

云是王家所得便吐餐覆醬及晏誅親戚咸為之懼孝緒

曰親而不黨幸則免矣旣而竟無患武起兵圍建鄴家貧

以蘘僮妾稿隣人墓樵以繼火蓬緒知之乃不食更令撤

屋而炊所居以一鹿牀為精舍以樹環繞天監初御史中

六　魏名

丞任昉尋其兄履之欲道而不敢望而歎曰其室雖邇其

人甚遠其為名流所欽尚如此自是欽慕風譽者莫不懷

刺斂衽望塵而息飲其欲贈以詩昉曰趣舍異倫何必相

千芸乃止唯與比部郎裴子野交子野薦之尚書徐勉言

其年十餘歲隨父為湘州行事不書皆紙以采章如似皇

論其志行粗類管寧安以采章如似皇甫謐天監十二年

詔公卿舉士秘書監傅昭上疏薦之與吳郡范元琰俱徵

並不到陳郡袁峻謂曰往者天地閉賢人隱今世路已清

而子猶遁可乎荅曰昔周德雖興夷齊不厭薇蕨漢道方

盛黃綺無悶山林為仁由已何關人世況僕非往賢之類

邪故孝緒與何胤並得遂其高志後於鍾山聽講母王氏
忽有疾兄欽召之母曰孝緒至性其通必當自到果
驚而反隣里嗟異之合藥須得生人葠舊傳鍾山
一所遂滅就視果獲此草母得服之遂愈時皆言其孝感
所致有善筮者張有道曰見子隱迹而心難明自非考之
蓍龜著無以驗也及布卦既揲五爻曰此將為咸應德之
非嘉遁之兆乎孝緒曰安知後爻不為上九果成遁卦有道
歎曰此所謂肥遁無不利象實應德也孝緒曰雖

獲道卦而上九爻不發升退之道便當高謝許生乃著高
隱傳上自炎皇終于天監末斟酌分為三品言行超逸名
氏弗傳為上篇始終不耗姓名可錄為中篇挂冠人世栖
心塵表為下篇湘東王著忠臣傳集釋氏碑銘卌陽尹錄
研神記竝先簡孝緒而後施行南平元襄王聞其名致書
要之不赴曰非志驕富貴但性畏廟堂人使鷹驚可駭何
以異夫驟驥初建武末青溪宮東門無故自崩大風拔東
宮門外楊樹或以問孝緒曰青溪皇家舊宅齊為木
行東為木位今東門自壞木其衰矣武帝禁畜讖緯為術
兼有其書或勸藏之荅曰昔劉德重淮南秘要適為更生

之禍杜瓊所謂不如不知此言美矣客有求之荅曰已所
不欲豈可嫁禍於人乃焚之鄱陽忠烈王妃孝緒姊也王
嘗命駕欲就之游孝緒鑿垣而逃卒不肯見王悵然歎息
王諸子篤渭陽之情孝緒之言無所受納未嘗相見竟不
之識或問其故孝緒曰我本素賤不應為王侯姻戚避近
所逢豈關始願顧酬報幽心欲補之鑿心
兹卦吾壽與劉著并異先有損壞孝緒自劉隆侯逝矣吾
年以蔬食斷酒其恬供養石像先有損壞孝緒自
敬禮經一夜忽然完復劉杳弔其大同二年正月孝緒
其幾何其年十月卒年五十八梁簡文在東宮隆恩厚贈
子恕等述先志不受顧協以為恩畢常均恭受門徒
追論德行諡曰文貞處士所著高隱傳中篇所載一百卅七
卷竝行於世初孝緒所撰高隱傳中篇所載一百八十一
人劉歊敬許覽其書曰昔秦康所贊缺一自擬今四十之
數將待吾等成邪雖少後事富付鍾君若
素車白馬之日輒獲麟於二子敬許曰所謂荀君雖少而
緒亡許兄絜錄其所遺行次篇末成絕筆之意云
南嶽鄧先生名郁荊州建平人也少而不仕隱居衡山極
峻之嶺立小板屋兩間足不下山斷穀三十餘載唯以澗
水服雲母屑日夜誦大洞經梁武帝敬信殊篤為帝合丹

帝不敢服起五嶽樓貯之供養道家言自躬往禮拜白日
神仙魏夫人忽來臨降乘雲而至從少嫗三十並著絳繞
羅繡桂襦年皆可十七八許色豔妹桃李賞勝瓊瑤言語良
父謂曰君有仙分所以故來尋當相候至天監十四年
忽見二青烏悉如鶴大鼓翼鳴舞移髻方去謂弟子等曰
求之其旁得之其逸近青鳥既來期會至矣少日無病而
終山內唯聞香氣也未嘗有武帝後令周捨為鄧女傳其
序其事

陶弘景字通明丹陽秣陵人也祖隆王府參軍父貞孝昌
令初弘景母郝氏夢兩天人手執香鑪來至其所已而有
娠以末孝建三年景申歲夏至日生幼有異操年四五歲
恒以荻為筆畫灰中學書至十歲得葛洪神仙傳晝夜研
尋便有養生之志謂人曰仰青雲觀白日不覺為遠矣父
為妻所害弘景終身不娶及長身長七尺七寸神儀明秀
朗目疎眉細形長額聳耳孔各有十餘毛出外二寸許
右膝有數十黑子作七星文讀書萬餘卷一事不知以為
深耻善琴棊工草隷未弱冠齊高帝作相引為諸王侍讀
除奉朝請雖在朱門閉影不交外物唯以披閱為務朝儀
故事多所取焉家貧求宰縣不遂永明十年脫朝服掛神
武門上表辭祿詔許之賜以束帛敕所在月給伏苓五斤

白蜜二升以供服餌及發公卿祖之征廣享供帳甚盛車
馬填咽咸云宋齊以來未有斯事於是止于句容之句曲
山恒曰此山下是第八洞宮名金陵華陽之天周回一百
五十里昔漢有咸陽三茅君得道來掌此山故謂之茅山
乃中山立館自號華陽陶隱居人間書禮即以隱居代名
始從東陽孫游嶽受符圖經法編歷名山尋訪仙藥身既
輕捷性愛山水每經澗谷必坐臥其間吟詠盤桓不能已
已謂門人曰吾見朱門廣廈雖識其華樂而無欲往之心
堅高巖頃大澤知此難立自恒欲就之且永明中求祿之
得輒差舛若不爾豈得為今日之事豈唯身有仙相亦緣
勢使之然沈約為東陽郡守高其志節累書要之不至弘
景為人貪通謙謹出處冥會心如明鏡遇物便了言無煩
舛有亦隨覺至其所居皆植松每聞其響欣然為樂有時
中賓客至其下與物遂絕唯一家僮得至其所本便馬善
射晚皆不為唯聽吹笙而已特愛松風庭院皆植松每聞
其響欣然為樂唯聽吹笙而已
述尚奇異顧惜光景老而彌篤尤明陰陽五行風角星算
山川地理方圓產物醫術本草帝代年歷以弄推知漢熹
平三年丁丑冬至加時在日中而天實以乙亥冬至加時
在夜半凡差三十八刻是漢歷後天二日十二刻也又以

歷代皆取其先妣母后配饗地祇以為神理宜然碩學通
儒咸所不悟又嘗造渾天象高三尺許地居中央天轉而
地不動以機動之悉與天相會云脩道所須非止史官用
是深慕張良為人云古賢無比舜末為歌曰水丑木為梁
字及梁武兵至新林遣弟子戴猛之假道奉表及聞議禪
代之游及即位後恩禮愈篤書問不絕冠蓋相望弘景既早
得神符祕訣以為神丹可成而苦無藥物帝給黃金朱砂
曾青雄黃等後合飛丹色如霜雪服之體輕及帝服飛丹
有驗益敬重之每得其書燒香虔受帝使造年歷至已巳

歲而加朱點賣太清三年也帝手敕招之錫以鹿皮巾後
屢加禮聘並不出唯畫作兩牛一牛散放水草之間一牛
著金籠頭有人執繩以杖驅之武帝笑曰此人無所不作
欲斅曳尾之龜豈有可致之理國家每有吉凶征討大事
無不前以諮詢月中常有數信時人謂為山中宰相二宮
及公主貴要參候相繼贈遺未嘗脱時多不納縱留者
即作功德天監四年移居積金東澗弘景善辟穀導引之法
自隱處四十許年逾八十而有壯容仙書云眼方者壽
千歲弘景末年一眼有時而方曾夢佛授其菩提記云名
為勝力菩薩乃詣鄮縣阿育王塔自誓受五大戒後簡文

臨南徐州歆其風素召至後堂以葛巾進見與談論數日
而去簡文甚敬異之天監中獻丹於武帝中大通初又獻
二丹其一名善勝一名成勝並為佳寶無疾自知應逝逆
剋亡日仍為告逝詩大同二年卒時年八十五顏色不變
屈申如常香氣累日氛氳滿山遺令既沒不須沐浴不須
施牀止兩重席於地因所著舊衣上加生裓裙及臂衣
冠巾法服左肘錄右肘藥鈴佩符絡左腋下繞腰穿環
結於前鈴符於腋上大裓覆衾左右通以大袈覆衾首足使露
馬道人道士並在門中道人左道士右百日內夜常然燈
旦常香火弟子遵而行之諡贈太中大夫諡曰貞白先生

弘景妙解術數逆知梁祚覆沒預製詩云夷甫任散誕平
叔坐論空當悟昭陽殿遂作單于宮詩祕在往發化後門
人方稍出之大同末人士競談玄理不習武事後侯景果
妻無子從兄以子松喬嗣所著學苑百卷孝經論語集注
果在昭陽殿初弘景母夢青龍無尾自己升天弘景果不
帝代年歷本草集注效驗方肘後百一方古今州郡記圖
像集要及玉匱記七十部唯弟子得之時有沙門釋寶誌
不傳及撰而未託又十餘年而方卒
者不知何許人有於宋太始中見之出入鍾山往來都邑
年巳五六十矣齊宋之交稍顯靈跡被髮徒跣語嘿不倫

或被錦袍欲啖同於凡俗帕以鏡銅剪刀鑷屬挂杖負之
而趨或徵索酒肴或累日不食預言未兆識他心智一日
中分身易所在各所至嗜笑怒武帝恭其惑眾收付
建康獄少時忽見遊行市里既而檢校猶在獄中其夜又
語獄吏曰外有兩輿食金鉢盛飯汝可取之果是文惠太
子又竟陵王子良所供養縣令呂文顯以登武帝乃迎
入華林園少時忽重著三布帽亦不知於何得之俄而武
帝崩文惠太子豫章文獻王相繼薨薨亦於此本矣靈味
寺沙門釋寶嘉欲以納被遺之未及有言實誌忽求來被
而去蔡仲熊嘗問其所至了自不甚真解枚頭左索繩

撤與之亮亮之解仲熊至尚書左丞方知言驗求明中住東
宮後堂從平昌門中出入末年忽云門上血汗衣裳裳
過至影林見害果以犢車載死出自此門舍故闔人徐龍
駒宅而帝頸血流於門限焉梁武帝尤深敬事嘗問年雖剃
遠近若曰元嘉元年帝欣然以為享祚倍宋文之年雖剃
鬚髮而常冠下裙帽納袍故俗呼為誌公好為讖記所謂
誌公符是也高麗聞之遣使齎錢欲出語人云菩薩當去
將苑忽後是金剛像出置戶外語人云菩薩堂去旬日而卒
疾而終先是琅邪王筠至莊嚴寺實誌遇之與交言歡飲
至亡敕命筠為碑蓋先覺也

劉曨集而錄之

諸葛璩字幼玟琅邪陽都人也世居京口璩幼事徵士關
康之博涉經史復師徵士臧榮緒著晉書稱璩有發
擿之功力之壺遂承建武初南徐州行事江祀薦璩於明
帝言璩安貧守道悅禮敦詩如其簡退可揚清厲俗請舉
為議曹從事帝許之璩辭不赴陳郡謝朓為東海太守下
教揚其風繁飾毅百斛粱天監中舉秀才不就璩性勤於
誨誘後生就學者日至居宅狹陋無以容之太守張友為
起講舍於宅側璩清正妻子不見喜慍之色旦夕孜孜講誦
不輟時人益以此宗之卒於家璩所著文章二十卷門人

劉慧斐字宣文彭城人也父元直准南太守慧斐少傳學
能屬文起家梁安成王法曹行參軍嘗還都途經尋陽
於匡山遇處士張孝秀相得甚歡遂有終焉之志固不仕
居東林寺又於山北構園一所號曰離垢園時人仍謂為
離垢先生慧斐尤明釋典工篆隸在山手寫佛經二千餘
卷常所誦者百餘卷書夜行道孜孜不怠遠近欽慕之簡
文臨江州遺以几杖論者云遠法師沒後將二百年始
有張劉之盛矣元帝及武陵王等書問不絕大同三年卒
慧鏡安成內史初元直居郡得罪慧鏡歷詣朝士
乞哀懇惻甚至遂以毀聞子曇淨字元光篤行有父風解

黃善道

南史列傳六十六　十五

南史列傳六十六　十六

褐安成王國左常侍父卒於郡曇淨奔喪不食飲者累日絕而又蘇每哭輒嘔血服闋因毀成疾會有詔士姓各舉四科曇淨叔父善弈棊舉以應孝行武帝用為海寧令曇淨又以兄未為縣因以讓兄乃除安西行參軍父亡後事母不入口者殆一旬母喪權殯瀝藥王疾衣不解帶及母亡水漿尤淳至身營飦粥不以委人母乃絕聲哀感行路未甚而卒布衣廬於塚所書夜哭臨不絕聲元琰時董孫京慕盡禮親黨異之乃長好學博通經史兼精佛義於謙敬不以所士徵不至父憂瑜身衣單

范元琰字伯珪一字長玉吳郡錢塘人也祖悅之大學博蔬為業嘗出行見人盜其菘元琰遽退走母問其故實荅母問盜者為誰荅曰向所以退畏其愧恥令啟其名願不洩也於是母子秘之或有涉溝盜其筍者元琰因伐木為橋以度之自是盜者大慙一鄉無復草竊盜齊建武初徵為曹武參軍事不至于時始安王遙光為楊州謂徐孝嗣曰曹武參軍是禮賢之職欲以西曹書佐聘之會遇光敗不果時人以為恨沛國劉瓛深加器異嘗表稱之天監九年縣令管慧辯上言義行楊州刺史臨川王宏辟

命不至卒于家

庾詵字彥寶新野人也幼聰警篤學經史百家無不該綜緯候書射棊等機巧並一時之絕而性託夷簡特愛林泉十畝之宅山池居半蔬食弊衣不脩產業遇火來者蒼廩還載米一百五十石有人寄載三十石及至宅寄載者曰君三十斛我百五十斛詵嘿然不言悉以還之被執為盜見劫安歎詵乃以書質錢二萬令門生訴為其親代之酬備隣人獲免詵曰吾秩天下無幸者詵期謝也梁武帝少與詵善及起兵詵署為平西府記室參軍詵不屈平生少所游狎河東柳惲欲與交拒而弗納普通中詔以為黃門侍郎稱疾不起晚年尤遵釋教宅內立道場環繞禮懺六時不輟誦法華經每日一編後夜中忽見一道人自稱願公容止甚異呼詵為上行先生授香而去中大通四年因晝寢忽驚覺曰願公復來不可久住顏色不變言終而卒年七十八舉室咸聞空中唱上行先生詵生彌陀淨域矣武帝聞而下詔諡貞節處士以顯高烈詵所撰帝歷二十卷易林二十卷續伍端休江陵記一卷晉朝雜事五卷總抄八十卷行於世子曼倩字世華亦早有名譽元帝在荊州為中錄事每出帝常目送之謂劉之遴今與曼倩字世華

曰荊南信多君子後轉諮議參軍所著冊服儀文字體例
老子義疏等經及七曜歷術并所製文章凡九十五卷子
季才有學行承聖中位中書侍郎江陵平隨例入長安
張孝秀字文逸南陽冠人也徙居南陽曾祖頵無祖僧監
父希並別駕從事孝秀少尺餘白皙美鬢眉諮議住州中從
事史遇刺史陳伯之叛孝秀與州中士大夫謀襲文事覺
逃於益水側有商人賞諸褚中展遂歸慕赴匡山脩行學道服闕建安
郭以蠟灌殺之孝秀遺妻姜氏匡山脩行學道服闕建安
王召為別駕因去職歸山居子東林寺有田數十頃部曲
數百人率以力田盡供山眾遠近歸慕赴之如市孝秀性

十七
命長壽

通率不好浮華常冠穀皮巾躡蒲履後執并閒麈尾服
寒食散盛冬臥於石上博涉羣書畫精釋典僧有廬戒律
者集眾佛前作羯磨而笑之多能改過善談論工隸書凡
諸藝能莫不明習普通三年卒室中皆聞非常香烈簡文
甚傷悼焉隨劉慧斐書述其貞自云
庚承先字子通穎川鄢陵人也少沉靜有志操是非不沙
於言喜慍不形於色人莫能窺也強歲受學於南陽劉虬
強記敏識出於群輩靡不該悉九流七畧咸所
精練群功曹不就乃與道士王僧鎮同游衡岳晚以弟疾
還鄉里遂居土臺山梁鄱陽忠烈王在州欽其風味要與

游憩令講老子遠近名僧咸來赴集論難鋒起異端競至
承先徐相酬答皆得所未聞忠烈王尤所欽重申大通三年
廬山劉慧斐至荊州承先與之有舊往從之荊峽學徒因
請承先講老子湘東王親命駕臨聽論議終日留連月餘
乃還山王親祖道并贈篇什隱者美之其年卒刺史厚有
贈賻門人黃士龍讓曰先師平素食不求飽衣不求輕凡
有贈遺皆無所受臨終之日誡約家門薄棺周形巾褐為
斂雖蒙齊又不敢輕承教旨以遵平生之操錢布輒付使
反時論高之
馬樞字要理扶風郿人也祖靈慶齊竟陵王錄事參軍樞

十八
亮

數歲而孤為其姑所養六歲能誦孝經論語老子及長博
極經史尤善佛經及周易老子義梁邵陵王綸為南徐州
刺史素聞其名引為學士綸時自講大品經令樞講維摩
老子周易同日發題道俗聽者二千人王欲極觀優劣乃
謂眾曰與馬學士論義必使屈服不得空立客主於是數
家學者各起問端樞乃依次剖判開其宗旨然後枝分派
別轉變無窮論者拱默聽受而已綸甚嘉之尋遇侯景之
亂綸舉兵援臺乃留書二萬卷付樞樞肆志尋覽殆將周
遍乃喟然歎曰吾聞貴爵位者以巢由為桎梏之言嘉遁
以伊呂為管庫東名實則殊軌榦下之言戢清虛則糠粃

席上之說稽之篤論亦各從其好也比求志之士望塗而

息豈天之不惠高尚何山林之無聞甚乎乃隱于茅山有

終焉之志陳天嘉元年文帝徵爲度支尚書辭不應命時

樞親故並居京口毎秋冬之際時往游焉又鄱陽王爲南

徐州刺史欽其高尚鄙不能致乃甲辭厚意令使邀之樞

固辭以疾門人勸請不得已乃行王別築室以處之樞惡

其崇麗乃於竹林間自營茅茨而居每以王公餽辭不

獲已者率十分受一樞少屬亂離凡所居塵盜賊不入依

託者常數百家目精洞黃能視闇中物有白鵲一雙巢前

庭樹馴狎欄廡時至几案春來秋去幾三十年太建十三

年卒撰道覺論行於世

論曰夫獨往之人皆稟偏介之性不能撓志屈道借譽期

通若使夫遇見信之主逢時來之運豈其放情江海取逸

丘樊不得已而然故也且嚴壑閉泉豈復崇門

八襲高城萬雄莫不富壤開泉駘舝弉林澤故知松山桂渚

非止素玩碧澗清潭翻成麗矚挂晃東都夫何難之有

列傳第六十六　　　　南史七十六

恩倖

戴法興　戴明寶　徐爰
　　　　　　　　阮佃夫　紀僧真
劉係宗　茹法亮　呂文顯　茹法珍　梅蟲兒
周石珍　陸驗　徐麟　司馬申　施文慶
沈客卿　孔範

夫鮑焦芳蘭在於所習中人之性可以上下然則謀於管
仲齊桓有邵陵之師逼於易牙小白掩陽門之弱夫以霸
者一身且有湾隆之別況下於此胡可勝言者乎故古之
哲王莫不斯慎自漢氏以來年且千祀而近習用事無之

〈南史列傳六十七〉　　　　　　　一

於時莫不官由近親情因狎重至如中書所司掌在機務
漢元以令僕用事魏明以監令專權在晉中朝常為重寄
故公魯之歡恨於失職于時舍人之任居位居九品江左置
通事郎管司詔誥杜後郎還為待郎而舍人亦稱通事元
帝用琅邪劃超以謹慎居職宋文世秋當周赳並出塞門
孝武以來士庶雜選如東海鮑照以才學知名之送尚書
巢尚之江夏王義恭以為非選帝遣尚書四十餘
牒官敕論辯義恭乃歎曰人主誠知人及明帝世胡母顥
阮佃夫之徒專為侯倖矣齊初亦用文勞及以親信關讀
表啟發署詔敕頗冗雜辭翰者亦為詔文待郎之局復見侵

矣建武世詔命始不關中書專出舍人省內舍人四人所
直四省其下有主書令史舊用武官宋改文吏人數無貟
莫非左右要密天下文簿板籍入副其省萬機嚴秘有如
尚書外司領武官有制局監外監領器仗兵役亦用寒人
爰及梁陳斯風未改其四代之被恩倖者今立以為篇以
繼前史之作云爾

戴法興會稽山陰人也家貧父碩子以販紵為業法興二
兄延壽延興並修立延壽好學山陰有陳載者
家富有錢三千萬鄉人或云戴硯子三見敵陳戴三千萬
錢法興少賣葛於山陰市後為尚書倉部令史大將軍彭城

〈南史列傳六十七〉　　　　　　　二

王義康於尚書中覓了了令史得法興等五人以法興為
記室令史義康敗仍為孝武征虜撫軍記室掾又徒江州
仍補南中郎典籤帝於巴口建義法興與典籤戴明寶蔡
閑俱轉參軍督護上即位並為南臺待御史同兼中書通
事舍人法興等專管內務權重當時孝建元年為南魯郡
太守解舍人法興於東宮大明二年以南下省
轉太子旅賁中即將軍孝武親覽朝政不任大臣而腹心耳
目不得無所委寄法興頗知古今素見親待雖出侍東宮
而意任隆密齊郡巢尚之人士之末元嘉中侍始與王藻

讀書亦涉獵文史為上所知孝建初補東海國侍郎仍兼
中書通事舍人凡選授遷轉賞罰大處分上旨與法興尚
之參懷內外諸雜事多委明寶上性嚴暴睚眦之間動至
罪戮尚之每臨事解釋多得全免殿省甚賴之而法興尚
之明寶大通人事多納貨賄凡所薦達言無不行天下輻湊
門外成市家產並累千金明寶驕縱長子敬為揚州從
事與上爭買御物六宮嘗出敬盛服騎馬於車右馳驟
法興明寶尋被原釋委任如初孝

南史列傳六十七　三

武崩前廢帝即位法興遷越騎校尉時太宰江夏王義恭
錄尚書事任同擁巳而法興尚之執權日久威行內外義

法興與大宰顏柳一體往來門客恒有數百內外士庶無
不畏服之法興與是孝武左右復久在宮闈令將他人作
家深恐此坐席非復官許帝遂免法興官徙遠郡尋於
家賜死後帝狂悖法興臨死封閉庫藏使家人謹錄簿死一宿又
殺其二子截法興棺兩和籍沒財物法興能為文章顏行
於世死後帝敕巢尚之曰不謂法興忠盡力尚之為新安王子鸞

南史列傳六十七　四

撫軍中兵參軍淮陵太守乃解舍人轉為撫軍諮議參軍
吾今自覽萬機卿等宜竭誠盡力尚之遂至於此
守累遷黃門侍郎出為新安太守病卒戴明寶南東海丹
太守如故明帝初復以尚之兼中書通事舍人南清河大
徒人亦歷員外散騎侍郎給事中孝武時帶南清河太守前
廢帝即位權任悉歸法興而明寶輕矣明帝初天下反叛
以明寶備人屢經戎事委任之後坐納貨賄繫尚方尋
被宥位宣城太守昇明初老拜大中大夫病卒武陵國典
書令董元嗣與法興明寶等俱為孝武南中郎典籤元嘉
三十年奉使還都會元凶殺立遣元嗣具言殺狀上遣元嗣下都奉表
之等反上時在巴口元嗣詣元凶答云始下未有反
於劭既而上舉義兵劭詔責元嗣不服遂死孝武事剋贈員外散騎侍
謀劭不信備加考掠之誅焉大明中又有奚顯慶者南東
郎使文士蘇寶生為之誄焉

海郷人官至員外散騎侍郎孝武嘗使王領人功而苛虐
無道動加棰撲暑雨寒雪不聽命或自經死
時建康縣考囚或用刀材壓人間謠曰寧得建
康壓額不能受竇度拍又相戲曰勿及顧忖竇度其酷暴
如此前廢帝嘗戲云顯慶刻虐為百姓疾此當除之左右
因唱爾即日宣殺焉時人比之孫皓殺岑昏
微密有意理為武帝所知少帝在東宮入侍左右文帝初
名亮啟政為晉琅邪王大司馬府中典軍從北征
徐爰字長玉南琅邪開陽人也本名瑗後以與傅亮父同

與王濬後行參軍倭侍太子於東宮還員外散騎侍郎文
帝每出軍常懸授兵略二十九年重遣王玄謨等拯慢配
爰五百人隨軍府造次不曉朝章爰素謹其事又至莫不
王義恭南奔爰時在殿內詐勅追義恭即得南走時孝
武將即大位軍府造次不曉朝章爰素謹其事又至莫不
喜悅以兼太常丞撰立儀注後兼尚書右丞遷左丞先是
山謙之南臺御史蘇寶生前作而專為一家之書上表起元
元嘉中使著作郎何承天草創國史孝建六年又以爰領著
作郎使終其業爰雖因前作而專為一家之書上表起元
義熙為三乘之始載厚宜力為功臣之斷於是內外博議

太宰江夏王義恭等三十五人同爰宜以義熙元年為斷
散騎常侍巴陵王休若尚書金部郎檀道鸞一人謂宜以
元興三年為始大學博士虞蘇謂宜以開國為宋公元年
詔曰項籍聖公編錄二漢前史已有成例相玄傳宜在宋
典餘如爰議孝武朋營景寧陵以本官兼將作大匠爰議
辯善事人能得人主微盲頗涉書傳先惣朝儀故為文帝所
入侍左右預參顧問長於附會又飾以典故為文帝所
任遇大明世委寄尤重朝廷大禮儀所言亦不見從雖當
時碩學所解過之者既不敢立異議而爰議不行雖孝武
崩公除後晉安王子勛待讀博士語爰與不爰答

曰君奕讀爰禮晉業何嫌少曰始安王子真博士語爰爰
曰小功廢業三年喪何容讀書其事如此前廢
帝凶暴無道殷省舊人多見罪黜唯爰巧於將迎始終無
忤誅群公後以爰為黃門侍郎領射聲校尉著作如故封
吳平縣子寵待隆密舉臣莫二帝每出行常興沈慶之山
陰公主同輦爰亦預焉明帝即位以爰為黃門侍郎改領長水
校尉兼尚書左丞明年除太中大夫著作並如故爰敬其簡
日又上在蕃素所不悅及景和世強厲卑約爰禮敬甚權
益衡之泰始三年詔暴其罪徙交州又詔除廣州久之
內郡有司奏以為宋隆太守除命既下爰已至交州久之

芳子剛

聽還仍除南康郡丞明帝崩還都以爰為濟南太守復除中散大夫元徽三年卒年八十二爰子希秀甚有學解亦閑篆隸正覺禪靈二寺碑即希秀書也爰之徙交州明帝召希秀謂曰比當令卿父還希秀再拜荅曰臣父年老恐不及後思帝大嗟賞即召爰還希秀位驍騎將軍淮南太守子汎甚閑吏職而在事刻薄於人少恩住郢歷位臺即秣陵建康令湘東太守

阮佃夫會稽諸暨人也明帝初出閣選為主衣後又請為世子師甚見信待景和末明帝被拘於殿內住在秘書省為帝所疑大禍將至佃夫與王道隆李道兒及帝左右琅邪淳于文祖謀共廢立時直閣將軍柳光世亦與帝左右蘭陵緝方盛丹楊周登之有密謀未知所奉登之與明帝有舊方盛等乃使登之結佃夫佃夫大悅先是帝立皇后普暫撤諸毛奄人明帝左右錢藍生亦在例事畢未被遣窓使藍生候帝慮事泄藍生不欲自出帝動止輙以告淳于文祖令報佃夫景和元年十一月二十九日晡時帝出華林園建安王休仁山陽王休祐山陰主並待側明帝猶在秘書省不被召益懼佃夫以吾外監典事東陽朱幼又告主衣吳興壽寂之綱鎧主南彭城姜產之產之又語所領細鎧將臨淮王敬則幼又告中書舍人戴明寶並響應

明寶幼欲取其日高曉佃夫等勤取開門鼓幼預約勒內外使錢藍生密報建安王休仁等時帝欲南巡腹心直閣將軍宗越等其父並聽出外裝東唯有隊主樊僧整防華林閣是柳光世鄉人光世要之即受命姜產之要謀副陽平聶慶及所領壯士會稽富郡俞道龍丹楊宋逵之陽平田嗣並聚於慶省佃夫慮力少更欲招合壽寂之曰謀廣或泄不煩多人時巫覡言後堂有鬼其夕帝於竹林堂前與巫共射之建安王休仁等亦慮禍及不悅寂之見輙切齒寂之旣與佃夫等成謀又慮禍至抽刀前入姜產之隨其後淳于文祖緝方盛周登之富靈符

聶慶田嗣王敬則兪道龍宋逵之又繼進休仁開行聲甚疾謂休祐曰作矢相隨奔景陽山帝見寂之至引弓射之不中乃走寂之追殺之事定宣令宿衛曰湘東王受太后令除狂王今已太平明帝即位論功壽寂之封應城縣侯產之汝南縣侯王道隆吳平縣侯淳于文祖陽城縣侯李道兒新渝縣侯緝方盛劉陽縣侯周登之曲陵縣侯富靈符惠懷縣子兪道龍茶陵縣子宋逵之零陵縣子王敬則重安縣子聶慶建陽縣子田嗣將樂縣子佃夫遷南臺侍御史薛索兒度淮為寇山陽太守程天祚又反佃夫與諸軍破薛索兒降天祚後轉太子步兵校尉

南齊郡太守侍太子於東宮泰始四年以本官兼游擊將
軍及輔國將軍蓋次陽與二衞叅直次陽學崇基平昌
安乏人也位冠軍將軍卒時佃夫及王道隆楊運夫並執
襟亞於人主巢戴天明之世方之蔑如也貲正直
尚書奏遷元會慶會國池諸王即第莫不遷至每製一衣
日邪其不稽古如此大通貨賄凡事非重賂不行人有飾
絹二百疋嫌少不咨書宅舍園池之大禮何不遷合朔
造一物都下莫不法効焉於宅内開瀆東出許里塘岸
十藝貌冠絕當時舍金玉錦繡之飾宮被不速每製一衣
整潔況輕舟奏女樂中書舍人劉休皆讀之遇佃夫出行
中路相逢要休同反就席便命施設一時珍羞莫不必備
凡諸火劑並皆始熟如此者數十種佃夫常作數人饌
以待賓客故造次便辦類皆如此雖晉世王石不能過也
泰始初軍功旣多爵秩無序佃夫僕從附隸旣受之次
位捉車人武賁中即將傍馬者貝外即朝士貴賤莫不自
結而矜慢無所降意其室又頗關沈勃吳郡張澹數
人而巳明帝晏駕廢帝即位佃夫權任轉重兼通
事舍人加給事中輔國將軍餘如故欲用張澹為武陵郡
有妓張耀華美而有寵為廣州刺史將發要佃夫飲設樂

見張氏忱之頻求恢可得此人不可得也佃夫拂衣
出戶曰惜指失掌邪遂諷有司以公事彈恢凡如此繁等
並不敢執元徽三年遷黃門侍即領右衞將軍明年政領
驍騎將軍遷南豫州刺史歷陽太守德營内任時廢帝猖
狂好出游走始出宮猶整羽儀隊伍俄而棄部伍單騎與
數人相隨或出郊野或入市鄽内莫不憂懼佃夫密與
直閤將軍申伯宗步兵校尉朱幼干天寶謀廢帝立安
成王五年春帝欲往江乘射雉幼干天寶留隊仗在樂游
苑前弃之而去佃夫欲稱太后令喚隊仗付在樂游
守石頭東府遣人執帝廢之自為楊州刺史輔政與幼等
巳成謀會帝不成向江乘故事不行于天寶因以其謀告
帝帝乃收佃夫幼伯宗於光祿外部賜死佃夫幼等罪止
一身其餘無所問幼伯宗始為外監配衣諸軍征討有濟
辦之能遂官洗三品為奉朝請南高平太守封安浦縣俠
于天寶為清河太守右軍將軍另明中殿高帝以其反覆賜
謀幼為清河太守右軍將軍
死壽寂之位太子屯騎校尉南泰山太守多納貨賄請謁
無窮有一不從便切齒罵詈常云利刀在手何憂不辦鞭
捶吏卒邐將後爲有司所奏徙送越州至豫章謀叛乃殺
之姜產之位南濟陽太守後比侵魏戰敗見殺王道隆吳

興烏程人兄道迄涉學善書形貌又美吳興太守王韶之
謂人曰有子弟如至道迄無所少道隆亦知書太始二年
兼中書通事舍人執權既久家產豐麗雖不及佃夫而
保不妄毀傷人道隆為明帝所委過於佃夫而和謹自
精整過之元徽二年桂陽王休範至新亭見殺楊運長以討
及楊運長為名休範奄至新亭見殺楊運長以討桂陽王休範功
素善射為射師性謹愨為明帝委信及即位親遇甚厚後
廢帝即位與佃夫運長舍人以平桂陽王休範封
南城縣子運長佃夫並其清不享園宅不受餽遺
而凡鄙無識唯與寒人潘智徐文盛厚善動止施為必與

二人量議文盛為奉朝請領平桂陽王休範封廣晉縣男
順帝即位運長為宣城太守尋還家沈攸之反運長有異
志齊高帝遣驃騎司馬崔文仲誅之
紀僧真丹楊建康人也少隨逐西將軍蕭思話及子惠
開皆被賞遇惠開性苛僧真以微過見罰既而委任如舊
及罷益州還都不得志而僧真事之愈謹惠開臨終歎
紀僧真方當富貴我不見也以僧真託劉彥節周顒初
開在益州土及被圍危急有道人謂之曰城圍尋解檀越
在者並無異才政是蕭道成耳僧真憶其言乃諮事悉高

帝隨從在淮陰以開書疏自隨官歷至高
帝冠軍府參軍主簿僧真夢高文生滿江驚而自之高帝
曰詩人採蕭蕭即芟也蕭生斷流卿勿言其見親如此
後除南臺御史高帝領軍功曹上將廢立謀之表綵褚彥
回僧真啟上曰今朝廷猖狂人不自保天下之望不在表代
之高帝欲度廣陵起兵僧真又曰主上雖復狂縱得廣陵城天子
褚明公豈得黙巳坐受夷滅存亡之機仰希熟慮高帝納
皇基猶度廣陵起兵何必得俱縱得廣陵城天子
居深宮施號令目明公為逆何以避此如其不勝則應此
走竊謂此非萬全策也上曰卿顧家豈能逐我行邪僧真
頓首稱無貳昇明元年除員外即帶東武城令尋除給事
中高帝坐東府高樓望石頭城僧真在側上曰諸將勸我
誅表劉我意未願便爾及沈攸之事起從高帝入朝堂石
頭反夜高帝遣眾軍掩討宮城中望石頭火光及叫聲甚
盛人懷不測僧真謂眾曰叫聲此必官軍勝也尋而啟石頭平
起者賊不容自燒其城以官軍所攻火光
誅表劉我意未願便爾及沈攸之事起從高帝入朝堂石
出頓新亭使僧真領千人在帳內初上在領軍府令僧真
學上手迹下各至是報荅書疏皆付僧真上觀之笑曰我
亦不復能別也初上在淮陰脩理城得古錫趺九枚下有
篆文莫能識者僧真省事獨目何須辯此文字此自久遠

之物錫也有九九錫之徵也高帝曰卿勿妄言及上將拜
燕公已剋日有楊祖之謀於臨軒作難僧真請上更選吉
辰尋而祖之事覺上曰無鄉言亦當致小狼視此亦何異
呼泡之冰轉齊國中書舍人建元初帶東燕令封新陽縣
男轉羽林監遷尚書主客郎太尉中兵參軍兼中書舍人
高帝疾甚命僧真典遺詔永明元年丁父喪起為建威將
軍尋除南太山太守又為舍人僧真言吐雅有士風
武帝嘗目送僧真笑曰人生何必計門戶紀僧真常常貴
所不及也諸權要中最被眄遇後除前軍將軍遭母憂開
家得五色兩頭蛇武帝崩僧真號泣思慕明帝以僧真歷

南史列傳六十七　十三

朝驅使建武初除游擊將軍兼司農待之如舊欲令僧真
臨郡僧真啟進其弟僧猛為領蠻護軍晉熙太守永泰元
年除司農卿明帝崩掌山陵軍出為廬陵內史卒千官僧
猛後卒於晉熙太守兄弟皆有風姿舉止並著隸書僧猛
又能飛白書作飛白賦僧真子交卿甚有解用宋時道人
楊法持與高帝有舊元徽末宣傳密謀昇明中以為僧正
建元初罷道為寧朔將軍封州陵男二年遺法持為軍主
領支軍救援胸山永明四年坐使將客奪其鮮粟削封
卒

劉係宗丹楊人也少便書畫為宋章陵王誕子景粹侍書

六印

誕舉兵廣陵城內止有死敵沈慶之救係宗以為東宮侍書
泰始中為主書以寒官累至員外散騎初為奉朝請兼中
書通事舍人員外即封始興南亭侯帶秣陵令奉敕高帝廢
蒼梧明旦呼正直舍人虞整醉不能起係宗歡喜奉敕高
帝曰今天地重開是卿盡力之日使寫諸勑令之日四
方書疏使主書二十人書吏二百人配之皆稱旨高帝
中書通事舍人毋喪自解起本職四年曰賊唐寓之起
宿衞兵東討遣係宗隨軍慰勞遍至遭賊君豪寓人被驅
位除龍驤將軍建康令永明初為右軍將軍淮陵太守即
遍者悉無所問還復人伍係宗還上曰此段有征無戰以

南史列傳六十七　十四

平蕩百姓安怙其快也賜係宗錢帛上欲偹白下城難
於動役係宗啟諷之役在東人丁隨寓之為逆者上從之
車駕出講武上履行白下城曰劉係宗為國家得此一城
永明中魏使書常令係宗題答祕書局皆隸之冊為少府
事武帝常云學士輩不堪經國唯大讀書耳經國一劉係
變林即位除寧朔將軍宣城太守係宗父在朝省閑於職
宗足矣沈約為王融數百人於事何用其重吏事如此建武
二年卒官

苑法亮吳興武康人也宋大明中出身為小史歷齋幹扶
侍孝武末年輒罰過度桁彌江右選白衣左右百八十人

六月

皆面首富室從至南州得鞭著過半法亮憂懼因緣啟出

家得為道人明帝初罷道結事阮佃夫累至齊高帝冠軍

府行參軍及武帝鎮盆城領舊驅使人法亮便解事善於承

江州典籤除南臺都御帶松滋令法亮求留為武帝

舍人武帝踐阼文度臨海呂文顯並以數使謟補東宮通事

奉朝請呂文度言凶文度尤見委信上嘗云公卿中有憂

太守與會稽呂文度即位仍為中書通事舍人除員外即帶南濟陰

度為外監專制兵權領軍將軍守虜位而已天文公卿以

上將星占文度吉凶文度既見委用大納財賄

國如文度者後何憂天下不寧文度尤見委信上嘗云公卿中有憂

廣開宅宇盛起土山奇禽怪樹比櫛其中後房羅綺王侯

不能及又啟上籍被卻者恐尤遠戍百姓嗟怨或逃亡避

各富陽人唐寓之因此聚黨為亂鼓行而東乃於錢唐縣

僭號以新城成為偽宮以錢唐縣為偽太子宮置百官皆

備三吳卻籍者奔至三萬鰏稱吳國偽年號興平其

源始於虞玩之而成於文度事見虞玩之傳法亮文度並

勢傾天下大尉王儉常謂人曰我雖有大位權寄豈及茹

公永明二年封望蔡縣男七年除臨淮太守轉竟陵王司

徒中兵參軍巴東王子響於荊州殺僚佐上遣軍西上使

法亮宣旨安撫子響法亮至江津子響呼法亮疑畏不肯

往又求見傳詔法亮又不遣故子響怒遣兵破軍略軍事

平法亮至江陵誅賞厲分皆稱敕斷決渾還上悔誅子響

法亮被責少時親任如舊廣開宅宇杉齋光麗與延昌殿

相埒延昌武帝中齋也後為魚池釣臺王山樓館長

廊將一里竹林花藥之美公家苑囿所不能及鬱林即位

除步兵校尉時有碁毋珍之居之任几所論薦事無

不允內外要職除吏部郎高帝給之宅宅邊又有空宅從即併取

之間累至千金帝給之宅宅邊又有空宅從即併取

月之間累至千金帝給之宅宅邊又有空宅從即併取

輒令材官營作不關詔旨材官將軍細作丞相語云寧拒

至尊敕不可違舍人命珍之毋隨弟欽之作陽令欽之

罷縣還珍之迎母至湖熱輒將青鋒百人自隨鼓角橫吹

都下富人追從者百數欽之自行佐作縣還除廬陵王驃

騎正將軍又誑宣敕使欽之領青牋珍之有一銅鏡背有

三公字常語人云徵祥如此何患三公不至乃就蔣王廟

乞願得三公封郡王啟帝求封朝謀未許又自陳曰珍之

自非珍之翼衛扶持事在不測今惜千戶侯誰為官使者

又有牒自論於朝廷曰富世祖關心腎竭盡誠力時內外紛擾珍之

弄抱至尊口行蹙分忠誠懇到惟人誰為官使者

分非過分許三百戶瞳惠形於言色進為五百戶又不肯

受明帝議誅之乃許封汝南縣有杜文謙者吳郡錢唐人
帝為南郡王文謙侍五經文句歷大學博士出為溧陽令
未之職會明帝知權謀用事文謙乃謂珍之曰天下事
可知及盡粉滅匪朝伊夕不早為計吾徒無類矣之曰誰
計將安出荅曰先帝故人多見擯斥今召而使之誰不懷
慨近聞王洪軌與趙越常徐僧亮萬靈會皆懷怏怏
林君其密報周奉叔使萬靈會魏僧勗殺蕭諶則宮內之
兵皆我用也即勒兵入尚書斬蕭令兩都伯力亙其次則
立事亦萬世一時也今舉大事亦死不舉事亦死二死等
耳死社稷可乎若遲疑不斷復少日釁君稱敕賜死父母
為殉在眼中矣珍之不能用時徐龍駒亦當得封珍之在西州時
與龍駒共說因求別立事未及行而事敗珍之圖黃門即帝嘗
有一手板相著云當貴每以此言動帝又圖黃門即帝嘗
問之曰西州時手板何在珍之曰此是黃門手板官何須
問帝大笑之時使即往蔣王廟祈福因收送延尉與周奉
叔杜文謙同死文謙有學行善言吐其父聞其死曰吾母
人正直宿宣言使即往蔣王廟祈福因收送延尉與周奉
以憂者恐其不得死地耳今以忠義死復何恨哉
所以欣經之義也時人美其言龍駒以奄人本給安陸侯

後度東宮為衛帥帝即位以後便使見寵兄諸鄙黷雜事
皆所誘勸位至羽林監後閤人黃門署令淮陵太守帝為
龍駒置媚御妓樂常住舍章殿著黃綸帽被貂裘南面
按代帝畫敕內左右侍直欲與帝不異前代趙僧亮至乃見許
莫之能比封惠懷縣男事未行明帝誅之懟至乃見許
曹道剛殺帝之日直閤省蕭諶先入若欲論事兵隨後奄
進以刀刺之洞貫死因進宮內殿帝直後徐僧亮直景昭
言於眾曰帝雖與之狎而未嘗敢訓帝悅市里雜事以
城人性質直帝
為歡樂道剛避之益州人韓護善騎馬帝常呼入華林
國令騎大賞狎之道剛出謂明帝上猶是小兒左右皆
須正人使日見禮則近聞韓護與天子齊馬並馳此導人
君於危地道剛欲殺之既而道人刺殺護及道剛死張融
謂劉繪曰道剛似不為謚亦復不免也苔曰夫徑寸之珠
非不寶也而蠵之所病何不療之或此道剛所以死也
明帝即位高武舊人縣有存者法亮以主者父事故見
疑位任如故先是延昌殿為武帝陰室出武帝曰紗帽防身刀
並居西殿又明帝居東齋開陰室出武帝曰紗帽防身刀
法亮歔欷流涕求泰元年王敬則事平法亮復受敕宣慰
諸郡無所納受東昏即位出法亮為大司農中書權利之

職法亮不樂去固辭不受既而代人已到法亮乃澁而出

辛官

吕文顯臨海人也昇平初為建康帝錄尚書省事累遷殿
中御史後為秣陵令封劉陽縣男永明元年為中書通事
舍人文顯臨事以刻戮被知三年帶南清河太守與荀法
亮等送出入為舍人並見親幸多飾遺造大宅聚
山開地時中書舍人四人各住一省謂之四戶既摠重
權勢傾天下晉宋禧制宰人之官以六年為限近世又三
年過又又以三周為期謂之小滿而遷換去來又不依三
周之制送故迎新吏人疲於道路四方守宰餉遺一年咸

數百萬舍人如法亮於衆中語人曰何須覓外祿此一戶
內年辦百萬盖約言之也其後玄象失度史官奏宜修祈
禳之禮王儉聞之謂上曰天文乖忤此禍由四戶仍奏文
顯等專擅怒和極言其事上難納之而不能改也文顯累
遷左中即將南東莞太守故事府州部內論事皆箋前直
叙所論之事後云謹箋日月下又云某官某箋故府置直
典籤以典之本五品吏宋初故以七職宋氏晚運多以幼
少皇子為方鎮時主皆以親近左右領典籤典籤之權稍
重大明太始以長王臨藩素族出鎮莫不皆出內教命刺
不得專其任也宗慤為豫州吳喜公為典籤慤刑政所施

喜公每多違執慤大怒曰宗慤年將六十為國竭命政得
一州如斗大不能復置典籤逐互還都一歲數及時主輒與間
此以後權寄彌隆典籤遞互還都一歲數及時主輒與間
言訪以方事刺史行事之美惡皆絣於典籤之口莫不折節
推奉恒慮不及於是威行州郡權重蕃君劉道濟村孟孫
等慈惠發露雖即顯戮而權任之重不異明帝時至
之始制諸州急事宜密有所論不得遣典籤還都而典籤知
之任輕矣後以文顯少府見使歷任使建武之世至
尚書右丞少府卿卒官

茹法珍會稽人梅蟲兒吳人齊東昏時並為制局監俱

見愛幸自江祏始安王遙光等誅後左右應敕捉刀之
徒並專國命人間謂之刀敕權等人主都下為之語曰欲
求貴職依刀敕須得富家重御刀時又有新蔡人徐世檦
尤見寵信自殿內主帥後封臨汝縣子陳顯達軍起加輔國將
軍難用護軍崔慧景為都督汝而兵權實在世檦當時權勢
傾法珍蟲兒又謂法珍蟲兒曰何世天子無要人但阿儂
貨主惡耳法等與之爭權遂以白帝帝稍惡其凶強世
檦竊欲生志左右徐僧重衆知之發其軍收得千餘人仗
及呪詛文又畫帝十餘形像備為刑斷刻射支解之狀而

自作巳像著通天冠袞服題〔徐氏皇帝求元二年事發
刀族之自是法珍蠱兒並為外監曰綝詔敕中書舍人王
喧之與相辱罵掌文翰其餘二十餘人皆有勢力崔慧
景平後法珍封餘干縣男蠱兒封竟陵縣男崔慧景之平
曲赦都下及南兗州本以有賊黨兩聾出用事刑辟不依
詔書無聊家富者一無所問始安顯達時亦巳如
此至慧景平後或說王喧之云殺戮亦復如先帝自羣公
深相關為盡力而家貧者不論赦令莫不受戮籍其家產與慧景
之曰政當後有赦耳復赦羣小誅戮亦復如先帝自羣公王
誅後無復思憚無日不游走所幸潘妃本姓俞名尼子王

敬則伐也或云宋文帝有潘妃在位三十年於是改姓曰
潘其父寶慶乃從改焉帝呼寶慶及法珍為阿兄蠱兒及
東冶營兵俞靈韻為阿兄帝與法珍等俱詣寶慶齋自
汲水助廚人作膳為市中雜語以為諧謔又帝輕騎戎服
往諸刀敕家游宴有吉凶輒性慶男巷人王寶孫年十三
四號為倀子最有寵象領朝政雖王寶孫之徒亦下
之控制大臣移易敕詔乃至騎馬入殿詆訶天子公卿
之莫不懾息其佐戍昔閹者法珍蠱兒及王喧之俞寶慶
俞靈韻說靈勇苑亮尤徐僧重時崇濟兩安泰劉文泰呂
文慶胡松輝光緣賣養章遒人揚敬丁李梁之周管之范雲

濟石曇悅張惡奴王勝公王懷藻梅師濟鄒伯兒史元益
王靈範席文解游及太史令駱文叔朱光尚凡三
十一人又有奄官王寶孫王昭許之許伯孫方佛念
馬僧猛盛勃王笠兒隨要表子世等十人梁武平建鄴
誅又朱與光為荊州所疾被戮得罪豐勇與王珍國
相知行殺皆免初左右刀敕之徒求號為鬼官中詆六趙
小一時誅滅故稱為諸鬼也俗間以細剉肉糅以董桂曰
鬼食鴨餉諸鬼書與調當時莫解梁武平建鄴東昏死羣
劇意者以凶黨皆當細剉而亮之也

周石珍建康之廝隸也世以販絹為業梁天監中稍遷至
宣傳左右貞長七尺頗開雅對後遂至制局監帶開陽令
歷位直閤將軍大清二年封南豐縣侯猶領制局臺城未
陷巳射書與侯景相結門初開石珍猶侍左右時賊道其
徒入直殿內或驅驟馬出入殿庭武帝方坐文德殿怪問
之石珍曰皆丞相甲士上曰何物丞相乃爾侯丞相上怒
曰是名侯景荷謂丞相石珍求媚於賊乃養其黨田
遷以為已子遷亦父事之官處位制度羽儀比君若此自出
北人著靴上殿故實在賊君要亞於石珍及簡文為齋監居臺
省積久多閑故實殿無蕭恭之禮有怪之者查置曰五豈臣畏劉禪
景平後及中書舍人嚴置等送于江陵置本為齋監居學

平從景圍巴陵郡叫曰荆州那不送降及至江陵將刑于
市泣謂石珍曰吾等死亦是罪盈石珍與其子昇相抱哭
重謂監刑人曰情語湘東王不有廢也君何以與俱斬
自是更殺賊黨以板押舌釘釘之不復得語
陸驗徐驎並吳郡吳人驗少而貧賤驎兩人遞爲少府丞太市令驗本
卿者甚富驗領身事之吉卿貨以錢米驗借以商販遂致
千金因出都下散貲特醜先是外國獻生犀其形甚陋故閭里
無藝業而容貌生犀驗驎並以奇刻爲務百賈畏之異九與之
咸謂驗爲生犀驎

昵世人謂之三蠹司農卿傳岐梗直士也嘗謂異曰卿任
參國鈞榮寵如此比日所聞鄙穢狼藉若使聖主發悟欲
免得乎异曰外間誇謗以求容苟無媿何卹人言岐
謂人曰朱异和將死矣恃詔以拒諫聞難而
不懼知惡而不改天奪其鑒其能平驗竟以侵削爲能
數年遂登列棘鳴佩珥貂並有英彥仕至太子右衞率卒
贈右衞將軍遠近聞其死莫不快之驗素爲邵陵王綸所
憾太清二年爲綸所殺

深尚書左戶郎申字李和河內溫人也祖慧遠深都水使者父玄通
司馬申早有風鑒十四便善弈棋嘗隨父候吏

部尚書到漑時梁州刺史陰子春領軍朱异在焉呼與其
申每有妙思异觀而奇之因引申游厥廳太清之難父母俱
沒因此自誓擔土菜食終身梁元帝承制累遷鎮西外兵
記室參軍及侯景冠郢州申隨都督王僧辯每進
策皆見行用僧辯歎曰此生要鞭汗馬或非所長若使撫
衆守城必有奇績僧辯之計陸納也于時賊衆奄至左右
披靡申躬蔽僧辯蒙楯而前會裴之橫救至賊乃退僧辯
顧而笑曰仁蜀必有勇宜虛言哉陳太建中除秼陵令往
職以清能見紀有曰雄集于縣庭復爲東宮通事舍人叔
陵之肆逆也事既不捷出據東府申馳召右衞將軍蕭摩

訶帥兵先至追斬之後主深嘉焉以功除太子左衞率封
文招縣伯兼中書通事舍人遷右衞將軍歷事三帝內掌
機密頗作威福性忍害好飛書以謗毀朝之端士遍罹其
狹參預謀誤乃於外宣說以爲已力省中秘事往往泄漏
性又果敢善應對能候人主顏色有忤己者必加譖諑
之附已者因機進之具以朝廷內外皆從風靡初尚書
僕射沈君理辛朝廷議以毛喜代之申慮喜預政乃短喜
於後主曰喜見高帝時稱陛下有酒德請逐児比周
諸殺傳辭奪任忠部曲以配樊猛徵孔範是以文武解體至
臣陛下寧忘之邪喜由是嚴錮又與施文慶李脫児比周

於覆滅申嘗晝寢於尚書下省有烏啄其口流血及地時

論以為諸賢之効也後也加散騎常侍右衛令人如故至德

四年卒後主嗟悼父之贈侍中護軍將軍進爵為侯謚曰

忠及葬後主自為製誄銘子琇嗣官至太子舍人

施文慶不知何許人也家本吏門至文慶好學頗涉書史

陳後主之在東宮文慶事焉及即位擢為中書舍人仍屬

叔陵作亂隨師臨境軍國事務多起倉卒文慶聰敏強記

明閑吏職心筭口占弛縱條理由是大被親幸又自大建

以來吏道疏簡百司弛縱文慶盡其力用無所縱捨分官

聯事莫不振懼又引沈客卿陽惠朗徐哲暨慧景等掌有

【南史列傳六十七】 共五 ▼ 劉狀

吏能後主信之然並不達大體督責苛碎聚斂無厭王公

大人咸共疾之後主益以文慶為能尤更親重內外衆事

無不任委界遷太子左衛率舍人如故禎明三年湘州刺

史晉熙王叔文在職旣久大得人和後主以其據有上流

陰忌之自度素與群臣少恩恐不為用無所任者乃擢文

慶為都督湘州刺史配以精兵欲令西上仍徵叔文還朝

文慶深喜其事然憚居外後執事者持已短長因進其黨

沈客卿以自代未發閒二人共掌機密時隋軍大衆分道

而進尚書僕射表憲驃騎將軍蕭摩訶及文武群臣共議

請於京口採石各置兵五千并出金翅二百緣江上下以

為防備文慶恐無兵從已廢其述職而客卿又利文慶之

任已得專權俱言於朝曰必無有論議不假面陳但作文

牒為通奏憲等以為然二人齋啓入白後主曰此是常事

邊城將帥足以當之若出人船必恐驚擾及隋軍臨江間

諜驟至憲等懇懇奏請至于再三文慶等曰元會將逼南

郊之日太子多從今若出兵事便廢闕內又為之游說後主

若此邊境無事因以水軍從郊何為不可又對曰如此則聲

聞鄰境便謂國弱後主以為然又以貲動江揔為之游說後主

重違其意而迫聲官之請乃令付外詳議又抑憲等由是

未決而隋師濟江後主性怯懦不達軍書夜啼泣臺內

【南史列傳六十七】 共 ▼ 劉狀

厲兮分 以委之文慶旣知諸州疾已恐其有功乃奏曰此

等快快素不休官迫此事機那可專信是有所啓請經略

之計並皆不行尋敕文慶領兵頓于樂游苑陳亡隋文帝

廣以文慶受委不忠曲為諂佞以敵耳目比黨數人並於

石闕前斬之以謝百姓

沈客卿失與武康人也美風采善談論博涉群書頗施文

慶少相親昵仕陳累遷至尚書儀曹郎聰明有口辯頗知

故事每朝廷大體式吉凶儀注凡所疑議客卿酌裁斷理

雖有不經而衆莫能屈事多施行至德初以為中書舍人

兼步兵校尉掌金帛局以舊制軍人士人二品清官並無

關市之稅後主盛脩宮室窮極耳目府庫空虛有所興造
恆苦不給客鄉毋立異端唯以刻削百姓為事奏請不問
市令賢慧景為尚書金部令史二人家本小吏考校簿
士庶驚塵不差糺適嚴慧景百姓嗟怨而客鄉為舍人
之每歲所入過於常格數十倍後主大悅尋加客鄉散騎
常侍左衛將軍舍人如故慧景春朝請禎明三年客
鄉揔為臺城失守隋晉王以客鄉重賦厚斂以悅於上
與文慶暨重景陽惠朗等俱斬於石闕前徐哲不知何許

孔範字法言會稽山陰人也曾祖景偉齊散騎常侍祖濤
人施文慶引為制局監掌刑法亦與客鄉同誅

梁海瞻令父佐歷職清顯範少好學博涉書史陳太建中
位宣惠江夏王長史後主郎位為都官尚書與江揔等並
為狎惠範容止都雅文章瞻麗又善五言詩九見親愛後
主性愚很惡聞過失每有彊事範必曲為文飾稱揚贊美後
時孔貴人絕愛幸範與孔氏結為兄妹寵遇優渥言聽計
從朝廷貴人絕慶幸範因驕矜以為文武才能與朝莫及從
容曰後主曰外聞諸將起自行伍四夫敵耳深見遠慮豈
其所知後主以問施文慶文慶畏範六以為然自是將帥

微有過失即奪其兵分配文吏隋師濟江臺官請為備
防文慶沮壞之後主未決範奏曰長江天塹古來限隔虜
軍豈能飛渡邊將欲作功勞妄言事急臣自恨位卑虜若
因死去後主笑以為然故不深備尋而隋將賀若弼陷南
徐州執城主莊元始韓擒陷南豫州敗水軍都督高文泰
與中領軍魯廣達頓于白塔寺後主多出金帛募人立功
範素於武士不接莫有至者唯貨販輕薄多從之高麗百
濟崑崙諸夷並受賂時任蠻奴請不戰而已度江攻其大

軍又司馬消難言於後主曰弼若登高舉烽與韓擒相應
鼓聲交震人情必離請為遣兵北據蔣山南斷淮水質其
妻子重其賞賜陛下以精兵萬人守城莫出不過十日食
盡二將之頭可致闕下範異欲立功志在於戰乃曰司馬
消難狼子野心任蠻奴淮南傖士語並不可信事遂不行
隋軍既逼遍蠻奴又欲為持久計範又奏請作一決當為官
勒石燕然後主從之明日範以其徒居中以抗隋師未陣
而北範脫身遁免尋與散騎常侍王瑳王儀入長安初晉王廣以
五佞人範與散騎常侍王瑳王儀俱入長安初晉王廣以
彰故免及至長安事並露隋文帝以其姦佞詭惑並暴其
過惡名為四罪人流之遠裔商以謝吳越之人瑳儀並琅邪

人瑈刻薄貪鄙忘害才能儀候意承顏傾巧側媚又獻其

二女以求親昵璀隩慘酷發言邪諂故言罪焉

論曰自宋中世以來宰御朝政萬機碎密不關外司尚書

八坐五曹各有恒往係以九卿六府事存副職至於冠冕

搢紳任跡疎人貴伏奏之務既寢趨走之勞亦息關言所寄

屬當事有所歸通驛內外切自音苦夫竭忠盡郎仕子

恒圖隨方致用明君盛典舊非本舊因新以成舊宣也狎

非先狎因疎以成狎者也而住隔疎情殊涂一致權歸近

狎異世同揆故瓌纓歇笏俯仰晨昏瞻坐而竦躬陪蘭

檻而高眄探求恩色習覯威顏遷蘭變鮑久而彌信因城

社之固執開壅之機長圭尹世振求持領賞罰重殹能不

踰漏宫省咳唾義必先知故窺盈縮於皇景攥驪珠方龍

睡坐歸聲勢卧震都鄙賄賂日積苟直歲通富擬公侯威

行州郡制局小司專典兵力雲陞天居亘設蘭綺羽林精

卒重屯廣衛至於元戎啓轍武候還座逦迤清道神行按

戀督察往來馳騖為筆轄驅役分部親承几桉領護所繕示

揔成規昔徵兵動衆大典人役優劇速斷於外監之心

譴厚謊訶恣於典事之口抑捭綸詔姦僞非一書死為生

請謁成市左臂揮金右手利字紙為銅落筆由利染故閘

同王署著家骁金宄嬌媛侍女燕桼蔡鄭之聲璀池碧梁魚

龍雀馬之蚖莫不充牣錦室照徹青雲覂政傷人於斯為

切況乎主幼時昏讒應亦何可勝也

列傳第六十七　　　　　南史七十七

延壽

夷貊上

海南諸國

海南諸國大抵在交州南及西南大海洲上相去或四五千里遠者二三萬里其西與西域諸國接漢元鼎中遣伏波將軍路博德開百越置日南郡其徼外諸國自武帝以來皆朝貢後漢桓帝世大秦天竺皆由此道遣使貢獻及吳孫權時遣宣化從事朱應中郎康泰通焉其所經過及傳聞則有數十國因立記傳晉代通中國者蓋鮮故不載史官及宋齊至梁其本正朔修貢職航海往往至矣今采其風俗粗著者列為海南云

林邑國本漢日南郡象林縣古越裳界也伏波將軍馬援開南境置此縣其地縱廣可六百里城去海百二十里去日南界四百餘里北接九德郡其南界水步道二百餘里有西圖夷亦稱王馬援所植二銅柱表漢家界處也其國有金山石皆赤色其中生金金夜則出飛狀如螢火又出瑇瑁貝齒吉貝沈木香吉貝者樹名也其華成時如鵝毳抽其緒紡之以作布布與紵布不殊亦染成五色織為班布沈木香者土人研斷積以歲年朽爛而心節獨在置

水中則沈故名曰沈香次浮者棧香漢末大亂功曹區王殺縣令自立為王數世其後王無嗣外甥范熊代立死子逸嗣晉成帝咸康三年逸死奴文篡立文本日南西卷縣夷帥范稚家奴嘗牧牛於山澗得鱧魚二化而為鐵因以鑄刀刀成文向石呪曰若斫石破者當王此國因斫石如斷芻藁文心異之范幼嘗使之商賈至林邑因教林邑王作宮室及兵車器械王寵任之後乃讒言諸子各奔餘國及王死無嗣文偽於隣國迎王子置毒於漿中殺之遂脅國人自立時交州刺史姜莊使所親韓戢謝擢前後監日南郡並貪殘諸國患之穆帝永和三年臺遣夏侯覽為

太守侵刻尤盛林邑素無田土貪日南地肥沃常欲略有之至是因人之怨襲殺覽以其死訖天留日南三年乃還林邑交州刺史朱蕃後遣督護劉雄戍日南文復滅之進寇九德郡害吏人遣使言藩願以日南北境橫山為界藩不許文歸林邑尋屯日南子佛立猶屯日南

將軍桓溫遣督護滕畯九真太守灌邃討之追至林邑佛乃請降安帝隆安三年佛孫須達復寇日南九德諸郡無歲不至親傷甚多交州遂致虛弱須達死子敵真立其弟敵鎧攜母出奔敵真追恨不能容其母弟捨國而之天竺禪位於其甥國相藏驎固諫不從其甥立而殺藏驎藏驎

子又攻殺之而立敵鎧同母異父弟曰文敵復爲扶
南王子當根純所殺大臣范諸農平其亂自立爲扶農之
死陽邁立陽邁初在孕其母夢生児有人以金席藉之
其色光麗夷人謂金之精者爲陽邁若中國云紫磨者因
以爲名宋永初二年遣使貢獻以陽邁爲林邑王陽邁死
子咄立簒其父復曰陽邁其國俗居處爲閣名曰干闌門
戸皆北向書樹葉爲紙男女皆以横幅古貝繞腰以下謂
之干漫亦曰都漫穿耳貫小環貴者著革屣賤者跣行自
林邑扶南諸國皆然也其王者著法服加瓔珞如佛
像之飾出則乘象吹螺擊鼓罩吉貝繖以吉貝爲幡旗國

不設刑法有罪者使象蹈殺之其大姓號婆羅門嫁娶
用八月女先求男由賤男而貴女同姓還相婚姻使婆羅
門引婿見婦握手相付呪曰吉利吉利爲成禮死者焚之
野謂之火葬尼居散髮至老國王事尼乾道鑄金
銀人像大十圍嘉初陽邁侵暴日南九德郡交州刺史
杜弘文建牙欲討之聞有代乃止八年又寇九德郡入
曾浦口交州刺史阮彌之遣隊主相道生帥兵赴討攻區
栗城不剋乃引還十二年十五年十六年十八年每遣使
貢獻獻亦陋薄而冦盜不已文帝忿其違懱二十三年使
交州刺史檀和之振武將軍宗慤代之和之遣司馬蕭景

憲爲前鋒陽邁聞之懼欲輸金一萬斤銀十萬斤銅三十
萬斤還所略日南户其大臣将僧達諫止之乃遣大師范
扶龍戍其比界區栗城景憲攻城剋之乘勝即剋林邑陽
邁父子並挺身逃奔獲其珍異皆是未名之寶又銷其金
人得黄金數十萬斤和之以爲南兗州刺史爲崇追贈左將軍
封雲襄子杜縣子孝建三年林邑又遣長史范神成又遣長史
中女子入内官禁錮後病死見胡神言范龍跋奉使貢
益曰襄子孝武孝建二年林邑王范神成又遣長史
獻除龍跋揚武將軍大明二年林邑王范神龍跋遣
范流奉表獻金銀器香布諸物明帝泰豫元年又遣使獻

方物齊永明中范文贊累遣使貢獻泌天監九年文贊子
天凱奉獻白猴詔加持節督緣海諸軍事威南將軍林邑
王死子弼毳跋摩立奉表貢獻普通七年王高戍律陀羅
跋摩遣使貢獻方物以爲持節督緣海諸軍事綏南將軍林邑王
大通元年又遣使貢獻大通二年行林邑王高戍律陀
使獻方物詔以爲持節督緣海諸軍事綏南將軍林邑王
邑王六年又遣使貢獻大同中令浦大師陳檀歸
後屢爲侵暴歴世惠之宋孝武大明中令浦大師陳檀歸
順拜龍驤將軍官軍征討未附乃以檀爲高興太守
遣前朱提太守費沈龍驤將軍武期南伐开通朱崖道並

無功輒殺檀而反沈下獄死

扶南國曰南郡之南海西大灣中去日南可七千里在林

邑西南三千餘里城去海五百里有大江廣十里從西流

東入海其國廣輪三千餘里王地洿下而平傳氣候風俗

大較與林邑同出金銀銅錫沈木香象犀孔翠五色鸚鵡

其南界三千餘里有頓遜國在海崎上地方千里城去海

十里有五王並羈屬扶南頓遜之東界通交州諸賈人其

西界接天竺安息徼外諸國往還交易所以然者頓遜迴入

汁傳毫中數日成酒頓遜之外大海洲中又有毗騫國去

扶南八千里傳其王身長丈二頭長三尺自古不死莫知

其年王神聖國中人善惡及將來事王皆知之是以無敢

坎者南方號曰長頸王國俗有臺屋衣服噉米其人言

語小異扶南有出金金露生石上無央限也國法刑人

並於王前噉其肉國內不受估客有往者亦殺而噉之是

以商旅不敢至王常橫若不血食鬼神其子孫生死

如常人唯王不死扶南王數使與書相報答常遺扶南王

純金五十人食器形如圓盤又如瓦塸名為多羅受五升

又如椀者受一升王亦能作天竺書書可三千言說其宿

命所由與佛經相似並論善事文傳扶南東界入漲海

海中有大洲洲上有諸薄國國東有馬五洲復東行漲海

千餘里至自然大洲其上有樹生火中洲左近人剝取其

皮紡績作布以為手巾與蕉麻無異而色微青黑若小垢

洿則投火中復更精絜或作燈炷用之不知盡扶南國俗

本躶文身被髮不制衣裳以女人為王號曰柳葉年少壯

健有似男子其南有激國有事鬼神者字混填夢神賜之

弓乘賈人舶入海混填晨起即詣廟於神樹下得弓便依

夢乘舶入海遂至扶南外邑柳葉人眾見舶至欲劫取之

混填郎張弓射其舶穿度一面矢及侍者柳葉大懼舉眾

降混填填乃教柳葉穿布貫頭形不復露遂君其國納柳

葉為妻生子分王七邑其後王混盤況以詐力間諸邑令

相疑阻因舉兵攻并之乃遣子孫中分居諸邑號曰小王

盤況年九十餘乃死國人共舉盤盤大將范蔓為王蔓勇

盤盤立三年死國人共舉蔓為王蔓復以兵攻有權略復以兵

威攻伐旁國咸服屬之自號扶南大王乃作大船窮漲海

開國十餘所闢地五六千里次當伐金鄰國蔓遇疾遣太子

金生代行蔓姊子旃因篡蔓自立遣人詐金生而殺之蔓

死時有乳下兒名長在人間至年二十乃結壯士襲殺旃

旃大將范尋又攻殺長而代立更繕國內起觀閣遊戲

之朝旦中晡三四見客百姓以蕉蒨龜鳥為禮國法無牢

獄有訟者先齋三日乃燒香極赤冷訟者捋行七步又以
金鐶雞卵投沸湯中令探取之若無實者手即爛有理者
則不又於城溝中養鱷魚門外圍猛獸有罪者輒以餧猛
獸又鱷魚吞獸不食為無罪三日乃放之鱷大者長三丈
餘狀似鼉龜有四足喙長六七尺兩邊有齒利如刀劒常食
魚遇得麞鹿及人亦噉之昔梧以南及外國皆有之吳時
遣中郎康泰宣化從事朱應使於尋國國人猶裸唯婦人
著貫頭泰應謂曰國中實佳但人褻露可怪耳應令國
内男子著橫幅橫幅今干漫也大家乃截錦為之貧者乃
用布晉武帝太康中尋始遣使貢獻穆帝升平元年天竺

【南史列傳六十八】 七 林安

旃檀奉表獻馴象詔以勞費停得之其後王僑陳如本天竺
婆羅門也有神語曰應王扶南僑陳如心悅南至盤盤扶
南人聞之舉國欣戴迎而立焉復改制度用天竺法僑陳
如死後王持梨陀跋摩宋文帝元嘉十一年十二年十五
年奉表獻方物齊永明中王僑陳如闍邪跋摩遣使貢獻
梁天監二年跋摩復遣使送珊瑚佛像并獻方物詔授安
南將軍扶南王其國人皆醜黑拳髮所居不穿井數十家
共一池引汲之俗事天神天神以銅為像二面者四手四
面者八手手各有所持或小兒或為獸或曰月其王出入
乘象嬪侍亦然王坐則偏踞翹膝垂左膝至地以白㲲敷

前設金盆香鑪於其上國俗居喪則剃除鬚髮死者有四
葬水葬則投之江流火葬則焚為灰土葬則瘞埋之鳥
葬則棄之中野人性急彊無禮義男女恣其奔隨十年十
三年跋摩累遣使貢獻其年死庶子留陀跋摩殺其嫡弟
自立十六年遣使貢獻十八年復遣使送
天竺旃檀瑞像婆羅樹葉并獻火齊珠鬱金蘇合等香普
通元年中大通二年大同元年累遣使貢獻方物五年復遣
使獻生犀又言其國有佛髮長一丈二尺詔遣沙門釋雲
寶隨使往迎之先是三年八月武帝改造阿育王佛塔出
舊塔下舍利及佛爪髮髮青紺色衆僧以手伸之隨手長

【南史列傳六十八】 八 如名

短放之則旋屈為蠡形按僧伽經云佛髮青而細猶如藕
莖絲佛三昧經云我昔在宮沐頭以尺量髮長一丈二尺
放已右旋還成蠡文則與帝所得同也阿育王即鐵輪王
王閻浮提一天下佛滅度後一日一夜鬼神造八萬四
千塔此即其一吳時有尼居其地為小精舍孫綝尋毀除
之塔亦同滅呉平後諸道人復於舊處建立焉晉元帝初
度更修飾之至簡文咸安中使沙門安法程造小塔未及
成而亡弟子僧顯繼而修立至孝武太元九年上金相輪
及承露其後有西河離石縣胡人劉薩何遇疾暴亡而心
猶暖其家未敢便殯經七日更蘇說云所見二更見錄向西

北行不測遠近至于十八地獄隨報重輕受諸楚毒觀世音
語云汝緣未盡若得活可作沙門洛下齊城丹楊會稽並
有阿育王塔可往禮拜若壽終則不墮地獄語竟如夢未
嚴忽然醒寤寤因此出家名慧達遊行禮塔次至丹楊未知
塔處及登越城四望見長干里有異氣因就禮拜果是先
阿育王塔所屢見光明由是定知必有舍利乃集衆就掘
入一丈得三石碑並長六尺中一碑有鐵函函中有銀
函中又有金函盛三舍利及爪髮各一枚髮長數尺乃
舍利近此對簡文所造塔西造一層塔十六年又使沙門
僧尚加為三層即是武帝所開者也初穿土四尺得龍窟
又昔人所捨金銀環釧釵鑷等諸雜寶物可深九尺許至
石磉磉下有石函函內有鐵壺以盛銀坩坩內有金鏤罌
盛三舍利如粟粒大圓正北紫函內有瑠璃椀椀內得四
舍利及髮爪爪有四枚並為淡香色至其月二十七日帝
又到寺禮拜設無礙大會大赦是日以金鉢盛水泛舍利
其最小者隱不出帝數十拜舍利乃於鉢內放光旋回
久之乃當中而止帝問大僧正慧念曰見不可思議事不
慧念答曰法身常住湛然不動帝曰弟子欲請一舍利還
臺供養至九月五日又於寺設無礙大會遣皇太子王侯
朝貴等奉迎是日風景明淨傾都觀矚所設金銀供具等

物並留寺供養并施錢一千萬為寺基業至四年九月十
五日帝又至寺設無礙大會豎二剎各以金罌次第罌重
盛舍利及爪髮內又以石函盛寶塔分入兩剎
利下及王侯妃主百姓富室所捨金銀環釧等珍寶充積
二年改造會稽鄮縣塔開舊塔出舍利遣光宅寺釋敬
脫等四僧及會人孫照暫迎還臺帝禮拜竟即送還縣入
新塔下此縣塔亦是劉薩何所得也晉咸和中丹楊尹高
悝行至張侯橋見浦中五色光長數尺不知何怪乃令人
於光處得金像無有光趺悝乃下車載像還至長千巷首
牛不肯進悝乃令馭人任牛所之牛徑牽至寺悝因留像
付寺僧每至夜中常放光明又聞空中有金石之響經二
歲臨海漁人張係世於海口忽見有銅花趺浮出取送縣
縣以送臺乃施像足宛然合會簡文咸安元年交州合
浦人董宗之採珠沒水底得佛光豔交州送臺以施像又
合焉為自咸和中得像至咸安初歷三十餘年光趺始具
又合高悝得像後有西域胡僧五人來詣悝曰昔於天竺得
初阿育王造像來至鄴下逢胡亂埋於河邊今尋覓失所五
人嘗一夜俱夢見像曰已出江東為高悝所得悝乃送此

五僧至寺見像噓欷涕泣像便放光照殿竿又尾官寺

慧邃欲摸寫像形寺主僧尚憲搥金色誚令像

放光回身西向旦便許慧邃便愍拜請其夜像郎轉坐

放光回身西向刀可相許慧邃便愍拜請其夜像郎轉坐

者後有三藏那跋摩之云是阿育王為第四女所造也

及大同中出舊塔舍利救市寺側數百家宅地以廣寺域

吳人張緣運手跡丹青之工一時冠絕

造諸堂殿井塔瑞像周閣等窮於輪奐為其圖諸經交並

西南夷訶羅陀國宋元嘉七年遣使奉表曰伏承聖主信

重三寶興立塔寺周滿世界今故遣使二人表此微心

呵羅單國都闍婆洲元嘉七年遣使獻金剛指環赤鸚鵡

烏天竺國白疊古貝葉波國古貝等物十年呵羅單國王

毗沙跋摩奉表曰常勝天子陛下諸佛世尊常樂安隱三

達六通為世間導是名如來是故至誠五體敬禮其後為

子所纂奪十三年又上表二十六年文帝詔曰呵羅單婆

皇遣使策命之二十九年國王舍利婆羅跋摩遣和沙彌

婆皇國元嘉二十六年國王舍利婆羅跋摩遣使獻方物

刀遣使策命之為婆皇國王二十八年復遣使

四十一種文建帝榮命之為長史竺那婆智奉表獻方物以那

婆智為振威將軍大明三年獻赤白鸚鵡大明八年明帝

泰始二年又遣使貢獻明帝以其長史竺那婆智並為龍驤將軍

振威將軍竺那婆智並為龍驤將軍

婆達國元嘉二十六年國王舍利不陵伽跋摩遣使獻方

物文帝策命之為婆達國王二十八年復遣使

闍婆達國元嘉十二年國王師黎達多呵陀羅跋摩遣使

奉表曰宋國大主大吉天子足下教化一切種智安隱天

人師降伏四魔成等正覺轉尊法輪廣脫眾生我雖在遠

亦霑靈潤

獻方物

槃槃國元嘉孝建大明中並遣使貢獻梁中大通元年四

年其王使使奉表累送佛牙及畫塔并獻沈檀等香數十

種六年八月復遣使送菩提國舍利及畫塔圖并菩提樹

葉詹糖等香

丹丹國中大通二年其王遣使奉表送牙像及畫塔二軀

并獻火齊珠古貝雜香藥大同元年復遣使獻金銀瑠璃

雜寶香藥等物

干陁利國在海南洲上其俗與林邑扶南略同出班布古

貝檳榔檳榔特精好為諸國之極宋孝武世王釋婆羅那

隣陁遣長史竺留陁獻金銀寶器梁天監元年其子毘邪跋摩

跋陁羅以四月八日夢一僧謂曰中國今有聖主三十年之
後佛法大興汝若遣使貢奉禮敬則土地豐樂商旅百倍
若不信我則境土不得自安初未之信既而夢此僧曰
汝若不信我當與汝往觀乃於夢中至中國拜觀天子既
覺心異之陁羅本工畫乃寫夢中所見武帝容質飾以丹
青仍遣使并畫工奉表獻玉盤等物使人既至摹寫帝形
陁死子毗邪跋摩立十七年遣長史毗員跋摩奉表獻
以還其國此本畫則符同爲因盛以寶兩日加敬禮後跋
金芙蓉雜香藥等普通元年復遣使獻方物

狼牙脩國在南海中其界東西三十日行南北二十日行

婆律香等其俗男女皆袒而被髮以古貝爲干漫其王及
貴臣乃加雲霞布覆胛以金繩爲絡帶金環貫耳女子則
布以瓔珞繞身其國累塼爲城重門樓閣王出乘象有幡
旄旗鼓罩白蓋兵衛其嚴國人說立國以來四百餘年後
嗣衰弱王族有賢者國人歸之王聞乃加囚執其鎖無
故自斷王以爲神因不敢言遂出境遂舟天竺天竺妻
以長女俄而狼牙王死大臣迎還爲王三十餘年死王子婆
伽達多立天監十四年遣使阿撤多奉表

婆利國在廣州東南海中洲上去廣州二月日行國界東

西五十日行南北二十日行有一百三十六聚土氣暑熱
如中國之盛夏穀一歲再熟草木常榮海出文螺紫貝有
石名出貝羅初来之柔軟及刻削爲物暴乾之遂大硬其
國人披古貝如帊及爲都縵乃用班絲布爲之上施羽蓋簫
著金冠高尺餘形如弁綴以七寶之飾帶金裝劍偏坐金
高坐以銀蹬支足侍女皆爲金花雜寶之飾或持白毛拂
及死雀弱王出以象駕輿輿以雜香爲之上施羽蓋珠簾
其導從吹螺擊鼓王姓憍陳如自古未通中國問其先及
年數不能記自言白淨王夫人即其國女天監十六年遣
使奉表獻金席等普通三年其王頻伽復遣使珠智獻白

鸚鵡青蟲玳瑁瑠璃器古貝螺杯雜香藥等數十種

中天竺國在大月支東南數千里地方三萬里一名身毒
漢世張騫使大夏見邛竹杖蜀布國人云市之身毒天
竺也從月支高附西南至西海東至盤越列國數十每國
置王其名雖異皆身毒屬月支其俗土著與月
支同而卑濕暑熱國臨大江名新陶源
出覺備分爲五江摠名恒水其水甚美下有真鹽色正白
如水精好出犀象貂鼠珠璣火齊金銀銅鐵金縷織成
爾細靡白疊好求珠碧琉璃奇石異物玳瑁
剔之則蟬翼積之則如絲縠之重水香也西與大秦安息交

市海中多大秦珍物珊瑚琥珀金碧珠璣琅玕鬱金蘇合
蘇合是諸香汁煎之非自然一物也又云大秦人采蘇合
先笮其汁以為香膏乃賣其滓與諸國賈人是以展轉來
達中國不大香也鬱金猶出罽賓國華色正黃而細與
芙蓉華裏被連者相似國人先取以上佛寺積日稿乃
棄去之賈人以轉賣與他國也漢桓帝延熹九年大秦王
安敦遣使自日南徼外來獻漢世唯一通焉其國人行賈
往往至扶南日南交阯其南徼諸國人少有到大秦者孫
權黃武五年有大秦賈人字秦論來到高阯太守吳邈遣
送詣權權問論方土風俗論具以事對時諸葛恪討丹楊

◆南史列傳六十八◆ 十五

獲黝歙短人論見之曰大秦希見此人權以男女各十人差
吏會稽劉咸送論咸於道物故乃徑還本國也漢和帝時
天竺數遣使貢獻後西域反叛遂絕至桓帝延熹三年四
年頻從日南徼外來獻觀晉世絕不復通唯吳時扶南王
范旃遣親人蘇勿使其國從扶南發投拘利口循海大灣
中正西北入歷灣邊數國可一年餘到天竺江口逆水行
七千里乃至焉天竺王驚曰海濱極遠猶有此人乃令
觀視國內仍差陳宋等二人以月支馬四疋報旃四
年方至其時吳遣中郎康泰使扶南及見陳宋等具問天
竺土俗云佛道所興國也人敬庵土饒沃其王號茂論所

都城郭水泉分流繞于渠塹下注大江其宮殿皆雕文鏤
刻街曲市里屋舍樓觀鐘音樂服飾香華水陸通流百
賈交會器玩珍瑋恣心所欲左右嘉維舍衛葉波等十六
大國去天竺或二三千里共尊奉之以為在天地之中
監初其王屈多遣長史竺羅達奉表獻琉璃唾壺雜香古
貝等物

天竺迦毗黎國元嘉五年國王月愛遣使奉表獻金剛
指環摩勒金環諸寶物赤白鸚鵡各一頭明帝泰始二年
又遣貢獻以其使主竺扶大竺阿珍並為建威將軍元嘉
十八年蘇摩黎國王那羅跋摩遣使獻方物孝武孝建

◆南史列傳六十八◆ 十六 陳四

二年斤陁利國王釋婆羅那隣陀遣長史竺留陁及多獻
金銀寶器後廢帝元徽元年婆報國遣使貢獻及此諸國
皆事佛道自後漢明帝法始東流自此以來其教稍
廣別為一家之學元嘉十二年丹楊尹蕭摹之奏曰佛化
被于中國已歷四代而自頃以來更以奢競為重請自今
以後有欲鑄銅像者悉詣臺自聞興造塔寺精舍皆先列
言須許報然後就功詔可又沙汰沙門罷道者數百人孝
武大明二年有曇標道人與羌人高闍謀反上因是下詔
於在精加沙汰後有違犯嚴其誅坐於是設諸條禁自非
戒行精苦並使還俗而諸寺尼出入宮掖交關妃右此制

竟不能行先是晉世庾冰始創議欲使沙門敬王者後桓
玄復述其義並不果行大明六年孝武使有司奏沙門接
見皆盡敬詔可前廢帝初復舊孝武寵姬殷貴妃薨為之
立寺貴妃子子鸞封新安寺號前廢帝
子鸞乃罷廢新安寺驅斥僧徒尋文毀中興天寶諸寺明
帝定亂下令悋復宋世名僧有道人彭城人為廣
沙門慧琳為之誄兼慧琳者秦郡秦縣人姓劉氏少出家住
冶城寺有才章兼內外之學為廬陵王義真所知嘗者均
及長有異解立為沙門法大名僧時人推服元嘉十一年卒於廬山
善論頗厭哉佛法云有白學先生以為中國聖人經綸百
世其德弘矣賀周萬變天人之理盡矣道無隱言教罔遺
筌聰叡迪哲何負於殊論哉有黑學道士陋之謂不照幽
深也立為客主誶答其歸以為六度與五教並行信順與慈
悲齊立論行於世舊僧謂其敗黷釋氏欲加擯斥文帝見
論賞之元嘉中遂參權要朝野大事皆與議焉賓客輻湊
門車常有數十兩四方贈賂相係勢傾一時方筵七八座
上怛蕭琳著高履披貂裘置通呈臺佐權佞輔會稽孔
顗甚詆之過賓客填咽喧涼而巳顗慨然曰遂有黑衣宰

相可謂冠屨失所矣注孝經及莊子逍遙篇文論傳於世
又有慧嚴慧議道人並住東安寺學行精整為道俗所推
時鬬場寺多禪僧都下為之語曰鬬場禪師窟東安談義
林孝武大明四年於中興寺設齋有一異僧衆莫之識問
名荅言名明慧從天安寺來忽然不見天下無此寺乃
改中興曰天安寺大明中外國沙門摩訶衍苦節有精理
於都下出新經勝鬘經尤見重學
師子國天竺旁國也其地和適無冬夏之異五穀隨人種
不須時節其國舊無人止有鬼神及龍居之諸國商估來
共市易鬼神不見其形但出珍寶顯其所堪價商人依價
取之諸國人聞其土樂因此競至或有住者遂成大國晉
義熙初始遣使獻玉像經十載乃至像高四尺二寸玉色
絜潤形制殊特非人工此像歷晉宋在瓦官寺先有徵
士戴安道手製佛像五軀及顧長康維摩畫圖世人號之
三絕至齊東昏遂毀玉像前截臂次取身為嬖妾潘貴妃
作釵釧宋元嘉五年其王剎利摩訶遣使奉表貢獻十二
年又遣使奉獻梁大通元年後王迦葉伽羅訶黎邪使
奉表貢獻

夷貊下

　東夷
　蠻
　蠕蠕

　西戎
　西域諸國

南史七十九

東夷之國朝鮮為大得箕子之化其器物猶有禮樂云魏
時朝鮮以東馬韓辰韓之屬世通中國自晉過江泛海來
使有高句驪百濟而宋齊間常通職貢梁興又有加焉扶
桑國在昔未聞也梁普通中有道人稱自彼而至其言元
本尢悉故并錄焉

〈南史伯卒九〉一

高句驪在遼東之東千里其先所出事詳北史地方可二
千里中有遼山遼水所出漢魏世南與朝鮮獩貊東與沃
沮北與夫餘接其王都於九都山下地多大山深谷無原
澤百姓依之以居食澗水雖土著無良田故其俗節食好
脩宮室於所居之左大立屋祭鬼神又祠零星社稷人性
凶急喜冠鈔其官有相加對盧沛者古鄒加主簿優台使
者帛衣先人尊卑各有等級言語諸事多與夫餘同其性
氣衣服有異本消奴部絕奴部慎奴部灌奴部
桂妻部本消奴部代之其置官有對盧
則不置沛者有沛者則不置對盧俗喜歌儛國中邑落男

女每夜羣聚歌戲其人潔淨自喜善藏釀跪拜申一脚行
皆走以十月祭天大會其公會衣服皆錦繡金銀以自飾
大加主簿頭所著似幘而無後其小加著折風形如弁其
國無牢獄有罪者則會諸加評議重者便殺之沒入其妻
子其俗好淫男女多相奔誘已嫁娶便稍作送終之衣其
死有椁無棺好葬金銀財幣盡於送死積石為封列植松
栢兄死妻嫂其馬皆小便登山國人尚氣力便弓矢刀矛
有鎧習戰關沃沮東獩皆屬焉晉安帝義熙九年高麗
王高璉遣長史高翼奉表獻赭白馬晉以璉為使持節加
督營州諸軍事征東將軍高麗王樂浪公宋武帝踐祚加

〈南史伯卒九〉二

璉鎮東大將軍餘官並如故三年加璉散騎常侍增督平
州諸軍事必帝景平二年璉遣長史馬婁等來獻方物遣
謁者朱邵伯王邵子等慰勞之元嘉十五年馮弘為魏所
攻敗奔高麗比豊城表求迎接文帝遣使王白駒趙次典
迎之并令高麗資遣璉不欲使南乃遣將孫漱高仇等襲
殺之并軍殺遣使執送白駒等璉以白駒等專殺遣使
白駒等專殺遣使執送之上以遠國不欲違其意白駒等
下獄見原璉每歲遣使十六年文帝欲侵魏詔璉送馬
八百匹延孝武建二年璉遣長史董騰奉表慰國哀再周
并獻方物大明二年又獻肅慎氏楛矢石砮七年詔進璉

為車騎大將軍開府儀同三司餘官並如故明帝泰始後廢
帝元徽中貢獻不絕廢帝並授爵位百餘歲死子雲立齊
隆昌中以為使持節散騎常侍都督營平二州征東大
軍樂浪公梁武帝即位進號車騎大將軍天監七年
撫東大將軍開府儀同三司持節常侍都督王並如故十
一年十五年累遣使貢獻十七年雲死子安普通七年
年安卒子延立遣使貢獻詔以延襲爵中大通四年六年
大同元年七年累奉表獻方物太清二年延
襲延爵位

百濟者其先東夷有三韓國一曰馬韓二曰辰韓三曰弁
韓弁韓辰韓各十二國馬韓有五十四國大國萬餘家小
國數千家摠十餘萬戶百濟即其一也後漸強大兼諸小
國其國本與句麗俱在遼東之東千餘里晉世句麗即畧
有遼東百濟亦據有遼西晉平二郡地矣自置百濟郡
晉義熙十二年以百濟王餘映為使持節都督百濟諸軍事
鎮東大將軍百濟王宋武帝踐祚進號鎮東大將軍少帝景
平二年映遣長史張威詣闕貢獻元嘉二年文帝詔兼謁
者閭丘恩子兼副使丁敬子等往宣旨慰勞其後每歲
遣使奉獻方物七年百濟王餘毗復修貢職以映爵號授

之二十七年毗上書獻方物私假臺使馮野夫西河太守
表求易林式占腰弩文帝並與之毗死子慶代立大
明元年慶遣使求除授詔許之二年慶遣上表言行冠軍將
軍右賢餘紀十一人忠勤並求顯進於是詔並加優進
明帝泰始七年又遣使貢獻慶死立子牟都牟都死立子
大齊永明中除大都督百濟諸軍事鎮東大將軍百濟王
梁天監元年進大號征東將軍尋為高句麗所破衰弱累
年還居南韓地普通二年王餘隆始復遣使奉表稱累破
高麗今始與通好百濟更為強國其年梁武帝詔隆為使
持節都督百濟諸軍事寧東大將軍百濟王五年隆死詔

復以其子明為持節督百濟諸軍事綏東將軍百濟王號
所都城曰固麻謂邑曰檐魯如中國之言郡縣也其國土
有二十二檐魯皆以子弟宗族分據之其人形長衣服潔
淨其國近倭頗有文身者言語服章略與高麗同呼帽曰
冠襦曰複衫袴曰褌其言參諸夏亦秦韓之遺俗云中大
通六年大同七年累遣使獻方物并請涅槃等經義毛詩
博士并工匠畫師等並給之太清三年遣使貢獻及至見
城闕荒毀並號慟涕泣侯景怒囚執之景平乃得還國
新羅其先事詳北史在百濟東南五千餘里其地東濱大
海南北與句麗百濟接魏時曰新盧宋時曰新羅或曰斯

羅其國小不能自通使聘梁普通二年王姓募名泰始使

臨百濟奉獻方物其俗呼城曰健牟羅其邑在內曰啄評

在外曰邑勒亦中國之言郡縣也國有六啄評五十二邑

勒土地肥美宜植五穀多桑麻作縑布服牛乘馬男女有

別其官名有子賁旱支齊旱支壹旱支奇

貝旱支其冠曰遺子禮襦曰尉解袴曰柯半靴曰洗其拜

及行與高麗相類無文字刻木為信語言待百濟而後通

焉

一 南史列傳八十九

五

倭國其先所出及所在事詳北史其官有伊支馬次曰彌

馬獲支次曰奴往覲人種禾稻紵麻蠶桑織績有薑桂橘

椒蘇出黑雉眞珠青玉有獸如牛名山鼠又有大蛇吞此

獸蛇皮堅不可斫其上有孔乍開乍閉時或有光射中而

蛇則死矢物産略與儋耳同地氣溫暖風俗不淫男

女皆露紒富貴者以錦繡雜采為帽似中國胡公頭食飲

用籩豆其死有棺無槨封土作冢人性皆嗜酒俗不知正

歲多壽考或至八九十或至百歲其俗女多男少貴者至

四五妻賤者猶至兩三妻婦人不婬妬無盜竊少諍訟若

犯法輕者沒其妻子重則滅其宗族晉安帝時有倭王讚

遣使朝貢及宋武帝永初二年詔曰倭讚遠誠宜甄可賜

除授文帝元嘉二年讚又遣司馬曹達奉表獻方物讚死

第珍立遣使貢獻自稱使持節都督倭百濟新羅任那秦

韓慕韓六國諸軍事安東大將軍倭國王表求除正詔除

安東將軍倭國王珍又求除正倭隋等十三人平西征虜

冠軍輔國將軍等號詔並聽之二十年倭國王濟遣使奉

獻後以為安東將軍倭國王二十八加使持節都督倭

新羅任那加羅秦韓慕韓六國諸軍事安東將軍倭國如故并

除所上二十三人職濟死世子興遣使貢獻考武大明六

年詔授興安東將軍倭國王興死弟武立自稱使持節都

督倭百濟新羅任那加羅秦韓慕韓七國諸軍事安東大

將軍倭國王順帝昇明二年遣使上表言自昔祖禰躬擐

甲冑跋涉山川不遑寧處東征毛人五十五國西服眾夷

六十六國渡平海北九十五國王道融泰廓土遐畿累葉

朝宗不愆于歲臣雖下愚忝胤先緒驅率所統歸崇天極

道逕百濟裝飾船舫而句麗無道圖欲見

吞臣亡考濟方欲大舉奄喪父兄使垂成之功不獲一簣

今欲練兵申父兄之志竊自假開府儀同三司其餘咸各

假授以勸忠節詔除武使持節都督倭新羅任那加羅秦

韓慕韓六國諸軍事安東大將軍倭王齊建元中除武持節

督倭新羅任那加羅秦韓慕韓六國諸軍事鎮東大將軍

梁武帝即位進武號征東大將軍其南有侏儒國人長四

尺又南有黑齒國裸國去倭四千餘里船行可一年至又

南史列傳六十九

六

羅六

西南萬里有海人身黑眼白裸而醜其肉美行者或射而
食之文身國在倭東北七千餘里人體有文如獸其額上
有三文文直者貴文小者賤土俗歡樂物豐而賤行客不
齎糧有屋宇無城郭國王所居飾以金銀珍麗繞屋為壍
廣一丈實以水銀雨則流于水銀上市用珍寶犯罪者
者則鞭杖犯死罪則置猛獸食之有枉則獸避而不食經
宿則赦之大漢國在文身國東五千餘里無兵士不攻戰
風俗並與文身國同而言語異
桑在大漢國東二萬餘里地在中國之東其土多扶桑木

七

扶桑國者齊永元元年其國有沙門慧深來至荊州說二扶
故以為名扶桑葉似桐初生如筍國人食之實如梨而赤
績其皮為布以為衣亦以為錦作板屋無城郭有文字以
扶桑皮為紙無兵甲不攻戰其國法有南北獄若有犯輕
罪者入南獄重罪者入北獄有赦則放南獄不赦北獄在
北獄者男女相配生男八歲為奴生女九歲為婢犯罪之
身至死不出貴人有罪國人大會坐罪人於坑對之宴飲
分訣若死別焉以灰繞之其一重則一身屏退二重則及
子孫三重者則及七世名國王為乙祁貴人第一者為對
盧第二者為小對盧第三者為納咄沙國王行有鼓角導
從其衣色隨年改易甲乙年青景十年赤戊己年黄庚辛

年白壬癸年黑有牛角甚長以角載物至勝二十斛有馬
車牛車鹿車國人養鹿如中國畜牛以乳為酪有赤棃經
年不壞多蒲桃其地無鐵有銅不貴金銀市無租估其昏
姻法則婿往女家門外作屋晨夕灑掃經年而女不悅即
驅之相悅乃成昏禮大抵與中國同親喪七日不食祖
父母喪五日不食兄弟伯叔姑姊妹三日不食設坐為神
像朝夕拜奠黄不制衰絰國當有喪國王立三年不親國事其俗舊無
佛法宋大明二年罽賓國嘗有比丘五人游行其國流通
佛法經像教令出家風俗遂改慧深又云扶桑東千餘里
有女國容貌端正色甚絜白身體有毛髮長委地至二三

八

月競入水則任娠六七月產子女人胷前無乳頂後生毛
根白毛中有汁以乳子百日能行三四年則成人矣見人
驚避偏畏丈夫食鹹草如禽獸鹹草葉似邪蒿而氣香味
鹹梁天監六年有晉安人度海為風所飄至一島登岸有
人居止則如中國而言語不可曉男則人身而狗頭其聲
如吠其食有小豆其衣如布築土為牆其形圓其戶如竇
云

河南宕昌鄧至武興其本並為羌之地自晉南遷九州
分裂此等諸國地分西番提挈于魏時通江左今採其傳
土編于西戎云

河南王者其先出自鮮卑慕容氏初慕容弈洛干有二子
庶長曰吐谷渾嫡曰廆洛干卒廆嗣位吐谷渾避之西徙
上隴度抱罕出涼州西南至赤水而居之地在河南故以
為號事詳北史其界東至疊川西隣于闐北接高昌東北
通秦嶺方千餘里盖古之流沙地為之草木少水潦四時
恒有冰雪唯六七月雨雹甚盛若晴則風飄沙礫常蔽光
景其地有麥無穀有青海方數百里有屋宇雜以百子帳即穹
土人謂之龍種故其國多善馬有屋宇雜以百子帳即穹
廬也著小袖袍小口袴大頭長裙帽女子被髮為辮其後
吐谷渾孫葉廷頗識書記自謂曾祖弈洛干始封昌黎公
吾盖公孫之子也禮以王父字為氏因姓吐谷渾亦為國
號至其末孫阿豺始通江左受官爵第弟子慕延宋元嘉末
又自號河南王慕延死從弟拾寅立乃用書契起城池筑
宮殿其小王並立宅國中有佛法拾寅死子度易侯立易
侯死子休留代立齊永明中以代為使持節都督西秦河
沙三州鎮西將軍護羌校尉西秦河二州刺史梁興進代
為征西將軍代死子休運籌襲爵位天監十三年遣使獻
金裝馬腦鍾二口又表於益州立九層佛寺詔許焉十五
年又遣使獻赤舞龍駒及方物其使或歲再三至或再歲
一至其地與益州隣常通商賈普通元年又奉表獻方物

籌死子阿羅真立大通三年詔以為寧西將軍護羌校尉
西秦河二州刺史真死子佛輔襲爵位其世子又遣使獻
白龍駒於皇太子
宕昌國在河南國之東益州之西北隴西之地西羌種也
宋孝武世其王梁瑾忽始獻方物梁天監四年王梁彌博
來獻甘草當歸詔以為使持節都督河涼二州諸軍事安
西將軍東羌校尉河涼二州刺史隴西公宕昌王佩以金
章彌博死子彌泰立大同七年復策授以父爵位其衣服
風俗與河南略同
鄧至國居西涼州界羌別種也世號持節平北將軍西涼
州刺史宋文帝時王象舄遣使獻馬梁天監元年詔以
鄧至王象舄為督西涼州諸軍事進號安北將軍五年
舒彭遣使獻黃者四百斤馬四疋其俗呼帽曰突何其衣
服與宕昌同
武興國本仇池楊難當自立為秦王宋文帝遣裴方明討
之難當奔魏其兄子文德聚眾蕩宋因授以爵位魏
又攻之文德立以弟文洪為白水太守武興又復悠蕩蘆
第文度立以弟文洪為白水太守武興又自復悠蕩蘆
王武興之國自於此矣難當族弟廣香又攻殺文度自立
為陰平王萐蘆頭主死子泉立泉死子崇祖立崇祖死子

孟孫立齊永明中魏南梁州剌史仇池公揚靈珍據汜功
山歸齊齊武帝以靈珍爲北梁州剌史仇池公文洪死以
族人集始爲北秦州剌史武都王梁天監初以集始爲持
節都督秦雍二州諸軍事輔國將軍平羌校尉北秦州剌
史武都王梁天監初以集始爲假節督沙州諸軍事
平羌校尉王靈珍爲冠軍將軍北雍州剌史羌王集始死子紹先襲爵世二年
以靈珍爲持節隴右諸軍事左將軍北涼州剌史仇池
紹先死子智慧立大同元年剋復漢中智慧遣使上表求
率四千戶歸梁詔許焉郎以爲東益州其國東連秦嶺西

知書疏種桑麻出紬絹布涤蠟椒等山出銅鐵
突騎帽長身小袖袍小口袴皮鞾地植九穀婚姻備六禮
接宕昌其大姓有符氏姜氏梁氏言語與中國同著烏皁
書云蠻夷猾夏其作梗也巳舊又于宋之方盛蓋亦屢興
戍役豈詩所謂蠢爾蠻荊大邦爲讎者乎今亦編錄以備
諸蠻云爾

荊雍州蠻盤瓠之後也種落布在諸郡縣宋時因晉於荊
州置南蠻雍州置寧蠻校尉以領之孝武初罷南蠻併大
府而寧蠻如故蠻之順附者一戶輸穀數斛其餘無雜調
而宋人賦役嚴苦貧者不復堪命多逃士入蠻蠻無搖穆

強者又不供官稅結黨連郡動有數百千人州郡力弱則
起爲盜賊種類稍多戶口不可知也所在多深險居武陵
者有雄溪樠溪辰溪酉溪武溪謂之五溪蠻而宜都天門
巴東建平江北諸蠻所居皆溱山重阻人跡罕至焉前
世以來屢爲人患宋文帝元嘉六年建平蠻張雕等一百
二十三人詣闕上獻
十八年臣都蠻田向求等爲寇破漊中屬掠百姓詣其
蠻不堪命十八年蠻田生等一百二十三人詣闕上獻
後漊中蠻動行旅殆絕天門漊中令宋矯之徭賦過重
州剌史衡陽王義季遣行參軍曾孫念討之免矯之官

道產亡蠻又反叛至孝武出爲雍州臺遣軍主
沈慶之連年討蠻所向皆平事在慶之傳二十八年正月
南譙王義宣遣中兵參軍王諶討破之先是雍州剌史
道產善撫諸蠻前後不附者皆引出平土多緣沔爲居及
二十年南郡臨沮當陽蠻反繞臨沮公傳僧驛荊州剌史
韶又遣二千人係之蠻乃散走其歲沔水諸蠻因險爲寇
龍山雉水蠻寇鈔涅陽縣南陽太守朱韶道軍討之失利
雍州剌史隨王誕道使說之又道軍討沔北諸蠻襲濁山
如口蜀松二柴剋之又圍斗錢柏義諸柴蠻悉力距戰軍
大破之孝武大明中建平蠻向光侯寇暴峽川巴東太守

王濟荊州刺史朱脩之遣軍討之光侯走清江清江去巴
東千餘里時巴東建平宜都天門四郡蠻為寇諸郡人戶
流散百不存一明帝順帝世九其荊州為蠻所虜竟云
豫州蠻栗君後也盤瓠稟君事並其前史西陽有巴水蠻
水希水赤水歸水等之五水蠻所在並深岨種落熾
盛歷世為盜賊北接淮汝南極江漢地方數千里宋元嘉
二十八年西陽蠻殺南川令劉臺二十九年新蔡蠻破大
雷戍虜公私船入湖有大命司馬黑石逃在蠻中共為寇
文帝遣太子步兵校尉沈慶之討之孝武大明四年又遣
慶之討西陽蠻大克樓而發司馬黑石徒黨二人其一名
智黑石號曰太公以為謀主一人名安陽虤謙王一人名
續之號梁王蠻文山羅等討禽續之為蠻世財所篡山羅
等相率斬世財父子六人豫州刺史王玄謨遣殿中將軍
郭元封封慰勞諸蠻使於壽陽斬之明帝初即位四方反叛
敗於鵲尾西陽蠻田益之田義之成邪財田光興等起義
攻郢州剋之以益之為輔國將軍都統四山軍事又以蠻
戶立宋安光城二郡以義之為宋安太守光興為光城太
守封益之邊城縣王成邪財陽城縣王成邪財死子婆思襲
爵云

玉門以西達于西海考之漢史通為西域高昌起子波斯
則其所也自晉以還雖有時而至論其風土甚未能詳
今畧備西域諸國編之于次云
高昌國初闞氏為主其後為河西王沮渠茂虔弟無諱襲
破之其王闞爽奔子蠕蠕無諱據之稱王一世而滅於魏
督晉泰州諸軍事秦州刺史西平郡公開府儀同三司高昌王
其國人推麴氏為主名嘉魏授使持節驃騎大將軍散騎
常侍都督瓜州諸軍事西平郡公開府儀同三司高昌王在位二十四年卒國
諡曰昭武王闞爽子堅堅嗣位親授使持節驃騎
國盖車師之故地南接河南東近敦煌西次龜玆北隣敕
勒置四十六鎮交河地高昌臨川橫截柳婆洿林新興
寧由始昌篤進白刃等鎮官有四鎮將軍及置雜號將軍
長史司馬門下校郎中兵郎通事令史諸子
諫議校尉主簿國人言語與華略同有五經歷代史諸子
集面貌類高麗辮髪垂之於背著長身小袖袍縵襠袴女
子頭髮辮而不垂著錦纈纓絡環釧
爆築土為城架木為屋土覆其上寒暑與益州相似備植
九穀人多噉麵及羊牛肉出良馬蒲桃酒石鹽多草木有
草實如繭繭中絲如細纑名曰白疊子國人取織以為布
布甚軟白交市用焉有朝烏者日旦集王殿前為行列不

畏人日出然後散去采大同中子堅遣使獻塗毦附枕蒲桃
良馬氍氀等物

滑國者車師之別種也漢永建元年八滑從班勇擊北虜
有功勇上八滑為後部親漢侯自魏晉以來不通中國至
梁天監十五年其王厭帶夷栗陁始遣使獻方物普通元
年遣使獻黃師子白貂裘波斯錦等物七年又奉表貢獻
親之居代都滑猶為小國屬波斯後稍強大征其旁國波
斯般盤厭噠附貢為著龜茲疏勒姑墨于闐句般等國開地
千餘里土地溫暖多山川少樹木有五穀國人以麵及羊
肉為糧其獸有師子兩腳駱駝野驢有角人皆善騎射著

【南史列傳六十九】　十五　伯夷

小袖長身袍用金玉為帶女人被表頭上刻木為角長六
尺以金銀飾之少女子兄弟共妻無城郭氈屋為居東向
開戶其王坐金牀隨太歲轉與妻並坐接客無文字以木
為契與旁國通則使旁國胡為胡書羊皮為紙無職官事
天神火神每日則出戶祀神而後食其跪一拜而止葬以
木為槨父母死其子截一耳葬訖即吉其言語待河南人
譯然後通

呵跋檀周古柯鏺丹等國並滑旁小國也凡滑旁之國
衣服容貌皆與滑同普通元年使使隨滑使來貢獻方物

白題國王姓支名史稽毅其先蓋匈奴之別種胡也漢灌

嬰與匈奴戰斬白題騎一人是也在滑國東去滑六日行
西極波斯土地出粟麥瓜果食物略與滑同普通三年遣
使獻方物

龜茲西域之舊國也自晉度江不通至梁普通二年王
尼瑞摩珠那勝遣使奉表貢獻

于闐者西域之舊國也梁天監九年始通江左遣使獻方
物十三年又獻波羅婆步鄣梁天監十八年又獻瑠璃罌大同七
年又獻外國刻玉佛

渴盤陁國于闐西小國也西隣滑國南接罽賓國北連沙
勒國都在山谷中城周回十餘里國有十二城風俗與于

【南史列傳六十九】　十六　建

闐相類衣古貝布著長身小袖袍小口袴地宜小麥資以
為糧多牛馬駱駝羊等出好罽王姓葛沙氏梁中大同七
年始通江左遣獻方物

末國漢世且末國也勝兵萬餘戶北與丁零東與白題西
與波斯接土人剪髮著氈帽小袖衣為衫則開頸而縫前
多牛羊驢騾其王安末深盤梁普通五年始通江左遣使
來貢獻

波斯國其先有波斯匿王者子孫以王父字為氏因為國
號國有城周回三十二里城高四丈皆有樓觀城內屋宇
數百千閒城外佛寺二三百所西去城十五里有土山山

非過南其數連接甚遠中有薪馬喙牟土人極以為患國
中有偃鉢曇花鮮華可愛出龍駒馬鹹地生珊瑚樹長一
二尺亦有武魄馬腦真珠玫瑰等國內不以為珍市買用
金銀昏姻法下婢財訖女壻衆數十人迎婦壻挼手付庚夫
袍師子錦袴戴天冠婦亦如之婦兄弟便來挼手付庚夫金線錦
婦之禮於姦南車國俱與婆羅門國比與泛慄國
接梁中大通二年始通江左遣使獻佛牙

北狄種類寔繁蠕蠕為族蓋匈奴之別種也魏自南遷因
擅其地故無城郭隨水草畜牧以穹廬居辮髮長衣錦小袖
袍小口袴深雍聲其地苦寒七月流澌亘河宋昇明中遣

王洪軌使焉引之共謀魏齊建元三年洪軌始至是歲通
使求并力攻魏其相國刑基祇羅回表言京房讖云勿金
卒草蕭應王歷觀圖緯代宋者乃文獻師子皮袴褶其國
後稍侵弱求明中為一零所破更為小國而移其居梁天
監十四年遣使獻馬貌來並通元年又遣使獻力物是後
數歲一至焉大同七年又獻馬一疋金一斤其國能以術
祭天而致風雲前對皎日後則泥潦橫流故其戰敗莫能
追及或於中夏為之則不能兩閧其故盖以晒云
論曰自晉氏南度介居江左北荒西裔偶碣莫通至於南
徼東邊界壤所接洎宋元嘉撫運姜命千戈象浦之絕威

覆冥海於是親譯相係無絕歲時以洎亦梁職貢有序及
侯景之乱郵曰感陳氏基命衰微已甚救首救尾身其
幾何故西書南琛無聞竹素豈所謂有德則來無道則去
者也

列傳第六十九

列傳第七十

賊臣

　侯景　　王偉
　熊曇朗　周迪
　留異　　陳寶應

南史八十

李延壽

侯景字萬景，魏之懷朔鎮人也。少而不事産業，魏末北方大亂，乃事邊將爾朱榮，甚見器重。初學兵法於榮，以驍勇聞，後以軍功為定州刺史。始魏相高歡微時，與景甚相友好，及歡誅爾朱氏，景以衆降，仍為歡用，稍至吏部尚書，非其好也。每獨曰：何當離此及故紙邪。尋封濮陽郡公。歡之敗於沙苑，景謂歡曰：宇文泰特於戰勝，念必致急，請以數千勁騎至關中取之。歡以告其妃，妃曰：彼若得泰亦不歸，得泰失景，於歡何益。以此後歡乃止，後為河南道大行臺，位司徒。又言於歡曰：得泰請兵三萬，橫行天下，要須濟江縛取蕭衍老公乃。太平寺主歡壯其言，使擁兵十萬。景所在唯以智謀制河南諸半體，寶右足短，弓馬非其長，所在唯以智謀制。昂彭樂皆雄勇冠時，唯景常輕之，言以家突亦勢何所至。及將鎮河南，請辭歡曰：今握兵在遠，數人易生詐偽，大王

若賜以書請異於他者許之，每與景書別加微點，雖子弟弗之知。以及歡疾篤，其世子澄矯書召之，景知偽懼禍，因用王偉計，許以太清元年二月，遣其行臺郎中丁和上表求降。帝召群臣議之，尚書僕射謝舉等皆議納景。景郎中丁不從。初帝以是歲正月乙卯，於善言殿讀佛經，因謂左右黃慧弼曰：我昨夢天下太平，乙卯其識之。又至校景急乃求正月乙卯日，定計帝由是納之。於是封景河南王大將軍，使持節董督河南北諸軍事大行臺承制，如鄧禹故事。高澄嗣事，為勃海王，遣其將慕容紹宗圍景於長社，景社東荊北割魯陽長社東荊北兗，請救於西魏，魏遣五城王元慶等率兵救之。紹宗乃退，景復請兵於司州刺史羊鴉仁。鴉仁遣長史鄧鴻率五至汝水，元要軍夜遁，鴉仁乃據懸瓠。景將蔡道遵北歸，言景有悔過志，高澄以為信然，乃以書喻景，若還許以豫州刺史，終其身所部文武更不追攝，闔門無恙，并還寵妻愛子。景報書不從，澄知景無歸志，乃遣軍相繼討景。東魏以貞陽侯蕭明為都督，敗見俘，紹宗攻州刺史郭鳳棄城走。景乃遣其行臺左丞王偉左戶郎中王則詣闕獻策，請度江，許即位以秉輿之副資給之。高澄又貞為戲陽王須度江，許即位以秉輿之副資給之。高澄又元氏子弟立為魏主，詔遣太子舍人元

遝蘇谷紹宗追景景退保渦陽使謂紹宗曰欲送客邪將
定雄雌邪紹宗曰決戰遝順風以陣景閉壘以陣士皆
紹宗曰景多詭好乘人背使備之果如其言景命戰士皆
被短甲短刀俱偃視斫人脛馬足遝敗紹宗軍裨將斛律
光先之紹宗曰吾戰多矣未見此賊之難也爾其當之光
被甲將出紹宗曰勿度渦水既而又為景敗紹宗謂
曰定何如也比人不樂南度其將暴顯等各率所部降紹宗
皆信之紹宗遙謂曰爾等家並完乃被髮向北斗以誓之
景軍潰散喪甲士四萬人馬四千匹輜重萬餘兩乃與腹
心數騎自硤石濟淮稍收散卒得馬步八百人南過小城
人登陴詬之曰跛腳奴何為邪景怒破城殺言者而去盡
夜兼行追軍不敢過使謂紹宗曰景若就禽公復何用紹
宗乃縱之既而莫適所歸馬頭戍主劉神茂者為韋黯所
不容因是踏馬乃馳謂景曰壽陽去此不遠城池險固可
黯是監州耳王若次近郊必郊迎而執之可以集事得
城之後徐以啓聞朝廷喜王南歸必不責也景執其手曰
天教也乃及至而黯授甲景登陴景謂神茂曰事不諧笑對曰
黯懦而寡智可說下也乃遣豫州司馬徐思王夜入說之
黯乃開門納景景執黯數將斬之久而見釋乃遣于子悅

馳以敗聞自求貶削優詔不許復求資給即授南豫州刺
史本官如故帝以景兵新破未忍移易故以鄱陽王範為
合州刺史即鎮合肥魏人攻懸瓠魏帥召公卿謀之張舘朱
雜歸義陽魏人入懸瓠求和親帝求以貞陽侯換
異咸請許之景聞未之信乃偽作鄴人書求以貞陽侯歸
景帝將許之舍人傅岐曰侯景以窮歸我之不祥且百
知兵老公薄心腸又請要於王謝門高弗偶
力耳帝從之後書曰貞陽旦至侯景夕反景謂左右曰我
戰之餘寧肯束手受斃乃啟謝舉朱异貞陽侯曰曾將吳兒女以配奴王偉曰
可於朱張以下訪之景患曰
今坐聽亦死舉大事亦死王其圖之於是遂懷反計屬城
居人悉占募為軍士輒停責市估及田租百雜朱异議以御府
配將士又啓求錦萬定為軍人袍中領軍朱异議以御
錦署止充領責不容以供邊用請送青布以給之又以臺
所給仗多不能精啓請東冶鍛工欲更啓造敕並給之景
自渦陽敗後多所徵求朝廷含弘未嘗拒絕是時貞陽侯
明遣使還求述魏人請追前好許放之還武帝覽之流沸
乃報明啓當別遣行人帝亦欲息兵乃與魏和通景聞之
懼馳啓固諫帝不從爾後表疏跋扈言辭不遜又聞遺伏
挺徐陵便魏不知所為元貞知景異志累啓還朝景謂曰

将定江南何不少思員益懼令還建鄴具以事聞景又徵
司州刺史羊鴉仁同迎鴉仁錄送其使侍郎陽王範鎮合
肥及鴉仁俱啓稱景有異志朱异曰侯景數百叛虜何
能爲役並抑不奏聞景所以益得逞其上言曰高澄狡
滑寧可全信陛下納其詭語求與連和臣亦竊所笑也
帝使朱异宣語令曰譬如貧家畜十客五客尚能得
意朕唯有一客致有急言亦是朕之失也景又知臨賀王
謀學甚粉骨換命闕門請乞江西一境受臣控督如其不
許即領甲臨江上向闕越非唯朝廷自恥亦是三公旰食
行年四十有六未聞江左有姦邪之臣一旦入朝乃致踖

正德怨望朝廷密令要結正德許爲内督二年八月景遂
發兵反於譙州城内集其將帥登壇歃血是日地大震於
是以誅中領軍朱异少府卿徐驎太子左率陸驗制局監
周石珍爲辭以爲姦臣亂政請帶甲入朝先攻馬頭木柵
執太守劉神茂主曹珍等武帝聞之笑曰是何能爲吾
以折筆笞之乃敕斬景者不問南北人同賞以絹布
一州刺史其人主帥欲還北不須州者賞以絹布二萬以
禮發遣於是詔合州刺史鄱陽王範爲南道都督北徐州
刺史封山侯正表爲北道都督司州刺史柳仲禮爲西道
都督通直散騎常侍裴之高爲東道都督同討景濟自歷

陽又令侍中開府儀同三司邵陵王綸持節董督衆軍景
聞之謀於王偉偉曰莫若直掩楊都臨賀及其内大王攻
其外天下不足定也王偉偉曰莫若直掩楊都臨賀及其内大王攻
不然郢陵又入九月景發壽春城出軍僞同游獵人不覺也留爲
中軍大都督王顯守壽春進攻廬陽太守莊鐵鐵遣
弟均迎景所景營戰沒鐵母愛其子勸鐵降景拜其母鐵乃
助防董紹先率兵三十巡江謁防景云游獵人不覺也留爲
令王質水軍三千巡江謁防景云游獵人不覺也留爲
次啓聞朱异尚曰景必無度江志蕭正德先遣大船數十

艘偽載荻實濟景至江將度慮顏爲梗俄而質被
追爲丹楊君無故自退景聞未之信乃密遣覘之謂使者
質若退折江東樹枝爲驎覘人如言而返景大喜曰吾事
辦矣乃自採石濟馬數百疋兵八千人都下弗之覺景出
分龍姑熟執淮南太守文成侯寧遂至慈湖南津校尉江
子一奔還建鄴皇太子見事急面啓武帝曰請以事垂
付願不勞聖心擾亂相劫不俊通於是詔以楊州刺史宣城
省指授内外諸軍事都官尚書羊侃爲軍師將軍
王大器爲都督城内外諸軍事都官尚書羊侃爲軍師將軍
以副焉遣南浦侯持守東府城西豐公大春守石頭輕車

長史謝禧守白下既而景至朱雀航遣徐思玉入啟乞帶
甲入朝除君側之惡請遣了事舍人賀寶亮隨思王往勞之
中盛實帝遣中書舍人賀寶亮出相領解實欲觀城
于板橋景面受勑何以爲之舉何以爲名景既出
帝也王偉進曰朱异徐驎詔顯亂政欲除姦臣耳景欲出
楊郡至是舉所部與景合建康令庾信率兵千餘人屯航
比及景至徹航始除一舫見賊軍甚美鐵面遂棄軍走南
惡言留季不遣賓亮遶宮先是大同中童謠曰青絲白馬
壽陽來景渦陽之敗求錦朝廷所給青布及是皆用爲袍
采色尚青景乘白馬青絲爲轡欲以應謠蕭正德先屯丹

塘游軍復閈航度景皇太子以所乘東馬授王賀配精兵二
千使接庾信頊至領軍府與賊遇未陣使奔景至闕
下西豐公大春棄石頭城走景道其儀同于子悅擾之謝
禧亦棄白下城走景遣百道攻城縱火燒大司馬東西華
諸門亦有備乃鼙門樓下水決火之方滅賊
又斫東掖門將入羊偘鼙門別剝殺人賊乃退又登東宮
牆射城內一皆灰燼先是簡文夢有人畫作秦始皇云此人
數百厨一旦灰燼先是簡文出燒東宮臺殿遂盡所聚圖籍
復於書至是而驗景又燒城西馬廄士林館太府寺明日
景文作木驢數百攻城上擲以石並皆碎破賊又作尖頂木

驢狀似樓石不能破乃作雉尾炬灌以膏蠟叢下焚之賊
既不剋士卒死者甚多乃止攻綦長圍以絕內外又啟求
誅朱异陸驎周石珍等城內亦射賞格出外有能斬
景首者授以景位並錢一億萬布絹各萬足女樂二部莊鐵
乃奔歷陽紿言景已泉首景城守郭駱懼華城走壽陽鐵
得入城遂奔壽陽十一月景立蕭正德爲帝即僞位居於
儀賢堂改年曰正德卒當平之初童謠有正平之言故立號以應之
識者以爲正德卒當平也景自爲相國天柱將軍正德
以女妻之景又攻東府城設百尺樓車鉤城堞盡落城陷
景使其儀同盧暉略率數十人持長刀夾城門悉驅城內

文武俾身而出使交兵殺之死者三千餘人南浦侯推是
日遇害景使正德子見理及暉略守東府城初景至都便
唱云武帝已要駕雖登城陸驎諫曰陛下萬乘之重豈可輕
上輿駕巡城上將登城陸驎諫曰陛下萬乘之重豈可輕
脫因立下帝深感其言乃幸太極殿上聞蹀躞聲皆鼓
譟軍人莫不屑涕百姓乃安景於城東西各起土山以
臨城城內亦作兩山以應之簡文以下皆親負擔初景至
便望剋定建鄴號令甚明不犯百姓既攻不下人心離沮
又恐援軍總集衆必潰散乃縱兵殺掠交尸塞路富室豪家
家恣意裒剝子女妻妾悉入軍營又募北人先爲奴者逹

今自拔賞以不次及朱异家顯奴乃與其僑踰城投賊景以
為儀同使至闕下以誘城內兼馬披錦袍詬曰朱异五十
年仕官方得中領軍我始事侯王已為儀同於是貴賤競
出盡皆得志景食石頭常平倉既盡便掠君人爾後求一
升七八萬錢人相食有食其子者又築土山不限貴賤晝
夜不息加歐捶疲羸者因殺以填山號哭之聲動天地
百姓不敢藏隱並出從之旬日間眾至數萬景儀同范桃
棒密貪重賞求以甲士二千人來降以景首應購遣文德
主帥前自馬游軍主陳昕夜踰城入密啟言狀簡文以啟
上上大悅使報桃棒事定許封河南王鑄銀券以與之簡
文恐其詐猶豫不決上怒曰受降常理何忽致疑朱异傳
歧同請納之簡文曰吾即堅城自守所望外援若至
賊豈足平今若開門以納桃棒之意尚且難知一旦
傾危悔無及矣桃棒又曰今止將所領五百餘人若至城
門自皆脫甲乞朝廷容事濟之時保禽侯景簡文見其
言愈疑之朱异以手搥胸曰今年社稷去矣俄而桃棒軍
人魚伯和告景竝烹之至是邵陵王綸率西豐公大春新
淦公大成永安侯確南安鄉侯駿前譙州刺史趙伯超武
州刺史安蕭弄璋步兵校尉丑思合等馬步二萬發自京口
直擄鐘山景黨大駭咸欲逃散分遣萬餘人拒戰綸大敗

之於愛敬寺下景初聞綸至懼形於色及敗軍還尤言其
盛愈恐命具舟石頭將北濟任約所去鄉萬里走欲何之
戰若不捷君臣同死草間乞活約所不為景走回軍子仙
守若百將銳卒竝論陣於覆舟山北與綸相持乃留宋子仙
還南安侯駿率仍馬走眾十騎前走景軍前亂逐敗績奔京於
玄武湖北見駿退司馬仍率軍前走景回軍前亂逐敗績奔京於
口賊執西豐公大春綸司馬莊立慧達直閤將軍尋至語未卒賊
陵令霍儁等來送城下逼令云王
小失利已全軍景義而釋焉正德乃收而害之是日都陽世
子嗣裝之高至後諸結管子蔡洲景公分軍屯南岸十二月
景造諸攻具及飛樓橦車登城車鉤堞車階道車火車竝
高數丈車至二十輪陳於闕前百道攻城以火燃城東南
隅大樓因火勢以攻城城上縱火燒其攻具賊乃退是
時景土山成城內土山亦成以太府卿韋黯守西土山左
衛將軍抑津守東土山山起芙蓉層樓高四丈飾以錦罽
捍以為笙山峯相近募敢死士厚衣袍鎧名曰僧騰客配
二山交掊以戰鼓叫沸騰喧旦不息土山攻戰既苦人不
堪命柳津命作地道毀外山獺雜尾炬燒其櫓堞外山崩
壓賊且盡賊又作蝦蟇車運土石填漸戰士外之樓車四

面立至城肉飛石碎其軍賊死積於城下賊又搖城東南
角城內作迁城形如却月以捍之賊乃退村官將軍宋嶷
降賊因為立計引玄武湖水灌臺城闕前御街並為洪波
矢又燒南岸邵陵太守陳文徹宣猛將軍李欽等皆來赴
援邵陽苑南立緣淮造柵陳文徹李欽屯丹楊郡邵陽世子
高營南苑畺黎營畺未合慶兵擊之黎敗景斬黎首徇城
嗣營小航南立緣淮造柵及旦景方覺乃登禪靈寺門樓
以望之見黎營畺未合慶兵擊之黎敗景斬黎首徇城
下柳仲禮聞黎敗不遑貫甲與數十人赴之遇賊斬首數

百仍投水死者千餘人仲禮深入馬陷泥亦被重創自是
賊不敢濟岸邵陵王綸又與臨城公大連等自東道集于
南岸荊州刺史湘東王繹遣世子方等兼司馬吳曄天門
太守樊文皎赴援營于洲前高州刺史李遷仕前司
州刺史羊鴉仁李遷仕又率兵繼至既而邵陽世子嗣求
羊鴉仁李遷仕樊文皎率眾度淮攻破賊東府城前柵逐
營于青溪水東景遣其儀同宋子仙緣水西立柵以相拒
食稍盡人相食者十五六初援兵至北岸眾號百萬營
姓扶老攜幼以候王師繞過淮便競剝掠徵責金銀列營
而立互相疑貳邵陵王綸柳仲禮其於讎敵臨城公大連

求安侯確逾於水火無有關心賊黨有欲自拔者聞之咸
止賊之始至城中繞得固守平蕩之軍期望接軍既而
外斷絕有羊車兒獻計作紙鴟繫以長繩敕救於中書
出太極殿前西北風急如此其苑急如此其時城中圍逼羣賊騎之謂是
勝之術又射下之其苑急如此其時城中藏錢帛五十億
頃絕簡文上厨猶有一肉之膳軍士煮弩煮鼠捕雀食之
殿堂舊多鴿羣聚至是亦取盡所蓄募至是乃壞尚書省為
萬並聚德陽堂魚鹽禾味酸鹹
薪撤蒨剪以餉馬盡又食之既御其露厨有乾苔味酸鹹
男女貴賊並出負米得四萬斛收諸府藏錢帛五十億

分給戰士軍人嘗馬於敵省閭闔之雜以人肉食者必病
賊又置毒於水竇及井甚稍行腫滿之疾城中疫死者太半
初景之未度江也人咸以為讖至是帝飾智
驚馬將為具耿不是禍敗不能復戰東城為援軍所斷且
時景軍亦飢不甘如陳南人咸以為讖又言帝飾智
聞湘東王下荊州立彭城劉遜乃說景曰大軍頻以
攻城不拔今眾軍雲集未易可破如閉軍糧不支一月運
路絕野無所掠願掣上信任於未若乞和全師而
友景乃與王偉言遣使約至城北拜表為降以河南自效
帝曰善不死而已嘗有異議言賊凶逆多詐此言云何可

信既而城中日蹙簡文乃請武帝曰侯景圍逼既無勤王
之師今欲許和更思後計帝大怒曰和不如死簡文曰
下之盟乃欲取笑千載乃聽焉景請割江右四州地弁求
宣城王大器出送然後解圍濟江仍許遣其儀同于子悅
左丞王偉入城為質中領軍傳岐議以宣城王嫡嗣之重
有輕言者請斬匄訖乃遣尚書僕射王克兼侍中上甲鄉矦韶兼
散騎常侍蕭瑳與子子悅王偉等登壇共盟右衛將軍柳
津出西華門下景出其柵門與津遙相對刑牲歃血南苑

州刺史南康嗣王會理前青冀二州刺史湘潭矦退西昌
矦世子或率衆三萬至于焉即洲景慮北軍並進江潭苑景又
斷其江路請悉勤彀南岸敕乃遣北軍並進江潭苑景又
啓稱求安矦趙威方頻悤柵訖云天子自與兩盟我終
當逐汝乞召入城即進發敕立召之景遽運東城米于石
頭食乃足又啓云西岸信至高澄已得壽鍾離即以奉朝廷時
安足權借廣陵譙州須征得壽春鍾離前信州
荊州刺史桂陽王慥頓江津立未之進既而有敕班師湘東王
刺史湘東王繹師于武成河東王譽次巴陵前信州
欲旋中記室參軍蕭賁曰景以人臣舉兵向闕今若放兵

未及度江童子能斬之必不為也大王以十萬之師未見
賊而退若何湘東王不悅旬日貢曰鯁骨鯁士也每恨湘東不入援
因與王襲六食子未下貢曰殿下都無下意王深為感遂
中死疾轉多當有難之者既却湘東王等兵又得城東之
米王偉且說王以人臣舉兵背叛圍守宮闕已盈十
旬逼遷身妃主陵籍宗廟令日持此何慶容身觀變景
然之乃表陳武帝十失三年三月丙辰朔城內於太極殿
前設壇謂使兼太宰尚書僕射王克等告天地神祇以景通
盟舉烽鼓譟初城圍之日男女十餘萬貫甲者三萬至是

疾疫且盡守埤者止二三千人並悉羸懦橫屍滿路無人
埋瘞瘡痍膿血重數里爛汁蒲溝洫於是羊鵶仁柳仲禮都陽
世子嗣進軍於東府城北柵口幽未立為景將宋子仙所敗
送首級於闕下景又遣于子悅乞城內遣御史中丞沈浚
至景所無去意浚因責之景大怒即決石闕前水百道攻
城書夜不息丁卯邵陵王世子堅帳內白雲朝董勲華
於城西北樓納賊五鼓賊四面飛梯衆悉上景乃先使
王偉儀同陳慶入殿陳謝曰臣既與高氏有隙所以入朝而
其兄堅力戰不能却乃還見文德殿言狀須更安矦確與
王慥不蒙為義所以入朝而姦侯懾誅深見摧拒連兵多

日罪合萬誅武帝曰景今何在可召來景又朝以甲士五
百人自衛帶劍升殿拜訖帝曰景神色不變使引向三公榻坐
謂曰卿在戎日久無乃為勞景默然又問初度江有幾人景曰
至此又不對其從者任約代對又問初渡江有幾人景曰
千人圍臺城有幾人曰十萬今有幾人景曰率土之內莫非
見亦無懼色初簡文寒夕詩云雪花無有帶冰鏡不安臺
難矢刃交下而意了無怖今見簡文于永福省簡文坐與相
敵矢刃交下而意了無怖今見蕭公使人自憎豈非天威
又詠月云飛輪了無轍明鏡不安臺後人以為詩讖謂無
帶者是無帝不安臺若臺城不安輪無轍者以邵陵名綸
空有赴蹈名也既而景屯兵西州使偽儀同陳慶以甲防
太極殿悉閉掠秉輿服玩後宮嬪妾收王侯朝士送永福
省撤二宮侍衛使王偉守武德殿于悦屯太極東堂矯
詔大赦自為大都督都督中外諸軍錄尚書事其待中使
持節大丞相王如故先是城中積屍不暇埋瘞又有已死
未斂或將死未絕景悉令聚而焚之宛轉火中臭聞十餘里而有已死
矯詔征鎮牧守各復本位於是諸軍並散降蕭正德為侍
中大司馬百官皆復其職帝雖外迹不屈而意猶怏怏景

欲以宋子仙為司空帝曰調和陰陽豈在此物景又請以
文德主帥鄧仲為城門校尉帝曰不置此官簡文重入奏
帝怒曰誰令汝來景聞亦不敢復遇五月感疾餤崩于文德殿景
祕不發喪權殯于昭陽殿自外文武咸莫之知二十餘日
然後升梓宮於太極前殿迎簡文即位及葬脩陵使侍士
以大釘於要地釘之欲令後世絕滅矯詔赦北人為奴婢
者其收其力用焉時東楊州刺史臨城公大連據州吳興
太守張嵊據郡自南陵以上並各據守景制命所行唯吳
郡以西南陵以北而已六月景乃殺蕭正德於永福省封
元羅為西秦王元景襲為陳留王諸元子第封王者十餘
人以柳仲禮為使持節大都督大丞相參戎事十一月
百濟使至見城邑丘墟於端門外號泣行路見者莫不灑
泣景聞大怒收小莊嚴寺部胡禄鼓吹置左右長史
矯詔自加班劍四十人給前後部羽葆鼓吹置左右長史
從事中郎四人三月甲申景諸簡文樂游苑帳飲
三日其逆賞咸以妻子自隨皇太子以下班令馬射箭中
者賞以金銀里日向晨簡文還宮景拜伏苦請簡文不從
及發景即與溧陽主共據御牀南面並坐羣臣文武列坐
侍宴四月辛卯景又召簡文幸西州簡文御素輦侍衛四

14-836

百餘人景衆數千浴鐵翼衛簡文至西州曷等逆拜上冠
下屢白紗帽服白布襦褲景服紫綃襦上加金帶帶與其儀
儀同陳慶索超世等西向坐溧陽王與其毋范淑妃東向
坐上聞絲竹悽然下泣景謝曰陛下何不樂上為之咲曰
丞相言索超世聞此以為何聲景曰臣且不知豈獨世
上乃命景起僃景即下席應弦而歌上顧命淑妃淑妃固
辭乃止命景又上禮遂過上起僃酒景散上抱景上為咲
我念丞相悉世若景曰陛下不念臣臣何至此上索筆蹄曰
為公講命景離席使其嘗經間超世何經最小超世曰我
唯觀世音即唱爾時無盡意菩薩上大咲夜乃罷時

江南大饑江揚彌甚旱蝗相係年穀不登百姓流亡死者
涂地父子攜手共入江湖或第兄相要俱緣山岳菱實荇
花所在皆盡草根木葉為之凋殘雖假命須臾亦終死山
澤其絕粒父者鳥面鵠形俯伏牀帷不出戶僃者莫不衣
羅綺懷金玉交相枕藉待命聽終於是千里絕烟人跡罕
見白骨成聚如丘隴焉而景虐於用刑酷忍無道於石頭
立大春碓有犯法者搗殺之東陽人李瞻起兵為賊所執
送詣建鄴景先出之市中斷其手足刻析心腹破出肝腸
瞻正色言咲自若見其膾者乃如升焉又禁人偶語
不許大酺有犯則刑及外族其官人任兼閫外者位必行

臺入附凶徒者並稱開府其親寄隆重則號曰左右廂公
勇力兼人名為庫真部督七月景又矯詔自進位相國封
太山等二十郡為漢王入朝不趨贊拜不名劍履上殿依
漢蕭何故事十月景又矯詔加宇宙大將軍都督六合
諸軍事以詔文呈簡文大驚曰將軍乃有宇宙之號
平初武帝既崩景立簡文升重雲殿禮佛為盟逆
今兩無疑貳臣固不負陛下亦不得負臣及臣之號
會理之事景猜懼謂簡文欲謀之王偉因攜扇遂懷逆
謀矣二年正月景以王克為太宰宋子仙為太保元羅為
太傅郭元建為太尉張化仁為司徒約為司空于慶為

太師紇奚斤為太子太傅時靈護為太子太保王偉為尚
書左僕射索超世為右僕射於大醮跨水築城名曰捍國
四月景遣宋子仙襲陷郢州刺史方諸景乘勝西上號二
十萬聰旗千里江左以來水軍之盛未有也帝聞之謂御
史中丞沈完懷曰賊若分守巴陵戴行西上荊郢危此上
策也擁衆頓長沙徇地零桂運糧以至洞庭非吾有此中策
也策此吾自安枕而卧無所多憂又次巴陵王僧辯沈船卧
下策也吾計景必出下策江口即無所多憂又
鼓若將軍巴逼景遂圍城元帝道平北將軍胡僧祐與居士
陸法和大破之禽其將任約景乃夜遁還都左右有泣者

景命斬之王僧辯乃東下自具眾軍所至皆捷先是景每
出師戒諸將曰若破城邑淨殺卻使天下知吾威名故諸
將以殺人為戲哭百姓雖死不從之是月景乃廢簡文幽
於永福省迎豫章王棟即皇帝位升太極前殿大赦改元
為天正元年有回風自永福省吹其文物皆倒折見者莫
不驚駭既平建鄴便有簒奪志四方心內沮便欲速
立既而巴陵失律江郢襲師猛將外殲雄心內沮便欲速
僭大號又王偉云自古移非必須發跡故景立帝位以速
郭元建聞之自秦郡馳還諫曰主上仁明何得發之其景
王偉勸吾元建固陳不可景意遂回欲復帝位以棟為太

孫王偉固執不可乃禪位于棟景以哀太子妃賜郭元建
元建曰豈有皇太子妃而降為人妻竟不與相見景司空
劉神戎儀同尹思合劉歸義王曄桑乾王元顗等禪東陽
歸順十一月景矯蕭棟詔自加九錫漢國置丞相以下百
官陳備物於庭忽有鳥似山鵲翔于景冊書又矯棟詔追
都下左右所無賊徒恐駭射之不能中景又矯棟詔自加
崇其祖考為大將軍父為大丞相自加冕十有二旒建天子
旌旗出警入蹕乘金根車駕六馬備五時副車置旄頭雲
罕樂僎八佾鍾磬宮懸之樂一如舊儀尋又矯蕭棟詔禪
位使偽太宰王克奉璽紱于已先夕景宿大莊嚴寺即南

郊柴燔于天升壇受禪大風拔木所至蓋盡偃文物並失舊儀
既唱警蹕識者以為名景而言警蹕非久祥也景聞惡之
政為備蹕蹕人又曰乃奏政云求於此便毋有司乃
必廣柳車載鼓吹虞殯身犧牲牽上置垂腳坐焉景所
劍水精標無故墮落手自拾取其惡之將登壇有兔自前
殿醜元為太始元年方鏖鏖臣中會而起觸衰墜地封
棟為淮陰王幽之政梁律為漢主帥為直寢景二公之官
書五兵尚書為七兵尚書直寢直殿主師為直寢景二公之官

動置十數儀同尤多或定馬孤行自執轡細以宋子仙郭
元建張化仁任約為佐命元功並加三公之位王偉索超
世為謀主于子悅彭儁王斷陳慶呂季略盧暉略于和
史安和為爪牙斯皆尤毒於百姓者其餘王伯醜任延和
等雖有數十人而為景用者則故將軍趙伯超前制
掘力者若太宰王克太傅元羅侍中殿不害太常姬弘正
蜀監姬石珍內監嚴亹邵陵王記室伏知命此四人盡心
周為爪譖故政周弘正石珍姬姬為王佐名乙羽周及莫又
何謂七廟偉曰天子祭七世祖考故置七廟并請立七廟景曰
何謂七廟偉曰天子祭七世祖考故置七廟并請七世諱

敕太常具祭祀之禮景曰前世吾不復憶唯阿爺名標目
在朔州伊郍得來敢是眾閭咸咲之景意甞知景祖名乙
羽周者自外矣是王偉制其名位以漢司徒侯霸為始祖
晉徵士侯瑾為七世祖矣於是推尊其祖周為大丞相
為元皇帝于時景脩飾臺城及朱雀宣陽等門童謠曰的
四周栢樹圖鬱戊及景鑿舍脩南郊路僞都官尚書呂季略
說景令伐此樹以立三橋始斫南面十餘株再宿悉枯生
便長數尺時既冬月羣盜乃大駭云使悉斫殺
胆烏拂朱雀還與吳又曰脫青袍著芒屩荊州天子挺應
著時都下王侯庶姓五等廟樹咸見殘毀唯文宣大后廟

識者以為晉僵柳起於上林乃表漢宣之興今廟樹重青
必彰陝西之瑞又送淋東逮舍爐無故惼地景呼東西南
比皆謂景曰此東廂香爐那忽下地議者以為湘東
軍下之徵十二月謝荅仁李慶等軍至建德攻元顥二
柵大破之執顏占頭寸斬之經曰乃死景二
年謝荅仁攻東陽劉神茂降以送建康景為大劑碓先進
其脚寸寸斬之至頭方止使泉觀之以示威王僧辯軍至
蕪湖城主宵遁侯子鑒率步騎萬餘人度面引衲水軍至
進僧辯逆擊大破之景聞之大懼涎下覆面引衾臥良久
方起歎曰咄咄咄咄誤殺乃公初景之為丞相君于西州

取臺城如反掌打邵陵王於北山破柳仲禮於南岸皆
叛天子今宮中衞士尚足一戰爭可便走景曰我在此打
其散兵也于闕下遂將逃王僧辯父墓剖棺焚其屍既敗
頭城北景列陣挑戰王僧辯大破之景飲鬱敗不敢入宮斂
大恐遣掘王僧辯父墓剖棺焚其屍既敗王僧辯等進營於石
辯及諸將遂於石頭城西步上連營立柵至于落星墩景
有怨心至是登烽火樓望西師看一人以為十人大懼僧
食言咲談論善惡必同又簒恒坐內不出舊將稀見面咸
將率謀臣朝必集行列門外謂之牙門以次引進賫以酒

所親見今日之事恐是天亡乃好守城當後一決仰觀石
闕逐巡歎息久之乃以皮囊盛三子挂馬鞵與其儀同田
還范希榮等百餘騎東奔王偉遂簒姜嬖竇逸侯子鑒等
奔廣陵王克開臺城門引裴之橫入宮縱兵蹂躡是夜遺
爐燒太極殿及東西堂延閣祕署皆盡羽儀輦輅莫有子
遺王僧辯命武州刺史杜則救火僅而得滅賊於東焚僞
重雲殿及門下中書尚書省得免僧辯迎簡文梓宮升於
朝堂三軍縞素踊於哀次命侯瑱裝之擴追賊於東陵僞
神主於宣陽門作神主於太廟收圖書八萬卷歸江陵杜
崩守臺城都下戶口百遺三二大航南岸極目無煙老小

相扶競出繞度淮王琳杜龕軍人掠之甚子寇賊號叫聞
于石頭僧辯謂為有變登城問故亦不禁也戮以王師之
酷其於侯景君子以是知僧辯之不終初景之圍臺城援
軍三十萬兵士望青袍則氣消膽喪及赤亭之役胡僧祐
以歲辛一千破任約精甲二萬轉戰而東前無橫陣既而
海至胡豆洲前太子舍人羊鯤殺之選于王僧辯景長不
蒲七及長上短下眉目踔秀薆頰高權色赤少鬚低眠屢
顧聲散識者曰此謂豺狼之聲故能食人亦當為人所食

既南奔魏相高澄忿命先剝景妻子面皮以大鐵鑊盛油
煎之女以入宮為婢男三歲者並下蠶室後齊文宣娶
彌猴坐御林乃立養昌于於鑊煮其之在比者殲焉為景性
猜忍好殺戰恒以手刀為戲方食斬人於前言咲自若口
不輟食或先斷手足割舌劓鼻經日乃殺之自纂立後時
著白紗帽而尚披青袍頭插象牙梳杵上常設胡牀及筌
蹄著靴雙腳或跂戶限或走馬遶游彈射鳥為天
子王偉不許輕出於是戲快更成失志曰吾無事為帝與
受擄不殊又聞義師轉近猜忌彌深前蘭鉤自逸然後
是客每登武帝所常華殿君有芒剌在身恒聞叱咄者又

勤宴居殿一夜驚起若有物扣其心自是見兄武帝所常居
廁並不敢勤多在邵陽殿廊下所居殿屋常有傴鶹鳥鳴
呼景惡之每使人窮山野捕鳥景所乘白馬每戰輒
踶躍嘶鳴意氣駿逸其有奔衄必低頭不前及石頭之役
精神沮喪卧不肯動須臾之間自滅亡起自
不勝瘤則低至日瘤隱陷肉中天監中沙門釋寶誌曰掘
尾狗子自發狂當死未死嚙人傷須史之間自滅亡起自
汝陰死三湘又曰山家小兒果攘臂太極殿前作虎狗
子景小字山家小兒猴狀景遂覆隱都邑毒害皇家起自
懸瓠即昔之汝南巴陵有地名三湘景敗勤其言皆驗
景常謂人曰侯人邊作主人此明是人主人小字
既陷武帝嘗語人曰侯景必得為帝但不久耳破侯景小字
成小人百日天子為帝當得百日案景以辛未年十一月十
九日纂位壬申年三月十九日敗得一百二十日而三
月一日便往姑熟計在宮殿足滿十旬其言竟驗又大同
中太監令朱耽嘗直禁省無何夢大羊各一在御坐覺而
告人曰大羊非佳物也今據御座將有變乎既而天子蒙
塵景登正殿焉及景將敗有僧通道人者意性若狂飲酒
噉肉不異凡等世間游行已數十載姓名鄉里人莫能知

初言憶伏父乃方驗人並呼為闍梨景甚信敬之景甞於
後堂與其侯夬射時僧通在坐奪景弓射景陽山大呼云
得奴巳景又宴集其黨又召僧通曰僧通取肉擩及景死僧
景聞曰好不景苦所恨大鹹又召僧通曰不鹹則爛及景
辯截其二手送齊又宣傳首江陵果以臨五斗置腹中
于建康暴之市百姓爭取煮而燋曾撱蓑食旦盡井置腹中送
江陵元帝命梟景於市南有好井荊州軍殺侯景及景死僧
預食倒景焚骨揚灰禍者乃以灰和酒飲之以付武庫王亦
汪陵諭言苦竹町市南宅宅東即苦竹町也既加鼎鑊
元帝付諸議參軍李李長宅宅東即苦竹町也既加鼎鑊

即用市南水為景儀同謝荅仁行臺趙伯超降于侯瑱生
禽賊行臺田遷儀同房世貴蔡臺藥領軍王伯醜凶黨悉
平斬房世貴於建康市餘黨送江陵初郭元建以有禮於
皇太子妃將降人父略仕魏為許昌令因居頴川偉學通
王偉其先略陽人父澄仕魏為行臺郎景敗後高澄以書招之
周易雅高辭宋仕魏甚美澄賢書曰誰所作也左右稱偉之
為景報澄書其文甚美澄謂偉既協景謀謀其文檄
文澄曰如此何由不早使知邪偉既協景謀與侯子鑑俱
並偉所製又行纂逆皆偉創謀也景敗與侯子鑑俱走相
失潛匿草中直澄戍主黃公喜獲送之見王僧辯長揖不

拜執者促之偉曰各為人臣何事相敬僧辯謂曰卿為賊
相不能死節而求活草間顛而不扶安用彼相偉言明公豈有今日之勢
時也工拙在人向使侯氏早從偉言及朝及行八十里哉願
僧辯大咲意甚異之命出以徇偉曰昨八十里願送之
惜一驢代步僧辯曰汝頭方行萬里何君不讀書乃爾
今日之事乃吾心也前尚書左丞庾賓見景於偉遇之
而唯其面曰死賈庾庸能為惡平偉置君不足與
語驣巚而退及呂季略周石珍嚴置俱為賦鄭陽解獻書
全於獄為詩贈元帝上五百字詩於帝帝愛其才
何惜西江水不救轍中魚又上五百字詩於帝帝愛其才
將捨之朝士多忌乃詔曰前日偉作檄文有異辭句元帝
求而視之檄云項羽重瞳尚有烏江之敗湘東一目寧為
四海所歸帝大恕使以釘釘其舌於柱剜其腸顏邑自若
仇家臠其肉倪而視之至骨方列夷三族遂
趙伯超對曰當今禍福恩在明公兵若仁公英武蓋世荅仁曰聞
復同逆景景將恨不與卿交兵荅仁以不失禮於簡文見有伯超又
卿是侯景景慕將恨不初至建鄴王僧辯謂曰卿荷國重恩遂
安能仰敵僧辯大咲荅仁以不失禮於簡文見有伯超又
伏知命俱餓死江陵獄中彭僬亦生獲破腹抽出其肝藏
僬猶不死然後斬之

熊曇朗豫章南昌人也世為郡著姓曇朗跅弛不羈有膂
力容貌甚偉侯景之亂稍聚少年據豐城縣為柵數黠劫
盜多附之梁元帝以為巴山太守魏剋荊州曇朗兵力稍
強劫掠隣縣縛賣居人山谷之中最為巨患及頊也曇朗
為前軍曇朗紿顏共往巴山襲黃法氍又報法氍期共破
謀主頊殷曇朗攝頊馬伏子女其後又蕭勃踰嶺歐陽頠
章主曇朗外示服從陰欲圖頊馬伏子女
頠且曰事捷與我馬伏乃出軍與顏失援狼狽退歸曇朗取其
余孝頃欲相掩襲須分留奇兵顏而進曇朗至
城下將戰曇朗偽以法氍乘顏失援狼狽退歸曇朗取其

馬伏而歸時巴山陳定亦擁兵立柴曇朗偽以女妻定子
又謂定曰周迪余孝頃並不願此皆必須以強兵來迎定
信之及至曇朗執之牧其馬伏並不願此皆必須以強兵來迎定
位平西將軍閤府儀同三司又周文育攻余孝勱於豫章
豪師歷軍宜新豫章二郡太守抗拒王琳有功封永化縣侯
曇朗出軍會之文育失利曇朗乃應王琳琳東
下文帝徵南州兵江州刺史周迪高州刺史黃法氍欲公
流艇赴曇朗力據城刻艦過迪等及王琳敗走迪攻陷其
城雲朗走入村中村人斬之傳首建鄴縣于朱雀航宗族
無少長皆棄市

周迪臨川南城人也少居山谷之間有膂力能挽彊弩以
為事侯景之亂迪宗人周續起兵於臨川梁始興王蕭毅
以郡中豪族多附迪迪占募鄉人從之每戰勇冠諸軍續所部八
皆郡中豪族稍驕橫續頗禁之迪陰不平乃殺續推迪為主
梁元帝授迪高州刺史封臨汝縣侯紹泰二年為衡州刺
史領臨川內史周文育之討蕭勃也迪按甲保境以觀成
敗陳武帝受禪王琳東下迪欲自據南川諸郡可傳檄
郡守宰結盟聲言赴朝廷恐其為變因厚撫之琳至盆
城新吳洞主余孝頊舉兵應琳琳以為南川諸郡可傳檄
而定乃遣其將李孝欽樊猛南征糧餉孝欽等與余孝
頃遍迪大敗之禽孝欽猛孝頊送建鄴以功加平南將
軍閤府儀同三司文帝嗣位能曇朗及迪與周敷黃法氍
等圍曇朗於工塘斬之王琳敗後文帝徵迪出鎮盆口又徵其子
入朝迪趑趄顧望不至豫章太守周敷本屬迪至是與
法氍率其部詣闕文帝錄其破曇朗功並加官賞迪聞
之不平乃與留異相結及王師討異迪疑懼乃使其弟
方興襲周敷敷與戰破之又別使杜龕等於盆城督眾
盡為敕禽天嘉三年文帝乃使江州刺史周敷討迪具明
軍與高州刺史黃法氍擊迪不能剋文帝
乃遣童昭抱督討之迪眾潰脫身踰嶺之晉安依陳寶應

寶應以兵資迪留異又遣第二子忠臣隨之明年秋復越
東與嶺文帝遣都督章昭達征迪迪又散于山谷初侯景
之亂百姓皆棄本為盜唯迪所部獨不侵擾耕作肆業各
有贏儲政令嚴明徵斂必至性質朴不事威儀冬則短身
布袍夏則紫紗襪腰居常徒跣雖外列兵衛內有女伎接
繩破篾傍若無人然輕財好施凡所周贍毫釐必均訥於
語言而懷信實臨川人皆德之至是又感寶應相抗迪並藏匿
無肯言者昭達仍度嶺與陳寶應相抗迪並收合出東興
文帝遣都督程靈洗破之迪與十餘人竄山宄中後遁
人潛出臨川郡市魚鮭臨川太守駱文牙執之令取迪首
効誘迪出攪伏兵斬之傳首建鄴鄣臬千朱雀航三日

留異東陽長山人也世為郡姓異善自居勦言話醞籍為
鄉里雄豪多聚惡少陵侮貧賤守宰皆患之仕梁晉安
固二縣令侯景之亂鄉里占募士卒太守沈巡巡援臺讓
郡於異異使兄子超知郡事率兵隨出郡及城陷異
隨梁臨城公大連大連委以軍事異性殘暴無遠略私樹
威福衆並患之會景將宋子仙濟浙江異奔還鄉里尋以
衆降子仙子仙以為鄉道令執大連於逆虜侯景署異為
東陽太守收其妻子為質行臺劉神茂建義拒景異外同
作去留之留名作同異之異理當同於逆虜

神茂而密契於景及神茂敗被景誅異獨獲免景平後王
僧辯使異慰勞東陽仍保據嚴阻郡憚焉魏克荊州王
僧辯以異為東陽太守定會侯安克功除縉州刺史領
擁擅一郡威福在已紹泰二年以應接功除縉州刺史領
東陽太守封永嘉縣侯又以文帝長女配異第
三子貞臣陳文帝即位改授縉州刺史領東陽太守異頻遣其長史王澌
為使入朝漸每言朝廷虛弱異信之恒懷兩端與王琳潛
通信使及琳敗文帝遣左衛將軍沈恪代時朝廷方事湘郢且覉縻
襲之異知終見討乃使兵戍下淮及建德以備江路湘州平
文帝乃下詔揚其罪惡使司空安都討之異與第二子
忠臣弃陳寶應并會異兄都斬建康市子姪並
伏誅唯第三子貞臣以尚主獲免
陳寶應晉安侯官人也世為閩中四姓父羽有材幹為郡
雄豪寶應性反覆多變詐梁時晉安數反累殺郡將羽初
並扇惑成其事後復為官軍鄉導破之由是一郡兵權皆
自已出侯景之亂晉安太守賓化侯蕭雲以郡讓羽年
老但主郡事令寶應典兵時東境飢饉會稽尤其死者十
七八而晉安獨豐沃士衆強盛侯景平元帝因以羽為晉

安太守陳武帝輔政羽請歸老求傳郡於寶應武帝許之
紹泰三年封侯官縣侯武帝受禪授閩州刺史領會稽太
守文帝即嗣加其父光祿大夫仍命宗正錄其本系編為
宗室寶應娶留異女為妻侯安都之討異寶應遣命助之
又資周迪兵糧出冠臨川及都督章昭達破迪文帝因命
討寶應詔宗正絕其屬籍寶應據建安湖際逆拒昭達昭
達深溝高壘不與戰但命為餌俄而水盛乘流放之突其
水柵寶應衆潰執送都斬建康市

論曰侯景起于邊服備嘗艱險自比而南多行狡算千時
江表之地不見干戈梁武以耄期之年溺情釋教外弛藩
離之固内絕防閑之心不備不虞難以為國加以姦回在
側貨賄潛通景乃因機騁詐肆行矯應王偉為其謀主飾
以文辭武帝溺於知音惑茲邪說遂使乘衅直濟長江喪
其天險揚旌指闕金墉亡其地利生靈塗炭宗杜丘墟於
是村屯塢壁之豪郡邑嚴究之長恣陵侮而為暴資剽掠
以為雄陳武應期撫運戡定安輯熊雲朗周迪留異陳寶
應等難逢興運未敗迷塗志在亂常自致夷戮亦其宜矣

列傳第七十

南史八十

跋

眉山七史既印行隋書選用元大德本亦已竣工當續出南北史北史宋刻廑有殘本而南史則幾絕迹於天壤間不得已而思其次北平圖書館藏元大德本既借影如干卷不足補以涵芬樓藏本顧版多漫漶不可讀余友常熟瞿良士江安傅沅叔各出所藏以彌其憾雖間有補卷首有大德丙午刊書序惜缺一葉諸家藏本均同無自訪補版心不記刊版地名惟梁本紀第一葉魚尾下有古杭良卿刊等字又列傳第七十八第十八葉版心下有古杭良卿刊等字又列傳第三十一末葉版心下題桐學儒生趙良篆謹書自起手至閣筆凡十月小字二行縣名首冠桐字者不一以上文刻工推之當爲桐廬按元太平路刻漢書儒學教授孔文聲跋有致工於武林之語宋南渡後杭州刻書甚盛卽遭鼎革良工猶存以意度之是占閩良卿二人必至自武林之匠役寫官趙氏或同時與之俱來至爲何路所刻則不能確定矣鐵琴銅劍樓藏書目稱是本謝瀰傳流涵不誤沈涵王儉傳長兼侍中不誤長史兼侍中雙鑑樓藏書續記亦歷舉是本勝於殿本及明監本汲古閣本者殿本有二十餘字然尚有出於所述外齊本紀上宋帝九錫文乃袁劉搆禍實繁舉有徒袁劉何人王鳴盛舉袁標劉延熙以當之是本袁劉作袁鄧按

本史宋本紀下泰始元年十二月江州刺史晉安王子勛舉兵反鎮軍長史袁顗赴之鄧琬爲其謀主（宋本宋書作劉琬實袁誤殿本考證謂無其人）若袁標劉延熙者不過後來響應之輩且與袁劉同時舉兵者尚有顧深王曇生程天祚諸人九錫文贊揚齊帝功業必以戕除禍首爲言斷無遺首舉從之理是知袁劉誤而袁鄧實不誤也左右曰江祐常禁吾騎馬小子若在吾騎奔馳謂不誤也按本史梁武帝紀東昏聞郢城沒乃爲豈能得此因問祐祐親餘誰答曰江祥今猶在也乃於馬上作敕賜祥死是本作在冶不

城守計簡二尚方二冶四徒以配軍始安王遙光傳遙光欲以討劉暄爲名夜遣數百人破東冶出四晉安王子懋傳子懋既被害其故人董僧慧爲王玄邈所執僧慧請俟主人大斂畢退就湯鑊女貌義之具白明帝乃配東冶文學卜彬傳永明中琅邪諸葛勗爲國子生坐事繫東冶作東冶徒賦是冶實爲當時繫獄左右答明所江祐既誅其弟祥必以親屬繫獄中也若明帝問謂今猶在冶者猶言今尚在冶也又安能即言其人猶在則必先事追捕又安能即於馬上作敕賜死乎是知在冶者實誤而在也蘭欽傳欽授都督衡州刺史未及赴職下文詔加散騎常侍仍令赴職是本均作赴職不作赴詔爲（此惟汲古閣本未改）按本史張纘傳改爲

湘州刺史述職經塗作南征賦孫謙傳宋明帝
以爲巴東建平二郡太守謙將述職勑募千人
自隨雖與孟子諸侯朝於天子之義有所不合
然此自是當時通行之語且張纘孫謙二傳亦
均仍其原文則蘭欽傳必爲後人竄改是可知
赴職誤而述職實不誤也昭明太子傳始與王
儉薨舊事以東宮禮絕傍親書翰並依常儀太
子以爲疑命僕射劉孝綽議其事是本作僕
射孝綽無射字按下文太子令劉孝綽議
絕之義義在去服云云太子令劉孝綽
爲太子僕掌東宮管記梁書本傳亦言劉僕射孝綽先後
爲太子僕玫其歷官未至僕射是可知僕射誤
而無射字實不誤也孝義江泌傳牽車至染烏

頭見一老公步行下車載之躬自步去下武帝
以爲南康王子琳侍讀是本躬自步去梁武帝
上作染不作梁按本史梁武帝諸子傳有南康
簡王績而無子琳實爲齊武帝第十
九子見齊武帝諸子傳齊書江泌傳亦言世祖
以爲南康王子琳侍讀且染爲上文染烏頭之
省文步去下綴此一字於文義亦較完足矣
梁誤而染實不誤其他譌舛不可僂指余別
有扎記今不悉舉矣海鹽張元濟

百衲本二十四史

南史

撰　者◆唐·李延壽
發行人◆王學哲
總編輯◆方鵬程
編印者◆本館古籍重印小組

出版發行：臺灣商務印書館股份有限公司
台北市重慶南路一段三十七號
電話：(02)2371-3712
讀者服務專線：0800056196
郵撥：0000165-1
網路書店：www.cptw.com.tw
E-mail：ecptw@cptw.com.tw
網址：www.cptw.com.tw

局版北市業字第 993 號
初版一刷：1937 年 01 月
臺一版一刷：1970 年 01 月
pod 版一刷：2008 年 10 月
臺二版一刷：2010 年 09 月
定價：新台幣 1600 元

ISBN：978-957-05-2520-5

南史 ／ 唐·李延壽撰. --臺二版. -- 臺北市 ：
臺灣商務, 2010. 09
  面 ； 公分. --（百衲本二十四史）

ISBN 978-957-05-2520-5 （精裝）

1. 南朝史

623.501   99014129